主生产线概貌

近三年来，公司科技投入达9146万元，承担国家各类科技计划项目近30项，获国家、省部级科技进步奖7项，获得授权专利32件，制、修定标准8项。这些科研成果和技术革新已在企业的生产经营中转化为生产力，在提产提质、降本增效中，发挥了重要作用，取得了较好的技术、经济效益以及节能效果。先进的技术、良好的信誉和优质的服务，提升了中铝广西分公司在铝行业技术领域的地位和影响力。

公司大门

赤泥选铁车间

铁精矿外销

分解槽

广西玉林制药集团有限责任公司

董事长　马嘉

广西玉林制药集团有限责任公司创立于1956年，前身为广西玉林制药厂，2001年由国有企业改制为非公有制企业，是一家以中药和天然药物研发、生产、销售为主业的中药制药企业，占地面积25万多平方米，资产总额近3亿元，年产销量达6亿元，是中国中药制药50强企业、高新技术企业和农业产业化国家重点龙头企业，是国家商务部首批认定的“中华老字号”之一。

公司注重科技创新工作，技术力量雄厚，拥有各类专业人员166人，目前公司技术中心拥有科技研发人员46人（拥有硕士学位的4人），其中教授级高级工程师1人，高级技术职称以上人员数12人，工程师18人，助理工程师15人；拥有中级职称以上的人员31人，占全体科技人员的70%。是广西较早建立区（省）级技术中心的企业之一（1998年获自治区工信委认定为自治区级技术中心），2007年又获得广西科技厅认定为“广西现代中药工程技术研究中心”。2012年7月公司成功聘请自治区主席院士顾问中国工程院刘昌孝院士为公司技术总顾问，在玉林制药集团设立的广西院士工作站于2013年5月经自治区科技厅批准成立。公司拥有良好的技术装备和产品研发能力，主要设备近千台（套），其中国外引进的先进设备50台（套），成为国内同行业中引进技术和设备最早、最多的企业之一。

公司坚持以市场为导向，项目为载体，加强产学研的联合，具备了良好的技术和产品的研发能力以及对外的技术合作基础。目前分别与中国药科大学、天津药物研究所刘院士所率领的研发团队合作开发《中药五类新药鸡骨草总黄酮苷的创新药物研究》、《复方华佗止痛胶囊的临床前研究》等项目。近年来先后开发出“湿毒清胶囊”、“银蒲解毒片”、“珍黄胶囊”、“三七伤药胶囊”、“复方鸡骨草胶囊”等多个新产品。公司主导产品正骨水被列入国家秘密技术项目，湿毒清胶囊等六个产品获国家发明专利。公司高度重视企业的技术创新工作和产品技术含量的提高，“湿毒清胶囊”荣获广西壮族自治区首届科技新产品研究与开发重奖；“鸡骨草胶囊”二次研究与开发荣获1999年度区科技进步三等奖、“三七伤药胶囊”先后荣获2002年度自治区优秀新产品成果奖二等奖、2006年度自治区科技进步奖三等奖，“鸡骨草规范化种植研究与示范”荣获2009年度玉林市科技进步二等奖，“广西大宗药材鸡骨草种子标准研究”荣获2013年度玉林市科技进步二等奖。“玉林”牌商标连续多年被评为广西著名商标，并于2007年被国家工商总局认定为中国驰名商标，核心产品的销售规模及品牌知名度不断提高，其中湿毒清胶囊实现单品年产值达1.6亿元。

公司具有强大的中药综合处理及制剂能力，产品有9个剂型70多个品种，其中：胶囊剂12亿粒/年，片剂5亿片/年，酊剂1000吨/年。“正骨水”、“鸡骨草胶囊”曾多次被评为国家优质产品，“云香祛风止痛酊”为部优产品，“湿毒清胶囊”、“消石片”、“乌军治胆片”、“蛤蚧大补胶囊”、“蛤蚧补肾胶囊”、“草香胃康胶囊”等分别为区（省）名牌或优质产品。国家中药保护品种有“正骨水”、“湿毒清胶囊”、“鸡骨草胶囊”等十二个品种。

公司拥有一批先进检测仪器：高效液相色谱仪、气相色谱仪、红外光谱仪、原子吸收光谱仪、原子荧光光谱仪与农药残留量检测仪，可开展中药产品多成分定性定量测定、重金属、农残等项目的检测，满足了公司中药新产品研发、现有产品质量标准提高、中药材及中药饮片检测技术的发展需要，为产品质量提供了技术保障。公司不断提高核心产品质量控制标准，先后完成14个公司自主研发产品的质量标准修订提高工作，其中正骨水、湿毒清胶囊、云香祛风止痛酊（云香精）、乌军治胆片、珍黄胶囊（珍黄丸）、草香胃康胶囊、银蒲解毒片等7个独家品种质量标准已被收载入2010版《中国药典》。

公司自2003年以来连续多次整体通过国家GMP认证，并于1996～2014年间连续八次通过澳大利亚TGA的GMP认证及复查，为公司产品进一步拓展海外市场打下基础。产品质量可靠，疗效确切，畅销国内外，2013年11月，湿毒清胶囊又通过广交会进入美国市场。公司具有自营进出口权，出口产品50种，年出口创汇近300万美元。

玉林制药集团办公楼

集团大门

公司地址：广西玉林市城站路1号
邮政编码：537001
电话：0775-3890101　3892812　3890163
传真：0775-3892710
e-mail:ylzy@chinayulin.com
网址:www.chinayulin.com

玉林制药毛鸡骨草规范化种植基地1

厂区图

玉林制药毛鸡骨草规范化种植基地2

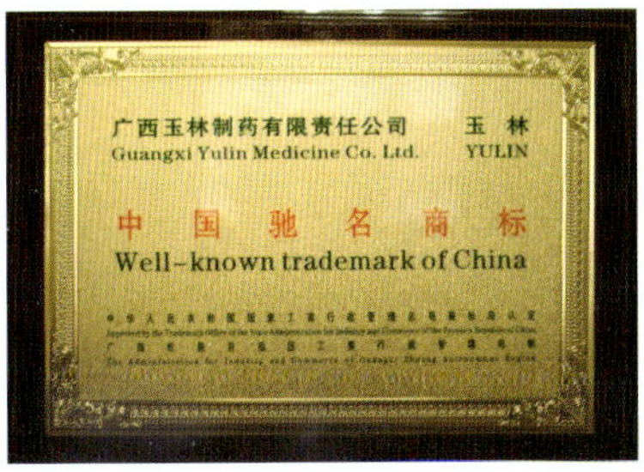

中华老字号
China Time-honored Brand
中国驰名商标
China Well-known Trademark
OTC
居家旅行常备用药
云香祛风止痛酊(云香精)
云香祛风止痛酊
(云香精)
30毫升
【功能主治】
祛风除湿，活血止痛。用于风湿骨痛，伤风感冒，头痛，肚痛，心胃气痛，冻疮。
批准文号：国药准字Z45021658 禁忌：孕妇、哺乳期妇女与儿童禁用；患有肝病
桂药广审（文）第2012080149号 肾病者禁止口服。其他详见药品说明书。
广西玉林制药集团有限责任公司

正骨水
CBA联赛官方供应商
中华老字号
China Time-honored Brand
中国驰名商标
China Well-know trademark
OTC
易建联
朱芳雨
马布里
有我
运动更精彩
正骨水
ZHENG GU SHUI
30毫升
正骨水
主治跌打扭伤
消除运动疲劳
广西玉林制药集团有限责任公司
批准文号：国药准字Z45021659 桂药广审（文）第2013010001号
禁忌：孕妇禁用；血虚无瘀者禁用。其他详见药品说明书。
请按药品说明书或在药师指导下购买和使用。

中华老字号
China Time-honored Brand
中国驰名商标
China Well-known Trademark
OTC
皮肤瘙痒
就用湿毒清胶囊
由内而外
养血润燥
排除湿毒
祛风止痒
湿毒清片
SHIDUQINGPIAN
12片×3板
广西玉林制药集团有限责任公司
湿毒清胶囊
30粒
SHIDUQING JIAONANG
广西玉林制药集团有限责任公司
形象代言人：
广西玉林制药集团有限责任公司
批准文号：国药准字Z45021731
禁忌：孕妇禁用。其他禁忌详见药品说明书。
桂药广审（文）第2012120217号
请按药品说明书或在药师指导下购买和使用。

中华老字号
China Time-honored Brand
中国驰名商标
China Well-known Trademark
疏肝利胆
清热解毒
鸡骨草胶囊
JIGUCAO JIAONANG
48粒
广西玉林制药集团有限责任公司
【功能主治】
疏肝利胆，清热解毒。用于急、慢性肝炎和胆囊炎属肝胆湿热证者。
广西玉林制药集团有限责任公司
地址：广西玉林市城站路1号　邮编：537001　电话：0775-3890101　3892812
网址：www.chinayulin.com　电子邮件：ylzy@chinayulin.com
批准文号：国药准字Z45021655　桂药广审（文）第2012100175号　本广告仅供医学药学专业人士阅读

广西科技年鉴

2013

广西壮族自治区科学技术厅　编

广西民族出版社

图书在版编目（CIP）数据

广西科技年鉴·2013/广西壮族自治区科学技术厅编．—南宁：广西民族出版社，2015.10
ISBN 978-7-5363-6989-4

Ⅰ.①广… Ⅱ.①广… Ⅲ.①科学研究事业—广西—2013—年鉴 Ⅳ.①G322.767-54

中国版本图书馆 CIP 数据核字（2015）第 241798 号

广西科技年鉴 2013

GUANGXI KEJI NIANJIAN 2013

编　　者：广西壮族自治区科学技术厅
责任编辑：白　煜
装帧设计：李黄开春
责任校对：潘　夏
责任印制：黄绍红
出版发行：广西民族出版社
地址：广西南宁市青秀区桂春路 3 号　邮编：530021
电话：0771－5523216　传真：0771－5523246
制版印刷：广西地质印刷厂
规　　格：890 毫米×1240 毫米　1/16
印　　张：26.25
字　　数：800 千字
版　　次：2015 年 10 月第 1 版
印　　次：2015 年 10 月第 1 次印刷
书　　号：ISBN 978-7-5363-6989-4/G·2834
定　　价：300.00 元

主 办 单 位

广西科学技术厅

协 办 单 位

广西壮族自治区国土资源厅
广西壮族自治区水利厅
南宁高新技术产业开发区管理委员会
柳州高新技术产业开发区管理委员会
柳州市科学技术局
南宁市青秀区科技局
广西科学院
广西交通科学研究院
广西医科大学第一附属医院
广西壮族自治区人民医院
广西玉林制药集团有限责任公司
广西西江开发投资集团有限公司
桂林福达股份有限公司
广西壮族自治区林业科学研究院
桂林南药股份有限公司
燕京啤酒（桂林漓泉）股份有限公司
广西路桥工程集团有限公司
中国化学工业桂林工程有限公司
中国人民解放军第三〇三医院
广西壮族自治区环境保护科学研究院
中国铝业股份有限公司广西分公司
中船桂江造船有限公司
桂林电器科学研究院有限公司
广西壮族自治区亚热带作物研究所
广西柳工机械股份有限公司

编 辑 说 明

《广西科技年鉴》是广西壮族自治区科学技术厅组织编写的综合性、权威性的科技编年史书和大型资料工具书，全面系统地反映了广西科技发展基本情况，为领导决策提供依据，为科技人员和各界人士提供科技信息。本卷年鉴收载 2013 年广西科学技术发展的基本资料，有的事例根据需要，时间适当前伸或后延。

本卷年鉴基本内容分为 14 个部类，依次是特载、综述、科技管理、行业科学技术、区域科学技术、高新技术产业开发区科学技术、科研院所科学技术、高等院校科学技术、科技服务体系、科技表彰奖励、科技人物、大事记、文件选编、附录等。部类安排仅为方便读者分类阅读和检索，而不反映严格的科学分类体系，各行业、科研机构、院校等排序一般也不表示其地位和规模。

本卷年鉴的统计数据均采用法定计量单位。

本卷年鉴在征稿和编辑出版过程中，得到有关单位和撰稿人员、审稿专家的大力支持，在此，一并表示感谢。

编撰委员会

主　　　编：钟会超

副　主　编：唐亮东　马钧声　吕向阳

执行主编：李家深　陆桂军

执行副主编：邓礼琦　段建钢

编　　　辑：林　球　黎梦瑜　唐巧巧　覃丽婷　施春霞

唐青青　董婷梅

装帧设计：李黄开春

目　录

特　载

综　述

科技管理

行业科学技术

区域科学技术

高新技术产业开发区、农业科技园区科学技术

科研院所科学技术

高等院校科学技术

科技服务体系

科技表彰奖励

科技人物

大事记

文件选编

附　录

特　载

在全区科技暨知识产权工作会议上的总结讲话

自治区科技厅党组书记　黄丹

（2014 年 3 月 31 日）

同志们：

在会议结束以前，下面由我来做个总结。黄日波副主席的讲话强调了科技工作的战略地位，充分肯定了去年的工作，部署任务十分明确，立意很高、落点很实。谢迺堂厅长传达了全国科技工作会议精神，总结了去年工作，对今年工作做了安排，讲得全面到位。三个单位的典型经验，值得各地学习借鉴。这次会议是在贯彻十八大提出的实施创新驱动发展战略这一新的历史起点召开的，会议达到了研判形势、凝聚共识、坚定信心、鼓舞人心的预期目标。对于进一步增强全区创新驱动的发展理念，加快创新型广西建设步伐必将产生积极的影响。这次会议开得很好，效率很高，要认真抓好会议精神的贯彻落实。

我到科技厅工作不到两个月，为尽快熟悉情况，准确把握国家对科技改革发展的工作思路和要求，与谢迺堂厅长专程赴北京拜访了科技部领导，与班子其他成员到全国创新驱动发展的先进省——江苏学习，也到柳州、桂林等一些市县和国家高新区调研。下面，我就贯彻落实好黄日波副主席和谢迺堂厅长的讲话精神，结合近期自己对科技工作的调研和思考，认为当务之急有几件工作需要再强调：

第一，抓紧统筹谋划，加快实施创新驱动发展战略。

党的十八大提出了实施创新驱动发展战略，把科技创新摆在国家发展全局的核心位置。把创新驱动发展战略摆在国家发展全局的核心位置，是党中央高瞻远瞩做出的战略调整和部署，同时也是我国经济社会健康发展的内在要求。自治区“两个建成”的目标对创新驱动和科技支撑提出了新的更高要求。我们知道，改革开放以来，我国主要是实施要素驱动发展战略，即发展经济主要依靠土地、资源、劳动力和资金的大量投入，这种模式虽然使我国的 GDP 快速增长，但资源浪费和环境污染的后果也有目共睹，难以为继，影响可持续发展。

我们应该清醒地认识到，广西目前依然处于要素驱动为主的经济发展阶段，要转移到创新驱动为主的发展战略，任重道远。这段时间，我认真学习了《关于提高自主创新能力　建设创新型广西的若干意见》（桂发〔2012〕21 号），文件明确了主要目标：到 2020 年，初步建成创新型广西；我区自主创新能力和产业竞争力大幅提升，科技进步综合实力进入全国中等行列，重点领域科技实力进入全国先进行列，基本建成创新体系完善、创新环境优良、创新活力突显、创新成果丰富、创新支撑经济社会发展能力较强的地区；到 2015 年，每万人口发明专利拥有量达到 3 件以上，科技进步对经济增长的贡献率达到 48%以上，战略性新兴产业增加值占地区生产总值的比重达到 8%左右。能否实现党委、政府提出的这些目标，全区科技工作者任务十分艰巨。从国家层面看，实施创新驱动发展战略，在理念层面的总体思路已经十分明确。今年国家科技部把创新驱动发展战略的顶层设计明确为今年科技工作的首要任务，着手研究创新驱动发展战略总体实施方案。我们要按照国家科技部整体部署，集中全区科技、经济、社会方面专家的智慧和力量，加紧研究落实广西创新驱动发展战略的总体思路、战略布局、重点任务、保障措施和实施机制，排出全区实施创新驱动发展战略的路线图和时间表，加快科技体制改革业创新主体培育、高新产业集聚、科技人才引进等。

今年也是“十三五”科技规划、第六轮广西创新计划的启动之年，研究编制好我区新一轮科技发展规划，既是创新驱动发展战略顶层设计的题中之意，又是提升广西科技规划整体水平的重要机遇。要充分统筹规划，相得益彰，要加强与创新驱动发展战略总体目标的对接，高起点地提出与国家、自治区创新驱动发展部署相衔接的未来五年科技发展的总体思路、发展目标和重点任务。要利用规划、计划的编制和实施，推进对制约创新驱动发展问题的研究和解决，要加强与各部门、各单位的沟通协调和工作衔接。各市科技部门在制定相应规划和计划的时候，也要加强与自治区及当地党委、政府经济社会发展的重点工作相衔接，以形成推进科技与经济发展同频共振的叠加效应。

第二，找准切入点和突破口，深化我区科技体制改革。

十八届三中全会对全面深化改革进行了部署，科技体制改革将进一步加快推进。中央相继出台或即将出台一系列深化科技体制改革的重大举措，自治区近年来也出台了深化科技体制改革的“2+66”系列政策文件，科技体制改革已有较好的基础。但科技体制改革和其他各项改革一样，只有进行时，没有完成时，必须认清形势，直面问题，找准切入点和突破口，推动科技体制改革取得实质性进展。刚才黄日波主席说了三个重点，真是切中我区科技滞后的瓶颈问题。我区改什么？如何改？我们到江苏学习和考察，江苏省的成功经验，给了我们很大的启发：

一是要加快建立技术创新市场导向机制，推动企业成为技术创新的主体。深化科技体制改革，核心是要解决好科技与经济社会发展深度融合的问题，通过健全体制机制，打通从科技到产业的通道，让创新成果更好更快地进入市场，创造出价值。而健全技术创新市场导向机制，关键是强化企业技术创新主体地位。如何激发企业内生动力，如何把企业创新主体地位落到实处，与先进地区比，我们在这方面的差距很大，目前我区规模以上工业企业仅有10%成立了研发机构，远低于江苏省85%以上的水平。从江苏的经验看，将全省的科研院所（基础研究除外）全部改制成民营科技企业（集团），不仅减轻了政府财政负担，更极大地调动了科技人员的积极性，为科技成果的创造和应用提供了广阔的舞台。当然这项工作不是科技部门一家的职责，但我们可以积极协调和宣传，为高层决策提供参考和经验。

江苏的另一个经验，是科研经费不撒胡椒面，有所为有所不为，坚持科研项目和经费主要向民营企业倾斜，对有创新能力的民营企业每次投入高达1000万至5000万元，鼓励高校与企业合作创新研究开发，企业到高校院所合作搞研发的积极性很高。广西目前虽然还不能照搬江苏的做法，但他们坚持推动企业特别是民营企业成为创新主体的思路和理念，无疑具有前瞻性和开创性，在我们思考问题时值得借鉴。科技部门还要多思考、多研究进一步落实和完善有关推动企业创新发展政策的具体保障措施，推动企业真正成为创新决策、研发投入、科研组织和成果应用的主体。

二是要创新科技管理方式，提升科技管理的效率和质量。当前，我区存在各级部门对科技投入不足、科技资金使用效益不高的问题。科技管理方式与快速增长的科研经费和日益复杂的科技创新活动还不相适应，特别是科研项目经费管理与投入效益问题，改革财政科研项目和资金管理办法已是当务之急。刚才，黄日波主席也提出要加强资金管理的改革问题，我们要针对科技项目安排交叉分散、管理不够科学透明、资金使用效益亟待提高等突出问题，加快修订自治区科技计划项目和经费管理办法，进一步强化项目承担单位的法人责任，明晰权责关系。要加强项目经费的监督检查，探索推进科技经费支出绩效评价工作，进一步提高科研经费的使用效益。

三是加强产学研融合，提升科技对产业的支撑力度。在经济转型升级和产业梯度转移的背景下，应进一步整合产、学、研的优势力量，切实解决科技与经济两张皮的问题。加强统筹协调，形成拳头，围绕广西千亿元产业和战略性新兴产业的科技需求，加快建设一批区域特色明显的科技园区、集中攻克一批重大科技难题，研发形成一批关键核心技术和自主核心战略产品，组织实施一批重大科技成果转化项目，整体提升广西科技支撑优势产业的研发能力。要把高新科技产业发展作为推动经济转型的重要引擎，把高新区作为重要的创新高地、产业高地和人才高地。

我到科技厅工作后，有同志跟我说，科技部门没有自己的载体，但科技工作又无孔不入。因此，科技部门要发挥主导作用，要积极主动地加强与各部门、各地方和各创新主体的沟通联系，建立有效的协同机制。要加强与财政、发改委、工信、教育、人力资源社会保障、税务、科协等有关部门的沟通协调，统筹推进经费预算、重大政策、科研立项和重大项目等方面的工作，加强与各市的合作和对接，不断增强地方自主创新能力，推进地方经济社会的全面发展；与企业、科研院所和高等院校加强协作，通过建立产业技术创新战略联盟、共建技术研发平台、共同申报和实施科技项目等举措，引导科研院所和高等院校更多地为企业技术创新提供支持和服务。如何强化政策层面的协同创新，促进创新政策、产业政策和经济政策之间的衔接协调，加快推动创新从单一技术创新向技术、产业、金融、管理、商业模式等综合创新转变，促进产学研更加紧密结合；如何完善科技成果评价机制，破除评成果就是评论文的倾向，切实促进科技成果转化和产业化；如何落实现有的优惠政策，推动创新驱动发展战略落到实处？这些问题需要大家齐心协力，认真研究。

四是"走出去"，"请进来"，扩大科技对外开放力度。广西作为后发展地区，无论是在人才、技术还是管理上都需要向先进地区学习借鉴。我区科教人才资源匮乏，创新人才缺口大，两院院士和长江学者、杰出青年等高端人才寥寥无几。要借鉴江苏先发地区的经验和做法，多策并举，双管齐下，加快制定培育本土人才和引进海内外高端人才的相应政策，突出引进高层次人才到企业创新创业。要坚持开放合作，以中国—东盟技术转移中心建设为载体，加强广西科技创新和人才工作的对外开放。加强与先进地区科技合作与交流，让先进地区的人才、技术等创新要素向广西转移，引进更多的区外资源为我所用。密切与江苏科技厅合作，建立对口支持的工作机制和合作平台，多形式、多渠道加强与兄弟省市的工作交流，在借鉴和学习先进经验的同时，注重搭建科技招商、招才引智的通道和平台，为我区经济社会发展做贡献。

第三，加强对科技工作的组织领导。

各级科技部门要积极争取党委政府对科技工作的组织管理。黄日波副主席刚才特别强调了一把手必须抓科技工作。各级科技部门要积极主动，高层倡导，领导高度重视是我们干好工作的最好工作环境，因此要争取党委政府的大力支持，加强对科技创新驱动战略组织实施。作为工作部门，我们要多思考如何才能促进工作有效开展的措施和推进已经出台的政策落实的办法。

我还要强调一下落实的问题。一分部署，九分落实。科技系统必须进一步改进工作作风，要有工作激情，强化执行力，全力推动各项工作的落实。任何一项方针政策，任何一项工作部署，都有一个落实的问题。我们要切实树立求真务实的工作作风，持之以恒地狠抓落实、解决问题、取得实效。

同志们，当前科技工作正处在一个新的历史起点上，这是全区科技发展的重大机遇，也是对全区科技工作的严峻挑战，全区广大科技工作者一定要进一步增强大局意识、责任意识、服务意识和创新意识，时不我待，奋发有为，全面落实科技改革发展的各项任务。为加快实施创新驱动发展战略、支撑"两个建成"做出新的更大贡献！

全面深化科技体制改革　实施创新驱动发展战略　为实现"两个建成"目标提供科技支撑

——在全区科技暨知识产权工作会议上的报告

自治区科技厅厅长　谢迺堂

（2014 年 3 月 31 日）

同志们：

这次会议的主要任务是，全面贯彻党的十八届三中全会精神，认真落实全国科技工作会议和全区经济暨城镇化工作会议的部署要求，回顾总结 2013 年科技和知识产权工作，研究部署 2014 年工作。

一、全国科技工作会议主要精神

1 月 9 日，全国科技工作会议在北京召开。会议总结了 2013 年全国科技工作成效，全国推进科技体制改革取得新突破，创新驱动发展取得新成效，创新型国家建设取得新进展。全社会 R&D 经费支出达到 11800 亿元，占 GDP 比重 2%。研发人员总量 360 万人年。国内有效发明专利 59 万件，同比增长 24%。国际科技论文数量稳居世界第二，被引用次数上升至第 5 位。全国技术合同成交额 7469 亿元，同比增长 16%。全国高技术产业主营收入突破 11 万亿元，同比增长 10%。科技工作为实现经济社会发展稳中有进、稳中向好的良好开局做出了重要贡献。

会议提出了2014年科技工作的总体思路：全面贯彻落实党的十八大、十八届二中、三中全会和中央经济工作会议精神，深入实施创新驱动发展战略，着力增强自主创新能力，加快推进科技体制改革，着力健全技术创新市场导向机制，切实转变政府职能，着力提高科技创新管理水平和服务能力，推动科技改革发展取得新成效，为打造中国经济升级版和建设创新型国家做出新贡献。

会议部署了2014年十大重点任务：一是加强创新驱动发展战略顶层设计，从更高层次谋划科技长远发展；二是按照建立技术创新市场导向机制的要求，推进重点改革取得实质性突破；三是扎实推进重大专项等重大任务实施，努力实现重点领域和战略产业的跨越发展；四是加强基础研究和战略高技术前瞻部署，着力增强原始创新能力；五是加快发展现代农业，保障国家粮食安全；六是大力推动科技惠民，使科技创新成果更好地造福人民；七是增强区域创新能力，服务地方经济社会发展；八是完善人才发展机制，最大限度调动科技人才创新积极性；九是健全科技创新政策体系，着力营造良好创新环境；十是扩大科技开放合作，以全球视野谋划和推动科技创新。

二、2013年全区科技工作回顾

2013年是全面贯彻党的十八大精神、落实创新驱动发展战略的开局之年，也是加快推进中央6号文件改革任务全面落实的一年。一年来，在自治区党委、政府的正确领导下，全区科技工作按照“强基础、提能力、促发展、惠民生”的总体思路，加快创新驱动发展，科技进步与创新取得新成效，为实现广西“两个建成”目标做出了积极贡献。

（一）千亿元产业科技创新取得新成效

继续实施“350”工程，加强23家千亿元产业研发中心建设，累计申请专利1583件，其中发明专利701件，参与制定技术标准492个，获工业新产品562个。重点产业领域的关键共性技术攻关取得新突破，上汽通用五菱开发的邮政物流纯电动车成为“节能与新能源汽车示范推广应用工程推荐车型”，玉柴16VC船电样机填补了大马力高速船电单机空白，制糖行业应用立式连续煮糖罐实现生产过程连续化和自动化，南南铝业成功铸造世界上直径最大的铝合金圆锭。反重力近终形铸造技术成果极大推进了我国铝加工技术进步，在航空领域具有重要应用价值，获广西科学技术特别贡献奖。企业技术创新意识进一步强化，国家创新型（试点）企业达到8家，广西创新型（试点）企业总数达到129家。

（二）科技创新支撑农业发展能力持续提升

农业新品种培育取得新进展，自主研发的农作物新品种82个，成功选育出我区第三个超级稻品种。农业科技园区建设进一步加强，桂林国家农业科技园区获科技部批准建设，百色国家农业科技园区被评为全国优秀园区。现代农业科技示范县加快建设，新认定产业科技示范县20个，总数达到75个。农业创新平台建设进一步夯实，广西大学新农村发展研究院获科技部批准建设，新建农业良种培育中心22个、农业标准化生产技术示范基地79个，罗非鱼产业技术创新战略联盟成为国家重点培育联盟。全国县（市）科技进步考核实现了全区覆盖，75个县（市）通过考核。

（三）高新技术产业保持良好发展态势

高新区引领示范作用进一步突显，六个高新区工业总产值达到3360亿元，国家级高新区工业增加值占所在市总量的三分之一。高新区企业研发投入与营业收入的比例达到1.68%，远高于全区规模以上工业企业的研发投入强度；专利申请量占全区总量的34.4%；在数字化产品开发制造、电子产品、先进制造等领域建立一批公共技术服务平台。目前，全区共有高新技术产业化基地6家、高新技术企业481家。生物工程及制药、高端装备制造、电子信息、汽车及零部件等高新技术产业集群初步形成，“汽车整车及零部件产业集群”“亚热带生物资源开发利用产业集群”成为国家创新型产业集群培育试点。

（四）民生科技成效明显

在人口健康、生态环保、公共安全等民生领域优选集成先进适用技术，推动科技成果惠及民生。重点围绕我区肝癌、鼻咽癌高发的民生问题，优化和规范早诊早治方案，选点示范，为提高早诊率、降低死亡率提供坚实的科技支撑。选择了一批农村环境治理、清洁水源的科技成果推广示范，向全区推荐“美丽广西·清洁乡村”适用技术。

（五）科技基础进一步夯实

科技投入持续增加，2013年自治区本级财政科技拨款年初预算安排12.18亿元，同比增长41%。自治区主席院士顾问工作进一步加强，建设了60家院士工作站。创新平台和基地建设持续加强，新建42家工程技术研究中心，总数达到

167 家；新建 11 家广西重点实验室，总数达到 50 家；新建 11 家技术转移示范机构和 10 家中国创新驿站广西工作站。基础研究工作再上新台阶，获得国家自然科学基金项目 516 个，资助经费 2.41 亿元，分别同比增长 20.6%和 18.7%。实施科技人才成长资助路线图，资助 40 周岁以下的青年科技人才的比例达到 65%。1 人入选科技部“中青年科技创新领军人才”，2 人入选教育部“新世纪优秀人才支持计划”。

（六）全民发明创造活动取得新突破

全区三种专利申请受理量 23249 件，同比增长 71%，其中发明专利申请受理量 14380 件，同比增长 121%，增长率蝉联全国第一，连续两年实现倍增。全区获发明专利授权 1295 件，同比增长 43.7%。年末发明专利有效量 3692 件，每万人口发明专利拥有量 0.79 件，同比增长 42.9%。广西专利综合实力指数在全国排位由第 27 位升至第 23 位。专利与金融结合进一步加强，专利质押融资额 1.38 亿元。引进专利代理机构 11 家，全区总数达到 23 家。成功举办第二、第三届广西发明创造成果展览交易会。

（七）科技合作交流纵深推进

我国首家面向东盟的国家级技术转移机构——中国—东盟技术转移中心落户广西，国家级国际科技合作基地达到 9 家。首届中国—东盟技术转移与创新合作大会成功举办，促进广西与东盟各国的科技合作。与香港在卫星导航、汽车零部件等多个领域达成合作意向。进一步加强与国内大型研究院、大型研究所、重点高校和院士团队的科技合作，在高端铝合金材料、北斗导航、汽车零部件、新型内燃机等领域取得一批突破性成果。科技部与自治区工作会商项目深入实施。

（八）科技创新环境进一步优化

新修订的《广西壮族自治区科学技术进步条例》颁布施行，建设创新型广西“2+66”政策文件进一步落实，科技政策环境不断完善。自治区党委宣传部印发了《关于进一步加强科技宣传工作的实施方案》，科技宣传进一步加强。科普活动广泛开展，成功举办了第 22 届广西科技活动周、全国科技活动周广西活动、“十月科普大行动”等一系列专题活动，营造了良好的创新氛围。

（九）各市、各行业科技工作亮点纷呈

各市科技工作稳步推进，南宁市连续七次荣获“全国科技进步先进市”称号，桂林市获批准成为我区首个国家级文化和科技融合示范基地，柳州市国家级“两化”融合试验区建设取得新成效，崇左市、钦州市每万人口发明专利拥有量增长实现翻番，其他各市也勇于实践，探索出了许多新举措和新方法，科技工作成效明显，为各市经济社会发展提供了有力支撑。各行业、各部门紧紧围绕经济社会发展重大科技需求，加强合作，共同推进科技创新。

（十）党的群众路线教育实践活动取得实效

按照中央和自治区统一部署，科技厅系统深入开展“简政提效”“科技惠民”“正风肃纪”三大行动，围绕查摆四风问题着力整改，干部队伍工作作风明显改进，主动服务群众意识进一步增强，行政审批事项进一步简化，由 8 项减少到 5 项，审批时限压缩 25%。科技经费监管进一步强化，科技诚信制度和阳光立项制度不断完善。

以上成绩的取得，是自治区党委和政府高度重视、正确领导的结果，是各地各部门协同推进、密切配合的结果，是全区科技界奋力拼搏、锐意创新的结果。在此，我代表自治区科技厅，向辛勤工作在一线的广大科技人员表示崇高的敬意，向为科技事业付出心血的全体科技管理人员表示诚挚的慰问，向所有关心和支持科技工作的各级各部门和社会各界表示衷心的感谢！

三、2014 年面临的形势

当前，新一轮全球科技革命和产业变革与我国加快转变经济发展方式形成历史性交汇，为我国科技工作提供了难得的机遇。党中央、国务院对科技发展提出新的更高要求。习近平总书记在中央政治局第九次集体学习时明确要求，要做好创新驱动发展战略顶层设计，加快创新驱动发展战略实施和任务落实。李克强总理强调，创新是经济结构调整优化的原动力，要把创新摆在国家发展全局的核心位置。党的十八届三中全会把深化科技体制改革作为全面深化改革的重要内容进行系统部署，为我国科技工作指明了方向。

广西也正面临国家全面深化改革扩大开放、中国—东盟合作进入新的“钻石十年”、国家建设 21 世纪“海上丝绸之路”、国务院批准广西建设沿边金融综合改革试验区、珠江—西江经济带建设将上升为国家战略等发展机遇，特别是中央提出广西要成为我国西南、中南地区开放发展新的战略支点，为我区发展带来一系列新的重大机遇。自治区党委、政府对科技工作十分重视，提出要大力实施创新驱动发展战略，充分发挥科技第一生产力的作用，以科技进步和创新来支撑产业结构优化升级和经济发展方式加快转变。

同时，我们也清醒地认识到科技工作与经济社会发展的要求还有差距，科技事业还面临诸多挑战和困难。一是科技体制改革的步伐和力度还不够大，科技和经济社会发展相结合的通道还没有完全打通。二是科技部门政府职能转变还没有真正到位，行政审批效率不高，科技管理的效率和质量需要进一步提升。三是科技基础薄弱，“十二五”主要科技指标完成压力较大，全社会R&D（研究与试验发展）经费投入强度和每万人口发明专利拥有量等指标与目标差距还很大。四是财政科技投入存在资源分散、投入结构不够合理等问题，绩效管理亟待提高。五是科技政策落实不到位，有效激发全社会创新活力、有效调动科研人员积极性的激励机制不完善。这些科技事业发展中的突出问题和矛盾，自治区党委、政府高度重视，我区社会各界也热切盼望深化改革。我们要更具胆识和智慧，增强创新自信，大胆革除科技生产力发展的体制机制障碍，释放改革红利，加快实施创新驱动发展战略，推动我区科技事业迈上新台阶。

四、2014年科技工作思路和重点任务

2014年全区科技工作总体思路是：全面贯彻落实党的十八届三中全会精神，深入实施创新驱动发展战略，落实建设创新型广西“2+66”政策文件，加快推进科技体制改革，着力增强自主创新能力，着力健全技术创新市场导向机制，着力提高科技创新管理水平和服务能力，推动科技改革发展取得新成效，为实现“两个建成”目标提供科技支撑。

2014年科技工作的重点任务有10项：

（一）抓住关键环节，推进科技体制改革

一是推进科技项目和资金管理改革。贯彻落实《国务院关于改进和加强中央财政科研项目和资金管理的若干意见》的精神，修订自治区科技计划项目和经费管理办法，逐步建立既适应科研活动规律，又满足财政预算管理要求的科技计划经费管理机制。改进科技计划项目指南编制和发布方式，简化项目申报材料和程序，减缩办理时限，研究建立科技经费后补助制度。进一步强化项目承担单位的法人责任，明晰权责关系。加强项目经费的监督检查，探索推进科技经费支出绩效评价工作，进一步提高科研经费的使用效益。加快广西科技管理信息系统建设，完善信息化基础设施建设，研究建立科技管理信息化标准规范体系，推进科技数据资源集成共享。建立科技报告制度，在自治区财政支持的科技计划项目开展试点工作。

二是建立完善科技成果转化机制。发展和壮大技术市场，建设广西网上技术交易市场，建立技术市场分级分类管理的运营和服务体系；强化科技中介机构培育和技术经纪人队伍建设；探索建立技术交易奖励和补助制度；加强技术合同认定登记，强化对全区技术市场发展的监测。改革科技成果评价方式和登记制度，探索建立由科技中介机构组织科技成果评价的规范标准。

三是创新专利创造、运用和保护机制。改革发明专利申请激励制度，强化发明专利申请质量导向，从对专利申请的资助为主逐步转为对获得专利授权的奖励。探索科技金融有效结合新机制新途径，支持商业银行拓展专利权质押融资业务，支持中小企业以专利权质押争取创业资金。依托区、市两级专利行政执法人力资源，探索建立专利行政执法队伍，加大专利保护力度。

（二）加强科技攻关，支撑产业创新发展

一是加快重大科技专项实施。坚持以市场为导向，进一步突出重点，在铝资源、制糖、新能源汽车、粮食安全、中药现代化等领域加大产业重大关键技术攻关和新产品研发，推动重大专项成果转化和产业化。

二是加快千亿元产业科技攻关。在高效环保柴油机、高性能工程机械、汽车智能化等领域力争突破一批关键共性技术，研发一批市场前景好、科技含量高、具有自主知识产权的创新产品，加强研发成果集成应用示范推广，提升千亿元产业技术水平。深入实施制造业信息化科技工程，加强工业节能技术研究和应用，加快推进利用高新技术改造提升传统产业。

三是大力发展高新技术产业。推进南宁、桂林和柳州高新区国家创新型特色园区建设，推动北海、梧州高新区升级，加快柳南高新区、玉林高新区的新建工作，不断扩大高新区数量和规模，全年高新区工业总产值达到4000亿元以上。加快桂林国家级文化和科技融合示范基地建设。加快高新技术产业化基地建设，培育发展高新技术企业达到550家，推动创新型产业集群形成和发展。加强对科技企业孵化器的指导和扶持，争取建设40家科技企业孵化器。

四是支撑战略性新兴产业发展。围绕新一代信息技术、新能源、新材料、节能环保等战略性新兴产业的需求部署创新链，重点在物联网和云计算、北斗导航、工业机器人应用等领域，整合优势资源，着力突破关键技术，开发具有自主知识产权的重点装备和产品。

（三）推进农业科技创新，支撑现代农业发展

一是加快农业种业科技创新。加快实施农业重大科技专项。重点在粮食、甘蔗、畜禽、水产等领域开展新品种选育和高效种植、生态健康养殖、疫病防控等关键共性技术攻关，培育出一批有较强竞争力的优势农产品，获得一批重大科技成果。

二是抓好广西现代农业产业科技示范县建设。支持专业大户、家庭农场、农民合作社等新型农业经营主体发展，建设一批农业标准化生产技术基地，培植壮大一批农业产业化龙头企业，打造特色农业产业群，促进县域优势特色农业发展。

三是强化新型农业科技服务体系建设。重点做好国家农业科技园区、国家新农村发展研究院、农业良种培育中心和农业标准化生产技术示范基地等创新平台基地建设。建立“认定（或备案）—创新创业服务—绩效考评—表彰奖励—后补助支持”的农村科技特派员管理模式，进一步扩大农村科技特派员队伍。利用好市县电视频道，开展星火科技培训和农村科普工作，加强农村人才团队建设。

（四）加快实施科技惠民计划，推动科技成果惠及民众

一是加强人口与健康领域科技攻关。以实施壮瑶医药振兴计划为重点，开展民族医药的挖掘、传承与创新示范。以开展临床重点学科和优势专科的创新示范为重点，集成创新一批新技术、新方法。

二是加强生态环境领域科技攻关。围绕制糖、造纸等高污染行业，开展清洁生产、资源节约等技术研发，提高产业节能减排水平。深入开展“美丽广西·清洁乡村”活动，在农村环境、清洁生产、石漠化地区综合治理等领域开展技术攻关和推广应用示范。

三是开展科技惠民试点示范。围绕人口健康、生态环境、公共安全、城镇发展等民生领域，开展集成技术应用试点示范，推动一批先进、实用科技成果惠及民众。

（五）加强基础研究和前沿研究，夯实科技创新基础

一是提高基础研究水平。积极争取国家自然科学基金支持。进一步加强广西自然科学基金项目的管理，引导社会资金增加对基础研究的投入。加强重大科学问题的凝练，加强对跨学科、跨领域基础研究的支持，培养和造就一批基础研究优秀人才和团队。

二是加强基础研究基地建设。进一步加强两家国家重点实验室和50家自治区重点实验室建设。新增一批自治区重点实验室培育基地和自治区企业重点实验室培育基地。推动人才、基地和项目紧密结合，加强绩效考核，提高重点实验室建设与运行管理水平。

三是推进科技创新平台建设。加强工程技术研究中心、千亿元产业研发中心、自治区工程院等创新平台建设，全年新增自治区级工程技术研究中心20家，强化各类创新平台的协调集成创新。完善创新型（试点）企业评审和管理机制，加快培育创新型企业。加强产业技术创新战略联盟建设。推动大型科学仪器协作共用平台、科技文献共享平台建设，建立健全高校、科研院所、企业的科研设施和仪器设备等科技资源共享和开放机制，强化监督评价。

（六）完善人才发展机制，加强高层次科技创新人才队伍建设

一是继续发挥自治区主席院士顾问的作用。开展院士顾问工作考核评估，加强院士工作站建设和管理，为院士开展服务提供良好条件，更好发挥院士顾问在我区经济社会发展中的重要作用。

二是继续做好八桂学者服务工作。配合做好第三批八桂学者聘请工作，完善八桂学者专项资金管理制度，提高专项资金的使用效益。探索建立八桂学者考核和退出机制，强化动态管理。

三是加强青年人才的培养。继续加大对广西自然科学基金杰出青年基金项目和创新研究团队项目的支持力度，积极培养一批优秀青年人才和创新研究团队。

（七）深入实施知识产权战略，推动全民发明创造

一是深入实施发明专利倍增计划。按照“量质并重、质量优先”的要求，继续将发明专利受理量和每万人口发明专利拥有量纳入政府年度绩效考评指标，推动发明专利申请数量和质量同步提高。年内发明专利申请量达到16000件，每万人口发明专利拥有量增长40%。

二是促进专利转化应用。办好第四届广西发明创造成果展览交易会，组团参加国内专利技术产品交易会，拓展专利转化应用渠道。加快推进知识产权优势企业和知识产权强县强区工作，推进知识产权试点示范。

三是深化知识产权战略实施。制定并督导落实《2014年广西实施知识产权战略意见推进计划》，继续开展知识产权战略实施中期评估工作。启动编制“十三五”广西知识产权发展规划。研究建立广西专利统计指标体系，建立知识产权预警机制。

四是推动知识产权服务机构发展。加强专利代理机构建设，加大专利代理人培养。加强广西“十百千知识产权（专利）人才”培养。重点建设好广西知识产权信息中心，探索广西知识产权交易中心有效建设模式。

五是加大知识产权保护力度。深入开展知识产权执法维权“护航”专项行动。加强中国（广西）知识产权维权援助中心建设，强化维权援助人才队伍建设。开展企业知识产权维权援助服务试点工作。

（八）深化科技合作与交流，在更高起点上推动自主创新

一是深化国内外科技合作。鼓励我区企业、科研机构和高校利用国内外科技创新资源，引进人才和技术，共建联合研究中心（联合实验室），建立科技交流合作机制。加强国际科技合作基地建设，提升合作水平。

二是加快中国－东盟科技合作与技术转移平台建设。重点加快中国一东盟技术转移中心建设，构建覆盖中国和东盟国家的技术转移协作网络，推动先进适用技术的双向转移。支持我区企业、科研机构和高校与东盟国家开展技术合作，共建农业科技示范基地，实施国际科技特派员行动。承办好第二届中国一东盟技术转移与创新合作大会。

（九）深入推进基层科技工作，支撑县域经济发展

一是加强基层创新能力建设。抓好科技富民强县、科技进步示范县、农村科技信息化示范县等工作，加强县市科技基础建设，完善工作条件，提升县市科技管理和服务能力。

二是完善厅市科技会商机制。加强对接沟通，优先支持体现地方特色优势、符合地方重大科技需求的会商项目，支撑地方经济发展。

三是加大科技扶贫力度。实施县域产业科技扶贫和融水大苗山扶贫专项，加强技术培训和科技示范基地建设，带动县域农民脱贫致富。

（十）完善科技创新政策体系，营造科技创新良好环境

一是强化科技政策落实。积极配合自治区人大开展《中华人民共和国科学技术进步法》执法检查。推动研发费用加计扣除、高新技术企业认定等优惠政策落实，加强对建设创新型广西“2＋66”政策文件和激励自主创新系列政策的落实力度，强化面向基层的政策宣传和解读，提高科技政策的知晓度。

二是提高科普水平。进一步完善自治区科普工作联席会议制度。加强对创新性科普工作模式研究与示范，继续办好科技活动周等科普品牌活动。充分发挥主流媒体的作用，注重利用新兴媒体，加强科技宣传工作。

同志们，今年是“十三五”规划启动之年，要抓紧开展“十二五”科技规划中期评估，启动“十三五”科技规划和新一轮广西创新计划的研究编制，为今后科技发展做好统筹谋划。今年科技工作的任务已明确，我们要按照国家和自治区对科技工作的要求，深刻领会党的十八届三中全会精神，继续巩固党的群众路线教育实践活动成果，切实做好今年科技改革和发展的各项工作。

一是切实改进工作作风。针对在政策落实、基层调研、文风会风等方面存在的问题加大整改力度，切实改进工作作风。进一步提高科技干部队伍的主动服务意识，加大对科研活动和科研人员的服务力度。

二是强化干部队伍建设。完善科技干部教育培训管理机制，继续办好科技管理干部研修班、科技大讲堂等，强化对市县科技管理干部的培训，提高全区科技系统队伍的创新和管理能力。

三是加强廉政建设。强化廉政教育，提高廉洁自律意识，落实党风廉政建设责任制，健全廉政风险防控体系。在科技管理工作中进一步加强对重要领域和关键环节的监督，加大对科技经费的监管和督察，让权力在阳光下运行。

同志们，广西科技发展站在了新的战略起点上，面对发展新形势，我们要按照中央和自治区对科技工作的要求，深刻领会党的十八届三中全会精神，切实做好今年科技改革和发展的各项工作。让我们紧紧围绕自治区党委、政府中心工作，继续解放思想、凝心聚力、锐意进取、求实创新，为加快推进创新型广西建设、实现“两个建成”目标而努力奋斗！

综 述

2013 年广西科技工作综述

2013 年是全面贯彻党的十八大精神、落实创新驱动发展战略的开局之年，也是加快推进中央 6 号文件改革任务全面落实的一年。一年来，在自治区党委、政府的正确领导下，全自治区科技工作按照“强基础、提能力、促发展、惠民生”的总体思路，加快创新驱动发展，科技进步与创新取得新成效，为实现广西“两个建成”目标做出了积极贡献。

一、加强千亿元产业研发，重点产业科技创新取得新成效

继续实施“350”工程，加强 23 家千亿元产业研发中心建设，累计申请专利 1583 件，其中发明专利 701 件，参与制定技术标准 492 个，获工业新产品 562 个。重点产业领域关键共性技术攻关取得新突破，上汽通用五菱开发的邮政物流纯电动车成为“节能与新能源汽车示范推广应用工程推荐车型”，玉柴 16VC 船电样机填补了大马力高速船电单机空白，制糖行业应用立式连续煮糖罐实现生产过程连续化和自动化，南南铝业成功铸造世界上直径最大的铝合金圆锭。反重力近终形铸造技术成果极大推进了我国铝加工技术进步，在航空领域具有重要应用价值，获广西科学技术特别贡献奖。企业技术创新意识进一步强化，国家创新型（试点）企业达到 8 家，广西创新型（试点）企业总数达到 129 家。

二、加强农业科技园区建设，科技创新支撑农业发展能力持续提升

农业新品种培育取得新进展，自主研发的农作物新品种达 82 个，成功选育出广西第三个超级稻品种。农业科技园区建设进一步加强，桂林国家农业科技园区获科技部批准建设，百色国家农业科技园区被评为全国优秀园区。现代农业科技示范县加快建设，新认定产业科技示范县 20 个，总数达到 75 个。农业创新平台建设进一步夯实，广西大学新农村发展研究院获科技部批准建设，新建农业良种培育中心 22 个、农业标准化生产技术示范基地 79 个，罗非鱼产业技术创新战略联盟成为国家重点培育联盟。全国县（市）科技进步考核实现了全自治区覆盖，75 个县（市）通过考核。

三、高新技术产业发展态势良好

高新区引领示范作用进一步突显，六个高新区工业总产值达到 3360 亿元，国家级高新区工业增加值占所在市总量的三分之一。高新区企业研发投入与营业收入的比例达到 1.68%，远高于全区规模以上工业企业的研发投入强度；专利申请量占全自治区总量的 34.4%；在数字化产品开发制造、电子产品、先进制造等领域建立一批公共技术服务平台。目前，广西共有高新技术产业化基地 6 家、高新技术企业 481 家。生物工程及制药、高端装备制造、电子信息、汽车及零部件等高新技术产业集群初步形成，“汽车整车及零部件产业集群”“亚热带生物资源开发利用产业集群”成为国家创新型产业集群培育试点。

四、民生科技成效明显，科技成果惠及民生

在人口健康、生态环保、公共安全等民生领域优选先进适用技术，推动科技成果惠及民生。重点围绕广西肝癌、鼻咽癌高发的民生问题，优化和规范早诊早治方案，选点示范，为提高早诊率、降低死亡率提供坚实的科技支撑。选择了一批农村环境治理、清洁水源的科技成果推广示范，向全自治区推荐“美丽广西·清洁乡村”适用技术。

五、科技基础进一步夯实

科技投入持续增加，2013年自治区本级财政科技拨款年初预算安排12.18亿元，同比增长41%。自治区主席院士顾问工作进一步加强，建设了60家院士工作站。创新平台和基地建设持续加强，新建42家工程技术研究中心，总数达到167家；新建11家广西重点实验室，总数达到50家；新建11家技术转移示范机构和10家中国创新驿站广西工作站。基础研究工作再上新台阶，获得国家自然科学基金项目516个，资助经费2.41亿元，分别同比增长20.6%和18.7%。实施科技人才成长资助路线图，资助40周岁以下的青年科技人才的比例达到65%。1人入选科技部“中青年科技创新领军人才”，2人入选教育部“新世纪优秀人才支持计划”。

六、专利综合实力显著提升，全民发明创造活动取得新突破

广西三种专利申请受理量23249件，同比增长71%，其中发明专利申请受理量14380件，同比增长121%，增长率蝉联全国第一，连续两年实现倍增。全自治区获发明专利授权1295件，同比增长43.7%。年末发明专利有效量3692件，每万人口发明专利拥有量0.79件，同比增长42.9%。广西专利综合实力指数在全国排位由第27位升至第23位。专利与金融结合进一步加强，专利质押融资额1.38亿元。引进专利代理机构11家，全自治区总数达到23家。成功举办第二、第三届广西发明创造成果展览交易会。

七、成立首家国家级技术转移机构，科技合作交流纵深推进

我国首家面向东盟的国家级技术转移机构——中国—东盟技术转移中心落户广西，国家级国际科技合作基地达到9家。首届中国—东盟技术转移与创新合作大会成功举办，促进广西与东盟各国的科技合作。与香港在卫星导航、汽车零部件等多个领域达成合作意向。进一步加强与国内大型研究院、大型研究所、重点高校和院士团队科技合作，在高端铝合金材料、北斗导航、汽车零部件、新型内燃机等领域取得一批突破性成果。科技部与自治区工作会商项目深入实施。

八、修订新政策条例，进一步优化科技创新环境

新修订的《广西壮族自治区科学技术进步条例》颁布施行，建设创新型广西“2+66”政策文件进一步落实，科技政策环境不断完善。自治区党委宣传部印发了《关于进一步加强科技宣传工作的实施方案》，科技宣传进一步加强。科普活动广泛开展，成功举办了第22届广西科技活动周、全国科技活动周广西活动、“十月科普大行动”等一系列专题活动，营造了良好的创新氛围。

九、科技支撑县市经济发展，各市、各行业科技工作亮点纷呈

各市科技工作稳步推进，南宁市连续七次荣获“全国科技进步先进市”称号，桂林市获批准成为广西首个国家级文化和科技融合示范基地，柳州市国家级“两化”融合试验区建设取得新成效，崇左市、钦州市每万人口发明专利拥有量增长实现翻番，其他各市也勇于实践，探索出了许多新举措和新方法，科技工作成效明显，为各市经济社会发展提供了有力支撑。各行业、各部门紧紧围绕经济社会发展重大科技需求，加强合作，共同推进科技创新。

十、践行党的群众路线教育实践活动，不断深化改革

按照中央和自治区统一部署，自治区科技厅系统深入开展“简政提效”“科技惠民”“正风肃纪”三大行动，围绕查摆四风问题着力整改，干部队伍工作作风明显改进，主动服务群众意识进一步增强，行政审批事项进一步简化，由8项减少到5项，审批时限压缩25%。科技经费监管进一步强化，科技诚信制度和阳光立项制度不断完善。

（科技厅办公室）

2013年
广西科技工作要点

2013年是深入贯彻落实党的十八大精神的开局之年，是实施“十二五”规划承前启后的关键一年。为充分发挥科技在实现富民强桂新跨越、与国家同步实现小康目标中的重要支撑作用，也为充分发挥科技在服务“广西速度”和“两个倍增”中的重要支撑作用，广西科技工作进一步深化科技体制改革，加快广西创新体系建设。全社会R&D经费支出占GDP比重达到1.2%；全面推进11个重大科技专项的实施，加快“350”工程实施和成果转化，推进重点领域60个科技攻关项目实施；全面建设23个千亿元产业研发中心，加快建设25个自治区工程院；新增自治区重点实验室 10 家、自治区工程技术研究中心 35 家、高新技术企业 70 家、创新型企业 30 家；高新区工业总产值达到 3600 亿元以上，同比增长 25%；继续推进 50 个现代农业产业科技示范县建设，组织科技培训 20 万人次；大幅度提高发明创造水平，发明专利申请量达到 10000 件，全自治区每万人发明专利拥有量达到 1 件。2013 年，自治区科技厅主要推进以下 12 项重点工作。

一、贯彻落实全国、全区科技创新大会精神，全面推进深化科技体制改革，加快创新型广西建设各项工作

认真贯彻落实全国、全区科技创新大会精神，扎实推进《关于提高自主创新能力，建设创新型广西的若干意见》和《关于深化科技体制改革，加快广西创新体系建设的实施意见》及 66 个配套文件精神的落实，完成自治区科技厅在“2＋66”文件体系中的各项任务；加强督促检查，确保任务落到实处。

二、加快实施科技重大专项和工程，推动重点领域跨越发展

（一）加快实施科技重大专项和创新计划工程

加强组织协调，加快推进 11 个重大专项工作和广西创新计划 7 个工程实施，攻克更多的关键共性技术，获取更多的重大突破。加强项目的督促检查，确保主要指标实现“时间过半、目标任务过半”。

（二）加快实施千亿元产业重大科技攻关工程

加快推进“350 工程”项目的实施，力争在原有基础上，再攻克一批产业技术难题，形成一批具有市场竞争力的新产品、新技术。加强对项目的监理，确保项目的实施进度和实施质量。加强科技成果的管理和转化推广，加强专利和著作权等知识产权的保护。

三、加强科技创新平台和基地建设，增强科技创新后劲

（一）加快建设 25 个自治区工程院

加强指导和引导，明确定位，规范首批 25 个自治区工程院的建设、运行和管理，促进人才、技术等创新要素向工程院流动，加快科技成果工程化、产业化，推动广西特色优势产业向产业链高端发展。

（二）加快 23 家千亿元产业研发中心建设

组织实施千亿元产业研发中心能力提升行动，引导千亿元产业研发中心建设依托单位加大投入，完善科研条件，加强考核评估，积极推进有条件的千亿元产业研发中心申报各类国家级研发平台。

（三）加强各类创新平台建设

继续加强现有的国家工程技术研究中心、国家重点实验室等国家级创新平台建设。新增 10 家自治区重点实验室，总量达到 48 家；新建 35 家自治区工程技术研究中心，总量达到 160 家。鼓励行业骨干企业建设国家级工程技术研究中心。支持符合条件的自治区重点实验室申报国家重点实验室和省部共建国家重点实验室培育基地。重点支持 12 家自治区级技术转移示范机构建设。加强大型科学仪器平台、科技文献数据信息服务共享平台、自然科技资源利用共享平台等创新平台建设。

（四）强化企业技术创新主体地位

加快创新型企业建设。新认定 10 家以上自治区创新型试点企业，30 家以上自治区创新型企业。引导和支持创新要素向企业集聚，完善技术创新平台，健全创新投入机制，促进创新产品增长，示范带动产业走创新发展道路。

（五）加强产业技术创新战略联盟建设

整合各类科技资源，加强现有 27 个产业技术创新战略联盟建设，指导联盟围绕市场需求形成产业技术创新链，提高产业技术创新水平。

（六）加强高校和科研院所服务经济社会的能力建设

支持高校和科研院所加强基础研究、应用研究和前沿技术研究，支持高校、科研院所和企业共建创新平台，联合申报课题，开展多种形式的产学研合作，加强协同创新，加快科技成果转化。通过项目和资金的引导，加强高校、科研院所创新能力建设。

四、加快发展高新技术产业和战略性新兴产业

（一）加快高新区创新发展

加快推进南宁、桂林和柳州高新区建设创新型特色园区。加快北海高新区建设，推动其升级成国家高新区。加强梧州和钦州高新区建设的指导。积极推进符合条件的高新区争创国家科技服务体系建设试点，推进柳州高新区创建国家创新型产业集群试点建设。支持有条件的市新建自治区级高新区。高新区工业总产值达到 3600 亿元以上，同比增长 25%。

（二）做大做强高新技术产业集群

加快建设广西北部湾经济区国家高新技术产业带。大力培育发展高新技术企业，新认定 70 家高新技术企业，总量达到460家。加强高新技术特色产业化基地建设，培育桂林创意文化和南宁生物医药等创新型产业集群，进一步做大做强电子信息、生物与新医药、新材料、先进制造等高新技术产业集群。

（三）全面加快科技企业孵化器建设

加强科技企业孵化器建设，培育1个国家级科技企业孵化器，新认定2～3个自治区级科技企业孵化器。创新科技企业孵化器建设和运行模式，加快建设一批能力突出、服务设施完备的孵化器，孵化一批科技型中小企业，打造具有竞争力的创新型产业集群。

（四）利用高新技术改造提升传统产业

深入推进制造业信息化科技工程示范企业和示范城市建设，新认定10家自治区制造业信息化科技工程示范企业，培育制造业信息化示范城市。在汽车、机械、制糖等产业开展信息化应用示范，推动制造业信息化工作向纵深发展。加强科技成果转化与集成应用，在制糖、水泥等产业集成推广共性技术成果，促进节能减排增效增收。

（五）开展战略性新兴产业科技攻关

重点支持新能源、新材料、节能环保等战略性新兴产业开展科技攻关，攻克制约战略性新兴产业发展的技术瓶颈，推动战略性新兴产业跨越发展。

五、加快推进农业科技创新，支撑现代农业发展

（一）组织农业科技攻关和科技成果转化

加快实施“粮食安全关键技术研发与示范”等重大科技专项，在粮食、甘蔗、木薯、桑蚕以及畜禽、水产等优势特色产业开展新品种选育和高效种植、生态健康养殖、疫病防控等共性关键技术攻关，培育出一批有较强竞争力的优势农产品，获得一批重大科技成果。

（二）加快现代农业产业科技示范县建设

围绕粮食、甘蔗、桑蚕、木薯、水果、蔬菜、畜禽、水产、速丰林、油茶等10大农业特色优势产业，重点支持18个现代农业产业科技示范县建设，集成示范应用一批新品种、新技术、新设备、新工艺，大力促进农业增效、农民增收。

（三）加强基层科技创新能力建设

组织实施基层科技管理服务条件完善建设行动、科技富民强县专项行动、科技进步示范县建设行动、科技特派员基层创新创业服务行动、科技管理服务能力提升行动等科技行动，组织科技培训20万人次，进一步加强基层科技服务机构和服务队伍的建设，促进基层科技服务区域经济社会发展的能力大幅度提升，带动农业产业发展和农民增收致富。

（四）加强农村科技创新平台和服务体系建设

重点抓好农业科技园区、产业技术创新战略联盟、农业良种培育中心、农业标准化生产技术示范基地等创新平台和农村科技服务体系建设，组织开展农业科技创新、农业科技成果转化和农村先进适用技术示范推广，提高农村科技服务水平。

六、加快实施民生科技工程，推动科技成果惠及人民群众

（一）加强人口与健康领域科技攻关

加快实施“中药现代化关键技术研究与开发”重大专项，重点在三七种植、罗汉果产业链延长等领域开展关键技术研究与产业化开发研究，为提高广西健康水平提供科技支撑。

（二）加强生态环境领域科技攻关

加快实施“金属尾矿资源高效利用和安全处置”重大专项，重点开展尾矿重金属渗滤液阻隔和净化、尾矿有价成分的提取与综合利用、大宗尾矿渣无害化处理、生态修复等技术研究，使自治区内尾矿库重金属渗滤液泄漏得到控制，大幅提高尾矿渣综合利用率，有效改善生态环境。

（三）加强公共安全技术研发

重点加强食品安全、重大生产事故预防、重大突发事件应急、防灾减灾和城市公共安全等领域的技术研发和转化应用。

（四）加强科学技术普及

加快实施“十二五”科普工作发展纲要。继续办好广西科技活动周、全国科技活动周广西活动、科技下乡、双休日科普讲座等科普活动，不断提高公众的科学素养。

七、完善人才培养和引进机制，加强创新人才及团队建设

（一）充分发挥高层次创新人才的作用

完善自治区主席院士顾问服务广西的工作机制，建立院士工作站，为院士顾问及其团队来桂开展决策咨询、科研、学术交流、人员培训等活动提供综合服务。组织院士顾问及其团队服务企业，开展重大决策咨询，攻克技术难关，转化应用一批科技成果，解决一批经济社会发展难题，帮助广西引进和培养一批创新创业人才。进一步加强和规范“八桂学者”岗位管理，促进广西“八桂学者”建设工程健康发展并收到实效。

（二）进一步加强青年人才培养和创新研究团队建设

发挥各类科技项目、平台和基地对青年人才的培养作用，继续加大对广西杰出青年基金项目和创新研究团队项目的支持力度，积极培养一批优秀青年人才和创新研究团队。

（三）进一步发挥科技成果奖励的激励作用

完成年度科学技术奖的推荐评审工作，加强科技成果的转化应用。

八、深入实施知识产权战略，推动发明创造实现新的跨越

（一）继续实施《广西发明专利倍增计划》

加快实施科技项目、创新平台、知识产权优势企业等发明专利倍增工程，加大发明专利申请资助和授权奖励力度，发明专利申请量达到10000件，全自治区每万人发明专利拥有量达到1件。

（二）继续办好广西发明创造成果展览交易会

以14个千亿元产业和10个战略性新兴产业发明创造成果为重点，继续举办发明创造成果展览交易会，开展发明创造成就宣传和知识产权普及、成果展示、成果推介、创新产品销售等活动，推动全民发明创造和专利成果转化应用。

（三）加强专利服务机构建设

鼓励和支持尚未设立专利代理机构的设立专利代理机构，新设立专利代理机构5～10家。建设广西（南宁）知识产权交易中心和广西（桂林）知识产权交易中心，完善知识产权交易大厅、网络交易系统、交易数据库和交易服务体系，提高知识产权创造、运用、保护和管理的能力。

（四）继续开展知识产权试点示范

培育和形成一批知识产权示范企业、示范园区、示范县（市、区）。建立完善跨部门知识产权评议工作机制，开展试点评议工作。

（五）加强知识产权保护

深入开展“护航”行动，加大各类展会知识产权保护力度。加强中国（广西）知识产权维权援助中心建设，强化行政执法监督，提高执法水平。

九、加强科技合作与交流，吸引更多的创新资源向广西集聚

（一）继续加强国际科技合作

加强5个国家级国际科技合作基地和10个广西国际科技合作基地建设，新认定一批广西国际科技合作基地。组织实施一批国际科技合作项目，推动科技创新资源的双向流动。

（二）深入开展国内科技合作

全面落实自治区人民政府与科技部、中国科学院、中国工程院等部门和单位签订的科技合作协议确定的各项议题，积极策划和组织实施一批科技项目，争取更多的国家资源落户广西，推动会商工作取得新进展。进一步深化厅市会商、厅际会商机制。继续参与泛珠三角、长三角等区域的科技合作，加强与兄弟省市科技部门的交流与合作。

（三）建设中国－东盟科技合作与技术转移平台

加快中国－东盟科技合作与技术转移服务体系建设，重点启动和建设“中国－东盟技术转移中心”，承办好第十届中国－东盟博览会先进技术展和中国－东盟技术转移与创新合作论坛，组织开展系列相关活动，推动与东盟国家科技合作与技术转移。

十、加强行业部门创新，提高协同创新水平

（一）加快推进科技与文化融合发展

配合文化部门加强文化科技创新载体建设，共同实施文化科技创新工程，加快推进文化与科技融合发展。

（二）加强科技与金融结合

继续深化与金融部门和机构的合作，加快落实科技部门与金融部门签订的合作协议议题，缓解中小企业融资难问题。加强引导，使更多的金融资本投入科技创新。

（三）充分发挥行业协会促进科技创新的作用

加强与行业协会的合作，引导行业企业进行科技创新，提升行业协会服务科技创新的能力。

十一、进一步加强科技管理体制改革，提高科技管理水平

（一）深入学习领会党的十八大精神，深刻理解十八大对科技工作的新要求

深刻认识自治区党委、政府关于“广西速度”的重大意义，紧密结合工作实际，坚持围绕中心，服务大局，提升战略思维和科学谋划能力，把智慧和力量凝聚到落实科技改革发展各项任务上来。

（二）推进科技计划管理改革

进一步完善广西科技计划业务管理信息系统，加快推进广西科技计划信用体系建设，完善科技计划项目管理办法；推进阳光立项，加强项目实施的督促检查和到期项目验收等工作，提高项目（课题）按期完成率和验收率。

（三）进一步加强干部队伍建设和作风建设

着力营造积极向上、团结和谐的良好氛围，

进一步提高科技干部队伍的战斗力、凝聚力、创造力和公信力。

（四）加强调查研究

组织开展重大调研，加强决策咨询服务；深入基层，倾听科研人员的心声，掌握科技发展的第一手信息，了解经济社会发展的迫切需要。

（五）加强依法行政工作

坚持领导干部学法、学制度，增强依法行政观念，提高依法行政能力；完善重大决策的规则和程序；提高规范文件的制备质量和管理水平；深入推行行政问责、服务承诺、限时办理、首问责任、信息公开和阳光立项制度；开展专项督促检查。

（六）切实加强反腐倡廉工作

加强廉政建设和惩防体系建设，把以人为本、执政为民贯彻落实到机关作风建设和反腐倡廉工作中。加强对重要领域和关键环节的监督；完善廉政风险防控体系；认真落实党风廉政建设责任制，充分发挥审计监督作用，让管理权力在阳光下运行。

十二、加强服务保障，确保各项工作开展

（一）加强绩效考评工作

进一步规范指标制定程序，编制指标制定说明书，制定可量化、可考核的年度绩效考评指标。

（二）加强政务工作

加强文电、机要、档案、督查督办、信访、人大建议及政协提案办理、保密及国防科技动员等工作；进一步健全完善内部管理制度。加强政务中心科技厅窗口建设，优化行政审批流程；加强信息公开平台建设，推动政府信息公开，提高服务公众的能力。

（三）加强科技宣传

广泛利用广播、报纸、电视、网络、杂志等宣传科技工作，继续组织拍摄播出电视节目《创新传奇》；加强信息报送工作；开展《科技年鉴》《科技志》等的组织编撰工作。

（四）加强机关文化建设

建设与新时期相适应的机关文化，营造健康向上，和谐发展的工作环境。

（五）加强机关后勤保障

确保自治区科技厅系统安全生产，完成公共机构节能减排任务，加强环境卫生、财务、固定资产、会务、车辆、基建、收发等后勤工作的管理和服务。

（六）加强离退休人员管理服务

保证离退休人员政治思想、日常生活的稳定和身心健康。

（七）加强直属单位建设

围绕自治区科技厅2013年工作重点，以提高创新能力为中心，强化科技基础建设，培养科技人才队伍，提升科技服务水平，在配合自治区科技厅完成年度各项工作同时，按照本单位的职能定位，积极服务于广西经济和社会发展。

（科技厅办公室）

科技管理

科技计划管理

【概况】 广西科学研究与技术开发计划（简称广西科技计划）是指根据自治区科技发展规划和经济社会科技发展需要，以自治区本级财政经费支持或以科技政策调控、引导，由自治区科技厅组织，由具备条件的单位承担，在一定时限内围绕预定目标和任务进行的科学研究和技术开发活动。广西科技计划项目是自治区政府组织科技创新活动的基本形式，是自治区解决社会和经济发展中涉及的重大科技问题、实现科技资源合理配置的重要手段，是实施自治区科技计划的重要载体。

2013年，广西科技厅结合《广西壮族自治区中长期科学和技术发展规划纲要（2006～2020）》，认真执行《广西壮族自治区科学技术发展"十二五"规划》和《广西创新计划（2011～2015年）》，编制《关于进一步实施自治区本级科技计划项目委托管理的意见》。针对广西经济社会发展和科技进步提出的重大问题，优选一批重点领域科技攻关项目，切实解决一批广西经济社会发展进程中提出的重点、热点、难点问题；攻克一批对于广西经济社会科技中长期发展有重要影响的战略性、前瞻性、关键性课题，增加科技储备；加强科技创新基础能力建设，为持续创新提供动力源泉和必要保障，为广西经济社会持续发展提供科技支撑；同时，不断探索科学化、规范化、法制化的科技计划和项目管理模式，提高科技管理水平和资金使用效益。

继续加强科技计划管理改革，逐步建立健全科技计划体系和项目管理制度，进一步完善广西科技计划业务管理信息系统，加强历年在研项目（课题）的清理和验收工作，积极推进科技计划项目审批下放工作，促进科技计划管理的规范化、科学化、制度化。

【制度建设与管理创新】 2013年，广西科技厅深化科技计划管理改革，完善科技计划制度与管理创新，加强科技计划管理职能的规范化、科学化和制度化。主要举措如下：

组织完善科技计划管理制度。通过制定框架、明确重点、规范细则，对2014年度科技计划进行科学规划、统一部署；通过分析问题、制定办法、规范流程，协调、集中处理项目立项和过程管理中出现的各种问题。为了加快年末剩余预算任务的执行，规范应急项目的立项流程，草拟了"应急科技项目建议程序和安排原则"，以求通过建章立制规范各种类别的项目管理。

通过职权下放借助多方资源和力量加快历年在研项目的清理和验收工作。针对项目（课题）清理验收中出现的问题进行阶段性的总结和分析，印发了《关于进一步实施自治区本级科技计划项目委托管理的意见》，委托各市科技局和科技中介机构管理计划项目，并拨付各市局工作经费，形成了厅本级、市局和科技中介机构三方共同把关的多渠道项目验收结题清理整顿工作格局。

积极学习其他省科技厅计划项目的管理经验。为解放思想，开阔思路，组织调研组到江苏、湖南、云南、广东等科技厅进行调研，学习借鉴他们在计划项目管理方法和科技信息系统方面的先进经验和做法，为广西科技信息系统的重建和科技计划项目的管理注入新的理念。

【科技规划与计划】 2013年，广西科技厅对2014年度科技计划进行了科学规划和统一部署，通过分析问题、制定办法、规范流程，协调或集中处理了项目立项和过程管理中出现的各种问题。

通过对“十二五”规划中期评估、近3年计划与“十二五”规划的衔接分析，整体把握协调规划和计划的实施，加强科技规划的综合组织协调作用。

2013年科技计划执行进度大幅提前。采取多项措施加快推进计划项目经费下达进度：制订了《2013年科技计划工作进度安排》、预算项目下达准备工作具体要求并印发各业务处执行，以会议形式联合会审、处理重复项目，加强立项汇总表审核编制，等等。与往年相比，2013年任务下达进度、合同签订的进度都显著加快。上半年已完成年度预算执行的91.1%，合同签订完成率80%。9月份完成2014年计划项目申报，1个月内完成评估工作，真正实现了增速提效。

2014年科技计划申报受理工作不断创新。指南更具科学性和导向性，在横向上更体现整体的布局和资源的整合集成，在纵向上更注重与规划、历年计划的衔接。2014年科技计划申报指南呈现以下五个特点：一是突出重点，此次指南的项目数比上年减少15项（课题方向减少10个），突出了重大专项、科技成果转化、平台与能力建设和科技惠民专项等重点，体现了资源的整合与集成。二是加强衔接，注重与中长期规划、“十二五”规划以及历年计划的衔接，注重工作的延续性。三是强化集成，此次指南的项目及其课题方向按广西科技计划体系进行归类和整合，是与往年不同的一大亮点，避免了一些相近的课题方向在不同的项目中出现。四是注重中试，突出科技成果转化项目，注重技术集成应用以及中试平台、基地建设，为大规模生产（或产业化推广应用）提供支撑，促使近几年科技成果（如350工程攻关成果、育种成果等）尽快转化为现实生产力，尽快产生效益，尽快惠及民众。五是提高门槛，通过设置更科学、更严格的申报条件，限制那些不具备条件承担项目或科技创新条件（能力）较差的单位申报，达到优化科技资源配置的目的；同时，在平台建设、企业研发投入、新产品研发、专利产出等方面提出了更高的要求。据统计，共受理2014年科技计划课题2586项，较上年增长了19.2%。改革评估方式，简政提效。组织评估中心采取专家集中评估评审的方式，被评估的1717个课题在一个月内全部完成，比往年节省50%的时间，打破历史记录。践行“诚信制度”和“阳光立项”。限制历年承担项目（课题）信用不良的单位和个人申报课题；在项目立项过程中引入监察职能部门，促进立项的公平、公正、公开。

【年度科技计划与投入】 2013年，广西共下达10批自治区本级技术研究与开发财政补助项目、4批自治区科技成果转化财政补助项目，合计91个预算项目，总投资共62.1亿元，自治区本级财政补助经费4.3亿元。其中，11个重大专项总投资14.16亿元，自治区本级财政补助经费7525万元；科技成果转化专项总投资17.54亿元，自治区本级财政补助经费9900万元。

据不完全统计，2013年共协调组织申报国家各类科技计划项目3084项，获支持722项，经费4.6亿元（包括自然科学基金），组织验收81项。

【国家、自治区科技重大专项】 2013年，广西共设立11个科技重大专项，安排自治区本级财政补助经费近8000万元，带动社会资金投入近30亿元，新增产值超2000亿元，开发新产品共147项，开发新技术86项，集成应用技术177项，开发新工艺（新方法、新模式）136项，申请专利258项，获得授权103件，参与制定技术标准99项，推动创新平台建设245个，技术培训达251057人次，取得了良好的成效。

【工程技术研究中心】 2013年，广西稳步推进工程技术研究中心建设。召集广西三家国家级工程中心召开座谈会，就如何发挥中心对广西相关行业发展的引领作用进行了深入交流和探讨，指导在建的工程中心顺利通过科技部验收。完成了2012年度工程中心（第八批）现场考察、综合评审及组建工作。首次在申报前举办广西工程技术研究中心申报与管理培训班，来自全自治区有关科技局、科研机构、企业、高校等113个单位的145人参加培训，共有78家企事业单位申报组建。2013年批准组建了42家工程技术研究中心，总数达167家（含组建）。为规范管理，广西科技厅研究起草了《广西工程技术研究中心管理办法》及《广西工程技术研究中心考核评价办法》，印发了《广西工程技术研究中心年度报告（2012年度）》。

【部区工作会商】 2013年，广西科技厅落实部区会商议题内容。组织制定部区会商工作任务分解方案下达到各业务处室、各市和各相关单位。组织开展实地调研，多次到科技部的汇报、沟通和对接，推进会商议题的落实。9月份组织对议题实施近一年来的情况进行阶段性总结和评估。

【厅市工作会商】 2013年，桂林、梧州、崇左、防城港、河池、贺州、玉林、来宾等市副市长分别带队到广西科技厅座谈交流，对厅市双方已经开展的会商工作进行回顾和总结，针对高新区等创新平台建设、高端人才引进、地方特色产业发展等问题，就下一步会商合作的重点进行了深入探讨。2013年与桂林、梧州、防城港、崇左、玉林、来宾6个市召开2013年厅市会商会议，下达厅市会商专项经费2400万元。同时，与自治区北部湾办、环保厅签订了《加快广西北部湾经济区发展合作协议书》、《科技促进环境保护合作协议书》。通过加强厅市、厅际会商工作，体现了科技力量在纵向上的深度合作以及资源在横向上的系统整合。为加强宣传，广西科技厅还组织编印了《广西科技会商制度实施概况（2013）》。

（广西科技厅发展计划处）

广西创新计划实施

【概况】 广西第五轮创新计划落实广西“十二五”科技发展规划，按照“强基础、提能力、促发展、惠民生”的总体要求，以提升自主创新能力为核心，以加快转变经济发展方式为主线，工作重心下移，重点解决制约地方经济社会发展的重大科技问题，通过实施七大科技工程，加强创新能力建设，完善区域创新体系，促进科技成果转化，加快千亿元产业和区域特色优势产业发展，推动全民创新和全方位创新，为建设创新型广西和实现“富民强桂”新跨越提供强有力的科技支撑。包括七项重点任务：企业自主创新能力提升工程、高新技术产业促进工程、科技兴农能力提升工程、产业创新人才队伍建设工程、科技成果转化能力提升工程、知识产权战略推进工程、科技惠民能力提升工程。

【广西第五轮创新计划实施情况】 主要任务指标完成情况 2013年，全自治区共组织实施第五轮创新计划项目1496项，经费投入18.63亿元。在自治区下达的23个任务指标中，按整个五年计划的80%完成量计算，完成任务指标有19个，占总指标的82.61%，其中有16个任务指标已提前完成五年的总量。

创新计划专项配套经费从2012年开始设立，两年来全自治区累计实施专项经费项目70项，安排自治区财政经费3610万元，引导企业投入和市县配套20927.10万元（其中：2013年7537.10万元）。

主要成效 企业自主创新能力稳步提升。各市围绕汽车、机械、有色金属等千亿元产业发展，组织实施企业自主创新能力提升工程，取得了显著的成效。截至2013年，全自治区累计开发工业新产品1670个，引进开发工业新技术699项；新建自治区级工程技术研究中心42家，三年累计建设工程中心73家；认定自治区级创新型试点企业136家。

高新技术产业保持快速发展势头。2012年，梧州高新区和钦州高新区获批建立，全自治区形成了南宁、柳州、桂林三大国家级高新区和北海、梧州、钦州三大自治区级高新区，高新技术产业获得较快发展。截至2013年11月，全区建设科技企业孵化器24个，制造业信息化示范企业173家，培育高新技术企业487家。

科技创新支撑农业综合生产能力显著提高。重点围绕水稻、甘蔗、桑蚕、油茶、花卉、水果、畜牧、水产、中药材等特色优势产业，组织实施科技兴农能力提升工程。三年来，引进、培育、推广应用农业优良品种564个，引进、开发、推广标准化种养新技术387项；全自治区有72个县被列为自治区农业产业科技重点示范县；建立农业良种培育中心98个，农业标准化生产示范基地199个。

产业创新人才队伍不断壮大。围绕广西重点产业，各市大力引进培养高层次创新创业人才，加强重点领域急需人才开发，抓好产业创新人才队伍建设，为广西产业发展提供人才和智力支撑。截至2013年11月，全自治区累计选派企业科技特派员546人，农村科技特派员4528人；累计培养技能型人才205000人，农村实用人才270000人。

科技成果转化能力切实提升。积极整合现有科技资源，搭建成果转化交流交易平台，围绕特色优势产业，建立技术转移示范机构，培育科技成果示范企业，促进先进适用技术在产业中的推广应用，提升产业技术水平。截至2013年11月，全自治区建立技术转移示范机构29个，培育科技成果示范企业49家。

知识产权事业迈上新台阶。深入实施《发明专利倍增计划》，优化专利创造环境，采取有效措施推进广西知识产权事业迈上新台阶。截至2013

年11月，全自治区累计培育知识产权示范企业92家，建设知识产权县（市、区）36个。

科技惠民能力切实提升。各市积极创新科普模式和方式，开展“科技进农家，帮扶致富送到家”等科普主题活动，在全社会大力弘扬科学精神，普及科学知识，传播科学思想，倡导科学方法。此外，围绕广西农业特色产业，组织实施科技富民强县专项行动，实施一批科技富民强县项目，依靠科技支撑，带动当地农民致富增收。截至2013年11月，全自治区科技富民强县试点示范达到33个，科技服务新农村建设示范132个，全自治区科普示范村达到83个，青少年科技教育基地达到102个。

（肖美艳）

高新技术与工业科技管理

【概况】 2013年，广西高新技术工作围绕自治区党委、政府中心工作，深入贯彻落实科学发展观，创新体制机制，集聚创新资源，优化创新创业环境，辐射带动区域科技创新和经济发展，各方面都有新进展。新认定高新技术企业161家。2013年南宁市科技企业孵化基地申报国家级孵化器并获得国家级孵化器认定，至2013年末，广西已有自治区级孵化器14家，国家级6家。2013年，广西工程技术研究中心工作主要加强工程技术研究中心的组建、管理和考核工作，加大对工程技术研究中心的支持力度，注重完善工程技术研究中心的布局，不断提升创新能力。在稳步推进千亿元产业“350工程”、“2423工程”工作的基础上，精心组织实施重点产业科技重大专项，加强调研，做好统筹，集成优化、加强督导以促实效。制造业信息化科技工程顺利推进。积极推进北海高新区升级工作，桂林、南宁高新区建设国家创新型特色园区获国家科技部批准启动实施，南宁高新区的“亚热带生物资源开发利用产业集群”被国家科技部火炬中心列为2013年度“创新型产业集群试点（培育）”。

【高新技术产业开发区】 2013年，广西高新区创新型产业集群进一步发展。桂林、南宁高新区建设国家创新型特色园区方案经专家评审等程序获科技部批准启动实施，柳州高新区建设国家创新型特色园区方案已报科技部。南宁高新区的“亚热带生物资源开发利用产业集群”被科技部火炬中心列为2013年度“创新型产业集群试点（培育）”。此外，加强了对玉林、柳州市柳南区等地申报高新区的指导，积极推进北海高新区升级国家级高新区工作。

截至2013年底，广西六个高新区完成工业总产值3361.81亿元，同比增长15.96%；完成工业增加值924.71亿元，同比增长11.90%；完成营业总收入3506.91亿元，同比增长17.64%；完成出口总额33.91亿美元，同比增长10.67%；实现净利润177.25亿元，同比增长9.43%；实交税金总额174.38亿元，同比增长17.05%。六个高新区现有企业数13805家。其中规模以上工业企业651家，上市企业16家，收入超亿元企业415家。

2013年，桂林、南宁、柳州、北海、梧州、钦州六个高新区工业增加值占所在市工业增加值的比重分别为33.85%、40.28%、29.4%、7%、11.03%、1.3%，较2012年有所提高，高新区在辐射带动当地经济发展的能力逐渐增强，已成为广西重要经济增长点和带动地方经济发展重要引擎。

【高新技术企业】 2013年，在自治区高新技术企业认定管理领导小组各成员单位的共同努力下，根据《高新技术企业认定管理办法》，加强高新技术企业的认定、培育和培训工作，共受理2批200家高新技术企业认定、复审申请，通过认定（复审）高企161家，截至2013年底，全广西共拥有高企481家。组织广西高新技术企业协会举办1期高新技术企业申报培训班，培训100多家企业、近300人，设立“高新技术企业培育”专项，2013年共安排经费300万元。

根据国家科技部、财政部和国家税务总局安排，2013年，广西科技厅牵头联合自治区认定四部门开展高企认定机构、专家、企业、中介机构，以及税收政策落实情况自查自纠工作。做到“检查对象全覆盖、检查重点全方位”，受到国家督导组的充分肯定，并形成自查自纠报告送国家认定办。之后，还对检查出的问题予以整改处理。

2013年，广西科技厅、财政厅、国税局和地税局共同颁布实施了《广西壮族自治区高新技术企业认定管理工作规程（试行）》，从实操层面规范认定工作流程、专项审计、专家评审、核查处理等工作，为广西规范、高效开展认定提供有力政策保障。全过程规范高企认定工作。在2013年进一步完善认定和复审通知要求，新增有关专项审计方面的表格和中专项审计报告参考样式文本，加强专项审计工作。加强初审工作，继续组织人员逐项初审申报材料，对不符合要求的，坚决予以退回修改；将受理材料分送四部门初审；开展知识产权有效性审查。加强专家评审工作，从企业科研与专家专业切合度、评审细则要求、培训、专家数量、评审时间等方面严把专家评审。继续严格执行四部门合议制度。多措并举，切实提高高企认定质量。

【科技企业孵化器】 全面推进《广西壮族自治区人民政府办公厅印发关于全面加快科技企业孵化器建设实施方案的通知》的实施。举办了广西科技企业孵化器建设培训班，组织《实施方案》所列50家科技企业孵化器的主管和建设单位负责人，以及各市科技局、高新区管委会相关领导共100人参加培训，全面提升相关人员对孵化器工作的认识和了解。自治区首次将科技企业孵化器工作纳入对各市人民政府的绩效考核指标体系，加快推进各市孵化器的建设和发展。南宁市科技企业孵化基地被国家科技部认定为国家级孵化器，中盟科技园服务外包产业孵化基地、防城港市明华科技企业孵化基地等2家被广西科技厅认定为自治区级科技企业孵化器。广西科技厅组织专家组走访了广西14个市50家科技企业孵化器，现场指导解决建设发展中的问题和难点。设立科技计划专项资金支持孵化器建设，2013年度下达1300万元资金，支持孵化器公共科技创新创业服务平台项目13个。至2013年末，广西已有自治区级孵化器14家，国家级6家，在孵企业达到1025家，孵化面积达50多万平方米，毕业企业61家。

【国家高技术产业化专项实施】 2013年广西获得火炬计划立项共12项，其中产业化示范项目5项、创新型产业集群子项目3项、产业化环境建设项目4项。产业化示范项目按技术领域分布为电子与信息2项、生物工程和新医药1项、光机电一体化2项、环境保护1项。创新型产业集群子项目3项为新能源汽车产业。产业化环境建设项目4项承担单位分别为生产力促进中心、技术市场、创业咨询有限公司。

2013年，广西的国家火炬计划重点项目共2项，为产业化环境建设项目和创新型产业集群项目。共投入经费7138.2万元，其中生产力促进中心项目经费292.2万元，技术市场及创业咨询公司项目经费306万元，产业集群项目经费6540万元；其中国拨经费410万元、地方部门匹配65万元、单位自筹6663.2万元。

【重点项目建设】 加强千亿元产业的科技攻关，提高企业的自主创新能力，提高产业核心竞争力，是广西高新技术工作的重点。在稳步推进千亿元产业“350工程”、“2423工程”工作的基础上，精心组织实施重点产业科技重大专项，加强调研，做好统筹，集成优化、加强督导以促实效。

“350工程”稳步推进　2013年末，累计实施千亿元产业重大科技攻关“350工程”共851个课题，工程建设计划投入139.6亿元。其中，北部湾经济区、西江经济带和桂柳产业聚集区的课题布局占总数的88.13%，参与工程实施766个单位，充分发挥自身资源优势，研发内容密切市场需求，对提高项目的成果水平和市场竞争力有积极的促进作用，对千亿元产业的经济贡献份额较大。

到2013年底，“350工程”实施总体状况良好，累计开发工业新产品713个，新工艺547项，新材料140种，获软件登记127套；建立试验基地234个，建中试线242条，建生产线441条；累计参与制定各类标准623个，其中国际标准4个，国家和行业标准97个，地方标准57个，企业标准465个；累计申请专利2148件，其中，发明950件，实用新型1067件，外观设计131件；累计获发明专利授权375件、实用新型授权859件、外观设计授权112件。发表论文726篇；培养人才4810人，培训33562人（次），获奖36项（国家级7项，省部级29项），科技成果56项（国际先进11项、国内领先24项、国内先进21项）。累计实现工业增加值417.74亿元、产品销售收入763.4亿元、技术服务收入2.36亿元、利税104.16亿元、间接效益70.63亿元。工程实施新增就业1.67万人。

工业领域科技重大专项实施　为了落实《广西科技术发展“十二五”规划》，2013广西高新技术工作加强了“铝资源关键共性技术开发与产业链延伸”、“制糖业共性关键技术研发与示范”、“新能源汽车关键技术研究”和“非粮生物质能源产业关键技术攻关与产业化示范”等4个重大科技专项的组织实施。为全面掌握科技重大专项实施成效，加强科技重大专项的管理，组织召开了“铝资源关键共性技术开发与产业链延伸”等4个重大专项工作推进会。推进会总结了专项执行情况和成效，明确了下一步工作重点。针对2014年科技重大专项课题征集和立项，召开了专家咨询会，组织科技重大专项专家咨询委员会专家进行讨论，明确了重点支持方向。2013年“铝资源关键共性技术开发与产业链延伸”等4个重大专项共下达课题32项，投入财政科技经费3100万元，带动企业、社会投入约5亿元。

专项实施取得阶段性成果 在甘蔗糖蜜乙醇领域，广西科学院研究团队将发酵效率由理论值的89%提高到93%，节能33.3%，废液减排35.3%，技术处于国际先进、国内领先水平；在非粮生物燃气领域，广西武鸣县安宁淀粉有限公司利用木薯渣发酵生产沼气，采用厌氧消化技术和提纯净化技术，生产高纯度车用燃气，实现了生物甲烷的高值化利用；广西大新县雷平永鑫糖业有限公司率先在甘蔗制糖行业应用立式连续煮糖罐，实现制糖全过程的连续化和自动化，处理百吨甘蔗耗标煤达到3.7吨，比国内领先水平的4.2吨降低10%以上；上汽通用五菱汽车股份有限公司完成了纯电动微型汽车的优化和改进，邮政物流纯电动专用车获得2012年产品公告，成为“节能与新能源汽车示范推广应用工程推荐车型”。广西柳州五菱汽车工业有限公司首批10辆电动物流车交付客户投入示范运营。

培育战略性新兴产业 2013年，广西高新技术工作加强战略性新兴产业技术发展状况的调研，了解和掌握广西战略性新兴产业的发展状况，进一步明确广西战略性新兴产业发展的重点及科技攻关方向。2013年开展战略性新兴产业科技攻关，重点支持新能源汽车、非粮生物质能源、新材料、节能减排、新一代网络技术等战略性新兴产业领域关键共性技术的研发。除下达“非粮生物质能源产业关键技术攻关与产业化示范”、“新能源汽车关键技术研究”两个科技重大专项外，还安排了“新材料关键技术与产品研发节能共性关键技术研究开发”、“新一代信息技术与产品研发”、“节能共性关键技术研究开发”等4个项目，35个课题，支持科技经费1200万元，带动社会投资约3个亿。

实施“2423工程”，产业研发中心建设取得成效 加强了产业研发中心总结和宣传，组织编写了《2012年千亿元产业研发中心工作报告》，印发各有关部门和建设依托单位。2013年会同自治区工信委和发改委完成了18个千亿元产业研发中心的建设任务验收。其中广西内燃机研发中心、广西工程机械研发中心、广西乘用汽车研发中心、广西生物农业研发中心等4个产业研发中心建设任务完成情况为优秀。广西铝产品加工研发中心等8个产业研发中心建设任务完成情况为良好。下达了“新型大功率铝合金散热器技术研究及产品开发”等23个科技攻关课题支持千亿元产业研发中心开展产业关键技术攻关，其中7个课题被列入科技重大专项。课题经费总投入达149226万元，其中财政科技经费支持1635万元。产业研发中心的建设及创新能力取得了明显的成效，2013年23个产业研发中心新增研发场地82598.5平方米，新增主要设备764台套，价值24799.1万元，引进博士16人、硕士125人，申请发明专利600项，发表论文694篇，制定国家或行业标准33项。

【制造业信息化】 组织召开“十二五”国家科技计划项目“数字汽车企业与产业链协同关键技术研究及示范应用”课题工作推进会，邀请国家科技部及国家“十二五”制造业信息化科技工程总体专家组部分专家参加会议，成立了广西“十二五”制造业信息化科技工程专家组，聘请了多名自治区外专家担任专家组顾问，为广西企业解读了国家“十二五”制造业信息化科技工程总体发展思路。通过会议，把课题主要研究内容进行了细化，分解落实到各个承担单位，有利于对课题的实施进行有效管理。来自柳州市科技局、柳州市高新区以及课题承担单位负责人、广西制造业信息化科技工程专家组成员等近百人参加了会议。

2013年组织专家开展制造业信息化技术服务活动。分别为南宁、柳州、梧州等市的南宁八菱科技股份有限公司、上汽通用五菱汽车股份有限公司、柳州五菱汽车工业有限公司等8家企业开展制造业信息化技术服务，了解企业制造业信息化科技攻关需求，为企业进行技术咨询、诊断分析及技术指导，并对企业人员进行了操作培训，帮助员工熟练掌握信息化系统的各项操作，提高工作效率。在柳州市组织举办了“制造业研发与管理信息化技术研讨会”，由广州阳普电子科技有限公司承办，柳州市科技局协办，共54家企业，78人参加。通过会议，让企业了解制造业信息化前沿技术的发展方向，促进标准化及模块化设计、快速外观设计及变更、PLM等技术在企业中的应用，提升制造业企业的研发及管理效率。

2013年下达了制造业信息化科技攻关与示范课题6项，投入科技经费225万元，重点支持柳州汽车城公共信息技术创新平台及服务体系建设，支持梧州市开展制造业信息化示范城市建设。

【国家（广西）科技型中小企业技术创新资金项目管理】 2013年，广西创新基金共组织申报项目473项，比上年增长209.15%，地方财政共计资助5075万元支持中小企业技术创新活动，其中自治区本级1600万元。根据地方专家评审结果和国家创新基金申报条件，共向国家推荐申报项目243项，有119项获得国家立项，资助金额8065万元，再创历史新高，立项数和立项金额分别比上年增长了10.19%和24.08%，立项金额增长率全国排名第9位。

2013年正在实施的267个项目，91.4%来源于企业自主研发，8.2%为产学研联合研发。研发资金到位10.95亿元，其中各级财政资金到位1.06亿元，财政资金与社会资金投入比达到1∶9。在实施项目2013年当年申请专利453项，占当年广西专利申请总数的1.95%，其中：申请发明专利220项，占当年广西发明专利申请总数的1.83%；获得专利授权数438项，其中：发明专利80项；获得2013年度广西技术发明二等奖1项，三等奖1项；获得2013年度广西科学技术进步奖二等奖1项，三等奖4项。

项目累计实现销售收入23.99亿元，净利润2.88亿元，缴税1.55亿元，出口创汇1671.36万美元，新增就业人数2988人。项目承担单位2013年度期末总资产达到73.63亿元，比项目立项前的47.77亿元增长了54.13%；销售收入从43.53亿元增长到60.89亿元，增长39.88%；净利润从3.52亿元增长到4.48亿元，增长27.27%；缴税总额从2.09亿元增加到3.57亿元，增长70.81%；出口创汇从1763万美元增加到4232万美元，增长140.05%。

（詹建）

农业科技管理

【概况】 2013年，广西累计鉴定农业科技成果169项，其中国际领先水平12项、国际先进水平6项、国内领先水平73项、国内先进水平68项。农业科技成果获2013年度广西科学技术奖励44项，其中广西科技进步奖一等奖1项（广西油茶良种繁育产业化关键技术研究与应用）、二等奖17项，三等奖24项，广西技术发明奖二等奖2项。累计引进、繁育、示范推广农业优良新品种775个，引进、示范推广农业先进适用技术566项，研发农业新产品、新技术414个（项），农业良种覆盖率平均达92.2%。广西已建立7大类农村科技创新、转化、推广服务平台，包括国家农业科技园区3个、农业产业工程院3个、国家新农村发展研究院1个、农业工程技术研究中心31个、农业产业技术创新战略联盟15个、农业良种培育中心100个、农业标准化生产技术示范基地200个。

【农村科技项目立项与重大专项实施】 2013年，全自治区共安排实施农业农村科技项目课题1136项，安排财政科技经费2.68亿元。其中，自治区安排252项，经费1.14亿元，各市、县（市、区）共安排884项，经费1.54亿元。此外，广西还获得国家科技部有关涉农项目经费支持5225万元。

重点加快推进“粮食安全关键技术研究与应用示范”、“桑蚕茧丝绸产业发展关键技术研究与开发”、“畜禽安全生产关键技术研究与开发”和“罗非鱼产业关键技术研究与技术集成示范”等4个农业自治区重大科技专项实施，滚动安排专项科技经费1970万元。

至2013年底，粮食专项先后培育出水稻不育系9个、恢复系6个、玉米自交系3个，育成水稻优良新品种18个、玉米新品种11个，这些新品种已在生产上示范推广53.33万公顷（800多万亩）；桂两优二号、特优582、Y两优087等3个水稻品种获农业部认定为超级稻品种，“博优1167”通过国家农作物品种审定。

桑蚕茧丝绸专项累计育成桑树新品种2个，引进技术1项，开发家纺、丝绸新产品13个，申请专利3项，编制技术标准7项。

畜禽专项已建立养猪示范基地27个和养鸡示范基地11个、奶水牛养殖小区43个，开展健康养殖示范肉猪97.3万头、种猪8.63万头、肉鸡11890万羽、种鸡106万套、奶水牛10180头；广西扬翔股份有限公司和中山大学培育的“龙宝1号猪配套系”是2013年广西唯一获国家农业部认定为中国畜禽新品种；成功研制猪、鸡、奶水牛重要疫病的快速诊断技术和综合防控技术35项、快速检测试剂盒（检测卡）16种。

罗非鱼专项已构建美国尼罗罗非鱼等4种罗非鱼的核心群，累计生产杂交配套系优质苗种2820万尾，探索了适合广西不同区域的生态混养、鱼虾混养、鱼菜共生等健康养殖模式，成功研发罗非鱼加工食品10多种。

【星火计划与星火培训】 2013年，广西各级星火计划新立项894项，总投资4.86亿元。其中，获得国家星火计划新立项22项，获得国家专项经费支持465万元；自治区新立项目（含课题，下同）182项，自治区本级安排科技经费7352万元；全自治区14个地级市新安排星火计划项目284项，安排市级科技经费4573万元；109个县（市、区）新安排星火计划项目406项，县级科技经费投入8654万元。共完成验收各级星火计划项目681项，全自治区星火计划项目共实现产值5.81亿元，利税1.11亿元，促进项目区农民人均比2012年增收393元，项目创造就业岗位17406个，促进劳动力转移15785人。

国家星火计划重大项目实施　积极组织实施“亚热带蚕丝业优质高产节本增效技术集成推广”、“木薯变性淀粉产业化关键技术集成与推广”、“高效、循环罗非鱼全产业链关键技术集成与推广”、“优质地方猪种产业化开发技术集成与示范应用”、“广西农业园区发展及科技特派员技术服务与示范”和“农村科技特派员创新创业与农业园区能力建设”等6个重大项目，2013年，共建设农业种养示范基地41个，种养示范规模达1.8万公顷，示范优新品种21个，集成示范先进适用技术32项，辐射推广优新品种、先进适用技术5.3万公顷（80万亩）；开发新产品（新品种）39项、新技术（新工艺）17项，制定技术标准25项，发表科技论文26篇，培训农民11.1万人次。

农村星火科技培训　全自治区共有9个设区市、56个县开展电视科技培训，开设统一电视栏目“农村科技新视界”，全年各地累计播放科技培训节目约1.4万期次，播放总时长达48.5万分钟，节目内容涉及农业新品种815个、新技术1802项、新工艺新方法新模式1259种，节目覆盖10249个行政村，覆盖人口3030万人，各地电视科技培训品牌初步形成。

【农业科技成果转化资金项目实施与管理】 2013年，全自治区重点围绕粮食、糖蔗、桑蚕、水果、畜牧等十大农业产业，完成2013年度国家农业科技成果转化资金项目的评审筛选和推荐上报工作，获科技部立项16项，获专项经费支持1080万元；自治区立项安排农业科技成果转化资金项目48个，安排科技经费1000万元，支持开展生物种业、食品及农产品加工、新型农药及肥料、农机装备、生物能源、先进种养殖技术等领域的重大科技成果转化。完成国家农转项目实施监理14项、验收16项，这些项目共建立中试线14条、生产线15条、农业示范基地126个，转化农业新产品新品种21个、新技术19项、新工艺9项；累计实现销售收入6.8亿元、税收2000万元、利润4800万元；新增就业人员9600人，带动农民70万人致富，培训人员4万人次。

【农业科技园区建设】 2013年，广西百色国家农业科技园区在平台建设、农业新品种新技术应用推广、招商引资与服务、对外交流与合作等方面均取得了较好成效。建设甘蔗、水稻、杧果、玉米等4大产业技术体系试验站，建立番茄产业示范基地66.67公顷（1000亩），组织开展特色农业技术培训5000人次；引进有关企业入园，引导支持有关企业开展航天品种种植试验示范、铁皮石斛组培苗生产与人工种植示范、水禽健康养殖示范基地等，中国—东盟（百色）现代农业科技展示园经改造提升后通过了国家4A级旅游景区评定；加强与自治区内的广西职业技术学院、广西植物研究所、南亚热带作物研究所和越南、巴基斯坦、埃及的有关高校院所的合作与交流；成功举办第9期亚热带现代特色农业种植技术国际培训班、农作物废弃物功能成分筛选研究暨第三届杧果苷研究国际学术研讨会、柬埔寨贡布省农业研习班和第六届中国—东盟（百色）现代农业展示交易会、中国—东盟（百色）现代农业发展论坛等。在科技部公布的国家农业科技园区考评结果中，广西百色国家农业科技园区名列7个“优秀”之中。

北海国家农业科技园区建设迈出新步伐，增挂了北海海洋产业科技园区牌子，加强了核心区建设，规划建设海洋科研创新园、海产品加工物流园、海洋科普观光园；中国水产科学研究院、中国科学院南海海洋研究所等11家海洋研究类科研机构入园建设，极大地增强了园区科技创新能力。

2013年9月5日，桂林国家农业科技园区获得科技部批准建设，成为广西继百色、北海园区后获批准建设的第三个国家农业科技园区。桂林园区以桂林市区为中心，沿漓江上下各50千米的范围规划建设雁山核心区和示范区，总面积6000公顷，目标建成“高效生态、循环低碳、创新创业、辐射带动、国际一流”的国家农业科技园区。

【现代农业产业科技示范县建设】 认真贯彻落实广西科技大会《关于加快现代农业产业科技示范县建设的实施方案》文件精神，在2010年认定了第一批55个县现代农业科技示范县的基础上，增加认定家禽、生猪、对虾、蔬菜、杧果、龙眼、核桃、柿子等产业的20个示范县，总数达到75个。2013年，围绕现代农业产业科技示范县建设，滚动安排专项科技经费1000万元，支持19个示范县开展农业优势特色产业高效生产集成技术示范。至2013年，已累计安排课题88项，经费6990万元，支持55个示范县开展高效生产技术集成示范，累计示范应用新品种86个，新技术75项，建立高效生产技术集成示范基地4.53万公顷（68万亩），建立集约化奶水牛养殖规模小区43个，示范养殖水牛1.65万头，建设自治区农业标准化生产技术示范基地55个，产业涉及国家和自治区农业产业化龙头企业14家。

【农业良种选育】 重点围绕自治区农业良种培育中心、广西海南南繁基地建设，开展现代农业种业良种选育与示范和广西南繁基地农业新品种培育及关键共性技术研究与示范。其中，安排科技经费450万元，支持12个良种培育中心和海南南繁基地建设。良种培育中心共计育成审定农作物新品种55个。

2013年，全自治区自主研发的农作物新品种有82个，占广西审定数的80%，通过国家审定水稻品种2个（含超级稻品种1个）、畜禽品种1个、林木品种1个。其中，马铃薯新品种“桂彩薯1号”和“桂农薯1号”是广西自主选育的首个马铃薯品种，填补了广西无自主选育马铃薯品种的空白；全自治区农业良种覆盖率平均达92.2%；在广西海南南繁基地建立了罗非鱼新核心种群早繁示范基地1个，成功繁育罗非鱼苗1.4亿尾，实现周年生产，早春苗比南宁提早一个半月以上，具有良好的推广应用前景。

【农村科技特派员创新创业服务】 2013年，安排自治区科技经费500万元，支持48名农村科技特派员深入县市区乡镇、村屯、企业开展科技服务和创新创业，建成广西农村科技特派员信息管理系统；组织开展2013年自治区农村科技特派员申请认定工作，新认定个人农村科技特派员302名、法人农村科技特派员10个。截至2013年12月，全自治区共有各级农村科技特派员4461名，其中自治区认定个人农村科技特派员661名、法人农村科技特派员10个，各市、县区选派科技特派员3800名，广西已有80%的县（市、区）开展了科技特派员农村科技创新创业与服务工作，累计服务企业650家、农民131万人。各级科技特派员已累计引进、推广农业新品种950个、新技术1041项，累计培训农民113万人次、发放技术资料251万份，累计创办领办协办企业168家，组建经济合作组织、专业技术协会497个，会员总数达2.38万人，累计带动11.54万户农民增收。

【海洋科技】 2013年，围绕海洋产业发展，重点开展牡蛎、对虾、青蟹、东风螺等的优质高效养殖技术和生态健康养殖模式研究与示范，提升海水养殖技术水平和疫病防控水平，提高海水养殖产品质量安全水平和市场竞争力。开展钦州湾牡蛎种源研究和香港巨牡蛎繁殖周期调查、采苗预报研究、人工采苗技术、苗种保育技术研究示范等，形成茅尾海香港巨牡蛎苗种生产关键技术1套，采集香港巨牡蛎天然苗200万串；建立大弹涂鱼与对虾轮养高效模式养殖示范13.33公顷（200亩），亩增产大弹涂40千克、对虾100千克，示范带动133.33公顷（2000亩）；开展方斑东风螺全人工繁育技术开发，累计培育方斑东风螺苗种500万粒，销售苗种200万粒，示范养殖2.67公顷（40亩），养殖方斑东风螺商品螺300万粒；开展深水抗风浪网箱优化设计与远程自控饲养装置的研制，使网箱能适应水流速度大于1.0m/s的海域，解决卵形鲳鲹、花鲈鱼等北部湾优势品种大规格苗种培育、专用系列饲料，病害防治等关键技术，建立深水抗风浪网箱生态健康养殖技术规范。

【科技兴县（市）】 2013年全国县（市）科技进步考核　广西采取广泛发动、加强培训、现场指导等有力措施，组织全自治区所有设区市、县（市、区）参加全国县（市）科技进步考核，实现了考核全覆盖。广西共有4个设区市、75个县

(市、区)通过全国县(市)科技进步考核,县(市、区)通过考核率为68.8%。与上一轮(2011年)相比,通过考核县(市、区)数增加17个,通过考核率提高15.6%;通过考核的地级市首次达到4个,比上一轮增加1个。广西有3个设区市和23个县(市、区)分别获全国县(市)科技进步考核先进市和先进县(市),有104人获全国县(市)科技进步考核先进个人。广西科技厅连续四轮考核获全国县(市)科技进步考核优秀组织单位。

国家科技富民强县专项实施　2013年,广西及时启动并组织国家科技富民强县专项行动计划项目的申报工作,获立项12项(含后续奖励项目2项),获国家专项科技经费支持1790万元。自治区配套专项科技经费500万元,配套支持16个正在实施的国家科技富民强县专项行动计划项目。截至2013年,全自治区已有66个县市区实施科技富民强县项目,覆盖全自治区60%以上的县市区,累计获国家专项科技经费支持12427万元。

据统计,2013年33个正在实施的国家科技富民强县项目共引进、转化、应用推广新品种新技术258个(项),推广面积3.13万公顷(47万亩);建设完善农村科技服务组织(机构、平台)532个,培训农民60.5万人次;扶持、培育以特色农产品为主要原料的加工企业521家(其中龙头企业309家),实现产业总产值483亿元,创利税25亿元,直接带动项目区217万农民人均收入2916元。

基层科技能力建设　2013年,广西科技厅认真贯彻自治区《关于加强基层科技能力建设的实施方案》要求,安排科技经费200万元支持建设科技进步示范县10个;安排1500万元实施县市科技管理和服务支撑能力提升专项,支持55县(市、区)完善科技管理服务条件,提升基层科技服务能力。

【农村科技信息化建设】　2013年,完善建设集农村科技信息资讯中心、视频中心、呼叫中心和远程培训中心为一体的自治区级农村科技信息综合服务中心,建设桂林、崇左、河池和来宾等4个区域分中心和9个县级服务中心、17个乡镇服务站、14个村级服务点,培训信息员513人次。自治区级呼叫中心966118科技服务热线覆盖全广西,参与服务专家200人次,服务用户6800户次;各级科技信息服务站累计为群众收集、发布农村科技信息5186条,开展技术培训1万多人次。

【科技扶贫】　2013年,广西科技厅围绕新一轮扶贫攻坚战的总体目标,采取有效措施,累计投入科技经费3690多万元到连片特困地区和20多个贫困县,着力提升贫困地区依靠科技发展优势特色产业的能力。

产业科技扶贫　2013年,设立"融水大苗山科技扶贫专项",安排自治区科技经费300万元,在定点扶贫融水县实施毛竹产业低产改造示范,建立毛竹低产改造示范基地133.33公顷(2000亩),示范推广毛竹增产剂、测土配方施肥、病虫害综合防控及林下种养等技术;开展百合种植示范3.33公顷(50亩),辐射带动16.67公顷(250亩);建立铁皮石斛种植示范基地1000平方米,辐射带动农户20多户。

整村推进定点扶贫　投入100万元建设融水县香粉乡九都村科技综合楼、村卫生室、文化活动室、村屯道路硬化等基础设施;投入10万元扩建融水县香粉乡新平村村委楼,改善村委办公条件。

科技培训扶贫　根据贫困村农时生产需要,聘请专家到扶贫点开展玉米高效栽培、毛竹低改和八角、百合、油茶、食用菌、铁皮石斛种植以及娃娃鱼养殖等技术培训11期,培训农民800人次,发放技术资料和宣传手册800多份。

(蒙福贵　徐有海　苏展)

社会发展科技管理

【概况】　2013年,广西壮族自治区以增强自主创新能力、促进人口健康、构建资源节约和环境友好的和谐社会为着力点,积极探索推动社会发展科技工作的新路子,努力为实现"富民强桂"新跨越和建设生态文明示范区提供社会发展领域的科技支撑。在制度建设、科技项目组织实施、医疗卫生、自然灾害防御、中药现代化建设、科技惠民、环境保护、节能减排、城镇化和可持续发展实验区建设、交通和旅游科技等方面开展工作,并取得成效。

【制度建设与管理创新】　2013年,广西科技厅加强制定社会发展领域科技计划项目管理内部工作程序，规范项目指南拟订、立项评审管理、过程监管和项目结题等工作程序；着力抓项目实施过程的管理，规范工作程序，提高管理效率，加强对重点项目的储备和监督，有效促进项目的规范运作。以“加强集成，突出重点”的要求强化顶层设计，推进广西临床医学重点学科科技创新项目（课题）组织和评审方式的改革。针对广西医药卫生科技项目较为分散，科研成效不明显，标志性重大成果少的情况，研究提出 2014 年医疗卫生科技项目组织、评审的改革措施并付诸实施。项目（课题）的组织从指南的顶层设计入手，强化集中有限的资源，解决突出问题，以培育临床医学优势、创新团队为目标，以强化转化医学研究为主线，从临床医学 7 个方向组织技术集成创新项目（课题），以提升广西临床的整体技术水平。

【科技计划项目立项与实施】 2013 年，自治区本级组织实施社会发展领域科技计划项目 13 项，重点支持开展医疗卫生、自然灾害防御、中药现代化、科技惠民、环境保护科研与开发、节能减排、城镇化和可持续发展实验区建设、交通和旅游科技等有关科研开发课题 217 个，共资助科技经费 5835 万元，拉动有关部门和社会投入 80376 万元。其中，列入国家 973 计划、支撑计划等项目 2 项，国家拨款 1492 万元，列入广西科技计划项目（课题）217 项，安排科技经费 5835 万元，承担单位自筹 80376 万元。

全年已完成并通过验收的项目（课题）217 项，取得科技成果 50 项。2013 年度社会发展领域科技成果获广西科技奖项数，占获奖总项数的 25.8%，其中：获得广西自然科学奖二等奖、三等奖分别为 4 项和 4 项，分别占同级获奖项数的 44.4%和 26.6%；获广西科技发明奖三等奖 1 项，占同级获奖项数的 16.7%；获广西科技进步奖一等奖、二等奖、三等奖分别为 3 项、12 项和 17 项，分别占同级获奖项数的 42.9%、26% 和 24.6%。

【医疗卫生科技】 2013 年，广西组织实施医疗卫生科技计划项目（课题）52 项，安排科技经费 770 万元，拉动投入 6931 多万元。主要开展：广西艾滋病、区域性高发恶性肿瘤、心脑血管疾病、地中海贫血等免疫缺陷疾病、高能量损伤、老年人及妇儿常见病、复杂性疾病等规范化诊治或系统生物学及个性化诊治新方法、新技术研发。

已完成的科技计划项目中，有关广西艾滋病母婴传播监测与阻断、先天性心脏病介入治疗、脐血 S100 蛋白对围产儿脑损伤早期诊断和监测、壮医药线治疗糖尿病周围神经病变、血液净化治疗尿毒症植物神经病变、数字医学技术辅助足趾移植再造拇手指、高血压病管理与护理综合干预、多瘤病毒 SV40、BKV 及 JCV 感染在 HIV 感染者中临床意义、乳腺癌侵袭转移与 LOX、HIF－1 及 MMP－2 表达相关性、计算机模拟病例系统开发及在临床教学中的应用等研究课题 20 多项通过成果鉴定，取得较好成效。

2013 度医疗卫生科技成果获广西科技奖项数，占获奖总项数的 18.9%。其中，2013 年度获广西自然科学奖二等奖、三等奖分别为 3 项和 2 项，分别占同级获奖项数的 33.3%和 13.3%；获广西科技进步奖一、二、三等奖分别为 2 项、10 项和 13 项，分别占同级获奖项数的 28.6%、21.7% 和 18.8%。

【自然灾害防御科技】 2013 年，广西投入科技经费 1710 万元，重点在地震预警、灾害天气和矿山安全三大灾害安全事故高发易发，且社会关注度高的领域开展 15 项防灾减灾技术开发研究和集成示范。重点推进“地震数值预测”、“岩溶地区的防震机理”两项研究，研究和完善集地震活动、前兆信息、地震地质、震害预测、应急预案、辅助指挥决策系统及先进的通信技术为一体的全区地震数据信息网，努力提高地震短期与临震预测的水平，完善中长期预报理论体系，力争对大震及其趋势做出比较准确的判断，为提高各级人民政府、各部门的地震快速反应创造条件。

【中药现代化建设】 2013 年，广西组织实施中药科技计划项目（课题）51 项，安排科技经费 1380 万元，拉动投入 9076 多万元。主要开展：壮药芪七连胶囊、瑶药铜钻的抗炎产品、芦荟凝胶、华佗止痛胶囊、黄根片、荔枝核提取物、安胃颗粒、麻杏二陈特禀咳颗粒等 16 种现代中药、壮瑶药新产品创制；爬山虎、一箭球、一匹绸、龙脷叶、天茄子等 20 种中药、壮瑶药质量控制、评价关键技术研究与示范；金边蚂蟥、白芨、红芽大戟等 5 种中药材品种改良、良种选育和繁育技术研究；三七、罗汉果、铁皮石斛、金线莲、苦丁茶等 30 个大品种、主特产药材规范化种植或 SOP 优化研究与示范，以及桂东南地区中药材多种模式规范化种植研究与应用示范。

已完成并通过验收的项目（课题）110多项。完成的广西岩溶特色药材——地枫皮种质资源评价及可持续利用、凉粉草标准化栽培、牛大力的种质资源评价及繁育、马鞭石斛优良种质的筛选和组培快繁、八角叶综合开发利用、中草药忍冬有效成分绿原酸高效分离新工艺—液液萃取分离纯化、凉粉草种质资源收集、评价及良种繁育等研发项目（课题）取得较好的成效，共筛选出了4种优良品质种质资源，建立育苗圃7.33公顷，建立种植示范基地13.33多公顷，采用“公司＋药农＋合作社”种植模式，辐射推广面积超过66.67公顷，改善了上述药材原料紧缺的状况；完成药用植物金花茶水提取物的化学成分分析及指纹图谱、中药保健品桑寄生茶开发、传统瑶药“七十二风”11种药材和传统瑶药“虎牛钻风”17种药材质量控制、三金片（系列）二次开发、舒咽清喷雾剂、血脉康片及乳结泰胶囊研制等中药壮瑶药新产品研发项目（课题），共获得中药壮瑶药的新产品3个、国家新药批准文件3个、专利10件，建立新工艺2个，建立标准26项等。

2013年度中药现代化科技成果获广西科技奖项数，占获奖总项数的6.9%。其中，2013年度获得广西自然科学奖二等奖、三等奖分别为1项和2项，分别占同级获奖项数的11.1%和13.3%；获广西科技发明奖三等奖1项，占同级获奖项数的16.7%；获广西科技进步奖一等奖、二等奖、三等奖分别为1项、2项和4项，分别占同级获奖项数的14.3%、4.3%和5.8%。

【科技惠民行动】 2013年3月下旬广西科技厅召开科技惠民计划推进工作会议，研究讨论2013年广西科技惠民计划的重点任务及提出申报2013年国家项目建议；会同自治区财政厅，编制并于4月初联合印发《广西科技惠民计划实施管理办法（试行）》，重点推动、支持基层在人口健康、生态环境、公共安全、城镇发展等与民众生活及社会化服务密切相关的科技领域，开展先进、适用技术的综合集成应用与示范，以及具有导向作用的先进技术成果的转化应用，提升技术的实用性和产业化水平。推荐申报的“肝癌、鼻咽癌联合早诊早治技术推广示范”、“柳州市鱼峰区社区数字化全响应社会服务管理平台示范”两个项目获得国家科技惠民计划项目立项资助，国家拨款分别为810万元和682万元。贵港市肝癌鼻咽癌项目，结合广西惠民工程实施及其经费支持，区市县三级卫生部门及医疗机构，在3个城区联合应用乙肝病毒表面抗原、EB病毒抗体血检初筛与阳性者肝脏B超和（或）鼻咽镜随访复查技术，对居民进行筛查，将覆盖13万人，以提高肝癌鼻咽癌早诊早治水平，降低其发生率和死亡率，为全自治区提供示范；柳州市鱼峰区社区数字化服务管理平台项目，在鱼峰区政府的统筹协调下，市财政、科技、计生等部门，以及城区公安、民政、计生等相关部门加强合作，完善工作基础条件，已开始初步实施。

【环境保护科研与开发】 为给广西修复改善桂西北岩溶地区和北部湾沿海脆弱生态环境提供持续有力的技术支撑和可复制的应用试点，广西科技厅支持投入并引导社会研发资金共计1710万元，用于环境保护与修复相关科研工作。组织实力科研单位开展“岩溶石山区火龙果优质种植关键技术”、“北部湾红树林主要害虫本土天敌利用技术”等15项技术的集成示范。力争在岩溶地区的石漠化改造中开发出“单次投入低廉、后续维护简易、经济效益优良”的修复模式和成套技术，让当地居民主动成为改造主力，改变以政府投入为主的修复模式。

【节能减排科技】 2013年，在有色金属产业、冶金产业、建材产业等重点产业内安排“重点行业节能技术研究及应用科技攻关”等重点项目，力争降低相关产业的能源消耗水平。共下达有关课题13项，支持科技经费460万元，带动社会投入7400余万元。课题完成后，预期获得新产品6个，新工艺10个，专利15件，技术标准4件，建立示范点2个以上。科技重大专项已取得显著阶段性成果。在甘蔗糖蜜乙醇领域，广西科学院研究团队将发酵效率由理论值的89%提高到93%，节能33.3%，废液减排35.3%，技术处于国际先进、国内领先水平；在非粮生物燃气领域，广西武鸣县安宁淀粉有限公司利用木薯渣发酵生产沼气，采用厌氧消化技术和提纯净化技术，生产高纯度车用燃气，实现了可生物甲烷的高值化利用；广西大新县雷平永鑫糖业有限公司率先在甘蔗制糖行业应用立式连续煮糖罐，实现制糖全过程的连续化和自动化，处理百吨甘蔗耗标煤达到3.7吨，比国内领先水平的4.2吨降低10%以上。

2013 年，围绕广西千亿元重点高排放行业的污染减排的科技需求，总投入科技经费 5.18 亿元，组织科技攻关及示范类项目 25 项。针对广西金属尾矿堆积数量和面积不断增长，而处理工艺和进度相对滞后，导致尾矿二次污染日益严重的现实状况，组织“产学研”三方力量联合开展“金属尾矿资源高效利用和安全处置”关键技术攻关，已获得南丹车河等 30 余家尾矿库废物属性构成资料，成功开发出新型大型浮选机。遵循“产前节能减源、产中循环增效、产后减排回收”的 3 大攻关思路，在水泥、冶金、制糖等行业组织开展“水泥节能降耗制成技术研发与集成应用示范”、“锰硅合金炉渣循环利用关键技术及工艺的研发”等 21 项污染减排共性技术攻关研究，以期获得重点行业污染减排的成套系统技术，形成可推广应用的技术体系。

【城镇化和可持续发展实验区建设】 2013 年，开展“自治区城乡风貌改造”五期工程有关工作。研究并拟定广西科技厅 2013 年度为特色名镇名村安排建设项目和资金内容报给自治区城乡风貌改造工作领导小组办公室；对《自治区城乡风貌改造五期工程实施方案（征求意见稿）》和《2013 年度广西特色名镇名村建设工作实施方案（征求意见稿）》提出修改意见。2013 年，安排科技经费 335 万支持 5 个重点科技示范村屯、25 个科技示范村屯建设。建设的主要内容有：建成远程培训中心 1 个；支持示范村屯信息化改造；支持电脑、打印机、投影设备、LED 电子显示屏、摄像头等设备推广使用；开展信息化应用培训，培训信息员 150 名、农户 3000 名。2013 年安排城镇化和可持续发展实验区科技计划项目经费 485 万元。

【交通和旅游科技】 2013 年安排交通、旅游科技计划项目经费共 140 万元，增强了广西交通基础设施设计、施工技术水平和成品质量，加强了应急监控处置系统的推广应用，提升广西旅游景区的数量、质量和安全性，树立广西旅游新形象。

（黎卫红　湛永松　莫长林　谢美清　李泉）

基础科学研究与管理

【概况】 2013 年，基础研究工作围绕广西科技厅 2013 年工作要点，积极贯彻落实全国和全区科技创新大会精神以及《关于加强基础研究和前沿技术研究的实施方案》，进一步加大基础研究工作力度，采取系列措施促进基础研究发展，推动原始性创新，培养优秀创新科技人才和团队，推动广西基础研究发展。

【制度建设与管理创新】 创新基金资助模式，首次启动广西自然科学基金青年基金滚动项目。由广西科技厅组织专家从上一年度中按期结题的青年基金项目中遴选，择优资助项目完成质量高的青年科技人员，是从肯定项目到肯定科技人员的一个转变，是广西自然科学基金资助模式的创新。为青年科技人员沿着既定方向潜心研究提供了便利。

全面实施科技人才成长资助路线图。针对科技人才成长规律设置了青年基金项目、青年基金滚动项目、杰出青年基金项目和创新研究团队项目，阶梯式扶持青年科技人员开展基础研究，为科技人才脱颖而出创造条件。

【科学基金计划项目立项与实施成效】 充分发挥公共财政支持基础研究的主体作用，加大财政对基础研究的投入力度，扩大基础研究资助范围。本年度广西自然科学基金资助经费 6500 万元，同比增长 30%，资助经费数均为历年最高。2013 年，广西自然科学基金共资助 719 个项目，同比增长 51%。

继续贯彻优先支持优秀中青年科技人员和创新团队的策略。围绕国家和自治区中长期科技发展规划确定的某一重要研究方向开展基础研究和前沿技术研究，培养和造就一批进入国家级高层次的创新科技人才和团队。2013 年，共资助青年基金项目 282 个、青年基金滚动项目 10 个、杰出青年基金项目 10 个和创新研究团队项目 5 个，资助经费总额为 2910 万元，占总资助经费的 44.8%。资助 40 周岁以下的青年科技人才的比例从 2011 年的 44.2%上升到 65.0%。

积极开展到期基金项目的结题清理工作。通过约谈、限制申报、跟踪推进等措施，督促各依托单位抓紧结题。至 2013 年底，广西自然科学基金项目的结题率已达到 95%。为了方便科技人员完成项目结题，全程采用网络系统结题手续。顺利完成结题 442 项，通过结题的项目共发表中文核心期刊 962 篇，其中有 341 篇被 SCI 收录（美国

《科学引文索引》)，在外文期刊上发表了117篇论文，申请发明专利128项，同期获授权专利67项。这些项目累计培养硕士1300多人，博士375人。

广西获2013年度国家自然科学基金项目再创新高。年度获得国家自然科学基金项目516个，资助经费2.41亿多元，比去年同期分别增长20.6%和18.7%，均高于全国平均增长水平，获得资助的项目总数和经费总额保持10年增长，再创历史新高。首次获得国家自然科学基金科学仪器基础研究专款项目资助，经费达300万元。

【重点实验室培育、管理】 加强基础研究创新平台建设，着力提升科技创新能力。把重点实验室作为科技创新体系建设的重要抓手，进一步整合科技资源，优化重点实验室布局。新认定了11家广西重点实验室名单；启动第四批广西重点实验室培育基地申报工作；为了促进企业成为技术创新主体，提升企业自主创新能力，提高企业核心竞争力，首次启动广西企业重点实验室培育基地申报工作。

重点实验室人才培养有亮点 广西多源信息挖掘与安全重点实验室李先贤教授入选首批国家创新人才推进计划中青年科技创新领军人才；2名广西杰出青年基金获得者入选教育部2013年度“新世纪优秀人才支持计划”；广西重点实验室有6人被聘为广西第二批八桂学者，10人获得第十二届广西青年科技奖。广西岩溶动力学重点实验室李强副研究员、蒲俊兵博士入选首批国土资源杰出青年科技人才培养计划；广西岩溶动力学科技创新团队入选首批国土资源科技创新团队培育计划。

亚热带农业生物资源保护与利用国家重点实验室首次获国家重点实验室专项经费600万元资助，比2012年增长20%；广西空间信息与测绘重点实验室获得国家863计划课题，资助总经费为983万元，是广西重点实验室在国家863计划中获得经费最多的课题。广西重点实验室共获得2013年度国家自然科学基金资助项目200项，资助经费1.01亿多元，分别占全自治区的38.8%和42.1%，资助经费首次突破1亿元，充分体现了广西重点实验室对基础研究的平台支撑作用。

2013年4月，认定自治区重点实验室11个。至此，广西拥有国家重点实验室2个、省部共建国家重点实验室培育基地2个、自治区重点实验室49个、自治区重点实验室培育基地1个。2013年安排科技基础条件平台建设重点实验室专项经费6000万元（比2012年增长20%），重点支持国家重点实验室、省部共建国家重点实验室培育基地和自治区重点实验室建设。已认定的49个自治区重点实验室获广西科学技术特别贡献奖1项、广西自然科学奖一等奖1项、二等奖5项，广西科学技术进步奖一等奖1项、二等奖9项和广西技术发明奖二等奖1项；年内获授权专利441项，其中发明专利242项；出版科技专著47部；发表研究论文2982篇，其中SCI收录621篇，EI收录508篇；转让技术成果26项，转让收入1864.85万元；开发新产品（新品种）50个，其中具有自主知识产权新产品47个，投放市场29个；开发新技术22项，制定技术标准17项；实现新增产值205737.7万元。

（潘红雄）

软科学研究与管理

【概况】 广西软科学研究工作紧紧围绕《广西壮族自治区中长期科学发展规划纲要》和《广西壮族自治区科学技术发展“十二五”规划》，坚持国家与自治区发展战略和重大方针政策为导向，发挥“思想库”的智囊功能，在推动决策的科学化、民主化方面发挥了重要作用，取得了显著成效。

2013年广西软科学研究计划课题的设立强调以软科学研究为科技发展提供支撑服务的决策意识，重点围绕广西科技发展“十三五”规划，在战略思路、产业重点、基础条件等方面的重点问题进行专题研究。

【制度建设与管理创新】 2013年，广西科技厅加快软科学研究计划执行的进度，从3月份开始征集项目选题，并召集自治区发改委、政府发展研究中心、广西科学院、广西大学等单位以及各业务处室的专家学者和负责人进行座谈，共同商讨广西“十三五”科技发展战略规划重点。

落实《广西科技计划体系》和促进软科学研究计划，明确了广西软科学研究计划的定位和目标：以辅助科学决策为目标，以政府和科技管理部门的决策需求为导向，组织软科学研究机构、高校、院所和相关单位开展研究，重点围绕科技发展战略、规划、政策、管理、体制机制和科技法制等的调查与研究，以及重大项目的可行性研究，获取一批调查分析与研究报告等软科学研究成果，为科学决策提供依据和建议。

【软科学研究计划项目】 2013年，广西立项下达软科学课题57个（其中包括9个应急项目，2个历年结余经费安排项目），经费492万元，10月底完成合同签订工作；不立项108个，年前完成了不立项回复工作。在广西软科学研究计划项目管理上，突出重点，做好项目安排工作。分三大类：一是围绕自治区热点、难点问题，开展宏观性战略研究，为自治区领导提供决策依据，如新一轮西部大开发背景下加快广西科技能力建设问题研究、广西加快经济发展方式转变科技体制、应对碳关税的科技策略研究等选题；二是围绕产业科技发展和计划管理中的一些重大问题安排项目，从科技支撑重点产业发展、创新园区、创新人才、国际合作等多方面设立课题开展研究，如广西重大产业科技支撑能力研究、广西科技支撑战略性新兴产业培育和发展的意见、中国一东盟相互投资制度安排问题研究；三是针对科技管理中的绩效评价、实证研究等深层次的科技管理问题，以及科技统计数据资料为基础的分析预测等开展一批专题调研工作，如广西创新计划监测与评估体系研究、广西工程技术研究中心管理与评价机制研究、广西科技投融资运作实证研究。

【决策咨询研究】 随着经济社会的快速发展，广西软科学研究越来越受到各级决策部门的重视和支持，已成为推动广西经济、社会和科技发展的重要力量，较好地发挥了软科学的决策咨询作用。

广西软科学研究会不断开展软科学方法论及相关基础理论的攻坚研究，探索全自治区软科学事业的发展路径，发挥政府引导资金及各类社会资金的最大效用，为各级各类政府部门和企事业单位提供决策咨询服务。重点支持的桂林电子科技大学软科学研究院、广西大学、广西民族大学、广西财经学院、广西科学院、广西社会学科院等高校院所，历年来也承担了累计超过百项的国家和自治区软科学计划项目，各领域研究的科研团队得到发展，一批软科学研究基地逐步形成。

总体上看，广西软科学研究得到了较大发展，得到自治区领导和各有关部门的重视，许多研究成果已被自治区党委政府及有关部门所采纳，为党委政府的战略性决策提供了重要的科学依据。

【软科学成果选介与应用】 广西软科学研究立足于服务地方经济社会发展，为政府宏观决策的民主化、科学化服务，取得了丰硕的成果，下面介绍部分具有代表性的成果。

广西战略性新兴产业发展现状及科技政策研究　项目深入调研了广西部分战略性新兴产业较为发达地方，针对广西战略性新兴产业培育和发展过程中存在的问题，特别是科技创新问题，提出广西战略性新兴产业培育和发展的对策和政策建议，为新时期广西如何加快转变经济发展方式、调整产业结构、提高产业竞争力、实现跨越式发展等提供了政策指导。

广西重大产业科技支撑能力研究　项目充分总结了科技引领和支撑产业发展的国际经验，系统地分析了广西食品、汽车、石化、电力、有色金属、冶金、机械等重大产业的科技支撑能力并进行评价，实事求是地指出广西重大产业科技支撑存在的问题，提出了提升广西重大产业科技支撑能力的对策，为政府及有关部门制定重大产业科技政策及技术预见提供了借鉴。

新一轮西部大开发背景下加快广西科技能力建设问题研究　项目在明确广西科技能力总体情况、发展面临的优劣势及机遇挑战的基础上，分析了新一轮西部大开发背景下广西科技能力建设的战略定位，给出了科技能力的发展目标，并指出加快科技能力建设的战略重点——增强科技创新、加快产业技术创新、完善科技人才支撑、加强科技服务支撑能力。同时，项目对广西科技能力进行了综合评价，并与全国30各省、自治区和直辖市的科技能力进行比较，为全面了解广西科技能力的总体状况以及与其他省、自治区和直辖市的差距提供了支撑。

中国一东盟相互投资制度安排问题研究　项目以中国一东盟区域自然环境、经济社会发展现状为基础，根据中国一东盟相互投资制度历史沿边路径，归纳了中国一东盟相互投资制度建设特点，分析了中国一东盟相互投资制度建设存在的问题，提出了投资制度建设和投资环境建设等政策建议，并实证分析了中国一东盟相互投资制度建设对经济发展、社会就业率、产业调整优化、技术创新和进出口贸易结构等五方面贡献，有助于拓展中国一东盟区域双边合作领域和空间和推动产业相互融合，为政府制定中国一东盟区域投资政策提供了部分理论支撑。

（肖美艳）

科技成果管理与科普

【概况】 2013年，广西科技成果管理与科普工作围绕自治区党委、政府的工作重点，加快落实深化科技体制改革，深入实施创新驱动发展战略，在促进成果转化和科学技术普及，完善科技成果评价、登记及科技奖励，促进技术转移计划实施、科技成果推广与示范，指导技术市场规范和发展、全区科普工作规划，促进自治区主席院士顾问工作的政策、措施，组织编制和实施自治区院士工作站建设计划等方面开展工作，成效显著。

【科技成果登记】 2013年度登记科技成果共716项，比2012年增加了133项，增加22.8%，其中，市级科技部门推荐的科技成果351项，占成果总数的49%；区直有关部门推荐的科技成果365项，占成果总数的51%。

任务来源 国家计划项目17项，占成果总数的2.4%，同比减少了3.1%；部门计划项目15项，占成果总数的2.1%，同比减少了0.1%；省级计划项目246项，占成果总数的34.4%，同比增加了6.1%；自治区有关部门计划项目157项，占成果总数的21.9%，同比增加了3.7%；市级计划项目197项，占成果总数的27.5%，同比减少了5.1%；自选项目83项，占成果总数的11.6%，同比减少了1.4%；国际合作1项，占成果总数的0.1%。

成果类别 基础理论成果59项，占成果总数的8.2%，同比增加了2.0%；应用技术成果648项，占成果总数的90.5%，同比增加了0.6%；软科学成果9项，占成果总数的1.3%，同比减少了2.6%；医疗机构完成的成果242项，占33.8%，同比增加了6.4%；企业完成的成果220项，占30.7%，同比增加了0.9%；独立科研机构完成的成果109项，占成果总数的15.2%，同比减少了2.8%；大专院校完成的成果73项，占10.2%，同比减少了2.5%；其他单位（如农业局、农业技术推广中心等）完成的成果72项，占10.1%，同比减少了1.9%。

成果水平 在登记的649项应用技术成果中，技术水平达到国际领先水平的成果14项，占成果总数的2.1%；达到国际先进水平的成果59项，占成果总数的8.2%；达到国内领先水平的成果297项，占成果总数的45.7%；达到国内先进水平的成果219项，占成果总数的45.7%；占成果总数的33.7%；达到区内领先水平的成果25项，达到区内先进水平的成果12项，占成果总数的1.8%；其他单位（品种登记、验收等）23项。

拥有知识产权情况 登记的716项科技成果共产生知识产权578件，比上年增加42件。其中发明专利257件，增加35件，占总数的44.46%，同比增加3.0%；实用新型231件，增加36件，占40.0%，同比增加3.6%；外观设计49件，增加8件，占8.48%，同比增加0.83%；软件著作权39件，减少33件，占6.75%，同比减少6.68%；已授权专利352件，增加78件，同比增加9.78%。

2013年1～10月，广西科技厅受理科技成果鉴定申请286项，受理科技成果评审申请46项。

【科技成果奖励】 *国家科技成果奖励* 完成了广西2013年度国家科学技术奖励推荐项目审订、形式审查和网络推荐申报工作。2013年度广西共推荐4个项目参加国家科学技术奖评审，其中推荐技术发明奖1项，科技进步奖3项，有1个项目进入专业组答辩。

广西科技成果奖励 2013年广西自然科学奖等奖推荐364项；广西科学技术特别贡献奖1项；广西自然科学奖43项；广西技术发明奖推荐23项、广西科学技术进步奖推荐313项。经对将来退浆项目进行审查，348项符合送评条件。经专家进行评审、专业评审组推荐、评审委员会及奖励委员会委员评审，质疑答辩并投票表决，2013年度广西科学技术奖受理项目348项进行公示，其中：广西科学技术特别贡献奖推荐项目1项、广西自然科学奖推荐项目43项、广西技术发明奖推荐项目17项、广西科学技术进步奖推荐项目287项。

2013年广西科学技术奖励获奖项目143项，其中：广西科学技术特别贡献奖1项；广西自然科学奖一等奖1项、二等奖8项、三等奖12项；广西技术发明奖一等奖1项、二等奖4项、三等奖6项；广西科学技术进步奖一等奖7项、二等奖46项、三等奖68项。

【科技成果推广应用】 *反重力近终形铸造技术及其应用* 该项目在2008年广西科技进步一等奖“反重力近终形铸造技术”的基础上，持续开发并形成了高冶金质量和力学性能要求的铝合金精密铸件反重力成形新技术。提出了以射流诱导压差和过压溢流换热为工艺特征的反重力铸造新技术，细化了凝固组织，提高了铸件的凝固速度和力学性能。提出了具有自主知识产权的内吸式真空冶金、熔剂射流净化和微泡浮游干渣净化的单元化铝熔体净化技术。内吸真空冶金技术大幅度强化除氢动力学，减少除氢时间，在南方潮湿气候条件下可以连续生产；熔剂射流净化实现了夹杂物向熔剂的有效迁移和回收铝进行净化处理；微泡浮游干渣净化技术适合于间歇性和大型熔化炉连续铸锭生产。这些单元化技术可根据产品的不同需求进行组合，确实提高了铝制品的冶金质量和生产效率。项目技术在各种大型、复杂、具有厚薄壁相连的各种航空器舱段、飞机挂梁、框架等高性能近终形铸件，以及高性能铝质工业型材，太阳能铝合金框架、铝合金大功率散热器等民用产品的合金熔体处理方面都得到成功应用。该成果获2013年度广西科学技术特别贡献奖。

广西油茶良种繁育产业化关键技术研究与应用　项目开展油茶良种选育与综合评价，创新矮密早丰和高干嫁接换冠油茶采穗圃营建和芽苗砧冬春季嫁接技术。首创油茶扦插皮层生根调控技术，创建了“二步、三法、四季”油茶规模无性快繁模式。筛选的22个油茶良种通过了国家和自治区林木品种审定委员会的审（认）定。主持起草《油茶高干嫁接技术规程》等技术标准8项，实现油茶良种苗木规模化快繁和标准化生产。项目获得授权发明专利2件、实用新型专利1件；发表论文20篇，出版专著4部；举办培训班40多期，培训人员6000多人次。形成一套成熟的油茶良种产业化推广应用模式，在全国率先实现油茶造林100%良种化。累计建立采穗圃11个、面积140公顷，繁殖圃43个、面积293.33公顷。已推广造林8万公顷，年产值可达31.68亿元。该成果获2013年度广西科学技术进步奖一等奖。

地中海贫血的干预：筛查、基因诊断和产前诊断研究　地中海贫血是遗传性溶血性疾病，重型α地中海贫血胎儿于妊娠晚期死亡，重型β地中海贫血病人需终生依赖输血和去铁剂，死亡率极高。广西是地中海贫血的高发区，地中海贫血是出生缺陷的主要病因，严重影响人口素质，成为影响社会发展的公共卫生问题。

项目首次在国内外开展大规模的地中海贫血干预研究，共实施46万余人次的筛查，诊断和干预，覆盖了广西各市县和民族，及国内部分省市。诊断近10万例携带者和病人，给予遗传咨询和干预等，避免了重型患儿出生，减少了出生缺陷，减轻了家庭和社会负担，取得了巨大的社会效益。首次在国内外报道12种地中海贫血基因突变类型和异常血红蛋白，建立单细胞光镊拉曼光谱技术检测地中海贫血的方法。最早在国内开展孕早期绒毛活检进行地中海贫血产前诊断，建立从筛查到产前诊断的规范，为地中海贫血干预提供了理论依据和实施方法。发表论文91篇，专著1部。

研究为政府提供了科学和翔实的决策依据，促进了各级政府，医院及民众的参与，使防治工作得到广泛开展。尤其是2010年起自治区政府全面实施“地中海贫血防治计划”，极大地降低了重型患儿的出生，取得了巨大成效。通过培训医技人员和技术推广，带动了广西各地和国内部分省市的地中海贫血防治。至目前推广应用单位已实施100余万人次的干预，取得了巨大的社会效益和经济效益。项目组与国内外的合作与交流，培养了大批医技人员，提升了广西在国内外的影响，也带动了相关研究。

【自治区主席院士顾问】　截至2013年底，院士顾问及其团队到广西考察、调研、指导、举办专题报告192人次，开展合作项目309项，指导申报国家级项目41项，在院士指导下获国家级各类平台18个，获得国家项目经费共5.81亿元。2013年5月，为加强与院士及其团队的科技合作落地，为合作提供科技创新依托载体、配套条件和项目资助，经广西壮族自治区科学技术厅组织认定，认定广西柳工机械股份有限公司等50家企事业单位建立的60个院士工作站为第一批广西院士工作站，进站指导院士有71名。

第一批广西院士工作站

序号	建设单位名称	指导院士	所属领域
1	广西柳工机械股份有限公司	李培根	机械装备
2	广西华锡集团股份有限公司	邱冠周	有色金属
		古德生	
		邱定蕃	
3	中信大锰矿业有限责任公司	余永富	矿产资源

续表

序号	建设单位名称	指导院士	所属领域
4	柳州腾龙煤电科技股份有限公司	袁　亮	采矿工程
5	中铝广西有色稀土开发有限公司	严纯华	新材料
6	柳州欧维姆机械股份有限公司	项海帆 郑皆连	桥工程
7	上汽通用五菱汽车股份有限公司	钟志华 林忠钦 郭孔辉	车辆工程
8	广西电网公司	李立浧	能源与电气工程
9	广西交通投资集团有限公司	孙　钧	桥隧工程
10	东风柳州汽车有限公司	郭孔辉	车辆工程
11	广西玉柴机器股份有限公司	苏万华	内燃机动力工程
12	广西梧州制药（集团）股份有限公司	张伯礼	心脑血管
13	广西玉林制药集团有限责任公司	刘昌孝	医药
14	广西恒煊生物科技有限公司	曾　毅	病毒与肿瘤学
15	桂林莱茵生物科技股份有限公司	丁　健 杨胜利	医药和生物技术
16	广西瑞特种子有限责任公司	袁隆平	农业
17	广西扬翔股份有限公司	陈焕春	动物医学
18	广西柯新源原种猪有限责任公司	黄路生	动物科学
19	广西博世科环保科技股份有限公司	曲久辉	环境科学
20	广西慧云信息技术有限公司	张景中	计算机信息技术
21	广西大学	白以龙	力学
22	广西大学	段　雪	材料化工
23	广西大学	李　宁	动物科学
24	广西师范大学	何积丰	计算机科学技术
25	广西师范大学	孙汉董	植物资源和植物化学
26	广西医科大学	魏于全	医学

续表

序号	建设单位名称	指导院士	所属领域
27	广西医科大学	张兴栋	生物材料
28	桂林电子科技大学	张乃通 张明高	通信工程
29	桂林电子科技大学	孙家栋	航天技术
30	广西师范学院	郭柏灵	应用数学
31	广西师范学院	王　颖 傅伯杰 张祖勋	地理与测绘科学
32	广西中医药大学	陈可冀	中西医结合临床
33	桂林理工大学	任南琪	环境科学与工程
34	桂林理工大学	欧阳自远	天体科学
35	广西水利电力职业技术学院	王　浩	水文学与水资源
36	钦州学院	丁德文	海洋生态环境
37	广西科学院	欧阳平凯	生物化工
38	广西农科院	赵其国	土壤资源
39	广西农科院	袁隆平 谢华安	水稻
40	广西农科院	方智远	蔬菜
41	广西农科院	盖钧镒	作物遗传
42	广西化工研究院	万惠霖	催化化学
43	中国地质科学院岩溶地质研究所	袁道先	岩溶学与水文地质学
44	广西计量检测研究院	叶声华	测试计量技术及仪器
45	广西工程防震研究院	陈运泰 陈　颙	地震学和地球物理学
46	广西环境保护科学研究院	郝吉明	大气污染防治
47	广西林业科学研究院	尹伟伦	林学与生物学
48	广西兽医研究所	夏咸柱	兽医学
49	广西畜牧研究所	南志标	草业科学
50	广西植物研究所	孙汉董	植物资源
51	广西蚕业技术推广总站（广西蚕业科学研究院）	向仲怀	蚕学

续表

序号	建设单位名称	指导院士	所属领域
52	广西药用植物园	肖培根	中药资源学
53	广西海洋研究所	赵法箴	水产养殖
		麦康森	
54	桂林电器科学研究院有限公司	瞿金平	材料工程
55	中国有色桂林矿产地质研究院有限公司	陈毓川	矿产与晶体材料
		吴以成	
56	广西航空航天铝合金材料与加工研究院	左铁镛	料科学
		王国栋	
57	广西地质环境监测总站	卢耀如	环境与地质
58	广西环境监测中心站	魏复盛	环境科学
59	广西北海海洋环境监测中心站	孟　伟	环境科学与近岸海域环境保护
60	广西水文水资源局	张建云	水利工程

【国内科技合作】　与国内大院大所签订科技合作协议，建立科技合作机制。广西与中国科学院、中国工程院、北京大学、清华大学、同济大学、北京航空航天大学、北京科技大学、北京有色金属研究院、国家海洋局第三海洋研究所等十多所国内著名高校和科研院所签订科技合作协议。通过重大决策咨询，产学研合作，成果转移转化，项目合作和共享科技创新资源等形式，建立长期稳定全面的科技合作关系。

加强与省市区的科技交流合作。通过参与泛珠三角科技合作，加强与广东、湖南、云南、重庆、江西、福建及江苏省市科技厅的联系和协商，推动各省区自然科学基础研究和科学技术奖励评审专家共享，在广西建立了区外优秀的基础研究和科学技术奖励评审专家信息5000多名。发挥科技会展平台作用，推进国内技术合作。组织和完成中国东盟博览会先进技术展、深圳高交会、北京科博会、重庆高交会、云南桥头堡建设科技入滇对接会、陕西杨凌农高会和西部博会及海南博鳌农业科技创新论坛等科技会展活动，每年组织1600多个项目参加展。利用科技会展，组织推介广西科技成果，发布技术需求信息，了解科技发展动态，采用走出去，请进来的方式进行科技招商，寻找科技合作，推进省际科技合作。

【科普项目组织实施】　2013年1～6月，共组织完成71项历年未及时验收办结的项目；组织完成22项2011年计划项目的验收办结工作；组织2013年科普建设与示范项目课题任务书的填报和送审工作，完成了45个课题任务的填报和项目合同的签订工作；完成了2014年计划项目的申报指南编写；完成2014年计划项目专家评审立项工作。

【技术转移】　2013年7月，广西科技厅印发《中国创新驿站广西站点体系建设及工作方案》，全面启动中国创新驿站广西站点体系建设工作，构建了以国家科技部认定的中国创新驿站广西区域站点、基层站点和科技厅认定的10个工作站点为层级的中国创新驿站广西站点体系框架。2013年9月，广西科技厅印发了实施《广西技术转移示范机构以奖代补实施方案》，通过“以奖代补”的方式，对示范机构的技术转移工作进行补助，支持促进其服务工作和能力建设，以达到“奖先促后、激励创新”的目的。

至2013年12月，广西共有经国家科技部和自治区科技厅认定的技术转移示范机构26家，其中国家技术转移示范机构4家；建设中国创新驿站广西站点体系1个，包含中国创新驿站广西区域站点和基层站点各1家，工作站点10家；成立有222家盟员单位构成的广西技术转移联盟1个。全区拥有各类生产力促进中心102家，企业孵化器14家。产生了一批主要以为企业科技进步提供专业化、集成化、增值化服务为主业的各类公办、民办科技服务机构。科技服务机构促进技术转移和成果转化的能力不断提升，极大地活跃广西的技术市场，提升科技成果转移转化能力。2013年度全区共登记技术合同693项，合同成交金额73404.02万元，其中技术交易额55605.01万元。吸纳全国各地技术项目2198项，合同成交金额1285552.34万元，其中技术交易额1054666.97万元。

【科普活动】　2013年，广西科普工作坚持以科学发展观为指导，认真贯彻落实《中华人民共和国科学技术普及法》和《广西壮族自治区科学技术普及条件》，扎实开展各项业务，工作成效显著。

双休日博士、教授科普讲座　每月1期，采用多媒体辅助的报告会等形式进行科技教育、医疗卫生、人文科学、环境保护、科学管理、军事科技、法律道德、现代工业、农业技术等方面，以及社会科学和自然科学领域中的各种科技前沿动态、科技成果、社会热点讲座，是融科学性、知识性和趣味性为一体的大众性科普宣传形式。2013年，“双休日博士、教授科普讲座”坚持“实用和服务”的宗旨，秉承“创新与发展的”理念，先后在南宁、钦州、河池、崇左、北海市等地区，以走进社区、走进校园、走进农村、走进工地的方式共举办了15场科普讲座，听众达4200多人次。

广西科技活动周专题活动 2013年第二十二届广西科技活动周，围绕“创新驱动发展，科技促进跨越”主题，举办新技术新产品交流交易会、技术项目配对洽谈、技术转移论坛、科普展竞赛、职业技能竞赛，展示全自治区科技创新成果及科普工作的新亮点、新特点、新形式、新成效。开放科研机构、大专院校和科普基地，举办科普讲座、科技下乡等活动，让公众亲近科学，感知科学，理解科学，提升了科学素养。

惠农兴村科技下乡 广西科技厅结合科技专项行动的实施，以科技下乡服务团的形式进行的专项活动，2013年，共组织开展了“2013年广西科技活动周迎春科技下乡上思行”活动、融水县促春耕生产科技下乡活动等七次活动，各类科技专家100人次下乡服务，举办各类培训班12期，培训群众1300多人次，受益群众达7000多人次，赠送农业科技光盘、图书、资料21200份，赠送科技项目、物资价值达65万元。

全国科技活动周广西活动 2013年5月19～25日，广西科技厅联合自治区党委宣传部、自治区科协等20多个党政部门共同组织，按照全国科技活动周的总体要求和主题，围绕“科技创新·美好生活”主题，组织安排了一系列活动。自治区、市、县各级组织开展的活动达223项，其中自治区级活动66项，各设区市、县（区）共157项。

推动农民工科学素养提升行动 按照广西科技厅党组《深入开展党的群众路线教育实践活动，开展农民工科学素养提升行动方案》的任务，在全自治区范围内组织科技服务进社区、进农村、进工地等活动，前后开展科技下乡1次，举办科技培训、科普讲座4场。培训农民工450多人次，接受咨询服务群众2000余人，发放科普读物、宣传资料3000多份；让人民群众得到实惠，让科技惠民行动落到了实处，取得了良好的社会效益。

科普基础性工作 2013年4月25～28日，举办全国科普基础性工作能力建设培训班，来自国务院15个部（委、局），全国27个省、直辖市、自治区的科技厅（委、局），广西壮族自治区直属有关部门及14个市科技局负责科普基础性工作的100余名参加培训。

广西科普工作统计 2013年，完成《广西科普工作简报》6份的编印工作。根据《国家统计局关于同意制发科技统计调查制度的函》和科技部《关于开展2012年度全国科普统计的通知》精神，制订《2012年度广西科普统计实施方案》，组织实施2012年度广西科普统计工作。按照科技部的统一部署及统计要求，从4至6月，在全自治区14个市及区直相关部门开展包括科普人员、科普场地、科普经费、科普传媒、科普活动等5大项86个指标的调查统计，共收到全自治区14个市及区直相关部门共2073份科普统计调查表，经审核、汇总后按时上报科技部，并建立了广西科普统计数据库。

（陈丹　雷鸿雁　陈健　黄殿）

政策法规与体制改革

【概况】 2013年，广西壮族自治区加强科技政策与法规建设，推进科技体制改革，在科技政策建设、科技法规建设、科技计划管理改革、科研院所改革、科技特派员制度、科技创新工程实施等方面取得一定工作成效。

【制度建设与管理创新】 2013年，广西科技厅着重创新科技体制机制，促进经济发展。

科技管理机制 2013年，广西科技厅继续完善科技管理机制。一是加强年度计划与科技规划的衔接。组织研究“十二五”规划落实情况，分析规划与年度计划衔接情况。组织专家对2011～2013年广西科技计划安排的项目进行分析，提出了科技发展“十二五”规划重大专项及相关优先领域主题的落实情况、存在问题、下一步工作重点等内容。二是启动广西“十三五”科技发展规划前期战略研究。2013年度广西软科学研究计划课题重点围绕广西科技发展“十三五”规划，在战略思路、产业重点、基础条件等方面的重点问题进行专题研究。为加快软科学研究计划执行进度，从3月份开始征集项目选题，并召集广西发改委、政府发展研究中心、广西科学院、广西大

学等单位以及各业务处室的专家学者和负责人进行座谈，共同商讨广西“十三五”科技发展战略规划重点。通过发布指南、组织申报受理、评估评审等环节，共受理项目162份，下达项目40个（课题46个），经费400万元，10月底完成合同签订工作。三是创新计划工作稳步推进。2013年是第五轮创新计划实施承上启下的一年，重新调整了广西创新计划实施协调领导小组成员，加强了组织与综合协调。在对2013年度创新计划申报项目进行充分调研的基础上，5月下达2013年度自治区本级创新计划专项37个项目，共2000万元，专项重点支持企业自主创新能力提升工程、科技兴农能力提升工程、科技成果转化能力提升工程、产业创新人才队伍建设工程及科技惠民能力提升工程等五大工程。9月，启动了2014年创新计划项目申报工作，编制了《2014年创新计划项目申报指南》。指南继续按照“强基础、提能力、促发展、惠民生”要求，加强和2014年的科技计划总体衔接，以完善区域创新体系建设为目标，以提升自主创新能力为核心，围绕地方重点产业布局和特色优势产业发展，突出重点，强化集成，重心下沉，重点推进企业自主创新能力提升工程、产业创新人才队伍建设工程、科技惠民能力提升工程等三大科技工程的实施，建设一批科技创新服务平台，提升科技创新服务能力，优化科技创新环境，为广西经济及产业结构转型升级提供科技支撑。

科技会商与科技统计　2013年，广西科技厅继续推进科技会商，开展科技统计。一是落实部区会商议题内容。年初将部区会商工作任务分解，加强实地调研，加强与科技部的沟通对接，推进会商议题的落实。9月，组织对议题实施近一年来的情况进行阶段性总结和评估。二是加强多方合作会商，聚集创新资源。2013年以来，桂林、梧州、崇左、防城港、河池、贺州、玉林、来宾等市副市长分别带队到广西科技厅座谈交流，对厅市双方已经开展的会商工作进行了回顾和总结，针对高新区等创新平台建设、高端人才引进、地方特色产业发展等问题，就下一步会商合作的重点进行了深入的探讨。截至10月底，已与桂林、梧州、防城港、崇左、玉林、来宾6个市召开了2013年厅市会商会议，下达厅市会商专项经费2400万元。同时，与北部湾办签订了《加快广西北部湾经济区发展合作协议书》；与环境保护厅签订了《科技促进环境保护合作协议书》。另外，桂林电子科技大学等高校以及中科集团、中铝集团等多家企业也到广西科技厅就产学研合作、科技与金融结合等问题进行了商谈。三是组织开展科技统计工作。稳步推进科技机构年报、国家科技计划项目执行情况调查、自治区本级科技计划项目执行情况调查等常规性工作。更新《广西科技事业发展概况（2012）》、《2012广西科技进步统计监测报告》。配合自治区统计局编制《2013年科技综合年报》，2012年全区科技活动人员104650人，R&D人员63565人，折合全时当量40581.6人年，R&D经费961967.2万元，占GDP的比重为0.75%。

科技与金融结合工作　2013年，广西科技与金融结合工作取得新进展。广西科技厅制定了《关于鼓励和引导民间投资和支持广西科技创新发展的实施意见》。会同财政厅制定了《广西壮族自治区科技型中小企业技术创新引导资金管理暂行办法》（桂财教〔2013〕1号），制定了实施方案，年初安排2000万元作为科技型中小企业技术创新专项科技贷款贴息。开展广西科技型中小企业技术创新引导资金合作金融机构遴选，确定了4家银行作为科技型中小企业技术创新引导资金合作金融机构。与华夏银行股份有限公司南宁支行双方签订了《促进科技与金融结合，推动企业自主创新战略合作框架协议》。组织开展广西科技型中小企业技术创新专项科技贷款评审专家的征集工作。推动商业银行开展专利质押融资取得重大进展，13家企业以专利出资，从交通银行、招商银行等6家金融机构获得商业贷款合计1.38亿元。

科技惠民工程　2013年，广西科技厅继续推进科技惠民计划工作，召开科技惠民计划推进工作会议，研究讨论2013年广西科技惠民计划的重点任务及提出申报2013年国家项目建议；会同自治区财政厅，编制并联合印发《广西科技惠民计划实施管理办法（试行）》；推荐“广西农村生活污染控制技术集成示范”等3个项目申报国家科技惠民计划，其中，“肝癌、鼻咽癌联合早诊早治技术推广示范”、“柳州市鱼峰区社区数字化全响应社会服务管理平台示范”2个项目都获得国家拨款资助。

国际科技合作创新平台建设　2013年，国际科技合作创新平台建设取得新突破，多类别国家级国际科技合作基地落户广西。一是国家级国际科技合作基地建设成效显著。广西科技厅组织推荐的广西医科大学“生物靶向诊治国际联合研究中心”、中国地质科学院岩溶地质研究所“岩溶动力系统与全球变化国际联合研究中心”成为广西首批获科技部认定的国际联合研究中心；广西科技信息网络中心“中国—东盟国际技术转移中心”成为广西首家获科技部认定的国际技术转移中心；广西南南铝加工有限公司“高性能铝合金材料国际科技合作基地”成为广西首家获科技部认定的示范型国际科技合作基地的企业。广西国家级国际科技合作基地已达9家，领域涉及农业、林业、水牛产业、医疗技术、地质环境、技术转移、铝业加工等，其中示范型国际科技合作基地6家，国际联合研发中心2家，国际技术转移中心1家。二是国际联合实验室（中心）建设推动工作取得新进展。通过集中优势资源开展国际科技合作，以国际科技合作基地为重点，支持广西与国（境）外科研机构、高校以国际联合实验室（中心）形式建立紧密、长效的国际科技合作。广西水牛所与意大利、广西中医药大学与泰国、广西药用植物园与奥地利等都已签署了建立国际联合实验室的合作协议。其中广西水牛所与意大利农业部农业研究委员会、国际水牛联合会将共建中意水牛联合研究中心，共同开展水牛科学研究，广西中医药大学与泰国孔敬大学将共建中泰传统药物研究联合实验室，广西药用植物园与奥地利格拉兹大学共建国际联合实验室已初步建成。

【科技政策建设】 2013年，广西激励自主创新政策效应日益显现，建设创新型广西“2+66”政策文件进一步落实，科技政策环境不断完善。广西区党委宣传部印发了《关于进一步加强科技宣传工作的实施方案》，科技宣传进一步加强。加强做好细则制定、宣传贯彻和检查督促，使广大企业、院所、高校逐渐了解激励创新政策，逐步享受激励创新政策带来的实惠。

【科技法规建设】 2013年7月17日，广西第十二届人大常委会第五次会议上审议通过新修订的《广西壮族自治区科学技术进步条例》，并于7月19日由广西人大常委会召开新闻发布会，对外公开发布。经过一系列的宣讲和解读活动，于2013年9月1日正式颁布实施。新条例对加快广西科技发展，积极建设创新型广西，加快实现富民强桂新跨越，争取与全国同步全面建成小康社会提供强大的科技支撑具有重要的促进作用。

2013年，广西科技厅根据自治区行政审批制度改革工作领导小组的要求，结合工作实际，在开展清理行政审批事项的基础上（行政审批事项由8项减少到5项），改进和完善行政审批服务，审批时限压缩25%。同时，进一步规范行政审批行文，实行一个窗口对外，简化核准前置条件，明确审批环节标准、条件、程序、时限及责任人。此外，进一步加强科技厅系统依法行政工作，提出具体贯彻实施意见，强化制度建设，切实推进行政执法责任制建设。

2013年，深入实施专利行政执法能力提升工程。组织开展知识产权执法维权“护航”专项行动，1～10月在全自治区开展专利执法检查33次，查处涉嫌假冒专利案件57件，结案52件；受理专利侵权纠纷案件8起，结案4起。

【科技计划管理改革】 2013年，科技计划执行进度大幅提前。采取多项措施加快推进计划项目经费下达进度：制订了《2013年科技计划工作进度安排》、预算项目下达准备工作具体要求并印发执行；以会议形式联合会审、处理重复项目；加强立项汇总表审核编制等等。截至10月底，广西共下达8批自治区本级技术研究与开发财政补助项目、3批自治区科技成果转化财政补助项目，合计136个预算项目（共1069个课题），总投资共61.9亿元，自治区本级财政补助经费41175万元。其中，11个重大专项总投资14.16亿元，自治区本级财政补助经费7525万元；科技成果转化专项总投资17.42亿元，自治区本级财政补助经费9400万元。已完成年度科技计划预算经费下达任务的95.8%，签订项目（课题）合同1064份，完成率达99.0%，几乎全部按规定在项目下达一个月内完成合同签订。

2014年科技计划申报受理工作不断创新。一是指南更具科学性和导向性，在横向上更体现整体的布局和资源的整合集成，在纵向上更注重与规划、历年计划的衔接。2014年科技计划申报指南呈现以下五大特点：一是突出重点，此次指南的项目数比上年减少15项（课题方向减少10个），进一步突出了重大专项、科技成果转化、平台与能力建设和科技惠民专项等重点，体现了资源的整合与集成。二是加强衔接，注重与中长期规划、“十二五”规划以及历年计划的衔接，注重工作的延续性。三是强化集成，此次指南的项目及其课题方向按广西科技计划体系进行归类和整合，是与往年不同的一大亮点，避免了一些相近的课题方向在不同的项目中出现。四是注重中试，突出科技成果转化项目，注重技术集成应用以及中试平台、基地建设，为大规模生产（或产业化推广应用）提供支撑，促使近几年科技成果（如350工程攻关成果，育种成果等）尽快转化为现实生产力，尽快产生效益，尽快惠及民众。五是提高门槛，通过设置更科学、更严格的申报条件，限制那些不具备条件承担项目或科技创新条件（能力）较差的单位申报，达到优化科技资源配置的目的；同时，在平台建设、企业研发投入、新产品研发、专利产出等方面提出了更高的要求。据统计，共受理2014年科技计划课题2586项，较上年增长了19.2%。二是改革评估方式，简政提效。组织评估中心采取专家集中评估评审的方式，送评估的1717个课题在一个月内全部完成，比往年节省50%的时间。三是践行“诚信制度”和“阳光立项”。限制历年承担项目（课题）信用不良的单位和个人申报课题；在项目立项过程中引入监察职能部门，进一步促进立项的公平、公正、公开。

通过职权下放借助多方资源和力量加快历年在研项目的清理和验收工作。针对项目（课题）清理验收中出现的问题进行了阶段性的总结和分析，印发《关于进一步实施自治区本级科技计划项目委托管理的意见》，委托各市科技局和科技中介机构管理计划项目。7月份召开了科技计划重点工作推进会，对科技局进行了讲解、培训，充分发挥科技局的优势和作用，加快推进历年在研项目的清理和验收。同时，制定了《关于处理项目结题的若干意见》。通过多管齐下，1～9月共验收项目975项、终止（或撤销）118项。

【科研院所改革】 2013年，广西壮族自治区在关注和支持自治区属开发类科研机构企业化转制改革的同时，加大对自治区属公益类科研机构的支持力度，为发挥科研机构在区域创新体系中的骨干和引领作用营造良好环境。4月，在南宁召开广西科研体制建设座谈会，邀请了广西科学院、广西化工研究院等十家科研院所单位负责人参加。

【科技特派员制度】 2013年，不断完善广西的科技特派员制度，引导科技人员深入企业开展创新创业活动。2013年组织申报自治区（工业类）企业科技特派员207人，服务企业涵盖有色金属（冶金），医药化工，电子信息等12个产业业。经过专家评审，认定陈宁江、黄刚等100人为自治区个人企业科技特派员；认定广西大学等11个单位为自治区法人企业科技特派员。2013年科技人员深入企业开展创新（创业）项目（课题）[illegible]项。项目涉及机械设备制造、电子技术应用、新材料、供应链、医药、食品加工等行业。项目涉及总投资4543万元，其中财政拨款300万元。通过项目的实施，预计产生经济效益年新增产值24270万元，年新增利税5187万元，年新增创汇134万美元。

2013年，继续开展农村科技特派员创新创业服务工作。安排自治区科技经费500万元支持48名农村科技特派员深入县市区乡镇、村屯、企业开展科技服务和创新创业；组织开展2013年自治区农村科技特派员申请认定工作，新认定个人农村科技特派员302名、法人农村科技特派员10个。截至2013年9月底，广西共有各级自然人科技特派员4390名，其中自治区认定个人农村科技特派员483名、法人农村科技特派员10个，各市、县区选派科技特派员3565名、自发型科技特派员342名，全自治区已有80%的县（市、区）开展了科技特派员农村科技创新创业与服务工作。

【技术创新工程实施】 加强创新型（试点）企业建设。加强国家创新型（试点）企业建设。及时调查了解8家国家级创新型（试点）企业落实相关政策的情况，根据科技部要求，组织广西8家国家级创新型（试点）企业开展2013年度国家级创新型（试点）企业信息采集需求工作。推荐上汽通用五菱汽车股份有限公司申报获批国家第五批创新型试点企业。组织广西国家级创新型企业参加科技部组织的国家创新型企业创新方法应用与示范工作管理创新培训班和创新型企业知识产权管理研修班。开展自治区创新型（试点）企业建设。组织开展自治区第五批创新型试点企业申报评选和广西第三批创新型企业申报评选工作，通过专家评审，最终确定广西开元机器制造有限责任公司等11家企业为广西第五批创新型试点企业，确定桂林海威科技有限公司等31家企业为第三批广西创新型企业。组织项目，引导企业加强科技能力建设。2013年度，指导广西创新型（试点）企业积极申报并获得多个国家科技计划项目支持。其中，广西玉柴重工有限公司、桂林电器科学研究院、广西博世科环保科技股份有限公司、广西田园生化股份有限公司获国家重点新产品计划立项项目；培力（南宁）药业有限公司、桂林海威科技有限公司、广西博世科环保科技股份有限公司、柳州市龙杰汽车配件有限责任公司获国家火炬计划立项项目支持，数量占广西获立项总数的30.8%，充分体现了企业走科技创新发展道路的重要性。本年度组织开展广西创新型企业培育攻关课题申报，共投入经费400万元支持企业建设。

推进产业技术创新战略联盟建设和发展。为全面了解广西产业技术创新战略联盟的发展情况，加强对联盟的管理工作，组织开展全自治区产业技术创新战略联盟自评估工作，明确了联盟组建模式及发展思路。组织推荐广西罗非鱼产业技术创新战略联盟获认定为国家重点培育联盟，待进一步完善并具备条件后优先纳入后续批次国家试点联盟。这是广西首次获得国家产业技术创新战略重点培育联盟认定，标志着广西在产业技术创新战略联盟建设方面迈上了新的台阶。

积极探索自治区工程院建设。3月上旬，对全自治区25家工程院的建设与运行情况进行了现场调研。针对调研发现的突出问题，5月下发了《关于加强自治区工程院规范建设和管理的通知》，并组织召开工程院建设工作协调会，总结了自治区工程院组建以来的建设及运行进展情况，重点研究部署自治区工程院下一步工作任务及要求，积极推进自治区工程院建设。

稳步推进工程技术研究中心建设。召集广西三家国家级工程中心召开座谈会，就如何发挥中心对广西相关行业发展的引领作用进行了深入交流和探讨，指导在建的工程中心顺利通过科技部验收。完成了2012年度工程中心（第八批）现场考察、综合评审及组建工作，新组建了21家工程技术研究中心。组织申报第九批广西工程技术研究中心，印发《关于2013年广西工程技术研究中心组建申报指南的通知》，首次在申报前举办广西工程技术研究中心申报与管理培训班，来自全区有关科技局、科研机构、企业、高校等113个单位的145人参加培训，共有78家企事业单位申报组建。经评审，同意将42个申报组建自治区级工程技术研究中心列入第九批自治区级工程技术研究中心组建计划。组织编写了《广西工程技术研究中心管理办法》及《广西工程技术研究中心考核评价办法》，印发了《广西工程技术研究中心年度报告（2012年度）》。

各类创新平台建设成果显著。面向企业、高校、科研院所新组建了21家工程技术研究中心，认定11家技术转移示范机构，认定首批10家中国创新驿站广西工作站点。继续加强重点实验室工作，新认定了11家省级重点实验室，首次启动广西企业重点实验室培育基地申报工作，提升企业技术创新能力。截至10月，广西已建设有2家国家重点实验室，3家国家工程技术研究中心，49家自治区重点实验室，25家自治区工程院，23家千亿元产业研发中心，146家自治区工程技术研究中心等一批国家和自治区级科技创新平台。广西科技文献共享与服务平台在广西全线开通，国家科技图书文献中心南宁服务站投入运行，“统一标识，一站式服务”的科技文献平台成为科技中介服务体系建设的重要载体，成为地方科技部门服务经济社会发展的重要抓手，成为科技系统对外服务的窗口和品牌。现代农业产业科技示范县建设稳步推进。新认定生猪、家禽等产业科技示范县20个，现代农业科技示范县认定数量达到75个，约覆盖了全自治区70%的县（市、区），为加快推进广西现代农业产业发展步伐，依靠科技创新做大做强做优广西特色优势农业产业发挥了积极作用。国家农业科技园区建设再获新突破。百色国家农业科技园区被评为全国优秀农业科技园区。桂林国家农业科技园区获科技部批准建设，这是广西继百色、北海国家农业科技园区后获批建设的第三个国家农业科技园区。科技企业孵化器建设得到全面推进。2013年新认定自治区级科技企业孵化器2个，正在申报国家级孵化器1个。全自治区在建（含建成）孵化器达到25家，其中专业型孵化器9个，国家级5个，自治区级孵化器12个。2013年度新增入孵企业315家，在孵企业达到1503家，孵化面积达93.27万平方米，毕业企业63家。设立专项资金支持孵化器建设，2013年度下达1300万元资金，支持孵化器公共科技创新创业服务平台项目13个。积极推进国家创新型特色园区创建，高新区产业进一步发展。大力推动桂林、南宁、柳州国家级高新区创建国家创新型特色园区。协助科技部火炬中心组织专家对桂林、南宁高新区创建国家创新型特色园区方案进行了评审，并经科技部正式批准实施。柳州高新区创建创新型特色园区方案评审工作正在协调落实中。积极地推进有条件的地市新建自治区级高新区的工作。加强了对玉林、柳州市柳南区申报高新区的指导。积极推进北海高新区升级国家级高新区工作。截至8月底，六个高新区现有企业数11989家。其中高新技术企业290家，规模以上工业企业627家，上市企业16家，收入超亿元企业373家。加快发展专利代理服务体系。大力引进自治区外优秀专利代理机构到广西设立分支机构，1～11月引进自治区外机构12家，使全自治区专利代理机构总数达到23家。

（黎卫红　湛永松　莫长林　谢美清　李泉）

科技合作与交流

【国际科技合作交流】　2013年，广西科技厅接待以色列、意大利、罗马尼亚、新加坡、泰国、印尼、越南、柬埔寨、老挝、马来西亚、缅甸、美国等12个国家的政府访问团组18批（次），共91人（次）来访；接待参加首届中国—东盟技术转移与创新合作大会的东盟国家机构和企业代表198人，就农业、生物医药、畜牧和奶制品加工、节能环保等领域的交流与合作进行洽谈，开展技术项目对接，深化对外科技合作与交流。

共派出科技代表团8批（次），共21人（次），赴新加坡、泰国、印尼、越南、美国、德国、芬兰、日本、澳大利亚等国家开展科技考察、技术培训、技术对接等访问活动。广西科技厅书记陈大克率团访问香港，推动桂港科技合作与交流。广西科技厅厅长谢酉堂和副巡视员彭枝分别率团访问新加坡、泰国、印尼、越南等东盟国家，介绍中国—东盟技术转移中心建设情况，落实东盟国家代表参加首届中国—东盟技术创新与合作大会，巩固和加强了广西科技厅与有关东盟国家科技管理部门、研究机构和行业协会之间的沟通和联系，进一步拓展了东盟科技合作与交流渠道。

【首届中国—东盟技术转移与创新合作大会】　国家科技部与自治区人民政府于2013年9月第十届中国—东盟博览会期间在南宁共同举办了首届中国—东盟技术转移与创新合作大会。

大会以“联合创新，共同发展”为主题，共组织了高层合作论坛、第十届中国—东盟博览会先进技术展、中国—东盟技术对接洽谈会、中国—东盟科技创新合作研讨会、首届中国—东盟空间信息技术应用培训班、科技园区考察等六大活动。共有来自中国和东盟国家科技部、知名技术转移机构、企业、大学和科研机构等1000余名代表参加大会活动，其中，中国科技部部长万钢和副部长曹健林以及柬埔寨、印尼、老挝、缅甸、泰国、越南等东盟国家的8位部级领导出席，东盟国家代表300多人，参会企业400多家，其中东盟国家企业100多家。在高层合作论坛上，中国和东盟国家的7位部级领导发表主旨演讲，来自中国与东盟国家的37家机构和企业签订了18个科技合作协议。在先进技术展上，有170多家企业和机构参展，其中，国内150家，泰国、马来西亚、越南等东盟国家20多家，共展示现代农业、可再生能源、电子信息、生物医药等领域的技术和产品项目186项，其中，东盟国家参展项目40多项，李克强总理参观了展览。在技术对接洽谈会方面，举办了现代农业、可再生能源、生物医药、电子信息等四大专场推介洽谈，来自中国和东盟国家的345家企业和机构近600人参会，有近300个项目进行有效对接洽谈，其中，签署了合作协议或意向78项。

该届大会是至2013年末中国举办的层次最高、规模最大、人数最多的一次面向东盟国家的技术转移盛会，代表们反响热烈，取得了显著成效和丰硕成果，扩大了中国—东盟技术转移中心的知名度和认知度，为推动中国与东盟国家间的先进适用技术转移、推广应用和创新合作打下了基础。

【中国—东盟技术转移中心】　2013年3月，成立了中国—东盟技术转移中心筹建工作领导小组，通过与国家科技部国际合作司沟通，科技部4月下旬致函自治区人民政府，明确支持广西牵头建设中国—东盟技术转移中心。自治区政府复函表示，将根据中心建设、运行情况，进一步完善相关工作，为保障中心运行提供有力支持。组织申报“中国—东盟技术转移中心建设”项目，获得国家科技部对发展中国家援助项目立项支持，安排专项建设资金1099.89万元。

积极沟通协调，将中国—东盟技术转移中心作为中国—东盟战略伙伴关系建立十周年和中国—东盟博览会十周年的重要成果，纳入第十届中国—东盟博览会开幕式的重要议程内容，在李克强总理和东盟国家领导人的见证下，中国国家科技部部长万钢和东盟国家科技部长共同为中国—东盟技术转移中心揭牌。

（罗锦模　彭元芳）

科技经费投入管理与科研条件建设

【概况】 2013年，广西科技投入与科研条件管理认真落实自治区科技厅工作总体部署安排，狠抓科技投入，自治区科技厅归口管理经费继续增长；抓科研条件建设发展规划研究并完成《广西科研条件建设和发展规划纲要（2013－2020）》编制；科研条件建设与开发利用上新水平，科技金融结合工作有新进展。按照国家科技基础条件平台中心要求，开展主要包括实验研究基地、大型仪器设备协作共用网、科技文献信息、自然科技资源共享平台的数量、投入、运行机制、服务成效和经验总结。配合完成了《国家中长期科学和技术发展规划纲要（2006－2020年）》中期实施情况地方调查相关任务等。根据科技部、财政部通知要求，面向自治区直属科研院所、高等院校、14个市属科学研究与技术开发机构、建有国家重点实验室、国家工程技术研究中心、自治区重点实验室和工程技术研究中心等，开展内容涉及20万元以上大型科学仪器基本信息和利用、中央有关部门及自治区批准建立的实验研究基地、生物种质保存机构及保藏的种质资源、各有关单位科技数据库建设和利用、各有关单位法人概况、在研课题、人力资源配置和科技投入产出等内容的科技基础条件资源调查工作（广西）。

【科技经费投入管理】 2013年，财政科技投入预算安排、自治区科技厅归口管理经费（部门预算）分别为15.2亿元和12.17亿元，同比增长分别为23.5%和45.3%，其中，技术研究与开发经费4.3亿元，同比增长38.7%；基础条件项目经费投入7000万元，与上年6898万元基本持平。

【科研条件建设与开发利用研究】 *大型科学仪器协作共用网入网仪器和服务领域扩大* 2013年广西大型仪器协作共用网入网仪器共985台套，总价值7.1亿元，入网单位111个。其中，入网仪器单台（套）在50万元以上381台（套），占全入网仪器总数40%以上；仪器总价值4.8亿元，占全网仪器总值67.6%。针对食品、汽车、有色金属和新材料等千亿元产业服务需求，在南宁、柳州、桂林、梧州和河池市建立了广西大型仪器协作共用网区域服务中心。2013年共审批专项补贴资金249万元，为63家单位，280个科研项目提供科技服务，服务对象中企业39家（占62%），科研院所21家（占33%），高校3家（占5%）。专项补贴资金重点支持的千亿元产业有：食品产业（10项）、汽车产业（169项）、有色金属及冶金产业（8项）、医药制造产业（63项）产业，占科技服务总量89%，服务范围从原来的科研院所、高校向高新技术企业扩展，在企业中的影响力不断提高。经对全广西108家单位入网单位862台/套大型仪器进行绩效考核，评选出先进机组77台/套，先进个人19人。先进机组为获得国家级、省级科技奖60个项目提供了核心检测技术服务；先进机组在参与相关科学研究与技术开发项目获专利67项，起草并发布国家标准45个、地方标准22个；机组技术人员发表论文326篇。

自治区科研院所重点实验室培育建设取得新成效 2013年，12个自治区科研院所重点实验室培育建设项目通过验收。至此，从2007年至2013年，广西在科研院所已完成21个重点实验室培育建设项目的验收工作，其中通过自治区重点实验室认定的科研院所重点实验室有10家。2013年通过验收的12个自治区科研院所重点实验室培育建设项目经费投入共1.09亿元，其中财政科技投入0.58亿元。科研用房仪器设备等条件有了较大改观，共有科研用房44880多平方米，有科研仪器设备5825台/套，仪器设备总价值近1亿元。通过该项目建设，培育建设了一批优势学科，吸引和集聚了大批人才，12个实验室有科研人员455人，其中具有高级以上技术职称183人，聘请客座专家59名，科技创新团队建设初具规模。科技创新能力明显提升，成果转化提速，6年来共承担科研项目400多项，获得科研经费2.2亿多元，科研项目已经通过成果鉴定（验收）229项，成果登记109项，获奖成果44项，获专利77项，主持、参与起草和审定行业标准50多件，发表论文513篇。

实验动物管理、资源建设与开发利用上新水平 2013年，新办理实验动物许可证5个，实验动物使用许可证5个，2013年自治区科技厅共审批核发（有效）实验动物生产许可证20个，使用许可证26个，涉及教育、科研、医学、制药、疾控、出入境等多个领域。广西特色实验动物巴马小型猪“封闭群”进入26世代，近交系已达15世代，总存栏数300头，其中，封闭群270头，近交系30头，是国内小型猪基因纯合度最高的品系之一。实验动物食蟹猴养殖场有13个，存栏12万

只，出口8688只。广西实验动物资源共享平台建设项目立项6项，安排经费共300万元。首次安排科学研究与技术开发“广西特色实验动物资源培育与产业化开发及共性关键技术研究和示范”项目，立项课题19个，安排科技经费400万元。广西出入境检验检疫局检验检疫技术中心承担《食蟹猴检测技术服务平台建设》项目通过验收和科技成果鉴定，鉴定委员会认为该项成果达到国际先进水平。广西医科大学实验动物中心承担《广西啮齿类实验动物规范化养殖基地建设》也通过验收，该项目建成年产30万只SPF级大、小鼠的生产基地，彻底改变广西啮齿类实验动物质量差和数量少的被动局面。全广西生产大鼠4.3万只，小鼠9.5万只，豚鼠200只，使用大鼠4.41万，小鼠7.95万，兔子1.18万只，豚鼠8466只。大、小鼠的生产与使用基本持平，但实验兔和豚鼠广西几乎无生产能力。全广西12家猴场总存栏数12.6万只，生产实验猴约3万只；全年总销售11987只（出口7188只，国内销售4819只），自用1154只。种群猴3.96万只，年可产仔猴3万多只，有1家猴场2011年办证以来未销售和使用过一只猴子，产能严重过剩，生产企业压力巨大。在南宁市和永福县新桂野生动物养殖有限公司举办了两期实验动物从业人员技术培训班，培训人数67人。广西参加“第十三届中南地区实验动物科技交流会”（广州）共收集参会议论文20篇，其中3篇评为会议论文。

科技文献信息共享平台建设持续发展　对平台系统进行了多次升级，并根据用户使用习惯重新设计了门户站点界面，同时新增文献配送功能，初步建立了网上参考咨询系统，帮助用户快速获取免费文献资料。共为上汽通用五菱等150多家企业提供全文推送等文献保障和咨询服务2000多项（次），配送文献5882篇，人员培训200多人次。为企业出“五新”（新专利、新成果、新技术、新产品、新方法）提供科技查新服务2412项；为国家和广西重大项目、专利申请策划等提供专利文献检索分析服务4000多项次。新建涵盖食品、有色金属、冶金和汽车等广西重点优势产业数据库，收录数据30多万条；平台科技文献拥有量达1.11亿条，数据储存量达37T。年底注册用户数达8900多个，访问量也从631万人次增加到854万人次，增幅明显。组织开展了2012年度广西科技文献信息共享与服务平台绩效考核，桂林、柳州、南宁和河池市科学技术情报研究所被评为AAA等级，北海、梧州、钦州和防城港市科学技术情报研究所被评为AA等级，还有一批先进个人。

【科技与金融结合】　制定《关于鼓励和引导民间投资和支持广西科技创新发展的实施意见》（桂科条字［2013］62号）。会同自治区财政厅制定《广西壮族自治区科技型中小企业技术创新引导资金管理暂行办法》（桂财教［2013］1号）。制定实施方案，年初安排2000万元作为科技型中小企业技术创新专项科技贷款贴息。开展并选定4家银行作为科技型中小企业技术创新引导资金合作金融机构。与华夏银行股份有限公司南宁支行双方签订了《促进科技与金融结合，推动企业自主创新战略合作框架协议》。开展了三批面向科技型中小企业科技贷款的征集工作，组织专家评选出45家企业推荐给合作银行，贷款受信额度达18亿元，按照中国人民银行公布的同期基准利率发放科技贷款2.95亿元。其中，广西建工集团机械制造有限责任公司“新型塔式起重机项目研发”获得专项科技贷款五千万元，研制出的5611、6513、和8050塔式起重机三个系列新产品达到了国际先进水平，该企业还冠名参编《实用起重机电气技术手册》等5项国家标准。

【《广西科研条件建设和发展规划纲要（2013－2020）》编制】　该规划纲要对未来广西科研条件建设发展战略及其规划做了顶层设计，体现了制度先行，为加强广西科研条件建设和管理，尤其是为研究制定“十三五”广西科研条件建设发展规划，明确了思路、方向、目标、主要任务、建设重点和运行管理机制等。

（韦永诚）

专利管理与保护

【概况】　2013年，广西共申请专利23249件，同比增长70.89%，高于全国平均水平54个百分点，三种专利构成为发明61.85%，实用新型29.06%，外观设计9.09%。其中，发明专利申请14380件，全国排第14位，比上年上升4位；同比增长120.99%，增长率居全国第一，高于全国平均水平89个百分点。广西共获专利授权7884件，同比增长33.58%，比全国高28个百分点，三种专利构成为发明16.42%，实用新型63.98%，外观设计19.60%。其中，获得发明专利授权1295件，同比增长43.73%，增长率居全国第一，高于全国平均水平44个百分点。到2013年末，广西累计申请专利90516件，获授权44522件。拥有发明专利3692件，每万人口发明专利拥有量为0.79件，同比增长42.90%，增长率居全国第二，全国排位第27位。

2013年广西专利申请、授权情况表

（单位：件）

年度	专利申请量				专利授权量			
	合计	发明	实用新型	外观设计	合计	发明	实用新型	外观设计
2013	23249	14380	6755	2114	7884	1295	5044	1545

【专利服务机构】 2013年，广西新成立和引进自治区外专利代理机构11家，专利代理机构总数达到23家，比2012年的12家翻了近一番；执业专利代理人达到87人，比上年增长40%；全自治区专利代理机构代理专利申请15899件，比上年增长54.06%，占全自治区专利申请总量的68.39%，有力支撑了广西发明专利倍增计划的深入实施。到2013年末，广西区内专利代理机构有10家，执业专理人61人；引进代理机构13家，执业专利代理人26人。

【知识产权办公会议】 2013年，广西知识产权办公会议办公室积极发挥统筹协调作用，制定并督导落实各项工作任务。根据《广西壮族自治区实施知识产权战略意见》，制定并印发《〈广西实施知识产权战略意见〉2013年度部门工作推进计划》（桂知办发〔2013〕2号）。

【专利技术推广应用】 第二、三届广西发明创造成果展览交易会 2013年分别在柳州市、桂林市举办第二届和第三届广西发明创造成果展览交易会。两届发明展展览面积合计2万平方米，1000多家企业、高校、院所参展，展示近年来广西在14个千亿元产业和10个战略性新兴产业等领域取得的发明创造成果3000多项，到会客商和观众共约17万人；评出项目金奖50项，银奖110项，传统手工业创新成果奖60项，中小学生发明创造成果奖40项。

专利应用 全自治区备案专利实施许可合同106件，许可金额839万元。化工、电子、中药等产业一批核心专利技术投入生产，“设有胎体填充胶的子午线轮胎”、“复合橡胶挤出机头”、“高电压直流极线PLC电容器”、“一种治疗口腔咽喉疾病的药物组合物及其制备方法和用途”、“一种治疗脑萎缩的药物及其制备方法”等5项专利的应用累计新增产值35亿元，新增利润12亿元，荣获第15届中国专利优秀奖，广西专利单届获奖数量创历史新高。广西上汽通用五菱公司每年知识产权转让和许可费收入达5000万元左右，为知识产权支出费用的数十倍，实现知识产权费由“负担”到“盈利”的转变。

质押融资 2013年度专利质押融资额首次突破亿元大关。交通银行广西分行、招商银行柳州分行、上海浦东发展银行柳州分行、广西中小企业信用担保有限公司等6家金融机构为13家企业发放专利质押贷款，出质专利包括发明专利13件、实用新型专利22件，获得商业贷款合计1.38亿元。桂林国家高新技术产权推广中心与上海联合产权交易所、北京产权交易所等国内知识产权交易机构合作，挂牌交易广西专利技术1232件，成功转让专利8件，总额2790万元。

【专利法规建设】 2013年，广西加强重点展会的知识产权保护制度建设，制定《广西发明创造成果展览交易会知识产权保护若干规定》，建立广西发明创造成果展览交易会知识产权保护制度，健全发明展知识产权投诉管理和处罚机制，为维护发明展的展会秩序，保护知识产权权利人和广大群众的合法权益奠定基础。

【专利信息公共服务平台】 2013年，广西知识产权局系统政府门户网站发布信息逾3300条，市县动态信息发布达336条。2013年，向国家知识产权局政府网报送信息300余条，被国家知识产权局政府网首页采用信息45条。

2013年，广西知识产权局出台《广西知识产权信息工作管理办法》、制定印发《广西知识产权局系统政府门户网站市县子站考核激励办法（试行）》，规范和激励知识产权信息工作。2013年广西知识产权宣传周活动以举办第二届广西发明展为主体活动，自治区有关部门组织开展了主题突出、内容丰富、形式多样、灵活节俭的相关宣传活动。通过在广西日报、中国知识产权报作专版综述宣传报道、在广西科技信息网开辟专栏等途径对广西发明创造成果展览交易会开展多方位、多角度的宣传报道。组织编制2012年广西知识产权工作年报，全面翔实记载广西知识产权重要事件。2013年，《中国知识产权报》在广西招聘记者，为广西记者站的建立打下基础。

2013年，加强知识产权信息综合服务平台建设，整合专利数据资源。建设广西知识产权信息综合服务平台，形成广西知识产权信息综合服务的总入口，提供专利检索、分析、咨询和延展服务；进一步更新完善与国家知识产权局同步扩容的国内外全部领域专利数据库，为社会公众进行专利信息检索查询提供有效数据支撑。2013年同步更新全领域中文专利数据212万条，外文专利数据163万条。在已建好的汽车、食品、机械和有色金属的4个产业专题专利数据库基础上，建设新能源、新材料和生物医药3个数据库，扩大广西企事业单位利用专利资源渠道。

2013年，广西引进自治区外发达地区的专利信息服务成功做法及专业工具，开展本地专利知识库建设、利用恒和顿等专利分析工具为企事业开展知识产权分析评议；开展专利信息情报支持工作；组织选派专利特派员深入企业开展发明专利申请及专利分析帮扶服务，协助企业进行专利布局、国内外相关专利检索分析，促进企业专利信息应用。

【专利人才培养】 广西制定和实施《2013～2015年广西“十百千知识产权（专利）人才”培养方案》。围绕广西知识产权（专利）发展中的重大问题组织实施8项软科学研究课题，支持广西已入选国家百名高层次人才和国家知识产权专家库的专家，开展广西知识产权质押融资、知识产权维权援助、知识产权服务业发展、知识产权人才队伍建设、知识产权课程体系等方面开展研究。试点建设广西大学和广西民族大学2个广西知识产权培训基地。建立广西知识产权人才库，形成面向社会的人才信息共享机制，建成与国家知识产权人才管理信息平台衔接、面向全自治区的知识产权人才信息共享平台。2013年，广西加强部门协同，举办县处级领导干部科技创新与知识产权专题培训班、师资队伍培训班、高新技术企业知识产权培训班、高职院校知识产权等系列讲座，培训人数达10000多人次；举办全国专利代理人资格考试考前培训班4期，培训人数1300多人次；全自治区878人报名参加全国专利代理人资格考试，报考人数比上年增长140%，居全国首位，69人通过获得专利代理人资格，比上年增长56.8%。全自治区拥有专利代理人资格人数达到229人。

【知识产权战略实施】 广西以落实《广西壮族自治区实施知识产权战略意见》为重点，强化知识产权战略统筹协调机制，全面推进知识产权战略深入实施。2013年广西专利、商标、版权、地理标志等方面进一步发展。广西专利综合实力指数在全国排位提升3位，由第23位升至第20位。申报中国驰名商标4件，同比增长33.33%，认定广西著名商标252件，同比增长45.66%。获得各类地理标志注册33件，使广西地理标志注册累计达112件。版权作品登记115件。3家企业4个产品通过国家生态原产地保护，实现了生态原产地产品保护零的突破。广西林科院申报马尾松新属“松韵”获得植物新品种权。

2013年，科技、知识产权部门深入实施《广西发明专利倍增计划》，推动科技项目、创新平台、高新技术企业等知识产权优势企业发明专利倍增，推进专利转化交易和代理服务业加快发展。自治区工信委培育一批广西工业和信息化领域知识产权运用标杆企业，“以点带面”推动各行业、各市工信系统知识产权工作的开展；财政部门进一步加大财政科技投入，完善财政科技投入稳定增长机制，增加发明专利专项资金投入，促进科技创新成果专利化。教育部门大力实施高等学校科技创新能力提升工程，建设广西高校协同创新中心，进一步加强高校重点学科、重点实验室等科技创新平台建设。商务部门安排资金支持出口基地技术研发公共服务平台和产品检测公共服务平台建设。

【知识产权保护专项行动】 2013年，广西各行政执法部门打击侵权假冒工作全年立案共4757件，涉案金额6748万元。公安机关共立各类假冒伪劣犯罪案件1817件，破案1536件，移送起诉案件262件。检察机关批准逮捕侵犯知识产权犯罪案57件79人；法院机关审结各类知识产权案件1182件；食品药品监管部门开展药品生产流通领域集中整治行动，立案查处1396件；工商部门以商品批发零售市场为重点，查处侵犯“中石油”、“多乐士”等注册商标专用权案件；质监部门组织开展农资、食品、3C认证等7项重点专项执法检查及重点行业“质量提升”专项执法行动，查处违法案件3521件，涉案金额2582万元；版权部门查处侵权盗版案件31起，收缴各类非法出版物和侵权盗版制品76.8万件；文化部门开展专项督查行动，重点查处歌舞娱乐场所歌曲点播系统、网络游戏、网络动漫、网络影视、电子游戏的侵权盗版行为；广电部门开展打击非法生产销售安装使用卫星地面接收设施专项整治行动；出入境检验检疫局强化出入境商品质量监督检查；知识产权部门组织开展知识产权联合执法维权“护航”专项执法检查35次，查处假冒专利案件113起；农业部门开展农资打假专项治理行动，查处农资案件1521起，查获假劣农资179.62万公斤；林业部门开展打击制售假劣林木种苗和保护植物新品种权专项行动；博览局加强展会知识产权保护工作制度化和规范化，有效开展博览会知识产权工作；南宁海关扣留侵权货物186批次。2013年，广西知识产权保护社会满意度提高到全国第15名。

【国家知识产权局专利局南宁代办处建设】 2013年，南宁代办处共受理专利申请18738件，同比增长88.70%，占广西同期专利申请量的81%。2013年共办理专利实施许可合同备案86件，涉及专利106项，金额839.04万元。办理电子用户注册申请82件，审查电子申请15343件，同比增长129%，占全年受理量的81.9%。全广西电子申请比重提升到78%以上，比2012年提高15个百分点。补充、补全新专利申请信息共23200多件；核查有效发明专利法律状态37000件次，并编成《广西发明专利异常信息情况通报》10期，为广西发明创造成果展览交易会、自治区高新技术企业认定工作提供最新的专利权属、法律状态确认1543项。先后为柳州延龙汽车有限公司、柳州市华航电器有限公司等7个专利权人的16件专利权做了质押登记，涉案金额6100万元，占广西全年专利质押登记总额的44.2%。2013年，南宁代办处1人获全国知识产权系统人才工作先进个人。

【中国（广西）知识产权维权援助中心】 中国（广西）知识产权维权援助中心积极整合知识产权资源，协调知识产权服务机构，为广西企事业单位和广大发明人提供知识产权咨询，为重大的研发、经贸、投资和技术转移活动组织提供知识产权分析论证、知识产权预警等援助支持，及接受知识产权侵权、违法行为的举报投诉。2013年深入三环企业集团股份有限公司、玉柴机械股份有限公司等企业开展知识产权保护服务。

（李佩鸿　龚小珊　唐铖　施春霞　莫俊森）

科技统计

【概况】 2013年，广西科技厅稳步推进科技机构年报、国家科技计划项目执行情况调查、自治区本级科技计划项目执行情况调查等常规性工作。组织编印《广西科技事业发展概况（2012）》、《2012广西科技进步统计监测报告》等。配合自治区统计局编制《2013年科技综合年报》，2012年全自治区科技活动人员104650人，R&D人员63565人，折合全时当量40581.6人年，R&D经费961967.2万元，占GDP的比重为0.75%。组织开展广西科技经费投入现状及对策调研，组织编写了《广西“十二五”科技进步贡献率目标设定及对策建议分析》、《关于我区研究开发经费投入情况的汇报》等报告，为相关政策、文件的制定提供参考决策。为贯彻落实《中共中央关于全面深化改革若干重大问题的决定》中关于建立创新调查制度的决策部署，广西科技厅发展计划处专程到国家科技部与计划司评估统计处相关领导进行了沟通，及时了解中央动向，为建立广西创新调查制度做好准备。

【科研与技术开发机构年报】 广西科技厅组织14个市科技局、部属及自治区直属独立科学研究与技术开发机构，分别对县及县以上政府部门属国有独立的科学研究与技术开发机构按五大类（自然科学和技术领域机构、社会与人文科学领域机构、科技信息和文献机构、县属研究与开发机构、转制机构）进行年报统计（见表1）。该年报调查的主要内容包括：人员、经费、基本建设、资产、科研仪器设备、科研课题、技术获取与转让、科技成果等情况。

【国家及自治区科技计划项目执行情况】 自治区科技计划项目执行情况　2012年调查了2007年～2012年下达的3288项科技计划项目及课题（以下统称项目），其中1592项已完成研究开发任务，占调查项目总数的48.4%，1526项按计划进度进行，占46.4%，170项延期、停顿或申请撤销，

占5.2%。(图2—1)

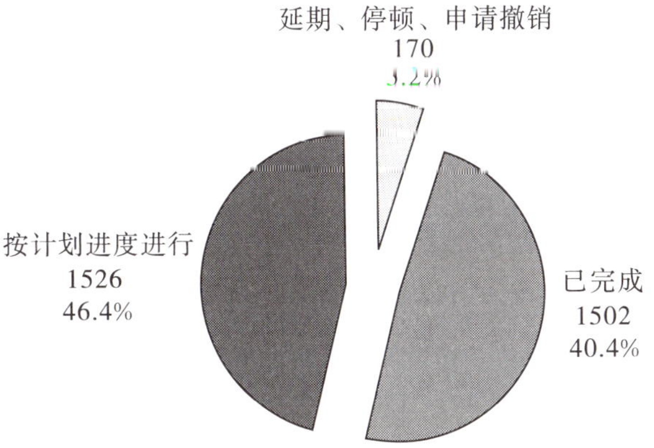

图2—1　2012年科技计划项目进展总体情况

造成科技计划项目延期、停顿、申请撤销的原因较多，比较突出的原因有市场变化、技术骨干变动、设备材料不落实、协作关系影响、技术变化等。

2012年广西科技计划项目到位资金总额为66.03亿元，其中来源于承担单位自有资金49.56亿元、政府部门拨款5.35亿元（其中国家级0.32亿元，自治区级3.60亿元）、金融机构贷款6.78亿元、其他资金4.50亿元。项目到位资金投入分布情况如下：

从项目服务的领域看，2012年工业到位资金40.51亿元，占当年到位资金总额的61.3%，农业、社会发展、科技创新公共服务平台到位资金分别为7.77亿元、2.80亿元、14.95亿元，所占比重分别为11.8%、4.2%、22.6%。(图2—2)

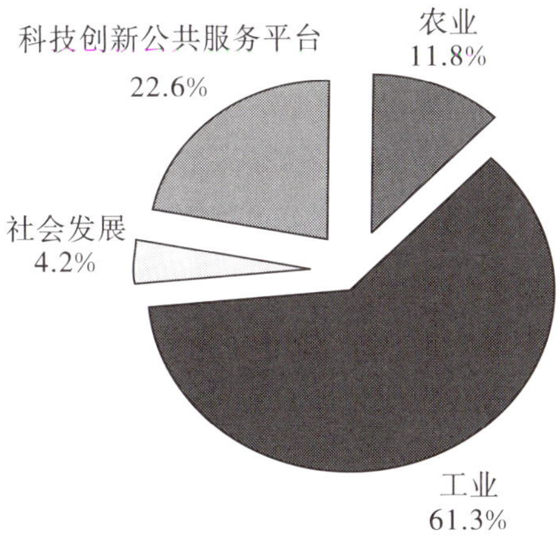

图2—2　2012年科技计划项目到位资金按项目服务领域分布

按单位性质分布，2012年企业到位资金48.97亿元，占当年到位资金总额74.2%，表明企业是广西研究开发活动经费的支出主体；科一研院所到位资金7.42亿元，占11.2%；高等院校到位资金1.10亿元，占1.7%；其他单位（包括除科研院所、大专院校之外的其他事业单位；政府部门；各类中介机构、协会（学会）；其他机构）8.54亿元，占12.9%，见图2—3。

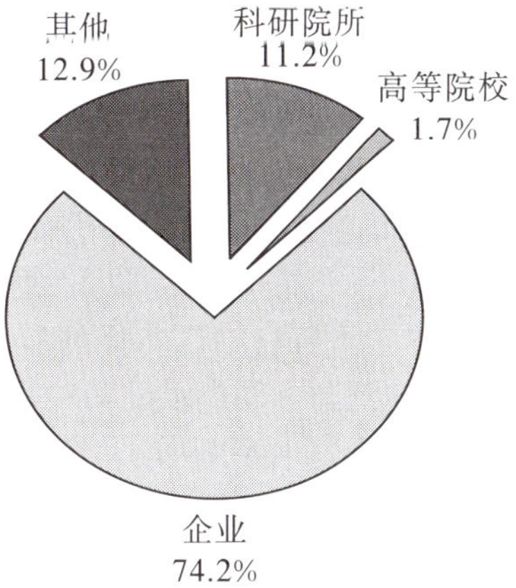

图2—3　2012年科技计划项目到位资金按承担单位性质分布

按隶属关系分布，2012年自治区直属单位承担项目到位资金8.94亿元，占到位资金总额的13.5%；14个地级市中桂林市承担项目到位资金15.44亿元，占23.4%，南宁市15.29亿元，占23.1%，柳州市7.91亿元，占12.0%，其他地市均不足5亿元，所占比重均不足6.0%，见图2—4。

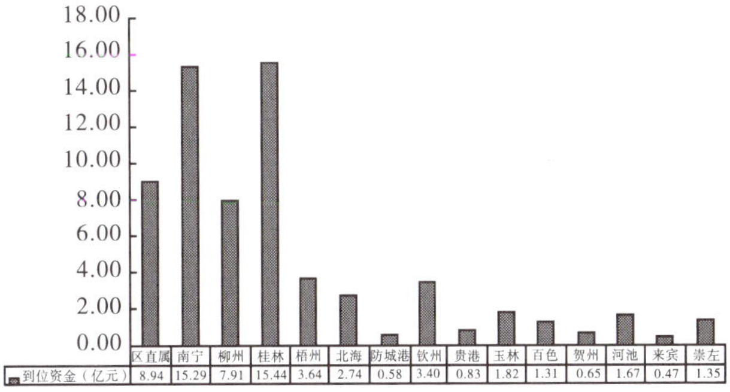

图2—4　2012年科技计划项目到位资金按隶属关系分布

2012年，广西科技计划项目实施取得了一大批科技成果，农业科技创新取得新突破，千亿元产业科技攻关有效推进，高新技术产业快速发展，产业技术水平大幅提升，民生科技有效推进，科技支撑引领经济社会发展日益凸显。据对3288项科技计划项目统计调查结果，科技计划项目共开发出新产品3178个，其中已投放市场的新产品1783个；农业新品种1622个；开发新技术1465项；申请专利1258件，获得专利授权1220件，其中发明专利授权604件，完成技术标准1104项；技术转让合同778项，合同金额5.64亿元；实现新增产值2046.44亿元，出口创汇27.49亿美元，净利润325.26亿元，实交税金92.72亿元；发表科技论文4651篇，其中向国外发表742篇；培养博士研究生254人，硕士研究生1500人，举办培训班19646次。“稻田福寿螺灾变规律及防控关键技术研究与集成应用”等64项自治区本级财政科技计划项目成果获2012年度广西科学技术奖，其中二等奖21项，三等奖43项。2012年度，在登记的科技成果中，来自自治区本级科技计划项目165项，其中：达到国际领先水平7项，国际先进水平29项，国内领先水平69项，国内先进水平44项。此外，科技计划项目成果中有3项成果获2012年度广西技术发明奖，1项成果获2012年度广西自然科学奖。

国家科技计划项目执行情况　自治区科技厅组织有关单位对广西获得国家科技部批准、2012年调查年底仍在实施的国家973计划、863计划、科技支撑计划、火炬计划、星火计划项目，以及自治区科技计划项目开展执行情况调查（见表2—表6）。

【地方财政科技拨款】　2012年，广西科技厅组织各市、县科技局（科委）填报本级财政科技拨款数据（主要包括科学事业费、科技三项费等），在此基础上汇总形成全自治区地方财政科技拨款数据（见表7）。

【其他各类统计表格】　2012年，广西科技统计数据还包括大中型工业企业（表8—表10）、高等院校（表11）、高技术产业（表12—表13）、科技企业孵化器（表14—表15）、重点实验室（表16—表17）、工程技术研究中心等统计表格（表18—表19）。

附表：

表1　2012年全自治区研究机构情况

	机构数（个）	R&D人员（人）	博士毕业	硕士毕业	R&D经费支出（万元）	科研用仪器设备原价（万元）	进口
总　计	781	20671	1841	3737	418657.5	541964.8	119053.9
一、按执行部门分组							
科研机构	123	4987	274	1456	138724	85632	33391
高等院校	192	3021	1327	1070	18447.9	92829.5	25042.6
企　业	435	11402	233	1115	259753.4	358201.2	56959.3
其中：规模以上	425	11120	225	1057	256440.3	353664	56821.1
大中型	234	9215	162	875	222367	293064.5	55791.7
其　他	31	1261	7	96	1732.2	5302.1	3661
二、按学科分组							
自然科学	43	1638	386	464	35730	60944	30009
总　计	781	20671	1841	3737	418657.5	541964.8	119053.9
农业科学	53	2151	141	568	55972.9	19601	5498.2
医药科学	48	2663	139	542	43668.1	42087.2	15196
工程与技术科学	545	12992	744	1687	275309.2	415891.1	68054.1
人文与社会科学	92	1227	431	476	7977.3	3441.5	296.6
三、按研究机构组成类型分组							
政府部门办	137	5402	372	1579	142034.4	89906.1	33432
与国内高校合办	17	372	190	83	2185.3	20465.5	3092.2
与境内注册其他企业合办	3	83	25	25	203	1432	484
单位自办	623	14809	1250	2049	274234.2	430161.2	82045.7

续表

	机构数（个）	R&D人员（人）	博士毕业	硕士毕业	R&D经费支出（万元）	科研用仪器设备原价（万元）	进口
四、按隶属关系分组							
中　央	219	4931	1378	1465	71426	168083.1	46951.8
地　方	562	15740	463	2272	347232.5	373881.7	72103.1
五、按地区分组							
南宁市	269	7469	941	1945	186145	188905.1	34887.4
柳州市	147	4391	76	436	96146.5	105722.4	8072.9
桂林市	163	4201	688	892	59665.2	128114.2	39662.3
梧州市	25	431	9	29	4472.8	10807.8	1741.8
北海市	31	572	19	66	11839.3	7699.4	679.7
防城港市	11	278	14	9	1574.1	8818	578.5
钦州市	15	142	12	23	1144.4	1661.2	
贵港市	9	289	13	5	3854.7	8951.8	110
玉林市	39	1821	40	196	36969.3	59894.1	29751.8
百色市	7	28	5	10	34.1	483	
贺州市	10	195	10	27	1232.6	1594.2	102.3
河池市	29	419	7	33	2429.2	1366.2	60
来宾市	14	139	1	10	3418.4	5828.1	
崇左市	12	296	6	56	9731.9	12119.3	3407.2

表2　2012年全自治区实施国家级五大科技计划项目数

单位：项

	合　计	主体性计划					产业化计划		
		小计	973	国家重大科学研究计划	863	科技支撑	小计	国家火炬	国家星火
实施项目数	122	24	3	0	9	12	98	55	43
基础研究	1	1	1	0	0	0	0	0	0
应用研究	8	8	2	0	5	1	0	0	0
试验发展	15	14	0	0	3	11	1	1	0
研究与发展成果应用	20	1	0	0	1	0	19	1	18
推广示范与科技服务	35	0	0	0	0	0	35	12	23
生产应用与产品化	43	0	0	0	0	0	43	41	2

注：五大国家级科技计划是指973计划、863计划、国家科技支撑计划、国家火炬计划、国家星火计划。

表 3　2012 年全自治区实施国家级五大科技计划项目参加人员情况

单位：人

	合　计	主体性计划					产业化计划		
		小计	973	国家重大科学研究计划	863	科技支撑	小计	国家火炬	国家星火
参加项目人员	**2402**	**927**	**49**	**0**	**463**	**415**	**1475**	**766**	**709**
其中：高级职称	709	344	20	0	161	163	365	169	196
中级职称	836	229	2	0	112	115	607	363	244
初级职称	137	137	2	0	49	86	—	—	—
其他人员	217	217	25	0	141	51	—	—	—
其中：博士	191	191	10	0	124	57	—	—	—
硕士	235	253	18	0	129	88	—	—	—

表 4　2012 年全自治区实施国家级五大科技计划项目到位资金情况

单位：万元

	合　计	主体性计划					产业化计划		
		小计	973	国家重大科学研究计划	863	科技支撑	小计	国家火炬	国家星火
项目当年到位资金	**912744**	**221550**	**1676**	**0**	**84060**	**135814**	**691194**	**362720**	**328474**
政府资金	80498	48336	1676	0	39470	7190	32162	17592	14570
贷款	119100	0	0	0	0	0	119100	72800	46300
自有资金	699254	172724	0	0	44100	128624	526530	271928	254602
其中：企业资金	625343	159479	—	—	41600	117879	465864	261082	204782
其他资金	13892	490	0	0	490	0	13402	400	13002

表 5　2012 年全自治区实施国家级五大科技计划项目经费支出情况

单位：万元

	合　计	主体性计划					产业化计划		
		小计	973	国家重大科学研究计划	863	科技支撑	小计	国家火炬	国家星火
支出经费	**635196**	**142257**	**872**	**0**	**71573**	**69812**	**492939**	**292648**	**200291**
基础研究	150	150	150	0	0	0	0	0	0
应用研究	24825	24825	722	0	24103	0	0	0	0
试验发展	112441	102182	0	0	32370	69812	10259	10259	0
研究与发展成果应用	66428	15100	0	0	15100	0	51328	0	51328
推广示范与科技服务	140293	0	0	0	0	0	140293	11330	128963
生产应用与产品化	291059	0	0	0	0	0	291059	271059	20000

表 6　2012 年全自治区实施国家级五大科技计划项目成果情况

	单位	合 计	主体性计划					产业化计划		
			小计	973	国家重大科学研究计划	863	科技支撑	小计	国家火炬	国家星火
成果转让数	项	4	4	—	—	0	4	—	—	—
成果转让收入	千元	450	450	—	—	0	450	—	—	—
获省部级以上奖	项	3	3	—	—	1	2	—	—	—
取得新产品等成果*	项	16	16	—	—	5	11	—	—	—
发表科技论文	篇	176	176	34	0	94	48	—	—	—
向国外发表	篇	66	66	24	0	37	5	—	—	—
出版科技著作	万字	0	0	0	0	0	0	—	—	—
专利申请数	项	274	68	5	0	37	26	206	152	54
发明专利	项	182	43	5	0	21	17	139	92	47
向国外申请专利	项	2	0	0	0	0	0	2	1	1
专利授权数	项	113	21	2	0	7	12	92	76	16
发明专利	项	34	11	2	0	2	7	23	13	10
国外授权专利	项	5	0	0	0	0	0	5	4	1

注：取得新产品等成果是指取得新产品、新材料、新工艺、新装置等成果。

表 7　2012 年全自治区各市地方财政科技拨款与地方财政支出

单位：万元

	科学技术拨款	科学技术管理事务	基础研究	应用研究	技术研究与开发	科技条件与服务	社会科学	科学技术普及	科技交流与合作	科技重大专项	核电站泛燃料处理处置基金	其他科学技术支出	地方财政支出
省本级	166171	2715	16954	32297	67158	11585	7468	6447	1330			20217	6126871
南宁市	48032	1540		1347	38719	436	1425	1269	12			3284	3453120
柳州市	43375	2094	107	908	32058	1618	522	1910	56			4102	4219539
桂林市	31385	2376	685	2901	21064	1046	363	1240	68			1642	2570595
梧州市	16538	1024	156	41	14320	138	1	402	3			453	1459870
北海市	16568	382		519	14772	282	3	488				122	989644
防城港市	4699	324		141	3522	1	40	263	5			403	669300
钦州市	11027	547			9657	150	4	278	3			388	1539146
贵港市	4110	791		95	585	8		306				2325	1400141
玉林市	16076	1115	10	1282	7738	549		749	185			4448	2339551
百色市	25619	1548	56	110	16865	156	54	1203				5627	2152974
贺州市	10718	1041		80	8735	7		527	40			288	977518
河池市	14586	1547		372	8748	436	48	722	25			2688	1759459
来宾市	11697	753	15	150	9445	68		453	9			804	1568505
崇左市	11663	793		476	8160		287	311				1636	1420417

表 8　大中型工业企业科技活动人员情况（2007～2012）

单位：人

年份	科技活动人员		
		科学家工程师	研究与试验发展人员折合全时人员（人年）
2007	26763	13376	6605
2008	23459	14519	7083
2009	*	—	9658
2010	29685	—	11895
2011	39631	—	16885
2012	42433	—	17732

注：2009 年大中型工业企业的“科技活动人员”数据空缺。

表 9　大中型工业企业研究与试验发展经费支出情况（2007～2012）

单位：万元

年份	研究与试验发展经费内部支出			
		基础研究	应用研究	试验发展
2007	132263	1796	17169	113298
2008	196087	4539	19173	172375
2009	265124	138	4906	260080
2010	358915	79	8649	350188
2011	497161	4024	15313	477824
2012	608965	345	13268	595353

注：①2004—2008 年 R&D 三分类数据是按比例推算。

②2010、2011、2012 年数据来源于自治区统计局的《广西科技统计年报数据汇编》。

表 10　大中型工业企业技术获取情况（2007～2012）

单位：万元

年份	技术改造经费支出	引进国外技术经费支出	引进技术的消化吸收经费支出	购买国内技术经费支出
2007	713690	8180	3411	3779
2008	1038615	4249	2959	9767
2009	1043545	2758	3762	13455
2010	990863	3875	5729	7432
2011	1099430	15235	6696	25506
2012	1271079	2329	3202	10236

表 11　全自治区高等学校主要科技指标（2007～2012）

	单位	2007 年	2008 年	2009 年	2010 年	2011 年	2012 年
科技活动人员	人	17826	19166	30219	29072	31875	33232
科学家工程师	人	15017	16251	24389	22848	25706	27217
R&D人员全时当量	人年	8304	9259	9524	9792	10274	10204
R&D科学家工程师	人年	8028	9089	7712	7817	8049	8204
科技经费筹集额	万元	63350	62084	—	—	—	
科技经费支出	万元	52218	52298	—	—	—	
R&D经费支出	万元	38866	44372	54773	67052	67328	74919

注：①2009 年起取消“科学家工程师”指标，采用“大学本科及以上学历”指标代替；
②2009 年起取消“R&D科学家工程师“指标，采用“R&D研究人员”指标代替。

表 12　全自治区高技术产业基本情况（2007～2012）

单位：亿元

年份	2007	2008	2009	2010	2011	2012
高技术产业总产值（当年价）	173.75	242.55	273.67	432.40	615.8	901.2
高技术产业增加值	67.96	90.89	100.87	—	—	—
高技术产业主营业务收入	137.60	191.03	234.43	383.80	539.6	806.6
高技术产业利税总额	16.18	26.22	30.26	69.00	101.8	137.6
高技术产业出口交货值	20.35	34.32	35.40	95.10	147.8	157.0

注：2008 年起，《中国高技术产业统计年鉴》取消“高技术产业增加值”指标，2008、2009 年数据根据高技术产业总产值推算。

表 13　全自治区高技术产业总产值按行业分布（2007～2012）

单位：亿元

年份	2007	2008	2009	2010	2011	2012
高技术产业总产值（当年价）	173.75	242.55	273.67	432.40	615.8	901.2
医药制造业	96.02	108.12	132.41	169.56	226.70	265.3
航空航天制造业		1.13	1.40	2.06	4.0	10
电子及通信设备制造业	61.49	88.82	80.07	160.86	240.0	382.4
电子计算机及办公设备制造业	3.51	28.99	36.94	65.11	108.8	194.1
医疗设备及仪器仪表制造业	12.73	15.50	22.85	34.85	36.3	49.4

表 14　国家级科技企业孵化器

序号	科技企业孵化器名称	认定年份
1	南宁新技术创业者中心	2008 年
2	桂林科技创业服务中心	2008 年
3	柳州高新技术创业服务中心	2008 年
4	北海市高新技术创业服务中心	2009 年
5	北海高新技术产业园区创业服务中心	2009 年
6	南宁市科技企业孵化基地	2013 年

表 15　自治区级科技企业孵化器

序号	科技企业孵化器名称	认定年份
1	南宁高新区软件技术园管理服务中心	2008 年
2	梧州市科技创业服务中心	2008 年
3	玉林市中小企业科技创新孵化服务中心	2009 年
4	南宁市科技企业孵化基地	2010 年
5	桂林电子科技大学科技园孵化器	2011 年
6	钦州市高新技术服务中心	2012 年
7	贵港市科技企业孵化基地	2012 年
8	中盟科技园服务外包产业孵化基地	2013 年
9	防城港市明华科技企业孵化基地	2013 年

表 16　各部委重点实验室

序号	重点实验室名称	依托单位	备　注
1	中南速生材繁育实验室	广西林业科学研究院、广西大学林学院	林业部重点开放性实验室（1995 年）
2	岩溶动力学重点实验室	中国地质科学院岩溶地质研究所	国土资源部重点实验室（2004 年）
3	微生物及植物遗传工程重点实验室	广西大学	教育部重点实验室（2002 年）
4	有色金属及材料加工新技术重点实验室	广西大学、桂林理工大学	教育部重点实验室（2004 年）
5	工程防灾与结构安全重点实验室	广西大学	教育部重点实验室（2005 年）
6	广西药用资源化学与药物分子工程重点实验室	广西师范大学	教育部重点实验室（2005 年）
7	广西水牛遗传繁育技术重点实验室	广西壮族自治区水牛研究所	农业部重点实验室（2011 年）
8	广西甘蔗生物技术与遗传改良重点实验室	广西壮族自治区农业科学院	农业部重点实验室（2011 年）
9	区域性高发肿瘤早期防治研究重点实验室	广西医科大学	省部共建教育部重点实验室（2007 年）
10	认知无线电与信息处理重点实验室	桂林电子科技大学	省部共建教育部重点实验室（2008 年）

续表

序号	重点实验室名称	依托单位	备 注
11	珍稀濒危动植物生态与环境保护重点实验室	广西师范大学	省部共建教育部重点实验室（2008 年）
12	北部湾环境演变与资源利用重点实验室	广西师范学院	省部共建教育部重点实验室（2009 年）
13	长寿与老年相关疾病重点实验室	广西医科大学	省部共建教育部重点实验室（2011 年）
14	广西亚热带农业生物资源保护利用重点实验室	广西大学	2003 年 1 月 3 日科技部下文批准为省部共建国家重点实验室培育基地
15	广西有色金属及特色材料加工重点实验室	广西大学、桂林理工大学	2010 年 2 月 8 日科技部下文批准为省部共建国家重点实验室培育基地

表 17　自治区重点实验室

序号	重点实验室名称	依托单位	认定年份
1	广西亚热带农业生物资源保护利用重点实验室	广西大学	2005 年
2	广西区域性高发肿瘤早期防治研究	广西医科大学	2005 年
3	广西有色金属及特色材料加工重点实验室	广西大学、桂林理工大学	2005 年
4	广西药用资源化学与药物分子工程重点实验室	广西师范大学	2005 年
5	广西中药药效研究重点实验室	广西中医药大学	2005 年
6	广西无线宽带通信与信号处理重点实验室	桂林电子科技大学	2005 年
7	广西作物遗传改良生物技术重点开放实验室	广西农业科学院	2005 年
8	广西岩溶动力学重点实验室	中国地质科学院岩溶地质研究所	2005 年
9	广西生物炼制重点实验室	广西科学院、广西大学	2007 年
10	广西制造系统与先进制造技术重点实验室	广西大学、桂林电子科技大学	2007 年
11	广西信息材料重点实验室	桂林电子科技大学	2007 年
12	广西超硬材料重点实验室	中国有色桂林矿产地质研究院有限公司	2007 年
13	广西海洋生物技术重点实验室	广西海洋研究所	2007 年
14	广西林产化学与工程重点实验室	广西民族大学	2007 年
15	广西防灾减灾与工程安全重点实验室	广西大学	2007 年
16	广西环境污染控制理论与技术重点实验室	桂林理工大学、广西师范大学、中国有色桂林矿产地质研究院有限公司	2007 年
17	广西隐伏金属矿产勘查重点实验室	桂林理工大学	2007 年
18	广西岩土力学与工程重点实验室	桂林理工大学	2007 年
19	广西红树林保护重点实验室	广西红树林研究中心	2007 年
20	广西地中海贫血防治重点实验室	广西医科大学	2010 年
21	广西电力系统最优化与节能技术重点实验室	广西大学	2010 年
22	广西石化资源加工及过程强化技术重点实验室	广西大学	2010 年
23	广西空间信息与测绘重点实验室	桂林理工大学	2010 年
24	广西建筑新能源与节能重点实验室	桂林理工大学	2010 年
25	广西可信软件重点实验室	桂林电子科技大学	2010 年
26	广西代谢性疾病研究重点实验室	中国人民解放军第一八一医院	2010 年
27	广西药用资源保护与遗传改良重点实验室	广西药用植物园	2010 年

续表

序号	重点实验室名称	依托单位	认定年份
28	广西甘蔗遗传改良重点实验室	广西甘蔗研究所	2010年
29	广西畜禽疫苗新技术重点实验室	广西兽医研究所	2010年
30	广西水牛遗传繁育重点实验室	广西水牛研究所	2010年
31	广西水产遗传育种与健康养殖重点实验室	广西水产研究所	2010年
32	广西中药质量标准研究重点实验室	广西中医药研究院	2010年
33	广西植物功能物质研究与利用重点实验室	广西植物研究所	2010年
34	广西优良用材林资源培育重点实验室	广西林业科学研究院	2010年
35	广西混杂计算与集成电路设计分析重点实验室	广西民族大学	2010年
36	广西中医基础研究重点实验室	广西中医学院	2010年
37	广西多源信息挖掘与安全重点实验室	广西师范大学	2012年
38	广西汽车零部件与整车技术重点实验室	广西科技大学（筹）	2012年
39	广西近海海洋环境科学重点实验室	广西科学院	2013年
40	广西珍稀濒危动物生态学重点实验室	广西师范大学	2013年
41	广西地表过程与智能模拟重点实验室	广西师范学院	2013年
42	广西自动检测技术与仪器重点实验室	桂林电子科技大学	2013年
43	广西道路结构与材料重点实验室	广西交通科学研究院	2013年
44	广西家畜遗传改良重点实验室	广西畜牧研究所	2013年
45	广西柑橘生物学重点实验室	广西柑橘研究所	2013年
46	广西作物病虫害生物学重点实验室	广西农业科学院植物保护研究所	2013年
47	广西移植医学重点实验室	解放军第303医院	2013年
48	广西肝脏损伤与修复分子医学重点实验室	桂林医学院	2013年
49	广西艾滋病防治研究重点实验室	广西医科大学	2013年

表18 国家级工程技术研究中心

序号	工程技术研究中心名称	依托单位	批准建设年份
1	国家特种矿物材料工程技术研究中心	桂林矿产地质研究院	2000年
2	国家非粮生物质能源工程技术研究中心	广西科学院	2008年
3	国家土方机械工程技术研究中心	广西柳工机械股份有限公司	2010年

表19 自治区级工程技术研究中心

所属领域	序号	名称	建设单位	认定年份
食品6家	1	广西制糖工程技术研究中心	广西贵糖（集团）股份有限公司	2005年，第一批
	2	广西淀粉化工工程技术研究中心	广西明阳生化科技股份有限公司	2006年，第二批
	3	广西啤酒酿造工程技术研究中心	燕京啤酒（桂林漓泉）股份有限公司	2008年，第四批
	4	广西水产品加工工程技术研究中心	百洋水产集团股份有限公司	2010年，第五批
	5	广西甘蔗资源绿色加工工程技术研究中心	广西农垦糖业集团股份有限公司	2010年，第五批
	6	广西胶原蛋白工程技术研究中心	梧州神冠蛋白肠衣有限公司	2013年，第八批

续表

所属领域	序号	名称	建设单位	认定年份
汽车 17 家	7	广西汽车零部件工程技术研究中心	柳州科尔数字化制造技术有限公司 柳州五菱汽车联合发展有限公司	2006 年，第二批
	8	广西汽车检测工程技术研究中心	广西汽车拖拉机研究所	2006 年，第一批
	9	广西内燃机高温热交换工程技术研究中心	南宁八菱科技股份有限公司	2006 年，第二批
	10	广西专用车工程技术研究中心	柳州五菱汽车工业有限公司	2007 年，第三批
	11	广西汽车饰件系统工程技术研究中心	广西方鑫技术中心有限公司	2007 年，第三批
	12	广西汽车传动部件工程技术研究中心	柳州市龙杰汽车配件有限责任公司	2008 年，第四批
	13	广西钢制车轮工程技术研究中心	吉凯恩车轮柳州有限公司	2008 年，第四批
	14	广西微小型汽车工程技术研究中心	上汽通用五菱汽车股份有限公司	2010 年，第五批
	15	广西汽车传动系统工程技术研究中心	桂林福达集团有限公司	2010 年，第五批
	16	广西汽车车身电子工程技术研究中心	柳州市华航电器有限公司	2010 年，第五批
	17	广西商用车驾驶室工程技术研究中心	东风柳州汽车有限公司	2010 年，第五批
	18	广西车桥工程技术研究中心	方盛车桥（柳州）有限公司	2013 年，第八批
	19	广西过滤系统工程技术研究中心	广西华原过滤系统股份有限公司	2013 年，第九批
	20	广西汽车变速系统工程技术研究中心	柳州上汽汽车变速器有限公司	2013 年，第九批
	21	广西汽车照明部件工程技术研究中心	南宁燎旺车灯有限责任公司	2013 年，第九批
	22	广西汽车发动机电磁阀式喷射器工程技术研究中心	柳州源创电喷技术有限公司	2013 年，第九批
	23	广西电磁直耦油电混合动力工程技术研究中心	桂林星辰科技有限公司	2013 年，第九批
石化 13 家	24	广西精细化工工程技术研究中心	广西化工研究院	2005 年，第一批
	25	广西农药剂型工程技术研究中心	广西田园生化股份有限公司	2005 年，第一批
	26	广西阻燃剂工程技术研究中心	广西华锑科技有限公司	2006 年，第二批
	27	广西润滑油工程技术研究中心	南宁飞日润滑油有限公司	2006 年，第二批
	28	广西建筑墙体装饰材料工程技术研究中心	广西启利新材料科技股份有限公司	2007 年，第三批
	29	广西轮胎工程技术研究中心	中国化工橡胶桂林有限责任公司	2007 年，第三批
	30	广西生物化工工程技术研究中心	广西易多收生物科技有限公司	2007 年，第三批
	31	广西化工清洁生产工程技术研究中心	柳州化学工业集团有限公司	2010 年，第五批
	32	广西磷化工工程技术研究中心	防城港越洋化工有限公司	2011 年，第六批
	33	广西生物基化学品工程技术研究中心	广西金源生物化工实业有限公司	2011 年，第七批
	34	广西橡胶工程及装备工程技术研究中心	中国化学工业桂林工程有限公司	2013 年，第八批
	35	广西生物燃气工程技术研究中心	广西武鸣县安宁淀粉有限责任公司	2013 年，第八批
	36	广西水溶性肥料工程技术研究中心	广西新方向化学工业有限公司	2013 年，第九批
电力 6 家	37	广西电力设备及自动化系统工程技术研究中心	北海银河高科技产业股份有限公司	2006 年，第二批
	38	广西电工材料工程技术研究中心	桂林电器科学研究院	2006 年，第二批
	39	广西电力电容器工程技术研究中心	桂林电力电容器有限责任公司	2007 年，第三批
	40	广西特种变压器工程技术研究中心	广西柳州特种变压器有限责任公司	2008 年，第四批
	41	广西特种环保电线电缆工程技术研究中心	桂林国际电线电缆集团有限责任公司	2013 年，第九批
	42	广西电气配网自动化工程技术研究中心	广西柳电电气股份有限公司	2013 年，第九批

续表

所属领域	序号	名称	建设单位	认定年份
有色金属10家	43	广西铝合金成型及表面处理工程技术研究中心	南南铝业股份有限公司	2005年，第一批
	44	广西铟锑锡工程技术研究中心	柳州华锡集团有限责任公司	2005年，第一批
	45	广西锡多金属矿物加工工程技术研究中心	华锡集团车河选矿厂	2006年，第二批
	46	广西铟基材料工程技术研究中心	广西有色金属集团公司	2010年，第五批
	47	广西铅锌锑及其新材料工程技术研究中心	河池市南方有色冶炼有限责任公司	2010年，第五批
	48	广西铝加工工程技术研究中心	广西百色银海铝业有限公司	2010年，第五批
	49	广西氧化铝工程技术研究中心	中国铝业股份有限公司广西分公司	2011年，第六批
	50	广西高精铝箔新材料工程技术研究中心	广西贺州市桂东电子科技有限责任公司	2011年，第六批
	51	广西轨道交通用铝合金工程技术研究中心	广西南南铝加工有限公司	2013年，第九批
	52	广西再生铜工程技术研究中心	广西有色再生金属有限公司	2013年，第九批
冶金4家	53	广西锰业工程技术研究中心	中信大锰矿业有限责任公司	2007年，第三批
	54	广西汽车用钢板工程技术研究中心	广西柳州钢铁（集团）公司	2010年，第五批
	55	广西铝土矿及赤泥工程技术研究中心	广西华银铝业有限公司	2013年，第九批
	56	广西红土镍矿综合利用工程技术研究中心	广西盛隆冶金有限公司	2013年，第九批
机械14家	57	广西工程机械工程技术研究中心	广西柳工机械股份有限公司	2005年，第一批
	58	广西轮胎机械工程技术研究中心	桂林橡胶机械厂	2005年，第一批
	59	广西数字化医疗器械工程技术研究中心	桂林优利特医疗电子（集团）有限公司	2005年，第一批
	60	广西预应力机具工程技术研究中心	柳州欧维姆机械股份有限公司	2005年，第一批
	61	广西内燃机工程技术研究中心	广西玉柴机器股份有限公司	2005年，第一批
	62	广西数控铣床及加工中心工程技术研究中心	桂林机床股份有限公司	2005年，第一批
	63	广西中小型工程机械工程技术研究中心	广西玉柴重工有限公司	2007年，第三批
	64	广西制糖装备工程技术研究中心	广西机械工业研究院	2007年，第三批
	65	广西精密磨削工程技术研究中心	桂林桂北机器有限责任公司	2008年，第四批
	66	广西柔性版印刷机工程技术研究中心	柳州市精柔印刷包装机械有限公司	2008年，第四批
	67	广西口腔医疗设备工程技术研究中心	桂林市啄木鸟医疗器械有限公司	2008年，第四批
	68	广西工程钻机工程技术研究中心	桂林市华力重工机械有限责任公司	2011年，第六批
	69	广西中小型煤矿采煤自动化装备工程技术研究中心	广西壮族自治区右江矿务局、桂林电子科技大学	2011年，第七批
	70	广西木薯生产机械工程技术研究中心	广西水力机械研究所	2013年，第八批
	71	广西操纵控制系统技术工程技术研究中心	柳州市金元机械制造有限公司	2013年，第九批
建材与建筑10家	72	广西日用陶瓷工程技术研究中心	广西三环企业集团股份有限公司	2005年，第一批
	73	广西预应力钢结构钢纤维混凝土工程技术研究中心	柳州市威尔姆预应力有限公司	2006年，第二批
	74	广西交通勘察设计工程技术研究中心	广西交通规划勘察设计研究院	2008年，第四批
	75	广西公路桥梁建设工程技术研究中心	广西区公路桥梁工程总公司	2008年，第四批
	76	广西新干法水泥制造工程技术研究中心	广西鱼峰水泥股份有限公司	2010年，第五批
	77	广西桥梁监测及加固工程技术研究中心	广西交通科学研究院	2010年，第五批

续表

所属领域	序号	名称	建设单位	认定年份
建材与建筑10家	78	广西水泥工业节能及综合利用工程技术研究中心	华润水泥（南宁）有限公司	2010年，第五批
	79	广西绿色建筑与建筑节能工程技术研究中心	广西建筑科学研究设计院	2011年，第六批
	80	广西工业废渣建材资源利用工程技术研究中心	桂林理工大学	2013年，第八批
	81	广西混凝土密封防水材料工程技术研究中心	广西金雨伞防水装饰有限公司	2013年，第九批
林产工业6家	82	广西竹浆纸一体化工程技术研究中心	柳州两面针纸业有限公司	2005年，第一批
	83	广西松脂深加工工程技术研究中心	广西梧州松脂股份有限公司	2006年，第二批
	84	广西木质板材加工工程技术研究中心	广西丰林木业集团股份有限公司	2010年，第五批
	85	广西木浆纸工程技术研究中心	广西南宁凤凰纸业有限公司	2010年，第五批
	86	广西松香树脂工程技术研究中心	广西梧州日成林产化工股份有限公司	2013年，第九批
	87	广西生物质废弃物制备高质结构板材工程技术研究中心	广西大学	2013年，第九批
电子信息14家	88	广西光通信网络及设备工程技术研究中心	中国电子科技集团公司第三十四研究所	2006年，第二批
	89	广西中间件软件工程技术研究中心	广西德意数码股份有限公司	2006年，第二批
	90	广西64位软件工程技术研究中心	南宁市平方软件新技术有限责任公司	2006年，第二批
	91	广西数字化工程技术研究中心	南宁海蓝数据有限公司	2007年，第三批
	92	广西敏感元器件工程技术研究中心	广西新未来信息产业股份有限公司	2008年，第四批
	93	广西智慧矿山物联网工程技术研究中心	柳州腾龙煤电科技股份有限公司	2013年，第八批
	94	广西缫丝自动化工程技术研究中心	柳州市自动化科学研究所	2013年，第八批
	95	广西云安全与云服务工程技术研究中心	桂林电子科技大学	2013年，第九批
	96	广西半导体照明工程技术研究中心	桂林海威科技有限公司	2013年，第九批
	97	广西数字音视频广播工程技术研究中心	桂林市思奇通信设备有限公司	2013年，第九批
	98	广西射频识别工程技术研究中心	广西瀚特信息产业股份有限公司	2013年，第九批
	99	广西通信工程运维与服务工程技术研究中心	润建通信股份有限公司	2013年，第九批
	100	广西车辆物联监控工程技术研究中心	广西盛源行电子信息有限公司	2013年，第九批
	101	广西科技信息资源共享服务工程技术研究中心	广西科学技术情报研究所	2013年，第九批
医药制药13家	102	广西药物提纯工程技术研究中心	广西梧州制药（集团）股份有限公司	2005年，第一批
	103	广西中药材良种繁育工程技术研究中心	广西药用植物园	2005年，第一批
	104	广西中药新药开发与药物安全性评价工程技术研究中心	广西中医药研究院	2005年，第一批
	105	广西现代中成药工程技术研究中心	桂林三金药业股份有限公司	2007年，第三批
	106	广西贴膏药业工程技术研究中心	桂林天和药业股份有限公司	2007年，第三批
	107	广西现代中药工程技术研究中心	广西玉林制药有限责任公司	2007年，第三批
	108	广西中药材制药工程技术研究中心	广西万寿堂药业有限公司	2008年，第四批
	109	广西女性健康中成药工程技术研究中心	广西壮族自治区花红药业股份有限公司	2011年，第六批
	110	广西现代中药配方颗粒工程技术研究中心	培力（南宁）药业有限公司	2011年，第六批

续表

所属领域	序号	名称	建设单位	认定年份
医药制药13家	111	广西中草药牙膏工程技术研究中心	柳州两面针股份有限公司	2011年，第六批
	112	广西抗肿瘤民族药工程技术研究中心	广西慧宝源制药有限公司	2013年，第八批
	113	广西食蟹猴医学应用工程技术研究中心	防城港常春生物技术开发有限公司	2013年，第八批
	114	广西缓控释药物制剂工程技术研究中心	广西博科药业有限公司	2013年，第九批
纺织服装与皮革3家	115	广西桂林纺织工程技术研究中心	桂林溢达纺织有限公司	2007年，第三批
	116	广西桑蚕丝产品工程技术研究中心	广西华虹蚕丝股份有限公司广西蚕业技术推广总站	2010年，第五批
	117	广西纤维素纤维纺织工程技术研究中心	南宁锦虹棉纺织有限责任公司	2010年，第五批
生物5家	118	广西水牛繁殖工程技术研究中心	广西水牛研究所	2005年，第一批
	119	广西生物质工程技术研究中心	广西科学院生物研究所	2006年，第二批
	120	广西天然甜味剂工程技术研究中心	桂林莱茵生物科技股份有限公司	2011年，第六批
	121	广西兽药制剂工程技术研究中心	广西北斗星动物保健品有限公司	2011年，第六批
	122	广西罗汉果功能健康品工程技术研究中心	桂林实力科技有限公司	2013年，第九批
修造船2家	123	广西海洋及船舶机械工程技术研究中心	中船华南船舶机械有限公司	2007年，第三批
	124	广西特种船舶制造工程技术研究中心	中船桂江造船有限公司	2011年，第七批
新材料10家	125	广西特种矿物材料工程技术研究中心	桂林矿产地质研究院	2005年，第一批
	126	广西无机化工新材料工程技术研究中心	广西新晶科技有限公司	2008年，第四批
	127	广西碳纤维工程技术研究中心	广西强强碳素有限公司广西分公司	2008年，第四批
	128	广西稀土材料深加工工程技术研究中心	广西有色金属集团金源稀土股份有限公司	2011年，第六批
	129	广西电子焊接材料工程技术研究中心	广西泰星电子焊接材料有限公司	2011年，第七批
	130	广西纳米碳酸钙工程技术研究中心	广西华纳新材料科技有限公司	2013年，第八批
	131	广西重质碳酸钙工程技术研究中心	广西贺州市科隆粉体有限公司	2013年，第八批
	132	广西航空轮胎工程技术研究中心	中橡集团曙光橡胶工业研究设计院	2013年，第九批
	133	广西生物质乙醇高分子材料工程技术研究中心	广西广维化工有限责任公司	2013年，第九批
	134	广西锰铁基合金新材料工程技术研究中心	广西铁合金有限责任公司	2013年，第九批
节能环保6家	135	广西环境治理工程技术研究中心	桂林矿产地质研究院	2005年，第一批
	136	广西工业水污染控制工程技术研究中心	广西博世科环保科技股份有限公司	2013年，第八批
	137	广西石漠化治理工程技术研究中心	中国科学院环江喀斯特农业生态试验站（中国科学院亚热带农业生态研究所）	2013年，第八批
	138	广西农业灌溉排水工程技术研究中心	桂林市农田灌溉试验中心站	2013年，第八批
	139	广西发动机排放后处理工程技术研究中心	北海市辉煌朗洁环保科技有限公司	2013年，第九批
	140	广西土壤污染监控工程技术研究中心	广西壮族自治区环境监测中心站	2013年，第九批
海洋3家	141	广西海水养殖新品种繁育工程技术研究中心	广西海洋研究所	2005年，第一批
	142	广西海洋生物深加工工程技术研究中心	北海国发海洋生物产业股份有限公司	2006年，第二批
	143	广西贝类精深加工工程技术研究中心	广西正五海洋产业股份有限公司	2011年，第七批

续表

所属领域	序号	名称	建设单位	认定年份
农业种养 18 家	144	广西甘蔗工程技术研究中心	广西甘蔗研究所	2010 年，第五批
	145	广西良种猪繁育工程技术研究中心	广西农垦永新畜牧集团有限公司	2011 年，第六批
	146	广西水稻工程技术研究中心	广西农科院水稻所	2011 年，第七批
	147	广西地方猪工程技术研究中心	广西扬翔股份有限公司	2011 年，第七批
	148	广西生态高值农业技术研究中心	广西康华农业股份有限公司	2011 年，第七批
	149	广西柑橘工程技术研究中心	广西柑橘研究所	2011 年，第七批
	150	广西蚕桑良种培育与繁育工程技术研究中心	广西蚕业科学研究院	2013 年，第八批
	151	广西两系杂交水稻工程技术研究中心	广西恒茂农业科技有限公司	2013 年，第八批
	152	广西油茶工程技术研究中心	广西林业科学研究院	2013 年，第八批
	153	广西六堡茶工程技术研究中心	广西梧州茂圣茶业有限公司、广西民族大学	2013 年，第八批
	154	广西火龙果产业工程技术研究中心	南宁振企农业科技开发有限公司	2013 年，第八批
	155	广西优质肉鸡养殖工程技术中心	广西参皇养殖集团有限公司	2013 年，第八批
	156	广西西甜瓜工程技术研究中心	广西壮族自治区农业科学院园艺研究所	2013 年，第九批
	157	广西油茶加工工程技术研究中心	广西金茶王油脂有限公司	2013 年，第九批
	158	广西金花茶加工工程技术研究中心	广西桂人堂金花茶产业集团股份有限公司	2013 年，第九批
	159	广西种猪营养工程技术研究中心	广西商大科技有限公司	2013 年，第九批
	160	广西香蕉育种与栽培工程技术研究中心	广西金穗农业投资集团有限责任公司	2013 年，第九批
	161	广西优质鸡深加工工程技术研究中心	广西凉亭禽业集团有限公司	2013 年，第九批
文化产业 1 家	162	广西动漫游戏软件工程技术研究中心	桂林力港网络科技有限公司	2013 年，第九批
公共安全 1 家	163	广西食品药品安全检测工程技术研究中心	广西壮族自治区食品药品检验所	2013 年，第九批
遥感技术 1 家	164	广西遥感地质工程技术研究中心	广西壮族自治区遥感中心	2013 年，第九批
医疗卫生 2 家	165	广西介入超声肿瘤诊疗工程技术研究中心	广西医科大学第一附属医院	2013 年，第九批
	166	广西中医骨伤康复技术工程技术研究中心	广西骨伤医院	2013 年，第九批
新能源 1 家	167	广西燃料乙醇工程技术研究中心	广西中粮生物质能源有限公司	2013 年，第九批

（广西科技厅发展计划处）

科技管理机构与领导成员

【自治区级管理机构及主要职责】 根据《自治区党委、自治区人民政府关于自治区人民政府机构设置的通知》（桂委会〔2009〕235号）和《广西壮族自治区人民政府办公厅关于印发广西壮族自治区科学技术厅主要职责内设机构和人员编制规定的通知》(桂政办发〔2010〕132号)，设立自治区科学技术厅，为自治区人民政府组成部门。

职责调整 取消已由自治区人民政府公布取消的行政审批事项。增加有关国家科技计划项目课题的实施管理、科技成果推广的具体管理、技术市场的具体管理等职责。加强科技进步工作的管理和统筹协调职责，优化科技资源配置。加强科技重大专项组织实施和科技成果转化、推广的职责，推进全自治区创新体系建设。

主要职责 组织实施国家有关科技发展的方针、政策、法规，牵头拟订全自治区科技发展规划和政策措施，起草有关地方性法规、规章草案，并组织实施和监督检查。

负责拟订和组织实施广西科技计划，拟订和组织实施科技重大专项，负责统筹协调基础研究、前沿技术研究、重大社会公益性技术研究及关键技术、共性技术研究，牵头组织国民经济与社会发展重要领域的重大关键技术攻关。

负责组织编制和实施自治区重点实验室等科技基地计划，会同有关部门拟订重大创新基地建设规划，参与编制自治区重大科学工程建设规划，提出科研条件保障的规划和政策建议，推进自治区科技基础条件平台建设和科技资源共享。

会同有关部门拟订科技促进工业发展、服务业发展、高新技术发展及产业化的规划和政策，指导高新技术产业开发区建设，推进高新技术产业化，推进相关技术服务体系建设。

负责拟订科技促进“三农”和社会发展的规划和政策，制定相关重要措施和办法，促进以改善民生为重点的农村建设和社会建设，组织有关现代农业与新农村建设及社会发展领域的科学技术攻关，指导和推动科技兴县（市）工作，指导科技扶贫工作。

会同有关部门拟订促进产学研结合的相关政策、制定科技成果推广政策，指导技术转移和科技成果转化工作，组织相关重大科技成果应用示范，推动企业自主创新能力建设。

提出科技体制改革的方针政策和重大措施建议，推进科技体制改革工作，审核相关科研机构的组建和调整，优化科研机构布局。

负责本部门预算中的科技经费预决算及经费使用的监督管理，会同有关部门提出科技资源合理配置的重大政策和措施建议，优化科技资源配置。负责大型科学仪器、实验动物和科技文献等科研基础条件建设工作。

负责自治区科学技术奖评审的组织，负责科技成果管理工作，会同有关部门拟订科技人才队伍建设规划，提出相关政策建议。

牵头负责全自治区的科学技术普及工作，制定科普规划和政策，拟订促进技术市场、科技中介组织发展政策，制定科技保密管理办法，负责相关科技评估管理和科技统计管理。

组织拟订对外科技合作与交流的政策，负责政府间双边和多边科技合作与交流工作，指导相关部门和各市对外科技合作与交流工作。

指导、协调自治区人民政府各部门和各市、县（区）的科技管理工作；负责市、县（区）党政领导班子科技进步目标考核工作。

归口管理自治区知识产权工作，主管全自治区专利工作。

承办自治区人民政府交办的其他事项。

内设机构 根据上述职责，自治区科学技术厅设10个内设机构。

办公室（行政审批办公室） 负责文电、会务、机要、档案、财务、机关国有资产管理、督查督办、信息、信访、提案、安全保密等机关日常工作；负责科技宣传、新闻发布及科技志、科技年鉴的编辑；组织重大调研；承担自治区科技教育领导小组日常工作；承担自治区国防动员委员会科技动员的相关工作；负责有关政务服务工作及制度建设；牵头负责行政审批工作。

政策法规与社会发展处 起草地方性科技法规、规章草案；拟订全自治区科技发展政策；会同有关方面推进创新体系建设、科技体制改革及产学研结合工作；承担有关规范性文件的合法性审核工作；拟订社会发展领域科技发展规划和政策；组织实施相关领域的各类科技计划；拟订科技人才队伍建设、促进科技知识产权创造的政策措施；负责科技管理干部培训；指导市、县（区）科技管理工作；负责市、县（区）党政领导班子科技进步目标考核工作。

发展计划处　组织拟订科技发展规划和年度计划，提出科技计划经费配置建议，协调规划和计划的实施；拟订和组织实施科技重大专项；会同有关方面提出科技基础条件平台、重大创新基地建设规划建议；推动区域科技发展；组织开展软科学研究；承担相关科技评估管理和科技统计管理工作；组织、协调申报国家级各类科技计划项目。

科研条件与财务处（自治区大型科研仪器管理办公室）　拟订科研条件保障的规划和政策；提出科技资源合理配置的政策建议；编制本部门预决算，监督预算执行；拟订科技投入政策和科技经费管理办法；负责大型科学仪器、实验动物和科技文献等科研基础条件建设及相关的国有资产管理工作；承担自治区大型科研仪器管理工作。

基础研究处　拟订自治区基础研究规划和政策；组织制定全自治区基础研究发展计划；参与编制自治区重大科学工程建设规划；组织实施重点实验室、重点基础研究基地的建设，负责广西自然科学基金的管理；组织推动科研基础性工作。

高新技术发展及产业化处（自治区火炬计划办公室）　拟订科技促进工业发展、服务业发展、高新技术发展及产业化的规划和政策；组织实施相关领域科技计划和政策引导类计划；指导高新技术产业开发区建设；推动相关工程技术研究中心和科技企业孵化器、生产力促进中心和工程技术研究中心等技术服务体系建设；负责高新技术企业认定与管理；组织开展制造业信息化工作；承担自治区火炬计划管理工作。

农村科技处（自治区星火计划办公室）　拟订科技促进“三农”发展的规划和政策；组织实施相关领域科技计划和政策引导类计划；指导相关重大科技成果应用示范；指导和推动科技兴县（市）工作，推动农村科技进步；指导农业科技园区建设和发展的有关工作；指导新农村建设科技工作和科技扶贫工作；推动相关服务体系建设；承担自治区星火计划管理工作。

成果管理与科学技术普及处　拟订促进成果转化和科学技术普及的政策措施；负责科技成果评价、登记及科技奖励、科技保密管理有关工作；组织科学技术进步奖的评审；管理自治区内社会力量设立科技奖工作；组织全自治区技术转移计划实施，指导技术市场规范和发展；组织重大科技成果推广与示范；负责全自治区科普工作规划的拟订与组织实施，协调全自治区科普工作；承担自治区科普工作联席会议办公室工作。

国际合作处　负责管理全自治区科技外事工作；组织拟订对外科技合作与交流的规范性文件；负责政府间科技合作项目的申报和管理；组织实施国际科技合作计划项目，承办政府间双边和多边科技合作与交流事宜，指导相关部门和各市对外科技合作与交流工作；承办涉港澳台科技合作与交流事宜。

人事处　承担机关和直属单位的干部队伍建设、人事和工资管理、机构编制、教育培训和出国政审工作；负责机关和直属单位的职称评审和推荐工作；负责广西的中国科学院和中国工程院院士候选人的初选、推荐工作。

机关党委　负责机关和直属单位的党群工作。

离退休人员工作处　负责机关离退休人员工作，指导直属单位的离退休人员工作。

自治区纪委驻广西科学技术厅纪检组、自治区监察厅驻广西科学技术厅监察室　负责机关党的纪律检查、监督等工作。

其他事项　建立科技工作重大问题会商与沟通机制。自治区科学技术厅与相关部门、市建立会商机制，提出科技资源合理配置的重大政策措施建议和重大科学工程建设计划等建议；与相关部门建立沟通机制，优化科技资源配置。

自治区科学技术厅增挂自治区知识产权局牌子，归口管理自治区知识产权和主管全自治区专利工作，设3个内设机构：1. 综合处。组织研究知识产权发展动向，负责知识产权工作的国内外联络、合作和交流；负责全自治区专利、知识产权的宣传普及工作；负责自治区知识产权办公会议的日常工作；协助厅办公室负责相关的秘书、文电、档案、保密、机关服务等工作。2. 法律事务处。负责起草有关专利的地方性法规、规章及政策；承担组织协调保护知识产权的有关工作；承担知识产权执法协作机制的相关工作，承办专利行政执法有关工作，指导市、县处理和调解专利纠纷、查处假冒专利行为；承担知识产权教育培训工作。3. 协调管理与专利处（国家知识产权局专利局南宁代办处）。拟订和实施有关专利的规划、计划和政策措施；指导和规范知识产权无形资产评估工作；负责专利信息公共服务体系建设工作；承担专利统计工作；指导、管理专利代理中介服务机构；指导企事业单位专利工作。受国家知识产权局委托，承担国家知识产权局专利局南宁代办处的工作。

自治区科学技术厅直属单位有广西科技情报研究所（广西生产力促进中心）、广西经济社会技术发展研究所、广西分析测试研究中心、广西山区综合技术开发中心、广西科技信息网络中心、广西科学活动中心、广西技术市场、广西科技创业中心、广西对外科技交流中心、广西科学器材进出口公司等，同时代管中国科技开发院广西分院。

【自治区科学技术厅行政领导成员】

厅长：

蓝天立（2003年3月～2007年4月）

陈大克（2007年4月～2009年11月，2009年11月～2014年1月，党组书记、副厅长）

黄　丹（2014年1月～，党组书记、副厅长）

谢迺堂（2009年11月～）

副厅长：

黎明智（正厅级，1997年3月～2008年1月）

蒋和生（2001年8月～2009年11月）

杜　伟（2007年3月～2009年12月，兼广西知识产权局局长）

纳　翔（2008年11月～2010年12月）

粟定成（2009年11月～2013年9月）

李昌华（2010年6月～，2011年11月～，兼广西知识产权局局长）

钟会超（2010年12月～）

李国忠（2011年4月～　2014年5月）

周文能（2013年7月～）

刘建宏（2013年9月～）

曹国生（2014年7月～）

自治区纪律检查委员会驻科学技术厅纪检组组长：

奉明芳（2002年7月～2008年12月）

黎　昆（2010年12月～）

助理巡视员：

郭崇华（2001年1月～2009年11月）

宋文学（2008年10月～）

彭　枝（2011年7月～）

（于青　李慧洁）

科技干部管理

【概况】　2013年，广西科技人才总量增加，人才结构改善，人才队伍建设发展态势良好。

【专业技术人才队伍建设】　做好国家百千万人才工程国家级人选选拔推荐工作，广西有3人入选2013年国家百千万人才工程，并授予有突出贡献中青年专家称号。组织环保专家到柳东新区、浦北县开展“美丽广西　清洁乡村”活动和区内外专家梧州行、贺州行、桂林行、巴马行等为基层服务活动。认真落实自治区特聘专家制度。创新评审方式，采取初评异地委托评审、终评本地评审的方式，评审出20个第三批特聘专家岗位、20名拟聘特聘专家人选。继续实施新世纪十百千人才工程。组织遴选30名第十六批广西新世纪十百千人选。评审新增8个第五批自治区级人才小高地，使自治区级人才小高地增至50个，出台了《自治区人才小高地专项资金使用管理办法》。组织推荐17个企事业单位申报博士后科研工作站，有7个获批。开展乡镇卫生院职称制度改革，继续做好钦州、防城港中小学教师职称制度改革工作的试点工作。完成2013年高级专业技术资格评审工作，全年共有22962名专业技术人员申报高级职称，评审通过10337人，评审通过率总体控制在45%。组织实施国家高技能人才振兴计划，建成国家级高技能人才基地1个，自治区级高技能人才基地2个，国家级技能大师工作室5个，自治区级技能大师工作室5个。

【科技人员继续教育】　制定印发广西高技能人才振兴计划实施方案　2013年4月，广西人力资源和社会保障厅联合广西财政厅印发了《广西高技能人才振兴计划实施方案》（桂人社发〔2013〕26号），明确了振兴计划项目的定位与主要内容（技师培训项目、高技能人才培训基地建设项目和技能大师工作室建设项目）、项目的实施以及保障措施等。

建立和完善高技能人才竞赛选拔机制　2013年，先后组织和开展广西水电职业技能竞赛、广西保险理赔员（车险查勘定损）职业技能竞赛、广西地矿系统固体矿产地质勘查职业技能竞赛、广西电力行业职工职业技能竞赛、第三届广西测绘地理信息行业职业技能竞赛暨第三届全国测绘地理信息行业职业技能竞赛选拔赛等6项职业技能竞赛活动。

高技能人才队伍建设　一是积极探索多元评价机制，拓宽高技能人才成长通道，推进企业高技能人才评价改革试点，指导企业依据国家职业标准，确定符合企业生产实际的能力考核和业绩评定内容，结合生产服务过程对企业高技能人才进行评价。二是继续实施新技师培养带动计划，依托行业企业，充分发挥高级技工学校、技师学院等各类职业教育培训机构的基础性作用，加强校企合作，加快培养一大批结构合理、素质优良的技术技能型、知识技能型、复合技能型高技能人才。三是在全自治区开展“高技能人才培训基地”和“技能大师工作室”评审。经过评审，分别评选出4家“高技能人才培训基地”和5家“技能大师工作室”。四是联合自治区党委组织部，在全自治区开展优秀高技能人才表彰活动，共授予余永康等78名同志广西优秀高技能人才荣誉称号。五是重点抓好职业技能鉴定工作，为高技能人才脱颖而出打下坚实的基础。以考评人员、管理人员和专家“三支队伍”建设为抓手，通过提高考评人员和管理人员业务素质，确保职业技能鉴定质量；加强规范题库、流程等基础能力建设，促进职业技能鉴定工作健康持续发展。六是联合自治区党委组织部、财政厅等部门，印发《关于下达全区急需紧缺职业（工种）技师高级技师培养计划的通知》（桂人社函〔2013〕86号），继续在全自治区广泛开展优秀高技能人才推荐评选活动和急需紧缺职业（工种）技师高级技师培养活动。

截至2013年12月底，全自治区共核发高级以上（含高级工、技师、高级技师）职业资格证书47488人（次），完成年度培养28000人高技能人才目标任务的169.6%。

【引进国外智力】 2013年共引进国外智力人才项目122项，资助引进国（境）外专家和高层次人才135人；组织评选出2013年度广西“金绣球奖”获奖外国专家10名，推荐1名外国专家获得2013年度国家“友谊奖”，成功举办12次大型专题引智活动。统筹做好出国（境）培训工作，坚决清理压缩针对性不强、实效性不高的出国（境）培训项目，共审核因公出国（境）培训项目48个，派出培训人数846人次，取消因公出国（境）培训项目11个，减少派出人数226人。

【重点领域急需紧缺高层次人才招聘】 2013年，广西继续组织赴自治区外招聘重点领域急需紧缺高层次人才活动，先后赴北京、长春、南京、武汉、重庆五地举办广西重点领域急需紧缺高层次人才招聘会，宣传广西人才政策，树立美好广西形象，吸引各方人才汇聚广西。据统计，共有114家用人单位发布需求岗位1020个，招聘人才3367名，共接待人员约6167人，达成初步意向622人（其中博士、硕士占76.5%）。

【高层次人才队伍建设】 2013年，广西人才工作着力推进人才工作与经济社会发展深度融合。5月，自治区党委人才工作协调小组更名为领导小组，自治区党委书记彭清华任小组组长，自治区党委常委、常务副主席黄道伟，自治区党委常委、组织部长周新建担任副组长，20个厅局主要领导担任小组成员。6月，自治区党委人才工作领导小组组建了“北部湾经济区人才工作组”，由组织部、人社厅、北部湾办领导牵头，强化对重点区域人才工作的组织领导，每年安排人才专项经费3000万元用于区域人才开发。全自治区大部分市县（市、区）成立领导小组，主要人才部门和人才密集单位也陆续成立领导小组。强化党管人才领导格局，配齐配强各级工作力量，加强人才工作组织领导。

整合岗位平台，面向海内外集中选聘高层次人才。自治区党委组织部牵头，组织全自治区102家用人单位，依托八桂学者、特聘专家、自治区人才小高地、自治区直属高校“百人计划”等5个层次的引才平台，面向海内外集中选聘高层次创新创业人才，其中八桂学者需求76项，特聘专家96项，高校“百人计划”52名，人才小高地人才30项。引进国家“杰青”5名，长江学者4名，中科院“百人计划”人选5名，中央“千人计划”人选1名，国家“百千万人才工程”第一、二层次人选1名。面向“985”高校选调青苗人才。继续面向17所“985”高校定向选调急需紧缺专业毕业生262人，其中北大、清华毕业生98人；博士和硕士223人，占选聘总数的85%。

专项引进金融领域急需紧缺高层次人才。8月，在北京召开广西引进金融人才恳谈会，争取到16家中央金融监管机构、各大银行、保险公司的34名金融人才，以及华润集团的10名中层管理骨干来桂挂职。其中14人挂任设区市副市长，9人挂任自治区直属机关副职，3人挂任自治区直属企业副职，18人挂任处级职务。组织“海外创业人才广西行活动”。4月，组织来自美、英等14个国家和地区的66名海外创业人才来桂洽谈合作，与柳工、玉柴、桂林三金药业等近50家广西单位达成合作意向65项。开展多层次人才交流培养。选派两批12名高校科研管理骨干赴上海交大挂职锻炼。接收第十四批中央到广西挂职锻炼的“博士服务团”成员13名，分别挂任地级市副市长或市长、厅长助理。遴选15名“西部之光”访问学者到全国重点高校、科研院所学习。继续实施千名紧缺技师培养工程。联合自治区人社厅，直接培养1115名急需紧缺职业（工种）技师、高级技师，对通过高技能考评鉴定的技能人才，全额补贴培训费用、技能鉴定费用。此项人才补贴超过200万元。

（张露春广西人力资源和社会保障厅）

科技政务管理

【概况】 2013年，广西科技政务工作按照国家和自治区科技工作新部署，着力加快落实深化科技体制改革“2＋66”系列政策，围绕中心服务大局，发挥参谋助手作用，结合开展党的联众路线教育实践活动，针对广西科技发展中的瓶颈问题，积极组织协调开展调研。提高政务服务能力，全力做好综合协调、后勤保障等各方面工作。

【制度建设与管理创新】 2013年，广西科技厅修订了《群众来信来访工作规则》、《机要文件交换工作规则》、《值班工作制度》、《收文办理管理办法》、《公文处理实施细则》、《文件格式细则》、《档案工作管理办法》、《归档文件整理办法》等工作管理制度。

【作风建设】 为贯彻落实中央八项规定，切实加强广西科技厅（知识产权局）政风作风建设，出台了《自治区科技厅贯彻落实〈八项规定〉的实施办法》。同时，狠抓《办法》的落实，通过统筹各类会议和规范文件的办理，2013年，全厅会议更精简、会风更务实，会议更突出了实效，出文量比2012年同期下降了约10个百分点，上报自治区党委、政府的简报仅保留《广西科技工作要报》、《广西知识产权工作专报》。

【信访工作】 2013年，广西科技厅加强对信访工作的管理，扩展与群众沟通对话的方式，积极了解并解决群众反映的问题。根据自治区信访部门有关要求，建立了信访统计月度报备制度，每月都对信访事件进行统计并报自治区信访部门备案，全年共受理信访事件26件，其中主要领导阅批的12件。在办理过程中，严格按照《信访条例》要求，妥善处理群众反映的问题，属广西科技厅业务范围的，及时办理，不属广西科技厅职能范围的，说明原因，建议转相关部门办理。切实做好2013年“阳光在线”工作。5月7日上午，厅领导带领有关处室负责人到广西人民广播电台《阳光在线·厅长在线》直播节目，就民生科技、科技惠农、全民发明创造活动、专利申请与资助等群众关心的问题与听众、网民朋友进行在线互动交流，认真听取群众的意见和建议。

【督查督办】 2013年，广西科技厅做好工作任务分工和协调督查。制定广西科技厅2013年工作要点和2013年主要工作任务分解表，将各项科技任务进行分解，确定每项工作任务的具体目标，明确工作进度和要求，并把责任落实到具体部门、具体负责人。加强协调督查，积极推进各项工作开展。印发了《关于进一步加强贯彻落实深化科技体制改革加快广西创新体系建设“2＋66”系列文件精神工作的通知》（桂科办字〔2013〕71号），将66个配套文件中，明确由广西科技厅牵头负责推进的25项工作任务分解到各有关处室，同时做好督查工作。进一步规范了文件办理签收工作，领导批办、转发、承办等文件转送到各承办部门，并认真做好文件登记、造册和签收工作。全年共收文4833件，其中普通收文3507件、机要收文1326件。发文1795件，交换文件3385份，邮寄各类信件3247封。严格按照规章制度处理收发文过程中的签收、登记、保管、拟办、呈送、核稿、印发等各个环节，保障了文件的安全、及时流转，没有发生差错现象。

人大代表建议、政协提案办理工作 2013年度办理人大代表建议7件，政协提案38件（含知识产权局2件）。2013年承办的政协提案数量比2012年增加56％。获得2012年度全区政协提案办理工作先进单位。

【信息公开】 2013年，广西科技厅网站（广西科技信息网）主动公开各类政府信息8597条；广西政府信息公开统一平台科技厅子平台公开各类信息790条；向自治区政务服务中心、档案馆、广西图书馆等部门提供公开信息 122 条；全年召开新闻发布会 3 次；收到公众申请依申请公开政府信息 3 次，并根据相关规定进行答复。向自治区党委报送信息 158 条，向自治区政府报送信息 150 条，被采用 47 条，信息报送工作均达到绩效考核要求，其中“百色国家农业科技园区建设成效显著”、“广西启动自治区主席院士顾问工作五年来取得四大成效”获得了自治区领导批示；向国家科技部报送信息 116 条，被采用 61 条；向政务服务中心提供信息 14 篇；编发《情况通报》简报约 400 期；出版《科技政策法规汇编（2012 年）》；编印《科技工作要报》20 期、《领导决策信息》25 期。

加强依托网站推进政务服务工作，整合科技管理业务系统等服务资源，拓宽社情民意表达途径，及时回应社会关切问题。全年共收到公众诉求 180 条，并及时给予答复和协调解决。开设有依申请公开网上申请渠道，提供了流程图和申请表下载。积极拓展信息公开互动渠道。广泛利用网络、报纸、广播电视、手机等载体大力开展广西科技活动周等主题的科技专题宣传活动，开设科技厅呼叫中心“966118”便民服务热线电话。

积极参加首届广西政务公开日活动，加大政务公开的宣传力度，精心制作宣传板报，公开广西科技厅行政审批项目、依申请公开工作流程和各类咨询电话等内容，在现场设立咨询点并组织 5 名有关对口工作人员参与活动，接待群众咨询、为群众办实事，现场解答问题。

【档案管理】 2013 年，广西科技厅收集归档文件 3000 余件，共归档 2482 件，实物档案 15 个（本），收集整理会计档案 294 盒，在自治区直和驻桂单位 2012 年度档案工作检查中荣获优秀单位。完成 2006 年～2012 年文件档案 32 万页的扫描工作。同时重视档案的利用，全年查阅使用档案 2650 多卷（次）。

【科技宣传】 广西科技厅贯彻落实中宣部、科技部等 6 部委《关于进一步加强科技宣传工作的意见》的有关精神，起草了《关于进一步加强广西科技宣传工作的实施方案》（7 月 22 日，自治区党委宣传部印发），对今后一段时期全自治区科技工作的宣传报道进行了具体安排。

专题宣传 针对每个重大科技活动和时事热点认真进行策划宣传。广西科技活动周、全区发明创造成果展览交易会等重大科技活动的宣传报道总量超过 800 篇。在中国一东盟技术转移与创新大会期间，组织中央电视台、新华社等中央媒体采访国家科技部部长万钢，并在央视综合频道、新闻频道的《朝闻天下》栏目播出。

与媒体合作 分别与科技日报、广西电台、广西电视台、广西新闻网建立合作关系，打造形式多样的科技宣传栏目，丰富了广西科技厅的宣传渠道，提高科技工作的社会知晓度和认同度。与广西电视台联合打造的《创新传奇》电视专题栏目已总计播出 87 期，节目《木薯之春》荣获了广西电视台 2012 年度优秀节目评选社教类节目一等奖。与广西新闻网共同制作的《聚焦新科技　全民齐创新》新闻专题 7 月全新改版上线，专题内容丰富翔实，获得各方好评。

科技厅内部载体宣传 对科技厅办公楼进行板报栏、公告栏、照片墙等安装，不定期更新板报，展示思想学习、工作进展情况和积极向上的精神面貌。充分发挥楼道电视、LED 显示屏等厅内宣传载体作用加强信息交流，以多渠道促进部门相互沟通和宣传推广。

专家在线访谈 就群众关心的科技热点问题进行答疑解惑，搭建民政互动平台。科技厅领导和广西科学院有关专家出席广西科技厅门户网站与广西新闻网联合制作的“专家在线访谈”节目，就新修订的《广西科学技术进步条例》等公众关心的问题进行在线解读，日点击量超过 1 万人次。

【行政审批】 2013 年，广西科技厅窗口按照自治区政务服务中心管理办公室要求和《科技厅窗口行政审批事项办事指南手册》，严格执行“首问负责制”、“限时办结制”和“责任追究制”三项制度，及时建议调整和充实了自治区政务服务中心科技厅窗口工作人员；选派处级干部担任窗口首席代表，并按管理办法办理的规定进驻窗口。根据《自治区人民政府关于在全区开展清理审批事项和优化办事流程工作的通知》要求，将广西科技厅原有的 8 项行政审批事项清理到 5 项，承接国家下放 2 项，并重新梳理优化行政审批事项办事工作规范和流程图，将其中 6 项事项的承诺办理时限压缩四分之一。

做好窗口审批事项的受理和督办工作。全年受理审批事项 6859 件，其中：实验动物 6 件、专利代理机构设立 1 件、成果鉴定 381 件、科技计划 6271 件、高新企业认定 200 件，与 2012 年 6093

件相比，增长12.57%；2013年全年办结6250件，其中：实验动物许可11件、成果鉴定364件、科技计划5646件、高新技术企业认定229件、与2012年5232件相比，增长19.46%。受理和办结数都有不同程度的提高。所有行政审批事项都按规定严格进行审批，无超时、延期办结的情况，科技厅窗口全年未接到公众投诉。

【保密及信息安全】 2013年，广西科技厅加强了对机关保密、密码和机要工作人员的岗位培训工作，共举办培训班3期、出保密板报2期、组织外出学习2次，切实提高广大干部职工的保密意识。按国家保密局的要求，开展保密普查资料收集、填报工作。同时组织人员对厅机关计算机和网络系统、移动存储介质等开展2次网络安全保密工作排查，严防失、泄密事件发生。

（唐亮东　马钧声　黎霞）

行业科学技术

林业科学技术

【概况】 2013年，广西林业科技工作实施“科技兴林、科技富林、科技强林”战略，加快转变林业发展方式，加强林业科技研究与创新，完善科技创新平台建设，促进科技成果转化与应用，突出推广示范基地建设，推进产学研协作，加大科技服务力度，推进推广机构和科技队伍建设，为建设生态林业和民生林业，促进林业产业发展和结构调整提供强有力的技术支撑。林业科研经费累计达13536万元，其中中央投资约3629万元，占总投资的27%、自治区级以上投资的60%；科研成果显著，获得科技成果70项；科技推广全面铺开，建设示范林面积1200公顷，建设林业示范点共58个。

【科技机构与队伍建设】 2013年，广西实施林业“136”人才引进工程和“226”人才培养工程，林业科技基本形成了林业科研和技术推广两大体系。科技力量主要集中在“四院一中心一站”，即广西林科院、广西林业勘测设计院、广西生态工程职业技术学院、广西大学林学院、中国林科院热带林业实验中心和广西林业技术推广总站。林业系统拥有国家有突出贡献中青年专家、享受国务院特殊津贴专家、自治区政府优秀专家、自治区“十百千人才工程”第二层次人选、自治区“八桂学者”，在此基础上，采取引进“专家”的模式，外聘自治区主席院士顾问、中国工程院院士、知名森林培育科学家尹伟伦院士、广西大学木材加工研究领域资深专家，形成了主要速生树种良种选育、高效培育、木材加工等12个研究团队。此外，还拥有经广西壮族自治区党委批准设立的“松树资源培育及产业化关键技术创新团队”和“桉树优质资源培育与产业升级技术创新团队”2个特设岗位团队。2013年6月，广西林科院被认定为第一批广西院士工作站建设单位。中国工程院院士尹伟伦指导广西林科院院士工作站林学与生物学研究工作，与广西林科院合作项目“油茶丰产栽培理论与技术研究”、“桉树速生丰产栽培理论与技术”、“油茶良种快繁理论与技术研究”，项目经费近800万元。

【科研项目与经费投入】 2013年，广西林业科技项目500多项，经费投入达13536万元，新增项目186项，经费投入达7000多万元。其中中央投资项目包括获得国家科技部农业成果转化资金项目、国家科技支撑课题、专题、子专题项目、国家自然科学基金委项目、中科院科技专项经费子专题、国家林业局林业公益性行业科研专项、中央财政林业推广示范资金项目（含林业标准化示范区建设项目）、国际先进林业科学技术引进项目（948项目）、林业科技成果国家级推广项目、林业标准。

【科技成果及简介】 2013年，广西取得林业科技成果共70项，其中，验收鉴定成果18项，占成果总数的25.7%，获得专利授权33件，占成果总数的47.1%，8个地标通过审定，占成果总数的11.4%，11个良种通过自治区良种委员会审定，占成果总数的15.7%。17项成果获得奖励，其中，广西科技进步奖一等1项、二等奖1项、三等奖2项；第五届梁希林业科技奖励二等奖2项、三等奖1项；第四届梁希科普奖励2项；广西优秀科普奖励一等奖1项，二等奖2项，三等奖2项；2011年度广西重要技术标准奖励2项；第三届广西发明创造银奖1项。出版科技专著5部，发表科技论文 166 篇。

广西油茶良种繁育产业化关键技术研究与应用　创新点：率先系统开展油茶良种选育与综合评价，筛选的 22 个油茶良种通过了国家和广西林木品种审定委员会的审（认）定；创新矮密早丰和高干嫁接换冠油茶采穗圃营建新技术，第 3 年穗芽产量分别达到 574.5 万个/公顷和 171 万个/公顷；首创芽苗砧冬春季嫁接技术，实现冬春季节油茶芽苗砧嫁接规模化育苗；首创油茶扦插皮层生根调控技术，大幅缩短扦插育苗时间，创建了“二步、三法、四季”油茶规模无性快繁模式。项目创建形成一套成熟的油茶良种产业化推广应用模式。

松树外来有害生物松突圆蚧天敌及其繁殖技术研究　创新点：首次发现日本方头甲能大量捕食松突圆蚧，并作为最有效的天敌引入松突圆蚧的防治；成功筛选出 2 种盾蚧作为繁殖松突圆蚧的中间寄主，并解决了中间寄主大规模繁殖的关键技术；突破日本方头甲中间寄主大规模繁殖困难、不能批量生产及个体小、容易逃跑等 3 大室内大规模繁殖的技术难题，形成了一整套繁殖工艺流程；总结出方头甲林间释放防治松突圆蚧技术—挂蛹卡或释放成虫。项目已在室内成功繁殖出方头甲 1.5 亿头，并在疫区推广应用 5033.33 公顷，减少松突圆蚧危害的经济损失达 4000 万元，实现生态价值 100 多亿元。该成果适合松突圆蚧疫区推广应用，室内繁殖的方头甲技术可应用于园林绿化、果园等其他盾蚧类害虫生物防治，推广应用前景广阔。

大叶栎优良种质选择、繁殖技术研究及区域试验　创新点：首次以广西、广东等 5 省（区）大叶栎天然次生林分布区为研究范围，确定了优树的选择技术与标准，树高应超过优势木平均树高的 11%，胸径应超过优势木平均胸径的 22%，材积应超过优势木平均材积的 64%；首次完成了大叶栎组培再生试管植株，外植体始芽诱导率 60%，继代芽增殖系数 3.9/30d，生根率 80%，建立了 4 个优树组培快繁再生体系，并创新形成了大叶栎外植体诱导、芽继代扩繁与生根培养等综合技术；有效地解决了大叶栎扦插快繁的关键技术，技术参数得到全面提升，生根率突破 90%，高的达到 97%，为国内同类技术之最，并批量性培育出大叶栎无性系苗木 3 万株；首次通过全国主要产区种源的区域试验与早期生长性状评价，评选出速生高产种源 2 个和家系 10 个，为大叶栎速生丰产林的发展提供了较好的繁育种质。

香料用樟树良种选育与定向栽培技术　创新点：首次选育出 4 个天然芳樟醇樟树良种（桂 S－SC－CC－026－2011，桂 S－SC－CC－027－2011，桂 S－SC－CC－028－2011，桂 S－SC－CC－029－2011），其叶油醇＞97%，芳樟醇＞94%，樟脑≤0.06%，填补天然芳樟醇樟树无良种的空白；创新优化、集成樟树组培产业化育苗技术，芽增殖系数 4/25d，生根率 94%，移栽成活率 94.6%；建立了樟树组培苗幼态枝扦插育苗技术体系，生根率 88%；首次研制 DB45/T692－2010《芳樟醇型樟树组培苗生产技术规程》和 DB45/T691－2010《芳樟醇型樟树组培苗种植技术规程》标准；首创“高架沙床香樟穗圃组培苗嫩枝扦插快繁育苗的方法”和“一种叶用型樟树专用肥”技术，获国家发明专利；创新芳樟叶油原料林定向栽培技术，采用良种无性系苗造林，密度 370 株/亩，第 2～3 年起每年 9～10 月收割枝叶，提高得油率 0.1%～0.5%，樟脑含量降低 0.2%～0.44%；创新可持续经营模式，造林第2～3 年起每年可收割枝叶，依次循环，可持续经营 30～40 年。

【科技成果推广应用】　2013 年，广西进行优良种苗推广、栽培技术指导和病虫害防治服务。一是建设示范林面积 1200 公顷，建设林业示范点共 58 个。二是 97 名林业科技特派员指导企业和农户建设示范林 3133.33 公顷，培育苗木 5600 多万株，生产肉鸡 67.3 万只，培训农民和基层林技人员 1.6 万人，当年实现产值近 2.5 亿元。三是通过开展送科技下乡活动加大成果转化力度。据统计，全自治区林业推广系统举办各类培训班 273 期，培训基层林业技术推广人员和农民 7.3 万人，发放各类技术宣传资料 27.6 万余份。

【科技交流与合作】　2013 年，广西林业系统合作交流项目 97 项，其中本级类合作 60 项，跨区合作 26 项。

扩大对外交流合作领域。2013 年，短期聘请 1 位澳大利亚木材高端专家来华开展桉树中大径材育种策略及锯材干燥处理方面的技术指导；接待澳大利亚、日本、韩国、德国等外国专家，举办学术报告、培训班；与越南谅山省、广宁省签订合作协议 2 份，达成桉树优良无性系转让项目 1 项。

国内合作方面，2013 年，广西林科院与中南林业科技大学、南京林业大学、中国林科院等联合实施项目共 7 项；高峰林场与北京林业大学材料科学与技术学院签订合作框架协议；与广西区内多家林场、林业企业及林业局签订科技合作协议。

引进国外智力项目方面，获得广西外专局“桉树锯材培育与锯解、干燥技术研究”和“桉树引智示范基地”引智项目 2 项。

【林业标准化建设】 2013 年，广西质量技术监督局批准杉木容器育苗技术规程等 8 项广西地方标准。其中由广西林科院主持制定的地方标准《肉桂丰产栽培技术规程》、《人面果绿化苗木培育技术规程》获得广西 2011 年度重要技术标准奖。

2013 年，广西林业厅加强全国油茶标准示范区项目建设管理工作，加强在建的 5 个全国油茶标准化示范区的基础上，新建 4 个全国油茶标准化示范区。8 月，组织广西各市林业局推广站、市级林科所、自治区直属国有林场、相关县（区）林业局或林场技术人员总共 100 人参加地方标准制修订编写及油茶标准培训班，落实林业标准化建设任务和责任。

（周卫玲 邓艳 夏莹莹广西林业厅）

水产畜牧兽医科学技术

【概况】 2013 年，广西水产畜牧兽医系统积极实施科技兴渔牧战略，扎实推进科技工作，为行业经济发展提供技术支撑。年内组织实施科技项目 223 项，完成科技成果 12 项，获得省部级以上科技成果奖励 21 项，取得专利授权 27 件，发表论文 215 篇（其中 SCI 论文 18 篇），新起草技术标准 13 项，新发布实施技术标准 17 项。广西水产畜牧业良种化、产业化、标准化水平不断提高，生猪、家禽、罗非鱼、对虾、龟鳖等优势特色产品生产持续发展，产品质量安全水平较高，水产畜牧业经济稳定持续发展。

【科技机构与队伍建设】 2013 年末，广西有自治区级水产畜牧兽医研究院所 4 个，科技人员 396 人，其中二级研究员 4 名，高级专业技术职称 92 人，中级专业技术职称 173 人；有“八桂学者”2 名；有国家现代农业产业技术体系创新团队岗位科学家 2 名（全国对虾产业技术体系岗位科学家和全国罗非鱼产业技术体系岗位科学家各 1 名），有广西“水牛种质资源创新及应用”和“亚热带牧草种质资源创新”特聘岗位专家各 1 名。建立了奶水牛、生猪、对虾、罗非鱼、肉鸡广西现代农业产业技术体系创新团队。建立了院士工作站 2 个。有县级以上水产技术推广机构 115 个，畜牧兽医技术推广机构 131 个。

【科技项目与经费投入】 2013 年，广西水产畜牧兽医系统承担各级科技项目共 223 项，投入总经费 3898 万元。其中，科技部项目、农业部项目等国家项目 18 项，自治区科技厅计划项目 46 项，自治区水产畜牧局项目 54 项，其他项目 105 项。

【科技成果与推广应用】 2013 年，广西水产畜牧兽医行业通过验收项目 79 项，有 12 项研究成果通过了鉴定和成果登记。其中，国内领先水平 7 项，国内先进水平 4 项。获省部级及以上奖励 21 项。其中，广西科技进步二等奖 5 项、三等奖 4 项，中华农业科技一等奖 1 项，全国农牧渔业丰收奖二等奖 2 项、全国农牧渔业丰收奖三等奖 2 项，6 人获全国农牧渔业丰收奖的推广贡献奖，1 人获得第十二届广西青年科技奖。申报发明专利 48 项，授权专利 27 项。发表论文 215 篇，其中 SCI 论文 18 篇。

水产科技成果与应用　罗非鱼：采用群体选育和家系选育法结合，对美国尼罗罗非鱼、埃及尼罗罗非鱼、吉富尼罗罗非鱼和美国奥利亚罗非鱼进行选育，构建了这四种罗非鱼的核心群；采用群体选育与家系选育结合，保证选育速度的同时，可有效避免群体的遗传衰退；建立了 4 个罗非鱼大水面标准化养殖示范基地，平均产量 88 千克/平方米，获得的罗非鱼平均体重 690 克；编制技术操作规程 1 个。

对虾：建立了鱼虾混养、鱼菜共生 2 种生态高效健康养殖模式，开发了越冬大棚微孔增氧、池塘围栏 2 种罗非鱼越冬技术；建立了国内最大的罗非鱼链球菌病原库，保存菌株 200 株，获得一株安全稳定的弱毒菌株，成功开发为弱毒口服疫苗，开发了免疫佐剂和免疫增强剂各 1 种，取得 5 项发明专利；成功研发了 1 种南美白对虾幼体开口饵料；初步建立了南美白对虾育苗水质调控的方法；开发了 1 种南美白对虾室内工厂化养殖的新方法。扩繁耐寒型商品亲虾近 3 万对，已繁育 SPF 虾苗 2.203 亿尾，累计养殖近 200 公顷，养殖成活率超过 80%。建立亲虾扩繁和苗种繁育生产线各 1 条。“一种促进南美白对虾亲虾性腺成熟的饵料及其制备方法”获得了国家专利。

畜牧兽医成果与应用　水牛技术方面：通过开展高产良种水牛的选育，初步建立了良种高产奶水牛繁育体系，选育出产奶量 1800 千克以上的良种母牛 192 头作为高产水牛核心群；完善了水牛体外胚胎生产技术体系，水牛体外胚胎生产效率，囊胚率达到 30%～33.5%，提高 20%以上，共进行冻胚移植受体母牛 225 头次，怀孕 42 头，受胎 18.67%。鲜胚移植受体母牛 468 头次，怀孕 164 头，受胎率为 35.21%，还建立了胚胎切割取样及半胚胚胎的冷冻保存技术程序。成功繁育了含地中海水牛血统的良种水牛一批，初步建立了良种核心群体和“良种水牛体外胚胎生产和胚胎移植”技术体系，克服了活体种源引进的疫病问题，地中海型水牛可作为种源用于中国本地水牛的杂交改良。

畜牧方面：利用分子技术开展生猪克隆育种研究，开展了猪克隆胚胎的移植工作，移植受体猪 14 头，移植猪克隆胚胎 1450 枚。利用性控技术、同期发情、胚胎移植等技术，繁殖娟姗牛 153 头，出售种牛 36 头，建立娟姗牛杂交改良示范点 3 个，利用娟姗牛杂交改良 133 头次。在饲料技术研究方面，筛选出适合广西及中国南方地区优质牧草桂闽引象草、紫色象草、杂交臂形草等品种，一种黑麦草与豆科牧草混合播种的方法获得国家专利。实施优质鸡高效健康养殖关键技术研究和环境控制与废弃物资源化利用研究，制定优质鸡健康养殖技术规程，开展优质鸡高效健康养殖关键技术研究与应用示范，对广西优良鸡品种选育及健康养殖技术推广方面起到了积极的引导和促进作用。推广优良原种猪 2 万多头，桂科种猪 1071 头，娟姗奶牛 52 头，努比亚山羊 300 多只，出栏 9579.5 万只，优质牧草 30 多吨。

动物疫病防控方面：建立“动物疫病防控技术研发国际科技合作基地”。获得“兔出血症病毒、兔巴氏杆菌双重 PCR 快速检测方法”等 20 项发明专利，完成广西 9 种动物主要传染病快速诊断技术研究完成了 25 株广西流行毒株的基因测序和 33 株功能基因测序。筛选出 2E8kgE 基因工程诊断抗原的最佳中试生产条件，制定了诊断抗原质量标准；PRVgE 抗体快速检测试剂的各项指标均得到提高；制定了一套适合农村中小规模猪场的 PRV 控制与净化措施；生产 PRVgE 抗体快速检测胶体金试纸条 12000 条；猪伪狂犬病快速诊断在 10 个中小规模猪场进行项目应用示范，1250 头存栏母猪的胎产活仔率从 82.3%提高到 86.8%，提高了 4.5 个百分点；PR 病死率从 8.7%下降到 3.4%，下降了 5.3 个百分点，共增加产值 882 万元，增加利润 176.4 万元。

【技术标准】　围绕提高广西水产畜牧业科技水平和标准化水平，组织开展技术标准工作。组织有关单位实施水产畜牧业技术标准制订计划，编制了《近江牡蛎苗种繁殖技术规程》、《优质鸡发酵床养殖技术规程》等 13 项标准送审稿；《无公害生猪生产技术规范》等 17 项标准通过了审定，完成了广西地方标准报批稿，并由自治区质量技术监督局发布实施。为了建立标准化技术组织，发挥专家和技术人员作用，推进行业标准化工作，组织广西水产技术推广总站和广西畜牧总站按照筹建标准化技术委员会的程序和要求，完成了广西水产业标准化技术委员会和广西畜牧业标准化技术委员会的筹建工作。2013 年 8 月 20 日，自治区质量技术监督局同意成立广西水产业标准化技术委员会和广西畜牧业标准化技术委员会。

（易显凤　邓毅）

气象科学技术

【概况】　2013 年，广西气象局认真贯彻落实党的十八大和《中共中央　国务院关于深化科技体制改革加快国家创新体系建设的意见》精神，在中国气象局的指导下，完善科技创新驱动现代气象业务发展的新机制，增强新动力。推进广西暴雨诱发中小河流洪水和山洪地质灾害气象风险预警服务业务，组建了广西暴雨诱发中小河流洪水和山洪地质灾害气象风险预警服务业务创新团队。广西气象减灾研究所成为中国气象局省级气象科研所发展试点单位，确定“甘蔗气象”为特色研究领域，组建了广西甘蔗气象科技创新团队。修订了《广西气象科技工作奖励办法》，设立专项基金激励科技创新、成果转化应用。新取得软件著作权 6 项。

【科技队伍建设】　2013 年，广西气象局继续强化人才战略，高层次人才队伍建设显成效，年内共有4人通过中国气象局的正研评审，并新增1名中国气象局首席预报员。根据《广西气象部门各层次科技人员考核办法（试行）》完成特聘专家和第三层次人才考核评估工作。新组建广西甘蔗气象和山洪地质灾害气象风险预警服务两支科技创新团队，通过团队带动业务能力提升，探索人才培养和带动新生力量的工作机制，形成结构合理的人才梯队。

【科技项目与经费投入】 2013年，广西气象部门共承担科研项目107项，项目经费投入645.42万元。其中获省部级以上项目26项，获资助经费292万元，厅局级项目9项，获资助经费126元。在省部级上以项目中，国家自然科学基金项目1项，支持经费58万元，国家科技部公益性行业专项项目2项，支持经费37万元。广西自然基金项目10项，支持经费55万元。广西科学研究与技术开发计划项目4项，支持经费72万元。中国气象局科研项目11项，获资助经费191万元。

【科技成果与推广应用】 2013年，广西省级气象部门共取得各类气象科技成果44项，其中省部级成果10项。

基于SWAN的强对流预报模型制作与应用 是由广西气象台承担完成的中国气象局关键技术集成与应用项目，收集了2008～2012年广西强对流历史个例资料建立了数据库，历史数据库包括广西七部多普勒雷达站的雷达资料：基本产品（基本反射率、基本速度）和导出产品（回波顶高、垂直液态水等）以及SWAN灾害性短时临近预报系统产品（CAPPI基本反射率预报，风暴识别和追踪等），相应的天气实况、自动站雨量、卫星和闪电及数值预报产品资料。开发了集查询、分析、诊断和统计功能的“基于SWAN的强对流预报模型制作与应用”系统。建立冰雹、雷雨大风、强降雨、龙卷等四类广西强对流短时临近专家预报模型，并在广西气象台和百色市、南宁市、柳州市气象台推广使用。预报员利用系统模块可建立用户自己的强对流短时临近预报模型以及在实时预报中查询与当前天气雷达产品特征相似的强对流专家模型及历史个例，强对流短时临近预报模型能为预报员在实时预报中遇到同一强对流类型天气时，掌握当前天气形势下历史同类型个例出现的强对流天气类型和演变情况，加强预报员对实时短时临近预报中未来强对流天气发展的认识，有助于提高对强对流天气短时临近预报的准确率和精细度，为社会公众的生产生活、政府部门防灾减灾提供比较可靠的科学依据。

城市突发性暴雨灾害的神经网络预报方法研究和应用 是由广西气象减灾研究所承担完成的广西科学研究与技术开发计划项目。以卫星云图、气象观测资料、高低空环流场物理量资料以及中国气象局下发的T213数值预报模式产品资料、日本和欧洲中心等国内外数值预报产品资料为基础，针对暴雨的突发性、小概率和非线性变化特征，对遗传算法、神经网络、模糊神经网络和系统降维等多种非线性人工智能技术方法等方面的问题的深入研究，并根据省和省级以下气象台站的业务预报工作的需要，建立了南宁城区、邕宁区及6个县共8个站点的暴雨强降水遗传—神经网络释用预报系统以及神经网络数值预报产品暴雨强降水预报建模、模块化模糊神经网络的暴雨强降水预报建模、粗糙集暴雨强降水灾害定性预报建模、卫星云图的暴雨强降水灾害神经网络预报建模、相似离度的模糊神经网络预报建模、基于PSO算法进化的神经网络集成气象预报建模方法。在广西气象台以及南宁市的暴雨强降水灾害的预测预报服务、重大活动的气象保障等方面进行广泛应用推广，取得了很好的预报服务效果。

基于SAR资料的多源卫星洪涝遥感监测评估技术研究与应用 是由广西气象减灾研究所承担完成的广西科学研究与技术开发计划项目，开展了国外星载合成孔径雷达（SAR）数据为信息源进行广西洪涝灾害监测与评估技术方法研究，分析比较了ENVISAT ASAR、RADASAT、ERS和ALOS PALSAR各类SAR数据特征，以日本ALOS－PALSAR数据为例，完成SAR数据的预处理（后向散射系数计算、集合校正、降低噪声等），以及基于SAR数据的水体信息提取的重要影响因素分析（表面粗糙度、集合角度、极化方式和二次散射回波效应）、单极化和多极化SAR图像水体信息提取模型研究，通过阈值法或最大似然分类法，进行水体与非水体区分。开展了国内外多传感器光学数据（FY－3/MERSI、EOS/MODIS、NOAA/AVHRR等）为主要信息源进行广西洪涝灾害监测与评估技术方法研究，尤其针对目前业务化使用30m分辨率HJ－1星CCD数据中水体光谱特征特点，实现正常水体和洪涝区空间信息提取和分析。开展了SAR与光学图像融合处理提取洪涝水体的方法研究。将SAR数据中提取的水体与CCD数据中提取的非水体进行融合和交集处理，确定洪水淹没范围。开发了多源卫星洪涝遥感监测和评估业务平台并投入业务应用，有效增强广西洪涝灾害的监测能力和实效，提高洪涝灾情评价精度，使洪涝灾害监测更具针对性与实践指导价值，为广西洪涝灾害监测评估的业务化运行奠定扎实的基础。

广西气象灾害应急决策平台关键技术研究及示范应用 由广西气象台承担的广西科学研究与技术开发计划项目，利用计算机网络基础平台、WebGIS空间展示技术、Flash动态演示技术，建立了广西气象灾害应急决策平台，实现了温度，湿度，风速，气压，雨量等台站信息的快速查询、动态更新和资料共享，为分析预报工作、台站科学发展提供第一手资料。广西气象灾害应急决策平台建设以来，气象部门与农业、水利、林业、环保、国土资源、交通、海事、教育、广电、通信、卫生等部门广泛开展气象防灾联防合作，取得较好的效果。通过广西气象灾害应急决策平台的建设，广西气象部门已初步建立了较完善的气象灾害预警应急预案体系，在实际应用中，根据预测灾害性天气情况和灾害性天气出现实况，适时启动应急响应或开展现场气象应急服务，及时开展气象灾害应对服务工作，取得很好效果。

（林健玲）

水利科学技术

【概况】 2013年广西水利科技工作紧紧围绕水利中心工作，在水利科技创新，在政策制定、增大投入、平台建设、科技攻关、技术推广等方面取得了突出成效。4月25日召开全区水利科技创新大会，制定出台《关于加快广西水利科技创新体系建设的实施意见》及其《广西水利科技项目管理办法》、《广西水利科技推广暂行管理办法》、《关于建设广西农业灌溉排水工程技术研究中心的实施方案》等10个配套文件。依托桂林市农田灌溉试验中心站建设“广西农业灌溉排水工程技术中心”。分别依托广西水利电力职业技术学院和广西水文水资源局设立“王浩院士工作站”和“张建云院士工作站”。广西水土保持监测总站等单位的8支“广西水利科技创新团队”获得授牌。在加强政策引导和平台建设的基础上，加强顶层设计，稳步推进重点水利科技项目研究工作。2013年重点支持水资源“三条红线”严格管理技术、防灾减灾技术、高效节水灌溉技术与示范、农村饮水安全技术、地方电网运行安全技术、水环境监测及水生态修复技术、中小河流及水土保持生态治理技术与示范，以及重大水利工程关键技术集成攻关与应用等方面的研究。

【科技机构与队伍建设】 原有科技机构主要包括广西水利科学研究院、广西灌溉试验中心站、玉林市水利科学研究院及各地灌溉试验站等。2013年组建广西农业灌溉排水工程技术研究中心，挂牌成立广西水科利技推广玉林工作站。

广西农业灌溉排水工程技术研究中心于2013年1月经广西科技厅批准，依托桂林市农田灌溉试验中心站组建，行政关系隶属于桂林市水利局管理，业务上受广西科技厅和广西水利厅领导和指导，隶属为公益性科研机构。其在科研上的主要任务是研究作物的灌溉模式、灌溉制度及灌溉效益，雨水集流材料与技术，示范推广农业高效节水综合技术、城乡水环境改善与水源保护技术、节水设备新技术等先进实用技术。

2013年11月在玉林市水利电力科学研究院挂牌成立广西水科利技推广玉林工作站。该站与玉林市水利电力科学研究院实行“一套人马，两块牌子”管理，玉林市水利局负责该站行政管理，广西水利厅科技处具体负责行业管理，业务上接受广西水利厅科技处指导。负责全自治区水利科技新技术、新工艺、新设备新材料等推广应用的先试先行任务；指导各地水利先进实用技术推广工作；完成广西水利厅下达的科研任务。

至2013年底，全自治区水利系统有专业技术人员10070人，占在岗职工总人数的22.26%。其中，具有正高级技术职称35人，副高级技术职称493人，中级技术职称2530人。

【科技项目与经费投入】 2013年广西水利厅本级科技投入1242万元，支持“桂中治旱乐滩水库穿煤区隧洞处理关键技术及工程安全措施”、“广西北部湾经济区水资源开发利用控制红线制定与动态管理关键技术研究”、“水污染突发事件应急管理可视化系统研究”等21个水利科技项目。“广西糖料蔗高效节水灌溉发展模式研究”和“速生桉树人工林对水库的生态效应与影响研究”列入水利部公益性科研专项，“毛细节水灌溉技术引进及在广西甘蔗高效节水灌溉中的应用”列入水利部“948”项目，“贝江生态修复技术研究与示范”列入自治区科技攻关项目，共获得水利部和自治区立项补助经费791万元。

【科技成果及简介】 2013年共有8个科技项目通过成果鉴定（评审）或验收，其中“广西北部湾经济区水循环安全调控关键技术研究与应用”、“水生态系统物理模型理论与数值模拟方法”两项成果达到国际领先水平。“广西北部湾经济区水循环安全调控关键技术研究与应用”获得广西科技进步奖一等奖，“广西磨盘水库复合堆石坝加固技术研究与实践”获得广西科技进步奖三等奖。

广西北部湾经济区水循环安全调控关键技术研究与应用 项目主要完成单位有广西壮族自治区水利电力勘测设计研究院、中国水利水电科学研究院、珠江水利委员会珠江水利科学研究院、清华大学、中山大学。项目首次提出了“二元三维双态”水循环综合调控模式理论架构，建立了带精英策略的非支配排序遗传算法的水循环“量—效—质”一体化综合调控模型，形成了区域水循环综合调控模式；创新提出了有物理机理的需水预测方法、基于评价指标体系的现代水网规划技术及面向用户的分布式水资源调配技术；创新提出了基于“近海—河流—陆域”污染物阈值倒逼的水环境综合调控方法，提出了经济区入河污染物阈值调控方案；创新构建了基于信息扩散理论的干旱风险评估模型，创建了模糊故障树模型及综合影响指数模型相结合的河流突发性水污染多尺度风险评价技术方法。项目创新研发的关键技术已被水利部在最严格水资源管理“三条红线”指标分配、节水型社会建设、水循环调控技术标准制定等工作中采用。提出的“三横八纵”江河连通现代水网工程体系，已在广西北部湾经济区江河连通水网工程建设、水资源保护、特殊情景下的应急防控调度以及“三条红线”指标分解与节水型社会建设等实践中提供了坚实的技术支撑。

广西磨盘水库复合堆石坝加固技术研究与实践 项目主要完成单位有长江勘测规划设计研究院有限责任公司、中国水电基础局有限公司、水利部交通运输部国家能源局南京水利科学研究院。项目开展了以控制堆石坝变形为主要目的的充填灌浆加固技术研究。磨盘水库大坝是由黏土斜墙堆石坝段、混凝土面板堆石坝段、浆砌石挡墙堆石坝段等3种坝型连接构成的复合堆石坝，其中混凝土面板堆石坝段1977年～1996年局部最大累计水平位移1617毫米，最大累计竖向位移1261毫米。2005年后坝体变形呈增大趋势，坝脚多处出现翻砂渗漏及坝坡局部塌陷。项目研究的主要科技创新有：一是提出坝体堆石变形控制充填灌浆技术，研发了孔口搅拌注浆器，实现了充填灌注材料孔口均匀搅拌，持续、稳定、高效的灌注；二是提出复合堆石坝防渗体系加固技术，实现了不同坝型防渗系统的衔接；三是研发堆石坝加固成孔技术，包括金刚石压轮破芯钻孔、深斜孔纠偏、堆石体钻孔冷却等成套施工工艺与方法；四是运用深层核子水分—密度检测方法进行深斜孔同测点密实度检测。该项目成果应用于水库大坝加固，坝体灌注充填料分布均匀，孔隙率由加固前的48%降低为22.8%，经过3年汛期高水位运行，坝体变形很小（1毫米～2毫米）且趋于稳定，坝体渗漏也很微小。

【新技术引进及应用】 引进光伏提水技术，在崇左市江州区丈四片、金城片糖料蔗高效节水灌溉项目区建立示范区，在柳州鹿寨县、来宾武宣县选点开展基础工作。

引进水锤泵提水技术，并结合实际需求研发新型水锤泵。开展大新县恩城乡弄龙、桃城镇下对、扶绥县姑豆糖料蔗高效节水灌溉项目水锤泵提水示范区初步设计等基础工作。

引进混凝土渠道衬砌机，研究其施工适用条件、工艺流程等，在玉林市北流绿满地灌区、蟠龙灌区进行应用研究，在桂林兴安县进行工程示范，并通过对配合比和设备的改进使其更能适应本地区的应用。

【科技成果推广应用】 广西水利厅印发了《关于创建自治区级水利科技推广示范园区（示范工程）的指导意见》，提出“利用3～5年时间，在全区水利重点建设领域中培育100个自治区级水利科技推广示范园区（示范工程）”，2013年组织开展首批的中小河流综合治理示范工程和高效节水灌溉示范园区（示范工程）的培育建设工作。

【科技交流与合作】 广西水利厅与中国水利水电科学研究院、南京水利科学研究院、中国科学院生态环境研究中心等单位开展科技交流与合作；与河海大学等签订战略合作框架协议；通过院士工作站等平台开展重大水利科技问题联合攻关；借助高校、科研院所，以及院士团队的技术力量和人才优势推动广西水利科技工作的快速发展和科研水平的不断提高。

（叶晓丹）

农业机械化科学技术

【概况】 2013年，在农业部的大力支持和广西壮族自治区党委、政府的正确领导，以及农机购置补贴政策强力推动下，广西农业机械化保持良好发展态势，主要表现在七个方面：一是农机装备总量持续增长。全自治区农机原值达256亿元，农机总动力3372万千瓦，各类拖拉机拥有量155万台，同比增长6.3%、5.5%和3.3%。二是农机作业水平持续提升。全自治区农作物耕种收综合机械化水平达到41.7%，同比提高4.5个百分点，迈入农业机械化发展中级阶段，柳州、桂林、北海、钦州、玉林、贺州、来宾等市农作物耕种收综合机械化水平均超过40%。水稻耕种收综合机械化水平62.5%，同比提高4.9个百分点。甘蔗耕种收综合机械化水平达到46.6%，同比提高3.4个百分点。三是农机社会化服务能力持续增强。全自治区农机作业服务组织数量达到3560个。其中农机合作社1650个，拥有农机具4.5万台（套），服务农户数总量67万户，服务面积638万亩，服务总收入6.2亿元。全年农业机械化服务经营收入达到333亿元。基层农业机械化技术服务体系逐步建立完善。四是农机购置补贴成效持续扩大。全自治区使用农机购置补贴资金5.53亿元（含历年结余资金），拉动农民投资20亿元，拉动农机户经营作业服务收入增长40亿元。五是农业机械化新技术新机具推广力度持续加大。全自治区推广应用水稻育插秧、甘蔗种植、收获、蔗地深耕、中耕培土、化肥深施等各类农业机械化技术面积513.56万公顷，推广农机新机具36.7万台套。六是农机安全生产形势持续稳定好转。全自治区发生农机事故21起，死亡20人，受伤2人。发生涉及拖拉机的道路交通事故158起，死亡93人，受伤148人，农机事故死亡人数在自治区人民政府下达的控制指标以内。七是农机职业教育和技术培训人数持续增长。以广西机电工程学校为代表的农机中职学校招生人数和在校生人数再创历史新高，全自治区各类农机技术培训6.8万人。

【科技机构与队伍建设】 2013年，广西农业机械化管理局共有编制35人，实有人员33人，其中高级职称11人、中级职称10人。共有7个处室，农业机械化技术方面管理协调工作由科教质量处承担。全自治区农业机械化具体技术工作由广西农业机械化技术推广体系和广西农机鉴定站承担：

广西农业机械化科技推广机构分为区、市、县、乡四级，全自治区各级农机推广机构共103个，其中区级1个、市级13个、县级89个。2011年2月以来，经广西人民政府批准，广西农业机械化技术推广总站参照公务员法管理。除了防城港市未设置农机推广机构外，其余13个市均设有农机推广机构，至2013年底止已全部获准参照公务员法管理单位。全自治区89个县级站，除钦州市钦南区农机推广站为差额拨款事业单位，其余88个均为财政全拨款事业单位。全自治区共有乡镇农业机械化技术推广站（农机管理与农业机械化技术推广站）1110个，其中独立站223个，占20.09%；乡镇服务中心885个，占79.73%；区域站2个（贺州市龙镇农机推广站和公安镇农机推广站），占1.8%。全自治区、市、县三级农机推广人员共有编制1051人，现在人员1015人，其中区级编制30人，实有28人；市级编制275人，实有人员240人；县级编制746人，实有750人。共有高级技术职称22人，占2.17%；中级职称342人，占33.69%；初级技术职称320人，占31.53%。区、市、县级农业机械化技术推广机构办公室共25533.86平方米，除极少数为自有楼房、自有平房和自有危房外，其他均为借用、租用或临时办公。共有固定电话154台、计算机273台、打印机135台、扫描仪17台、电视机19台、照相机63台、摄像机12台、投影仪9台、DVD播放机9台、推广用车66台、示范基地面积909685.1平方米。

广西农业机械鉴定站是广西农业机械化管理局直属的正处级全额拨款参照公务员管理事业单位，主要从事农业机械鉴定和质量监管工作。核定事业编制37名，截至2013年12月实有在编职工30名，其中高级技术职称5人，中级技术职称12人，初级技术职称5人。广西农业机械鉴定站建于1974年12月，广西标准计量局和农业机械化管理局于1982年7月在广西农机鉴定站的基础上建立“广西壮族自治区标准局农机产品质量检测中心站”（现为广西农业机械产品质量检验站），2003年5月，农业部批准在广西农业机械鉴定站内设立农业部亚热带农机具产品质量监督检验测试中心。1989年，广西农业机械产品质量检验站首次通过省级计量认证和检验机构审查认可，1996年、2002年、2007年、2010年和2013年分别通过省级计量认证和检验机构审查认可复查。广西农业机械鉴定站2010年首次通过省级计量认证，2013年通过省级计量认证复查。广西农业机械产品质量检验站获得广西质量技术监督局批准授权的检测能力范围有80种产品。农业部亚热带农机具产品质量监督检验测试中心2006年4月首次通过国家计量认证和农业部审查认可，2009年7月和2012年7月分别通过国家计量认证和农业部审查认可复查，获批准的检测能力范围有48种产品。

【技术推广经费投入】 2013年，自治区财政安排农业机械化技术推广经费2150万元，一是水稻生产全程机械化技术示范点28个760万元。继续加大投入建设广西贵港浔郁平原“十万亩水稻生产全程机械化示范区”、南宁“万亩水稻生产全程机械化示范区”，以及其他百亩水稻生产全程机械化示范区，依托农机合作社和农机大户，建设育秧工厂，推进水稻育插秧、收获和烘干机械化。年内在南宁、贵港、玉林、贺州、来宾5个市建设10个有规模、上档次，科技含量高、辐射带动好的标准化育秧工厂，全年育秧盘数30.36万盘。二是甘蔗收获机械化技术示范点18个共670万元。包括4个万亩、6个2000亩、8个百亩甘蔗机械化示范基地，主要是通过收获补贴，鼓励开展甘蔗联合收获，努力突破广西甘蔗机械化瓶颈。年内推广应用蔗地深耕深松、开行种植、中耕管理、节水灌溉、收获、蔗叶粉碎还田等机械化技术。2012/13榨季共组织290台甘蔗种植机开展机械化种植作业14万亩，比上榨季增长3.5倍，组织64台甘蔗联合收割机开展机械化收割作业1.65万亩、7.77万吨，分别比上榨季增长2倍、2.4倍。三是优势农产品生产机械化示范点11个共150万元，主要推广茶叶、花生、木薯、果树机械化技术，以及节水灌溉、养殖机械化技术。通过示范，全自治区全年推广应用各类农业机械化技术面积7703.4万亩，推广农机新机具36.7万台套。

2013年，广西农业机械化技术推广总站办公经费7950元/人．年，市级推广站共有推广经费57.08万元，县级推广站共有推广经费105.95万元。

2013年，广西农业机械鉴定站经费共305万元，其中技术推广培训18.5万元，试验室质量管理体系建设27.3万元，农机质量监督投诉信息平台建设13.6万元。

【大型技术推广活动】 2013年3月19日，广西农业厅、农业机械化管理局主办，广西农业机械化技术推广总站、来宾市农业机械化管理局承办的全自治区甘蔗机械种植现场会在廖坪农场召开。广西农业厅厅长谢泽宇讲话，广西农机局局长黄铭福主持，来宾市市长杨和荣在会上致辞。各级农业、农机、糖业系统及制糖企业、糖料蔗种植大户等350多人参加了现场会。谢泽宇在讲话中指出，要充分认识发展现代农业的重要意义，坚定推进农业机械化的信心不动摇。要创新发展广西现代糖业，全力推进甘蔗生产全程机械化。各级农业、农机部门一定要按照中央和自治区党委、政府的部署要求，立足甘蔗产业的持续创新发展，进一步加强部门合作，把全程机械化作为甘蔗生产的突破口，抓住关键环节，加强研发攻关，抓好示范带动，解决广西甘蔗生产突出问题，确保广西甘蔗产业持续稳定发展。要突出重点难点，加强示范引导，扎实推进广西甘蔗生产的机械化。在推进甘蔗生产机械化上，要突出抓好三个方面：一要突出抓好甘蔗机收；二要推进农机农艺融合；三要大力推广甘蔗机种。广西农机局局长黄铭福在会上提出三点要求：一是补贴牵引，加快农机作业服务组织发展。制糖企业农务部依法注册登记成立的农机服务组织购买的甘蔗联合收割机、种植机等农机设备，可以享受2013年农机购置补贴，是中央和农业部、财政部为解决广西甘蔗机械化制订的优惠政策。要十分珍惜这一难得的机遇，希望制糖企业抓紧建立农机作业公司等农机服务组织。二要扩大成果，加快农机农艺融合步伐。各级农机部门要主动与相关部门特别是农业部门多联系、多沟通，扎扎实实解决农机农艺融合问题，为实现农机化“广西速度”打下坚实的基础。三要加大力度，加快甘蔗机收进程。广西甘蔗种植机械已趋成熟并可享受农机购置补贴，2012年以来全自治区联合机种面积突破4万亩。各级农机部门要继续加大工作力度，加快推进甘蔗机种、机收，争取早日突破甘蔗全程机械化

“瓶颈”。在现场会上，广西汉森、广西农机研究院、广西汽牛、南宁五菱桂花等自治区内外12家甘蔗机械生产企业33台机械进行作业演示。现场观摩了甘蔗机械种植、破垄覆膜、行间深松、中耕培土、自走式机械喷淋、联合收割及田间收集配套机组等机械作业示范。据介绍，甘蔗种植机每小时可以种植甘蔗0.2公顷左右；甘蔗中耕培土机能一次性完成甘蔗的松土、深施肥、施药、除草、培土作业，一台机子作业效率约0.67公顷/小时，可大幅度减轻甘蔗种植劳动强度，降低作业成本。柳州汉森机械制造有限公司、来宾北回归线农业科技有限公司在廖坪农场租赁140公顷土地，建立了以国际主流甘蔗机械化技术为特色、农机农艺技术融合的甘蔗生产全程机械化示范基地。该基地配备了2套美国维蒙特大田自走式喷灌机，实现高效节水灌溉全覆盖，其中一台单机灌溉规模达80公顷，为中国甘蔗业内之最。基地甘蔗种植实现了耕、种、管、收全程机械化生产，开展了机具作业无障碍化的土地整理、作业效率优先的田块规划和作业质量的农艺标准评价，取得显著成效，得到与会代表的一致好评。

2013年4月2日，全自治区水稻机插秧现场会在贵港市召开，该现场会由广西农业厅、农业机械化管理局主办，广西农业机械化技术推广总站、贵港市农业机械化管理局承办。广西农业厅厅长谢泽宇讲话，广西农机局局长黄铭福主持会议。各级农业、农机系统及水稻种植大户、农机大户等250多人参加了现场会。与会代表观摩了贵港市港北区庆丰镇延塘农机合作社工厂化育秧中心和水稻机插作业现场。广西农业厅厅长谢泽宇在现场会上指出，农业机械化是发展现代农业的物质基础，是解决“谁来种田”的有效抓手。各地农机与农业部门要加强协作推进农机农艺相融合，以早稻集中育秧补助项目为契机积极引导农户开展早稻集中育秧，特别引导大户、专业合作社或企业开展工厂化集中育秧，以集中育秧为着力点，从育秧环节开始，大力提高工厂化育秧、机耕、机插秧、机防、机收等水稻生产机械化水平，推进水稻等规模化、标准化生产，确保完成农业部下达给广西的水稻机插秧每年要新增100万亩的任务。农业与农机部门要建立工作机制，加强协同配合，加强农机农艺融合技术研发和储备，整合项目资金，支持农业机械化发展。广西农机局局长黄铭福在主持会议时提出，各级农业、农机部门要进一步提高对建设育秧中心，推动机插秧的认识，加强协调配合，加大对育秧中心试点和机插秧示范区项目建设的扶持力度，要大胆开拓创新，做好规划布局，尊重农民意愿，选好建设业主，加快工厂化育秧中心建设。要注重综合利用，提高中心效益。当前是春耕生产的关键时期，各级农机部门要把组织农机投入春耕生产作为第一要务，要认真组织动员，做好相应的服务工作，提高农机使用效益，抓好“百万农机闹春耕”，促进粮食增产、农民增收。贵港市农业机械化部门积极争取多方支持，组织筹措2000万元建设4个水稻工厂化育秧中心。每个育秧工厂设计能力每季可满足200公顷以上大田机械栽插标准化秧苗需求。通过构建机械化育秧工厂这个载体，推进“公司＋农机合作社＋农户”的发展模式，通过“代育秧、代整田、代插秧、代收割、统一田间管理”的模式，加快土地流转，推广农机订单作业和集约经营规模，提高农业科技含量，加快水稻生产全程机械化和服务农业现代化发展进程。据介绍，庆丰镇延塘农机合作社工厂化育秧中心设计能力每年可满足666.67公顷大田机械栽插标准化秧苗需求，是目前广西最大的高智能钢架构温室育秧工厂。工厂化育秧具有温湿度可控，不受自然天气的影响，生产效率高，与农机农艺结合紧密等优点。据测算，工厂化育秧的育插比例能达到1：200，用地仅为传统育秧方式的1/50；10个人进行流水线育秧，一天就可以育66.67公顷水稻所需要的秧苗，比传统分散育秧节约近百元；10天左右育一茬机插秧苗，和传统方式比省时15天左右；而且每亩增产50千克左右。步行式插秧机每天可以插秧0.67公顷左右，效率是人工插秧的10倍，坐式插秧机的效率更高，相当于步行式插秧机的5倍左右。

2013年5月28日～30日，中国国际种业博览会暨第四届广西—东盟蔬菜新品种展示交流会在南宁市举办。广西农业机械化技术推广总站邀请了南宁五菱桂花、桂林科丰、绿翔机电、东莞金华等12家省内外蔬菜农机生产企业参展携蔬菜花卉精密播种机、多功能移栽机、开沟机、旋耕起垄机、智能灭蚊器、烘干机、冷藏保鲜库等20个品种250台（套）农机具参展，深受国内外用户欢迎。百色市政府、中国—东盟博览会秘书处、广西农垦局、广西农业厅、广西科技厅、广西商务厅联合举办的第六届中国—东盟（百色）现代农业展示交易会，于2013年12月17日～19日在中国—东盟（百色）农业新技术新品种交易中心举行。中国—东盟（百色）现代农业展示交易会设有独立的农机展销区，展区面积3000平方米，展销耕作、栽植、收获、植保等各类农业机械，由广西农业机械化技术推广总站承担具体协调工作。农机展销区共有39家农机企业参展。国内农机生产企业和参展商与老挝、泰国等国外农机商人进行了面对面的商务及技术交流，同时现场销售大中拖3台，手扶拖拉机6台，方拖8台，中耕培土机1台，水泵29台，喷雾器120台。

【科技成果及简介】 “基于作业分段式的小型甘蔗机械集成技术中试与示范”项目获得立项支持。该项目系广西科技厅推荐、科技部下达，南宁五菱桂花车辆有限公司、柳州翔越农业机械有限公司、广西农机研究院、广西农业机械化技术推广总站共同实施。项目共投入476万元，其中国家转化拨款资金100万元，实施单位自筹376万元。

广西农业机械化技术推广总站与武鸣县农业机械化技术推广站共同研制的“桂鸣牌”水稻育秧基质获得成功，并申报发明专利。该育秧基质在宾阳县古辣镇等地进行两年4次田间对比试验，通过由广西科技厅、广西大学、广西农科院、广西农机研究院、宾阳县统计局等部门组成的专家验收组对项目进行测产验收，“桂鸣牌”育秧基质比外省产的育秧基质、育秧营养土分别平均每公顷增产771.9千克、634.95千克，受到稻农的欢迎。基质主要采用广西盛产的木薯杆、木薯皮、甘蔗渣、甘蔗泥、橡胶皮等理化后合成，利于提高秸秆的综合利用和废弃物的利用率，减少环境污染，发展绿色无公害水稻生产，利于解决育秧取土难问题，使用基质育秧比泥土育秧节本315元/公顷，利于降低农业生产成本。

武鸣县农业机械化技术推广站承担了南宁市、武鸣县科技局“甘蔗宿根破垄施肥盖膜一体机研制与应用”项目。项目根据甘蔗宿根生长特点，研制、开发与轮式拖拉机配套，具备行间破垄、施肥、洒水、盖膜等多能的甘蔗宿根破垄、中耕、施肥、盖膜一体机，已获实用新型专利1项，申报2项国家发明专利，在全县推广应用30多台，效果很好。

武鸣县农业机械化技术推广站研制木薯起垄施肥盖膜种植一体机获得成功。该项目已获实用新型专利1项，申报1项国家发明专利。

广西农业机械化技术推广总站，桂林、南宁、贵港、贺州市农业机械化技术推广站和柳州五菱柳机动力有限公司共同试验示范的“普通型插秧机与宽窄型插秧机进行对比试验”项目，经农业、统计、农机等技术部门跟踪观察和产量测定，生长期在105天以下的水稻品种，宽窄型插秧机比普通型插秧机早、晚稻平均亩增产在35～45千克，增产显著，有推广价值。

钦州市农业机械化技术推广站负责试验和技术指导、钦州力顺机械有限公司研制生产的2CZX－2整杆式甘蔗联合种植机试制成功。技术已逐步熟化，并获得多项专利：ZL 2012 2 0103079.7（施肥切种数显调速液压系统）、ZL 2013 2 0219583.8（沟底施肥机械技术）、ZL 2011 2 0350628.6（丝杆调整种植行距机械技术）、ZL 2012 2 0103077.8（多肥料箱装置技术）、ZL 2012 2 0102754.4（甘蔗种下方施肥机械技术）、ZL 2011 2 0544918.4（双植株接顶下种机械技术）、ZL 2012 2 0103078.2（轴承导轨调整行距机械技术）。产品采用数码显示液压控制系统及双液压马达独立驱动同步切种技术，应用无螺纹连接机架固定结构，操作、维护简易方便，可一次性完成开沟、施肥、切种、播种、喷药淋水、培土、覆膜、镇压八道工序，能有效地提高生产效率，降低种植成本。主要参数：生产率：4～6亩/时；伤芽率：≤2%；漏播率：2%～3%；配套牵引动力：70马力以上轮式拖拉机；种植模式：单行、双行及品字形；种植行距调整：80～130厘米。

广西农业机械化技术推广总站和钦州市农业机械化技术推广站共同引进实施的“水产高效健康养殖机械化技术”项目，在钦州海水养殖场示范基地试验获得成功。该项技术配套机具为台州泰义（珠海风光）牌耕水机、浙江富地（上海义民）水车式增氧机械、苏州捷安“水质在线监测系统”。通过耕水机设备工作运行实现养殖塘表层和底层水的循环，经光合作用，增加溶氧量、降低氨氮、亚硝酸盐等有害因素指标，从而达到水体自然净化，改善水产养殖环境的目的；增氧机械同步进行补助增氧作业，全面增加水质溶氧量，确保水产养殖含氧指标。水质在线监测系统技术对示范塘水质的溶氧、氨氮和PH值等数据进行24小时监测，实现对多个水质参数的定时采集、图表分析、远程数据传输以及自动报警功能。该套设备可快速实时检测“耕水机”的运行效果。经测算，该设备应用能减少电耗60%以上，产品成活率提高55%，饲料残留量降低90%，在耕水机技术状态下通过科学采用高密度化养殖模式，可实现增收约 75000～90000 元/公顷。

广西农业机械鉴定站与柳州博实唯汽车有限公司、北京航空航天大学共同联合承担了广西科技厅的产学研结合与重大技术引进消化吸收再创新示范项目“农业机械可靠性试验远程监控系统开发与应用”，该项目总投入 260 万元，其中自治区财政投入 50 万元。实施时间为 2012 年 5 月～2015 年 5 月，该系统将 GSM、SMS 和汽车的油耗记录仪等技术结合在一起，既能满足农机可靠性鉴定远程监控的需求、又可实现数据的实时回传、监控、分析、统计等功能，解决了目前在农机鉴定过程中所需的车辆行驶里程统计、作业面积统计、故障现场回报、自动留存相关数据等的实际应用。数据库平台采用 B/S 结构设计，集成了谷哥地图和百度地图，即可以采用平面地图的浏览方式，也可以采用卫星地图，人机界面交互良好，便于用户操作。

【科技交流与合作】 2013 年 7 月 28 日～29 日，农业部水稻生产机械化专家组和中国农业大学中国农业机械化发展研究中心共同主办的“双季稻水稻机械化生产工程模式”研讨会在贵港市召开。农业部巡视员丁翔文，中国工程院院士罗锡文，中国农业大学教授白人朴，农业部水稻生产机械化专家组其他成员、相关企业和广西农业机械化系统等近 200 人参加会议，“为民办实事活动”的 50 个示范点农机专业合作社负责人参加了会议。罗锡文院士就“双季稻区水稻机械化生产技术进展”，中国农业大学杨敏丽教授就“双季稻区水稻机械化生产工程模式与思考”，中国水稻研究所张文毅、金千瑜研究员就“水稻机械化生产中的农艺与农机结合问题”，广东省农科院钟旭华研究员就“华南双季稻机插机收的若干问题与对策建设”，湖南省水稻张玉烛研究员就“湖南双季稻农业机械化问题”做了专题发言。贵港市振龙、延塘、永和等 3 个农机专业合作社的负责人在会上作了发言。与会人员参观了贵港市延塘农机专业合作社工厂化育秧中心及现场作业演示、永和农机专业合作社水稻烘干及大米加工作业现场、振龙农机专业合作社机库、水稻机收、机耕、机插秧作业现场。与会专家还就双季稻水稻机械化生产工程模式问题进行了深入研讨。研讨会有力推进了广西乃至全国水稻机插秧发展。

2013 年 9 月 1 日～7 日，第十届中国—东盟博览会农业展设立农业机械化展区，台湾区农机工业同业公会林永富理事长率 11 家农机制造企业来南宁参展，并与广西农业机械化管理局有关部门开展技术业务交流。

2013 年 12 月 26 日～30 日，广西农业机械化管理局黄铭福局长率广西甘蔗机械化业务交流团，赴泰国开展甘蔗机械化业务交流，取得了丰硕的成果。

【质量管理与标准化建设】 广西农业机械鉴定站 2013 年共完成了鉴定和检测业务 272 项，其中技术鉴定 87 项、省级推广鉴定 111 项、部级推广鉴定 7 项、可靠性试验 69 项、定期监督检查 9 项、各种委托检验的检测任务 9 项。2013 年组织制定了《生产条件审查》等 6 个鉴定通则，《料槽》、《保育栏》、《定位栏》、《分娩栏》4 个省级推广鉴定大纲和《手扶拖拉机》等 38 个技术鉴定大纲目录以及《广西壮族自治区农业机械鉴定站技术鉴定程序》、《技术鉴定样机委托检验程序》等 2 个工作程序。

2013 年，开展农机市场整顿、打假工作，全自治区春季出动执法人员 200 多人次，检查各类农机具 2 万多台套，受理投诉举报 17 次，案件回访 13 件。开展“放心农资下乡进村宣传周”活动，全自治区举办现场咨询会 153 场次，印发宣传资料 12.34 万份，标语横幅 1855 条，发放磁带光盘 1179 盘，接待群众 6.77 万人。

3 月 21 日～22 日，广西农业厅、广西水产畜牧兽医局、广西农业机械化管理局、贵港市政府主办的广西 2013 年“放心农资下乡进村宣传周”在桂平市金田村举行。宣传周期间，广西农业机械鉴定站组织了广西及当地有较大影响力的 4 家农机生产、经销企业到现场参加宣传展示活动，展示实用农机产品 46 台套；有关人员在展示现场设立农机产品质量投诉咨询点，出版农机质量投诉监督宣传栏，共发放各种农机宣传资料 800 多份，农机产品质量投诉规则及农机维权等资料 200 余份，接受前来参观咨询的农民群众 200 多人次；组织多名技术人员现场讲解农机维权和科学使用农机常识、相关法律法规咨询、假冒伪劣农机投诉举报、识假防假知识宣传等。通过各种宣传，有效促进了农机生产企业搞好产品质量和售后服务，提高了农机使用者的维权意识。

【教育培训】 全自治区围绕粮食、甘蔗两大主要产业，多层次、多渠道、多形式开展农业机械化科技大培训活动；落实765万元经费组织开展农村劳动力培训阳光工程；继续大力度开展拖拉机驾驶培训、村两委干部农机手培训，造就了一批农机使用示范户和农机致富带头人，农业机械化中职学校办出特色，广西机电工程学校筹措经费1780万元致力于改善办学条件，积极打造“国家示范校”和“广西特色校”，学校综合竞争力迅速增强，荣获“自治区中等职业学校招生先进单位”、“2012年度全国农机职业技能培训和鉴定示范基地”、“广西教育科研先进集体”等称号。全自治区完成各类农业机械化技术培训6.8万人。

【信息化建设】 广西农业机械化管理局主办的“广西农业信息网”和广西农业机械化技术推广总站、农机鉴定站主办的“广西农机质量与推广信息网”持续发展，成效显著。2013年内，广西农业机械化信息网发布各类信息6156条，点击量720余万人次；广西农机质量与推广信息网全年发布各类信息2586条，网站点击率达10.81万次。在广西农机质量与推广信息网公开发表文章37篇，中国农业机械化信息网、中国农机推广网等网站19篇。2013年，广西农业机械化管理局主办的《广西农业机械化》期刊共发行6期。广西农业机械化技术推广总站建成实用农业机械化技术、重要作物生产机械化发展成效等15个宣传栏，共制作宣传板报24板。

（莫荣旭　李春元　程鹏）

农垦科学技术

【概况】 广西农垦始建于1951年，现辖101家直属国有企事业单位（其中农场48个）、14个特色产业园区，拥有16.8万公顷国有土地，分布在广西14个地级市42个县（区），国有资产总额364.58亿元，管区总人口36.9万人（其中农垦在职职工3.3万人）。经过63年的发展，广西农垦形成了门类比较齐全的经济体系，建立了以蔗糖、木薯、畜牧、剑麻、水产、茶叶、亚热带果蔬、矿泉饮料为主的八大特色农业产业，以制糖、酿酒、木薯生化、酒精、剑麻产品等为主的农副产品加工业，走上了农业现代化、工业规模化、企业集团化、园区特色化发展的良好格局，是广西经济社会发展的一支重要力量。广西农垦拥有2家农业产业化国家重点龙头企业、10家广西农业产业化重点龙头企业、1个国家级重点实验室、2个广西千亿元产业研发中心、1所国家示范性高职院校，打造了2个中国名牌农产品（大明山茶叶、立新富江牌脐橙）、11个广西名优产品。广西农垦拥有六大“全国之最”：最大的木薯变性淀粉加工基地、最大的剑麻制品加工基地、最大的精制糖生产基地、最大的高位池海水养殖基地、最大的种猪生产基地、中国首家朗姆酒生产基地。

广西农垦主导产业的科研与推广应用能力取得显著成效。2013年，甘蔗糖业方面，科技引领推动产业创新发展，农垦糖业集团列入了广西千亿元产业糖业研发中心和广西甘蔗资源绿色加工工程技术研究中心建设，与广西大学、广西农科院、广西轻工研究院等建立技术协作关系，在甘蔗种植、加工和产业链延伸等方面技术研究和推广方面开展大量工作。在种植方面，大力推进甘蔗品种改良，积极引进新台糖、桂糖、粤糖等系列新品种，有效地推进了管区及广西甘蔗品种改良更新，为促进高产高糖糖料蔗示范基地建设奠定良好的基础。在糖厂技术改造、新品种引进、新产品开发、清洁生产、节能减排以及引进国外技术再创新等方面走在同行前列，开创广西糖业以副产品生产朗姆酒、糠醛、木糖、木糖醇、L—阿拉伯糖的先河，促进了农垦糖业的跨越发展。木薯淀粉产业方面，广西壮族自治区亚热带作物研究所先后在菲律宾、柬埔寨、缅甸、印尼、越南等国家试种了6个中国木薯品种，建立了育种基地和推广木薯机械化生产示范基地约8000公顷。同时与印尼华立阿巴迪农业公司、广西水力机械研究所签署了三方科技合作协议，主要开展木薯高产栽培技术指导合作，为响应广西农垦提出“再造海外农垦”号召打下坚实基础。畜牧业方面，有效采用空气过滤技术、利用无脂瘦肉增重精准配制低成本生长育肥猪饲料和SinoBLUP育种软件实行动态管理核心群种猪等现代化高效养猪工艺集成创新等手段，从根本上节约土地1/3，节省劳力、节水、减少排污各2/3，设备利用率提高15%。新工艺母猪场的配种分娩率、每头母猪年提供断奶仔猪数、保育猪死亡率、育肥猪月增重和育肥料比等指标明显优于传统猪舍，生产效率明显提升，技术示范带动作用突出。剑麻方面，广西农垦继续领跑世界剑麻种植技术，由广西职业技学院与山圩农场、东方农场共同完成

“剑麻良种提纯复壮及高产栽培技术的研究与示范”项目，对广西农垦近20多年来优株选育及株苗快速繁育、幼苗移栽生长、产量、品质等方面观察的原始资料进行分析、研究，带动广西剑麻产业提高原料质量、标准，促进行业健康、持续发展。柑橘方面，近年来，广西农垦通过引进培育优质高产、高效水果品种，对传统水果进行改造，使水果结构得到了调整，质量有了较大的提高。由广西亚热带作物研究所牵头，立新农场等联合承担“柑橘安全优质高效规模化生产技术集成应用”课题，并研究实施“脐橙采后免发汗式商品化处理及贮藏保鲜技术研发”项目，解决我区柑橘贮藏保鲜、采后商品化处理中存在保鲜效果不佳、分选精确度不高、生产线机械化程度和效率低等问题，申请并获广西科技成果鉴定；作为全国柑橘行业率先实施质量追溯制度的源头农场，产品质量实现从“田头到餐桌”的全程追溯和监控；立新农场开展水肥一体化技术试验研究和柑橘栽培创新技术试验研究，为广西柑橘产业发展做出贡献。茶叶方面，广西南亚热带研究所、广西职业技术学院等单位运用先进的标准化茶树良种栽培、加工等技术研发出兰花香型白茶、花蜜香型红茶等新品种茶叶，通过创新工艺，改善茶叶滋味，保证品质稳定等方面做出贡献。2013年由广西职业技学院牵头，归纳总结包括广西农垦茶业集团在内各质量追溯项目单位，在农产品质量追溯方面取得科技成果，并获广西科技进步奖三等奖。

2013年，农垦管区全社会经营总收入达到1053.4亿元，实现地区生产总值382.7亿元，完成全社会固定资产投资270.8亿元，招商引资实际到位资金185.4亿元，三次产业比例结构调整为11.2∶63.4∶25.4。

【科技队伍】 到2013年末，广西农垦系统共有各类专业技术人员4317人，其中，高级技术职称332人，中级技术职称1292人，初级技术职称2587人，研究生以上学历503人，大中专学历3421人，建立了一支专业经验丰富、工作能力较强的科研和推广队伍，成为广西农垦系统科技发展的中流砥柱。

【科技项目与经费投入】 2013年，广西农垦系统实施各级科技与推广项目（课题）217项，已经完成项目82项，共投入科技与推广经费30680万元，其中国家拨款经费4117万元，其他来源经费26563万元。

【科技成果及简介】 2013年，广西农垦组织申报获得2013年度科技项目46个，通过科技成果鉴定19项，广西地方标准审定1项，获得国家发明（或实用新型）专利14项、中华农业科技奖一等奖1项、农业部农牧渔业丰收奖三等奖1项、广西科学技术进步奖三等奖6项。

高产木薯品种及栽培技术推广示范 由广西科学研究与技术开发计划项目，项目通过与菲律宾地方政府、企业合作，利用中国木薯新品种及栽培技术进行试验、示范推广，对促进中国和菲律宾的科技、经济合作具有重要意义。首创“恒温集装箱贮运技术”，解决了木薯种茎长时间运输的技术难题，木薯种茎贮运30天发芽率达95%、种茎损耗率6%以下。项目首次把桂热4号等6个木薯优良品种引种到菲律宾东达沃省种植，筛选出适合当地种植的桂热4号、桂热5号、华南5号、华南8号，比当地主栽品种GY增产49.8%～60.8%；研究出适合于当地木薯生产应用的测土配方施肥和种苗快速繁育技术；为当地培养了木薯种植技术骨干。项目在菲律宾东达沃省建立木薯优良品种高产栽培示范基地2001公顷，平均产量42.96吨/公顷，比当地品种平均增产51.40%；辐射推广木薯高产栽培技术10000公顷，总鲜薯产量30万吨，木薯干片12万吨，总产值达人民币20400万元，新增产值达人民币13660万元。项目于2013年通过广西科技厅成果鉴定，成果达到国内领先水平。

澳洲坚果种植和牛羊圈养技术在矿山生态恢复重建中的应用示范 由广西科学研究与技术开发计划项目，项目针对矿山生态恢复与农村经济发展存在的种植、养殖技术和结构以及模式缺乏的问题开展研究与示范，把澳洲坚果、牛羊圈养技术集成整合，探索矿山生态恢复重建中种植、养殖的生态模式。首次总结出矿山生态恢复中澳洲坚果、果园套种牧草、圈养牛羊和沼气池应用集成技术；首次提出矿山生态恢复的土地利用和循环经济发展模式；首先在桂中地区成功推广澳洲坚果种植。在矿山生态恢复、种养结合、以短养长生态经营模式方面有所创新。项目成果在广西合山市等地推广应用，取得良好的生态效益、社会效益和经济效益。项目于2013年通过广西科技厅成果鉴定，成果达到国内领先水平。

高淀粉产量木薯分子育种技术研究 由广西科学研究与技术开发计划项目，项目针对广西亚热带重要粮食和能源作物木薯传统育种盲目性大、育种周期长等问题，利用植物分子育种技术，开展高淀粉木薯品种应用基础研究，针对性强，符合现代育种的发展趋势，具有重要意义。项目研究分析了4个木薯栽培品种（华南205、华南201、GR911、GR891）酶活性与淀粉含量之间的相关关系；构建了木薯淀粉关键酶活性基因干扰表达转化表达载体；优化、建立了华南205的再生技术体系和农杆菌介导的遗传转化技术体系，获得了45份转基因株系。培养相关技术人才14名，其中培养研究生4名；发表论文8篇，其中在中文核心期刊发表5篇。项目利用分子生物学技术在中国木薯主栽品种华南205展开高淀粉含量新品系创制方面有创新。项目于2013年通过广西科技厅成果鉴定，成果达到国内先进水平。

脐橙采后免发汗式商品化处理及贮藏保鲜技术研发 由广西科学研究与技术开发计划项目，项目针对影响果实贮藏效果的采前、采中、采后因素进行较全面研究，在果实中温预处理、恒温浸泡防腐、负压强排式通风控温贮藏等技术具有创新性。项目对研发的脐橙商品化处理及贮藏保鲜技术进行了规模化生产应用，建立了40吨/小时的商品化处理生产线，处理后的果实保鲜期可达150天以上，且能保持脐橙的固有风味，产品经国家法定机构检测，各项指标均符合行业和国家有关标准，取得了显著的经济效益和社会效益，应用前景广阔。项目于2013年通过广西科技厅成果鉴定，成果达到国际先进水平。

柑橘安全优质高效规模化生产技术集成应用 由广西科学研究与技术开发计划项目，项目针对中国柑橘生产过程中存在生产经营分散、产品商品率低等问题进行技术集成和规模化应用。集成了果园半免耕土壤管理、简化修剪技术、一年3次施肥技术、防控柑橘黄龙病等病虫害综合防治技术、分期分批采果和产品质量追溯体系等，并制定了企业技术规程3套，技术集成度高，可操作性强，推广应用面积大。项目综合集成技术应用面积233.33公顷，年平均总产量17.04万吨，温州蜜柑产量76.23吨/公顷，脐橙产量64.99吨/公顷；商品果率96.5%，每年新增产值9527万元，节约成本1680万元，新增利税6120万元；柑橘黄龙病发病率从实施前3.06%降低到1.73%，每年减少经济损失698.49万元，产品达到无公害标准，部分产品达到绿色A级标准，经济效益和社会效益显著。在“大农场套小农场技术集中管理模式”、“规模化防控柑橘黄龙病模式”和“粗细结合修剪技术”等方面，具有创新性。项目于2013年通过广西科技厅成果鉴定，成果达到国内领先水平。

剑麻新品种选育和产业化技术集成示范应用 该项目由广西农垦国有山圩农场、广西职业技术学院共同完成。该项目选育出的“桂麻一号”新品种，生长周期总叶片数809张比主栽品种H.11648麻多25%以上。2013年，山圩农场共培育桂麻一号230万株小苗，山圩农场改良推广新植约18万株（约38.67公顷），外销150万株，存苗62万株。累计在东风、东方、新光、旺茂、龙北等6农场推广高产集成技术面积达0.87万公顷，示范基地剑麻单产提高5%，剑麻经济效益提高12%，取得显著的经济效益和社会效益。该项目2013年通过广西科技成果鉴定，项目研究达到国内同类研究的先进水平。

澳洲坚果新品种南亚1号选育与繁育技术研究 该项目制定“澳洲坚果早结丰产标准化生产技术规程”企业标准1项，发明的“一种手持移苗器”获得国家实用新型专利，筛选出适应广西种植的早结丰产品种“南亚1号”，研究应用药物处理接穗，提高嫁接成活率等方面具有明显创新性，该成果达到国内同类研究领先水平；项目实施期间繁育可出圃嫁接苗95509株，新增产值76.4072万元；于2007年～2012年在龙州县建立示范园，面积7.27公顷，部分果树已经投产新增差值17.3745万元。于2007年在金光农场、容县各建立0.33公顷试种区，2010～2012年累计新增差值13.33万元。项目实施期间累计新增差值107.11万元，新增利润72.05万元。该成果已在广西的龙州县、南宁市、扶绥县、上思县、合山市、灵山县、岑溪市等地推广应用面积达200多公顷。

广西凌云白毫茶兰花香型白茶的研制与开发 项目由广西职业技术学院与广西凌云浪伏茶叶有限公司共同实施完成，根据广西凌云白毫茶树品种制白茶产品外形枯黄、香气低、涩味重，且效益偏低的弊端，采用日光萎凋和室内控温控湿复式萎凋及黄茶闷堆工艺，融入白茶加工工艺，创新开发出具有市场前景的新型茶叶产品一兰花香型白茶，提高了凌云白毫茶产品品质和经济效益。三年来累计在凌云研制加工兰花香型白茶成

品茶4600公斤，总产值达598万元。取得显著经济效益。

广西凌云白毫茶花蜜香红茶的研制与开发　项目由广西职业技术学院与广西凌云浪伏茶叶有限公司共同实施完成，成果针对广西凌云白毫茶树品种综合利用率低、经济效益不明显等问题，创新开发出具有市场前景的新型茶叶产品。利用其一芽二、三叶鲜叶原料，将乌龙茶的晒青、摇青，红茶发酵和黄茶闷堆工艺相融合，开发出花蜜香型红茶新产品。三年来累计在凌云研制开发的花蜜香型红茶成品茶26.6吨，总产值达690.61万元，经济效益显著。

桑绿茶新产品的中间试验　项目由广西职业技术学院和横县南方茶厂共同完成。项目经两年多的中试，提升、集成和熟化了桑绿茶加工配套技术，解决了桑绿茶青臭味的关键技术，为桑绿茶加工技术的推广应用提供了成熟配套的技术支撑。该成果于2009年通过广西科技成果鉴定，2010年获得广西农业科技成果转化资金项目立项资助。通过校企合作的形式，在横县南方茶厂进行“桑绿茶新产品的中间试验”，使桑叶茶加工工艺得到了进一步熟化和提升，为桑叶茶新产品打开了市场销路，并获得了显著的经济效益，实现了科技成果的成功转化。

茶树新品种“桂职1号”选育研究　项目由广西职业技术学院独立完成，该品种春茶开采早，秋茶停采迟，全年生长期长达10个月以上，萌发力强，茶萌发轮次多达7轮，平均公顷产鲜叶21.56吨，现正在崇左、百色、梧州、南宁、柳州等市茶叶产区扩大种植。“桂职1号”于2013年先后通过新品种登记和科技成果鉴定。

大叶种炒青绿茶连续规模化生产技术开发与应用　项目由广西职业技术学院和柳城县国营伏虎华侨农场茶厂共同完成。该成果在炒青绿茶加工设备基础上，首次配套了连续化的特大型热风滚筒式杀青机、强风网带式输送冷却机和冷却回潮输送机等，实现炒青绿茶连续化和清洁化生产。在我区4家茶叶企业首次实现了大宗炒青绿茶加工的连续化生产，三年累计加工成品茶755吨，产品质量稳定、品质优良。

茶树大叶种鲜叶复活杀青技术研究与示范　项目由广西职业技术学院、柳城县国营伏虎华侨农场茶厂共同完成。该成果研究研制出卷曲型“绿雪”名优绿茶连续化生产线的工艺流程和成套工艺技术参数，并对加工物流平衡进行了科学匹配，保障了生产线的流畅运转和高效生产，已在柳城伏虎茶场等7家茶叶企业推广应用。

茶树新品种桂热1号黄茶新工艺研究　项目利用广西南亚所自主选育的茶树新品种桂热1号，研制出一套黄茶新工艺流程：鲜叶→摊放→轻揉捻→闷黄→烘干（高温薄摊快干）→提香→成品茶。该新工艺流程首次提出不经杀青，采用轻揉捻、提香工序等新方式，降低了能耗，创新了黄茶加工工艺；通过该新工艺编制的《桂热1号黄茶作业指导书》，其技术路线可行，工艺先进。专家组一致认为该成果具有广阔的应用前景，居国内同类技术的领先水平。

茶树新品种桂热1号红茶的创新技术研究　项目利用广西南亚所自主选育的茶树新品种桂热1号，研制出一套红茶新工艺流程：鲜叶→控温控湿萎凋→揉捻→发酵→卷曲状做形→提香→成品茶新工艺。该新工艺采用控温控湿萎凋失水，紧结卷曲状做形等新方式，提高桂热1号红茶香气，改善滋味，保证品质稳定；其技术先进，有创新；通过该新工艺编制的《桂热1号红茶作业指导书》，技术路线可行，工艺先进。专家组一致认为该成果应用前景广阔，整体居国内同类技术的先进水平。两项目科技成果，已推广到广西乐业县草王山茶业有限公司，宜章莽山瑶族乡钟家莽山木森森茶场，广西农垦茶业集团茂华制茶有限公司，广西南宁尊名茶叶有限公司，广西农垦茶业集团大明山制茶有限公司，广西龙州县名优茶业开发有限公司，广西农垦国有龙北总场，广西农垦茶业集团先锋制茶有限公司，广西防城港市桂丰贸易有限公司，南宁香润茶业有限公司，广西横县云红茶业有限公司，广西武鸣兰香茶厂，广西大明山古鼎香制茶有限公司，广西柳州市柳城县伏虎农场，广西鹿寨县大乐岭茶业有限公司。近3年来利用新工艺、新技术产生的经济效益：新增销售额3428万元，新增利润4453万元，新增税收1696万元，节支总额1648万元。

机械活化固相化学反应法制备木薯醋酸酯淀粉技术项目　项目由明阳生化集团和玉林师范学院共同承担完成，研制出工业化生产的机械活化固相化学反应法制备醋酸酯淀粉新工艺1项，并建立年产500吨的机械活化设备生产线1条，淀粉利用率达90%以上。产品经广西产品质量监督检验研究院检测，各项指标符合企业标准《工业黏合剂醋酸酯木薯变性淀粉》Q/MS 04－2014的指标要求，该科研项目于2013年5月顺利通过广西科技厅、南宁市科技局验收，产品经用户使用，效果良好。

木薯黄浆废水混合发酵高效、清洁生产技术研发与示范项目　由明阳生化集团和广西科学院共同承担完成，建成中试规模的生产装置1套，构建出符合木薯黄浆水混合发酵生产乙醇要求的酿酒酵母菌1株，发酵的成熟醪乙醇含量15.05%（v/v），残总糖1.0%，残还原糖含量0.4%，发酵效率达到92.29%。与传统的清水调浆木薯乙醇相比，生产成本下降11%，节省能耗10%以上，排放废水减少34%。项目建立年产万吨级乙醇的产业化示范，该项科研项目于2013年5月顺利通过广西科技厅、南宁市科技局验收。机械活化改性木薯酒糟/PVC木塑符合材料的纸杯技术该项目由广西农垦明阳生化集团和广西大学共同完成，采用边机械活化边偶联改性的一步法工艺，干法改性后的酒糟不经洗涤，直接与PVC共混磨压成复合材料，或与其他助剂共混，制备新型产品。整个工艺过程无废水产生，是一种环境友好的生产工艺。项目申请国家发明专利3项，技术填补了国内空白，属于高科技含量、高附加值产品，直接生产成本大约3620元/吨。根据原料市场和产品国内外市场反馈信息，若产品批量生产投放市场，预计年产销量为300吨，预测产品销售价格平均为6800元/吨，可实现年新增销售收入约174万元，年新增利润约53万元，年新增税金约19万元。项目产品的推广应用，将极大促进木薯产业链的进一步发展，以及其他农林废弃物综合利用的发展，为生物质资源的开发利用、减少森林采伐及木塑制品的推广使用创造条件，具有显著的经济效益和社会效益。该项目于2013年通过广西科技成果鉴定。

水产颗粒饲料黏合剂用变性淀粉项目　由广西农垦明阳生化集团独立完成，以木薯淀粉为原料，采用“催化酯化一催化降解和增黏作用”一步干法生产水产颗粒饲料用新型变性淀粉黏合剂，工艺具有创新性。生产的产品具有黏结性强、稳定性好等优点，技术达到国内领先水平，已获授权发明专利1件。目前产品规模生产，应用于鱼、虾等水产颗粒饲料中，取得了良好的应用效果。项目产品应用成功，不仅为公司高附加值变性淀粉的产品结构调整提供思路，而且对于推动我区变性淀粉生产企业的科技进步，加快广西木薯淀粉深加工向高新技术发展等方面具有重要意义，该项目2013年通过广西科技成果鉴定。

蚊香黏合剂用复合变性淀粉项目　由广西农垦明阳生化集团独立完成，以木薯淀粉为原料，采用“化学交联一预糊化”一步法生产蚊香制品用复合变性淀粉黏合剂，淀粉交联反应和α化在滚筒干燥机上一步完成，简化了工艺流程，项目工艺具有创新性；生产的产品具有黏结性强、稳定性好等优点。目前，产品规模生产，不仅为公司创造了良好的经济效益，而且使用木薯作为产品的生产原料，带动了木薯产业的发展，增加农民收入，具有良好的社会效益，该项目2013年通过广西科技成果鉴定。

【新品种培育】　桂职1号（茶叶）　已完成新品种培育，获得广西农作物新品种登记。日期：20130823；登记号（桂）登（茶）：2013007。

桂麻1号（剑麻）　已完成新品种培育，获得广西农作物新品种登记。日期：20130821；登记号（桂）登（麻）：2013006。

南亚1号（澳洲坚果）　新品种获广西农作物品种登记（［桂］登［果］2013）。

中粉1号（香蕉）　参与育成新品种（桂审果2013004号）通过广西农作物品种审定。

广粉1号（香蕉）　参与育成新品种（桂审果2013005号）通过广西农作物品种审定。

【科技成果推广应用】　瘦肉型猪健康养殖关键技术研究与应用　2009年，广西农垦局自筹资金自选项目。项目借鉴国外健康养殖新技术，结合永新畜牧公司的实际，采用建立生物安全体系、饲养环境控制、精准营养设计与精准饲喂、综合选育和净化疫病等措施，建立了健康种猪核心群。实行动态管理核心群种猪和B超孕检；大群测定眼肌面积，绘制猪群生长曲线，依据生长猪无脂瘦肉增重精确配制饲料营养配方，并实施精准饲喂等技术措施，母猪分娩率为90.33%，每头母猪年提供活仔24.38头，提供商品猪20.63头，断奶头仔耗料53.11kg，全群料重比3.00∶1，育肥猪料重比2.65∶1，全群死亡率5.18%，保育死亡率2.60%，育肥死亡率1.73%，达100千克日龄157天，直养人员人均出栏猪2386头，平均头猪利润747元。总产值6.07亿元，新增纯收益4.25亿元，增收节支1.86亿元，创汇400多万美元。为社会提供阴性健康种猪7.84万头，累计带动农民养猪4.30万户，促进农民增收11.61亿元。取了得良好的社会效益、经济效益和生态效益，具有良好的推广应用价值。该成果获2013年广西科技进步三等奖和2011～2013年度全国农牧渔业丰收奖农业技术推广成果奖三等奖。

规模猪场猪伪狂犬病净化技术推广 2013年完成《规模猪场猪伪狂犬病净化技术推广》成果转化项目，完善和修订了《外种瘦肉型猪部分清群技术操作规范》、《猪伪狂犬病抗体ELISA操作规程》、《猪场疫苗免疫操作规范》、《全进全出空栏消毒操作规程》等10个操作规程。其中《外种瘦肉型猪猪伪狂犬病清除与净化技术操作规程》已列入2013年第九批广西地方标准制定项目计划；建立和完善实验室伪狂犬病的检测技术，增加了检测设备；采用全群检测淘汰、引入阴性后备猪、放置岗哨猪等方法，建立了大型种猪场低伪狂犬病野毒感染率的清除净化模式；在广西农垦永新畜牧集团有限公司内的金光松树岭原种猪场、西江千秋猪场、新兴月亮塘猪场等3个种猪场推广应用，完成猪伪狂犬病净化；项目实施期间，每头母猪实现年产活仔23.15头，全群成活率达到92.54%，累计出栏猪伪狂犬病阴性种猪83635头，年增加销售收入836.34万元，年增加利润约418.17万元。

“绿乌龙”茶产品标准化生产示范 项目由广西农垦茶业集团有限公司、广西职业技术学院、广西壮族自治区标准技术研究院共同完成。该成果依托广西职业技术学院和广西标准技术研究院在科研、人才和仪器设备方面的综合优势，利用广西农垦茶业集团有限公司优势组建特定的生产联合体，以广西农垦先锋制茶有限公司等为主要生产加工基地，运用先进的标准化茶树良种栽培技术、土壤肥料与施肥技术、病虫草害的综合防治技术、“绿乌龙”茶标准化加工技术、茶叶保鲜技术等，采用统一的“绿乌龙”茶产品质量标准、加工技术规程和质量管理规范，通过严格的标准化管理和标准化生产。

农产品质量可溯源信息体系的建立与示范 项目由广西职业技术学院牵头组织广西农垦国有立新农场、广西农垦茶业集团有限公司、广西农垦永新畜牧集团有限公司、广西农垦国有源头农场参与。项目针对农业产品多样化、生产过程差异化的特点，集成应用计算机、数字化物流管理等信息化技术，建立了以“三个应用系统”、“一个数据中心”为核心的开放实用的农产品质量监管及追溯信息系统，通过准确界定信息追溯单元，科学确定信息采集点，实现对茶叶、猪肉、柑橘、蔬菜等农产品生产全过程、全产业链各环节的责任信息和质量安全相关信息进行追溯，满足消费者查询、生产者和各级相关管理部门质量监管的需求，为农产品质量安全监管提供了有效手段。针对“岗位承包、经营自理”的分散农户种养模式经营的模式与投入品控制难的突出问题，研究建立了一套以农业投入品定点、定品种为主要内容的质量安全监管模式，实现了对生产全过程投入品的有效控制。项目实施5年来，在7家企业的1.5万亩茶叶、3万亩柑橘，17万头猪、0.45万亩蔬菜生产基地开展试验示范，建立了茶叶、柑橘、生猪、蔬菜质量追溯管理标准和制度体系，对各环节生产信息进行实时监控，实现农产品质量全程可追溯，规范了农产品标准化生产作业过程；项目累计可溯源农产品总产值167162.4吨，总产值118352.1万元，其中累计新增总产值7038.07万元，累计新增总成本2089.58万元，累计总收益4948.49万元，项目期总的投资收益率为236.8%，生态效益、经济效益和社会效益显著。为中国农产品质量安全监管体系的应用探索了有效模式，发挥了较好的示范带动作用，具有广阔的应用前景。该成果获2013年广西科学技术进步奖三等奖。

【科技交流与合作】 2013年，广西农垦以广西亚热带作物研究所等科研院所为主的科技人员外出交流、接待来访专家学者、外国官员考察和学术交流，共150人次。国际合作科技项目、10项，先后在菲律宾、柬埔寨、缅甸、印尼、越南等国家试种了6个中国木薯品种，建立了育种基地和推广木薯机械化生产示范基地约8000公顷。与印尼华立阿巴迪农业公司、广西水力机械研究所签署了三方科技合作协议，开展木薯高产栽培技术指导合作，为响应广西农垦提出“再造海外农垦”号召打下坚实基础。在国内，组织人员分别到四川、广东、云南和贵州等研究院所开展交流与合作活动，考察学习管理和改革经验以及寻求合作意向；深入科研基地和实验室以及科技产业考察等方式，了解了外省科研院所在科研发展和管理过程中，一些科技发展前沿，以及做法和管理理念，对广西农垦今后发展和管理具有很好的学习借鉴和指导意义。在自治区内，广西亚热带作物研究所与灵山县政府签订科技合作协议，进一步深化在特色农产品有效成分提取，木薯、澳洲坚果、荔枝等农产品加工方面的合作，为地方发展发挥科技支撑作用。

（黄兑武）

电力工业科学技术

【概况】 2013年5月，根据南方电网公司《关于调整优化公司生产管理机构设置的通知》（南方电网人资〔2013〕8号）文件精神，广西电网公司成立了独立的科技管理部门，强化了公司省地两级科技管理主体在工作上的统筹与协调，有效提升了管理的向心力与凝聚力，提升了管理效能。广西电网公司成立科技部以后，着眼于服务公司生产经营；着力强化横向协同，通畅需求通道；集中力量加强公司科研团队能力建设；组织研究可能影响电网发展的关键技术问题；积极营造广大一线职工立足岗位开展技术改进和创新氛围，在技术领域不断强化基层首创能力。

【科技管理体制与机制】 2013年，广西电网公司完善了科技管理组织架构，初步建立了科技管理一体化的体制机制，调整优化了公司生产管理机构设置，实现科技部人员到岗、到位，明确各供电局科技管理人员工作职责，推进了科技管理一体化进程：一是结合实际梳理科技创新一体化框架14个二级业务，以及40个业务事项，并提出各业务事项风险点、难点和对应措施，使科技管理一体化的要求逐步融入岗位工作。二是试运行了南方电网公司科技创新指标体系，制定了针对性提升措施，明确了下一步科技创新工作导向。

广西电网公司科技部成立后，着眼于公司系统科技工作的实际制定了科研主体差异化建设的工作思路。一是电力科学研究院（以下简称电科院）作为广西电网公司科研主体和专业科研机构，科技创新目标定位为自主创新和集成创新相结合，争取一批科技成果达到国内领先水平。公司将强化对电科院在科技投入、项目安排、人才引进、平台建设、激励机制等方面的政策支持，不断提高其服务公司主营业务的能力。二是其他单位和相关部门，科技创新的目标定位是新技术推广应用和职工技术创新相结合，主要引进消化吸收新技术、重大项目示范工程、科技成果推广应用以及开展职工技术创新，提升创新能力和水平。

【科技人才队伍建设】 截至2013年底，公司拥有享受政府特殊津贴人员15名（13人退休，2人在职）；拥有二级技术专家1名，三级技术专家6名，助理技术专家17名（其中23级助理技术专家4名，22级助理技术专家13名）；拥有三级技能专家5名，助理技能专家23名，其中8名为高级技师，15名技师。拥有高学历人才10938名，其中博士16人，硕士969人，本科9953人。拥有技术职称人员16128人，其中正高级职称7人，副高级职称1030人，中级职称3823人，初级职称11268人。

2013年广西电网公司开启了科技人才队伍的差异化建设，在着力建设专业科研团队的同时，鼓励和支持生产一线技术人员围绕生产实际开展技术创新，科技工作延伸至生产一线，公司科技人才队伍基础得到夯实和壮大。

着力强化科技团队建设 围绕公司生产需求，引进知名专家及团队在电科院启动了输电线路防灾减灾、差异化防雷、设备状态评价、需求侧管理、机网协调和SF6监测技术等领域的科研团队发展计划，为重点攻关打下人员基础。与南方电网科研院开展了科技创新合作通过联合申报科技项目，联合攻关以及互派人员交流学习，使公司超前研究了直流投产对广西电网的影响，在研究设备在线监测统一规范方面走在南方电网五省前列，加快了骨干人员科研能力水平提升。组织申报院士工作站并获通过，建立了以院士及其团队为核心，联合开展科研的高层次科技创新平台。

广泛开展职工技术创新工作，一线职工成为科技创新生力军 营造广大一线职工立足岗位开展技术改进和创新的氛围，在技术领域不断强化基层首创能力。编制印发了《广西电网公司职工技术创新工作管理办法》，在公司整合了鼓励扶植职工技术创新的机制，对一线职工技术创新给予政策、资金和技术支持，同时快速启动了60项职工技术创新项目，激发了基层创新热情。公司系统14个供电局、3个县级供电企业，53个基层班组参与了职工技术创新项目。以班组长、专责、技能专家、青年职工等为主，担任项目负责人，围绕一线生产技术难题，自主开展了研究攻关，努力运用科技手段解决现场问题并取得初步成效，柳州供电局和来宾武宣供电公司一线职工还分别获得3项和5项国家专利。

【科技项目与经费投入】 2013年，广西电网公司共下达2013年度科技计划项目152项，科技研发投入9427万元，其中投入新技术、新设备试点运用占10.7%；投入国家“863”课题及配套项目投资占12.0%；投入提升设备可靠性占39.0%；投入提升客户满意度占17.1%；投入智能、绿色电网方向占21.3%。通过强化专业化管控，有力提升了科技项目管理的精益化水平。

强化科技项目立项的引导　抓立项，构建科技项目立项管理新机制，改变了原来由基层单位单一“自下而上”的申报模式，努力贴近生产实际。一是改进立项审查机制。充分发挥专业部门在立项过程的引导，专家把关项目的创新性，专业部门把关项目符合专业发展方向。二是在启动专业技术创新规划实施计划编制工作，围绕专业创先目标，提出技术研发方向和重点项目建议，作为项目立项和申报入库的依据。科技立项和研究重点注重“关注电网安全和经济效益相结合，关注主网同时加快向配网延伸”，通过实施一批科技项目，促进电网发展向“智能、高效、可靠、绿色”方向转变。

强化科技项目实施的标准化管理　抓过程，强化项目实施过程规范化管理。按9个重管控节点，每月以黄绿红灯的形式评价进度。严格按照计划任务书组织项目验收，确保成果产出数量和质量。抓后评估，对科技立项形成闭环。针对科技项目特点，启动提出技术价值、组织管理，推广价值、综合效益以及人才培养5个维度的评估办法，选取部分项目开展后评估，结果用于指导第二年科技立项。

强化两个国家“863”课题的推进保障　克服参与单位多、时间跨度大、技术融合复杂、项目要求高等困难，广西电网公司承担的两项国家“863”课题有序推进。两项国家“863”课题：“灵活互动的智能用电关键技术研究”和“微网群高效可靠运行关键技术及示范”完成了项目年度计划任务，课题顺利通过了国家科技部组织的中期检查。“灵活互动的智能用电关键技术研究”课题的实施将为智能电网建设、双向互动电力营销系统建设提供技术支持。“微网群高效可靠运行关键技术及示范”课题围绕新能源发展，对分布式电源、风电接入、电铁接入等以及对广西电网产生的影响展开研究。两个国家“863”课题代表了南方电网公司通过科技创新在两个领域引领行业发展的努力与探索。

【科技成果与新技术推广应用】　2013年广西电网公司加大新技术和成果的推广应用，努力服务电网的生产经营。围绕提高电网抵御雷害、冰冻、台风等恶劣天气的能力，开展了重点研究攻关。设备在线监测技术的研究应用在桂北电网防冰工作中发挥了重大作用，通过覆冰监测预警系统准确预警、判断电网覆冰形势，针对性采取措施。配网融冰技术的研究和推广应用也在桂北和桂西北电网遭遇雨雪凝冻天气时初步发挥了作用，有效化解了电网安全威胁。持续推广差异化防雷研究成果，2013年完成13条重雷害线路差异化防雷评估与治理改造，雷害得到有效遏制。强化成果的总结、凝练，配电网非直接接地系统故障选线技术综合评价体系入选南网新技术推广目录，2013年在4个供电局、4个县公司共计30个35kV变电站推广应用并取得良好效果。

2013年广西电网公司通过强化成果的策划、凝练，在省部级科技奖励和国家专利取得突破。2013年获广西科技进步奖二等奖2项、三等奖2项，获自治区科技奖励情况为历年来最好水平。同时获南方电网公司科技奖励20项，获奖总数同比增长42.9%。获得专利授权数78项，同比增长42%。

基于仿生嗅觉的SF_6在线监测预警系统研究　项目主要完成单位有广西电网公司电力科学研究院、武汉大学。随着电力技术的快速发展，电网的可靠性、安全性、集约程度提高得益于SF_6电气设备的广泛应用。但由于目前监测手段不够完善，SF_6分解物在线监测技术仍然处于空白，无法对SF_6电气设备故障进行有效监控，SF_6电气设备故障时有发生，对电网安全造成严重威胁，引发停电事故对社会造成严重影响。该项目根据仿生嗅觉技术原理，通过采用紫外光谱技术监测SF_6及其分解物紫外嗅觉指纹的差异性，成功研发了SF_6电气设备在线监测预警系统。主要创新点：一是国际上首次提出SF_6分解物仿生嗅觉监测预警理念，解决了在线监测技术难题。二是首次实现基于发生嗅觉技术的SF_6电气设备在线预警系统设计及研制。三是首次提出基于时一频分析的微量特征分解物紫外谱图识别技术，实现了在线监测技术工程应用。四是首次建立了业内SF_6及其主要特征分解物的紫外嗅觉指纹数据模型，为故障诊断奠定了基础。

该项目研究成果达到国际先进水平，其中紫外光谱数据模型处于国际领先水平。2012年在桂林供电局、南宁供电局实现国内首批工程示范，并在深圳供电局推广应用，有效避免了恶性设备事故对电网安全的影响，确保了社会用电的稳定。项目成果获2013年广西科学技术进步奖二等奖。

35kV混合型有源电力滤波器关键技术及工程应用　项目主要完成单位有广西电网公司电力科学研究院、湖南大学、广西电网公司百色供电局。随着冶炼、电铁、分布式发电等非线性负荷大量接入电网，导致公用电网电能质量不断恶化，突出表现为无功不足和谐波超标等现象，造成用电损耗急剧加大，甚至引起大面积停电事故。在35kV电压等级进行电能质量问题的集中综合治理，投资少，见效快，但由于电压等级高，动态治理设备的研制和工程应用仍是难题。该项目历时5年，国内外首次提出了35kV注入式混合型有源电力滤波器的新型拓扑结构；原创性地提出谐波电流抑制和直流侧自适应电压调节的双闭环控制方法；自主研制出国内外首套35kV注入式混合型有源电力滤波器，对公用电网的无功和谐波问题进行集中综合治理。

项目研究提出的拓扑结构、控制方法具有原创性，达到了国际领先水平。项目获得授权中国发明专利5件、实用新型专利10件、软件著作权13项，发表论文30篇（SCI收录7篇）。在冶金、电力等多个行业领域开展了工程应用，总工程投资超过1400万元，每年可实现节能降耗1650万度电以上，取得直接经济效益超过950万元/年，应用效果显著。项目成果获2013年广西科学技术进步奖二等奖。

电能计量自动化关键技术与成套装置及工程应用　项目主要完成单位是广西电网公司电力科学研究院。项目建立了广西电能计量自动化标准体系，针对现有电能计量自动化检测、通讯、可靠性方面的技术壁垒，对电能计量终端现场检测、数字化三相交流标准源闭环矢量控制、电能计量智能终端远程软件升级、通信技术和密钥管理及兼容性5个关键技术进行研究，自主研制包括现场检测终端的遥控遥信盒、低压无功补偿优化投切控制器和三相交流标准源在内的成套装置，最终建立集数据采集、控制、检测和决策管理等功能于一体的电能计量自动化平台。该平台集成计量自动化检测系统、电能计量自动化系统、电能计量智能终端远程自动升级系统、工业能效评估系统和IC卡预付费电能表售电系统，实现抄表系统组网方案和集中器上行通讯规约、电子式电能表通讯规约、终端及低压无功补偿控制器规约及功能的自动检测；实现厂站电能量遥测、负控大客户管理、配变监测管理、居民低压集抄的“四合一”，实现智能终端远程自动批量升级；实现企业负荷及电量在线监测、生产过程能效分析以及预付费电能表的统一管理和统一使用。该项目成果获2013年广西科学技术进步奖三等奖。

该项目主要创新点与应用有：一是建立了广西电能计量自动化技术标准体系，研制并集成了采集、控制、检测和决策管理等功能的电能计量自动化平台。二是提出了一种低压无功补偿优化投切控制策略，消除了电容器组的往复投切振荡现象，最大限度地改善了系统功率因数；提出了数字式三相交流标准源闭环矢量控制方法，确保输出信号的幅值准确，相位关系不变，提高了数字式三相标准源输出稳定性和准确性。研制出国内首套电能计量自动化成套装置，提升了计量自动化终端设备实验室检测和远程维护的能力，并实现生产产业化。三是统一了集中器终端的远程升级方法和流程，创新性地加入了历史断点续传技术，研制出终端远程软件升级系统；提出了需求侧电力终端测试流程及试验方法，实现了配电终端、电力负荷管理终端以及低压无功补偿终端现场检测，填补了国内外空白。四是项目具备网络化、智能化特点，自主性高，申请发明专利9项，进入实质审查8项、获得实用新型专利8项、软件著作权3项、发表或录用论文5篇，制定省级企业技术标准16份。

电能计量自动化平台在广西电网公司所属14个地市供电局接入495座变电站、30个发电厂，成功应用于100kV及以上大用户15289户、居民用户780551户及市区内配变10118台，建设投资6.1亿元在降低运营成本、降低配电网损耗等方面产生经济效益，总效益达7.61亿元。项目研制成套装置及技术已推广至国内多家厂商，累计新增产值3.29亿元，增收节支总额0.82亿元。至此，项目累计新增产值达9.39亿元，新增效益达8.43亿元。

根据南方电网公司“十二五”规划总目标，电能计量自动化覆盖全自治区所有地级市计量点和部分县级计量点，即覆盖大约500万电力用户，建设总投资需38.2亿元，预计每年产生经济效益7.2亿元（其中降低运营成本为0.1亿元，降低配电网线损收益为7.1亿元）。研制成套装置及技术推广按在现在基础上每年增长20%计算，预计新增节支总额0.16亿元。随着项目逐步推广，每年将累计新增效益7.36亿，具有极大的经济和社会效益。

多维度集约化变电设备状态预警与诊断关键技术研究　项目主要完成单位有广西电网公司电力科学研究院、广西电网公司、宁波理工监测科技股份有限公司。项目采用分层部署多级应用结构，面向各类变电设备，集合多种预警技术和数据类型，构建覆盖全网的多维度实时状态预警体系。系统归集在线监测系统、技术监督系统、辅助决策系统、调度SCADA系统、生产MIS系统的数据，实现变电设备集约化诊断分析。该项目成果获2013年广西科学技术进步奖三等奖。

多维度集约化变电设备状态预警与诊断关键技术研究基于“数据整合”的理念，实现包括监测数据、试验数据、缺陷数据、台账数据在内的数据自动归集，构建设备短期、中期、长期数据的全生命周期数据库，涵盖了设备从设计、出厂、交接、运行、检修各个阶段的数据，实现数据大集中。在对变电设备各类状态数据处理、传输及接入方式进行统一化的研究应用基础上，构建广西电网变电设备安全预警决策系统，采用状态趋势预警技术、多特征参量聚集形态融合诊断技术、设备健康状态非概率劣化分析技术、多专家远程诊断信息共享技术、远程集中监测技术，实现对电网变电主设备运行状态的实时状态预警、缺陷分析、故障诊断、运维指导、管理决策。

状态预警与诊断系统包括变电设备综合状态在线监测与评估平台，通过完善分析决策平台的功能，完成监测预警、故障诊断、状态评价、风险评估、动态增容、部门决策等功能模块的建设，实现计算机系统对变电主设备状态智能预警、故障智能诊断、状态自动评价、风险自动评估以及辅助决策建议的功能。运用多种评估算法，横向比较评估数据，有效提高监测数据的有效性、准确性；并进一步预测变电设备的过负荷能力，提供给电网生产和调度部门参考。实现对广西电网变电设备状态的全面监测、状态运行管理，并最终为实现以设备为单元的全生命周期管理服务。

通过项目实施，编制了广西电网《变电设备在线监测装置数据传输规约》及《在线监测数据谱图格式定义规范》初稿；解决目前在线监测系统信息分散、难以管理等问题，适应广西电网在线监测技术发展的需求。

该项目前期选取了7座典型变电站（500kV玉林变电站、220kV科园变电站、220kV允升变电站等）进行在线监测技术试点应用及对比，通过全面配置在线监测装置探讨站内监测系统的配置方式和原则，将试点站数据接入广西电网变电设备综合状态在线监测与评估平台，并进行高级应用研究。

该项目率先提出并构建了多维度集约化变电设备状态预警与诊断体系，采用设备健康状态非概率劣化分析技术、状态趋势预警技术、多特征参量聚集形态融合诊断技术、多专家远程诊断信息共享技术，创造性地解决了同类平台在数据融合分析、预警诊断、决策功能等方面的不足，构建以设备为单元的全生命周期信息数据库，提升设备精益化管理水平。通过进一步对试点运行经验的总结，完善多维度集约化变电设备状态预警与诊断系统，在电网公司推广实现，可确保电网安全稳定运行，并对最终实现变电设备全生命周期管理有广阔的应用前景。

（刘喆）

粮油工业科学技术

【概况】　2013年广西粮油工业科技主要从事粮食安全储藏、粮油食品加工及食品安全等方面的科研、技术攻关及产业化应用开发，承担科技部和自治区科技计划项目，积极推进粮油科技成果的转化和产业化。一年来开展行业科研合作与技术创新工作，承担了科技部和自治区的食品安全快速检测课题，还承担了多项自治区的科学安全储粮和粮油绿色加工技术攻关课题研究以及国家粮食局的农户科学储粮推广项目，启动“粮安工程”和“放心粮油工程”，加大粮食流通基础设施和放心粮油经营网点建设力度，开发绿色安全的粮油食品。广西金茶王油脂有限公司和广西粮油科学研究所联合申报并得到了广西科技厅授权建设“广西油茶加工工程技术研究中心”。

【科技机构与队伍建设】　截至2013年12月31日，全自治区粮食系统在职人数9539人，其中专业技术人员1762人。专业技术人员当中，研究生122人、大学本科333人、大学专科531人、中专509人、高中229人、初中及以下38人；正高职称14人、副高职称97人、中级职称469人、初级职称 824 人、员级职称 324 人、见习及其他人员 34 人。

广西粮食系统有省级科研机构 1 所——广西壮族自治区粮油科学研究所，该所在职人数 49 人，其中科技人员 32 人；研究生毕业 6 人、大学本科专科毕业 28 人；高级职称 7 人、中级职称 14 人、初级职称 14 人。

【科技项目与经费投入】 2013 年，广西壮族自治区粮油科学研究所承担了 1 项科技部科技型中小企业技术创新基金项目（食品安全检测免疫亲和色谱柱制备）和 6 项自治区科技计划课题（充氮气调储粮和农村科学储粮、茶油绿色加工、火麻系列食品、农产品有害物质快速检测、绿色大米加工等），其中新立项 1 项。完成了 3 项自治区科技计划课题验收和科技成果鉴定，1 项课题进行结题。2013 年科学研究及开发总投入 406 万元，其中科技经费 170 万元，自筹经费 236 万元。

【科技成果与简介】 *茶油绿色高效加工技术研究及应用示范* 针对油茶制取工艺上存在的问题，开展茶油高效压榨制取工艺以及特色物理精制技术研究，形成一套机械压榨取油、绿色精炼工艺和质量控制的高品质原味食用茶油的集成技术。项目年生产茶油能力 1000 吨，麸饼残油≤6%，产品符合国家一级压榨油茶籽油标准，是带有茶籽特有色泽和清香风味的原味茶油，项目技术工艺达到国内领先水平，由广西粮油科学研究所承担完成。

粮食中赭曲霉毒素 A 快速检测产品的开发 利用免疫亲和色谱纯化技术制备了特异性赭曲霉毒素 A 抗体，采用所制备的多克隆抗体和免疫胶体金技术建立了粮食中赭曲霉毒素 A 快速筛查的胶体金免疫层析法，课题开发的赭曲霉毒素 A 快速测试卡用于检测粮食中赭曲霉毒素 A，操作简便，重现性好。检测灵敏度达到 5ug/kg（5ppb），样品检测时间不超过 10 分钟，在多克隆抗体的制备和纯化方面有创新性，项目技术达到国内先进水平，由广西粮油科学研究所承担完成。

【新产品研究】 根据《国家粮食局关于进一步推进主食产业化增强口粮供应保障能力的指导意见》（国粮展〔2012〕164 号）要求，要把主食产业化作为调整粮油加工产业结构、转变粮油加工产业发展方式的突破口，通过实施主食产业化工程，发挥示范作用，有效解决广西主食品安全问题。广西鑫粮粮食集团有限公司加强主食产业化的产品开发，结合广西人喜欢米粉的传统主食特点，研制糙米米粉产品，针对目前市场上的米粉存在生产不规范、添加物多、产品不够安全卫生等问题，采用 100%糙米为原料，不使用任何添加剂，研制出口感舒爽、营养丰富的糙米鲜湿米粉，该糙米米粉产品原汁原味，具有浓郁的大米纯天然香甜味，与普通米粉比较，蛋白质含量高，并且富含维生素 B、维生素 E、膳食纤维及钾、镁、锌、铁、锰等微量元素。

【技术改造】 广西粮食局高度重视全自治区粮食流通基础设施建设，结合国家“粮安工程”的启动，积极争取有关部门支持，加大粮食流通基础设施建设力度，为提升广西粮食安全保障能力提供了物质支撑。2013 年，全自治区共有 44 个粮食仓储设施项目开工在建，总投资 4 亿多元，建设仓容 39 万吨，全年完成投资近 3 亿元，竣工验收项目 27 个。此外，还安排 3600 万元对 15 万吨“危仓老库”进行维修改造。南宁、黎塘、柳州、防城港、贺州等一批粮食产业园区正在加快建设并发挥重要作用。

自 2010 年 9 月广西正式启动放心粮油工程建设以来，各级政府和有关部门高度重视放心粮油工程建设工作，已投入资金 4740 万元，采取了一系列有力措施，积极稳妥地推进放心粮油工程建设，取得了明显的成效。在原来已建成近 1000 个网点基础上，2013 年又增加建设放心粮油经营网点 459 个，建成区域性配送中心 8 个，全自治区逐渐形成遍布社区、乡村的放心粮油经营网络。

【新技术引进及应用】 为了向社会提供安全放心的粮油产品，贯彻落实自治区人民政府关于“对自治区直属粮库全面进行充氮气调技术改造，全面提升科学储粮水平”的指示精神，广西粮食局先后在广西南宁粮食储备库、柳州粮食储备库、广西粮食局临桂粮食储备库等 6 家自治区直属粮库进行绿色储粮技术改造，总投资 869 万元。通过向仓库粮堆填充 98%以上的氮气，抑制粮食虫害的滋生，避免化学药剂污染，达到了绿色、安全储粮的要求：一是明显延缓了粮食品质下降，降低了粮食脂肪酸值的上升幅度，提高了粮食的宜存率，延长轮换周期；二是降低粮食损耗，粮食由于在高浓度氮气密闭环境中保存，呼吸作用受到抑制，同时没有翻动、通风等作业，粮食水分损失相对减少，从而减少损耗；三是减少对环境的污染，利用氮气达到杀死或抑制储粮害虫，减少化学毒性药剂的使用量；四是有利于对仓房设施的保护，使用氮气惰性气体，避免熏蒸药剂对仓内通风管道及设施的腐蚀和损坏；五是避免对保管人员健康的危害，充氮气调储粮技术采用了全自动控制系统，大大减轻了粮食保管员的工作量和劳动强度，同时避免或减少储粮化学药剂的使用对保管员身体健康造成的危害。2013 年广西投入自治区财政资金 200 万元，加上企业的配套自筹资金，对广西柳州国家粮食储备库、广西军粮配送中心粮库等 2 个直属储粮单位实施充氮气调绿色储粮建设工程，主要建设内容为：建设机房、购置制氮充氮设备及管线施工、仓房气密性改造、智能控制系统建设等。

【科技成果推广应用】 2013 年实施科技成果产业化项目 1 项，投入资金共 200 万元，其中科技资金 100 万元、自筹资金 100 万元。

广西粮油科学研究所承担的“食品安全快速检测产品”产业化项目利用化学合成和载体蛋白耦连技术制备黄曲霉毒素、氯霉素、苯并芘等有害成分的抗原，通过动物免疫、血清提纯及色谱纯化制备特异性抗体，利用各种抗体制备相应的快速检测试剂盒、试纸条和样品前处理产品。重点是建立工业化大规模的免疫亲和纯化和生产各种农产品有害物质的多克隆抗体技术，建成一个集食品安全技术研究、快速检测产品研发生产、对外开放式技术服务的综合性产业基地，为社会提供更多能简单、快速地检测食品中的真菌毒素、农药残留及兽药残留等有害物质残留的酶联快速检测产品。

“广西农户科学储粮专项”由广西粮食局组织实施。2009 年《国务院关于当前稳定农业发展促进农民增收的意见》（国发〔2009〕25 号）提出：“从今年起，安排中央补助投资建设资金，实施农户科学储粮专项，为主产区农户改善储粮条件，减少粮食产后损失。”国家发展和改革委员会、国家粮食局从 2009 年开始在全国全面实施农户科学储粮专项，为种粮农民每户配置一套科学储粮仓。广西从 2013 年开始实施农户科学储粮专项，资金来源采取中央补助、自治区配套、农户自筹按 3：5：2 的比例筹措。广西为农户配置的科学储粮仓为层叠式彩钢板标准化储粮装具，三层结构，每套容量 800 公斤。2013 年广西共投资 3150 万元，通过项目实施县、项目技术监理单位和储粮装具制作厂家等的共同努力，在广西 30 多个项目县完成了 7 万套农户储粮装具的发放推广和验收工作。有效减少种粮农户粮食产后损失。

【科技交流与合作】 2013 年新立项的“柬埔寨绿色大米精加工技术示范” 自治区科技计划课题，通过广西粮油科学研究所与国宏（柬埔寨）实业有限公司进行国际合作，对其工厂大米项目进行工艺调整和技术改造，实现配套完善日产 100 吨生产规模的绿色优质大米生产产能目标，引入先进的快速检测技术和监控手段，开发面向本地市场的优质大米和面向国际市场的茉莉香米等绿色大米系列产品，提高企业的经济效益，使企业实现良性运行和可持续发展，增强国际交流和影响。

广西军粮供应中心、广西军区后勤部和广西粮油科学研究所等单位进行项目技术合作，利用真空包装技术原理，开展军供大米便携式真空储存技术的研究，解决军供大米储存中存在的问题，防止大米陈化、霉变、生虫，达到质量保鲜、防止浪费、增强部队战斗力的目的。

（黄毅）

地质矿产科学技术

【概况】 2013 年，广西地矿局根据国土资源部《国土资源“十二五”科技发展规划》、《广西国土资源“十二五”科学技术发展规划》及广西地矿局《广西地矿局“十二五”地质矿产勘查规划》，紧紧围绕《广西找矿突破战略行动总体方案》，坚持以科技为先导，促进地质找矿突破，以保障经济和社会发展对资源的需求。一年来，根据当前广西经济建设发展主要需求、地质找矿新突破迫切需要以及针对在地质工作中遇到的重大技术问题，组织落实重点科研项目，坚持以“产、学、研、用”相结合实施局、地勘单位、大专院校、科研院所及相关企业联合攻关，强强联合、多方受益，调动了各方积极性，改变过去“单打一”由地勘单位承担、视野不宽、难以跟踪国内国际先进技术的格局，明确了目标、任务，制定了措施。

一是配合当前广西地质矿产勘查要求，为

“攻深找盲”提供技术支撑。广西区矿产研究方面，开展了“广西金刚石成矿条件及选区研究”、“广西三稀资源综合研究与重点评价”、“广西壮族自治区碳酸钙资源调查”、“广西地热资源调查评价与区划”等相关课题研究；重要成矿区带及隐伏岩体和深部找矿方面，根据现有基础地质及找矿成果，探究成矿时空分布特征，总结成矿富集规律，为探边摸底找矿提供依据，提高找矿效率，开展了“桂西整装勘查区铝土矿床成因与富集规律研究”、“云开地区铜金多金属成矿作用及其地质背景研究”、“广西岑溪市佛子冲矿田铅锌矿成矿规律与深部找矿预测研究”、“广西苍梧县社垌地区钨钼－铜多金属矿床类型、形成时代、控矿条件及找矿预测研究”、“广西重点地区深部岩体圈定与形态研究”、“广西壮族自治区桂东南地区超基性岩与金刚石成矿关系研究”、“广西大新铀成矿规律及找矿方向”、“桂北越城岭东侧铀多金属成矿规律与找矿方向”等项目研究。

二是加强物化探、选冶测试、钻探工程技术等方面的研究，开展了“综合物化探在铅锌矿床中的应用研究”、“离子吸附型标准物质研制”、“低品位微细粒锡利用研究”、“广西区攻深找盲地质勘查中深孔钻探配套技术应用研究”、“深部找矿物探技术方法研究”、“ICP AES 内标法同时测定有色金属中的 Cu、Pb、Zn、Co、Ni 等元素”等课题。局属单位——广西地矿测试研究中心的一项发明专利《高砷锰矿尾矿联合提取砷的方法》获得国家知识产权局授权。

三是加强基础地质研究，开展“中南地区地质系列图件编制与综合研究”、“广西古生物化石图鉴”、“广西二叠系”、“钦杭成矿带西南段及邻区古特提斯造山过程的成矿作用调查研究”、“钦杭结合带（广西段）构造演化研究”等科研工作。

四是继续加强农业地质服务“三农”工作，实施中国地调局 1∶25 万多目标区域地球化学调查、1∶5 万自治区土地质量地球化学评价项目。目前，1∶25 万多目标区域地球化学调查通过对表、深层土壤 52 种元素及有机碳、pH 值（共 54 项指标）数据调查、统计和分析，已在贵港、北海、玉林地区发现了大面积富硒土壤（2.48 万平方千米），通过富硒土壤资源评价，发现土壤硒与农产品的硒具有良好的相关性，这为开发富硒土壤资源、发展特色农业、促进农民增收提供了新思路。2013 年度 1∶5 万广西土地质量地球化学评价工作在南宁市横县、江南区、北海市合浦县开展。这些项目是广西地矿局贯彻温家宝总理关于“地质工作更加紧密地与国民经济与社会发展相结合，更加主动地为经济与社会发展服务”的指示，调整传统地质工作由以地质找矿为中心转向资源与环境并重，使农业地质调查切切实实的服务好农业经济发展。

五是为改善广西缺水地区群众饮水条件、提供饮用水源保障，开展“广西百色市抗旱找水打井工程”、“广西‘十二五’农村饮水安全工程找水打井项目”，其中，广西百色市抗旱找水打井工程 2013 年度完成成井 110 口，总出水量每昼夜 15380.98 吨，新增解决饮水不安全和困难人数 34130 人；广西“十二五”农村饮水安全工程找水打井项目 2013 年度完成钻孔总进尺 174289 米，成井数量 875 口，总体成井率 66.32%，新增解决 734667 名群众的饮水安全和饮水困难问题。2013 年广西地矿局超额完成年度找水打井工程任务，解决了饮水困难地区急需解决的问题，服务民生，实现“千里驰援助抗旱，找水打井保民生”。

六是服务北部湾经济区建设，为北部湾经济区可持续发展提供地质技术支持，为政府制定近海环境、地下水资源等的开发利用，以及海洋渔业经济结构调整等宏观决策提供科学依据，开展“广西北部湾近岸海域重金属元素分布特征研究”、“北海市滨海地下水开采对近岸海洋生态环境变化与安全的影响研究”等研究课题。

七是为地方政府摸清资源家底，以便科学决策，继续开展“广西矿产资源潜力评价”、“广西页岩气找矿潜力预测”等项目研究工作。

八是加强区域地质图数据库建设（广西），提高信息资源的服务保障能力，开展了“广西地质矿产勘查开发局地学数据库建设”、“国外地质矿产图空间数据库建设”、“1/5 万区域地质图空间数据库建设”等项目。

九是为下一步核地质勘查设施退役治理工作提供依据，进行了“广西核地质勘查设施放射性环境影响调查”、“广西核勘探设施退役整治竣工工程长期监护与监测”等项目工作。

十是局属地矿建设工程有限公司负责组织广西国土资源厅、广西大学、广西水文地质工程地质勘察院、广西水利电力勘测设计研究院、广西桂林水文工程地质勘察院、邕江大学等部门或单位的专家组成的编委会，编制了《广西膨胀岩（土）滑坡防治工程技术规范》。

【科技机构和队伍建设】 为大力推进广西地矿局科技工作，广西地矿局成立了由局长担任主任的广西壮族自治区地质矿产勘查开发局科学技术委员会，对全局的科研工作实行统一领导、统一规划、统一部署，同时明确了该局科技处作为科研项目的组织管理和实施部门，统筹管理地质科研项目。该局科技处负责参与全局科技发展规划，收集、发布科技前沿信息，跟踪与推广新技术和新方法，促进科技开发；积极掌握国家、自治区财政科技项目立项申报信息，组织该局属地勘单位申报科技项目，并负责对该局所管理科技项目的立项论证、审查与报批；对实施的科研项目质量进行跟踪管理、指导实施；负责科技成果鉴定材料的审查，对科技成果组织验收、评审和鉴定；组织与科技有关的各类奖励的申报；负责科研项目和科技成果的保密管理，参与科技学术论文、著作发表前的保密审查；参与组织科技经费的预算、决算和编报，配合财务和审计部门检查科技经费的使用情况；负责与各级学术学会、行业协会及科研院所等的联络工作，组织学术交流等。

到2013年末，广西地矿局全局下属39个队（处）级单位共有专业技术人员3810人，其中本科及以上学历2302人，占60.4%；高级职称590人，占15.5%；40岁以下2884人，占75.7%。与2012年末相比，本科以上学历人员所占的比例由51.3增加到60.4%。

【科技项目和经费投入】 一年来，广西地矿局高度重视地质科研工作，制定了以地质科技促进找矿的政策，明确地质科技强局的工作思路，创造了良好的科研与找矿相结合的氛围，以更好地服务广西的经济社会发展。广西地矿局地质研究课题主要是根据当前广西经济建设发展主要需求、地质找矿新突破迫切需要来展开，积极争取到国家和自治区地质找矿科研项目的支持，发挥了地质科技服务地质找矿新突破的效果。资金主要来源于国土资源部公益性科研专项、中国地质调查局科研专项、中国地调局海洋地质保障工程专项、广西壮族自治区大规模找矿工程专项、广西壮族自治区部门预算前期项目专项、广西新能源项目、广西自然科学基金、广西科学研究与技术开发计划专项等。2013年地质矿产科研项目32项，均为国家资金项目，经费投入1500多万元。

【科技成果及简介】 研究工作采取自主完成和与高等院校、科研院所合作等形式，使各项目研究工作有序进行，大多能达到预期效果。这些研究项目的开展和完成，将大大提升广西在基础地质和矿产勘查方面的研究程度，更好地指导广西地质勘查工作部署，提高找矿效益，更好地为广西经济社会发展服务。

广西资源潜力评价 收集了全自治区铁、铝等共计17个矿种（组）预测资源量估算说明书、资源潜力评价成果报告及其相关图件、数据表。完成《广西壮族自治区重要矿种矿产预测成果报告》和《广西壮族自治区矿产资源潜力评价成果报告》，协助编写了《中南地区矿产预测研究成果报告》。成矿地质背景、物探（重力、磁测）、化探、自然重砂、遥感、成矿规律、矿产预测、综合信息集成八项专题成果及总报告已通过评审，评定结果均为优秀。

综合物化探在铅锌矿床中的应用研究 建立盘龙、黄卯、佛子冲、东桃矿区铅锌矿的物性找矿模型和地质—地球物理—地球化学找矿模型，为广西铅锌矿物探勘查提供方法装置的应用依据。

桂北扬子型铅锌矿成矿富集规律与成矿预测 通过对老堡铅锌矿床的重点解剖性研究，提出桂北前泥盆变质构造层中扬子型铅锌矿床成矿机理、富矿定位和找矿地质条件；总结研究区扬子型铅锌矿床成矿规律，建立矿床找矿模型；筛选出一批成矿远景区及已知矿床、矿点中的找矿靶区，为下一步找矿提供科学依据。

岑溪市佛子冲矿田铅锌矿成矿规律与深部找矿预测研究 通过对佛子冲矿田控矿构造特征的研究，总结得出“碳酸盐岩＋断裂构造＋岩浆岩”为佛子冲成矿的“三位一体”控矿因素的结论，编制佛子冲矿田成矿模式示意图、佛子冲矿田综合信息找矿预测模型框图，初步圈定11个预测区，其中A级7个、B级2个，C级2个。针对凤凰冲、塘坪等预测区进行靶区验证，获得良好的地质效果，有望达到中大型矿床规模，说明预测区内还有很大的找矿潜力。

离子吸附性稀土标准物质研究 由于适合的离子吸附型稀土矿石候选物采集非常困难，2012年底在岑溪糯垌采集的5组样品经试验发现不能满足研制离子吸附型稀土标准物质的要求，经不断寻找，至2013年8月才在容县松山找到基本满足要求的矿石候选物。细样制备、样品均匀性检查、分装等工作已基本完成，将进入本室定值测试工作阶段。

桂西整装勘查区铝土矿床成因与富集规律研究　初步明确了矿床成因，初步厘定了沉积型铝土矿无矿地段、富矿地段、贫矿地段的岩性组合。

中南地区地质系列图件编制与综合研究（广西部分）　2013年下半年，主要围绕桂北和桂东北地区前寒武系、大容山构造岩浆岩带、钦防造山带和桂西地区基性超基性岩等专题开展路线地质调查。基本完成桂北、黔东南、湘西地区前寒武系岩石地层单位划分对比。在水口镇一带发现桂北地区至今南华系冰碛沉积层位最低的剖面。基本完成中新生界时代、层位存疑的少数地层单位野外查证。查明古龙一带出露的侵入体岩石组合特征，这些岩体形成于加里东期造山带俯冲—碰撞构造环境（此前误定为燕山期），它们与该区的W、Mo、Au、Cu多金属成矿关系密切。进一步查明桂西地区基性岩与围岩之间既有侵入接触关系，也有喷发不整合接触关系。发现岬中—藤县断裂带北东段平南富藏一带发育大型逆冲推覆构造，是继平旺—板城发现逆冲推构造之后在该断裂带南西段再次发现型逆冲推覆构造，为钦防造山带的研究及构造演化提供了重要资料。完成全自治区1∶20万区域重力调查。实现了1∶20万区域重力调查覆盖全自治区。

广西重点地区深部岩体圈定与形态研究　收集和整理了重力、磁测、化探、地质资料及相关研究成果等，进行深部岩体三维定量反演计算及综合研究工作。利用1/20万重力资料建立了“钦甲岩体”、“西大明山岩体”、“西山岩体”、“珊瑚岩体”、“古龙岩体”等重点成矿区带的隐伏或半隐伏岩体的三维模型。依据社垌地区1/5万重力工作进度逐步完善“社垌隐伏岩体”三维初始模型。掌握了实用、完善的三维重磁异常反演方法及相关重磁数据转换处理方法程序。根据重、磁异常推断的岩浆岩、断裂构造开展区域成矿条件分析研究。划分广西重点区域成矿区带。

深部找矿物探技术方法研究　建立了广西主要成矿带重点研究区的物性找矿模型；通过重、磁、电及地、化资料综合研究，提出了社垌矿区深孔钻探布置方案。

广西丹池盆地演化与成矿研究　通过对丹池地区进行地层层序划分，构建丹池地区岩石地层格架；通过对事件沉积研究，识别出G－S、Otomari、D2－D3、F－F、D－C等五个重要事件；首次通过常量元素及稀土元素分析、Al－Fe－Mn与Fe/Ti比值－Al/（Al＋Fe＋Mn）等技术方法研究吾隘上泥盆统榴江组硅质岩，探索了其与成矿的关系；以大量资料为基础，提出盆地在弗拉斯早期强烈拉张形成北西向裂陷槽，在海底火山喷发或喷气作用下，形成大厂地区大型—超大型锡多金属矿床的观点，这是该区控矿构造研究又一新突破；探讨了丹池盆地流体的形成和演化与成矿的关系；在深入研究该区成矿规律及成矿作用基础上，圈定了龙灯、塘蒙、雍对及下河等四个找矿靶区，为扩大该区找矿成果指出新方向。研究成果总体上达到国内同类研究成果的领先水平。

广西金刚石成矿条件及选区研究　在桂北地区新发现三处煌斑岩出露地区，在桂东南地区新发现3处煌斑岩区。

广西古生物化石图鉴　基本建立起了钦州小董—板城地区的地层层序和放射虫、牙形刺等门类化石生物带，为一套几乎包含整个上古生界的深水盆地相沉积。

广西二叠系　将二叠纪沉积相单元划分为7个相区16个相和若干亚相，详细介绍了各相或亚相的分布特征和沉积相序规律，编制了二叠纪5个时期的沉积相带展布图，总结了二叠纪岩浆岩（侵入岩、火山岩）的分布、岩石组合、成因类型和构造环境，总结了二叠纪矿产分布规律，特别是铝土矿中的风化壳岩溶型稀土矿和桂西金矿的成矿地质条件，预测了7个远景区，对今后找矿工作有指导意义。

广西1∶25万多目标区域地球化学调查　贵港地区：查明了土壤营养元素的丰缺现状，评价了贵港地区大面积的富硒土壤，发现本区土壤硒与农产品的硒具有良好的相关性。把全自治区富硒土壤划分为7个优先开发区、5个开发远景区和3个暂缓开发区。北海地区：土壤环境质量整体良好，一级土壤面积占全自治区70.34%，二级占22.43%，三级和超三级土壤零散分布于测区西北部锰矿区。全自治区硒平均含量为0.52毫克/千克，富硒土壤面积占全自治区的74.32%，将全自治区富硒土壤划分为5个优先开发区、2个开发远景区和3个暂缓开发区，为开发富硒资源，实现农民增收提供了新思路。玉林地区：发现面积达3800平方千米的富硒土壤，占调查区面积的76%，Se元素含量在0.40－7.92×10^{-6}之间，平均含量0.56×10^{-6}；深层土壤地球化学基准值与全国C层土壤平均值对比，Se富集系数达3.06；元素的分布分配规律与成土母岩密切相关。

（刘炳胜）

城乡建设科学技术

【概况】 2013年，广西城乡建设科技工作围绕《广西壮族自治区“十二五”建设科技发展规划》和《广西壮族自治区“十二五”建筑节能规划》，积极开展建筑节能与建设科技工作，建筑节能目标进一步明确，科技水平逐步提高，建筑节能从点到面，全面推进。年内被列入广西科学研究与技术开发计划的项目共18项，其中，获得财政科研经费补助306万元，单位自筹经费2512万元；由广西华蓝设计（集团）有限公司和广西建筑科学研究设计院联合研究完成的“广西绿色建筑技术集成创新”项目荣获2013年度广西科技进步奖三等奖。

【绿色建筑】 *加强区域合作交流* 一是为不断提高广西绿色建筑与建筑节能技术水平，组织区内设计单位、建设单位等相关人员共57人参加第九届国际绿色建筑与建筑节能大会暨新技术与产品博览会。促进了广西绿色建筑与国内、国际交流与合作，及时沟通了解有关绿色建筑、建筑节能方面的最新信息动态与趋势。二是6月19日～20日，“第四届热带、亚热带绿色建筑联盟大会”暨“海峡绿色建筑与建筑节能研讨会”在福建省福州市召开，作为联盟成员之一，广西住建厅组织区内相关单位共52人参加了会议。

广西绿色建筑 2013年与广西发改委联合发布《广西壮族自治区绿色建筑行动实施方案》（桂发改环资［2013］1407号），成立广西绿色建筑行动实施方案领导小组，统筹推进广西绿色建筑行动，确定到“十二五”末，新建绿色建筑1000万平方米、既有建筑节能改造200万平方米、农村危旧房改造8000套的目标。

同时，认真贯彻落实《关于加快推动我国绿色建筑发展的实施意见》（财建［2012］167号）要求，在保障性住房领域大力推进绿色建筑。在2013年全区保障性住房工作会议上，将“加快推动绿色建筑发展”写进了自治区人民政府与各地市人民政府签订的住房保障工作目标责任状，对各地发展绿色保障房提出了强制性要求，到2013年末，南宁市新设计保障性住房按照50%比例，柳州、桂林新设计保障性住房至少有2个项目、其余城市新设计保障性住房至少有1个项目，执行绿色建筑设计标准。2013年共有6个保障性房项目通过评审。

广西组织评审星级绿色建筑设计评价标识评审的项目39项，其中2013年评审23个项目。

培训及技术交流 1月18日～19日，举办全区住房保障和绿色建筑政策宣贯培训班，各市、县绿色建筑主管部门分管领导、业务科室负责人参与。培训班旨在贯彻落实2013年全区住房城乡建设工作会议和全区住房保障工作会议精神，抓紧落实2013年全区住房保障工作目标责任书确定的住房保障业务信息化建设和绿色建筑标准应用工作，加快推动全区保障性住房按照绿色建筑标准进行设计建造。

8月2日，在南宁召开“广西建筑节能与绿色建筑技术交流会”，进一步贯彻落实《国务院办公厅关于转发发展改革委住房城乡建设部绿色建筑行动方案的通知》（国办发〔2003〕01号）精神，提升广西建筑节能与绿色建筑发展水平。

广西绿色建筑技术集成创新 主要完成单位：广西华蓝设计（集团）有限公司和广西建筑科学研究设计院。该项目成果获2013年广西科技进步奖三等奖。该项目围绕绿色建筑展开，通过探索适宜于本土推广的广西绿色建筑设计策略，集成创新出了广西绿色建筑设计规范和技术集成体系，内容涉及策划、规划、建筑、结构、暖通空调、给排水、电气及自控等诸多专业；主要研究成果广西地方标准《绿色建筑设计规范》DBJ/T45－001－2011和《广西绿色建筑节能技术手册》可以为广西绿色建筑创作、集成技术体系应用以及城镇化建设实现整体系统性生态转型所利用；通过成果转化实施的一系列绿色建筑技术集成实践项目已成为了广西乃至全国绿色建筑的典范。本项目为大力发展广西绿色建筑提供了技术支撑，并对指导广西绿色建筑的推广与实践，促进广西绿色建筑产业快速、健康的发展发挥了重要的作用。

【可再生能源示范市县】 2013年广西重点督查2011～2012年获批的示范市县。2011年桂林市、柳城县荣获为第三批国家可再生能源建筑应用示范市、县，其中桂林市获国家补助资金7000万元，柳城县获国家补助资金1800万元；住房城乡建设部下达桂林市可再生能源建筑应用任务面积337万平方米，柳城县34.67万平方米。重点督查各个时间节点的项目进度，要求按质按量按时完成项目，期间多次下达文件，去实地检查项目进展情况。

2012年防城港市、梧州市、北海市、柳江县、田东县、资源县获批第四批国家可再生能源建筑应用示范市、县，其中梧州市、防城港市、北海市各获国家补助资金5000万元，柳江县、田东县、资源县各获国家补助资金1000万元；住房城乡建设部下达防城港市可再生能源建筑应用任务面积200万平方米，梧州市200万平方米，北海市200万平方米，柳江县25万平方米，田东县25万平方米，资源县25万平方米。

2012年底，广西获得中央切块下达财政资金1300万元，自行安排永福县、象州县、上思县3个可再生能源建筑应用示范县，其中永福县获补助资金450万元，象州县获补助资金450万元，上思县获补助资金400万元。下达永福县可再生能源任务面积11.25万平方米，象州县可再生能源任务面积11.25万平方米，上思县可再生能源任务面积10万平方米。对2012年的示范市县，我厅积极做好指导和监督检查工作，确保2014年8月底完成任务。

【建筑节能】 建筑节能监管　全年开展全自治区建筑节能专项检查1次，对民用建筑项目在设计、审图、施工和验收环节执行节能标准情况等进行了监督检查。

积极推进建筑节能试点项目建设　节能改造工作典型：来宾市行政中心节能改造试点工程；通过对冷冻泵和冷却泵使用变频控制，根据温度来动态调节水泵流量，节电的同时提高了空调舒适度，中央空调改造每年预计可节电175200度；通过使用先进的LED照明技术，办公区域照明系统改造每年可节电约772800度；通过使用先进高效非逆变屋顶PV-LED太阳能技术，地下车库照明系统改造每年可节电约290131度；通过使用能量回馈技术，电梯系统改造每年预计可节电38000度。行政中心节能改造需资金共423.5万元，改造后每年可节电127.6万度，每年可节约电费97万元，投资回收期约为4年。玉林师范学院节能改造工程分东西校区，总投资607.84万元，东区共有学生宿舍1～9栋，共有宿舍1620间，其中1～4栋由12台制热量为38.5千瓦的空气源组成的“太阳能＋热泵”系统供给生活热水，5～8栋由12台制热量为38.5千瓦的空气源组成的空气源热泵系统供给生活热水，9栋由3台制热量为129千瓦组成的地源热泵系统供给生活热水。西区共有学生宿舍1～6栋，共有宿舍462间，由13台制热量为38.5千瓦的空气源热泵系统供给生活热水。每天的热水总用水量为495吨。在东区实验楼、B1，B2，B3，B4，B5，B6，综合教学楼更换原40瓦日光灯5000支，更换为5000支T5—28瓦日光灯。本项目实施完节能改造后，一年可节约的电量约为440.5万千瓦时，折合标准煤约1468.33吨，减少CO_2排放约3964.49吨，减少SO_2排放约29.36吨。可收到开源、节能和环保的多重效果。3.扶绥县太阳能路灯绿色照明项目，通过对资源县的路灯改造更新，采用节能型的LED光源，减少能源的使用，LED光源是一种比普通钠灯使用寿命更长、更稳定、消耗能源更低的产品，因此在节能的同时也减少的路灯的维护成本；资源县LED绿色节能路灯改造共计需要投资约：需要投资253.1万元通过使用先进的LED照明技术，系统改造每年可节电约30.9775万度万度，投资回收期约为8.17年。

【国家智慧城市试点】 2013年，广西南宁市、柳州市、桂林市、贵港市、柳州市鱼峰区等共4市1区获国家智慧城市试点。各试点城市人民政府、广西住建厅及住房城乡建设部建筑节能与科技司三方签订了《国家智慧城市创建任务书》，智慧城市创建周期为3～5年。

南宁市　该市成立了以市委、市政府领导担任组长和副组长，各委办局主要负责人为成员的南宁市智慧城市建设领导小组，统筹协调相关工作。南宁市人民政府审议并通过了《“智慧南宁”发展规划纲要（2013～2020）》、《“智慧南宁”试点实施方案（2013～2017）》、南宁市《国家智慧城市创建任务书》。市建委起草了《南宁市人民政府关于扎实推进智慧城市试点建设工作的指导意见（代拟稿）》等作为指导性文件。邀请院士专家就智慧城市创建工作做专题讲座，并积极参加智慧城市专题研讨会。启动了17个建设项目，重点突出东盟交流中心、智慧绿建、智慧城管和公共信息平台、公共数据库项目。顺利完成了南宁东盟国际信息服务展示中心一期建设；市民卡工程项目实现首发；智慧燃气从基础设施到管理系统的建设全面推进；智慧建管项目落实一期大部分工作；智能交通项目中的轨道1、2号线顺利推进。同时，南宁市入选首批国家信息消费试点市。

柳州市　该市建立领导协调机制，统筹协调智慧城市建设工作。成立了由市长担任组长，副市长担任副组长，各委办局主要负责人为成员的柳州市创建国家智慧城市试点领导小组，全面领导智慧城市的规划建设、技术服务、资金筹措、对外联络和监督考核各项工作。2013年10月24日召开领导小组第一次会议。建立智慧城市分管领导和联络员制度；明确目标责任，形成推进合力。起草了《柳州市创建国家智慧城市试点工作方案》，明确责任分工，建立部门联动工作机制；完善项目流程，指导项目推进工作，起草了《柳州市创建"智慧城市"试点过程管理实施细则》。

按计划启动创建任务书提出的16个建设项目。完成了《柳州市2013～2015年电子政务公共服务体系建设发展计划》、《柳州市电子政务云服务平台建设方案》的编制；完成"大数据"的招标工作，建立市级全员（流动）人口数据库；完成网络基础设施项目建设方案设计、立项和招标工作，部分完成项目基础设施建设；启动智慧城管二期建设工程；智慧建设与管理方面，启动了房产管理系统项目立项工作，完成可再生能源建筑应用示范项目数据监控系统数据中心招标、建设工作等；智慧市政方面，启动了智慧照明、排水、地下管网智能化项目前期工作；以及智慧政务、卫生、教育、交通、应急、社区、城市监控系统和汽车城等项目均逐步推进。

桂林市　该市成立了以市长为组长，分管副市长为副组长，各委办局主要负责人为成员的桂林市智慧城市建设领导小组，统筹协调相关工作。成立了"智慧桂林"专家组。完成了"智慧桂林"发展规划纲要，国家智慧城市创建任务书和"智慧桂林"试点实施方案的编制工作等。市长黄俊华主持召开市四届政府第38次常务会议，重点研究"智慧桂林"创建工作。会议审议并通过了《"智慧桂林"发展规划纲要（2013～2020）》、《"智慧桂林"试点实施方案（2013～2017）》、桂林市《国家智慧城市创建任务书》。先后组织工作人员到北京、太原市、青岛市、杭州、南京、昆明、万宁等试点城市学习与调研，并向住房城乡建设部领导及中国城市科学研究会专家探讨桂林智慧城市建设思路与方法。市领导小组多次召开协调会，商议关于桂林市智慧城市推进的各项事宜，包括绩效考核办法等。起草了"桂林市人民政府关于加快建设智慧城市的实施意见"的指导性文件。市领导小组组织召开了桂林市智慧城市专题研讨会。邀请中国城市科学研究会数字城市工程研究中心专家就顶层设计、投融资策略、运营管理等方面进行了讲座并对桂林市智慧旅游、智慧市政等重点项目进行了专题指导。启动了20个建设项目，重点在智慧旅游、智慧市政和公共信息平台、公共数据库项目上，总投资金额预计为5.33亿元。

（宋玉峰）

国土资源管理科学技术

【概况】　2013年，国土资源科技事业取得积极进展。科技机构与队伍实力雄厚，为国土资源管理工作提供技术支撑。科研项目研究方面，完成了国土资源保障能力问题研究等83项重要的科研项目，投入科研经费1.02亿元，取得了83项科研成果。通过在国土资源部、广西科技厅进行成果登记，在全国范围内推广"小块并大块"耕地整治模式，加深广西国土资源科技成果推广应用的深度和广度。通过创新科技手段，在土地管理科技方面、海洋科技方面、重点工程、科技交流与合作等方面取得新进展。科普工作方面，积极组织广西地质博物馆、广西土地学会等单位，充分利用"世界地球日"、"全国土地日"和"科技活动周"等活动积极开展国土资源科技宣传活动，举办展览及主题活动97场次，发放宣传材料9000多份，通过深入学校等形式进行国土资源科普宣传活动，取得了良好的宣传效果。

【科技机构与队伍建设】　广西国土资源厅直属的科研机构包括：广西国土资源信息中心、广西国土资源厅土地整理中心、广西国土资源规划院、广西国土资源管理干部培训中心、广西机电工业学校、广西地质环境监测总站等10家单位，主要为广西国土资源管理工作提供技术支撑。2013年，主要科研机构在职人员738人，其中高级技术职称129人，中级技术职称229人，初级技术职称206人。

【科技项目与经费投入】　2013年期间，组织开展科研项目83项，投入科研经费约1.02亿元，其中使用部级经费392.68万元，使用省级经费9576.99万元。其中，地质矿产类项目5项、地质环境与地质灾害调查1项，测绘类项目11项，土地规划、整治类50项，信息化建设20项（其中金土工程13项），科普基地建设2项，国土资源管理制度创新类项目 3 项。其中，广西金土工程项目投入经费 6954.06 万元，国土资源大调查项目投入经费 360.69 万元，广西国土资源厅 2013 年重大科研课题投入经费 406 万元。

【科技成果与简介】 以科学发展观为指导，全面贯彻落实党的十八大、全国国土资源工作会议、广西经济工作会议、广西两会和广西国土资源工作会议精神，落实国土资源部和广西壮族自治区人民政府领导的重要讲话精神，加强广西国土资源重大问题研究，组织各方面专家学者，重点研究国土资源工作中关乎方向性、战略性的重大关键问题。2013 年广西国土资源厅组织开展了广西国土空间优化、土地整治条例研究、地质灾害防治、地勘市场形势研究等 21 项重大课题研究，形成了一批国土资源领域重大问题研究成果，推进了产、学、研、用有机结合。开展了金土工程项目 13 项，国土大调查项目 1 项，广西政协重大课题 1 项，广西发改委 1 项，由广西国土资源厅直属单位组织科研项目 46 项。

2013 年底公开出版了《广西壮族自治区国土资源厅重大成果集 2009－2013》和《2013 年广西国土资源重大课题研究成果汇编》，为科技成果推广应用夯实基础。《广西奇峰怪石成因机理、分类及开发理念研究》荣获 2013 年度广西自然科学技术奖三等奖。2013 年 2 月，《广西国土资源遥感监测"一张图"研究与应用》获得中国信息化（国土资源领域）成果奖一等奖。2013 年，广西国土资源厅门户网站被国土资源部授予"省级国土资源政务信息网上公开示范单位"荣誉称号。

【科技成果推广应用】 一是做好成果登记工作，组织开展了 2013 年广西国土资源厅 21 项重大科研课题成果登记工作，国土资源部和广西科学技术厅完成了成果登记手续，促进了成果资源的共享与推广。

二是"小块并大块"整治耕地模式获全国推广。近年来，广西国土资源厅大力推进龙州"小块并大块"模式，创新耕地保护补偿机制。2013 年安排 2 亿元专项资金，鼓励和推动农民自发全面开展耕地整治工作。目前，全自治区农民自发开展耕地整治项目实施规模已达 2 万公顷，申请奖补资金 5175 万元。中央电视台栏目、广西电视台新闻栏目重点进行了播报；国土资源部进行了深度总结和推广。广西壮族自治区人民政府将"实施耕地小块并大块，促进农业现代化规模化经营"作为第十五期"广西发展论坛"主题，国务院政策研究中心、国家发改委、国土资源部、农业部、水利部等十多家单位参加论坛，对"小块并大块"模式一致给予高度评价。

【土地管理科技】 一是国土资源规划体系渐趋完善。我们继续加强规划统筹和管控，优化国土空间开发利用布局，继北部湾经济区国土规划之后，编制完成了《广西西江经济带国土规划（2011—2030 年）》、《桂西资源富集区国土规划（2011—2030 年）》；在全国率先发布实施了《广西壮族自治区矿业经济发展规划（2011—2020 年）》及《广西壮族自治区绿色和谐矿山建设规划（2011—2020 年）》，率先完成了自治区和市、县级土地利用总体规划实施中期评估，为全自治区经济发展提供了坚实的国土规划保障。

二是统筹使用建设用地再创历史新高。通过强化"争取增量、盘活存量、用好流量、扩大总量"等措施，用足用好土地管理组合政策。2013 年国土资源部累计下达广西新增建设用地计划指标 1.35 万公顷，其中占用农用地指标 1.10 万公顷，占用耕地指标 0.63 万公顷，为历年下达最大规模。安排使用增减挂钩周转指标 1276 公顷，低丘缓坡指标 1511.63 公顷，小微企业创业基地试点指标 194.90 公顷。另有 12 条公路项目使用国家指标 2605.93 公顷。全年全自治区获批建设用地 2.30 万公顷（其中国务院批 7884.48 公顷），供应建设用地 2.28 万公顷。

三是坚持数质并重保红线，有效地保护了耕地资源。通过强化各级政府耕地保护责任，牢牢守住了 420.8 万公顷耕地红线。严格落实耕地"占一补一"和"先补后占"制度，新增耕地 3.64 万公顷，连续 13 年实现了耕地占补平衡。加强土地整治和高标准基本农田建设，完成了 23.06 万公顷高标准基本农田建设任务，比国家下达年度 20.2 万公顷建设任务多 2.867 万公顷。继续组织实施"小块并大块"耕地整治，全自治区农民自发开展耕地整治 2 万公顷，申请奖补资金 5175 万元。基本完成历时 3 年的全自治区基本农田划定工作，划定面积 366.48 万公顷，比国家下达任务多 6.55 万公顷；顺利完成全自治区耕地质量等级成果补充完善工作，达到高标准基本农田建设标准的耕地 197.5 万公顷（2962.5 万亩），为确保广西粮食安全打下了坚实基础。

四是继续巩固和扩大改革试点工作。桂林旅游产业用地改革试点总体方案在全国5个申报城市中首个获得国土资源部批复，成为推动桂林国际旅游胜地建设的重要引擎；扎实推进梧州、玉林、防城港、靖西县等4个国家级低丘缓坡开发利用试点工作，批准了田阳县等10个自治区级试点。批准19个县（市、区）开展了小微企业创业基地标准厂房建设用地试点。在7个市的21个矿区开展了采矿用地方式改革试点。

【海洋科技】 全面推进海洋综合管理工作，海洋立法、规划工作取得突破性进展，广西首部海洋地方性法规《广西海洋环境保护条例》获准颁布实施；开展了《广西壮族自治区海洋经济发展“十二五”规划》实施中期评估工作，完成了沿海三市海岛保护规划编制，积极实施区域用岛管理，创建海岛管理示范区。积极推动市场化配置海域使用权，批准用海20宗，面积858.78公顷。坚持开发与保护并举，海洋生态文明建设稳步推进，海洋行政执法和维权巡航工作成果显著。加强监测和应急演练，海洋预报减灾能力明显提升。

【重点工程与重大科技进展】 2013年，广西国土资源厅进一步提升国土资源厅信息化建设和应用水平，完善厅本级审查报批系统、统计分析系统、建设广西国土资源移动协同办公平台、持续开展“一张图”数据库的建设和更新。

一是金土工程广西项目建设有序推进。全面完成金土工程广西项目（一期二阶段）项目的建设和验收工作；继续推进三阶段项目建设工作，开展了广西三维地质灾害管理系统等10个项目的建设工作；开展四阶段项目初步设计和投资概算的编制工作；完成了广西空间地理信息资源库项目的立项工作。

二是全面推进市、县、乡三级信息化建设。统筹推进基层国土资源信息化建设工作，制定了《广西市县国土资源信息化顶层设计方案》，明确了市县信息化建设目标和要求；基本完成了5个市级信息化达标工程的建设，完成5个市的基础硬件建设，验收了软件设施建设；开展了8个县级信息化达标工程的建设；推进1126个乡级信息化达标工程的建设；完成了市、县级电子政务系统开发整合工作；完成了河池、百色、崇左、来宾、贺州五市的信息化达标建设（一期）工程中数据库建库工作。

三是政务信息公开工作继续保持领先地位。广西国土资源厅门户网站被国土资源部授予“省级国土资源政务信息网上公开示范单位”荣誉称号，被中国信息化研究与促进网评为“2012年度中国政府网站优秀奖”，被广西壮族自治区人民政府办公厅评为“广西政务公开政府信息公开领先网站单位”；保障《金土在线》栏目正常运行，年内举办了10期“厅长在线”活动，有效加强了政民互动。

【科技交流与合作】 一是科技交流与合作取得了积极进展。2013年5月9日至12日，中国—东盟矿业合作论坛暨推介展示会在广西南宁国际会展中心顺利举行。本届矿业论坛以“加强矿产技术合作，推动矿业科学发展”为主题，论坛议题涵盖政府合作、技术合作、投资融资和项目合作。来自中国和东盟国家矿业部委、矿业企业、矿业协会、商协会、金融机构、矿业研究机构和服务供应商等共1222名代表参加了论坛和展览会，其中中方参会代表1067人，外方155人。本届矿业论坛展览会分为矿业展览和珠宝玉石展览两个部分，其中珠宝玉石展览为首次举办，展览总面积约1.1万平方米。矿业展览共有150家企业500多名展商参展，共设标准展位161个，特装展位23个，矿业展览贸易成交额1亿元人民币，与往年基本持平。珠宝玉石展览共有80家珠宝商参展，主要来自越南、缅甸、泰国、老挝等国家，现场销售额1200多万元人民币。广西壮族自治区人民政府分别与中国地质调查局和中国冶金地质总局签署了战略合作协议，矿业项目洽谈推介会上签署协议项目16个，加拿大能源矿业专场签约项目1个。19个协议中，涉及东盟国家项目9个，国内项目9个，非东盟国外项目1个，签约金额达51.9亿元人民币。本届大会收集到的洽谈项目共240个，其中东盟矿权50个，国内有色金属项目54个，黑色金属项目39个，非金属项目47个，希贵金属50个。洽谈会共推介项目25个，其中国外项目17个，国内项目8个，较2012年翻一番。加拿大能源矿业专场共推介项目1个。中国—东盟矿业人才交流培训中心正式揭牌，培训中心首期培训班已于5月20日开班。2013年共举办二期培训班，培训东盟国家学员共计19人次。

二是加强与国内科研单位的科技合作与交流。参加“国土资源部科技与国际合作会议”、“土地整治复垦开发科技创新成果交流暨土地工程学术研讨会”、“2013年国土资源科普基地工作研讨会”，整体提升广西国土资源科技的理论水平和研究能力。加强与中国地质大学（武汉）、广西大学、广西师范学院、广西财经学院等高校的交流与合作，积极促进新方法、新技术的应用，进一步提高科技成果的转化率和应用水平。

【科普宣传】 2013年积极开展科普宣传工作，促科普知识深入民心。积极组织广西地质博物馆、广西土地学会等单位，充分利用“世界地球日”、“全国土地日”和“科技活动周”等活动积极开展国土资源科技宣传活动；组织参加2013年5月全国科技活动周广西活动，以“广西锰矿资源”和“保护土地生态环境，保障蔬菜安全生产”为主题，组织主题活动97场次，大力宣传国土资源知识，共编辑、制作地学科普展板50多块，收集、编辑、打印科普知识宣传资料9000多份，通过举办展览、发放宣传材料、深入学校、深入社区、科技讲座、场馆科普活动等形式进行科普宣传活动，取得了良好的宣传效果，促进国土文化走向基层群众。

（黄乐）

测绘科学技术

【概况】 2013年广西测绘地理信息系统认真贯彻《国务院关于加强测绘工作的意见》，围绕《共同推进数字广西地理空间框架建设合作协议书》所确定的现代测绘基准体系建设、航空航天遥感影像获取、基础地理信息数据库建设与更新、地理国（区）情动态监测、地理信息公共服务平台建设、应用示范系统建设等方面的内容开展科技工作。

广西测绘地理信息局组织完成南宁测区15619平方千米、柳州测区19711平方千米航空摄影，更新、覆盖边境地区ikonos 1米高分辨率立体遥感影像数据约8000平方千米，桂东测区完成航空摄影约39000平方千米，桂西测区完成航空摄影约25000平方千米。合计完成任务106330平方千米。加快2000国家大地坐标系推广使用，完成了百色市、钦州市、玉林市等市1∶1万3D产品的坐标转换合计5056幅，覆盖面积约为1.5万平方千米。基础测绘任务按计划完成。组织开展测绘成果质量检查，严肃处理质量问题，确保成果质量。切实加强测绘安全生产管理，深入外业测区开展安全生产检查，全年无安全事故。

广西测绘地理信息局在提供测绘成果，做好测绘保障服务方面，积极为各级党委、政府部门和军队、武警部队提供及时高效的地图服务；开展农村集体土地所有权、农村宅基地使用权和集体建设用地使用权等“农村三权”调查和确权工作；积极参与土地整理和废弃矿用地调查，为交通、林业、农业、能源、城镇规划、新农村村镇规划等提供地形图测绘服务；为国土资源部土地利用遥感监测宁夏、辽宁及青海三个省区约40万平方千米；为有关部门和单位提供各种各类地形图及数字化产品30480幅（张），大地控制点成果4420点。全年测绘服务总值保持良好的发展势头，自治区本级实现服务总值19630.5万元，同比增长8.56%。

【科技机构与队伍建设】 广西测绘地理信息局主管测绘科技工作的职能部门是国土测绘与科技处，其主要职责包括拟订测绘科学技术发展规划，负责重要测绘科技项目研究、组织测绘科技成果鉴定、管理及测绘科技成果转化工作。局直属基础测绘科技事业单位有广西地理国情监测院、广西地理信息测绘院、广西遥感信息测绘院、广西地图院、广西基础地理信息中心（含广西空间信息与测绘重点实验室）、广西测绘地理信息档案资料馆。测绘行业性科技组织有广西测绘学会、广西遥感学会、广西测绘科技信息站。

2013年3月，对从局直属单位中选派到广西各市国土资源局（测绘地理信息局）挂职锻炼一年期满的优秀青年科技干部进行考核。5月，由广西测绘地理信息局、广西人力资源和社会保障厅、广西总工会、共青团广西区委联合主办的第三届广西测绘地理信息行业职业技能竞赛暨第三届全国测绘地理信息行业职业技能竞赛选拔赛在南宁举行。来自全自治区65支参赛队193名选手参加竞赛。广西地理国情监测院代表队和广西遥感信息测绘院代表队分别获地籍测绘项目和地图制图项目团体一等奖。6月，广西地理国情监测院和广西遥感信息测绘院组建广西代表队参加在郑州、成都举行的第三届全国测绘地理信息行业职业技能竞赛，分别获得地籍测绘竞赛和地图制图竞赛两个项目的团体三等奖；两名选手被国家测绘地理信息局授予“全国测绘地理信息技术能手”称号。积极开展“青年技术奖”评选推荐工作，广西地理国情监测院1人获第十二届广西青年科学技术奖荣誉称号。积极推进注册测绘师制度的实施，进一步提高测绘地理信息专业技术人员队伍的综合素质。9月，广西有633名专业技术人员参加2013年全国注册测绘师资格考试。截至2013年末，广西测绘地理信息系统共有在编的各类专业技术人员462人，其中高级专业技术职称74人，中级专业技术职称158人，初级专业技术职称230人。发表科技论文40篇。

【科技项目与经费投入】 2013年6月，广西测绘地理信息局召开局科研立项验收会及科研项目申请评审会，组织专家对“基于无人飞机平台大比例尺成图技术研究”项目进行验收，批准“广西北部湾经济区现代空间定位基准框架稳定性研究”、“车载移动测量系统的应用研究”、“三维激光扫描仪的应用研究”等5个项目为广西测绘地理信息系统立项的科研项目。2013年广西测绘地理信息局投入科研项目经费283万元。

【科技成果及简介】 2013年，“基于多源自主卫星遥感的陆海环境关键要素定量化监测技术及应用”项目获国家测绘科技进步奖一等奖。“地形实模数控刻制技术集成及若干区域经济实模制作”、“南宁市规划管理局规划审批与动态监察、图文一体化系统”项目分别获2013年中国测绘学会科技进步三等奖；“贺州市城镇土地调查”项目获2013年全国优秀测绘工程奖银奖；“北海市铁山港60平方千米1：1000数字地形图测绘项目”、“崇左市城南科教片区东南面地形图测绘”、“兴安县第二次土地调查（城镇部分）测绘项目”、“苍梧县城镇土地调查及数据库建设”、“龙州县城镇土地调查及数据库建设”等分别获得2013年全国优秀测绘工程奖铜奖。《广西地理信息公众服务平台技术研究》、《南宁市矿产资源管理信息系统数据库项目（一期）》、《地形实模数控刻制技术集成及若干区域经济实模制作》等3个项目获2013年广西测绘地理信息科学技术奖一等奖；《基于GIS技术的林地生产力分析评价方法研究》等5个项目获二等奖；《广西土地调查（城镇部分）关键技术研究及应用》等2个项目获三等奖。《广西第二次土地调查（农村部分）自治区成果图件编制及数据库建设项目》、《柳州市城市快速公交（BRT）1号线带状地形图测量及道路勘测》获2013年广西优质测绘地理信息产品（工程）奖金奖；《贺州市主干道建筑物风貌改造立面测量》等5个项目获银奖；《广西农垦国有良圻农场四、九分场土地整治项目》等12个项目获铜奖。

基于多源自主卫星遥感的陆海环境关键要素定量化监测技术及应用 由中国科学院遥感与数字地球研究所、广西测绘地理信息局、天津中科遥感信息技术有限公司、北京市遥感信息研究所、浙江大学共同实施。项目研究的技术及应用构建了国际上首个面向低、中、高空间分辨率的陆海环境遥感监测标准化体系框架，创新性地提出了面向自主卫星信息产品比例尺概念，将几何、辐射精度及产品规格一体化定义，解决了低、中、高分辨率遥感卫星信息产品一体化生产标准体系匮乏的现状。突破了自主卫星陆海环境参量定量反演重大技术瓶颈，构建了中国第一个高精度、标准化、规模化的陆海环境流程化监测技术体系。创新性地建立了定量化遥感反演模型无缝嵌入与快速处理技术，实现了“多星、多领域、快速、灵活”综合应用。其技术成果被30余个国家级卫星应用行业部门和机构采用，为中国陆海环境遥感业务化监测提供重要科技支撑，为地理国情监测奠定了坚实的遥感基础。项目成果获2013年测绘科技进步奖一等奖。广西壮族自治区测绘地理信息局承担项目“环境一号（HJ－1）卫星数据应用研究”部分两个子课题：“广西北部湾区域可持续发展综合服务系统”和“基于环境一号卫星1：25万测绘能力评价”，主要利用环境一号卫星和其他卫星所获取的广西北部湾地区遥感数据，以及基础地理信息、社会经济信息等相关数据，结合环境卫星广西遥感应用示范系统，开展多源海量空间信息的快速处理、可视化与应用分析服务的关键技术体系、区域可持续发展综合服务应用等研究，建立大型多源空间信息集成共享和决策应用的技术平台以及以北部湾区域为中心的区域可持续发展综合服务应用系统，同时在广西北部湾区域的安全应急、发展规划、城市建设、基础测绘等领域进行推广应用示范。

地形实模数控刻制技术集成及若干区域经济实模制作 由广西地图院完成。该项目取得了地面立体模型数控雕刻的成套技术，打破地面立体模型的传统制作工艺，基于DEM、DLG数据源，综合运用计算机、数字三维建模、数字控制、模具和材料加工等技术，通过关键技术研究，首次实现从电子三维模型到实体三维模型的精准、快

速雕刻成型，大大提高了制作地面立体模型的生产效率。该成果获中国测绘科技进步奖三等奖、广西测绘地理信息科学技术奖一等奖。

基于无人飞机平台大比例尺成图技术研究 由广西地理国情监测院完成。该项目综合利用无人飞机技术、数字图像处理技术、GPS 技术、广西 CORS 技术、航空摄影测量技术、无线通信技术等多种先进技术，以无人飞机为飞行载体，搭载非量测数码相机，采用 GPS 导航实现无人飞机的自动飞行和影像的获取，并以航空摄影测量技术为理论基础，实现影像数据的空间定位和自动拼接以及地理信息数据的获取与更新，并把该项目的成果应用到应急救灾、国土资源管理、城市建设等多个行业中。该成果获广西测绘科技进步奖二等奖。

广西土地调查（城镇部分）关键技术研究及应用 由广西地理国情监测院完成。该项目研究了广西 CORS 应用、广西似大地水准面精化、低空遥感、地理信息系统、数据库等多种技术的应用特点和方法，充分发挥多种技术在空间定位、地籍调查、数据分析和存储的作用，通过试验研究解决广西土地调查（城镇部分）所面临的关键技术，系统提出广西土地调查（城镇部分）的技术路线和方法。本项目广泛应用于广西第二次土地调查（城镇部分），为国民经济建设和社会发展提供准确、现势性强的基础地籍管理数据资料和图件；项目所建立的广西第二次土地调查（城镇部分）数据库为全自治区国土资源管理“一张图”工程提供了基础数据，为实现广西国土资源政务管理信息化提供了坚实的数据基础；项目所生产的基础图件为广西三维城镇地籍建模提供了 1∶500 地籍图，结合通过 LIDAR 技术获取的建筑物形状及高度数据，开发基于二、三维一体化的地籍管理系统模块，可为全自治区提供准确、直观的三维可视化地理信息服务；项目成果所提出的各项技术方法，已应用在广西农村宅基地确权登记发证（一期）、集体建设用地确权登记发证和农村土地承包经营权调查任务等工作中。该成果获广西测绘科技进步奖三等奖。

广西地理信息公众服务平台关键技术研究 由广西基础地理信息中心完成。广西地理信息公众服务平台是国家公众版地理信息公共服务平台的一个省级分节点，同时也是省级“主”节点，平台分别运行在因特网，纵向和市级节点互联，横向和省各个部门互联。通过各自的门户网站，提供分布式或者集中式的数据服务和功能服务，数据服务不仅支持公众版公共地理空间框架数据的发布和共享，也支持各类空间和非空间的专题数据的发布和共享。功能服务要求除基本地图操作外，还要具有一定空间查询、分析的功能。通过平台提供的各种服务和接口，方便地满足政府部门、企业和公众等用户的浏览、查询、引用、开发各类地理信息的要求。该成果获广西测绘地理信息科学技术奖一等奖。

基于 GIS 技术的林地生产力分析、评价方法研究 为广西科技厅自然科学基金“桂科自0832073 项目”，由广西基础地理信息中心牵头，与广西林业勘测设计院合作完成，2012 年 6 月通过广西科技厅结题验收（桂科基结字〔2012〕489号）。该项目以马尾松和桉树为例，通过野外调查建立宁明县林业数据库，并利用高精度的 DEM 提取了研究区地形因子，在此基础上探讨林地生产力与立地条件的相关性，建立林地生产力估算模型，并应用该模型生成宁明县潜在林地生产力分布图。获得地形因子的 GIS 快速提取方法，并基于立地条件因子建立高效快速的生产力估算模型，不仅为进行林业研究节省大量人工成本，还促进 GIS 技术在林业领域的应用，提高林业经营决策的效率。潜在生产力分布图显示了研究区不同树种的生长适宜性分布格局，为相关部门营林造林提供依据，对科学规划管理区域林业资源和提高林业的生态效益、经济效益具有重要意义。该成果获 2013 年广西测绘地理信息科学技术奖二等奖。

【科技成果推广应用】 9 月 25 日，举行了数字广西地理空间框架建设学术报告会，广西科协学会部副部长钟谷波到会指导。来自测绘、国土资源、水利、电力、城市勘察设计、高等院校等行业 15 个单位 80 名学会会员、科技工作者参加了报告会。广西基础地理信息中心主任、高级工程师唐长增，总工程师、高级工程师刘波，高级工程师黄日娟分别作了《数字城市建设：测绘发展新机遇和新挑战》、《数字广西地理空间框架建设与应用》、《数字广西地理空间框架数据更新机制探讨》等学术报告。

为加快 2000 国家大地坐标系的推广应用，广西测绘地理信息局与广西基础地理信息中心签订项目责任书，开展以北海市和柳州市为试点的基础测绘数据转换工作。2013 年完成百色市、钦州市、玉林市等三地的 1∶1 万 3D 产品的坐标转换合计5056幅，覆盖面积约为1.5万平方千米。10月，组织举办了2000国家大地坐标系推广应用培训班，对来自全自治区14个地市的测绘行政主管部门及自治区测绘地理信息局直属各单位的80余名主要技术人员进行培训。11月6日至7日，由中国测绘学会主办的2000国家大地坐标系推广应用培训班在桂林市举行。来自全国各地的测绘地理信息科技工作者200多人参加了培训。

【科技创新助推重大测绘项目进展】 地理国情普查　2013年2月，广西测绘地理信息局向国家测绘地理信息局申请将钦州市钦南区作为第二批地理国情普查试点；3月，组织项目承担单位参加国家测绘地理信息局举办的地理国情普查第二批试点启动暨技术培训会；6月，广西地理国情普查试点（钦南区）项目完成并提交国家测绘地理信息局验收；7月24日，自治区人民政府成立广西第一次全国地理国情普查领导小组，由自治区党委常委、自治区副主席林念修担任组长，自治区26个厅局为成员单位。9月23日，广西第一次全国地理国情普查领导小组第一次会议召开，会议讨论审议了《广西第一次全国地理国情普查实施方案》和《广西第一次全国地理国情普查领导小组成员单位职责分工》。自治区人民政府批准广西第一次全国地理国情普查经费采取按预算总额控制、据实核拨的办法，落实项目经费4.3亿元。

数字广西和数字城市地理空间框架建设　《数字广西地理空间框架建设方案》经广西发改委同意立项，落实项目经费2.7亿元。全自治区14个设区的市，全面开展数字城市地理空间框架建设。北海市、柳州市、河池市、钦州市列入国家试点城市；百色市、玉林市、贵港市、来宾市、防城港市列入国家推广城市；贵港市、来宾市、崇左市、梧州市列入2012、2013年少数民族地区专项，南宁市、桂林市、贺州市已在政府立项并正在开展项目准备工作。“数字贺州”已列入国家测绘地理信息局数字城市地理空间框架建设推广项目。

天地图建设　天地图是国家测绘地理信息局主导建设的国家地理信息公共服务平台的公众版，是中国区域内基础地理信息数据资源最全的中国自主互联网地图服务网站。建立“天地图·广西”更新机制和数据共享与定期交换机制，完成了14个设区市城区矢量地图的更新和影像电子地图的更新以及地名地址数据更新，在原地名地址数据基础上增加10万个。“天地图·柳州”、“天地图·百色”、“天地图·北海”已完成省级审核，12月向国家测绘地理信息局提出接入主节点申请。

广西CORS基础设施建设　广西CORS基础设施建设项目的实施已进入最后安装调试阶段。截至11月末，广西CORS项目，除国家级站点外，所有64个站点已经全部完成土建工作，并安装设备。全部站点已经通过网络接入数据处理中心，进入系统试运行状态。广西CORS二等水准联测和成果验收工作已全面完成。

国家现代测绘基准建设　由广西测绘地理信息局承担，第一项是10个连续运行基准站的建设工作，全部站点已经进场施工；贵港、田东、容县、博白、桂平等7个站点已经基本完成；全部站点年度内完成并安装设备调试进入到自治区测绘地理信息局数据处理中心。第二项是广西境内的589千米的一等水准联测工作，截至12月末，已经完成其中544千米一等水准联测工作。

国家海岛（礁）测绘一期工程（927工程）　由广西测绘地理信息局承担，负责的合浦西场、北海铁山港、涠洲岛等3个GNSS连续运行跟踪站已经全部完成验收，并通过了国家927工程项目部的现场验收，基准站已经开始正式运行，最终成果资料已移交国家927工程项目部。另一项任务是海岛（礁）1∶5000比例尺测图54幅，外业调绘、入库数据及成图数据已经通过验收，所需上交成果已经移交国家927工程项目部。

边远地区、少数民族地区基础测绘经费补助项目　“数字崇左”、“数字梧州”、广西边远地区1∶1万DLG生产等3个项目获2013年度边远地区、少数民族地区基础测绘经费补助项目，并得到国家财政部、国家测绘地理信息局批准，共获得国家财政650万元经费支持。截至2013年底，“数字崇左”项目技术设计书已经通过评审，项目正在按计划实施建设中；“数字梧州”正在编写项目技术设计书，准备进行项目技术设计书评审工作；广西边远地区1∶1万DLG生产已经安排自治区测绘地理信息局直属单位进行项目生产。

【科技交流与合作】 全国测绘科技信息网中南分网第二十七次学术信息交流会　2013年9月，广西测绘科技信息站成员单位12名代表，赴湖北宜昌市参加全国测绘科技信息网中南分网第二十七次学术信息交流会，参加交流论文25篇。《基于MapWin GIS的光盘地图程序开发》、《弧形建筑物立面图的获取方法研究》两篇论文获一等奖；《Arc GIS Engine 的海洋管理电子地图快速开发》、《基于 Arc GIS 的 DEM 三维分析实践》、《利用 Worldview 卫星影像更新海岛（礁）基础测绘数据》、《"数字城市"地理空间框架建设调研方案研究》等四篇论文获二等奖。

广西遥感学会 2013 年学术年会　10 月 19 日，广西遥感学会 2013 年学术年会在南宁举行。来自全自治区测绘地理信息、国土、气象、地质矿产、教育、林业、规划建设、水利电力等行业近 40 个单位的 160 多名会员代表参加了学术年会，提交大会论文 38 篇。特别邀请中国测绘科学研究院地图学与地理信息系统研究所所长、国家测绘地理信息局地名研究所所长、博士生导师、国家科技部中青年科技创新领军人才、国家测绘地理信息局首批科技领军人才李成名研究员到会作了《智慧城市时空信息云平台技术实现与应用》的专题报告。广西师范大学副校长兼计算机科学与信息工程学院院长、博士生导师、国家千人计划特聘专家、广西首批高校跨世纪人才张师超教授，在会上作了《大数据（RD）划分》的专题报告。广西气象减灾研究所副所长、高级工程师钟仕全、桂林市测绘研究院副院长、高级工程师方辉、广西师范学院副教授黄秋燕等八位专家、学者、青年科技骨干分别进行《多源卫星遥感综合应用发展的思考》、《喀斯特地区轻型飞机低空数字航拍生产大比例尺地形图实验》、《基于 tvgabor 的高分辨率农田信息提取方法》等论文的学术交流。

"靖江王陵三维数字化系统"项目通过验收　2013 年 11 月，"靖江王陵三维数字化系统"项目通过验收。项目利用三维激光扫描、无人机低空遥感、计算机虚拟仿真等数字空间技术，在数字空间中完整而精确地记录并展现靖江王陵的现状。项目验收专家组成员由中国工程院院士、中国测绘科学研究院名誉院长刘先林、桂林理工大学副校长周国清教授、广西考古与文物保护研究所所长林强、桂林市文物局局长林京海、桂林理工大学刘立龙教授组成。验收专家组认为：项目在融合多源数据的陵墓类大型遗址高精度建模工艺流程、面向复杂模型高精度纹理重建的在线纹理采集与快速映射技术、三维高真实感实时渲染技术在大型陵墓遗址场景的应用方面的研究取得了重大创新性成果；项目成果对靖江王陵文化遗产的保护、考古、信息化建设、旅游、文化传播等方面有着重要的意义，并可推广至国内其他皇陵和王陵遗址中，潜在应用价值巨大；项目成果优秀，一致同意项目通过验收，并建议加大本项目成果在文化遗产保护、传承中的推广应用。

《广西测绘与遥感》　是由广西测绘地理信息局主管，广西测绘学会、广西遥感学会、广西测绘科技信息站主办的反映广西测绘地理信息科技动态和学术、技术交流的自治区级综合性技术性刊物。2013 年，编发两期 3500 余册，共刊出"领导声音"8 篇，"测绘动态"17 篇，"技术探讨"10 篇，"经验交流"12 篇，免费发送会员学习交流。

（曾玉强）

环境保护科学技术

【概况】　2013 年，广西环保科技工作深入贯彻落实《广西壮族自治区环境保护和生态建设"十二五"规划》和《广西壮族自治区科学技术发展"十二五"规划》，着力建立和完善环境管理科学决策支撑体系，加强环保科技创新能力建设，大力开展环境基础性研究、污染减排关键技术攻关以及先进技术的示范应用，提升广西环保科技水平，建设具有广西特色的环保创新体系。广西环保科学技术在组织管理、机制创新、示范工程推进和支撑等方面取得跨越式发展，为广西的污染减排、生态环境保护工作发挥技术引领和支撑作用。

【科技机构与队伍建设】　至 2013 年末，全自治区有广西环境保护科学研究院、广西环境监测中心站、广西辐射环境监督管理站、广西海洋环境监测中心站、防城港金花茶国家级自然保护区管理处、广西合浦儒艮国家级自然保护区管理站，以及市、县环保科研所、监测站等共 233 家环境保护科研、监测技术单位。环保系统科技机构科技人员共有批准编制数 3178 人，实有科技人员 3455 人，博士学历人数 14 人，硕士学历人数 395 人，具有高级专业技术职称 349 人，中级专业技术职称 1011 人，初级专业技术职称 855 人，高中级技术人员占比为 61.4%。2013 年，广西搭建自治区内外知名专家及其团队、知名院校对环保管理和科技服务提供技术支撑的强大平台，环保科技人才队伍结构得到扩展，技术水平得到进一步提升。首次成立环境保护专家咨询委员会，首批特聘专家由中国工程院孟伟院士、郝吉明院士等22名自治区内外专家组成，研究领域涉及污染减排与防治、生态环境保护、环境应急处置、核与辐射安全、环境规划、海洋与信息、清洁生产、环保产业等，并对广西环境保护事业发展中的战略性、全局性及重大环境问题开展调查研究；以自治区政府主席院士顾问团、院士工作站为载体，搭建环保科技研究新平台，促进广西环保科技创新能力的提高和人才队伍培养。2013年，广西“大气污染防治”、“环境科学”、“环境科学与近岸海域环境保护”3个院士工作站分别落户环境保护厅直属单位自治区环境科学研究院、环境监测中心站、海洋环境监测中心站；加强生态与重金属污染防治等领域的研究工作，建立广西培育区域生态合作和重金属污染防治科研平台。

【科技项目与经费投入】 2013年，广西各级环境保护科研、监测机构围绕全自治区社会经济发展和环境保护的难点和重点技术问题积极开展研究，领域覆盖生态、大气、水体、土壤、工业园区、污染物、污染源、污染事故、畜禽养殖、农村等多个方面，研究类型包括政策研究、基础研究、重大问题调研、治理技术、标准研究、环境规划等。广西组织自然科学基金项目、自治区本级科技研究与技术开发计划项目、广西重大专项、公益性行业科研专项、国家环保公益性行业重大科研专项和水专项等科研项目申报100余项。2013年，自治区级环保技术单位开展了《广西壮族自治区大气环境容量研究》、《漂白蔗渣浆废水减排及处理技术研究与示范课题》、《广西重金属污染综合防治对策研究》、《利用水泥窑无害化处理生活垃圾的技术开发与应用示范项目》等科学研究与技术研发、应用示范项目50多项，科研经费总投入7800余万元。市级环保科研部门开展了《南宁市木薯淀粉及木薯酒精废液资源化利用研究》、《南宁市机动车尾气排放超标治理技术路线研究与应用示范》、《农村连片整治污垃技术及运行机制研究》、《基于RS和地面监测的南宁市大气颗粒物(PM10、PM2.5)时空演变趋势研究》、《白泥堆场整治及综合利用技术调研》、《漓江桂林区段饮用水源地特征污染物的风险评估与预警》、《工业废水中污泥资源化利用技术研究及应用》、《金源稀土高浓度废水治理》等30多项科学研究，科研经费总投入近1500万元。

【科技成果与推广应用】 2013年，广西环保系统共取得科技成果10项（其中获授权专利2项），科技成果中获奖成果4项，其中获自治区级奖励3项。《广西壮族自治区大气环境容量研究》和《广西农村生活污染源核算体系研究与综合治理技术集成开发》2个项目获得广西科技进步奖三等奖；《广西钦州湾海洋生态系统健康及其保护和修复对策的示范研究》被认定为自治区级科技成果；《广西近岸海域水环境质量变化及保护对策研究》研究成果通过技术评审并被专家组认定达到国内先进水平；《漓江风景区沿岸城镇污水排放方案研究》评为桂林市科学技术奖励项目三等奖。《水质油类采样装置》和《一种带循环搅拌器的气压式沼气池》获得国家知识产权局颁发实用新型专利证书。2013年，研究完成《2014年广西科技计划环境保护专项指南》编制工作。在知名学术期刊上发表学术论文20多篇，其中《基于3S技术的桂林南溪河污染监测与评价研究》，获环境类中文核心期刊《中国环境监测》杂志2012年度优秀论文奖。2013年，发布并实施广西首个地方环保标准《甘蔗制糖工业水污染物排放标准》，实现广西环保地方标准零的突破。以严格的环境标准，促进制糖产业结构调整，为制糖产业持续发展腾出发展空间。在科技成果应用方面，以生态保护和污染防治为重点，开展一系列科技研发及成果推广应用工作。开展广西近岸海域水环境质量保护、海洋生态系统健康及其保护和修复、环境遥感与电子地图在环境监测和管理中应用、空气污染AQI发布系统建设、火电机组和大型旋窑水泥生产线脱硝工程项目等技术应用与工程建设。开展农村环境连片整治示范工程，集成开发广西农村地区生活污染综合治理技术，并发布《广西农村生活污水处理技术指南》(2013年）和《“美丽广西·清洁乡村”“清洁水源”专项活动技术指南(试行)》；组织开展“美丽广西·清洁乡村”先进适用技术名录筛选工作，推进集成示范淀粉废水治理和清洁生产新技术集成示范，为广西污染物总量减排、污染防治和环境风险防控等工作提供了有力的技术支持。

【环境监测体系工程建设】 2013年，广西投资7000余万元用于全自治区各级环境监测站标准化建设、重金属监测能力提升、重金属环境监测预警、空气质量新标准能力建设、业务用房建设等方面，使广西环境监测基础能力得到持续加强。

在环境质量自动监测网络方面，全自治区已经建成37个水质自动站和16个近岸海域水质自动监测站，实现对全自治区主要河流、跨界断面和广西近岸海域24小时自动监测。全自治区10个非环保重点城市各完成1个空气自动监测点位的设备安装调试，开展了PM2.5等6项指标的试运行监测，具备了实时发布AQI等7项指标的能力。在南宁市建设机动车排气污染数据监控管理系统建设项目、水质自动监测站建设项目、环境噪声自动监测系统项目、《中国西部中心城市——南宁市环保基础设施建设项目》——空气中有机物在线监测系统和更新现有空气自动监测站项目、电磁辐射监测仪器设备项目、核与辐射环境应急监测调度平台及快速响应能力建设、重金属污染防治监测能力建设项目等。通过每年的农村环境质量试点监测与土壤环境例行监测工作的开展，逐步建立了土壤环境监测体系网络。通过每年的广西生态环境质量监测工作的开展，建立了初步的生态环境监测体系网络。

【环境监测技术应用】 开展《南宁市城市饮用水水源地现状调查及安全保障对策研究》项目研究，主要剖析南宁市水源地面临的严峻形势，开展水环境质量预测、潜在环境风险分析。应用《南宁市城市饮用水水源地现状调查及安全保障对策研究》成果，在南宁市饮用水水源地安全大排查、水源地综合整治、内河截污整治、自治区重大项目邕宁水利枢纽建设、备用水源建设、以及广西饮用水水源保护区立法等方面起到很大的推进和指导作用。利用全自治区环境监测网络，尤其是自动监测网络建立起跨界流域预警监测机制，已逐步建立起跨界水污染的应急响应、联合监测、数据确认、信息共享与通报机制，并与广东省环境监测中心建立了跨省应急监测联动工作机制，区域污染预警能力得到提升。坚持监测技术为环境管理服务，组织全自治区各级环境监测站开展城市空气、酸雨、地表水、辐射、噪声和近岸海域（水质、沉积物、生态）等环境质量监测，开展国家重点监控企业污染源监测等专项监测工作，强化环境质量和污染源信息发布，对外发布环境质量月报、全自治区环境状况公报和污染源信息及年报。

【工业污染防治科技】 以污染减排为核心，主要行业污染物控制技术研究取得较大进展。针对水泥、淀粉、制糖、酒精、制浆造纸、氮肥、冶炼、火电、陶瓷等主要污染行业开展了污染治理技术研发，初步掌握了一批先进生产工艺和技术，木薯淀粉清洁生产技术示范项目建设、尾矿库废水综合治理工程、锌锰干电池生产废水治理工程等一批污染控制技术得到应用示范。积极开展木薯淀粉清洁生产技术示范项目建设，指导广西武鸣县安宁淀粉厂建设年产2万吨规模的示范工程，通过清洁生产技术创新与进步，从生产过程的源头进行一系列的工艺技术改造，实现源头削减污染物排放量的重大突破，为小微企业污染防治、产业升级和提高环保准入探索新道路。针对广西水泥行业氮氧化物减排，可持续发展的重要任务，推进水泥企业脱硝减排工程，全自治区大型干法水泥生产线建设脱硝设施。同时，宣传推动《水泥工业大气污染物排放标准》（GB4915－2013）新标准的执行。2013年，自治区内已建成投产的34条水泥生产线 SO_2 排放限值全部达到新标准要求，达标率93.8%。企业形成较好减排效益，有利于促进广西水泥行业的持续发展。

【城市环境综合整治科技】 针对城市大气污染、生活污水、垃圾处理存在的突出环境问题，开展了环境保护对策研究。开展《漓江风景区沿岸城镇污水排放方案研究》、《南宁市交通环境下大气污染特征及防治研究》、《南宁市机动车尾气排放超标治理技术路线研究与应用示范》等大气污染防治研究。为增强环境保护前瞻性、针对性，将饮用水安全、海洋环境列入重大研究课题，组织开展《广西饮用水水源地环境现状调查及保护对策研究》、《广西近岸海域水环境质量变化及保护对策研究》、《南宁市饮用水水源地安全保障对策研究》和《南宁市主要河流持久性有机污染物污染现状调查与控制对策研究》、《南宁市饮用水源地重金属污染现状调查、风险评估与预警体系研究》等，其中《南宁市饮用水源地重金属污染现状调查、风险评估与预警体系研究》课题针对南宁市饮用水安全问题，对南宁饮用水源地及备用水源地水体中不同种类金属元素进行风险评估，并研究建立重金属风险预警体系，为管理部门更好的规范管理企业环保措施实施情况，对南宁市饮用水源地的安全监控起到重大的作用。以上课题研究有两个达到国内领先，一个达到自治区内先进水平。

【污染减排工作】 2013年，广西以科学技术为推手，推进重点领域重点行业污染减排工作。列入2013年计划的10家火电企业15台燃煤机组脱硝工程完成13台；列入2013年计划的18家水泥企业的32条水泥生产线脱硝设施年内全部完成。此外，列入2014年脱硝计划中的9条水泥生产线，有3条脱硝设施提前建成。畜禽养殖业减排取得积极进展，结合“美丽广西·清洁乡村”活动，在广西开展“清洁养殖”专项活动，完成938项规模化畜禽养殖业减排项目。以污染减排和重金属污染治理为核心，大力开展重点企业清洁生产审核，推行清洁生产技术，从源头上减少污染物的产生，促进污染治理设施的达标排放。2013年，广西共发布重点企业清洁生产审核企业139家，67家企业完成了重点企业清洁生产审核评估，36家企业完成重点企业清洁生产审核验收。同时积极开展木薯淀粉清洁生产示范项目建设，通过清洁生产技术创新与进步，从生产过程的源头进行一系列的工艺技术改造，实现削减污染物的排放量，为木薯酒精淀粉行业产业升级和提高环保准入奠定基础。2013年，广西化学需氧量计划减排项目1178项完成1177项，完成率99.9%；氨氮计划减排项目1150项完成1149项，完成率99.9%；二氧化硫计划减排项目38项完成38项，完成率100%；氮氧化物计划减排项目45项完成43项，完成率95.6%。

【流域区域生态保护科技】 在流域区域生态环保领域，组织自治区内外科研机构开展了广西大气及地表水环境容量、河流水库污染综合治理与生态修复、污染土壤风险评估与生态修复、农村生活污水处理工程示范、流域水环境突发事件应急处置技术等一系列项目研究，为防止或减轻人类活动造成的生态环境影响，防范生态风险提供科学依据与技术支持。开展广西近岸海域环境监控与预警系统开发研究、广西近岸海域水环境质量状况及保护对策研究、近岸海域水质自动监测技术规范、钦州湾浮游植物群落变化对海洋浮游动物的生态环境效应研究、广西近岸海域赤潮的自动在线监测及预警模式研究、广西涠洲岛与华南沿岸造礁珊瑚温度耐受性差异等研究。其中《广西近岸海域水环境质量变化及保护对策研究》分析广西近岸海域及各重点海湾环境质量状况及变化趋势，污染物入海量及变化趋势以及两者之间的响应关系，区域的主要污染源等，从污染源、环境质量、环保基础设施建设、环境风险、环境监督、产业布局、环境容量等方面，针对性地提出了防治环境污染，保护海洋生态环境，降低环境风险对策及优化产业布局的建议，对于加强广西沿海地区生态文明建设，保护海洋生态环境，保障广西北部湾经济区持续健康发展具有深远意义。该成果通过技术评审并被专家组认定达到国内先进水平。《广西钦州湾海洋生态系统健康及其保护和修复对策的示范研究》对钦州湾及广西近岸海域生态保护和修复提出了一些针对性的对策和措施，该研究成果被认定为自治区级科技成果。

【重点工程与重大科技进展】 铅、锌工业污染物排放标准实施评估　属于2013年环境保护部重点标准制修订项目，该项目由环境保护部评估中心牵头、广西环境科学研究院和陕西省环境监测中心站共同承担，通过对铅、锌工业污染物排放标准实施情况进行跟踪，紧密结合标准与铅锌行业生产工艺的特点，提出合理的修订和实施建议，为广西涉重金属行业，尤其是铅、锌工业的污染物控制管理提供依据。项目工作已基本完成。

广西饮用水水源地环境现状调查及保护对策研究　是环境保护厅根据2013年1月召开的“全区环境安全形势分析会”提出的研究课题之一。在对广西194个县级以上集中式饮用水水源地开展基本情况调查的基础上，掌握了饮用水水源地基础环境现状及周边污染源，分析了水源地存在的问题及其原因，从政策法规、管理机制、区划选址、点源整治、面源治理、清洁乡村、监测能力、备用水源、隔离防护、风险防范等方面提出了五大对策措施，并提出了保护区划分和取水口调整、排污口及违法企业整治、桉树林改造、水源地农村环境综合整治、备用水源地建设、保护区防护设施建设、水源地水质自动监测建设、环境风险防范控制八大工程措施清单。该项成果对促进广西饮用水源地环境管理工作的规范化、制度化和科学化，对进一步加大饮用水源地管理力度，提升管理水平，降低水环境风险，保障饮用水安全具有十分重要的意义。课题研究成果达到“国内先进水平”。

广西大气PM2.5特性及控制对策研究项目　是针对灰霾天气污染，由广西环境科学研究院联合复旦大学环境与工程系、南宁市环境监测站组织开展的课题研究。研究表明南宁市灰霾天气污染物贡献源主要为本地排放源，有别于长三角、京津冀等外来源输送情况。

广西壮族自治区地方标准——甘蔗制糖行业清洁生产评价指标体系　是广西质监局“2013年第十二批广西地方标准制定（修订）项目”中两个环境保护标准之一。通过企业调查、收集行业相关资料、文献检索、专家咨询等方式，掌握广西甘蔗制糖企业的生产和主要污染物产生现状。在分析广西甘蔗制糖企业的生产现状和《清洁生产标准甘蔗制糖业》（HJ/T186－2006）在执行过程存在问题的基础上，重新制定广西甘蔗制糖行业清洁生产评价指标体系。能够给予广西的甘蔗制糖企业开展清洁生产提供技术支持和导向；能够给予环境管理、环境影响评价以及制糖企业清洁生产审核提供重要依据；能够促进广西制糖工业产品结构调整，向规模化、集约化发展，促进“十二五”减排的实施。

【科技交流与合作】　2013年，广西环境保护厅加强与国家高层科研单位以及自治区相关单位的密切合作，加强环保重点的科技研究力量。与中国环科院制定双方战略合作协议，开展广西环保科研合作，确定北部湾沿海环境风险与预警系统技术研究、广西典型区域重金属污染防治研究、广西农村环境污染防治技术与政策研究、南宁木薯淀粉酒精清洁生产示范工程4个首批重点研究的项目；与复旦大学环境科学与工程系签订了科技合作框架协议，共同开展《广西大气PM2.5特性及控制对策研究》和《广西城镇化环境问题与对策研究》，吸取先进前沿技术，借助外力充实广西环保科研技术和科研成果，为管理决策服务；与广西科技厅建立了厅际工作会商制度，促进双方的环保科技项目合作，围绕“十二五”节能减排、生态文明建设等重点任务，共同组织推动全自治区环保科技研究与科技进步；加强产学研模式的结合，与中信大锰矿业有限责任公司等涉重金属企业签订项目合作协议，共同开发重金属污染防治技术。在国际合作方面，组织实施大湄公河次区域核心环境项目二期申报工作；组织广西环保企业参加澳门国际环保合作发展论坛及展览活动，开展环保技术对外交流与合作；2013年9月，以“区域绿色发展转型与合作伙伴关系”为主题，在桂林市成功举办2013中国—东盟环境合作论坛，论坛落实了中国—东盟领导人会议提出的推进绿色经济、节能环保等领域合作倡议，推动实施《中国—东盟环境保护合作战略》和《中国—东盟环境合作行动计划》，加强了中国和东盟环保合作的国内外伙伴关系，成为中国与东盟各国在环境领域开展对话、促进交流、推动务实合作的重要平台。

（唐本红）

广播电视科学技术

【概况】　2013年，广西新闻出版广电局深入贯彻国家科技创新战略，继续贯彻落实科学发展观，促进科技与文化融合推进，加快多媒体全媒体发展，抢占传播制高点、把握发展主动权。大力推进科技创新工程，通过科技创新提升整体竞争实力。紧紧围绕安全播出和科技创新的主题，强化安全播出运行管理，构建完善安全运行保障体系，确保了全国“两会”的安全播出，圆满完成2013年桂台经贸文化合作论坛、广西党政代表团赴广东学习考察、中国—东盟博览会十周年等大型时政报道任务。在科技创新方面加大力度，转变发展方式，以此促进事业产业的发展，不断扩大广播电视节目的覆盖，提高公共服务能力。

【科技队伍】　截至2013年底，区级广播影视系统共有干部职工5734人，其中广西广电局机关公务员57人；广播影视事业单位管理人员408人、专业技术人员1458人（其中171人同时在管理岗位）、工勤技能和其他从业人员共1329人；公有经济企业经营管理人员1094人、专业技术人员2305人（其中同时在管理岗位746人、工程技术人员1727人）。事业单位、公有经济企业专业技术人员中聘任高级岗位或职务362人，中级专业技术职称1190人，初级专业技术职称1661人。

【广西人民广播电台】　2013年，广西人民广播电台在科技项目研发与投入中加大力度，并取得了多项科技成果。

智能轮盘类型化广播稿件管理及编排系统项目　项目总投入资金50万元，获得2013年度广西广播电影电视局科技创新奖科技成果应用与技术革新奖一等奖。基于智能轮盘组稿技术的类型化广播稿件管理系统主要是将编辑人员向系统中添加或导入的稿件按预先设定好的档期组稿规则进行自动组稿，并能兼顾手动组稿。系统按预先定义好的规则自动组稿后，编辑人员可以对稿件进行选用、替换或者撤销。系统会对经过审核、稿件未过期、稿件未被禁用、稿件的类型与定义的规则类型一致、稿件已过循环限制的档期或未被使用过等符合条件的稿件按照稿件最新优先、稿件使用次数最少优先的原则进行与自定义规则匹配的类型自动组稿，最后生成成品稿件播出单后，主持人可以根据自己的播出习惯，导出DOC文档进行打印播出或者在直播室的文稿电脑上，使用读稿器在线播出。

该系统的建设结合了广播频率的实际稿件采、编、排、播的情况，通过对日常稿件流程的仔细调研分析，打破传统稿件采集系统的模式，大幅提升记者编辑人员的采稿、编稿、排稿操作的智能化程度及工作效率，极大地提高了稿件流程的快捷性和准确性，同时，组稿策略的成型稳定让组稿能始终保持风格统一，确保节目稿件质量的稳定有序，维持频率的播出内容风格，并兼具有整体性的调整功能，极大地方便了频率的节目形式变更和改版，是广西人民广播电台类型化频率的支柱工具。根据统计，使用该系统的频道全年创收总额增加1576万元。

常用2D、3D视频格式与数字院线DCI标准兼容性研究及应用　项目总投入资金30万元，获得2013年度广西广播电影电视局科技创新奖科技成果应用与技术革新类二等奖。本项目涵盖了电影影像技术、2D to 3D转换技术、3D影像技术以及计算机软件设计网络应用等领域。项目的核心是基于对常用2D、3D视频编码格式及数字电影DCI标准的研究，在理论的基础上应用于设计的3D转换器及编码软件系统。

其中项目基于Sensio Side by Side技术，及深度搜索算法而设计的转制系统，实现非DCI标准的视频实时、便捷的以DCI标准进行数字电影放映。系统兼容多种常用2D、3D视频格式、可将不同标准接口（HD-SDI、HDMI）以及不同传输协议（Dual Channel、Single Channel、Sensio Side by Side、Line By Line、Side By Side、Check Board、Top/Bottom等）的视频流，转换成DCI标准符合数字院线播映的影片。利用这些技术，项目设计的硬件产品Trans3D转换器，可实时完成常用2D、3D视频的转换放映，具有扩展应用到卫星3D信号、高清数字电视3D信号等非DCI信号在数字院线的DCI标准3D直播放映功能。

数字电影编码系统集成应用了视频格式解析、RGB to XYZ色彩空间变换、MXF打包等技术。可将常用2D视频、Side By Side协议的3D视频进行JPEG2000格式转换、制作生成在数字院线环境下放映的DCI标准包。

项目应用的特点是创新性地实现了常用视频格式的3D实时转换及放映，实现了高清3D数字电视或卫星信号在院线环境下的直播放映。此技术应用在国内院线影院中属于首创，具有广阔的推广前景和经济效益。

在广西广电审片室中应用以来，实现了多部自制影片，交流视频的3D转换放映，实现了高清3D数字电视在院线环境中的直播放映。特别是2012年伦敦奥运会的3D赛事、2013年3D春晚直播放映，更是取得了巨大的成功。同时，项目的应用极大地扩展了影片鉴赏、审定的范围，丰富了片源，提高了审片室的使用效率。为广西的电影审片提供了更多更好的模式。体现了广西广电审片室在广西电影放映行业中的专业性和代表性。

海上应急广播试点项目的研究　该项目前期投入资金80万元，争取与国家海洋局合作，除了对广播海上覆盖项目进行了研究，并制定了可行的技术方案，对海上应急信息的发布、海上广播的覆盖都具有重大的意义，正在争取尽快进入实施阶段。

海上应急广播系统是个探索型开创式的项目，从规划、设计、建设到应用，都有很多新内容。在规划中应用到多项没有先例的技术，并且应急信息的发布、海上广播的覆盖都具有重大的意义。联合广西广播电视技术中心、广西广播电视学校进行了及时有效的准备工作，对诸多尚未接触过的技术内容进行多方了解和学习。根据掌握的情况和技术，提出了不少较为合理的规划建议，为下一步继续完成该项工作奠定了良好的基础。

《多功能热线安全控制器的研究与开发》获2012年国家广播电影电视总局科技成果应用与技术革新奖二等奖。《多格式全兼容高品质电影鉴定审片室》获2012年国家广播电影电视总局科技成果应用与技术革新奖三等奖。《基于全局动态负载和CAS内容寻址技术的全媒体聚合发布平台》项目获第六届王选新闻科学技术奖二等奖。《IP网络广播聚合服务平台及移动接收终端系统》获第六届王选新闻科学技术奖三等奖。《智能轮盘类型化广播稿件管理及编排系统》项目获2013年广西广播电影电视局科技创新奖科技成果应用与技术革新奖一等奖。《常用2D、3D视频格式与数字院线DCI标准兼容性研究及应用》项目获2013年广西广播电影电视局科技创新奖科技成果应用与技术革新奖二等奖。《基于STC12C5A32S2芯片可编程的多通道、多媒体声光展示控制技术研究》项目获2013年广西广播电影电视局科技创新奖科技成果应用与技术革新奖三等奖。广西人民广播电台制作的两个节目获国家广电总局技术质量奖（金鹿奖）二等奖，两个节目获三等奖；特别是广西人民广播电台第一次制作的环绕立体声节目《23号》获得了自治区广电局技术质量奖一等奖，打破了广西广播电视系统无制作环绕立体声的历史，成绩显著。其中，《今夜无人入眠》获得2012年度国家广电总局录制技术质量奖（金鹿奖）音乐类二等奖；《环保公益广告宣》获得2012年度国家广电总局录制技术质量奖（金鹿奖）广告类二等奖；《荆棘鸟在歌唱》获得2012年度国家广电总局录制技术质量奖（金鹿奖）语言类三等奖；《广西人民广播电台FM91.0兆赫》获得2012年度国家广电总局播出技术质量奖。

2013年重点推广了智能轮盘类型化广播稿件管理及编排系统项目的成果，完成系统升级定型后在广西电台多个频率进行推广应用，效果显著，经济效益明显。

【广西电视台】 2013年3月，广西电视台投资600万完成了媒资扩容改造项目，经过此次改造，媒资容量得到了大幅度扩充，系统进行了升级，增加了对高清节目的支持，重新布局子网接口，为推动广西电视台网络化播出奠定了基础。

2012年11月6日，投入资金5200万人民币建造广西电视台新闻演播中心，占地约600平方米，是广西电视台首个满足多样化新闻节目制作，可多角度、全方位摄制，开放式的全景高清新闻演播室，这也是广西电视台首个面向内容，定位于打造精品栏目、精品新闻，满足新闻直播常态化的集中分布式新闻演播中心。自广西电视台新闻演播中心2013年9月1日正式投入使用以来，包括《新闻夜总汇》、《广西新闻》、《新闻在线》、《壮语新闻》、《在线聚焦》、《新闻1230》、《资讯大直播》等7个栏目进入演播中心制作和直播。

基于云编辑的EPG全媒体汇聚高清网络视频制播发布系统 获2013年广西广播电影电视局科技创新奖工程技术奖二等奖，投入资金约200万元。2012年广西电视台对门户网站进行了重大系统升级和改版，升级之后采用了主流的H.264视频编码方式，彻底摒弃了沿用8年之久的WMV编码方案。2013年在此基础上搭建了全新的视频网站“美丽天下网”。2013年4月，这套支持视频在线收录和视频文件上传，通过在线编辑后转码生成所需要的格式，再发送到PC端和手机APP客户端，从技术架构上改变了原有的网站视频内容生产模式。新的编码方式大幅提高了网站视频的清晰度，全新的视频播放器实现了广西电视台所有频道的在线直播和七天时移回看，视频点播可根据用户网速情况自动切换适合的清晰度，用户体验得到极大改善。该系统正式启用之后，提高了网站工作人员的工作效率，引入的视频在线编辑子系统能够对素材进行拆分、合成、添加字幕LOGO等复杂的非线性操作；可以生成TS、MP4等多种封装格式的视频，符合国内外主流标准。2013年在该系统基础上重新制作了美丽天下网，并开发了《广西新闻》等手机客户端，以及为将来多屏视频广告系统的开发打下了基础。

多级冗余备份的电视台信源编码系统 获2013年广西广播电影电视局科技创新奖科技成果应用与技术革新奖一等奖，项目投入资金228万元。针对原来的信源编码系统“7＋2备份编码系统”存在隐患和不足，新系统通过对高新技术的创新应用，包括码流信号和编码信息的IP化传输，信源垫播备份编码等，使得系统结构更简洁、逻辑关系更明确，其全面IP化的信号传输模式能够让网管电脑实时监控系统中各台设备的工作情况，各路信号的技术指标和各条链路的信号走向，可以在系统任何一个环节出现故障时自动执行相应的应急处理方案。而包括设备、信号、链路和系统的全面的冗余设计，不仅解决了原7＋2编码系统只能够同时备份其中两路信源的技术瓶颈，还将备份方式实现到了系统级别。

信源编码新系统于2012年4月11日投入正式使用后，整个系统硬件部分工作稳定可靠；编码后节目质量进一步提高；网管系统监控软件运行稳定，操作简单，使用方便，调度灵活。实现信源编码工作高度自动化和智能化，提高了编码业务水平和工作效率。在减轻工作人员压力的同时，增强了播出和传输安全性。新编码系统已经正式投入运行以来，顺利完成了中国共产党第十八次全国代表大会、第十二届人民代表大会及政协会议、中国—东盟博览会和南宁国际民歌艺术节等重大活动的直/转播，验证了该系统设计合理，编码流程规范，符合高安全、高质量和高效率的播出和传输要求。

同时，该系统具有高可扩展性，为实现高效管理和节约成本创造了条件。该系统输出码流对接收设备具有良好的兼容性，能够被广西全区各接收站点设备成功解码，为系统升级改造提供了灵活性。系统中使用高性能传输流切换开关，既可以沿用原来性能尚好的信源编码系统，又可根据需要建设新的信源编码系统，形成系统级冗余备份，节约投资 185.4328 万元。同时，通过提高整个编码系统的可靠度和总控工作人员全年精心维护，减少了每年因故障停机停传时间从而避免了经济损失 280.7856 万元。累计实现经济效益 466.2184 万元。

随着电视业务发展需要，对安全播出和信号传输提出了更高的要求，广西电视台设计的全时 1∶1备份信源编码系统日益显示出良好的应用前景。

广西电视台高标清同播总控矩阵系统 该项目获 2013 年广西广播电影电视局科技创新奖工程技术奖二等奖，项目投入资金 827 万元。2010 年 7 月至 12 月，广西电视台完成了高标清同播总控系统项目建设，使系统具备高标清同播或高清播出的能力。新的总控系统具备高兼容性、高集成度、高网络化、高自动化、高安全度和高可操作性等特点。此次建设的总控系统，全新的结构设计和技术应用使得系统更安全可靠，能够全面支持处理各种类型信号，并具备充足的扩展空间和平滑升级能力；创造性对称式安装设备和电缆方式有效解决了机柜空间有限的问题；高度网络化和自动化的集中监控和操作方式，让系统运行和维护更加高效便捷。新总控系统与 2011 年 4 月 13 日正式投入使用，至今整个系统安全可靠，具备高度网络化、自动化与智能化，减少了人为误操作概率，减轻了值班人员的工作强度和精神压力，提高了工作效率，增强了播出工作的安全性。新系统顺利完成了中国共产党成立 90 周年庆祝大会、中共十八大、第十二届人民代表大会及政协会议、中国—东盟博览会和南宁国际民歌艺术节等重大活动的直播，也保障了日常电视节目的安全播出，达到了总局要求的停播率小于 3 秒/百小时，为广大人民群众提供了高质量的电视信号，具有较高的社会效益。

同时，该系统从设计到投入运行至今，通过利旧使用设备节约投资 164.5149 万元；通过提高系统可靠度和工作人员精心运维，减少因故障停机停播时间避免经济损失 545.3844 万元，总共实现经济效益 709.8993 万元。

广西电视台异地容灾克隆播出系统 获 2013 年广西广播电影电视局科技创新奖高新技术研究与开发奖三等奖，投入资金小于 10 万元。异地容灾克隆播出系统的建设，保证在突发状况下电视节目连续高质量安全播出，极大地提高电视台播出系统自身的容灾能力。广西电视台在搭建异地容灾克隆系统时是充分把原有老设备利用起来在同城异地建设一套精简的备份系统。

异地容灾克隆播出系统的建设，达到国际标准 SHARE 78 异地容灾第七个层次。搭建云计算模式下支持 SOA 体系架构的媒体数据处理中心系统平台。基于 socket 通讯方式的 GMP 容灾克隆代理服务。在独立播控域中使用完全虚拟技术整合多台策略执行工作站。

播控软件的硬件冗余策略——广西电视台多功能应急切换面板 获 2013 年广西广播电影电视局科技创新奖科技成果应用与技术革奖三等奖，项目投入资金 39 万元。根据原播控系统不足，广西电视台与设备厂家共同开发了与软件功能相冗余的多功能应急切换面板。将部分重要的软件操作功能移至应急切换面板，而且弥补了原软件系统无法在下一条切换至备硬盘信号的缺陷功能。集成了信号切换，键叠加，音量调节，面板锁，软件锁等功能与一体。加大了切换按键，增加了可自行设置的重要信号的按键发光色。多功能应急切换面板的使用必须与原播控系统的各相关设备上的协议控制协调一致。在 2009 年 11 月 28 日投入正式使用后，节约资金 111 万，整个系统硬件部分工作稳定可靠，各项功能运行稳定，操作简单，使用方便，调度灵活。

广西电视台字幕数据推送及矩阵无缝热备存储系统 获 2013 年广西广播电影电视局科技创新奖科技成果应用与技术革奖三等奖，新设备总投入 40 万元，启用旧式字幕机，节省 160 万元。本套系统已经成功应用到广西电视台播出机房，能完成八个频道每年 365 天每天 24 小时的字幕安全播出及应急任务，实现了网络字幕播出路径问题的解决，在字幕播出异常时能无缝应急，方便了技术人员的维护管理，极大提高了工作效率，优化了资源配置，保障电视台相关业务的顺利完成。

字幕数据推送及矩阵无缝热备存储系统系统在广西电视台运行一年多以来，系统稳定可靠，安全高效，维护简易。能够应对日常使用以及各种字幕异常和重大播出需求，完全达到了设计的目标和需求。有效保障了广西电视台的播出任务和安全。系统投入以来，极大提高了播出系统自动化、智能化的能力。为全台网的建设起到了积极的推动作用，具有良好的社会效益。

广西交通频道多备份异地播出系统 获2013年广西广播电影电视局科技创新奖科技成果应用与技术革新奖三等奖，项目投入资金230万元。该项目实现了专业频道电视节目编辑播出与异地传输编码，有效利用外单位相关资源与电视台播出技术相结合制作节目播出，提高节目播出的灵活性，实现电视节目播出形式的多样化，为电视节目合办播出提供了一种新的方式。该系统具有多手段监控、多备份保障安全播出的特点。在国内首次实现使用便携式移动设备监看播出信号和播出信号异地同步传输编码，以及编码前重要节目源多重备份。

广西电视台交通频道多备份异地播出系统经过一年的播出，系统稳定，无故障，多种监看及备份手段极大保证了播出安全。交通频道多备份异地播出系统的成功研发和应用，解决了广播电视播出系统设备异地播出，多角度监看播出等问题，其经验适应我国绝大多数电视台推广使用，为国内广播电视业界提供一个电视台与专业技术部门合作办节目的全新思路。该系统不仅为本频道创造丰厚的经济效益，其直播信号还多次被应用于本台其他频道的直播节目，其安全性，经济效益获得了领导及社会各阶层的一致肯定。该系统2012年7月正式开播，下半年该频道广告收入就达400万元，扣除设备投入230万元，该系统盈利达170万元，每年可节省12万元。

【广西广播电视技术中心】 投入资金55万元开展省级数字电视覆盖网智能测控系统及关键技术研究工作，自主研发的省级地面数字电视覆盖网智能测控试验系统，推动广西地面数字电视覆盖网建设，实现远程监控，做到可管可控，建设无人值守台站，节约建设经费。

投入资金20万元开展乡镇调频广播覆盖网建设和运维模式研究，项目成果应用于广西105个村村通广播电视乡镇无线覆盖工程建设，解决一批乡镇广播无线覆盖效果不好的问题，而且使广西乡镇调频广播网建设、运维更加科学有效，为乡镇农村调频覆盖建设提供了规范依据，具有很强的指导性。

投入资金20万元研发多路30瓦调频收转一体发射机，经济适用，稳定可靠，适合乡镇农村调频覆盖，具有很好的推广价值。

投入资金5万元研发多路调频发射机主备切换器，可靠有效的主、备发射机自动切换方式，可以大大降低停播率，提高安全播出能力，保障广播在乡镇农村得到有效播出。

投入资金30万元研发地面数字电视激励器，掌握了核心技术，节省了建设资金，可以更快地推进广西的地面数字电视的发展，加快整省（区）地面数字电视网络建设。

投入资金30万元完成科技创新项目19项，提高了广西广播电视技术中心自主创新能力，解决了一批播出设备存在的故障和隐患，提高了安全播出保障能力。

省级数字电视覆盖网智能测控系统研究 由广西广播电影电视局牵头，广西广播电视技术中心与中广电广播电影电视设计研究院联合开展"省级数字电视覆盖网智能测控系统研究"。该项目在已建成的全省广播电视发射台站远程智能控制平台基础上，结合地面数字电视系统特性，开展省级数字电视覆盖网智能测控系统及关键技术研究工作，为地面数字电视覆盖网特别是单频网建设、调试和优化提供技术支持。广西广播电视技术中心自主研发的省级地面数字电视覆盖网智能测控试验系统是集地面数字电视覆盖质量收测和对地面数字电视覆盖网进行控制于一体的综合系统，可实现对地面数字电视信号的实时远程智能收测和评估信号质量，能够对系统内的发射机运行状态和覆盖服务区域内的关键技术指标进行远程测控。中心监控平台软件可依据测试分析的结果，通过远程智能控制平台对无线覆盖网、单频网进行实时远程测试和调整优化。支持地面国标GB20600－2006定义的330个工作模式高速移动和固定收测。该系统已通过国家广播电影电视总局广播电视计量检测中心检测，各项功能满足设计要求。

乡镇调频广播覆盖网建设和运维模式研究 乡镇调频广播覆盖网建设结合节能减排技术，研究乡镇调频发射台建设模式；采用远程监控技术和自动控制技术研发多频率调频发射机主备机工作模式；按照无人值守的要求研究有效的发射台建设模式、运维模式，制定台站设备配置标准、设备工作模式、远程监控模式。确定了乡镇调频广播覆盖建设的技术要求、远程监控接口标准、远程监控体系，制定了《全区村村通广播电视乡

镇无线覆盖工程技术手册》。2013年运用此建设和运维模式建设了广西105个村村通广播电视乡镇无线覆盖工程台站，使广西乡镇调频广播网建设、运维更科学有效，资金投入更准确、更有效率，实现了台站整体远程监控监管，信息储存交换和台站的无人值守管理以及市县自办节目的进村入户，进一步扩大了农村广播电视节目的有效覆盖。

多路30W调频收转一体发射机 多路30W调频广播收转一体发射机包含调频接收解调、调制、功放、检测与控制、本地及远程客户端软件系统。一台发射机包含3个独立发射通道，可同时发射3套调频广播。采用接收解调再调制的方式，可同时将3个调频频率转换为另外任意3个频率，可远程实时改变接收和发射频率。该发射机的调频射频指标达到国家标准，监控参数详细多样，具有完善的安全保护机制。2013年，该发射机在广西乡镇调频广播覆盖工程105个站点安装使用了330台，工作稳定，运行良好，解决了105个乡镇收听不到广播节目的难题，扩大了调频广播的覆盖。

多路调频发射机主备切换器 多路调频发射机主备切换器采用磁保持继电器式同轴切换开关，双刀双掷四端口，带切换到位指示，可带功率快速切换主备发射机。基于Cortex-M3内核的多路自动控制设计，实现3路1+1或3+1主备发射机自动切换。可FM发射空中场强、调制度及发射机交流电输入功率进行检测，四种独立检测最终判断是否进行主、备机切换，安全可靠。现场手动、智能自动、远程遥控主、备发射机切换一体设计，方便高效。2013年，该切换器有210台应用到广西105个村村通广播电视乡镇无线覆盖工程台站，可靠有效的主、备发射机自动切换方式，大大降低停播率，提高安全播出能力，保障广播在乡镇农村得到有效覆盖。

地面数字电视激励器 自主研发的地面数字电视激励器采用面积优化技术，在单片FPGA上完成TS流的串/并转换、国标地面数字电视帧结构和信道编码调制。具有功能强大的数字基带校正单元，可对激励器本身以及发射系统中的各种误差与失真进行有效的校正，在确保发射系统性能指标的同时提高整个系统的效率。整机输出信号带肩和MER等各项指标满足并优于国标规定。具有远程监控功能，可实时远程调整激励器时延与各项参数。2013年分别在广西南宁、钦州、北海等地，将原使用的单频网激励器，用自主研发的单频网激励器成功地进行了替换，成功进行单频网组网实验。通过现场的发射试验，获取了该地区数字覆盖规划所必需的第一手实测数据，为广西未来地面数字电视建设打下了坚实的基础。

【广西广播电视监测中心】 完成农村公益电影放映监管系统项目的前期调研及系统建设方案规划设计工作。建立该系统可切实提高农村电影放映场次管理的时效性和准确性，有效地杜绝虚假场次和不规范放映，从根本上保障农村电影放映工程的有效实施。

自主研发的"自动锁定基于不同发射频率的同一广播节目的接收系统"已完成，准备申报发明专利，预计2014年试投产。该系统主要功能是，在全自治区驾驶车辆时，能自动接收同一广播节目，不需进行人工频率搜索，解决在不同区域很难人工搜索同一节目收听的问题。该系统填补了国内相关领域技术空白，未来将与汽车生产商合作，将该技术嵌入到车载收音机中，市场空间广大，前景可观。

完成广西IPTV监管系统的建设方案规划设计及技术攻关工作。该系统通过在广西IPTV节目集成播控、传输分发、用户接收等环节部署数据采集和监管系统，实现对IPTV音视频节目服务进行安全监管，形成完善的IPTV监管技术保障体系，确保IPTV业务健康、有序地发展。

数字移动通信网手机电视监管系统 获2012年度国家新闻出版广电总局科技创新奖高新技术研究与开发奖三等奖。该系统采用固定式全程监管和车载移动式EPG比对监管方式，对中国移动、联通、电信三个运营商在广西辖区内提供的3G手机电视直播/点播节目内容进行实时自动监管，对违规视频节目进行自动识别取证、热点热度节目舆情分析和统计，实现了三网融合下手机电视节目的有效监管。2013年共查获违规视频共272个，有效净化了手机电视屏幕环境。

广播电视安全播出智能化应急通信系统 获2013年度广西广播电影电视局科技创新奖高新技术研究与开发奖一等奖。该系统采用联通数字中继与公网电话互联，集电话调度、60方电话用户、视频会议、短信群发、传真群发、重要保证期自动值班点名、安播自动汇报、安播举报自动接收、卫星电话接入等功能于一体，极大地提高了广电部门的工作效率，提高广电部门处置突发事件的快速反应能力。

广播电视智能化移动监测车系统 获2013年

度广西广播电影电视局科技创新奖科技成果应用与技术革新奖二等奖。该系统具有广播电视信号覆盖情况分析、干扰信号发现取证功能，对无线模拟、数字广播电视信号进行移动式实时自动监测。2013年完成对全自治区广播电视无线信号覆盖的收测工作，共收集场强数据10145条，形成全自治区广播电视无线信号覆盖实测图，为管理部门提供了自治区属发射台、村村通转播台、西新工程转播台、市属发射台频率（频道）所在区域面积覆盖率和人口覆盖率数据，为无线覆盖工作提供了科学依据。

【广西广播电视信息网络股份有限公司】 2013年，公司科研经费投入1000余万元，科研建设项目4000万元。公司通过了《广西广电网络公司科技创新管理办法》，将科技创新工作以制度化和流程化的形式明确下来，在全公司范围内鼓励各种形式的科技创新活动。公司先后完成C－CMTS比较测试等多项科研课题，多元视界流媒体播控平台和IP数字化播出系统等项目获得广西广电局科技创新一等奖，若干项目分获二、三等奖的良好成绩。随着业务的开展，三网融盒、智能系统终端等科技成果逐步应用于市场，形成良好的、可持续发展的成果转化机制。

IP化数字电视平台项目 完成了具有自主知识产权的城网、农网IP化数字电视平台建设。该平台业务调度灵活，播出了170多套城网节目、170套农网节目和60套DTMB无线。覆盖全区300万城网数字电视用户、80万农网数字电视用户和3万户地面无线数字电视用户，平台可与多个异构系统对接实现节目的交换且具有高的安全可靠性。现与广电的VOD系统、内容集成平台和电信的IPTV多媒体平台等对接提供多种格式直播信号源，各市县的节目也通过该平台回传。该项目共产生了七个专利申请，其中两个申请获得了国家知识产权局颁发的新型专利证书。该项目获2013年度广西广播电影电视局科技创新奖工程技术奖一等奖。

农网双向网络建设建设项目 完成了广西农村网络220个乡镇点的双向网络建设。采用广电行业新推出的符合NGB规范要求C－CMTS技术及设备完成农村乡镇有线电视网络双向化，实现农村网络对互联网业务，双向互动业务的承载。党员远教系统就是通过乡镇双向网络实现农村用户党员远教节目的交互功能。该项目共产生了两个专利申请。2013年度参考HTML 5技术标准重新修订了《广西广电浏览器标准》，规范了机顶盒浏览器生产的技术标准，同期完成科技成果推广与转换项目8项：

时移扩容建设项目。在全媒体集成播控平台基础上，对时移电视进行了扩充，增加6套高清、11套标清电视的时移回看和实时时移，同时将原同洲VOD平台承载的21套时移电视节目也迁移至全媒体集成播控平台，并针对时移电视扩容迁移后的业务增长，提高各级网络的传输带宽，增加设备提高平台的存储及并发的容量，优化了全媒体集成播控平台的性能。

酒店多媒体应用系统。立足于双向数字电视网络，依靠全媒体播控平台技术，设计的酒店多媒体应用系统将数字视频、数字电视、电脑应用服务和酒店原有的信息服务、网络互动服务进行了系统整合，以酒店电视直播、点播业务为中心，提高视频点播影像质量；并提供更多更丰富的酒店业务信息服务内容，突出酒店服务功能、强化客房互动应用功能。形成一套理想的面向酒店客人的酒店信息服务运营系统。该系统在梧州国龙大酒店、南宁桃源饭店、南宁永恒酒店投入使用，取得了较好的经济、社会效益。

医院多媒体应用系统。医院多媒体应用系统可将各种图文、视音频信息以数字化的方式编辑制作，通过有线电视网络传播到指定的宣传发布点进行播出，以信息化方式进行集中管理，借助电视画面实现医患之间的沟通交流，达到了信息的定向发布、实时更新、综合应用和集中管理。极大的提高医院的信息发布水平和医疗服务水平；提升医院形象并提高患者就医满意度，为医院集团客户提供高质量的多媒体信息服务。至2013年底，该系统已投入自治区人民医院使用，取得了良好的效果。

党员远程教育系统。利用行业子系统的功能延伸开发党员远程教育系统，实现自治区、市、县三级党员远教页面定制、信息发布、视频点播直播以及收视调查等功能。该系统为永福县组织部制作永福党员远教系统，系统演示效果得到了中组部、广西远程办的肯定，确定在广西范围内推广广电模式的党员远教新方式。

二代三网融合机顶盒研发。2013年初，为适应国家三网融合大战略实施背景下愈演愈烈的信息文化产业竞争环境，该中心制定计划研发新一代高清3D三网融合机顶盒。为了丰富三网融合机顶盒的品种，该中心特研发了第二代三网融盒，该款机顶盒采用 Ali3701H 芯片，独立的 CM 模块和 WiFi 模块，在 CM 的稳定性和 WiFi 的强度方面都有了很大的改善，至 2013 年底，该款产品已经批量生产并且投入市场。

Android 智能机顶盒研发。为了适应三网融合 IPTV、OTT 等竞争环境和公司业务发展的需要，研发中心终端产品部开始启动了 Mstar6A801BD 和 BCM7241 两款不同芯片的 android 智能机顶盒，android 机顶盒除了拥有目前三网融盒所具备的一切功能外，还有最新的同屏操作、同屏镜像、多屏互动等新体验新功能，并开始立项搭建电视商城、应用市场、飞信等主流子系统作为 android 智能前端平台的支撑运营系统，系统代码正在研发当中，小批量样机已在测试试用。

第二代基本型高清机顶盒项目研发。第二代基本型高清机顶盒主要与前一代基本型高清机顶盒相比，有成本低、速度快等优点，除拥有上一代普通高清机顶盒的功能外，还支持 EPG 广告、支持高清浏览器、同时能够使用在农网、城网两个平台。至 2013 年底，该款产品已经批量生产并且投入市场。

国芯 GX3113B 标清机顶盒研发项目一期、二期。因为富士通 MB86H06 方案机顶盒的主芯片供应问题，导致农网数转所用的机顶盒供不应求。为解决该矛盾，研发了一款新的适用于城网、农网的标清机顶盒，该方案采用国芯 GX3113B 做为主芯片，一期软件的主要功能为看电视、听广播和看 NVOD 等。二期软件主要是在一期的软件上添加了股票、浏览器功能和 EPG 广告等功能。至 2013 年底，该款产品已经批量生产并且投入市场，主要使用于农网数转。

【采编播控技术】 广西人民广播电台有 6 套节目通过广西广播电视专用光缆和卫星两种方式高质量地把广播节目传输到全区各地覆盖，全自治区广播人口综合覆盖率达到 92%。

广西人民广播电台自主研发的“全域智能化广播台网”项目荣获国家广播电视总局颁发的“2011 年科技创新一等奖”，数字化水平跃升全国广播先进行列，在节目制作、存储、播出、传输等环节，已经全部实现数字化。

广西人民广播电台建有 10 个数字化直播机房、14 个数字化录制机房，1 套专业级演播室视频系统和国内一流的播控中心；拥有全国一流的卫星数字广播直播车；强大的网络系统、超大规模的磁盘存储系统构成了一个丰富多彩的音频资料库，为各类广播节目的制作和播出提供了便利。

全年全台总播出时间 41067 小时，停播率取得了百小时 0 秒的好成绩，各频率都实现安全播出，全台全年没有发生停播事故和人为责任事故，远超出安全播出任务指标，圆满完成安全播出任务。

广西人民广播电台制作的两个节目获国家广电总局技术质量奖（金鹿奖）二等奖，两个节目获三等奖；特别是第一次制作的环绕立体声节目获得了广西广电局技术质量奖一等奖，打破了广西广播电视系统无制作环绕立体声的历史。

广西电视台播控部播控科完成用两台 Tandberg E5710 编码器对 CCTV－1 节目进行固定码率编码后再送入编码 1 系统复用器的改造项目，解决了编码 1 系统复用码流带宽因为 CCTV－1 节目码率变动而超上限的问题，保证编码 1 系统运行稳定可用。

5 月开始，制作网和播出网间正式开始进行网络送播节目文件，互联互通开始实质性运行，并于下半年逐渐扩大送播节目的范围，迈出了网络化、文件化进程重要的一步。6 月，完成了增加两高清通道自动技审模块和两文件技审服务器项目，并相应升级了应急上载软件。

广西电视台播控部上载科和大洋研发人员一起，完成了对蓝光驱动器文件上载软件的改进升级工作，实现了在同一软件界面完成：蓝光盘文件先打点后导入功能，网络送播文件导入功能以及文件与节目单绑定功能，提高了工作效率。

广西电视台播控部传送科完成 ku 波段卫星车双 UPS 电源改造；搭建三楼光纤网络机房，实现台内入出口双路由；搭建车库光纤直播点；二楼综合机房增加了四路电缆信号，保证 1000 和 600 平方米演播室信号的固定传输，实现双路由传输。

广西电视台新媒体部技术维护科开发制作了全新的《广西电视台节目单在线编排系统》。以网络为依托，运用计算机网络技术和数据库技术，以信息资源的整合开发利用为核心，建成一个功能比较齐全、信息资源整合共享的节目单在线编排系统，以满足广西电视台节目单在线编排网络化、数字化的需要，为广西电视台数字化管理、无纸化办公提供了基础支持。该系统可以实现同步网站和手机客户端电视节目表，并提高该台各频道节目编排效率。

广播电视无线覆盖网技术　采用多任务队列处理与跨平台代码编程技术，多级管理平台通信技术，发射台监控通信技术，单频网络监测技术和地面数字电视信号采集与数字电视码流分析技术，实现地面数字电视覆盖质量收测和对地面数字电视覆盖网进行控制。

采用网络通信技术、远程监控技术和自动控制技术，对台站设备进行实时远程监控，实现无线发射台站无人值守、远程监控、自动派发维护工单的运维模式。

采用共源信号传输技术，在县级网络机房通过光缆将统一调制的 9 路调频传到全县域各乡镇发射台。

采用嵌入式技术，成功研制多路 30W 调频收转一体发射机、地面数字电视激励器、多路调频发射机主备切换器、地面数字电视收测仪等设备，监控内容全面详细。

广西广播电视监测中心采用基于 CPCI 总线的嵌入式监测技术，建立了嵌入式模拟及数字广播电视监测系统。至 2013 年，完成 4 个省级前端、14 个市、7 个县共 25 个监测采集站点设备的升级改造，完成对模拟广播、模拟电视、DVB - C/T/S、CMMB 的监测。系统具有简约化、无缆化、标准化、免维护性能，提高了系统运行的稳定性、可靠性。

【科技合作与交流】　广西人民广播电台全域智能化台网项目建设完成后，成为全国广播行业第一家全面完成数字化台网建设的广播电台。2013 年，中国国际广播电台、北京人民广播电台、重庆人民广播电台、湖南人民广播电台等国内同行多次到我台进行技术交流与学习。

广西电视台新媒体部网站与技术管理办公室、新闻中心制作科及制作部、播控部保持着密切合作，网站目前收录的电视信号来源于播控部，网站上传的自办新闻稿件来源于新闻中心制作科。在台外方面，网站和 CNTV、柳州台同行保持密切沟通。新媒体部技术人员前往上海百视通、江苏卫视、南京有线网络，以及杭州 19 楼、淘宝网等知名互联网公司参观考察，在运营理念和技术方面进行交流。

由广西广播电影电视局牵头，广西广播电视技术中心与中广电广播电影电视设计研究院联合开展“省级数字电视覆盖网智能测控系统研究”。在项目牵头单位的组织协调下，广泛调研，整合新技术、方法和试验测试方案，成功搭建了省级地面数字电视覆盖网智能测控试验系统，编写了详细的技术文档，顺利完成项目。

广西广播电视技术中心与广西大学加强科技合作，共同建立培养“电子与通信工程”领域工程硕士的教学实践基地，以产学研相结合的方式，为社会培养和造就高素质、高水平的具有创新能力的企业专门人才，同时提升技术中心科技研发能力。

广西广播电视监测中心与上海科江电子信息技术有限公司对 CMMB 监测技术进行多次技术研讨。与紫光软件系统有限公司对广告监管系统、广播电视监听监看系统、3G 手机电视监管、IPTV 监管技术进行多次技术研讨。与清华大学科研人员对云计算技术在广电监管的应用进行多次技术交流。与北京中科智网科技有限公司对农村电影放映监管技术方案进行多次技术研讨。与北京联基动力科技有限公司对广播电视信号覆盖预测、覆盖统计及覆盖图修正等方法进行多次技术研讨。

广西广播电视信息网络股份有限公司与华为科技有限公司、H3C 科技有限公司、爱立信科技有限公司、思华科技有限公司、烽火普天信息技术有限公司、杭州国芯科技股份有限公司、联想科技有限公司、CISCO 技术有限公司、美博通通信技术有限公司等技术先锋企业进行了行业发展前程探讨和技术交流，并派出公司技术骨干到北京、上海、杭州、深圳、陕西、湖南等省市广电网络公司学习新业务和运营经验。与北京世达科科技有限公司合作研发二代三网融合机顶盒。与深圳创维电子有限公司、飞利浦电子公司、深圳同洲电子股份有限公司合作研发数字电视一体机。

（蓝露萍）

医疗卫生科学技术

【概况】　2013 年，广西卫生系统坚持科学发展、创新思维，紧紧围绕自治区“十二五”科技发展规划等重大战略部署，坚持优化配置科技资源，提高科技成果利用率为工作重点，紧紧围绕 2013 年广西卫生工作会议精神和医药卫生体制改革工作，坚持以科学发展观统揽卫生科教工作的全局，按照深化医改责任分工与目标任务，有条不紊的开展医学科技创新、加强成果转化和卫生人才队伍建设等工作，促进医药产业的健康、持续、快速发展。

2013年，广西卫生厅认真贯彻国家重大科技战略部署，积极推进科技重大专项组织实施；集中精力紧抓重点，组织实施依托重点（建设）学科和重点科研课题培养医学杰出人才的战略；增添举措，加大基层医疗卫生人才队伍建设力度，切实深化医药卫生体制改革；统筹管理，保证各项卫生科技工作顺利开展。在学术队伍、科研水平、业务水平和人才培养等方面均取得了突破性的进展，进一步提高了广西医疗卫生服务水平，促进了广西经济社会发展，并对推动全局、协调广西卫生事业健康发展，增强卫生科技系统的整体素质和力量起到了重大作用。

【科技队伍】 2013年，广西卫生系统共有职工334999人，其中卫生技术人员240994人（执业医师和执业助理医师83342人，注册护士94814人），占职工总数的71.94%。

【科技项目与经费投入】 2013年，广西卫生厅受理申报114个卫生适宜技术研究与开发项目，组织同行专家对申报项目进行了函审，遴选确立了101项广西医疗卫生适宜技术研究与开发课题并给予研究经费资助。受理申报自筹经费科研课题896项，经组织同行专家评审，对其中789项批准立项研究，有效引导了广大医务工作者积极参与科研技术研究。

自筹经费课题。设立自筹课题，多渠道筹集科研经费，共受理申报卫生厅自筹经费科研课题共833项，经组织同行专家评审，共批准立项项目744个，极大提高广西医药科研水平。

【科技成果与推广应用】 大力加强科技项目实施力度，充分发挥科技对医疗卫生技术发展的支持和引领作用。截至2013年10月，广西卫生厅科研课题结题312个，共有133个科技项目申报了科技成果鉴定，其中达到国际领先2项，国际先进7项，国内领先64项，国内先进56项，充分体现了广西医学科研发展和重点学科建设的卓著成效。2013年，广西医疗卫生系统科研成果项目申报广西科学技术奖取得了振奋人心的成绩，获奖项目创历史新高，共有38项获得科学奖励，其中一等奖3项，二等奖16项，三等奖19项。同时，广西卫生科教管理学会今年共受理申报广西医药卫生适宜技术推广奖的项目共184项，评选出131项适宜技术推广奖，其中，一等奖15项，二等奖46项，三等奖70项。

广西医疗卫生系统共取得科技获奖成果14项，其中获广西自然科学奖二等奖1项，三等奖1项；广西科学技术进步奖二等奖5项，广西科学技术进步奖三等奖7项。

组织工程种子细胞的实验研究　主要由广西医科大学第一附属医院完成。该项目利用骨髓间充质干细胞（BMSCs）、脂肪源性干细胞、树突状细胞、破骨细胞等细胞多方面生物学行为和特征，对细胞增殖、成骨分化、凋亡机制、凋亡保护和神经修复等作用机制进行了深入研究和探讨，结果发现：全骨髓贴壁培养法可为组织工程提供充足的种子细胞；低频脉冲电磁场特定频率和场强在一定程度上能促进BMSCs的生长与增殖；高频脉冲电磁场可抑制BMSCs增殖，促进其凋亡等。本项目创新之处包括：实验采用不同频率脉冲电磁场干预骨髓间充质干细胞增殖分化，观察各组骨髓间充质干细胞培养过程中细胞形态、数量、总蛋白量等方面变化，此为国内、外首次报道高频脉冲电磁场干预骨髓间充质干细胞增殖和成骨分化的研究，为今后研究提供宝贵的实验证据；本项目首次在国内、外通过检测细胞Caspase-3，bcl-2凋亡因子表达的变化，提出乙醇和地塞米松有可能通过细胞外和线粒体途径诱导细胞凋亡；而钒酸盐通过启动上述两条途径来实现抑制地塞米松诱导的BMSCs凋亡，较全面地揭示了乙醇和地塞米松浓度及作用时间与BMSCs凋亡的对应关系等。该成果获得2013年广西自然科学奖二等奖。

Toll样受体（Toll-like receptors）作为抗感染中药筛选靶标分子的研究　主要由广西壮族自治区药用植物园、中国农业科学院上海兽医研究所完成。该项目通过研究，初步阐明了一些抗感染中药能够调节Toll样受体分子的表达，并调控其下游的信号转导，激活抗感染免疫的信号途径，从理论上探索了一些抗感染中药增强机体的抗感染免疫能力的作用机制，为中医药现代化提供了重要的理论价值。建立了表达TLR9和TLR3的细胞模型和筛选调节Toll受体分子表达中药成分的方法，为以筛选Toll样受体为靶标的抗感染中药研究提供了新技术。发现了甘草次酸、淫羊藿苷、氧化苦参碱、黄芩苷、脱水穿心莲内酯、牛蒡子苷元六种中药成分能够影响Toll样受体的表达，并对甘草次酸、淫羊藿苷、氧化苦参碱三种中药成分进行了深入研究并取得了令人信服的实验结果。以上研究结果在国内外均属首次，不仅为中医药现代化提供了重要的理论价值，还有助于抗感染中药的筛选，开发中国自主知识产权的中药产品，促进中药进一步迈向世界医药市场。该成果获得2013年广西自然科学奖三等奖。

基于枢经学说的亚健康干预技术研究与开发 主要由广西中医药大学第一附属医院、广西中医药大学完成。该课题以广西亚健康产业作为研究对象，对广西亚健康产业现状进行分析，利用市场调研、统计分析等有关理论，采取规范研究与实证研究方法相结合，从宏观、微观两种角度分析广西亚健康产业的发展现状。本课题的研究调查，通过对目前广西亚健康产业现状做出科学、客观的分析，有利于提出广西亚健康产业发展的对策，促进广西亚健康产业能够健康持续地发展。为广西乃至中国健康事业的持续健康发展提供科研保障，并最终为构建广西和谐社会做出更大的贡献。该成果获2013年广西科学技术进步奖二等奖。

NF-κB抑制剂对慢性阻塞性肺疾病继发肺动脉高压的防治及应用 主要由桂林医学院附属医院完成。该项目研究结果证实NF-κB是COPD治疗的新靶点，为NF-κB特异性抑制剂在COPD疾病进展防治中的应用提供有力的实验依据，研究成果经广西卫生厅组织鉴定为国际领先。目前研究表明川芎嗪、法舒地尔、血必净、乌司他丁等药物具有抑制NF-κB表达及活性的作用，桂林医学院附属医院率先在常规治疗的基础上联合以上药物治疗COPD并肺动脉高压或慢性肺源性心脏病患者，并在11家医院推广应用，均可观察到该治疗措施可改善患者临床症状、提高临床治愈率、缩短平均住院天数及降低住院总费用，取得了良好的社会效益和经济效益，具良好的推广应用前景。该成果获2013年广西科学技术进步奖二等奖。

心脏移植实验与临床应用研究 主要由广西壮族自治区人民医院、中国人民解放军第一八一医院完成。该项目创新点：将实验动物新品种—广西巴马小型猪用于心脏移植的研究；建立了大动物（猪）离体心脏长时间不停跳保存的模型；将长时间不停跳法供心保存与传统的冷停跳供心保存进行对比研究；开创了广西心脏移植的临床研究工作，并获得较理想的效果（广西首例因晚期心肌病行心脏移植术的患者至今已存活8年多，目前生活质量良好）；术后采用多排螺旋CT、B超等非创伤性检查方式代替心内膜活检作为常规检测手段。该成果获2013年广西科学技术进步奖二等奖。

中西医结合治疗肝炎—肝硬化—肝癌关键技术研究 主要由广西中医药大学附属瑞康医院完成。该成果在国家“十一五”支撑计划、国家自然科学基金等课题的资助下。汲取中医药学宏观整体和西医药学微观局部的优势，取长补短、相辅相成，集中研究目前临床上肝炎、肝硬化、肝癌诊治的难点和前沿问题，围绕着HBeAg阴转，早诊早治、增效减毒、肝癌转移、生存质量等关键科学问题开展研究。主要成果具有高度的原始创新性，并跻身到国际前沿领域。主要成果：建立了肝硬化中西医结合早诊早治方法，在西医生物学指标的基础上，综合中医证候要素等多源临床信息，采用神经网络技术建立诊断模型，对肝硬化早期诊断水平达到81.22%，高于目前国内生物影像学无创伤性诊断水平，可望改变肝硬化的传统的诊疗模式。建立了基于射波刀＋化疗＋中医药不能手术切除肝癌“三位一体”治疗方法，2年生存率达到60.63%，优于国内外同类水平，为不能手术切除肝癌患者提供新的治疗方法。该成果获2013年广西科学技术进步奖二等奖。

单肺通气麻醉技术在胸科手术中的应用研究 主要由广西壮族自治区肿瘤防治研究所完成。该项目首次报道了OLV应用于合并有COPD老年性全肺切除术、应用于小儿支气管肿瘤切除并支气管成形术；首先报道OLV肺内分流与$PETCO_2$呈正相关性及$PETCO_2$和$PaCO_2$具有相关性，并总结其直线回归方程；提出了OLV前10分钟的PaO_2可预判断术中发生低氧血症；首先研究异丙酚和瑞芬太尼对OLV肺内分流影响；创新性提出了持续OLV应控制在120min内，解决了OLV的时限问题；率先研究了IL-10对损伤肺泡巨噬细胞NF-κB、对炎性因子的负调控机制；率先报道TGF-β1、AIF、HIF-1α、GULT1、VEGF、EPO表达与生物性肺损伤的相关性；率先开展了胸段硬外麻复合全麻对肺内分流影响的系统评价。该成果获2013年广西科学技术进步奖二等奖。

百色市壮族高血压患病特点及其与代谢综合征关系的研究 主要由右江民族医学院附属医院、右江民族医学院完成。该项目通过随机抽样、问卷、体检、实验检测和探索性统计等，对百色市

壮族与其他民族居民比较的方法，摸清百色市壮族居民高血压病（PH）的患病率，患病特点及其重要危险因素，阐明百色市居民PH的患病规律和PH的发病机制，为科学治理PH，提高PH的预防和治疗效果，保障居民的生命健康，提供科学依据。主要研究结果：百色市壮族人群PH患病率较本市其他民族高，也较国内其他居民高；PH患者血脂紊乱、体重指数、血尿酸、血糖、胰岛素的异常率高；糖尿病、肥胖、高尿酸血症、胰岛素抵抗、高胆固醇血症、肉吃为主、吃肥肉、吃动物内脏、吸烟、嗜酒、脑力劳动等是PH的危险因素，素吃为主、体力劳动、经常性的体能锻炼、喝茶等是PH的保护因子；百色市居民PH知晓率、治疗率和控制率低；PH伴有肥胖、糖尿病、高尿酸血症、胰岛素抵抗、左心室肥厚和颈动脉斑块阳性等对患者的血管内皮功能损害和炎症反应有协同作用；不同种族人群的血压对盐摄入的反应存在明显差异；西医降压联合壮药解痉通络活血治疗PH患者对其炎症反应的改善有协同作用。该成果获2013年广西科学技术进步奖三等奖。

青年广泛性焦虑心率变异性与汉密顿焦虑量表相关研究与应用　主要由广西壮族自治区人民医院完成。该项目排除年龄及其他躯体疾病干扰，单纯研究焦虑症中的青年GAD患者HRV指标与HAMA总分、因子分的相关性，经查新，国内未检索到密切相关的研究报道。目前GAD患者治疗效果尚缺乏客观的评估工具，本项目将客观指标HRV引入青年GAD患者的治疗，观察治疗前后HAMA评分与HRV指标的变化规律，经查新，国内未检索到密切相关的研究报道；通过治疗前后HRV监测，观察心理及药物（帕罗西汀）治疗对自主神经活动的影响，国内未见密切相关报道。将简单、无创、经济的HRV指标作为客观参考指标与汉HAMA联合应用，将提高基层医院对GAD患者病情严重程度和治疗效果的判断。本成果已在广西10多家医院进行推广应用，取得了良好的社会效益及经济效益，适宜向广大的基层医院推广。该成果获2013年广西科学技术进步奖三等奖。

柳州市城乡医疗紧急救援一体化技术研究　主要由柳州市医疗急救指挥中心完成。该项目通过柳州的现有市、县、乡（镇）救援网络建设，实现县、乡（镇）级的医疗紧急救援体系共享柳州市“120”建设的成果与信息资源，利用新农合信息网络和现有的3G移动网络技术，实现城乡医疗急救的视频、语音、应急救援指南、城乡居民健康档案的数据传输及资源共享。本项目的主要创新点是：利用现有新农合信息网络、城乡居民健康档案的资源共享和3G移动技术，建立城乡医疗紧急救援一体化模式。该成果获2013年广西科学技术进步奖三等奖。

儿童青少年肥胖与代谢综合征的相关性研究　主要由广西壮族自治区妇幼保健院完成。该项目率先大规模地报道广西南宁地区儿童青少年肥胖与MS的流行现状及特征，分析MS相关危险因素各组分的分布情况及肥胖与之关系，提出腰围在儿童青少年MS中的诊断价值，建立广西南宁地区儿童青少年腰围以及腰围/身高比百分位数据库，填补了广西儿童青少年MS的研究空白，为广西地区今后对肥胖儿童青少年干预留下基线数据。本课题组为全国多个合作中心之一，参与制订适合中国人群特征的《中国儿童青少年代谢综合征定义和防治建议》。率先在国内发表文章关于腰围在儿童青少年MS诊断中的应用，该结论在全国多中心的国家十一五科技支撑项目中得到验证。负责编写人民卫生出版社出版的《儿童代谢综合征》书籍中第十章《运动与肥胖篇》。作为一本工具书，为儿科内分泌医师及广大肥胖儿童青少年提供了极大的参考价值。率先大规模（12万例）研究发现广西南宁地区儿童肥胖发生率低于国内发达城市，但超重发生率已开始升高，7岁～12岁是儿童肥胖发生率高的年龄段。该地区城市儿童超重、肥胖发生率高于郊区。率先得出广西地区超重、肥胖儿童非酒精性脂肪肝的发生率为36.7%。率先得出广西地区儿童青少年肥胖的主要影响因素。率先得出，广西地区儿童青少年腰围身高比诊断MS的切点值。率先在广西地区研究采用二甲双胍治疗胰岛素抵抗的超重、肥胖及MS儿童青少年。该成果获2013年广西科学技术进步奖三等奖。

婴幼儿腹腔镜手术的麻醉安全及呼吸管理的临床研究　主要由广西壮族自治区妇幼保健院完成。该项目率先采用小潮气（5ml/kg）加PEEP（4－6cmH$_2$O）单肺通气模式应用于婴幼儿先天性膈疝腹腔镜手术麻醉，取得满意的效果；首先报道了婴幼儿围术期常见并发症及死亡的主要原因；率先系统分析了小儿腹腔镜术后苏醒期发生低氧血症的相关因素；首次报道了CO_2气腹对新生儿呼吸、循环系统的影响；率先阐明了CO_2气腹对

小儿的呼吸功能的影响为年龄越小影响越大，越易引起高碳酸血症；探讨并阐明了 CO_2 气腹对新生儿肺顺应性影响机制。该成果获 2013 年广西科学技术进步奖三等奖。

农村饮水卫生监测与干预技术集成体系　主要由广西壮族自治区疾病预防控制中心完成。该项目研发了农村饮水水质卫生监测和风险评估体系，科学构建了监测一风险评估一信息报告与反馈一信息利用一风险管理与风险控制的技术和干预集成体系。创新提出了“水质监测以日常监测为主转化为关键点控制的综合高效干预新模式”，通过信息共享，推进风险管理，实现了研究成果实时转化为自治区人民政府制定广西农村饮水安全“十一五”、“十二五”规划和相关政策的重要内容，促使广西农村饮水从饮水解困向饮水安全转变，促进广西农村集中式供水水质合格率年平均提高 10%以上，广西重点介水性传染病发病率和水性暴发疫情明显降低，水性氟中毒明显控制，防病效果显著。构建广西动态农村饮水水质和水性疾病数据库，在国内首次利用集成信息筛选出引起水性疾病发生的关键危险因素，发现广西农村饮水水质微生物指标污染是影响饮水安全的系统风险，氟化物、镉、铅等毒理学指标存在散在点状风险，为准确找出系统性和局部饮水安全风险提供信息支持。该成果获 2013 年广西科学技术进步奖三等奖。

乳腺癌侵袭转移与 LOX、HIF－1 及 MMP－2 表达相关性研究　主要由广西壮族自治区肿瘤防治研究所完成。该项目为乳腺癌侵袭转移的基础研究，通过应用 RT－PCR、免疫组化、基因转染、体外侵袭运动实验、增殖实验等对乳腺癌细胞体外研究、荷瘤鼠实验动物体内研究、人乳腺癌组织临床研究，检测乳腺癌 LOX、HIF－1 及 MMP 的表达，探讨 LOX 与 HIF－1 及 MMP 在乳腺癌侵袭转移程中相互作用的可能机制。主要成果：完成了 LOX 与乳腺癌侵袭转移关系的体外研究；完成了 LOX 与乳腺癌侵袭转移关系的实验动物研究；LOX 在乳腺癌侵袭转移中作用的机制初探；完成了 LOX 在乳腺癌中的表达及临床意义研究。该成果获 2013 年广西科学技术进步奖三等奖。

【中医中药科技成果】　2013 年，自治区科技、中医药等部门下拨专项资金 2125 万元，引导企业等投入 1.85 亿元，推进中医药民族医药继承创新体系建设。加强中医药民族医药基础理论、防治重大疾病、质量标准的研究，加快中药民族药制剂和优势中成药二次开发、资源可持续利用关键技术研发，重视民族医药文献、民间医药技术的挖掘、整理。组织开展中医药壮瑶医药领域的 77 项自治区级和 181 项厅局级课题研究。深化国家中医药传染病重点研究室、临床基地内涵建设；加强 16 个重点学科（含培育学科）建设、西南濒危药用资源开发国家级工程实验室和 12 个国家中医药三级实验室建设；扶阳法学术流派等 4 个国家中医药管理局重点研究室通过论证验收；重点支持了中药药效研究等 7 个自治区重点实验室和 4 个自治区重点实验室培育基地建设，组织实施了壮药产业化工程等 8 个自治区民族医药平台建设计划。2013 年，共获中药壮瑶药新产品 10 个、国家新药批准文件 3 个、专利 20 件，建立新工艺 10 个、标准 40 项；中医药成果获广西科学技术奖励 12 项，其中一等奖 1 项，二等奖 5 项，三等奖 6 项，占广西获奖总项目的 7.5%，中医药壮瑶医药科技成果获历史最好成绩。

【卫生技术准入管理】　2013 年，广西卫生厅在广西范围内开展了辅助生殖技术管理专项整治行动，依法打击各类违法违规行为，切实加强人类辅助生殖技术和人类精子库管理。成立了由厅长担任组长的专项整治行动工作领导小组，下发了《广西人类辅助生殖技术管理专项整治行动方案》，举办了广西人类辅助生殖技术管理专项整治行动启动会暨人类辅助生殖技术监督管理知识培训班，在广西卫生信息网建立了“广西人类辅助生殖技术管理专项整治行动”专栏，公布了广西获得行政许可运行人类辅助生殖技术的机构名单及其运行技术和广西专项整治举报电话，宣传了辅助生殖技术的科学知识和相关法律法规。在专项整治行动中，发现民营医院柳州丽人医院存在违法违规开展辅助生殖技术的情况，柳州市卫生局根据对该院查处的情况，对柳州丽人医院未经批准擅自开展人类辅助生殖技术的违法行为予以警告、责令立即改正行政处罚，并处以人民币 3000 元罚款，吊销该院《医疗机构执业许可证》核准诊疗科目产科的二级诊疗科目生殖健康与不孕症专业。

【实验室生物安全管理】　为做好人感染 H7N9 禽流感病毒防控工作，广西卫生厅举办人感染 H7N9 禽流感病毒微生物实验室生物安全管理知识培训班，来自广西各有关单位近80名相关业务负责人参加了培训；下发了《关于做好人感染H7N9禽流感病毒实验室生物安全管理工作的通知》，对实验室生物安全管理工作做了具体要求，确保广西卫生系统实验室检测和科研工作顺利开展。

【科技重大专项】 广西卫生厅充分发挥卫生行政部门的引导和推动作用，合理配置广西的卫生科技和人力资源，积极推动国家“十二五”科技重大专项“广西艾滋病规模化现场流行病学和综合干预研究”课题的研究。在此基础上，组织相关广西医疗卫生单位积极申报国家科技重大专项，经过专家评审，共推荐15个项目申报“艾滋病和病毒性肝炎等重大传染病防治”和“重大新药创制”科技重大专项“十二五”实施计划2014年新增课题。同时，发动各医疗卫生单位、高等院校响应《卫生部办公厅关于请组织推荐2014年卫生行业科研专项项目的通知》精神，共收到申报材料21份，经组织专家审阅材料、质询和答辩，推荐了7个项目上报卫生部科教司。

【医学培训】 为落实2013年医改重大专项卫生人员培训项目，全面推进医生培养、农村订单定向医学生培养和住院医师规范化制度建设工作，切实解决了广西农村地区卫生技术人员的缺乏问题。截至10月底，已全部完成2013年医改重大专项卫生人员培训项目所有培训任务，总培训104631人次；完成了2013年中央财政补助中西部地区农村订单定向医学生免费培养项目招生工作，通过全国统一高考招收的250名免费医学本科生已全部委托广西四所高等医学院校培养；举办了基层医疗卫生机构全科医生转岗培训班，完成了2012年底招收的520名全科医生转岗培训学员的临床技能和社区实践培训工作，已完成2013年招收的520名基层医疗卫生机构全科医生转岗培训项目学员的理论培训工作，现进入临床技能培训阶段；继续推进全科医生临床培养基地建设，重点支持14所全科医生临床培训基地建设，总投资38691万元，其中申请中央预算内投资23800万元，地方配套14891万元。

继续医学教育工作有序开展，医务人员综合素质全面提高。2013年，广西共承担国家继续医学教育项目73项，其中，其中新增项目56项，备案项目17项。广西共受理申报自治区级继续医学教育项目649项，备案项目167项，经过组织同行专家评审，获批准项目642项，备案项目167项。承担继续医学教育项目的单位已完成大部分继续医学教育项目的实施工作，很好地提高了广大医务人员的综合素质。

（许书培）

食品药品科学技术

【概况】 2013年广西食品药品监督管理系统共设立1个自治区级、14个市级和95个县级食品药品监督管理局和14个市级、80个县级食品药品监督所；设立自治区药品不良反应监测中心、药物滥用监测中心和药品认证审评中心；设立1个自治区级、8个区域食品药品检验所，1个自治区级、8个区域级、3个市级和4个县级药品不良反应监测中心，1个培训咨询中心。广西食品药品监督管理局单独设立稽查局（稽查总队），作为直属正处级行政机构。各市、县食品药品监督管理局整合本级现有的稽查内设机构和食品药品监督所的职能，分别组建稽查支队、稽查大队，作为本级食品药品监管局直属的参公管理事业单位。

2013年，广西各级食品药品监管部门履职尽责，全力推动实施食品药品监管体制改革，深入开展党的群众路线教育实践活动，深化食品药品安全专项整治，强化日常监管，稳妥处置突发事件，食品药品监管工作取得了明显成效，广西食品药品安全形势持续稳定向好，做到了大事不出、中事不出、小事及时处置，没有发生区域性、系统性食品药品安全事故。在由国务院食品安全办、食品药品监管总局、中央综治办共同组织开展的2013年食品药品安全工作考评中，广西总得分排全国第五位。

【体制改革】 按照中央关于食品药品监管体制改革工作要求，广西食品药品监督管理局认真履行改革工作领导小组办公室职责，积极协调，深入调研，代起草了广西食品药品监管体制改革实施意见和广西食品药品监督管理局“三定”规定等文件。同时，坚持高位推动，扎实推进食品药品监管体制改革工作。

2013年，广西食品药品监督管理局承接食品生产、流通监管职能，在“办局合一”的基础上实现了“环节合一”，具体承担着食品、药品、保健食品、化妆品、医疗器械和食品安全综合协调（简称“四品一械一综合”）职能。局机关设置15个处室，新增食品生产监管处、食品流通监管处和科技标准与监测评价处三个处，局办公室、药品注册管理处、药品流通监管处、人事处分别加挂新闻宣传处、中药民族药监管处、行政审批办公室、对外交流合作处。局领导设一正五副，有一名副局长同时兼任广西卫生厅副厅长，设食品和药品监管总监2名，正处级领导17名，副处级领导21名，稽查专员5名。行政人员编制为104个，增设稽查局（稽查总队），行政编制14人，事业编制10人。根据中央和自治区有关食品药品监管体制改革的要求，广西14个设区市和列入改革的114个县（市、区）都已印发改革实施方案和行政机构“三定”规定。工作进度位居全国前列，得到国务院食品安全办、国家食品药品监管总局的肯定。

广西食品药品监管系统初步核定行政和事业编制10654名，比改革前增加7325名，增幅2.3倍。一是行政机构。自治区从本级工商、质监部门中各划转编制7名和5名。市县工商系统按照编制数8.5%划转，共划转921名，质监系统按照市局2名、县局1名划转，共划转102名。自治区局核编104名，市、县局平均核编分别为39.7名和15.1名。二是执法机构。自治区局稽查局核编24名，市、县级执法机构平均核编分别为30.4名和15.2名。三是基层管理机构。乡镇（街道）监管所人员编制原则上按每所3名～5名编制配备，可根据当地实际情况适当增加。广西1244个所，实际编制幅度3名～10名，初步核编5057名，每所平均4.1名。在每个农村行政村和城镇社区配备1名以上食品药品安全协管员。四是技术支撑与投诉举报机构。广西初步核定机构62个、编制933名。广西食品药品检验所新增10名编制，8个区域所各新增5名。新增广西食品药品投诉举报中心、广西食品药品安全信息与监控中心；在南宁食品药品检验所基础上组建广西—东盟食品药品安全检验检测中心，为正处级财政全额拨款事业单位，核定事业编75名；广西食品药品监管局认证审评中心更名为广西壮族自治区食品药品审评查验中心，核定事业编30名；新建的7个设区市食品药品检验所核编111名。

【安全监管】 食品监管 2013年12月16日，自治区、市、县三级同步完成承接食品生产监管职能，同时，推进食品生产环节监管制度设计，组织修订规章制度，实施食品生产监管提升行动计划。在广西范围内组织开展为期两个月的乳制品、肉制品等十大节日食品生产整治，完成监督抽检和快速检测各2000个样品。组织开展市县监管人员和注册审查员培训，提升监管能力。深入开展职能承接和生产监管工作督查，消除食品生产安全隐患。自治区本级财政加大经费投入，落实检验检测能力建设、食品安全监测等各项重点项目资金，2013年安排资金23991.1万元，同比增加14806.1万元，增幅为161.2%。组织制定了《2013年自治区本级食品安全监测工作计划》，全年共监测食品样品345758个，合格342791个，综合合格率为99.14%，其中监督抽检食品样品28827个，合格27865个，合格率为96.66%；风险监测抽检食品样品28374个，合格28002个，合格率为98.69%；快速监测抽检食品样品289007个，合格287706个，合格率99.55%。

药品监管 在药物监管及注册环节，完成了国家食品药品监管总局委托的疫苗临床试验监管机制的专项研究，制定《广西医疗机构中药民族药制剂研发早期介入实施方案》，启动《广西壮药质量标准（第三卷）》的编制工作，推动壮瑶成药国家新药申报实施计划，遴选确定首批7家民族新药申报企业。全年完成现场核查和抽样工作86个品种（单位），完成2155件行政审批事项的办理及2225个中药配方颗粒试点临床使用备案资料技术审查工作。在生产环节，以基本药物、高风险药品和特殊药品为重点，加大对药品生产企业生产现场的监管。强力推进新修订药品GMP实施，广西已通过认证企业38家。组织开展以设区市为单位的药品生产环节全覆盖交叉检查和对重点企业生产车间空气洁净度检查，开展中药生产专项整治，责令整改178家，收回GMP证书3张，对17家洁净度复检不合格企业责令整改。药品电子监管工作在全国考评中名列第9位。在流通环节，重点抓好新修订药品GSP贯彻实施工作，广西是继上海、广东之后，全国第3个制定出台新修订药品GSP检查细则的省区，并以“二证合一”形式对4家批发企业进行新版GSP认证。依法吊销药品经营许可证2家，开展飞行检查44家。完成3475家试点药店的审核入网工作，完成率100%。完成15个药品安全示范县（区）创建验收工作。完成推进少数民族和边境地区帮扶三年工作任务。

【技术支撑能力建设】 技术支撑能力加强 各级检验检测机构积极开展局所联动，组织能力验证，加强民族药标准研究，提升技术保障能力。“广西壮药法定质量标准体系规范化研究”取得突破性进展，获广西科技进步奖二等奖，结束了壮医“有医无药”的历史；颁布实施《广西瑶药材质量标准（第一卷）》。

食品和药械安全风险得到有效防控 共完成餐饮服务食品抽检监测样品 7139 份，合格率 93.24%；快检样品 15403 份，不合格率 98.02%。完成药品评价抽验 859 批次，合格率为 98.4%；监督抽验 3397 批次，靶向命中率为 26.3%。完成对保健食品、化妆品专项抽验 1168 批次；医疗器械抽样 251 批次；广西药品不良反应监测报告、化妆品不良反应监测报、医疗器械不良事件报告和药物滥用监测报告任务完成率 166.4%、183.8%、213.3%、104.98%。为科学监管提供了依据。

【行政审批改革】 深入开展行政审批制度改革，进一步深化政务服务、政务公开、政府信息公开工作。继续减少取消和下放审批事项，改善部门管理、加强事中、事后监管，“一服务两公开”能力得到明显提升。广西食品药品监督管理局政务窗口共受理办结服务事项 3853 件，受理行政审批事项 6680 件，办结 6322 件，提速率达 70%以上，评议率、满意率均达到 100%。由自治区、市、县三级食品药品政务服务部门联合开展的服务群众试点工作取得突破性进展，实施“一体化”的 8 个行政审批项目办理事项达到 734 件，占广西食品药品监督管理局审批件办理总数的 10%。

【监管制度建设】 组织开展食品加工小作坊和食品摊贩监管地方性立法，结合广西实际，制定并印发食品安全监测风险信息交流工作制度、投诉举报受理管理制度，药品、保健食品生产企业信用等级评定管理办法等监管制度，食品药品安全监管更加有序。同时，进一步加大对审评审批、认证发证、检验检测、稽查处罚、工程建设和政府集中采购等关键部门和关键环节的监督。通过制度建设，保障食品药品和队伍的“两个安全”。

【科技交流与合作】 成功承办第二届中国—东盟药品安全高峰论坛。举办沿海十一省（区、市）食品药品监管合作座谈会。落实省部共建食品药品安全示范区合作备忘录。积极融入泛珠三角九省区、西南六省区食品药品监管区域合作。推动跨区域联合打假、应急处置、人才技术、产业发展的交流与合作。落实自治区政府与国药集团《战略合作框架协议》，牵头完成《珠江—西江经济带食品药品安全事业发展研究报告》，助推广西医药产业升级。完成国家食品药品监管总局及 WHO 对广西疫苗临床试验质量管理体系及监管能力的初次评估。

（许恒）

质量技术监督科学技术

【概况】 2013 年，广西质监部门认真贯彻十八大精神，按照自治区和国家总局的一系列部署，通过抓质量、保安全、促发展、强质检，全力推进质量兴桂工作，在促进广西经济社会发展、保障民生、维护社会和谐等方面做出了积极贡献。

【科技成果】 2013 年，广西质监系统各级领导始终将科研工作作为未来发展的新方向，对科研工作给予了高度重视，全系统科技项目获得自治区科技厅新立项 6 项，获国家质检总局立项 21 项，其中广西特检院的《蔗渣锅炉温度和空气动力场建模及应用研究》获得国家级科研立项，实现了质监科研工作的新发展。在科研成果方面，全系统 2013 年共获得广西科学技术进步奖二等奖 1 项、三等奖 1 项；由广西计量院主持研制的“柴油发动机转速测量仪校准关键技术及标准仪器”获广西科学技术进步奖二等奖、“交直流电表校验仪校准关键技术研究与应用”获广西科学技术进步奖三等奖”；由广西计量院参与制/修订或研究的“GB/T22520－2008《厚度表指示表》国家标准”获中国机械工业科学技术奖三等奖，“医用诊断 X 射线多参量测试技术研究”获四川省科学技术奖励三等奖，“JJG1060－2010 微量溶解氧测定仪检定规程的订制”获中国计量科学研究院科学技术进步奖奖励，“国家计量技术规范《厚度表校准规范》”获河北省科学技术奖三等奖；由广西计量院《柴油发动机转速测量仪校准关键技术及标准仪器》、《交直流电表校验仪校准关键技术研究与应用》两项科技成果亮相“第 23 届广西科技活动周”现场。在专利申请方面广西特检院也取得重大进展，共申请专利15项，其中申请的专利《一种可方便壳程清洗的管壳式换热器》获得实用新型专利授权，申请的发明专利《旋控磁轭永磁探伤仪》、《连续式大型储罐底板焊缝真空检测仪》、《一种双扣口钢丝绳夹紧装置》和《用于施工升降机两个制动器同时松闸和制动的解困装置》已通过初步审查。通过各类科研项目的推进，为地方产业发展壮大、保障人民生活安全，提供了强有力技术支撑，为实现富民强桂新跨越贡献应有力量。

【科技人才队伍建设】 为进一步加强人才队伍建设，构建高水平人才平台，实现广西质检系统跨越式发展，2013年广西质量技术监督局努力推动广西质量技术工程学校与南宁学院合作办学，解决了学校长期生存发展问题。为大力推进人才强检规划，2013年与天津大学在广西计量院共同建立了天津大学广西仪器仪表工程领域研究生培养基地1个，天津大学精仪学院创新人才培养基地（广西）1个，天津大学仪器科学与技术1个博士后工作流动站、1个院士工作站；1人入选广西第16批“新世纪十百千人才工程”第二层次人选，全系统新增正高级技术职称3人、副高级技术职称17人、中级技术职称66名，新招博士5人；在南宁学院举办了56期培训，培训人数达4325人次。充分发挥各科研工作站的作用，努力提升科技创新能力，促进科技成果转化应用，培养科技人才队伍，为推动广西经济发展方式转变做出贡献。

【质量振兴】 以质量管理为基础，“质量兴桂”战略纵深推进，进一步加强组织协调，“质量兴桂”战略成效逐步显现。全自治区共有14个市、51个县（市、区）设立了政府质量奖并开展奖励，有1个市、17个县开展了广西质量强市（县、区）示范，66.3%的规模以上企业开展“质量兴企”活动，树立了诚实守信、追求卓越的质量榜样，有效推动了“质量兴桂”向“质量强桂”转变。

大力加强品牌创建，名牌带动作用发挥明显。出台了《广西服务业品牌认定办法》。全自治区新增国家地理标志保护产品4个，广西名牌产品和优质农产品56个，国家地理标志产品保护示范区1个。据统计，有效期内的广西名牌产品生产企业数量只占全自治区规模以上企业数量的2.5%，但其总产值占到了13%，对全自治区工业总产值增长的贡献率达到5.1%。

深入实施技术标准发展战略，标准在经济社会发展中的引领作用不断强化。充分发挥广西作为东盟桥头堡的优势，承担了《东盟标准化体系研究》和《中国—东盟农业标准比较研究及示范推广》等国家质检总局研究项目，承办了有8个东盟国家参与的中国—东盟标准化培训与交流，积极探索中国标准进入东盟国家的先试先行，促进双方贸易可持续发展。加强重要技术标准研究，有15项国家标准获国家标准委批准发布，25项获立项；批准发布了60项广西地方标准，下达了14批次155项广西地方标准制修订计划项目，进一步完善了广西支柱、特色产业和节能减排、生产安全等方面的标准体系。以标准化提升服务质量，组织开展了2个国家级、17个自治区级服务业标准化试点。其中，新生活后勤服务管理开展标准化试点后，顾客满意度达到95%，经济效益提高了10%。大力推进农业标准化，第七批12个全国农业标准化示范区已通过国家标准委考核验收。其中香蕉栽培标准化示范区，通过实施标准化种植，产品全部达到绿色食品安全标准，每亩增产15%，每季可以节省直接生产成本700元/亩。

广西质监工作得到了自治区党委、政府和国家质检总局的肯定和支持。2013年12月9日，自治区党委书记彭清华、自治区政府主席陈武等自治区领导与国家质检总局局长支树平会谈时，彭清华、陈武向支树平介绍了广西质监工作取得的成绩，支树平对广西质监工作给予了肯定，指出广西质监工作在全国是数得上名次的，许多工作走在全国前列，基础工作做得很扎实，质检中心建设做得很不错，在全国来说同规模的都不多，并代表国家质检总局表态支持在广西建设国家锅炉安全与节能检验测试中心和中国—东盟质量监督检验研究中心、中国—东盟计量检测研究中心、中国—东盟特种设备监督检验研究中心、中国—东盟技术标准研究中心，支持《广西法人单位基础信息库建设》项目建设，支持质量兴桂工作，加强对广西质监体制改革的支持和指导。

【安全监督】 以产品质量安全为监督底线，有效落实责任制，消费品、食品、特种设备安全得到有效保障。为使系统职能得到更好的发挥，更好的进行安全监管，把安全责任落实到企业主体，新增56家规模以上工业企业通过质量管理体系认证，增强了质量基础保证能力。有1090家工业企业、44家质检机构、142家安检机构建立溯源系统数据库，树立了自觉接受监督、诚信经营的意识。

对各部门监管安全责任进一步加强落实。根据企业质量诚信状况，对获证工业企业和食品生产企业有效实施了分类监管，提高了监管的有效性。2013年全自治区重点产品监督抽查总体合格率为90.5%，与2012年同期持平；重点食品监督抽查总体合格率为94.5%，比2012年提高了3.1个百分点。妥善应对了问题猪肉、大米镉超标等突发事件；完成了食品安全监管职能划转，并在职能划转期间保证了全自治区的食品安全。开展了重点特种设备安全检查和“打非治违”等专项整治行动，发现并消除一般安全隐患3530处，重大隐患30余处，避免了重大安全事故发生，有力保障了中国—东盟博览会、海峡两岸论坛等重大活动和节日期间的安全。其中检查发现的中石油广西石化加氢反应器裂纹并指导企业进行检修，为企业挽回经济损失近2亿元。全自治区万台设备事故死亡率为0.2，远远低于国家质检总局0.72的控制指标。加强对重点民生计量器具的强制检定监管，对11.3万台（件）六类重点民生计量器具实施了强制检定；开展了居民住宅燃气表等7项计量专项监督，及时纠正不诚信计量行为，保障了广大消费者的合法权益。扎实推进“质检利剑”行动，组织开展农资、食品等6项重点专项执法检查及重点行业“质量提升”专项执法行动，查处违法案件3521件，查获涉案产品货值2582.16万元，移送公安机关案件14起，为广大消费者挽回了损失。开展了强制性产品、食品、农产品认证、实验室资质等专项监督检查，共检查562家，立案查处8家，规范认证认可活动，维护了消费者的合法权益。

【服务能力增强】 以促进地方发展为己任，服务能力进一步增强。至2013年末，全自治区总共建设了10个国家质检中心和35个自治区质检中心，建设总面积达到28.10万平方米，质量惠民成效明显。对全自治区集贸市场固定摊点贸易结算衡器、乡镇医院“医用三源”、中小学校在用锅炉、小微企业组织机构代码办证等，实行免费检测、免费办理、登门服务，共计减免各项费用3000万元。积极服务节能减排，对235家重点耗能企业开展了能源计量帮扶，共帮扶企业能源计量管理人员1556人次。组织开展了锅炉节能工作，共完成锅炉设计文件鉴定113套、锅炉设计文件节能审查60套、锅炉定型产品能效应测试21台、在用锅炉能效测试49台。其中，完成中铝广西分公司及广西电力线路器材厂的锅炉改造指导，2台锅炉改造后每年（按300天计算）共节约燃料6090吨，每年可节约365.4万元（按600元/吨计算）。开展了“质监安康进千企”活动，共帮扶企业88家，开展培训32次，约谈企业136家，促进了企业质量管理水平提升。积极推进“质监安农进千村”行动，抽调技术专家2.5万人次，深入农村开展咨询服务活动3753次，接受农民群众咨询近7万人次，帮助农民生产增收。

简政放权进一步深化。按照中央和自治区的部署，清理取消了3项行政审批事项，向市、县下放了4项行政审批项目，进一步为企业提供便利。

【技术机构建设】 技术机构“走出去”战略取得新进展，自身能力进一步提升。广西质量技术监督局高度重视公共检测技术服务平台建设，认真贯彻落实自治区党委、政府提出的“要大力实施质量兴桂战略，围绕千亿元产业打造一批装备精良、检测水平高的国家级、自治区级质检中心”战略部署，积极围绕全自治区14个千亿元产业和十大战略性新兴产业，布局建设国家级质检中心10个，自治区级质检中心35个，建设总规模28.1万平方米，概算总投资16.1亿元，为地方优势、特色产业发展提供了可靠的技术支撑。2013年全自治区质检中心建设步伐加快，电子铝、石材、茧丝绸、烟花爆竹等4个自治区质检中心落成启用；汽车、国家质检中心项目和蔗糖循环经济、精细化工、茶叶及茶制品、纺织服装产品、选矿机械产品等5个自治区质检中心项目建设正在按计划推进。检测项目由“十一五”期间的2200项增加到11469项，增长421.3%。通过国家实验室认可的技术机构由2家增加到15家。承担省部级科研课题137项，比“十一五”期间增长291%；获科研项目经费1512万元，比“十一五”期间增长227%。积极开拓国外检验检测市场，广西特种设备检验业务已发展到美国、欧洲、巴拉圭、委内瑞拉、越南、柬埔寨等国家。继续加强各级质检机构基层建设，2013年广西质检系统获得国家质检总局技改技装专项立项16项，共获得171万元经费支持。全年广西质量技术监督局共支持困难县局和基层执法能力建设经费1446万元，质检中心建设和检验检测能力提升经费 2121 万元，其中，广西计量院各类科研投入共 300 万元，配套经费 50 万元，自筹经费 250 万元；广西标准院获得支持经费 329.8 万元，自筹经费投入 348 万元；广西特检院共获科研经费支持近 800 万元，自筹经费约 600 万；广西质检院共争取到科研经费 176 万元，配套投入科技经费约 300 万元外，还投入 1300 万元采购仪器设备，60 万元改造实验室，进一步提升了广西质监系统保障质量安全的技术支撑能力，科研水平和能力进一步得到提升。

【科技交流与合作】 为提升广西质检系统科研能力，扩大该系统科研成果的影响力，广西质量技术监督局与天津大学、广西大学、华中科技大学、西安交通大学等国内一流院校合作研究课题，并依托广西建工集团建筑机械制造有限责任公司等广西境内有实力的制造企业，将科研成果转化成产品，有效利用各方资源，最终形成“产、学、研”一体化的科研模式。多次派检验人员前往广州、上海等先进院进行交流学习，对广西质检系统检验水平的提升起重要作用。

深化加强广西质量技术监督局与天津大学的合作沟通，双方通过建立院士、博士工作站、人才培养教学基地等方式，共同打造人才小高地，开展科研合作，进一步强力推进人才强检规划，培养具有国际国内先进水平的质量检测、质量风险分析、质量管理、计量测试、标准化技术以及检测仪器开发等方面的高、中级人才。同时，充分利用国家质检中心的优势，进一步深入开展检、学、研、用等方面的合作。

广西标准院继续与东盟国家标准化技术机构开展交流合作，进一步推动双多边贸易，加强中国—东盟标准化务实合作，2013 年 10 月 21 日～25 日由国家标准委主办、广西标准院承办的“中国—东盟标准化培训与交流”活动在广西南宁举行。来自柬埔寨、印尼、老挝、马来西亚、缅甸、新加坡、泰国、越南等 8 个东盟国家的 22 名标准化官员和专家参加了此次活动积极与各东盟国家联系、沟通、交流。广西标准院大力推进农业标准在东盟国家的应用，与广西农科院在越南共同协作建立了水稻和葡萄等特色农业标准化示范基地。实施国家质检总局质检公益性行业科研专项《中国—东盟农业标准比较研究及示范推广》项目，开展面向越南技术的培训，《火龙果》等 4 项国家标准获得国家标准委立项，完成中国相关农业标准及中国农业标准化示范区管理文件越语版资料 1 套（5 分册），并编印成册，积极的推广中国农业标准化示范区模式。

（傅志忠）

防震减灾科学技术

【概况】 2013 年，广西地震局贯彻落实《国家地震科学技术发展纲要（2007—2020 年）》和《广西壮族自治区地震科技“十二五”规划》，提出“科技立局”发展战略，突出了科技创新工作的基础性、战略性地位，按照夯实基础、提升实力，突出特色、创新发展的总体思路，以强化科技工作、优化科技管理、打造创新团队、深化基础研究、突出应用转化、拓展科技服务为方向，在推进广西地震科技软硬实力以及广西特色领域方面取得新进展。

【科技机构与队伍】 广西地震局从事地震科研工作的下属单位有 4 个，分别为广西地震局监测预报中心、广西地震台网中心、广西防震减灾宣传与应急指挥中心、广西工程防震研究院；另有桂林地震台、灵山地震台、邕宁地震台、河池地震台、北海地震台、梧州地震台、凭祥地震台、玉林地震台 8 个直属地震台站，承担“监测、预报和科研”工作。广西地震局共有博士研究生 3 人，硕士、在职研究生 47 人，本科 53 人，大专及以下学历 23 人，本科以上学历人员占到总人数的 82%。专业技术人员中，高级工程师 14 人，其中正研级高工 1 人，教授级高工 1 人，工程师 36 人。在地震观测、地震分析预报、地震应急、信息技术、工程地震、地震地质等六大领域建设了以学科带头人为核心、学术骨干为中坚、若干技术助手为辅助的科技创新团队。

【科技项目与经费投入】 2013 年，按照自治区人民政府《研究提升地震监测能力问题的会议纪要》精神，广西科技厅给予《地震数值预测关键技术及其在广西地区的应用研究课题》、《岩溶塌陷地震安全区划研究》等相关项目科研经费 200 万元，其中下达《地震数值预测关键技术及其在广西地区的应用研究课题》经费 100 万元，努力提升地震科技对防震减灾事业发展的支撑能力；争取到自治区主席院士顾问经费40万元，全力保障了陈运泰、陈颙院士工作站日常工作的顺利开展；获得自治区人民政府“自治区主席科技资金”支持60万元用于建设《超快自动地震速报系统》。在注重总体科技创新能力提升的同时，广西地震局利用区域特有条件开展特色研究，并向自治区申请科研项目，《广西历史强震区发震构造探查研究——以灵山震区为例》项目获得自治区政府意向支持，项目经费超过1000万，倾力推动地震科技基础研究。开阔科技创新视野，加强广西地震局与全国地震行业内单位的深度合作，先后与中国地震局工程力学研究所、地球物理研究所以及地壳应力所签订了战略合作协议，与广东省地震局、福建省地震局达成了科技交流合作意向，并将再与中国地震局地质研究所建立战略合作关系。

【科技成果与简介】 2013年，《广西及邻近地区地震烈度衰减关系研究》、《广西及邻区中强震前兆异常分析研究》、《水库诱发地震的波形识别与研究》等一批针对广西地震特点开展的广西地震局科研合同制项目已经完成并通过专家验收。这些科技项目的实施充分调动了地震科技人员的积极性和创造性，大力推升了广西监测预报、科研技术水平和管理水平，推动人才培养等方面的进步，取得了较好的效益。2013年，广西地震局共发表论文15篇，其中SCI、EI收录3篇。

广西及邻区中强震前兆异常分析研究 该研究成果应用于震情跟踪工作，将有效提高地震预测水平的能力，在发生中强地震前，为领导决策提供理论依据，更好的预防破坏性地震引起的灾害及次生灾害，有效地保证人民财产生命安全，保障广西社会经济生活的正常运行。

陆川小震群与凌云凤山小震群共性与个性研究 该研究成果对判断未来该区域地震趋势有很好的参考价值，有助于对震群研究取得新的突破、新的前景，对更好判断高频次震群是否是前兆震群具有现实意义。

广西地区爆破与地震的波谱差异分析 该研究成果整体达到国内先进水平，在为地震编目工作者提供参考资料，以及为地震活动性分析提供正确的地震目录的同时，也对未来的地震趋势判断工作具有极其重要的作用，利用开展地震应急工作。该课题研究的整体经济、社会和环境效益非常显著，具有良好的推广应用前景。

基于ArcGIS的地震专题图集快速生成的研究 该研究成果实现全方位、快速准确生成地震灾害空间分布图。数据库系统包含自然地理、社会经济和人文等相关信息，使工作人员能在地震发生后快速制作专题图，为地震应急指挥决策、现场考察及网上宣传提供快速有效的支持。

广西及邻近地区地震烈度衰减关系研究 该研究成果比目前使用的广西地震衰减关系更符合实际情况，较好地反映出广西及邻近地区小震级高烈度的破坏特点。所获得的衰减关系可以更好地解决目前本地区地震安全性评价工作中遇到的实际问题。

网络设备监控报警及运行率统计系统 该研究成果可以应用在网络管理平台上，为日常网络运维提供报警信息；生成的报告，可以作为网络评比的判断依据等等，对提高网络系统的运转质量起到很好的保障作用。在信息化建设方面有着较好的推广前景。

龙滩水库数字化地震资料应用初步探讨 该研究成果对数字地震波形资料用于水库地震预测进行了有益的探讨，新参数地震目录为龙滩库区地震预测提供了新的依据，填补了自治区内该领域系统研究的空白。该研究处于国内先进水平，部分成果达到国际先进水平。

广西数字地震资料的应用研究 该研究首次通过使用广西数字地震台网2008年以来的数字地震资料，计算出中小地震的震源机制解和震源谱参数，计算地震矩、应力降等参数，分析背景场的状态及随时间的演化过程，提取适合广西地震预报的新参数。该项成果可应用于当前广西地震形势的判断。

水库诱发地震的波形识别与研究 该研究成果为自动检测地震信号提供了一个参考样本，运用分形维方法对水库诱发地震波形进行识别研究，在计算相关参数的同时取得了较为理想的量化指标，在国内尚属首次。该方法具有较好的应用价值。

北海市剪切波速特征分析及对地表地震动参数的影响 该研究成果中所得的经验关系，同时结合其他相关规范，可对某些不需要波速测试的工程场地，得出土层剪切波速估算值。在估算工程场地对表地震动参数影响时，可以参考到本地区的波速特点对地表设计参数的影响。可以适当降低不利地段对设计地震动参数产生的放大系数。

南宁市典型土动力参数的变异性及其对地震动参数的影响 该研究成果将有利于提高工程场

地地震安全性评价工作的质量以及工程建筑结构抗震的安全性和经济性。是作为地震安全性评价中合理取用土层动剪切模量比和阻尼比值的基础研究。

孕震断层锁固段破裂临界机制理论在广西及邻区地震预测研究中的检验与应用　该研究成果应用于2012～2013年度广西及邻区地震趋势会商报告，为震情分析提供依据。2013年2月20日田东一平果一巴马交界发生，验证了对桂西地区可能在2013年左右达到新的断层锁固段破裂条件的预测结果。该课题研究成果还可供其他中等一弱震构造区地震预测研究借鉴。

大厂矿区地震与爆破记录波形特征分析　该研究分析了广西2013年来几个震群地区构造地震与岩溶坍塌地震的分维值，得出很好的比对结果。同时在龙滩库区、桂西北构造地震和一般地震都进行了应用和分析，结论也较能论证由于震源位置不同、地质构造不同、发生机制不同等因素产生的事件波形，分维值也有所区分不同，此方法有较好的应用价值，在今后的震例都有很好的推广和应用前景。

广西地震速报信息共享交换平台建设　该系统由广西地震速报信息共享服务系统EQIM、广西地震速报信息系统网站和地震信息服务系统三个部分组成，为地震速报、信息查询、领导决策提供决策依据。至2013年末，广西所有台网（站）、部分地震局都安装了该系统，台站上报地震速报信息也已全部通过该系统完成，有力地支持了广西地震监测预报工作的开展，社会效益十分明显。

右江断裂带区域数字地震分析研究　该研究成果可作为监测水库地震活动的一种手段，有利于判断未来中强震的发生地点，为地震预测、未来震情判断提供依据。为今后广西开展地震新参数研究奠定基础。

广西防震减灾科普宣传网站平台建设　该平台的建设可以让群众更直观地了解地震行业的情况，普及防震减灾科普知识和相关的法律法规。首次在广西建立了专门的防震减灾科普知识平台。

AI算法在广西及邻区地震预测中的应用　该研究成果可为广西开展中短期地震趋势分析提供新的判据。2011年以来，已将该方法应用于广西年度震情跟踪工作中，为年度地震危险区判定提供了新的依据，对“2·20”田东、平果、巴马交界4.5级地震做出了较为准确的中期预测。

桂西中小地震活动重新定位及特征研究　该研究成果已经应用于2013年2月20日田东—平果—巴马交界4.5级地震中短期预测实践和2013年6月16日平果果化3级震群震后趋势分析研判工作中，取得了较好的应用效果。该研究成果将继续应用于广西震情跟踪工作及特殊震群趋势分析工作中。

红水河河流纵剖面特征及其构造响应意义　该研究成果提供了流域尺度的新构造活动特征以及局部构造活动的特征，并建立了研究区构造地貌与应力场的关系。因此，借助地震区划和地震安全性评价工作，该项研究成果将得到有效推广和应用。

【重点工程与重大科技进展】　2012年2月13日，自治区主席马飚在听取广西防震减灾工作专题汇报时做出重要指示：一是加快建立海啸灾害预警机制，构筑北部湾地震安全屏障。自治区将安排500万元重点支持开展北部湾地震烈度速报与海啸预警技术研究，切实保障广西北部湾经济区地震安全。二是明确要求广西地震局加强对年度危险区、值得注意地区和龙滩库区（以下简称“广西重点地区”）的跟踪监测，力求对震情动态有更科学的监控和把握，重点支持广西地震局1000万元，深入开展广西重点地区震情跟踪基础性科学研究，切实提高广西防震减灾科技水平。

《广西地震科学基础研究》由“广西重点地区中强地震强化监视与跟踪预测研究”、“广西重点地区地震台阵观测与深部孕震环境研究”、“龙滩库区水库地震时空演化特征及跟踪预测研究”、“广西重点地区活动断层与中强地震发震构造探测研究”和“广西岩溶地区工程防震技术研究”5个研究课题组成。

广西重点地区中强地震强化监视与跟踪预测研究　至2013年11月，已利用南北带网最新测点结果，对广西及其邻区近期重力变化进行了分析。使用中国地壳运动观测网络2010年初～2013年7月初的GNSS观测资料，选取8观测点，分别连成8条基线，分析不同方位上基线变化特征。对1988年以来中强地震前后地磁资料变化特征进行分析总结，寻找异常特征，以此作为地磁资料异常变化的定量判据。计算广西3级以上地震震源机制解，分析1977年平果5.0级地震及2005年平果4.6级地震前中小地震震源机制解P轴变化情况。对桂西地区小震进行了精定位，对小震活动异常增强现象和桂北弱震区地震活动特征进行了

分析。

龙滩库区水库地震时空演化特征及跟踪预测研究　一是龙滩库区近邻区地质、地球物理、岩石物理力学性质参数等基础资料的收集整理。二是进行龙滩库区中小地震精定位计算。三是进行龙滩库区典型岩样样品采集及力学参数与物性参数测试。四是进行针对复杂地质构造条件下水库诱发地震问题的有限元求解方法研究和计算程序开发。五进行龙滩库区中小地震震源谱参数计算。六是龙滩库区地壳S波Q值成像研究进展。

广西重点地区地震台阵观测与深部孕震环境研究　该研究完成课题调研和设备采购工作；完成了台阵设计和具体课题实施方案的制定；举办台阵架设培训班，开始流动台站的勘选、架设和台阵的观测并完成了流动台摆房基建；完成了“广西重点地区地震台阵勘选技术报告”编写和评审工作；完成地震背景噪声成像、接收函数反演、各向异性成像、S波三维速度结构成像、数值模拟等的理论学习及相关计算软件调试工作；通过中国地球局地球物理研究所国家测震台网数据备份中心的大力帮助，完成了2012年～2013年9月广西及邻区（102－105E，18－29N）144个宽频带流动地震台共计500G的连续记录波形的收集工作；完成了2010年～2013年9月广西及邻区（102－105E，18－29N）144个宽频带流动地震台长达4年、1083个远震事件、共计1.2T的波形资料收集工作以及海量波形资料归档及预处理（滤波、去倾斜、去均值、去除仪器响应、去谱白化）工作；完成地震背景噪声10296条经验格林函数的计算；完成10296条经验格林函数的频散曲线提取；完成了不同周期Rayleigh波群速度的层析成像工作；完成1篇论文撰写工作。

广西岩溶地区工程防震技术研究　该研究先后赴来宾等地进行调研，搜集广西岩溶地区的岩溶塌陷引起地震导致地面及建筑物出现裂缝的现场照片，赴中国地质科学院岩溶地质研究所等地进行调研，搜集了广西的岩溶区分布图；搜集岩溶地区地震动场的破坏特性、理论模型与预测方法等资料。开展相关理论研究。包括地基－基础－结构动力相互作用有限元理论研究、岩溶地区地质性状与及动力力学模型研究、岩溶场地地震反应分析研究以及岩溶地基－基础－框架结构整体地震反应分析。完成科技论文产出，论文《我国岩溶区建筑震害分析与抗震研究进展》发表在核心期刊《地震研究》2013年第3期。

广西重点地区活动断层与中强地震构造探测研究　该研究收集整理广西重点地区基础资料，包括区域大地构造环境资料、区域地质图件资料、区域活动断裂带资料、区域地震活动性资料。开展广西重点地区中强地震发震构造研究并取得初步性成果。绘制了震中区地震烈度分布图和地震灾害分区图。对广西重点地区几个重要的中强地震震中区附近的断裂进行了调查，初步确定了中强地震的发震构造。初步对右江河谷和桂东南部分地区的小地震进行了精确定位，完成了防城港地区、钦州湾地区、南宁地区、百色地区、玉林地区等多个市县的地震活动性特征分析等工作。开展广西重点地区部分活动断裂探查研究并取得初步性成果。开展了广西重点地区主要活动断裂探查研究，分析了右江河谷地区和桂东南地区部分主要断裂的几何学、运动学特征，并对其活动年代和活动性进行了鉴定。

《北部湾地震烈度速报与海啸预警技术研究》由“北部湾地震烈度速报技术系统研究”和“北部湾地震海啸预警技术系统研究”2个研究课题组成。

北部湾海啸预警技术研究　该研究与外协单位南京大学地理与海洋科学学院基本签订完成外协合同。完成北部湾区域的基础资料收集整理；完成项目潮位站选址和设备选定工作。收集完成国内外地震海啸研究成果，如：地震海啸机理研究、海啸数值传播模型等。对北部湾沿海地区的基础数据进行收集整理，主要有：沿海地区人口、经济分布、沿海村镇海啸预警联系人信息等。初步开展了北部湾地震海啸机理研究和海啸数值传播模拟研究。

北部湾地震烈度速报技术系统研究　该研究通信网络传输方案确定，拟计划通过中国联通无线/3G＋APN专线接入的方式将大多数台站数据传回台网中心，即中心开通一条4M的APN专线，各台站台则采用GPRS/3G无线路由接入当地联通网络，再将数据传回广西地震台网中心，目前该方案已通过设计论证。完成设备采购工作。烈度计选型及采购成为本项目需要考虑的最为重要的因素之一，将影响到整个项目的顺利推进及结果的好坏。由于涉及金费额度较大，2013年9月底，课题组提交了《北部湾地震烈度速报烈度计及软件采购计划的请示》，并经广西地震局党组研究同意后，于2013年10月中旬提交局采购部门进行政府招投标采购，至2013年末，已开标确定中标单位。

【地震监测预报】 2013年，广西地震局紧绷“震情”这根弦，密切跟踪自治区内外地震动态，综合多学科，运用多方法开展日常跟踪分析，加强异常核实，定期开展会商研判，成功应对“2.20”田东—平果—巴马交界4.5级地震、“6.16”平果果化震群等多次地震事件。大胆引进国内外的先进做法、新方法，探索适合广西震情、灾情、区情的震情研判新模式，研发了具有自主知识产权的《广西中强地震震后趋势快速研判系统》；着力提升地震科研能力，顺利推进“主席项目”等自治区重大课题、中国地震局地震星火计划等重大项目，地震监测预报人员科研氛围和科研能力显著提升；借鉴福建、安徽等省份的成功做法，积极推进广西流动重力观测网络和空间对地GNSS观测网络等项目规划建设工作，扎实推进地震前兆观测扩能增效；以《震情内参》、《灾害图册》以及趋势分析报告等多种形式上报震情态势，为自治区党委、政府开展防震减灾工作决策部署提供科学依据。

【地震应急工作】 2013年4月20日，四川芦山7.0级地震发生后，广西地震灾害紧急救援队首次出队，派出181人携带42台（套）大型专业救援装备从四川泸定县赶赴震区，开展生命搜索、道路抢通、震害调查等工作。成功救助受困群众6名、3次打通生命救援通道、快速运送9吨紧急救援物资、奔走1000多公里开展震害调查评估。

广西地震局小型移动地震应急救援指挥协同平台建设已初步完成。该平台可在地震灾害发生时，将指挥部的决策命令、救援需求以及评估结果、辅助决策文档、专题地图等信息产品快速传递给各级指挥长、相关领导和主要技术人员，满足地震应急救援的需求。

广西地震局地震应急通讯指挥车已通过验收交付使用。该车可以在地震发生后第一时间赶赴震区，在现场建立应急指挥部，并建立以卫星通信车为中心的现场应急通信平台，现场应急通信平台将为救援营地提供现场通信网络（包括集群系统、网络系统、电视会议系统、指挥调度系统、程控交换系统等）及外联通信系统（包括：海事卫星网、短波网、卫星网、3G网等），实现现场应急指挥技术系统与国务院抗震救灾指挥部、中国地震局、自治区政府、广西抗震救灾指挥部、邻省抗震救灾指挥部远程通信连接。同时，可为会议、工作、生活提供电力保障。

【震害防御】 2013年，全年共审查、评审了840个地震安评项目，进一步提高建设工程的抗震能力；“中国地震局地震社会服务工程中地震害防御系统广西分项”项目进展顺利，完成了10个示范县数据验收，对基础数据与10个示范县数据进行整理、录入表格，在北京组织的数据初步验收会议中，广西数据收集验收质量评为二档；完成了《地震动荷载下广西地区岩溶塌陷的破坏机理与成因机制研究》科研项目；《岩溶地区强震作用钢管混凝土拱桥致病机理及震害评估方法研究》获得国家自然科学基金资助；广西地震科学基础研究主席基金项目《广西岩溶地区工程防震技术研究》和《广西重点地区活动断层与中强地震构造探测研究》进展顺利；广西青年科学基金项目《南盘江—红水河流域的流水地貌特征与构造控制模式》、广西科技攻关项目《岩溶塌陷地震安全区划研究》有序进行。

在2013年中国地震局地市级防震减灾工作考核评比中，柳州市、南宁市、来宾市获综合考核先进单位，在2013年中国地震局县级防震减灾工作考核评比中，陆川县、横县、平南县、灵山县、田东县获综合考核先进单位。

【地震台网和台站建设】 以广西地震背景场探测项目、广西重点地区新数字地震台站两个项目为重点，提高广西地震监测能力。

广西地震背景场探测项目包括测震台网、重力台网、地下流体台网3个专业子项。其中测震台网建设内容包括新建龙胜、全州、昭平、融安、斜阳岛5个区域级数字测震台和德保1个国家级数字测震台，改造桂林地震台数据传输系统（建设卫星传输基站），同时配置1套流动观测系统；重力台网为新建凭祥重力台；地下流体台网为改造南宁石阜和九塘观测站（升级水位观测仪器）。根据项目进度，2013年主要任务为台站土建工程、仪器安装调试工作，截至2013年底，新建、改造台站均已完成仪器安装调试工作并进入试运行。

广西重点地区新数字地震台站项目包括在博白、凤山、岑溪、兴安、灵山、陆川、靖西、龙州、那坡、西林等县（市）新建数字测震台，资金来源自治财政专项和市县财政配套资金，由广西地震局和市县地震局共同建设。根据项目进度，

2013年完成新建台站竣工验收，截至2013年末上述新建台站均已通过竣工验收并投入运行。

【信息化建设】 2013年9月，广西地震局建设了一套由中心端服务系统、移动端软件系统组成的小型移动应急平台，可快速将地震应急指挥技术系统的评估结果、辅助决策文档、专题地图等信息产品发送给各级指挥长、相关领导和主要技术人员。同时可在移动状态下实现各级指挥长、相关领导与防震减灾应急指挥中心之间进行视频会议的功能，有效地达到了各级领导快速获取信息，及时协调指挥的目的。

2013年12月，广西地震局应急通信指挥车进入试运行阶段，该通信车集成的应急通信指挥系统实现了亚太、海事等多种卫星通信，手机、短波电台、卫星电话等综合调度，具备了远程会议、快速出图、电源供给等功能，增强了地震应急现场处置的能力。

【科技合作与交流】 2013年9月12日～9月16日，以广西地震局主要负责人苗崇刚为团长，中国地震应急搜救中心等为团员的中国地震局代表团一行4人，前往新加坡观摩“全球消防与救护挑战赛”。在新加坡期间，代表团与新加坡民防团及各参赛队伍进行了交流。

2013年9月，自治区人民政府办公厅纪检组组长潘礼安为团长的广西赴德国“公共应急与紧急救援应急体系”培训团16名学员，于9月2日至22日赴德国进行学习培训，开展与德国应急管理体系的合作与交流。借鉴德国应急管理理念和灾难预防救援方面的经验，对推动广西地震应急管理工作有着重要意义。

【科普宣传与教育】 按照中国地震局和自治区的工作部署，广西地震局认真贯彻落实“主动、稳妥、科学、有效”的宣传工作方针，开展防震减灾科普宣传教育。制定2013年防震减灾宣传工作实施方案，指导全广西年度地震科普宣传活动。继续全面落实“平安中国”系列公益活动。与广西教育厅密切合作，在平果、田东等2县村镇组织放映地震科普电影，全广西所有中小学校开展了一次地震应急演练。与自治区党委宣传部、广西广电总局联系，协调广西电视台在2013年5月10日至5月12日期间6个省级电视频道的不同时段分别播出防震减灾公益广告短片，播出次数达到108次，播出时长为324秒。大力开展科普宣传进基层活动。结合全国科技活动周、防灾减灾日等重点时机，大力开展科普知识进机关、进广场，进社区、进学校等活动。突出抓好青少年防震减灾宣传。联合广西科协主办，小博士报社承办了2013年“防灾减灾日”科普宣传专刊，面向全广西中小学生免费发放30万份。中国老科学技术工作者协会地震分会的老专家们，在南宁、北海开展了3场防震减灾知识进学校、进社区的专题宣讲活动。防震减灾科普教育基地建设成效突出。截至2013年，全广西共建成自治区级防震减灾科普教育基地12个，市级防震减灾科普教育基地3个。广西地震台网中心获得了自治区科普教育基地的荣誉称号。

【近年广西地震活动概况】 2013年度广西陆区共记录ML≥1.0级地震595次，其中，ML2.0～2.9级77次，ML3.0～3.9级地震6次，ML4.0～4.9级地震1次，最大为2013年2月20日广西平果4.5级地震。近年来，在全球、全国地震活动持续高水平的背景下，广西及邻区出现中小地震活跃的过程，并呈现出“5级地震长期平静、显著地震密集频发、中小地震异常活跃”的突出特点。平果4.5级地震距平果县城约56千米，震源深度7公里，余震4次，此次地震有感范围较大，震中区田东县义圩镇、那拔镇、朔良镇震感强烈，南宁市各城区均有震感，崇左市部分有感。据现场调查，地震烈度Ⅵ度区长轴约25.0千米，短轴约17.5千米，长轴从田东县朔良镇灵龙村至平果县同老乡紫楼村务下屯，短轴从田东县朔良镇六羊村大羊屯至巴马县百林乡那莫村那莫屯。Ⅵ度区大部分砖混结构房屋遭受不同程度破坏，主要表现为整间房屋轻微整体扭转，窗户水泥框破坏，砖墙体出现水平向、斜向裂缝，混凝土楼板开裂，圈梁端部混凝土开裂脱落，石砌基础竖向开裂，砖木结构砖瓦房普遍出现滑瓦现象等。

（申俊　陆正兴　贺院华　陈珊　史水平　刘敬华　袁媛　龙政强　梁兆东　余宗飞　南义乐　郭培兰）

出入境检验检疫科学技术

【概况】 2013年，广西出入境检验检疫局按照

《中华人民共和国进出口商品检验法》、《中华人民共和国进出境动植物检疫法》、《中华人民共和国卫生检疫法》、《中华人民共和国食品卫生法》、《边境贸易出入境检验检疫管理办法》对进出口商品、进出境动植物、进出境人员、进出境交通工具和进出境食品实施检验检疫。全年，检验检疫出入境货物37.7万批次，货值279.4亿美元，截获进境动植物有害生物558种、11682次。为保护出入境人员身体健康和安全，防止疫情疫病传入传出、保护国门安全、维护国家经济利益和消费者的合法权益做出了重要的贡献。

广西出入境检验检疫局重视加强检验检疫科技工作，努力抓好科技队伍建设，研究、开发科研与制标检验检疫项目，认真抓好科技成果奖励、应用，重视信息化建设和重点工程、重大科技进展，抓好实验室建设和技术改造，落实科研经费，积极开展对外学术交流和科技合作，营造科技氛围，充分调动了科技人员的积极性，进一步推动了检验检疫科技工作的开展。

【科技队伍】 广西检验检疫局机关内设16个处室，4个直属事业单位，下辖33个分支机构，其中正处级机构19个（南宁局、南宁机场办事处、南宁保税物流中心办事处、柳州局、桂林局、梧州局、北海局、防城港局、东兴局、钦州局、钦州保税港区局、贵港局、玉林局、龙邦局、贺州局、河池办、凭祥局、水口局、凭祥综合保税区办事处），副处级机构4个（桂林局机场办事处、北海局机场办事处、北海局出口加工区办事处和梧州局进口再生资源加工园区办事处）和10个科级办事处。

截至2013年12月末，广西出入境检验检疫系统共有在职正式职工1038人，拥有中高级专业技术职称人员393人，其中高级技术职称65人，中级技术职称328人。研究生以上学历156人，占职工总数的15%，本科学历675人，占职工总数的65%，大专学历143人，占职工总数的13.8%。广西出入境检验检疫局拥有检验检疫各类专业实验室33个，其中国家级重点实验室11个，国家总局区域性中心实验室7个，常规实验室15个，仪器设备8000多台，总值近3亿元。

广西出入境检验检疫局组建了8个技术专业组：卫生检疫专业组、动植物检疫专业组、食品检验专业组、机电轻纺检验专业组、化矿鉴定检验专业组、认证认可评审专业组、综合业务信息化专业组、管理科学专业组，涵盖了检验检疫相关领域。

【科技项目与经费投入】 2013年，广西出入境检验检疫局共向国家质检总局推荐3个2014年度质检公益性行业科研专项经费项目，其中《中国—东盟进出口水果质量安全监控关键技术研究》获总局向科技部推荐并完成编报工作；向总局推荐11个2014年度国家质检总局科研项目计划（检验检疫领域）项目；向国家认监委推荐2013年出入境检验检疫行业标准制（修）订计划项目（三批）6个；向广西科技厅推荐2014年广西自然科学基金项目4个，项目计划总投资140万元，2014年广西科学研究与技术开发计划项目4个；申报2013年度第一批广西检验检疫局科技计划项目28个，第二批30个。2013年广西出入境检验检疫局3个项目获国家质检总局科研项目计划（检验检疫领域）立项，2个项目获2013年出入境检验检疫行业标准制（修）订计划立项，下达2013年度第一批广西检验检疫局科技计划项目15个，第二批24个。

在满足国家质检总局“重点实验室重点投入”要求前提下，结合区域特点，创新实验室发展思路，加强口岸边境现场实验室建设，特别是强化现场快速检测的能力，合理利用现有资源，倾斜性增加口岸边境一线设备配置。根据各口岸边境一线单位提出的需求，在充分论证的基础上，将结余经费及专项经费重点补充口岸边境的现场快速检测设备，给口岸边境一线单位安排价值857万元的仪器设备，投入比例为历年最高。同时加大2014年快速检测设备预算，预算金额达到554万元，较2013年同期增长88%，占2014年广西出入境检验检疫局设备总预算的31%。

【科技成果与推广应用】 2013年，广西出入境检验检疫局《广西统茧生产高品位生丝的关键技术研究与应用》《食品安全管理体系在罗非鱼养殖和加工中的应用研究与示范》等2项科研成果获2013年度广西科技进步奖二等奖，《应对“中国—东盟自由贸易区”重要入侵害虫预警技术研究》《进出口动物源性食品链中违禁药物残留安全检测关键技术研究与应用》《进出口化工矿产品快速检验技术体系研究与应用》等3项科研成果获2013年广西科技进步奖三等奖。多位技术骨干获得中国科协的“全国优秀科技工作者”和广西青年科技奖等荣誉，是广西出入境检验检疫局科研获奖荣誉最高、数量最多、成果最丰硕的一年。

【实验室建设】 广西出入境检验检疫局把加强实验室建设作为“科技兴检”战略重点，加大投入，整合资源，引进人才，努力把实验室建设成为具有国际一流水平的实验室体系。经过多年的努力，到2013年广西出入境检验检疫局拥有检验检疫各类专业实验室33个，其中国家级重点实验室10个，国家总局区域性中心实验室7个，常规实验室15个，仪器设备8000多台，总值近3亿元。另外，经广西出入境检验检疫局考核确认的系统外分包实验室13家，承担所委托的检验检疫业务，弥补广西出入境检验检疫局实验室的资源不足。

广西出入境检验检疫局把建设国家级重点实验室作为“科技兴检”的重点工作。至2013年，质检总局批准广西出入境检验检疫局建设10家国家级重点实验室，分别是广西（北海）烟花爆竹检测国家级重点实验室、广西（防城港）有色金属矿产品检测国家级重点实验室、广西（凭祥）鼠疫国家级重点实验室、广西（南宁）灵长类实验动物检测国家级重点实验室、广西（钦州）石油化工产品检测国家级重点实验室、广西（南宁）农产品安全检测国家级重点实验室、广西（南宁）生丝及制品检测国家级重点实验室和广西（玉林）陶瓷检测国家重点实验室、广西（柳州）进出口汽车检测重点实验室、广西（凭祥）热带和亚热带水果检疫重点实验室。至2013年，已有8家通过了质检总局专家组的核查验收：分别是广西烟花爆竹检测中心国家级重点实验室（2009年11月）、广西防城港局国家有色金属矿产品国家级重点实验室（2010年9月）、广西出入境检验检疫局国家级鼠类检测重点实验室（2010年12月）、广西（南宁）灵长类实验动物检测国家级重点实验室（2011年5月）、广西（钦州）石油化工产品检测国家级重点实验室（2011年8月）；2013年国家陶瓷产品、热带亚热带水果、蚕丝及其制品检测3个重点实验室也通过了总局核查验收。验收通过使用率在全国质检系统名列前茅。在建的2家重点实验室正加快建设速度，完善软硬件设施，争取早日通过核查验收。实验室的检验检疫项目涵盖动物检疫、植物检疫、卫生检疫、食品、轻工、纺织产品与原料、化矿金、危险货物与包装、机电等领域。

广西出入境检验检疫局根据实际，提出在实验室建设中加强“四个结合”的要求，即加强重点实验室与其他实验室的结合，加强各实验室专职人员与兼职人员的结合，加强广西出入境检验检疫局技术中心、保健中心与各分支机构实验室、保健分中心的结合，加强检验检疫实验室与外部实验室的结合，充分利用和整合现有资源，加强系统内外实验室交流和合作，提高了实验室整体技术水平和科研能力。为了加强实验室机构建设和使人员相对稳定，确定综合实验室为正科级建制、国家级重点实验室为副处级建制。

广西出入境检验检疫局采用《检验检疫设备管理系统》对仪器设备进行管理，依托网络实现总局、直属局、分支局三级对设备实时动态管理；配置设备条码管理打印系统，可对设备现场快速核查，提高设备管理信息化水平。制定了《广西检验检系统仪器设备管理办法》，仪器设备购置由用户申报、专家论证（特别对20万元以上仪器设备重点论证）、上级审批、委托中介招标机构进行政府采购，对新购置设备进行验收、登记、张贴统一标识，对在用设备实行绩效管理。

【科技交流与合作】 2013年，广西出入境检验检疫局重视并加强科技合作与交流活动，以促进检验检疫事业的发展。

1月，国家质检总局与广西壮族自治区人民政府部区联席会议在南宁举行。国家质检总局副局长魏传忠、广西壮族自治区人民政府副主席蓝天立等领导出席会议并讲话。广西检验检疫局局长卢厚林、广西质量技术监督局局长邓于仁分别汇报地方质检两局推动落实合作备忘录工作情况。

2月，广西出入境检验检疫局召开国家质检总局“泛珠三角区域检验检疫机构促外贸增长战略研究”课题研讨会，卢厚林出席会议并讲话。

3月，广西出入境检验检疫局、自治区质监局、柳州市人民政府关于柳州汽车检测重点实验室建设方案研讨会在南宁召开，广西出入境检验检疫局副局长莫伟媛参加会议。

莫伟媛一行赴玉林就推动建设广西首个出口工业产品（陶瓷）质量安全示范区、玉柴免验商品扩项和国家陶瓷检测重点实验室建设等以及龙潭再生资源加工利用园区建设进展情况开展专题调研。

4月，莫伟媛赴防城港市参加防城港局与广西金川有色金属有限公司举行的合作备忘录签署仪式并致辞。莫伟媛副局长赴玉林参加总局专家组对玉林局国家陶瓷重点实验室核查验收会。

5月，广西出入境检验检疫局与云南出入境检验检疫局在昆明签署“关于加强滇桂检验检疫合作维护西南国门经济安全合作备忘录”，云南出入境检验检疫局局长范国珍和卢厚林分别代表两局致辞并签署合作备忘录。签字仪式结束后，卢厚林、莫伟媛一行到云南有关分支机构进行边贸检验检疫管理工作调研。莫伟媛副出席2013年度广西局科技兴检奖评审暨质检总局科技兴检奖会议并讲话。

6月，广西出入境检验检疫局举办“进口食品安全口岸行”活动。广西出入境检验检疫局副局长莫伟媛出席陪同部分自治区人大代表、政协委员、消费者代表、新闻媒体记者到广西出入境检验检疫局视频监控中心、钦州保税港区现场观看进出口食品生产和检验监管执法把关情况。

以广西出入境检验检疫局副局长董国富为团长的植物检疫代表团一行6人出访泰国和越南，出席了“中国（广西）一越南全面深化经贸合作论坛”和“2013中国广西（越南）商品博览会”开幕式，与越南植物保护局黄忠副局长为团长的越南植物检疫代表团举行会谈，对泰国输华木薯产品出口检验检疫情况进行了全面考察。

广西出入境检验检疫局举行2013年食品安全宣传周“实验室开放日”活动，广西出入境检验检疫局副局长莫伟媛出席。

7月，广西出入境检验检疫局技术中心举行特聘张玉奎院士暨专题学术讲座，广西出入境检验检疫局副局长莫伟媛出席活动并为张玉奎院士颁发特聘专家聘书。

8月，广西出入境检验检疫局纪检组长侯金坡率通关处、凭祥局有关人员到广东、珠海、福建、上海就关检合作“三个一”通关模式，“一线”与“二线”检验检疫监管模式，口岸和特殊开放区域检验检疫基础设施建设，推进电子口岸、“两个平台”建设、检验检疫集中查验、全申报等工作进行了调研和业务交流学习。

广西出入境检验检疫局副局长莫伟媛赴龙州出席科学监管，促进边贸食品贸易便利化座谈会。

9月，广西出入境检验检疫局副局长莫伟媛赴杭州参加全国丝类检测业务研讨会暨生丝检测联盟筹备会。

10月，广西出入境检验检疫局副局长莫伟媛到钦州局主持召开专题工作会议，就落实好国家级燕窝及营养保健食品检测重点实验室的建设工作提出要求。

广西出入境检验检疫局局长卢厚林出席在南宁召开的“泛珠三角区域检验检疫机构促外贸保增长战略研究”课题中期会和“中国一东盟跨境动植物疫情防控监测信息平台”课题末期会。

广西出入境检验检疫局纪检组长侯金坡出席在南宁召开的“中国一东盟跨境动植物疫病病情防控检测平台”需求评审会。该项目顺利通过需求评审。

广西出入境检验检疫局局长卢厚林、副局长董国富一行到崇左市与崇左市政府举行座谈并出席《关于推动崇左市开放开发　促进科学发展合作备忘录》签字仪式，卢厚林、崇左市市长孙大光分别在签字仪式上致辞并签署备忘录。

11月，广西出入境检验检疫局副局长莫伟媛出席在凭祥召开的国家热带和亚热带水果检疫重点实验室（凭祥）考核验收会。该实验室通过了国家质检总局专家组考核验收。

广西出入境检验检疫局局长卢厚林在南宁会见美国驻广州总领事馆农业贸易处农业领事黄文华。双方就美国农产品出口到广西的检验检疫工作情况、近年来广西农产品源头监管以及出口美国等方面情况进行会谈。

12月，广西出入境检验检疫局局长卢厚林陪同自治区党委书记彭清华、自治区政府主席陈武，自治区党委常委、秘书长范晓莉，自治区副主席张晓钦一行，到国家质检总局进行工作拜会。质检总局局长支树平，副局长梅克保、魏传忠、孙大伟、吴海清，国家标准委主任田世宏出席座谈。双方就促进广西经济社会发展和推动广西质检工作提升深入交换了意见。

广西出入境检验检疫局副局长莫伟媛率团赴日本对防城港核电进口成套设备进行装船前检验。广西出入境检验检疫局、中马钦州产业园区管委会在广西新闻中心联合召开“进口马来西亚燕窝产品检验检疫要求新闻发布会”。莫伟媛介绍马来西亚燕窝恢复对华出口的经过，通报国家对进口燕窝的检验检疫管理要求以及广西出入境检验检疫局为确保进口马来西亚燕窝的质量安全拟采用的措施。中央和香港驻桂媒体，广西、南宁市和钦州市等30多家主要新闻媒体记者参加现场采访报道。

（周君）

新闻出版科学技术

【概况】 2013年，广西新闻出版系统全面落实科学发展观，实施“科技兴业”战略，加快文化广西建设步伐，做好广西新闻出版业各项科技工作，提高新闻出版业的科技含量。这期间，广西新闻出版系统主要是加强科研项目与经费投入、科技成果与应用、印刷复制业技术改造、出版物印刷质量管理、科技机构与队伍建设、科技交流与合作等科技工作。以科技创新为动力，广西新闻出版业保持了持续、快速、健康发展。

【科技机构与队伍建设】 广西新闻出版技工学校新校区项目建设有序推进。该项目2011年9月已获广西发改委批复正式立项；新校区项目于2012年12月正式签约落地南宁一东盟经济开发区，并已完成新校区总平规划设计；项目列入自治区2013年统筹推进重大新开工项目。广西人社厅已同意新校区按技师学院标准规划建设，新校区建设将分期实施，预计在2014年秋，完成一期建设并正式招生，完成一期建设目标后，通过利用处置旧校区筹集的资金进行第二期建设。

印刷科技人才培养工作方面获得突破。2013年9月举办印刷质量检测认定人员培训班，邀请国家总局质检中心主任授课，取得良好的效果；2013年11月，又与中国印刷科学研究所联合举办了“印刷企业数字化流程培训班”和“绿色印刷实务培训班”，广西共100多家企业参加培训，为广西提高产品质量和印刷企业升级转型，迈入数字化、走绿色发展道路打下基础。大力开展产业工人技能提升培训。2013年广西新闻出版技工学校共为南宁市120家印刷厂620名印刷产业工人进行了培训，包括平版印刷工、平版制版工、装订工三个工种，其中初级工173人，中级工259人、高级工150人、技师38人。

【科技项目与经费投入】 2013年4月，在广西范围内开展首届广西“书香之家”推荐活动。经半年多的筹备、三个多月试运行，“八桂书香网”建设完成并于2013年10月16日正式开通。“八桂书香网”是广西继上海、重庆、湖北、江苏、福建之后第六个省（区）设立的全民阅读网站。网站宗旨是倡导全民阅读；推介八桂新书；分享数字阅读；构建书香八桂。通过建设八桂全民阅读平台，整合广西乃至全国新闻出版业各方面资讯，全力打造融传播、服务、阅读、互动功能为一身的“八桂书香”网站，为广西新闻出版业提供崭新、立体的传播渠道，为促进全民读书活动的开展注入新动力、正能量。

做好新闻出版电子政务建设与管理工作。主要是进一步做好广西新闻出版局政务网站改版工作，原来的政务网站页面和板块是于十多年前设计的，已不适应现在的互联网技术的发展形势和新闻出版工作的实际，组织有关技术人员对网站页面和板块进行了重新设计，增加了图片、视频的发布浏览功能，提供了专题专栏的信息整合排版功能，丰富信息的表现形式。重新上线的局政务网站网页更适合现在的电脑屏幕制式，板块设计更合理，内容更丰富。推进电子政务建设。初步完成了面向广西新闻出版企业管理和服务的业务应用系统平台的搭建工作，实现企业注册登记、文件接收、短信通知、出版物印刷企业生产数据填报、复制企业生产数据填报等功能。完成了桂版出版物资源数据库系统建设，为广西图书、期刊、音像电子出版物数字资源管理提供了标准化管理平台。开发基于广西新闻出版广电局政务网站的新闻出版企业在线查询功能，开通在线咨询、在线访谈等互动交流功能，提升了网站的政务服务能力。

扶持科技产业发展，支持重点项目建设工作新突破。广西出版传媒集团的“中国一东盟传统医药全媒体出版平台建设”项目获得中央财政下拨文化产业发展专项资金1500万元的支持。对中国一东盟绿色创意印刷产业园桂林园区的建设和广西民族语文印刷厂民族印刷企业升级项目的建设，分别给予20万元的引导资金和35万元的重点项目资金支持。为广西民族语文印刷厂争取国家财政资金50万元的支持。

【科技成果及简介】 研发正版软件管理系统，推进长效机制建设。广西早在全面完成县级以上政府机关使用软件正版化检查整改工作任务后，就着手部署推进长效机制建设。2013年，自治区人民政府使用正版软件工作领导小组办公室下文要求各地、各单位在完成整改工作任务的同时，全面推进建章立制工作，建立健全五项制度：包括将软件采购列入财政预算制度，合同和授权书备案制度，软件资产的管理制度，机关正版软件管理制度，使用软件的责任追究制度等。自治区创新管理模式，要求在自治区人民政府使用正版软件工作领导小组办公室的组织指导下，广西正版化长效机制建设实现信息化统一管理。在广西工信委和广西版权局的指导下，广西一铭软件股份有限公司自主研发了正版软件管理系统，通过系统管理，将正版软件相关数据载入管理平台，可以基本实现软件资产管理、合同与授权书备案管理、计算机硬件和软件使用者责任管理、正版软件管理相关数据分析与报送等功能，帮助各单位和各级政府实现软件正版化长效管理的目标。该软件已经取得国家版权局颁发的《计算机软件著作权登记证书》、广西工信委颁发的《软件产品登记证书》和广西软件协会颁发的《优秀软件产品荣誉证书》，广西版权局正在调研论证该软件的广泛实用性。

推进绿色印刷企业认证工作获得新的突破，2013年，继广西迪美印务和大一迪美之后，广西又有广西正泰、桂林广大、广西地质三家企业获得绿色印刷认证。广西绿色企业达到5家。创建国家印刷复制示范企业工作获得突破，2013年，广西真龙彩印包装有限公司和桂林奥群彩印有限公司两家企业评为国家印刷复制示范企业。

推进新兴出版业态发展，促进传统产业转型。2013年1月，为了促进传统出版业转变生产方式，加快行业转型升级步伐，根据新闻出版总署《关于开展传统出版单位转型示范工作的通知》要求，组织广西的图书、报纸、期刊出版单位开展数字出版转型示范单位申报工作，经审核研究，共遴选推荐了11个出版单位参评。推动复制业转型升级。2013年10月，由广西贺州市润大科技有限公司投资建设的蓝光光盘生产线（可录类）在贺州市平桂区鹅塘镇工业集中区正式投产，预计蓝光光盘年生产量为1200万片，年产值达8000万元，主要销往日、欧等海外市场。该项目填补了广西蓝光光盘生产的空白，标志着广西光盘复制业迈入了蓝光时代。2013年5月，广西祥云科技发展有限公司在国内收购了一条DVD光盘母盘生产线和10条DVD只读生产线，填补了广西没有光盘母盘生产线的空白，使广西的光盘生产能力和市场竞争力得到了巨大的提升。广西祥云科技发展有限公司计划迁址贺州，与广西贺州市润大科技有限公司携手将贺州市打造成为中国西部地区的光盘复制生产基地，引领西部地区光盘复制业的发展。

【印刷复制业技术改造】 2013年，广西新闻出版系统按照广西新闻出版业“十二五”发展规划，将技术改造、设备引进、提高印刷生产能力作为印刷复制业工作重点，不断加大技术改造力度，提高印刷复制质量。广西印刷行业出版物印刷和包装装潢企业新增设备，印前设备40台（套），价值1411.43万元；印中设备117台（套），价值20054万元；印后设备134台（套），价值2390.98万元；包装设备155台（套），价值5096.51万元。其中新增100万元/台以上的印中设备有61台，50万元/台以上的其他印前、印后设备共27台。拥有的先进设备如德国曼罗兰ROTOMAN70商务轮转胶印机、高斯MagnumHPs卷筒纸印刷机、德国曼罗兰GEDMAN75胶印机、德国曼罗兰R700胶印机、美国惠普5500数码印刷机、海德堡CD102－（6＋L）胶印机、海德堡CD102－（7＋L）胶印机、意大利七色带模切ROTOMEC凹印机、瑞士C－82H凹印机、罗兰RTOT3BLV九色凹印机、海德堡CD102－（10＋1＋L）胶印机、柔版EM510印刷机、海德堡八色平版胶印机、海德堡四色平版胶印机、海德堡M300轮转八色印刷机、马天尼胶订联动线、骑马钉生产线、海德堡CD102－4P胶印机、海德堡SM520胶印机、海德堡SM740胶印机、日本小森L440胶印机、海德堡CD102－5P胶印机、海德堡CD102－5＋L（X2）胶印机、海德堡CD102－6＋L（X3）胶印机、海德堡CD102四色胶印机、海德堡CP2000四色胶印机、日本网屏CTP系统、海德堡Speedmaster XL 105－5＋L胶印机、日本小森LS444四色机、惠普数码印刷机indigopress3050等先进印刷设备的企业主要是广西南国印务有限公司、广西真龙彩色包装有限公司、桂林澳群印刷有限公司、桂林鸿瑞印刷有限公司、广西汇工（上英）印刷有限公司、广西迪美印务有限公司、广西地质印刷厂、南宁日恒升印务有限公司、广西大华印刷有限公司等。

在广西600多家出版物印刷及包装装潢企业中，印中设备共有四色以上胶印机386台（其中使用超过10年的有65台），进口设备占有246台（其中使用超过10年的有43台）；印前设备CTP有46家，数码印刷有37家；烟标包装盒设备上规模的有3家（广西真龙彩色包装有限公司、桂林奥群印刷有限公司、桂林鸿瑞印刷有限公司等），上规模的瓦楞包装生产企业的有12家（广西民族包装有限公司、广西南宁金美包装有限公司、南宁市八桂纸业有限公司、南宁南箱彩印包装有限公司、玉林市畅泰彩印有限公司等）。

包装印刷业飞速发展。2013年相继有富士康、金光纸业、中石油、中粮、娃哈哈、蒙牛、伊利、珠江啤酒、统一、可口可乐等等国内外知名企业落户到广西各地，这给广西的印刷包装业带来了前所未有的发展机遇。在印刷包装领域，目前除了广西真龙彩色包装有限公司、桂林奥群印刷有限公司、桂林鸿瑞印刷有限公司等几家做烟标等软包装的印刷企业外，也崛起了一批瓦楞纸包装企业，诸如广西民族包装有限公司、广西金美包装印刷有限公司、广西八桂纸业有限公司、南宁南箱彩印包装有限公司、南宁桢丹包装材料有限公司等，这些企业都配备了瓦楞纸板生产线和多色水墨印刷开槽机。

数码印刷正逐步成为新的发展方向。2013年中国数字出版的产值超过了传统的纸质出版，出版印刷行业也正悄然地向着数字时代发展。数码印刷作为行业的先行者，正迎来了新的机遇。2013年，广西的数码快印如雨后春笋般破土而出，大街小巷随处可见，除了复印店的升级转型，传统印刷企业也在这方面加大投入了，如广西迪美印务有限公司、广西地质印刷厂等；一些企业已经向数码快印转型，如自治区政府办公厅印刷厂、自治区党委凤凰印刷厂等。而早期的数码快印企业如天佳图文、双龙快印、赛佳图文的也开了多家分店。2013年广西新增的彩色数码印刷机有38台套。针对数码印刷设备的高价位，富士施乐等设备厂商推出了新的营销方式，采取与印刷企业分成抽点数的方式给企业以较低的价格提供数码印刷设备、耗材和维护服务，让企业买得起用得起。随着数码印刷设备及原材料等的成本逐步降低，数码印刷将会逐步成为印刷业的主流。

【出版物印刷质量管理】 加强质量监管，促进行业发展。组织开展2013年“3.15”教材教辅产品和食品包装装潢印刷品质量监督检测活动和2013年出版物送样检测工作。通过开展质量的监督检测工作，有效促进广西各出版单位和印刷复制企业认真抓好质量工作，促进行业的发展，该项工作获得国家总局评为全国先进集体。

根据国家新闻出版广电总局《关于开展2013年“3·15”中小学教科书绿色印刷和月饼包装装潢印刷品质量监督检测活动的通知》（新出厅字〔2013〕67号），广西新闻出版局于2013年3月至9月，组织开展了一系列印刷产品质量监督检查活动。严格按照“3·15”中小学教科书绿色印刷质量监督检测活动通知要求，抽取指定教科书样品，报总署质检中心。分别抽取了省级教材：广西大一迪美印刷有限公司印刷，广西教育出版社出版的《信息技术》（九年级上册），接力出版社出版的《音乐》（简谱、一年级上册）；国家教材：《地理（七年级上册）》（人教版、广西迪美印务有限责任公司印制），《生物学（七年级上册）》（人教版、广西迪美印务有限责任公司），《品德与生活（一年级上册）》（教科版、广西正泰彩印包装有限责任公司），《品德与生活（二年级上册）》（教科版、广西正泰彩印包装有限责任公司），《化学与生活（选修）》（凤凰传媒、苏教版，桂林广大印务有限责任公司），《有机化学基础（选修）》（凤凰传媒、苏教版，桂林广大印务有限责任公司），《品德与社会（五年级上册）》（教科版、广西地质印刷厂），《信息技术基础（必修）》（教科版、广西地质印刷厂）等10个品种，各8册，寄送总署质检中心。

加大印刷质量监督力度，在完成总署“3·15”质检任务外，广西新闻出版局组织开展了广西2013年出版物印刷产品质量抽样监督检测活动。主要对广西民族印刷包装有限公司、广西大一迪美印刷有限公司、广西迪美印务有限责任公司、广西壮族自治区地质印刷厂、广西正泰彩印包装有限责任公司、广西民族语文印刷厂、桂林广大印务有限责任公司等区内主要教材教辅印制单位的产品进行了批质量的抽样及检测。同时，结合开展加强印刷复制发行监管专项行动，派出检查组到新华书店、民营书店、中小学校和印刷企业的仓库、车间和门店进行了质量监督抽查、抽样。据统计，抽样检测共涉及55家出版单位、72家出版物印刷企业。抽取样本165种、1899册。其中，批质量38种，1264册；非批质量127种，635册。经检测：批质量样品合格率100%，非批质量样品合格率99.44%。认定合格品1897册、不合格品2册。

【科技交流与合作】 印刷科技人才培养合作与交流工作方面获得突破。2013年11月，广西印刷技术协会与中国印刷科学研究所联合举办了“印刷企业数字化流程培训班”和“绿色印刷实务培训班”，广西共100多家企业参加培训，为广西提高产品质量和印刷企业升级转型，迈入数字化、走绿色发展道路打下基础。广西新闻出版技工学校成立了高技能人才培训基地建设项目组，针对校企合作培养高技能人才项目的实施进行调研与学习，科学规划，形成校企合作方案；研究培训课程标准。深化“校企合作、工学结合”的人才培养模式改革，共同研究各专业教学标准，探索三个建设重点专业的课程标准；启动师资队伍建设项目，师资队伍建设规划和具体实施方案，开展相应培养活动。安排多名教师到广西民族包装印刷有限公司、南宁市昭泰子龙印刷厂、广西飞翔特种印务有限公司进行生产实践锻炼学习。同时，确定培训师资团队第一期培养工作，通过激励机制、校企人才交流、派出培训学习、合作项目、核心教师培训等途径有目标、有组织、有计划地培养校级专业带头人；初步建立由行业企业、用人单位、在校生、毕业生、家长共同参与的“五位一体”办学质量评价体系。开展印刷技术、印前图文信息处理、数字印刷专业岗位需求的企业调研活动；与上海出版高等专科学校签订对口援建协议书，建立长达两年的合作。上海出版高等专科学校通过开展对口支援工作，拓展对口专业教师的专业知识面。并对相关专业在人才培养方案制定、重点课程建设、实训实习条件改善等方面给予指导，并实现各类教育教学资源的共享。同时深入推进校企合作，做好学生实习和就业指导工作。重视国家政策性的培训工作，推进工学结合、校企合作。2013 年 3 月～4 月安排 2011 级全体学生共 155 人，于 8 月 19 日～10 月 20 日安排 2012 级全体学生共 143 人到广东鹤山雅图仕印刷有限公司进行教学实践学习。6 月顺利完成了 2011 级 156 名学生顶岗实习工作，保证了所有专业学生对口实习，并在自治区外开拓了一些国内知名有实力的实习单位，如利丰雅高印刷（深圳）有限公司、上海雅昌艺术有限公司、广东东莞彩桥印刷有限公司，推荐到如杭州日报报业集团、中华商务联合印刷（广东）有限公司、广东万昌印刷包装集团有限公司、广东鹤山雅图仕印刷有限公司、中山中荣纸类印刷制品有限公司、东莞日报印刷厂、深圳佳信达印刷有限公司等自治区内外优秀企业实习就业。并加强与企业的合作，建立稳定的合作关系，与企业对顶岗实习学生进行共同管理。

（邵福荣）

铁路运输科学技术

【概况】 2013 年，是广西铁路建设发展史上具有里程碑意义的一年，年内开通运营衡柳铁路永柳段、柳南客运专线、邕北铁路、钦防铁路 4 条时速 200 千米及以上高等级铁路，广西正式迈入高铁行列。全自治区铁路营业里程达到 3982.4 千米，其中时速 200 千米及以上高等级铁路营业里程达 1094.67 千米，路网规模、技术装备水平、运输能力实现重大跨越，广西铁路由路网末梢一跃成为区域性交通枢纽。在科技工作方面，坚持科技为运输安全生产服务的思想，围绕铁路运输安全生产中急需解决的技术难题，积极开展科技攻关。2013 年，南宁铁路局投入科技经费 405.45 万元，安排 55 项科技攻关；承担铁路总公司科技项目 1 项，跨年度延续项目 1 项，总投资 27 万元。

【科技机构与队伍建设】 南宁铁路局科技管理工作由铁路局总工程师主管。铁路局科学技术委员会，由局长任主任委员，主管科技工作的局领导任副主任委员，委员由铁路局总工程师室，安全监察室，运输、客运、货运、机务、工务、电务、车辆、供电、计划统计、财务、建设管理、土地房产处，信息技术所，科学技术研究所，质量技术监督所等部门负责人组成。铁路局科学技术委员会主要职责：一是研究确定铁路局科技工作的方针、政策、规定、办法；二是研究确定铁路局科技发展规划、年度科技研究开发计划；三是组织铁路局科技成果鉴定、技术评审，组织科技成果转化和推广应用；四是审核铁路局科学技术进步奖；五是研究决定铁路局有关科技工作的重大事项；六是组织协调横向联合及各部门的科技工作。铁路局科学技术委员会下设办公室，设在总工程师室，负责科学技术委员会的日常工作。

铁路局科技单位包括科学技术研究所、信息技术所和质量技术监督所。科学技术研究所主要负责铁路局运输安全生产相关的科研课题研究、科技信息管理、科研立项检索查新、科技档案管理、工程质量检测、物理探测等工作。2013 年末，在册职工 51 人，其中干部 45 人，工人 6 人（含高级技师 1 人）。文化程度：研究生 8 人、大学本科 25 人、大专 4 人。干部中有专业技术职称 42 人，其中高级专业技术职称 13 人、中级专业技术职称

13人。信息技术所担负铁路局运输生产应用信息系统的运行维护、研制开发、推广应用、技术服务等任务，是全局信息化建设专业技术部门。2013年末，在岗职工77人，其中干部73人、工人4人；文化程度：硕士研究生4人、大学本科49人、大专19人、中专及以下5人；干部中有专业技术职称70人，其中高级专业技术职称12人、中级专业技术职称39人、初级专业技术职称19人。质量技术监督所下辖国家轨道衡计量站南宁分站、铁路局电力试验所、特种设备检验所和能源监测所，承担铁路局计量检定、特种设备检验、电力试验和能源监测工作以及新线建设实验室仪器设备检定任务。2013年末，在册职工60人，其中干部51人、工人9人。文化程度：大专以上49人、中专3人、高中及以下8人。干部中有专业技术职称47人，其中高级专业技术职称5人、中级专业技术职称24人、初级专业技术职称18人。

【科技项目与经费投入】 2013年，南宁铁路局投入科技经费405.45万元（含跨年度延续项目经费52.3万元），安排55项（其中新立项37项，跨年度延续项目18项）有关行车安全、生产经营、节能环保、综合管理、铁路建设等方面的科研项目。承担铁路总公司新立项目1项，跨年度延续项目1项，总投资27万元。

【重点工程与重大科技进展】 2013年，铁路总公司下达南宁铁路局在建大中型项目投资年度计划12项253.59亿元（含代建贵广铁路桂林北站），完成投资256.09亿元，占铁路总公司下达年度计划的101%。

2013年11月9日，重联动车组CRH2—238A+CRH2—239A接入南宁铁路局，11月10日路试合格，标志广西首列重联动车组配属到位。截至12月31日，南宁铁路局共接入CRH2A型动车组10组，开行动车9对5个动车组。

2013年12月28日12时15分，桂林至北京西G530次动车从桂林站始发，结束广西没有高铁的历史，广西成为全国首个开通运营高铁的少数民族自治区。12月30日，柳南客运专线，邕北、钦防铁路同日开通运营，标志八桂大地开启“同城时代”。截至2013年12月31日，广西铁路营业里程达到3982.4千米，其中时速200公里及以上高等级铁路营业里程达1094.67千米，占全国高铁总营业里程的10%，位居各省区前列。

2013年，作为主要研发单位，南宁铁路局与铁路总公司信息中心、中南大学联合开发的“铁路限界管理和超限超重货物运输辅助决策系统”通过铁路总公司运输局组织的技术评审，根据铁路总公司的统一部署，该成果计划于2014年完成全路各单位推广应用。年内，铁路局承担的铁路总公司科研项目“南昆线开行重载列车运输组织与既有设施改造方案研究”通过铁路总公司组织的项目验收；“动车组运用维护技术深化研究——客车（动车组）轴端接地装置弹簧压力试验台技术研究”获铁路总公司重点课题立项，该项目目前正按计划开展相关研制工作。

【科技交流与合作】 2013年，为充分利用科研院校与厂家的技术优势，南宁铁路局积极与地方单位和科研院校合作，开展科技项目研发，以提高铁路局科研水平。年内，有22项铁路局科技项目与局外单位合作研发，取得良好效果。主要项目有：车载设备测试作业管理系统、铁路站场调车定位跟踪系统、提速线路道岔区间单元检养修装备与技术、岩石基矿物掺合料在铁路混凝土中的应用研究、TDCS模拟输入板抗电磁干扰性能的改进、多重冗余保护防雷道岔信号整流器、自轮运转特种设备车地一体化管理云应用平台的研究、SS3型电力机车重联控制改造研制、SS7A型电力机车辅机在线监测及保护装置、接触网监测及故障定位系统、隧道通风系统综合节能降耗等。

【知识产权】 2013年，南宁铁路局获国家实用新型专利2项，分别为：机车DC600V供电电源检测装置（专利号：201220443111.6），动态安全带拉力试验台（专利号：201320384493.4）；获计算机软件著作权登记证书3项，分别为：唯斯铁路专用线综合管理系统软件（证书号：软著登字0665436号），唯斯LKJ基础数据及审核管理系统（证书号：软著登字0666905号），唯斯铁路货车静载重管理系统软件（证书号：软著登字0667128号）。

【科技成果奖励】 2013年，南宁铁路局对2012年度的“机车调度综合管理系统”等26项科技成果颁发科技进步奖。其中科技进步奖一等奖1项、二等奖9项、三等奖12项、四等奖4项。2013年，“便携式机车应急综合无线电台”科技成果获2012年度中国铁道学会铁道科技奖三等奖。

（张金强）

科协活动

【概况】 2013年末，广西科协系统有省会城市科协1个，地级科协13个，县级科协110个，园区科协5个，乡镇科协814个，街道科协88个。

科普面向基层服务民生计划　2013年广西有101个单位和个人获全国“基层科普行动计划”奖励，奖补金额1840万元，获奖数量和金额居全国前列。有67个单位和个人获广西“科普惠农兴村计划”奖励，奖补金额500万元。联合钦州市、柳州市政府分别举办了第23、24届广西科技大集，培训全自治区养殖专业户1000多人次。举办“科普惠农兴村计划”特色农产品展销会，组织300多家农技协和科普示范基地携带千余种绿色、有机优质农产品进行现场展销和网上销售，为各地农产品流通搭台牵线。举办广西“十月科普大行动”，全自治区联动，开展主题活动350多项，受益群众数百万人次。

学会（协会）创新发展与能力提升计划　新发展成立5个自治区级学会和高校科协，协调柳州市等地发展了8个企业科协。在广西农学会等5个自治区级学会开展了学会能力提升试点工作，培育一批自治区级示范性学会。组织41个学会的科技工作者开展科技咨询19次、承接政府转移职能119项。

优质科普资源开放开发计划　推动广西大学、桂林电子科技大学等10余所高校的44个高水平实验室、陈列室（馆）等优质科普资源在全国、广西科技活动周期间首次对外开放，免费接待群众1万多人次。完成全自治区34个全国科普示范县（市、区）中期评估及总结验收，开展第五批广西科普示范县（市、区）创建工作，新设立32个自治区科普教育基地。加强“科普信息数字传递工程”建设，建成100多个LED科普信息屏。编印的《农博士答疑一万个为什么》被中国科协评为“公众喜爱的科普作品”。

科普公共服务能力建设计划　广西科技馆在中国科协、中国科技馆支持下，在桂平、象州等8个县（市）组织了流动科技馆巡展，惠及民众35万人次。科技场馆建设取得新发展。

实施科普人才发展培育计划。组建超过5000人的广西科协专家服务团，组织开展科技咨询服务活动230多次，服务群众1.6万多人次。各级科协共培训基层科协科普专职人员200多人次、培训校外青少年科技辅导员2000多人次，培训农村科普带头人、农村科普员、志愿者等10多万人次。

实施科技思想库试点建设年计划　建立科技工作者状况调查站点70多个。建成了广西科技思想库网络平台并投入使用，向自治区党委、政府呈报的《关于我区科技工作者事业发展需求及发挥作用状况调查情况的报告》，获得自治区党委副书记危朝安，自治区党委常委、组织部部长周新建，自治区副主席李康、蓝天立等领导的关注和批示。

【学会与人员】 广西各级科协有所属学会、协会、研究会1865个，企业科协186个，大专院校科协33个，农技协3600多个。其中，广西区科协所属的自治区级学会109个，大专院校科协19个，企业科协1个。

【学术交流与活动】 2013年，广西各级科协及所属学会共组织召开国内学术会议361次，参加人数0.72万人，交流论文12461篇；境内国际学术会议32次，参加人数0.56万人，交流论文569篇。举办7期创新方法进企业巡讲活动，培训企业科技人员2800多名。举办各类学术交流活动近600场次，承办国际学术交流和全国、片区学术交流活动30多场次。与自治区社科联、共青团区委联合主办第六届广西青年学术年会，共征集论文605篇。与中国—东盟博览会秘书处、广西科技大学、香港科技协进会等共同举办第四届中国—东盟工程项目合作与发展论坛，来自新加坡、马来西亚、越南、印度等11个国家和中国香港、澳门、台湾地区的工程界、科学界专家学者，以及国内有关专家、企业代表130多人出席论坛，促成签订价值6500万元项目合同。

【科普活动】 广西各级科协及所属学会举办科普宣讲活动4515次，受众人数达552.2万人次，其中院士科普报告会32次。举办实用技术培训6790次，培训人数达94万人次，推广新技术、新品种1083项。举办青少年科学营69次，参加人数2.9万人次；举办青少年科技竞赛活动320次，参加人数120.2万人次。拥有自治区级科普示范县（市、区）49个、科普示范街道（乡镇）424个，科普示范社区（村）2057个。各类科普网站35

个。

2013年，各级科协重视发挥全民科学素质纲要工作领导小组办公室的作用，联合成员单位积极开展形式多样、内容丰富的科普活动，扎实推进重点人群科学素质行动，实现科普基础工程共建共享，形成大联合大协作工作新格局。各成员单位结合各自的工作业务，积极围绕“美丽广西·清洁乡村”主题开展科普宣传活动。在全国科普日和广西“十月科普大行动”活动期间，各成员单位组织动员广大科技工作者和科普志愿者，深入农村、社区、学校等场合开展了形式多样的科普活动。在各级纲要办的努力下，全自治区多数市、县（市区）已明确将全民科学素质工作纳入政府工作部署和目标责任考核体系，其中南宁、柳州、玉林、贵港、钦州的全部所辖县（市、区）均将该工作纳入政府工作部署。贺州、河池两市将全民科学素质工作纳入政府年度绩效考核。自治区科协联合自治区教育厅、科技厅、知识产权局等单位共同开展了广西中小学生发明创造示范单位建设评选工作。南宁市推进“科普网络书屋”平台建设，覆盖全市12县（区）的108个基层服务点。

举办第23、24届广西科技大集。2013年8月23日，第23届广西科技大集特色种养创业富民工程推广活动在灵山县举行，大集以“发展特色农业 致富千万农家”为主题，由自治区科协、自治区农业厅、自治区水产畜牧兽医局、钦州市委、市人民政府联合主办。大集组织了特色种养创业富民工程推广活动主题展、央视《致富经》典型人物经验交流会、帮扶农民创业致富签约、创富项目推介与合作签约、科技创业人员考察种养基地、钦州市和灵山县特色农业产业成果图片展、广西科技创业致富图片展、农业专家现场咨询、特色种养新技术新成果合作洽谈会等多样化的活动，数千名各地群众实地考察了100多项特色种养项目。2013年12月28日，第24届广西科技大集暨第四届“融安金橘节”在南宁举办，大集由自治区科协、柳州市人民政府主办。大集突出融安的金橘产业优势，举办了“融安金橘”及名特优农产品展销、“美丽融安·金橘富农”座谈会及融安金橘购销洽谈会、“美丽融安·现代三农”成就图片展、现场免费品尝“融安金橘”活动、“融安金橘”大赠送等活动，会上成功签下金橘订单近4000吨。

广西首部科普微电影通过评审。2013年10月23日，广西科协在广西电台首次主持召开艾滋病防治微电影《爱》科普作品成果评审会，专家对《爱》的文学艺术价值、科普传播价值、社会效益、应用推广前景等进行专业评审。《爱》由自治区防艾办与自治区广电局联合制作，广西人民广播电台具体拍摄，于2013年创作完成，并在全自治区1万多个乡村面向广大农民群众进行播放，为广西首部通过评审的科普微电影。

由自治区科协副主席、高级记者朱东与南方科技报记者张越联手创作的新锐科普小说《股份农民》，荣获广西第十二届精神文明建设“五个一工程奖”文艺类图书奖。

【活动场馆建设】 广西科协系统建成运营省级科技馆1个，市级科技馆2个，全年接待参观人数达到110余万，其中广西科技馆接待观众人数达108万。全国科普教育基地17个，全年参观人数达374.6万人次；自治区级科普教育基地37个，全年参观人数达357.5万人次；科普活动站（中心、室）2587个。广西天文馆项目建设取得阶段性进展，完成了部分前期工作。广西数字科技馆以总分第一荣获中国数字科技馆优秀二级子站奖。全区各地市级科技馆建设步伐加快，防城港市科技馆建成开馆，南宁市科技馆建设进入布展阶段，另有9个地级市的科技馆建设列入当地“十二五”发展规划。全自治区科普大篷车保有量达到28辆。

【青少年科技活动】 2013年10月12日，由广西科协、文明办、教育厅、科技厅、共青团联合主办的首届广西青少年科学节主场活动在广西科技馆正式启动。上千名青少年学生、科技教师和社会各界群众参加了启动仪式和主场活动。首届广西青少年科学节全自治区活动于2013年9月15日～10月31日在各地市特别是中小学校、青少年校外活动中心、乡村学校少年宫联动举办，期间开展了科普报告、科技竞赛、展览展示、发明创造、机器人活动展演等科普活动；围绕“美丽广西·清洁乡村”开展系列青少年科技环境保护活动；开展“快乐科普校园行”—“大手拉小手，科普报告希望行”、“科技馆活动进校园”等系列活动；全区科普大篷车进校园、进社区开展青少年科普教育活动；流动科技馆进融水、博白、大化巡展活动；“我写我唱我宣讲”广西百万青少年科普金童谣系列科普活动等。通过举办青少年科学节等活动，实现了“三个 100 万”目标：即广西科技馆全年接待人数超过 100 万人次，参加青少年科技创新活动人数超过 100 万人次，参与科学节人次超过 100 万。

广西青少年科技创新奖首次颁发。10 月 12 日，广西首次颁发青少年科技创新奖，柳州高级中学申报的《两关节仿生金鱼的研制》等五个科技创新优秀项目获奖。该奖由自治区科协、文明办、教育厅、科技厅、共青团广西区委共同发起设立，重点表彰奖励广西在国际级、国家级和自治区级各类青少年科技创新重大比赛或评选活动中，在科学探究、发明创造等领域成效突出、得到社会公众广泛认可的青少年科技创新项目，旨在激励更多的青少年投身科技创新活动，成为贡献国家、造福社会的科技创新人才。

【科协表彰活动】 广西各级科协及所属学会全年反映科技工作者建议 803 条，获领导批示 206 条；答复人大代表议案、建议和政协委员提案 73 项，走访慰问科技工作者 1798 人次；表彰奖励科技工作者 5527 人次，其中女性科技工作者 1325 人次。举办决策咨询活动 193 次，提供决策咨询报告 359 篇，获领导批示 146 篇。

【重要事项】 广西科学技术协会第七次代表大会召开 2013 年 10 月 25～26 日，广西科学技术协会第七次代表大会在广西人民会堂召开，自治区党委书记、自治区人大常委会主任彭清华出席开幕式并作重要讲话，中国科协副主席、党组副书记、书记处书记程东红到会祝贺，自治区政府副主席黄日波主持开幕式并在闭幕式上讲话。大会认真总结回顾了过去五年的工作和经验，对未来五年的工作进行了科学谋划，确定了今后五年科协事业发展的主要任务。大会选举了广西壮族自治区科学技术协会第七届委员会主席、副主席、常委、委员等。郑皆连继续当选为主席；叶宗波、方芳、朱东、梁春花、陈大克、钟夏平、李杨瑞、白志繁当选为副主席；有 55 人当选为常委；121 人当选为委员。会上还表彰了 30 名第十二届广西青年科技奖获得者、2008～2013 年广西科协系统先进集体 39 个和先进工作者 150 名。

中国科协与自治区政府签署合作共建协议 2013 年 5 月 27 日，中国科协与自治区政府在南宁签署《关于促进广西经济社会又好又快发展的合作协议》和《落实全民科学素质行动计划纲要共建协议》，中国科协主要领导和自治区主席陈武，分别代表中国科协和自治区政府在协议上签字。自治区党委书记、自治区人大常委会主任彭清华，自治区党委副书记危朝安，自治区党委常委、秘书长范晓莉，自治区政府副主席蓝天立等出席签字仪式。签字仪式由蓝天立主持。

（盘健斌　陈启浩）

区域科学技术

南宁市

【概况】 2013年，南宁市紧紧围绕市委、市政府中心工作，大力实施创新驱动发展战略，加快推进国家创新型试点城市、国家知识产权试点城市建设，实施八大科技创新工程，全面提高科技创新能力，为全市经济社会又好又快发展提供强有力的科技支撑。全市科技投入持续增长，全社会研究与试验发展经费支出占地区生产总值的比例达到1.98%；科技进步对经济增长的贡献率达53%，综合科技进步水平居全自治区第一。实施国家、自治区、南宁市创新计划项目326项，国家、自治区科技项目268项，市本级科学研究与技术开发计划347项，其中产业重大科技专项11项。培育新增自治区级工程技术研究中心4家，累计39家；新增市级工程技术研究中心5家，累计29家；院士工作站5家，博士后工作站4家；全市开工建设科技企业孵化器5家。引进、开发工业新产品、新技术173（项）个。引进、试验、示范推广农业新品种57个、农村实用新技术26项，研发农产品加工新产品22个、新技术13项；重点建设或提升企业工程技术研究中心能力22家、新农村科技示范村11个；选派农村科技特派员15名。全年专利申请量5702件，专利申请量、授权量等多项指标连续四年位居全自治区第一，每万人发明专利拥有量1.98件。全年取得各类科技成果2169项，同比增长22.34%。完成技术合同认定登记209项，交易额1.14亿元。认定市级国际科技合作基地9个，首次与欧盟国家开展科技合作，与欧盟森林研究院签署STAR TREE项目合作意向书。荣获“全国科技进步先进市”七连冠，南宁市及12个县（区）全部通过2013年全国科技进步考核。全年开展科普活动2611期（次），参加人数126.64万人次，重点扶持建设科普示范基地8个。

【科技人才队伍建设】 2013年，南宁市坚持人才优先发展，大力实施人才强市战略，不断加大科技人才引进、培养和使用力度，积极发挥科技人才在推进全市科技进步与创新工作的作用。在重点高新技术产业和战略新兴产业领域，引进培养20名高水平创新人才，培育创新带头人才及创新团队5个；组织评审南宁市新世纪学术和技术带头人培养人选51人；努力营造良好人才工作环境，制定或起草《南宁市科学技术奖励办法实施细则》、《南宁市人才特区国家科技成果转化应用高层次人才团队项目资助实施细则》和《南宁市扶持人才特区科技企业孵化器建设实施细则》。积极开展南宁·东盟人才交流活动月活动，组织开展科技创新人才“两会一座谈”活动，即南宁市知识产权管理与创新培训会、南宁市企业科技人才发明创造能力提升培训会及南宁市国际科技合作工作座谈会，共有27家企业高层领导和250名科技工作者参与活动。南宁市科技企业孵化基地入孵企业——广西博雅干细胞科技有限公司获批设置南宁市特聘专家岗位，通过特聘专家岗位的设置，该公司将有效地整合国内外技术专家，打造一支学科互补、梯队合理、既有经验又具活力的人才队伍，实现“项目—人才—基地”相结合的国际科技合作与交流平台。通过引进高层次领军型专家人才，吸引一批学术基础扎实、具有创新能力和突出发展潜力的中青年学术骨干，与北京大学、中科院等联合培养一批研究生和博士后，同时吸纳高校毕业生，培养技术骨干，在干细胞生物学研究领域打造一支40人～50人的专业结构合理和高水平的科研队伍，进一步推进广西生物技术领域人才队伍建设。

【科技项目与经费投入】 2013年，南宁市实施国家、自治区、南宁市创新计划项目326项，其中，南宁市新下达创新计划项目187项，总投资10.8亿元，科技拨款5730万元，预计年新增产值41.08亿元、利税1.37亿元、节创汇2980万美元。实施国家、自治区科技项目268项，获科技经费支持8983万元，同期增长160.22%。其中，国家创新基金项目59项，获科技经费支持3930万元；广西科学研究与技术开发计划项目181项，获科技经费支持4616万元；广西创新基金项目28项，获科技经费支持437万元，获立项数量和科技经费支持再创新高。实施南宁市科学研究与技术开发计划项目347项，总投资12.13亿元，科技拨款1.12亿元。其中，南宁市产业重大科技专项11项，总投资1.51亿元，科技拨款890万元；工业项目81项，农业项目60项，社会发展项目78项，其他项目64项；南宁市科技型中小企业技术创新资金项目53项，科技拨款1000万元。3个项目获国家农业科技成果转化资金立项，获无偿资助220万元。

【科技成果与奖励】 2013年，南宁市获自治区级科技成果登记103项（不含专利成果），同比增长13.2%，其中工业54项、农业20项、社会发展29项。这些成果中，技术水平达到国际领先水平的1项、国际先进水平的7项、国内领先水平的46项、国内先进水平的45项、自治区内先进水平1项，其他3项。通过市级以上科技成果鉴定82项（含计划外项目18项），其中工业34项、农业21项、社会发展27项。这些成果中，技术水平达国际先进水平的2项，国内领先水平的36项，国内先进水平的42项，自治区内领先水平的1项，自治区内先进水平的1项。获广西科技进步奖14项（其中二等奖4项、三等奖10项），广西技术发明奖3项（其中二等奖1项、三等奖2项）。获南宁市科学技术奖49项，其中科技进步奖46项（一等奖5项、二等奖13项、三等奖28项），技术发明奖3项（一等奖1项、二等奖2项）。获奖励的49项科技成果在科学发现、技术开发、科技成果转化和产业化中具有创新性强、技术水平高、经济效益好和社会效益显著的特点。其中工业23项、农业13项、社会发展13项；技术水平达到国际先进水平的1项，国内领先水平的24项，国内先进水平的24项；有14个项目共获得专利授权53件，其中发明专利15件、实用新型专利23件、外观设计专利15件，获得计算机软件著作权项目的有5项；2010年～2012年实现新增产值51.64亿元、利税12.65亿元，实现收入超千万元的项目21项，其中超亿元项目10项。

【创新平台建设】 2013年，南宁市继续强化创新载体建设。通过科技项目立项支持的形式推进企业创新平台建设，共提升企业工程技术研究中心能力22家，全市新增自治区级企业工程技术研究中心5家，新建市级工程技术研究中心5家。全市拥有自治区级企业工程技术研究中心39家，市级企业工程技术研究中心29家；院士工作站5家，博士后工作站4家。继续完善巩固推进科技文献共享与服务、中小企业创新科技服务、专利信息服务、制药业信息服务、生产力促进中心联动服务5大科技支撑服务平台和物流、商贸科技支撑技术平台建设。南宁市科技企业孵化基地被国家科技部认定为国家级科技企业孵化器，是2013年广西唯一新获认定，同时被自治区认定为首批中国创新驿站广西工作站点。全市开工建设科技企业孵化器5家，建设面积约20万平方米，包括南宁市生物工程技术中心、广西—东盟科技企业孵化基地、广西申能达智能技术有限公司投资建设的申能达科技孵化器、南宁泛北城市信息技术有限公司投资建设的中盟科技园孵化器、广西诺斯贝电气有限公司投资建设的诺斯贝科技孵化园。全市新增入孵企业83家，新增孵化项目89个，促成3项国家优秀科技成果落地南宁企业转化。

【高新技术及其产业】 2013年，南宁市高新技术企业实现产值300亿元、增加值85亿元，同比增长20%，全市高新技术产业总收入将达到950亿元，总产值将突破860亿元，创汇5亿美元，利税45亿元。全年新认定41家企业通过高新技术企业，到2013年底，全市高新技术企业数量突破163家。完成引进、开发工业新产品、新技术173（项）个。广西田园生化股份有限公司被认定为2013年度国家级工业品牌培育试点企业，成为广西首家农业部重点实验室建设依托单位的企业及南宁市首家国家级工业品牌培育试点企业。

【农业与社会发展】 2013年，南宁市围绕粮食、蔬菜、畜牧、水产、林果等主要产业，组织实施重大农业科技专项和农业新品种引进、新技术推广、新成果应用以及关键技术研究与攻关等科技项目63项。引进、选育、示范农业新品种57个，引进、示范农村实用新技术26项。研发农产品加工新产品22个、新技术13项。提升农业科技创新和服务平台31个，3家农业科技企业被认定为自治区良种培育中心，7家企业被认定为自治区农业标准化生产技术示范基地。广西金穗香蕉产业技术创新中心被认定为广西乃至全国领先企业型的产业技术研究中心，南宁振企火龙果技术研究中心被评为省级技术研究中心，同时也是全国首家火龙果产业研究中心。加强科技示范点建设，安排实施科技特派员项目15项，科技拨款150万元，涉及粮食、蔬菜、经济作物、家畜养殖、特种养殖及农业废弃物处理等领域。通过实施“大宗农作物废弃物资源发展有机蔬菜关键技术研究与示范”等项目，引进和示范农村实用新技术23项，示范作物推广应用面积7.62万公顷，禽类生产3666万余羽，猪、牛高效健康养殖3.5万头。实施“新农村科技服务体系建设和能力提升”项目，科技拨款330万元，重点建设或提升新农村科技示范村23个，引进、示范和应用优良新品种18个，种植面积1046.67公顷（1.57万亩）；引进示范适用技术20项，推广应用面积1233.33公顷（1.85万亩）；良种覆盖率95%，建成示范基地30个，示范面积333.33公顷（5000多亩），新增收入1.05亿元。

2013年，南宁市组织实施涉及健康惠民、人口和计划生育、艾滋病防治、教育教学、公共安全、安全生产、防灾减灾等社会发展科技项目79项，科技拨款1200万元。开展“美丽南宁·清洁乡村”科技攻关，引导企业利用科技提升环保产业的自主创新能力，重点支持企业研发适合市场的产品和技术。如：广西益江环保科技有限责任公司承担的郑州莲湖湿地改建工程，该项目是中国与联合国开发计划署（简称UNDP）合作的水资源管理方案子项目，也是UNDP在全球实施的第一个“城市口袋湿地项目”，2013年10月10日，该项目通过验收，正式移交管理方——郑州市高新区管委会；广西玉柴专用汽车有限公司研发出一款适合乡村使用的小型垃圾收运车，投放垃圾方便、省力省时，又可避免垃圾运输过程中二次污染；南宁南机动力有限公司成功研发30多种节能环保新产品；广西三原高新科技有限公司“汽车尾气超标治理项目工程——智慧汽车健康体检”项目在保障安全行车的同时，可达到降低油耗与排放的功效。实施“绿城特色园林建设关键技术研究”、“农业废弃物清洁及综合利用关键技术研究与示范”和“城中村面源生活污水处理与环境改善关键技术研究与工程示范”3个重大专项共11个课题，科技拨款200万，课题涉及园林绿化花卉和名贵树种的引进、培育和杂草的防控研究、主要农业废弃物再利用技术的开发以及城中村公共污水处理等内容。在废物利用方面，利用木薯加工废弃物开发出ZH－1、ZH－2和“润桂”生物有机肥产品3个，并在武鸣县建立了1个100亩有机蔬菜栽培基地，年处理木薯废杆5000吨；利用大宗农作物秸秆建成1个年产30万袋菌包的食用菌示范工厂，为解决南宁市主要农业废弃物因堆放或焚烧而造成的环境污染提供了重要的技术依托。

【政策法规与环境建设】 2013年，南宁市进一步优化科技发展环境，制定了《南宁市扶持人才特区科技企业孵化器建设实施细则》、《南宁市人才特区国家重点科技成果转化应用高层次人才团队项目资助实施细则》、《南宁市创新型企业认定与管理办法》、《南宁市科技企业孵化器认定和管理暂行办法》、《南宁市本级技术研究与开发经费管理办法》等文件，加大了科技创新政策的支持力度。

【科技交流与合作】 2013年，南宁市组团参加第22届广西科技活动周、第16届北京科博会、第15届深圳高交会及第二、三届广西发明创造成果展览交易会等重大科技交流交易活动，签订科技合作项目14项，签约金额1.6亿元，南宁市获第22届广西科技活动周“最佳组织奖”和第二、三届广西发明展“最佳组织奖”。创建跨省域合作新模式，与昆明市科技局签订合作协议书，在新能源、新材料、生物医药、节能环保以及现代农业等领域开展交流与合作。支持企业与德国、美国、加拿大等欧美国家及越南、老挝、柬埔寨等东盟国家在有色金属深加工、电子信息、现代农业、生物医药、生物制剂、节能环保等方面开展合作；首次与欧盟国家开展科技合作，与欧盟森林研究院签署STAR TREE项目合作意向书，为促进南宁市林下经济国际科技合作奠定了基础。扶持12家企业申报国际科技合作项目，科技经费支持290万元。在全自治区率先开展市级国际科技合作示范基地认定，组织评审认定9家企业建设南宁市科技合作示范基地。加强南宁市企业与国内高校院所的产学研合作，与中国农业大学理学院、广西大学、广西师范学院、南宁学院等高校院所建立产学研合作基地34项，科研经费支持996万元。

【知识产权管理】 2013年，南宁市专利申请量5702件，同比增长54.11%，其中发明专利申请量3482件，完成自治区下达任务数的124.36%；专利授权量2066件，同比增长22.68%，专利申请量、专利授权量及有效发明专利拥有量等多项指标连续4年位居全自治区第一，每万人发明专利拥有量1.98件，同比增长48.67%。全年办理专利申请费用减缓证明1403件，办理专利申请资助1744件，发放专利资助金225.78万元。实施知识产权与专利领域科技计划项目23项，科技拨款900万元。制定《南宁市国家知识产权试点城市工作实施方案》；组织参加第二、三届广西发明创造成果展览交易会，全市共有131个专利项目参展，涉及机械制造、电子信息、生物、制药、新能源、新材料、文化、旅游等领域，交易额约3.2亿元，南宁市荣获"最佳组织奖"。协调指导南宁高新区成功获批国家知识产权试点园区；江南区、南宁高新区、横县成为2013年广西知识产权试点示范县（市、区），目前全市拥有自治区知识产权试点示范县（市、区）4个。全年专利侵权纠纷案件立案2起，查处假冒专利案件15起。引进知识产权代理机构8家。

【科普工作】 2013年，南宁市科普工作紧紧围绕全市经济社会发展中心，重点实施"一个宣传"、用好"二类基地"、把握"四个重点"、开展"六进行动"的科普"1246"工程，投入科普经费3930多万元，同比增长10%；全年开展科普活动2611期（次），技术培训1273期（次），发放科普资料61.59万份，参加人数126.64万人次。围绕提高广大青少年学生科学素质，全年开展青少年科普活动386期次，开展国家级、省级及市级科技创新大赛及其他竞赛100多期次，共有青少年学生27.64万参与；着力打造青少年科技竞赛科普品牌活动，在全国机器人和航模比赛中荣获一等奖16个、二等奖19个、三等奖7个；在第65届德国纽伦堡国际发明创意展中荣获1银、1铜及4个世界创意节发明金奖，奖牌数为广西最多，其中所获银奖是广西代表团最高奖。结合"美丽南宁"活动，举办"童眼看环保"系列环保夏令营，开展农作物秸秆综合利用"清洁田园"十大技术培训，编印《环境空气质量科普知识手册》、《低碳生活36计》等宣传材料，制作广西首部环保人偶剧《鲁鲁地球旅行记》，增强民众对科普宣传的感知，为"美丽南宁"建设添砖加瓦。围绕加快提升农民工创业增收能力，重点开展农民工创新和创业服务。以农业科技特派员项目形式开展农村科技创业行动，选派15名农村科技特派员下乡开展蔬菜、粮食高产安全、绿色、有机栽培新技术培训20场次，培训农民600人次；开展水果高产高效安全生产技术10场次，培训农民200人次；开展农废产品（桑枝、木薯杆）再利用技术7场次，培训农民145人次。以新农村科技示范村项目为依托开展农民工先进适用技术和技能培训，开展粮食高产安全有机栽培、蔬菜有机栽培和家禽高效健康养殖等新技术培训34场次，培训农民2100多人次；开展果蔬高产高效安全生产技术培训22场次，培训农民830多人次；开展农废产品（桑枝、木薯杆）再利用技术17场次，培训农民590多人次。通过科技示范村及党建科技服务平台建设，98%以上农户至少掌握一门先进适用种养新技术率达，农民平均亩增收300多元。重点扶持建设南宁气象科技园、都市菜园科普示范基地、海底世界科普示范基地、南宁市竹文化科普基地、金花茶公园科普示范基地、中小学微缩生态科普系统基地、广西南宁现代农业科技教育基地、南宁市白蚁防治技术科普示范基地等8个科普示范基地，共开展各类科普知识宣传活动59场，青少年参与3.71万人次，发放宣传资料8.7万多份。

（刘万娴 覃燕 谢倚宁 李玉兰）

柳州市

【概况】 2013年，柳州市科技工作完成《柳州市科学技术普及"十二五"专项规划》的编制工作，起草并印发《柳州市重点实验室建设管理暂行办法》《柳州市专利申请资助及奖励办法》《柳州市关于加快科技企业孵化器建设的实施方案》《柳州市科技局行政效能监察实施细则》等规范性文件。开展柳州市科技计划历年未结题项目清理，通过组织专家鉴定验收，全年结科研课题项目70个。继续推进十大科技提升工程，制定科技项目186

项，科研经费8368万元，获自治区科技项目119项，项目经费4220万元，获国家科技立项25项，项目经费2322万元。组织41家企业参加自治区科技活动周新技术新产品展示（不含高新区），展示项目55个，其中展示大型实物有工业企业7家共3个产品实物、2个模型、1套先进机械手及智能工焊接系统、水库自动化监测与安全电脑演示系统和视频宣传等，全市六县四城区共组织农副产品展示展销实物12大类共113个品种。知识产权与专利保护工作成效显著，申请专利5231件，比2012年增长140.5%，获授权专利1405件，比2012年增长41.8%。为企业办理专利费用减缓项目2023项，为企业减免费用45.55万元。科技交流合作与服务工作有较大提高，举办高校院所企业技术需求对接会，加强企业与院校科技合作，签约项目12个，总投资1.73亿元。柳州市科技研究机构为柳州市企事业单位提供科技情报检索查新350项，提供国外专利信息2000余条，采集并发布信息数据2万余条。柳州市科技局下属科技研究机构选派专利特派员协助企业做好科技专利、科技项目申报、评估，深入企业推广应用科技新产品。开办会计、计算机培训班，为社会公益培训各类人才。

【科技人才队伍建设】 2013年，柳州市深入实施“双百人才工程”和“优秀人才接触柳州”计划，探索创新型科技人才柔性引进机制，落实好有关培养、引进人才的政策，加大力选拔、推荐和奖励高层次人才，柳州市人才载体建设初见成效。截至2013年底，全市博士后科研工作站增至8家，人才小高地18家，拥有各类高层次人才2052人，其中院士9人。全市有专业技术人员17.1万人，其中拥有高级专业技术职称的1.61万人，中级专业技术职称4.26万人，高级专业技术职称人才占专业技术人才总数的9.41%。

【科技计划项目与经费投入】 2013年，柳州市继续推进十大科技提升工程，确保200项“三年四千亿”产业提升科技支撑扶持计划的完成，制订汽车千亿元产业重大科技攻关工程13项，投入科技经费2990万元；制订优势产业重大科技提升工程16项，投入科技经费575万元；制订高新科技和新兴产业科技扶持工程22项，投入科技经费873万元；制订特色园区科技创新工程8项，投入科技经费690万元；制订特色优势农业产业化科技支持工程18项，投入科技经费351万元；制订产业技术创新能力建设工程43项，投入科技经费1255万元；制订创新公共服务平台能力提升工程8项，投入科技经费189万元；制订成果转化促进工程5项，投入科技经费200万元；制订知识产权战略推进工程13项，投入科技经费389万元；制订宜居柳州科技惠民工程40项，投入科技经费856万元。2013年柳州市获自治区科技项目119项，项目经费4220万元，获国家科技立项25项，项目经费2322万元。

【科技成果与奖励】 2013年柳州市组织10个县（区）参加2011～2012年度全国县市科技进步考核，全部获得通过，其中鱼峰、柳北、柳南、城中区及柳州市被国家科技部分别授予“科技进步考核先进县（区）”称号及“科技进步考核先进市”称号。2013年柳州市获自治区技术发明奖二等奖2项、三等奖3项、科技进步奖一等奖1项、二等奖5项、三等奖7项。经评审，评出市级技术发明奖一等奖1项、二等奖1项、三等奖1项，科技进步奖56项。鉴定各类科技成果92项（成果登记94项）。认定技术合同登记项目77项，金额1.65亿元，其中技术交易额1.62亿元。

【高新技术及工业科技】 国家科技计划项目申报与立项　2013年，柳州市获得国家创新基金项目23个，支持资金1640万元。组织市各企业申报国家重点新产品开发计划和国家火炬计划项目，获批准立项5个项目（课题），科技经费200万元。组织策划“广西千亿元产业科技攻关350”产业化引导项目15个；组织企业填报广西2014年千亿元产业重点方向重点课题研究计划；获支持项目98个，支持资金3963万元。

工程技术研究中心认定　2013年，柳州市科技局出台《柳州市重点实验室建设管理暂行办法》，全年投入经费50万元，首批认定柳州市重点实验室8家。认定市级工程技术研究中心15家，累计有市级工程技术研究中心97家，新建自治区级工程技术研究中心4家，总数已达25家，国家级工程技术研究中心1家。

工业科技项目及经费落实　2013年，柳州市科技局完成市本级年度工业科技计划项目课题的调研与立项工作，通过对100多家企业科技计划项目调研，确认支持95个项目课题，落实扶持资金6050万元（不含申报国家创新基金配套匹配项目23个，资金1640万元)。支持中小企业科技攻关与新产品试制及创新能力建设项目74个，落实扶持经费1835万元(含市级匹配国家创新基金项目34个，支持创新资金500万元)。支持汽车、机械、钢铁、化工等支柱产业科技攻关与新产品开发项目28个，落实扶持经费4455万元。支持有色金属新材料、电子信息和制造业信息化技术等新兴产业科技立项49个，落实科技项目经费1050万元。

高企培育与创新型企业建设　2013年，柳州市做好广西创新型企业和创新型试点企业的培育，指导企业参加国家高新技术企业资格认定。全市有7家企业被认定为广西新型企业和创新型试点企业，累计有创新型企业和创新型试点企业28家(含国家级4家)。全市新培育国家级高新技术企业23家，累计有国家级高新技术企业129家。

【农业与社会发展】　2013年，柳州市科技局安排市本级农业科技计划项目65项，组织实施项目26项，经费安排452万元，带动投资1.07亿元。柳州市自动化研究所和广西水利机械研究所被认定为自治区级农业工程技术中心。自治区认定柳州市农业良种培育中心3家、农业标准化生产技术示范基地22家。柳州市科技局认定市本级农业企业工程技术研究中心7个、农业良种培育中心12个、农业标准化生产技术示范基地27家。

科技富民强县专项行动计划项目　2013年，柳州市鹿寨、柳城县在自治区国家富民强县项目实施评比中分别获得广西第一、三名，并获得国家富强县流动资金支持。全市获国家科技富民强县项目5项，获国家、自治区支持科技经费1500万元。

新农村建设　2013年，柳州市立本级新农村建设项目4项4个村，项目总投资710万元，补助科技经费45万元。自治区认定新农村建设示范乡镇4个、示范村8个；自治区认定农村科技特派员3人。开展科技“三下乡”促春耕活动，邀请柳州市农业专家到融安县浮石镇为农民解答柑橘种植、罗汉果病虫害防治等方面疑问，发放资料1000多份及农业技术光盘200余张。有80多人参加培训，接待咨询30多人。

“三农网”建设与科技培训　2013年，柳州市开展各类培训班75期，各类科技下乡、科技抗旱救灾活动45场，培训农民群众1.41万人次，发放政策宣传和技术服务资料10.8万份。在4个县建立8个LED电子信息发布平台，用于发布农产品批发市场价格行情、交易信息、科技惠农政策等。

环保节能科研应用　2013年，柳州市环保节能科研应用项目总投资1.16亿元，支持科技经费145万元。广西柳州钢铁(集团)公司承担“柳钢工业废水回用水质软化技术研究与应用”项目，投资880万元，研究解决回用水处理过程中钠离子树脂中毒技术难题和软化水系统全自动控制技术问题，工业废水处理后可直接回用，每年减少废水排放555万立方米，节约支出214万元。柳州市污水治理有限责任公司、广西科技大学与柳州市高阳建材有限公司共同承担“利用污水处理厂污泥生产节能型轻质页岩砖的研究与开发”项目，投资525万元，研制出适合市场需要、各种强制指标合格的承重和非承重墙用节能型轻质污水污泥烧结页岩砖，每天能处理污水污泥30吨，每年可新增产值1575万元，创造利税990万元，同时污泥经高温焙烧使有机物氧化焚烧，达到污水污泥最大程度的资源化、减量化和无害化处理。柳州化工股份有限公司承担“保险粉(连二亚硫酸钠)清洁生产工艺研究”项目，投资1400万元，年处理“保险粉”生产精馏残液5万立方米，能回收甲酸钠等产品1175万元，年利润118万元，并实现废水达标排放及提供40个就业岗位。

公共安全科研应用　2013年，柳州市农业技术推广中心承担“柳州市柳江、龙江流域农产品及产地环境重金属监测体系建设与研究”项目，通过对农田灌溉、土壤、农产品进行1种～2种重金属元素现场操作快速检测分析，以应对突发农业环境重金属的污染；并对柳江、龙江流域农产品、农业环境的铅、镉、铬、砷、汞等五种重金属元素残留情况进行初步普查，建立重金属残留监测体系，为柳州市农业生产环境重金属的污染控制和治理提供参考依据。柳州市公安局柳南分局承担“警务信息系统关键共性技术的研究与开发”项目，通过软件开发，研制出一套警务指挥研判系统，达到治安、刑侦、指挥、情报、国保等各项公安业务同台办公，信息同平台流转，数据同平台分析，警力统一指挥调度，信息汇总辅助决策的目标。

【政策法规与环境建设】　柳州市科技局一直致力于完善创新政策法规，2011年～2013年，柳州市相继制定出台了《柳州市十大科技提升工程实施方案》、《柳州市人民政府关于柳州国家高新技术产业开发区建设创新型特色园区的若干意见》、《柳州市“十二五”人才发展规划》、《柳州市科学技术奖励办法》、《中共柳州市委柳州市人民政府关于实施“创新驱动转型升级工业再上新台阶”三年计划的决定》以及《柳州市促进经济发展的政策措施》等一系列激励政策和措施。

【科技交流与合作】 企业院校科技合作调研 2013年，柳州市科技局以企业调研为基础，以技术需求为重点，强化政产学研合作。在北京科博会（中国北京国际科技产业博览会）、成都西博会（中国西部国际博览会）、深交会（中国国际高新技术成果交易会）期间，组织有关部门和企业前往到科技部战略规划院以及北京机电研究所、天津滨海新区、四川大学、中科院广州分院等单位开展政产学研合作洽谈参观考察。完成了对东风柳州汽车有限公司与桂林电子科技大学等5家超亿元以上的政产学研重点企业的支持，形成5家政产学研战略合作伙伴。总投入4073万元，支持科技经费200万元。在广西科技活动周期间签约项目12个，项目总投资共1.73亿元。

广西科技周展出技新产品 2013年，柳州市共组织41家企业参加广西科技周新技术新产品展示（不含高新区），展示项目55个，其中展示大型实物有工业企业7家共3个产品实物、2个模型、1套先进机械手及智能工焊接系统、水库自动化监测与安全电脑演示系统和视频宣传等，全市六县四城区共组织农副产品展示展销实物12大类共113个品种。

高校与企业技术对接 2013年，柳州市科技局采取走出去、引进来的方式，多渠道建立与国内高校院所的多形式合作。先后前往与柳州市有着长期友好合作关系的国内重点高校院所进行考察调研。邀请四川大学、中科院深圳先进技术研究院、武汉理工大学等高校的专家来柳就柳州市部分企业的技术需求和项目合作开展调研。组织清华大学27名博士研究生来柳州开展为期40天、18个项目的社会实践活动。

柳州市科技周活动暨发明专利成果展 2013年5月，柳州市科技局举办“2013年全国科技活动周暨柳州市科技活动周和发明专利成果展”，全市有21家市科普联席会议成员单位开展科普咨询，柳州市科普联席会议成员单位以及广大市民参加活动。年内，选送39多家高新企业的科技成果参加北京科博会、重庆高交会，宣传展示柳州市科技成果。

【知识产权管理】 专利申请及授权 2013年，柳州市申请专利5231件，比2012年增长140.5%，其中发明专利3534件，实用新型专利1479件，外观设计专利218件。全市获授权专利1405件，其中获授权发明专利180件、实用新型专利1055件、外观设计专利170件。在获授权总量中，个人占18.5%、企业占70.4%、大专院校占9.8%、科研单位占0.7%、机关团体占0.6%。有效发明专利1.35件/万人。

承办广西发明创造成果展会及专利办理 2013年4月20日～23日，由柳州市承办的第二届广西发明创造成果展览会交易会在柳州国际会展中心举行。本次展览共有18个代表团参加，吸引自治区内500家企业、高校、院所参展，以14个千亿元产业和10个战略性新兴产业发明创新成果为重点，集中展示广西近年的发明创造成果1582项，其中70%以上的项目为首次展出。会展期间，入场参观6.5万人次，各类专利产品销售额累计2600万元。年内，柳州市科技局为本市企业办理专利费用减缓项目2023项，其中发明专利1267项、实用新型专利639项、外观设计专利117项，为企业减免费用45.55万元。

知识产权管理及专利代理人员培训 2013年，柳州市科技局开展知识产权系列培训活动，陆续举办专利报告会、专利拍卖会、专利质押融资银企对接会、专利推介与洽谈会、大学生创新创意成果推介会等，并组织全市企事业单位40余人参加在武汉举办的“知识产权资本化运作培训班”。组织20名知识产权管理人员参加“2013年广西企事业单位专利保护工作实务培训及研讨班”。组织52名考生参加全国专利代理人资格考试考前培训班。全年41名考生报名参加全国专利代理人资格考试。

推动专利质押融资 2013年，柳州市通过专利质押贷款融资办法，柳州市龙杰汽配公司等7家企业的7项专利获得银行质押贷款8320万元，在广西率先开展质押融资工作，实现柳州市知识产权专利资本化。

知识产权示范工作 2013年，广西柳工集团有限公司获得人力资源社会保障部、国家知识产权战略实施工作部际联席会议办公室授予“国家知识产权战略实施工作先进集体”称号。柳州市景行小学、柳州高级中学、柳州市文惠小学被广西科技厅、知识产权局、教育厅、科协认定为首批“广西中小学生发明创造示范单位（试点）”。自治区知识产权局批复柳州市城中区为广西知识产权试点县（区）。

【科普工作】 2013年，柳州市科技局组织企业参加广西科技活动周科普知识竞赛活动、组织35个科普工作联席会议成员单位参加全国科技活动周开幕式和19个职能部门现场开展科普宣传咨询活动，共制作展出科普宣传板报40多块，发放资料3000多份，参观群众共5000人次。

【柳州市科技情报研究所】 2013年，为柳州市企事业单位提供科技情报检索查新350项，提供国外专利信息2000余条，采集并发布信息数据2万余条。发展科技信息网信息资源会员用户12家。为柳州市汽车、化工、机械、冶金四大产业印发竞争情报快报8期计1万余份，编辑、刊发“竞争情报快报”四大产业8期、“汽车产业信息周刊”（电子版）31期，免费发放到柳州市内20个政府部门、30个相关科学技术研究单位和200家企业，为柳州市政府和企业的决策提供信息保障。为桂林、梧州等市提供“橡胶产业情报专刊”及“再生金属专刊”11期。

2013年，柳州市科技情报所选派2名知识产权工作骨干作为专利特派员，对口帮扶柳州市知识产权优势企业。为广西柳州机械股份公司、柳州欧维姆机械股份公司、柳州两面针股份公司、东风柳州汽车公司等企业提供专利数据库与专利分析咨询。为柳州市两面针股份公司开展专利战略专题研究。完成1家企业和个人专利交易登记和上网推介等工作，开展企业需求专利检索、交易中介服务。

完成柳州市发改委服务业项目“柳州市科技创新服务联盟工业园区产业集群服务示范”和自治区科技项目“柳州市科技金融创新服务试点建设”；完成“柳州市数字科技基础服务平台与示范应用”、“柳州市科技型中小企业投融资公共服务平台及示范应用”、“柳州市科技型企业专家服务平台”和“柳州市知识产权综合服务平台建设”项目，完成本年度竞争情报平台创新基金补助资金项目等11个项目的申报工作。并与市中小企业服务中心联合申报国家工信委两化深度融合专项资金项目（柳州市两化深度融合科技信息服务平台）。完成“三农网”农村综合信息发布系统8个LED显示终端屏幕安装调试，完成170个科技项目评估，85项科技进步奖评审。

完成国家级“广西汽车零部件产业技术创新服务平台”“柳州工业园区产业集群两服务试点建设与示范”项目，完成自治区级“国家级示范生产力促进中心服务能力培育及两服务试点建设”和市级“柳州市科技创新服务联盟工业园区产业集群服务示范”项目的立项工作，直接获得各项财政支持300多万元。完成柳州恒达信息科技有限公司、广西盛源行电子信息有限公司、柳州科路测量仪器有限责任公司、柳州源创电喷技术有限公司等13个国家创新基金项目验收工作。组织企业申报2013年国家创新基金项目75项，其中65项获推荐，在推荐项目中有18项获得国家立项。年内，承担柳州市企业创业培训班5期、培训150人。

成立以柳州市科技情报所的专利职能为主体的柳州市科技综合服务大厅。科技综合服务大厅具有基础性、公益性和专业性的专利服务中心平台，引进北京、深圳、武汉的现金专利事务中介机构以及专利权威评估中介机构，整合提升科技服务资源和服务力量，实现专利申请、专利评估、质押融资、专利信息检索、加工定制、战略分析、专家咨询、教育培训、申请资助、展示交易服务等功能的一站式知识产权综合服务。

配合柳州市知识产权局，开展“4.26知识产权宣传日”活动，协助“知识产权资本化运作”专题研修班的开展。积极申报“广西知识产权分析评议服务机构”和“企业知识产权管理规范服务机构”，其中“企业知识产权管理规范服务机构”已获广西知识产权局认定。完成柳州市科技局开展2013年科技项目材料受理工作，接受电话咨询及完成网上形式审查320份，接受并完成纸质材料形式审查342份。参与“2013年柳州市文化知识‘三下乡’集中服务活动”，发放科技资料3000余份，查询并打印科技文献2500余篇。

【柳州市自动化科学研究所】 2013年，完成申报科技项目16个，其中国家级2个、自治区级6个、市本级8个。完成科研项目6项，完成编制计算机软件系统12项。《缫丝自动化、信息化生产技术集成推广》《高效节本烘茧技术集成推广》获列入国家星火计划项目。《缫丝加工自动化控制技术示范》《总线式载波通讯智能化太阳能LED照明系统的研发》《制造业信息化甩图纸示范工程——

'甩图纸' PLM实训中心建设》《柳州市餐饮业食品安全监控系统》列入市本级高科技项目。"智能化活蛹单茧缫丝蚕品种丝质优选装置研发"获柳州市科技进步奖一等奖；"缫丝生产全过程信息化、自动化技术与装备的中试"获市科技进步奖二等奖。《采用微波与远红外光波对蚕茧进行烘茧的方法及控制系统》《机器人焊接质量视觉检测装置及其检测方法》《实现电力线载波通讯的载波通讯方法》《一种对太阳进行跟踪的方法以及太阳跟踪器》4个项目获得发明专利授权。

该所在注重研发科技项目的同时，积极做好成果的转化和推广工作。在四川、湖北、云南、江苏等地推广ZHJ－20智能型活蛹缫丝机4台，在鹿寨三协、广西天景山、广西百大、宜州东方、宾阳桂合等缫丝企业推广生丝纤度自动检测系统6套、生丝机台产量计量统计系统5套、烘茧机1套、缫丝信息化5套。市自动化研究所申报"柳州市缫丝自动化人才小高地"通过市级初评，并获市评为创业培训定点机构。申报"广西缫丝自动化工程技术研究中心"获批准成为第八批自治区级工程技术研究中心。深入方盛车桥（柳州）有限公司、融安金鼎茧丝绸有限责任公司、柳城县鸿艺丝绸有限公司、鹿寨县华顺贸易有限责任公司等11家汽配、缫丝企业调研，挖掘企业技术创新点和潜在资源，对企业遇到的技术创新难点及时提供指导和服务。开展工业自动化技术培训，举办了4期PLC培训，为柳州烟厂、南宁烟厂提供技术培训120人。与市会计事务所分别于6月和11月两次组织全市会计从业资格考试，共计参加考试人数8045人。培训计算机操作人员450多人，其中取得四级、五级职业资格证400人，三级职业资格20人。

【柳州市技术交易中心】 2013年，编辑"2013年度企业技术需求项目集"，收到59个需求项目，编著成册及发布信息21个。组织广西大学、桂林电子科技大学、广西工学院等高校学生参加"2013年广西高校学生创新成果发布会"，参展科研项目成果（作品）60项，学生推介项目10项。组织柳州市企事业单位参加"三周两会"（北京科技文化周，广西科技文化周，柳州科技文化周，北京科技产业博览会，深圳科技文化交易会），促成项目签约12项，金额17335万元。协助中国—东盟技术转移中心组织第一届中国—东盟技术转移与创新合作大会其中的"农业机械技术转移对接会"，参会企业6家。组织柳州市高分子材料企业专题技术需求调研，并根据反馈的情况邀请四川大学高分子材料工程学院教授一行六人到柳进行专题推介和对接，共对接9家企业21个项目。接待来访的北京航空航天大学、武汉理工大学、湖南大学、桂林电子科技大学、广西大学、广西北航工程研究院、自治区科技厅网络中心及中科院所属院所等专家12批、80余人次。2013年，柳州市技术交易中心申报国家级"中国技术创新驿站基层站点"获国家科技部认定，是广西第一个获批的地级市基层站点。完成承担自治区级项目《柳州市技术转移服务体系及示范中心建设》的验收；完成国家火炬中心环境建设项目《基于产学研结合的柳州市支柱产业共性关键技术转移服务建设》项目验收。

（邓超华）

桂林市

【概况】 2013年，桂林市科技工作按照"强基础、提能力、促发展、惠民生"的总体思路，不断夯实科技创新基础，积极推进产学研结合，大力推进科技成果转化，科技对全市经济社会发展的支撑和引领作用不断增强。桂林国家农业科技园区获得科技部批准建设，成为广西第三个国家级农业科技园区。3个县（区）获国家科技部富民强县专项计划支持。全市共有14个县（区）顺利通过2013年全国县（市）科技进步考核，通过考核率达到82%，该市连续5年荣获"全国科技进步先进市"称号，灵川、资源、灌阳、兴安、荔浦、七星6个县（区）荣获"全国科技进步先进县（区）"称号，28位同志被评为全国科技进步考核先进个人。桂林国家级文化和科技融合发展示范基地被科技部等认定为广西唯一的国家级文化和科技融合示范基地。桂林市人民政府与广西科技厅厅市工作会商第三次会议成功举办，该市在重大科技项目、重要科技创新平台建设等方面得到了广西科技厅的重点支持。

全市专利申请3764件，授权1291件。其中发明专利申请2440件，同比增长94.9%，全面完成自治区下达的发明专利申请倍增目标。全市每万人拥有有效发明专利2.21件，在广西各地市中率先突破2件。4件发明专利获得第十五届"中国专利优秀奖”，占全自治区 4/5，居广西首位。成功承办第三届广西发明创造成果展览交易会。

【科技人才队伍建设】 在桂林莱茵生物科技股份有限公司等 11 家单位建设院士工作站，共聘请 14 位两院院士联合进行科学研究。八桂学者、广西师范大学李元贤教授入选首批国家创新人才推进计划（万人计划）青年科技创新领军人才，是广西唯一入选该计划的人才。桂林远望智能通信科技有限公司蔡晓东等 6 名专家入选广西第十六批“新世纪十百千人才工程”，占全自治区 1/5。与清华大学联合举办 2013 年清华大学——桂林科技创新与管理专题培训班，共有 50 名科研和科技管理工作者参加培训。

【科技计划项目与经费投入】 全市共组织实施各级科技计划项目 773 项，财政科技经费投入 3.54 亿元，带动全社会科研投入 24 亿元，其中获得国家、自治区科技计划项目 732 项，经费支持 3.29 亿元，安排市本级科技计划项目 41 项，财政经费投入 2507 万元。漓江游船动力改造获国家科技部科技支撑计划支持。“环旋超细磨粉机”、“降温防暑消防避火服等降温消防系列产品的研制开发”等 36 个项目获得国家、自治区创新基金立项支持，获资助金额 1515 万元，其中，获国家创新基金立项 17 个，获资助金额 1230 万元；获自治区创新基金立项 19 个，获资助金额 285 万元。共获得国家自然基金项目 207 项，获得资金支持 9140 多万元。“一种多检测模式多功能微流控芯片单细胞分析仪的研制”实现了广西在国家自然科学基金科学仪器基础研究专项上零的突破。广西师范大学完成的“含羧基的多官能团配体功能配合物的构筑及其性能研究”成果获广西自然科学奖一等奖。由桂林电器科学研究院完成的“大型双轴定向薄膜生产线关键技术的研究”项目，实现了多项技术突破和创新，达到国际先进水平，并填补国内空白。

【科技成果与奖励】 全市共登记科技成果 50 项，其中国际先进成果 9 项，国内领先成果 17 项，国内先进成果 19 项，自治区领先成果 4 项，自治区先进成果 1 项。共获广西科学技术方面的奖项 28 项，其中广西自然科学奖 10 项（一等奖 1 项、二等奖 5 项、三等奖 4 项），广西技术发明奖三等奖 1 项，广西科学技术进步奖 17 项（一等奖 1 项、二等奖 10 项、三等奖 6 项）。评出桂林市科学技术特别贡献奖 1 项，科学技术进步奖项目 29 项，其中一等奖 3 项、二等奖 12 项、三等奖 14 项。

【创新平台建设】 新建“广西数字音视频广播工程技术研究中心”等 12 家自治区级工程技术研究中心，总数累计达 33 家。新增桂林华信制药有限公司等高新技术企业 11 家，总数达 93 家。桂林海威科技有限公司等 5 家企业获第三批广西创新型企业，总数达 22 家。新增“广西珍稀濒危动物生态学”等自治区重点实验室 4 个，总数达 20 个。研究制定《桂林市科技企业孵化器建设实施方案》，并报经市人民政府办公室印发。高新区科技创业中心共入驻孵化企业 400 家，在孵项目超过 600 项。桂林民华科技企业孵化器被认定为自治区级科技企业孵化器。积极推进桂林电子科技大学与桂林大学科技园共同申报国家级大学科技园。

【高新技术及其产业】 2013 年 12 月，经国家科技部、中宣部等 4 部委认定，桂林获得广西首个国家级文化和科技融合示范基地。漓江游船动力改造项目获国家科技支撑计划支持；“全球动态异构空间信息协同标绘与空间知识服务”获国家“863”计划支持；桂林电器科学研究院有限公司完成的“大型双轴定向薄膜生产线关键技术的研究”项目成果达到了国际先进水平，并填补国内空白。桂林国家高新技术产业开发区实现工业总产值 275 亿元，同比增长 18%，在全国高新区综合排位 49 名，比上一年提升 3 位。

【农业与社会发展】 2013 年 9 月，桂林国家农业科技园区获国家科技部批准建设，成为继百色、北海之后广西第三个国家级农业科技园区。龙胜、阳朔、雁山等 3 个县（区）获国家科技富民强县专项行动计划立项，经费资助 480 万元。全市累计已达 13 个，实现了富民强县项目对全市所有县域的全覆盖。兴安、荔浦、平乐、灌阳等 4 县被认定为自治区第二批现代农业产业科技示范县。桂林大发养殖、桂柳家禽等 11 个单位被自治区认定为第三批农业良种培育中心与标准化生产技术示范基地。国家支撑计划项目“典型旅游区退化生态系统植被修复与生态旅游管理关键技术研究与示范”顺利实施。支持开展了“漓江饮用水源地特征污染物的风险评估与预警”、“漓江流域乡镇污水处理新工艺研究”等科技攻关。

【政策法规与环境建设】 研究制定《桂林市科技企业孵化器建设实施方案》，报经市人民政府办公室印发。修订了《桂林市专利申请资助及奖励暂行办法》（市政［2013］12号），进一步提高专利资助及奖励金额，扩大奖励范围，有效激发全民参与发明创造的积极性。

【科技交流与合作】 中国地质科学院岩溶地质研究所建设的“岩溶动力系统与全球变化国际联合研究中心”获认定为“国家国际科技合作基地”。共获广西科技合作与交流计划项目14项，获科技经费390万元，在计算机、生物技术、康复医疗等领域进一步加强了与美国、英国、日本、挪威、墨西哥等国的技术合作与交流。中日合作的“社区康复医疗人才培养”项目圆满完成并取得良好成效，共选派10名科技人员赴日研修、引进6批18名日本专家来桂林开展学术交流和技术培训。积极组织参加深圳高交会、北京科博会、广西科技活动周等科技展会，展示该市科技创新成果。

【知识产权管理】 修订《桂林市专利申请资助及奖励暂行办法》（市政〔2013〕12号），进一步提高专利资助及奖励金额，扩大奖励范围。举办桂林市知识产权高级人才培训班，邀请国家相关部门专家进行授课，来自企业、高校院所、中介机构共100多人参加了培训。引进了北京轻创知识产权代理有限公司，全市专利中介服务机构达到3家。组织99个项目参加第二届广西发明创造成果展览交易会，上报参评金银奖19个、推介项目7个、签约项目1个，拍卖项目3个。对该市展区按照工业产品、农业产品、民生类产品展区4个板块集中展示桂林市知识产权工作的新成就。全市专利申请3764件，授权1291。其中发明专利申请2440件，同比增长94.9%，全面完成自治区下达的发明专利申请倍增目标。全市每万人拥有有效发明专利2.21件，在广西各地市中率先突破2件。4件发明专利获第十五届“中国专利优秀奖”，居广西首位。成功承办第三届广西发明创造成果展览交易会，活动内容包括专利产品展示、专利拍卖、专利质押融资、专利推介、知识产权知识竞赛等活动，共展出项目1200多个，推介66项、拍卖6项，参观人数15.5万人次，为历届最多。

【科普工作】 以“五月科技活动周”、“十月科普大行动”、科技下乡等科普活动为载体，以科技服务“三农”专家服务团、党员科技教育“动车组”等为依托，组织开展了一系列内容丰富、形式多样的科普活动。全市共开展送科技下乡活动3500多期，开设各类培训班9300多期，派出专家5800多人次，共培训人员55万多人次，发放各类资料296万多份；全市科普场馆基地达到103家，不定期对市民免费开放，进一步提高了广大民众的科技素养。

【技术合同登记认定】 全年共完成技术合同登记认定204份，其中技术开发合同200项，技术转让2份，技术服务2项，合同成交金额6547.08万元，技术交易额5775.2万元。

【产业技术创新战略联盟】 2013年6月6日，成立桂林市茶叶产业技术创新战略联盟，该市产业技术创新战略联盟扩大到8家。以罗汉果产业技术创新战略联盟牵头，举办首届桂林市罗汉果发展高峰论坛暨校企对接会，来自全国高校、科研院所、企业及知名专家197人参加了论坛，就罗汉果的育种与种植、罗汉果药理研究进展、罗汉果的产业化、标准化、地方化等问题进行探讨。由广西橡胶产业技术创新战略联盟承担的“安全环保型橡胶新材料应用研究”技术攻关项目，完成了REACH法规达标橡胶原材料数据库和安全环保型替代方案，研究完成了巨型全钢工程胎胎冠胶、防护服面层胶等5个实用新配方，获发明专利授权2项，产品已量产，产生了较好的经济和社会效益。

（唐喜文）

梧州市

【概况】 2013年，梧州市各级党委、政府始终把科技工作摆在突出位置，以实施创新计划为抓手，以提高自主创新能力为核心，以科学发展观统领科技工作，加大创新平台建设力度，壮大科技人才队伍，大力促进科技成果转化，积极推进企业与区内外高校、科研院所合作，努力营造良好的科技创新环境，促进科技与经济社会发展紧密结合，全市科技创新工作取得了显著成绩。

梧州市科学技术局内设机构6个：党政办公室、政策法规与社会发展科、国际合作和对外交流科、高新技术科、农村科技科、知识产权与成果管理科。科技局属下二层机构4个：市轻工业研究所、市科技情报研究所、市自动化技术研究开发院、市科技活动中心。

【科技人才队伍建设】 贯彻执行《梧州市中长期人才发展规划纲要（2010—2020）》和《梧州市人才事业发展十二五规划》，深入实施人才强市战略，加快聚集和培养高层次创新创业人才，以实施科技计划项目为载体，围绕优势产业、现代农业、民生工程等，培养各类科技创新人才。2013年全市实施科技计划项目177项，共1376名科技人员参与科研工作，通过项目的开展提高了科技人员的科研水平，集聚科技创新人才，壮大科技人才队伍。

2013年中恒梧州制药（集团）股份有限公司获得国家人社部批准设立博士后工作站，成为该市首家获准设站的企业单位，实现了梧州市企业单位设立博士后工作站零的突破，标志着梧州市在高层次创新型人才引进、培养研究开发型人才、科研成果转化能力等方面将进入一个新的阶段，对推动梧州市今后科研工作的发展具有重要意义。中恒梧州制药（集团）股份有限公司充分利用高校科研创新的优势，与高校建立硕士研究生联合培养基地，全年共派出9名科研人员到四川大学重点实验室进行合作开发，通过技术合作交流，增强了研发人员的开发能力和创新技能，提高了科研团队的技术创新水平。

【科技计划项目与经费投入】 2013年全市财政资助立项的科技项目50项，投入财政资金540万元。其中，企业承担的科研项目达到33项，投入的财政科技经费占总经费的68%；推荐申报的国家和自治区级科技项目中获得立项的项目64项，获得科技经费2482万元，其中，企业承担科研项目达到40项，占立项数量的62%。财政科技经费的重点投向加快了企业的研发成果向现实生产力转化，科技与经济结合的效果进一步体现，为梧州市社会经济发展和产业结构调整奠定了基础。

【科技成果与奖励】 2013年，梧州市全市完成科技成果登记项目25项，自治区成果登记项目8项，获得自治区科技进步奖二等奖项目1项，三等奖项目1项，获得梧州市科技进步奖奖项目39项，其中一等奖2项，二等奖6项，三等奖31项。

【创新平台建设】 2013年梧州市加大支持企业成为技术创新主体力度，围绕提升企业自主创新能力的要求推进科技项目实施，以科技项目实施为载体加大研发资金投入，提高企业自主创新能力。广西梧州松脂股份有限公司、广西奥奇丽股份有限公司和中船桂江造船有限公司等3家企业获认定为自治区创新型企业，全市自治区级创新型企业总数达到7家。

梧州市坚持以工程技术研究中心为科技创新平台，加速科学研究与技术开发和科技成果转化，提高企业和产业自主创新能力，促进科技与经济的有效结合。梧州神冠蛋白肠衣有限公司和茂圣茶业有限公司分别组建广西胶原蛋白工程技术研究中心和广西六堡茶加工工程技术研究中心。

截至2013年，梧州市建立自治区级产业化工程院3家、自治区级千亿元产业研发中心2家、自治区级工程技术研究中心9家，被自治区确定为重点支持建设自治区级的科技研发平台企业数达35家，建立18家市级工程技术研究中心。

【高新技术及产业】 2013年全市16家高新企业从业人员达到9667人，实现工业总产值86.9亿元，销售收入77.7亿元，实现利润14.4亿元，上交税费9.8亿元，高新技术产业发展质量稳中有升势头。培育和发展高新技术产业成为我市科技促进转方式、调结构重要手段。

【农业与社会发展】 2013年通过实施农业产业化技术开发、农业科技示范与成果转化和科技富民强县项目，大力发展高产、优质、高效、安全的提升农业产业化水平，全面提高农业综合效益。全年获得认定自治区级良种培育中心3家，自治区级农业标准化生产技术示范基地6个。新发展各类农民专业合作社100家。六堡茶、砂糖橘、品牌蔬菜、中药材等特色种植业面积稳步增加，猪、鸡、兔、蚕、鱼、蜂特色养殖业加快发展，规模养殖场4028个。粮食种植面积15.8万公顷，超级稻示范面积8.2万公顷。大力推广良种良法，建设高脂松、油茶高产示范基地19个，面积6933公顷；加快推进林脂一体化产业技术开发，全市营造高脂松1.066万公顷，建立马尾松优质种树种矮化园33.33公顷；开展林药、林菌、林鸡、林蜂、林产品采集等各种林下经济技术示范，林下经济产值超过40亿元；通过开展品牌蔬菜产业化技术，发展品牌蔬菜466.67公顷；实施六堡茶种植资源普查和标准种植示范，新增六堡茶标准化茶园133.33公顷；通过水产畜牧业示范园区建设，生猪、三黄鸡、肉兔、养蜂、网箱养鱼等特色养殖业标准化、规模化程度不断提高，生猪累计出栏150多万头，水产品产量8万吨。

【政策法规与环境建设】 2013年7月，中共梧州市委办公室梧州市人民政府办公室联合印发了《关于深化科技体制改革加快梧州创新体系建设的实施意见》（梧办发〔2013〕16号）。为进一步细化梧州创新体系建设的任务，明确相关部门责任，提高全市科技创新体系和创新能力建设的实效，梧州市人民政府办公室印发《梧州市人民政府办公室关于印发深化科技体制改革加快我市创新体系建设实施意见系列配套文件的通知》（梧政办发〔2013〕186号）共22个配套文件。

【科技交流与合作】 中国北京国际科技产业博览会 2013年梧州市组团参加了中国北京国际科技产业博览会，组织广西梧州制药（集团）股份有限公司“注射用血栓通”、广西梧州松脂股份有限公司“高度氢化松香”、广西有色再生金属有限公司“年产30万吨再生铜冶炼工艺及产品”、广西新海通信科技有限公司“工业以太网交换机”等4个产品参展。

深圳中国国际高新技术成果交易会期 梧州市组团参加了第十五届中国国际高新技术成果交易会，梧州市金海不锈钢有限公司“不锈钢热（冷）轧板”项目，广西有色再生金属有限公司“年产30万吨再生铜冶炼”项目，梧州奥卡光学仪器有限公司“XDP－1大视场显微系统”，广西睿奕科技发展有限公司“锂亚、锂锰电池和磁保持继电器”，梧州市金正原电子科技有限公司“手持式电喷柴油车故障电脑检测仪”在交易会上参加展示宣传。

广西科技活动周 2013年1月广西科技活动周，该市组织参展企业43家，展出高新技术企业、生物医药、电子、机械、新材料、林产化工、农业等科技成果（产品）384个；签订科技合作项目2项，合同金额达30210万元。

中国西部国际博览会 2013年10月第十四届中国西部国际博览会在成都举办，该市广西梧州制药（集团）股份有限公司“注射用血栓通”、广西金茂钛业有限公司“纳米脱硝催化钛白粉”、广西鑫华通科技有限公司“Q100手机”等3家公司的高新技术产品在博览会上展出。

西安杨凌农博会 2013年11月第二十届中国杨凌农业高新科技成果博览会在西安杨凌农业高新技术产业示范区会展中心开幕。广西梧州茂圣茶业有限公司的六堡茶系列产品、梧州日晶食品有限公司的龙舟牌腊肠，以及梧州双钱牌实业有限公司梧州龟苓膏等地理标志产品参加展出。

【知识产权管理】 2013年围绕全市重点工作，推动企业建立完善发明专利工作机制和制度，形成一批具有自主知识产权、核心竞争力强的技术、产品和企业，为推进新型工业化进程提供强有力的支撑。2013年全市专利申请量达到928件，同比增长34.30%。其中发明专利申请为427件，同期增长54.71%。按照《梧州市专利申请资助及奖励暂行办法》对“全自动茶叶发酵装置”等四批共871项专利申请和授权专利项目进行资助及授权奖励，经费达121万元。

2013年，梧州市知识产权局加强了专利行政执法力度，维护专利权人和社会公众的合法权益，先后组织开展了5次专利执法检查，立案7件。

【科学技术普及】 文化科技卫生“三下乡”活动 2013年梧州市文化科技卫生“三下乡”在藤县举行启动仪式。活动围绕生态环境保护、节约水资源、保护耕地、防灾减灾，倡导健康卫生、移风易俗和反对愚昧迷信、陈规陋习等内容开展宣传教育，把科技信息、科技知识和先进适用的农业技术送到群众中，加速科技成果转化，推动经济发展。

全国科技活动周 2013年全国科技活动周梧州活动，市县两级科普联席会议成员单位以及活动承担单位近百个单位以多种形式开展科技活动，参加活动人员达3万多人，发放科普资料5万余份，培训人员1300余人次。在全国科技活动周举办期间，市科技局依托广西大型仪器协作共用网的专家团队，为六堡茶生产企业进行产业品质提升技术帮扶活动。

2013年梧州市科普资源情况：专职和兼职科普人员4856人，非场馆类科普展厅6568平方米，城市社区科普活动室118个，农村科普活动场地650个，年度投入的各种科普经费423万元，年度发放各类科普读物和资料148万份。科普活动：举办科普讲座1925场次，参加讲座人员为32万人次；举办实用技术培训班1414期，培训人员6.59

万人次。

【厅市会商工作】 2013 年 5 月 30 日，广西科技厅、梧州市人民政府在梧州召开了厅市工作会商第三次会议。会商决定，双方共同推进两个方面的工作：一是共同推进梧州科技服务体系创新，创建国家级高新区。整合梧州市科技服务资源，建设梧州市科技服务中心，推动梧州高新区科技企业孵化器和工程技术研究中心等创新平台建设和发展，为创建国家级高新区打下坚实基础。二是共同推进梧州市城市矿产示范基地技术创新。围绕梧州市城市矿产示范基地建设需求，加强广西城市矿产工程院创新能力建设，促进科技成果转化和应用，提升科技创新平台支撑产业发展的能力，加快培育梧州再生资源产业成为千亿元产业。

（周靖）

北海市

【概况】 2013 年，北海市共有科研与技术开发机构 12 个（其中自治区属 1 个、市属 8 个、县属 3 个）；拥有 6 个自治区级工程技术研究中心。北海市科技局与广西北海工业园和中电北海产业园合作完善电子信息科技企业孵化器的建设，现有在孵中小企业 60 家。1 月，北海市科技局与高新区联合钦州、防城港科技局，在北海举办首届广西北部湾“高新杯”科技创业大赛总决赛，4 月 9 日在政府小礼堂会议室举行了颁奖仪式。组织实施国家、自治区及北海市科技计划项目。承担国家级科技计划项目 4 项，获国家科技经费 294 万元；承担自治区科技计划项目 30 项，获得自治区科技经费 734 万元；下达北海市科技计划项目共 58 项（其中自筹 13 项），安排科技研发经费 830 万元。高新技术企业队伍不断壮大，达到 22 家。农业科技创新实力不断增强，北海国家农业科技园区建设取得新进展，进一步推进核心区和示范区建设，加快推进园区创新服务平台建设。推进校地合作。12 月 12 日在清华大学举行北海市人民政府与清华大学全面合作协议签约仪式。专利申请和授权量明显增加。2013 年，北海市企业、法人和个人向国家知识产权局申请专利 1312 项，比 2012 年增长 116.86%；专利授权 275 项，比 2012 年增长 78.57%。2013 年末，北海市拥有有效发明专利 133 项。

【科技人才队伍建设】 2013 年北海市取得初级、中级专业技术资格人员 863 人，其中初级技术职称申报 217 人，通过 213 人；中级技术职称申报 1109 人，通过 650 人。

市级科技管理部门有北海市科技局，下辖二层机构有 6 个：北海市科技信息研究所、北海市专利办公室、北海市计算中心、北海市生产力促进中心、北海市技术市场、北海市高新技术创业服务中心。

县区科技局。北海市县区科技局属独立建制，有合浦县科技局、海城区科技局、银海区科技局、铁山港科技局。

科研院所。北海市有科研院所 12 个，其中自治区属 2 个，市属 7 个，县属 3 个。自治区属的有广西海洋研究所、广西红树林研究中心，市属的有北海市科技信息研究所、北海市农业科学研究所、北海市蔬菜研究所、北海市林业科学研究所、北海市环境保护科学研究所、北海市城市信息中心、北海市计算中心，县属的有合浦县科学技术信息研究所、合浦县农业科学研究所、合浦县林业科学研究所。

【科技计划项目与经费投入】 2013 年，北海市（含合浦县）承担自治区科技计划项目 30 项，获得上级科技研发经费 734 万元。承担国家级项目 4 项，获科技研发经费 294 万元。

2013 年，北海市下达北海市科学研究与技术开发计划 58 项（其中自筹项目 13 项），安排科技研发经费 830 万元。其中，科技研发类项目 44 项，安排研发经费 381 万元；科技平台类项目 12 项，安排研发经费 407.5 万元；其他项目 2 项，安排研发经费 41.5 万元。

【科技成果与奖励】 2013 年，经科技主管部门组织专家鉴定的科技成果 21 项，其中达到国际先进水平 1 项，国内领先水平 3 项，国内先进水平 11 项，自治区内领先水平 6 项。通过市级科技成果登记 22 项，推荐、通过自治区科技成果登记 3 项。

2013 年北海市获得广西技术发明奖 1 项，由广西海洋研究所完成的“方格星虫健康养殖技术研究与开发”成果获广西技术发明奖二等奖。

评出 2012 年度北海市科技进步奖科技成果 14 项，经北海市人民政府批准，授予“方格星虫健康养殖技术研究与开发”为2012年度北海市科学技术进步奖一等奖；授予“耳屏软骨环－软骨膜鼓室成形术前后不同时间骨导听阈变化的临床研究”等3项成果为2012年度北海市科学技术进步奖二等奖；授予“地聚物基聚苯颗粒建筑外墙外保温型材”等10项成果为2012年度北海市科学技术进步奖三等奖。

【创新平台建设】 2013年，北海市高新技术创业服务中心（以下简称“中心”）推进孵化服务平台建设，推进人才小高地建设，取得成效。初步构建1000平方米以上的、具有自主产权的科技中介机构集中区，已引进中介咨询机构、技术转移机构、专利服务机构、质量标准认证机构、投融资机构、会计服务机构等；北部湾电子信息科技企业孵化器目前孵化总面积38700平方米，其中：办公用房2300平方米、在孵企业用房20200平方米、公共服务用房13200平方米、其他3000平方米，在孵企业达到60家。1月，北海市与高新区一起，联合钦州、防城港科技局，举办首届广西北部湾“高新杯”科技创业大赛总决赛，4月9日在政府小礼堂会议室举行了颁奖仪式。组织实施国家、自治区及北海市科技计划项目。通过大赛进一步密切地方政府、孵化器和高校之间的产学研合作，带动区域科技、教育、就业等方面的发展，引导科技资源向孵化器集聚，促进产业资源整合和产业对接，使孵化器成为培养新兴产业链、培育新型市场、吸引各方人才汇聚的载体，进而增强北部湾沿海北钦防三市科技创新的凝聚力、影响力、辐射力，同时也搭建了广西北部湾沿海区域的创新创业平台。

北海市生产力促进中心建设了占地800平方米、配套设施完善的电子产品测试中心，电子产品测试中心目前共有电子产品性能试验室、电磁兼容（EMC）试验室和环境适应性试验室等3个实验室。测试中心与北海市产品质量监督检验所合作，于2013年10月28日获得了实验室资质认定。测试中心建立了开放共享服务机制，解决初创企业电子产品制造过程中的共性问题，为电子信息初创企业提供一个性能较全、安全可靠、方便使用的公共电子产品测试平台，提高电子信息产品检测水平，降低企业研发成本，加快产品研发，提升创新服务能力，抚育一批电子信息企业的成长，促进北部湾电子信息产业又好又快发展。2013年为地方23家电子企业提供测试项目43项，其中属于新产品研发测试项目18项。

2013年，北海市科技信息研究所与相关部门合作，面向基层、企业开展文献平台推广应用工作。对北海市60多家企事业单位进行联系宣传推介广西科技文献共享与服务平台，全年发展免费个人会员350多个。协助市委组织部建立北海领导干部在线教育学院网站，广西科技文献共享与服务平台资源嵌入在线教育学院网站，可提供近20年来、中外各类期刊共5000余万篇文献的海量数据。为北海市领导干部在线学习提供科技文献资源支撑。

【高新技术及其产业】 2013年，北海市组织高新技术企业认定和复审工作，北海市深蓝科技发展有限责任公司、北海诚德镍业有限公司、北海市新宏鱼粉设备有限公司等3家企业通过国家高新技术企业认定评审；北海石基信息技术有限公司、冠德科技（北海）有限公司等顺利通过复审。至2013年底，北海市共有高新技术企业22家。

2013年，北海市继续推进企业自主创新能力建设，合浦果香园食品有限公司获得自治区级创新型企业认定、广西正五海洋产业股份有限公司获得自治区级创新型试点企业认定，至2013年底，北海市自治区级创新型企业达到4家、自治区级创新型试点企业达到3家。在科技服务体系建设方面，以广西中粮生物质能源有限公司为依托单位的“广西燃料乙醇工程技术研究中心”、以北海市辉煌朗洁环保科技有限公司为依托单位的“广西发动机排放后处理工程技术研究中心”获得自治区级工程技术研究中心认定，截至2013年末，北海市自治区级工程技术研究中心达到8家。

2013年，北海市围绕重点产业，在电子信息、海洋生物、生物制药、节能环保等领域中优选出一批重点项目申报国家和自治区科技计划项目。一是推荐企业申报国家和自治区科技型中小企业技术创新基金项目，2013年推荐上报北海市辉煌朗洁环保科技有限公司的“高效柴油发动机SCR催化消音器（国Ⅴ）”项目等14项；推荐的广西鑫元油墨化工有限责任公司的“高速印刷油墨用松香改性树脂研发”等3个项目获得国家科技型中小企业技术创新基金230万元支持。二是组织申报国家、自治区科研项目争取上级科研经费的支持并开展自治区项目的跟踪管理，2013年组织30个科研项目申报自治区2014年科研项目，获自治区2013年度科研项目支持8项经费535万元；

受自治区委托验收12项，其中1项进行了科技成果鉴定。三是组织市本级项目申报与立项工作，组织相关企业申报科研类项目46项，经批准立项25项，科技经费支持312.5万元，其中研发类21项经费234万元、平台类4项经费78.5万元。

2013年，北海市通过科技会展平台，推进产学研结合工作：一是组团参加5月在北京举行的第十六届中国北京国际科技产业博览会，组织广西正五海洋产业股份有限公司的“金鲳鱼精深加工技术研究”项目在该次展览会上广西展馆的展览。期间还组织广西正五海洋产业股份有限公司与北京航空航天大学就“水产品加工副产物高效综合利用技术”进行合作洽谈，研究开发高效利用上述水产加工副产物，提取生产有市场需求、有附加值、有产业化前景的新产品及其关键技术；组织北海市蔬菜研究所与中国农业大学就“蔬菜及农业技术与品种技术合作”项目进行对接洽谈，促成其签署合作协议。二是组织参加11月在深圳举行的第十五届中国国际高新技术成果交易会，组织了合浦果香园食品有限公司的“荔枝浓缩汁机械化生产线”、北海市科遥奇电子科技有限公司的“外构架式数据手套”、广西星宇智能电气有限公司的“小电流接地选装置”、北海银河开关设备有限公司的“SLX24系列固体绝缘环网柜”项目参展。

【农业与社会发展】 2013年，北海市国家、自治区和市级农业科技开发项目共立项31项，其中国家级1项，自治区级17项，市级13项。项目总投入7258万元，其中科技经费604万元，自筹6654万元。预计达产后年可新增产值2.04亿元，利税4762万元。

合浦果香园食品有限公司承担的国家农转资金项目“杧果脯和杧果浆联产加工关键技术集成试验示范”，采用已有研究成果“杧果浆加工关键技术的生产应用研究”，以及专利技术“一种减少原料损失率的杧果加工前处理方法”、“一种果脯的干燥方法”和“一种水果果脯的冷风干燥器”为核心技术，开展杧果脯和杧果浆的联产加工试验示范，通过杧果加工前处理技术、杧果脯冷风干燥技术与装备、杧果浆加工关键技术等技术的集成，进一步完善杧果脯和杧果浆联产加工原料的分级和质量控制技术，自主设计和组装果脯冷风干燥器，集成配套杧果脯和杧果浆加工生产线，完善标准化生产和产品质量控制体系，实现杧果脯和杧果浆的联产加工，降低杧果加工原料损失率，降低成本并提高杧果脯和杧果浆产品的质量。项目在杧果加工技术领域的突破，有利于拉动广西杧果种植业的发展，促进农业产业结构调整，同时还可促进城乡就业工程，对广西果蔬种植业和农产品加工产业具有明显的带动和提升作用。

北海恒兴水产科技有限公司承担的自治区科技攻关计划项目“金鲳鱼寿司片出口产品加工技术研究与示范”，研究制订金鲳鱼原料采购标准，根据金鲳鱼的特点研究开片、去皮操作技术工艺和方法，提高出肉率；开发适于金鲳鱼的发色、杀菌消毒及保持原风味寿司鱼片的加工技术，整合形成金鲳鱼寿司片出口产品的加工工艺技术操作规程。

北海市东江农业科技开发有限公司承担的广西创新计划专项“广西大弹涂鱼标准化生产技术示范基地建设”，开展大弹涂鱼标准化养殖生产以及技术研究，制订标准化养殖技术操作规范，进行捕获设备的开发研究，培育示范户，进行养殖技术培训和推广应用。

北海市种子管理站承担的市科学研究与技术开发计划“一种西瓜嫁接苗及嫁接苗培育和栽培技术的研究及其应用”项目，集成了一套西瓜嫁接苗培育和西瓜嫁接苗优质高产高效栽培技术规程，筛选出适宜北海市种植的珠农大美人嫁接苗（接穗为珠农大美人、砧木为安生葫芦或白籽南瓜）、农优新一号嫁接苗（接穗为农优新一号、砧木为安生葫芦或白籽南瓜）两个组合品种，这两个组合品种成活率高、抗病性强、品质好，亩产达2900千克以上，比实生苗亩增产30%以上。项目具有显著的经济效益和社会效益，推广前景较好。项目的实施，对实现农业增效、农民增收具有积极的意义。

广西海洋研究所承担的市科学研究与技术开发计划“方格星虫与滩涂贝类复合健康养殖技术研究与开发”项目，结合滩涂贝类和方格星虫生态互补性研究，优化养殖结构和模式，对滩涂进行养殖容量评估，构建一套较为完善的方格星虫与滩涂贝类复合健康养殖技术体系，促进方格星虫和滩涂贝类人工养殖业的健康可持续发展，优化养殖结构和模式，实现海洋经济和海洋生态环境协调发展的目的。

北海市翰华生物技术有限公司承担的科学研究与技术开发计划“利用微生物技术应用于畜禽养殖的研究”项目，针对畜禽养殖中饲料行业加工成本高，饲料资源严重短缺、非常规饲料资源丰富、畜禽养殖环境污染的现状，研究利用微生物技术应用于畜禽养殖，建立畜禽养殖微生物技术平台，用微生物发酵饲料来喂食畜禽，增强畜禽抗病能力，减少疾病的发生，提高成活率，解决畜禽行业饲料资源短缺、养殖成本高、畜禽环境污染等问题。

2013年，北海市委、市政府把园区建设提高到建设“海洋强市”的高度，确定在广西北海国家农业科技园区及基础上增挂北海海洋产业科技园区牌子，立足海洋农业、全面发展海洋产业，目标是要建设成为“中国南方的海洋科技城”，在机构设置、选址规划、财政投入等各个方面作了新的重大部署，园区建设取得了重大进展。

8月9日，北海市机构编制委员会印发《广西北海国家（海洋）农业科技园区管理委员会（北海海洋产业科技园区管理委员会）主要职责、内设机构和人员编制规定》的通知，核定人员编制13+2名，内设办公室、招商促进局、规划建设局和科技发展局等4个科（局）室，确定管委会主任由副市长兼任；市政府任命时任市委常委、副市长李广存为管委会主任（兼）、市科技局局长黄健为管委会副主任（兼）、谢文为管委会副主任（正处级）。6月13日，北海市政府颁发了《园区建设方案》，确定园区按“一区三园”模式分别建设海洋科研创新园、海产加工物流园（A/B园）和海洋科普观光园。北海市政府于12月30日批复同意了《园区总体规划》及《园区海洋科研创新园控制性详细规划》，海洋科研创新园选址在竹林，面积191.1公顷，重点是引入科研机构、聚集海洋产业人才，发展水产种业、南珠产业、海洋生物制药和红树林研究利用。集中布局海洋科研机构和海洋生物产业，聚集海洋高端人才，建立海洋产业研发创新中心和科研成果转化与孵化中心，建设海洋高新技术产业基地、建设北部湾地区和海上东盟海洋科技服务平台，集海洋产业技术研发、产业集群、科技培训与信息服务、国际交流、旅游观光为一体，实现对园区乃至北部湾地区蓝色产业领航作用，支撑园区乃至北部湾地区蓝色经济的发展。9月12日中国科学院南海海洋研究所、中国水产科学研究院、国家海洋局第一海洋研究所、国家海洋局第三海洋研究所、清华大学海洋生物技术研究所、南京大学演化生物学研究所、广西水产研究院、广西海洋研究院、广西海洋研究所、广西红树林研究中心、北海南珠研究所等11家科研机构集中签署了入园《海洋科学研究基地建设合作框架协议书》。建立了海洋产业创新服务平台，建设了自治区级水产良种培育中心2家、水产标准化生产技术示范基地7家，园区优质水产苗种生产突破100亿单位；举办海水养殖技术培训班9期、培训从业人员共1023人/次，有效提高了渔农民的科学养殖水平；引入“桂海一号”南美白对虾、“南海一号”斑节对虾等新品种（系）、新技术7个（项），推广应用3333.33公顷，有效推动园区良种、良法的推广应用，带动了渔农民增产增收。

2013年，北海市组织实施社会发展科技计划项目13项，安排科技经费42万元。组织开展防治艾滋病科学研究和宣传活动；组织开展暴发性Ⅰ型糖尿病的防治研究和科普宣传。组织开展农民技术培训6期，培训农民600人次，建立农业标准化科普示范基地3个。组织开展对涠洲岛珊瑚的修复研究，并开展修复示范。组织开展对北海濒海湿地的修复研究。针对甜瓜、罗非鱼开展精细化农业气候区划研究，制作北海市农业气候资源分布图一套，制作北海市的甜瓜种植区划专题图与罗非鱼养殖区划专题图，完成台风与低温冷害的农业气象灾害风险区划，制作甜瓜种植、罗非鱼养殖两种灾害的区划图和农业气象灾害风险分布图。

【政策法规与环境建设】 2013年，北海市组织修订了《北海市本级技术研究与开展管理办法》，简化科技项目立项程序、规范，实行后补助形式资助，提高了科技项目的透明度；组织修订了《北海市科学技术进步奖励办法实施细则》，对市本级科学技术进步奖的评审进行改革和规范；组织修订了《北海市专利行政执法责任制实施方案》，进一步规范专利执法工作，进行“专利护航行动”执法检查2次，对销售假冒专利产品违法行为立案2件，查处标注不规范产品3件。

【科技交流与合作】 校地合作 12月12日在清华大学举行北海市人民政府与清华大学全面合作协议签约仪式。双方加强战略咨询、促进产学研、推动人才培养与交流方面开展全面合作。

国际科技合作项目 北海市生产力促进中心，北海正渔生物技术有限公司、北海市黑白金珍珠有限公司、北海市炎森海洋产业开发有限公司引进消化吸收印尼的名优海产品海参、大珠母贝

(白蝶贝）亲贝进行繁育取得了成功，海参产品已经投放市场，并在北海涠洲岛建立了13.33公顷大珠母贝基地。广西北海喷施宝有限责任公司在非洲马拉维、多哥、加纳和乌干达推广“多功能叶面肥”取得良好效果，建立了可可、棉花、蔬菜等经济示范基地133.33公顷，产品和技术非洲推广服务协会2个，技术推广服务队8支，开展宣传约100场次、技术培训达3000多人次，发放技术资料5000多万，推广应用面积共达到6.67万公顷，新增粮食1.3亿千克。北海市新宏鱼粉设备有限公司向越南推广新型节能封闭式湿法鱼粉加工设备，将公司拥有的发明专利“一种鱼粉生产除臭方法及其除臭装置”（专利号200910113943.4）在越南进行产业化推广示范，实现销售收入2000万元（其中越南市场销售收入250万元），利税600多万元，出口创汇500万美元。

【知识产权管理】 2013年，北海市企业、法人和个人向国家知识产权局申请专利1312项，比2012年增长116.86%，其中发明专利申请838项、实用新型专利申请372项、外观设计专利申请102项。专利授权275项，比2012年增长78.57%，其中发明专利授权33项，实用新型专利授权187项，外观设计专利授权55项。2013年末，北海市拥有有效发明专利133项。2013年，北海技术市场开展了产学研、科技咨询、技术交易、科技创业、技术转移、科技会展等科技服务。组织北海市企业参加了广西科技活动周、北京国际科技博览会、深圳国际高新技术交易会等重要科技会展，为企业策划、包装项目17项，促进技术转移项目8项。开展技术合同认定登记服务工作，技术合同认定登记26项，技术交易额共10763.75万元。10月，北海技术市场获得了广西科技厅授予的“中国创新驿站广西工作站点”首批示范单位。

2013年4月，北海市组织了35家参展企业和个人的42项发明创造成果参加在柳州举办的第二届广西发明创造成果展览交易会，并参与专利项目推介、专利项目交易、专利技术拍卖等活动。11月，北海市又组织了22家单位和个人的33项发明创造成果参加在桂林举办的第三届广西发明创造成果展览交易会。两次展会期间，北海展示了电子信息、新能源、新材料、海洋生物、现代农业、医药等北海的优势产业的发明创造成果，参展的大多数专利项目在同行业中具有国内、自治区内领先水平。北海唐强的发明专利“甘蔗自动种植机”公布后曾轰动全国，填补国内空白，处于领先水平。北海新未来公司的发明专利“微波烧结氧化锌压敏电阻的方法”技术达到国际先进水平。北海银河开关公司的发明专利“一种中压断路器合闸线圈保护电路”，其主要技术指标达到国际先进水平，对广西断路器产业的发展起到了积极作用。在2013年度举办的第二届、第三届发明创造成果展览交易会奖项中北海市被授予金奖2个，银奖3个。其中，合浦果香园食品有限公司包揽2个金奖。

【科普工作】 2013年1月7日～11日，北海市组织参加了在南宁举办第二十二届广西科技活动周、发动企业参加活动周的各项活动，共组织54家企业参展，其中有34家企业参与北海展厅的实物展示。活动周期间，参观人数达2300人次，销售额达13200元。组织进行科普知识展示和科普知识竞赛，参与科普知识问答群众达600多人次。北海展厅进行了特装，构图新颖，布局美观，展示效果良好，参观群众反映良好。组织企业进行科技合作，本届活动周北海市促成1个项目配对洽谈，成功达成合作协议，签约金额2300万元。

2013年5月19日～25日，北海市举行了2013年北海市科技活动周活动。活动周主要围绕“科技创新·美好生活”为主题，开展了形式多样、内容丰富、特色突出的活动。组织开展了2013年广西青少年“我爱祖国海疆”暨珠城科普广场活动、“科技、文化、卫生三下乡”、“动员北海市科普基地和实验室优惠开放”等活动，参加人数达2.65万人。

（陈穗　邹雪琴　黄宇　冼灏　李绕丹　郭芳竹　杨小英　廖庆强　谢真国　苏立东）

防城港市

【概况】 2013年，防城港市科技坚持以科学发展观为统领，深入贯彻落实党的十八大精神，坚持年度工作抓早、抓实，并实施工作进度监督月报制度全力推进，各项工作进展顺利。

【科技计划项目与经费投入】 2013年，防城港市下达市本级科学研究与技术开发计划项目64项，总投资128708.82万元，其中财政补助345万元。

全市争取到国家、自治区科技项目30个，科技经费首次突破千万元大关，达到1501.6万元，比上年增长94.1%，创历史新高。抓好2014年国家级、自治区级科技项目申报。共组织策划、申报2014年自治区项目60项目（受理57个），申报项目数量比2012年增加40.0%。组织推荐申报国家级2014年科技型中小企业技术创新项目5项。桂人堂公司联合南京理工大学、中国药科大学申报的《广西珍稀药食同源植物金花茶花和叶子中功能因子的研究与保健食品的开发》和广西盛隆冶金公司联合钢铁研究总院、北京科技大学申报的《红土镍矿生产高强抗震耐腐蚀（500、600、700 MPa）建材开发及示范》2个课题通过国家科技部组织的专家评审，列入2014年“863计划”备选项目库。抓好第二轮厅市会商确定的课题项目实施。7月22日召开第二轮厅市会商工作会议，确定2013年厅市双方共同推进的四项议题，“防城港市高新技术产业开发区规划研究”、“防城港市科技企业孵化器的建设（一期)”、“离岸深水海域抗风浪网箱花鲈高效健康养殖技术研究与示范”等3个课题获得自治区财政经费支持400万元。抓好科技项目监管。全年共清理自治区级项目15项，验收10项，通过科技成果鉴定12项，推荐9个项目参加广西科学技术奖评审工作，其中2项被评为广西科学技术进步奖三等奖。

【创新平台建设】 *工程技术研究中心建设实现新增长* 新组建自治区级工程技术研究中心3家、市级8家；自治区级广西磷化工工程技术研究中心通过了验收认定；常春生物公司获准组建自治区级工程技术研究中心；市级伊蒙黏土工程技术研究中心，深圳清华大学研究院新材料上思研究基地于4月正式挂牌成立。

高新技术企业培育有新进展 到中能生物能源、明利、越洋、上上糖业等企业指导企业培育高新技术企业，组织多家企业参加自治区高新技术企业认定培训班。2013年，怡诚食品、华欣建材、中能、防城精制糖4家企业申报高新技术企业。

科技企业孵化器实现零的突破 2013年1月明华科技孵化器正式投入使用，并于下半年通过了自治区级孵化器申请认定工作，成为防城港市首家自治区级科技企业孵化器，结束了防城港市没有科技企业孵化器的历史。孵化基地现有孵化空间2.2万平方米，入孵企业23家，入孵项目20项。10月《防城港市加快科技企业孵化器建设实施方案》获得市政府批准并印发实施，东兴市江平镇工业园科技企业孵化器正式筹建，防城港市威仕科科技企业孵化器组建工作进展顺利，全市科技企业孵化服务体系初步建立运行。

正式启动高新区筹建工作 成立市长为组长的防城港市高新技术产业开发区筹备工作领导小组，制定了高新区筹建工作方案，确定高新区筹备办设在防城港市科技局，由防城港市科技局牵头启动筹建工作。

【科普工作】 组织开展广西科技活动周、“科普大篷车沿边行”等具有防城港特色的科普主题活动，共组织开展农村大型科普活动4次，举办各类科技培训班8班次，受训党员群众达1000多人次，获广西科技活动周和广西发明创造成果展最佳组织奖。组织实施4个科技特派员项目（东兴镇河洲村红姑娘种植、光坡镇光坡村红香番薯种植、防城区大菉镇那为村七彩山鸡养殖和防城区华石黄江村荔枝、火龙果种植）。建立农村科技书屋15个。主办《农村科技新视界》电视栏目。认定（命名）市级青少年科普教育基地3个、科普示范村4个、科技服务新农村建设示范4个。

【知识产权管理与保护】 注重知识产权宣传。组织开展2013年“知识产权宣传周”活动，开设“知识产权宣传一条街”活动，并在《农村新视界》栏目和户外LED显示屏进行宣传。注重示范建设。选定一批知识产权示范企业，港口区和上思县被定为广西知识产权试点县（区）。注重专利产出。全年全市完成专利申请量595件，同比增长77.61%，同比增速居广西第三，其中授权量154件，同比增长24.19%。

【科技交流与合作】 新建产学研合作基地3个、大学生教学实习基地3个。组团参加广西科技活动周、北京科博会、首届“高新杯”科技创业大赛工作等重大科技活动，组织相关企业及科技管理人员到中国农业大学、清华大学科技园和普天德胜国家级科技企业孵化器基地参观学习座谈，防城港市获第22届广西科技活动周“最佳组团奖”和“科普知识竞赛二等奖”以及广西北部湾首届“高新杯”科技创业大赛二等奖1项、三等奖1项。组织开展2013年百名博士防城港行科技服务活动。来自清华大学等33所国内重点高校

117 名在读博士、硕士生参加为期 10 天的科技服务活动。

【政策体系建设】 2013 年，防城港市出台《防城港市科学技术奖励办法》《防城港市加快科技企业孵化器建设实施方案》，市级科技奖励大幅提高，其中科技进步一、二、三等奖奖金分别由原来的 3 万元、2 万元、1 万元提高到 10 万元、6 万元、3 万元；科学技术特别贡献奖奖金由原来的 10 万元提高到 60 万元。这些文件实施，为进一步掀起全市自主创新热潮、全面深化科技体制改革、加快创新型城市建设营造了良好的社会环境。

（陈著）

钦州市

【概况】 2013 年，钦州市科学技术局（市知识产权局）内设办公室、发展计划与条件财务科、成果管理与国际合作科、工业科技与信息化科、农业科技与社会发展科、知识产权科 6 个机构，编制 13 名。有钦州市科学技术情报所（钦州市生产力促进中心）、钦州市工业研究所（钦州市技术转移中心）、钦州市星火计划办公室、钦州市科学技术开发中心、钦州市高新技术产业服务中心 5 个下属事业单位。争取到自治区科技立项 36 项，获经费支持 953 万元。其中：国家科技计划项目 1 项，获得国家科技经费 70 万元；广西科技计划项目 35 项，获得自治区科技经费 883 万元。共组织了广西钦州同方数字技术有限责任公司、广西百琪药业有限公司、广西邦琪药业集团有限公司、广西国创道路材料有限公司、广西盛凯新型建材有限公司、钦州华成自控设备有限公司等 6 家企业申请国家高新技术企业并通过认定。钦州市高企数量达到 17 家，比上年增长 42%，几年来飞速增长，迈出了坚实的步伐。完成发明专利申请 339 件，同比增长 127.52%；专利授权量为 257 件，增长 48.55%。钦州市科学技术局获得"全市政务信息工作先进单位"，"广西科技活动周优秀组团奖"，"广西科技统计调查工作先进单位"，"广西科技行政管理系统第二届职工运动会优秀组织奖"，"政府工作创新奖二等奖"，钦州市知识产权局获"全国知识产权系统人才工作先进集体"等称号。

【科技机构与人才队伍】 2013 年，钦州市科学技术局（市知识产权局）内设办公室、发展计划与条件财务科、成果管理与国际合作科、工业科技与信息化科、农业科技与社会发展科、知识产权科 6 个机构，编制 13 名（行政编制 12 名，机关后勤服务事业编制 1 名），其中科学技术局局长 1 名（兼知识产权局局长），副局长 2 名，科级领导职数 6 名，副主任科员 1 名。另外设有钦州市科学技术情报所（钦州市生产力促进中心）、钦州市工业研究所（钦州市技术转移中心）、钦州市星火计划办公室、钦州市科学技术开发中心、钦州市高新技术产业服务中心 5 个下属事业单位。

【科技项目与经费投入】 2013 年，钦州市完成了 66 个项目的验收以及 40 个项目的鉴定工作。共争取到上级科技项目 36 项，获得经费支持 953 万元。其中国家科技计划项目 1 项，获得国家科技经费 70 万元；广西科技计划项目 35 项，获得自治区科技经费 883 万元。组织下达钦州市科学研究与技术开发计划项目 9 批，共 170 项，总投资 4535.45 万元。其中财政拨款 429 万元，企事业单位自筹经费 4106.45 万元。

【研究与开发】 *创新载体建设* 工程技术研究中心建设。2013 年，新增钦州市植物生物工程技术研究中心、钦州市壮药开发工程技术研究中心、钦州市木薯综合开发工程技术研究中心、钦州市混凝土外加剂工程技术研究中心、钦州市还珠海洋生物工程技术研究中心等 5 家市级工程技术研究中心，全市共建成市级工程技术研究中心 17 家。1 月，广西慧宝源制药有限公司获广西科技厅批准组建广西抗肿瘤民族药工程技术研究中心，成为钦州市首家自治区级的工程技术研究中心。

重点实验室建设 受理市级重点实验室申报 1 家，通过组织评审认定钦州市第二人民医院心血管病诊治实验室为钦州市心血管病诊治重点实验室。

科技中介机构的建设 加强钦州市生产力促进中心和钦州市技术转移中心等科技中介机构的建设，努力为园区内科技型企业开展技术咨询与中介、高新技术培育、科技信息服务、管理咨询、评估等专业化服务工作。

创新型企业培育 2013 年，鼓励和支持企业与高等院所以产学研合作联合攻关、成果推广应

用等形式，开展创新型企业培育，提升钦州市企业科技持续创新能力。开展广西创新型企业认定申报工作，组织开展第五批广西创新型试点企业申报工作，钦州市申报第五批创新型试点企业共7家，分别是广西钦州同方数字技术有限责任公司、广西慧宝源制药有限公司、钦州市创华工控设备有限公司、广西红墙新材料有限公司、广西钦州力顺机械有限公司、广西灵山县宇峰保健食品有限公司、广西钦州保税港区欧博科技有限公司，其中，广西灵山县宇峰保健食品有限公司被认定为第五批广西创新型试点企业。开展第三批广西创新型企业认定工作，钦州市有钦州市万山香料有限责任公司和广西钦州千秋陶业有限公司两家企业符合申报条件，经科技厅评审，广西钦州千秋陶业有限公司获认定，促进和推动广大企业积极开展自主创新，大幅度提高企业的自主创新能力，推动经济发展方式转变。

【科技成果与推广应用】 2013年，钦州市评出钦州市科学技术奖奖励项目32项，其中：特别贡献奖1项、技术发明奖1项、科学技术进步奖一等奖4项、二等奖10项、三等奖16项。

2013年，钦州市科学技术局认真做好科技成果鉴定、登记、奖励、统计等工作。钦州市共推荐11项科技成果参加自治区科学技术奖评选，其中由广西金桂浆纸业有限公司、广西大学联合完成的“化机浆湿浆闪急干燥技术开发与应用示范”项目以及钦州市科学技术开发中心、广西钦州千秋陶业有限公司、广西大学等单位联合完成的钦州坭兴陶高效成型技术开发应用项目获得自治区科技进步奖三等奖。

【知识产权（专利）管理与保护】 2013年完成发明专利申请量339件，同比增长127.52%。专利授权量257件，同比增长48.55%。2013年7月，引进了1家专利中介服务机构—桂林市持衡专利商标事务所有限公司钦州分公司，使得钦州专利中介服务机构实现零突破，进一步推动了钦州市知识产权工作快速发展。钦州市知识产权局荣获了“全国知识产权系统人才工作先进集体”。

2013年，钦州市科学技术局（知识产权局）采取多项措施，推进知识产权保护工作。

利用开展“广西科技活动周”、“4·26知识产权宣传周”等活动，通过钦州电视台、钦州市科技信息网等媒体专题宣传知识产权工作，营造全社会重视发明创造的良好氛围。

组织开展知识产权专题培训，分别举办钦州市坭兴陶特色产业知识产权培训班、钦州市高新技术企业知识产权培训班、钦州学院知识产权培训班。请专家授课，就专利的特点和作用、如何申请专利等问题进行了深入讲解和研讨，使企业专利管理人员和师生进一步加深对专利的理解和认识。并且指派钦州市科技局4人参加全区专利行政执法培训班，考取专利行政执法资格证。组织9人参加全国专利代理人资格考试培训班，并报名参加全国专利代理人资格考试。

派出由钦州市科技局领导、科室负责人、专利专家组成的专利服务工作队深入企业开展调研，了解企业推进知识产权工作发展的难点所在，为企业答疑解惑，从各方面为企业提供帮助，指导企业实施专利发展战略。一年来，共对广西新天德能源有限公司、广西红墙新材料有限公司等30多家企业进行了调研，指导企业开展专利工作。并且2013年8月，经报广西知识产权局同意，成功引进首家专利中介服务机构—桂林市持衡专利商标事务所有限公司钦州分公司，并举行揭牌仪式。该公司的成立，加强了专利代理力量。

开展“发明专利扫零”行动。制定《市知识产权局“发明专利扫零”行动方案》，派出工作组深入13家“发明专利零申请”企业指导协助企业产出发明专利。

推荐广西慧宝源制药有限公司《医药专利技术引进再创新》项目、广西新天德能源有限公司《木薯加工废水综合利用微生物处理专利技术引进消化吸收再创新》项目申报自治区专利引进项目，其中，广西新天德能源有限公司《木薯加工废水综合利用微生物处理专利技术引进消化吸收再创新》项目获得立项。

推荐广西红墙新材料有限公司《混凝土外加剂制造行业优势知识产权企业培育示范》项目、灵山县科学技术局《灵山县知识产权强县工程示范建设》项目、灵山县科学技术情报研究所《灵山县十里工业园知识产权示范园区建设》项目、广西明利化工有限公司《优势知识产权企业培育示范》项目、广西慧宝源制药有限公司《优势知识产权培育计划》项目、广西新天德能源有限公司《木薯清洁加工领域优势知识产权企业培育示范》项目、钦州高新区《知识产权示范园区建设》项目等7个项目申报自治区知识产权强县强区强企试点示范项目。

推荐灵山县宇峰保健食品有限公司、广西红墙新材料有限公司、广西明利化工有限公司、广西慧宝源制药有限公司等 4 家企业申报自治区知识产权优势培育企业。其中，广西红墙新材料有限公司、广西明利化工有限公司被自治区知识产权局认定为第一批自治区知识产权优势培育企业。

派出专利执法工作组开展了 3 次专利行政执法检查行动，分别是联合灵山县、浦北县科技局对辖区内的商场、超市开展专利执法检查、配合广西知识产权局到钦州市北部湾建材城开展专利执法检查、联合钦南区、钦北区科技局到城区大型药店开展“护航”专项统一执法行动。共抽查标注有专利标识的商品 200 多件，发现专利标注不规范的商品 25 件，发现涉嫌假冒专利商品 7 件。针对专利标注不规范的商品，专利执法工作组现场予以纠正；针对 7 件涉嫌假冒专利商品，专利执法工作组予以立案调查，所查处的假冒专利案件均按专利行政执法有关程序办结。通过开展专利行政执法检查，进一步规范专利商品市场秩序，保护消费者的合法权益。

在第二届广西发明展上，共组织 26 家企业、12 个团体（个人）涉及电子信息、生物制药等领域 63 项专利技术参展，参展实物 500 多件；推荐钦州市奇福保温冷冻设备有限公司汽、柴油发动机油门怠速加速转速控制电磁阀项目为专利推介项目，此项目被组委会列为 12 个集中推荐项目之一，并在展会主会场成功推介；推荐 4 个项目申报金银奖，其中，广西万山香料有限责任公司《从八角中提取分离莽草酸的方法》项目获金奖，广西邦琪药业集团有限公司《液体配液快速冷却装置》项目、广西明利化工有限公司《磷酸生产尾气电除雾的方法》获银奖。

在第三届广西发明展上，共组织 29 家企业、13 个团体（个人）涉及电子信息、生物制药等领域 82 项专利技术参展，参展实物 800 多件；推荐专利项目参与专利推介和对接洽谈会、专利拍卖会：由广西华威格科技有限公司展出的带支架的移动电源项目被组委会选定为广西 14 个集中推介项目之一在展会上重点推介，由专利权人仇恒超展出的废气热能动力装置项目被组委会选定为广西 6 个集中拍卖项目之一在展会上进行拍卖；推荐 8 个项目申报金银奖。

【科普工作】 2013 年，钦州市科技局累计组织科技下乡人数 1800 多人次，发放科技资料 56500 多份，接受群众咨询 18007 人次，解答群众在生产中遇到的疑难问题 1586 个；组织下乡医疗队 5 支，下乡医务人员 800 人次，为农民义诊 13059 人次；开展科技培训 167 期，培训 00140 人。

科学技术普及活动 2013 年，组织钦州市第七届“薪火相传”青少年坭兴陶创作大赛、钦州市第二届校园科技文化节等新的科普主题活动，在全市营造了良好的热爱科技、学习科技、运用科技的浓厚氛围。重点加强青少年科技教育基地和科普示范村建设。认定了钦州坭兴陶艺有限公司等为广西科普教育基地及青少年科技教育基地。活动周期间，钦州市组织了钦州农校、市气象台、钦州学院、钦州市林业科学研究所等 10 多个青少年科技教育基地和科普示范基地对外开放，据不完全统计，全市共组织中小学生参观 12438 人(次)，取得显著的效果。

科技文化“三下乡”活动 深入灵山县武利镇、石塘镇，浦北县张黄镇、平睦镇，钦北区平吉镇、大寺镇，钦南区那丽镇、康熙岭镇，开展科普大行动和科技文化卫生“三下乡”集中活动。增加了“美丽钦州清洁乡村”宣传咨询点；科技发明创造专利宣传咨询点等。活动以来，共接受群众咨询 34070 人次，解答群众在生产中遇到的疑难问题 2674 个；组织下乡医疗队 5 支，下乡医务人员 60 人次，为农民义诊 3455 人次。

钦州市党员科技教育“动车组”项目 充实党员科技教育人才库，将各类专业技术人才和乡土人才的信息采集入库，入库人数 83 名；建立党员科技教育示范户 34 户，向示范户提供科技教育培训、咨询解答、技术指导、科技文献平台应用培训等服务，每月定期向示范户投寄《农村新技术》等图书资料；深入开展科技文献平台和党员科技教育相结合的专题培训和信息咨询服务活动 4 场次，参加培训或接受科技咨询服务的基层党员、群众达到 286 人次。承担钦州市科技查新委托代办业务 19 项。

【科技服务体系建设】 *科技企业孵化体系建设* 2013 年，钦州市高新技术产业服务中心（科技企业孵化器）先后引进钦州展来电子科技有限公司、钦州市万维科技有限公司、广西钦州正华高新科技研发基地有限公司等 5 家科技型企业入驻孵化。同时，5 家达到毕业条件的入孵企业毕业，其中广西远景橡胶科技有限公司年产值超亿元，广西还珠海洋生物科技有限公司年产值逾千万；钦州市创华工控设备有限公司、广西钦州欧博科技开发有限公司、广西远景橡胶科技有限公司通过了高新技术企业认定。并且组织入孵企业积极申报专利，指导钦州市奇福保温冷冻设备有限公司、钦州市开源智控系统有限公司、钦州市钦南区良生堂花草茶有限公司等6家企业申请专利26项，其中发明专利16项；入孵企业获得专利授权12项，其中发明专利8项。

为进一步完善孵化器的服务体系，拓宽服务范围，提高服务效率，2013年2月，中心通过与钦州市投资项目审批代办服务中心合作，互换资源，设立了钦州市投资项目审批代办服务中心驻孵化器联络处，为入驻孵化器的科技型中小企业提供各种行政审批事项的无偿咨询、策划、代办服务。通过该平台，中心为广西钦州欧博科技开发有限公司、钦州市钦南区安力达索具有限公司、钦州市开源智控系统技术有限公司等入孵企业办理了2012年度公司营业执照、组织机构代码证年审等事项，获得了孵化企业的一致好评，提高了孵化器的服务能力。

大学生创业孵化基地自2012年9月挂牌运行至2013年11月，共进驻创新创业项目45个；完成项目转化企业3家；专利申请7项，授权3项；孵化项目累计收入超过155万元；支付劳动报酬超过40万元。2013年8月，创业孵化基地内的大学生创业企业—钦州市钦南区良生堂花草茶有限公司，在创业孵化基地已不能满足其发展需求，主动申请进入服务中心继续孵化，成为第一家依托“预孵化—孵化器”接力式孵化培育体系成长的科技型企业。

领军型创业人才工作　为吸引领军型创业人才来钦州创业，引进更多优质项目落户钦州，钦州市高新技术产业服务中心承办了钦州市2013年引进领军型创业人才活动，主要负责申报受理、资格审查、专家评审、综合评审和对接项目落户等工作。经过专家评审和综合评审两个评审环节，从11个申报项目中评选出3个项目—慧宝源（钦州）生物医药产业园建设项目、微电子连接用SnAgCuRE系绿色无铅钎料合金项目和等离子体处理盾构刀具产业化项目报市委市政府审定并公示。至2013年底，慧宝源（钦州）生物医药产业园建设项目已落户中马钦州产业园区，微电子连接用SnAgCuRE系绿色无铅钎料合金项目正在办理相关落户手续。

科技特派员工作　2013年，钦州市共选派了66名素质高、能力强的科技人员，作为科技特派员派遣到农村、企业等开展科技服务工作。此外，自治区认定了11名同志为广西2013年农村科技特派员到钦州市的农村基层开展科技服务工作，壮大了钦州市科技人员创业的队伍，提高了企业的科技创新能力，为市县特色优势产业发展提供科技人才支撑。钦州市科技局组织各县区对2012年度全市选派的62名科技特派员进行考核，并对通过考核达到优秀和良好等次的马创碧等35名先进个人予以表彰。

（王晓雯）

贵港市

【概况】　2013年，贵港市共有45项科技项目获得国家和自治区立项，获科技经费支持2974万元。贵港市拥有高新技术企业4家，自治区、市两级工程技术研究中心29家，广西科技厅认定广西首批院士工作站1家，创新型企业4家、创新型试点企业1家。新建市级工程技术研究中心4家。新增广西农业标准化生产技术示范基地5个，自治区现代农业产业科技示范县2个，全市共有桂平市、平南县、港北区等3个县（市、区）获认定为自治区现代农业产业科技示范县，涉及水稻、木薯、龙眼、生猪等4个产业。2013年全年选派科技特派员329名。新建设“一村一品”科技富农示范村18个，累计建成30个示范村。全市完成发明专利申请234件，有效发明专利47件，每万人口发明专利拥有量0.11件。

2013年，贵港市科技局调整完善局机关各科室机构设置职能配置，在原有的办公室、业务科、综合计划科、知识产权科、科技成果与科普科调整为办公室、农村科技科、工业科技科、社会科技科和知识产权科的基础上增设成立市专利事务管理所。港北区科技局增设了生产力促进中心；港南区科技局和覃塘区科技局增设了科技情报所。

【科技人才队伍建设】　2013年，贵港市科技局全面贯彻落实科学发展观，深入实施“人才强市”战略，不断创新人才引进、培养和使用的方式方法、体制机制，努力营造激发科技人才创新激情和活力的社会环境，科技人才队伍建设取得一定成效，广西工程技术研究中心3家，市级工程技术研究中心 26 家，院士工作站 1 家。广西农业标准化生产技术示范基地 5 个，自治区现代农业产业科技示范县 5 个，广西农业标准化生产技术示范基地 13 个，广西农业良种培育中心 1 个。全市各类专业技术人员达 5.1001 万人，农业技术人员 630 人，选派企业科技特派员 4 名、农村科技特派员 329 名。

【科技计划项目与经费投入】 2013 年贵港市组织申报国家、自治区级课题共 93 项，获立项 45 项，获经费支持 2974 万元，其中，国家级项目 6 项，获经费支持 1535 万元，自治区级项目 39 项，获经费支持 1439 万元。下达 2013 年市本级科技研究与开发项目 22 项，安排经费 195 万元，自筹项目 91 项，项目共投资 14943.84 万元。

【科技成果与奖励】 2013 年，贵港市科技局组织市级以上项目科技成果鉴定 35 项，其中，国际先进水平 1 项，国内领先水平 4 项，国内先进水平 28 项，贵港市人民医院完成的《应用数字医学技术辅助足趾移植再造拇手指研究》项目经专家鉴定，该研究水平达国际先进、国内领先水平。

评出 2012 年度贵港市科学技术奖项目 30 项（科技进步奖一等奖 5 项，二等奖 10 项，三等奖 10 项，自然科学奖一等奖 1 项，二等奖 2 项，三等奖 2 项）。推荐广西扬翔股份有限公司完成的《龙宝 1 号猪配套系培育关键技术研究与推广应用》项目申报 2013 年度广西科技进步奖，获 2013 年度广西科技进步奖二等奖。

龙宝 1 号猪配套系培育关键技术研究与推广应用　中国地方猪种生产速度慢、瘦肉率低，不能满足人们对动物蛋白的需求。随着国外著名猪品种的大量引入，中国地方品种收到了严重的威胁，出现全局性的猪品种资源危机。近年来，有目的的利用各地方品种不同的遗传优势以及所具有的特点进行杂交配套，生产繁殖性较高、整齐度较好、具有明显体型外貌体征和肉质风味的优质猪，已逐渐兴起且呈不断扩大之势。龙宝 1 号猪配套系培育关键技术研究与推广应用项目应用现代猪育种原理与方法，利用三元杂交育种，历经 5 个世代、13 年的持续选育，培育了广西第一个具有自主知识产权的猪配套系。2013 年通过国家畜禽资源委员会鉴定，获得龙宝 1 号猪配套系证书。主要创新点有：国内首次将配套系培育与产业开发相结合，成功培育了龙宝 1 号猪配套系，为目前国内生产规模最大的地方猪配套系组合；国内首次对种公猪精液性状进行遗传评估，建立了主要精液性状的评估模型；国内首次提出“精种结合”产业化经营模式，奠定了地方猪产业化开发的基础。

龙宝 1 号猪配套系适应性强，易于饲养，2012 年上市猪肉 25 万头，种猪 3 万头，累计推广了 LB23 母猪和龙宝 1 号猪配套系商品猪 100 多万头，总产值近 10 个亿，取得了显著的经济效益和生态效益。

【科技创新平台建设】 科技服务创新平台建设初具规模　贵港市建立了以市科技情报研究所、市生产力促进中心、市新技术应用研究所、市科学技术开发研究院、市专利事务管理所、市小微科技企业创新服务中心为核心的服务专业化、运行规范化、发展规模化的骨干科技服务机构。贵港市生产力促进中心于 2011 年 11 月通过 ISO9001 资格认证，2012 年创立市第一家综合型企业孵化器，2013 年在孵企业 30 家，孵化功能不断完善。广西扬翔股份有限公司院士工作站获广西科技厅认定为广西首批院士工作站；广西贵糖（集团）股份有限公司、广西扬翔股份有限公司、贵港市智鸿环境科技有限公司和广西源安堂药业有限公司 4 家企业被认定为广西创新型企业；广西贵港动力有限公司被认定为广西创新型试点企业；全市拥有金源生化实业有限公司、广西巴帝食品有限公司、贵港市芭田生态有限公司和广西远辰锰业有限公司 4 家高新技术企业；新建史丹利化肥贵港有限公司、广西恒星公司、贵港港丰农牧公司和贵港西江锅炉公司 4 家市级工程技术研究中心。全市累计拥有自治区、市两级工程技术研究中心达 29 家。造就了一支具有较高专业素质和具备相应资质资格的科技服务业从业人员队伍。

科技创新平台建设服务协调工作稳步推进　贵港市小微科技企业创新服务中心通过加大投入、改善设施、建章立制、完善功能、提高能力等手段，建成了第一个中小型和微型企业创新服务平台。在成果转化、项目申报、专利申请、合作交流等方面，取得了良好成效。2013 年，入孵企业达 30 家，建设中心网站发布信息 3000 多条，举办培训班 12 期，培训企业 30 多家、人员 800 多人次。创新平台的建设，能有效为中小型微和微型科技企业解决办公场所、初创基金、公共检测、技术瓶颈、人才引进等难题，为其发展壮大提供强有力的支持。全市加强了区域性生产力促进机构和行业性生产力促进机构建设服务协作，二者优势互补，资源共享，形成网络化的服务协作关系。在高新技术产业开发区、民营科技园等各类科技园区建立了300多家网络协作机构，共享信息资源，为科技企业创新建设提供服务保障。

依托各类科技园区，大力发展科技创业服务中心，为中小企业创业提供服务。大力加强市科技文献共享与服务平台建设，提高科技信息机构的信息采集、分析和综合加工能力，2013年共发布科技信息5000多条。针对当前科技咨询、评估业发展薄弱的现状，在为政府决策服务的同时，面向社会开展科技咨询、评估活动200场次。针对投融资渠道不畅问题，大力发展创业投资服务机构和中小企业融资、贷款担保机构，特别成立了以贵港市小微科技企业创新服务中心为核心机构，吸引社会资金支持科技创新、创业活动。同时，创办贵港市特色食品信息综合网络服务平台，为全市特色食品工业企业提供服务。

完善农业科技服务创新平台建设体系　以农业高校、农业科研机构为技术支撑，采用专家与农业技术推广站、农业"龙头"企业和农村经济协作组织相结合的方式，完善农业科技服务创新平台建设体系，取得了较好的成绩。平南县通过了2013年全国县（市）科技进步考核；平南县龙眼、港北区生猪被认定为自治区现代农业产业科技示范县；新增"广西水稻标准化生产技术示范基地"、"广西龙眼标准化生产技术示范基地"、"广西火龙果标准化生产技术示范基地"、"广西优质肉鸭标准化生产技术示范基地"、"广西黄沙鳖标准化生产技术示范基地"5个广西农业标准化生产技术示范基地。全市累计建立自治区现代农业产业科技示范县5个，广西农业标准化生产技术示范基地13个，广西农业良种培育中心1个。2013年，全市举办农业技术培训班4000多期，农村指导员、科技特派员等农村科技服务队伍达3万多人，为广大农户提供农产品的产前、产中、产后全程服务，增强农副产品深加工和市场开拓能力，提高农业生产的组织化、市场化程度。

【高新技术及其产业】　2013年，贵港市大力加强产业科技创新，优化科技资源配置，有力推动贵港高新技术及其产业的创新和发展。全市共有4家高新技术，实现工业总产值20.1亿元。广西贵糖（集团）股份有限公司、广西扬翔股份有限公司、贵港市智鸿环境科技有限公司、广西源安堂药业有限公司被广西科技厅认定为创新型企业，广西贵港动力有限公司被广西科技厅认定为创新型试点企业，创新型企业承担国家自治区科技项目14项，拥有专利58项，研发经费投入2.3亿元，新产品收入26.8亿元。广西扬翔股份有限公司院士工作站被广西科技厅认定为广西首批院士工作站。共有自治区级工程技术研究中心3家，市级工程技术研究中心26家，2013年全市工程技术研究中心转化成果12项，推广成果63项，申请发明专利15项，已获授权6项。

【农业与社会发展】　2013年，贵港市新增国家、自治区、市本级农业科技项目27项，总投资6325万元，投入科技经费711万元。其中国家级和自治区级农业科技项目立项22项经费679万元，分别同比增83%和200%，创历史新高。组织申报国家级和自治区级农业科技项目36项，申请科技经费2100万元。累计引进示范推广"新选048"、"特桑优2"、"桂蚕二号"等农业优良种46个，集成推广农业先进适用技术15项，广西扬翔股份有限公司和中山大学培育的"龙宝1号猪配套系"是2013年广西唯一获国家农业部审定的中国畜禽新品种。新增平南（龙眼）、港北（生猪）2个自治区现代农业产业科技示范县，新增自治区农业标准化生产技术示范基地5个，全市共有现代农业产业科技示范县5个，农业良种培育中心1个，农业标准化生产技术示范基地13个，农口工程技术研究中心2个。平南县通过全国县（市）科技进步考核。新建"一村一品"科技富农示范村18个。全市选派科技特派员329名，新增自治区农村科技特派员18名。推出电视科技培训栏目《农村科技新视界》，制作培训节目52期，播出时长2000分钟，制作培训视频1部，节目覆盖全市1074个行政村，覆盖率100%。

【政策法规与环境建设】　2013年，贵港市科技局重新修订了《贵港市科学技术奖励办法实施细则》，制定了《贵港工程技术研究中心管理暂行办法》；围绕贵港市农业优势特色产业，促进贵港市农业经济高效发展，加快农业科技平台建设，推进贵港国家农业科技园区创建工作，编写完成《贵港农业科技园区总体规划（征求意见稿）》。

【科技交流与合作】　2013年，贵港市组织125家企业360个（项）高新技术、系列产品参加全国科技活动周、北京科博会、深圳高交会、中国—东盟博览会、杨凌农业成果博览会、广西科技活动周、广西发明展，组织技术供求洽谈会3场，签约技术合作8项，引进专业技术人员5人，促成一批企业与自治区内外高等院校、科研院所开展科技合作，开发新技术新产品17项。其中，第三届广西发明创造成果展览交易会贵港市获最佳组织奖荣誉。

【知识产权管理】 2013年，贵港市知识产权的创造、运用、保护和管理等各项工作取得了新的进展。围绕“4·26知识产权宣传周”、“全国科技活动周”、“广西科技活动周”、“广西发明创造成果展览交易会”、“科技三下乡”等契机开展知识产权宣传活动，组织专利代理机构到企业、学校、农村等地开展培训班，强化宣传，营造发明创造良好氛围，2013年贵港市共申请专利629件，同比增长46.28%，其中发明专利申请234件，完成目标任务的156%，同比增长93.39%，获授权专利294件。认真开展专利执法维权“护航”专项行动，对6家流通领域的超市和商场进行了专利执法维权“护航”专项行动，发放专利正确标注宣传资料500多份，立案查处5起涉嫌假冒专利案件。

【科普工作】 2013年贵港市组织科技下乡活动183次，举办各类科技培训班、科普讲座、科普报告会450多场次，在各次活动中发放宣传资料、图书、光盘等16.2万份（册）。完成了广西科技厅下达的《农村青少年课外科技教育基地建设研究与示范》、《贵港市气象科普教育创新示范基地建设与示范》、《贵港市覃塘区东龙镇京龙村科普示范村建设与示范》、《桂平北回归线标志公园科普教育示范基地建设》等4个科普教育示范基地的结题验收工作。正在组织实施的科普项目3项。贵港市科技局与贵港市西江中心小学联合参加的第二十二届广西科技活动周期间举办的科普长廊竞赛，获二等奖；2013年全国科技活动周贵港市系列活动获优秀组织奖，优秀项目奖，3人获先进个人，企业科普板报竞赛获三等奖2项。

（张银海　罗维康　陆雅萍）

玉林市

【概况】 2013年，玉林市科技工作按照“强基础、提能力、促发展、惠民生”的总体思路，加快创新驱动发展，科技进步与创新取得新成效。全社会R&D经费支出占GDP比重达1.495%，获国家、自治区级科技项目91项，获经费支持2954万元，创历年新高。发明专利申请量1243件，同比增长150.10%，实现倍增计划。企业创新能力持续增强，获国家科学技术进步奖二等奖1项，广西科学技术进步奖一等奖1项，高新技术企业实现工业总产值159.13亿元，科技工作为全市经济社会发展提供了有力支撑。

【科技人才队伍建设】 据玉林市人力资源和社会保障局统计，截至2013年12月，全市的事业单位及国有企业共有高级职称3137人，中级职称50994人，初级职称47481人；高级技师296人，技师1725人，高级工10508人，中级工119889人。全市享受国务院特殊津贴专家7人，自治区优秀专家12人，广西“新世纪十百千”第二层次人选2人，在玉林市工作的院士、博士（包括柔性引进）共有80人，其中院士2人，博士生导师10人，博士后7人，博士61人。

【科技项目与经费投入】 2013年，全市科学技术支出21506万元，占全市一般预算支出1.04%，增长23.38%，高于全市经常性财政收入增长5.8%幅度；玉林市全社会研究和试验发展经费支出与地区生产总值的比例（R&D）为1.495%。

2013年全市实施市级以上科技项目359项，其中国家级项目9项，自治区级项目82项，市级科学研究与技术开发项目149项，市级科技特派员创业项目105项，玉林市和广西大学的市校科技合作项目7项，玉林市科技基金项目7项，玉林市成果转化资金项目10项。获得国家财政补助科技项目经费370万元，获得自治区财政补助科技项目经费2584万元，玉林市本级财政补助科技项目经费921万元。

2013年组织下达玉林市科学研究与技术开发计划项目（自筹经费类）81项，总投资2272万元；下达了玉林市科学研究与技术开发计划项目（有经费类）68项，总投资9893万元，市本级财政支持科技经费250万元；下达玉林市自然科学发展基金项目7项，总投资66万元，市本级财政支持科技经费10万元。

2013年组织申报年度国家科技型中小企业技术创新基金43项，国家农业科技成果转化资金5项，国家级火炬计划1项，国家重点新产品计划2项，国家级星火计划9项，国家863计划1项，向自治区科技厅推荐申报广西科学研究与技术开发计划项目109项，广西农转资金项目19项，自治区千亿元产业重大科技攻关工程项目12项，国际科技合作基地项目2个。

2013年共组织市本级科技项目验收31项，同时，根据广西科技厅的委托，组织验收自治区级科技项目20项。

【研究与开发】 *企业研发机构* 截至2013年底，全市建立国家级企业技术中心1个，自治区级企业技术中心16个；广西千亿元产业研发中心1个；自治区级工程技术中心7个，工程研究院2个，制造业信息化示范企业13个，国家级创新型企业1个，自治区创新型企业2个，自治区创新型试点企业5个，自治区级科技企业孵化器1个，市级工程技术研究中心（企业技术中心）38个。

产学研合作 组织企业与国家重点高校、科研院所进行技术合作洽谈，搭建产学研合作平台，开展市校合作，坚持“产”为主导，促进玉林市企业与大专院校、科研机构、产品终端用户的产学研用合作、企企合作，联合研究开发具有市场应用前景的科技项目，攻克产业发展关键核心技术，研究开发新技术、新产品，增强科技对经济社会发展的支撑和引领能力。有58名专家、教授入驻玉林市的49家企业开展企业科技特派员试点工作，推进产、学、研结合，增强了玉林市医药企业和农产品加工的市场竞争力。2013年，全市17家企业与广西大学建立了产学研合作关系，借市外科技之力提升企业创新能力。

研发成果 重点产业领域关键共性技术攻关取得新突破。由桂林市玉柴混合动力团队独立自主创新研发完成的“商用车混合动力总成系统”项目具有创新性强、技术含量高、节能减排和推广应用效果好、环保性能好的特点，是国内首款应用大型公交车的并联式混合动力总成，突破了多项技术创新，填补了玉柴产业链的空白，对国内同类型总成技术的开发具有的示范和指导作用，对行业科技进步带动效应显著。

由玉柴研发的16VC船电样机填补了高速船电单机大马力的空白。这款发动机成“V”形，16缸，排量为105.6L，额定功率2000～2400千瓦，转速1500rpm，最低油耗≤200克/千瓦时，主要用于陆用发电单机和船舶主机。16VC发动机一缸一个电控单体泵，技术先进；进气管布置在两侧，排气管布置在中间，接近性好，且出水管、进气管、排气管采用分段式设计，制造性好，对船电板块未来的发展意义重大。

玉林市农科院利用从广东省农科院引进的抗寒性好、米质优、谷粒细长、分蘖力强等优点的优质稻品种“丝苗香”作母本，与自主研发育成的具有茎秆粗壮、穗大粒多、叶姿挺直的优质材料“608号”（西山香×桂99杂交后代中选育的株系）作父本进行有性杂交，育成的早籼优质稻新品种丝香1号。该品种具有地理远缘，优异性状互补性能高产、优质、抗逆性好等特点。项目研究达到国内同类项目先进水平。

广西玉林制药集团有限责任公司研究的以国际种子检验规程和农作物种子检验规程为指导依据，通过对鸡骨草的两种原植物广州相思子和毛相思子种子标准各项内容的项目，制订了广州相思子和毛相思子种子标准，包括鸡骨草的品种标准、种子检验规程、种子质量分级标准、种子生产技术规程、种子加工贮藏标准，填补了鸡骨草种子标准研究的空白，其研究成果达到国内领先水平。

【科技成果与推广应用】 2013年玉林市通过市级以上科技成果鉴定的项目34项，其中工业科技成果7项，农业科技成果7项，医学科技成果20项；达到国内领先水平11项，国内先进或自治区领先水平21项，自治区先进水平2项。获2013年玉林市科学技术进步奖成果28项，其中一等奖5项，二等奖12项，三等奖13项。

玉柴公司的“内燃机全工况高增压关键技术及工程应用”项目获2013年度国家科技进步奖二等奖，“商用车混合动力总成系统”项目获2013年广西科学技术进步奖一等奖。

依托科技特派员及农业示范基地，玉林市农业先进适用技术得到广泛推广应用。全市有1100多名科技特派员活跃在农村和企业，覆盖全市95%的行政村，建立了科技特派员创业示范基地87个，引进推广农业种养殖新品种135个，实用新技术134项，形成了产销一体的产业链13条。

至2013年底，玉林市共有7家自治区农业良种培育中心、27家自治区农业标准化生产技术示范基地、34个市级农业科技示范基地。全年引进、推广了超级稻、食用菌、尼罗罗非鱼、葡萄、软枝油茶、“茂谷柑”、嘴鲌鱼等一批种养新品种，香蕉高产栽培等一批农业实用新技术，培育和提升了参黄鸡、凉亭鸡、巨东鸡、陆川猪、有机沙田柚、有机柑橘等一批农业品牌。

【知识产权（专利）管理与保护】 玉林市开展“全民发明创造”活动，实施专利倍增计划，坚持以企事业单位为主体，深入企业实施发明专利“扫零”工程，加强知识产权试点示范，深入开展知识产权执法维权“护航”联合执法检查，打击侵犯知识产权和制售假冒伪劣商品行为，积极开展知识产权宣传教育活动。

2013年，全市申请专利2212件，同比增长70.15%，其中发明专利申请首次突破1000件大关，达到1243件，同比增长150.10%，连续三年实现倍增；实用新型专利申请727件，外观设计专利申请242件；专利获授权943件（其中发明专利41件，实用新型729件，外观设计173件），同比增长37.6%；全市有效发明专利达到131件，每万人口发明专利拥有量提高到0.24件，同比增长41.08%。专利申请量和授权量、有效发明专利拥有量在广西14个地级市中稳排在第4位（仅次于南宁市、桂林市、柳州市）。

2013年共发放资助经费212多万元，资助专利申请及奖励专利授权1073多项，极大地调动了企事业单位申请专利的积极性，对全市专利申请起到积极的推动作用。

知识产权示范工作开创了新局面。7月31日，在博白县召开的2013年广西知识产权试点示范县现场交流会上，自治区知识产权局确定陆川县、博白县为2013年广西知识产权示范县，容县、兴业县为2013年广西知识产权试点县；广西玉柴工业园成为首批广西知识产权示范园区（试点）。8月26日，国家知识产权局确定了99个县（区）为国家知识产权强县工程试点县（区），陆川县和博白县名列其中，分列第76、77位。

2013年，玉林市59家企事业单位138项专利技术及地理标志产品参加第二、三届广西发明创造成果展览交易会，获参展项目金奖3个，银奖5个、传统手工业创新成果奖8个、中小学生发明创造特别奖2个。玉林市被组委会授予第二届广西发明创造成果展览交易会“最佳组织奖”称号。

知识产权宣传教育日益增强。举办了2期知识产权培训班，培训人数达425人次以上，发放《专利申请的作用及方法》、《专利法》、《玉林市知识产权政策汇编》、《专利行政法规汇编》等资料1400册。在玉东小学组织“发明创造进校园”活动。广西电视台、玉林电视台、《玉林日报》等新闻媒体对玉林市知识产权专项行动进行了报道，全年在各类媒体发布新闻报道17条次；广西电视台《创新传奇》对玉林市玉柴、开元等企业开展发明创造活动作进行专题报道。

知识产权保护取得新成效。玉林市知识产权局联合自治区知识产权局、工商、商务、新闻出版、质监等部门开展2次专利执法专项大行动，共检查专业市场3个，店铺门面53家，出动执法人员33人次，检查电器、药材、酒类等产品1000多种，检查带专利标记标识的产品58种，经检索确认，专利有效的53种，专利权终止、无效的5种，立案查处涉嫌假冒专利案件5起。

【科普工作】 2013年，玉林市有科普专职人员2338人，兼职人员15416人，科普基地28个，其中自治区级科普基地7个，玉林市级青少年科技教育基地17个，展区面积12538平方米；公共场所科普宣传场地1343个，其中社区科普活动场地83个，农村科普场地1260个，另有科普画廊12个。

2013年玉林市科普工作扎实开展，以科技活动周、“文化、科技、卫生”三下乡、青少年科普体验活动、“十月科普大行动”等载体，组织开展形式多样的科技宣传普及活动，提高人民群众、干部职工的科学素养。据不完全统计，在文化、科技、卫生“三下乡”活动中，为农民送去了价值15000元的种子和化肥，提供技术咨询2000多人次，发放资料3000多份，组织500多名学生参观青少年科技教育基地，300多名学生参加科普知识竞赛，举办技术培训班6期。为提高玉林市青少年的科普知识，2013年在全市中小学中开展了“信息技术在我身边”青少年科普知识竞赛，组织青少年参观青少年科技教育基地，培养他们爱科学、学科学、讲科学的热情。活动向广大群众宣传各种致富、增收知识和就业技能，倡导健康文明的生产、生活方式，展示玉林市科技发展的最新成果，把各种实用科技知识及时送到了老百姓手中，让广大群众切实感受到科学技术的力量，使全社会进一步形成崇尚科学、热爱科学、学习科学的良好风尚，为构建和谐社会营造了良好的氛围。

【科技服务体系建设】 促进企业发展服务 组织、帮助企业申报创新型企业、高新技术企业，截至2013年12月，全市共获认定国家级创新型企业1家，自治区创新型企业2家，自治区创新型试点企业5家，高新技术企业15家，为20多家企业提供了创新基金项目咨询与指导。

孵化器建设 玉林市中小企业科技创新孵化服务中心是玉林市唯一的一家自治区级科技企业孵化器，定位为综合孵化器，主要进行先进装备制造、生物医药健康产业和新材料等领域的科技成果转化和孵化培育。中心积极为企业搭建产学研桥梁，支持在孵企业开展科技创新研发、科技成果转化，经整合市内各类科技资源，搭建了2个科技创新研发平台，引进了4家中介服务中心，探索了1套适合玉林市发展的孵化服务体系，构筑了1个集科研、开发、检验检测、信息服务于一体的公共服务平台。截至2013年底，共孵化企业57家，其中经广西科技厅批准毕业企业2家，现有在孵企业55家，拥有市级工程技术研究中心企业9家。2013年，积极推进玉林市中小企业科技孵化器建设，加快孵化器大楼建设进度和北流日用陶瓷工业区孵化器、容县经济开发区孵化器、玉柴工业园孵化器筹建工作；支持科技成果转化项目10项，下达科技经费450万。

基层科技能力建设 加大建设自治区现代农业科技示范县。2013年陆川县、博白县、兴业县三个县获广西科技厅认定为第二批自治区现代农业产业科技示范县，其中，生猪产业：陆川县、博白县；家禽产业：兴业县。目前，玉林市共获认定自治区现代农业产业科技示范县7个，包括北流市、容县、陆川县、博白县、兴业县5个县（市、区），涉及水稻、柑橘、奶水牛、家禽、生猪5个产业。同时，认定玉州区、福绵管理区为玉林市现代农业产业科技示范县，其中，罗非鱼产业：玉州区；家禽产业：福绵管理区。

组织博白县申报国家科技富民强县专项行动计划项目。博白县申报《创汇型芒竹藤编特色产业技术开发与示范》科技富强县项目获科技部批准立项实施，获得科技经费支持250万元，其中中央专项资金170万元，广西科技厅配套资金80万元。

全国县市科技进步考核 2013年，玉林市玉州、北流、容县、陆川等4个县（市、区）通过全国县（市）科技进步考核，通过考核率为67%，比上一轮考核提高34%。其中玉州、容县获2013年全国县（市）科技进步考核科技进步先进县（市、区），填补了上一轮考核无先进县（市）的空白。

科技兴市考核 2013年，玉林市组织开展2011～2012年度科技兴市考核工作。北流市、玉州区、陆川县获得2011～2012年度玉林市科技兴市工作先进县（市、区）。通过考核推进了玉林市科技创新活动。

科技培训服务 电视培训：组织开展电视农村科技培训，除了原有的《农村天地—科技在农家》专栏，还与玉林电视台合作开设《农村科技新视界》栏目，开展农民科技培训，推广农业新品种实用新技术，内容涉及农林牧渔等涉农技术领域。《农村科技新视界》每周一期，每期10分钟，固定在玉林电视台新闻综合频道、知识频道轮番播放，每周播放5次；《农村天地—科技在农家》每周一期，每期15分钟，固定在玉林电视台新闻综合频道、知识频道轮番播放，每周播放8次；并在玉林市科技信息网和玉林电视网开设点播专栏，提供24小时不间断的点播服务。2013年《农村科技新视界》栏目共制作播放培训节目39期，《农村天地—科技在农家》栏目共播出52期。

专家现场培训：定期组织专家下乡尤其是到贫困村送技术，解决农民的技术问题，为村民的脱贫致富出谋划策。2013年共培训农民2990人次。先后邀请了：广西大学韦鹏霄教授和广西农科院农定产副研究员两位专家到福绵管理区旺老村、船埠村讲授天冬GAP种植技术、甘蔗种植技术，还到田间地头进行现场技术指导，共培训天冬、甘蔗种植户300多人。

玉林市动物疫病预防推广中心的专家到北流市六华村进行“科技扶农助农实用技术培训”，解决农户们猪栏出的问题和养殖过程中常的问题，共培训农户120名，发放资料300多份。针对六华村荔枝树多，荔枝品质差的情况，邀请了广西大学薛进军教授对农户进行荔枝品改嫁接改良技术培训。

科技信息服务 2013年玉林市继续依托互联网、电信通信网、广播电视网三大网络平台，构建公共技术服务平台和科技文献共享服务平台，科技信息服务涉及的领域由农业科技向民生科技拓展。截至2013年12月，提供科技查新服务35

项，技术转让咨询和代理服务 8 项，融资、投资策划服务 3 项，科技立项咨询服务 15 项。

【科技交流与合作】 通过组织参加广西科技活动周、北京科博会、深圳高交会等活动，开展科技招商引资金、引技术、引人才活动，加强与市外的科技交流与合作，促进引进消化吸收再创新，增强玉林市自主创新能力。

广西科技活动周 玉林市参加第二十二届广西科技活动周，在广西科技重大创新成果展上展示自主创新成果和实施创新计划的科技成果，共组织 30 家企业、2 个研究所共 39 个项目进行新技术新产品交流交易会、科普长廊展示，获优秀组织奖、“广西科普长廊”知识竞赛三等奖。

北京科博会 玉林市参加第十六届北京科博会，组织了玉林市洋平石斛科技有限责任公司、广西万年堂药业有限公司两家企业参会参展。万年堂药业有限公司自主研发的专利产品特效烧伤液具有神奇的烧伤不植皮的疗效，在展会上引起众多与会者的关注，前来索取宣传资料和宣传品的人流络绎不绝。企业通过“科博会”平台，拓展了本市与国内外的交流合作渠道，推动了区域科技经济合作发展。

深圳高交会 玉林市参加第十五届深圳中国国际高新技术成果交易会，围绕高新技术成果展示交易、项目对接洽谈、与境外科技合作交流、项目采集等内容开展活动，在本届高交会上，玉林市洋平石斛科技有限责任公司的“石斛产业化基地建设”、广西玉柴专用汽车有限公司的“YC-NG2083 垃圾压缩转运站设备”等高新技术项目或产品参加展览展示。本届高交会以“坚持创新驱动发展，提高经济增长质量”为主题，玉林市参展参会的主题是“加强合作交流，促进区域发展”。玉林市的科技企业通过参加展览展示、项目洽谈、考察交流等形式，宣传玉林区域发展战略，展示玉林市科技创新成果，拓展玉林市与国内外科技交流与合作渠道，为推动玉林经济社会发展提供有力的科技支撑。

厅市会商 广西科技厅、玉林市政府 2013 年厅市工作会商会议顺利召开，广西科技厅在加快推动高新区建设、中药材产业发展、现代农业科技示范县建设等方面给予支持，为推动本市经济社会发展走上创新驱动的良性轨道注入了强大的动力。围绕广西科技厅和玉林市人民政府会商的“玉林高新技术产业开发区建设”、“中药材产业发展”、“现代农业产业科技示范县建设”三个主题，组织实施了 3 个厅市会商专题项目，开展技术攻关及示范推广，获得自治区科技项目补助经费 400 万元。

市校合作 2013 年玉林市企业与广西大学合作实施科技项目 7 个，按照玉林市人民政府和广西大学签订的协议，市财政每年补助项目经费 100 万元。到 2013 年底，玉林市企业与广西大学合作实施科技项目 32 个。

（莫立钊）

百色市

【概况】 2013 年，百色市科技进步取得突破。市本级首次通过全国科技进步考核，是广西通过全国科技进步考核四个地级市之一（南宁、柳州、桂林、百色）。全市有 7 个县（区）通过全国科技进步考核，田阳县获得全国科技进步考核先进县，钟恒钦等 4 人获先进个人。凌云县获得国家科技富民强县重大科技项目支持。从 2013 年起，百色市委、百色市人民政府把科技投入、科技创新作为各县（区）人民政府绩效考核的一项重要内容，提高了科技在经济社会发展中的地位和作用。2013 年 3 月 8 日，在已验收挂牌的全国 38 个园区评估排序中，百色国家农业科技园区排第 7 位，被评为全国优秀农业科技园区。

【科技人才队伍建设】 百色市科技局人员编制为 16 人，2013 年在编 14 人，其中局领导 5 人（局长兼党组书记 1 人，副局长 3 人，纪检组长 1 人），正副调研员 2 人，科级领导干部 6 人，工勤人员 1 人。挂市知识产权局牌子。

百色市科技局直属单位有百色市科技情报研究所、百色市电子研究所、百色市技术市场管理办公室 3 个二层机构，均属财政全额拨款的事业单位。百色市科技情报研究所为副处级单位，定编 10 人，在编 4 人；电子所为正科级单位，定编 10 人，在编 8 人；市场办为正科级单位，定编 3 人，在编 2 人。

【科技计划项目与经费投入】 2013 年，百色市获得的国家、自治区科技项目支持 61 项，经费 2218 万元，获项目数同比增长 7.02%，经费同比增长 7.67%；申报国家、自治区 2014 年科技项目 105

项，同比增长1.9%。

【科技成果与奖励】 2013年，全市获2013年度广西自然科学奖三等奖1项，广西科学技术进步奖二等奖3项、三等奖6项。

【高新技术及其产业】 全市新增2家高新技术企业，1家自治区级工程技术研究中心，3个自治区现代农业产业科技示范县，8个自治区农业标准化生产技术示范基地。全市高新技术企业、自治区级工程技术研究中心各自都已发展到了5家；在百色市首次探索建立了科技企业孵化基地，为全市科技型企业的发展创造良好的条件

【政策法规与环境建设】 2013年，百色市委、百色市人民政府出台《实施创新驱动发展战略，加快创新型百色的意见》（百办发〔2013〕60号），文件对如何保障市、县一级科学技术研究与开发经费投入方面，作了具体的规范性的政策要求。

【科技服务】 百色市引进博士科技服务工作站开展了科技项目申报培训，为企业申报高新技术企业、编写项目申报报告等提供科技服务。全市12个县区全部得到了自治区基层创新能力条件项目的支持，实现了县县有办公用车、办公用房和办公设备条件得到全部改善的目标。

【知识产权管理】 2013年，百色市发明专利工作保持快速发展。全市发明专利申请量达391件，完成自治区绩效考评任务数250件的156.40%。每万人口发明专利拥有量达0.19件，增长68.65%，超额完成自治区要求我市增长30%的绩效考评目标任务。

【科技交流与合作】 2013年，百色市国际科技合作迈出新步伐。百色市科技局与越南高平省科技厅签署了科技合作备忘录。

（陆荣华）

贺州市

【概况】 2013年，贺州市实施第五轮创新计划，共组织实施创新计划项目104项，科技投入1733万元。2013年度全国县（市）科技进步考核中八步区、钟山县和昭平县等3个县（区）全部通过，考核通过率为100%，钟山县被评为全国县（市）科技进步考核先进县，有4人获得全国县（市）科技进步工作先进个人称号。全市实现地区生产总值423.9亿元，增长8.7%。财政收入35.76亿元，增长11.6%。

【科技计划项目管理与经费投入】 2013年，该市围绕重点产业和特色优势农业，开展关键技术攻关。获得国家科技项目1项，国家下达科技经费70万元；获得自治区级科技项目立项34项，自治区下达科技经费1037万元；下达市本级科技项目62项，其中自筹项目35项，市本级下达经费70万元。推荐申报2014年自治区科技项目81项，其中根据扩权强县工作要求，县区推荐所属科技创新能力与条件建设项目15项，农业科技成果转化资金项目3项。全市财政科技投入1.1836亿元，比2012年的10718亿元增长10.43%。

【科技成果与奖励】 2013年，贺州市取得科技成果188项（其中获授权专利163项），获奖科技成果22项次，其中获得广西科学技术进步奖三等奖1项，贺州市科学技术特别贡献奖1项、一等奖3项、二等奖7项、三等奖7项。

超高比容节能电子产品用储能材料生产工艺研究与开发 项目对阳极箔腐蚀扩面倍率和氧化膜介电常数特性进行研究开发，在化成箔生产线采用“金属铝辊＋液馈槽混合供电方式”、“铝箔化成采用四级化成生产工艺”、“条形组合电极专利技术”等多项独立技术，通过进行技术整合与优化，形成铝箔快速化成生产装置，并结合纯硼酸化成液配方一起使用，实现了高压超高比容化成箔优质高效生产技术。该成果已于2011年底在桂东电子3条腐蚀箔生产线和6条化成箔生产线实现规模化生产，形成年产130万平方米化成箔的生产能力，每年可新增产值10000万元、销售收入8600万元、利润470万元、税金220万元，具有良好的经济效益。该成果获2013年广西科学技术进步奖三等奖。

昭平县有机茶产业化开发与示范 项目引进了名优茶树新品种，科学合理优化昭平茶树品种结构，提升了昭平茶的市场竞争力，形成了亿健、故乡、象棋山、合水、天成、将军红和将军山等7个有机认证品牌；昭平县推广使用有机茶技术的

茶园面积超过5333.33公顷，占总茶园面积的50%以上；2012年，昭平县茶产业产值达到7.03亿元，全县农民人均茶叶单项收入达到1550元，茶叶单项纯收入1320元，占全年纯收入的33.9%，该县获“广西出口茶叶质量安全示范区”、“全国产茶重点县”和“中国名茶之乡”等殊荣。该项目对昭平县茶产业的发展起到推动作用，经济效益和社会效益明显。该成果获2013年贺州市科学技术特别贡献奖。

高产优质抗青枯病兼抗锈病花生新品种的选育　2009年以来，贺油11号在贺州市、桂平市、北流市、合浦县、武宣县、桂林市等进行试验示范，同时配套适宜当地应用的高产栽培技术。2009年在北流市西琅镇西琅村进行水旱轮作种植，经测产验收，贺油11号平均产量5.224吨/公顷，比当地对照种增产123.31千克。贺油11号具有丰产、稳产、抗病等优良特性。项目成果贺油11号及配套高产栽培技术已在广西及周边花生产区大面积推广应用，项目实施至今，花生品种贺油11号已分别在贺州市、南宁市、贵港市、玉林市、来宾市、北海市等花生产区累计推广种植面积4.48万公顷，新增经济效益16214.66万元，社会效益和经济效益显著。该成果获2013年贺州市科技进步奖一等奖。

二段式柱状纯钛种植义齿修复的临床研究　项目针对种植体植入及美容修复进行研究，通过应用二段式柱状纯钛种植体修复各类牙及牙列缺，采用临时冠压迫、诱导重塑牙龈外形成型技术，使种植义齿修复后龈曲线自然、美观、效果很好，种植成功率达98%；每年骨吸收量0.14毫米；满意度为90%。该成果获2013年贺州市科技进步奖一等奖。

【创新平台建设】　2013年，广西贺州市桂东电子科技有限责任公司组建的广西高精铝箔新材料工程技术研究中心、中铝广西有色金源稀土股份有限公司组建的广西稀土材料深加工工程技术研究中心通过自治区验收获得认定，广西贺州市科隆粉体有限公司申报的“广西重质碳酸钙工程技术研究中心”被列入自治区第八批组建计划。积极与桂林市相关院校对接，促成了桂林电子科技大学与金源稀土共建广西信息材料重点实验室新材料研究中心和研究生联合培养基地，威龙林化与广西民族大学共建松脂研发中心等。

【高新技术及其产业】　2013年，全市共有高新技术企业6家，其中新认定广西钟山长城矿山机械有限公司1家，通过高新技术企业复审的有中铝广西有色金源稀土股份有限公司、广西贺州市桂东电子科技有限责任公司。全市高新技术企业实现工业总产值33.565亿元，总收入18.460亿元，净利润2.07亿元，实际上缴税费3.09亿元、减免税总额0.37亿元。

【政策法规与环境建设】　2013年，贺州市加强自主创新能力建设，完善政策环境的建设及实施。做好贺州创新体系建设实施方案的制定，加快贺州市深化科技体制改革。为贯彻落实《中共中央、国务院关于深化科技体制改革，加快国家创新体系建设的意见》（中发〔2012〕6号）和《中共广西壮族自治区委员会、广西壮族自治区人民政府关于提高自主创新能力，建设创新型广西的若干意见》（桂发〔2012〕21号）和《自治区党委办公厅、自治区人民政府办公厅印发〈关于深化科技体制改革，加快广西创新体系建设的实施意见〉的通知》（桂办发〔2012〕41号）精神，由贺州市科技局起草《深化科技体制改革加快贺州创新体系建设实施方案》，并已由中共贺州市委办公室、贺州市人民政府办公室印发贺州市有关单位实施。建立完善专利申请激励机制。贺州市科技局制定印发了《贺州市开展全民发明创造活动实施意见》和配套文件《贺州市发明专利倍增计划实施方案》，重新修订并印发《贺州市专利申请资助和奖励暂行办法》，推动了贺州市全民发明创造活动的广泛开展，全市专利申请量大幅提升，积极推动和激励了科技创新。全市专利申请量、授权量稳步增长。落实新修订科技进步法的实施。《贺州市科学技术进步奖励办法》及《贺州市科学技术进步奖励办法实施细则（试行）》修订后正式施行。修订后设立科学技术特别贡献奖，奖金为10万元；科学技术进步奖一等奖、二等奖、三等奖的奖金也在原来的基础上翻一番。为加速推进贺州自主创新建设，加快科技进步与创新提供了强有力的支持。

【科技交流与合作】　2013年，组织企业与科研院所开展项目、科研、人才等方面的交流与合作。通过沟通对接与努力，新凯骅集团与中南林业科技大学牵线在新凯骅集团成立了博士后流动工作站和技术中心；长城矿山机械公司与暨南大学及沈阳铸造研究所搭桥在长城矿山机械公司成立了暨大钢铁耐磨材料实验基地；金源稀土公司与桂林电子科技大学共建广西信息材料重点实验室新材料研究中心和研究生联合培养基地。企业与高校联合申报2014年度自治区级科技项目12项，占全市项目申报总数的19.7%，项目涉及贺州市新材料产业、电子产品、林化产业、旅游业和节能减排相关研究等，项目总投资达2510万元。同时，组织企业参加2013年广西科技活动周，共组织了120多种实物参展，经洽谈磋商，达成科技合作意向3项，涉及金额8800万元。

【专利发展概况】 2013年，积极实施知识产权发展战略，深入开展全民发明创造活动，将普及知识产权知识作为科技活动周、科普宣传日、科普进企业、进社区、进校园等重大科普活动的重要内容，不断增强公众知识产权保护意识。据国家知识产权局公布的数据统计，2013年全市共申请专利555件，同比增长33.41%，其中发明专利申请423件，实用新型专利申请73件，外观设计专利申请59件，三种专利申请构成比例为：发明专利76.22%，实用新型专利13.15%、外观设计专利10.63%；全年授权专利163件，同比增长75.27%，其中发明专利授权48件，实用新型专利授权73件，外观设计专利授权42件，三种专利授权构成比例为：发明专利29.45%，实用新型专利44.78%、外观设计专利25.77%；发明专利申请完成年度270件申请任务的144.07%。截止2013年末，全市拥有有效发明专利97件，每万人口拥有发明专利约0.49件，全自治区排名第五位。

【专利宣传与培训】 2013年4月全国知识产权宣传周期间，贺州市组织知识产权办公会议各成员单位、各县（区、管理区）开展知识产权宣传周宣传活动。4月26日，各单位联合在平桂管理区高级中学开展知识产权板报展示、知识产权法规咨询活动，发放有关专利、商标、版权、“扫黄打非”等宣传资料2000多份，现场解答咨询100多人次。5月，开展知识产权服务企业专项活动，市知识产权局组织人员深入全市50多家企业，宣传《企业知识产权战略》、《专利法》等政策法规，提高了企业保护和发展知识产权的意识。10月24日，贺州市知识产权局在贺州学院成功举办“2013年知识产权人才培训班”讲座，邀请广西知识产权局法律事务处祖晓光调研员和资深专利代理人张新球工程师讲述专利相关知识，现场培训企事业单位、科研院所、高校技术人员和教师约90余人。

积极参加大型专利成果展示活动，先后成功组团参加4月份在柳州，11月份在桂林举办的第二届、第三届广西发明创造成果展览交易会。两次发明展共组织100多种类型约400多件产品、4项专利拍卖项目、2项专利推介项目参加展示交易活动，现场销售专利和特色产品累计销售收入50万元；所推荐广西灵峰药业有限公司的1项专利项目荣获大会参展项目金奖，广西长城矿山机械设备制造有限公司、广西贺州市桂东电子科技有限责任公司、中铝广西有色金源稀土股份有限公司、贺州学院柳延东老师的5项专利项目荣获银奖。

【专利服务】 2013年，通过引进广州科粤专利商标代理有限公司到该市设立办事处，专利代理机构服务专利申请的数量逐步增加。2013年，该市专利代理机构代理申请专利226件（其中涉外专利1件），占全市专利申请总量的40.72%，其中发明专利申请209件，占全市发明专利申请总量的49.41%。

通过加强专利服务与指导，该市建立多个专利示范点，为营造有利于贺州市知识产权创造、保护和应用环境发挥了良好的示范和引领作用。2013年4月，八步区被认定为广西知识产权试点区；2013年7月，贺州电子科技生态产业园被认定为第一批广西知识产权示范园区（试点）；2013年11月，广西贺州市桂东电子科技有限责任公司、广西真龙彩印包装有限公司两家企业被认定为广西知识产权优势培育企业。

【专利保护】 2013年，贺州市知识产权局联合自治区知识产权局、贺州市工商、新闻出版等部门，组织了两次针对大型商品流通市场的知识产权专项执法检查活动。现场检查商品200余件，立案处理疑似假冒或标注不规范专利商品14件。执法活动提高了商家保护知识产权的意识，规范了专利产品市场秩序，维护了专利权人的权益。

【科普工作】 2013年，贺州市广泛开展社会性、群众性、经常性的形式多样的科普活动，提高广大公众的科学文化素养。

开展“三下乡”活动。广西科技厅、文明办等18家单位组成的自治区“乡土情深”文化科技卫生“三下乡”工作团走进富川瑶族自治县，开展集中服务活动。

开展“十月科普大行动”各项活动。在“十月科普大行动”启动仪式现场发放各类宣传资料800多份。9月29日下午，深入钟山县公安镇里太村和荷塘村开展科技下乡活动。当晚，在荷塘村文化活动广场开展科技宣传活动，播放防艾宣传片、有机水稻种植示范讲座及教育影片《唐山大地震》等。

开展实用技术培训班。在钟山县公安镇举办了“2013年度贫困村实用技术培训班”，请广西骏捷生物科技有限公司的技术副总经理唐荣强亲自授课。参加培训的学员是贫困村扶贫对象、技术骨干、村党组织第一书记、村两委干部，共107人。

组织开展全国科技活动周贺州活动。由贺州市委组织部、贺州市科技局主办的“‘全国科技活动周贺州活动’科技惠农走进双瑞村”活动在八步区贺街镇双瑞村开展，市直及八步区有关单位领导和科技人员共60余人参加了此次活动。向双瑞村委赠送价值10万余元农资及科普丛书，并开展科普和展板展示宣传活动，播放防艾宣传录像片；针对该村蔬菜产业发展现状，邀请专家举办种植技术培训班，前来参加咨询培训的当地村民约300人，发放宣传资料3000余份。不完全统计，活动周期间共组织开展农产品安全保障行动、地震和气象的防震减灾科普活动、科技惠农走进双瑞村活动、“体验科学”青少年系列科普活动、“我的中国梦”中考心理辅导阳光行动，组织参加企业科技科普知识板报竞赛活动等系列活动，参加人数达23570人次。

【农业与社会发展】 2013年，该市围绕特色农业优势产业发展，积极组织开展农业技术攻关，农业科技支撑能力不断增强。共获认定农业良种培育中心达2家、标准化生产技术示范基地达9家；认定八步区（油茶、蔬菜）、昭平县（油茶）、富川（脐橙）自治区现代农业产业科技示范县4个；新认定法人科技特派员1个、科技特派员15名；继续利用电视频道开展科技培训工作，全市农村科技入户率有效提升；利用科技活动周平台，组织了约160多名由村干、诚信计生户赴邕学习观摩；把八步区贺街镇双瑞村、钟山县公安镇荷塘村、富川瑶族自治县白沙镇平江村、昭平县走马乡福行村、平桂管理区羊头镇老柱村等5个示范村列为该市第一批党员科技教育“动车组”示范村，落实专项经费52.5万元。

2013年，贺州市组织实施的社会发展科技计划项目涵盖医疗、节能减排、环境保护等领域，这些项目的实施，对推动社会发展领域的科技进步、提高人民生活质量产生了积极作用。共组织贺州学院、贺州市人民医院等14个单位申报社会类科技计划项目46项，其中进行项目验收1项，进行成果鉴定11项。

河池市

【概况】 河池市科学技术局（市知识产权局，实行一套人马，两块牌子），始建于1965年，当时称中共河池地委科学技术办公室，2002年改称河池市科学技术局。是市人民政府主管科学技术工作的职能部门，负责对全市科学技术的管理、指导和服务。局机关设有4个科室：办公室、农业科技与发展规划科、高新技术与成果管理科、知识产权与科技合作普及科。下辖4个二层机构事业单位：市技术开发中心、市技术市场办、市科技情报所、市综合研究所。全局现有编制73个，实有人数55人。

2013年，河池市科技局领导班子在市委、市人民政府的坚强领导下，坚持以邓小平理论、“三个代表”重要思想、科学发展观为指导，全面贯彻落实党的十八大、全国、全区科技创新大会精神，按照市委“稳进突围、提速发展”的总基调以及“思路不变、方法创新、措施强化、发展提速”的总体要求，深化科技体制改革，充分发挥科技支撑“五大工程”建设作用，推动河池科技事业的创新发展，全市科技工作取得了明显成效。

2013年，河池市科技局被广西壮族自治区人民政府评为“2013年第二届广西发明创造成果展览交易会最佳组织奖”；被广西科技厅评为“自治区科技行政管理系统第二届职工运动会气排球第五名”；被广西科技厅评为“2013年广西科技行政管理系统第二届职工运动会优秀组织奖”；被广西科学技术活动周筹备领导小组评为“2013年广西科技活动周优秀组团奖”；被全国科技活动周广西活动组织委员会评为“2013年全国科技活动周广西活动优秀组织奖”；被中共河池市纪律检查委员会评为"2012年度全市反腐倡廉网络信息工作先进单位"；被河池市全民科学素质工作领导小组评为"2011～2012年河池市全民科学素质工作先进单位"等荣誉称号。

【科技人才队伍建设】 按照《关于充实和完善广西科技成果评价及奖励评审专家库的通知》（桂科奖字〔2013〕1号）精神，河池市及时组织本行政区域内9家市属单位开展专家信息更新和新增专家的补充推荐工作，组织了174位具有副高级以上专业技术职称的专家申报并做好推荐工作。完善河池市科技人才专家库工作。河池市在收集自治区级174位专家信息之外，还发文向全市未列入自治区专家库的有关单位、企业收集信息，完成了93位具有副高级以上专业技术职称的专家信息收录工作，建立了自己的专家库，解决了河池市多年来没有掌握全市专家库信息的困局。组织农村科技特派员开展培训。2011年以来，河池市已选派农村科技特派员169人，其中2013年农村科技特派员有24人获自治区认定，河池市认定54人，为河池市农业特色优势产业发展提供科技支撑。

【科技计划项目与经费投入】 2013年，河池市全市申报国家、自治区级科技项目58项，立项38项，获得上级项目资金支持1921.5万元，同比增长26.08%，超额完成市政府下达的增幅20%的目标任务；另外，河池市本级的科技项目申报131项，立项55项，政府财政科技投入460万元，同比增长7%。

【科技成果与奖励】 根据《河池市科学技术进步奖励办法》的规定，经各县（市、区）和市直有关部门推荐、广泛听取各方面意见、专家评审、奖励委员会综合审定，决定授予"深水急流无覆土斜岩面河床条件下桥梁大直径桩基础施工技术"等4项科技成果为2013年度河池科学技术进步奖一等奖；授予"湿法炼锌废水中铅、铜、镉的处理及锌、砷的回收"等6项科技成果为2013年度河池科学技术进步奖二等奖；授予"岩滩碾压混凝土重力坝抗震能力研究"等15项科技成果为2013年度河池科学技术进步奖三等奖，并颁发荣誉证书和奖金。

【创新平台建设】 至2013年末，全市建成国家和自治区级科技创新平台13个，市级创新平台12个（其中：工程技术研发中心8个、产业人才小高地4个），有18家企业设立了企业技术中心。此外，还建立了中关村大学科技园联盟河池工作站、桑蚕丝绸产业技术创新联盟、科技文献共享平台、大型科学仪器共享平台、中国创新驿站河池工作站等服务平台。2013年，全市被认定高新技术企业2家，广西创新型企业1家，自治区级工程技术研究中心1家，自治区级良种培育中心1个，标准化生产技术示范基地5个。同时，重点抓好企业科技孵化器建设工作，成立河池市科技企业孵化器建设工作领导小组，印发了《河池市"十二五"时期科技企业孵化器建设和发展实施方案》，落实了孵化场地，经营模式和建设资金100万元，力争2015年末建成全市第一家科技企业孵化器，并正式投入运营。

【高新技术及其产业】 至2013年末，河池市有6家企业获认定为高新技术企业，即广西巴马丽琅饮料有限公司、广西巴马常春藤生命科技发展有限公司、广西河池市南方有色金属集团有限公司、河池市津泰资源再生有限公司、广西宜州玉柴农业装备有限公司、广西金山铟锗冶金化工有限公司。据统计，该6家企业实际上缴税费总额0.18亿元，高级工程师人数15人，承担科技项目26项，全部科技项目经费内部支出0.84亿元，申请专利数23件，新产品产值10.70亿元，新产品销售收入8.75亿元。

【农业与社会发展】 在宜州、大化、环江3个县（市）实施国家科技富民强县专项行动计划项目。加大农业科技项目经费投入力度。市本级组织实施科技强农惠农专项29项，安排科研经费177万元。积极培育组建农业科技示范基地。2013年河池市有桃李、茶叶、核桃、茧丝绸、山羊等5个基地及1个核桃中心通过自治区第三批农业良种培育中心和标准化生产技术示范基地认定。南丹等8个县（市、区）通过了国家科技进步考核，获得了科技部表彰。

【政策法规与环境建设】 依据《广西壮族自治区委员会办公厅、广西壮族自治区人民政府办公厅印发〈关于深化科技体制改革，加快广西创新体系建设的实施意见〉的通知》（桂办发〔2012〕41号）以及《关于建设广西锡铟锑矿冶产业工程院实施方案的通知》（桂政办发〔2012〕234号）等66个配套文件精神，结合河池科技工作状况，河池市决定印发《关于深化科技体制改革，加快河池创新体系建设的实施方案》及27个配套文件。2013年9月6日，中共河池市委员会办公室、河池市人民政府办公室已印发《关于深化科技体制改革，加快河池创新体系建设的实施方案》（河办发〔2013〕91号），之后陆续由市政府办公室印发《关于建设广西锡铟锑矿冶工程院的实施方案》、《关于全面加快千亿元产业研发中心与重大科技攻关工程建设的实施方案》、《关于加快建设4家创新型企业的实施方案》、《关于建设创意机构的实施方案》、《河池市组织参加广西发明创造成果展览交易会工作方案》、《关于加强河池市专利服务机构建设的实施方案》、《关于全面加快科技企业孵化器建设实施方案》、《关于加快现代化农业产业科技示范县建设的实施方案》、《关于加强基层科技能力建设的实施方案》、《关于加强产业技术创新战略联盟建设的实施方案》、《关于加强高校科研院所科技创新能力建设的实施方案》、《关于加大重点领域重大科技攻关项目投入的实施方案》、《关于加强科技人才队伍建设的实施方案》、《关于加大财政科技投入支持河池创新体系建设的实施方案》等14个配套文件，尚有13个配套文件在报批审定中。

【科技交流与合作】 河池市成功参加“第二十二届广西科技活动周”、“第二届广西发明创造展览交易会”、“第十六届北京科技博览会”，并取得显著成效。广西科技活动周期间。组织了59家企业和科研单位共68项近百个产品参展，相关企业与客商达成了120万元合作意向，促成了天峨县源明能源有限责任公司与南宁市加元木业化工有限公司签署“E0免漆板技术成果产业化”合作协议，项目金额达5000万元，活动中河池市荣获“优秀组织奖”；成功组团参加广西第二届发明创造成果展览交易会，进一步展览展示河池市自主创新成果。展览获得了自治区颁发的“最佳组织奖”。

【知识产权管理】 2013年，自治区下达给河池发明专利申请量的指标是250件，每万人口发明专利拥有量增长率指标是30%。1月～12月，河池市全市三种专利申请量604件，同比增长94.84%，其中发明专利申请量353件，同比增长133.77%；专利授权量152件，同比增长65.22%。全市完成自治区下达河池市发明专利申请量250件目标任务的141.20%，每万人口发明专利拥有量0.14件，增长率达67.76%，完成自治区下达河池市每万人口发明专利拥有量增长率30%的目标任务。

【科普工作】 利用电视频道开展推出科技培训工作实现新转变，利用“河池电视台”电视频道成功推出《农村科技新视界》栏目，已播出25期，联合组织部门开展农村党员大培训活动和核桃产业知识培训，全市培训农民20万人。在南丹县六寨镇组织举办了“科技助农下乡”启动仪式。活动当天，举办了科技集市，组织农村实用技术培训2期，培训人数200人次，发放科技书籍、宣传资料近2万份，接受咨询200多人次。积极开展知识产权知识普及。组织河池市中小企业知识产权管理人员、主要技术研发人员、各县（市、区）科技局赴柳州开展知识产权管理与实务参观学习。同时在南丹、都安、大化等县举办知识产权知识及专利实务培训班5期，累计培训党政干部、企事业单位知识产权管理人员与相关技术人员、知识产权服务业人员300人次。进行专利知识的普及宣传。发放了《专利法》、《专利法实施细则》、《专利标识标注办法》等法律法规宣传资料3000份，开设咨询活动20场次，现场讲解了怎样辨别假冒专利商品、专利标识标注的注意事项，并就如何从进货源头上避免假冒专利商品流入商场等提出建议。

（韦映凡）

来宾市

【概况】 2013年，全市科技系统按照“自主创新、重点跨越，支撑发展、引领未来”的科技工作方针，认真组织实施创新驱动发展战略和第五轮创新计划，积极开展科技“三下乡”活动，加强科技对外交流与合作，狠抓知识产权管理及保护工作，全市科技事业得到较快发展，创新能力不断提升，有力推动了全市经济社会更好更快地发展。2013年，科技进步对全市经济增长的贡献率达到42%。

【科技人才队伍建设】 截至2013年底，全市共有专业技术人员 38117 人，其中：有副高以上职称人员 2570 人，中级职称人员 18035 人，初级职称人员 17512 人。各类人才结构：工业科技人员 1715 人，占 4.5%；农林科技人员 3201 人，占 8.4%；教育科技人员 25596 人，占 67.15%；卫生科技人员 6937 人，占 18.2%；其他 667 人，占 1.75%。

【科技项目与经费投入】 2013 年，来宾市承担国家级科技项目 1 项，总投资 2980 万元，其中国家科技部下达科技经费 145 万元；承担自治区级科技项目 29 项，总投资 29428 万元，其中自治区下达科技经费 1401 万元；市本级科技项目 38 项，总投资 1074 万元，其中科技经费项目 22 项，总投资 3428 万元，安排科技经费 136 万元，自筹项目 16 项，总投资 646 万元。

【科技体制改革】 深入开展科技体制改革，进一步消除束缚创新驱动发展的观念和体制机制障碍，在企业创新主体地位建设、多元化科技投入、科技服务等方面迈出新的步伐。先后出台了《关于来宾市实施创新驱动发展的决定》、《来宾市创新型企业管理办法（试行）》、《来宾市企业技术创新奖励办法》、《来宾市进一步激励科技人员创新创业若干规定》、《来宾市专利申请资助及奖励暂行办法》、《来宾市 2013 年人才工作要点》等一系列政策措施，为技术创新、发明创造、人才引进等提供了政策支持。另外，修订完善了“来宾市青少年科技创新市长奖”、“来宾市科学技术进步奖”评选办法，加大对自主创新人才的激励，充分调动了各级各部门抓科技创新工作的积极性。

【第五轮创新计划】 全年共组织实施创新计划项目 62 项，总投入 3.23 亿元，其中财政科技投入 1037 万元。组织开发工业新产品 16 个，引进、开发工业先进技术 10 项，培育高新技术企业 1 家、自治区级工程技术研究中心 1 家、自治区级创新型企业试点 1 家；推进农业产业科技重点示范县建设 2 个，引进、培育和推广应用农业优良品种 17 个，引进、开发、推广种养新技术 12 项。低品位软锰矿生产氧化锰技术、精品铁合金生产工艺技术、糖业节能减排降耗增效重大共性技术、甘蔗脱毒健康种苗繁育技术、旱地高产高效栽桑技术等重大科技攻关项目取得新突破，有效的提升了制糖、造纸、冶炼、电力、农产品深加工等产业的技术竞争力。

【工业科技创新】 重点培育铁合金工程技术创新平台和锰系列金属循环经济工程研发中心建设，广西锰铁基合金新材料工程技术研究中心经广西科技厅批复同意建设；积极培育高新技术企业，广西有色金属集团汇元锰业有限公司、广西象州联壮化工有限公司、广西双蚁药业有限公司和来宾华锡冶炼有限公司 4 家企业通过了自治区高新技术企业认定；利用高新技术改造提升传统产业，广西华佳丝绸有限公司成为广西首家获批建设丝绸印染项目的企业；开展制造业信息化试点示范，重点建设广西铁合金有限公司、来宾东糖集团有限公司、广西华佳丝绸有限公司 3 家自治区级制造业信息化示范企业。

【农业科技创新】 积极组织实施水稻种质资源研发育种、甘蔗高产高效节本增收平衡施肥技术示范推广等五大农业科技示范项目，使科技成果转化为看得见的生产力。积极引进桂糖 04－1001 号、柳城 05/136 号等甘蔗新品种，完善甘蔗良种繁育示范基地、甘蔗脱毒健康种苗繁育技术示范基地和甘蔗高产高糖技术集成应用示范基地建设，有效提升甘蔗良种繁殖能力，提高甘蔗单位面积产量。深入实施“八百科技致富示范工程”，培养科技种养大王、种养能手以及科技特派员，促进农民创业就业。组织各县（市、区）参加 2013 年全国科技进步先进县考核工作，其中金秀县、武宣县荣获 2013 年“全国科技进步考核先进县”。认真组织国家科技富民强县计划《桑蚕产业发开发与先进技术师范推广》，基层科技创新能力得到进一步提升。

【民生科技创新】 以应用节能减排技术和循环经济技术研发推广为重点，加强对节能减排工作的管理水平，加大了对节能减排技术的研发与推广。同时，在瑶药瑶医、壮药壮医、防震减灾、防治艾滋病等方面，进一步加大了科技项目及经费的支持力度和成果转化推广应用工作，全年立项攻关课题 18 项，通过成果鉴定 11 项。组织开展“全国科技活动周来宾活动”、“科普大篷车进百村”、“十月科普大行动”“农村党员大培训”等大型科普宣传培训活动，全民科学文化素质不断提高。

【知识产权管理】 深入实施知识产权战略，努力推进专利倍增计划。为了提高专利申请量，来宾市积极组织专家开展专利知识培训，帮助企业挖掘技术创新点；开展专利战略试点示范工作，其中兴宾区政府被列入自治区知识产权工作试点单位；联合开展知识产权执法检查活动，对全市部分购物超市、商场、商店等进行专利产品执法大检查，对涉嫌假冒专利的产品进行了查处。2013年，全市共完成发明专利申请量160件，完成目标任务114.29%，同比增长34.45%；每万人口发明专利拥有量增长率为48%，超额完成自治区下达的目标任务。

【科技合作与交流】 充分利用科技交易会、科技成果展览会等平台及考察学习等渠道，开展科技项目洽谈、引进与合作。全年洽谈项目22个，已正式签约项目3项，总签约金额逾6.5亿元。来宾市还分别与中国电子科技大学、北京工业大学、中国科学院、广西农科院、广西大学、广西兽医研究所、福建农林大学、中国农业发展集团等签订了工业科技合作、农业科技合作、糖料蔗品种改良合作框架协议。参观考察了北京中关村高新产业园区、南宁和北海的孵化器基地，吸取先进城市建设孵化器的经验，为来宾市开展科技孵化器工作提供参考；积极与深圳同方协能技术有限公司、中科招商集团等洽谈，就建设科技孵化器方面寻求合作。厅市会商工作机制取得新的进展，全市获自治区科技厅400万元科技经费支持，重点实施"来宾市科技企业孵化基地建设"和"新型空芯弹力真丝研制及产业化示范"等4个重大项目，进一步提升来宾市自主创新能力。

【科学技术普及】 科技创新与科普宣传是科技工作的一体两翼，科普宣传是科技创新的土壤和基础。据统计，2013年，全市共组织开展科技"三下乡"活动1546次，参加科技人员1815人次，参加群众人数达10.28万人次；举办各类科技培训班2986期，参训人数17.25万人次；举办科普讲座、报告会258场，参加人数1.5万人次；举办科技集市、新技术新产品展览会等大型科普活动37项，参加科技人员890人次，参展群众8.53万人；发放各类科技资料36.8万份，图书2.6万册；开放科普场馆、基地场馆数204次，参观人数2.35万人次。

【科技成果管理】 全市获得2013年度广西科学技术进步奖4项，其中二等奖2项、三等奖2项；市本级共评选出2013年度来宾市科学技术进步奖10项，分别是特别贡献奖1项、一等奖1项、二等奖3项、三等奖5项。

来宾市获2013年度广西科学技术进步奖项目表

序号	项目名称	主要完成单位	奖励等级
1	广西统茧生产高品位生丝的关键技术研究与应用	广西华佳丝绸有限公司	二等奖
2	基于"3S"的广西主要农业气象灾害监测预警技术研究与开发	来宾市气象局	二等奖
3	澳洲坚果系列品种选育及示范推广	广西合山市玉东澳洲坚果种养有限公司	三等奖
4	姜黄品种选育与有效成分的分离纯化及产业化	广西金秀瑶族自治县连诚农产品贸易有限公司	三等奖

（巫雄斌　韦引利　戚宽仁　胡秀菊　蓝武　欧海萍）

崇左市

【概况】 2013年，崇左市科学技术局设置有办公室、农村科技与国际合作科（市星火计划办公室）、高新技术发展及产业化科（市火炬计划办公室）、科技成果与知识产权管理科、政策法规与发展计划科共5个科室，机关行政编制12人，机关后勤服务人员事业编制2人。二层机构有2个，分别为崇左市科学技术情报研究所和崇左市科学技术开发中心，共有13个编制，其中，在编10人。2013年，崇左市科技局认真贯彻落实党的十八大、十八届二中、三中全会精神，紧紧围绕市委、市政府"两加"、"两成"（加力开放合作、加快南崇经济带建设，把崇左建设成为面向东盟开放合作的新高地，成为提升广西沿边开放水平的桥头堡）的战略目标，加快实施创新驱动发展战略，着力深化科技体制改革，加快创新体系建设，着力提高科技创新能力，第五轮创新计划扎实推进，厅市会商工作机制不断深化，科技交流与合作迈向更宽领域，自主创新能力稳步提升，有力地支撑全市经济社会又好又快发展。崇左市科技局获2013年"广西科技活动周优秀组织奖"、"全国科技活动周优秀组织奖”、“全国科技活动周优秀项目奖”。

【科技计划项目与经费投入】 完成自治区下达给崇左市的第五轮创新计划80%以上任务的目标，获得自治区科技厅2013年创新计划专项2项，经费支持140万元。崇左市“十二五”科技发展规划及第五轮创新计划实施进展顺利，全市各项创新计划专项项目实施情况良好，共建立标准化生产技术示范基地233.33公顷，推广甘蔗先进种植技术4项；引进甘蔗新品种10个，甘蔗脱毒健康种苗生产中心基础设施进一步完善，种苗繁育能力进一步提高；建设甘蔗良种繁育及推广基地66.67公顷；全市新建市级糖产业研发中心1家，培育自治区级创新型试点企业2家，转化、推广产业技术成果3项，研制技术产品2个，协助企业策划、构建和申报各类科技计划项目12项。全市科技计划项目取得新成绩。做好全市科技项目构造策划工作，共组织推荐2014年度广西科技计划项目52项。全市获得2013年科技计划项目立项34项，经费支持1870万元。

【科技成果与奖励】 做好科技成果登记和鉴定工作。推荐2013年广西科技进步奖4项，评审2012～2013年崇左市科技进步奖20项，完成本级科技项目成果鉴定15项。

【创新平台建设】 加大高新技术企业认定培育工作。新培育安琪酵母（崇左）有限公司、崇左市晶光辉照明有限公司、广西湘桂糖业集团有限公司、广西新振锰业集团有限公司4家企业作为崇左市高新技术企业，全市累计获得认定的高新技术企业5家。加大创新型企业和企业技术研发中心培育力度，增强自主创新能力。推荐了崇左森隆林化科技有限公司与广西凭祥市丰浩酒精有限公司等企业为第五批创新型试点企业。崇左市已有自治区创新型企业1家，自治区创新型试点企业2家，市级创新型试点企业8家。培育企业技术研发中心。帮助广西永鑫华糖集团有限公司、安琪酵母（崇左）有限公司、广西丰浩糖业有限公司、广西湘桂糖业集团有限公司等8家企业组建市级企业工程技术研究中心，支持和引导企业加大研发经费投入力度，开展技术创新，开发新技术、新产品和新工艺，不断提高产品技术含量和关键技术的自主研发能力。积极建设中小企业公共技术服务平台。确立了中信大锰矿业有限责任公司、广西湘桂糖业集团有限公司、广西丰浩糖业有限公司、广西永鑫华糖集团有限公司等4家企业为中小企业公共技术服务平台，指导企业组建研发中心、帮助引进科研院所、推荐申报国家及自治区科技项目争取上级经费等形式推进平台建设，加速各类科技成果的产业化。促进产学研合作显成效。广西永鑫华糖集团有限公司与华南理工大学签订了技术合作协议，确定了战略合作关系。双方将通过整合各方资源，联合建设蔗糖业研发中心，共同开展蔗糖产业深加工、综合利用和节能减排为主攻方向的技术创新、研发和示范基地活动。广西丰浩糖业有限公司与国家非粮生物质能源工程技术研究中心共建甘蔗燃料乙醇新技术产业化示范基地，为最新科技成果转化提供了工程化平台。高层次科技创新团队建设不断完善。积极引进院士创新团队服务企业。积极为崇左桂顺矿业公司推荐中国在低度铁矿选矿方面的权威专家——中国工程院余永富院士，帮助该公司攻克了在试产中遇到的技术难题。积极引导企业加大科技创新人才的引进力度。中信大锰锰业人才小高地以“柔性引智”方式聘请和引进中国工程技术突出贡献奖等高层次人才28人。

【高新技术及其产业】 全市共组织实施自治区千亿元产业科技攻关工程项目35项，涉及糖业、锰业、化工、节能环保等领域，总投入资金3.7785亿元，获自治区科技经费支持1253万元。组建千亿元研发中心1家、广西工程院1家。企业开展重大科技攻关取得巨大经济效益。中信大锰、三晶化工、凭祥丰浩等公司实施的5个千亿元项目取得了显著的成效。如《废糖蜜及糖蜜酒精废液还原浸出软锰矿生产电解锰的工艺技术开发及产业化》课题技术应用在中信大锰田东分公司2万吨/年的电解锰生产线上，软锰矿锰浸出率超过90%，锰回收率达75%以上，产品符合相关质量标准，工艺技术达到同行先进水平。蔗糖产业共性关键技术攻关取得新成效。组织大新县雷平永鑫糖业有限公司等企业参与全自治区推进制糖业共性关键技术研发与示范科技重大专项工作，开展制糖业关键核心技术攻关，取得了一定的成果和效益，进一步提升崇左市蔗糖业科技水平。该公司承担实施的“甘蔗糖用立式连续结晶罐研制及应用”项目，课题率先在甘蔗制糖行业引进世界先进的立式连续结晶罐技术，应用该技术可使煮糖耗汽降低10%以上，百吨甘蔗耗标煤到4吨以下，为目前国内制糖行业领先水平。安琪酵母公司开展了6项技术研究，取得实质进展，经专家鉴定，这些技术应用于生产，年新增高糖、无糖干酵母产品共1920吨，新增酵母抽提物KA系列产品、RNA产品2500吨，产品畅销国内外，产值共计6788.33万元。

【农业与社会发展】 县域科技能力明显提升。在2013年全国县（市）科技进步考核中，崇左市大新、天等、宁明、龙州、江州5个县（区）通过了考核，科技综合实力明显增强。2013年，由大新县人民政府申报的“富民兴边蔗糖产业发展技术集成开发与示范”项目获得国家科技部立项支持，扶持经费180万元。今年全市有4个县（区）实施国家科技富民强县专项，累计获得872万元专项资金。崇左市累计有5个县（区）6个项目获得国家科技富民强县专项支持。全市有6个县（区）列为自治区现代农业产业科技示范县，实施甘蔗、玉米、龙眼产业项目，推动崇左市优势特色产业发展，县域经济明显增长。加大推进农业科技创新平台建设，提升科技支撑和服务能力。2013年，崇左市组织13个单位申报自治区农业培育中心和标准化生产技术示范基地，其中大新县海瑛园林生态养殖有限责任公司、广西高良科技农业开发有限公司、广西南宁瑞圣现代农业科技有限公司龙州分公司、广西壮族自治区国有东门林场、广西国有派阳山林场等5个单位被认定为自治区农业标准化生产技术示范基地。目前崇左市拥有农业良种培育中心6个、农业标准化生产技术示范基地13个，涉及甘蔗、龙眼、林业、生猪、龟鳖等方面，主要开展农业优良新品种的选育繁育技术研究以及先进适用技术的集成标准化示范，为新品种的推广应用提供技术支撑。三是扎实推进农村科技特派员工作。组织开展2013年自治区农村科技特派员申请认定工作。全市共有7名技术人员被聘任为2013年自治区农村科技特派员，认定市本级农村科技特派员19名，不断壮大农村科技特派员的队伍，进一步增强农业科技服务能力。四是组织实施农业科技项目，促进农业优势特色产业发展壮大。全市实施农业科技项目25项，其中，国家级4项、自治区级21项，建立了甘蔗、玉米、龙眼、葡萄、茶叶、龟鳖等农业科技示范基地36个，辐射带动全市农民进行科学种养，促进农业优势特色产业健康发展。五是积极开展国际科技合作。组织实施“中越合作高产高效甘蔗良种繁育及种植技术示范（二）”和“甘蔗优良高产种植技术在越南的推广示范”2个国际合作项目，主要在凭祥市夏石镇下石村完善和扩建甘蔗优良新品种繁育基地，引进甘蔗优良新品种和快速繁育新台糖22号健康脱毒种苗，为凭祥市及周边邻县乃至东盟邻国越南提供甘蔗良种，提高甘蔗良种覆盖率。大力开展民生科技工作，推动科技成果惠民。围绕重大疾病、农村适宜卫生技术的综合防治新方法、新技术、新产品的研究开发与应用推广开展医疗卫生攻关，全市共下达了由广西壮族自治区民族医院、天等县人民医院承担的医疗卫生攻关类项目25项。这些项目的组织实施，促进了崇左市医疗科技创新能力明显提升，科技人才队伍不断壮大，公众疾病防治水平大幅提高。

【科技交流与合作】 依托广西科技活动周崇左市活动、广西第二、第三届发明创造成果交易会、北京科博会、全国科技活动周崇左市活动、深圳高交会等重大科技活动，与国内外广泛开展科技交流与合作并取得了一定的成绩。广西科技活动周期间，崇左市组织了以“电解锰行业CO_2资源化关键技术及应用”等为代表的63个项目参展，2个项目在项目签约仪式上获得签约。北京科博会期间，崇左市充分利用北京科博会的平台，以项目为载体，通过展览展示、推介洽谈的形式，加大宣传加强合作，在参会企业达成合作意向项目数等方面取得较好成绩，为企业引进技术、项目和人才。

【知识产权管理】 扎实推进《崇左市发明专利倍增计划》，2013年，全市共申请专利256件，同比增长122.61%，其中，发明专利申请量169件，同比增长156.06%；发明专利授权量8件；每万人口发明专利拥有量为0.06件，同比增长200%。提前并超额完成2013年自治区下达的130件发明专利申请量和每万人口发明专利拥有量增长率的目标任务。组织参加广西第二届发明创造成果交易会，全市共组织28家企业43个专利项目到会参展，项目覆盖面广，代表了崇左市产业技术水平。

【科技服务和培训】 强化农村信息化科技服务体系的推广应用，利用全市科技信息服务站（点）、电视频道开展种植、养殖及农村科普等方面实用技术培训。同时，利用党员远程直播课堂大力开展“三农”科技培训。通过影像视频和专家现场授课等形式举办培训，指导高产高糖甘蔗栽培技术及田间管理。开展科技培训，提高服务“三农”能力。充分利用星火学校、农家课堂、专业合作社等培训基地开展先进适用的种植、养殖技术及农产品加工技术培训，累计举办各种培训79期，培训11056人次，其中远程培训4510人次，共发放资料3.5万份。

开展公共信息技术服务平台建设，不断完善科技创新服务体系。依托《崇左市生产力促进中心基础服务能力建设》等3个项目建设信息服务平台，围绕崇左市科技创新服务体系建设狠抓公共信息技术服务平台建设，着力打造生产力促进中心基础服务能力、广西科技文献共享与服务平台崇左市服务站、崇左市蔗糖产业集群科技服务平台等服务能力建设，服务能力得到有效提高，服务工作成效明显。此外，崇左市科技信息服务平台进一步完善，平台内容更丰富、实用。崇左市建成运行稳定、信息数据集中、应用功能完善、服务覆盖面广的崇左市农村科技信息综合服务平台。崇左市科技信息服务网新增信息635条以上，崇左市蔗糖业科技信息网新增信息520条。为公众提供全方位、多层次、网络化的科技信息平台服务，较好地发挥了科技部门的联动作用。

【厅市会商】 经过反复酝酿，多方协调，2013年8月30日下午，广西科技厅与崇左市人民政府在南宁市举行了2013年厅市工作会商会议。根据《自治区科学技术厅崇左市人民政府厅市工作会商制度议定书》确定的框架内容，确定“共同推进科技支撑糖业循环经济建设”和“共同推进蔗糖产业科技创新体系建设”两大议题。自治区科技厅给予项目经费支持400万元。在厅市会商机制的推动下，广西锰业研发中心、广西锰产业工程院建设加快推进，为推进崇左市糖业、锰业等优势支柱产业转型升级和创新发展奠定了坚实基础。

在厅市会商机制的推动下，广西锰业研发中心、广西锰产业工程院建设加快推进，为推进崇左市重点产业领域的自主创新奠定了坚实基础。广西丰浩糖业有限公司承建的甘蔗生物炼制技术研究中心、安琪酵母（崇左）有限公司承建的酵母技术研发中心等科技创新平台建设得到加快推进。由中信大锰矿业有限公司独立承建的广西锰产业工程院及广西千亿元产业锰业研发中心。2013年重点完善和加强研发平台、中试试验平台、检测平台、技术标准研究平台、科技情报信息平台等科研平台建设。目前中心已建成科研大楼2栋，中试示范基地1个，产品质量检测分析平台1个，拥有先进大型检测设备30多台/套，可满足各种产品性能测试和试验控制的要求。同时，中信大锰公司加大糖、锰等特色产业科技创新力度，在锂锰电池级高纯硫酸锰新产品、锰酸锂电池材料用低钠型电解二氧化锰新产品以及高核苷酸酵母抽提物等产品的研究开发方面取得了显著成效。安琪酵母（崇左）有限公司在蔗糖蜜高核苷酸酵母抽提物发酵工艺研究、糖蜜转化率工艺研究以及分离纯化技术研究方面也取得了重大突破，共申请专利17项，获得授权8项，研发了一批新产品，拉长了蔗糖产业链。

【项目建设】 推进崇左市科技创业园项目建设。市政府组织召开崇左市科技创业园控制性详细规划评审会，对科技创业园控规进行了评审。同时着手进行科技招商工作，积极引进大企业、高新技术企业入园建设研发中心。加快推进科技企业孵化器建设工作。以建设崇左市科技创业园为载体，研究制定了崇左市加快科技企业孵化器建设的实施方案，着手做好孵化器建设的各项前期工作。崇左市科技信息服务中心大楼建设扎实推进，2013年底基本完工。

（黄婷婷）

高新技术产业开发区、农业科技园区科学技术

南宁国家高新技术产业开发区

【概况】 南宁高新技术产业开发区（以下简称南宁高新区）于1992年经国务院批准为国家级高新区，是广西现有的3个国家级高新技术产业开发区之一。至2013年底，管理区域面积约156.5平方千米，地处广西科技资源最密集的区域，拥有广西大学、广西科学院、广西农业科学院、广西民族大学、广西财经大学，广西中医药大学等37所大中专院校和科研机构。南宁高新区已建成国家级现代产业示范基地3个（国家火炬计划软件产业基地、国家863计划生物产业基地、国家电子商务示范基地）、国家级试点园区2个（国家广告园试点园区、国家知识产权试点园区）、国家创新型产业集群试点1个、国家级科技企业孵化器2个和国家级大学生创业基地1个，国际认证实验室1家、国家重点实验室1家、国家认可实验室7家、国家级企业技术中心1家、国家级工程技术研究中心1家，院士工作站5家、博士后工作站4家。入园科技型企业3500多家。

2013年，南宁高新区政策区实现营业总收入1204.3亿元，同比增长20.2%，实现工业总产值1044.9亿元，同比增长20.43%；新建区实现规模工业总产值669.02亿元，同比增长24%，约占南宁市26.2%。完成全社会固定资产投资260.61亿元，同比增长26.1%。完成财政收入39.49亿元，同比增长30.33%。完成社会消费品零售总额58.14亿元，同比增长14%。

【科技计划项目与经费投入】 2013年，南宁高新区获国家科技型中小企业创新基金立项27个，扶持金额1770万元，自治区科技型中小企业创新基金立项12个，扶持资金180万元。南宁市科技型中小企业创新基金立项26个，扶持资金475万元，本级财政立项54个，扶持资金超过700万元。2013年南宁市科学计划项目74个，扶持金额1620万元。

【科技成果与奖励】 2013年，高新区开发工业新产品110个，引进、开发工业先进技术16项，完成科技成果登记30项，其中百洋水产集团股份有限公司的“罗非鱼综合加工关键技术的研究与应用”、广西南宁灵康赛诺科生物科技有限公司的“广西南宁国际灵长类动物模型与医药产业化基地及相关技术平台建设”和“人类疾病灵长类动物模型与安全性评价的研究与应用”达到国际先进水平。百洋水产集团股份有限公司的“罗非鱼综合加工关键技术的研究与应用”获广西科学技术进步奖二等奖；培力（南宁）药业有限公司的“中药配方颗粒标准化及新产品开发示范研究”和南宁邦尔克生物技术有限责任公司的“新型整合表达酶制剂的生产及科技兴贸”获广西技术发明奖三等奖；

【知识产权管理】 2013年，南宁高新区在建立健全园区知识产权管理体系、中介服务体系和大力培养知识产权专业人才队伍等方面狠下功夫，重点推进园区知识产权发展，积极申报国家知识产权试点园区，成功获得了广西第一批知识产权（试点）示范园区，2013年南宁高新区实现专利申请2669件，占全市的46.81%；其中发明专利申请1848件，占全市的53.07%，同比增长110.24%。专利授权940件，占全市的45.52%；其中发明专利授权295件，占全市的56.73%，同比增长69.54%。

【创新服务体系建设】 建立以政府办孵化器为核心、社会力量办孵化器为主体、虚拟孵化器为补充的大孵化体系，为企业创业创新提供强有力的硬件支持。2013年，南宁高新区引进的民营孵化器有：

——泛北公司投资3亿元，建设总建筑面积6.8万平方米的服务外包和电子商务产业孵化园；

——申能达公司一期投资5000万元，建设建筑面积15000平方米的电子信息孵化园；

——泓信物流投资2亿元，建设建筑面积5万平方米的创业工场。

2013年2月6日，国家科技部批复同意高新区启动创建国家创新型特色园区工作，这将推动南宁高新区发展全面升级。

2013年11月，国家科技部认定高新区“南宁亚热带生物资源开发利用产业集群”为国家创新型产业集群试点（培育）单位之一，这将促进南宁高新区以广西亚热带生物资源为依托的包括中药现代化、生物制品及资源加工、现代生物农业等特色生物产业进一步集聚发展。

2013年11月，高新区获批国家广告产业园试点园区并获财政扶持资金4500万元。将推动南宁现代服务业、文化创意产业构建高层次产业生态系统，形成面向东盟的文创产业新高地。目前的广告产业创业孵化区已聚集50多家企业，建筑面积近5万平方米的南宁广告产业园发展区南宁广告产业大楼也已封顶。

2013年12月，南宁市科技企业孵化基地经科技部火炬中心批准成为国家级科技企业孵化器。该基地是广西第一家开放式大型生物专业孵化器，总建筑面积3.2万平方米。入孵企业共有67家，其中在孵企业52家，毕业15家。

【高新技术产业发展】 2013年，南宁高新区优势主导产业发展壮大。生物工程及医药、电子信息和汽车零配件及机电产品制造共实现产值527亿元，同比增长28.62%，占规模产值总量的79%。其中：

生物工程及医药产业规模工业企业51家，累计实现产值161.28亿元，同比增长7.67%，占规模工业产值的24%；

电子信息产业规模工业企业21家，累计实现产值236.02亿元，同比增长57.79%，占高新区规模工业产值的35.3%；

汽车零部件及机电产品产业规模工业企业53家，累计实现产值130.42亿元，同比增长17.59%，占高新区规模工业产值的19.5%。

【科技企业发展】 2013年，富士康南宁公司产值达到157亿元，实现南宁市百亿元企业“零”的突破，成为高新区百亿元企业的“领头雁”。

10月11日，巨星国际成功在港交所主板上市交易。作为2004年首届中国—东盟博览会签约进驻南宁的第一家外商投资企业，该公司产值已超10亿元。至2013年底，高新区上市企业达到了4家。

【高新区规划与建设】 根据自治区、南宁市出台桂政发［2012］55号、桂政办发［2012］278号以及南发［2012］41号文件明确支持高新区按照“一区多园”的模式建设和管理。2013年，南宁市政府将相思湖新区并入南宁高新区，合并后南宁高新区规划面积达到148.5平方千米。南宁市政府还明确将规划面积8.5平方千米的南宁综合保税物流中心并入南宁高新区。

【科技活动】 2013年南宁高新区培育新增高新技术企业12家，培育知识产权示范企业3家，制造业示范企业6家；新增自治区级企业技术中心和工程技术研究中心7家，累计达到52家（其中自治区级企业技术中心27家，自治区工程技术研究中心25家），占全市的48.35%。自治区级创新型企业16家，建设科技企业孵化器6个，新增一个国家级科技企业孵化器。建设青少年科技教育基地6个。

【科技人才管理】 2013年，新增市级人才小高地6个（公示阶段），院士工作站达到6家（广西博世科环保科技股份有限公司、广西瑞特种子有限责任公司、广西慧云信息技术有限公司、广西恒煊生物科技有限公司、广西计量检测研究院、广西田园生化股份公司）、博士后科研工作站达到4家。申报人才培养项目51项，立项金额362万元；获批南宁市特聘专家岗位8个。

2013年，南宁高新区根据市委、市政府出台《关于建设人才特区的决定》（南发［2012］34号），大力推进建设具有首府特色、广西一流、全国知名的“五特”人才特区。

创新人事制度和分配制度 根据自治区出台的《关于加快高新技术产业开发区发展的若干意见》（桂政发［2012］55号），南宁高新区可在人员编制总额内自行调整人员配备，试行结构工资与弹性工资相结合的分配制度。

（伍建源）

桂林国家高新技术产业开发区

【概况】 桂林国家高新区位于风景秀丽的漓江东畔，1997年与桂林市七星区合并，实行“两块牌子，一套人马”方式运作，总面积97平方公里，2012年年末常住人口为26.67万。

2013年，桂林国家高新区坚持“创新驱动，战略提升”的发展战略，以科学发展观统领全局，以科技为先导、以创新为核心，牢牢把握建设桂林国际旅游胜地的重大机遇，团结带领广大干部群众，务实为本，抢抓机遇、攻坚克难，保持了经济社会平稳较快发展的良好势头，千亿元创新型特色产业园区建设等事关全局的工作取得重大突破。全年完成地区生产总值158.98亿元，同比增长12.4%；财政收入12.18亿元，同比增长12.09%；全社会固定资产投资97.8亿元，同比增长24%；规模工业总产值270.29亿元，同比增长15.09%；社会消费品零售总额52.38亿元，同比增长13.24%；城镇居民人均可支配收入25455元，同比增长10.5%；农民人均纯收入10809元，同比增长15.3%。

【技术创新】 2013年，桂林国家开发区本级科学技术支出达2567万元，而本级财政一般预算支出为8.41亿元，本级科学技术支出占当年本级财政一般预算支出比例达3.05%；用于科学技术支出的增长幅度为33.84%，远高于4.04%的本级财政经常性收入的增长幅度。应用技术研究与开发经费增长15%，为1217万元，共支持高新区本级创新基金项目4项、科学研究与技术开发计划项目32项，已通过国库集中支付方式全部将资金拨付给项目承担单位，带动企业科技投入6.6亿元，有力促进了桂林国家开发区科技创新活动的蓬勃开展。

2013年共获桂林市科技局立项项目23项，资金353万元；获广西科技厅立项项目52项，资金约1500万元；获国家创新基金立项项目6项，资金460万元，有力促进了桂林国家开发区科技企业快速发展。

【高新技术产业】 2013年2月6日，桂林国家开发区制订的《创新型特色园区建设方案》获科技部批准，正式启动桂林国家开发区创建国家创新型特色园区工作。拥有经国家科技部批准的“桂林国家微波与光通信高新技术产业基地”和“桂林国家特种轮胎及装备制造高新技术产业化基地”，对桂林国家开发区的科技成果转化起到了极大的促进作用，如“国标地面数字电视传输系统”，已走出国门为多个国家建立了数字电视传输系统。

2013年，桂林国家开发区电科院电工电子新材料产业基地项目已建成3万平方米低压元件厂房；南药公司整体搬迁二期GMP改造项目厂房已建成；电力电容生产试验大楼、漓佳金属扩建、海威二期、思奇二期、啄木鸟二期等一批新建扩建项目正在加紧推进，确保未来桂林国家开发区经济有个大发展。

拥有桂林市仅有的三个国家一类新药；洁牙设备、数显量具等产品国内市场占有率超60%。此外还有许多产品在细分市场具有独到、领先的优势，如地面数字电视系统、光纤通信设备、交直流伺服系统、特高压电力电容器、巨型工程轮胎和航空轮胎、橡胶机械、尿分析仪、青蒿琥酯灭疟疾药、无籽罗汉果、电工材料、超硬材料和功能晶体材料、醇基燃料及燃烧设备等，具有很强的市场竞争力。

2013年新认定高新技术企业10家，总数达93家。在桂林市起到了较好的引领、辐射、带动作用。

【科技创新服务体系】 桂林国家开发区致力打造完善的创新服务体系，建有科技创业服务中心、留学人员创业园、大学科技园、政务服务中心、技术产权推广中心、科技金融中心、中小企业数字化设计与制造公共技术服务平台等，拥有国家级工程技术研究中心和企业技术中心3家、自治区级工程技术中心12家、市级工程技术中心12家、自治区工程院4家、自治区级重点实验室15家，拥有14所大中专院校，13所部省市属科研院所，8处国家级和部级产品检测中心，能够为桂林国家开发区的高新技术产业发展提供良好的服务。

为缓解科技型中小企业融资难问题，漓东科技金融中心尝试组织发行企业债。桂林国家开发区金融中心与战略合作伙伴合作，在高新区内优选了12家企业，拟发行中小企业集合债，目前有关单位正在对发债材料进行评估。通过技术产权推广中心平台，2013年桂林国家开发区以专利+资产打包的形式，完成专利质押融资项目2项，总额1040万元，其中思奇公司获得640万元贷款，美万家公司获得400万元贷款。

加强孵化器建设，新增入孵企业87家，在孵企业达410家。获批建立“广西专家服务基地”，成功引进国家“千人计划”专家黄文勇，吴勋贤等一批企业人才荣获自治区级以上人才称号。

【知识产权管理】 2013年，桂林国家开发区获国家知识产权强县工程试点县（区）。共受理专利资助和奖励申请405件，金额238940元，在一定程度上起到了鼓励发明创造积极性的作用，同时通过举办知识产权保护培训班、加大宣传力度、举办专利项目推介会、建立知识产权交易平台等多种形式，有越来越多的企事业单位及个人加入到知识产权保护的行列，促使桂林国家高新区的专利申请量和授权量有了较大幅的增长。2013年桂林国家开发区共申请专利1837件，已超过2012年全年的1249件，占桂林市的48.8%，其中发明专利1197件、实用新型560件、外观设计80件；授权专利767件，已超过去年全年的653件，占桂林市的59.41%，其中发明专利218件、实用新型474件、外观设计75件。专利申请量和授权量名列全市十二县五城区第一。

2013年，桂林国家开发区共拥有效发明专利667件，平均每万人口发明专利拥有量33.76件，超额完成25.71件的年度预定目标。桂林国家开发区知识创造和技术创新能力在全国89个国家高新区中排第36名，获“全国科技进步先进县（区）”五连冠，被确定为“国家知识产权强县工程试点县（区）”，科技创新能力进一步增强。2013年广西入选的5项第十五届中国专利奖，桂林国家开发区包揽了其中4项。

桂林国家高新区重视专利和技术成果的转化，2013年共挂牌专利信息1286项，成功转让专利8项，总额2790万元，完成专利质押融资2项，总额1040万元。

【产学研结合】 成立了广西创意产业技术创新战略联盟，实现企业、大学和科研机构等在战略层面的有效结合，共同突破产业发展的技术瓶颈。拥有国家级“大学生科技创业见习基地”，自治区级“大学科技园”和“文化产业基地”，为大学生和科技人员提供了良好的施展才华的舞台，安置大学生就业800多人。整合大型仪器检测设备及公共实验室，如广西大型仪器共用网、生物医药重点实验室等，面向企业开放，降低企业的研发成本，实现桂林国家开发区高校、科研机构、企业多方合作共赢。不断增加创新服务平台。广西瀚特信息产业股份有限公司除长期与桂林电科大有密切合作外，2013年又与国家工信部签订了国家集成电路公共服务平台瀚特物联网技术创新中心的合作协议，在桂林国家开发区建设国家级物联网技术创新服务平台。

（唐桂雯）

柳州国家高新技术产业开发区

【概况】 柳州高新区于1992年经自治区人民政府批准成立。1996年，柳州市委、市政府为进一步促进柳州高新区的发展，将高新区的规划区域调整为12平方公里。2005年，高新区核心区基本建设开发完毕，为充分发挥柳州高新区的科技引领作用，做大做强柳州高新技术产业，柳州市启动高新区官塘园区建设。2008年，柳州市提出“一心两城、完善老城、建设新城、扩大两翼、重点向东”城市发展战略，将柳州高新区与2007年成立柳东新区的合并，实行“两块牌子、一套人马”的管理体制，行使市级经济和行政管理权限。2010年9月，经国务院批准，柳州高新区升级为国家高新区。2010年，自治区党委、政府做出在柳州高新区（柳东新区）建设广西柳州汽车城的重大决策。2011年2月16日，广西柳州汽车城奠基开工，柳州高新区（柳东新区）的发展迎来战略转折和发展机遇。

柳州高新区（柳东新区）官塘片区位于柳州市东北部，西临柳江，东南至桂海高速公路，北达北环高速公路，南至阳和，辖区总面积455平方公里，规划面积231.6平方公里，其中广西柳州汽车城规划面积203平方公里，建设用地138平方公里，包括南面建设用地约68平方公里，北面建设用地70平方公里。

在“一区多园”发展模式指导下，柳州高新区的范围为原柳州高新区中心区域、示范区域、柳东新区（广西柳州汽车城、阳和工业新区），以及五菱、柳工、柳化、柳钢四家企业高新园区在内的高新技术产业园区。

经过多年发展，至2012年末初步构建柳东新区、柳州国家高新区、广西柳州汽车城“三位一体”的管理模式及柳州国家级高新区、柳州东城投资公司、雒容洛埠镇及阳和工业新区组成的“112＋1”的组织架构。

2013年，自治区人民政府、广西科技厅、柳州市人民政府出台《关于提高自主创新能力建设创新型广西的若干意见》、《关于深化科技体制改革加快广西创新体系建设的实施意见》及配套文件》、为柳州高新区单独出台《关于加快柳州高新区建设创新型园区的实施方案》、《柳州市人民政府关于柳州国家高新技术产业开发区建设创新型特色园区的若干意见》。高新区根据创新型园区建设指南、创新型产业集群建设精神及各级文件精神继续开展科技工作。

2013年柳州高新区总产值1342.9亿元，同比增长17.1%；总收入1395.3亿元，同比增长16.7%；出口创汇8.3亿美元，同比增长25.8%；利润54亿元，同比增长23%；实缴税金72.5亿元，同比增长10%；工业增加值329.1亿元，同比增长17%；研发投入49.5亿元，同比增长28.2%。

【园区科技工作成果】 从园区经济数据上来看，2013年柳州高新区营业总收入为1395.3亿元，其中国家级高企1344亿元，企业净利润为54亿元，占园区营业总收入比例为3.9%。经认定的高企营业总收入占园区营业总收入比例为96.3%，园区工业增加值率为24.5%。园区企业研发总投入为49.5亿元，占园区营业总收入的比例为3.5%；园区财政的科技拨款为3215万元，占园区全部财政支出4.3亿元的7.5%。园区现有从业人员83939人，其中本科及以上学历人数为18283人，2013年新增授权发明专利124件，发明专利申报达829件。园区万元增加值能耗为0.5吨标准煤。

2013年高新区总体实力显著增强，总收入累计完成1395.3亿元。高新技术企业总数达129家，位列全自治区2位；知识产权发明专利申请806件，新增发明专利授权124件，每万名从业人员拥有新增授权发明专利达16件。申报市级以上的各类科技项目共181项，获得市以上各级项目经费支持达10703万元，获省级以上科技进步奖10项，市级科技进步奖22项。创新型特色园区建设取得新进展，引进研发机构、科研院所成效显著，中南大学国家重金属污染防治重点实验室等5家国家级研发机构提交入园申请报告；企业上“新三板”的各项工作走在全自治区前列，在新区范围内筛选出升禾环保、固瑞机械等13家企业进行股份制改造和公司治理，拟上“新三板”企业后备力量充足；新区的天涌科技、爱格富两家公司成为“新三板”全国扩容后第一批挂牌的企业，开启柳东新区科技创业创新型企业利用资本市场直接融资的新纪元；占地约66.67公顷的科技园的规划正式编制已经完成，牛津科技大厦、腾龙煤电国家级产业化基地项目等6个科技园入园项目建设稳步推进；战略型新兴产业——北斗产业项目顺利起航。

【创新型园区建设】 产业集群　根据创新型特色园区指标要求，柳州高新区已形成全国领先的汽车整车及零部件产业集群，该集群在全国申报的104家产业集群中排名37位，在五个汽车类产业集群中排名第三。其中2013年上汽通用五菱股份公司销售收入615亿元、东风柳汽公司销售收入175亿元、柳工机械公司销售收入133亿元、柳州五菱汽车公司销售收入74亿元，依托这四家汽车、工程车整车厂，形成了容纳3000多家协作配套企业的中小企业群体。

品牌效应　广西汽车城自2011年2月奠基以来，柳州市委、市政府出台政策、汇聚资源、周密组织协调，精心打造国内一流、世界先进的现代化汽车城。

在单一品牌上看，上汽通用五菱2013年度整车销量再创历史新高，突破160万辆，在全国汽车市场不景气的环境下，不仅超额完成全年预定135万销量目标，还较上年同期增长10%，继续蝉联国内单一车企冠军。汽车产业占园区营业总收入的77%。此外，还培育出具有自主知识产权的“乘龙”、“霸龙”、“风行”、“景逸”等全国知名品牌，上汽通用五菱的微型车、东风柳汽的多功能乘用车国内市场占有率分别达51.7%和20%，居全国榜首。

【国家级中心建设】 柳州高新区拥有6家国家级的专业研究开发机构分别是中南大学国家重金属污染防治工程技术研究中心、上海交通大学精密制造国家重点实验室、湖南大学汽车车身重点实验室柳州分中心、国家汽车质量监督检验中心柳州分中心、国家进出口汽车检测重点实验室柳州分中心、牛津大学牛津国际创新中心。拥有3家国家级产业促进服务机构，分别是柳州高新区创业中心，广西生产力促进中心柳州站、柳州生产力促进中心。并建设有汽车城科技园、汽车科技文化发展平台、广西科技大学汽车学院、汽车物流平台、汽车产业投融资平台等一系列创新创业所需的各类公共服务平台。

【研发及服务平台建设】 2013年，柳州高新区在引进和建设国家级重点实验室、公共技术研发平台、国家级科研机构工作成效显著。管委会与中南大学及柳州钢泰科技有限公司共建中南大学国家重金属污染防治工程技术研究中心。管委会与武汉理工大学、柳州市科技局及柳州市金盟科技有限公司共建国家级武汉理工大学机电工程实验实训中心。

（周婷）

广西北海高新技术产业园区

【概况】 2013年，北海高新技术产业园区（以下简称北海高新区）围绕科学引领、创新驱动主题，坚持“一区多园，联动发展”的发展战略，以转型升级为主线，集聚创新要素资源，推动企业自主创新，园区经济呈现持续较快的发展态势。全年完成固定资产投资17亿元，比增30.5%；其中：工业投资5.8亿元、技改投资5.9亿元、制造业投资5.8亿元。规模以上工业产值50亿元，比增30.5%；电子信息产值43.66亿元，比增32.21%；进出口9946.84万美元，比增44.12%；招商引资到位资金6.46亿元，完成全年任务的112%；完成税收1.68亿元，比增15%。按照国家级高新区评价体系标准及科技部专家组评审意见，稳步推进“以升促建”工作，申报国家级高新区工作进入等待审批阶段。园区被认定为广西电子商务示范基地和广西服务外包园区。

【科技计划项目与经费投入】 2013年，北海高新区园区企业共投入科研经费1.7亿元，承担国家、自治区级科技计划和项目16项，其中自治区项目8项，市级项目8项，受益资金706万元。北海高新区创业服务中心稳步推进北海高新区创新创业人才小高地、2014年度国家火炬计划环境建设项目“国家软件与集成电路公共服务平台北部湾平台建设”等项目的实施。北海高新区创业服务中心承担的“北海高新园区科技企业孵化器建设”，以及园区企业承担的“水产调理食品加工关键技术研究与示范”、“方格星虫胶原肽的制备关键技术研究及新产品开发”、“海水彩色珍珠产业化技术养殖示范”、“滩涂文蛤高效健康养殖技术集成与示范”、“出口水产品保色、杀菌等深加工关键技术创新与示范”、“生食寿司虾等高端出口产品深加工技术研究与示范”、“固体绝缘环网柜、综合功能的SD/MMC控制器”等一批课题项目顺利通过验收。

【科技成果与奖励】 2013年，北海高新区创业服务中心承担的“北海高新区海洋生物产业公共创新平台建设”课题项目获2013年度北海市科技进步奖三等奖；北海辉煌郎洁环保科技有限公司的“CNG三元催化转化（净化）器”、广西星宇智能电气有限公司的“YH－8010电能质量综合治理装置”分获广西2012年度新产品优秀成果二、三等奖。同时，高新区管委会修订完善鼓励企业科技创新政策，对北海银河开关设备有限公司等15家企业（单位）2013年度科技创新成果（72项）予以表彰奖励。

【知识产权管理】 2013年，北海高新区以提高知识产权管理和保护能力为手段，以提高知识产权创造和运用能力为重点，推动知识产权与经济、科技的协调发展。加强知识产权知识培训工作，设立高新区知识产权工作专项资金，主要用于专利申请资助、专利产业化、专利优势企业培育等，成功培育了一批拥有自主知识产权、具有核心竞争力的创新型企业。2013年，园区企业共计申请专利83项（其中发明专利47项），获授权专利50项（其中发明专利9项）。

【产学研合作】 2013年，北海高新区出台相关扶持政策，引导企业加强与科研院所开展产学研合作，支持具备条件的企业组建重点实验室、工程实验室、工程中心、检验检测中心、企业技术中心等创新平台。园区拥有自治区级工程技术中心和企业技术中心9（年内新增工程技术中心1家、自治区级研发中心2家），占北海市总数的60%。北海正五海洋产业股份有限公司、广西农垦绿仙生物保健食品有限公司等7家海洋生物产业企业与南宁市轻工食品研究所（拥有国家级科技成果转化中心）达成了产学研合作关系，北海石基信息技术有限公司、广西星宇智能电气有限公司等一批电子信息企业先后与桂林电子科技大学签订了产学研合作协议。

【创新服务体系建设】 2013年，北海高新区充分发挥国家级科技企业孵化器的品牌优势以及民营企业在资金、人才、场地等方面的资源优势，与北海银河产业投资股份有限公司合作共建成占地5万多平方米、建筑面积2万多平方米的北海高新技术创业园。推行“联络员＋辅导员＋创业导师”制度，提供减免场租、免费使用公共技术平台等扶持政策，吸引了以80后青年为主体的创意团队从事创新创业活动，入驻企业50多家。通过政府投入引导、民间资本共同参与的模式，北海高新区孵化器场地面积达到65000多平方米，在孵企业85家。加快推进“公共服务平台、技术支撑平台、科技金融平台”三大平台建设，建成了科技培训服务平台、信息共享和推广服务平台、国家软件与集成电路公共服务平台（CSIP）北部湾分平台、北部湾海洋生物科技成果转化服务平台、创新创业服务平台。引进上海联合产权交易所、广西北部湾产权交易所建设北海分所，并与中国建设银行合作推出“助保金贷款”政府增信金融产品，构筑科技金融服务平台。

【高新技术产业】 2013年，北海高新区坚持科技创新发展战略，围绕“发展高科技、实现产业化”目标，积极引进国内外先进技术，扶持高新技术企业，研究开发高新技术产品，加快发展高新技术产业，带动了园区经济的发展。其中，以北海石基信息技术有限公司为代表的电子信息产业取得长足发展，以广西正五海洋产业股份有限公司为代表的海产品精深加工企业加大技术改造，以科技创新推动产业的转型升级。2013年，园区共有高新技术企业8家，实现工业产值16.15亿元，占园区总产值的33.42%。

【科技活动】 2013年，北海高新区积极组织园区企业参加自治区内外各种等大型科技会展活动，推动了企业的交流与合作。其中，组织园区20多家企业参加了第23届广西科技活动周；北海银河科技变压器股份有限公司参加了第10届中国—东盟博览会；北海正五海洋产业股份有限公司安排“金鲳鱼精深加工技术研究”项目参加了第十六届中国北京国际科技产业博览会，并与北京航空航天大学就“水产品加工副产物高效综合利用技术”进行洽谈合作；北海正五海洋产业股份有限公司、喷施宝股份有限公司、裕信包装印刷科技有限公司等企业参加了2013世界500强跨国公司广西投资合作圆桌会、2013年航天科技与战略性新兴产业（东盟）论坛、泰国—广西投资合作研讨会暨商务联谊会和先进技术与投融资项目对接会等多个经济发展与投资合作的相关会议。

【科技企业发展】 截至2013年底，北海高新区入园企业190多家，其中科技企业88家。园区初步形成了电子信息、海产品精深加工和文化产业集群，并涌现出一批科技含量高、成长性好的优秀企业。北海石基信息技术有限公司是国家火炬计划重点高新技术企业、国家规划布局内重点软件企业，依托软件信息服务优势和行业专业背景，专注为酒店业提供IT整体解决方案，现已发展成为业界领先的国内外知名酒店及酒店管理集团信息系统供应商和技术服务商，国内外大型会议指定现场服务商，国内90%以上的五星级酒店和60%的四星级酒店均是石基信息的客户群体。广西正五海洋产业股份有限公司坚持“战略合作、项目对接”产学研相结合的发展战略，依托中科院南海海洋研究所、广西水产研究所等科研院所科研和人才优势，建成广西首家贝类工程技术研究中心，多次承担国家、自治区级科技计划项目，已建成通过美国HACCP认证、全球食品BRC认证、欧盟卫生注册及ISO9000质量体系认证，年加工能力2万吨的水产品加工出口基地，成为“全国农产品加工业出口示范企业”、“广西农业产业化重点龙头企业”。以北海高新技术创业园建成为标志，文化创意产业发展方兴未艾。引进了广西阔迩登文化传媒有限公司等40多家动漫设计、工业设计企业，围绕“北海选题”创作出《昆塔：盒子总动员（2013）》等一批优秀动漫作品并相继在全国院线、央视和各省电视台播出；北海市首家专业美术展览馆——北海城市美术馆在高新区西海岸国际公社建成开业，汇聚了北海城市美术馆、大麓堂、刘绍昆画室、广西泓历拍卖有限公司等15家文化产业项目，已成为北海市文化产业交流与展示平台。

【招商引资工作】 2013年，北海高新区通过以商招商、推介招商、人才招商、登门招商等多种方式，以北京、香港、长三角、珠三角作为着眼点，通过对港对台定向招商推介会、中国—东盟博览会、深圳高交会等平台，积极开展宣传招商活动。围绕园区重点发展的电子信息、文化创意、现代服务业等战略性新兴产业的定位，加强与甲骨文、惠普、IBM等国际知名企业的联系，与汉能控股集团、时力永联科技有限公司、中卫莱康科技发展（北京）有限公司签订了合作协议，引进了科创慧谷、上海银城科技园等园区重点项目。全年招商引资内资到位资金64620万元，完成全年任务的101.76%；利用外资完成280万美元，完成全年任务的112%。

【高新区规划与建设】 2013年，北海高新区园区贯彻落实北海市委、市政府的工作部署，结合园区的产业定位，积极谋划北海软件产业园建设。在核心区规划面积约400亩，重点发展软件研发、电子商务、文化创意、动漫设计、服务外包等产业，并积极寻求与县（区）、产业园区合作，拓展“一区多园”的发展空间。同时，投入基础设施建设资金4100万元，有计划、分步骤地开展核心区的水、电、路和绿化美化等配套工程建设。建成长954米，宽40米的贵阳路段道路及给水、排水、排污工程；完成工业小区环境整治，铺设长1000米的人行道、围墙及绿化建设工程；安装16座高新区路段的路牌及灯箱。积极参与“国家环境保护模范城市”创建工作，扎实开展“美丽广西.清洁乡村”活动，积极开展环境整治活动，落实“门前三包”责任，加强环境卫生的日常督查，园区环境大为改观。加大北海高新技术创业园各项功能及配套设施建设，为入园企业提供环境优美、功能完备的创业环境。

【科技人才管理】 2013年，北海高新区贯彻落实自治区、北海市人才引进相关政策，建立健全园区引智服务体系，加强职业技术培训，加快培养科技产业化人才队伍，为加快企业发展提供人才储备和支撑。截至2013年底，园区企业从业人员4327人，其中，具有大专学历以上人员1928人（博士硕士62人），占总人数的44.6%；具有中高级职称人员424人，占总人数的9.8%；科技活动人员1564人，占总人数的36.1%。一些重点大学、科研院所的讲师、教授和科研人员已成为推动企业科技创新的领军人物。

广西梧州高新技术产业开发区

【概况】 广西梧州工业园区是自治区（省）级开发区，2006年被自治区定位为广西承接东部产业转移重点示范基地，2012年自治区批复加挂广西梧州高新技术产业开发区（以下简称：梧州高新区）牌子。园区总体规划面积19.2平方公里，首期控制性详细规划面积12平方公里。目前，已累计开发土地面积约7平方公里。

2013年以来，梧州高新区以建设“幸福园区，和谐园区”为主题，以创新为动力，以改革促发展，大力实施“现代化高新科技绿色工业新城区”战略，大投入，大建设，重点发展电子信息、药品、食品、保健品“一电三品”四大主导产业格局，并拥有新材料、林产化工、纺织服装、机械制造等其他产业，累计引进工业企业118家，建成投产企业86家。现已初具高新科技工业新城格局，实现了主要经济指标平稳较快增长。2013年，梧州高新区完成工业总产值203亿元，同比增长17.46%；完成工业增加值70.09亿元，同比增长17.21%；完成营业总收入182.5亿元，同比增长17.57%；完成出口总额1.49亿美元，同比增长14.62%；实现净利润9.11亿元，同比增长17.55%；实交税金总额19.57亿元，同比增长23%。

【高新技术产业】 梧州高新区按照“建设重大项目、壮大核心企业、培育产业集群”的思路，大力培植壮大园区“一电三品”产业集群，推动产业优化升级。

电子信息产业集群 以鑫华通集团为龙头，以安富利、泰旺电子、长春电子、睿奕科技、中晖电子等一批电子信息企业为依托，重点打造高新区电子信息产业园，重点推进广西鑫华通集团投资10.7亿元建设的鑫华通科技园项目、长春电子有限公司投资2亿元的长春电子项目。坚持有所为，为所不为的原则，适当将土地、资金、政策等方面向电子信息产业倾斜，不断做大电子信息产业，使其成为高新区的主导产业。

生物医药产业集群 以梧州制药集团股份有限公司为龙头，杰迅医药、奥顺光学仪器为依托，

重点发展中成药、中药提取物，配套发展医药物流、医药器械等。积极开展中药材生产质量管理规范（GAP）研究及其示范基地建设，重点推进梧州制药集团股份有限公司投资 8 亿元建设的新基地二期建设项目和投资 85 亿元建设的红霉素生产。

食品、保健品产业集群　以神冠蛋白肠衣有限公司胶原蛋白技术为核心形成完整产业链发展动物蛋白系列产品的开发。以梧州双钱实业有限公司和梧州港圣堂公司为龙头整合龟苓膏企业，加快“梧州龟苓宝”系列产品项目建设。重点推进梧州神冠蛋白肠衣有限公司投资 8 亿元建设的神冠三期生产项目，梧州顶津饮品有限公司投资 1 亿元建设的康师傅矿物质水项目，投资 3 亿元建设的金银花啤酒生产项目。食品和保健品近年来在园区的发展势头较快，园区为加快项目吸收引进，打造园区“园中园”，即高新区食品产业园，项目建筑面积约 10 万平方米，已引进茶业加工、冷库等多家企业入园建设。

2013 年，新增广西睿奕新能源有限公司 1 家高新技术企业，与梧州制药、双钱实业、神冠蛋白、三和新材料这 4 家高新技术企业，共同支撑着梧州高新区“一电三品”的产业集群发展。梧州高新区累计拥有高新技术企业 5 家，高新技术企业数占全市 31%。

【重点科技成果】　梧州高新区特色企业在科技创新方面所取得成果主要有：

梧州中恒集团（股份）有限公司旗下的广西梧州制药有限公司已有 13 条生产线全面通过 GMP 认证，拥有 11 大类剂型 217 个品种，309 个批准文号，独家生产品种 21 个，中药保护品种 11 个，专利产品 4 个，《中国药典》收载品种 92 个。主要产品有注射用血栓通（冻干粉针）、妇炎净、结石通、中华跌打丸等，注射用血栓通产业化列入国家火炬计划开发，产品的质量和纯度位居国内领先水平，被誉为广西区内治疗心脑血管疾病中技术含量最高、发展潜力最大的品种。2013 年，该公司拳头产品注射用血栓通的二级分销商发展达到 1000 家以上，销售 2.3 亿支，全年实现销售收入 30 多亿元。

中恒集团旗下的广西梧州双钱实业公司拥有以“双钱牌”龟苓膏为主导的产品 100 多个，独家原研发生产的“双钱牌”龟苓膏在同行业内最为出名，是中国龟苓膏的第一品牌，是中国最大的龟苓膏生产基地。

梧州神冠蛋白肠衣有限公司是中国唯一一家生产胶原蛋白肠衣的专业厂家，目前国内最大的胶原蛋白肠衣研发、生产基地，是国家火炬计划项目承担单位，曾获国家科学技术进步奖。在引进国外先进生产线的基础上，通过吸收、消化、改造，自行研制成功国产化率达 95% 的先进的生产线，2013 年，该公司生产线已增加到 288 条，可生产三大系列、20 多个品种、30 多种口径的中西式灌肠肠衣。

广西奥奇丽股份有限公司的“田七”品牌 2004 年 11 月被国家工商总局认定为“中国驰名商标”，“田七牙膏” 2005 年 10 月荣获“中国名牌产品”称号。目前生产的中、高档产品共 80 多个品种 100 多个规格，其中有 50 多种产品先后 200 多次荣获国家、广西和梧州市的名、优、新产品称号和奖励。产品覆盖全国各地，并进入美国、日本、东南亚等国际市场。

梧州三和新材料有限公司长期致力于镍系二次电池材料、高品质多孔金属功能材料、电磁屏蔽材料及相应再生循环利用材料的研发、制造；是国家高新技术企业，广西区级创新型企业、广西区级企业技术中心、梧州市重点工业企业，梧州市优秀科技型企业、多孔金属人才小基地；多个科技项目获得国家和省、市级奖项，属国家和省级重点支持产业，核心技术拥有多项国家发明专利；是日本松下、三洋、法国 SAFT、香港超霸、深圳比亚迪等国际知名电池企业的电池材料供应商。

广西梧州五一塑料制品有限公司是中国最早研发 PVC—U 塑料建材的专业厂家之一、国家塑料管道标准起草单位、中国塑料管道行业协会理事单位，2007 年改制后成为广西丰业投资集团旗下全资子公司，是一家集研发、生产、销售、服务于一体的现代化管道专业生产企业，在管道行业中处于领先地位。

广西鑫华通科技有限公司隶属于“鑫华通集团”的一家港资企业，创建于 1998 年 9 月，主要研究开发、生产及销售手机、笔记本电脑、平板电脑、光通信等电子类产品的高科技公司。该公司生产研发的 Q100 手机，是广西境内企业自主设计生产的一款双核智能手机，全面支持中国移动、中国联通和中国电信，功能齐全，市场前景广阔。

【技术创新】　技术创新是企业创新活动的核心内

容，是企业核心竞争力的体现，为企业健康成长提供必要的支持和保障。2013年，高新区企业和组织承担科技开发和科技服务项目共20项，项目金额共693万元。其中国家级1项，项目金额60万元；广西区级13项，项目金额588万元；梧州市级6项，项目金额45万元。

梧州神冠蛋白肠衣有限公司申报的胶原蛋白肠衣安全加工技术研究与示范、小口径胶原蛋白肠衣开发及出口示范、综合利用固废物制成有机肥技术示范等3个项目获自治区列入2013年科技计划项目。2013年，梧州神冠蛋白肠衣有限公司被确定为“十二五”期间全国民族特需商品定点生产企业，定点生产产品为“清真食品”。

广西梧州五一塑料制品有限公司科技项目“薄壁不锈钢制备饮用级卡压式管管材研究与产业化”获得2012年度梧州市科学技术进步奖三等奖。梧州神冠蛋白肠衣有限公司科技项目“利用热泵技术进行余热回收研究”、广西梧州制药（集团）股份有限公司与广西梧州市中恒植物药业科技有限公司科技合作项目“苦玄良种繁育和示范研究”同时获得2013年度梧州市科技进步奖二等奖。

2013年新增广西奥奇丽股份有限公司为自治区级创新型企业，目前，梧州高新区内自治区级创新型企业共有4家。自治区级创新型企业数占梧州市57%，在梧州市起到较好的引领、带动、辐射作用。

【科技创新服务体系】 梧州高新区积极响应梧州市委、市政府提出的实施“自治区级科技企业孵化器能力提升工程”和“国家级科技企业孵化器申报工程”，加大孵化器基础设施，公共技术平台，投融资以及其他配套服务设施的建设，努力加快高新区孵化器建设步伐。

梧州高新区将星华小区23万多平方米的标准厂房及配套宿舍改造成为高新区孵化场所，用于培育孵化科技企业。目前，一期的20000平方米的孵化场地已装修完毕，已入驻企业10多家，一期投入近3000多万元。

梧州高新区围绕咨询、中介、交易、融资、创业辅导、网络共享“六大服务体系”为中心，通过整合各类资源，对入驻企业“一条龙”跟踪服务；引入劳务派遣公司为企业“用工”及“引智”提供保障；引入中介公共服务机构，为企业提供科技项目申报、商标注册、担保信贷、投融资及产品推介服务；利用各种展会为企业提供产品展示的平台，扩大企业影响力；开展各种科技创新培训等方式提升孵化水平能力，高位推进科技企业孵化器建设，促进技术、资金、人才、信息等要素的良性互动，推动孵化器孵化功能有效运行，带动中小企业发展壮大，促进区域经济的良性发展和产业结构的提升，加快推进高新区的“二次创业”。

梧州高新区科研机构共有4个，其中国家级博士后科研工作站1个，自治区级工程技术研究中心2个，人才小高地1个。2013年，中恒集团梧州制药获得国家人社部批准设立博士后工作站，成为梧州市唯一一家获批设站的企业单位，实现了梧州市零的突破。博士后工作站的设立为企业吸引并留住高端人才，11月13日，中恒集团和北京大学签订了就单细胞测序癌症早期诊断等方面进行科研项目合作的协议，进一步增强企业核心竞争力和自主创新能力。

【知识产权管理】 梧州高新区围绕“创新驱动发展，科技引领未来”的主题，大力加强专利企业专利申报工作，确保企业科技创新水平能力的提升。一是联合市科技局深入企业宣传专利申请补贴政策，提供企业创新意识，引导企业加大申报力度，吸引更多企业加入到知识产权保护的行列。二是分别邀请广西科协学会部部长钟谷波和广西生产力促进中心知识产权服务部副主任梁剑到园区为企业开展萃智理论、知识产权等科技创新培训，工业园区30多家企业主要高层管理人员或科技研发人员参加了培训班。通过培训增强企业创新动力，激发企业创新活力，鼓励企业开展专利申请。三是引导企业通过专利申报代理机构来进行专利申请，拓宽企业申报知识产权渠道，引导企业走捷径，提高专利申报效率与成功率。四是充分发挥企业在技术创新中的主体作用，引导、鼓励企业同科研院所、高等院校联合建立研发机构、产业技术联盟等技术创新组织，提升企业自主创新能力。

2013年，梧州高新区专利申请共51件，其中发明专利申请33件，企业专利申请18件；专利授权共27件，其中发明专利授权6件，企业专利授权21件。梧州高新区2013年专利申请与授权量不多，整体技术创新能力还有待提高，要继续加强推进高新区企业创新能力提升工作，让企业以知识产权助推创新发展，提高企业科技业务素质和管理水平，进而提高企业创新能力，创造更多效益。

【科技金融建设】 科学技术是第一生产力，金融是现代经济的血液，科技金融结合是科技与经济结合的重要切入点和突破口。梧州高新区全方位推进金融服务载体、服务内容、服务方式创新，加大科技金融建设力度。针对中小企业融不到资、融不起资、融不好资等融资难题，成立园区金融部，建立园区融资服务体系，鼓励各金融机构积极创新经营机制、信贷产品以及授信模式，缓解企业融资难题。

梧州高新区积极开展金融对洽活动，搭建银企对接平台，完善金融服务载体，拓宽企业投融资渠道。先后配合农村信用社、建设银行、工商银行、交通银行、桂林银行、农业银行、中国银行、北部湾银行、邮政储蓄银行等金融在园区召开银企产品推介会、深入园区企业宣传金融产品。并与建设银行梧州分行筹建了小微企业“助保贷”业务，为企业提供充分的金融服务。2013 年，梧州高新区 55 家企业在农村信用社、建设银行、工商银行、交通银行、桂林银行、农业银行、中国银行、北部湾银行、邮政储蓄银行、民生银行等金融机构取得新增贷款近 16 亿元，贷款余款 25 亿元，其中：高新企业新增贷款近 8 亿元，贷款余款 12 亿元；取得风险投资机构风险投资额 6000 万元。

【人才队伍建设】 梧州高新区重视人才队伍建设，建立有效人才柔性流动制度，以政、校合作为桥梁，积极推动校企合作，实现校企合作的无缝对接。目前，园区已与市职教中心、广西梧州经贸学校、梧州学院等 12 所学校建立了长期合作关系，其次也加强与广西大学、桂林电子科技大学、广西职业技术学院以及华南理工大学等区内外的知名大学的交流，进一步拓宽校企合作渠道，扩大招生规模，大力培育高级技术人才和熟练技术工人，为园区产业的发展提供技术人才保障。2013 年，已为园区企业输送技术人才 5300 多人次，其中鑫华通 1700 多人次，住电 600 多人次，其余企业 3000 多人次。

梧州高新区积极为园区内各企业引进各类人才，截至 2013 年底，每万名从业人员中本科学历人数约 594 人。引进特殊人才 97 人，其中硕士学历约 65 人，博士学历约 20 人，院士 6 人，长江学者 2 人，其他 4 人。特殊人才主要集中在中恒集团和神冠集团。

（覃冬儒）

广西钦州高新技术产业开发区

【概况】 广西钦州高新技术产业开发区（以下简称钦州高新区）前身为钦州市河东工业园区，始建于 2005 年，2007 年 9 月被确认为广西壮族自治区 A 类重点产业园区，2012 年 11 月经自治区政府批准为自治区级高新区。钦州高新区位于钦州市主城区东部，是钦州临海工业大发展的同时，依托主城区集中发展高新技术产业的重要基地。园区总体规划面积 42.2 平方公里，其中一期规划面积 4.89 平方公里，二期规划面积 11.6 平方公里。规划范围：东至钦犀大道、西至蓬莱大道、南至南北高速公路、北至永福东大街及钦北铁路。园区自然风光旖旎，区位条件优越，距钦州港区 10 公里，钦州保税港区 15 公里，离南宁、北海机场 100 公里。2013 年，钦州高新区规划区内完成工业总产值 48.71 亿元，企业上缴税金 7459 万元（其中园区一期工业总产值完成 12.96 亿元，企业上缴税金 1600 万元）。完成固定资产投资 12.75 亿元，完成全年任务的 106.3%，同比增长 19.4%。

【科技成果与奖励】 钦州高新区管理委员会（以下简称钦州高新区管委会会）积极组织园区企业参加广西发明创造成果展览交易会、广西科技活动周等科技展览会。2013 年 11 月下旬，组织园区钦州盛和电子科技有限公司、钦州华成自控设备有限公司、广西钦州华威格科技有限公司等企业参加了桂林第三届广西发明创造成果展览交易会，其中，华威格公司的便携式充电器获得了展览交易会的银奖。

【知识产权管理】 钦州高新区管委会会积极协调、敦促企业组织申报发明专利，2013 年共申报专利 20 多件。2013 年 5 月，组织申报广西知识产权示范园区，以知识产权试点和示范为手段，全面推进园区各项知识产权工作。

【产学研合作】 钦州高新区管委会积极深化校企合作平台建设，引导园区内各企业与高等院校和科研单位采取多种合作方式共建企业研发中心和企业工程技术中心。2013年5月29日，广西钦州同方数字技术有限责任公司与钦州学院正式举行产学研合作基地签字暨揭牌仪式；同年10月28日，钦州盛和电子科技有限公司与钦州学院举行产学研合作基地暨盛和电子光电实验室揭牌仪式。目前，园区内共有实验室、研发中心4个，其中自治区级1个，正在申报市级的有3个。

【高新技术产业】 钦州高新区主要发展战略性新兴产业及高新技术产业，优先发展电子信息制造、生物技术与新医药、新能源和新光源、精密制造、坭兴陶创意文化、现代物流、高端生产性服务业等产业。经过几年的发展，园区已形成以3大产业为主的产业格局：一是电子信息及光电产品；二是生物医药及保健产品；三是机电及（钟表）精密制造产品。目前园区内高新技术企业共有6家，包括钦州华成自控设备有限公司、钦州市创华工控设备有限公司、广西钦州力顺机械有限公司、广西钦州同方数字技术有限公司、广西钦州宇欣电子科技有限公司、广西钦州桂金诺磷化工有限公司等企业。

【创新服务体系建设】 钦州高新区管委会着力优化园区投资软环境，加大项目跟踪服务力度，为项目和客商提供全天候、全方位、全过程服务：一是建立“一对一”跟踪帮办落实制度，对企业遇到的问题和困难进行梳理、汇总，及时送达涉及的相关部门，指定专人负责全程跟踪服务。2013年共帮助企业办理解决事项约300多件，已完成处理事项占总数的92%。二是协助企业办理工商执照、初步选址、总平、设计及施工许可证等各种报批手续及相关证件。三是建立上门拜访企业机制，委领导不定期组织上门拜访企业业主，深入了解企业在生产发展中存在的困难和问题，听取业主的意见和建议。四是积极探索并建立园区企业招工长效机制。通过采取媒体宣传、参加专场招聘会、到本地大中专院校设点及下乡招聘等途径，积极为企业解决人才和用工需求，今年以来已为入园企业招聘3500人，基本满足了园区企业用工需求。五是全力抓好维稳工作。完善园区应急联动管理机制，扎实做好安全生产百日督查专项行动、重大节假日和“安全生产月”的安全工作，配合市应急办、市消防支队于6月举行了钦州市“安全生产暨应急科普宣传”进企业灭火疏散演练活动；2013年全年共组织5次拉网式排查，深入项目施工现场深入开展“打非治违”活动，及时发现并督促施工单位整改安全隐患，确保园区项目施工安全生产。

【招商引资工作】 2013年，钦州高新区共完成招商引资合同投资总额102亿元，其中外资1000万美元，签约入园项目19个，全力以赴构建招商引资新体系：一是做好招商工作计划。以做大做强主导产业、延伸产业链条、完善产业配套为重点，坚持招大引强与“短、平、快”项目相结合，紧盯重点招商区域，有计划有目的地赴广州、深圳、东莞、中山、珠海、香港分别开展电子项目和钟表项目招商及推介活动。二是组建专业招商团队。由专业招商队员有针对性地到重点区域收集信息，跟踪洽谈项目并指定专人对接，同时充分发挥园区已聘请的19名重点企业董事长或总经理的人脉关系及客户资源，努力招引关联企业及配套项目到园区投资建厂。三是开展多样招商活动。通过以规划引商、以产业链补缺招商、对口招商、资源引商、以产业融合发展招商、以商引商等举措，充分调动各方面资源，推动更多企业到高新区入驻发展。2013年，共引进了鲲炎LED外延芯片生产研发基地、祥盈LED芯片及高端显示屏研发生产基地项目、半宙天龙现代中药制剂及生物提取产业基地、众森医药生物制药及中药饮片生产等19个项目。

【高新区规划与建设】 钦州高新区紧紧围绕构建科技工业新高地，建成现代化城市新区、产城融合示范区、高新技术产业聚集区这一战略目标，坚持“产业与城市融合发展”、“做产业先做环境”、“政府引导与市场主导”相结合的三大发展理念，全力推进一期、二期和综合功能配套区三大片区建设。园区一期引进的钦州香港清华同方数字电视、盛和电子LED灯具、骏升科技遥控器等项目已投产。祥盈大型LED电子显示屏与照明灯具、外延芯片及封装生产研发基地项目和鲲炎LED外延芯片生产研发基地项目等正加快建设步伐，电子信息产业集聚区初具规模。二期启动区共完成征搬项目用地1296亩，正在开展土地平整900多亩，目前已有半宙天龙现代中药制剂及生物提取产业基地项目、众森医药生物制药及中药饮片生产项目、南珠制药海洋生物制药及珍珠保健品项目、百利乐生物免疫、保健系列产品生产项目等10个项目落户二期，2014年计划扩征2500亩集体土地积极打造生物医药产业园和香港钟表基地。综合功能配套区目前累计投资超过25亿元，已建成金港大厦、东盟会馆等设施，正在建设专家楼、科技创业园、中高档居住区和职工安置房等项目；同时，加快推进园区一期坭兴街、二期南环路、东江路等8条道路建设，形成较为完善的路网体系，筹措资金建设二期进园道路，为项目入园动工创造条件；标准厂房建设年内共建成6.16万平方米标准厂房；回建宅基地建设和公寓式安置房建设方面，完成了90套及7幢公寓式安置回建房主体工程建设。2013年共完成基础设施投资约2.6亿元。

【科技人才管理】 钦州高新区管委会先后与广东博士科技有限公司签订了科技创新体系建设战略合作框架协议，与广西仁科为生物科技有限公司签订了钦州高新区医学研究中心博士后实践基地战略合作框架协议，与钦州学院签订了产学研战略合作框架协议，着力抓好科技人才培养工作，建设人才基地，积极打造学习型园区。

【项目建设】 全面实施领导挂帅、项目负责人主动对接项目业主的机制，全力协调解决项目在推进过程中存在的困难和问题，以点带面加快项目建设：一是全力抓好投产企业投产和升级扩能，着力服务解决好企业的原材料运输、产品检验通关、管理人才引进等问题，力促已试产、投产的企业顺利实现稳产达产。2013年3月，清华同方向法国出口1500多台液晶数字电视，实现钦州高新区数字产品迈出国门的突破。二是全力加快推进已签约引进的项目建设。一批项目建成竣工：盛和电子LED灯具、骏升科技遥控器等一批项目建成投产；邱屋村一期安置房等一批项目竣工。实现13个项目开工建设，主要有：鲲炎LED外延芯片生产研发基地项目、祥盈LED芯片及高端显示屏研发生产基地项目、半亩天龙现代中药制剂及生物提取产业基地项目、众森医药生物制药及中药饮片生产项目、南珠制药海洋生物制药及珍珠保健品项目、百利乐生物免疫保健系列产品生产项目、广政全透明光伏显示屏生产线项目、皕盛塑胶包装项目等。

（蔡昭莹）

科研院所科学技术

桂林电器科学研究院有限公司

【概况】 该公司成立于1954年，原名为中国第一机械工业部电器科学研究院，1970年从北京搬迁到桂林，原为机械工业部直属研究所，1999年转制成为国有科技型企业隶属中国机械工业集团有限公司，2013年进一步改制，更名为桂林电器科学研究院有限公司。桂林电科院上级集团公司——中国机械工业集团有限公司是由中央直接管理的国有重要骨干企业，连续三年进入世界500强，排名326位。2013年末，该公司有职工800人，专业技术人员464人，其中：高级专业技术职称76人，中级专业技术职称162人，享受政府特殊津贴待遇的5人。各类专业技术人员中，博士生1人，研究生40人，本科生256人，专业涉及合金材料、高分子材料、自动化、机械设计、电气工程、管理类等相关专业。2013年，销售收入6.332亿元，利润1847万元。

该公司负责全国电工材料和绝缘材料的行业归口管理及全国电工合金标准化技术委员会、全国绝缘标准化技术委员会和全国模具标准化技术委员会工作，负责IEC/TC10、TC15、ISO/TC 29/SC 8国内技术对口管理工作，承担中国电工材料、电工模具、特种电机、塑料薄膜成套机械装备、磁性材料及电工材料等重大专项科技攻关和重点军工产品研发，拥有《电工材料》、《绝缘材料》和《模具工业》等3本科技期刊。该公司拥有经国家科技部批准成立的“电工材料行业生产力促进中心”和经中国实验室认可委员会（CNAL）认可、中国国家认证认可监督管理委员会计量认证的“机械工业电工材料产品质量监督检测中心”，在绝缘材料热老化、绝缘系统电/热老化、局部放电、耐脉冲放电老化及环境试验等检测方面，是国内一流的、最具权威性和影响力的专业检测实验室。

2013年，该公司主要从事电工材料的研发及生产、大型薄膜成套生产机械设备的设计及安装、特种电机的设计与制造等，在中国电工材料的关键功能材料和重要基础材料领域中，通过对电器产品关键技术的开发和创新、人才培养，提高自主创新能力、产业核心竞争力和可持续发展能力，为中国电器工业发展提供技术支撑和保证。2013年5月，该公司与华南理工大学共同合作组建了广西壮族自治区桂林电科院材料工程院士工作站并获得自治区首批认定资格。同年，该公司被认定为第一批自治区知识产权优势培育企业以及第一批中国创新驿站广西工作站点。

【科研项目与经费投入】 2013年，该公司共承担各级（类）纵向科研项目9项，自主立项科研项目10项，累计投入科研经费2977万元。其中，科技部院所资金项目1项，省部级项目5项，桂林市科技开发项目2项，中国机械工业集团科技发展基金项目1项。2013年，共组织制修订标准123项，落实经费65万元，公开发表论文33篇。

【科技开发】 2013年，该公司通过广西电器产业工程院、广西院士工作站和公司研发中心，完善研发平台和队伍建设，整合研发和产业化资源，加强高端、特种功能材料核心技术研究开发、工程应用、成果转化和产业化的能力；集中国内外最优秀的技术和人才，解决产业在节能、环保、低成本、高性能、高精度等方面的共性关键技术。在政府科技经费支持的基础上，该公司为各项纵向课题配套投入了一部分自有资金，确保研发工作的正常有效开展，以保证课题研发计划任务的顺利按期完成。该公司为其他日常研发工作和大型仪器设备的购置配套了相应的资金，以确保公司研发能力的不断提高。

锂电池隔膜湿法生产工艺技术的研究　项目采用共混改性的方法，改变基体树脂组成，提高了薄膜产品的耐热性20℃以上，对电池隔膜的高温完整性有好处，同时力学性能也获得了相应的提高。采用新的复合配方体系，实现湿法成孔工艺方法制孔技术；采用独特的分散方法，使各组分充分地分散到树脂本体中；采用独特的溶液体系及成孔工艺，实现了平稳连续地制出预定孔径及孔隙率的隔膜的目标；有效控制了隔膜孔径和孔隙率在预定的范围，配方中的各组分的分散技术，使纳米级的孔能够均匀地分散在薄膜本体中，成孔后孔的分布合理化。项目通过研究基体材料的特性及湿法锂电池隔膜造孔工艺技术规律，用以指导锂电池专用隔膜生产线成套装备技术的完善，满足国内便携式消费类电子产品配套的锂电池及动力型锂电池用隔膜材料的国产化的迫切需求，从而降低动力锂电池的成本，推动中国电动汽车领域的产业发展。

动力锂电池用隔膜专利预警评价及示范　项目以动力锂电池用隔膜相关的专利数据为研究对象，分析关键技术的专利布局及技术发展趋势，通过对动力锂电池用隔膜专利数据进行深层次挖掘与分析，明确了公司开展动力锂电池用隔膜的研发动向，了解竞争对手的专利布局，规避潜在的技术侵权风险，占领技术制高点，从根本上促进了广西汽车工业的技术进步。同时为广西其他战略新兴产业的发展提供了专利预警示范，有效提高广西企业竞争优势，推进广西经济的持续健康发展。

纯电动城市公交车用150kW双绕组直流无刷电机研究　项目研制了一种用于城市公交大巴的150千瓦双绕组直流无刷电机，电机采用专用控制器自动改变绕组连接方式，实现“低速恒转矩与高速恒功率”的转换，可根据车辆所处的起步、爬坡、低速、高速状态，系统自动工作在串联或并联状态，电机适时输出适合车辆运行的转矩，使电机的动力性能最佳符合车辆的需要；采用螺旋隔板循环水道结构，有效地降低电机温度，减少电机损耗，提高电机的功率体积比和可靠性，提高续驶里程、延长电池寿命。项目完成后，形成了年产1000台的生产能力，并开始小批量供货，为产业化提供基本条件。

【科技成果及简介】　2013年，该公司共有19个科研项目完成了研发计划任务，取得科技成果17项，共有4个项目分别通过广西科技厅和桂林市科技局的科技成果鉴定，并在广西科技厅完成了成果登记。2013年，该公司致力于新产品、新工艺的研发，共提交专利申请44件，其中发明专利29项，实用新型专利15项；获授权专利30项，其中发明专利13项，实用新型专利17项。

高性能环保触头材料研究　项目在混粉法工艺中所采用的在Ag粉中加入微量添加剂的“雾化加入法”新工艺，具有操作简单、添加剂分布均匀的优点，该工艺在公开文献中未见报道；在雾化法工艺中所采用的锭子高压氧化和烧结一步完成的独特新工艺，既缩短了工艺流程、降低了生产成本，又提高了材料的综合性能，属国内首创。该项目在化学共沉积法工艺中所选用的沉淀剂，具有环保、无毒、成本低廉、操作简便、易于控制等优点。项目产品的综合性能处于国内领先、并达到国际著名触头制造商同类产品的先进水平。

低压断路器用银镍焊接触头元件开发　项目确定焊接设备、焊接工艺参数、触头形状、工装夹具的形状、电极配对组合以及全自动化焊接触头元件生产线的构成及型材加工工艺，制定了合理的工艺规程。项目自主研发的全自动化焊接触头元件生产线已获得实用新型专利授权——“低压电器触头元件生产线”。该生产线首次在国内实现了自带料送进到元件成型的全自动化操作，是国内焊接元件生产设备设计的一个创举，技术水平处于国内领先水平。该项目形成了年产约1200万件以上中高端触头元件产能的工艺技术和设施条件，为该公司产品进一步深加工打下了基础，强化了该公司在电触头技术领域的领先地位。

注射用棉纤维酚醛模塑料的研制　项目在酚醛树脂基体中加入棉纤维增强材料和相关的填料、助剂，解决了树脂和纤维的相容性、助剂的选择和造粒工艺的控制等关键技术，确定了合理的工艺规程，形成了自主知识产权并获得授权发明专利——“棉纤维增强注射型酚醛塑料及其制备方法”。该项目研制的棉纤维增强注射用酚醛塑料在耐热性、尺寸稳定性、电气绝缘、机械强度及成型加工工艺性等主要性能方面与德国Bakelite公司PF51塑料基本一致，产品及其制备方法填补了国内空白，主要技术指标达到同类产品的国际先进水平。2013年该公司针对酚醛模塑料PT－205在制件结构复杂的情况下出现的排气不良、制件表面颜色不均匀、制件有气坑、收缩纹及鼓包等现象，提出了工艺改进自主立项——“酚醛模塑料PT—205应用工艺性能改进”，项目完成后的PT—205在制件结构复杂的情况下也能保持良好的外观。

4.6米双轴定向聚酯薄膜（厚膜）生产线的研制　项目的研制成功使该公司拥有了自主知识产权的聚酯薄膜（厚膜）生产线装备的设计制造技术，打破了国外技术垄断的局面，大大提高了国产线的技术水平和生产规模，将中国的双轴定向聚酯薄膜（厚膜）生产线技术水平向国际先进水平推进了一大步，在推动国内聚酯薄膜制造业的发展、替代进口、抢占国际市场方面起到了积极作用。随着BOPET厚膜（75～350μm）在液晶显示屏屏膜及保护膜、太阳能背光膜等方面应用的发展，BOPET薄膜的新应用领域，特别是聚酯薄膜（厚膜）的应用也将越来越广泛。近年来，该公司已完成了两条双轴定向聚酯薄膜（厚膜）生产线的销售，该项目的成果已为该公司带来的销售收入达8000多万元，其技术水平处于国内领先水平。

【科技成果推广应用】　2013年，该公司掌握了具有自主知识产权的电工触头材料核心技术，在国内同行中该公司拥有的技术一直处于领先地位，生产的系列触头产品亦处于国内领先水平，部分产品已达到国际水平并替代国外进口材料在电器产品中广泛应用。该公司在科技部、广西科技厅和桂林市科技局的支持下，实施了“高性能环保触头材料研究”、“含添加物的银镍环保触头材料制备工艺及性能研究”、“低压断路器用银镍焊接触头元件开发”、“银氧化锡电触头材料在继电器应用条件下的电弧侵蚀机理研究”和“化学共沉积法银氧化锡触头材料制备工艺研究”等5个环保型触头的纵向课题研究计划；公司技术创新基金项目立项9项。项目的研究工作取得了多项成果，在接触器上取得了较好的应用效果，并在继电器上亦得到了一定的推广应用，获得众多客户的好评。

该公司围绕电工材料用特种薄膜材料的研发及其大型生产线装备技术进行设计和开发，形成了集机电设计、关键部件制造、生产线安装调试为一体的综合设计开发团队，在大型薄膜生产线装备关键技术研究的基础上，成功实现了成果技术转让服务共5项。项目研究成果填补了国内空白，已成功推广应用，巩固了该公司作为国内唯一具有薄膜成套装备研发能力单位的地位，其技术水平也始终处于国内领先地位。

高性能环保触头材料研究　项目使用在混粉法工艺中所采用的在Ag粉中加入微量添加剂的“雾化加入法”创新工艺成功开发出环保型高性能$AgSnO_2$触头材料，项目产品主要应用于继电器、接触器等低压电器产品中，客户均为国内接触器产销量较大的知名电器公司及继电器产销量较大的知名电器公司。目前国内继电器、接触器等主要低压电器对银氧化锡材料的需求量达到200吨/年以上，而且今后几年每年还将以15%～20%的幅度稳定增长，市场前景十分广阔。项目研究期间，实现了接触器用高性能环保$AgSnO_2$触头的产业化生产及继电器用环保$AgSnO_2$触头的小批量生产，取得了较明显的经济效益。

4.6米双轴定向聚酯薄膜（厚膜）生产线研制　项目的研发解决了双轴定向拉伸聚酯薄膜（厚膜）生产线的多项关键技术难题，打破了聚酯薄膜（厚膜）生产线依赖进口的局势，有效提升了该公司在双向拉伸薄膜设备市场上的竞争力，实践证明经济效益、社会效益是显著的。生产线的造价较进口同类型生产线低2000万元以上。该生产线不仅可以成为替代进口聚酯薄膜（厚膜）生产线的主流产品，而且也为客户引进生产线时提供了压低进口价格的砝码，为企业节约外汇，降低设备成本，增加了薄膜市场的竞争力，同时还可为该公司争取出口创汇。该项目研发的聚酯薄膜生产线设备已在江苏、广东、山东、安徽等省份的客户中推广应用，并取得了良好的经济效益，预计年新增产值4000万元，利税950万元。

双轴定向薄膜同步拉伸机的研制　项目通过对导轨及链铗、传动系统、链铗机架、热风系统的研究，解决了相关关键技术问题，在国内首次研发了双轴定向薄膜同步拉伸机，打破了国外对中国双轴定向薄膜同步拉伸机的技术封锁和垄断，为国内企业生产制造光学薄膜、尼龙薄膜、高收缩性薄膜、电池隔膜等各项性能均衡的薄膜提供了技术和设备保障，有效提升了该公司在塑料薄膜设备领域的竞争力，对推动行业进步具有重要意义。项目成果已推广应用，整机技术应用已为该院实现销售合同额1500万元，单项技术也已经推广应用于多条电池隔膜生产线中，取得了良好的经济、社会效益。

【人才与创新团队】　2013年，该公司充分利用自身有利条件加大对外宣传力度，并积极发挥已有的院士工作站、博士后工作站及广西高校研究生联合培养基地等平台优势，与国内高等院校及行业权威专家及机构建立了良好的人才、信息、技术等方面的合作与交流。近年来引进博士后1名，联合培养硕士研究生10余名，并已有优秀硕士毕业生毕业后选择留在公司工作。同时，与华南理工大学、天津工业大学、桂林电子科技大学、桂林理工大学等高校、科研机构签署了相关技术合作协议，进一步提高了公司在业界的影响力和研发能力，吸引各类优秀人才来公司工作。

该公司不断加大对人才，特别是青年人才的培养和投入，根据企业发展战略需要，积极开展后备人才的培养工作，举办了第一期“后备人才培训班”，聘任了14位公司领导、教授级高工及首席工程师作为第一批后备人才培训班的培训导师，甄选24名德才兼备、有发展潜力的青年人才作为第一批“后备人才培训班”学员，在工作学习的同时，参加桂林市龙胜县西腰银桥希望小学社会支教活动，增强了优秀后备人员的使命感与责任感，为企业发展增添后劲，为年轻有为的青年人才综合化发展，特别是走上管理岗位开辟道路。

2013年是该公司建立内训师队伍的第二年，公司拥有内训师共82人，其中参与授课42人，占内训师比例51%，全年培训人次共6836人次，极大促进了公司学习型组织的建立，增强了员工的学习能力和工作技能。

【科研平台建设与科研仪器设备】 该公司在完善原有电工合金、绝缘材料和模具三大行业的标委会、协会秘书处和教育培训委员会、检索查新中心等各类平台共13个，形成了集检测、标准、情报和各类技术服务为一体的面向全社会的电工材料开发平台的基础上，还建立了广西电工材料工程技术研究中心、广西电器产业工程院。

2013年，该公司与中国塑料机械领域唯一的专家——华南理工大学瞿金平院士团队共同组建了桂林电器科学研究院有限公司材料工程院士工作站。桂林电器科学研究院有限公司材料工程院士工作站是受广西科技厅第一批认定建设的院士工作站，与中国工程院瞿金平院士团队形成了强强联合、优势互补的合作团队组合。院士工作站的设立将为该公司培养高层次科技创新人才队伍，促进研发成果产业化，增强该公司自主创新能力和市场竞争力奠定坚实的基础；还将全面推动中国特种薄膜双向拉伸生产线的技术进步，并在关键生产技术方面赶超全球最大薄膜生产线制造商布鲁克纳的生产水平提供了强有力的技术支撑。

该公司被认定为第一批自治区知识产权优势培育企业，这将有利于对该公司的知识产权进行有效的保护，以技术创新推动产业升级，促进公司产业规模的持续扩大。该公司还被认定为首批中国创新驿站广西工作站点。创新驿站的建设将有利于充分发挥该公司作为电工材料行业归口单位在广西区的影响力和对地方相关行业的技术辐射、带动作用，集成广西技术创新和技术转移服务资源。

2013年，该公司通过硬件条件升级改造，添置关键设备10余台/套，解决核电三代AP1000、中广核及佳电核电项目能力阻塞，解决超高/特高换流变压器用绝缘材料局放前沿研究手段，针对带金属嵌件的绝缘制件扭矩试验，解决扭矩扳手不准确等问题，开展电气绝缘材料及绝缘系统老化评定技术研究，建成国内一流的综合性、专业性、权威性绝缘材料与绝缘系统老化评定试验室，建立一套完整的满足发电、输配电、航空舰船等相关领域用绝缘材料及绝缘结构老化评价标准体系，填补中国绝缘材料及绝缘结构老化评价标准体系的空白，进一步拓展该公司新的检测领域，还将对中国新能源产业、轨道交通、超高/特高输变电工程及电器工业和军工领域的自主研发和国产化替代的进程也有积极的推动作用。

【科技交流与合作】 2013年，该公司通过华南理工大学、华中科技大学、昆明贵金属研究所、苏州三立电工合金有限公司、桂林客车工业集团有限公司、天津工业大学、哈尔滨理工大学、哈尔滨工程大学、广西师范大学、桂林电子科技大学、桂林理工大学等高校和科研机构及企业开展学术交流，以“产学研”合作共同研究的方式实现长期战略合作伙伴关系，充分利用高等院校高层次的人力和设备资源，推动产学研之间的优势互补和强强联合。

绝缘材料研究方面，与广西师范大学合作开展锂电池隔膜研究，项目完成后将实现电池隔膜工艺、装备技术的突破，形成具有自主知识产权的基于一定工艺的隔膜专用装备生产线，达到同类产品国际先进水平。

触头材料研究方面，与桂林电子科技大学针

对雾化法银氧化锡材料合金粉末氧化及塑性变形机理长期开展科技攻关合作，联合申报了广西科技厅科学研究与技术开发计划项目“雾化合金粉末高压内氧化工艺制备高延性银氧化锡触头材料研究”并获得立项批准。项目将通过对银氧化锡材料的氧化机理、塑性变形机理研究，开发出“雾化合金粉末高压内氧化工艺”新技术，制备出通用性较强的新型高延性银氧化锡（$AgSnO_2$）材料，以满足低压电器的对高性能 $AgSnO_2$ 材料的需求，最终达到产业化的目的。

2013 年，该公司与桂林理工大学、桂林客车工业集团有限公司联合开发了纯电动城市公交车用 150 千瓦双绕组直流无刷电机。该电机采用了特殊的双绕组结构，通过专用控制器自动改变绕组连接方式，实现“低速恒转矩与高速恒功率”的转换。采用螺旋隔板循环水道结构，有效地降低电机温度，减少电机损耗，提高了电机的功率体积比和可靠性。该电机产品用于城市纯电动公交车，在原有电机生产平台上补充相关生产设备和测试设备，现在已具备年产不少于 1000 台大功率纯电动公交车专用永磁无刷直流电机生产能力。

该公司还与天津工业大学联合开展了“抗静电聚酰亚胺双向拉伸薄膜的研究与制备”项目的研发工作，项目开发了一种防静电聚酰亚胺薄膜，具有长期、持久抗静电效果，且能保持一定的力学性能，产品各项性能指标接近或达到杜邦 XC 膜标准。该产品可用于电子电工行业耐高温要求的 H 级电机和变压器线圈绝缘包扎等，以及线路板制造行业中电子保护粘贴等。项目完成后具备产业化条件，已成为该公司电工电子材料新产业基地的建设提供新的经济增长点。

2013 年，该公司还邀请院士顾问中国工程院雷清泉院士莅临该公司就绝缘材料的应用，尤其是就聚酰亚胺薄膜的应用、国内研发情况及技术发展动态与该公司技术人员开展了深入的技术交流。该公司还聘请了德国知名电触头专家作为顾问，在银氧化锡材料制备工艺、触头元件加工工艺等方面对公司的研发工作进行技术指导。

（冯俊杰　张倩）

中国地质科学院岩溶地质研究所

【概况】　该所建于 1976 年，2004 年确定为国家非营利性科研机构，是国家科技创新体系的组成部分；是中国地质调查局、中国地质科学院直属的事业单位。主要承担岩溶地质基础理论与应用研究以及岩溶地质调查与评价工作，为联合国教科文组织国际岩溶研究中心提供支撑。

主要从事国家科技创新体系建设；从事基础性、公益性岩溶地质调查和战略性资源勘查工作；提供国家岩溶地质基础信息服务。经过三十多年的努力，逐步形成了岩溶动力学与全球变化、岩溶资源评价与开发利用、岩溶生态系统与石漠化治理、岩溶地质灾害防治与环境保护、岩溶景观与洞穴资源调查评价、岩溶探测与测试等优势研究领域。

岩溶动力系统与全球变化国际联合研究中心被科技部认定为国家级联合研究中心，岩溶动力学重点实验室为国土资源部和广西壮族自治区重点实验室，岩溶生态系统与石漠化治理重点实验室为国土资源部重点实验室，岩溶塌陷防治重点实验室为中国地质科学院和中国地质调查局重点实验室。中国地质学会岩溶地质专业委员会和洞穴专业委员会挂靠在该所，主办学术刊物《中国岩溶》是中国唯一公开发行的岩溶学术性刊物。

【科研项目与经费投入】　2013 年，该所承担科研、地调、社会服务及基本科研业务费项目共 127 项，合同经费约 1.53 亿元，其中科研项目 33 项，地调项目 24 项，社会服务项目 38 项，基本科研业务费项目 32 项。

【科技成果及简介】　2013 年，该所共发表论文 112 篇，其中，中文核心 62 篇，SCI 9 篇，EI 8 篇，一般 33 篇。获省部级奖励 4 项，其中以第一单位获省部级科技奖三项，分别是：“广西岩溶山区石漠化及其综合治理研究”，获 2013 年国土资源科学技术奖二等奖；“碳酸盐岩缝洞系统模式及成因研究”，获 2013 年国土资源科学技术奖二等奖；“广西岩溶区石漠化控制与治理技术集成”项目，获 2013 年广西科学技术进步奖二等奖；以第二单位参与的“生态环境变化地质指标体系研究”项目获得国土资源科学技术奖二等奖。开展了地下水污染防治技术、岩溶生态与石漠化治理研究、岩溶碳汇与全球变化研究等专业研究领域的原创性研究，极大提升了自主创新能力，为生态文明建设和经济社会发展发挥了重要的积极作用。

岩溶峰丛洼地表层岩溶泉域植被生态需水量

研究　国家自然科学基金青年基金项目。本项目选择岩溶峰丛洼地森林、灌丛环境下的表层岩溶泉域，以地球系统科学为指导，运用野外调查和自动化定点监测技术，研究了植被不同组分对水循环的调节，利用氘氧稳定同位素确定典型岩溶植物的水分吸收来源，通过植物生理学法和彭曼联合法研究植被的蒸散耗水，计算了岩溶植被生态需水量在区域水资源中的比例，初步筛选了岩溶水源涵养型植被。结果表明：森林和灌丛环境下的枯落物和土壤性质存在显著性差异。不同植被群落枯落物的吸水率依次为：成熟林（190.64%）＞灌丛（188.75%）＞乔幼林（171.46%）。成熟林枯落物有效拦蓄量是灌丛的11倍。森林的土壤田间持水量最大可达54.89%，森林和灌丛环境下的土壤物理性质存在显著性差异，与灌丛相比，成熟林的土壤容重小，孔隙度大，田间持水量高，土壤结构疏松，通透性好，水源涵养能力强。保存较好的天然林植被的枯落物层、土壤层反映出来的水源涵养能力较其他植被有着明显的优势。同时研究了岩溶峰丛洼地顶级群落的建群种青冈的水分吸收来源，随着雨水的较少，青冈吸收的水分来源从土壤水，转到浅层裂隙水，旱季则吸收浅层裂隙水和深层裂隙水；根据同位素混合比法＋植物茎流计法，计算泉域内，植被地下水利用量占植被总蒸腾量的35%～96%，其量约为260毫米～712毫米，占年降雨量的15%～42%，植被依赖地下水的程度很高；应用植物茎流计法，估算泉域内植被年蒸腾量约为742毫米，根据彭曼公式，泉域内年林下蒸发量约为120毫米，因此泉域的年总蒸散发量为862毫米，占年降雨量的51%，该植被对表层岩溶水具有很好的涵养能力。泉域内植被主要为封山60a形成的常绿阔叶林群落，群落高度16米，盖度95%，郁闭度约0.92，以中性树种青冈（Cyclobalanopsisglauca）占优势，阴香（Cinnamomumburmanni Bl.）、石山樟（Cinnamomumsaxitilis）等树种也较多，该植被可为岩溶区石漠化恢复过程中水源林的建设提供模板。

岩溶土洞的形成机理研究　国家自然科学基金面上项目。岩溶土洞作为岩溶区特有的不良地质现象，已成为中国覆盖型岩溶区基础工程建设面临的主要地质病害隐患。本项目以岩溶土洞为研究对象，针对岩溶土洞发育的基本地质模式和形成机理这一关键技术问题进行系统研究。

项目首先以桂林、贵港、龙岩、鞍山和广州市为典型区，通过野外调查、雷达扫描、钻探、开挖等技术手段，根据发现土洞的位置、土层结构、地下水动力条件的不同，建立了两种岩溶土洞发育的地质模式：岩溶土洞发育在基岩面附近的地质模式（有含水层的多元结构土层）；岩溶土洞发育在波动带的地质模式（无含水层的单层结构土层）。然后，通过室内大型物理模型试验、矿物成分、渗透变形实验、崩解试验，深入分析岩溶土洞的形成机理，建立了单层土体结构岩溶土洞形成机理：土洞首先在基岩面形成，然后逐渐往地面扩展，其发育扩展过程可分为3个阶段：

基岩面附近阶段，土洞形成与地下水位的承压状态和地下水位初始下降速度密切相关，此阶段土洞的形态是以缝（洞）的形式存在，形成通道，通道规模较小，施工（钻探）中难以发现。地下水包气带（季节变动带）阶段，土洞扩展以地下水反复浸泡下发生崩解作用为主，规模较大，施工（钻探）中易发现。近地表（垂直渗入带）阶段，土洞扩展以上部降雨入渗，洞顶剥落为主，崩塌块体较大。此外，通过高精度的地下水动力监测手段，建立了岩溶土洞（塌陷）水动力条件的危险性评价指标。

西南岩溶区水文地质环境地质调查　通过对西南重点岩溶流域进行1∶5万水文地质环境地质调查，查明了工作区岩溶水文地质条件、岩溶水系统特征、开发技术条件和环境地质问题。选择不同类型岩溶区，以流域为单元，开展了1∶5万水文地质和环境地质调查，掌握了岩溶干旱、洪涝、地质灾害状况，制定了流域内岩溶水开发工程方案和地质环境综合整治区划。这一基础性调查成果被多个部门应用于调查区开发治理工作中。依托野外试验基地，开展典型岩溶地下河系统监测与水循环试验，研究了岩溶地下水循环机理，为岩溶水资源评价提供了支撑。在桂林海洋—寨底地下河系统野外试验基地开展了3次示踪试验，根据示踪试验结果得出琵琶塘—水牛厄段和响水岩—寨底段地下河介质结构具有多重性的特点。通过地表水文模型与地下水模型的耦合，开发了岩溶水系统数值模拟模型，探索了适合岩溶地下水系统的水资源评价新方法。利用2012年开发的地表与地下水耦合评价模型（KWMS模型）对桂林寨底典型岩溶地下河系统进行了初步的模拟，并选择了响水岩—寨底段，对其暴雨过程的水动力变化规律进行了模拟和研究。按类型进行了岩溶地下水有效开发利用与干旱缺水综合治理经验

总结。包括：岩溶峰林平原旱片治理与节水生态农业；溶丘洼地区堵洞引水与庭院绿色经济；深切峰丛洼地表层岩溶带调蓄与生态经济；断陷盆地区堵洞蓄水与水资源联合调度等。

重点地区岩溶塌陷调查研究　通过近两年的实施，积累了岩溶塌陷调查的经验，也初步形成岩溶塌陷调查防治工作的相关技术规范。初步查明工作区岩溶塌陷现状、地质背景和发育规律，查明了示范区岩溶塌陷数量、主要类型、发育分布规律、形成演化机理和主要影响因素，建立了工作区岩溶塌陷发育的地质模式和动力模式。编制了工作区岩溶塌陷主要影响因素专题图。初步总结中国重点地区岩溶塌陷发育规律，统计显示，在中国已有岩溶塌陷灾害中，约70%为人类工程活动所诱发，主要诱发因素包括人类活动：地下水开采、矿山疏干、基础工程勘探施工、地下工程施工等。极端降雨和地震活动是中国自然塌陷的主要因素。中国岩溶塌陷有数量增多、影响扩大的趋势，表现在：城市岩溶塌陷日趋严重；矿山岩溶塌陷问题更为突出；工程建设，特别是大型交通工程引发岩溶塌陷更频繁，受极端气候、地震活动影响，自然塌陷明显增多，自然塌陷以大型溶洞顶板垮塌为特征的“基岩塌陷”为主。有可能发生类似广西乐业、重庆奉节“天坑”的特大型岩溶塌陷事件，这将给社会带来更大影响。初步建立岩溶塌陷地球物理探测方法体系，选择广州、广西（来宾、桂林）、湖南（宁乡）、贵州、湖北、江西等不同类型岩溶塌陷发育区通过高密度联合剖面法、高密度对称四极电测深法、地质雷达法、可控源音频大地电磁法、大功率充电法、地震反射法、主动源面波法、微动法和高精度重力法等9种方法的有效性对比试验。

【科技成果推广应用】　开展岩溶地下水、油气等资源的调查评价、开发和保护的技术研究；开展岩溶景观与洞穴地质遗迹调查、中国南方喀斯特第二期（桂林喀斯特）世界自然遗产申报、广西都安地下河国家地质公园申报；开展岩溶石漠化、岩溶塌陷、大型工程隐伏岩溶、地基稳定性、水土流失、地下河污染等环境问题的监测、防治技术研究与咨询服务；开展岩溶工程地质灾害危险性评估和建设项目环境影响评价；开展岩溶地区不同地质条件下地下水的识别技术研究并在物探找水技术方面取得突破；探索并推广应用岩溶地区分析测试、地下水示踪等新技术方法，在地下水有机污染、高精度测年和环境同位素测试方面取得进展。

【人才与创新团队】　至2013年底，该所总人数354人（含离退休职工），在职职工213人，其中：中科院院士1人，研究员35人，副研究员及高工42人，博士、硕士120人，形成一支知识全面、年富力强、作风优良、干事创业的干部队伍。

【科研平台建设与科研仪器设备】　2013年，该所有各类野外科学观测研究基地11个，其中桂林丫吉水文地质试验场、桂林海洋—寨底岩溶地下河系统试验基地、桂林会仙岩溶生态与水生态观测基地以及平果果化岩溶石漠化治理示范基地为国土资源部级研究基地；技术装备总量1270台/套，包括实验室仪器、野外用车、野外物探设备和现场水、气等测试仪器。

【科技交流与合作】　2013年，该所出访人次70人，通过组织所内人员出访其他国家或地区，参加国际会议或开展合作交流，提升该所在国际岩溶领域的知名度，宣传该所及国际岩溶研究中心科研成果；邀请来访22人次（不包括国际会议、国际岩溶中心培训班等来访人次）；顺便来访23人次，并与泰国地下水资源厅签署了地下水调查与研究的合作备忘录一份，有力推动该所与泰国地下水厅之间的合作；共举办涉外会议5次，境外参会人员约为54人次。组织科研人员赴刚果（金）开展SICOMINES铜钴矿水文地质补充调查与研究，表明该所目前的科研水平已经达到了国际水平。

（陈宏峰　覃汉莲）

中国林业科学院
热带林业实验中心

【概况】　该中心位于广西壮族自治区凭祥市，成立于1979年，是中国林科院直属副司局级科学事业单位，是中国现代林业生产示范、科学实验、科普教育和科技创新的综合性实验示范基地。主要承担中国热带、南亚热带林业科学研究、经营试验示范、成果推广等任务。该中心经营区域横跨龙州、宁明、凭祥二县一市，经营面积1.9万公顷，有林面积1.6万公顷，森林总蓄积量约136

万立方米。热林中心下设4个研究室和4个实验场以及10个职能处室。2013年，中心科研工作的重点是，围绕生态林业和科技支撑主题，强化科技管理、科技示范与推广、优质森林资源培育、林业科技产业化建设，为广西地方生态林业建设和珍贵优质用材资源培育新技术、新品种推广应用，提供技术咨询、人才培训和技术推广示范服务。该中心现在职职工417人，其中高级职称人员34人、中级职称84人、初级职称27人。

【科研项目与经费投入】 2013年，该中心科研人员结合国家林业科技发展方向和中心优势积极申报科研项目。全年先后组织申报项目15项，落实科研项目8项；在研项目47项，完成了2个科研项目验收，3个科研项目现场查定；新增科研经费100多万元，发表论文20多篇。

【科技开发】 该中心强化项目管理，努力克服各种困难，科技产业取得了较好的效益，2013年完成科技开发收入4355万元。青山中密度纤维板项目全年生产中密度纤维板5.3万立方米，实现销售收入6250万元（按中心投资股份计算，实现销售收入1875万元）。长隆、鸿森人造板项目发展良好，共生产胶合板3.6万立方米，实现产值6000万元（按中心投资计算产值2000万元）。伏波山泉水项目努力开拓销售市场，立足凭祥，面向广西，全年销售山泉水75万桶，实现销售收入480万元。完成凭祥市兴林科技服务有限责任公司工商注册、税务登记工作，现正式开展相关业务工作。5月，协助广西博驰规划设计有限公司完成《中国林科院热带林业实验中心森林生态文化建设规划》的编制。

【科研成果及简介】 2013年，“马尾松大径材及高产脂林定向选育及栽培关键技术研究与应用”获教育部科技进步二等奖；“马尾松工业用材林良种选育及高产栽培关键技术研究与示范”获第五届“梁希林业科学技术奖”二等奖；完成“广西望天树、顶果木快速繁殖技术研究与示范”和“主要速生人工林材性改良与深加工利用研究”2个科研项目验收；完成“森林增汇技术、碳计量与碳贸易市场机制研究”、“广西马山县石山（石灰岩）地区造林绿化优良速生树种栽培技术推广示范”、“红椎培育技术研究”3个科研项目现场查定；科研人员发表科技论文20篇，“西南桦优良无性系选育技术”一文荣获第十五届中国科协年会“中国西部生态林业和民生林业发展与科技创新”分会场优秀论文一等奖；完成《热林中心树种名录》和《红木》2本专著的编写工作。

广西望天树、顶果木快速繁殖技术研究与示范　项目为2010年广西科学研究与技术开发计划项目“生态林业科技支撑关键技术研究与示范”所属课题。望天树与顶果木为中国珍贵用材树种，适生区域广泛，该项技术能为良种苗木的繁育提供技术支撑，充分提高珍贵木材的自产能力，为西南山区的经济建设提供新的途径。项目研究取得了初步结果：提出了望天树与顶果木的优树选择标准；掌握了2个树种的种子处理、嫁接、扦插等繁殖技术，以及叶芽离体培养的诱导方法。综合评价，所掌握的技术处于国内同类研究先进水平。

马尾松大径材及高产脂林定向选育及栽培关键技术研究与应用　项目较系统地研究了造林密度、抚育间伐、立地、采伐年龄及施肥等对大径材的影响，明确了各主要因素与大径材的关系，揭示了各要素对大径材形成过程、材种构成及培育目标的影响，创新性提出：立地条件是影响和决定林分能否实现大径材目标的最主要因素；造林密度和抚育间伐能显著影响林分达到大径材标准的时间早晚和各材种的出材量及所占比例；采伐年龄主要影响各材种的构成情况；施肥可加速和缩短达到大径材的年龄，但不能从根本上改变大径材的培育新结论。对培育大径材的各技术环节和技术要素进行了优化组合，给出了大径材培育的最佳造林密度、成林后的合理间伐时间和次数及理想的保留密度、有效的立地控制技术、科学合理的采伐年龄及必要的施肥技术，形成了大径材培育技术体系，并提出了大径材的优化培育技术模式。利用所选良种和大径材培育技术，分别在贵州、广西等地营造试验示范林1000公顷，比相同立地条件下当地优良种源生产力提高15%～20%以上，比马尾松速生丰产林行业标准平均提高20%～30%。该成果获教育部2013年科技进步奖二等奖。

【科研成果推广应用】 2013年，该中心开展珍贵树种示范推广，在广西、云南、贵州、湖南等省区开展珍贵树种栽培和石漠化治理技术培训班6期，全年共培训500多人次，向社会提供珍贵树种优质种苗320万株，为珍贵树种的发展和石漠化治理做出了贡献。

【人才与创新团队】 2013年，该中心高度重视人才培养和创新团队建设工作，加大人才引进和培养人才力度。一是加强基层优秀青年干部选拔培养，完成后勤处、科研处副处长、实验场场长助理共5个中层领导干部岗位的竞聘工作。二是认真做好高层次人才引进和应届毕业生招聘工作。根据院的有关要求和程序，聘任客座研究员5人；公开招聘应届毕业生9人，其中，博士1人，硕士5人、本科3人。三是认真做好专业技术人员职称评定推荐、技术岗位等级调整和在职职工年度考核等工作。共向院推荐职称评定13人，其中正高1人、副高6人、中级6人；专业技术岗位等级调整聘用30人，其中，三级1人、五级2人、六级3人，其他等级岗位24人。四是鼓励和支持在职职工参加学历教育，2013年末共有18名在职职工参加各种学历教育，其中，攻读博士学位10人、硕士学位8人。

【科研平台建设与科研仪器设备】 该中心是中国林科院下属实验基地、开展热带南亚热带林业科学实验的科研平台。该中心高度重视研究平台建设。一是在林木种质资源平台建设方面，继续把林木引种、种质资源收集和保存作为科技基础建设来抓，为林业科学研究提供优质资源。二是从落实好永久性的野外科学研究样地着手，在中心不同类型的试验示范林中选择合适的地段，建立符合研究要求规范的固定样地。同时结合科研与森林经营需要，按公里网格设置了238块连续观测固定科学样地及进行连续的数据收集与管理。三是加强国家林业局友谊关森林生态系统定位监测研究站的建设，选择一些典型树种、典型样地建立林木植被、土壤和水文等综合功能的固定样地、野外生态观测场，加强南亚热带珍贵用材人工林生态服务功能的研究。四是进一步完善科研档案。由专人对固定样地、科学试验林样地连续观测数据进行收集、建档、建库与管理，为科研院所提供了理想的野外科学研究平台。五是加强实验室和野外调查常规仪器设备的配备，基本满足科研试验的需要。增置“光合作用测定系统”、总有机碳分析仪、土壤水分温度监测系统、便携式多种气体检测仪、植物生理生态监测系统等科研仪器设备。

【科技交流与合作】 该中心积极开展国际合作与交流，与德国弗莱堡大学、德累斯顿大学联合开展森林立地、森林培育、森林经营三个方面研究，“基于经营班尺度的土壤立地分类与评价”、“珍贵树种大径材培育技术研究”、“陡坡山地森林择伐作业技术及其设备引进”项目进展顺利。完成了“林业科技评价体系研究”和“重要林业生物资源收集、保存、评价与利用”2项合作课题研讨会的承办任务。

（潘祎　郭文福）

广西科学院

【概况】 广西科学院成立于1980年，是自治区综合性自然科学研究机构，隶属于自治区人民政府管理，现有广西壮族自治区中国科学院广西植物研究所、广西红树林研究中心、广西壮族自治区海洋研究所、广西计算中心、广西科学院生物研究所、广西科学院应用物理研究所、广西壮族自治区民用燃料及气体产品质量检验站等7家二层研究单位。全院研究范畴涵盖19个领域41个学科，已形成生物及生物能源、海洋、信息技术、植物、生态修复、环境保护等优势学科领域。全院拥有国家工程技术研究中心1个、国家地方联合工程研究中心1个，拥有自治区重点实验室和工程技术研究中心8个、自治区院士工作站3个、自治区产业化工程院1个、自治区千亿元产业研发中心1个（与企业共建）、牵头组建自治区产业技术创新战略联盟2个，联合企业共建企业国家重点实验室1个。办有《广西植物》、《广西科学》、《广西科学院学报》三种学术刊物。

【科技队伍】 2013年末，全院在职职工554人，其中高级职称人员153人，博士65人，硕士136人。全国杰出专业技术人才1人，国家突出贡献中青年专家2人，国家百千万人才3人，广西十百千人才14人，广西优秀专家11人，获国务院政府特殊津贴专家和自治区优秀专家称号21人，自治区突出贡献专家6人。

【科研项目与经费投入】 2013年，全院在研和新开科研项目共522项。其中，在研项目327项；新开项目195项，新增项目科研经费6692.15万元。

新开项目中，含国家级项目 17 项、省部级项目 76 项、厅局级及其他项目 58 项、横向项目 44 项，新增项目经费占科研总经费的比例分别是 12.9%、54.4%、17.3%和 15.4%。

【基础科学研究】 2013 年，广西科学院在物理学、化学和生物学基础科学研究方面，加大投入，取得了较好的成果。

物理学 应用物理学科共承担研究项目 10 项，包括省部级项目 7 项、厅局级项目 3 项，涉及 LED 光源、太阳能热水器、摩擦材料等领域；光学和激光技术学科承担研究项目 11 项，包括国家级项目 2 项、省部级项目 6 项。

应用物理学科研究人员 64 人，其中研究人员 45 人，具有高级职称 11 人（含博士后 3 人），中级职称 24 人，硕士 6 人；光学和激光技术学科研究人员 4 人，其中正高级职称 3 人、副高级职称 1 人，外聘研究人员 6 人。应用物理学科项目专项经费 763 万元，其中 2013 年新开项目专项经费 316 万元；光学和激光技术学科项目专项经费 244.5 万元，其中 2013 年新开项目专项经费 21 万元。

嵌入式在线生物量检测系统研究与开发项目通过科技成果鉴定。该项目研究的嵌入式在线浓度检测系统创造性的利用了能量传输光纤，把较大的光能量导入测试介质中，避免了高温消毒对光源的影响，开发的在线浓度检测产品主要用于生物发酵领域中的生物量浓度在线检测。

应用物理学科共发表科研论文 6 篇；光学和激光技术学科发表研究论文 11 篇。申请发明专利 1 项、实用新型专利 1 项；光学和激光技术学科申请发明专利 1 项。登记软件著作权 1 项。

化学 化学学科承担研究项目 7 项，其中，包括国家级项目 1 项、省部级项目 6 项。

开展无机化学和有机化学相关研究工作在职研究人员 7 名，包括 3 名博士和 4 名硕士，另有 1 名博士研究生和 5 名硕士研究生参与项目研究。

化学学科项目专项经费 118 万元。结题或通过验收化学类研究项目 4 项，包括省部级项目 3 项。发表研究论文 8 篇。申请发明专利 8 项。

生物学 生物学研究学科涉及植物学、微生物学、生物化学和生物技术，全院共开展生物学研究项目 305 项，包括植物学研究项目 227 项，微生物学、生物化学和生物技术研究项目 78 项。研究项目中，包含国家级项目 31 项、省部级项目 75 项。2013 年，新开生物学研究项目 109 项，包括国家级项目 15 项，省部级项目 44 项。

生物学学科研究人员 194 人，其中正高职称研究人员 32 人，副高职称研究人员 56 人，博士 41 人、硕士 85 人。2013 年，生物学学科新立项目专项经费 3237.6 万元。2013 年，其中报结题、验收和鉴定生物学项目 100 项，其中包括国家级项目 6 项、省部级项目 21 项。2 项科研成果获省部级奖：“广西岩溶特有珍稀药用植物生物多样性保育及可持续利用研究”项目获得 2013 年度广西科技进步奖二等奖，项目针对广西岩溶特有珍稀药用植物种质资源丧失和流失这一严峻局面，围绕其可持续利用中的关键科学技术问题，开展了广西岩溶特有珍稀药用植物生物多样性保育及可持续利用研究，完成了资源调查，建立了广西岩溶特有珍稀药用植物生物多样性保育与研发综合平台，重点完成了岩黄连、地枫皮、块根紫金牛、战骨、广西美登木等多种岩有特有珍稀药用植物的资源调查、引种驯化、良种选育、繁殖技术、生理生态、遗传多样性及有效成分等多方面的研究。“广西特有植物种质资源收集保存繁育研究”项目获得 2013 年度广西自然科学奖三等奖，项目研究了广西特有植物分布、资源情况及濒危现状，确认广西特有植物有 892 种，收集保存广西特有植物 502 种，并建立了完善的引种、栽培、繁育档案。生物学学科发表论文 195 篇，其中：SCI 收录 50 篇，中文核心期刊发表 87 篇。出版专著 3 部，分别是《广西植物志（第六卷）》、《广西园林植物》和《中国入侵植物名录》。申请发明专利 26 项，获得发明专利授权 17 项。

【科技成果与转化】 2013 年，全院完成科研项目 201 项。其中，结题或通过验收 152 项，完成成果鉴定 9 项，完成成果登记 16 项。获得各类科技成果奖励 19 项次。其中，获得广西技术发明奖二等奖 1 项、广西科技进步奖二等奖 1 项、广西自然科学奖三等奖 1 项、厅局级科技成果奖 16 项次。申请专利 40 件，其中国家发明专利 37 件、实用新型专利 3 件；获得专利授权 22 件，其中国家发明专利 20 件、实用新型专利 2 件。出版专著 5 部，分别是《广西园林植物》、《中国入侵植物名录》、《广西植物志（第六卷）》、《广西北部湾红树林湿地海洋动物图谱》和《广西滨海湿地生态系统服务价值评价研究》。发表学术论文 311 篇，其中，发表 SCI、EI 论文 66 篇，中文核心期刊论文 119

篇。

主要成果转化和应用项目

微生物学及生物工程方面：与企业合作，投资2000万元，建设年产3000吨蔗渣乙醇和15000吨甘蔗糖蜜乙醇清洁生产示范生产线，项目已完成场地修整、工艺设计和设备采购；将毛木耳、侧耳类、草菇等优良食用菌品种，以及利用桑枝高效栽培食用菌技术，推广到百色、宜州、柳州等地区，推动了当地食用菌产业发展。

植物学方面：在百色国家农业科技园区开展了番茄深加工、中药材种植繁育等成果推广。在临桂县，编制猕猴桃良种发育技术规程和生产技术规程2个地方标准，引进新品种，建立示范基地，辐射推广种植面积达200公顷。在全州县，编制了金槐规范化生产标准操作规程，建成了133.33公顷的金槐GAP中心示范区，辐射带动全州金槐种植面积达0.71万公顷。在资源县，推广曼地亚红豆杉规范化种植技术，种植面积达333.33公顷，实现年产值120万元以上。向桂林三金等企业推广积雪草、羊开口、海金沙等药材种苗繁殖和种植技术，已繁殖推广种苗3万多株。向桂林乐康推广金银花生产技术，壮大了桂林金银花产业。向山西长治推广秸秆稀酸汽态水解技术，实现了作物秸秆半纤维素低成本水解和污染物零排放，技术成功应用于年处理4万吨玉米芯木糖生产线，提高了企业效益，降低了企业排放。

计算机与信息化方面：大规模图文资料数字化系统在89个单位应用，实现销售收入2090万元，取得了显著的社会效益。物流软件、物联网应用产品、移动电子商务多功能智能终端和台风暴雨等自然灾害商务云服务技术成果面向东盟市场推广，2013年实现销售收入300万元。

海洋科学及海水养殖方面：科研成果在北部湾地区广泛应用，产生了良好的社会效益。承接海域使用论证、海洋生态环境观测与评估等技术服务类项目达30余项，为保护海洋生态环境做出了贡献。推广健康海水养殖技术，培育方格星虫等各类珍稀海水养殖苗种1.1亿条（只/粒），实现销售收入184万元，辐射养殖面积4266.67公顷，创造社会经济效益3亿元以上。

【人才与创新团队】 积极采取措施，通过不断完善人才聚集机制、构建开放合作人才平台等手段，引进和培养人才，推进科研队伍建设，取得良好成绩。至2013年底，全院拥有高级职称人员153人，占在职总人数的27.6%；中级职称人员184人，占在职总人数的33.2%；博士65人，占在职总人数的11.7%；硕士136人，占在职总人数的24.6%。2013年，推荐和培养各类高层次人才25人次。其中，完成1名八桂学者、1名特聘专家和2名二级岗位研究员岗位的聘任工作；入选第十六批广西新世纪十百千人才工程人选2人、“西部之光”访问学者1人、国家出国留学基金人选2名，1人获得广西青年科技奖荣誉称号。“广西非粮生物质能源研发人才小高地”稳步建设，着力打造酶分子改造、生物信息学、纤维素乙醇和淀粉基材料领域的人才梯队。1名博士后从“广西科学院博士后科研工作站”出站，1名博士进站开展博士后科研工作。聘请欧阳平凯、孙汉董、麦康森、赵法箴4位自治区主席院士顾问担任该院院士工作站指导院士。

创新研究团队情况

以黄日波教授为学术带头人的生物催化剂及生物能源创新研究团队。2013年，该团队承担或主要参与国家级项目12项，其中牵头国家“863”计划项目1项、承担国家国际科技合作项目2项、国家星火计划课题1项、国家自然科学基金项目4项。承担省部级科研项目20余项，参与建设自治区及国家科技研发平台9个。

以陈波研究员为学术带头人的海洋环境与生态动力学创新研究团队。2013年，该团队承担国家级及省部级科研项目10项，其中国家自然科学基金项目2项、广西北部湾重大专项3项及15项北部湾海域论证项目。

以范航清研究员为学术带头人的红树林保护及海洋生态系统和滨海湿地研究团队。2013年，该团队承担国际基金项目1项、国家自然科学基金1项、省部级项目24项、海域论证等横向项目20项，完成各类项目34项。

以周兴研究员为学术带头人的食用菌产业技术研究团队。2013年，该团队承担国家级项目1项、省部级项目13项，牵头实施广西食用菌关键技术研究与产业化示范专项1项。

以李先琨研究员为学术带头人的植物生态学与岩溶生态学研究团队。2013年，团队承担国家自然科学基金项目、国家重大攻关课题10余项，获广西科技进步二等奖1项，获国土资源科学技术奖二等奖1项。

以李典鹏研究员为学术带头人的中药及天然植物、天然药物的植化研究团队。主要开展天然先导化合物的提取分离、纯化、结构鉴定及活性研究，以及新药及保健食品开发。2013年，主持包括国家自然科学基金、中科院“西部之光”、广西攻关及广西自然科学基金等项目10余项，申请发明专利8项。

以韦霄研究员为学术带头人的药用植物引种驯化、规范化栽培（GAP）和濒危植物保育生物学研究团队。2013年，主持包括国家自然科学基金、中国科学院知识创新工程、中科院“西部之光”、广西攻关及广西自然科学基金等项目10余项。获广西科技进步奖二等奖1项。

以张厚瑞研究员为学术带头人的秸秆纤维生物炼制、生物转化与功能性糖醇研究创新团队。2013年，主持广西攻关及广西自然科学基金等项目多项，团队开发的技术实现了木聚糖的清洁生产。

以刘演研究员为学术带头人的植物资源与植物地理学研究团队。2013年主持国家自然科学基金项目7项、中科院及其他科研项目10余项，发表研究论文26篇（SCI、SCIE收录论文15篇），主编出版专著1部。

以韦毅刚研究员为学术带头人的植物分类与野生园林植物的保育和开发利用研究团队。2013年，主持国家级和省部级项目6项，获广西自然科学奖三等奖1项，发表的12篇论文被SCI收录，2个新品种获得国际登录。

【科研平台建设与科研仪器设备】 2013年，全院建有自治区级及以上科研平台25个。其中，国家级工程技术研究中心和重点实验室3个，分别为国家非粮生物质能源工程技术研究中心、特色生物能源国家地方联合工程研究中心（2013年通过验收）和非粮生物质酶解国家重点实验室（与企业共建）；自治区重点实验室5个，分别为广西生物炼制重点实验室、广西近海海洋环境科学重点实验室、广西红树林保护与利用重点实验室、广西海洋生物技术重点实验室、广西植物功能物质研究与利用重点实验室；自治区工程技术研究中心3个，分别为广西生物质工程技术研究中心、广西海水养殖新品种繁育工程技术研究中心和广西数字化工程技术研究中心；自治区院士工作站3个，分别为广西科学院院士工作站、广西海洋研究所院士工作站和广西植物研究所院士工作站；自治区国际科技合作基地2个，分别为广西生物技术国际科技合作基地和广西喀斯特生物多样性保育与恢复生态学国际科技合作基地；自治区良种繁育中心3个，分别为广西兰花良种繁育中心、广西猕猴桃良种繁育中心和广西食用菌良种繁育中心；自治区产业技术创新战略联盟2个，分别为广西木薯产业技术创新战略联盟和广西非粮生物质能源产业技术创新战略联盟，另有广西生物质产业化工程院和广西生物能源研发中心（2013年通过验收）等4个研发平台。

至2013年底，全院拥有仪器设备2155台（套），原值10126.8万元，其中50万元以上仪器设备27台（套），原值3018万元；2013年新增仪器设备146台（套），原值1159.6万元，其中50万元以上仪器设备1台（套），原值67万元。广西植物功能物质研究与利用重点实验室500MHz超导核磁共振波谱仪中心建成，并投入使用。国家非粮生物质能源工程技术研究中心建设850MHz核磁共振波谱仪中心。

【科技交流与合作情况】 2013年，全院参加或举办各类学术会议80余场。其中，举办高水平学术会议2场，分别为“第九届中国酶工程学术研讨会”和“植物功能物质研究与利用国际学术研讨会”。

全院开展出国学术访问13次，共50人次。接待学术来访80多人次。与美国、英国、法国、德国、以色列、芬兰、新西兰、哥伦比亚、秘鲁、巴西、印度尼西亚、日本、泰国、越南、新加坡、马来西亚等20多个国家建立了合作关系。

与中国科学院的科技合作日益紧密。2013年，与中国科学院国家科学图书馆、中国科学院云计算中心、中科院烟台海岸带研究所建立了合作关系。

【学术期刊】 《广西植物》 2013年出刊6期，其中出版喀斯特地区生物多样性保护专辑1期，2013年首次荣获广西“十强期刊”。

《广西科学》 2013年获2012－2013年度“广西期刊奖提名奖”，该刊2013年共报道论文84篇，其中国家级项目资助的论文数达37%。

《广西科学院学报》 该刊2013年共报道论文75篇，其中出版计算机专辑1期。

【科普工作】 围绕“节约能源资源、保护生态环境、保障安全健康、促进创造创新”宣传主题，组织开展了“广西十月科普大行动”等一系列活动。全年组织科普下乡活动14次，开办科技培训班25期，开展科普讲座25场，开放科普基地6个，发放各类科普宣传资料16000份，全年共接待参加科普活动的中小学生和群众达35000人次。组织科普博士团一行15人赴宁明县明江镇中小学开展“争做现代生态文明守护人”科普活动。

（何小英）

广西壮族自治区中国科学院广西植物研究所

【概况】 2013年末，该所共有在职职工187人，其中科技人员160人。内设科研机构6个：植物资源与植物地理学研究中心、生态与环境研究中心、天然产物化学研究中心、特色经济植物研究中心、生物技术与野生珍稀植物保育中心、园林园艺研究中心；拥有自治区重点实验室1个：广西植物功能物质研究与利用重点实验室；广西植物标本馆（国际代码：IBK）馆藏近50万份标本，是华南第二大标本馆，跻身全国十大植物标本馆之列；桂林植物园占地面积73公顷，内有珍稀濒危植物园、广西特有植物园、喀斯特岩溶植物专类园等13个专类园区，引种保存植物5100多种，其中包括迁地保护的国家珍稀濒危植物400多种；研究所创办的《广西植物》期刊是国家中文核心期刊，是我国植物科学领域重要的学术期刊，在国际植物学研究领域有一定影响；研究所拥有大型仪器60余台套，仪器设备价值逾4300万元。

【科研项目与经费投入】 2013年，该所获准立项项目总计81项，获科技经费2116.3万元，与2012年相比，立项项目数量增长了25%，经费增长了22%。其中：国家自然科学基金项目7项，经费251万元；中国科学院项目4项，经费120万元；国家林业局项目1项，经费100万元；自治区基金项目13项，经费65万元；自治区科技开发与计划项目15项，总经费561.5万元；广西林业厅项目4项，经费180万元；广西卫生厅项目2项，经费351万元；广西环保厅项目1项，经费81万元；广西功能物质与利用重点实验室专项1项，经费100万元；桂林市科技项目5项，经费37万元；横向项目10项，经费103.8万元；广西科学院项目1项，总经费30万元；广西植物研究所基本业务费项目16项，总经费136万元。

【科技成果及简介】 2013年共申报结题、验收和鉴定及成果登记项目80项，具体包括国家科技部项目1项：国家自然科学基金项目结题2项；广西自然科学基金4项；广西科技开发与计划项目结题验收有10项，其中4项通过成果鉴定；桂林市科技开发与计划项目结题验收3项，其中1项通过成果鉴定；中科院项目结题或验收有2项；该所基本科研业务费项目结题验收23项；广西科学院基本科研业务费项目结题验收2项，横向项目28项等。

2013年，该所有三项科研成果获省部级奖。其中：“广西岩溶特有珍稀药用植物生物多样性保育及可持续利用研究”项目获得2013年度广西科技进步奖二等奖，“广西特有植物种质资源收集保存繁育研究”项目获得2013年度广西自然科学奖三等奖。主要参与研究完成的“广西岩溶山区石漠化及其综合治理研究”项目和“广西岩溶区石漠化控制与治理技术集成”分别获得2013年国土资源科学技术奖二等奖、2013广西科学技术进步奖二等奖。

2013年，该所共发表科技论文153篇，其中：SCI收录30篇，SCIE收录5篇，英文期刊发表3篇，中文核心发表67篇，会议论文30篇，硕士毕业论文6篇等。出版专著3部，分别是《广西植物志（第六卷）》、《广西园林植物》和《中国入侵植物名录》。编写广西生物多样性保护战略与行动计划（2011～2030年）和广西生物多样性保护行动计划纲要（政府咨询报告）4篇。

2013年，共申请发明专利12项，获得授权发明专利4项，获得实用新型专利授权2项。

【科技成果转化】 与广西百色国家农业科技园、桂林旅游高等专科学校、桂林市扶贫开发办公室、广西桂林乐康农业开发有限责任公司等单位签订合作协议，与以上单位在农业新技术开发与推广、药材良种选育与标准化栽培、自然生态旅游和特色农业旅游等方面展开深入合作；还分别在桂林市灵川县和阳朔县建立了“中国科学院广西植物研究所科学研究与成果转化示范基地”和“中国科学院广西植物研究所阳朔铁皮石斛研究基地”，大力推动科研成果转化为生产力，为区域经济社会发展提供科技支撑、突破发展瓶颈。

该所在广西猕猴桃研究领域处于领先地位，猕猴桃课题组李洁维研究员获聘为第三批国家现代农业技术体系广西猕猴桃创新团队首席专家，龚弘娟助理研究员获聘为猕猴桃综合试验站站长。课题组编制的《猕猴桃良种发育技术规程》和《猕猴桃良种生产技术规程》2个地方标准，获得了广西质量技术监督局批准立项。猕猴桃课题组通过与桂林市多家农业企业的合作，引进猕猴桃新品种进行试验示范，建立示范基地，2013年春季在临桂县辐射推广种植近200公顷。与新西兰公司签订了猕猴桃新品种开发合作协议。

经过多年对金槐良种选育和规范化种植物研究，选育了金槐良种，掌握的种植金槐的良法。申请国家林业局和科技部项目并获得立项。对金槐规范化种植的各个环节进行了研究，编制了金槐规范化生产的标准操作规程（SOP）。在全州县建立了133.33公顷（2000亩）的金槐GAP中心示范基地，有力推动金槐产业的发展。2013年，全州金槐种植面积达7066.67公顷（10.6万亩）。

受桂林三金药业股份有限公司委托，建立了积雪草、羊开口、海金沙种苗繁殖基地和种植示范基地，开展积雪草等三种“三金片”原料药材的繁育与种植研究，并已繁殖种苗约3万株，为企业原料品质和产量保障提供科技支撑。

2013年，该所生物技术与野生珍稀植物保育中心研究总结的“铁皮石斛种苗快繁和栽培技术”、“金线莲种苗快繁和栽培技术”已进行推广应用，产生了良好的经济和社会效益。中心接待各级领导部门及干部群众200多批次800多人，培训各类人员200多人次；并在广西、广东、安徽多地，成功建立了铁皮石斛和金线莲栽培示范基地6.67公顷（100亩）。通过宣传、现场介绍和基地的示范效应，对农户、公司发展铁皮石斛产业起到了带头作用。

木糖醇课题组在秸秆稀酸汽态水解技术方面，实现了作物秸秆半纤维素的低成本水解，工艺本身无污染物排放，该技术成果注入山西长治4万吨玉米芯/年的木糖生产企业并得到成功应用，大幅度降低了木糖的生产成本，取得了良好的节能减排效果。这标志着整合五碳糖生产单元的秸秆清洁炼制技术已推进到工业应用阶段。

【人才与创新团队】 截至2013年底，该所共有职工187人，其中科技人员160人，其中正高职称26人、副高职称44人，博士研究生29人，硕士研究生60人。全所有享受国务院政府特殊津贴专家和有突出贡献科技人员9人、广西优秀专家2人、广西“新世纪十百千人才工程”人选7人。聘任国内各研究所及高校的1名院士、7名教授以及8位外国知名专家学者为客座研究员。

2013年度，该所获自治区“八桂学者岗位”1个；1人入选广西“新世纪十百千人才工程”第二层次人选，有3名科技人员晋升正高职称，17名科技人员晋升副高职称。

【科研平台建设与科研仪器设备】 2013年，该所申报的第一批自治区院士工作站获得批准，特聘孙汉董院士为指导院士。在“广西喀斯特生物多样性保育与恢复生态学国际科技合作基地”基础上，该所进一步申报了科技部“喀斯特生物多样性保育与恢复生态学”国际科技合作基地。广西植物功能物质研究与利用重点实验室500兆超导核磁共振波谱仪正式投入使用，进一步改善实验室的科研测试条件，大大提高了各项在研课题的研究效率，同时提升了重点实验室申报国家或自治区重大项目的竞争力。

2013年，该所获得专项设备费500万元，采购到国际上高端的红外摄像机、植物高光谱仪、飞行时间质谱仪（TOFMS）、扫描电镜和PCR仪器等，为植物学、生态学、植物化学等学科研究紧跟国际前沿提供支撑。

2013年，《广西植物》全年正常出刊6期，其中组织策划出版了专辑1期，集中报道了我国喀斯特地区植物生理适应机制、物种演化以及植物生态、生物多样性、退化生态系统的恢复与重建等相关研究成果，为喀斯特地区的生物多样性保护提供了理论依据。继续保持了国家中文核心期刊、中国自然科学核心期刊、中国科学引文数据库（CSCD）核心库期刊、中国科技核心期刊、中国期刊方阵双效期刊、中国精品科技期刊、广西十佳科技期刊等荣誉，保持在我国植物科学领域重要学术期刊的行列。此外，在2013年的广西“双十强报刊”评选活动中，《广西植物》首次荣获广西“十强期刊”，成为广西具有较强舆论引导能力、传播能力和市场竞争力的优秀品牌期刊。

【科技交流与合作】 2013年，该所共有15人次出访，出访国家包括越南、马来西亚、印度尼西亚、英国、泰国、美国和新西兰6国；共接待来自法国、德国、新西兰、美国、日本、英国、哥伦比亚、秘鲁、巴西、印度尼西亚、泰国、越南和台湾地区外国专家和国际友人66人。

该所主办的“植物功能物质研究与利用国际学术研讨会”和协办的“天然产物分析技术交流会”在桂林的成功召开，会议邀请到日本长崎大学田中隆教授、原九州大学野中源一郎教授、佐贺大学石丸教授以及国内知名的30多家单位的百余位学者出席会议。本次研讨会以“植物功能物质基础研究”“植物功能物质开发与利用研究”为主题，安排大会主题报告26个。大会共征集到论文、摘要40余篇，出版了“植物功能物质研究与利用学术研讨会论文集”。

该所主办的“退化生态系统修复与流域生态系统管理”学术研讨会在桂林的成功召开，研讨会以“喀斯特退化生态系统修复”“流域生态系统管理”“人工林生态风险”为主题，有国内近70位代表参加，安排大会主题报告24个。

国际植物园保护联盟（BGCI）和该所联合主办的“国际植物园保护联盟项目研讨会暨珍稀濒危植物保护和利用论坛”在该所举行。国际植物园保护联盟（BGCI）中国项目主管文香英等10多位知名专家应邀出席。

2013年，该所邀请积极联系邀请多位国内外的知名专家学者来所讲学；同时，派出50多人次赴国内外参加学术会议等学术交流活动。通过引进来和派出去相结合，积极为研究人员创造浓郁的学术氛围，极大地提升了对外交流水平。

【桂林植物园】 2013年，桂林植物园与世界苦苣苔协会合作建设“中国苦苣苔科植物保育中心”，建成了具有国际影响力的苦苣苔专类园区。建成了“中国苦苣苔科植物保育中心”网页（http//www.gxib.cn/GCCC/gccc.html），并正式对外公开；世界苦苣苔协会有关负责人来所，对“中国苦苣苔科植物保育中心”的建设启动工作进行了为期一周的指导。

桂林植物园建设了苗圃及新温室，并投入使用，为物种保育工作的开展提供了有力保障。全年引种741种，其中新引453种。扩繁苗木133种、6725株。

全年共接待来自广西师范大学、桂林市中山中学、桂林市中华路小学等大、中、小学生和其他参观者入园游览人数10000人次。进行科普讲解130次。接待外省来的夏令营20批次。面向公众普及了植物学等科学知识。

（郑凯文）

广西壮族自治区海洋研究所

【概况】 该所创建于1978年5月，所部位于广西北海市长青东路92号，占地2.667公顷，有办公、实验综合大楼一幢，面积1700平方米，拥有万元以上的仪器设备80多台套、海洋生物标本馆收藏标本2000多件。在距离所部约30公里处的北海市竹林盐场内建有一个占地面积为10.387公顷，集育苗、中培和养殖示范于一体、设施完善的海水增养殖中试基地，育苗水体12000立方米、标准化养殖塘4.667公顷。建立了广西海洋生物技术重点实验室、广西海水养殖新品种繁育工程技术研究中心、广西海水养殖技术中心、广西海水养殖技术成果转化中心、国家级锯缘青蟹良种场、自治区青少年科技教育基地等研究创新平台和科技教育平台，广西大学、衡阳师范学院和钦州学院等院校在本所设立教育、科研和实习基地，为社会培养相关领域的硕士、学士等人才。

该所自建立以来承担了国家和地方科研项目300多项，其中国家自然科学基金项目17项，国家地方攻关项目12项，国家农业科技成果转化项目2项，国家星火计划项目2项，国家科技支撑课题2项，国家908专项1项、香港海洋公园保育基金项目1项，涉及大型海洋资源综合调查、海洋生物技术、海水养殖新产品新技术开发、环境科学、海洋功能区划及海水养殖规划等内容。获各级科技进步奖70多项，其中省部级以上科技进步奖19项。在海水养殖技术领域，以海水养殖新品种开发为主，研究地方特色品种的苗种繁育技术及养殖技术，形成新的经济增长点，以科技带动经济的快速发展。近年来自主研发的新品种有文蛤、大獭蛤、锯缘青蟹、方格星虫、方斑东风螺、中华乌塘鳢、织锦巴非蛤、石斑鱼等，其中大獭蛤、锯缘青蟹、方格星虫、中华乌塘鳢的织锦巴非蛤等品种的人工育苗生产技术处于国内领先水平。

【科技队伍】 2013年末，全所在职员工50人，其中专业技术人员41人（博士4人、硕士5人），具有高级专业技术职称11人、中级职称24人，获国务院政府特殊津贴专家和自治区优秀专家称号1人，入选广西十百千人才第二层次人选1名。

【科研项目与经费投入】 2013年，该所获得科研项目立项共 15 项，总经费 735.8 万元。其中新世纪百十千人才工程配套项目 1 项，资助经费 15 万元；北海市海洋局委托横向项目 1 项，资助经费 9.8 万元；广西科技计划项目等共 13 项，资助经费 711 万元。

【科技成果与转化】 2013 年，该所共有 13 项科技成果通过验收。其中“方格星虫健康养殖技术研究与开发”获 2012 年度广西科学院科技成果奖特等奖和北海市科技进步奖一等奖、2013 年广西科学技术发明奖二等奖。共发表科技 23 篇，其中 SCI 刊源 1 篇，中文核心期刊 20 篇。申请发明专利 12 项。获得授权的发明专利 3 项。

该所一直注重科研与生产的结合，加强科技成果的转化工作，通过实施成果转化项目，把科学技术的潜在生产力转变为现实生产力，自主研发的青蟹、方格星虫、獭蛤等品种的推广效果显著。2013 年，生产青蟹苗种近 1050 万只，推广养殖面积 666.7 公顷，实现社会养殖效益 1.5 亿多元。生产方格星虫苗种 2000 多万条，池塘示范养殖面积 23.4 公顷，辐射带动方格星虫滩涂养殖面积 1.06 万公顷以上，实现社会经济效益 1 亿元以上。生产獭蛤苗种 1.6 亿粒，推广养殖面积 1.06 万公顷，年产值超亿元。獭蛤苗种主要推广到越南海域养殖，实现了与东盟国家的科技合作与交流。同时开展青蟹抗逆、高产选育家系构建研究和养殖技术推广，以提高青蟹养殖技术及青蟹良种覆盖率，促进青蟹养殖业的可持续、健康发展。

2011 年该所独立承担了国家星火计划项目“方格星虫人工养殖技术示范与推广”，至 2013 年底，共培育方格星虫苗种 15750 万条，苗种产值 800 万元。建立方格星虫苗种繁育基地 1 个、养殖示范点 2 个，示范养殖方格星虫 78.6 公顷，产量 1732.5 千克/公顷，产值 13.86 万元/公顷。推广养殖面积 1257.3 公顷，培训养殖户 726 人次，培训就业人员 322 人次。

【人才与创新团队（人才小高地建设、博士后科研工作站）】 2009 年 6 月，该所被广西区党委办公厅批准成为“广西海洋生物产业人才小高地”建设载体单位。该所为了加强重点实验室和工程技术研究中心的建设，为科技兴海，新品种开发提供支持，先后聘请了麦康森、赵法箴、雷霁霖三位院士作为单位的技术顾问。2011 年继续引进博士 1 名，硕士 1 名。通过对高层次人才的引进，不仅完善了原有研究梯队的人员配置，还为组建新的研究方向储备了人才。在引进人才的同时，该单位还注重加强自身人才的培养和创新团队的建设，2013 年有 1 人晋升高级职称，组建了新品种繁育、特色品种选育、营养与饲料、海洋生物活性物质提取与深加工、养殖技术与生态等多个研究方向的创新团队。

【科研平台建设与科研仪器设备】 2013 年，该所围绕海洋生物繁育与选育、海水健康养殖、海洋生物活性物质研究 3 个主要研究方向，购置各类仪器设备累计 40 多件/套，价值 200 余万元，其中单价 5 万元以上仪器设备 6 件/套，进一步完善了人工繁育、分子育种以及天然产物等研究平台。

【科技交流与合作】 2013 年，该所利用重点实验室、工程中心和院士工作站等平台，加强了对外合作交流的步伐。该所重点实验室设立开放课题 5 项，与中国水产科学院南海水产研究所、广西科学院、广西大学等相关科研院校的相关学科达成了样品测试或仪器设备开放使用意向。2013 年继续与南华大学、广西大学等联合培养硕士研究生，成为广西大学、衡阳师范学院、钦州学院等高校的教学、科研基地。2013 年，该所举办了多次学术交流活动：实验室学术委员会主任、院士麦康森就国内水产行业的发展进行介绍，并就该所与实验室的研究方向进行座谈；中国水产科学研究院黄海水产研究所研究员崔毅一行 4 人进行题为“贝类生物沉积物中有机碳的表征与识别”的讲座和座谈会；广东仲恺农业工程学院教授吴灶和做有关对虾养殖技术的座谈；中国水产科学研究院南海水产研究所研究员李纯厚一行进行交流与合作座谈会。2013 年，该所派出科研骨干参加“中国水产学会鱼病专业委员会学术讨论会”、“第二届世界海洋大会”等相关学术会议和相关技术培训、参访相关高校和院所，探讨项目合作事宜，累计派出 15 人次。

（黄国强　文雪）

广西科学院应用物理研究所

【概况】 2013 年，该所以“三个代表”重要思想为指导，认真贯彻落实科学发展观，团结和带领全所干部职工，组织科技攻关、推进科研进程、寻找项目合作和做好产品市场推广，并从经营管理的基础入手，设计未来发展的组织架构、薪酬体系和激励机制，各项工作得以有效推进。围绕国家战略目标和以市场需求为导向，充分开展太阳能光热、光伏、刹车片、物联网四个业务方向的调研及业务洽谈，确定了发展方向及发展思路。2013 年年末，该所在职职工 64 人，其中科技人员 45 人，具有高级专业技术职称 11 人（含博士后 3 人），中级专业技术职称 24 人，硕士 6 人，初级专业技术职称 14 人。

【科研项目与经费投入】 2013 年，该所承担研究开发、成果转化项目 10 项（其中成果转化 3 项），总投入 1543 万元，其中，拨款 763 万元，自筹及其他 780 万元。列入广西科技厅计划项目 9 项，南宁市科技局 1 项。已完成项目 1 项。

【科技成果与转化】 2013 年，该所发表科研论文 6 篇，并于 5 月 31 日申请发明专利 1 项、实用新型专利 1 项，软件著作权 1 项。

高能效 LED 驱动电源　该项目利用改进与发展 LED 驱动电源技术，进一步提高 LED 发光效率、减少 LED 应用能耗，符合国家相关产业政策和可持续发展战略要求，经济效益和社会效益可观。此项目在利用该所在电光源方面的技术基础及生产条件基础上，进行技术创新，降低生产成本，扩大生产规模，提高该所高效能 LED 驱动电源的生产能力。该项目的实施，符合国际节能减排大趋势，符合《国家中长期科学和技术发展规划纲要》将半导体照明产品列入“重点领域及优先主题”的规划要求，对于中国节能照明技术发展与进步，实现广西乃至中国节能减排目标将起到积极促进作用。

高效耐用 LED 光伏照明系统　该项目将光伏照明和 LED 光源的两者优势结合，取代传统光源应用于光伏照明系统，彻底地解决了传统的光伏照明系统存在的交流逆变不可靠、灯管寿命短、耗电量大、效率低等缺点。应用太阳能与 LED 结合是人类照明的发展方向，它为人类“绿色照明工程”开辟了广阔的道路。所以，LED 光伏照明系统的开发具有重要的现实意义。可以预见 LED 光伏照明产业将是一个大有发展前途的高新技术产业，不仅是经济的一个新的增长点，同时将会给社会环境和人类的生活带来巨大的变革。

太阳能热水器建筑构件模块的研究与开发　该项目研制开发出适应广西气候特征及广西建筑特点结合的全天候太阳能热水器建筑构件标准模块，在技术上解决与建筑一体化的难题，使太阳能热水器系统成为建筑的一个构件，同时产品标准化、系列化、配套化。该项目使太阳能热水器系统中太阳集热器和蓄热水箱成为建筑构件模块，并使模块标准化、配套化，能有效地使太阳能热水器与建筑一体化；同时由模块组成的太阳能热水器系统运行方式与智能控制相结合，把太阳能的利用纳入环境的总体设计，把建筑、技术和美学融为一体，太阳能设施成为建筑的一部分，相互间有机结合，取代了传统太阳能的结构所造成影响，并且有效地延长该模块的寿命，从而推动太阳能热水器在建筑上的运用。

太阳能—空气源热泵热水器与高层建筑集成技术的应用研究　项目研究开发太阳能空气源热水器与高层建筑一体化技术的集成产品，充分利用免费、清洁的太阳能，实行光电互补的节能环保型产品。发挥两者的节能优势，不仅能够有效地解决广西的高层绿色居住建筑用热水问题，而且可以达到节约高位能和减少环境污染的目的，具有很大的开发、应用潜力。该项目将太阳能热水器和空气源热泵热水器技术整合，结合广西地方气候特性和高层居住建筑特点，开发出新型太阳能空气源互补的高效节能热水器并通过试验研究，优化设计使其符合高层居住建筑规范要求，达到国家有关太阳能热水器标准和空气源热泵标准。太阳能集热器与建筑一体化结合，达到寿命长，免维护的要求；空气源热泵主机的选型配置，确定最佳参数，提高空气源热泵的热效率；将两个储热水置，确定最佳参数，提高空气源热泵的热效率；将两个储热水箱，合为一个水箱，一体化设计；太阳能集热系统和空气源热泵系统集成技术结构研发；太阳能集热系统运行循环技术；太阳能集热器与高层建筑阳台结合，结合广西气候特性和地理位置确定安装。

基于单片控制的节能型太阳能 LED 路灯的研究开发　项目主要是研究以单片机作为太阳能 LED 路灯系统的微控制器，为了最大限度地利用能源，通过控制器实现对环境的监测，实现路灯系统根据现场环境的变化自动调节亮度，从而提高太阳能路灯系统能源的利用率。同时，通过软硬件的结合，实现系统对太阳能 LED 路灯充放电过程的最优控制，提高整个系统的使用寿命。

面向物联网应用的LED照明智能视频监控系统　项目基于分布式，多服务，集中管理的结构，多级监控中心目录，前端设备具有主动寻址方式，系统具有LED照明管理、故障检测管理、监控视频图像录制、存储、转发回放等功能外，还具有对监控图像进行智能分析，如对现场人、物及其行为进行跟踪、分析、判断并根据情况进行LED照明控制相关处理的功能。系统可靠，可作为商品化软件在市场化销售。

平板型太阳能热水器纳米复合泡沫保温材料的制备与性能研究　项目对有机聚氨酯泡沫现存在的热稳定性差、易老化、制备过程污染等关键技术问题，通过选用聚氨酯、酚醛树脂为有机质基体，无机纳米粒子为分散质，以化学原理为基础，利用纳米微粒填充法，通过直接混合或溶液、乳液、熔融等方法共混的技术来直接填充纳米粉体于聚合物集体中得到稳定产物，研究分析制备过程中温度、时间、压力等各方面影响因素对反应过程的影响，筛选最佳的反应基体，控制适宜的反应路线，最终制备获得具有多方面优良性能并适用于平板太阳能热水器的聚合物—无机纳米复合泡沫保温材料。

【人才与创新团队情况】　2013年，该所通过项目不间断地引进科研型技术人才，组建强有力的人才梯队，创建“能者上、平者让、庸者下”的人才激励机制，积极为科研技术人才搭建施展才华平台创造有利条件，让年轻有为的科技人才脱颖而出。该所通过引进和培养人才，加强人才队伍建设，逐步提升自身科研与开发能力，加快科技创新步伐。

【科研平台建设与科研仪器设备情况】　2013年，该所充分利用已有科研技术力量，研究开发照明低碳排放、建筑节能、新能源综合利用等节能方面的关键技术，形成有特色有市场的研究领域和具有自主知识产权的科研成果。至2013年末，该所有标准厂房约2800平方米，实验用房1600平方米。

【信息化建设情况】　2013年，该所大力加强信息化建设，投入一定的资金，购置更新电脑、复印机、扫描仪、数码相机等现代化办公设备，办公接入互联网，实现远程网络申报项目、网上发布该所基本信息等网络办公环境，增强科研人员的信息化意识，以普及计算机信息技术知识为目标，积极开展计算机信息化培训，提高全所员工的信息化意识和网络运用能力。该所员工经培训均能独立操作计算机网络，熟识信息化办公。

【科技交流与合作情况】　2013年，该所派科技人员，选送科研成果展品参加“全国科普日”、“广西科技活动周”、“广西专利展览会”等活动，宣传推广该所的专利产品。

（卢平）

广西科学院生物研究所

【概况】　广西科学院生物研究所筹建于1977年，系自然科学类科研机构，属农业公益类科研机构，目前设有综合办公室、财务科、业务科、销售部等职能部门，研究机构有广西生物质工程技术研究中心、生物工程研究中心、广西食用菌良种培育中心，生产经营部门有所全资直属的微生物实验厂和生物实验厂，以及全资公司——南宁桂科菌业有限责任公司、参股公司——广西投资集团维科特生物技术有限公司，科普机构有生物标本馆——全国首批科普教育基地；该所现有在职职工40名，其中专业技术人员33名，中级、高级职称23名，博士1名、硕士6名，广西“十百千人才”第二层次人才1名、国家“西部之光”青年科技创新人才1名；拥有先进的生物技术研究设备及大型微生物发酵设备、植物活性物提取设备等生产设备，按照GMP标准来建设的酶工程生产基地，以及年产3000万株铁皮石斛组培苗生产场地。

【科技队伍】　该所拥有中高级职称科技人员23名，其中博士1名、硕士5名，广西“十百千人才”第二层次人才1名，45岁以下中、青年科技人员占科技人员总数90%，青年科技人才作为项目主持人或主要成员在该所“异麦芽酮糖系列产品”、“生物活性物质提取”、“工农业废弃物生产生物肥料资源化利用”、“食用菌菌种繁育及栽培原料本土化技术”、“酶法合成新型糖苷化合物”、“蔗糖异构酶研发”、“植物组织培养技术研究”等优势重点项目的研究与开发工作中发挥了重要的作用。

【科研项目与经费投入】 2013年，该所承担各级研究与开发项目22项，获资助科技经费460.5万元。其中，国家级科技项目1项，自治区科技计划项目9项，地方科技计划12项。

【科技成果与转化】 2013年，该所获得科技成果1项；发表科研论文2篇，申请国家发明专利1项，获授权1项。

百色云耳地理标志产品品质确定及标准化生产技术研究与示范　课题针对广西本土特有的食用菌种质资源——百色云耳开展地理标志产品品质确定及标准化技术研究与示范，采用SRAP标记法对百色云耳进行遗传物质检测，首次发现百色云耳具有特异性DNA谱带；首次开展了百色云耳生态调查，查明其生长季节和生态环境。通过研究百色云耳感官质量、理化指标和安全指标，制定了百色云耳地理标志产品质量标准；分别以杧果枝条、玉米芯、玉米秆为主要原料，开展了百色云耳栽培原料本地化配方试验研究，筛选出各种原料的最佳配方，制定了百色云耳地理标志产品标准化生产技术规程；在田阳县和田林县分别进行5.33万袋的玉米芯秆和7.7万袋的杧果枝条为主要原料栽培百色云耳标准化生产试验示范，第一茬生物转化率分别达到108.94%和111.06%；课题研究成果总体上达到国内同类研究先进水平。

【人才与创新团队】 2013年，该所向自治区党委组织部申请“八桂学者”人才资助项目，设立生物系统与生物加工研究岗位，拟聘“千人计划”专家周礼芹博士任岗位首席专家。该岗位主要致力于研究生物高效表达系统结构、功能及其在生物加工过程中的作用机制与产业应用，特别是发展和建立食品工业、造纸工业和饲料工业所需酶制剂的制造技术体系，提升酶制剂制造技术水平，同时关注新型产酶微生物资源和新型酶利用方面的研发工作。至2013年末，该岗位已完成或在研相关生物加工领域省级项目8项，登记成果4项，申请专利2项，获得授权1项，研发产品10个，其中木瓜蛋白酶、核酸酶、风味酶、脱氨酶、饼干专用复合酶、肉类水解复合蛋白酶等产品已进入市场销售；菠萝蛋白酶、β-淀粉酶，碱性木聚糖酶、葡聚糖酶及未来开发的食品用酶、工业用酶和医药用酶试剂盒已完成或进入小试阶段。该所已形成一支配备了从基因工程到后处理提取技术，专业从事酶制剂研究的创新团队。

【科研平台建设与科研仪器设备】 该所共拥有广西生物质工程技术研究中心、广西食用菌良种培育中心2个自治区级科研平台，已形成生物质能源和生物材料开发，广西优势资源加工研究，广西优势植物活性物质提取技术及植物组织培养技术，广西大宗工农业废弃物资源化利用研发，食用菌菌种选育、提纯、复壮、繁育及本土原料栽培技术的研究、开发、生产和经营等科研领域布局。

广西生物质工程技术研究中心　是经广西科技厅认定的第二批工程技术研究中心，生物所为依托单位，与广西科学院共同组建而成。

中心主要以广西乃至亚热带地区重要特色经济资源（甘蔗、桑枝、木瓜、菠萝）等为研究对象，开展应用基础研究，设农林资源保护与利用；食用菌种质资源收集、保护与评价；新型高效酶种和相应的生产加工技术；糖薯技术；非粮生物质能源等领域的菌种改造等研究方向。

广西食用菌良种培育中心　是经广西科技厅认定的广西首批食用菌良种培育中心，生物所为依托单位。中心主要围绕食用菌领域开展种质资源创新、制繁种、高优产栽培等关键技术开展研究，设大型野生真菌资源调查、野生食用菌菌种繁育、食用菌栽培原料本地化、食用菌栽培技术推广示范、食用菌病虫害防治、食用菌深加工等研究方向。中心在食用菌良种选育、高产栽培等技术领域走在全自治区的领跑位置；2009年中心选育出广西第一个食用菌本地品种——百色云耳“百云六号”；作为国内较早进行桑杆食用菌生产研究的单位，已掌握利用桑枝栽培20多个食用菌品种的工艺技术，已指导5家食用菌生产企业获得有机产品认证，为广西桑杆食用菌产业从2005年一片空白到2011年产值超3亿元做了有力的技术依托和保障。目前中心保藏有食、药用菌品种160多个，菌种生产全部采用电控消毒，控温培养，产品长年畅销自治区内外80多个县市。

该所共建成实验室面积约600平方米，配备有高效液相色谱仪、气相色谱、PCR基因扩增仪、核酸（蛋白）成像系统、超低温冰箱、30L自控发酵罐等仪器设备；中试和生产用房共5000平方米，配备1吨和5吨深层通气发酵系统各一套、冷库5间（200立方米），以及微滤、超滤、管式离心机、板框压滤机、锥形真空干燥机、冷冻干燥机等中试和生产设备；形成了食用菌菌种年生产能力达200万袋（瓶）、铁皮石斛植物组培苗年生产能力达3000万株、木瓜蛋白酶精酶年生产能力达5吨的生产规模，并能满足以及各类微生物发酵生产的中试和小规模生产需要。

【科技交流与合作】 该所积极策划筹备筛选项目、指派科技人员参加广西科技周、全国科技周等成果展览交流大会，推介科技成果；加入全国科学院联盟应用微生物领域分会，加强学术交流；定期不定期的组织科技特派员前往驻点企业开展科技下乡活动，指导有机食用菌生产和香蕉种植等；同时，该所与林业部门相关单位建立长期合作关系，开展标本制作及林下生态食用菌高效栽培与示范等项目研究。

【科普教育基地】 该所标本馆是广西最大的生物标本馆之一，馆藏有脊椎动物、昆虫、大型真菌等标本12.8万余号，是经中国科学技术协会认定的第一批“全国科普教育基地”，同时也是“广西青少年科技教育基地”和“南宁市青少年创新实践工作站”，2013年，该所利用现有的人才、信息、设备等优势，指导南宁市第二十五中学生开展青少年科技创新课题《铁皮石斛栽培床下种植食用菌的初步研究》，该课题获自治区二等奖及南宁市一等奖，成绩显著。

（李槐　欧娜）

广西壮族自治区计算中心

【概况】 2013年，广西壮族自治区计算中心主要从事互联网、信息技术应用研究和软件产品开发、软件与信息服务外包以及培训、维修等技术服务。除开展计算机软硬件产品代理销售、系统集成、软件开发、技术培训、计算机及外部设备维修服务、大规模图文资料数据加工、网站建设、多媒体应用系统制作等传统IT业务外，还新增云计算、大数据、物联网、面向东盟信息服务、电子政务与电子商务等技术研究与产品开发。该中心下设的研究开发与经营机构有：广西软件新技术实验室、计算机网络工程中心、广西海蓝计算机技术职业技能培训学校、广西计算中心海蓝电脑公司、EPSON授权维修中心和涉密计算机设备维修站；对外投资合作的实体有：南宁海蓝数据有限公司、南宁海蓝图文高科有限公司、广西海蓝数码科技有限公司、南宁桂科创业咨询有限公司和广西现代物流生产力促进中心。该中心是广西优秀软件企业、全国科学院联盟软件分会理事单位，广西国际商会理事单位、广西研究生联合开发促进会副会长单位，以及广西计算机学会和广西计算机用户协会的挂靠单位。

【科研项目与经费投入】 2013年，该中心共承担科技项目7项，投入科技经费1326万元，其中获资助金额525万元。

【科技开发】 2013年，该中心实施“云计算、云应用实验平台构建、关键技术研发及应用服务示范”项目。该项目是结合智能信息采集处理技术的研究成果，研究虚拟化技术、云存储与数据共享技术，以及可按需定制的虚拟计算技术等，构建一个基于“私有”云的服务的云计算、云应用实验平台，并以此开展云数据应用服务示范。该项目获2013年自治区信息服务业发展专项资金支持。

【科技成果及简介】 2013年，该中心取得科技成果2项，获得科技成果奖励2项（次），包括广西科学院科技成果奖2项。知识产权方面，在国内学术会议上发表学术论文7篇。

对越南和东盟软件和数码产品产业化及出口基地建设　项目在研究中文—越南文信息处理关键技术和手持翻译机等样机研制的基础上，针对越南市场需求开发了一批软件出口产品和数码出口产品，包括：中文—东盟小语种机器翻译系统、中越双语在线词典电子翻译系统、越南文印刷体识别OCR软件、海蓝大规模图文资料数字化系统（越南文版）、海蓝手持翻译机等。并开展对越出口产品生产的产业化，建设出口基地，实现对越南的软件及数码产品出口。该成果获2012年广西科学院科技成果奖一等奖。

现代物流软件产品开发与技术集成产业化应用　项目针对广西目前物流企业小、散、差、信息化水平低的现状，为满足各类型的物流企业的需求，集成无线射频技术（RFID）、移动通信技术、电子数据交换技术（EDI）、全球卫星定位技术（GPS）、地理信息技术（GIS）、自动化仓库（AS/RS）技术、分拣自动化技术等物流信息技术

开发系列软件产品，主要是服务于普通物流企业。该成果获2012年广西科学院科技成果一等奖。

【科技成果推广应用】 *对越南和东盟软件和数码产品产业化及出口基地建设* 项目由广西计算中心为研发主体，联合南宁海蓝数据有限公司进行生产管理和市场运作，大力开展成果的推广应用，建设出口基地。凭借机器翻译技术优势，参与"部区会商"项目"一平台"——"中国—东盟科技合作与技术转移平台"建设，在线翻译成果应用于"中国东盟科技合作与成果转化网"，为中越用户提供中越文在线划词互译服务108000人次；获得南宁海事局、南宁海关、广西公安厅等多个单位的涉越档案数字化服务合同，还获得永鸿国际运输有限公司（越南企业）总价值85万美元的软件出口订单，实现软件出口。已实现销售收入1397.2万元，实现利税224万元，出口创汇45万美元。

现代物流软件产品开发与技术集成产业化应用 项目针对广西目前各类型的物流企业的需求，集成无线射频技术（RFID）、移动通信技术、全球卫星定位技术（GPS）等物流信息技术，开发系列物流信息化管理软件产品：包括基于VPN和移动通信平台的中小型物流运输企业ERP系统、基于服务总线（ESB）的国际物流园区物流信息管理平台等。

同时积极组织物流专家开展面向广西物流企业的信息化技术推广应用、物流信息化咨询、人才培训等相关服务，促进广西物流企业的信息化管理，从而加快北部湾经济区物流基地建设步伐。

【人才与创新团队】 该中心高度重视学科带头人培养及科研创新团队建设，对科研团队在科学研究和技术开发活动中的资金投入、设备保障、人员配置等方面给予重点支持。中心充分利用自治区2010年出台的八桂学者、特聘专家1+3文件等人才政策，制定了本单位的人才培养管理办法。采用自主培养与外部引进相结合的方式，千方百计吸引人才，进一步完善研究梯队，尤其注重青年学术梯队的培养，利用国家与自治区科技攻关项目、广西科学自然基金项目等来开展科学研究，以实战锻炼人才，形成了一支整体水平较高、结构合理、团结协作、善于攻克科研难题的科研队伍，并且根据发展目标为每个研发人员制定了相应的发展计划、培训计划和个人目标，将个人的发展与中心的发展结合起来，鼓励和支持年轻科技人员到国内高校进行不脱产深造和进修学习。学习期间，保证其工资待遇和奖金。除此之外还制定了技术人员考核及奖惩办法，对受聘专业技术人员进行全面的年度考核和评价，同时评选出"十佳"优秀员工，给予表彰和奖励。每年还组织科技人员赴深圳高交会、北京软件博览会等考察学习。通过学习和交流，加强团队内成员纵向和横向的沟通，营造良好的敬业氛围，从而增强创新能力，促进科研工作的开展。

2013年，该中心2人参加软件工程硕士在职研究生学习，1人晋升为高级职称，1人晋升为中级职称。

【科研平台建设与科研仪器设备】 该中心具有计算机信息系统三级集成资质，被广西科技厅认定为"科技金源单位"，现有广西软件新技术实验室和广西数字化工程技术研究中心两个自治区级科研平台，以及广西现代物流生产力促进中心一个国家级示范生产力促进中心。实验室科研用房为两处：一处为南宁市星湖路32号广西计算中心办公大楼内；一处为南宁市大岭路98号广西科学院广西科技大厦四楼。实验室配备了高性能服务器、高速扫描仪、投影融合系统、远程协同开发及视频会议系统、计算机与外部设备及开发软件、数据库软件、VMware虚拟机软件，2013年新增中国科学院云计算产业技术创新与育成中心赠送的云计算服务器、G－Cloud云操作系统、云码头、部分云计算应用解决方案的开发平台及演示系统等用于科研与生产的软硬件设备。

广西软件新技术实验室 该实验室隶属广西计算中心，成立于1994年，是广西第一个正式挂牌对外开放的省级实验室。2002年，入选首批广西科技创新金源单位。该实验室主要从事计算机软件及应用的研究开发，先后承担了国家"863"、国家自然科学基金、电子发展基金、广西重点科研等各类项目，先后获得各级成果奖达20余项（次）。2011年以来，广西计算中心在原有优势研究成果基础上，把握IT行业发展趋势，根据广西千亿元产业发展需求及创新计划精神，调整实验室研究方向，包括：智能信息采集处理技术与应用研究；物联网技术与应用研究；云计算技术与应用研究。2012年起，实验室加大投入，开展云计算实验平台建设。至2013年末，平台初具雏形，为下一步的应用研究打下良好基础。实验室

的目标是：建设符合广西当前发展形势的高水平信息技术重点实验室，更好地服务于广西产业发展与经济建设。

广西数字化工程技术研究中心　为广西计算中心与南宁海曲数据有限公司共建单位，2007年经广西科技厅批准成立。该研究中心坚持自主创新，组织研发力量攻克了高比率图像压缩、高速数字化加工生产线的自动监控、多引擎自动印刷体文字识别等数字化领域的关键共性技术，开发出档案开放鉴定系统、档案接待利用系统等系列产品，获国家发明专利1项，完成软件著作权登记12项，形成了软件销售与数据加工服务外包的商业模式，得到了近200家用户的应用，为广西的数字化加工产业发展走出了一条探索之路。

广西现代物流生产力促进中心　隶属广西计算中心，成立于2004年，是广西物流行业唯一的科技中介服务机构，先后被国家科技部和广西科技厅授予“国家级示范生产力促进中心”和“自治区级示范生产力促进中心”称号；获中国商业技师协会授予的广西物流经理培训资格；入选国家生产力促进中心科技金融服务首批24家试点单位；通过ISO9001：2008质量管理体系认证。

【科技交流与合作】　2013年8月20日，继广西科学院与中国科学院云计算产业技术创新与育成中心签署《合作框架协议》后，广西计算中心与中国科学院云中心下属国云科技股份有限公司签订战略合作协议，瞄准自治区内云计算应用和服务空白，建立全面、长期、稳定的科技合作关系，联合开展多形式、多层次的科技交流与合作，共同参与广西的云计算产业发展和“智慧广西”的建设，确立了五个方面合作的发展目标：一是积极贯彻落实广西科学院和中国科学院云计算中心签署的合作框架协议；二是围绕广西产业发展的技术瓶颈，加强重大专项合作；三是共建重点实验室，以“云计算技术与应用”、“物联网技术与应用”为研究方向，兼具体验、科普、展示、实验、研发、测试等多功能于一体；四是利用广西区位优势，通过“中国—东盟科技合作与成果转化平台”等多种渠道创造与东盟国家交流合作的条件，共同开拓东盟市场。五是通过项目合作、人员交流、学术活动等方式，帮助广西培养一批创新能力强的云计算产业科技领军团队。

（叶南）

广西壮族自治区农业科学院

【概况】　该院是自治区人民政府直属的农业科研单位，从事种植业为主的应用研究及应用基础研究，根据广西农业生产近期及长远发展需要，承担国家和自治区下达的科研任务，为广西农业生产提供适用、配套的技术成果。主要开展粮、糖、果、菜、油、麻、食用菌等作物种质资源收集保存利用、优良品种选育及栽培、农产品加工、植物营养、植保、农业资源与环境、农产品质量安全检测等配套新技术研究，促进高产、优质、高效、低耗农业和农村经济发展。全院占地338公顷，其中科研试验用地297公顷。

该院机关设有院办公室、人事处、科技处、计财处、后勤管理处、成果转化处、国际合作处、机关党委、监察室、科研基地管理处、离退处等11个处（室）；科研机构设有甘蔗研究所、玉米研究所（旱粮作物研究所）、水稻研究所、农业资源与环境研究所、园艺研究所、经济作物研究所、植物保护研究所、作物品种资源研究所、农业科技信息研究所、农业经济研究所、生物技术研究所、微生物研究所、蔬菜研究所、广西作物遗传改良生物技术重点开放实验室、农产品加工研究所、葡萄与葡萄酒研究所、花卉研究所、广西现代农业科技示范园、农产品质量安全与检测技术研究所等19个专业研究机构。与中国农业科学院共建中国农业科学院甘蔗研究中心，与广西柳州、河池、桂林、百色、玉林、贺州、钦州市人民政府分别共建了广西农业科学院桂中分院、桂西分院、桂北分院、百色分院、桂东南分院、贺州分院、北部湾分院。

【科研项目与经费投入】　2013年度，该院在研项目596项。新获各级科研立项397项，新增经费6988.9万元。其中：国家级项目22项，经费1867万元；省部级186项，经费3682.9万元；其他189项，经费1684万元。全年共完成结题或验收项目277项。

【科研成果及简介】　2013年度，该院有16项成果通过广西科技成果鉴定（其中14项达国内领先水平，2项达国内先进水平），完成成果登记22项；获国家版权局计算机软件著作权登记1个；

获授权专利14项（其中发明专利8项，实用新型专利6项），新申请专利69项（其中发明专利57项，实用新型专利12项）。承担的“两系法杂交水稻技术研究与应用”获国家科学技术进步奖特等奖（水稻所参与，排名第十），参与的“南方葡萄根域限制与避雨栽培关键技术研究与示范”获国家科学技术进步奖二等奖（个人排名第八）；获全国农牧渔业丰收奖二等奖项目2项；获广西科学技术进步奖11项，其中二等奖5项、三等奖11项；获广西自然科学奖三等奖1项；获海南省科学技术奖一等奖1项（蔬菜所参与，排名第五）、云南省科学技术进步奖一等奖1项（甘蔗所参与，排名第四）；评选出广西农业科学院科技进步奖24项（其中一等奖14项、二等奖10项）；获大北农科技奖三等奖1项、促进奖1项；获百色市科学技术进步奖二等奖、科技创新三等奖各1项；获第二届广西发明创造成果展览交易会项目银奖3个；获第十届中国—东盟博览会先进技术展优秀参展项目奖5个；获第三届广西发明创造成果展览交易会项目银奖2个；2人获第十二届广西青年科技奖。通过广西农作物品种审定的品种29个。通过审定并获颁布实施广西地方标准6项。申请立项广西地方标准的制（修）定43项，获批准立项21项。发表科技论文353篇（其中SCI收录19篇，中文核心245篇，国际刊物9篇，国际会议论文43篇），出版著作10部。主办的《南方农业学报》2013年被评为“RCCSE中国核心（扩展版）学术期刊”。

一年来，该院依托科研项目，利用各学科、各研究所、各团队及各分院科技人才的优势开展科技创新工作，不断推出新品种、新技术、新成果、新经验。

种质资源的收集、开发和利用研究　共收集和引进甘蔗、水稻、玉米、水果等种质资源400多份，筛选获得种质材料600多份。建立了火龙果优质种质资源圃和柑橘引种隔离圃。初步建立了广西特殊生境（甘蔗根围、大石围天坑群和北部湾红树林）植物有益内生真菌的种质资源库。首次从甘蔗根际土壤中分离到6种类型AM真菌孢子，筛选甘蔗AM优势菌株4个。

生物技术研究　甘蔗EST－SSR标记的开发及其在甘蔗遗传关系分析中的应用研究完成了甘蔗转录组测序片段的组装，共获得101255个EST序列。首次利用SRAP分子标记技术对16000多份诱变材料进行突变体的筛选及鉴定，筛选出582份突变材料，并将突变材料进行田间筛选，有效地将分子生物技术与常规育种技术有机结合起来，大大降低了育种时间和成本，提高了育种效率。精细定位1个抗褐飞虱基因BPH27，发表1篇影响因子为3.56的SCI论文。甘蔗联合固氮菌的研究取得突破进展，明确了联合固氮的主要影响因子及其调控技术。

选育一批农作物新品种　通过广西农作物品种审定委员会审定品种29个。其中，选育的水稻新品种特优7571和特优831通过农业部超级稻第一年产量认定，有望成为广西自育新超级稻品种。玉米新品种桂单162丰产性、抗病、抗逆、适应性表现突出，广西区试、生产试验平均亩产均比对照正大619增产10%以上，是一个杂种优势强的新品种。获得桂糖04－1045、桂糖04/1545、桂糖04/2603、桂糖06/1721、桂糖06/533、06/244、06/2081、桂糖07－645、桂糖07－994、08－1180、08－460等一批表现优异的甘蔗新品系。

突破一批生产关键技术　作物高产栽培技术方面，“农耕新方法粉垄及其应用研究”获自治区科技成果登记，发明的粉垄农耕新方法可使土地多年持续增产10%以上，耕作成本降低10%以上，已在9个省（自治区）和10多种作物应用。研制出玉米花生带状复合种植模式关键技术，可比纯种玉米亩增收350元以上。“南方厚皮甜瓜的露地栽培方法”获发明专利授权（专利号：ZL201110448981.2），该技术突破了设施栽培对南方厚皮甜瓜的限制，大大降低了南方厚皮甜瓜的生产成本。花生高产高效栽培和良种示范创造新纪录，桂花1026在果园间作产量达到每亩333.3公斤，比对照增产70.2%。桑枝栽培食用菌配方取得突破性进展，研究出桑枝86%、蚕沙10%的高产配方，大大降低了原料成本。香蕉大苗截茎覆盖防寒、灾后截茎恢复技术等方面达到国际同类研究领先水平。

植保技术　首次在国内外检测到疫霉菌对烯酰吗啉具有抗药性。首次在广西发现入侵害虫——辣椒实蝇。甘蔗恶性杂草“地封净”封杀技术经多点示范试验证明安全可靠，攻克了蔗田香附子无法安全有效封杀的难题。发明了一种针对地下害虫的新型诱捕器，并形成了一套地下害虫可持续控制技术体系。建立了工厂化繁殖及释放古巴蝇、赤眼蜂技术体系，年释放量达4.2万亩次。

农业资源环境技术　研制出生态育苗“润桂”

牌系列基质和生物有机肥产品，并实现了项目技术和产品的产业化。筛选出水肥高效栽培模式2套；提出集成品种——蔗叶/黑膜覆盖、一次性免中耕施肥的高效栽培技术，建立了甘蔗—马铃薯间套种高效栽培模式，经科技成果鉴定达到国内领先水平。

农业信息技术 首次引进物联网技术开展蔬菜生产技术信息平台建设。采用TRMM、AMSR－E和SPOT－VEGETATION三个遥感数据源对农业旱情进行分析，得到新的农业旱情指数ADI，监测农业旱情的精度明显提高。

农产品加工技术 开展了香蕉、桑果等加工技术研究，开发了阳桃酒、桑果水牛奶酸乳、香蕉淀粉饼干、香蕉果酱、铁皮石斛复合咀嚼片、食用菌超细粉、混合发酵冻干菌剂、肉羊肉牛全价颗粒饲料、香蕉茎叶青贮饲料等11个产品。开发浆果产地采摘收集设备1套、太阳能—热泵联合节能干燥系统1套。

【科技成果推广应用】 2013年，该院在加快科技成果转化，促进农业农村经济发展方面取得新成绩。该院全面深入推进“联百企，进千村，扶万户”科技行动，合作企业发展到260多家，向华润五丰（中国）有限公司、三亚海源实业有限公司等农业龙头企业派驻科技特派专员4名，支持企业建立生产基地面积合计5.577万公顷，为企业争取到项目经费750.5万元，向企业转让科技成果20多项，解决技术难题和实际困难300多个，为企业培训业务骨干1000多人次。通过与广西兆和种业有限公司的战略合作，自主选育的桂两优2号超级稻、桂花系列花生良种和桂单系列玉米良种的销售实现了翻番式发展，种植推广面积迅速扩大。科企合作实现了互利双赢。

科技支撑产业发展 一年来建立新品种、新技术核心示范基地316个，累计核心示范基地面积37万多亩，展示新品种（或品系）、新组合420余个，辐射推广面积达1200万亩左右，建立种子种苗基地130个，面积3.2万多亩。其中，甘蔗良种繁育与品种示范推广工作取得新突破，示范面积达17000多亩，主推的桂糖系列品种在蔗区的推广种植面积达到30.5万亩。通过新品种、新技术的推广应用，一批科技成果向企业、向农户转化转移，促进了农业生产结构调整，带动农业产业转型升级。

服务地方经济发展 分别与贺州、钦州市人民政府挂牌共建贺州分院和北部湾分院，全院分院达到7个。截至年底，共指导分院申报各类项目40多项，开展作物新品种新技术示范700多项，取得了较好效果，有力推动了地方农业发展。与阳朔、邕宁区、西乡塘区等10多个县（市、区）建立了战略合作关系，依托院科技成果和技术优势，向合作县（市、区）转化适宜地方发展的高产高效经济作物、水果、蔬菜等新品种、新技术，促进当地农业产业转型升级。为了更好发挥广西温光资源优势、特色作物优势，与县（市、区）级政府合作，以当地农科所为载体建立广西农科院特色作物试验站。

选派科技特派员服务三农 该院向自治区、市派出科技特派员70多名，帮助带动农民增收致富。据不完全统计，共进村服务300多次，推广新技术100多项，举办培训班近100场次，培训农民2000多人次。通过到企业、农村开展创新创业活动，紧密了科研工作与生产实际需求的联系，畅通了农业科技成果转化渠道，有力促进了农业增效、农村发展、农民增收。

多样化科技服务活动 依托“百千万”行动，共派出科技人员上千人次深入全自治区60多个县（市、区）300多个乡镇上千个村屯进行科技培训和技术咨询服务，展出宣传新技术近50项，为农民答疑解难5000多次，发送农信通科技短信10多万条，发放各类技术资料达50多万份（册），赠送一大批种子种苗及农药、肥料等实用农资品。通过科技宣传培训，增强农民科技意识，培养出一大批有文化、懂技术、会经营的新型农民，有力带动农民创新创业、脱贫致富。

结对共建和帮扶活动 全院共开展结对共建活动30多次，举办各类农技培训班20多期，为结对共建点解决技术难题100多个。

【人才与创新团队】 截至2013年底，该院有科技人员690人，其中高级职称280人，中级职称357人，博士98人，在站博士后5人，在读博士研究生47人。该院拥有国家有突出贡献中青年科学技术专家4人，享受国务院政府特殊津贴27人，国家“百千万人才工程”人选2人、全国先进工作者1人、全国粮食生产突出贡献农业科技人员3人、广西优秀专家12人、广西有突出贡献科技人员7人、广西“新世纪十百千人才工程”第二层次人选22人、“八桂学者”4人、自治区特聘专家3人、自治区终身教授1人。2013年，该院新聘院士顾问1位，新获“享受国务院特殊津贴专家”、“百千万人才工程”国家级人选和“有突出贡献中青年专家”各1人、自治区终身教授1人、自治区优秀专家2人。

2013年，该院新增国家现代农业产业技术体系试验站站长1名，新增国家现代农业产业技术体系广西创新团队首席专家2名、功能专家6名。截至2013年底，该院在聘国家现代农业产业技术体系岗位科学家8位，综合试验站站长12位，国家现代农业产业技术体系广西创新团队首席专家5位，功能专家14位，综合试验站站长1位。同时，近一年来该院以项目支持方式，重点资助了“甘蔗多用途育种材料的创新研究”、“水稻优异种质创新和超级稻新品种选育研究”、“玉米种质资源改良与创新研究”等10个创新团队项目，构建和发展优势学科团队，其中“甘蔗多用途育种材料创新及应用”成为广西区资助创新研究团队。至2013年底，该院已逐渐形成了一批有较强凝聚力和良好学术氛围的科技创新团队。

【科研平台建设与科研仪器设备】 2013年，该院共投入5250万元用于完善和新建科研平台，进一步提升了自主创新能力。其中投入1210万元用于重点实验室仪器采购和设备完善，在一定程度上解决了相关新型大中型仪器短缺问题，基本满足目前开展广西主要作物分子育种、生理生化研究及农产品加工、质量安全检测等的硬件设施需求。同时，依托该院建设的甘蔗育种与栽培技术国家地方联合工程研究中心首次获得国家发改委经费支持，到位国家补助资金500万元；该院首个农业部重点实验室——农业部广西甘蔗生物技术与遗传改良重点实验室首次获得948计划支持，到位经费50万元；该院设立的土壤资源、水稻、蔬菜、作物遗传等4个院士工作站被认定为广西第一批院士工作站，该院申请组建的西甜瓜工程技术研究中心被列入广西第九批自治区级工程技术研究中心组建计划，该院玉米研究所、生物技术研究所也分别被认定为自治区红薯、荸荠良种培育中心。此外，该院累计投入3250万元用于相关科研基地基础设施建设，其中，广西海南南繁基地投入2000万元，里建基地投入1000万元，丁当基地投入250万元。科研创新平台的建设和逐步完善，使该院科研综合能力进一步增强，为该院发展奠定了良好的基础。

【科技交流与合作】 该院一直注重与国内外相关单位的科技交流与合作，特别是前沿技术、创新研究方面的交流与合作。2013年，该院成功举办“青年学术论坛”，启动“广西农科院学术论坛”系列活动，成功举办了33期论坛，邀请38位国内外专家前来开展学术交流40场次，参加的科技人员达3600多人次。另外组织科技人员到外单位参加学术交流累计超过200场次、1000多人次。通过积极开展学术交流活动，营造了良好的学术风气和浓厚的学术氛围，使广大科技人员开阔了视野，更新了观念，拓宽了思路，科研创新能力得到了提升。

2013年，该院承办了“发展中国家提高甘蔗生产能力的农民友好型农业技术”国际研讨会暨国际糖业科技协会（IAPSIT）理事会会议，申办了2016年第29届国际甘蔗技师协会大会，筹备了IS—2014国际学术研讨会（第五届甘蔗糖业国际学术研讨会），举办了首届桂台农业发展与技术交流研讨会暨第四届广西农业新亮点论坛，参加了首届中国—东盟技术转移与创新合作大会、第十八届全国农科院系统外事协作网会议和大湄公河次区域农业科技交流会合作组第五届理事会暨农业科技合作交流研讨会等国际学术会议。被中国—东盟博览会秘书处授予“十载支持，十届辉煌”中国—东盟博览会10周年优秀参展商奖。“中越农业综合技术示范研究推广基地”等5个项目荣获第十届中国—东盟博览会先进技术展优秀参展项目奖。

不断深化同越南河内农业大学合作，依托在越南河内农业大学建立的示范基地，进行农作物品种试验。试验的广西亚航种业366杂交水稻被越南南定省认为在越南北部有发展潜力，玉米新品种玉米头601和玉米头518在当越南北部表现良好。向越方推广种植甜瓜、西葫芦、蚕桑和香蕉新品种，其中推广种植桂蕉6号2万苗。

先后与美国农业部农业研究服务署圣华金谷农业科学中心、越南谅山莲山农业有限公司、老挝农林部农业土地管理司、越南谅山科技厅先进技术应用中心等国外有关单位签署4份合作备忘录或协议，涉及农作物栽培、病虫害管理、土壤肥料等技术及人才交流与合作，为开展实质性合作打下基础。

先后派出15批40人次到柬埔寨、越南、埃塞俄比亚、美国、荷兰、新西兰、老挝等国家开展进修、交流或援助。邀请和接待来自美国、毛里求斯等12个国家41人次来访交流。举办了水稻分子育种培训班，越南河内农业大学4位学员参加培训。同时，该院进一步探索建立新的战略合作机制和服务模式，在完善与广西柳州、河池、桂林、百色、玉林等市人民政府共建分院的合作机制基础上，与贺州、钦州市人民政府新共建了贺州分院、北部湾分院。

【科技体制改革】 该院继续深化机构改革，将行政处、保卫处、后勤服务中心合并为后勤管理处，科研基地管理办公室更名为科研基地管理处，机关处室由13个减少至11个；同时整合了广西现代农业科技示范园，成立了农产品质量安全与检测技术研究所，撤销了能源作物研究所，全院内部管理和科研机构设置更加合理，分工更为明确，管控层次更加清晰。2013是该院“管理创新年”，废改立管理制度50多项，院所管理制度体系逐步健全。大力推进学术民主改革，修订了《广西农业科学院学术委员会章程》，并民主选举产生了新一届学术委员会。

（张雯龙　张述宽）

广西壮族自治区农业科学院经济作物研究所

【概况】 该所前身隶属1935年在柳州成立的广西农事试验场，1957年迁至南宁，成立广西农业科学研究所经济作物研究系，1971年改为经济作物研究室，1986年升级为广西农科院经作所。2013年该所主要从事花生、大豆、木薯、淮山、马铃薯、红薯、黄红麻、苎麻、火麻、烟草、铁皮石斛、甜高粱、能源草、山银花等作物新品种选育、栽培技术及产品加工技术研究。该所是全额拨款公益性事业单位，内设机构10个，其中研究机构8个，分别为油料作物研究室、豆类作物研究室、大豆研究室、薯类研究室、麻类研究室、生物技术研究室、生物质能源作物研究室、木薯分中心实验室。行政和辅助机构2个，分别为办公室（含财务）、成果转化室。2013年末，在职人员60人，其中科技人员57人，高级职称19人（研究员10人，副研究员9人）博士8人，在读博士4人，硕士38人，中级职称25人，有享受国务院政府特殊津贴专家2人、广西优秀专家2人、广西“十百千人才工程”第二层次人选3人。此外，该所还有国家农业（淮山药）项目首席专家1名，国家花生产业技术体系华南区花生栽培岗位科学家1名，国家木薯产业技术体系常规育种岗位科学家1名，国家马铃薯产业技术体系南宁综合试验站站长1名，国家麻类产业技术体系南宁黄/红麻综合试验站站长1名，农业部西南玉米大豆间套作区农业科学观测实验站站长1名，广西创新团队薯类功能专家1名。

【研究与开发】 2013年，该所承担国家级、省部级及地方科研项目42项，获立项研究经费880.6万元。其中，国家农业部现代农业产业技术体系项目5项，国家科技部项目2项，国家农业部公益性行业专项1项，国家自然科学基金1项，国际原子能研究机构项目1项，广西科技厅项目7项，广西主席科技资金1项，广西农业科学院项目14项，上海和广西烟草局项目2项。

该所重视作物种质资源搜集与保存，建有薯类种质资源圃和国家种质野生花生南宁分圃，保存木薯、淮山等薯类，以及花生、大豆、麻类等作物种质资源3000多份。有排灌方便的试验地7.67公顷（115亩）。试验基地16个，适合花生、薯类、大豆新品种选育，以及高产栽培技术研究和新品种新技术示范推广。依靠作物遗传改良生物技术重点开放实验室和国家木薯改良中心广西分中心，开展花生、大豆、淮山薯等作物分子标记研究，以及马铃薯、淮山、木薯和红薯等作物脱毒和组织培养研究，取得创新性阶段成果。

【科技成果】 2013年，该所育成审定优良新品种（系）9个（桂花99、桂春15号、桂经薯1号、桂能红1号、桂农薯1号、桂农薯2号、桂彩薯1号、桂麻菜1号、桂麻菜2号）。“耐旱高产大豆新品种桂春8号选育及推广应用”等7个项目通过了广西科技厅项目验收并进行成果登记。“耐旱高产大豆新品种桂春8号选育及推广应用”获得广西科技进步奖二等奖、广西农科院科技进步奖一等奖和大北农科技促进奖，“甘薯新品种选育及繁育技术研究与示范——‘红姑娘’红薯种质改良”获广西科技进步奖三等奖（第二完成单位），“弱感光型红薯新品种选育及其一年两（三）熟应用研究”获广西农科院科技进步奖二等奖。出版《粉垄活土增粮生态》和《中国淮山药栽培》专著2本，发表论文31篇，其中SCI论文4篇。“旱地作物粉垄栽培方法”、“水稻粉垄栽培方法”获得授权国家发明专利，“一种木薯淀粉和干物质含量检测装置”获得国家实用新型专利，申请发明专利7项。

耐旱高产大豆新品种桂春8号选育及推广应用 项目以耐旱耐瘠，兼顾高产优质和适合间套种为目标，选育成了高产优质耐旱性强的新品种桂春8号。桂春8号与甘蔗、木薯间套种，一般亩产可达160千克，最高亩产202.77千克，远高于一般大豆间套种单产（亩产不到100千克）。该品种抗旱性达一级，属强耐旱品种；蛋白质含量超过45%的优质标准。该品种高产、优质、耐旱又具有独特的高抗重金属“镉”污染特性。经查新，桂春8号综合性能指标达国内领先水平。到2012年止，桂春8号在广西18个县，以及广东遂溪县、贵州盘县、息烽县、桐梓、大方、普定等6个县市共24个县市大面积推广应用。累计种植面积达17.58万公顷（263.69万亩），平均增产19.4%（增产22.1千克/亩），新增总产量6466.88万千克，新增总产值32435.6万元，新增纯收益达27293.80万元。该成果获得广西科技进步奖二等奖、广西农科院科技进步奖一等奖和大北农科技促进奖。

甘薯新品种选育及繁育技术研究与示范——“红姑娘”红薯种质改良 项目主要成果和创新性：一是系统选育出“红姑娘”一号、“红姑娘”二号、“红姑娘”三号等3个红薯新品种；二是首次研究“红姑娘”红薯茎尖脱毒组培技术和健康种苗繁殖技术；三是独创研究红薯稻草夹心栽培技术；四是首次获得“红姑娘”红薯无公害农产品证书；五是首次制定出《“红姑娘”红薯生产技术规程》（无公害标准要求以上）广西地方标准（省级）；六是首次制订出《“红姑娘”红薯质量安全要求》广西地方标准（省级）。该项目成果获广西科技进步奖三等奖（第二完成单位）。

弱感光型红薯新品种选育及其一年两（三）熟应用研究 项目围绕选育适合广西等地区冬种春收（无霜区）、春种夏收及秋种冬收的一年两（三）熟的弱感光型红薯新品种目标，评价筛选出桂引5号、桂引12号等10个品种，其中桂引9号通过广西品种登记，分别于4月、6月、9月收获测产，亩产分别达1872、1648、2306千克，并已在生产上推广应用；杂交选育出弱感光型红薯新品种桂经薯1号（桂经薯06－13），广西品种区试亩产2233.4千克、干物率35.2%、淀粉含量24.5%；有苗头高淀粉新品系17个，其中09－2、09－7等6个淀粉含量达26%～30%，09－27等4个已入选广西品种区试，这些新品种（系）可为中国北纬23°以南地区实现红薯产业跨越性发展提供新的技术支撑；利用上述弱感光型红薯品种，在广西和海南、广东、云南、贵州等地实施一年三熟（无霜期区）种植模式加以推广应用；特别是冬、春种植可提早于4月～6月鲜薯收获上市供应中国该时段鲜薯市场空当，为中国冬、春种植4月～6月份收获开创了一条新路径。应用情况：广西桂林、南宁、防城港、钦州等4市及合浦县和海南省提供的应用证明，推广面积已达20.75万公顷，增产10%以上。该项目获广西农科院科技进步奖二等奖。

【科技体制改革】 2013年，该所不断加强学科建设和条件建设，进一步提升解决生产实际问题的综合实力和研究水平。以“抓铁有痕，踏石留印”的务实态度，在整改落实、建章立制上下功夫。根据广西农科院新出台的一系列规章制度，并结合该所的实际，对所内原有的规章制度进行修订完善，还根据需要，制定了新的制度，并经该所所务会议和全所职工大会讨论通过，汇编成册发至全所职工手中，供全所职工在今后的工作中认真执行，务求用制度建设保障作风建设的常态化、长效化。新编制的《广西农业科学院经济作物研究所规章制度汇编》主要内容包括工作规则、科研管理规定、人才引进、使用培养规定、科室主任聘任规定、财务管理规定、政治和工作纪律规定、公务车辆、公章使用、成果转化、实验室管理规定、学术委员会张章程等共计71页，这使今后的工作有章可循。

（黄其椿）

广西壮族自治区农业科学院植物保护研究所

【概况】 该所是以植物保护学科研究为主的社会公益性科研机构，前身为1935年成立的广西农事试验站植保组，1956年更名为广西农业科学研究所植保系，1976年更名为广西农业科学研究所植保室，1986年更名为植物保护研究所。2013年在职职工61人，专业技术人员56人，其中研究员11人、副研究员16人、助理研究员25人；博士12人，硕士28人。广西特聘专家1人，广西“跨世纪十百千人才工程”入选5人，硕士研究生导师6人。下设3个研究室：植物病害研究室、农业昆虫研究室、农药与杂草研究室。具有农业部南宁作物有害生物科学观测实验站、广西作物病虫害生物学重点实验室，广西科技创新金源单位三个科研平台；是农业部“新农药大田药效试验”和“农药残留分析检测试验”的认证单位。

【科研项目与经费投入】 *在研项目* 2013年该所在研项目49项，合计经费约886.6万元。项目均按合同计划进展顺利。

申报项目 2013年该所共申报项目47项，其中国家自然基金10项，农业部南宁作物有害生物科学观测实验站建设项目1项，省部级项目32项，其他项目5项。

立项项目 新立项目26项，新增经费525万元。其中，自治区重点实验室经费100万元；自治区本级财政项目50万元；自治区自然基金项目7项，经费35万元；国家产业体系广西创新团队项目1项，经费125万元；院重点项目6项，经费60万元，院青年基金3项，经费15万元，院其他项目5项，经费25万元；市科技局项目2项，经费32万元；横向项目2项，经费80万元。

结题项目 结题项目共18项，通过验收项目2项。

项目经费 2013年该所在使用各个项目经费时均严格按照项目合同及财务制度要求，做到合理、合法使用。

【科技开发】 *利用现有技术与田园公司联合攻关* 甘蔗高工效全程植保技术合作与开发，获得了田园公司资助65万元。

新研制的药剂示范取得了良好防效 园林草坪配方药剂、甘蔗田杂草土壤封闭技术及甘蔗除草剂配方“地封净”2013年试用面积800公顷，辐射面积2000公顷；旱地烟根结线虫病大田综合防治试验示范防治区平均防效达70%以上；香蕉根结线虫病大田综合防控示范防控区平均防效达75%以上；烟草PVY叶脉坏死病的防治示范防治效果86.77%；水果病虫害综合防控示范平均在70%以上，均取得了良好的社会效益和生态效益。

响应“百千万”行动号召 该所与13家企业合作，申报项目10多项，建立了4个示范基地，面积达1117.33公顷；技术辐射推广面积达3.07万公顷；为公司、企业等新增产值3000多万元，新增利税1000多万元。

【科技成果及简介】 2013年度获广西科技进步奖二等奖1项、广西科技进步奖三等奖1项，广西农业科学院技术进步一等奖2项；发表论文35篇，其中SCI 5篇；申请专利8项，获得专利授权2项。

我国水稻“两迁”害虫迁飞、爆发与越南虫源的关系及可持续防控策略 项目证明了中国水稻“两迁”害虫迁飞、爆发与越南虫源具有显著的相关性；筛选出新的具有潜在应用价值的高抗品种3个；提出了以异地测报为基础的“两迁”害虫可持续防控策略。项目实施在广西和越南累计示范推广面积7.742万公顷，累计新增产值1.22亿元，取得了显著的经济社会效益，为农民增收和农村稳定做出了贡献；并扩大了我国农业技术对越南及东盟国家的影响，促进了中国农作物品种和农业生产资料对东盟国家的出口。该项目技术达到国内领先水平。该成果获2013年广西科学技术进步奖二等奖。

菠萝抗寒种质资源筛选利用与避寒栽培技术研究应用 由广西农业科学院园艺研究所、广西农科院植保所、广西农业科学院农产品加工研究所共同承担。项目收集引进保存菠萝品种（种质）36份，建立菠萝种质资源保存圃，筛选鉴定出金菠萝、台农19号等4份耐寒品质（品种）；鉴定筛选出适合本地种植的优良鲜食品种台农17号；从广西主栽菠萝品种“菲律宾”中选育出抗寒优良单株1个；研究总结出高效率的菠萝杂交授粉技术和一套提高杂交种子萌芽率和植株成活率的育苗方法；研究出台农17号菠萝苗组培快繁技术；国内首先研究形成一套菠萝避寒栽培技术。该成果获2013年广西科技进步奖三等奖。

广西农田地下害虫综合防控技术研究 调查掌握了全自治区主要地下害虫种类、分布、危害情况，在崇左市开展了甘蔗地下害虫综合防治技术应用示范；室内利用绿僵菌对蔗根土天牛、蛴螬进行了生物防治研究，筛选出对金龟子等主要地下害虫的新型高效低毒杀虫剂6个，防效$>$80%。

水稻干尖线虫病调查监测与防控技术研究 开展了广西主稻区干尖线虫病调查监测、线虫发生部位、种子收集与种子检测研究。明确了广西稻区干尖线虫病主要发生在制种基地，特别是从疫区调入的一些品种发病严重。干尖线虫主要分

布在稻秆的上中部、花穗的中下部和稻种内。

杂草防除技术研究 针对园林菟丝子的危害特性，筛选出了一组对寄主安全、防效可达85%以上的药剂组合，现正进行配比优化和剂型配制；研究出的“地封净”封杀技术有望攻克蔗田香附子无法安全有效封杀的难题；“广西木薯地杂草高效节本除草技术”项目完成了药剂的初步筛选。

中越南方水稻黑条矮缩病综合防控技术合作研究 采集了全自治区水稻南方黑条矮缩病毒样品、并对病毒进行了鉴定及测序。进行毒源的扩大繁殖和白背飞虱的繁殖饲养，为抗病性鉴定提供充足的毒源和传毒介体；已陆续完成300多份品种材料的接种鉴定工作。

杂交稻抗稻瘟病育种 通过杂交、回交及测交配组，已培育出苗头组合5个，其中1个参加2013年广西水稻品种区域试验。育成的抗病水稻新品种特优473在合浦、武鸣两地试种均表现比对照增产显著。

香蕉枯萎病菌检测方法的筛选和改良研究 已经筛选出4对特异PCR引物，能特异检测到香蕉枯萎病病菌1号和4号生理小种。建立了一套应用PCR技术快速检测香蕉植株是否含香蕉枯萎病菌的方法。

广西甘蔗黑穗病发生流行机理基础研究 建成含266个（133对）甘蔗鞭黑粉菌病原物的数据库，对甘蔗黑粉菌进行了遗传多样性和RAPD分析；引进了黑穗病生理小种鉴别寄主，并通过摸索繁殖技术，解决了个别鉴别寄主分蘖过少的问题；初步推测出突变基因对其他一些基因的影响或调控。证明甘蔗黑粉菌的信息素信号传输、菌丝生长和致病发展与Prfl基因有关。

国家国际科技合作“中国—东盟重大农业外来有害生物预警与防控平台 探明了来自越南等东盟国家潜在的危险性有害生物种类；对外来重要危险性病虫草害进行了入侵风险分析及应急防控技术示范；与越南农业部植保局签订了合作协议书，促进了中越两国在植物保护领域的合作交流，为进一步筹建联合实验室打下基础。

【人才与创新团队】 2013年，该所新进应届硕士毕业生2名；在职攻读博士7人，其中1人获得博士学位；联合培养硕士研究生6名；1人晋升研究员，5人晋升副研究员，2人晋升助理研究员。1人被聘为国家创新团队广西体系龙眼荔枝岗位专家，1人派出到广西植保总站进行“干部交流”培养人才活动。副所长于永浩到良庆区新江镇汉林村挂第一书记。

该所继续贯彻以项目为依托，以团队求创新、出成果的理念，现拥有国家现代农业产业技术体系广西水果创新团队：主要针对水果主要病虫害的调研与防治示范工作，在广西水果主产区的田东、田阳、田林、灵山、武鸣及四川省攀枝花市农科所、米易热作所和云南省华坪县等水果产区进行了病虫害调查和防治指导；同时在广西田东县百育镇、田东县祥州镇、武鸣县农科所华侨农场进行了水果病虫害防治示范试验，用碧生＋凯润防治水果炭疽病防效可达77.43%，用碧生防治水果细菌性角斑病防效可达75.06%，效果比较明显。国家现代农业产业技术体系广西（水稻）创新团队，主要负责监测出我区水稻重要病虫害褐飞虱、白背飞虱、稻瘿蚊、稻瘟病的种（型）变异，为抗病虫品种的选育和利用提供科学依据；鉴定发现了一批抗褐飞虱、白背飞虱、稻瘟病的品种和材料，为水稻抗这些病虫育种提供亲本材料；建立了水稻品种抗南方水稻黑条矮缩病毒的方法，为发掘水稻抗南方水稻黑条矮缩病提供技术支撑。国家现代农业产业技术体系广西（荔枝）创新团队：该团队自2013年5月成立以来，在首席专家的协调下，本团队成员与其他岗位专家及试验站站长合作，在南宁、钦州和贵港3个试验站设立荔枝龙眼病虫发生为害观测点。结合面上调查，对广西荔枝龙眼一些主要病虫害种群在各产区的分布及为害情况，进行了发生情况及为害程度的初步调查。在此基础上，对一些病虫进行高效低毒低残留杀虫（杀菌）剂防治试验筛选。对荔枝蛀蒂虫、荔枝蝽、龙眼蚧壳虫、荔枝霜疫霉病、炭疽病等几种主要病虫害进行了一些无害化防控技术研究。对荔枝蛀蒂虫、荔枝蝽、蚧壳虫、霜疫霉病、炭疽病等进行了一些高效低毒低残留杀虫（杀菌）剂试验筛选。

【科研平台建设与科研仪器设备】 2013年，该所在打造平台、促进发展、广泛交流、拓宽视野等科研软硬件条件建设中做出了积极的探索，也取得了一些成绩。

广西作物病虫害生物学重点实验室通过广西科技厅认定 首个以植保所为技术依托的省级重点实验室广西作物病虫害生物学重点实验室顺利通过专家认定，正式成为广西第三批区级重点实验室，这也是该院第三个省级重点实验室科研平

台。将大大地提高该所在植物保护研究领域的竞争力和影响力，为争取全国百强所，提高科研创新能力，更好的服务广西三农，具有重要的意义。

成为国家农业部“新农药大田药效试验”和“农药残留分析检测试验”的认证单位　该所是广西作物病虫害生物学重点实验室和农业部南宁作物有害生物科学观察实验站依托单位，拥有现代化仪器设备及先进的试验设施。2013年全所上下继续做好新农药大田药效试验和农药残留检测分析工作，为企业服务；同时，不断提升科研服务水平，顺利通过阶段性检查。

联合申报广西高工效农药人才小高地　通过与广西田园生化股份有限公司的联合申报，申请建设广西高工效农药人才小高地，已经获得批复。这也是该所提高科研创新能力，服务企业，促进科技成果转化和人才培养的重要平台。

2013年添置仪器设备表

序号	货物名称	型号规格	数量（台）	合计价格（万元）
1	高效液相色谱仪	安捷伦 Agilent1260	1	28.00
2	多功能快速梯度 PCR 仪	德国 Biometra Tprofessional Gradient 96	1	7.00
3	高通量球磨仪	格瑞德曼型号 GT100 型	1	6.00
4	超低温冷冻储存箱	中科美菱 DW—FL450	1	3.00
5	紫外可见分光光度计	UV765	1	2.50
6	体视显微镜	奥林巴斯 SZX7	1	2.50

【科技交流与合作】　该所一直重视对外合作交流，注重引进新思想、新理念、新技术。为此，既有“走出去”，又有“请进来”。所长韦善富多次带队赴越南实施国际科技合作项目“中越农业科技示范基地建设”；并应邀访问了越南农业部农产果蔬总公司、越南中央种子股份有限公司、高平省、宣光省科技厅和农业厅等，达成合作意向，被越南中央种子股份有限公司聘为科技顾问；昆虫组和病理组代表参加在云南腾冲召开的大湄公河次区域农业科技交流会合作组第五届理事会暨农业科技合作交流研讨会，与来自中国、柬埔寨、老挝、缅甸、泰国、越南等国家的70位农业专家进行交流；所长韦善富、副所长于永浩，参加在新疆召开的“2013年全国植保高层论坛”；杨朗一行10多名科技人员参加“第二届国际生物入侵大会”，就外来生物的入侵途径、危害情况、防控措施与国内外专家进行了交流，并达成了信息交流，资源共享的合作意向。美国 University of Illinois 植物病理学教授 Dr. Carl A. Bradley 和 Dr. Guirong Zhang、美国艾奥瓦州立大学植物病理学教授 Dr. X. B. Yang 来该所访问，科技人员与外籍专家进行了深入的学术交流；澳大利亚昆士兰大学 Dr. Sharon、Dr. James 和华中农业大学王永模博士一行3人到植保所访问交流，并在相关研究领域提出了合作意向。

（杜晓利）

广西壮族自治区农业科学院园艺研究所

【概况】　该所隶属于广西农科院，是一个以热带、亚热带果树、西瓜、甜瓜等农作物的遗传育种及栽培技术研究为主的多学科研究所。2013年末，在职职工51人，其中专业技术人员46人，具有高级技术职称20人、中级技术职称16人，具有博士学位7人、硕士学位19人，在读博士研究生2人；享受政府特殊津贴科技专家2人，自治区优秀专家1人，广西“十百千”人才工程第二层次人选1人。获准设立国家现代农业技术体系西瓜栽培科学家岗位、荔枝育种科学家岗位、西甜瓜综合试验站、桂中南柑橘综合试验站及农业部南宁南亚热带果树科学观测实验站。该所下设荔枝龙眼研究室、西甜瓜研究室、热带杂果研究室、香蕉课题组、柑橘课题组、番木瓜课题组、浆果及落叶果树课题组、火龙果课题组、实验室、科研管理办公室和行政管理办公室等11个专业研究室。

【科技项目与经费投入】　2013年，该所共承担科技研究项目46项，其中国家级项目12项，省部级项目15项，其他项目19项，共获科技项目资金约908.4万元。其中现代农业产业技术体系5项，国家现代农业产业技术体系广西荔枝龙眼创新团队首席岗位1个、广西水果创新团队桂南综合试验站1个，广西科技攻关项目6项，广西科学基金项目6项，南宁市科技攻关项目2项，广西农科院科技发展基金19项。本年度所内科技人员申报科技项目的积极性大幅提高，年内共申报国家自然科学基金项目4项，广西自然科学基金项目7项，广西科技开发与计划项目10项，广西农科院项目22项，南宁市科技项目3项。另一方面大力开展园艺作物生产技术培训，积极开展技术培训和大田生产现场技术培训和指导，多次在全自治区各地市县各果树品种的主产区举办技术培训、技术讲座和现场技术指导，及时高效协助产业解决生产技术难题。

【科技成果与转化】 2013年，该所取得科技成果10项，获广西科技进步奖3项，其中二等奖2项，三等奖1项；获农科院科技进步奖3项，其中一等奖1项，二等奖2项；通过品种审定5个（大果甜阳桃四号、兴桂三号西瓜、兴桂六号西瓜、中粉一号香蕉、广粉一号香蕉）；发表学术论文14篇。

南方酿酒葡萄新品种“凌丰”选育及配套技术研究应用与产业化 项目主要完成单位有广西农科院园艺所、西北农林科技大学、广西都安密洛陀野生葡萄酒有限公司。毛葡萄（Vitis quinquangularis Rehd）为广西野生葡萄中分布最广、蕴藏量最大的种类。利用毛葡萄浆果传统酿造的葡萄酒在市场上供不应求，但原料种植开发远不能满足酿造业的需求。广西葡萄酒酿造原料生产存在东亚种群野生葡萄浆果含酸量偏高、丰产稳产性较差、引种欧亚种葡萄成分质量差、易发病等问题。因此，有必要进行毛葡萄种质创新，选育出适应南方湿热地区栽培的优良酿酒葡萄新品种。

该项目主要创新点：利用广西野生毛葡萄优株（母本，东亚种）×粉红玫瑰（父本，欧亚种）进行远缘杂交，成功选育具有野生葡萄特色的南方酿酒葡萄新品种“凌丰”，并实现了酿酒葡萄一年两熟栽培；编制出“凌丰”葡萄新品种栽培和种苗组培快繁技术规程两项地方标准；筛选出中队该新品种的专用酿酒酵母菌种，并进行双效降酸与菌株多元组合生物酿造，酿造的凌丰红葡萄酒产品各项理化指标均符合干红葡萄酒国家标准。

该项目培育出的新品种与普通毛葡萄相比有以下优良特性：坐果率高，产量稳定，适合优质高效栽培。浆果含糖量高，含酸适中，可酿造高品质干红葡萄酒。能保持野生毛葡萄特色和抗病性，在桂南产区可进行两熟栽培。一茬果6月下旬成熟，比毛葡萄提早两个多月；二茬果12月上旬成熟，着色更好，品质更优，延长原料果供应期。

该项目在广西、福建、广东、云南、湖北等地推广种植，与自治区内外9家葡萄酒加工企业建立合作关系，推广面积达1408.53公顷，近三年累计推广面积3495.87公顷，总产值62312.8万元，总利润39434.11万元；酿酒产值552269.8万元，酿酒利润374741.89万元。项目成果获2013年广西科学技术进步奖二等奖，广西农业科学院科技术进步一等奖。

热带亚热带优势农作物品种标准化生产技术产业化示范 项目主要完成单位有广西农科院园艺所、广西现代农业科技示范园、广西大学、海南省农业科学院蔬菜研究所、广西农科院水稻所。东盟各国具有充足的温光水资源和丰富的动植物资源，在食物供给和农业经济中占有极重要的低温，为将热带亚热带资源优势转化为产业优势，该项目研究并推行标准化生产技术，开展产业化示范，解决优势农作物品种在推广应用过程中的关键技术难题。

该项目主要创新点有：一是开展跨国度、跨省区、跨学科的产学研国际国内联合攻关，进行优势农作物品种标准化生产技术的研究及产业化示范。二是育成审定了8个农作物优良品种；制定了10套农业技术标准，并经省级质监部门颁布实施。三是在柬埔寨、越南等东盟国家建立新品种、新技术示范基地，并为其培训大批农业技术骨干，促进了中国与东盟互利双赢的农业技术交流与合作。

项目推出了一批优势农作物优良品种及其标准化配套技术，在东盟国家建立示范基地，推动“中国—东盟技术转移平台”的建设。通过2007～2012年的实施，共建立示范点32个，完善试验基地3个，总示范面积1924.31公顷，累计辐射推广10.89万公顷。项目实施区平均年增经济效益19235.59万元，共获经济效益111673.6万元。项目成果获2013年广西科学技术进步奖二等奖，广西农业科学院科技术进步一等奖。

菠萝抗寒种质资源筛选利用与避寒栽培技术研究应用 项目主要完成单位有广西农科院园艺所、、广西农科院植物保护研究所、广西农科院农产品加工研究所。该项目引进菠萝品种（种质）36份，丰富了广西菠萝种质资源，为自治区内外其他研究单位提供育种亲本；总结出一种高效率的菠萝人工杂交授粉技术和一套提高种子萌芽率、植株成活率的催芽育苗的方法，为扩大菠萝杂交育种的规模提供了技术保障；研究出台农17号菠萝组培快繁技术，为该品种的推广提供了基础；

国内创新研究形成一套菠萝避寒栽培技术，有效避开寒害，为我国菠萝北缘种植地区生产提供了技术支撑。2012年6月项目通过广西科技成果鉴定，项目成果达到国内同类研究的先进水平，其中避寒栽培技术居国内同类研究领先水平。该项目成果获2013年广西科学技术进步奖三等奖，广西农业科学院科技术进步二等奖。

热带型龙眼新品种“四季蜜”产期调节标准化栽培技术　四季蜜龙眼为广西农业科学院园艺研究所等单位引种选育的热带生态型龙眼新品种，于2008年通过广西农作物品种审定委员会审定。该品种具有一年多次开花结果的遗传特性，但在生产上出现较多问题，主要表现为在生长发育过程中常出现同一株树中新梢、花、幼果及成熟果同时存在的现象，不利于栽培管理，也难以获得高产。针对四季蜜龙眼生产上存在的问题，该所开展四季蜜龙眼产期调节技术研究，采用春季修剪和喷布生长调节剂调控相结合的方法，使四季蜜龙眼在7月份整齐开花，11月～12月集中成熟，避开龙眼正造果成熟季节，延长龙眼鲜果上市时间。该项技术于2012年3月通过了科技成果鉴定，技术水平达到国内同类研究的领先水平。项目成果获广西农业科学院科技术进步二等奖。

该所开展荔枝、龙眼、火龙果、阳桃等亚热带特色水果优良品种示范种植方面的科技下乡扶贫行动。在国内首次成功实现了酿酒葡萄一年两收栽培的技术突破。主要在都安、上林和兴业县建立“凌丰”酿酒葡萄新品种核心示范基地，推广应用一年两收栽培技术，至今直接推广面积达21，128亩。近年来，葡萄新品种“贵妃红”在钦北区推广面积达200公顷，销售价格在20元/千克左右，是荔枝传统品种“黑叶”品种的3倍～4倍，经济效益显著提高。西甜瓜研究室在广西共指导46个西甜瓜嫁接育苗专业大户，进行产前的防病嫁接技术方法培训，产中的防病技术指导，产后的出圃运输、移栽技术培训和现场指导。累计生产西瓜、薄皮甜瓜嫁接苗5100多万株。在广西建立以南宁、北海、崇左、梧州、柳州、来宾嫁接栽培生产示范区，各示范点面积超133.33公顷。

【科技工作与改革创新】　2013年，该所的科技工作取得了较大进展，承担的科研项目数稳步增加，项目资金同步增长，与此同时，科技创新同样取得了突破。

种质资源搜集、保存、利用及优质种质资源圃的建立　分别对龙眼、荔枝、杧果、火龙果、香蕉、柑橘、无花果、番木瓜、莲雾等优质种质资源进行了搜集、保存、利用并建立优质种质资源圃。

在原有的工作基础上，进一步充实完善龙眼、荔枝种质资源圃建设，收集和引进国内外火龙果品种资源92份，其中50份在广西农业科学院里建科研基地建立火龙果种质资源圃，42份栽培品种分类编号种植于原示范园种质资源隔离圃中；通过种质保存和示范观察，筛选获得优质大蕉种质材料、优质香蕉和粉蕉以及矮化香蕉株系共5个。在里建科研基地建立柑橘引种隔离圃，2011年5月从美国农业部河边分校引进的柑橘种质资源共29份，其中金柑18份，柚类11份，目前已有部分资源进入结果期。从国内其他地区引进的柑橘品种生长良好，未发现黄龙病。收集了8个无花果种质资源、2个果桑品种、3个莲雾品种，3个番木瓜品种，丰富了果树资源。

新品种的现场查定工作和引进、示范和筛选　2013年，申报国家品种审定的“贵妃红”荔枝和申报广西品种审定的龙眼新品种" 桂圆早"，菠萝品种“金香”、“赛蜜”，柑橘新品种“翡翠蜜橘”开展了现场鉴评。

引进菠萝新品种6个，筛选香蕉新品种1个，对西瓜品种进行了综合性状筛选、耐弱光鉴定指标和耐弱光品种筛选和耐热性鉴定和耐热指标筛选。对菠萝新品种试验示范基地引进种植的“台农21号”、“金菠萝”、“巴西Perola”、“泰国3号”、“台农16号”、“红顶菲律宾”等6个新品种部分植株已达催花标准。筛选出香蕉品种“中粉1号”，并对其进行了田间性状查定，该品种耐病性好，产量高，果实风味浓，品质优。

对国家西甜瓜产业技术体系和国内有关西瓜甜瓜育种单位提供的50个西瓜品种进行栽培展示比较，并从中初选出11个综合性状表现较好的品种，为广西和华南地区西瓜及反季节生产栽培品种优化做好前提工作；对5个西瓜品种的幼苗进行西瓜耐弱光鉴定指标和耐弱光品种筛选；对22份西瓜育种材料进行耐热西瓜育种材料测定和筛选，完成苗期高温处理的生理变化测定。

高品质栽培技术研究　经过选点种植研究与示范，对菠萝、龙眼、荔枝、火龙果和西瓜形成了一系列高品质栽培技术，分别为菠萝当年种植当年采收避寒栽培技术，优质晚熟荔枝高接栽培技术、龙眼高接栽培技术，火龙果扦插栽培及标准化育苗，黄皮白肉种火龙果种子繁殖技术，南方草莓安全优质高效种植技术，柑橘黄龙病检测技术，大棚西瓜简约化高品质栽培技术，大棚甜瓜高品质肥水一体化栽培技术、西瓜新品种配套栽培技术。

新品种生产示范与推广 对荔枝龙眼、柑橘、杧果、西瓜、甜瓜等优势新品种进行了生产示范与推广，并积极组织科技下乡活动，开展技术培训和大田生产现场技术培训。

在院部里建基地新建香蕉、火龙果、杧果、柑橘、无花果等果树栽培基地40亩。在钦州市三十六曲林场、崇左市广西南亚热带农业科学研究所建立的杧果品种品比区域试验点，部分杧果品种开花结果；与南宁武鸣农科所共建四季杧示范基地。

在南宁市江南区、青秀区、西乡塘区、武鸣县、崇左市江洲区、扶绥县、大新县、来宾市兴宾区、桂林市荔浦县、梧州市藤等地进行兴桂一号、兴桂三号、兴桂六号、好运11号西瓜甜瓜新品种生产应用示范，总面积2.2万亩，综合平均亩产2400公斤以上，平均亩产值3500元以上。

【人才与创新团队】 2013年，该所加强学科建设和人才队伍建设，突出重点学科团队，鼓励新兴学科团队，取得了显著的效果。

加强人才队伍建设和研究团队带头人的培养，尤其是研究团队老中青传帮带作用的发挥，确保研究团队人才阶梯的合理搭配。领导班子成员一名赴西班牙做专业技术访问学者，一名参加中共广西区直机关工委党校总第73期处科级党员干部进修班学习。2013年，新获批广西区西甜瓜工程中心建设，加强了农业部热带果树科学观测实验站、广西西甜瓜良种繁育中心建设，以广西作物遗传改良生物技术重点开放实验室为平台，建立设施完备的科研基地和重点实验室，并在人才技术、设备引进、用地及基础设施建设、人员管理和后勤保障等方面给予大力支持，全力支持热带果树观测实验站建设。引进副高职称人才1人，年内全所新增年青科技人员8人，其中博士1人，硕士7人。新组建火龙果课题组和莲雾课题组，柑橘课题组增加3人，正逐渐调整壮大。已有国内外重点领域学科荔枝、龙眼、菠萝、杧果、香蕉、柑橘、落叶果树、火龙果、西甜瓜带头人11人，本年度有一名科技人员由中级职称晋升副高级职称，1名科技人员由初级职称晋升中级职称，与广西大学农学院联合培养和指导硕士研究生2人。

西甜瓜研究室 该研究室是所重点研究室，代表所作为全国西甜瓜科研与生产协作组的主要创始单位之一，在60年代中期已开展西瓜甜瓜资源收集与品种选育工作。70年代初开始多倍体无籽西瓜研究，是全国多倍体西瓜科研与生产协作组的主要创始成员之一，拥有资源、技术、人才等方面较突出的优势，多项研究成果居国内领先地位，具有广泛的影响力，已成为我国重要的南方西甜瓜育种研发中心。先后育出广西系列无籽西瓜、桂红系列有籽西瓜、桂系系列小型西瓜。在南方生态型哈密瓜创新研究中，已育成好运52、好运8号等新品种。其中，获国家科技进步二等奖的品种有2个；获省部级科技进步一等奖的有2个；分别有12个西瓜品种和4个甜瓜品种通过品种审定。“广西五号”和“广西三号”无籽西瓜品种应用推广全国19个省、市，每年应用推广面积达2万多公顷，累计推广面积达300万多公顷。西甜瓜研究试验与示范基地300多亩，现已建设完成专门为西甜瓜研究的钢架大棚设施2000多平方米，在建大棚设施2000多平方米。引进和推广该所西甜瓜新品种的国家有越南、泰国、缅甸和马来西亚等。

龙眼荔枝研究室 该研究室20世纪80年代在对广西荔枝、龙眼种质资源开展全面调查的基础上建立了种质资源圃，保存荔枝、龙眼种质资源158份，编辑出版《广西荔枝志》。主要开展荔枝龙眼种质资源收集、创新利用和育种、实生选种、杂交育种和资源评价；荔枝古树资源、野生荔枝资源调查、建档等基础工作。近年选育出大果型荔枝新品种“贵妃红”、“桂糯”，焦核荔枝新品种“草莓荔”，以及热带型龙眼新品种“四季蜜”、大果型龙眼新品种“桂龙早1号”和优质龙眼新品种“桂蜜”。在热带型龙眼产期调节研究方面获得新突破，成功地将龙眼采收期调节到11月上旬。分别建立了龙眼、荔枝种质资源研究、品种选育和栽培技术研究与示范的专业队伍，承担国家科技部、农业部和省级多项科研课题。该课题组2013年新获广西荔枝龙眼创新团队的首席科学家岗位，承担全自治区荔枝龙眼创新科研和品种技术推广工作。

热带杂果研究室 该研究室主要从事菠萝、杧果、阳桃、番木瓜、番石榴、大青枣、黄皮、番荔枝和波罗蜜等热带亚热带果树种质资源收集、

保存、创新和利用，新品种选育，生殖生物学，生态生理学，果品标准化安全生产关键技术研究。先后承担完成国家 863 计划、国家科技平台、农业部农业结构调整重大技术研究专项、农业部行业科技专项、国家星火计划等科研项目 33 项，获科技成果奖项目主要有 8 项。20 世纪 70 年代牵头成立广西菠萝新品种选育和高产栽培协作组进行菠萝有性杂交、辐射育种研究，决选出“4312”、“3136”、“4529”等菠萝杂交编号，主持制订了 2 项菠萝的国家和地方行业标准。选育出“贵妃红”荔枝、“桂蜜”龙眼、“金桂香芒”、“大果甜阳桃 1 号”、“大果甜阳桃 2 号”、“甜阳桃 3 号”等 10 个果树新品种通过广西农作物品种审定，大部分品种已在我国热带和南亚热带地区大面积推广应用，经济效益和社会效益显著。

柑橘课题组该课题组　主要从事柑橘种质资源综合利用、品种选育及柑橘黄龙病研究。至 2013 年底，课题组已从国内外收集柑橘种质资源 70 多份，其中从美国农业部加州大学河边分校引进金柑和柚类资源 20 多份；建立了柑橘黄龙病快速检测技术体系和黄龙病综合防控试验示范基地。先后承担了院级、自治区级和国家级多个科研项目并在国内外学术期刊及会议上发表论文多篇。课题组非常重视对外合作与交流，长期保持与美国、意大利等国家的研究单位和专家的合作关系。2013 年，该课题组新承担国家柑橘产业技术体系桂中南试验站。在原有的基础上，扩充柑橘科研人员，顺利组建试验站团队成员；并在品种园建设、示范县基地建设和生产技术培训指导等方面全面开启工作。

香蕉课题组该课题组　主要开展广西野生蕉类种质资源的收集和育种创新利用、香蕉抗寒技术、香蕉新品种选育、广西野生蕉种质资源利用研究等方面研究。收集了广西野生蕉类资源近 50 份，从国内外引进香蕉新品种（系）15 个，建立香蕉示范试种基地 8 个。其中有两个香蕉新品种已经测产验收，新品种受到了专家组和蕉农的一致好评，有望进行品种审定并在广西推广种植。

番木瓜课题组该课题组　主要开展番木瓜品种资源收集、新品种选育、组培快繁和配套栽培技术、贮藏保鲜等研究，先后承担了农业部、广西、南宁市等科技项目，分别在广东、云南、广西南宁市、崇左市、梧州市、玉林市等地开展了示范，建立了 8 个品种与栽培技术示范基地，取得了较好的经济、社会效益。

浆果及落叶果树课题组　该课题组主要从事草莓、蓝莓、梨、桃、李、樱桃、猕猴桃、核桃和柿子等落叶果树种质资源的收集评价、栽培、育种以及果树自交不亲和性的研究，建立落叶果树的周年生产，主攻 1—6 月份上市的早熟和特早熟的优质、丰产、无公害栽培技术，2010 年末，主持建立了 0.4 公顷的梨、桃和李子种质资源圃，保存种质资源 116 份，获得国家知识产权局专利保护 1 项。

火龙果课题组　2013 年，该所整合农科院示范园科研力量，组建火龙果课题组，主要从事火龙果种质资源、品种选育与栽培技术研究。该课题组建设有建设火龙果种质资源隔离鉴定圃、种质资源保存圃，完善了火龙果种质资源圃文件管理系统，收集了越南 4 份，柬埔寨 1 份、云南 10 份、广东 21 份、海南 1 份、武鸣县 16 份、玉林市 2 份、隆安 1 份、平果县 1 份、山东聊城 22 份，共计 79 份品种资源材料，开展物候期及生物学性状观察和种质资源分子生物学研究。目前将量化的指标引入火龙果育苗，使火龙果育苗实现成本经济、出圃快速以及订单式生产。

【科技交流与合作】　2013 年，该所注重加强与国内外的先进同行交流合作。在院部的大力帮助下，与台湾屏东大学签订合作协议；西甜瓜团队先后赴湖南农业大学园艺园林学院、山东省农科院、安徽省农业科学院进行学术交流；荔枝龙眼团队先后赴荔枝国家体系茂名、湛江、海口和泸州综合试验站参观学习；火龙果团队考察越南火龙果产业发展现状，分别到赴广东和广西平果县参加火龙果产业论坛；柑橘团队赴湖北武汉市参加果树分子生物学与基因组学学术研讨会，参加广东水果产业论坛暨柑橘黄龙病防控策略研讨会，赴江西赣州市寻乌县参加 2013 年全国柑橘年会，考察赣南脐橙综合试验站、梅州沙田柚综合试验站和桂北柑橘综合试验站。全所各团队都努力开展广泛有效的合作交流，搭建良好对外科技合作关系。

（张继）

广西壮族自治区农业科学院农业资源与环境研究所

【概况】　该所以服务于农业发展和农民增收为主要目标，是专业从事植物营养与施肥、农业有机物资源化利用、土壤环境与污染修复、农业遥感与数字农业、农化检测等技术研究与开发的省级科研事业单位。2013 年该所获广西第一批院士工作站（土壤资源），自治区法人农村科技特派员，与以色列联合成立了以中滴灌工程技术中心。2013 年，新成立了农业遥感与数字农业研究室，全所现有植物营养与肥料研究室、土壤环境与生态研究室、土壤资源研究室、农业有机物资源化利用与逆境阻控研究室、耕地保育研究室、分析检测室、成果转化室、肥料工艺与作物施肥技术推广中心、行政办公室和科研管理科等 11 个部门。

2013 年末，该所在职职工 41 人，其中，科技人员 34 人；研究员 4 人，副研究员 7 人；国家甘蔗产业技术体系栽培技术华南区岗位专家 1 人；博士 8 人，硕士 16 人，在读博士 4 人。

【科研项目与经费投入】 2013 年，该所新获立项 30 项，新增科研经费 524.8 万元。其中省部级项目 6 项，获资助经费 200 万元；地厅级项目 19 项，获资助经费 218 万元；横向项目 5 项，资助经费 106.8 万元。

【科技成果及简介】 2013 年，该所获科技进步奖 4 项。其中：广西科技进步奖三等奖 1 项（第三单位），广西农科院科技进步奖一、二等奖各 1 项（第三单位和第四单位）；湖南省科技进步奖二等奖 1 项（二级证书）；通过科技成果鉴定 2 项（第一单位和第四单位）；申请发明专利并获受理 1 项，编制广西地方标准 4 项；参加编著农业书籍 5 本，发表论文 35 篇，其中 Sci 收录 1 篇，英文 3 篇。

国家甘蔗产业技术体系栽培与耕作研究室华南区栽培岗位专家 初步形成桂南蔗区甘蔗行距在 1.4 米条件下，以新品种为主的栽培模式；初步形成甘蔗机械收获后提高宿根蔗发株率的管理和水肥管理技术体系；在金光农场、武鸣东江糖厂蔗区进行机械收获新植栽培模式示范 20 公顷；筛选出 3 个甘蔗新品种不同营养配比优化施肥模式方案，设置了 3414 个试验；在隆安、江州蔗区综合配套技术示范 26.67 公顷。初步形成在当地气候和土壤条件下每公顷产 75～105 吨甘蔗专用肥及轻简施肥模式 1 套；初步获得不同控释或缓释肥对甘蔗产量及施肥效应和供肥规律；获得糖厂滤泥有机无机生物肥对甘蔗产量的品质的效应，增产达到 30%以上。初步弄清甘蔗光降解地膜对甘蔗生长特性的影响，光降解地膜的降解变化规律，在隆安蔗区完成 20 公顷光解膜示范片。

农业有机废弃物资源化利用 以木薯加工废弃物、农作物秸秆、糖厂滤泥等为主要原料，利用筛选出的高温菌种，配以鸡粪、桐麸、尿素等进行发酵处理，研制出生态育苗“润桂”牌系列基质和生物有机肥产品，完成申报“润桂牌”商标注册 1 个，木薯加工废弃物资源可代替草炭、岩棉等不可再生自然资源生产育苗基质。并与相关企业合作，实现了项目技术和产品的产业化，经济效益和社会效益显著。在武鸣、西乡塘区、田阳县举行了 4 期培训班，培训人数达 1000 人次。

植物营养与施肥 广西农业科学院农业资源与环境研究所制定了水稻、甘蔗、玉米、木薯、香蕉、菠萝、红龙果、桉树、桑树等作物的合理施肥量。

改土培肥技术研究 筛选出适合蔗地间套种的马铃薯品种 2 个，水肥高效栽培模式 2 套；编制甘蔗间套种马铃薯高效栽培技术规程 1 项，筛选出与甘蔗间套种的马铃薯产量最优的 NPK 配比，提出集成品种——蔗叶/黑膜覆盖、一次性免中耕施肥的高效栽培技术，建立甘蔗—马铃薯间套种高效栽培模式，示范推广面积达 2666.67 公顷（4 万亩），新增产值 7858.3 万元，于 2013 年 6 月通过了广西科技厅验收及科技成果鉴定，达到国内领先水平。收集了 20 多份绿肥资源，从粮肥兼用夏季绿肥桂选 18 号优势单株选育出新品种桂绿豆 3 号、桂绿豆 5 号，通过了现场品种查定，为品种审定奠定了基础。

农业面源污染防治研究 摸清了地表径流发生的规律、地表径流中氮、磷的浓度均值与变化范围，农田氮、磷流失量均值及范围、农田本底流失量、农田养分收支情况、氮磷肥料利用率等。在武鸣开展了甘蔗不同施肥模式种植和采用栽培模式种植，示范面积为 66.67 公顷（1000 亩），开展技术和宣传推广工作，培训技术骨干 50 人次，组织农民和农村专业户参观 50 人次。同时，针对广西主要水稻产区土壤和稻米重金属含量情况，在河池金城江区五圩镇和南丹县车河镇土壤重金属污染稻田实施了消减水稻重金属含量技术—水稻叶面喷施纳米硅施肥推广，示范面积达 27.67 公顷（415 亩）。

农业遥感与数字农业 采用 TRMM、AMSR－E 和 SPOT－VEGETATION 三个遥感数据源对

农业旱情进行分析，得到新的农业旱情指数 ADI，监测农业旱情的精度明显提高。与广西气象局相关部门合作，收集了作物冠层的高光谱数据。

广西种植区（单项作物）区划研究 以全自治区行政区域范围为基础，广西主要作物类型（水稻、玉米、甘蔗、木薯、桑蚕、香蕉、龙眼、荔枝、柑橘、橙）为主要研究对象，通过对广西所有乡镇不同作物的生产现状、社会经济状况、气候适宜性、土地适宜性进行地域性的相关性综合分析，编制广西种植业（单项作物）区划报告，通过了广西农业厅组织评审验收，研究成果达到国内先进水平。

【科技成果推广应用】 2013 年，该所分析检测室质量控制水平更加科学完善，分析检测土壤、植株样品 2551 份，肥料（有机肥、复混肥）80 份，共计分析了 23387 项，比 2012 年同期增加 26%，大大提高了服务三农的水平。

在成果转化上，该所加强与企业合作，分别与广西田园生化股份有限公司、桂林富丽施通科技有限公司、广西物宝农业科技有限公司、广西南宁绿多能生物科技有限公司、建鸿兴业股份有限公司、广西新方向化学工业有限公司、先正达（中国）投资有限公司等 7 家企业签订合作协议，为社会创造效益 3600 万元，有效促进了该所新技术和新产品的转化。

【人才与创新团队】 在人才队伍建设上，该所不断引进和培养人才，其科研队伍人员结构日趋合理、技术力量持续扩大、高层次人才显著增加。2013 年新增硕士 2 名、学士 1 名、新调入 1 名博士。该所在注重引进人才的同时，也在积极培养与开发自身的人才资源，2013 年间共有 4 位研究人员分别在中国农业科学院、中国矿业大学、广西大学在职攻读博士学位，黄玉溢研究员选派到非洲参加农业部和商业部牵头的援非建设结束返回所工作，苏天明博士选派到美国 illinois 大学学习交流。截至 2013 年底，该所管理人员共有 8 人，其中博士学历 2 人，硕士学历 1 人，本科学历 1 人，大专学历 3 人。专业技术人员共 34 人，其中高级职称 11 人，所占比例为 32%；中级职称 16 人，所占比例为 47%；初级职称 7 人，所占比例为 21%。

在科研团队建设上，通过调整科研结构，整合实力，在做强培育植物营养与肥料学科的同时，大力加强了资源与环境学科，效果已凸显。该所目前已初步形成农业有机物资源化利用与逆境阻控、耕地保育、植物营养与肥料、土壤环境、土壤资源与农产品安全、农业遥感与数字农业 6 大学科创新团队。学科研究团队带头人领导着不同方向的课题团队，并通过相互配合形成交叉的多学科联合攻关，从而形成了一个以中青年科技人员为骨干，梯队合理，不同层次人才团结协作的研究团队。根据该所发展的实际，团队间定期或不定期举行组织论文交流、学术研讨等学术交流活动，由学术带头人带领科研小组，集思广益，互通有无，将自己的阶段性科研成果与同事们交流，充分发挥团队作用，为该所营造了良好的学术氛围。

【科研平台建设与科研仪器设备】 该所重视科研平台建设，积极购置先进科研设备，整合各方资源，打造科研平台，不断提高科研基础条件建设，为科研工作的顺利开展提供保障。

【科研平台建设】 2013 年，该所获第一批广西院士工作站（土壤资源）和自治区法人农村科技特派员，与以色列联合成立了以中滴灌工程技术中心，从而促进了该所科研平台的进一步提升。同时，逐步完善成果转化平台建设，充分发挥肥料工艺与作物施肥技术推广中心的作用，在崇左市驮卢镇建立了 66.67 公顷（1000 亩）的作物配方施肥示范基地。2013 年成功获得“全国农业面源污染国控固网监测点”广西监测点的监测任务，为该所开展长期的土壤养分变化及农业环境动态变化监测提供了保障。2012 年获批建设的农业部重点实验室“南方特种作物营养与施肥科学观测实验站”和“华南地区作物栽培科学观测实验站”工作逐步推进。

【科研仪器设备】 2013 年，该所严格遵守政府采购要求，主要购置了安捷伦原子吸收光谱仪和超纯水仪，使仪器设备进一步完善，为保障检测分析数据的准确可靠提供了基础保障。

【科技交流与合作】 2013 年，该所积极开展科技交流学习。分别派专家和技术人员参加全国、国际学术交流会 40 人次，如国际糖业学会、数字农业发展峰会、上合组织暨东盟与中日韩（10+3）农产品质量安全合作机制研讨会、第三届重金属污染防治及风险评价研讨会等，邀请并接待美国、老挝、台湾、中国科学院、华南农大等的专家开展交流。

在科技合作上，该所研究人员在布隆迪开展水稻、玉米种植技术推广示范，在老挝开展花生节水和木薯平衡施肥试验示范研究工作。同时，与美国 Waterborne Environmental 公司合作，在环境监测、径流模型模拟等方面取得了突破性的结果；与美国 illinois 大学就碳氮互作、氮肥优化管理签订合作协议；与有限会社日本国际通商就农业废弃物资源化利用和生活垃圾除臭技术签订了技术合作协议书；与老挝农林研究所就甘蔗配方施肥达成了合作意向。通过开展国际合作交流，从而为缩短与国内外同行的差距打下了基础。

（李忠义）

广西壮族自治区农业科学院生物技术研究所

【概况】 该所成立于1986年12月25日，是广西农科院下属的公益型农业科研事业二级法人单位。该所坐落在中国广西南宁市大学东路174号，科研大楼占地面积4500平方米，科研温室大棚6600平方米。结合广西农业特色经济作物发展现状，该所设立了香蕉遗传改良研究室、药用植物利用研究室、特色水生作物研究室、良种快繁及栽培研究室和行政后勤项目办公室。该所从事农业或其他作物的生物技术育种、转基因和分子标记，珍稀中草药的改良与利用，香蕉类、毛葡萄、马蹄（荸荠）、中草药（铁皮石斛、金银花、牛大力、天冬等）、芋类、火龙果、番木瓜等特色作物资源收集、选育、种苗繁育技术研究和成果转化等科研工作。

经过多年发展，该所获批建立了国家亚热带果树品种改良中心广西香蕉分中心、国家香蕉产业技术体系种苗生产和良种选育岗位、国家香蕉产业技术体系国家香蕉产业技术体系南宁综合试验站、广西香蕉良种繁育中心等多个国家和省级科研服务平台，先后选育了多个创造良好社会经济效益的作物新品种：已成为全国推广种植面积最大的当家品种、累计创造社会效益达1400多亿元的“桂蕉6号”香蕉品种；能有效促进石漠化生态环境问题治理的世界第一株两性花野生毛葡萄“野酿2号”；抗风、耐寒、抗病性较强、口感细腻甜滑，目前广西主要栽种的粉蕉优良品种“金粉1号”；推广面积逾2万公顷的荸荠优良品种“桂蹄1号”、“桂蹄2号”和“桂粉蹄1号”等。

多年来，该所先后获得广西科技重奖1项，科技部星火计划优秀项目奖1项，广西自然科学奖1项，广西科技进步奖一等奖1项、二等奖4项、三等奖4项，广西地厅级科技进步一等奖6项、二等奖4项。自成立以来，该所已累计为社会创造经济效益1500多亿元，为广西乃至全国农业科技做出了积极贡献。

【科技队伍】 截至2013年，该所有科技人员39人，其中高级职称科技人员21人，享受国务院政府特殊津贴1人，博士3人，硕士19人。拥有国家香蕉产业技术体系种苗生产和良种选育岗位专家1名，国家香蕉产业技术体系南宁综合试验站站长1名，广西香蕉创新团队首席专家1名，功能专家1名。获全国五一劳动奖章和广西五一劳动奖章、广西有突出贡献科技人员1人，“广西新世纪十百千人才工程”第二层次人选1人。

【科研项目与经费投入】 2013年，该所新增项目20项，累计新增科研经费422万元，2012年该所在研项目共计43项，项目经费累计1546.5万元。其中国家科技支撑计划1项，国家星火计划1项，自治区级项目14项，地厅级项目25项，自选和横向研究课题2项。

【科研成果与转化】 2013年，该所主持项目“香蕉防寒其及产期调节技术研究与应用”获广西科技进步奖二等奖，“桂蹄2号荸荠新品种选育与产业化技术应用”获广西农科院科技进步奖一等奖；参与项目“广西道地药材铁皮石斛 HPLC 指纹图谱及多糖成分研究”获广西农业科学院科技进步二等奖；“香蕉优良品种选育与繁育技术研究”项目通过广西科技厅成果鉴定，评定为国内同类研究领先水平；获批专利1项，即“一种高垂架式葡萄栽培方法（201110269257.3）”；获批制定香蕉大苗截茎覆盖防寒技术规程和修订亚热带无公害香蕉生产技术规程。

香蕉生产技术创新　“香蕉防寒其及产期调节技术研究与应用”项目创新研制“吸芽大苗截茎覆盖防寒技术”等7项新技术，扩大了对香蕉不同类型植株的保护范围，减轻了受灾程度，上市期提早1～2个月，实现产期的调节，为香蕉防寒和灾后恢复、产期调节提供技术支撑。香蕉大苗截茎覆盖防寒、灾后截茎恢复技术和发现并论证春季香蕉因寒害出现缺叶的成因等方面已达到国际同类研究领先水平。

香蕉种质创新与新品种选育　该所收集了多份抗（耐）枯萎病品种资源，并进行了组培繁育、资源保存研究，分别在广西、广东和海南重病蕉园建立了6个抗病品种试验点，对10个品种（系）进行种植试验，获得一些综合性状较好的品系，同时进行盆栽接种病原菌等试验，已初步确定具有抗耐香蕉枯萎病的香蕉品系1～2个。香蕉新品种“桂蕉1号”经广西科技厅成果鉴定验收，全生育期约12个月，比主栽品种缩短2～3周，亩产量稳居3000千克～4000千克，能够成为继“桂蕉6号”的又一个香蕉生产主导品种。

两性花毛葡萄“野酿2号”新品种种苗繁育与推广　该所主持的广西农科院重点成果转化项目“两性花毛葡萄新品种“野酿2号”取得了预期成果转化效果，受到广西卫视、新华网、《广西日报》、《中国科学报》等多家权威媒体关注，并对毛葡萄课题在扶贫、石漠化治理、发展特色产业等方面取得的成效进行了报告，产生了良好的反响。同时，该所得到广西区扶贫办和地方扶贫部门的肯定，决定将加大对毛葡萄“野酿2号”研究和推广的扶持力度，并已初步形成了今后三年在都安、大化的毛葡萄扶贫开发方案。

荸荠新品种的示范推广及产业化　该所建立和完善了荸荠新品种规模化生产组培苗快繁技术体系，形成一套成熟的组培苗育苗移栽及优质高产高效的荸荠栽培管理技术，进行推广应用示范，培训基层技术骨干及种植户，加速荸荠新品种“桂蹄2号”和“桂粉蹄1号”的推广应用，促进荸荠产业健康发展，确保农民增产增收。2013年荸荠课题组科技人员先后在广西、广东、江西、湖南等多个非荸荠传统产区建立荸荠种植示范基地，深入田间地头开展技术指导工作。

铁皮石斛新品种选育和示范　铁皮石斛新品种“桂斛1”号、“桂斛2号”通过芽繁获得生根组培苗，通过移栽试验，移栽成功率达到90%左右，目前正在开展多点种植示范试验。已在基质处理、专用肥的研制及生长过程光照调控方面取得重大进展，经有机栽培生产出来的首批鲜条，品质方面比常规种植的有明显的优势。目前该课题研究出的一些相关技术已经应用在实际栽培中，种植户反应良好。

【人才与创新团队（人才小高地建设、博士后科研工作站）】　该所共建立了4个学科创新团队，分别是：香蕉遗传改良学科团队；良种快繁及栽培学科团队；药用植物学科团队；特色水生作物学科团队。着重培养了一个12～15人的高水平香蕉研究团队，有6名优秀科研人员职称晋升为高级，行成一支具有5名高级职称人员，5～7名科技骨干、4～5名实验技术员的梯度队伍，同时兼顾基层技术人员的培养培训。团队结构层次合理，研究方向明确，创新能力强，在香蕉品种选育、组培工厂化及产业化应用等方面的研究保持国内领先水平；团队研究成果丰富了香蕉良种的多样性，提高了香蕉产业的综合效益，促进了香蕉产业可持续发展和农民增收。

【科研平台建设与科研仪器设备】　经过多年发展，该所获批建立了国家亚热带果树品种改良中心广西香蕉分中心、国家香蕉产业技术体系种苗生产和良种选育岗位、国家香蕉产业技术体系国家香蕉产业技术体系南宁综合试验站、广西香蕉良种繁育中心等多个国家和省级科研服务平台。研究涵盖遗传育种、作物栽培、植物细胞培养以及植物病理学等学科领域。

该所拥有包括气相色谱仪、高效液相色谱仪、倒置相差显微镜、细胞融合仪、多功能梯度PCR仪等价值300多万元的科研仪器设备。

【科技交流与合作】　近年来，该所与中国热带农业科学院生物技术研究所，广东农科院生物技术研究所等兄弟单位建立了长期稳定的合作关系，定期进行学术交流，结合优势互补，通过联合申报课题，使该所科研项目数量大幅提高，项目完成质量显著提升。

该所坚持产学研结合，指导广西武鸣蛟龙能源有限公司和广西武鸣县合立淀粉酒精有限公司利用企业生产的废水废渣，实现农业加工企业排放污染物的资源化利用；在香蕉、粉蕉、甘蔗、蔬菜取得了增产增收减少投入的良好效果，累计应用面积5000亩以上；与广西中天领御酒业公司（原罗城县山葡萄酒厂）合作种植加工野生毛葡萄，累计推广种植“野酿2号”30万株，种植治理石漠化地区面积1333.33公顷（2万多亩），加工销售野生毛葡萄酒4000吨，产值5000万元，上缴利税850万元；作为技术依托单位与贺州市八步区贺街镇人民政府、桂林荔浦县青山镇人民政府签订了荸荠种苗生产与种植技术依托单位合作方案，为进一步推动地方社会经济发展提供了良好的技术支撑。

（王艳）

广西壮族自治区农业科学院水稻研究所

【概况】 该所成立于1981年，其前身为组建于1957年的广西农科所粮食作物系，2004年获准建设国家水稻改良中心南宁分中心，“十一五”期间获全国100强科研院所，排第36位，是广西唯一进入全国100强的研究所。拥有国家水稻改良中心南宁分中心（一期、二期）、国家农作物种质资源繁殖更新基地、农业部作物基因资源与种质创制科学观测试验站、国家种质南宁野生稻圃、南宁野生稻国家野外科学观察研究站、广西水稻工程技术研究中心、广西农业良种培育中心、广西水稻种质资源圃、广西转基因水稻育种基地等一批省部级科研平台。设有杂交稻、超级稻、功能稻米、抗性育种、分子育种、优质常规稻、野生稻种质资源、栽培稻资源、种质创新利用、水稻栽培、成果转化、转基因安全性评价、区域试验和食用豆类资源等14个研究室和优势学科团队，以及广西稻丰源种业有限责任公司、广西农乐种业有限公司，长期从事稻种资源的保存与创新、常规稻与杂交稻育种、水稻分子育种、水稻高产栽培及配套技术、应用生物技术以及水稻科研成果转化等研究工作。曾获国家科技特等奖、国家科技特等发明奖、广西科学技术特别贡献奖等高水平荣誉，是我国最早实现杂交水稻三系配套单位之一。

【科技队伍】 至2013年，该所在职职工90人，其中科技人员74人。该所有研究员13人，副研究员25人，中级职称28人，博士11人，硕士32人。拥有获八桂学者、享受国务院特贴专家、水稻创新团队首席专家、全国粮食生产突出贡献农业科技人员、广西优秀专家等荣誉的学科带头人。

【科研项目与经费投入】 2013年该所共获各级科研经费801万元，其中，国家级项目14项，经费556万元，省级项目8项，经费85万元，地厅级及横向项目16项，经费160万元。其中，获国家自然科学基金3项，经费153万元，国家农业科技成果转化资金项目1项，经费60万元。

【科研成果与转化】 2013年该所共获科技成果奖7项，其中，国家科学技术进步奖特等奖1项（参与），广西科学技术进步奖二等奖2项（参与）、三等奖1项（主持），广西农科院科技进步奖一等奖3项；育成通过广西农作物品种审定水稻新品种特优7571、百优429、丰田优553等3个，育成三系不育系龙丰A、桂19A等2个；超级杂交稻品种特优582被国家农业部列为2013年推广主导品种；特优582、桂两优2号、良丰优339、美优998等4个品种获广西农业厅列为2013年广西水稻主导品种；申请技术专利2项；在各级学术刊物上发表科技论文36篇，出版专著1部。

作物资源保存保护、鉴定评价及创新利用 2013年新入国家种质南宁野生稻圃种质资源100份（含国外引进10份），入长期库普通野生稻资源10份；繁殖更新野生稻种质材料60份；利用分子手段鉴定评价野生稻材料200份；向中国农业大学、广西大学、广西玉林市农科所等教学科研单位提供野生稻种质资源80份次；完成2001份新材料对稻瘟病、黑条矮缩病的抗性鉴定任务和44份材料的重复鉴定任务，新鉴定出抗叶瘟病3级抗性的材料9份、抗穗颈瘟病3级抗性的材料4份。

此外，还获得了一批农艺性状稳定的抗虫、抗旱、抗稻飞虱和抗稻瘟病的育种新材料，筛选出4个杂交稻苗头组合参加2014年广西水稻区域试验。

超级稻“双超”种植模式示范获新进展 继2012年该所推广的“早稻超级稻＋晚稻超级稻＋冬种”的“双超”种植模式示范成功，该所深入推进“联百企、进千村、扶万户”，推动成果转化为实际生产力，将超级稻品种“桂两优2号”以及美优796品种权转让给广西兆和种业有限公司开发，借助企业与市场紧密对接平台，推动成果转化。2013年早稻，联合广西兆和种业有限公司在博白县凤山镇开展桂两优2号万亩连片示范推广活动，其中，凤山镇武卫村连片种植达2500亩。6月17日，联合广西兆和种业有限公司在凤山镇武卫村成功召开了“广西首个超级稻——桂两优2号千亩连片现场观摩会”，广西电视台、广西日报、科学网等多家新闻媒体作了报道，产生轰动效应，粮食增收，企业增效。桂两优2号比

广西当家品种特优63生育期短5～7天，在广西可实现“早稻超级稻＋晚稻超级稻＋冬种”的“双超”种植，该种植模式增产增收效果显著，年产量达1400千克/亩，为广西探索出了一条具有本土特色的水稻高产的路子。

超级稻和杂交稻优质化育种理论和应用水平进一步提高　2013年该所坚持优势学科发展方向不放松，育成水稻新品种3个，超级稻选育和应用获新进展，并在RESEARCH ON CROPS（SCI期刊）发表了关于南方早稻产量及产量构成分析的科技论文。新品种“特优7571”、“特优831”百亩连片高产示范通过第一年国家农业部超级稻品种认定产量现场查定验收。丰田优553的选育成功，又为在杂交稻优质化育种锦上添花。2013年晚稻在广西、广东示范普遍获得成功，展示了品种的独特优点，市场认知度迅速提高，有望成为继秋优、美优系列组合之后新的亮点。

抗性育种研究获重要进展，鉴定和定位多个基因，发表SCI和EI等高影响因子论文数量获突破性进展　2013年该所精细定位1个抗褐飞虱基因BPH27，在国际知名期刊《Throratical and Applied Genetics》发表了SCI论文《Fine mapping and characterization of BPH27, a brownplanthopper resistance gene from wild rice（Oryza rufipogon Griff.）》，影响因子：3.56。从普通野生稻中鉴定出抗细条病主效基因BLS1，目前正进行该基因的克隆和功能分析，其初步定位结果已在中国农业科学英文版（SCI收录）发表科技论文1篇；普通野生稻遗传多样性在育种中的应用研究《Feasibility of utilization of wild rice（Oryza rufipogon Griff.）genetic diversity in rice breeding for high yield》论文在《Advance Journal of Food Science and Technology》（EI收录期刊）上发表。

栽培技术研究获新成果　“广西双季稻氮素高效利用及综合配套技术研究与应用”项目获广西科技成果登记，成果登记号：该成果形成了以“适种栽培”和“前氮后移”技术为核心的广西双季稻氮素高效利用综合配套技术体系。创立了品种、施肥水平和密度协调配合的“适种栽培”技术；提出了“前氮后移”氮肥运筹方式；集成创新了广西双季稻氮素高效利用综合配套技术。在生产上示范应用后，取得了较大的经济社会效益，项目累计示范应用55.27万公顷，增收节支7.51亿元。

科技成果转化示范项目有序开展　2013年，该所承担国家农业成果转化项目2项，广西农业成果转化项目5项，与广西稻丰源种业有限责任公司、广西农乐种业有限公司、广西兆和种业有限责任公司、海南神农大丰种业有限责任公司等建立合作关系，在广西各市县建立示范基地和示范片，开发品种包括超级稻桂两优2号、特优582，优势品种美优796、百优838、良丰优339、桂香3号、三香628、桂育7号、力源占2号等17个品种，通过农转项目实施，共示范繁殖制种166.67公顷，生产种子500吨，辐射种植面积达2.67万公顷，培训农民15000人次，发放资料1.5万余份，赠送水稻种子3000多千克。

优质常规稻开发方面，继续与南宁储备粮公司、广西康华农业股份有限公司、广西玉林大自然农牧科技有限公司等合作，开发以力源占、桂育系列品种为原材料的品牌米产品。

【人才与创新团队】　2013年该所引进应届硕士研究生3人，副研究员1人，研究员1人。考取在职博士生1人，晋升研究员5人，副研究员3人，获第十二届广西青年科技奖1人。

【科研平台建设与科研仪器设备】　2013年完成广西水稻工程技术研究中心建设并通过验收。完成广西水稻种质资源圃建设、国家水稻改良中心广西分中心项目建设。被广西科技厅认定为水稻领域广西院士工作站。

其中，广西水稻工程技术研究中心建设项目建设期为2012到2013年，工程中心经过两年的建设，全面完成工程技术研究中心组建的任务，拥有实验室面积648平方米，水稻育种基地21.33公顷，原种基地4.67公顷，水稻资源圃1.73公顷（材料3.2万份），专用种子仓库2000平方米，温网室1500平方米，专用晒场5000平方米，考种室2200平方米，冷库543平方米；拥有荧光PCR仪等仪器设备216台套，价值300多万元。

【科技交流与合作】　2013年该所实施国际合作项目2项，共派出1人到美国进行为期1年的访问研究，23人次到越南等东南亚国家访问和考察交流，接待外国专家16人次。

水稻品种国外展示取得成功。在科技攻关项目支持下，与企业合作，在越南凉山进行了20个水稻新品种的比较试验，筛选出3个适合当地种植的品种，其中杂交稻品种特优136比当地主栽品种DV108增产24.3%；在柬埔寨洞里萨湖区进行了15个水稻新品种的比较试验，筛选出4个适合当地种植的品种。

（张宗琼）

广西壮族自治区农业科学院甘蔗研究所

【概况】 该所始建于1956年，是一个以新品种、新技术创新和成果转化研究为主的国内最大的省级甘蔗专业研究所，隶属广西农业科学院。该所占地面积50公顷，其中科研试验用地25公顷。2013年，该所主要从事甘蔗育种、甘蔗分子生物学、甘蔗品种资源、甘蔗栽培生理、甘蔗植物保护、甘蔗生物技术等研究，确保了中国蔗糖业可持续发展，不断提供甘蔗科技成果支撑。

【科技队伍】 2013年末，该所在职职工130人，其中研究员（教授）15人，副研究员24人，博士18人，硕士44人；“新世纪百千万人才工程”国家级人选1人，国务院授予有突出贡献的专家2人，国务院政府特殊津贴专家7人，全国五一劳动奖章获得者1人，广西优秀专家1人，广西壮族自治区“有突出贡献科技人员”1人，广西“十百千人才工程”人选3人，八桂学者1人，农业部现代农业产业技术岗位科学家2人，广西甘蔗产业创新专家4人。

【科研项目与经费投入】 2013年，该所申报国家、自治区等有关部门科研项目65项，新立项41项，资助科研经费共计1577万元。在研项目119项，其中国家级项目12项，省级项目43项，其他项目64项。结题27项，其中国家级1项，省级6项，其他项目20项。

【科技成果与转化】 2013年，该所通过甘蔗新品种审定4个，分别为桂糖40号、桂糖41号、桂糖42号和桂糖43号。成果登记认证4项，申请专利9项，授权专利3项。起草发布两项广西地方标准。截至2013年10月31日，全所发表科技论文101篇，其中SCI论文8篇。出版科技手册一本。2013年10月，广西科技厅认定该所为“第四批自治区技术转移示范机构”。

2013年6月27日，“双带盘瓢虫取食甘蔗棉蚜的生物学习性”论文获国际甘蔗技师协会第二十八届大会（ISSCT－XXVIII）最佳海报论文奖。“甘蔗抗旱新品种选育及应用”获2013年度云南省科学技术进步奖一等奖（第四完成单位）。“糖料蔗新品种选育及高效节本增效栽培技术研究”获第八届大北农科技奖三等奖。“甘蔗制酒精关键技术合作研究”、“甘蔗及其制品检验检测技术体系研究”分别获2013年度广西农科院科学技术进步奖一等奖。“桂西地区‘双高’甘蔗示范、繁育与产业化推广”获2013年度广西农科院科学技术进步奖二等奖、百色市科学技术进步奖二等奖、科技创新三等奖。

2013年，该所成果转化工作成绩优异，甘蔗良种繁育与品种示范推广工作取得新突破。示范面积达1133.33公顷（17000多亩），一定程度上促进了新品种的推广。据不完全统计，桂糖03－2287在全自治区繁育推广面积达到6666.67公顷，桂糖29号推广面积达4万公顷，桂糖32号推广面积为2000公顷，桂糖35号推广面积为1333.33公顷（2万亩），桂辐98－296推广面积为2000公顷，桂糖31号推广面积为1000公顷。

【人才与创新团队（人才小高地建设、博士后科研工作站）】 该所加强人才与创新团队建设。2013年晋升研究员2人、副研究员6人，培养在读博士生4人，博士生毕业1人，在读博士后1人。2013年新增科技人员3人，博士、硕士、本科各1人。派出年轻科技人员42人次到所外学习；派出4名科技人员驻国外学习和交流后，其中3人已到期回国，继续为甘蔗事业做贡献。

【科研平台建设与科研仪器设备】 2013年10月，广西科技厅认定该所为“第四批自治区技术转移示范机构”。该技术转移示范机构将针对制约广西蔗糖产业发展的关键问题，以转化该所具有自主知识产权的成果为核心，扶持和服务蔗糖产业化龙头企业，促进农业生产结构调整，带动农业产业升级，引领广西农业产业化进程。

2013年，该所购置PCR仪等紧缺仪器设备15台（套）。完成实验室扩建和改建工作，实验室建设工程通过验收，实验室各方面的条件更加完善。其中，实验室面积增加一倍，实验室五楼的实验室操作台面及仪器的摆放更加合理，同时还配有科研人员休息室。实验室六楼南面建成光照培养室，用于转基因甘蔗组培苗培养、拟南芥培养；

北面是温室大棚，用于转基因甘蔗盆栽试验、模式植物种植等。

【科技交流与合作】 2013年，该所出国考察的科技人员共24人次，到访巴西、越南、柬埔寨、荷兰、新西兰、马里等6个国家及香港地区；接待越南、柬埔寨、老挝、澳大利亚以及“提高发展中国家甘蔗生产能力的农民友好型农业技术国际研讨会”的各国专家代表等114人次。

（翁梦苓）

广西壮族自治区农业科学院玉米研究所

【概况】 该所是以玉米、甘薯等作物新品种选育、新技术研究、成果转化应用为主的全自治区唯一的旱粮作物研究所。建有国家玉米改良中心广西分中心、广西玉米良种原原种扩繁基地、广西玉米良种培育中心、广西甘薯良种培育中心、国家农业产业技术体系玉米、甘薯综合试验站等一批国家、省部级科研平台。设有玉米抗逆育种研究室、玉米优质育种研究室、玉米种质资源研究室、玉米品种筛选鉴定研究室、玉米生物技术研究室、玉米栽培生理研究室、植物保护研究室和薯类研究室等8个专业研究室。2013年12月，该所顺利搬迁到广西农业科学院本部办公，工作、生活和科研环境得到明显的改善，为该所今后的发展奠定了良好的基础。

【科技队伍】 2013年末，该所共有在职职工120人，其中专业技术人员71人，高级职称正职5人，高级职称副职10人，中级职称41人，初级职称（含以下）18人；博士3人，硕士37人，在读博士8人。科研创新团队66人，其中玉米科研团队59人，甘薯科研团队7人。新增全国粮食生产突出贡献科技人员1人，新增广西“十百千人才工程”第二层次人选1人，新增国家农业产业技术体系广西创新团队薯类功能专家1人。

【科技项目与经费】 2013年，该所全年共承担各类科研项目66项，其中国家级项目15项，自治区级项目30项，院基金项目和基本科研业务费21项。新增科研项目36项，新增项目经费743.12万元。另外，新增科研平台项目2项，即“广西甘薯良种培育中心”和“广西甘薯原原种扩繁基地建设”，其中“广西甘薯原原种扩繁基地建设”投资经费198.27万元。

【科技成果与转化】 2013年，该所获广西科技进步奖二等奖1项，广西科技进步奖三等奖2项，南宁市科技进步奖三等1项。获奖项目分别是：“优质耐旱高产大豆新品种桂春8号的选育及推广应用”项目获广西科技进步奖二等奖；“优质高产早熟糯玉米新品种玉美头601选育与应用”和“中国—布隆迪玉米良种联合鉴评与栽培技术示范”项目获广西科技进步奖三等奖。上述3个项目同时获广西农科院科技进步一等奖。“高产优质多抗玉米新品种桂单589试验示范”获南宁市科技进步奖三等奖。通过科技成果鉴定4项，育成通过广西审定品种6个，起草发布地方标准1项，申请专利6项，申请植物新品种保护7项。在国内学术刊物上发表科技论文15篇。

优质耐旱高产大豆新品种桂春8号的选育及推广应用 育成的大豆优良新品种桂春8号集合了“柳8813”和“桂豆3号”两个亲本优点，具有繁茂性好、耐旱耐瘠、高蛋白质、抗病性强等特点，具有高抗重金属“镉”特性。新品种综合性状优良，丰产性大幅提高，桂春8号与甘蔗、木薯间套种产量高，一般亩产可达160千克，最高亩产202.77千克，远高于一般大豆间套种单产（亩产不到100千克）。该项目率先提出“春种夏繁”春大豆良种繁育概念并成功研制配套技术，使桂春8号良种繁育亩产超过150千克，最高亩产达195.8千克。解决了长期困扰我区春大豆良种繁殖单产过低的难题。

项目创新出大豆与甘蔗、木薯间套种复合群体优化栽培技术，实现大豆与甘蔗或木薯两种作物双丰收，创新性显著。

桂春8号由于高产、优质、耐旱、抗逆性强，成为广泛利用的育种中间材料。先后有广东、四川、湖南、云南、贵州等省份大豆科研机构引进桂春8号作为亲本杂交组配了160多个新组合，初步育成有苗头的新品系22个。

项目育成的桂春8号新品种及其配套栽培技术在广西、广东、贵州3省（自治区）的24个县市大面积推广应用，平均增产19.4%，累计种植面积17.58万公顷（263.69万亩），新增总产值3.24亿元，新增纯收益2.73亿元，经济、社会和生态效益显著。

优质高产早熟糯玉米新品种玉美头601选育与应用 根据项目技术指标和杂种优势模式“Lancaster硬粒型×改良Reid马齿型”，收集糯玉米优异种质资源，经过农艺性状、品质和抗病性综合鉴定评价，筛选出符合育种目标性状的基础材料，通过杂交技术进行改良创新，选育出优良糯玉米自交系“莫宜糯”和“黄C都糯”而组配成糯玉米杂交种玉美头601。玉美头601属于早熟糯玉米品种，具有高产稳产特点，春播全生育期100天，采收鲜食青果穗81天左右，秋播全生育期85天，采收鲜食青果穗75天左右。籽粒粗蛋白含量12.3%，粗脂肪4.9%，赖氨酸0.29%，淀粉70.4%。支链淀粉占总淀粉的97.54%。鲜食品质为外观品质好，饱满度、柔嫩度好、蒸煮食味口感好、黏度较高、皮薄，果穗蒸煮凉置后不变硬，保持鲜食品味不变，品质综合评价达85.5分。高抗茎腐病，抗大小斑病、纹枯病，抗倒伏，耐旱耐瘠，综合抗性好。适应广西各地和我国东南区域各省份种植，也适宜与其他作物间套种植。

项目创新点：一是玉美头601两个亲本自交系“莫宜糯”和“黄C都糯”都是自主创新的自交系，为广西糯玉米育种提供新型种质，创新拓宽遗传基础；二是应用杂种优势模式“Lancaster硬粒型×改良Reid马齿型”，大大提高糯玉米杂种优势水平和适应性，有效改善了鲜食品质；三是玉美头601实现了高产与优质两者兼顾双突破；四是玉美头601在早熟性、采收期、抗病性、适应性、制种产量等特点明显比广西原有推广品种有突破，且生产周期短、复种指数高，除了适宜一年多熟种植外，也特别适宜与其他作物间套种植；五是玉美头601是广西第一个大范围、大面积、长时间稳定推广利用拥有自主知识产权的糯玉米杂交种。

至2012年底，在全自治区各地累计种植面积达6.712万公顷，平均鲜穗每公顷产10.476吨，比当地主推品种每公顷增1134.3千克，新增产量7.613万吨，新增社会经济效益15226.84万元。

中国—布隆迪玉米良种联合鉴评与栽培技术示范 是广西科技厅下达的国际科技合作与交流项目“玉米良种鉴定与引进种质创新”（桂科合0992033－1）实施成果。第一完成单位为该所，合作机构为布隆迪国家农科院。通过该项目的实施，首次开展了中国—布隆迪玉米科研合作输出我国的成熟技术，并首次明确了我国玉米品种在布隆迪的适应性和丰产性表现，改善了布隆迪玉米品种单一的现状。该项目形成了布隆迪本地化的玉米高产栽培技术规程并进行了成效显著的技术示范，提高了布隆迪玉米生产水平，社会影响巨大。中国驻布大使、经商参赞处参赞、布隆迪农牧业部部长亲临示范现场，中国驻布大使馆向中国科技部急电通报了示范情况。该项目实现了双方合作双赢目标。项目引进了非洲作物种质24份并开展玉米种质的创新研究。此外项目创新性地采取“科技＋外交＋商务”的组织运行模式具有实用性和可复制性。

高产优质多抗玉米新品种桂单589试验示范 针对广西玉米生产品种单一，产量低，抗病性和抗旱耐瘠性差，适应广西高温多雨气候条件的优良品种少的实际，开展高产优质多抗玉米新品种桂单589试验示范推广研究，对稳定广西特别是大石山地区的粮食生产、促进农民增收、企业增效具有重要意义。选用的优良玉米品种桂单589，是利用国外引进品种为基础材料，应用“热带系×亚热带系”杂种优势模式选育而成的高产优质多抗玉米单交种，该品种含有75%以上热带种质血缘，具有热带种质的特征，根系发达，保绿性强，抗病性尤其是抗锈病比我国北方品种强，籽粒硬粒型，丰产性好、品质优、商品性好、抗旱耐瘠，适应性广，抗病性强。连续三年（2010～2012年）被自治区政府列为广西玉米主导品种。

项目创新点：一是课题选择的试验示范品种是拥有自主产权的自治区内培育品种；二是推广应用的桂单589具有丰产性好、品质优、商品性好、抗旱耐瘠、适应性广、抗病性强的特点，籽粒容重808g/L、粗蛋白11.55%；三是在产量、品质、抗逆性和适应性等方面有所突破；四是集成组装一个品种的高产制种技术和高产栽培技术措施。五是攻破了高产制种的难题，提高了亲本繁殖质量和制种产量。

到2012年12月止，桂单589在南宁市累计推广种植面积9060公顷，新增经济效益976.906万元；在全区累计推广种植面积7013.33公顷（105.2万亩），新增总产值7561.78万元。给种植者和地方带来较大的经济效益，促进了广西玉米生产的发展。

【科技工作与改革创新】 2013年，该所围绕品种选育、材料创新、生物技术利用、科研平台建设等方面开展相关内容的研究，取得重大进展。

新品种选育 育成通过广西审定玉米品种3

个（桂单 162、桂单 0811、桂甜糯 525），甘薯品种 2 个（桂薯 04－120、桂薯 08－166），大豆品种 1 个（桂春 15 号）。

科技成果转化效果显著 依托战略合作伙伴转化平台，该所的科技成果转化速度加快，转化率达 90%以上，有效地促进科技与经济的结合。2013 年，在广西区外建立制种基地 333.33 公顷（5000 多亩），开发和推广应用玉米新品种桂单 0810、桂单 688、桂糯 519 等 18 个，推广面积 5.33 万公顷（80 多万亩），累计增产 1400 万千克，增加经济效益 6720 万元。其中玉米新品种桂单 0810 被广西农业厅列入 2013 年玉米主导品种，推广迅速，2013 年该品种在广西区外制种面积 300 公顷，经组织专家验收，平均亩产 418 千克，2014 年可推广 6 万公顷左右，成为桂单 22 号之后推广最快的玉米单交种。

玉米深松高产栽培技术 集成 1 套“玉米深松蓄墒轻简高效复合栽培技术”。该技术效果明显，在深松区抗旱、抗涝渍能力显著提高。技术集成示范区同田比较测产验收结果：深松保墒集成技术区比免耕区平均每公顷增产 774～940.8 千克，比常规区增产 9.2～14.7%；单位面积生产成本节约 10%以上，每公顷节约用工 15～30 个，平均每公顷节本增收 1082.4～2406 元；辐射示范面积已达到 1.33 万公顷，按平均每公顷节本增收 1875 元计算，节本增收可达 2500 万元，具有相当可观的应用前景。

加强自主知识产权保护工作，积极参与地方标准的制定 2013 年全年共申请农作物新品种保护 5 个（桂单 160、桂单 162、兆香糯 2 号、桂糯 523、桂甜糯 525），并已经获得受理。起草发布地方标准 1 项《绿色食品鲜食玉米生产技术规程》。申请发明专利 6 项并已获受理：一种优质高产广适玉米新品种的育种方法（申请号为 201310462327.6）；一种玉米单交种桂单 0810 的制种方法（申请号为 201310462341.6）；一种优质、高产、多抗、高配玉米自交系新品系的育种方法（申请号为 201310473380.6）；一种培育高维生素 A 源玉米自交系的方法（申请号为 201310357702.0）；一种玉米单倍体植株染色体组加倍的方法（申请号为 201310497188.0）；一种玉米水肥一体化滴管装置（申请号为 201320707766.4）。

【人才与创新团队】 2013 年，该所引进博士 1 人，硕士 2 人，8 人攻读在职博士生。选派 1 人到国外进行访问学习，派 1 人作为南南合作成员，到埃塞俄比亚开展援非工作。新增“全国粮食生产突出贡献农业科技人员”荣誉称号 1 人。新增“新世纪十百千人才工程”第二层次人选（第十六批）1 人，新增国家现代农业产业技术体系广西创新团队薯类产业功能专家 1 名，新晋升副研究员 1 人。

【科研平台建设与科研仪器设备】 2013 年该所新增国家农业综合开发农业部专项项目“广西甘薯良种原原种扩繁基地建设”和获认定的“广西甘薯良种培育中心”项目。其中广西甘薯良种原原种扩繁基地建设总投资 198.27 万元。新购置便携式光合作用测量系统、谷物近红外分析仪、定氮仪等先进仪器设备。

【科技交流与合作】 2013 年，该所建所 50 周年成果展示暨学术报告会顺利召开。广西科技厅副厅长刘建宏，广西农业厅副巡视员麦楚均，国家玉米产业技术体系首席科学家张世煌，泰国沙湾大田中心 Pichet 博士，广西农科院全体院领导，各兄弟所的领导，国家玉米产业体系示范县及广西玉米、甘薯创新团队试验站相关领导，以及该所的新老职工共 700 多人参加了活动。广西农科院党组书记曾东、广西科技厅副厅长刘建宏以及广西农业厅副巡视员麦楚均分别致辞，对玉米所 50 年来所做出的巨大贡献给予了充分的肯定。报告会邀请了国家玉米产业技术体系首席科学家张世煌、泰国沙湾大田作物研究中心 Pichct 博士分别做了题为《玉米产业技术发展战略：一机两改一保障》、《Progress of Maize Breeding in Thailand》的报告。

2013 年，该所开展多次各种培训班及现场观摩：3 月 12 日～14 日，广西农业科学院玉米研究所国家玉米产业技术体系及广西玉米创新团队专家分别在兴宾区小平阳镇政府、兴宾区寺山乡乡政府、兴宾区五山乡乡政府开展“玉米种植技术培训”。共培训当地农业推广人员、农技人员、种植大户、农民等 100 多人。

7 月 2 日、15 日，10 月 20 日、24 日～25 日，该所国家玉米产业技术体系及广西玉米创新团队专家分别在大化县贡川乡清坡村、兴宾区五山乡马则村、都安安阳镇益梨社区、平果县国际大酒店、坡造镇归德屯开展“玉米新品种现场观摩会”。当地政府部门、农技人员、农民等共260多人参加观摩会。

7月9日～30日，8月2日、12日、27日，12月2日、8日、10日、15日，该所科技特派员程伟东研究员分别在隆安县、上林县白圩镇、天等县、马山县、柳江县、柳州、贺州市、环江县、天峨县、富川县、鹿寨县、德保县、南丹县、乐业县、巴马县、东兰县、贵港市等市县召开桂单688、桂单0810、桂单162、桂单901、桂单591、桂单589等新品种的观摩会。当地有农技人员，种植大户、农民等共2200多人次参加。

1月23日～25日，该所科技特派员闫飞燕副研究员分别在都安县高岭镇三合村、天等县、靖西县湖润乡“开展深松保墒轻简栽培复合技术现场会”。当地政府部门、农技人员、农民等共360人参会。

4月22日～23日、5月7日～9日、8月21日～22日，该所科技特派员吴翠荣副研究员分别在罗城、宜州等召开甘薯育苗栽培、高产技术及病虫害防治等现场指导和培训，特派员派驻公司的业务骨干及员工基层农技人员及农民共520人次参加。

2013年，该所接待来自柬埔寨棉芷大学、布隆迪、CIMMYT、马来西亚、中国农科院、中国农业大学、四川农业大学等专家学者来访20多人次。此外，该所有30多人次参加国内学术研讨或学术交流活动，200多人次参加了各类学术报告活动。

（何雪银　廖金秀）

广西壮族自治区农业科学院蔬菜研究所

【概况】 2013年，该所共申报国家自然科学基金、自治区各级及广西农科院本部项目共计53项，已获得立项项目22项（含2012年申报项目），其中国家级项目3项，自治区级项目6项，地厅级10项，横向项目3项。到位经费551.21万元，结题验收项目15项。

该所科研工作得到有条不紊的开展，在蔬菜种质资源收集与创新，遗传、生理生化、生物技术及栽培技术研究，新品种选育及示范推广等方面都取得了很大的进展。2013年该所获得海南省科技进步一等奖1项；广西自然科学奖三等奖1项；广西农业科学院科技进步二等奖1项；通过成果登记2项；通过广西农作物品种审定的蔬菜新品种5个；获广西地方标准颁布4项；发表科技论文23篇；申请专利4项，已获授权1项。

【科研项目与经费投入】 2013年，该所共申报国家、自治区各级及院本部项目共53项，已获得立项项目22项（包括2012年申请2013年立项的项目），获批立项国家自然科学基金和国家农转基金项目各1项。已到位经费551.21万元。2013年该所共有在研项目52项，投入科研经费480.80万元。

【科技成果及简介】 2013年，该所获奖科研成果有：

主要北运蔬菜新品种选育及高效栽培新技术研究集成与产业化示范　获海南省科学技术进步奖一等奖。由于华南地区北运蔬菜在广大北方冬春二节，尤其在冰雪天气期间发挥了不可替代的作用。为了促进华南地区北运蔬菜产业可持续发展，海南省农业科学院蔬菜研究所、中国热带农业科学院品种资源研究所、广东省农业科学院蔬菜研究所、湖南省蔬菜研究所、广西农业科学院蔬菜研究所等单位经10多年联合攻关，共选育北运专用型蔬菜新品种15个，引进示范推广各类蔬菜新品种130多个，研究集成穴盘集约化育苗、覆膜节水滴灌栽培、无公害标准化栽培等配套栽培技术。新品种、新技术近三年累计推广面积约26.67万公顷，新增农业产值30多亿元。共获省（部）级科技奖励17项，其中省科技进步或成果转化一等奖4项，二等奖5项，三等奖8项。出版专著12本，发表论文80多篇。

广西道地药材铁皮石斛HPLC指纹图谱及多糖成分研究　成果获广西自然科学奖三等奖及广西农业科学院科学技术进步奖二等奖。项目是在长期开展石斛收集和鉴定利用的基础上，以广西农业科学院科技发展基金“广西道地药材铁皮石斛HPLC指纹图谱及多糖成分研究”［项目编号：2007002（Z）］和“石斛属药用植物种质资源收集、鉴定及利用”（项目编号：2004012）为支撑开展研究。从2004年11月开始实施，至2011年12月结束。总体目标是建立广西铁皮石斛HPLC指纹图谱，运用液体悬浮培养技术生产活性成分多糖，分析多糖理化性质和生物活性，研究提出组织培养物原球茎代替原药材成为药源的可能性。

在这个总体目标下，制定了 3 个研究内容，这些研究内容环环相扣，从应用基础研究到技术应用，最终达到项目总体目标的实现。项目取得了创新性强、有重要科学价值和应用价值的成果：一是首次建立了广西铁皮石斛 HPLC 指纹图谱，获取了广西铁皮石斛对照指纹图谱，所使用的方法简便，且具有良好的重现性和稳定性，可鉴定表现型难鉴别的铁皮石斛药材。二是突破试管苗快繁的常规方法，提出用原球茎为目的液体培养可持续开发药用石斛资源的新思路，克服了试管苗生根弱、移栽困难的限制，运用液体悬浮培养技术生产初级代谢产物石斛多糖，建立了石斛原球茎液体培养体系。三是首次从原球茎中分离到 2 种新型多糖组分 DCPP1a－1 和 DCPP3c－1，运用现代仪器分析手段分析了多糖组分部分理化性质，并证明了原球茎多糖具有较强的抗氧活性，能通过激发机体免疫力，抑制肿瘤生长，为石斛人工培养物全面替代原植株生产活性成分提供了科学依据。四是培养博士 1 人，硕士 2 人；发表论文 11 篇，其中在中文核心期刊发表 9 篇，被他人正面引用 117 篇（次）；申报发明专利 1 项。五是建立的 HPLC 指纹图谱、多糖分离纯化等成果已提供给相关单位利用，取得了显著的经济、社会和环境效益。

该研究成果适合于在广西铁皮石斛种植区域以及石斛加工企业应用。但仍需进一步加强技术的推广力度，提高种植户、企业的认识。

除上述两项科技成果外，2013 年该所获成果登记 1 项，即“桂特一号大叶韭等系列野生蔬菜新品种选育与示范推广”（桂科成 201392858）；通过广西农作物品种审定 5 个，即桂农科三号苦瓜（桂审蔬 2013001 号）、桂椒 7 号辣椒（桂审蔬 2013003 号）、桂椒 8 号辣椒（桂审蔬 2013004 号）、桂特 1 号大叶一点红（桂审蔬 2013007 号）、桂特 1 号叶用当归（桂审蔬 2013008 号）；获广西地方标准颁布 4 项，即黑皮冬瓜制种生产技术规程（DB45/T 925－2013）、瓜类蔬菜集约化育苗生产技术规程（DB45/T 926－2013）、茄子制种生产技术规程（DB45/T 928－2013）、绿色食品茄子生产技术规程（DB45/T 930－2013）；获专利申请 3 项，授权 1 项，即尖孢镰刀菌苦瓜专化型的分子标记及其应用（申请号：201310031666.90）、一种前列腺保健芥蓝茶及其制备方法（申请号：201310284275.80）、一种彩椒保花保果剂及其配制方法（申请号：201310119146.30）、南方厚皮甜瓜的露地栽培方法（专利号：ZL 2011 1 0448981.2）。

【科技成果推广应用】 该所通过核心示范，辐射带动新品种、新技术在蔬菜生产上的应用，有力推动该所科技成果转化。在南宁、柳州、桂林、玉林、贺州、贵港、北流市、扶绥县、贺州等建立示范基地 22 个，核心示范面积 328 公顷，辐射推广面积约 1333.33 公顷，生产蔬菜种子 3000 千克，创造经济效益 3000 万元，社会效益 1.5 亿元。

苦瓜新品种“桂农科一号”和“桂农科二号”示范面积 143.33 公顷，新组合“桂农科三号”、“桂农科五号”、“桂农科六号”和“桂农科八号”示范 43.33 公顷，辐射面积 1333.33 公顷；建立了 4 个皇冠 3 号丝瓜示范基地，核心示范区面积 30 公顷，在广西南宁五塘、江西、石埠，武鸣、贺州、柳州等辐射种植面积 266.67 公顷；在南宁市、灵川县、贺州市、合浦县及海南省澄迈县建立“瑞丰 3 号”茄子中试基地 5 个，核心示范区共 8.4 公顷；番茄、辣椒在田阳、玉林等地的试验站建立示范基地 12 个，面积 60.67 公顷；冬瓜新组合示范面积 1.33 公顷；成果“春黄瓜秋彩椒”、“夏秋黄瓜秋冬彩椒”栽培模式、“冬黄瓜”栽培技术及彩椒自配保花保果剂（专利申请中）在横县得到大力发展，推广应用 33.33 公顷；“桂蜜 12 号”示范推广约 13.33 公顷，其中露地栽培推广约 3.33 公顷，大棚栽培约 10 公顷；在南宁市西乡塘区、兴宁区三塘镇分别开展了密刺黄瓜新组合、水果黄瓜新组合试种，面积分别为 0.67 公顷、2 公顷。

【人才与创新团队】 2013 年末，该所在职职工 35 人，其中高级专业技术人员 15 人，中级专业技术人员 11 人，博士 8 人，硕士 17 人，在读博士 4 人。2013 年，该所新引进硕士 4 人，晋升副研究员 4 人；设苦瓜、茄果类、西甜瓜、辣椒、黄瓜和叶菜类 6 个创新团队，按照学科研究方向和发展规划开展工作。另外，为促进人才队伍及团队建设，该所聘请方智远、陈日远等知名专家为学科带头人，大力地促进了蔬菜学科的发展。

【科研平台建设与科研仪器设备】 在科研平台建设方面，2013 年该所申报并获得广西蔬菜领域院士工作站、广西创新团队的审批及认定。现有的科研平台如下：

国家大宗蔬菜产业技术体系产业体系南宁综合试验站，圆满完成了工作任务，主要包括：获得新品种审定3个；育成苦瓜雌性系3个，黄瓜自交系6个；新配制蔬菜杂交组合示范面积约13.33公顷；开展蔬菜虫传病毒病防控新技术和蔬菜连作障碍克服技术研发；新品种新技术示范推广面积522公顷；获得蔬菜种质资源创新材料200余份。

广西农业（蔬菜）良种培育中心按照《广西壮族自治区农业良种培育中心与标准化生产技术示范基地建设实施方案》的要求，积极开展中心的各项工作，主要包括：收集蔬菜种质资源250余份；通过广西农作物品种审定5个；新品种核心示范面积333.33公顷；重点成果推广面积约5333.33公顷；利用分子标记辅助育种，获得与苦瓜抗白粉病紧密连锁的AFLP、SRAP和SCAR标记，构建了茄子抗黄萎病基因连锁图谱，初步定位了茄子抗黄萎病基因。

国家现代农业产业技术体系广西大宗蔬菜创新团队首席专家岗位建设依托单位落户该所，团队成员完成了广西蔬菜产业调研，摸清了当前蔬菜产业的发展现状以及急需解决的关键技术，并对制约广西蔬菜生产的主要问题开展研究。收集种质资源170多份，配制新的杂交组合66个；开展蔬菜高效安全栽培技术研究和连作障碍克服技术研究及蔬菜水肥一体化栽培技术示范；开展瓜类及茄果类蔬菜病虫害调查、瓜类疫病调查及防控技术研究与示范、番茄黄化曲叶病毒病调查及防控技术研究与示范、瓜实蝇为害规律及综合防控技术研究、农药残留检测技术研究等工作。

除此之外，该所通过广西“热带亚热带蔬菜种质创新与新品种选育”岗位特聘专家及广西蔬菜产业技术创新战略联盟等科研平台，积极开展科研工作，提高科研水平。

在科研仪器设备方面，该所拥有独立小型实验室，实验室拥有的仪器设备有zess显微镜、光照培养箱、摇床、灭菌锅、超净工作台、水分测定仪、PCR仪、细胞融合仪等。另外，2013年新增zess显微镜、超净工作台、灭菌锅各1台。这些仪器设备基本能够满足以种质资源创新为基础的科研工作。同时，为了改善遗传改良实验室如细胞育种、分子育种和生理生化的常规设备，已向广西财政厅申请仪器专项资金200万元，如获批准，计划购买高效液相色谱仪、实时荧光定量PCR仪、高速冷冻离心机、流式细胞仪等，并进行实验室的改造，以增加实验室的使用面积。

【科技交流与合作】 该所积极展开国际合作交流工作，先后与泰国科技部下属的泰国国家科技发展署、泰国国家遗传工程与生物技术研究中心（BIOTEC）、泰国科学技术研究院（TISTR）、泰国农业大学、泰国正大集团、越南农科院果蔬研究所、越南河内农业大学作物发展研究所、Centor Group公司等单位进行了考察交流，共同探讨了蔬菜科研的合作前景。此外，该所与泰国国家遗传工程与生物技术研究中心签订了科技合作协议及备忘录，为今后中泰科技合作奠定了坚实的基础。

（琚茜茜）

广西壮族自治区农业科学院农业科技信息研究所

【概况】 该所原名广西农业科学院科技情报研究所，成立于1986年，2008年底改为现名。是以农业信息技术、软科学研究及其文献与信息服务为主要任务的公益性科研机构，主要从事农业信息技术、产业经济、信息管理与服务、东盟农业四大学科的科学研究。具有农业部、广西科技厅认定的检索查新资质及广西农业厅认证的培训基地，开展期刊编辑出版、检索查新、信息资源建设和技术培训等业务。现有职工38人，其中：专业技术人员33人；研究员1人、副研究员6人、助理研究员11人；研究生学历18人。下设：学报编辑部、图书馆、检索查新室、信息技术研究室、信息分析研究室、产业经济研究室、规划咨询研究室、东盟农业研究室及培训中心等9个业务部门。

负责编辑出版的《南方农业学报》现为中文核心期刊，并与科学出版社合作冠名出版；与四川、云南、贵州、重庆和西藏六省区市农科院共同主办的《西南农业学报》现为中文核心期刊。图书馆现拥有馆藏图书资料约13.5万册（卷），建成“广西农科院CNKI镜像服务系统”，订购和引进中国学术期刊数据库和镜像库、超星数字图书馆、超星读秀知识库、维普资讯中文期刊库、博看电子杂志、CABI文摘数据库、Springer电子期刊、NSTL外文传递等中外文献数据库；开发建成图书馆数字化管理系统和农业实用技术数据库、热带亚热带特色水果数据库等10多个数据库，建有广西农业科技信息网。

【科研项目与经费投入】 2013年，该所共获立项科技项目14项，其中广西软科学研究计划项目2项、广西科学研究与计划开发项目2项、广西科学研究与计划开发农村科技特派员项目1项、国家现代农业产业体系广西创新团队专项1项、广西哲学社会科学规划课题1项、院重点项目1项、院面上项目4项、院青年科技专项2项，实际到位经费114.0万元。

【科研成果与转化】 科研成果 2013年，该所项目通过结题验收18项，通过评审2项，获得成果登记2项；发表科技论文11篇，其中在中文核心期刊发表8篇；参与广西农村中等专业实用人才培养教材编写1部；获得计算机软件著作权登记1项。主持完成的《广西农业科技自主创新体系建设研究》获2013年广西农业科学院科学技术进步一等奖；《科技支撑广西农业转型研究》、《甘蔗产业技术创新战略联盟建设模式与运行机制研究》获成果登记证书；《广西县市科技进步现状与对策研究》、《南宁市科普工作现状及对策研究》获成果评审证书。

主持完成的《南宁市江南区慕村精品农业及生态旅游园总体规划》，协作编写的《扶绥县建设经济强县"十二五"实施规划》、《滇桂黔石漠化片区区域发展和扶贫攻坚实施规划》已获公布；《贺州市农产品质量安全示范区总体规划》、《贵港市国家农业科技园区总体规划》和《贺州黄姚生态农业旅游区总体规划》完成终稿，进入专家评审阶段；《南宁市青秀长塘生态农业观光园总体规划》、《宾阳城建集团生态休闲农业规划》、《阳朔遇龙河生态农业旅游区总体规划》等10多个可研报告和规划正在编制中。

成果转化 主持完成的《广西农业科技自主创新体系建设研究》的部分研究成果，被广西科技厅编制《"十二五"广西农业科技发展规划》采纳；《科技支撑广西农业转型研究》项目研究成果，在制定自治区科技创新配套政策中已被应用；《甘蔗产业技术创新战略联盟建设模式与运行机制研究》项目研究成果，为《甘蔗产业技术创新战略联盟暂行规定》制定提供了有价值材料和决策参考依据；《广西县市科技进步现状与对策研究》项目研究成果，为制定县市科技工作相关政策和开展县市科技工作提供了有价值可操作性强的决策建议。

【人才与学科团队】 人才队伍 2013年，该所学科有专业技术人员33人，其中高级职称7人（其中正高1人、副高6人），中级职称11人；研究生学历18人；1人获聘国家现代农业产业技术体系广西创新团队产业经济岗位专家；8人获聘广西农村科技特派员。

学科团队 2013年，该所学科团队有4个，分别为：一是农业信息技术研究学科团队。团队成员6人，其中，高级职称1人，中级职称2人，初级职称及以下3人；研究生4人，大学本科1人；团队平均年龄35岁。研究方向：现代信息技术在农业信息化、农村信息化、科研信息化中的应用研究、农业智能分析技术研究与应用。二是产业经济研究学科团队。团队成员9人。其中，高级职称2人，中级职称3人，初级职称及以下4人；研究生4人，大学本科2人；团队平均年龄32.8岁。研究方向：农业产业经济、农村宏观发展研究、农业科技与政策研究、规划咨询研究。三是信息管理与服务研究学科团队。团队成员8人。其中，高级职称3人，中级职称2人，初级职称及以下3人；研究生5人，大学本科及以下3人；团队平均年龄40.8岁。研究方向：农业信息资源开发与应用研究、农业农村信息化服务研究、决策咨询研究、软科学研究。四是东盟农业信息研究学科团队。团队成员7人。其中，高级职称1人，中级职称4人，初级职称及以下2人；研究生5人，大学本科2人；团队平均年龄34.5岁。研究方向：东盟各国农业信息收集保存、分析研究与应用，中国—东盟农业科技合作研究。

【科研平台建设与科研仪器设备】 该所主持建成村级综合服务网站5个、特色农业信息资源数据库2个，建成远程视频、网络、短信、呼叫等多媒体有效融合的农业专家远程科技信息服务平台，开发了新版"广西农业科技信息网"，建成涉及粮食作物、经济作物、果树等类别的33种作物103个品种的共享数据库。开通了中国—东盟特色农业产业信息网，策划了农业信息资源数据库内容，建设了特色农业产业服务呼叫中心。购进了一批电脑、服务器、磁盘阵列、移动GIS等信息化仪器设备和软件，开通10M专线光纤，为信息服务平台正常运转提供有力保证。

【科技交流与合作】 该所与自治区外科研机构和企业联合申报课题项目，协同创新取得良好开局。深化同行交流，赴广东、北京、山东等省市进行信息化方面的调研学习。拓宽国际合作渠道，充分发挥东盟农业研究学科团队的积极作用，协助广西农业科学院开展中越现代农业示范基地建设项目；与广西科技网络中心开展有关中国—东盟农业信息技术项目的合作；应邀参加2013年世界农业展望大会。

【科技服务与培训】 推进“联百企、进千村、扶万户”科技服务行动，强化所企合作，与多家企业签订战略合作协议，有4人获聘2013年广西农村科技特派员，与企业合作申报科技特派员专项1项并获立项。2013年全年派出专家与科技人员送服务下乡60人次。

开展现代农业科技培训，不断创新培训工作模式。较好地完成广西农业厅下达的6期全自治区推广体系改革与示范项目补助县基层农技推广人员及信息员培训班和2期“阳光工程”农业创业培训班，培训了全自治区40个县区的400多名学员，近万名农民受益。首次面向基层农技信息管理员开展现代农业产业理论相关知识及科技项目管理与实施、农业信息化应用等方面的培训和实践。经过多年实践与经验积累，广西农业科学院农业科技信息研究所培训品牌已在广西区内产生较强的影响力，为现代农业发展和新农村建设做出了积极的贡献。

（阮晓静）

广西壮族自治区林业科学研究院

【概况】 该院前身为广西壮族自治区林业科学研究所，始建于1956年，是自治区级公益性林业科研事业单位，是国家林业局中南速生材繁育实验室、广西优良用材林资源培育实验室和国家油茶科学中心南缘地区种质创新及茶油加工实验室的主要依托单位，广西首批科技创新金源单位，国家科技部国际科技合作基地建设单位，国家人社部博士后科研工作站建站单位，第一批全国林业知识产权试点单位，广西首批“八桂学者”和“特聘专家”设岗单位。

该院主要研究领域包括林木遗传改良、林木高效栽培、森林生态及重建、经济林培育、森林保护、林木生物工程、热带特色花卉培育、森林资源利用与加工、生物质及生态能源开发利用等方面，目前下设有林业、森林生态、经济林、油茶、森林保护、生物技术、园林花卉、林产化工、农村能源、用材林、桉树、林业土壤肥料等十二个研究所，1个自治区级林产品质量检验检测中心、2个林业调研规划所，玉林、钦州两个分院，1个华山林场科研基地。全院土地面积337.8公顷、收集保存1300多个种质资源基因的树木园40公顷，各类科研用房6500多平方米，10万元以上科研仪器设备120多台（套）。50多年来先后承担国家、部（省）级和部门的科技项目600多项，获科技成果300多项，其中获国家级奖励22项，省部级奖励150多项，获授权专利50项，编制行业和地方标准48项，出版科技专著59部，发表论文2000多篇，被授予“全国林业科技先进集体”、“全国科技服务林改先进集体”、“广西振兴科技先进单位”、“全区农业科技工作先进集体”、“中国林学会第二届梁希科普奖先进集体”、“全国无检疫对象苗圃”、“全国质量信得过苗圃”等20多项荣誉称号，是一所研究学科齐全、技术力量雄厚、科研基础条件较完善、在国内较具影响的林业科技研究机构，综合科技发展实力居全国省级林业研究院所的前列。

【科技项目与经费投入】 2013年，该院承担各级各类项目共236项，其中新增立项93项，已通过验收结题项目34项。全年各项科研及配套基础设施建设投资4573万元，新增科研项目合同经费3077万。国家级重大项目约占25%，省部级科研项目约占67%，100万元以上的项目占15%，其中获得国家科技部农业成果转化资金项目3项，国家科技支撑课题、专题、子专题项目3项，国家自然科学基金委项目1项，中科院科技专项经费子专题1项，国家林业局林业公益性行业科研专项13项，中央财政林业推广示范资金项目（含林业标准化示范区建设项目）22项，国际先进林业科学技术引进项目（948项目）3项，林业科技成果国家级推广项目1项，林业标准制修订项目7项，林业专利产业化示范项目1项。

【科技开发】 该院充分发挥科研、生产、经营与开发联合体的优势，以市场为导向，利用先进的林业科学技术结合林业生产实践开展科技产业开发。2013年，该院为林业单位和社会造林绿化提供具有较明显的速生性、稳定性和抗病性等优良特点的松、杉、桉、油茶、珍贵树种等各类苗木及无性系（含扦插苗）、各类观赏性、药用性特色花卉植物共2000多万株。

【科技成果及简介】 2013年，该院共取得科技成果68项。其中，验收鉴定成果18项（鉴定3项）、获得专利授权33件、6个地标通过审定，11个良种通过自治区良种委员会审定。获奖成果17项（次），其中，获广西科技进步奖一等奖1项、二等奖1项、三等奖2项，第五届梁希林业科技奖励二等奖2项、三等奖1项，第四届梁希科普奖励2项，广西优秀科普奖励一等奖1项、二等奖2项、三等奖2项，2011年度广西重要技术标准奖励2项，第三届广西发明创造银奖1项。出版科技专著5部，发表科技论文166篇。

广西油茶良种繁育产业化关键技术研究与应用 项目针对围绕油茶良种繁育的技术关键开展研究，取得了重大突破。创新点包括：率先系统开展油茶良种选育与综合评价，筛选的22个油茶良种通过了国家和自治区林木品种审定委员会的审（认）定；创新矮密早丰和高干嫁接换冠油茶采穗圃营建新技术，第3年穗芽产量分别达到574.5万个/公顷和171万个/公顷；首创芽苗砧冬春季嫁接技术，实现冬春季节油茶芽苗砧嫁接规模化育苗；首创油茶扦插皮层生根调控技术，大幅缩短扦插育苗时间，创建了“二步、三法、四季”油茶规模无性快繁模式。项目创建形成一套成熟的油茶良种产业化推广应用模式，到2012年，在全国率先实现油茶造林100%良种化。累计建立采穗圃11个、面积140公顷，繁殖圃43个、面积293.33公顷。2010年～2012年，共生产油茶无性系穗芽13866万个、容器苗15089万株，销售收入达38741.6万元。推广造林8万公顷，达产后年产值可达31.68亿元。该成果适用于华南油茶主要产区，推广应用前景广阔，获2013年广西科技进步奖一等奖。

松树外来有害生物天敌松突圆蚧及其繁殖技术研究 项目针对松突圆蚧在广西迅速蔓延，化学防治困难且误伤天敌以及国外引进的天敌不能定居等问题，通过一系列研究，突破了本土天敌—日本方头甲的室内大规模繁殖技术瓶颈，通过以虫治虫的手段，有效地解决了松突圆蚧的危害，大幅度降低了经济损失，保护了松林的生物多样性。创新点包括：在广西松突圆蚧本地天敌系统地调查的基础上，通过捕食功能反应研究，首次发现日本方头甲能大量捕食松突圆蚧，并作为最有效的天敌引入松突圆蚧的防治；成功筛选出2种盾蚧作为繁殖松突圆蚧的中间寄主，并解决了中间寄主大规模繁殖的关键技术。突破日本方头甲中间寄主大规模繁殖困难、不能批量生产及个体小、容易逃跑等3大室内大规模繁殖的技术难题，形成了一整套繁殖工艺流程。总结出一套简便易行的方头甲林间释放防治松突圆蚧技术—挂蛹卡或释放成虫。项目已在室内成功繁殖出方头甲1.5亿头，并在疫区推广应用0.503万公顷，减少松突圆蚧危害的经济损失达4000万元，实现生态价值100多亿元。该成果适合松突圆蚧疫区推广应用，室内繁殖的方头甲技术可应用于园林绿化、果园等其他盾蚧类害虫生物防治，推广应用前景广阔，获2013年广西科技进步奖一等奖。

【科技成果推广应用】 2013年，该院以实施科研项目为依托，以科技特派员为载体，进一步扩大科技成果推广应用。共培育油茶、桉树、松树、杉木等新品种（品系）11个；培育松、杉、桉、油茶、珍贵树种等各类优质苗木2000多万株；在全自治区建设推广油茶低产改造示范基地、桉树配方施肥基地、桉－草－牧种养综合技术示范基地，林下养鸡示范基地等各类示范点30多个、示范林466.67公顷，辐射推广2666.67公顷，建立生产示范线5条；推广油茶栽培与加工、主要速生树种丰产栽培、病虫害防治、配方施肥等实用技术8项，举办培训班39期，培训林农800多人次，印发技术手册4000多册，示范推广率100%，产生的经济效益达75.25亿元。

【人才与创新团队】 2013年，该院已初步形成了学科齐全、结构合理、梯次分明的创新人才团队。全院在职职工342人，各类专业技术人员280人，占职工总数的81.87%，其中具有正高级技术职称20人、副高级技术职称101人、中级技术职称158人。博士后3人，博士32人，硕士112人，国家有突出贡献中青年专家1人，享受国务院特殊津贴专家12人，自治区政府优秀专家10人，自治区有突出贡献科技人员4人，自治区“十百千人才工程”第二层次人选6人，博士生导师1人，硕士生导师12人，自治区“八桂学者”1人，送陪博士、硕士29人，引进“特聘专家”1人，外聘自治区主席院士顾问、中国工程院院士、知名森林培育科学家尹伟伦院士、广西大学木材加工研究领域资深专家罗建举教授及符韵林博士，形成了主要速生树种良种选育、高效培育、木材加工等12个研究团队。此外，还拥有经广西壮族自治区党委批准设立的“松树资源培育及产业化关键技术创新团队”和“桉树优质资源培育与产业升级技术创新团队”2个特设岗位团队。

【科研平台建设与科研仪器设备】 2013年，该院共新增科技平台6个。包括首获广西林业厅认定为广西木材战略贮备科技支撑单位，林学与生物学院士工作站获批成为第一批广西院士工作站，广西油茶良种与栽培技术工程中心获得广西科技厅认定，马尾松、杉木、红锥3个良种培育中心获认定为第三批自治区农业良种培育中心；全年科研基地建设投入885万元，其中，由该院承担建设的广西首个桉树人工林生态定位研究站一期工程建设总投资250万元，已完成七坡林场主站建设并正式投入使用；科研实验平台建设投入652万元，新增购置用于树木生理生态、林木分子生物、森林病虫害防治、土壤肥料、植物代谢产物等研究的仪器设备96台（套），其中大型仪器一三重四级杆液质联用仪价值达200多万元。

【科技交流与合作】 2013年，该院加强与澳大利亚、越南等国外林业机构的交流，短期聘请1位澳大利亚木材高端专家来华开展桉树中大径材育种策略及锯材干燥处理方面的技术指导，共接待来自澳大利亚、日本、韩国、德国等外国专家10人次，举办学术报告、培训班等形式交流7场，培训人员70多人次；派出10人次到国外学习考察，与越南谅山省、广宁省签订合作协议2份，达成桉树优良无性系转让项目1项；与中南林业科技大学、南京林业大学、中国林科院等单位在项目合作方面开展实质性合作，联合实施项目共7项；与自治区内多家林场、林业企业及林业局签订科技合作协议，在项目联合实施、提供技术指导与服务等方面开展广泛合作。

（邓艳　李月娟）

广西壮族自治区环境保护科学研究院

【概况】 该院是广西壮族自治区环境保护厅直属的正处级工艺型事业单位，主要职责：针对广西重大建设项目开展环境影响评价，评估和论证项目的可行性；根据政府部门的安排，开展环保政策研究，制定有关行业环保标准和规定，并最终环保基础性、前瞻性、战略性已经；开展广西不同区域或流域的环境容量和污染控制对策分析，为环保管理提供科学、准确的依据；牵头证号有关社会和企事业单位的环保科技资源，针对高校存在的主要环境问题，组织环保应用技术的研发、引进和推广，开展环保工程的治理。

该院拥有国家颁发的甲级《建设项目环境影响评价资格证书》和乙级《环境工程专项工程设计证书》《环保设施运营资格证书》《编制建设项目水源保持方案资格证书》，业务包括环境影响评价、环境规划、水土保持、环保竣工验收、环境工程监理、环保设施运营、环保认证、清洁生产审计、循环经济、环境工程承包（设计、施工、调试）

2013年末，该院有职工156人，其中科技人员比例达90%以上，拥有教授级高工2人，高级工程师28人，工程师45人，博士6人，硕士比例在60%左右。6人列入国家环境影响评价专家库成员、2人列入国家清洁生产专家库成员、23人列入广西科技项目评估及环境影响评价专家库成员。

【科研项目与经费投入】 2013年，广西环科院围绕广西社会经济发展和环境保护的难点和重点技术问题积极开展研究，领域覆盖了生态、大气、水体、土壤、工业园区、污染物、污染源、污染事故、农村等多个方面，研究类型包括政策研究、基础研究、重大问题调研、治理技术、标准研究、环境规划等。该院组织完成了2014年度国家环境保护公益性行业科研专项4个项目的申报与答辩工作；组织完成了2014年广西科技计划环境保护专项指南共15个项目的申报；组织完成了2014年广西科学研究与技术开发计划2个项目课题申报工作。

主要开展的项目有国家重要环境标准铅、锌工业污染物排放标准（GB 25466－2010）实施评估修订、广西科技厅科技攻关与新产品试制项目淀粉废水治理和清洁生产新技术的研发与集成示范、广西饮用水现状调查及保护对策研究、广西大气PM2.5特性及控制对策研究、广西木薯淀粉工业清洁生产评价指标体系标准制定研究、广西全国生态环境十年变化（2000－2010年）遥感调查与评估项目、2013－2014年广西壮族自治区地下水基础环境状况调查评估、广西茧丝绸印染行业可持续发展调研报告、广西主体功能区分类管理的环境政策研究、广西点燃式发动机在用轻型汽车简易工况法排气污染物限值地方标准制定研究、广西排污交易体系建立研究、广西环境功能区划等50余项。经费投入约1000万元。

【人才与创新团队】 团队建设　一是人才小高地开展广西院士工作站的建设工作，2013年5月，郝吉明院士工作站被广西科技厅认定为广西第一批院士工作站；二是成功引进中国环境科学研究院、清华大学环境学院等国内外环保领域知名专家作为广西危险废物处置产业化人才小高地的特聘专家，为人才小高地的快速发展提供强有力的智力支撑；三是与复旦大学环境科学与工程系等国内知名高校、科研院所签订科技合作框架协议，引进多名行业内的学术带头人、教授、专家指导该院在危险废物处置、重金属污染防治、大气PM2.5治理机制研究等领域开展研究项目；四是加大力度引进高水平人才，选聘硕士研究生25名，公开招聘3名事业单位工作人员。

人才培养　派出韦韩、叶凡、谢鸿等管理人员攻读在职博士；邀请清华大学院士郝吉明举行学术讲座；举办广西危险废物污染防治技术与政策高级研修班、资源高效利用与清洁生产国际研讨会等高水平的会议，努力提升人才团队的综合素质和科研能力。

创新团队　依托郝吉明院士工作站，联合开展课题研究。2013年该院与郝吉明院士团队联合申报成功《2014年广西科学研究与技术开发计划课题——大气颗粒物粒径谱仪研发及其在广西重点城市的应用》；与孟伟院士团队开展全面科研合作，一是孟伟委托中国环境科学研究院总工程师李发生科研团队，与该院共同开展“河池市金城江区有色金属冶炼废弃场地调查和风险评估项目”合作；二是2013年6月，孟伟委托中国环境科学研究院夏训峰，与该院联合开展《广西农村生活污水处理技术指南》（2013年）研究；三是2014年，孟伟委托中国环科院副院长柴发合科研团队，指导该院建设“广西大气科学研究观测站”并作为西南地区代表性站点纳入中国环科院观测站网络。依托复旦大学教授杨新团队，合作开展2013年南宁大气夏季及冬季雾霾天气主要污染物监测与污染源调查工作。

【科研平台建设与科研仪器设备】 2013年，为提高广西科技创新能力和水平，根据《广西壮族自治区院士工作站管理办法（试行）》的规定，经广西科技厅评审，该院建设郝吉明院士工作站，为第一批广西院士工作站，为郝院士在广西开展环境科研（特别是大气污染防治领域）项目搭建了平台。该院拥有独立的分析测试中心，具备实验室及实验条件，具备进行环境保护相关的大部分分析测试工作能力，有实验大楼2000平方米，有仪器设备135台（套），价值900万元人民币。主要的仪器设备有原子吸收光谱仪、微波消解仪、溜达注射仪、离子色谱仪、原子荧光仪、设备ICP—MAS、液相色谱仪、气质联用仪、TOC总有机碳分析仪、全自动汞分析仪等大型仪器。

桂林理工大学环境科学与工程学院设有环境工程、环境科学、给排水工程、水文与水资源工程、水文地质与工程地质5个本科专业；拥有环境科学与工程一级学科硕士授权点，联合培养博士研究生10名。桂林理工大学环境科学与工程学院作为广西危险物处置产业化人才小高地建设载体单位，拥有环境工程专业实验室4000平方米，拥有仪器设备187台（套），价值1650万元人民币。主要的仪器设备有活细胞激光共聚焦成像系统、原子吸收光谱仪、TOC总有机碳分析仪、离子色谱仪、气相色谱仪等。

【科技成果与简介】 2013年，该院共取得科技成果2项（其中获授权专利2项），《广西壮族自治区大气环境容量研究》和《广西农村生活污染源核算体系研究与综合治理技术集成开发》2个项目获得广西科技进步奖三等奖；《水质油类采样装置》和《一种带循环搅拌器的气压式沼气池》获得国家知识产权局颁发实用新型专利证书。小高地联合建设载体共申请国家级科研课题9项，省部级科研课题19项；发表SCI论文28篇，核心期刊论文23篇，专著3本；申请国家专利15项。

【科技成果推广应用】 2013年，该院以生态保护和污染防治为重点，开展科技研发及成果推广应用。集成开发广西农村地区生活污染综合治理技术，并发布《广西农村生活污水处理技术指南》（2013年）和《“美丽广西·清洁乡村”“清洁水源”专项活动技术指南（试行）》。

农村环境连片整治示范工程　组织开展“美丽广西　清洁乡村”先进适用技术名录筛选工作，

推进集成示范淀粉废水治理和清洁生产新技术集成示范，为广西污染物总量减排、污染防治和环境风险防控等工作提供了有力的技术支持。

危险废物处置示范工程　联合建设载体中的广西神州立方环境资源有限责任公司所属的广西危险废物处置中心2013年1月～10月完成危险废物累计收储量13000吨，处置量11409吨。基本实现了"构建符合广西区情的危险废物集中处置技术体系，集中处理广西14个地级市危险废物和南宁市医疗废物，为自治区重大工程项目提供环保配套服务"这一既定目标。

【科技交流与合作】　2013年，该院引进清华大学郝吉明、中国环境科学研究院院士孟伟顾问组建了院士工作站；6月9日，广西环保厅巡视员冯振年率科技标准处处长胡永东、广西环科院院长谭良等一行6人赴北京拜访，商讨环保科技合作事宜；加强与中国环科院、复旦大学、广西大学、桂林理工大学等单位的交流合作并签订科技合作框架协议，培养环保科研人才；2013年12月27～29日，中国环境科学研究院院长孟伟率专家组一行共14人赴广西开展环境保护综合性调研，中国环境科学研究院与广西环境保护厅签署战略合作协议书，广西环保厅厅长檀庆瑞向孟伟颁发"广西环境保护专家咨询委"专家聘书；孟伟率领调研组赴北海市、河池市、玉林市、梧州市开展调研活动，指导北部湾沿海环境保护及广西重金属污染、广西农村环境污染防治工作；与中信大锰矿业有限责任公司等涉重金属企业签订项目合作协议，共同开发重金属污染防治技术。

（林华）

广西壮族自治区畜牧研究所

【概况】　2013年4月，以该所为依托的广西家畜遗传改良重点实验室经过三年的培育，通过广西科技厅考核验收，并获得认定。该所下属的养猪、家禽、黄牛、牧草、动物营养等研究室围绕该重点实验室开展以家畜分子遗传为主的各项科研工作。该所共有科技人员182人，其中高级职称20人，中级职称75人，87人；博士研究生学历2人，硕士研究生学历19人，本科学历137人，其他学历24人。2013年度，该所1名硕士研究生获得华南农业大学博士学位，选派1名硕士研究生正在广西大学攻读博士学位。该所1名高级职称科研人员已为广西大学2011年专业学位硕士研究生校外指导教师。与广西大学联合培养硕士研究生1名。

【科研项目与经费投入】　2013年，该所组织科技人员申报项目4项、课题51项，全年共获得立项的项目和课题30项，经费共768万元。其中，国家财政部中央财政农业技术推广项目2项，经费180万元：《桂科猪扩繁与推广》100万元、《草食动物优质豆科牧草新品种拉巴豆的繁育与推广》80万元；国家自然科学基金项目1项，经费53万元：《猪雌激素受体基因反义转录物的鉴定及其生物学功能研究》；广西自然科学基金重点项目1项《广西地方家禽品种遗传多样性与保种效果分析评价》经费30万元为该所主要科研项目。

【科技成果及简介】　2013年，该所登记成果2项（草食动物优质牧草的筛选与示范、银香鸡引进及其健康生态养殖技术示范推广），获奖成果5项，其中获全国渔牧业丰收奖三等奖1项，中国草业科技奖二等奖项，广西科技进步奖二等奖1项、三等奖2项。

草食动物优质牧草的筛选与示范　项目通过引进和利用国内外牧草种质资源，开展牧草种植和动物饲养试验研究，取得如下创新成果：筛选和培育出3个豆科牧草新品种，桂引山毛豆、圆叶舞草04—2、白花扁豆06—1。其中桂引山毛豆通过国家草品种审定委员会审定，圆叶舞草04—2、白花扁豆06—1通过广西农作物品种登记。遴选出翅荚决明牧草种质1个。通过与越南合作，引进并筛选出100421雀稗、100422象草2个牧草种质资源。形成了"山毛豆、圆叶舞草、白花扁豆和多花黑麦草"高产栽培利用技术1套。解决了圆叶舞草发芽率低的瓶颈问题，发芽率达71.11%～93.33%。制定了山毛豆、白花扁豆2个牧草地方标准。撰写出版《广西饲用植物志》专著1本，发表论文13篇，其中国家中文核心期刊11篇。项目在中国广西、贵州、福建和越南等地推广应用，总产值319.57万元，新增产值228.31万元，取得较好的经济、社会、生态效益。项目成果居国内同类研究领先水平。

银香鸡引进及其健康生态养殖技术示范推广　项目开展了银香鸡及新技术推广。项目期间，

在青秀区伶俐镇建立银香鸡健康养殖示范小区4个，示范点22个，雏鸡集中共育点2个，生态林地饲养养银香鸡20.1万只，养殖成活率达96.3%，新增总产值886万元，年均新增利润142.82万元。开展了生态养殖方式、不同饲料配方、益生素和中草药的应用试验对比研究，结果证明，以雏鸡集中育雏，中、大鸡生态放养效果最好；应用本地玉米、花生麸、米糠等原料以氨基酸平衡技术配制的饲料配方，可明显降低饲料成本，改善肉质风味；应用益生素、中草药等添加剂可提高银香鸡的免疫力及生长性能，项目在银香鸡生态养殖模式、“科研所＋科技管理部门＋技术推广单位＋农户”推广模式及复方中草药的开发应用上有创新。该项目成果与同类项目研究比较，技术达到国内先进水平。

《国审豆科牧草山毛豆的配套技术及推广应用》获全国渔牧业丰收奖三等奖、《耐荫豆科牧草筛选及应用示范》获中国草业科技奖二等奖、《瘦肉型猪联合育种项目》获广西科技进步奖二等奖、《山羊品种改良及其集约化养殖技术》获广西科技进步奖三等奖、《种鸡高效繁育及肉鸡产业化关键技术研究与集成示范》获广西科技进步奖三等奖。

国审豆科牧草山毛豆的配套技术及推广应用　项目选育的山毛豆审定登记为国家牧草品种和广西农作物品种，为中国南方草业增加了1个豆科牧草新品种。进行了山毛豆的营养价值、饲用安全性、动物饲养、消化和繁殖等试验研究，全面、准确地评定了山毛豆可作为兔、羊、牛等食草动物的饲用价值。果园套种山毛豆，促进果树生长和挂果，提高了土壤肥力。筛选出适宜岩溶区种养的任豆（阴香）＋山毛豆复合良性生态模式和圈养、放牧山羊的山毛豆饲料配方和灌草组合。制定《山毛豆生产技术规范》地方标准。出版专著《南方优质牧草—山毛豆》和《广西饲用植物志》2册，发表论文17篇。在广西南宁、桂林、凌云、天等，广东、贵州、福建等地推广种植4.57万公顷，总经济效益达27844.71万元，推广投资年均纯收益率17.14元。同时山毛豆还是改良土壤，保持水土，岩溶地区石漠化治理的先锋植物，能加快广西石漠化治理和生态修复的步伐，其经济、社会和生态效益十分显著，推广应用前景广阔。项目成果经专家组评定达到国内同类研究领先水平，获全国渔牧业丰收奖三等奖。

耐荫豆科牧草筛选及应用示范　项目筛选出3个耐荫豆科牧草新品种：白花扁豆06－1、大翼豆06－2、山毛豆06－3，于2009年登记广西农作物品种；其中山毛豆通过审定登记国家牧草新品种。筛选出了罗顿豆1个耐荫牧草新种质。建立果园（林下）套种耐荫豆科牧草示范基地5个，核心示范面积16.67公顷，辐射推广面积433.33公顷。在不同类型的果树下套种耐荫牧草品种8个。发表论文10篇。编写出版牧草专著《南方优质牧草——山毛豆》、《广西饲用植物志》2册。制定地方技术标准1个——圆叶决明生产技术规范。形成耐荫豆科牧草高产栽培技术资料及果草（林草）套种技术资料1套。项目成果在广西主要的杧果、龙眼、荔枝、柿树等水果及林下种植县田阳、恭城、资源及凌云县等地推广应用，建立核心示范面积16.67公顷，辐射推广应用面积433.33公顷，近3年产生经济效益1956.15万元，获中国草业科技奖二等奖

瘦肉型猪联合育种项目　设计通过建立种猪联合育种技术体系，提高中国种猪的生产性能，解决高端种猪长期依赖进口的现状。项目开创性的采用常规育种和基因育种技术相结合的方式，大群应用抗腹泻基因（抗仔猪ETECF4ac腹泻易感性的基因），组建具有抗腹泻性状的育种核心群，提高育种效率。创建动态核心群技术体系，建立核心群（育种群）和繁殖群（生产群）相结合的高效繁育体系。核心群的动态率约22.00%，比常规的选育技术降低育种成本达16.5%。建立了区域性的育种数据库，进而获得更大的育种群体和血缘，使项目获得更快的遗传进展，数据库数据达57万条记录，并积极参与国家种猪联合育种体系。引进疫病净化技术，提高种猪健康水平。现有5个参与单位在猪瘟、蓝耳等主要疫病均达到净化水平，获评广西健康种猪场。建设独立公猪站，强化场间遗传交流的数量和频率，保证种猪遗传多样性，最大限度降低疾病传播的风险。项目单位新增出栏种猪4.3万头，新增销售收入达2.15亿元。项目技术和成果已推广到广东、四川、河南、新疆等29个省市。通过项目技术和成果推广，累计带动农户9600多户，新增生猪出栏55万多头，新增产值8.3亿元，取得良好的经济和社会效益，获广西科技进步奖二等奖

山羊品种改良及其集约化养殖技术　项目获得努隆杂1代128只，波南杂1代2078只，体重分别提高5.46%～8.30%（周岁）和21.03%～22.58%（6月龄）；获得了黑山羊典型日粮配方一个，最适营养水平分别为粗蛋白10.60%，可消化

蛋白6.78%，消化能2750～2815Kcal/kg，粗纤维12.77%；建立技术示范区2个，圈养山羊2618只，成活率92.89%～98.50%，产值112.24万元，利税45.68万元；辐射带动建立舍饲或半舍饲波杂山羊养殖场7个，年出栏种肉羊1.18万只，年产值765万元。发表论文7篇，其中国际论文1篇，国内核心期刊论文4篇，培养了1名研究生。项目首次利用努比亚杂交改良隆林山羊，获得较好的经济效益。集成一套肉用山羊圈养综合技术特别是山羊断奶后全价饲料配制技术，为广西山羊养殖业的集约化发展奠定了良好基础。专家鉴定认为该项研究成果居国内同类研究先进水平，获广西科技进步奖三等奖。

种鸡高效繁育及肉鸡产业化关键技术研究与集成示范　项目成功研制出8项新技术、发表论文8篇（成果鉴定前发表6篇），制定1项地方标准和3项技术规程，集成了7项种鸡高效繁育关键技术和4项肉鸡健康养殖关键技术，建立了4个优质型种鸡高效繁育基地、4个肉鸡规模化健康养殖基地和5个养殖小区。取得主要创新成果：通过优质型种鸡产蛋后期饲料配方营养创新、种鸡光照新程序研制，以及种源性疾病净化及主要疫病防控、一鸡一管人工受精、分区饲养、水质净化、改善鸡舍环境和孵化车间卫生条件等综合技术措施。解决了优质型种鸡后期产蛋率和受精率偏低、利用期限短的技术瓶颈问题，提高了种鸡群的综合养殖效益。实施免疫调节剂对优质肉鸡的作用机理研究及示范、育雏地上无烟管道保温技术的推广、基地集中饲养模式的示范等技术措施，实现了优质肉鸡规模化健康养殖，提高了产品质量安全水平。4个肉鸡养殖示范基地均通过无公害农产品认证，饲养成活达到95.04%。制定白羽肉鸡规模饲养标准化鸡舍，引进全自动化生产线生产，实现了饲养环境条件及参数的精确控制，达到了省工省料、提高生产水平的目的。技术与产品已在广西各地和云南、四川、贵州、湖南等地推广应用，取得了总产值28.1156亿元，新增产值1.07亿元，新增纯收益4313.43万元的显著经济效益。应用前景广阔。项目成果居国内同类研究领先水平，获广西科技进步奖三等奖。

【科技成果推广应用】　科技下乡及服务“三农”　2013年，该所共派出科技人员50多人次，分别到南宁、玉林、容县、陆川、梧州、藤县、苍梧、桂林、永福、荔浦、百色、凌云、乐业等地提供各种养殖技术，采用集中培训、现场指导、开展培训班等多种培训带动模式，累计举办养鸡、养牛、养羊、养猪等养殖技术培训班及咨询活动，共举办培训班20期，培训农民1000多人，发放资料20000多份。

畜禽良种推广　2013年该所向社会推广原种猪3000多头，二元杂种猪10000多头，桂科种猪1000多头，商品猪3000多头；种羊200多只，种鸵鸟50只，优良草种30多吨。

【科技交流与合作】　2013年，该所共选送5名科技人员到华南农业大学、广西大学攻读博士、硕士学位；有70多人次参加国内外；引进国外专家3名来桂进行项目合作；邀请国外专家3名、国内专家20多人来桂进行技术讲座和交流。

2013年5月29日，缅甸驻广西—东盟领事馆领事一行3人来该所参观考察，参观了该所猪场、黄牛场、特种动物养殖场。

（廖晓光）

广西壮族自治区兽医研究所

【概况】　该所成立于1956年，是一所专业性兽医科技研究机构，主要从事动物疫病发生发展规律及防制技术的研究工作。现为广西动物疫病防治技术研发人才小高地、广西畜禽疫苗新技术重点实验室、博士后科研工作站和广西院士工作站的建设单位。所内设有病毒研究室、细菌研究室、兽医生物技术研究室、畜禽疫病专家诊治中心、兽药新技术开发中心等5个研发部门及行政办公室、业务办公室、人事教育科、财务科等4个职能科室；配备有综合科研楼、实验动物综合楼、兽医生物安全实验室、兽医科技资料室、污水处理站和一批千万余元的科研仪器设备。

2013年末，该所在职在编人员93人，离退休人员83人。在职人员中有专业技术人员72人，其中研究员13人，副研究员18人，博士5人，硕士23人，享受国务院特殊津贴专家4人，新世纪百千万人才工程国家级人选1人，自治区十百千人才工程人选4人，自治区优秀专家1人，广西“预防兽医学”特聘专家1人。

【科研项目与经费投入】　2013年，该所共承担各级科研项目 26 项，经费 588.7 万元。其中农业部行业公益性项目 1 项，经费 100 万元；科技部农业成果转化资金项目 1 项，经费 60 万元；国家外国专家局高端专家项目经费 10 万元，国家级引进国外智力成果示范项目经费 18 万元，国家级引进国外智力项目经费 4.7 万元；广西科学基金项目 4 项，经费 45 万元，广西科技创新能力与条件建设计划项目 1 项，经费 30 万元；广西外国专家局引进国外智力成果示范项目经费 15 万元，广西外国专家局引进国外智力项目经费 6 万元；广西地方标准修订项目 2 项，经费 5 万元；广西水产畜牧兽医局项目 7 项，经费 105 万元；科研基本业务费项目 4 项，经费 90 万元；重点实验室建设专项 1 项，经费 100 万元。合计新增到位科研经费 488.7 万，专项经费 100 万元。

【科技开发】 2013 年，该所申请国家发明专利 31 项，获发明专利授权 22 项，为全广西科研院所申报专利总量第二名，获自治区知识产权局表彰。

【科技成果及简介】 2013 年，该所取得科技成果 23 项，获奖成果 3 项，其中获广西科技进步奖二等奖 1 项、大北农科技促进奖 1 项和 2011～2013 年全国农牧渔业丰收奖三等奖 1 项。在国内外公开刊物发表科技论文 89 篇，其中 SCI 论文 9 篇，国家一级学报论文 3 篇，第十八届国际禽病会议交流论文 4 篇；制订广西地方标准 2 项。

养殖贝类主要原虫病流行病学调查及其快速检测技术的研究与应用　项目首次系统地对中国沿海 11 种养殖贝类四种原虫病的流行病学进行调查，揭示贝类原虫病的分布、感染和传播状况，为其有效防控奠定坚实基础。同时在国际上首次建立 18 种具有自主知识产权的快速、敏感和特异的贝类原虫病分子生物学快速检测方法，构建完善的贝类原虫病快速检测技术体系，制定出一套贝类原虫病综合防控措施，为其综合防控提供技术保障。该成果获广西科技进步奖二等奖，2013 年大北农科技促进奖，获国家发明专利 2 项，发表论文 30 篇（SCI 论文 1 篇）。

猪瘟病毒防控技术成果转化与应用示范　项目以自主研发的广西猪瘟流行株流行病学及基因信息数据库、“猪 e 倌猪场生产数据在线管理系统”和 CSFV 抗体快速检测红细胞凝集试验方法等 3 个平台为基础，根据广西养猪的特点制定了针对不同规模猪场的《规模猪场主要疫病控制与净化技术方案》、《农村中小规模猪场猪瘟控制与净化方案》及 6 项猪场疫病防控与净化技术规范。在广西 12 个不同规模的养猪企业和 5 个示范区推广应用，3 年共净化种猪 8 万头，淘汰猪瘟抗原阳性猪（包括猪瘟免疫失败猪）264 头，猪群的发病率平均降低 3.7 个百分点，仔猪成活率平均提高 4.5 个百分点，胎产活仔数平均提高 2.1 头，年生产健康猪苗 45 万头，辐射带动农户 372 户、向社会提供健康肉猪 261258 头；项目实施期间共产健康肉猪 430.17 万头，增加产值 41297.37 万元，新增利润 2889.53 万元，取得了较好的经济效益。项目获 2011～2013 年度全国农牧渔业丰收奖三等奖，发表论文 3 篇，制定《猪场生物安全技术规范》广西地方标准 1 项。

【科技成果推广及应用】 2013 年，该所深入农村 621 个，召开村屯兽医技术座谈会 693 场（次），听众 80102 人；举办 106 期兽医技术培训，培训人员 5927 人次；分发科技学习资料 21000 多份，受益农民近 40 万人；为养殖户检测送检病料 1250 份，血清 18500 份。在开展的“万名兽医走村屯”、“万名干部下基层”、“万名技术人员抓培训”大行动活动中投入 39 万元，用于科技下乡，指导科技养殖和动物疫病防治工作。

【人才与创新团队】 2013 年，该所继续着力抓好高层次科技人才队伍建设，加大对年轻科技人员的引进和培养力度，被广西科技厅认定为广西第一批院士工作站。成功引进 1 名博士后进入博士后科研工作站工作，与美国俄亥俄州立大学、吉林大学、广西大学等院校联合培养研究生 9 名，推荐上报广西第 16 批新世纪十百千人才工程第二层次人选 1 人，报送 2013 年国家特支计划“百千万领军人才”和“百千万人才工程”国家级人选 2 人；晋升研究员 1 人，副研究员 1 人，高级兽医师 2 人，中级职称 2 人。先后选派 50 多人次参加国内外各类业务培训。国家外国专家局和广西外国专家局引进国外智力成果及广西人才小高地柔性引进的 13 名国内外专家工作成果显著，美国康涅狄格大学 Mazhar I khan 教授获 2013 年中国政府“友谊奖”。

【科研平台建设与科研仪器设备】 2013 年，该所共获基建、设备购置经费 380 万元，主要用于实验室修缮等基建项目和科研仪器设备购买。全年完成实验动物综合楼修缮、实验动物尸体处理室拆除、兽药新技术开发中心实验室的修缮和实验设备工程建设等项目。

【科技交流与合作】 2013年，该所邀请了美国康涅狄格大学、宾夕法尼亚大学、韦恩州立大学、澳大利亚南澳大学、丹麦哥本哈根大学、吉林大学，美国国立卫生研究院、加拿大免疫化学制药公司、农业部兽医诊断中心、中国科学院动物研究所等国内外高校及科研院所专家、学者到所进行技术指导和学术交流。成功主办"中越边境地区重大动物传染病联防联控技术研讨会"，承办由国家人力资源和社会保障部主办，广西人力资源和社会保障厅和自治区水产畜牧兽医局联办的"西部地区主要牛羊虫媒病毒病防控关键技术研究与应用高级研修班"，邀请10名国内虫媒研究专家进行专项讲座授课。3人出席在法国召开的第18届世界禽病大会，1人出席在越南召开的中越跨境动物疫病防控及公共卫生双边洽谈会议，1人赴英国参加国家外专局组织的"国家级引进国外智力成果基地带头人培训"，2人到中国人民解放军军事医学科学院军事兽医研究所进行基因工程技术培训，3人到云南省畜牧兽医科学院进行防控技术培训。

（覃晓思）

广西壮族自治区蚕业技术推广总站

【概况】 广西壮族自治区蚕业技术推广总站是一家集蚕业科学研究、蚕桑良种繁育、蚕业技术推广、蚕种质量检验检疫等职能于一体的自治区级综合性专业机构。2007年、2009年分别增挂"广西壮族自治区蚕种质量检验检疫站"和"广西壮族自治区蚕业科学研究院"牌子，是第一批广西院士工作站、亚热带蚕桑育种与种养技术国家地方联合工程研究中心（广西）、中国农业科学院蚕业研究中心（广西）、广西亚热带蚕桑良种培育中心、广西蚕桑良种选育与繁育工程技术研究中心、广西蚕业研发人才小高地建设载体单位，是农业部桑蚕遗传改良科学观测实验站、国家现代农业产业技术体系蚕桑体系亚热带桑树育种岗位、南宁综合试验站、广西现代农业蚕桑产业技术体系创新团队和广西桑蚕丝产品工程技术研究中心建设以及"八桂学者"依托单位，牵头组建广西桑蚕茧丝产业技术创新战略联盟。

【科研项目与经费投入】 2013年该站共承担科研项目17项，经费190万元。其中国家星火计划项目1项，自治区"十二五"科技发展规划重大专项（课题）8项，省级科技项目（课题）3项，横向合作科研项目1项，其他科技项目4项。

【科技成果及简介】 2013年该站获各级科技成果奖励2项，其中《蚕病防控技术研究与疫病防控》获2013年广西科学技术进步奖二等奖，《智能化活蛹单茧缫丝蚕品种丝质优选装置研发》获2013年柳州市科学技术进步奖一等奖。有2个项目顺利通过验收结题，2个项目参加科技成果鉴定并取得科技成果登记证书。科技人员共发表科技论文69篇，其中SCI收录论文1篇。获得发明专利授权1项，申请专利5项。

蚕病防控技术研究与疫病防控 项目针对广西高湿多湿恶劣气候条件下主要蚕病的流行规律，通过开展防控技术的研究，制定蚕病防治技术规程，培育桑蚕抗病品种，建立桑蚕疫病防控体系，对广西养蚕生产中发生的主要家蚕病害达到全面有效防控。项目制作具有亚热带蚕区特色的科普电视片《亚热带蚕病的特征与防治技术》，把蚕病防治技术向广大蚕农普及推广，蚕病防控技术在重点蚕区象州县建立蚕病防治综合技术示范区推广应用，2010～2012年累计应用2.69万公顷，累计增产蚕茧3341.3吨。蚕种微粒子病的防控与蚕病防控技术的应用，累计新增产值11408.38万元、新增利润8796.44元。对于增加农民收入，推动广西蚕业稳定发展，确保中国茧丝绸原料的稳定供应具有重要作用。该成果获2013年广西科学技术进步奖二等奖。

适宜人工饲料培育的亚热带实用性家蚕基础品种的选育 项目创新利用亚热带现行成对家蚕品种通过桑叶粉含量为10%的M10低桑叶粉人工筛选饲料累代定向筛选方法，成功选育出SJ、SF两个适应性较好的适宜人工饲料育亚热带家蚕新品系，并创新应用低桑叶粉人工筛选饲料与F1代人工饲料适应性及经济性状同步综合筛选、评价技术，评价新品系的选育效果好。发明应用"T型脚叠框式人工饲料养蚕装置"开展亚热带高效省力人工饲料小蚕共育，与广西现行桑叶叠框式小蚕共育相比，总成本节省约14%，劳力节省

61.4%。发明应用“家蚕人工饲料育时收蚁24小时疏毛率的调查方法”开展疏毛率数码影像精确调查，有效地提高了小蚕期疏毛率的调查效率和准确性，同时也减少了人为对饲料的污染。申请国家发明专利和实用新型专利各1项。积累了适宜人工饲料育亚热带家蚕品种选育研究的方法和经验，也丰富了亚热带特殊用途家蚕育种资源，为广西进一步组配实用型适宜人工饲料育亚热带家蚕新品种，实现人工饲料养蚕夯实基础。也为广西蚕业向省力化和规模化发展提供品种和技术支撑，应用前景广阔。该项目通过科技成果鉴定。

【科技成果推广应用】 *桑树品种资源抗性鉴定与抗青枯病桑树品种选育* 项目与广西大学亚热带农业资源保护与利用国家重点实验室、广西农科院微生物研究所的植物病害研究人员连续三年到宜州、象州、横县、忻城、上林、宾阳、蒙山、融安等县调查桑树青枯类病害发生情况，采集标本，进行桑树青枯病类病原的分离鉴定；研制桑树人工气候室新型设施设备，探索桑树新梢离体栽培与青枯病病原菌接种技术，研究桑树品种对青枯病（枯萎病）抗性的检测鉴定方法；实验室检测桑树42个品种（杂交组合）对广西青枯病株和广东青枯病株的抗性；在青枯病大田种植49个桑品种（杂交组合）检测对青枯病的抗性。

亚热带丝胶茧家蚕品种的选育研究 项目收集丝胶茧品种材料，进行杂交选配，多代同蛾区近亲交配，进行卵期选择、蚕期选择、蛹期选择、配合力测定，丝胶茧品种丝胶特性基因纯合性测定，丝胶茧品种茧层中丝胶含量的检测，创新亚热带丝胶茧种质资源，选育实用性丝胶茧蚕品种。已选配出“N春光·N7”（白丝胶）、“NDS春光·NDSJ”（白丝胶）、“N5950GY白”（金黄色丝胶）3个丝胶茧基础品种材料，只结丝胶茧的基因已基本纯合，结茧率分别为97.15%、95.30%、96.01%，丝胶茧率均为98%以上。丝胶含量检测结果显示“N春光·N7”F7和F8丝胶含量分别为99.2%和99.4%，“NDS春光·NDSJ”丝胶含量为99.2%，“N5950GY白”F7和F8丝胶含量分别为99.4%和99.0%。

性别控制亚热带实用型雄蚕品种选育研究 项目把伴性平衡致死基因导入到亚热带蚕品种中，在高温多湿饲养环境中培育和优选，高温多湿环境培育、活蛹缫丝选优繁育断代，优化亚热带型伴性平衡致死基因雄蚕系统亲本。采用“一雄交两雌母种双线测交选育方法”，亲本和测交系同步继代，通过测交系的雄蚕率来验证亲本是否正常，亲本培育与测交同步对应筛选，确保2个平衡致死控制基因不被丢失。组配育成雄蚕杂交组合，组织对“雄蚕1号”、“雄蚕2号”三元雄蚕杂交组合进行省级鉴定试验，已在5个省级实验室进行实验室鉴定试验。在横县、贵港、玉林、宜州、环江、象州、鹿寨等7个省级农村鉴定点进行鉴定试验。在3个示范点进行雄蚕新品种农村中试试验。

耐旱性桑树品种选育 项目先后人工配制143个多倍体杂交组合，在旱地建立4个杂交组合比较试验园，测试各杂交组合的产叶量及其在干旱季节的表现；进行全年条桑收获，测试桑树再生能力和旱地条桑收获的产叶性能。育成2个耐旱、高产、优质、高效杂交组合“桑特优5号”、“桑特优6号”。新品种“桑特优5号”、“桑特优6号”参加广西桑树新品种区域性试验，在宜州市、环江、南宁市西乡塘区、覃塘区、那坡县、昭平县、柳城县7个试验点开展桑树新品种区域性试验。

家蚕抗血液型脓病新品种“桂蚕N2”的示范 该项目组织开展家蚕抗血液型脓病新品种“桂蚕N2”成果转化示范。对“桂蚕N2”进行四级良种繁育示范，三级原种优化筛选，制定“桂蚕N2”良种繁育技术，建立品种良繁试验基地2个，生产“桂蚕N2”一代杂交种1.42万张。建立贵港、横县，宾阳、上林，宜州、环江、忻城、象州8个农村饲养示范点，示范饲养6888张，产值达1091.6224万元，张种平均增产4.11千克，增产蚕茧28.366吨，新增产值111.134万元，新增利润约107万元。取得了很好的经济效益及社会效益。

【人才与创新团队】 2013年末，该站有在职职工183人，其中各类专业技术人员142人，正高职称10人、副高职称32人、中级职称54人。国务院政府津贴专家3人，广西八桂学者1人，自治区优秀专家2人，广西新世纪“十百千”人才工程人选5人，国家蚕桑技术体系岗位科学家1人，综合试验站站长1人，自治区创新团队首席专家及功能专家3人，博士1人，硕士26人。2013年，面向社会公开招聘9名本科专业技术人员，并继续聘请国内20名专家担任客座研究员。

以项目为纽带，聚集了广西大学、广西工学院、苏州大学、广西绢麻纺织科学研究所、柳州自动化研究所等广西有关科研院校，南宁、横县、柳州、象州、河池、贵港等市科技部门、农业部门以及横县桂华蚕丝绸有限责任公司、广西融安县金鼎制丝有限责任公司、广西立盛茧丝绸有限公司、广西嘉联丝绸有限公司、广西江缘茧丝绸有限公司等加工企业、实验基地，聚集多名高级职称专家教授及专业人员，构成了高层次、专业齐全的创新团队。

【科研平台建设与科研仪器设备】 该站在平台搭建上狠下功夫，加强科研创新平台建设，创建广西蚕桑良种选育与繁育工程技术研究中心，并被认定为第一批广西院士工作站。同时加快亚热带蚕桑育种与种养技术国家地方联合工程研究中心（广西）建设，自治区发改委批准该站建设8000平方米的蚕业科研实验综合楼，并安排资金500万元。该站现拥有蚕桑品种选育室3500平方米，各类仪器设备532台（套），蚕桑良种繁育与试验示范基地66.67公顷位于广西—东盟经济开发区内，保存桑树品种资源1500份、家蚕品种资源400份、蓖麻蚕品种资源25份；拥有蚕种质量检验检疫实验室1200平方米，年检验蚕种量达600万张，是全国蚕种检验量最大的实验室。通过完善科研开发平台建设，提升研发条件和手段，并依托以上科研平台，聚集八方人才，开展合作研究，推进产业发展。

【科技交流与合作】 2013年，该站作为广西第一批院士工作站承建单位，加强与向仲怀院士及团队的交流合作。与中国农科院蚕业研究所开展科技合作交流。重点开展蚕桑品种选育研究、蚕桑品种资源研究和异地保存。与西南大学蚕学与生物技术学院、农业部蚕学重点开放实验室签订科技教育合作协议，建立长期稳定的战略合作伙伴关系，合作开展蚕学基础研究、热带亚热带蚕业技术研发、新技术示范推广，收集整理热带亚热带桑、蚕品种资源，共建热带亚热带蚕桑品种基因库，开展广西主要蚕、桑病虫害发生规律的普查研究，建立健全相应的预测预报体系，利用广西蚕业资源优势开展蚕桑资源循环利用研究等。9月份承办了首届国际热带、亚热带蚕业研讨会，对促进热带、亚热带蚕业科技进步起到了极其重要的推动作用。组织广西70名专业技术骨干赴苏州大学参加现代蚕业高级技术研修班，选派科技人员50人次到山东、江苏、吉林、云南等地参加相关学术研讨会，开阔了视野和思路，广泛探讨合作途径。

（毛洪斌）

广西壮族自治区柑橘研究所
广西壮族自治区果蔬研究所

【概况】 广西壮族自治区柑橘研究所创建于1965年12月，1997年12月增挂广西壮族自治区果蔬研究所牌子。2013年，该所主要从事以柑橘为主的果蔬种质资源收集、保存、鉴定与评价，新品种引进、脱毒、保存、筛选与应用，新品种选育，优质高效安全栽培，病虫害综合防控与检测，采后处理及贮藏保鲜，无病毒苗木繁育等方面的应用基础和应用技术研究，以及成果转化和技术推广工作。2013年末在职职工100人，其中专业技术人员65人。

【科研项目与经费投入】 2013年，该所新增科研项目27项，投入科技经费306万元。其中，国家自然科学基金项目1项、国家农业科技成果转化资金项目1项，合计经费84万元；广西科学研究与技术开发计划项目2项、广西自然科学基金项目4项，合计经费115万元；桂林市科学研究与技术开发计划项目1项，经费7万元；自治区直属公益性科研院所基本科研业务费专项8项课题，合计经费50万元；柑橘重点实验室10项课题，合计经费50万元。另外，国家柑橘体系、广西创新团队、“八桂学者”岗位等项目和平台支持的经费为385万元。2013年通过结题验收的广西科学基金项目4项、广西科学研究与技术开发计划项目3项。

【科技成果及简介】 2013年该所获得科技成果1项，该成果获得“全国农牧渔业丰收奖农业技术推广成果奖”二等奖，该所为第二完成单位。

葡萄一年两收栽培技术研究推广　项目利用国家葡萄产业体系南宁综合试验站及示范县建设平台，产学研紧密结合，创新推广模式，促进了广西生态区域葡萄产业发展、农民增收；项目成果达到国内领先水平。

在全国率先研究成功葡萄一年两收栽培技术，推广应用成效全国领先。全自治区累积推广应用2.177万公顷，平均每公顷产32.31吨，每公顷增产 9.726 吨，增产 43.1%，新增总产 21.17 万吨，平均每公顷新增纯收益 66171.15 元，总经济效益 89854.45 万元，推广投资年均纯收益率 4.06 元/元。

摸清了葡萄一年两收栽培机理及关键技术，为葡萄一年两收栽培技术发展奠定了理论基础。

率先提出并大面积推广“两代不同堂”、“两代同堂”等适宜不同气候条件的葡萄一年两收栽培模式。

创新应用葡萄催芽技术、二造果促花技术、两收栽培修剪技术等关键实用技术。

【科技成果推广应用】 2013 年，该所主要开展柳城蜜橘新品种优质高效栽培技术、砂糖橘早结高产稳产和省力节本栽培管理技术、新品种桂柚 1 号栽培技术、以控制木虱为重点的柑橘黄龙病综合防治技术、葡萄一年两收栽培技术、南方葡萄栽培关键技术、桃优良品种引种及栽培技术等科技成果技术推广应用。以培训形式为主，培训地点有广西壮族自治区的桂林市、阳朔县、荔浦县、灵川县、兴安县、全州县、永福县、柳州市、柳江县、贺州市、钟山县、苍梧县、河池市、灵山县、容县、靖西县、南宁市、桂北农场、良丰农场以及广东省、江西省和湖南省的部分柑橘主产区，合计举办培训班 84 期，培训技术干部、果农 8705 人次。

【人才与创新团队】 2013 年，作为国家现代农业柑橘产业技术体系桂北柑橘综合试验站、国家现代农业产业技术体系广西柑橘创新团队栽培功能专家岗位、广西柑橘创新团队桂林柑橘综合试验站、广西猕猴桃创新团队栽培功能专家依托单位，以及“一年两熟葡萄栽培技术研究”八桂学者创新团队设岗单位，该所高度注重人才与创新队伍的建设，积极培养高级人才，构建高素质人才梯队。培养在读博士 2 人；派出 1 人赴美国农业部农业研究服务署（USDA－ARS）圣华金谷农业研究中心作物病虫害及遗传研究实验室进行访问研究，主要从事柑橘黄龙病菌遗传多样性及基因组学方面的研究；有 3 名科技人员分别晋升为副研究员、高级农艺师。

【科研平台建设与科研仪器设备】 广西柑橘生物学重点实验 2013 年初通过了广西科技厅组织的专家验收，被认定为广西重点实验室；新增仪器设备 17 台（套），现拥有原值达 810.6 万元的仪器设备 289 台（套）；主要仪器设备有原子吸收光谱仪、气相色谱仪、高效液相色谱仪、定量 PCR 仪、凝胶成像系统、高速冷冻离心机、超低温冰箱、高速大容量离心机、高压电泳仪、自动顶空进样器等，可开展植物生理生化、分子生物学、细胞工程、基因工程、种质资源与种质改良等方面的研究工作。设立柑橘重点实验室 10 项课题，开展金柑胚发育细胞形态学观察、应用 SNP 及 SSR 标记探讨广西宜昌橙类性及分类研究、阳朔金柑矿质营养缺失调查研究、黄龙病亚洲种基因组前噬菌体 DNA 插入缺失多态性位点筛选、广西金柑常用杀虫杀螨剂的残留检测等方面内容研究。

广西工程技术研究中心 2013 年建设进展顺利，获得广西创新计划立项支持，经费 50 万元，购置了固相萃取仪等样品前处理设备，建立了柑橘营养分析平台；扩建了 5700 平方米的种质资源圃，为扩大收集自治区内外野生及优新柑橘种质资源奠定了基础；选育出柑橘新品种“桂橘一号”1 个。

广西葡萄一年两收栽培技术研究八桂学者岗位 2013 年八桂学者专家团队开展了葡萄两收栽培条件下花芽分化及调控机理研究、二收栽培条件下果实生长发育规律研究、葡萄二造果酿酒研究、广西葡萄品种区化布局研究和一年两收葡萄栽培技术创新研究等 5 项科技创新研究工作；申报 2 项国家发明专利，分别是“巨峰葡萄延后一年两收栽培技术”和“一种葡萄一年两收栽培方法”。

国家农业部“广西壮族自治区（桂林）柑橘无病毒良种繁育基地” 项目建设通过了由广西农业厅组织的初步验收。基地网棚设施建设面积 13 公顷原值 650 万元，包括柑橘良种繁育基地 7.3 公顷、改造实验室 275.25 平方米、改造温室 81.27 平方米、新建田间管理房 304.02 平方米、新建料场 949.88 平方米、遮阳遮雨连栋网棚 6449.8 平方米、鉴定保存网室 387.4 平方米、简易网室 4 公顷、道路、围墙、蓄水池、灌溉等设施。

【科技交流与合作】 国内科技交流与合作 2013 年该所举办了 16 次学术报告交流活动，受邀做报告的专家有华中农业大学校长邓秀新院士、湖南农业大学邓子牛教授、国家桃产业体系首席专家姜全研究员、中国农学会葡萄分会会长晁无疾教授、重庆大学生命科学学院王中康教授等。11 月 5

日～9日，组织26名科技人员参加了在江西寻乌举办的“中国柑橘学会2013年学术年会”活动。

对外科技交流与合作　2013年4月中国农科院柑橘研究所吴厚玖研究员陪同美国柑橘咨询国际公司Brown博士一行3人，到该所考察访问，期间Brown博士介绍了美国及拉丁美洲柑橘黄龙病防控现状；8月美国农业部农业研究服务中心林宏博士，到该所学术交流，林宏博士作了柑橘黄龙病研究进展和葡萄抗病育种的专题学术报告；9月广西大学张木清教授陪同美国佛罗里达大学Powell博士到该所考察交流，Powell博士作了柑橘黄龙病防治研究进展的学术报告，介绍了美国佛罗里达柑橘黄龙病现状，防治柑橘黄龙病化学药剂的筛选及效果；美国农业部段永平博士到该所学术交流，作了柑橘黄龙病致病机理研究进展的学术报告；2013年11月中国柑橘研究所赵学源研究员、广西农科院院长白先进陪同柑橘黄龙病研究国际权威专家、法国波尔多大学Joseph Bové教授带领巴西及美国代表团一行6人到广西考察柑橘黄龙病防控现状。Bové教授一行先后考察了立新农场、源头农场、阳朔县和荔浦县，对广西柑橘黄龙病的防控工作给予了高度的评价。巴西柑橘业巨头Fundecitrus公司研究与发展部经理Juliano Ayres博士和Joseph Bové教授分别做了“巴西柑橘苗圃生产”和“巴西圣保罗州柑橘黄龙病防控经验（2004－2013)”的报告，系统介绍了巴西柑橘产业概况、苗木生产及病害管理，特别是在柑橘黄龙病防控上的经验教训。

该所与意大利Catania大学签署1项为期5年的学术合作协议。协议双方将在柑橘种质资源和品种交换、柑橘品种改良、改进柑橘栽培和果园管理技术研究、研究人员和年轻技术人员交流与培训以及建立定期的信息交流渠道等方面开展合作交流。

（陈贵峰）

广西壮族自治区气象减灾研究所

【概况】　2001年7月，该所由广西壮族自治区气象科学研究所更名而来。所长：李自安，副所长：钟仕全、符合。机构设置：办公室、生态遥感研究室、生态与农业气象研究室、天气气候研究室。在职人员：41人。人员学历结构：大专学历1人，本科学历18人，硕士研究生20人，博士研究生2人。人员职称结构：正研级高级工程师5人，副研级高级工程师22人，工程师12人，助理工程师2人。

【科研项目与经费】　2013年，在项目申报、获得立项项目、项目研究成果、气象业务服务工作、撰写科技论文等方面均保持良好的发展势头，共获资助经费291万元，获立项16项。其中国家自然科学基金1项，广西自然科学基金2项，广西科学研究与技术开发计划2项，中国气象局关键技术集成项目1项，气候变化专项1项，横向项目7项，发改委小型业务建设项目2项。以该所为第一完成单位在国内各类刊物上发表论文10篇，均为核心文章，其中1篇被EI收录；参加国际会议交流2篇，EI、SCI各收录1篇。

2013年紧密围绕甘蔗气象特色领域积极组织科研项目申报，其中组织以《蔗糖产量预测及气象灾害监测评估技术研究》申报2014年度公益性（气象）行业专项，2013年年底已通过专家组答辩，等待财政部、科技部的共同审批。以《气候变化对甘蔗产业的影响与对策研究》申报中国清洁发展机制基金赠款项目。以《降雨与甘蔗产量关系分析及其在甘蔗天气指数保险产品开发设计中的应用》申报广西保监学会的重点项目。以《甘蔗主要气象型病虫害发生流行的监测预警技术研究》申报自治区气象局2014年度重点科研项目。以《广西甘蔗天气指数保险产品开发研究》申报广西保险学会的重点项目，现已获立项。

【科研成果与转化】　2013年，该所获广西科学技术进步奖二等奖1项；获南宁市科学技术奖三等奖1项；有4项业务系统软件获得计算机软件著作权登记。在天气预警预报技术、农作物遥感长势监测与估产、生态环境遥感调查与生态质量气象评价等方面取得一大批科研成果，同时注重科技成果快速转化，使气象业务服务逐渐向高时效、精细化发展，业务服务水平和能力明显提高。

气象卫星资料在天气预报中的应用研究　“卫星与自动站资料分析处理系统”在汛期的暴雨预报业务中强降水预报落区和落时准确率达70%以上。暴雨预报从主观定性预报发展到准客观定量预报，达到科研成果转化为业务能力目的，提高了暴雨预报准确率。

广西遥感本底信息数据库　2013年，针对本底遥感解译分类存在的问题，对分类结果进行更新，完成了不同遥感信息源下快速提取本底信息的新方法交流与技术培训，为继续充实和细化广西遥感本底信息数据打好基础。并完善了2010年、2012年广西林地、灌草、耕地、城镇、道路、水体等遥感本底信息。为全自治区气象业务、气象科研、气象灾害监测评估、生态环境监测评价等方面的应用提供了最新翔实的遥感数据。

无人机应用实验　2013年，该所无人机课题工作主要围绕与中国气象科学院大气成分研究所合作的《大气边界层无人机探测与化学采样试验》项目工作开展。完成项目《试验大纲》的编写；3月赴北京、四川确定探测设备的上机装载方案并开始加工零部件；5～7月在四川、重庆等地进行无人机调试和探测设备搭载试验；7月下旬驾车从四川到河北定兴县开展第一期飞行试验工作；由于设备故障，8月驾车返回四川继续改进调试设备；9月再次赴河北开展第二期探测与采样试验。两次试验飞行，累计升空10架次，最高探测高度2800米。

SMART和SWAP系统应用　2013年，该所在国家卫星气象中心的指导和帮助下，推进SMART系统在广西林火监测、植被指数监测、汛期台风监测和洪涝监测等业务中的试用。尤其在台风“尤特”和“天兔”影响广西期间，利用该系统共制作台风遥感测业务产品6期，有效提高了工作效率。

大宗农产品精细化气候区划　启用长序列气候资料研究构建了新的广西农业气候资源与地理信息的数学模型，利用GIS技术制作了精细化气候资源分析图件共79幅；在此基础上，研究确定了水稻、木薯、蚕桑、油茶等广西大宗农作物和特色农产品的农业气候区划指标，并开展了以上五种大宗作物的精细化农业气候区划研究；完成了《广西精细化农业气候资源数据库共享系统》软件的功能需求分析，在广西师范学院的支持与协助下进行了下系统软件的开发与设计工作，初步建立了精细化气候资源空间数据库，实现了精细化气候资源和地理信息数据载入、地图点查询等功能。

广西典型石漠化生态气象监测与评估　开展近50年滇桂黔石漠化区中广西石漠化片区开展气候背景调查，完成了气象、灾情、遥感和地理信息等数据的收集及石漠化区各类气候指标千米网格分布图制作；开展基于HJ数据的石漠化遥感监测技术方法研究；确定了石漠化气象监测关键性气候因子和评价指标体系，完成石漠化生态气象评价模型初步构建；初步完成业务平台功能设计和业务数据处理、产品制作流程和产品技术和流程分析，编程工作大部分基本完成，系统平台进入测试和试运行阶段；完成河池石漠化实地调查分析，掌握了河池典型石漠化区的植被恢复状况，对监测和评价的效果进行实地验证。

【人才与创新团队】　2013年，该所根据《省级气象科研所发展实施方案》成立“省所发展”工作组，6月正式组建广西甘蔗气象科技创新团队。11月行文成立“广西甘蔗气象学术委员会”，由来自中国气象局气象科学研究院、国家气象中心、国家卫星气象中心、中国农农业大学、中国资源卫星应用中心、浙江大学、云南省气候中心、海南省气候中心、广西农业厅、广西气象局等多个单位23名业内知名专家组成。

【科研平台建设与科研仪器设备】　2013年购置“便携式土壤水分速测仪”、“叶绿素仪”、“叶面积仪”、“手持数字式折光糖度仪”仪器开展甘蔗生理生态参数测量试验。从北到南布设水稻田间小气候观测站，观测水稻田间温度、雨量、光照（太阳辐射）、风向风速等气象要素，实时监控寒露风等气象灾害的实况信息，并应用于寒露风监测评估服务，至2013年底，在桂林市、柳州市、南宁市和玉林市等市布设了该小气候观测站。

【科技交流与合作】　2013年5月，协助举办“2013年广西气象部门农业气候区划技术”培训班，完成市、县局农业气象业务人员的培训工作，提升了市县气象局开展精细化农业气候资源区划的技术水平，帮助6个市完成了水稻、甘蔗、桑蚕、冬种红薯、特色水果等精细化气候区划及干旱、暴雨、低温冷害、高温热害等气象灾害风险区划数据资料的处理工作。

2013年，开展现代农业气象服务综合示范推广基地建设工作。同时将“广西主要农业气象灾害监测预警系统”拆分细化进行推广使用，为地市级气象局制作农业气象灾害业务产品提供良好的业务平台。协助南宁市气象局开发完成“横县乡镇气象信息服务站管理平台”，有效考核信息员的工作情况，及时开展气象信息传播和灾情信息收集、上报等工作。

2013年6月和11月分别举办GIS技术培训

班，指导广西各市县完成了中小流域、山洪沟边界提取和编码编写。参与广西气象站站址变动分析评估与培训工作，同时完成5个台站周边100～200千米范围内国家级气象观测站分布图制作，及其现址周边多尺度范围卫星遥感、地形图制作。参与广西气象灾害防御规划，为广西20个市县的“两个体系”建设灾害防御规划编制了水系、高程、卫星遥感、植被等重要图件。

【气象服务】 2013年，该所共制作发布农业气象情报、农作物产量预报、关键农时季节气象为农服务材料、农业气象灾害监测预警评估等农气业务服务产品285期，圆满完成全年考核目标。

关键农事季节气象为农服务 该所针对去冬今春持续时间较长的低温阴雨寡照天气给广西农业生产造成不同程度的影响情况，2013年1月8日发布了《未来几天仍然冷字打头，防寒防冻需加强》服务材料。2013年2月，广西气象局和广西农业厅联合部署，该所参与“2013年全区气象部门春播春种农业气象条件分析”电视会商会，发布了《气温逐步回升，有利于开展春耕春播》的专题服务。

多台风影响的夏收夏种期间的针对性服务 2013年入夏后广西受多个台风来袭，该所相继编发《热带气旋来袭，加强防范和作物管理》、《局地性降雨仍明显，抢晴收晒须加紧》、《台风“尤特”将影响我区，加强防御农业气象灾害》、《加强农作物管理，及时做好灾后生产恢复工作》等四份服务材料，并开展大宗农作物遥感监测工作。6月，编发广西早稻主产区种植面积和长势遥感监测产品，为主产区早稻产量预测提前半个月提供客观的数据支持。2013年9～10月，寒露风影响期间开展了监测、预警和评估系列服务，9月23日撰写了寒露风监测预警专题服务材料，自治区党委副书记危朝安的重要批示：要求农业部门及时给有关部门发出预警，提出技术指导意见，落实防灾措施，最大程度的减轻了此次寒露风的危害；9月28日编写《近期寒露风天气监测及其对晚稻生产的影响》；10月，撰写了“2013年寒露风天气对晚稻的影响评估”。在寒露风天气过程中，共撰写了5期监测预警评估专题服务材料，另编发了4期粮食和晚稻产量预报服务产品。适时下发各类服务指导产品，专门印发“关于抓好晚稻寒露风防御工作的紧急通知”，实现部门内部的上下联动。

主要农作物受灾评估 2013年，该所充分发挥自治区级卫星遥感监测技术优势，开展主要农作物受灾评估。以EOS/MODIS、FY－3A、NOAA卫星、HJ－1等多源卫星数据为主要信息源，结合GIS技术，开展林火、洪涝和台风等灾害监测和甘蔗水稻等大宗农作物长势监测和面积调查等气象服务工作。针对2013年4月底至5月初的玉林市南流江流域发生的洪涝灾害，对该区域主要农作物受灾害的影响进行了全面评估。

（李玉红）

广西壮族自治区冶金研究院

【概况】 广西冶金研究院建于1958年，是广西唯一的省级冶金和有色金属工业科学综合性应用开发研究设计单位，隶属广西壮族自治区国有资产监督管理委员会，于2008年12月加入广西有色金属集团有限公司。院下设业务机构有：资源应用研究所、冶金工程与材料研究所、环境工程设计研究所、自动化（机电）研究所、设计分院、分析测试中心、矿山工程设计研究所、科研产品中试所等八个专业所。广西铟基材料工程技术研究中心、广西千亿元产业平台——广西有色金属研发中心、广西冶金生产力促进中心、广西合金材料中试基地、广西有色金属科技情报中心站均设在该院。全院占地面积7.38万平方米，建筑面积6.5万平方米，资产总额3663.91万元，设备仪器550台（套），其中国家规定的23种大型精密仪器10台（套），馆藏中外文图书资料10多万册。建院50年来共完成国家和地方研究项目1600多项，荣获国家级省部级奖励42项，申请专利获得20多项。

2001年4月20日，该院完成了企业注册登记，成为全民所有制科技型企业。2006年7月取得了ISO9001：2000质量管理体系标准认证；2008年8月取得了冶金行业（金属冶炼工程、冶金矿山工程）工程设计乙级资质；2008年5月，分析测试中心取得广西质量技术监督局颁发的计量认证证书；2010年获得广西壮族自治区国土资源厅认定地质勘查资质（乙级）证书；2012年设计分院获得中华人民共和国国家发展和改革委员会颁发的工程咨询单位丙级资格证书；2012年通过了广西科技厅、广西财政厅、广西国家税务局、广西地方税务局4部门的高新技术企业复审；2013年取得“建筑业企业资质防腐保温工程及环保工程专业承包三级资质”；2013年取得“分析中心国家实验室认可（CNAS）资质”。

截至2013年12月，该院在职职工人数为204人，教授级高级工程师2人，高级工程师17人，外聘和返聘高级技术人才14人，中级工程师70人，助理工程师42人，技工29人；本科以上学历108人，占职工人数的52%；硕士以上学历29人，占职工人数的14%；从事研究开发人员为135人，占职工人数的66%。

【科技工作与改革创新】 该院科学研究和技术服务的主要方向分为：资源应用研究所主要从事有色金属、贵金属、黑色金属、非金属的选矿技术研究、选矿设备和药剂的研发及技术服务工作；冶金工程与材料研究所主要从事有色金属提取冶金过程中新技术、新工艺、新装备和新材料的研发及技术服务工作；自动化研究所主要从事选矿、冶炼行业的在线检测、自动化控制等系统的研究与开发；设计分院主要从事矿山工程和冶炼工程的可行性研究和工程设计；分析测试中心主要从事地质样品分析、岩矿鉴定、选冶产品、钢铁加工试验样品分析；矿山工程设计研究所从事矿山采矿工程、尾矿库工程设计及采矿工程技术研究工作；科研产品中试所主要从事高纯和超细产品生产技术研发与生产，合金新材料的研发与生产。

矿产品加工贸易和研发选矿新药剂等新业务成果显著。在巩固原选矿主干业务的基础上，利用技术和管理的优势，通过合作开展了矿产品选矿加工及贸易业务，2013年矿产品选矿代加工累计实现产值920万元；开发选矿新药剂，并重点研发无毒氰化钠代用品，以实现巴里选厂锌浮选无氰工艺技术难题的突破，目前已分别为五吉有限公司、恭城矿产公司、瓮安华雄磷业商贸公司等选厂提供选矿新药剂。

全方位的咨询服务业务方兴未艾。2012年研究院获得了国家发改委授权的“工程咨询（有色冶金专业）丙级”资格证书，在进一步做好“工程咨询”、“节能评估”和“环境评价”等业务的基础上，咨询服务业务得到了全方位的拓展。为把握全球化“绿色生产”的趋势，在河池、桂林等地全面开展了清洁生产咨询服务，着手准备碳排放交易咨询服务；加强与广西政府检验部门的技术服务合作，防城港海关矿物价值评估服务，防城港进出口检验检疫局进口固体物料（有色金属）属性鉴定服务等。

工程设计业务范围进一步拓展，成果丰硕。工程设计业务实现了采、选、冶、深加工的全面覆盖，取得了一批具有代表性的成果。在采矿方面，完成了“盘龙铅锌矿深部复杂矿床安全高效开采技术研究”的方案设计工作，有望在这一难题上取得突破，其成果也将为国内外同类型矿山的采矿起到示范作用；在选矿方面，完成了珊瑚矿选矿厂重选钨锡回收率的研究及应用，105号矿石选矿工艺流程优化实验研究，栗木矿业钨锡选矿工艺流程试验研究及应用等。在冶炼方面，完成了广西平果铝赤泥高炉炼铁炉渣稀有金属分离工艺研究及综合回收扩大试验，广西镍产业链发展研究，年产两万吨锑金属及附属产品深加工异地搬迁技改项目等。在设计方面，完成了15kt/a锑冶炼技改搬迁工程及综合回收利用项目，苍梧县有色金属冶炼有限公司6万t/a电解铅技改项目直接炼铅节能减排工程设计，广西银亿科技矿冶有限公司用火一湿法联合工艺对全湿法工艺技术改造项目等设计工作。

【科研项目与经费】 2013年，该院在研的纵向项目为16项，纵向项目下达经费445万元，单位配套资金700余万元。申报2014年广西科技厅纵向项目12项，申报市科技局纵向项目2项；完成企业委托的技术开发和技术咨询项目62项。

【科研成果与转化】 2013年，该院取得科研成果6项，获得国家专利授权5项，已申请专利5项，发表论文36篇，其中被SCI、EI收录2篇，中文核心期刊5篇。

该院紧紧围绕“十二五”发展规划，持续推进市场开拓，在技术服务、工程设计方面保持良好增长势头，在生产方面，冶金化工产品已完成年初制定生产目标。广西冶金研究院积极进行的中试项目的开展，并推动产业化。目前开展并完成的中试及产业化项目共9项，大部分得到企业的产业化应用，为广西有色金属产业的发展做出了贡献。

铝赤泥高炉炼铁炉渣稀有金属分离工艺研究及综合回收扩大试验　项目开展了对铝、稀有金属回收工艺全流程探索试验，考察循环浸出过程中稀有金属元素的行为、酸平衡及浸出率等因素，从富集液对铝进行回收，考察热水解过程对钪、稀土回收率的影响，萃取钪及反萃工艺试验，萃取稀土及反萃工艺试验，并建立一个中试车间，完成全流程扩大试验等工作。该项目验证优化了赤泥高炉炼铁炉渣稀有金属分离与回收的工艺条件，解决了环境污染问题的同时并回收了大部分的有价金属。赤泥作为一个世界性的污染难题，如何有效综合治理已成为全世界共同关注的问题。本项目小试及扩试的成功进行，为进一步工业化生产提供了完整工艺流程与完善的技术支持。本项目铝直收率达76.41%，钪的直收率为54.81%，按本项目工艺从赤泥高炉炼铁炉渣（不计价）算起进行工业规模生产，生产1千克氧化钪总成本费用为22345.6元，而氧化钪、硫酸铝铵及钛渣产品的销售收入为33035.4元，利润为10689.8元，不仅为企业解决了严重的环境污染问题还可创造可观的经济效益。

准确、可靠的选矿过程参数检测仪器研发　该院与云南锡业股份有限公司开展的“卡房日处理3000吨钨钼铋等多金属矿生产系统”和广西佛子矿业有限公司的合作项目，为两个公司4套程控加药系统，5台矿浆PH检测仪，应云锡公司的要求，研制出新产品“远程液位控制器”，安装调试后运行效果理想，得到厂方的好评。

锌还原焙砂热压酸性选择性浸出新技术的开发与产业化　该项目为广西科技厅2010年下达研究院承担的科学研究与技术开发计划项目。项目利用广西铟、锌等优势矿产资源，采取自主创新、集成创新等方式，首次提出采用还原转化焙烧、热压酸性选择性浸出的技术思路来处理高含铁铟、锌物料，核心是首先通过还原焙烧彻底破坏锌精矿中的铁酸锌，然后在高温高压下进行选择性浸出与除铁，很好地实现铟、锌与铁的分离，以及铁的综合回收利用。达到简化铟、锌提取冶金工艺流程，进一步提高铟、锌的冶炼回收率，并使矿物中伴生的铁得到有效利用的目标，开发的新工艺具有显著地简化流程及节能、降耗的效果。

低热固相反应自组装合成防锈颜料微孔磷酸锌铝纳米晶　项目是广西科技厅下达的攻关与新产品试制项目，由广西冶金研究院和广西大学两个单位联合完成。项目完成了小试、扩试及产业化试产。通过缓蚀试验确定了具有最佳缓蚀效果的磷酸锌铝的组成，工艺条件试验找出了优化的自晶化合成磷酸锌铝纳米晶的工艺条件。并建成了每批产出50千克磷酸锌铝产品的生产线。项目所取得的技术指标如下：产品平均粒径68 nm；产率≥98%；获发明专利授权一项；发表论文2篇（被SCI收录）。

选矿过程在线品位自动检测及控制系统的研发　该项目为广西科技厅2010年下达研究院承担的科学研究与技术开发计划项目。目标任务是研制成功一套可连续在线测量矿浆品位的系统。该系统对于精矿、原矿矿浆的品位测量与化学分析值比较，相对误差小于5%，对于尾矿矿浆的品位测量与化学分析值比较，相对误差小于15%，能反映矿浆品位变化的趋势，对选矿作业有一定的指导意义。该系统利用X射线荧光分析技术、计算机技术、自动控制技术研发X荧光矿浆在线元素分析仪，重点解决了矿浆取样的代表性、元素之间的干扰排除和校正、数据处理等关键问题，为生产过程优化获得准确翔实的实时数据。根据原矿、精矿、尾矿的品位和其他参数，通过理论计算和生产经验数据，建立数学模型，实时给出有关确定加药量的信号给浮选自动加药系统，实现浮选过程的品位优化控制，从而提高矿物回收率和品位等指标。该系统选用国外成熟的X荧光组件作为底层软、硬件平台，在此基础上自主开发了在线自动检测装置和基于BP神经网络的数据处理软件。在被测矿浆扰动因数众多的不利条件下，仍取得了较好的检测结果。该系统在高峰矿业巴里选矿厂应用，使锡、锌、铅、锑回收率各提高1%左右，节约选矿药剂10%左右，按每年30万吨原矿处理量计算，每年可取得880万元的经济效益。

新型浮选设备及工艺的开发研究　该项目是桂财教［2011］40号文件下达的广西科学研究与技术开发计划项目。研究开发的主要内容结合广西区内矿物特征和矿山设备的实际使用情况，通过对贫杂难选矿石性质的研究，掌握矿石选矿分离过程的特征，研究高效选矿分离方式的相应参数和特点，在工艺技术研发的基础上对充填式浮选柱和杨氏跳汰机设备进行自动控制系统的开发，为设备的分选工艺提供关键技术保障。同时进行技术改造和创新，开发出不同类型矿石相适应的柱式高效分选设备及工艺流程，为矿山企业资源的综合回收利用提供有效的设备及工艺，并推广应用于贫、杂、难矿石及尾矿的选矿、矿山废水处理、固体废弃物处理等领域。

多金属复杂矿提高选矿综合回收率集成技术产业化　105号矿体矿石属锡石多金属复杂矿，主要回收金属有锡、铅、锑、锌，伴生有价成分有银、铟、磁黄铁矿、黄铁矿和毒砂。矿石成分较为复杂，回收的目的矿物种类较多，选矿工艺覆盖了磁选、浮选、重选及细粒锡石回收等工艺，工艺流程较为复杂，要获取高的选矿指标和综合回收其伴生矿物，必须采用较为合理先进的选矿工艺流程，解决各矿物之间准确分离的技术难题。该项目通过研究"高效磨矿分级技术"、"磁性矿物精选技术"、"铅锑浮选新药剂"、"高效锌硫分离技术"和"矿泥锡石回收新工艺"等新技术，并加以集成，较好地解决了105号矿体锡石多金属复杂矿石的选矿技术难题。现该项目已在广西有色金属集团广西高峰矿业有限责任公司巴里选厂形成生产能力30万吨/年的多金属复杂矿"磁—浮—重"选矿工艺流程生产厂。大幅提高了锡铅锑锌银铟选矿综合回收率，铅回收率提高7.76个百分点，锑回收率提高5.31个百分点，锌回收率提高5.35个百分点。产值94150.35万元（新增39474.90万元），利税71185.60万元（新增33125.33万元），创历史最高水平，技术、经济指标上了新台阶。

选矿过程在线品位自动检测及控制系统的研发　该项目利用放射性同位素源X射线荧光分析技术、计算机技术、自动控制技术研发X荧光矿浆在线元素分析仪，重点解决了矿浆取样的代表性、元素之间的干扰排除和校正、数据处理等关键问题，为生产过程优化获得准确翔实的实时数据。根据原矿、精矿、尾矿的品位和其他参数，通过理论计算和生产经验数据，建立数学模型，实时给出有关确定加药量的信号给浮选自动加药系统，实现浮选过程的品位优化控制，从而提高矿物回收率和品位等指标。研制一套连续、快速准确地测量选矿流程中各个关键部位矿浆中的主要金属品位、运行可靠、易于维护、性价比高的选矿过程在线品位自动检测及控制系统，切实解决目前选矿厂浮选作业中的问题，降低企业生产成本，提高产品质量，增强企业竞争力。

高锑粗锡合金制备高级锡试验　研发高锑粗锡合金直接生产高级锡，不仅可使锡冶炼系统锑的开路更加顺畅，有利于维持锡冶炼系统的稳定，而且延长了锡产品的产业链，提高了产品附加值。该研发中心开展了高锑粗锡合金电解中试，已进行四批高锑粗锡合金电解，获取锡阳极泥约200千克，电锡约1000千克。电解产生的高级锡已能满足电子行业的要求（Pb＜2ppm），且比市场同类的高级锡（Pb：6～9ppm）杂质更低，市场竞争力更强。

【人才与创新团队】　2013年，根据自治区党委、自治区人民政府《关于加快吸引和培养高层次创新创业人才的意见》的要求，中共广西壮族自治区委员会人才工作协调小组聘请中南大学李益民教授作为该院"铟基光伏电池新材料"岗位的特聘专家。

建立柔性引才引智机制　根据该院科研发展的需要，采取走出去、请进来的方式，吸引相关领域的人才来该院创新创业，尤其是优秀高层次人才，通过柔性流动，该院对外聘、请专家、有专业资质人才为该院服务。使该院在业务拓宽方面进一步延伸，为今后的业务发展提供了良好的平台。

抓好专业技术人才、管理人才培训　建设高素质管理人才队伍。按照建立现代企业制度需要，重视培养服务意识较强、善于组织科研项目、掌握科技发展、熟悉经济运作的专业人才，进行外请专家到院里进行学术交流。鼓励各类专业人员参与不同领域的学术交流，充分发挥各类人才的作用。为拓展各类专业人才培养，该院每年注入不少的资金用于人才培养及购置各类学习书籍、材料设备等，在院内营造浓厚的学习氛围。

【科研平台建设与科研仪器设备】　2013年该院加强科研平台建设的力度，依托"广西铟基材料工程技术研究中心"及"广西千亿元产业平台—广西有色金属研发中心"，组织人员编写项目申报材料，积极向政府申报以获得资金支持。

通过《广西千亿元产业研发中心（"1823工程"）创新能力建设项目》、《广西有色金属研发中心创新能力建设项目之铟基新材料平台创新能力建设》两个项目向自治区工信委、科技厅、财政厅申请经费，共获得300万元的资金支持，充分发挥了该院科研平台建设对创新体系的支撑作用。

在建设好"广西铟基材料工程技术研究中心"和"广西有色金属研发中心"的同时，对整体布局进行重新合理规划，对环境进行彻底的整治。通过增加硬件设施的投入，增加先进的试验设备，初步建设成了多个重点研发平台。包括针对中小型火法冶金试验的火法综合实验室；打造具有核心竞争力和先进冶金技术的高压冶金实验室；以自主知识产权技术为依托的高纯氧化钪研发和小生产基地，成功地从钛白废酸和铝钪合金废料中提取出纯度为3N及以上的氧化钪产品；装备了西门子S7—200/300/400系列PLC的工业过程综合自动化技术实验室，重点研究有色金属工业大中型自动化系统集成；引进半工业连选设备、磨矿机、三头研磨机等选矿新设备，进一步完善了磁选实验室、浮选实验室、重选实验室、细菌选矿实验室，新建成了浸出实验室、选矿药剂研发室；新增了电感耦合等离子体质谱仪（ICP—MS）、电感耦合等离子体发射光谱仪（ICP—OES）等大型设备，完善了分析检测平台。研究院系列重点研发平台的建设立足于集团根本，着力于将其打造成广西有色金属的研发中心和产业孵化基地，为后续科研工作的开展起支撑作用。

【信息化建设】 该院已完成内部局域网的建设工作。局域网内的计算机可以互相发送文件，实现应用软件、资料共享、打印机共享等，极大地提高职工们的工作效率，而且保密性较好、便于管理，为后期院内信息平台建设打下良好基础。广西冶金行业生产力促进中心和该院科技信息中心对外提供冶金、有色金属领域的科技信息咨询、项目申报、职业技能培训等服务。该院网站准确及时地向社会发布科研、技术开发、科技服务的最新动态。

【科技交流与合作】 *国内合作方面* 该院强化与国内高校、院所和企业的技术交流合作，通过联合申报项目、技术合作、合作培养硕士研究生等多种方式与中南大学、广西大学、桂林理工大学、昆明理工大学、中国铝业广西分公司、云南锡业集团有限责任公司等进行了多层面的合作，还与大学建立了校企通用的科技研发平台和检测中心，拓展了科技和产业发展空间，有效推进了实验室科技创新工作。

国际合作方面 该院已逐步建立了与国外科研机构、生产企业、高校的合作交流关系，采取“走出去、请进来”模式，不断扩大合作领域。利用与东盟矿业网站建立的合作为依托，加强与东南亚国家的合作，为东盟区域提供技术支持，在柬埔寨、尼日利亚等国帮助其公司建设分析实验室，为东盟国家培训检测人员，提高了研究院在东南亚国家的知名度及影响力，为国际业务的深入开展打下坚实的基础；先后派遣专家赴美国、英国、加拿大、韩国等十几个国家援外、访问、考察和进修，并与来访的美国、加拿大、英国、韩国的专家在有色金属清洁生产技术开发与应用等方面进行了广泛深入的学术交流和技术协作。

（王檑）

广西壮族自治区机械工业研究院

【概况】 该院始建于1964年，隶属于广西机械厅。2001年1月转制为科技型企业，转企后主要致力于制糖新装备及新技术的研发、制造及销售，为广西支柱产业服务，并开展信息技术咨询及人才培训、查新等业务。广西制糖装备工程技术研究中心、广西机电生产力促进中心、广西制造业信息化咨询服务中心等机构均设在该院。同时，该院还是广西制糖关键工艺及装备产业技术创新战略联盟的牵头单位。该院产业化基地（位于南宁市国家高新技术产业开发区）占地面积2.67公顷，厂房面积7500平方米，并于2013年在产业化基地开始建设科研中心大楼，预计2014年底完工并投入使用。2013年，该院坚持自主创新战略，持续推进创新型企业建设。不断完善创新激励机制，建设创新型企业文化，实施“以创新求效益，以创新促发展”的战略取得了显著成效。2013年，在糖业界严峻的形势下，该院仍能共实现各项收入3200多万元，利税486.42万元。

【科技队伍】 2013年末，该院有在职职工92人，其中专业技术人员39人，具有高级技术职称10人，中级技术职称14人，工学硕士学位7人，享受国务院特殊津贴专家1人。

【科研项目与经费投入】 2013年，该院承担新产品、新技术开发项目9项，共投入科研经费237万元，其中拨款50万元，自筹资金187万元，其中列入国家科技部项目1项，自治区级项目4项，市级项目2项，自筹项目2项，完成项目验收5项。获得专利授权12项，软件著作权登记2项，1项国家标准通过了国家评审。

【科技成果与转化】 2013年，该院共获得成果5项。

重点行业信息化应用示范 项目由该院牵头承担，联合上汽通用五菱汽车股份有限公司、广西农垦糖业集团昌菱制糖有限公司等10家单位共

同完成，2013年8月通过广西科技厅验收。项目在汽车、工程、制糖、造纸、有色、冶金等行业实施数字化建模及仿真、PDM、DCS、MES等信息化及自控技术，形成应用示范点10个。通过项目的实施，在广西10家重点企业实现了主要业务的信息化和集成化，缩短了产品开发周期，提高了生产效率、产品质量和资金周转率，提高了企业对市场的响应速度和库存盘点准确率。为其他行业及企业提供了信息化建设成功模式及经验，取得了显著的经济效益和社会效益。

制浆过程在线卡伯值传感与控制系统的研究 项目利用紫外线光谱技术分析速度快、效率高、无需其他化学试剂等优点，建立一个造纸制浆过程在线卡伯值传感与控制系统，完全克服了传统人工测量卡伯值存在的蒸煮粗浆质量波动大、粗浆得率低、能耗高、化学品消耗高和工人劳动强度大等问题，为纸浆蒸煮过程的终点预报与优化控制创造了条件。项目填补了国内空白，获得实用新型专利1项。该项目2013年12月通过南宁市科技局验收。

列管式加热器全自动清洗系统 经过2年的研发以及不断的改进，已趋向成熟，基本具备投放市场的条件，有希望成为新的利润增长点。为了使该产品在技术上能领先对手，项目组对该系统进行了机械视觉自动找孔、多枪冲罐、整机入罐等技术的优化设计。2013年该项目获得计算机软件著作权登记1项，获得实用新型专利授权9项，另有8项发明专利申请正在实审。

沼气分离机 该产品是该院尝试向糖业以外行业拓展的项目，项目组在开发周期短、现场试验脏、臭等恶劣条件下，圆满完成该项目的开发，该项目的样机经现场试验表明技术性能优于其他厂家同类产品。2013年已销售5台。已与自治区能源办签订合作协议，与各县市能源办签署了近10台的购机合同。

国家标准“甘蔗和蔗渣糖分、锤度及纤维分的测定” 该标准是该院首次承担并完成起草的国家标准，已于2013年通过了国家标准化管理委员会的审查，将于2014年颁布实施。该标准的检测方法与传统的压榨蒸煮法相比，具有测定时间短，测定数据准确的优点，有利于糖厂的精细化管理。

2013年，该院投入成果转化资金430万元，其中自治区专项资金支持130万元，自筹300万元，新增一批关键生产及研发设备，使成果产业化能力得到了较大提升。此外，该院配合自治区工信委编制和完善了《2013年甘蔗制糖高效实用技术和设备指导目录》，该院有一批先进产品如无滤布真空吸滤机、间歇式离心机、连续式离心机、煮糖自动化等获得该目录收录并推荐，从政府导向大大推进了该院科研成果的转化。

【人才与创新团队】 2013年，该院进行了两年一度的全员竞争上岗，通过此次竞岗，盘活了员工队伍，增强了员工的进取心和责任感，鼓励员工不断创新，实现自我提升。

该院不断加强科技队伍建设，通过多种形式提升科技人才的综合水平及能力，2013年，组织全体职工参加中旭培训集团授课的员工职业化培训，提高职工的综合素质和职业化水平。组织了8学时的CAD机械制图的培训、8学时该院产品安装、调试及产品维护的培训，使工程实施人员了解掌握了相关的知识。组织了12学时的糖厂制糖工艺的培训，使开发人员对糖厂制糖工艺有了较系统的理论基础，为制糖装备新技术的研发打下了更坚实的理论基础。派员参加各种高水平技术交流活动，如第三届亚洲食品装备论坛和第十三届中国国际食品加工和包装机械展览会、第72届国际糖业技术大会等，通过一系列培训学习，不断提升该院的人才队伍素质。

2013年，该院继续通过一系列创新激励机制调动员工创新积极性，对小改革小创新及管理创新项目进行了评奖，共有26个项目获得了奖励。根据《广西机械工业研究院奖励暂行办法》，该院对积极申报、承担和按时完成国家和地方项目的人员，以及发表论文、获得专利的人员，均给予了相应的奖励。

为了加强在软件技术方面的研发实力以及市场开拓的能力，2013年该院成立了新的独立核算部门——信息化中心，通过灵活的管理和激励机制，激发员工创新及开拓的积极性，这一举措取得较好的效果，该中心不仅完成了国家和地方的信息化项目，开发了新的软件开发框架，而且签订软件合同91.75万元，同时拓展了化工、工程等行业的业务。

经过优化重组，该院目前形成了对内有技术中心和信息化中心两大研发主体，对外有广西制糖装备工程技术研究中心、广西制造业信息化咨询服务中心两大研发机构的研发体系。

【科研平台建设与科研仪器设备】 2013年，该院投入资金新购置了XK5032数控铣床、CKA6150/1000数控车床、W11－20×2000三辊卷板机等一批科研仪器设备，提高了成果工程化和产业化实施的能力。

在科研平台建设方面，该院实施的广西制糖装备新技术重点实验室建设项目，搭建了广西甘蔗糖业创新平台制糖装备子平台和制糖装备技术服务平台，形成制糖装备及工艺技术、糖厂自动控制技术、糖厂信息化管理三大优势学科，累计开发出制糖新设备、新技术11项，获得专利21项、软件著作权7项，完成地方标准1项、企业标准2项，发表论文21篇。实验室建立了“开放、流动、联合、竞争”的运行机制，开展了制糖装备技术分析检测、科技咨询、国内外技术交流与合作、人才培训等活动，主办或承办学术交流9场次，为糖厂培训管理、技术人员768人次。该项目2013年10月通过了广西科技厅验收。

【科技交流与合作】 2013年，在产学研合作方面，该院与广西大学、南宁邕科鼎科技有限公司合作承担广西科技攻关项目“自主核心技术的经济型6自由度机器人研制及应用”，与广西上上糖业有限公司合作实施“列管式加热器全自动清洗系统的开发与应用”项目，与南华糖业集团合作实施制糖企业管控一体化项目，同时与南华糖业集团建立战略合作伙伴关系，为该集团下属糖厂的所有无滤布真空吸滤机的运行提供技术及配件技术支持，还是该集团承担的“广西糖业工程院”项目的协作单位之一。

在技术交流方面，2013年3月，该院作为承办单位之一，承办并参加了广西糖业发展局主办的“2013年广西国际糖业技术进步交流展示会”，邀请了广西、云南、广东、海南等地区的客户进行技术交流。9月，该院受邀参加了中国糖业协会主办的“全国糖业2012/2013年制糖期绩效同业对标与科技创新年会”，并利用会议间隙邀请与会的制糖企业前往该院进行技术交流。同月，该院应越南第一糖业公司要求，为其管理部门和下属糖厂的技术骨干制定关于糖厂新装备、新工艺和新技术以及糖业未来的发展方向的培训计划。10月，该院在中国糖业协会专家组与广西制糖学会联合主办的“中国糖业资源高值化利用高峰论坛”上作了制糖先进技术的推广报告。此外与金光糖厂、博鲁班特公司、南宁糖业股份公司等进行交流互访，交流制糖装备新技术。

（韦珠）

广西壮族自治区农业机械研究院

【概况】 广西农业机械研究院（原广西农业机械研究所）成立于1956年，2001年由事业型科研院所整体转制成为综合性科技型企业，业务范围包括农业机械、农副产品加工机械、包装与食品机械、通用机械、人防设备、环保设备、现代农业设施等的设计、制造、安装、技术服务以及工程、货物招标代理服务等。研究、生产及中介机构包括企业技术中心、农机生产经营部、农产品设备开发中心、广西农机院机械厂、南宁科泰机械厂、南宁科创金属结构件有限公司、广西科联招标中心等。广西农业机械生产力促进中心、全国农机标准化技术委员会甘蔗机械工作组秘书处设在该院。该院属高新技术企业，拥有国家唯一的甘蔗机械国家重点工业性试验基地和广西农机中试基地，是国家甘蔗产业技术体系建设依托单位、广西甘蔗生产装备新技术重点实验室培育单位。2013年，该院主要从事甘蔗机械、现代农业设施、农产品采收加工及保鲜设备、复合肥生产设备、人防设施、输送设备、电解铝用阳极爪、通风管以及其他通用和非标设备的研究开发、生产销售、技术咨询、技术服务；工程及货物招标代理服务；包装食品塑料机械、人防工程防护设备产品质量监督检测等业务。该院科研、设计、加工、试验、检测手段完备，配备有加工中心、数控车床、500吨油压机、数控等离子切割机等先进的机械加工设备及其他各类加工设备200多台（套）。该院坚持以市场为导向，以技术创新和产品创新为支撑，以管理创新和机制创新为保障，重视科研成果的商品化和产业化工作。2013年，该院科研开发、生产经营等各项业务取得新业绩，全年实现营业（含科技开发、产品销售、技术服务等）总收入12648万元，利润1905万元，上缴税金1507万元。2013年末，该院有从业人员546人，其中，各类专业技术人员105人，具有高级技术职称35人，中级技术职称46人。

【科技项目与经费投入】 2013年，该院共承担各级各类项目9项，总投资902万元。其中，承担研究与开发项目7项（国家级项目3项，自治区级项目4项），总投资664万元，其中财政拨款304万元，自筹360万元；承担自治区产业化项目1项，总投资208万元，其中拨款100万元，自筹108万元；承担其他部门项目1项，总投资30万元。

【科技开发】 2013年，该院主要针对广西特色典型经济作物生产需要，开展农机农艺融合技术及新装备的研究，主要有甘蔗生产农机农艺融合技术体系研究；甘蔗种植、管理及收获机械；香蕉茎秆粉碎还田机械、烟草管理机械、小型农机具等。另外，结合南宁市地铁建设工程的需要，开发了地铁牵出线密闭门新产品。

【科技成果及简介】 2013年，该院取得了一系列科研成果：通过省级科技成果鉴定2项、验收项目2项，其中2项省级科技成果鉴定项目分别达到国内领先和国内先进水平。申请专利11件，其中发明专利4件，实用新型专利7件。获得实用新型专利授权9件。在国内刊物上公开发表科技论文6篇。

4GZQ—120型甘蔗联合收割机研制 项目研发一种切段式甘蔗联合收割机，用于甘蔗的收获作业，可依次完成切梢、扶倒、切割、喂入、输送、切段、杂物分离、升运装车等作业，适合较大面积、地势平缓、规范种植的蔗田收获作业。该机配套动力120～132kW，生产率＞15t/h，含杂率＜10%，总损失率＜5%，宿根破头率＜15%，吨蔗燃油耗＜2L，适用行距≥1.1m，结构重量约8000kg。该机行走及工作系统均为液压驱动，采用闭式液压行走驱动系统，设置防滑控制装置，解决了收割机行走过程中的差速和同步驱动问题，电气控制系统采用可编程逻辑控制器（PLC）进行集中控制，提高了收割机的操作、控制性能。该机采用机、电、液一体化技术，作业效率较高，工作可靠，主要性能指标接近国外同类机型技术水平。项目通过了省级科技成果鉴定，总体技术达到国内领先水平。

4GZZ—90型整杆式甘蔗联合收割机研制 项目研发一种整杆式联合收割机，用于甘蔗的收获作业，可连续完成扶倒、切梢、切割、喂入、输送、剥叶、集堆等作业工序，实现联合作业，作业效率高。该机配套动力88kW～118kW，生产率＞10t/h，含杂率＜8%，总损失率＜5%，宿根破头率＜18%，适用行距≥1.1m，结构重量约7000kg。该机行走系统采用“液压泵＋液压马达＋机械差速变速箱”技术方案解决收割机行走过程中的差速和同步驱动问题；切割、输送装置为独立式升降结构，适应性强，维护、保养方便。项目通过了省级科技成果鉴定，样机总体技术达到国内先进水平。

节能型钢壳铝芯阳极爪制造关键工艺研究 项目研究采用热浸渗铝黏结铸造工艺方法，将热浸渗铝技术与铸造技术相结合，钢壳体横梁浸入铝液中渗铝一段时间，使钢壳体内充满铝液，在铝、钢界面形成柱状Fe—Al合金，其内腔的铝液冷却后形成的铝芯与钢壳体横梁内表面实现渗铝黏结，从而获得良好的导电性能和强度。该项目通过对四爪、六爪、八爪等不同型号的阳极钢爪钢壳体横梁在不同渗铝温度、不同渗铝时间的铸造工艺研究，确定了不同型号产品的最佳渗铝温度和渗铝时间等工艺参数，较好地提高了产品性能。阳极爪平均电阻值＜6μΩ。成果用于电解铝用钢壳铝芯阳极爪横梁的渗铝黏结铸造，黏结强度高、电阻值小、经济性好。

3ZPF—1X1.5型甘蔗中耕培土施肥机 既可用于甘蔗苗期的中耕施肥培土作业又可用于收获后的宿根蔗地破垄施肥作业，可一次性完成对甘蔗根部的疏松、施肥、培土或破垄、盖膜等作业工序。配套动力22千瓦～37千瓦，破垄宽度400毫米～600毫米，覆膜宽度600毫米～1200毫米，生产率0.2公顷/小时～0.3公顷/小时。

1WG系列微耕机 该院根据广西丘陵地块、种植规模小的实际情况，吸收国内外耕作机械先进技术，研制了新一代系列微耕机，配套动力3kW～6kW。该系列微耕机具有体积小、操作灵活简便、生产效率高、维护保养方便等特点，能满足丘陵山区广大用户对旱地、水田、大棚、果园等耕整地的需要。该系列微耕机通过了省级农业机械产品技术鉴定和推广鉴定。

地铁牵出线密闭门 该院为满足南宁地铁建设的需要，与中国建筑标准设计研究院共同研发试制了地铁牵出线密闭门，首樘地铁牵出线密闭门已完成安装并通过南宁轨道公司和中国建筑标准设计研究院共同组织的验收，产品技术参数达到国家有关标准的要求。

【科研成果推广应用】 该院重视科技成果的推广工作，与各级农机部门、农场、专业种植户等广泛开展农机具、现代农业设施的示范及推广工作，同时通过网络、期刊、各种现场演示会进行宣传，取得了良好效果。

2013年，该院投入科技成果转化资金300多万元，新建生产车间约1000平方米，购置生产设备20多台（套），使科技成果产业化条件得到了进一步改善。2013年，该院成果产业化项目产品实现销售收入8751万元，其中甘蔗机械、现代农业设施等农业机械类产品1631万元，人防设备3927万元，输送设备1961万元，通风管884万元，新型节能钢壳铝芯阳极爪348万元。通过狠抓成果产业化工作，夯实了该院发展的基础，企业竞争力得到了不断提升。培养和锻炼了一支产品开发设计、生产经营、市场营销的队伍，生产经营管理水平得到提升，产品质量得到了稳定的保证以及市场的认可。

【人才与创新团队】 2013年，该院注重人才创新队伍建设，加强多种类型人才的培养与引进工作。重视挖掘现有人才的潜力，努力培养提高现有人员的技能水平。该院根据现有技术人员的特点，合理分配他们的工作岗位，充分发挥他们的特长，施展他们的才干，为该院的快速发展奠定基础；积极鼓励科技人员参加各种专业技能培训、就读在职研究生等，不断提高他们的专业技术水平、管理能力和职业技能。重视人才梯队建设。该院根据科研及生产的需要，积极引进各层次、各年龄段的专业技术人才，为该院的持续发展提供人才保障。一年来共引进各类人才6名，包括工程师和专业技师。重视科技创新团队建设。该院以承担“国家甘蔗产业技术体系建设”、“十二五”科技支撑计划项目“自走式甘蔗收获装备研制与集成示范”、农业部行业科研专项“甘蔗全程机械化生产技术与装备开发”等项目为载体，利用“企业技术中心”、“广西农业机械生产力促进中心”、“甘蔗机械国家重点工业性试验基地”、“广西农机中试基地”、“广西甘蔗产业技术创新战略联盟”、“广西粮食产业技术创新战略联盟”等平台条件，锻炼培养了一批研发创新人才，形成了甘蔗生产装备研发创新团队，使该院甘蔗生产装备研发技术水平处于国内领先地位。

【科研平台建设与科研仪器设备】 2013年，该院继续抓好“企业技术中心”、“广西农业机械生产力促进中心”、“甘蔗机械国家重点工业性试验基地”、“广西甘蔗生产装备新技术重点实验室培育”等建设工作，共投入经费280万元，购买了先进的三坐标测量仪、数控车床、数控铣床、数控切割机、冲压设备、SolidWorks Flow Simulation等仪器设备及软件，新增购置了一批检测仪器，使该院的科研条件、产品开发创新能力得到了新的提升。该院科研平台的建设对产品创新、人才培养以及为行业发展提供技术支撑起到了极大的促进作用。

【科技交流与合作】 2013年，该院在重视自主创新的同时，十分重视与国内外科研院所、大专院校和企业的科技合作与交流，积极围绕广西优势特色支柱产业的科技需求开展联合攻关、提供技术咨询服务，解决产业发展的技术及应用瓶颈问题。

国内合作方面：继续与现代农装科技股份有限公司、华南农业大学等共同实施“十二五”农村领域国家科技计划课题“自走式甘蔗联合收获装备研制与集成示范”；与华南农业大学、福建农林大学、中国农业大学、中国农机院等自治区内外7家单位共同实施农业部公益性行业（农业）科研专项“甘蔗全程机械化生产技术与装备开发”项目；与广西天华高科技有限公司继续实施广西科学研究与技术开发计划“甘蔗生产全程机械化技术集成研究和应用示范”重大项目研究；与自治区烟草总公司、无锡开普动力有限公司等共同实施“小型多用农机应用研究”项目。

国际合作方面：2013年6月该院和泰国TSP金属加工厂（TSP METAL WORKS）签订了“甘蔗收割机试验合作协议”，双方共同对广西农业机械研究院研制的甘蔗联合收割机在泰国进行甘蔗收获试验，考核收割机的各项性能指标及可靠性，并根据泰国市场的实际需要进行适应性改进和完善。2013年9月～12月，该院与泰方合作将4GZQ—260型甘蔗联合收割机运到泰国进行了试验和改进，取得了良好效果。

（曾伯胜　莫建霖）

广西壮族自治区汽车拖拉机研究所

【概况】 该所成立于1964年3月，是广西汽车行业首家获得CNAS认可的实验室，国家发改委公布的汽车、低速货车市场准入—新产品公告试验检测机构，国家工商行政管理局等部门联合发文授权的全国第一批受理有关消费争议的商品（内燃机）仲裁机构，国家生产许可证办公室公布的西南六省（广东、广西、云南、贵州、四川、重庆）、自治区、市内燃机生产许可证检验机构，国家CCAP授权的汽车零部件产品认证检验和“3C”自愿性产品认证检验机构，广西汽车检测工程技术研究中心、广西汽车内燃机测试技术中心、广西汽车内燃机生产力促进中心、广西汽车零部件研发测试中心、广西汽车工程学会的依托单位。研究所占地面积4.47万平方米，建筑面积2.2万平方米，截至2013年底，资产总额6200万元，设备仪器120台（套），其中有大型仪器设备33台（套）加入到广西大型仪器协作共用网，藏有中外文图书资料近2万册。经过40多年的发展，培养和锻炼了一支精干的科技队伍，配备了与承担业务相适应的检测及科研仪器设备，成为广西汽车、低速货车、三轮汽车、摩托车、内燃机等产品的研究开发、技术服务、技术咨询、检测试验的专业机构。建所以来共有20多项科研成果获得省部级奖励，获得实用新型专利5件，软件著作权1件，多次被上级评为先进集体。2013年研究所超额完成自治区国资委下达的营业收入目标任务，经济效益明显好转，扭转了多年来严重亏损的局面，全体职工对未来发展充满信心。研究所作为区域性集汽车及其零部件产品研发、检测试验、测试研究产品、质量技术仲裁、信息交流、技术服务、信息化推广应用和人员培训于一体的多功能综合性专业技术机构日益凸显，作为广西汽车与机械行业不可或缺的技术纽带和推进器作用越来越得到广泛认同。

【科技队伍】 至2013年12月，该所有在职职工45人，其中具有高级技术职称10人、中级技术职称13人、初级技术职称6人；中高级技术职称占职工人数的51%。具有硕士学位6人，本科学历27人，大专以上中专学历10人；本科及以上学历占职工总数的67%。

【科技项目与经费】 2013年，该所开展的科研课题项目有7项，全年用于科技活动的经费805.7万元。

【科技成果与转化】 2013年，该所完成“广西汽车拖拉机零部件检测技术重点实验室”重大专项以及3个科技攻关项目的验收鉴定，获得实用新型专利2件，申请受理发明专利3件，发表论文5篇（其中在中文核心期刊发表3篇），科研成果产业化向纵深发展，科研水平、综合服务能力进一步提升。

广西汽车拖拉机零部件检测技术重点实验室 项目主要研究方向是汽车拖拉机及其零部件产品检测技术和方法研究、汽车拖拉机零部件产品质量检测共性技术和关键技术研究与应用推广、安全、节能、环保型汽车拖拉机零部件前瞻性和与整车匹配性研究开发、汽车拖拉机零部件科技成果开发与产业化、人才培养和团队建设，以及面向企业的点对点服务。通过项目实施，充实完善了研究所的硬件设施和基础条件，吸引和凝聚了广西性甚至全国性高端人才，提高了管理水平，以产学研结合的方式获得了多项自治区科技专项和企业合作研究项目，取得了多项科技成果，形成了研究开发、检测试验、技术咨询、科技攻关、行业规划、企业诊断、对接服务等复合互动、集成联动的研究和应用平台。项目开展到现在已经为东风柳州汽车有限公司、广西玉柴机器股份有限公司、柳州市嘉诚汽车饰件系统有限公司等骨干企业和广大中小企业提供就近、优质、及时、高效的服务，社会效益尤其突出。

YCD4B54系列柴油机开发与产业化示范 项目是产学研科技攻关和产业化项目，通过实施产学研联动，采用现代设计开发手段与试验方法，以及先进的高压共轨燃油喷射系统、电子控制EGR及尾气后处理技术，优化缸盖参数及配气机构，有限元分析优化重要零件，设计开发排放满足国Ⅳ标准的具有汽车高适配动力和较强市场竞争力的系列柴油机产品，并实现产业化和规模示范。主要配套轻型卡车、中轻型客车、低速货车、拖拉机、变型拖拉机、工程机械等，其技术经济指标在国内同类型产品中具有较强的竞争优势，目前产品已经投放市场，并取得了明显的经济效益和社会效益。

【科技工作与改革创新】 2013年，面对汽车行业科研测试机构之间激烈的市场竞争和产业政策调整的强烈冲击，研究所深入贯彻落实科学发展观，进一步强化内部管理，完善切实可行的科技攻关奖励机制，集成自身职能、技术与资源优势，推动科技创新工作向纵深发展。

强化内部管理，建立新的绩效考核机制，完

善科研课题奖励制度，充分调动科技人员开展科研课题工作的积极性和主动性。加强广西大型仪器协作共用网（柳州）科技基础条件建设，夯实和扩大具有专业特色的汽车、内燃机与机械行业的大型科学仪器设备共用共享服务平台的功能实力和服务水平。围绕“350”重大科技攻关工程，发挥自身职能支撑服务新作用。研究所发动广西大型仪器协作共用网入网成员单位行动起来，一方面努力构造“350”重大科技攻关工程项目，一方面重点实施大型仪器支撑服务，通过企业自身仪器设备和整个中心仪器设备的充分使用支持“350”重大科技攻关工程项目的实施。围绕科技特派员工程，创建点对点服务企业新方式。按照广西科技厅开展科技特派员工程服务企业行动的具体部署，借助中心集高校、科研院所、重点实验室和大型骨干企业于一体的优势，充分发挥科技支撑引领经济社会发展的作用，组织高校、科研院所（研究所有 6 人是自治区科技特派员）和大型企业的专家学者开展服务企业行动和科技特派员工程活动。

【人才与创新团队】 2013 年，该所不仅集聚自治区内外深有造诣的专家教授和企业精英，而且具有较强的人才培养能力。研究所通过选派人员参加国家和自治区（省）级培训，4 人获国家注册评审员、7 人获自治区质量内审员资格。在内部，通过开展科研课题讲座、专家授课等形式，加强对科技人员的培训，不断提高科技创新能力。通过柔性引进和弹性合作的方式，在汽车动力学及汽车零部件 CAD/CAE、350 重大科技攻关工程方面，引进了颇有造诣的 5 名广西内外教授作为学术带头人；在数字化制造与逆向工程、动态虚拟分析与汽车底盘调校方面，引进了深有研究与经验的 3 名企业骨干人才。同时，与武汉理工大学、广西大学、广西科技大学、桂林电子科技大学等高校紧密合作，抓住产业发展前沿和前瞻性技术开展研究与开发，形成初级、中级、高级、教授级科技人才齐备、梯队布局合理的专业技术队伍。

【科研平台建设与科研仪器设备】 2013 年，该所科研平台与科技创新能力上升到新的台阶。研究所自成立以来至 2005 年末，科研空间仅限于上汽通用五菱厂区内的小基地，唯一的 1 个车间已经超负荷安装各种整车测试、发动机台架测试和变速器台架测试设备，这些设备超常规使用并严重互相干扰，进一步发展的空间非常有限。2004 年 3 月，研究所的阳和基地（广西汽车零部件研发测试中心）项目启动建设，通过边生产边发展，现已建设成研究所的重要科研平台和服务企业的综合测试平台。2013 年通过加大投入，增加用于科技活动的固定资产，阳和基地已经拥有较强的汽车拖拉机零部件检测和科研仪器设备和比较完备的汽车、低速货车、内燃机、汽车传动系统总成及零部件、车桥、座椅、油箱、发电机、发电机组、起动机、电动机、散热器、消声器、汽车门锁、玻璃升降器、汽车内外饰件等试验检测能力，装备了包括国内外先进的汽车、内燃机、工程机械及其零部件检测和科研仪器设备。

该所不断加强其他科研技术平台建设，并为企业和社会提供了大量而优质的服务，形成了在汽车及其零部件领域具有高度整合资源和实施开放式的高水平产品质量检验和研究开发测试为一体的公共服务平台。

【信息化建设】 自 1998 年研究所建立内部局域网以来，通过局域网实现了自动化和无纸化办公，采集和数据处理自动化程度高，实现设计软件、文件资料、打印机共享一体化，极大地提高了员工的工作效率。通过安装网络办公软件，员工之间可以进行信息数据传送和发布、在线交流等。为了网络信息的安全，研究所根据检测和校准实验室能力认可准则（CNAS－CL01），进一步完善数据控制程序，确保数据输入或采集、数据存储、数据传输、数据处理的适用性、完整性和保密性。目前，研究所正才筹划投资建设 OA 办公系统。

标准是检测机构开展检测活动的重要依据和评价产品质量的法律依据，研究所通过实施柳州市中小企业创新科技服务与应用示范课题后，结合国家实验室的管理要求，创建汽车及零部件检测标准数据库。标准数据库不仅齐全有效，而且管理规范。涵盖汽车及汽车零部件、工程机械、农用运输车、拖拉机以及国家对汽车管理的政策要求，同时由专人对标准进行收集，及时与汽车标准资料网、工程机械标准资料网、内燃机标准网、拖拉机与运输车标准网、柳州市质量技术监督局标准网沟通联系，对新颁布的标准及时进行购买更新，保持标准的现行有效。检测标准数据库的建立方便了企业的查询，有利促进了企业产品的标准化开发。

【科技交流与合作】 2013年，该所通过柔性引进和弹性合作方式，引进汽车和机械行业高尖端人才进行科研课题攻关。与武汉理工大学、广西大学及广西科技大学、桂林电子科技大学等高校紧密合作，抓住产业发展前沿和前瞻性技术进行研究与开发，与广西快速发展的中型企业结对共进，促进“产、学、研”集成联动和高效结合更上一层楼。同时，邀请专家教授到单位进行指导工作，帮助解决在科研课题工作中碰到的问题。选派人员参加培训，如参加中国合格评定国家认可委员会举办的实验室培训班。参加自治区内外汽车行业技术高级研讨交流会。多次到武汉理工大学、广西大学、广西科技大学、桂林电子科技大学等院校进行学术交流。

（覃利福）

广西壮族自治区建筑科学研究设计院

【概况】 广西建筑科学研究设计院创建于1958年，是全国成立较早的省级建筑科学研究设计单位，2003年12月由科研事业单位转制为科技型企业。该院先后被认定为国家级高新技术企业、广西创新型企业。拥有广西绿色建筑与建筑节能工程技术中心、广西建筑节能技术重点实验室、广西建科院企业技术中心等科技创新平台。科研业务领域涵盖建筑结构、地基基础、绿色建筑与建筑节能、住宅体系、智能化建筑、可再生能源建筑应用、绿色及节能建筑材料等多个研究领域。主要从事建筑工程勘察、规划、设计，市政工程规划设计、工程咨询，建筑智能专项设计，建设工程监理，工程施工，房屋结构加固设计与施工，地基基础技术及预应力特种技术，施工图审查，绿色建筑与建筑节能设计、方案优化、技术咨询及服务，新型节能建筑材料产业化生产及市场推广应用，与建筑节能相关的工程检测，房地产开发，招投标代理，建筑信息检索咨询等业务。建院以来，承担国家和地方部门下达的100多项科研课题的试验研究工作，有50余项成果获得国家和地方的奖励。

“十一五”以来，该院响应国家节能减排和资源节约、环境友好型社会建设的政策导向，推行集成创新，建立科技服务公共平台，注重科技基础能力建设及科技成果的转化与产业化发展，开展绿色建筑与建筑节能专项设计、研究及相关专业技术服务，致力于为相关政府部门提供技术支撑，为市场提供咨询服务，提供节能材料和产品的研究开发、检测评估、认证服务，推进建设领域的标准化建设工作，现已逐步成为政府部门在广西绿色建筑和建筑节能领域的主要技术依托单位。

近年来，该院先后获“全国建设科技进步先进集体”、“全国工程建设标准化先进集体”、“全国工程勘察设计先进企业”、“全国勘察设计行业创优型企业”、“建设部‘十一五’建筑节能先建集体”、“广西优秀勘察设计企业”、“2011年广西建筑节能工作先进集体”、“2010—2012年度广西工程建设地方标准编制工作先进集体”等荣誉称号。

【科研项目与经费投入】 2013年，该院充分利用已有的技术积累和技术优势，以节能、节水、节材、节地、资源综合利用和发展循环经济为重点，加强对绿色建筑及建筑节能技术、设备、建材产品的研究开发及推广应用工作。各类科技开发在研项目37项，其中广西科技计划项目34项，2013年立项7项；各类在编标准编制项目17项，其中国家行业标准3项、广西地方标准13项、企业委托标准1项；获得国家、自治区及各级部门或单位科技经费259万元。全年投入科技研发经费883万元，占院主营业务收入的6.62%。

【科技开发】 *绿色建筑及建筑节能技术研究* 该类研究根据广西“十一五”节能减排的目标，对绿色建筑、建筑节能关键技术进行攻关。研究的课题包括：夏热冬暖地区新型节能建材研发与公共建筑被动式节能技术研究及示范、绿色高层居住建筑因地制宜可再生能源建筑一体化技术研究及应用、广西绿色建筑科技产业技术开发与示范、《广西建筑工程绿色施工评价标准》的研究及编制、夏热冬暖地区Low—E玻璃适用性研究、《广西绿色建筑与节能适宜技术及材料设备资料库》编制、供配电节能新技术在居住区中的应用研究、广西保障性住房绿色建筑技术体系研究、面向居住小区绿色运营的智能终端系统及关键技术研究等。

绿色建筑材料的研究 该类研究致力于研究开发健康型、环保型、安全型的能够节约资源、能源，满足社会发展的新型建筑材料。研究的课题包括：再生骨料特性及制备混凝土性能研究、新型高性能建材研发—高品质机制砂的制备技术

及其应用研究、新型陶粒增强加气自保温砌块的研制开发、新型高性能钢筋在抗震混凝土结构中的关键应用技术与工程示范、再生混凝土增强剂高性能化制备技术研究、利用废弃泡沫玻璃制备节能型新型墙材的研究、C200～C300超高强钢纤维活性粉末混凝土技术的开发与应用等。

可再生能源利用技术研究 该类研究结合广西地区能源状况、建筑用能特点，进行广西地区可再生能源建筑应用关键技术研究，正确引导城市建筑用能形式，鼓励建筑节能与可再生能源的开发利用。研究的课题包括：广西可再生能源建筑应用条件研究、广西可再生能源建筑应用示范城市建设研究、广西可再生能源建筑应用示范项目运营监测系统集成关键技术研究、广西可再生能源建筑应用城市示范建设政策体系研究等。

【科技成果及简介】 2013年，该院共获得科研成果16项，其中具国际先进水平2项；国内领先水平2项；国内先进水平3项；获实用新型专利各1项、计算机软件著作权1项；获广西科技进步奖1项；主编或参编完成并发布实施的国家行业及地方标准、规范、图集11项。

广西建筑垃圾减量化和资源化综合利用研究 项目在广西建筑垃圾资源现状及处理情况深入调研的基础上，提出了适合广西建筑垃圾减量化和资源化综合利用的主要方法和建议措施，研究开发了机械剥离制备高品质建筑垃圾再生骨料的工艺和设备，基于高品质的再生骨料制备出了物理力学性能和耐久性能优异的再生水泥砂浆、C30～C60再生骨料混凝土、MU3.5～MU7.5再生混凝土空心砌块等，在多个实际工程中示范应用，具有显著的经济和社会效益。项目研究成果达到国内领先水平。

广西可再生能源建筑应用条件研究 项目首次在广西开展可再生能源建筑应用技术适宜性研究，针对不同气候区、不同建筑类型，总结并形成了广西可再生能源建筑应用的适宜技术，完善了方案选择过程中节能效益评估方法和基础数据等，并编制完成了具有鲜明地方特色的《广西可再生能源建筑应用技术导则》；项目研究成果具有良好的创新性，达到国内领先水平，并填补了广西在相关领域的研究空白。

利用废弃泡沫玻璃制备节能型新型墙材的研究 项目在利用广西本地的废弃泡沫玻璃研制一种经济实用的建筑节能自保温新型混凝土砌块墙体材料并进行中试生产和实际工程应用方面有诸多创新，项目的成功实施，为广西废弃泡沫玻璃混凝土砌块的产业化生产提供了理论和技术基础，填补了广西在废弃泡沫玻璃资源化利用方面的空白，研究成果达到国内先进水平。

抗剪法检测混凝土抗压强度技术 项目为住房和城乡建设部科技计划项目，由该院和建研科技股份有限公司、容声建设工程有限公司、中铁二十四局、甘肃建科院、山西建科院等十余家单位联合开展研究的项目。该项目研究的“抗剪法”测强技术具有精度较高，操作简便、快捷，对结构损伤较小等特点，在混凝土结构实体微破损强度检测技术上有实质性的改进和创新，为混凝土结构实体强度检测提供了一种先进、实用的新型检测方法。可广泛应用于建筑和其他土木工程混凝土结构实体强度的检测。该项目“抗剪法”测强技术和装置已申请国家专利，研究成果达到国际先进水平。

【科技成果推广应用】 近年来，该院充分利用已有科技成果致力于广西绿色建筑、建筑节能和可再生能源建筑应用领域的技术服务工作，因地制宜地为各地方政府、房地产开发商、企事业单位提供绿色建筑、建筑节能与可再生能源建筑应用方案策划、设计、评估及咨询服务工作，进行绿色建筑、建筑节能和可再生能源建筑应用关键技术的推广与应用；提供既有建筑节能诊断及改造技术服务，开发及完善绿色建筑及建筑节能相关软件；配合广西住建厅做好绿色建筑与建筑节能试点示范项目培育及相关的年度技术培训工作，极大地推动了广西绿色建筑与低能耗建筑的发展。通过实施南宁裕丰·英伦、广西建筑科学研究设计院科研实验楼、南宁国际互联网专用通道与南宁云计算业务研发中心、南宁华润中心二期南写字楼、桂林市建设大厦等项目的绿色建筑评价标识技术咨询服务和荣和大地、荣和山水绿城、钦州市妇幼保健医院、钦州市红十字医院等项目的可再生能源建筑应用专项设计，以及广西建设大厦等项目的节能诊断与改造工作，为绿色建筑及建筑节能技术在广西的大面积推广、应用和发展积累了大量的技术和产品的实际推广、应用经验。

【人才与创新团队】 该院注重人才的培养和引进，激发员工的创新意识，坚持用事业凝聚人才，用实践造就人才，营造良好环境，构建创新载体和平台，打造精英团队。依托该院“广西绿色建筑与建筑节能工程技术研究中心”和“广西建筑节能技术重点实验室”、“广西建筑科学研究设计院企业技术中心”、“广西绿色建筑节能中心”等创新平台，吸引、凝聚和培育年轻科技人才；充分利用与国内科研院所、大专院校的科技合作和交流平台，培养院内优秀科技人员；鼓励专业技术人员参与和承担各类研究课题，在创新实践中培养创新人才；广开渠道，积极引进建筑行业各个研究领域和方向所急需的专家、学者进行联合科技攻关，在更高起点上提升该院的科技创新能力；积极组织开展形式多样的学习培训，培养发展战略需求的急需人才，对有培养潜力的青年人才提供出国交流、合作和深造的机会等。2013年，该院组织院内、外培训45期，人员教育培训经费50.38万元，占年度工资总额的4.25%。引进相关技术人才和应届毕业生61人，其中硕士研究生5人。

【科研平台建设与科研仪器设备】 该院现有研发平台有：广西绿色建筑与建筑节能工程技术研究中心、广西建筑节能技术重点实验室、广西建筑科学研究设计院企业技术中心、广西绿色建筑节能中心和广西建科院绿色建筑研究设计所、可再生能源建筑应用研究所、建筑幕墙研发中心、建筑工程智能化研究所、建筑设计与预应力研究所等。

广西绿色建筑与建筑节能工程技术研究中心 2011年12月由广西科技厅批准组建，2013年12月通过验收并于次年5月予以正式命名并颁发牌匾。该工程技术中心以绿色建筑、建筑节能技术领域为研发重点，积极开展绿色建筑、建筑节能设计与评估、建筑节能检测与评估、绿色建筑与建筑节能技术与节能装备、绿色建材与新型节能结构体系、节水与水资源综合利用、绿色建筑与建筑能源管理等方面的研究，并形成具有自主知识产权的新技术、新材料、新工艺和新产品；进行示范工程建设，推广应用实用技术，编制标准规范，开展国内外合作交流，传播和教育建筑理念等。

广西建筑节能技术重点实验室 2008年由广西科技厅批准立项建设，是广西重点实验室培育项目及广西公共技术基础条件平台建设项目。2013年11月通过验收。该实验室建成后将致力于广西绿色建筑、建筑节能、绿色建材和可再生能源及资源综合利用的共性、关键技术和产品基础及应用基础研究的公共技术平台。目前实验室已建成面积约5000平方米的科研实验楼一栋，设围护结构及材料研究检验室、结构检验室、可再生能源（太阳能）研究检验室、暖通空调研究检验室以及室内空气检验室等，配备与常规建材、建筑节能保温隔热材料，围护结构热工性能测试，可再生能源（太阳能）、暖通空调、电线电缆、室内环境、主体工程质量检测、建筑能效测评等几大类实验测试项目相关的仪器设备共计306台(套)，仪器设备及场地建设等固定资产已达1000多万元，具备66大类共377个项目的研究与检测能力。其中有的项目如保温材料耐候性、太阳能热水系统、家用太阳能热水器等的检测能力建设属广西首例。实验室建成后预计将成为广西建筑节能技术研发的一流公共技术平台。

广西绿色建筑节能中心 2008年4月由广西住建厅批复成立。成立以来，该中心配合广西住建厅和南宁市建设行政部门完成广西及南宁市两级国家机关办公建筑和大型公共建筑节能监管体系建设工作，开展广西各设区城市能耗普查、能源审计、分项计量设备安装、能耗动态监测系统软件研发及自治区、市两级数据中心建设工作，成功实现能耗数据的采集、传输、接收和分析功能，开展用能定额及超定额加价制度以及数据分析处理等关键技术的研究；协助广西住建厅完善广西绿色建筑与建筑节能标准体系，组织完成《广西绿色建筑评价》DB45/T567－2009、《干混砂浆生产与应用技术规程》DB45/T568－2009、《预拌砂浆生产与应用技术规程》DB45/T569－2009、《机制砂混凝土应用技术规程》DBJ/T45－002－2012、《广西建筑节能工程施工质量验收规范》DBJ/45－005－2012和《广西壮族自治区国家机关办公建筑综合能耗、电耗定额》DBJ/T45－003－2013、《广西壮族自治区商务办公建筑综合能耗、电耗定额》DBJ/T45－006－2013等7项定额标准共12项广西地方标准的编制工作；受广西住建厅委托筹备成立全国第一家绿色建筑地方分支机构—“广西建设科技协会绿色建筑分会”，协助广西住建厅培育广西绿色建筑与建筑节能技术和产品市场，在绿色建筑、建筑节能、可再生能源建筑应用、建筑节能技术与材料的应用与推广方面开展了大量基础及创新性研究工作，同时积极推进广西既有建筑的节能改造工作。

广西建筑科学研究设计院企业技术中心 该中心于2009年11月获得广西经委、科技厅、财政

厅、广西国税、广西地税以及海关六部门联合发布的认定文件及牌匾，2011 年、2013 年又以优秀的成绩通过复评审。

近年来，该院借助企业技术中心等创新技术平台，整合院内各部门及院下属公司的技术力量，加大技术创新基础设施建设，开展与广西发展绿色建筑、建筑节能及绿色城镇化产业相关的关键技术的研究创新工作，在广西的绿色建筑与建筑节能技术领域上攻克了一批关键技术，编制了一批技术标准，建设了一批示范项目，推广普及了一批新技术，带动了相关产业的发展，为广西的绿色建筑、建筑节能和可再生能源建筑应用工作的深入开展发挥了重要作用。同时企业也得到了长足发展，取得了可喜的成绩。2013 年，全院完成产值 17203 万元，其中院本部完成产值 14605 万元，为年度目标产值的 110%，同比 2012 年增加 13.21%；国有资产增值率 17.06%，固定资产投入 452.41 万元，占院主营业务收入的 3.39%。员工收入稳步提高。

【科技交流与合作】 该院充分利用自身优势，持续引入外部资源，与专业水平较强的高校、科研院所、优秀企业建立产学研联合开发机制，重点开展行业关键共性技术、产业化关键技术的联合攻关、平台建设、成果转化、人才培养等全方位的合作，进一步提升科技创新能力和综合竞争能力。2013 年，该院开展对外合作科技项目 18 项。与广西大学、华南理工大学、武汉理工大学、中国建筑科学研究院、广东省建筑科学研究院以及广西电网公司、柳州东风化工股份有限公司、广西工程咨询中心、广西天晟房产开发有限责任公司等开展课题联合申报及实施、研究生联合培养、标准编制、科研合作等。该院还充分利用作为自治区主席院士顾问的中国工程院院士—清华大学建筑节能研究中心主任江亿教授和哈尔滨工业大学教授、博士生导师给排水工程专家张杰教授对接单位的优势平台，加强与院士的合作交流，在更高起点上提升该院的科技创新能力和研发水平。

（马惠杰）

广西壮族自治区建筑材料科学研究设计院

【概况】 该院成立于 1984 年，2000 年由事业单位转制为全民所有制企业。该院位于南宁市星湖路南二里 6 号，具有建材行业、建筑行业工程设计资质、建材行业工程咨询资质、建材行业工程项目管理资格及清洁生产咨询资格，主要从事建材行业科研及技术开发、建材及建筑工程设计、技术咨询、工程总承包服务以及工程质量检测工作。设有科研所、工艺设计所、建筑设计所、矿山设计所、技术开发中心等部门，同时拥有一个工程质量检测公司和南宁科恺混凝土外加剂有限公司、南宁同达盛混凝土有限公司 2 个产业化项目基地，开展建材产品、建筑工程质量检测咨询及混凝土外加剂、预拌混凝土等产品的生产和销售业务。

至 2013 年末，该院有在职员工 67 人，其中：中级以上技术职称的 46 人（其中：教授级高工 2 人、具有高级专业技术职务任职资格者 14 人），占在职员工总数的 68.7%。科研院所转制以来，该院根据自身特点，充分利用产业化项目平台，鼓励技术人员深入生产一线，研究和解决实际问题；给予技术人员参加各种业务培训的机会，提高整体业务技术水平。并在工作中认真做好传帮带，吸引了一批优秀中青年人才，培养了一大批有经验、会管理、懂技术，具有很强的责任心和创新精神的复合型人才，打造了一支稳定、能打硬仗、工作效率高的创新型科研团队。

【科研项目与经费投入】 2013 年，该院在研科技开发及成果产业化项目 13 项，投入科研及产业化经费 660 万元，其中：列入广西科技厅项目 6 项，与企业合作、帮企业解决实际问题的科研项目 7 项。

2013 年，该院紧密结合建材产业急需解决的关键技术问题和发展需求，开展科技攻关，共取得科技成果 3 项。

催化复合剂在加气混凝土中的应用研究 由该院和广西建和新型建材有限公司共同承担，该项目立足于本地廉价而活性较高的硅土，并与具有一定黏性和表面活性作用的三萜类天然高分子物质一起作为催化复合剂用于加气混凝土研究开发中，使得产品生产可以在减少水泥用量、降低原材料消耗的基础上保证达到一定的物理性能要求，从而实现降低生产成本的目的。

磷石膏改性作水泥增强缓凝剂的研究 由该院承担，该项目对磷石膏进行改性处理后用于水泥生产中，在 100%替代天然石膏的情况下，吨水

泥成本下降，对水泥产品的性能和质量无不良影响，达到在水泥生产中大量消纳磷石膏的目的。

工业废渣在预拌混凝土中的应用和产业化 由该院承担，该项目选用广西具有代表性的粉煤灰、石粉、锰渣超细粉等工业废渣作为高性能预拌混凝土掺合料，系统研究了掺合料的物理化学性能，以及不同掺合料品种、不同掺量对预拌混凝土性能的影响，并通过配比的优化，实现了工业废渣在预拌混凝土中的应用。

【科技开发】 该院在研项目主要有“新型聚羧酸改性复合水泥助磨剂的技术研发与应用”、“新型干法水泥窑 SNCR 烟气脱硝技术引进及应用创新”、“利用镍矿冶炼废渣生产蒸压砖的应用研究”等。“新型聚羧酸改性复合水泥助磨剂的技术研发与应用”研究新型聚羧酸改性复合水泥助磨剂的合成和复配生产工艺技术，以及助磨剂在水泥粉磨过程中的作用机理、对水泥粉体性能的改变以及由此引起的水泥性能的变化。研制的新型聚羧酸改性复合水泥助磨剂产品掺量低，不含氯离子，绿色无污染，产品性能稳定，对物料的适应性强，显著提高粉磨效率。“新型干法水泥窑 SNCR 烟气脱硝技术引进及应用创新”研究采用 SNCR 脱硝技术对新型干法水泥窑烟气进行脱硝处理，通过合理布局还原剂溶液喷入点位置、控制喷射量，提高雾化效果等措施提高脱硝效率，降低烟气氮氧化物的排放量，且不影响水泥熟料质量。“利用镍矿冶炼废渣生产蒸压砖的应用研究”将新型墙体材料生产与镍矿冶炼废渣处理结合在一起，充分利用现有新型墙体材料生产线，用镍矿冶炼废渣代替蒸压砖硅质原料，实现镍矿冶炼废渣的综合利用，达到节约能源、保护环境的目的。

该院重视科技成果转化工作。工业废弃物在预拌混凝土中的应用研究成果首先在该院的产业化基地——南宁同达盛混凝土有限公司推广应用，取得了良好的经济效益和社会效益；广西银亿科技矿冶有限公司在湿法冶炼金属镍生产过程中产生大量堆浸渣，每年约 100 万吨废渣不仅堆存占用大量土地，还造成环境污染，该院与银亿公司进行合作，利用实验室在建材方面的专业技术优势，经过大量试验，小试、中试均取得了成功，通过了银亿公司组织的项目验收，进入成果产业化阶段。

【科研平台建设与科研仪器设备】 该院的预拌混凝土、混凝土外加剂产业化基地配备有专门的实验室，是该院混凝土产业链的重要科研试验和开发平台，可进行类似产品或工艺技术的试验和研发。2013 年，该院增加了对广西新型建筑材料与工程应用重点实验室的投入，增购了一批先进的仪器设备，重点开展了新型建筑材料、节能技术等方面的研究和检测工作。

【科技交流与合作】 2013 年，该院加强了与自治区主席院士顾问——中国工程院徐德龙院士的合作和交流，组织院里技术骨干到院士所在单位——西安建筑科技大学开展学术交流活动；加强了与高等院校的交流与合作，与广西大学等联合开展研发工作。该院的产业化基地和重点实验室也是广西大学科研实习基地、广西经济管理干部学院实训基地。该院是“广西新型干法水泥制造工程技术研究中心”、“广西绿色水泥产业工程院”的协作单位之一。该院还是广西建材工业协会的秘书处所在地，积极承担建材行业的信息收集、发布和组织各项学术交流活动。为了加深与自治区内外同行之间的交流，学习成功经验，该院多次组织技术人员到自治区内外学习考察，组织参加中国水泥技术年会、组织到福建和浙江等地新型墙材先进企业学习考察等。

（陈向荣　甘天亮　梁燕飞　陈霏）

广西壮族自治区中医药研究院

【概况】 广西中医药研究院成立于 1956 年，是广西创立最早、规模较大、学科较齐全、主要从事中药应用基础研究和中药新药开发研究的专业机构，“八五”期间被国家中医药管理局定为全国十大中医药院所之一。至 2013 年末占地 2 公顷，建筑面积 2.42 万平方米。设有中药资源研究所、中药化学研究所、中药药理研究所、广西腹针临床治疗中心以及中医门诊部、药厂、实验厂等。拥有国家中医药管理三级实验室一个和 5 个自治区二级实验室；广西科技厅重点实验室“中壮药质量标准研究室”一个。是广西中药与天然药物工程技术研究中心，广西科技创新金源单位，广西中药产业技术创新战略联盟理事长单位，广西千亿元产业研发中心—广西中药新药研发中心。其中中药、化学、药理、仪器分析、腹针中心是该院的优势学科，在自治区内外都享有盛誉。该院主要任务：开展中草药资源调查、整理与鉴定、中草药化学成分提取、分离与结构解析，中药材质量标准，中药单方或复方制剂工艺、质量标准、稳定性及其药效学和毒理学、中药材规范化种植等研究。在职人员208人，其中专业技术人员156人，中、高级技术职称102人；其中享受政府特殊津贴4人；有一批学术骨干曾留学美国、日本、澳大利亚、俄罗斯等国，科研技术力量雄厚；拥有气相色谱仪、液相色谱仪、红外分光光度计等一批先进的实验仪器和设备，仪器设备400余台套，价值2000多万元；中药标本室收藏药用植物蜡叶标本近10万余份，瓶装标本4000余瓶，其中有世界上独一无二的模式标本240多张；中医药书籍、期刊9万余本（册）。50年代起该院对广西中草药进行了广泛全面的普查，查明中草药基源共4623种，收集广西民间验方200余个、专著20多部。与中国药科大学、北京药用植物研究所、上海药物研究所，以及日本、美国、英国等国家有业务往来及学术交流；与广西100多家制药企业建立了横向协作关系。建院五十多年来，承担省部或厅局级科研项目500多项，编写专著25部（册），获国家级和省部厅局级科技进步奖40多项；参加药品研究已获批准文号证书的项目共80多个，主要有广西蛇药、卫康醇、脑心宁、驱风痛、降压灵、肝炎灵，年产值超亿元的肤阴洁，以及累计产值达100亿元的两面针药物牙膏等。其中获得广西唯一国家一类新药（药材）的研究中，承担并完成了血竭药材质量标准研究做出了重要的贡献；同时参与研制和开发的桂林三金系列产品、两面针系列产品、肤阴洁系列产品、柳州花红系列产品、灵峰金鸡系列产品等均取得良好的经济效益。

【科研项目申报与立项】 2013年该院申报各级科技计划课题68项（申报国家自然科学基金2项、广西卫生厅中医药民族医药继承创新工程研究项目25项、广西医疗卫生适宜技术研究与开发项目1项、广西自然科学基金项目16项、广西科学研究与技术开发计划课题6项、广西中药质量标准研究重点实验室平台建设1项、重点实验室系统研究课题申报16项及重大专项子课题4项）；在国家自然科学基金项目和广西科技重大专项课题申报上取得了突破，共获得立项课题65项，其中国家科技支撑计划课题1项（与外单位合作1项）、国家地区科学基金项目1项、自治区科技重大专项1项、自治区科技计划课题8项（与外单位合作5项）、广西中药质量标准研究重点实验室建设1项、广西青年基金4项（与外单位合作1项）、广西卫生厅、广西中医药管理局项目共计16项（与外单位合作1项）、南宁市科技局科技计划项目1项、南宁市青秀区科技局科技计划项目2项、广西林业厅野生植物资源调查项目1项、广西药监局《广西壮药质量标准》（第三卷）质量标准研究共计15项、广西中药质量标准研究重点实验室开放课题5项、系统性研究课题10项。

2013年，该院获得各级科研经费资助共630.45万元。其中得到支持力度大的项目有：广西中药质量标准研究重点实验室平台建设科研经费100万元；瑶药“产后三泡”系列产品的产业化开发项目经费100万元；《壮药创新的共性关键技术研究与示范》科研经费150万；第四次全国中药资源普查（广西）试点普查——广西靖西等十个县域壮药资源普查项目科研经费112万元，国家自然科学基金地区科学基金——广西特产黑蚂蚁活性组分介于改善高尿酸血症治疗痛风的作用机制研究项目科研经费49万元；2013年度广西第二次全国重点保护野生植物资源调查项目经费34万元。

【科技成果】 该院为了激励科技创新，推进科研工作，继续把申报科技奖励列为2013年的重要工作计划。在充分调研和征求各方意见的基础上，该院领导班子对全院科技奖申报工作进行了认真研究和详细部署。根据院领导指示精神，科技办与三所及重点实验室共同研究，制订具体方案，有计划地对现有的各项科研成果材料进行收集、凝练，精心组织报奖材料。同时，加强广大科技人员的知识产权意识，提高专利的申报数量；鼓励科技人员多发表高质量专业论文，为促进广西中医药事业多做贡献。全年共获得的成果奖励3项，其中：《木质纤维材料制备羧甲基纤维素的方法》（发明专利：ZL 2008 1 00173480.9）获得广西第二届发明专利展银奖；主持《传统瑶药“七十二风”11种药材质量控制研究》项目获得2013年度广西医药卫生适宜技术推广奖二等奖；主持《毛郁金等12种壮药质量标准研究》项目获得2013年度广西医药卫生适宜技术推广奖二等奖。全年共申请并受理专利12项，已获授权3项。共审核投寄论文70余篇，发表在中文核心、科技核心等刊物论文有 60 篇，参加专业书籍撰写一次。

【科技横向服务】 为了对企业发展发挥更大的作用，该院以《加强横向科研课题管理的暂行规定》为指导，鼓励和引导科技人员充分发挥该院人才、技术和设备优势，多为企业服务、多做贡献。科技人员想企业所想，急企业所急，深入企业，了解企业重大技术需求，联合企业进行刻苦攻关，取得了显著成效。完成柳州两面针股份有限公司、广西昌弘制药有限公司、广西中洋能源股份有限公司等企业的横向研究工作，完成多个批次样品的分析测试及药理试验。2013 年共签订横向合作协议 14 项，内容涵盖新药和保健品研发、质量控制、成分检测、波谱测试、工艺改良等方面，承担横向合作课题 20 多项，涉及 10 多家企业。

【编制重大专项方案】 广西“中药现代化关键技术研究与开发”重大专项是自治区科技发展“十二五”发展规划的重要组成部分。重大专项的落实是着重体现在年度科技计划的编制上。应广西科技厅政社处邀请，该院派员参加“中药现代化关键技术研究与开发”重大专项实施方案编制。作为执笔单位，写出第一稿、第二稿，并把该院前期科研基础比较好的“壮药创新发展共性关键技术”、“苦丁茶规范化种植”、“功劳木规范化种植”重大项目纳入其中，为其后来得到滚动支持埋下了伏笔，该实施方案已由广西科技厅审定后发布实施，为今后科技计划课题申报指南的编制奠定了良好的基础。

【项目的管理与实施】 该院作为广西科技计划现代中药新产品研制与开发项目实施的牵头单位，通过发挥牵头单位的指导、协调作用，加强了不同领域中药科技项目组织实施的衔接与配合。作为广西科技厅二次项目承担管理单位，牵头组织 2013 年广西科技计划中药二次开发项目“广西科技计划现代中药新产品研制与开发项目”的实施，项目经费达 380 万。按要求完成了项目合同及 16 个子课题的任务书的签订，科研经费及时下拨到各个子课题单位，保证了各课题的正常进展。及时跟踪在研项目进度，做好科研项目经费管理，完成广西千亿元重大科技攻关工程项目监理工作和科研统计等工作，按照各级科研管理部门的要求，及时上报有关材料。现有国家级项目（课题）有 2 项，由该院牵头承担的国家科技支撑计划“苦丁茶等 3 种药材 SOP 优化及产品标准化研究”项目，按照国家科技部的项目管理规定，按时提交各种报告及技术资料，保证了课题的正常实施。

【学术交流】 该院推进学术交流和继续教育，学习和推广先进技术方法，促进科技创新，提升研究水平。该院举办继续教育项目《科技文献与专利信息检索利用与分析》专题报告，参加培训的人员有来自广西大学、广西中医药大学、广西民族医药研究院、广西药用植物园、自治区人民医院、广西培力药业、广西玉林制药及该院各研究所等多家科研院校、制药企业的科研人员共计 150 余名，发放学分证共 150 多本。此次学术报告会，有助于提高科技人员的文献、专利检索及分析能力，促进科技人员的规范化和专业化，培养能充分利用国内外丰富的文献、专利资源和数据库的复合型科技人才，同时有助于强化个人的分析能力和创新能力，更好地用于科研工作实践。参加 2013 年国家自然科学基金委员会地区联络网（中南片）管理工作研讨会 1 人次；参加全国科研院所现代管理培训班 1 人次；参加第一期广西科技基础条件资源调查业务培训班 1 人次；参加国际学术会议 5 人次、国内学术会议 5 人次；指导研究生 6 人开展课题研究，指导 8 个实习生完成毕业实习。

【科技体制改革】 建立有效的激励机制，是提高科技人员积极性、主动性和创造性的重要途径。为了客观、公正地评价该院科技人员的科研业绩，鼓励先进，营造积极向上的科研与学术氛围，进一步提高该院科技创新能力，充分借鉴全国有关高校、科研院所成功经验，编制该院《科研人员工作业绩考核暂行办法》，规定了科研工作量计算范围、科研工作量计分标准（研究项目类别及计分标准、学术论文类别及计分标准、著作类别及计分标准、成果类别及计分标准、培养研究生等计分标准、项目主要成员或单位排序权重系数）、业务科室各职称人员年度工作量，提出了绩效工资发放办法。

【人才队伍建设】 该院科研人员在进行各项科研工作的同时，也注意了各种边缘学科的学习，及时了解国内外中医药研究发展动态，掌握最新的中药研发资料，对一些先进的技术进行跟踪学习研究。一是邀请了国内外医药专家来该院进行技术指导和讲座，全面提升该院科技水平；二是创造条件，派科技人员到北京、上海等地进行学习。三是加强科技人员的梯队建设，深化干部人事制度改革，建设高素质干部队伍；接受来自桂林医学院、广西中医学院等院校实习生102名；引进各级专业人才2名，从高校毕业生中录用硕士生、本科生共10名。

（赖克道）

广西壮族自治区职业病防治研究院 广西壮族自治区工人医院

【概况】 广西壮族自治区职业病防治研究院前身是广西壮族自治区职业病防治研究所，1979年正式独立建制，全国首家三级甲等职业病专科医院，广西壮族自治区唯一独立的职业病防治机构，同时加挂有广西工人医院、广西中毒急救中心、广西化学物质毒性检测所、广西核辐射事故医学应急中心的牌子。该院是广西卫生厅直属的非营利性医疗卫生事业单位，是自治区疾病预防控制体系的主体单位之一，是自治区唯一的职业卫生与职业病防治和中毒急救及核辐射事故医学救治的专业机构，是广西各级医院中毒急救和核辐射及恐怖伤害事故医学救治的技术指导中心，是广西卫生厅唯一定点储备中毒特效解毒药品的医院；是广西劳动社会保障厅指定的职业病诊断与劳动力工伤伤残鉴定和康复治疗医院，是广西卫生厅批准的唯一合法的可以从事职业健康体检和职业病诊断鉴定的省级三级医院，是全国明明白白看病百姓放心医院，是全国唯一通过卫生部评审的国家三级职业病专科医院，是自治区和南宁市医疗保险定点医院，是广西唯一合法的可以进行建设项目职业病危害评价的具有卫生部甲级资质的职业卫生技术服务机构，是广西唯一的具有卫生部化学品和农业部农药毒性鉴定资质的实验室，并已取得国家计量认证、国家认可实验室、办公和住宅室内空气质量卫生评价等资质。

单位职能　该院承担广西厂矿、企业等工作场所有毒有害物质浓度的检验检测、化学物质毒性检测、急性中毒救援、职工职业健康体检、职业病诊断与治疗、职业病患者致残程度鉴定、建设项目职业病危害预评价及其控制效果评价、核辐射及恐怖伤害事故现场的医学应急处理及其伤害的医疗急救与治疗、职业病危害及中毒和核辐射事故防护与防治技术研究等项工作任务。所出具的职业病和职业相关疾病诊断报告具有法定权威性。

科室设置　医院核编床位300张，可开放床位500张。设有6个病区：综合病区（一区、二区）、尘肺病区、中毒病区（一区、二区）、老年病区；1个重症监护室；两个综合门诊部：青山门诊部、院门诊部；1个河堤社区卫生服务中心；9个研究所室：职业卫生防护研究所、职业病临床研究所、职业病危害评价与控制所、中毒与毒理研究所、化学品毒性鉴定所、职业健康促进研究室、粉尘与尘肺研究所、理化检测研究所、核与辐射防护研究所所；1个职业健康体检部；1个机动车驾驶员体检部；15个临床、医技辅助科室：药剂科、检验科、物理诊断科、放射科、病理科、共用实验室、呼吸功能诊断治疗室、内窥镜室、康复科、输血科、口腔科、妇科、预防保健科、营养科、病案信息室。

科技队伍　2013年末，该院有在职职工521人，其中，主任医师、教授12人，副主任医师级26人，主治医师级41人；有博士1人，硕士学位31人，留学回国人员1人，获国务院特殊津贴专家2人（退休人员）。

【科技项目与经费投入】 2013年，该院共承担研究与开发项目27项，投入（支出）科研经费95万元，其中拨款48万元，自筹47万元。其中，国家环保部和广西环保厅横向课题1项，广西科技厅3项，广西中医药局1项，广西卫生厅17项，自选项目4项，广西发改委1项。

【科研成果与转化】 2013年，该院完成科研课题4项。修订的诊断标准获颁布实施1项，发表学术论文117篇，其中国内核心专业期刊61篇，其他期刊56篇。

【人才与创新团队】 2013年，该院继续加强国家临床重点专科建设、自治区化学中毒紧急医学救援队和核辐射紧急医学救援队能力建设、中毒与毒理重点学科能力建设以及尘肺病的防治能力建设，通过加强各学科建设，使科研、临床、教学紧密结合，以专业特色为建设方向，不断提高整体学术、技术水平，抓好学科配套设置和学科建设规划，培养一批高素质、高水平的学科带头人及学术骨干，使科研水平和创新能力不断提高。

【科研平台建设与科研仪器设备】 2013年，该院业务范围涉及急性化学物中毒与核辐射突发公共卫生事件的现场应急处置和临床救治，职业病的诊断、治疗与康复以及职业病劳动能力鉴定等。随着国家职业病临床重点专科的建设，该院技术服务能力以及急慢性职业病和化学品中毒危重症患者救治、尘肺病等诊疗水平将进一步提升，从而促进了广西职业病医疗卫生技术水平提高，并起到技术示范、辐射作用。

该院肺灌洗治疗项目是卫生部列为国家培训项目及培训基地，每年均有自治区内外职业病治疗机构的临床医护人员到该院学习交流这一技术。

该院中毒与毒理重点建设学科，与全国14个省18个地区106家农药生产企业建立了业务来往。先后与中国疾病预防控制中心职业卫生与中毒控制所、北京劳动卫生与职业病研究所、北京医科大学、上海医科大学等合作开展多项课题研究，为实验室的科研技术奠定了良好基础。

该院拥有美国安捷伦公司7890A/5975C型气相色谱—质谱联用仪、美国PE公司和热电公司原子吸收分光光度计各1台、美国贝克曼高效液相色谱仪、日本导津气相色谱仪、原子荧光分光光度计、日本日立7080型全自动生物化学分析仪、美国拜尔248型血气分析仪、日本奥林巴斯V70型电子胃镜和纤维支气管镜、德国费森尤斯4008S型血透机和德国西门子公司VX型数字摄影X线系统、西门子16排CT、50KW数字摄影（DR）车等一批大型进口医疗与检验仪器设备。顺利通过了中国合格评定国家认可委员会（CNAS）对实验室的监督评审、广西质量技术监督局对该院的监督评审，具有国家级建设项目职业病危害评价甲级资质、卫生部化学品和农业部农药毒性鉴定资质、职业病诊断鉴定和职业健康监护资质、住宅室内空气质量卫生评价资质等。

【科技交流与合作】 该院注重对外交流与合作，先后派科技人员前往日本、美国、澳大利亚、英国、瑞士、巴西等国家进行学术交流和学习培训；与世界卫生组织合作"世界卫生组织广西职业卫生现状调查与分析项目"，中澳合作"中英职业健康监护与职业病诊断制度研究"，与国家环保局、环保厅共同合作完成了"全国重点地区环境与健康专项调查广西南丹试点地区调查"，与中国疾病预防控制中心职业卫生所合作完成了"尘肺病的诊断标准修订""健康监护单元（DR尘肺诊断技术）""职业健康与环境监测体系现状调查"等课题。

该院是山西医科大学、广西医科大学公共卫生学院、广西中医药大学、广西右江民族医学院、广西卫生管理干部学院、南宁市卫生学校、广西药科学校等多个学校的教学实习基地，与广西壮族自治区人民医院、桂林市第二人民医院为技术协作医院。该院作为广西职业卫生和职业病防治技术队伍的业务培训和技术指导中心，每年举办10多期广西各类职业卫生专业技术培训班，培训自治区内各类专业技术人员近2千人次。同时，该院还是全国肺灌洗培训与治疗的技术指导中心，每年有来自全国各地的进修生到该院进修支气管肺灌洗技术等。

（李小萍）

广西壮族自治区皮肤病防治研究所

【概况】 该所始建于1958年6月，2000年经自治区编委桂编［2000］105号文和自治区人民政府办公厅桂政办发［2001］91号文批准，增挂"广西壮族自治区皮肤病医院"牌子，成为集"疾病控制与临床、培训、科研"为一体的唯一一所省级皮肤病防治专业机构和三级皮肤病专科医院，是自治区卫生厅直属单位。主要职能是负责全广西皮肤病（含麻风病）的预防、诊断、治疗、康复等工作。并作为全广西皮肤病防治指导中心及性病临床、科研、培训基地，承担着全广西麻风病、性病的预防控制、突发事件的应急预警处置、疫情信息收集报告、检测检验评价、健康教育、麻风病的医疗康复等公共卫生职能。

该所是省级艾滋病抗病毒治疗定点单位，广西性病病原体分离检测及中西医结合治疗性病的研究基地，1991年起成为国家级和省级性病监测哨点单位。2006年该所性病门诊成为广西唯一拥有国家级规范化性病门诊称号的单位，2013年该所性病实验室通过了国家级认证，成为省级性病中心实验室和广西性病检测技术指导中心。

该所设有皮肤病、性病、麻风病和药物研究室以及临床部。临床部设有皮肤科、性病科、医学美容中心、中西医结合、内科、外科和妇产科门诊以及住院部、检验中心等临床科室，实际开放床位60张，年门诊量11万人次。

【科技队伍】 2013年末，该所有在职职工118人，其中卫生技术人员90人，其他技术人员18人，行政后勤10人；其中主任医师级4人，副主任医师级15人，主治医师级27人；具有研究生学历或硕士学位者10人。

【科研项目与经费投入】 2013年，该所共承担各级各类项目4项，其中国家级课题1项，厅级课题3项。投入经费10万元。

【科研成果与转化】 2013年该所发表学术论文20篇，其中SCI期刊收录1篇，国内核心专业期刊10篇，一般专业期刊9篇。

【麻风病防治】 2013年，该所在中国麻风病控制中心和广西卫生厅的指导下，紧紧围绕《全国消除麻风病危害规划（2011—2020年）》、《广西消除麻风病危害规划（2011—2020年）》和《广西消除麻风病危害规划实施方案（2012—2020年）》，制定了以发现麻风病人为重点的“七大对策”。一是完成年度发现新麻风病人目标。依托中央财政转移支付经费和自治区财政专项补助经费，狠抓发现病人、治疗病人、康复病人三个环节，取得了较好成效。2013年广西共发现新麻风病人50例，其中多菌型病人30例，少菌型病人20例；复发3例，迁入1例。对新发现的病人给予了联合化疗（MDT），完成治疗病人数52例，临床判愈68例，现症病人221人，在治病人106例。二是强化宣传教育，群众麻风病知识知晓率不断提高。在自治区卫生厅的支持下，拍摄了《麻风病早知道》科教片，制作了2000张委托广西八桂同映农村数字电影院线有限公司陆续在全广西各地区放映4067场。制作了《麻风可防可治不可怕》宣传展板6500块，下发至全广西乡镇卫生院、村卫生所悬挂；发放《基层医生麻风病防治教材》等各种宣传资料25万份给各市县医疗机构和群众；通过报刊、电台等传媒宣传麻风病防治知识，南宁市利用公交车滚动字幕播放“麻风病防治核心知识”，覆盖76条公交线路2000辆公交车172万人口。据调查，至2013年末，农村居民、在校学生、密切接触者的麻风病知晓率分别为56%、89%、97%。三是强化培训与督导。继续加强对全广西麻风病防治骨干进行技术培训，举办全广西麻风病相关业务培训班2期，培训麻防人员41名。同时，加大了业务督导力度，组织专家先后到玉林市、百色市召开麻风病防治工作座谈会，对存在问题给予了现场指导，先后派出麻风病专家到全州县、荔浦县、隆安县、岑溪市等地开展麻风病疑似病例会诊工作。四是加强对麻风康复物资的招标采购和分配发放管理，保证了全广西麻风病人的免费治疗及畸残预防工作的开展。全年发放联合化疗药物MB泡板1176板、PB泡板36板，反应停4500瓶，发放麻风溃疡护理物资500箱、自我护理物资2500箱、防护鞋3000双、座便椅80张、防护手套2500双及1万多份溃疡护理易耗品。五是顺利通过了全国“麻风病知识培训现场效果评估”暨“麻风病防治管理信息系统考核”考评，并受到了考评组较好的评价。六是建设好全国麻风病防治信息系统平台，实现了全广西麻风病疫情的实时监测和流行动态监测。全广西通过麻风病防治信息系统累计录入了13万余条随访数据，方便了麻风病防治信息的利用与共享。七是指导各地将麻风病防治工作指标纳入公共卫生服务体系进行考核，确保了麻防工作任务的落实。

【性病防治】 该所承担着广西性病疫情监测与防治技术指导，以及艾滋病综合防治和梅毒预防控制工作。2013年按照《广西预防与控制梅毒规划（2010—2020年）实施方案》、《广西医疗机构性病诊疗管理规范（2011）》和《广西医疗机构性病诊疗质量评价标准（2011）》、《广西梅毒诊断和疫情报告管理实施办法》等文件要求，开展了性病防治及艾滋病、梅毒控制工作。全广西性病疫情稳步下降。2013年性病疫情同比下降了35.21%，其中梅毒疫情同比下降了55.37%，广西成为2013年全国梅毒疫情下降幅度最大的省，中国疾病预防控制中心性病预防控制中心对广西性病疫情大幅度下降给予了充分的肯定。强化督导与考评，顺利完成国家赋予该所的任务。加强了对4个国家性病疫情监测点和13个艾滋病综合防治示范区的性病防治工作督导。先后多次深入监测点和示范区，对性病门诊病历、门诊日志等相关资料进行了现场核查，对性病的诊断和治疗的规范性进行了评估，对疫情报告、实验室开展性病（梅毒）检测的操作等规范性进行了检查，使监测点和示范区的日常工作进一步规范，为全广西性病防治工作充分发挥引领示范作用。2013年4个监测点和13个示范区梅毒报告病例现场核查准确率分别为91.77%、84.31%，达到了国家艾滋病性病防治质量考评方案第13项国家级性病监测点和示范区梅毒报告病例现场核查准确率分别不低于 90% 和 80% 的目标。首次组织开展了广西梅毒实验室室间质评活动，参与率为 100%，合格率为 96.15%。四是加强性病临床诊疗从业人员的技术培训。举办培训班 [illegible] 期，邀请国家级、自治区级性病专家讲课，共培训相关专业技术人员 1092 人次。强化宣传与效果评估。依托全广西规范化性病门诊，累计发放性病防治知识要点宣传画、性病诊断标准知识要点与报告要求小折页等宣传资料 10 万份。为确保宣传效果，组织全广西 6 个市在城市居民、农村居民、在校学生、流动人口、高危人群（暗娼）、高危人群（MSM）6 大类人群中开展了广西梅毒预防知识知晓率问卷调查，结果显示 2 类高危人群对梅毒防治知识的知晓率最高，分别达到 97.50% 和 98.48%；农村居民及流动人口的知晓率较低，分别为 64.21% 和 64.75%。调查结果为贯彻落实《中国预防与控制梅毒规划》及《广西预防与控制梅毒规划实施方案》提供了宣传方向和科学依据。为配合艾滋病综合防治工作，继续在全广西范围内发放性病干预服务包 4.5 万个。并对其使用效果进行了评估，结果表明对预防艾滋病、性病的传播起到了积极作用。继续加强全广西规范化性病门诊创建工作。2013 年督导创建了 13 个规范化性病门诊，全广西累计已有 137 家单位通过评审，基本实现了 1 个县至少有 1 家规范化性病门诊的目标。

【人才与创新团队】 为落实“科技兴所”的发展战略，实现跨越式发展的目标，该所本着有利于学科发展和科技队伍建设的原则，努力建设一支规模适当、结构合理、素质优良，富有创新精神和创造能力的高水平人才队伍。引进高层次人才的同时，重视引进有真才实学、发展潜力和培养前途的中青年骨干。创造留住人才的环境。注重学科带头人的培养。积极推进创新团队建设，在组织上创新，在管理上创新，在政策和资金上给予支持。

【科研平台建设与科研仪器设备】 2013 年，共投入经费 230 万元，购置了皮肤冷冻系统、调 Q 激光仪、点阵激光仪等一批新仪器设备，通过引进先进科研仪器，该所的研究水平和能力得到了提升。至 2013 年底，该所还拥有西门子彩色多普勒超声仪、美国三维皮肤 CT、自动酶联免疫分析系统、全自动生化分析仪、电子阴道镜、皮肤美容光动力治疗仪、半导体激光机、电脑生物组织脱水机、自动粉末包装机、坐式熏蒸机、荧光显微镜、血细胞分类仪、微生物鉴定仪、基因扩增仪（PCR）、酶标仪、MORA 生物共振诊断治疗仪、SS-05 型全身—局部辐射式紫外线光疗仪、表皮移植机、激光治疗仪、光子嫩肤机、丝柔光脱毛/痤疮治疗仪和 YAG 调 Q 激光机等本专业领域国内先进的诊疗设备，以及性病诊断试剂生产、外用药制剂配制等技术。

【信息化建设】 2013 年，该所信息化建设稳步推进，取得了一定成效。重视和加强信息化建设。加大投入，不断更新、添置硬件设备，现共有电脑 80 多台，能满足各部门日常办公需要。构建全所统一的局域网，已实现办公自动化、公文流转、数据共享、流程同步、综合性信息化办公基础网络平台已基本建成，使“无纸化”办公迈开了坚实的一步。继续建设好研究所网站（http://www.gxpys.com），作为对外交流和宣传的重要窗口。打造惠民信息服务平台。利用大型电子荧屏、公共信息触摸屏查询系统、预约挂号等信息服务项目，为广大病友提供多元化的信息服务平台。重视信息安全工作。

【科技交流与合作】 2013 年，该所注重对外科技交流与合作。加强与中国医学科学院皮肤病防治研究所、山东省皮肤病防治研究所、广西医科大学等院校的科技合作与交流，横向联合，取长补短，实现科技资源的优化配置，进一步推动该所科研水平的提高。

（谢俭）

广西壮族自治区疾病预防控制中心

【概况】 该中心前身是广西壮族自治区卫生防疫站、广西壮族自治区寄生虫病防治研究所和广西壮族自治区健康教育所，2001 年 8 月重新组建正式挂牌成立，同时增挂“广西壮族自治区卫生监测检验中心”、“广西壮族自治区预防医学研究所”两块牌子，保留“广西壮族自治区健康教育所”牌子。2011 年 8 月，组建成立“广西壮族自治区食品安全风险监测与评估中心”。广西壮族自治区疾病预防控制中心承担着广西疾病预防与控制、突发公共卫生事件应急处置、疫情报告及健康相关因素信息管理、健康危害因素监测与干预、实验室检测分析与评价、健康教育与促进等工作职责，是集技术管理与应用研究指导为一体的全民公益性卫生事业单位，是广西卫生监测检验业务技术的指导中心。

2013年末，该中心共有在职职工457人，其中博士与在读博士13人，硕士与研究生174人；获高级专业技术资格105人。4人享受国务院政府特殊津贴，1人入选新世纪百千万人才工程国家级人选，1人获卫生部有突出贡献的优秀中青年专家称号，2人为广西优秀专家，5人入选广西十百千工程人才工程人选。

【科研项目与经费投入】 2013年，该中心获各级科研立项23项，其中国家级科研立项3项，省部级科研立项9项，厅局级科研立项11项，科研协作项目立项26项。获各级各类科研经费支持1455万元，其中科研立项经费255万元，科研协作项目经费1200万元，中心自筹配套科研立项经费70多万元。

【科技成果及推广应用】 2013年，该中心获科研成果奖4项，其中广西科技进步奖三等奖1项，广西医药卫生适宜技术推广奖一等奖1项、二等奖1项、三等奖1项；在国内外学术期刊上公开发表论文195篇，其中SCI论文6篇，中文核心期刊40篇。主办的《应用预防医学》杂志是全国性预防医学学术期刊，2013年影响因子为0.426，位居全国省级疾控中心主办的预防医学期刊第7位。

农村饮水卫生监测与干预技术集成体系 项目应用流行病学方法和卫生监测检验、信息收集与评价和风险评估等技术，科学构建了有效保障农村饮水安全和卫生防病的技术集成支撑体系。该项目研究成果：研发了农村饮水水质卫生监测和风险评估体系，科学构建了监测—风险评估—信息报告与反馈—信息利用—风险管理与风险控制的技术和干预集成体系。创新提出了“水质监测以日常监测为主转化为关键点控制的综合高效干预新模式”，实现了研究成果实时转化为自治区人民政府制定广西农村饮水安全“十一五”、“十二五”规划和相关政策的重要内容，促使广西农村饮水从饮水解困向饮水安全转变，促进广西农村集中式供水水质合格率年平均提高10%以上，全自治区重点介水性传染病发病率和水性爆发疫情明显降低，水性氟中毒明显控制，防病效果显著。构建全自治区动态农村饮水水质和水性疾病数据库，在国内首次利用集成信息筛选出引起水性疾病发生的关键危险因素，发现广西农村饮水水质微生物指标污染是影响饮水安全的系统风险，氟化物、镉、铅等毒理学指标存在散在点状风险，为准确找出系统性和局部饮水安全风险提供信息支持。开发和应用饮水安全突发事件应急处置技术体系，为破解突发性水源污染导致的饮水安全危机提供关键技术及应急干预措施。8年来采用该技术成功应对饮水污染突发事件62次，尤其是龙江河突发环境事件和广西西北和西南部遭遇特大旱灾时，采用该技术进行应急监测、风险评估等有效干预措施，取得显著效果。首次建成覆盖全自治区107个县的农村的饮水卫生监测体系，及时准确捕捉到农村饮水水质卫生污染指标，为科学决策提供“看得清”的技术支撑。该研究成果已被国内外同行广泛认可和推广应用，得到全国爱卫办领导和世界卫生组织（WHO）专家的好评。同时，为各级政府和水利、卫生等部门发挥着“说清水质卫生、支撑决策、服务健康、服务民生”的重要作用。发表论文98篇，其中：被引用50篇，共引用268次，核心期刊39篇。项目实施中直接产生卫生防病效益达5.57亿元，卫生防病投入产出比例达1∶32.26。经广西科技厅组织成果鉴定，研究成果达到国际先进水平，获2013年广西科学技术进步奖三等奖、广西医药卫生适宜技术推广奖一等奖。

广西慢性病及其危险因素监测体系建设与应用 项目属于预防医学慢性病防制研究领域。在广西经济乏发达、卫生资源有限的条件下，通过阶梯式分阶段的设计方法，以连续的定期现场测量为主要监测形式，采用大样本流行病学现场调查方法（问卷、体测、采血）和实验室检测技术，对样本人群的体质、行为、意识全方方位开展监测，成功建立起一个目标明确、持续、有效的广西慢性病及其危险因素监测体系。该项目研究成果：首次在广西以阶梯式分阶段的设计方法，成功建立了慢性病及其危险因素监测体系，明确了体系建设的架构，为广西各地开展慢性病及其危险因素监测提供了新的模式。本体系的建设有效提升和加大了当地卫生行政部门对慢性病防制工作的重视力度和防治队伍建设及能力培养，建立一支覆盖省级、市（县）级和乡级技术成熟的慢性病危险因素监测工作队伍（约800多人）。体系

的监测数据资料，填补了广西慢性病及其危险因素流行现状研究的空白，成为广西卫生行政部门制定慢性病相关研究和防制政策的科学依据，对广西预防和控制慢性病的发生与流行起到了积极作用，取得了很好的社会效益与经济效益。该研究项目完成市厅级科研课题 1 项，先后在国内刊物公开发表科技论文 13 篇，其中核心论文 9 篇（中文核心 6 篇、科技核心 3 篇）。在该研究成果应用的带动下，广西先后建立了慢性病新发病例报告监测、伤害监测、肿瘤监测等多项慢性病防治工作监测系统，开展了慢病综合防治示范区建设工作。随着本研究体系的发展，监测指标和范围的不断扩展，监测资料以及监测队伍将在广西慢性病预防控制工作中进一步发挥出积极的和重要的作用，具有很好的应用前景和推广应用价值。经广西科技厅组织成果鉴定，研究成果达到国内先进水平，获 2013 年广西医药卫生适宜技术推广奖二等奖。

重点传染病关口前移的监测方法与运行机制研究　在医疗机构建立发热门诊，并按要求填写每日接诊的发热病例的人数，对发热呼吸道病例、发热肺炎病个案调查表，采取逐级上报的方式确保及时排查可疑疫情，及时发现 SARS、人禽流感、甲型 H1N1、麻疹等重点传染病可能灶状流行的前兆及预警病例，确保传染病的早发现、早诊断、早隔离、早治疗、早调查控制，预防疾病蔓延。该研究结果表明：该方法运用于基层开展传染病监测，敏感性高、降低误报，减少成本，且可以弥补传统疾病监测系统的不足，使疾病监测的系统更加完善。研究成果已发表 6 篇论文，其中国外 SCI 杂志发表 2 篇，国内核心期刊发表 2 篇，省级杂志发表 2 篇综述。主要创新点：监测表格创新，监测表格兼顾病例与症状监测，兼顾病症发生趋势与同类人群动态反差对比，提高监测敏感性与时效性；一线临床医生培训上取得突破，使临床医生熟悉重大传染病诊断、监测报告程序，遇到可疑病例时询问相关流行病学史、做有关检查并及时报告保健科，克服了我国现行的传染病监测系统，存在着缺乏筛查过滤和临床医生发现病人的监测能力不足等问题；制定个体疑似病例监测关口前移报告程序与实施机制创新，疑似病例监测报告上采用技术把关行政确认，逐级筛查上级定论的程序与机制，确保灵敏及时又准确有序。尤其在保健科反应和医院专家组会诊与报告机制上取得突破，使得医院筛查及时全面，提升报告的正确性，避免了报告不准确或乱报造成人力物力的浪费和社会恐慌的负面影响。经广西科技厅组织成果鉴定，该研究成果达到国内领先水平，获 2013 年广西医药卫生适宜技术推广奖三等奖。

【人才与创新团队】　该中心 2002 年率先在全自治区卫生系统内推行首席技术专家制，分别设立细菌、病毒、寄生虫、公共卫生、慢性病、卫生检验、健康教育促进和卫生网络信息管理 8 个学科首席专家，着力打造领军人才。鼓励青年专业技术人员积极开展科学研究，利用中心经费每年资助 10 名～12 名 35 岁以下年轻人中心课题科研立项。柔性引进中国工程院院士庄辉教授、陈君石研究员分别担任病毒性疾病预防控制与疫苗研究、健康保健与公共卫生领域的首席科学家。2012 年借助博士后科研工作站优势，引起 2 名博士开展博士后科研工作，其中一名博士后为留学回国人员。2013 年，首位博士后顺利出站。2013 年柔性引进中国医学科学院/北京协和医学院党委书记、常务副校长，北京大学公卫学院教授、博士生导师李立明；香港中文大学公共卫生学院院长唐金陵；香港大学终身教授管轶；国家食品安全风险评估中心首席技术专家吴永宁等 4 名国内高级技术专家。

【科研平台建设与科研仪器设备】　2006 年该中心入选广西人才小高地，2008 年获国家人力资源和社会保障部批准设立博士后科研工作站，2012 年获自治区党委、政府批准，设艾滋病防控关键技术八桂学者岗位。创建涵盖细菌性疾病、病毒性疾病、寄生虫病、免疫规划、卫生监测检验、慢性非传染性疾病和疫苗临床研究 7 个学科平台；每个学科平台设台长、副台长、学科专家委员会。拥有广西医疗卫生重点学科 1 个（细菌性疾病防制学科）、重点建设学科 2 个（人体寄生虫学科、食品安全与环境卫生监测检验学科）。该中心有工作用房 3.3 万平方米，其中实验用房约 1.2 万平方米，在建应急物资储备中心建筑面积达 1.6 万平方米。设备 4700 余台，价值 1.13 亿元，50 万元以上大型贵重仪器设备占设备总价值的 31%。有基因序列分析仪、流式细胞仪、全自动荧光免疫分析系统、荧光定量 PCR 仪、全自动生化分析仪、CT 机检测设备、四路低本底 α 与 β 测量仪、原子吸收分光光度计、原子荧光分光光度计、高效液相色谱仪、气相色谱仪、气一质联用仪、全自动免疫印迹仪、能谱仪、全自动菌落计数仪、厌氧培养系统、薄层分析仪、病原纯化层析仪等一大批先进精密仪器设备。建立有艾滋病确认实验室、保健食品功能学检验实验室、农药登记药效实验室、实验动物使用许可 SPF 级、实验动物质量检测实验室。2004 年通过实验室国家认可，2005 年通过国家级计量认证，获国家认监委认证和 CNAS 认可的检验能力共有 9 大类 25 个分类 881 个参数和 73 个产品。

【科技交流与合作】 该中心 2007 年与广西医科大学公卫学院联合培养“流行病与卫生统计学”、“病毒学”、“医学寄生虫学”等专业硕士研究生。2012 年 9 月 11 日，与中国疾病预防控制中心合作的中国现场流行病学培训（Field Epidemiology Training Program，FETP）广西基地在中心揭牌成立。2012 年 12 月 20 日与广西医科大学共建“广西公共卫生人才培训基地”正式挂牌成立；2013 年 12 月 19 日与桂林医学院共同签署协议“桂林医学院公共卫生人才培训基地”正式挂牌成立；中心先后与世界卫生组织、联合国儿童基金会、国际免疫专家组和英、美、法、日、泰、韩、澳大利亚、比利时、瑞典、越南、香港救世军等 23 个国家、国际组织和地区进行了广泛的合作交流。

【信息化建设】 2007 年组织创建了中心论文管理系统（数据库），共收录论文 3700 篇。同年，建立档案管理数据库和图书馆数据库。2008 年，从自治区到中央的疫情信息虚拟专用传输网（VPN），升级改建成全广西疫情信息虚拟专用传输网（VPN），实现了全广西网络直报。2010 年，建立办公自动化 OA 系统。2013 年起中心制定 3 年计划，每年筹资 150～200 万元，用于建设覆盖中心业务、行政办公全方位的自动化信息工作平台。

（蒙晓宇）

广西壮族自治区药用植物园

【概况】 广西壮族自治区药用植物园（广西壮族自治区药用植物研究所，中国医学科学院药用植物研究所广西分所），创建于 1959 年，占地面积 202 公顷，是广西壮族自治区卫生厅直属的从事药用动、植物资源收集、保存、展示、科普教育；药用动、植物资源保存与利用、特色中药资源、民族药资源产品开发、中药材产品质量检测技术与标准研究；中药材产品质量标准起草以及检测服务的公益性事业单位。被誉为“立体的《本草纲目》”并获“最大的药用植物园”吉尼斯世界纪录，是国家 AAAA 级旅游景区、国家科普教育基地和国家中医药文化宣传教育基地。

2013 年，药园依托中药资源普查，通过野外收集、有偿合作采集和国内外种子交换等方式，加大药用资源收集工作。全年新增活体保存 750 种，活体保存达到 4500 种；新增离体保存 98 种，库存物种达 342 种；新增种子保存 292 种 800 多份，库存种子达到 5000 份；新增馏分保存 300 个药材 3000 份，库存馏分达到 9000 份。通过多种保存方式，实现新增物种 1250 种（其中 250 种已引种至药园，1000 种在过渡驯化中），物种保存达到 8600 余种，药园资源保存地位进一步提升。

【科技队伍】 该药园科研团队总人数 232 人，其中：正高 8 人，副高 21 人；博士 21 人，硕士 76 人。拥有一支高层次科技队伍：国务院政府特贴专家 1 人，中国工程院院士顾问 5 人，“西部之光”访问学者 5 人，八桂学者 2 名，特聘特聘专家 1 名，广西“十百千”人选 4 人，客座教授 33 人。

【科研项目与经费投入】 2013 年组织申报各类科研课题共 147 项，其中申报国家级项目 29 项，省部级 77 项，厅局级 25 项，药园科研基金 16 项，申报国家级和省部级项目与 2012 年同比增长了 3.6%和 8.5%。在申报数大幅增长的同时，申报课题的规模也有很大提高。2013 年组织策划申报国家“重大新药创制”等重大科研项目 5 项，共申请经费 6815 万元；同时积极争取广西科技计划重大专项滚动支持。

2013 年共获得批准立项课题 50 项。其中国家自然科学基金立项 3 项与 2012 年同期持平，获资助经费 121 万元同比增加 10%；广西自然科学基金立项 13 项，获资助 115 万元，与 2012 年同比分别增长了 160%、76.92%，这是药园申报广西自然科学基金项目取得的历史性突破。

另外，药园获得省部级项目立项 22 项，厅局级项目 15 项，横向课题 7 项，南宁市项目 2 项，平台建设项目 1 项。同时负责牵头打包广西科技厅大项目“广西特色药材良种选育繁育、规范化种养加工技术研究与示范”，共16个子课题的重大专项计划项目。2013年新增课题经费达1337.968万元（含牵头项目经费），其中药园承担课题的经费为1007.908万元。

截至2013年底，药园在研课题225项，在研课题经费4178.67万元（含牵头项目经费），其中药园承担课题的经费为3493.67万元。与2012年在研课题经费3428.043万元（含牵头项目课题经费）相比增加了22%。

【科技成果与转化】 在科技奖项方面，积极组织申报相关科技奖，共获得广西自然科学奖三等奖1项，广西医药卫生适宜技术推广奖二等奖1项。

在专利申报方面，共组织申请国家发明专利12项，获得国家知识产权局授权6项，同时，协助科技人员向广西知识产权局申请专利资助和奖励共16项（次）。

在标准化建设工作方面，2013年共组织研究和制定了9项由广西食品药品监督管理局批准的瑶药质量标准，另外正在承担10项瑶药质量标准的研究；同时，完成了14项由广西质量技术监督局批准立项的广西地方标准项目，涉及了中药材种子种苗要求、快繁技术、检测方法等方面。

发表论文134篇，其中SCI论文20篇，核心期刊论文87篇；参编著作6部；编写广西地方标准23项；成果鉴定3项；获得专利授权6件；获得广西自然科学奖三等奖1项；广西医药卫生适宜技术推广奖二等奖1项。所获成果均为药园历年之最。

在2012年建设的基础上，2013年华夏本草医药有限公司完成了由集团化运作到各板块独立运营的改革。药品和饮片销售方面，初步建成了遍布全国各省的药品销售网络，产品逐步进入医院、药品市场；种子种苗生产规模不断扩大，公司已成为自治区最大铁皮石斛种苗供应商之一，并建成在全自治区名列前茅的铁皮石斛种植基地；保健品生产和品牌打造取得较大突破，公司推出了新保健酒产品——金玉酒，并于2013年8月，被指定为第十一届中国—东盟商务投资峰会指定用酒；公司全年实现产值5287万元，销售额4615万元，利润51万元。

【人才与创新团队】 组建特聘专家团队　根据药园科研发展需要，2013年7月，人力资源部组织进行2013年度八桂学者、特聘专家申报工作。申报经过精心准备与积极争取，药园新引进的海外归国专家吴无畏博士获得天然药物抗病毒研究岗位特聘专家称号，弥补了药园一直没有自治区特聘专家的空白。

推进博士后工作站建设　2013年药园博士后工作站累计出站2人，进站1人，建站至今，已先后有6名博士进站从事研究工作，3名博士后顺利完成工作任务，通过答辩出站。相对于建站之初博士后工作站人难招、人难留，完全依赖总所流动站扶持的窘况，现在药园博士后工作站不仅完成了国家博管会的工作任务，不再有摘牌之忧，而且与暨南大学、广西大学的流动站建立了良好的合作关系。2013年6月，中国工程院院士姚新生还亲自到药园，为他的学生邱莉主持了出站报告答辩会。2013年在站博士后共发表4篇SCI文章和1篇核心期刊，并且还第一次获得了国家博士后面上资助3.5万元。

小高地建设专项经费获丰收　2013年，在先后共有5批40余家小高地先后获批建设，而在人社厅专项经费总额增加不多的前提下，积极按规定进行申报，对2013年全年人才小高地工作科学安排，对经费合理预算，共获批预算金额110万元，加上各类人才培养的经费资助，先后共获人才经费近130万元，为药园的人才团队建设工作提供了有力的资金支持。

2013年药园博士后工作站累计出站2人，进站1人，建站至今，已先后有6名博士进站从事研究工作，3名博士后顺利完成工作任务，通过答辩出站。2013年在站博士后共发表4篇SCI文章和1篇核心期刊，并且还第一次获得了国家博士后面上资助3.5万元。

2013年药园申报各类职称19人，共获得正高技术职称3人，副高技术职称5人，中级技术职称3人。

【科研平台建设与科技仪器设备】 2013年，药园“三中心，二平台”的新科研体系已完成构建。其中，“三中心”分别是药用资源保护与遗传改良研究中心、中药材生产工程技术中心、药用资源开发研究中心，“二平台”分别是中药资源鉴定中心、大型仪器共用平台。

完善资源保护平台建设　2013年，药园根据实际发展要求，开展了药园科研体系改革工作，药用资源保护平台在原有的基础上，并入馏分库与新组建的基因库，形成了由腊叶标本、活体保存、种子保存、离体保存、馏分保存、基因保存为一体的完善的药用资源保护平台。

完善平台建设　国家工程实验室通过验收投入使用，总建筑面积10000平方米的新实验室投入使用，改善了实验环境，增加了科研场所。获得广西科技厅认定的第一批广西院士工作站，建设肖培根院士实验室，在药用植物亲缘学、中药资源开发、药用植物资源评价及品种鉴定、药效学等领域开展研究。

【科技交流与合作】　2013年共有来自俄罗斯科学院科莫洛夫植物所、奥地利格拉茨大学、美国中田纳西州立大学、英国帝国理工大学、比利时鲁汶大学、美国普渡大学、欧盟森林研究院等世界知名的科研院所和机构来访交流共20次96人。在举办2013中国—奥地利中草药夏令营期间，与奥地利格拉茨大学签订国际合作协议，共建中国—奥地利中药研究联合实验室；为推进与美国中田纳西州立大学共建联合研究中心项目，与中田纳西州立大学校长一行座谈，双方研究人员就合作开展的药用植物馏分活性筛选项目进行了详细的汇报，并决定进一步开展深度开发研究；与俄罗斯科学院科莫洛夫植物研究所植物园签订了友好合作战略协议，在种质资源交流、标本鉴定、种子保存技术等方面开展长期合作。通过举办培训班、定期互访和合作研发等方式与奥地利格拉茨大学等3所国外机构建立了常态化的合作交流，药园国际地位显著提升。

组织参加了广西科技活动周、第二、三届广西发明创造成果展览交易会、2013中国—东盟传统医药高峰论坛和第五届中国（玉林）中医药博览会、2013年全国科技活动周广西活动、第二十届中国杨凌农业高新科技成果博览会的活动，第十届中国—东盟博览会，以多种形式将药园的科技成果向公众推广，促进科技成果的转化和推广应用，大大提高了药园科研成果的影响力。

【中药资源普查广西试点工作】　药园承担第四次全国中药材资源普查广西试点省的牵头组织工作及8个县域的普查工作以来，积极履行全自治区普查工作组织实施、协调管理、督促指导等职责。至2013年底，药园普查工作已经完成了6个县域的样方调查，全年调查样地数量155个，采集腊叶标本9675号26273份，采集重点药材65种，拍摄照片61500幅，市场调查种类45种，记录传统知识2项，并协助国家中医药管理局举办多次阶段性成果展，极大地提高了广西普查的技术水平及影响力。

（黎宁兰　黄丹娜）

广西壮族自治区医学科学情报研究所

【概况】　该所创建于1975年，直属于广西卫生厅，属县（处）级事业单位，核定事业编制40人，是自治区级的医学情报信息机构和医药卫生检索查新认定机构。内部结构设有查新咨询部、医学网络部、《广西医学》杂志编辑部、《微创医学》杂志编辑部、《内科》杂志编辑部、《广西卫生年鉴》编辑部、《广西通志·医疗卫生志》编辑部、图书资料室、广西广健医药卫生科技成果推广中心、广西卫生科教管理学会办公室等科室。投入77万元购买科技办公新设备。全所拥有电脑、复印机等设备65台。至2013年末，该所有在职员工36人，其中医学专业技术人员28人，有研究生学历8人。具有高级技术职称13人（其中正高级技术职称5人），中级技术职称8人，初级职称6人，管理类职称3人。自行研发并拥有自主知识产权的广西医学信息网（www.gxmi.com），馆藏医学图书、期刊、文献资料达30多万册/卷（外文文献7.3万册），引进大型全文医学数据库6个。

【科研项目与经费投入】　2013年，《广西医学文献信息服务站建设（研究）项目》课题正在研究中，已完成了广西医学文献信息网站门户的建设并开通试运行，网络覆盖全自治区29个贫困县以下基层医疗卫生机构，为30个县（市）医疗机构免费提供使用账户，通过该平台为基层医疗卫生机构传送医学文献，课题共发展信息共享机构30家，利用该网站开展技术信息讲座，实地培训基层信息人员2014年申请的成果鉴定。《内镜逆行胰胆管造影技术的可视化研究》课题研究，投入资金10000元，项目还在进行中。专业技术人员发表学术论文7篇，医学科普类杂志共5篇。

【人才与创新团队】　2013年，该所安排科技教育培训资金3.95万元用于人才培养，先后组织安排专业技术人员和管理人员参加全国举办的相关医学信息学习班、期刊编辑实务培训班、期刊标准培训班、中华医学会第十九次全国医学信息学术会议（北京）、全国科技查新工作交流会暨科技查新专业委员会成立大会。外出参加全国科技培训班学习21人次。接受中国人民解放军303医院委托代培训了2名医院信息中心的信息员，按计划完成了数据库检索技术应用和期刊编辑业务的相关授课。完成两名公开招聘人员的入编、岗位聘用和工资等手续。一名专业技术人员参加由国家卫生部派遣的中国医疗队援助非洲工作并荣获尼日尔共和国津德尔市政府颁发的“津德尔市荣誉市民”证书，获广西卫生厅奖金奖励。

【医学情报研究与服务】 2013年，继续开展医学信息搜集、研究、整理、推广医学科学情报和经验，编辑出版医学科技期刊和信息咨询服务。

科研课题检索查新服务　全年完成查新项目1838条，其中立项1389条、结题246条、成果203条、查引34条。国内外43条、国内1795条。与上一年度相比，业务数量增长了22.61%。派人参加中华医学会第十九次全国医学信息学术会议和全国科技查新工作交流会暨科技查新专业委员会成立大会，与科技、教育、医疗和军队等不同系统的代表，就查新工作现状、存在的问题、对策措施及业务拓展进行了交流。

文献资料服务　馆藏有2000多种国内外医学期刊，总藏书量30多万册，增加140册。为全自治区医药卫生工作者进行科研立项、研究、撰文、查询等提供文献检索16项，下载200多条。

医学学术期刊编辑出版工作　《广西医学》（ISSN0253－4304，CN45－1122/R）杂志，国内外公开出版发行，为月刊。栏目有：学科寄语、学科建设、学科论坛、论著、临床研究、综述与讲座、经验交流、卫生管理、护理经验、学科文献信息导示、医学外语辅导、继续医学教育等。连续4年进入全国科技核心期刊行列。根据中国知网《中国科技期刊引证报告》（2013版）统计，影响因子为0.724，比2012年提高了25%。影响因子在142种综合性医学期刊中排名18位，比2011年的24位提前了6位。基金论文比0.39，增长22%，其中省部级以上基金论文（国家自然科学基金论文21篇）增长47%。实行网上投稿、查询、在线审稿和编辑、作者远程校对，实现了全自动化管理和无纸化办公。期刊的纸质版、电子版与网络版的同步发行。2013年收到来稿2771篇，用稿658篇。出版12期共1736页。出版周期由原来的8个月～10个月缩短为3个月～5个月。编辑部邀约基金论文，追踪课题研究的进展情况。2013年发表基金课题257篇（项），其中国家级21篇、省部级69篇，广西教育卫生行业基金论文101篇、地市级65篇、社会基金1篇。据中国知网统计，下载量2013年13.36万次（仅为中国知网的数据），机构用户3150个，个人读者分布在30个国家和地区，年发行量24000册，出版字数为400.000字。经中高校科技期刊研究会检索证实，被美国《科学引文索引（扩展版）》、美国《化学文摘》(CA)、美国《乌利希期刊指南（网络版）》(Ulrichsweb）等国外著名数据收录。

《微创医学》（ISSN1673－6575，CN 45－1341/R）为双月刊，全国专业性医学学术期刊，国内外公开出版发行。刊发微创理论研究、微创基础医学、微创手术、内镜技术、腔镜技术、介入技术、显微外科、微创美容、针灸、物能技术、微创设备与器械等相关论文。2013年遴选新编委，组建新一届编委会。全面更新《微创医学》杂志新网页，分类收集往期栏目论文、院士名家、信息动态等，突出各传统学科中的微创专题，加强基金论文的课题约稿。对杂志栏目进行调整，临床研究部分增加英文摘要，经验交流栏目增加中文摘要，不再单独设护理栏目。为刊发更多的基金论文，对国家级、省部级的基金课题论文，实行稿酬制。调试新采编系统和英文校对系统，申报科技核心期刊。中国著名的运动医学关节镜技术专家陈世益教授并刊发报道了其在微创医学领域中的贡献、业绩和技术特长等简介。协办了消化道肿瘤内镜、腹腔镜微创治疗学习班，参会代表200多人。“微创医学技术前沿”栏目邀请到著名微创医学专家秦泗河、沈周俊教授等撰写较有影响的微创前沿技术述评论文。2013年收到全国各地来稿752篇，录用刊发稿件331篇，刊发率为44%。投稿量明显增长，省外作者增多。编审量达200多万字，发行量约3000册。刊发各类基金项目的科研课题论文50篇，国家级课题论文明显增长，有较高学术价值的论著论文50多篇。90%以上的论文均通过网上处理。根据2013年度“中国科技期刊引证报告”，《微创医学》的影响因子升至0.752，总被引频次为2040，《微创医学》杂志的机构用户总数为3080个，2013年的下载多达3.54万次。

《内科》(ISSN1673－7768，CN 45－1347/R)为双月刊，全国性内科学术期刊，国内外公开出版发行。栏目包括：论著、临床研究、临床分析、经验交流、药物与临床、综述、病理报告、护理等，已形成了比较固定的模式。来稿量与同期相比有所上升，但录用稿件回款率低下。内科编辑部采取了多项积极开拓稿源、组稿征文的措施，除了梳理补发录用通知，加快收稿审稿、发出录用通知等各环节工作进度外，重点加强了征文组稿、约稿工作，来稿量及录用稿件回款率有所回升。2013 年收稿件 937 篇，刊出文稿 282 篇，刊出率为 30.10%，年发行量为 7200 册。出版字数为 1100000 字。

【广西医学信息网建设】 2013 年，医学网络部结合科研课题《广西医学科普信息资源共享平台的开发与应用研究》进行网站的信息建设，提供医学科普、报纸期刊、科技查新、医学专家查询、编务系统、医学论坛、医师博客等共 150 多个栏目，实现向基层、乡镇医疗卫生单位提供在线查询最新医学科研进展、新技术、新疗法及相关文献的全文或文摘信息服务，利用图、文、多媒体等形式，普及医学科普知识，发布广西特色医学医药信息，拟收集、分类整理、数字化广西医学信息资料，为大众提供一个成本低廉、访问快捷、内容丰富的医学信息网络平台。网站开展网上投稿、办理科研项目的查新咨询、委托服务等业务。利用医学资源的优势，参与医疗立项研究科研课题，为课题提供科研设计策划、文献资源背景、跟踪科研进展等活动。网站配备网络服务器，多个国内外大型医学文献数据库，电脑及有关设备。已完成了多个自治区内外大型数据库的编程上网、杂志网上投稿、办理科研项目的查新咨询与委托、医学咨询服务、项目招商引资、医学图书期刊网上服务等多个模块的研制。继续优化广西医学信息网各主办杂志网上模块业务，使广西医务工作者可以更为方便快捷的获取医学信息，体现医学信息服务向高速、快捷、全面的新趋势。与全自治区各医疗单位的横向联系，在全自治区范围内推行网上收稿、改稿，突破简化传统出版业务的编辑步骤。建立广西医学信息基础条件平台服务，完善医学信息系统建设，建立完备的网络化医学文献情报数据库系统。接收中文生物医学期刊文献数据库、中国生物医学文献服务（SinoMed)、CNKI 中国知网的数据并更新到服务器。为微创医学杂志设计制作 2013 年封面，重新制作其网页。广西医学文献信息服务站用户续费开通及维护。给 IBM 磁盘阵列续保一年并更换了损坏的硬盘。重装因为服务器磁盘阵列硬盘损坏的中国生物医学文献服务（SinoMed）及 CMCC 解放军图书馆文摘库，恢复正常使用。5 月办理单位域名（广西医学信息网）备案。《广西医学》、《微创医学》、《内科》三种杂志过刊转换 PDF，并打包上传广西医学文章到服务器。已建成的广西医学信息网站（www.gxmi.net)，实现了期刊投稿的电子化、无纸化，完成了主办期刊的排版和投稿系统，可实时在线查询最新医学科研新进展、新技术、新疗法及相关文献的全文或文摘，以及网上办理科研项目的查新咨询、委托服务、提供在线医学信息网络服务等，实现了该所医学信息化。2013 年用户上该网站点击数 305664 次，其中省内用户点击数 166303 次，外省用户点击数 139361 次。

【精神文明建设】 2013 年，参与地方扶贫救灾，到隆安县布泉乡高峰村给特困农户慰问，参加隆安县那桐村修水利，参与清洁乡村道路，到荔浦县马岭社区大堆脚屯实地调研，了解村民需求。投入资金 3.2 万元进行村屯清洁活动。

（何建辉）

广西壮族自治区塑料研究所

【概况】 该所创建于 1964 年，位于梧州市新兴二路 131 号，占地约 3.33 公顷。主要从事研究开发、生产销售各种改性塑料产品及塑料加工助剂，是全国首批建立的省级塑料研究所之一，中国塑料加工工业协会理事单位，中国塑料技术协作委员会理事单位，全国性科技期刊《国外塑料》的主办单位之一，广西国资委直属企业。培养有一批从事研发和加工生产塑料改性的技术骨干，拥有一批先进的塑料加工设备和检测仪器。主要研究和生产各种汽车用改性塑料、聚氨酯泡沫辊轮。

【科研项目与经费投入】 2013 年该所获得自治区科研项目经费共 250 万元，全部投入用于研发、生产各种汽车用改性塑料产品，聚氨酯泡沫辊轮等。

【科技成果及简介】 2013年，由该所与柳州五菱汽车工业有限公司联合开发的科技创新项目“五菱汽车保险杠用PP改性料的研制”通过广西科技厅组织的专家鉴定，该项目成果获广西梧州市2013年科技进步奖二等奖，即将投入产业化生产。

2013年由该所全资投入，组建成立具有独立法人资格的子企业——广西宇丰塑料检测有限公司。这是一家专门从事塑料原料及产品检测（塑料检测、塑料薄膜检测、塑料管检测、塑料成分检测、塑料材料未知物剖析、塑料成分分析、塑料成分定性分析、塑料成分定量分析、塑料检测标准服务）的机构，具有独立为社会提供公证检测数据的第三方检验机构的法律地位。有近40个产品（参数）通过广西计量认证和实验室资质认定。

【人才与创新团队】 该所注重培养科技创新人才和团队，拥有专业技术人员30名，占职工总人数的80%。其中，具有中高级技术职称的15人。

【科技平台建设】 正在培养建设“广西汽车用改性塑料工程重点实验室”，广西塑料研究所全体职工正在为早日建成“广西汽车用改性塑料工程技术中心”的目标而努力。

【科技交流与合作】 该所与中国塑料加工工业协会共同主办有全国性科技期刊《国外塑料》，为塑料行业专家、学者之间的技术交流搭建平台。单位领导带队参加第27届“中国国际橡塑展”，与柳州五菱汽车工业有限公司技术中心结成战略合作伙伴。同时，该所还聘请广西大学教授、行业专家等作为技术顾问。

（黄泽雄）

广西壮族自治区绢麻纺织科学研究所

【概况】 该所是以绢麻纺织工艺技术研究及茧丝绸产品开发为主的专业性研究机构，主管部门为广西国有资产监督管理委员会。所内设有技术开发部、经营部、纺织部等中试车间。2013年除完成广西科技厅等单位下达的科研试验和成果产业化任务外，还在中试车间组织纺织、染整等生产，并进行产品市场营销。隶属所内的科技信息部出版专业杂志《轻纺工业与技术》。2013年末在职职工78人，其中专业技术人员19人，具有高级技术职称5人，中级技术职称6人。

【科研项目与经费投入】 2013年，该所共开展研究与开发项目14项，投入资金339万元，其中财政拨款339万元，自筹经费90万元。列入广西科技厅计划10项，其中广西科技厅下达的成果转化项目4项，广西工信委、财政厅、商务部等单位下达的软课题4项。已验收项目4项，已完成待验收3项，在研7项。

【科技成果及简介】 2013年，该所取得科技成果1项，申请发明专利1项。获广西科技进步奖三等奖1项。

丝副产品在纺织短纺系统中生产丝绢产品的应用 项目针对目前广西丝绢加工仅以缫丝为主，手段单一，大量蚕茧和茧丝副产品廉价外销，加工产业链短、产品附加值低，原料优势没有转化为工业产业优势等现状，使用混纺、复合等纺纱方法，在棉纺工艺上研制开发丝副产品短纤混纺纱线，重点解决丝副产品混纺纱线及针织工艺技术问题，开发系列纱线及针织新产品，形成丝副产品短纤维混纺纱、针织、染整深加工及服饰生产能力，延长广西茧丝绸产业链。项目成果登记号：201393148。

缫丝副产品在新型纺纱系统应用研究与产品开发 项目将紧密集聚赛络纺等国际先进的新型纺纱技术应用于缫丝副产品的加工，实施缫丝副产品脱胶等纺前处理、缫丝副产品多组分纤维混纺加工、高档针织和梭织面料加工，创出高效便捷先进的丝副产品综合利用模式，取得了较好的效果。项目分别建成纺纱生产线2条，丝副产品原料前处理加工示范点1个，丝绢针织品加工示范点各1个。项目完成各项任务，待验收鉴定。

毛衣织片新花样和新型原材料应用 项目以科技特派员的方式与广西蒙山飞达针织有限公司合作开发研究，立足于广西蒙山飞达针织有限公司现有的先进电脑织机及配套的CAD辅助设计系统等设施，创编毛衫新产品，开发原料型功能性针织产品，改变广西针织行业产业链短、以坯布和衣片等原材料中间产品初级加工为主的状况，使针织产业和市场得到拓展，对推动广西针织产业朝着深加工高附加值的方向发展具有积极意义。该成果获2013年广西科技进步奖三等奖。

系列高档功能性蚕丝家纺产品的开发 项目以功能性蚕丝绵及高档功能性蚕丝家纺产品为目标，研究提高丝绵及其产品性能的茧丝脱胶制绵技术，赋予蚕丝绵多种功能的整理工艺、提高生产效率的相关加工技术方法与手段，开发具有膨松丰满、高回弹性、抗菌、超保暖、持久芳香等多种（复合）功能的蚕丝绵及蚕丝被产品。项目执行期内，在广西嘉联丝绸有限公司和广西江缘茧丝绸有限公司建成功能性蚕丝被生产线各1条，申请发明专利1项。该项目完成各项任务，待验收鉴定。

利用缫丝副产品生产蚕丝绵及系列高档家纺产品 项目针对丝绵加工过程中煮绵、炼绵时耗工耗时、劳动强度大、安全隐患多、产品含油率高等问题，研制相关丝绵自动化加工设备装置，利用缫丝副产品开发生产高档毛巾被产品，并赋予产品抗菌、芳香等功能。该项目完成各项任务，待验收鉴定。

广西桑蚕茧丝绸深加工发展研究 课题立足实现广西茧丝绸“十二五”发展目标，对广西织绸、针织、丝绸印染后整理及服装、家纺等茧丝绸深加工领域进行了全面深入的调研、分析，找出茧丝绸深加工健康、持续和快速发展的深层次问题，确定其发展战略重点，提出有关政策措施建议以及促进广西桑蚕业良性发展需要解决的重要问题。对推动茧丝绸业由资源型向加工制造型转变，加快推进产业优化升级意义重大。已通过验收评审。

广西丝绸印染与节能环保对策研究 项目针对茧丝绸产业链中起承上启下作用的丝绸印染环节这一发展茧丝绸精深加工、延伸产业链的主要瓶颈，尤其是如何做好丝绸印染深加工的节能减排、环境保护工作，探讨适合广西丝绸印染加工的节能减排与环境保护适用技术和解决方案，提出突破广西茧丝绸产业链瓶颈，推进广西丝绸印染深加工发展的对策、措施和建议，为政府部门制订宏观层面的政策和企业投资决策提供依据和参考意见。该项目完成各项任务，待验收鉴定。

广西桑蚕茧资源综合利用产业发展研究 项目着眼于广西桑蚕资源综合利用产业发展的现状以及加快发展的现实需求，对广西桑蚕资源在食用菌、有机饲料、有机肥、造纸、纤维素纤维、功能茧丝绸产品、生物质能源等领域的利用进行了全面的调查和分析研究，找出广西桑蚕资源综合利用产业健康、持续和快速发展的深层次问题，明确其总体发展方向，确定产业布局和发展战略重点，提出具有针对性及可操作性的政策措施建议，具有前瞻性、科学性和指导性。对促进广西桑蚕资源综合利用起到积极的指导作用。项目完成各项任务，待验收鉴定。

【科技成果推广应用】 2013年，该所实施科技成果推广应用项目2项。

黄红麻特色旅游制品开发 项目以剑麻、黄红麻等麻类纤维织物为主要原料，研发特色麻类面料、旅游纺织制品。采用脱脂、染色、覆膜、轧光等染整技术手段，解决了黄红麻织物的染色整理、旅游特色产品图案设计、包袋壁挂台垫等制品的设计与制作加工等关键技术问题，提高黄红麻织物面料档次和品质。使用印花、刺绣、布贴等综合加工技术，把广西民族素材、东南亚风情等融入制品中，形成系列麻类特色旅游纺织制品。

节能环保儿童专用纺织品 项目以健康环保儿童服饰、健康环保儿童家纺制品、健康环保儿童纺织用品等三大系列为主导产品，实施健康节能环保儿童专用纺织制品的产业化，项目将冷轧堆短流程生物酶无碱练漂工艺应用于环保儿童专用纺织制品开发与生产的面料的前处理、漂白、抗菌、定型等染整加工环节，与常规练漂工艺相比具有能耗低、排放少、环保等优势，可替代传统的高温浓碱型练漂工艺，实现环保清洁的加工效果，满足了儿童这一特殊群体对纺织产品的安全性和功能性要求，同时减少了有害物质的排放，降低了消耗和产品成本。

【人才与创新团队】 2013年，该所有专业技术人员19人，具有高级技术职称5人，中级技术职称6人，人才类型为纺织新技术和产品研发、纺织产品产业化及市场运作、纺织科技信息咨询及专业期刊出版发行。该所还以项目合作的形式从多个自治区内外大专院校、科研院所柔性引进多个高层次人才，目前与东华大学、广西科技大学、青岛大学、广西蚕业科学研究院、广西纺织学校等单位建立了较为紧密的协作关系。

【科技平台建设与科研仪器设备】 该所原有试验办公楼2400平方米，可供用于绢麻和丝绸研发实验室的建筑物场地700平方米以上，三个纺织染中试生产车间。所内纺织工艺和染化实验室配备了试验、测试仪器和生产设备 120 余台套。具有较好的绢麻、茧丝绸纺织深加工技术研发、产品检测分析、绢麻桑蚕资源综合开发利用、行业信息咨询查新等条件，成为科研与生产重要的基础条件和研发平台。2013 年投资 120 万元建设修缮茧丝绸服装及家纺产品研制中心，其中，茧丝绸服装前处理区域 150 平方米，茧丝绸服装制作加工区域 450 平方米，茧丝绸服装原料及成品周转区域 160 平方米。同时配套必要的加工设备及支撑研制中心运作的配套设施。茧丝绸服装及家纺产品研制中心已于 2013 年底完成建设并投入使用。

【科技交流与合作】 该所以项目合作的方式先后与青岛大学、广西科技大学、广西出入境检验检疫技术中心、广西纺织工业学校、宜州恒源达丝绸有限公司、横县桂华茧丝绸有限公司、关系嘉联丝绸有限公司等单位建立技术合作关系，取得一批科研成果。所内的科技人员年龄多在 30～52 岁，主持过国家和自治区各类科技项目，发表过一系列高水平的研究论文，在纺织研究领域取得了许多研究成果，具有承担广西茧丝绸技术和产品研发、技术转移及新产品产业化、纺织产品性能测试分析、纺织人才培训指导工作的能力。

【信息化建设】 该所 6 个部门配备了计算机、网络设备等自动化办公设备，实现互联网信息共享，可应用计算机进行各种文档的建立、存储及查询、公文处理、档案管理、资料管理、人事管理等项工作，基本实现纸面作业计算机化。能采用计算机网络进行文件传输、科研及生产信息传递、信息发布、工作管理等。科研和经营部门可针对性地配置各种管理系统软件，基本实现生产计划、技术管理、质量管理、成本管理、库存管理、财务管理等方面的计算机管理系统。财务部采用“用友”等财务管理软件，并利用现有网络资源开通网上银行业务，实现了所内外财务资料的快捷、安全传输。科研、情报管理系统上，该所情报部门配置了 CNKI 数字图书馆全文数据库，并加入了维普资讯网等，面向自治区内外纺织及相关行业开展科技检索查新工作；使用“丹诚图书馆集成系统”，实现全所科技图书的规范化管理；新产品开发中应用了织物 CAD 仿真设计系统、电脑染色测配色系统等计算机辅助技术。该所还专设信息化建设管理人员，使工作更得以保障。

（李明）

广西壮族自治区纺织服装设计研究所

【概况】 该所是以出口西服、内销西服、职业服装、男女时装研究及新产品开发为主，集“科、工、贸”于一体的专业研究机构，技术力量雄厚，所内设有办公室、财务部、经营一、二部、科研中心、技术研发中心、计算机辅助系统应用中心、质量控制中心，以及裁剪、缝纫、后整理等车间。多年来，该所承担部、省级服装科研项目 18 项，其中获自治区科技进步三等奖 2 项、有 9 个设计作品获得全国服装设计奖，发表服装科技论文 5 篇（其中 2 篇被评为优秀论文奖），国家科学技术部授予全国 CAD 应用工程示范企业，在服装科技研究应用开发方面取得了较大突破。

该所受南宁铁路局南宁客运段的委托，进行了南宁至北京列车员制服的款式设计，设计作品得到领导的肯定，成为南宁铁路局南宁客运段、广西高级法院、广西北部湾投资集团有限公司沿海高速公路、南宁市城市管理综合执法支队等制服生产定点厂家。

该所已被世界品牌如“花花公子”、“PALMER”（花雨伞）、“老爷车”等指定为定点生产加工厂，优质出口西服、西裤、衬衣、夹克等产品销往欧美和东南亚市场，生产的产品质量稳定、优良，受到了外商外贸的好评。开发产品经广西壮族自治区纤维检验所检测，各项技术指标均达到国家标准 GB/T2664—2009 优等品要求，并连续几年通过 ISO9001：2000 国际质量管理体系认证。

2013 年末，该所有在职员工 60 人，其中专业技术人员 20 人。各式服装年加工能力 15 万套以上。

【科技工作与改革创新】 2006 年起，该所转制为广西国有资产监督管理委员会直属的科技型企业。该所的科研中心和技术研发中心以提升单位科技新水平为目标，制定该所中长期发展规划。

2013 年，该所完善产业化生产基地建设，对原有的服装 CAD 软件和设备进行升级换代，并引进世界先进的服装生产专用设备，为服装产品生产注入了高新科技内涵，使服装设计和生产得到有机的结合，为确保产品质量及交货期提供了可行的信誉保证，也是自治区内许多单位的行业服装定点生产厂家。

【科研项目与经费】 2013年，该所承担广西科技厅下达的科研项目：《职业服装生产专用设备的引进与提高拓展》，获成果转化专项经费共50万元，通过专项经费的资助，该所购进了部分进口服装加工专用设备，以及对生产车间环境的改造，使该所在服装科研和服装生产上基本达到设施完善、技术成熟、规模生产、经营规范，形成完整的服装加工产业化基地。

【科技成果与转化】 该所生产的“彩丽达”服装产品是经国家商标局注册的优质产品。产品均采用高科技电脑CAD/CAE/CAPP/CAM先进技术，在配套齐全的日本、德国生产的服装加工设备和西服生产流水线下进行优质的生产。先进的制作工艺为新型的产品注入了全新的技术含量。经过多年来的不断开发研制，多项科研成果不断转化为生产动力。“彩丽达”商标西服产品已创造了广西高档西服最好水平，并被国内一线品牌西服委托贴牌生产。

该所已开发有服装产品四大系列：出口西服、内销西服、职业服装、男女时装等，历年来该所承制的职业服装在广西各行各业中有良好的信誉，如：广西国税局、广西地税局、广西高级法院、广西技术监督局、南宁海关、广西邮政局、广西电信局、南宁铁路局南宁客运段、南宁客运段动车、广西沿海高速公路、广西公路运输管理局、南宁市城市管理综合执法支队、广西中烟集团、南宁糖业集团等行业和单位职业服装均在该所加工，返修率均低于2%，从未因交货期延误而发生索赔现象。

【人才与创新团队】 2013年，该所举办服装专业知识培训班1次，培养技术人员6人，技术工人20人（次），提拔年轻的技术人员作为技术骨干。由所领导亲自抓，建立一个由中、青年技术骨干组成的创新团队，成立技术研发中心。

（黄剑庆）

广西壮族自治区产品质量监督检验研究院

【概况】 该院以国家质检中心为依托，紧跟国内科技前沿，积极承担具有战略性、全局性、前瞻性的科研项目，围绕广西“14+10”产业，加大力度研制重要技术标准。2013年，共获科技项目立项11项，国家标准制定项目立项2项，广西地方标准制修订项目立项12项，建立了较完善的科研工作和科技项目管理制度和相应的考核办法，规范科研工作和科技项目管理，制定积极有效的激励措施激励技术人员开展项目研究，科研工作取得较大的成效。2013年，该院公开发表论文30多篇，其中在国家级期刊、核心期刊发表论文17篇，申请发明专利2项。该院充分发挥国家食糖及加工食品质检中心的技术优势，每年出版《糖业科技专讯》2期，及时为企业提供科技动态、科技信息，介绍国外先进生产技术。每年出版院论文集，总结该院一年来的研究成果、管理、实践经验，对该院人才培养和技术交流，树立良好的学术氛围起到了良好的推动作用。

【科研能力水平】 *机构设置情况* 2013年，广西产品质量监督检验研究院（广西纤维检验所）、国家食糖及加工食品质检中心、国家石化产品质量监督检验中心（广西），共承担各部门下达的科技项目11项，其中国家质检总局科技项目3项，广西科技厅科技项目3项，广西工信委科技项目2项，广西质监局科技项目2项，南宁市科技局科技项目1项，主持制定国家标准2项，广西地方标准制修订定项目12项。该院用于科学研究、课题开发工作的设备约1000台套，设备总值约5900万元。该院高度重视科技项目研究工作，设立科研开发部作为科技项目管理部门，工作人员3名。

人才队伍建设 为加快人才引进培养，建立一支学科优势互补、层次较高的质检科研专业技术人才队伍，该院结合人才队伍建设情况，制订年度人才引进及培训计划，2013年引进博士研究生1名，硕士研究生14名，本科学士5名。理工科类大学本科以上学历的人员达到在职人数的81%。新增教授级高工2名，高级工程师8名，工程师10名。

经费投入 2013年该院共争取到科技经费176万元，该院除了配套投入科技经费约300万元外，还投入1300万元采购仪器设备，60万元改造实验室，进一步提升了科研能力。

科研课题承担情况 2013年，该院共承担标准项目14项，至2013年末，已发布4项地方标准；2项国家标准在研；8项地方标准在研。

2013 年，该院共承担各级科研项目 11 项，获拨款经费 132 万元，自筹经费 252 万元；已验收 1 项。其中，国家质检总局项目 3 项，获拨款经费 20 万元；获广西科技厅科技攻关项目 2 项，拨款经费 45 万元；广西自然科学基金项目 1 项，拨款经费 5 万元；广西质监局项目 2 项，拨款经费 17 万元；广西工信委项目 2 项，拨款经费 25 万元；南宁市科技局项目 1 项，拨款经费 20 万元。

（莫加琳）

广西壮族自治区标准技术研究院

【概况】 2013 年，该院围绕东盟标准等领域开展标准化研究工作，获得科研项目立项 9 项，获得支持经费 329.8 万元，累计正在实施的科研项目 15 项。该院首次获得《火龙果》等 4 项国家标准立项，主导或产学研联合申报了 13 项地方标准，《生物质发酵饲料生产技术规程》等 4 项广西地方标准并发布实施，在研广西地方标准 9 项，其中《桑蚕主要病害防治技术规程》（DB45/T731—2011）获得 2011 年度广西重要技术标准奖励。该院承办“中国—东盟标准化培训与交流”活动广西在南宁举行，8 个东盟国家的 22 名标准化官员和专家参加活动，为今后与东盟国家的标准化交流合作奠定基础。

【科技人才队伍建设】 该院拥有一支掌握标准化专业知识、熟悉标准化研究和信息管理技术，对国际先进标准和技术法规、合格评定程序、WTO/TBT 规则有研究经验的专业技术人才队伍。截至 2013 年底，拥有专业科技人员 54 名，其中教授级高级工程师 2 人，高级工程师 8 人，中级技术职称 15 人；硕士 22 人，本科学历 23 人。

【科研项目和经费投入】 该院重点开展了东盟标准、现代服务业、特色农业、节能减排等领域的标准化研究工作。2013 年，获得科研项目立项 9 项，获得支持经费 329.8 万元，自筹经费投入 348 万元。

【科技成果与推广应用】 该院注重实施产学研结合研究项目，通过项目的示范应用推广，将项目技术成果转化为实际效益，推动成果转化为实际生产力。发挥自身专业技术优势，开展标准化培训和标准服务咨询工作，提高企业的标准化水平。

【标准化】 2013 年，该院继续实施广西技术标准发展战略，开展重要技术标准研究，主导或产学研联合研制广西地方标准《生物质发酵饲料生产技术规程》、《沼液生物液体肥生产技术规程》、《蔬菜种植沼液生物液体肥施用技术规程》、《水稻种植沼液、沼液生物液体肥施用技术规程》等 4 项并发布实施，申报了 13 项地方标准，国家标准立项 4 项，在研广西地方标准 9 项。《桑蚕主要病害防治技术规程》（DB45/T 731—2011）获得 2011 年度广西重要技术标准奖励。

【科技合作与交流】 该院继续与东盟国家标准化技术机构开展交流合作，推动双多边贸易，加强中国—东盟标准化务实合作，2013 年 10 月 21 日～25 日由国家标准委主办、该院承办的“中国—东盟标准化培训与交流”活动在广西南宁举行。来自柬埔寨、印尼、老挝、马来西亚、缅甸、新加坡、泰国、越南等 8 个东盟国家的 22 名标准化官员和专家参加了此次活动。国家标准委副主任于欣丽出席培训与交流活动，并向与会代表介绍了中国标准化概况。

（王全永）

广西壮族自治区计量检测研究院

【概况】 该院是广西质量技术监督局直属事业单位，是具有第三方公正性地位的全广西最高级别（省级）法定计量检定、检测机构，是广西大型仪器协作共用成员单位，是广西博士后工作站、第一批广西院士工作站站点。国家量具质量监督检验中心、国家城市能源计量中心（广西）、广西光电及精密机械产品质检中心依托该院建立；广西计量产品质量监督检验站、广西技监公正计量站挂靠在本院。2013 年，该院充分发挥新址优势，不断加强科研工作，提高科研水平：积极向广西质量技术监督局、上级科技管理部门申报科研项目，2013 年该院申报各类科研项目合计 6 项。积极参与规程、标准制/修订，2013 年该院总共主持、参与规程、标准制/修订 2 项。注重抓好科技基础工作。该院 2013 年共计获得广西科学技术进步奖二等奖1项、三等奖1项，中国机械工业科学技术奖三等奖1项，四川省科学技术奖三等奖1项，中国计量科学研究院科学技术进步奖1项，河北省科学技术奖三等奖1项。

【科技成果及简介】 该院主持研制的“柴油发动机转速测量仪校准关键技术及标准仪器”获广西科学技术进步奖二等奖、“交直流电表校验仪校准关键技术研究与应用”获广西科学技术进步奖三等奖，这是该院近年来第二次同时获两个自治区级奖；参与制/修订或研究的“GB/T22520－2008《厚度表指示表》国家标准”获中国机械工业科学技术奖三等奖，“医用诊断X射线多参量测试技术研究”获四川省科学技术奖励三等奖，“JJG1060－2010微量溶解氧测定仪检定规程的订制”获中国计量科学研究院科学技术进步奖奖励，“国家计量技术规范《厚度表校准规范》”获河北省科学技术奖三等奖。

该院《柴油发动机转速测量仪校准关键技术及标准仪器》、《交直流电表校验仪校准关键技术研究与应用》两项科技成果亮相“第23届广西科技活动周”现场。同时该院设立了科技宣传展位，通过资料印发、实物演示和技术咨询等方式向全社会广泛宣传和展示该院近年来锐意进取、大胆创新所取得的科技成果，树立了广西计量品牌形象，得到了观展领导、科研机构同行及广大参观市民的充分肯定和高度评价。

柴油发动机转速测量仪校准关键技术及标准仪器 项目是国家质量技术监督总局科技计划项目，由该院完成。该项目针对柴油发动机转速测量仪校准关键技术和标准仪器开展研究，通过创新性地运用“旋转锤击管振动发生器”模拟柴油发动机高压喷油管的脉动，计算机控制变频器根据同步电机实际需要的转速来提供相应的电源电压以保证电机的平稳运行和无级调速，同步电机的旋转驱动振动发生器产生标准的脉动频率，以及相关专用软件等技术，研发了一种实用新型柴油发动机转速测量仪计量标准仪器，解决了柴油发动机转速测量仪检定/校准的关键技术难题。实现模拟柴油发动机在（500～6000）转/分标准转速的工况检定/校准柴油发动机转速测量仪，开辟了一种安全、可靠、方便、高效的计量技术新途径。经广西科技厅组织科技成果鉴定，鉴定结论为本项目技术属国内首创，达到国内领先水平。已作为校准柴油发动机转速测量仪的首选方法纳入到国家计量技术规范JJF1375－2012《机动车转速测量仪校准规范》，经国家质量监督检验检疫总局的严格审定，于2013年3月12日颁布实施，在全国推广应用，为柴油发动机转速测量仪的量值溯源提供了标准仪器，对推进中国的计量技术进步起到了非常积极的作用。该成果获2013年广西科技进步奖二等奖。

交直流电表校验仪校准关键技术研究与应用 项目任务来源于国质检量函［2009］393号文及2009年国家计量技术法规制/修订计划项目表，由该院主导，黑龙江省计量检定测试院、河南省计量科学研究院、湖南省同电测控技术有限公司、广西质量技术工程学校协助完成。项目属于计量科学领域，研究确定交直流电表校验仪校准的主要计量特性及其要求，各项技术指标的校准方法以及校准用计量标准设备的选择等。将校准技术涉及的交直流电压检测技术、交直流电流检测技术、电阻和频率检测技术等综合研究出一种能保证全国交直流电表校验仪量值准确可靠、统一的计量技术规范（校准方法）。项目实现了交直流电表校验仪提供技术法规依据的技术保障。项目研究成纳入JJF1284－2011《交直流电表校验仪校准规范》中华人民共和国国家计量技术规范（相当于国家标准），该校准规范为首次制定，发布实施后，国内各级计量检定或校准机构建立交直流电表校验仪社会公用计量标准，国防部门、院校及各部门、企事业单位建立部门、企事业交直流电表校验计量标准装置、开展交直流电表校验仪量值传递或进行量值溯源，以及交直流电表校验仪及相类似产品的研制和生产都执行该项国家计量技术法规，取得了显著的社会经济效益。该成果获2013年广西科技进步奖三等奖。

柴油发动机转速测量仪校准关键技术及标准仪器已作为校准柴油发动机转速测量仪的首选方法纳入到国家计量技术规范JJF1375－2012《机动车转速测量仪校准规范》，经国家质量监督检验检疫总局的严格审定，于2013年3月12日颁布实施，在全国推广应用，为柴油发动机转速测量仪的量值溯源提供了标准仪器，对推进中国的计量技术进步起到了非常积极的作用。

交直流电表校验仪校准关键技术研究与应用项目编制的JJF1284－2011《交直流电表校验仪校准规范》发布实施后，国内各级计量检定或校准机构建立交直流电表校验仪社会公用计量标准，国防部门、院校及各部门、企事业单位建立部门、企事业交直流电表校验计量标准装置、开展交直流电表校验仪量值传递或进行量值溯源，以及交直流电表校验仪及相类似产品的研制和生产都执行该项国家计量技术法规。

【科研机构与队伍建设】 截至2013年底，该院仪器设备总计3016件，设备总值5002.24万元，其中20万元以上的大型仪器设备49台，部分仪器用于科研项目研究。现该院专设质量技术部具体负责单位科研管理工作，制定了科研工作管理办法和技术活动奖励办法，并纳入大质量管理体系；积极组织该院人员参与各项科研项目申报，每年参与科研人数50人次。科研队伍中有教授级高级工程师4名，博士后1名，博士1名。

【科研项目与经费投入】 2013年，该院在研项目3项，各类科研投入共300万元，其中获得配套经费50万元，自筹经费250万元。其中总局科技计划项目1项，广西科学研究与技术开发计划课题1项，广西科学研究与技术开发计划课题1项。

【计量工作】 2013年以来，该院扎实做好“计量宣传”、“民生计量器具监管”及“能源计量”工作。

结合“计量日”、“质量月”、“实验室开放日”活动，做好计量科普宣传工作。

配合广西质量技术监督局、南宁市质量技术监督局做好重点民生计量器具监管工作，开展计量惠民活动。根据上级部署，完成相关的六类重点民生计量器具强制检定工作，按照要求对相关医用三源及城区主要集贸市场固定摊点结算用衡器开展免费检定。制定2013年度“六类重点民生计量器具”强制检定工作计划，进一步完善了相关监管、上报、备案机制，强检工作按计划有效推进。2013年度，共计对20802台（件）六类重点民生计量器具实施强制检定，按时周期检定率达97%以上；其中农产品收购用汽车衡30台（件），燃油加油机2006台（件），出租车计价器5203台（件），医用三源476台（件），眼镜配置用计量器具520台（件），贸易结算用衡器12567台（件）。

开展能源计量工作，为节能减排主管部门提供技术支持，帮助中国铝业广西分公司和百色学院等单位开展“水平衡”测试。另外，不断提升能源计量相关检测能力，完成临界流喷嘴气体流量、水流量2个能源计量方面的检测项目扩项工作。

（张强　李维）

广西壮族自治区特种设备监督检验院

【概况】 该院在抓好“保安全”第一要务工作的同时，以科研创新为驱动点燃快速发展新引擎，自主创新强攻关、抢占科技新高地、增强核心竞争力，建立起了更加适应特种设备检验需求和事业发展需要的科技支撑和创新体系，尤其在科研立项上呈现数量多、质量高、涉及领域广、执行良好、申报平台层次丰富等特点。

【科技成果及简介】 2013年，该院进一步培育自主研发能力，全年新增科研项目立项8项，累计正在实施的科研项目12项，其中《蔗渣锅炉温度和空气动力场建模及应用研究》首次获得国家级科研立项，也是2013年广西质监系统唯一获国家级科研立项的科研项目；获广西科技厅科技攻关项目1项、广西工业和信息化委员会项目1项、其他6项；共获科研经费支持近300万元。获授权实用新型专利1项，软件著作权1项；完成专利申报15项，逐步形成核心竞争力，为发展提供充足的技术支持和后劲。

2013年1月，该院申报的《蔗渣和垃圾锅炉温度空气动力场与节能减排技术研究》获得国家公益性行业科研专项项目立项，实现了该院独立承担国家级科研项目零的突破。该项目至2013年末已完成蔗渣锅炉的建模工作，利用有限元建模技术对生物质蔗渣锅炉热力场（温度场和空气动力场）进行数值模拟，研究影响生物质蔗渣锅炉燃烧效率的各种因素，并进行以燃烧热效率为目标的各影响因素优化技术研究。后续研究工作按照实施计划有序的在进行中。《生物质蔗渣锅炉热力场建模及应用研究》获得广西科技厅立项，《节能型新结构“百孔三角梁”双梁龙门起重机研究与开发》获得广西工业和信息化委员会立项。科研课题《事故状态下液化气体应急处置方式实证研究》、《全区锅炉安全及能效普查及分析》、《双向盘车式节能型无机房电梯的研究与应用》、《蔗渣锅炉典型缺陷形成机理及其检验防护策略研究》在广西质量技术监督局获得立项。专利工作也取得重大进展，共申请专利15项，其中申请的专利《一种可方便壳程清洗的管壳式换热器》获得实用新型专利授权。申请的发明专利《旋控磁轭永磁探伤仪》、《连续式大型储罐底板焊缝真空检测仪》、《一种双钳口钢丝绳夹紧装置》和《用于施工升降机两个制动器同时松闸和制动的解困装置》已通过初步审查。广西地方标准《大型游乐设施日常维护保养规范》申报重要技术标准奖励通过广西质量技术监督局组织的评审答辩。

该院为了规范科研项目开展和保障科研项目顺利结题，正式发布了《广西特检院科研工作管理制度》。也正是相关措施的出台，使得该院科研项目进行了全面统计和大清理。原来的一些未能按时结题的项目，通过变更项目负责人，重新组建课题组等方式保障项目的进一步实施，并取得了显著的成果。

【科技机构与队伍建设】 按照广西质量技术监督局部署建成广西特种设备安全应急指挥及事故调查处理中心并配齐应急装备，基本建立起由行业科研院所、学（协）会、监察机构、检验检测机构、大型企业的特种设备技术骨干组成的专家库以及救援队伍，建立应急救援相关机制，有效提高了对发生特种设备重大事故的全方位预警监督管理能力。

建立引进和培养提升高端人才并重的制度，着力提高人才综合、数量和发展态势三大竞争力，初步建立了合理的人才梯队，人才结构逐步趋于合理化。1名博士入选广西第16批“新世纪千百人才工程”第二层次人选，为全广西质量技术监督系统唯一；引进了14名高端技术人才，其中博士4名、硕士5名、具有国际化视野营销人才1名；新增教授级高工2人、高工5人、工程师12名，实现正高技术职称零的突破；人才整体水平逐步迈入全国同类机构的先进水平。

【科研项目与经费投入】 2013年，该院获各级各类项目8项，经费180万元。其中，广西科技厅项目1项，经费30万元；广西工业和信息化委员会项目1项，经费30万元；广西质量技术监督局项目6项，经费120万元。

【特种设备安全监管】 该院始终以“保安全”为首要任务，立足本职、严格把关、保障安全，有效提高特种设备安全监察工作的有效性和覆盖率，积极配合安全监察部门深入开展重点特种设备安全检查和“打非治违”以及专项整治行动，及时排查和消除安全隐患，进一步避免重大安全事故发生，为保障民生安全做出贡献。

全力服务好“两会一节”等重大活动和节日期间的特种设备安全；大力开拓桥梁、大型储罐、工业项目安全评估、金属材料等方面的经营性委托检验市场，特别是要以青岛发生的“11.22”中石化东黄输油管道泄漏爆炸事故重特大事故为戒，全力抓好长输管道工程、广西县县通天然气工程的压力管道监督检验和定期检验工作；借“西气东输”工程建设，推动车载气瓶的检验市场发展；并依托该院人才、技术、装备优势，继续做好中石油广西石化公司、中石油田东炼化等石化企业，防城港电厂、钦州电厂等电力项目，大型铝业项目建设的服务工作，为服务经济建设发展做出新的贡献。

【科技合作与交流】 该院为提升科研能力，扩大科研成果的影响力，与广西大学、华中科技大学、西安交通大学等国内一流院校合作研究课题，并依托广西建工集团建筑机械制造有限责任公司等广西境内有实力的制造企业，将科研成果转化成产品，有效利用各方资源，最终形成“产、学、研”一体化的科研模式。该院多次派检验人员前往广州、上海等先进院进行交流学习，这对该院检验水平的提升起着积极重要作用。

（罗贞）

广西壮族自治区粮油科学研究所

【概况】 2013年，该所主要从事粮食储藏、粮油及食品安全方面的科研、技术攻关及产业化应用开发，承担自治区科技计划项目，为粮食行业和社会各界提供相关领域的技术咨询和技术服务，积极推进粮油科技成果的转化和产业化。该所承担了多项国家和省部级的科技攻关课题，拥有多项具有开发潜力的科技成果。由该所建设的广西粮油食品中试基地，主要开发粮食储藏技术示范及以生物技术为特色的高科技产品。由该所牵头组建了“广西粮油食品加工产业技术创新战略联盟”，开展行业科研合作与技术创新工作，先后承担了科技部、财政部及科技厅的油茶产业开发课题，还承担了自治区的绿色安全储粮及国家粮食局的农户科学储粮推广项目，与加拿大专家合作开展免疫抗体和食品安全快速检测技术等课题合作，建立了食品安全快速检测技术平台，取得了多项国内领先水平的自治区级科技成果。由该所自主研发生产的“良大头”原汁原味食用精品油系列，受到消费者的好评，荣获中国国际粮油展金奖。现基地占地面积6800平方米，建筑面积5000平方米，拥有一批先进的仪器和专业设备。该所设有研究开发中心、业务部、企管部、油脂生产车间、食品安全快速检测产品洁净车间等。

【科技队伍】 2013年末，该所有在职人员49人，其中科技人员32人；研究生毕业6人、大学本科毕业16人、大学专科毕业12人；高级技术职称7人、中级技术职称14人、初级技术职称14人。

【科研项目与经费投入】 2013年，该所承担了1项科技部科技型中小企业技术创新基金项目（食品安全检测免疫亲和色谱柱制备）和5项自治区科技计划课题（充氮气调储粮技术及农村储粮技术设施的研究与示范、茶油果高效利用加工及其功能性产品开发、巴马火麻仁系列功能营养食品合作研究与开发、农产品中有害物质的快速检测技术研究及产品开发、柬埔寨绿色大米精加工技术示范等），其中新立项1项（柬埔寨绿色大米精加工技术示范）。当年科学研究及开发总投入406万元，其中科技经费170万元，自筹经费236万元。

2013年，该所3项自治区科技计划课题和项目完成验收和鉴定，其中自治区千亿元产业攻关课题“茶油绿色高效加工技术研究及应用示范”完成了验收和鉴定，取得了国内技术领先的科技成果；国际合作“粮食中赭曲霉毒素A快速检测产品的开发”课题完成验收和鉴定，取得国内技术先进的科技成果；“广西木薯综合利用开发技术重点实验室”培育基地建设项目通过了验收；科技部科技型中小企业技术创新基金项目“食品安全检测免疫亲和色谱柱的制备技术研究及产品开发”课题完成了研究工作。

【科技成果与转化】 2013年，该所取得科研成果2项，国家发明专利受理2项，在国内科技期刊发表论文5篇。

茶油绿色高效加工技术研究及应用示范　科技成果：针对目前油茶制取工艺上存在的问题，开展茶油高效压榨制取工艺以及特色物理精制技术研究，形成一套机械压榨取油、绿色精炼工艺和质量控制的高品质原味食用茶油的集成技术。项目年生产茶油能力1000吨，麸饼残油≤6%，产品符合国家一级压榨油茶籽油标准，为带有茶籽特有色泽和清香风味的原味茶油，项目技术工艺达到国内领先水平。

粮食中赭曲霉毒素A快速检测产品的开发　科技成果：利用免疫亲和色谱纯化技术制备了特异性赭曲霉毒素A抗体，采用所制备的多克隆抗体和免疫胶体金技术建立了粮食中赭曲霉毒素A快速筛查的胶体金免疫层析法，课题开发的赭曲霉毒素A快速测试卡用于检测粮食中赭曲霉毒素A，操作简便，重现性好。检测灵敏度达到5ug/kg（5ppb），样品检测时间不超过10分钟，在多克隆抗体的制备和纯化方面有创新性，项目技术达到国内先进水平。

2013年，该所实施科技成果产业化项目1项，投入资金共200万元，其中科技资金100万元、自筹资金100万元。

食品安全快速检测产品　产业化项目：利用化学合成和载体蛋白耦连技术制备黄曲霉毒素、氯霉素、苯并芘等有害成分的抗原，通过动物免疫、血清提纯及色谱纯化制备特异性抗体，利用各种抗体制备相应的快速检测试剂盒、试纸条和样品前处理产品。重点是建立工业化大规模的免疫亲和纯化和生产各种农产品有害物质的多克隆抗体技术，建成一个集食品安全技术研究、快速检测产品研发生产、对外开放式技术服务的综合性产业基地，为社会提供更多简单、快速检测食品中的真菌毒素、农药残留及兽药残留等有害物质残留的酶联快速检测产品。

【人才与创新团队】 为了创新工作的有效推进，该所充分发挥作为“广西粮油食品加工产业技术创新战略联盟”理事长单位的作用，整合行业内的骨干企业、行业协会、高等院校的各方资源，促进科研与生产的紧密衔接，联合攻关重大共性和关键性课题，加强技术创新工作。研究所自身通过采取内引外联、“引进消化吸收再创新”的方式，结合粮食行业的发展和该所的实际，集中技术力量于优势领域，主要侧重在生物技术和粮油精加工的开发应用。通过逐步提高科技人员的收入待遇，加强业务和技术培训，开展团队的凝聚活动，稳定科技队伍，加大广西内外和国内外的科技交流与沟通，并通过各种形式招聘聘用和引进所需专业的专家和专业人员，加强自身人才的培养，使该所的创新团队逐步得到发展，在粮油精深加工和食品安全快速检测领域分别组建了具有博士、硕士和国外专家以及高中级专家的研究团队，对国内外相应领域的技术进行不断创新和引进吸收，获得了多项自治区科技成果，建立了食用油绿色加工和食品安全快速酶联免疫检测技术平台，在国内具有技术领先地位。

【科研平台建设与科研仪器设备】 2013年，得到自治区实验室建设修缮经费资助100万元，对实验室进行了修缮，购置了一批先进的实验室仪器和生化设备，增强了科技的持续创新能力。

【科技交流与合作】 2013年，新立项的“柬埔寨绿色大米精加工技术示范”自治区科技计划课题，通过该所与国宏（柬埔寨）实业有限公司进行国际合作，对其工厂大米项目进行工艺调整和技术改造，实现配套完善日产100吨生产规模的绿色优质大米生产产能目标，引入先进的快速检测技术和监控手段，开发面向本地市场的优质大米和面向国际市场的茉莉香米等绿色大米系列产品，提高企业的经济效益，使企业实现良性运行和可持续发展，增强国际的交流和影响。

该所与广西军粮供应中心、广西军区后勤部等单位进行项目技术合作，利用真空包装技术原理，开展军供大米便携式真空储存技术的研究，解决军供大米储存中存在的问题，防止大米陈化、霉变、生虫，达到质量保鲜、防止浪费、增强部队战斗力的目的。

【广西农户科学储粮专项】 经前两年试点后于2013年全面启动，该所是广西农户科学储粮专项的技术支持和监理单位。根据国家粮食局《实施农村粮食产后减损安全保障工程指导意见》要求，采用国家、自治区和农户各承担一部分费用的形式，逐步为广大的农户配备层叠式彩钢板标准化储粮装具，改善农户储藏条件，减少粮食产后损失。在自治区粮食局的组织指导下，通过项目实施县、项目技术监理单位和储粮装具制作厂家等的共同努力，在广西30多个项目县完成了7万套农户储粮装具的发放推广和验收工作。

（欧朝东）

广西壮族自治区体育科学研究所

【概况】 该所隶属广西体育局，创建于1980年5月，位于南宁市星光大道3号，占地2000多平方米，建筑总面积1260平方米。重点开展运动医学、运动训练学、运动员科学选材、运动生理学、运动生物力学、运动营养学、运动心理学、运动康复保健和国民体质等领域的研究。接受广西科技厅和广西体育局的双重领导，经费也得到广西科技厅和广西体育局的双重支持。机构设置有办公室、研究一室、研究二室、研究三室、《体育科技》编辑部和《运动精品》杂志社等5个部门。2013年末，该所有在职职工16人，其中专业技术人员14人，具有正高级专业技术职称1人，副高级专业技术职称3人，中级专业技术职称8人，有硕士学位8人。主办《体育科技》和《运动精品》2种期刊。

【课题研究】 完成国家科技部“十一五”科技支撑计划重点课题“青少年健康体质综合评价关键技术的研究与应用”的结题工作。完成国家科技部科技基础工作专项《中国运动员体能素质、身体形态参数调查及参考范围构建》课题结题工作。基本完成“广西优秀运动员信息管理系统”的建立。

【加大经费投入，改善科研条件】 2013年，广西体育局给予大力支持，配置美国贝克曼库尔特Ac. T 5diff AL血细胞分析仪和AU480生化分析仪两台大型仪器，极大地改善了体育科研的条件。美国贝克曼库尔特Ac. T 5diff AL血细胞分析仪该设备是自动进样的五分类血细胞分析仪，可报告26项参数、3个直方图、白细胞散点图和含义报告，细胞化学光吸收和体积分析技术（AcV, Absorbance cytochemistryand Volume）进行白细胞五项分类，全套库尔特专利技术确保结果的高度准确性和精确度，适用末梢血或静脉血，其独特的微量末梢血检测功能尤其适合运动员。Ac. T 5diff AL自动进样血细胞分析仪全面提高了仪器的样本处理能力，同时，独特的末梢全血五分类检测功能满足了医学实验室对检测样本多样化的需求。人性化的软件，全面的质量管理手段，简便的操作，准确的结果，处处体现库尔特血细胞分析标准严谨的科学态度。报告内容：26项参数

（包括幼稚细胞和异型淋巴细胞），直方图，散点图。速度：80个/小时。组件：全自动血细胞分析仪，数据管理系统，打印机。自动进样功能：满足实验室对更高效率的需求——一次可放入100个样本，可连续随机上样；在同一个试管架上，可同时放入带有和不带条形码的样本；每小时处理80个样本，可随时插入急诊样本。末梢全血检测功能：满足为无法取到静脉血的患者进行五分类的需求——末梢全血检测，提供包括五分类在内的26项参数；细胞计数仅需30L全血，计数加分类仅需53L全血；末梢血样本可以随时以急诊样本在自动分析过程中插入。血细胞分析标准的尖端技术和质控手段可以满足对高质量结果的需求：细胞化学光吸收和体积分析技术；来自血细胞分析标准王国库尔特的校准品和质控品；仅用五种试剂，提供最佳的性价比。先进的数据管理系统：满足实验室全面信息化管理的需求——Windows2000操作界面，可随时接入LIS或HIS系统；可储存10000个患者的结果，支持多种查询方式；质控校准设定值、检测值自动上传和下载；20个用户自定仪的报警范围。美国贝克曼库尔特AU480生化分析仪该系统一款以实验室为主力的生化分析系统。AU480将全数字总线技术（Controller Area Network，CAN技术）应用于生化分析系统，分析速度可达到400光度测试/小时，电解质600测试/小时，63项在线测试项目以及用户自定义样本处理，AU480生化分析系统能够全面满足实验室的需求。AU480生化分析系统具有以下特点：高可靠性和低维护成本——400测试/每小时；冷藏试剂仓和急诊模块；高质量、永久性石英玻璃反应杯；高精度的微量加样技术，完美适用儿童样本测试；全球领先的光学系统；长寿命的电极；80个样本连续进样系统；方便快速的二维码校准系统；双进样系统，轨道式连续进样和独立的急诊样本进样盘；智能的探针系统；专利技术的恒温系统；高精度的反应比色系统；更少的试剂用量和反应体积；完整的溯源性；少于3步的简便维护；智能防气泡干扰、智能防交叉污染、智能液面定位探测。

广西科技厅也给予了大力支持，下拨80多万元经费，采购了两台大型仪器。便携式骨龄检测仪南京希尔健医疗器械有限公司生产的便携式骨龄检测仪（RayNova Rp型），68.9万元。该款医用诊断X光机体现的先进设计理念，RayNova Rp医用诊断X光机在提供优质X射线的同时，更注重摄影过程中医生和病患的安全性以及操作的便捷性，mAs范围达0.4～100mAs/25秒，焦点尺寸只有2.0mm，具有极低的故障率。该产品具有小巧轻便、高频高压发生器、可存储8组可编辑曝光条件、限束器激光定位、自动线性补偿等特点，医用诊断x光机应用范围包括适合床旁、野外、场地、手术室、车载等各种复杂情况的全身各部位摄影检查和摄影。

挪威能量波治疗仪　挪威SKANLAB 25 BODYWAVE能量治疗仪，13.7万元。能量波治疗仪基于电容场法（Capacitor Field Method），设备产生一个0.5～1.0MHz的高频交流电，患者自身的组织是电容的一部分。该设备对局部产生理想的深层热量，可即刻增加局部血液循环，减轻疼痛，提高活动性，因而改善灵活性。该设备主要应用于急性、亚急性和慢性肌肉和骨骼损伤，同时进行主动治疗更能增加治疗效果。深层热量引起血管扩张，因此增强代谢水平，也引起胶原组织弹性增加，温热降低肌肉张力，从而减轻疼痛。可适用于肌肉痛、肌腱炎、滑囊炎、骨膜炎、关节畸变、瘢痕组织治疗、肌肉损伤的治疗，减少骨关节炎关节症状和一般疼痛治疗。SKANLAB 25 BODYWAVE能量波治疗仪渗透深度达4cm，热量保持时间达45分钟，无辐射，可用于体内有金属植入物的患者，与其他设备之间无干扰。

【科技成果与转化】　《不同运动负荷对大鼠主要器官一氧化氮合酶基因表达影响的研究》是广西科技厅2008年下达的广西青年基金项目，已按期结题，结题评级为“优秀级”。项目首次从分子水平探讨大鼠心、脑、骨骼肌的NO含量、NOS活性、各型NOS的mRNA和蛋白表达与不同运动负荷的关系，为指导运动训练提供了理论依据。2013年7月，经广西科技厅组织同行专家鉴定，认为该项目成果在同类研究方面达到了国内领先水平。获得“国内领先成果”一项。

【竞技体育科技服务】　2013年是全运年，该所工作重点是做好备战全运会科技服务工作和沈阳决赛阶段科技保障工作，圆满完成广西体育代表团的备战、参赛科技服务任务，为广西代表团获得4枚金牌、5枚银牌、5枚铜牌优异成绩，完成第十二届全运会参赛任务贡献了力量。按照《广西体育局备战第十二届全国运动会2012—2013年冬训管理规定》要求，科研人员积极深入运动队，加强沟通了解，根据运动队的实际情况和需要，及时调整配备科研人员服务工作，针对重点运动队和重点队员，制定详细可行的科研保障计划，采用定期与机动的方式进行生理生化指标检测，及时拿出结果，认真分析并提出运动营养补充方案。2012年～2013年冬训以来，坚持每周召开一次科研工作汇报会议，及时传达上级部门指导精神和反馈各中心运动队的情况，提出解决问题的方法，充分发挥团队的作用和力量。改革创新管理机制，制定严格考勤管理制度，并按照《广西体育局备战第十二届全国运动会2012～2013年冬训管理规定》的要求，严格登记科研人员下队服务情况，使科研人员能保证坚持每周下队不少于5次，科研人员和后勤保障人员工作作风均有较大提高。努力做好常规科技服务工作。建立专项负荷监控、机能状态监控、营养监控、体能训练和康复训练等一套规范、有序的科研服务与保障措施。在共性基础上突出个性化特点。准确及时地分析不同阶段运动员机能状况的变化、阶段训练前后运动员专项能力的变化情况、训练负荷的完成情况与训练计划的匹配程度，根据运动员周期的身体情况与教练员讨论更为科学的训练计划。认真做好生理生化检测、机能评定，检测的生理生化指标有：红细胞、血色素、细胞压积、血睾酮、皮质醇、LDH、CHO、人体成分等。2012～2013年冬训至全运会决赛期间共进行了2000多人次的生化指标检测。开展重点队员肌力测试及评定工作。利用等速肌力测试训练系统对举重队、田径队、游泳队等运动队的出线队员进行肩、肘、腕、腰、髋、膝、踝等7个部位的肌群力量测试和评定，与教练员一起共同分析，为教练员制定科学的训练计划提供科学参考依据。利用振动力量训练仪、无氧功率自行车、有氧功率自行车、生物反馈仪等世界上先进训练仪器为田径队等运动队的重点运动员进行最大力量、力量耐力、核心力量的训练、心理训练和康复训练等，使科研与运动训练的结合更上一层楼，中心领导、教练员及运动员对科技服务水平给予高度评价。开展个性化的强化营养措施。根据项目特点和运动员机能状况，提出营养康复方案，并为举重、重竞技、体武、田径、游泳、射击射箭、球类等中心的运动队制定了科学的运动营养补充方案，帮助运动员恢复体能，调整竞技状态。如：围绕举重队运动员李兵的血睾酮问题、邓猛荣和乔宁波的血色素问题进行了专项研究，取得显著效果；围绕田径队四名重点队员的贫血状况，联合广西医科大学遗传学、检验学等方面的专家通过基因分析、肽链分析、血红蛋白电泳、G－6－PD活性检测等先进的科技手段和方法，查明了引起贫血的原因，并提出和实施相应的处理方案，使这几名重点运动员的血色素均能维持在个人的理想值范围。开展康复服务和中枢疲劳的干预工作。利用等速肌力测试系统和振动训练仪为陆永、邓猛荣、张子山、赵先健等运动员的受伤关节进行渐进性的力量训练，使受伤部位关节力量得到有效提高。使用体外反搏器3－4次/周为田径等运动队队运动员进行按摩，帮助运动员消除疲劳，恢复体能。冬训开始后，举重队、田径队等部分队员出现不同程度的焦虑情绪、心情不稳定、睡眠不好等情况，对训练产生一定的消极影响，经与教练员和运动员反复沟通，认为存在中枢疲劳现象，为此运用中医及营养补剂进行调理，取得明显效果。科学减控体重工作。按照举重中心对运动员的体重管理规定，针对李兵、李荣艳的体重问题，从夏训开始利用膳食营养、有氧训练及强化营养补剂等措施进行干预，使运动员体重得到合理化控制，并能在比赛中保持良好竞技状态。为体武中心运动员制定控重注意事项，从训练到饮食方面都对运动员有所要求，以帮助其保持合理的体重和体脂含量。技术动作分析工作。在跳水队、射击队和重竞技中心，科研人员在教练员、运动员进行技术训练时采用录像动作技术分析系统为教练员、运动员现场分析，提供动作对比数据，及时发现和改进错误的动作，提高了训练的质量。加强心理咨询服务工作。为射击队配备了便携式身心反馈仪，使射击队队员能在射击场现场进行心理训练、集中注意力训练和放松训练等，大大提高科研服务的效果。深入运动队及时了解运动员训练强度和心理状况，针对重点队员和有需要的运动员及时进行心理疏导工作，去除心理疲劳，帮助运动员树立自信心和调控危机意识，引导运动员能够集中注意力的焦点。随队前往赛场做好赛前及赛后心理疏导服务工作，帮助运动员进行心理分析，提高自信心，转移注意力，降低队员过多的焦虑症状。为蹦床队、游泳队、田径队等多个运动项目的运动员进行心理咨询、心理访谈和心理疏导等服务工作。

【加强反兴奋剂工作】 该所领导班子非常重视赛风赛纪和反兴奋剂工作，充分认识到违反赛风赛纪和《反兴奋剂条例》的危害性，也充分认识到加强遵守赛风赛纪和《反兴奋剂条例》宣传教育的重要性，把赛风赛纪和反兴奋剂工作作为该所的一项非常重要的工作来抓，切实加强领导，精心组织，周密部署，狠抓落实，保证了该所科研人员和教练员、运动员在2013年没有出现任何违反赛风赛纪和反兴奋剂规定的事件发生。组织全所干部职工学习了国家体育总局下发《2013年兴奋剂目录公告》、《2013年禁用清单》等文件。严格把好运动营养品的补充方案和营养品使用关，要求所有提供给运动员的营养品，必须是国家队公布的运动营养品目录上的营养品才能使用，避免误服兴奋剂事件的发生。由该所科研人员为所有参加第十二届全运会的中心领导、干部、教练员、运动员和科医人员举行“反兴奋剂基础知识”培训，所领导和全体科研人员还参加了第十二届全国运动会运动员及其辅助人员反兴奋剂知识准入资格考试，并全部取得合格成绩。

【群众体育科技服务与国民体质检测】 2013年3月4～7日在该所开展自治区直属机关妇女体质检测活动，该活动主要是帮助自治区直属机关妇女工作者了解自身体质状况，指导其有针对性地进行科学体育锻炼，从而提高广大机关妇女工作者的体质，活动共为400多人进行了体质检测。2013年7月12日，参加由广西体育局主办的广西体育局党的群众路线教育实践活动——全民健身八桂行服务基层活动启动仪式，为荣和山水美地小区居民和健身爱好者进行体质检测100多人。党的群众路线教育实践活动督导组组长和广西体育局局长容小宁带头参加了测试体验。参加第五届广西体育节开幕式启动仪式，为健身爱好者和广西直机关参加开幕式活动人员100多人进行体质检测和评定。根据广西体育局大篷车全自治区体质检测活动要求，承担活动体质检测工作，行程2000多公里，为全自治区14个市的1500多名群众提供科学健身指导服务。获第五届广西体育节“特别贡献单位”奖。为南宁铁路局职工和南宁市部分小区居民等1000多人进行了体质检测和科学健身指导服务。

【科技交流与合作】 在广西体育局和广西新闻出版局的大力支持下，全年出版《运动精品》12期，共刊发260篇体育科研论文。出版《体育科技》6期，共刊发290篇体育科研论文。

（龙江）

高等院校科学技术

广西大学

【概况】　2013年，广西大学加强科技人才队伍和创新团队建设，夯实创新平台，深化基础科学和前沿科学研究，推进科技与地方经济社会发展相结合，扩大国内外学术交流，优化和创新科技管理机制，科技工作取得较大发展。全校科研立项项目1547项，合同经费3.42亿元，到校经费2.54亿元。国家自然科学基金和国家社科基金项目立项数、资助总经费双双再创历史新高，居全自治区申报单位榜首。特别是广西大学2013年获国家自然科学基金资助项目首次突破100项大关，文科类的商学院获得了6项国家自然科学基金项目；获准立项的国家社科基金项目涉及11个学科，是广西大学历年之最，其中管理学和中国历史取得零的突破。

2013年，广西大学科研奖励有重大突破。作为主持单位的研究项目，共获省部级一等奖以上奖励5项，其中，广西科学技术特别贡献奖是该校首次获得；广西技术发明奖一等奖也是设立以来获得的第一个一等奖；教育部高等全校科学研究优秀成果奖（科学技术）一等奖也是该校首次获得。这些科研奖励的获得，为进一步申报更高级别奖励奠定良好基础。全校知识产权保护亮点突出，论文发表的数量和质量有所提升；全校申请专利1073件，其中发明专利申请量突破900件，获专利授权195件，授权量与申请量同比增长了225%和860%；一批科技成果和农作物新品种得到推广应用，体现了广西大学巨大的科研创新潜力。全校新增一批科研平台和基地，其中获得2个广西2011协同创新中心及2个广西2011协同创新中心培育建设牵头单位，获批3个广西院士工作站，获批首个广西工程技术研究中心。此外，还获得批准2个广西高校人文社科重点研究基地。这些科研平台和基地的获得，彰显了广西大学在相关领域的科研水平和能力，为今后进一步凝练科研方向，提升科研成果质量，探索新的科研组织模式打下了基础。广西大学继续推动科技对接工作，与一些委、厅、局、企业签订了科技创新、人才培养合作协议，同时进一步巩固和深化已签订的校厅、校地、校企科技合作。此外，与南宁市科技局、南宁国家高新技术产业开发区管理委员会合作，全面推进专利倍增计划的实施。召开了第七次科技工作大会（网络信息与科技工作大会），广泛征集和听取了师生员工对科技工作的意见建议，并对未来几年的科技工作进行部署。修订出台了《广西大学科研业绩奖励规定》，强调以质量为第一导向，引导和促进科研工作向更高层次迈进。同时，开展科学道德与学风建设宣讲，继续在师生中倡导崇高的学术道德与求实精神，营造优良科研风气。

【科研项目与经费】　2013年，广西大学共立项项目数1547项，立项合同经费3.42亿元，到校经费2.55亿元。与2012年全年数据相比，立项数增加25项，立项合同经费增加0.16亿元，到校经费增加0.34亿元，实现了项目和经费的双增长，项目合同经费、项目到校经费增长比例分别为4.9%、10.4%。

在自然科学方面，申请国家自然科学基金项目432项，获资助104项（其中，面上项目13项，地区科学基金项目76项，青年科学基金项目15项），首次实现了国家自然科学基金立项数100项/年的目标，获得资助经费4956.8万元。与2012年相比，申请项目增加10项，立项项目数增加8项，面上项目增加8项，总经费增加345.8万元，实现了立项数、面向项目数、立项经费三方面的增长。2013年还获得国家973计划项目课题1项，经费480万元；前期专项课题1项，项目经费115万元；获国家林业局项目2项，资助经费150万元。

在社会科学方面，2013年申报2013年度国家社科基金104项，获立项19项（其中，一般项目11项，青年项目5项，西部项目3项），资助经费342万元；申报2013年度自治区社科规划办课题98项，获得立项47项，资助68万元；申报2013年度教育部人文社科一般项目125项，获得立项6项，资助42万元。

2013年，共签订计划内横向科研项目271项（不含设计院与自动化研究所），合同经费5276.46万元，到校经费5148.64万元。

【科研成果与奖励】 2013年，广西大学申请专利1073件，其中发明专利申请量突破900件，获专利授权195件，达到历史新高。成功转让或实施专利技术13项，合同转让经费158.5万元，同比增长分别为：225%和860%。一批科技成果和农作物新品种得到推广应用，其中通过鉴定（评审）科技成果共15项，达国际领先水平2项，国际先进水平5项，国内领先水平5项，国内先进3项；获软件著作权登记20件。与2012年相比，增加11件，增加比例为122%。通过广西农作物品种审定委员会审定的农作物新品种7个。

全年共发表论文3865篇，索引收录论文1458篇，其中SCI收录论文516篇、EI收录论文711篇、ISTP收录论文133篇，被ISSHP收录95篇、被SSCI收录3篇。

全年共组织了16项科技成果申报广西科技奖，根据广西壮族自治区人民政府科学技术奖励委员会公告（2013年11月8日）广西大学获奖成果共23项：其中，广西科学技术特别贡献奖1项；广西自然科学奖二等奖3项（第一单位1项，第二单位1项，第三单位1项），自然科学奖三等奖5项（均为第一完成单位）；广西技术发明奖一等奖1项，三等奖1项；科技进步奖一等奖2项（第一完成单位1项，第三完成单位1项），二等奖2项（均为第二完成单位），三等奖8项（第一完成单位3项，第二完成单位5项）；2013年还获得教育部高等全校科学研究优秀成果奖（科学技术）一等奖1项；获2011—2013年度全国农牧渔业丰收奖二等奖1项，获中国轻工业联合会科学技术奖一等奖1项。

与2012年相比，科技成果奖励一等奖以上等级奖励的数量上取得重大突破。其中：广西科学技术特别贡献奖是该校首次获得，广西技术发明奖一等奖也是设立以来获得的第一个一等奖；教育部高等全校科学研究优秀成果奖（科学技术）一等奖也是该校首次获得。

【科技成果转化与推广】 2013年，广西大学科研管理部门组织参加或参与了10次科技成果展览推介活动，不仅较好地完成了上级部门交办的任务，同时扩大了全校的影响，可促进成果转化。

参加第22届广西科技活动周和2013年广西新技术新产品交流交易会，并获最佳组织奖（全自治区高校只有2个名额）。参加了由广西教育厅组织开展的2013年广西高校服务贺州新发展科技活动。参加河南省政府、中国科学院、科技部、中国工程院、国家知识产权局在郑州市主办“2013中国郑州科技成果交易暨高科技人才交流会议”。参加由自治区人民政府主办，柳州市政府和自治区科技厅、自治区知识产权局共同承办，在柳州举行的以“创新驱动发展，发明创造未来”为主题的第二届广西发明创造成果展览交易会，该校挑选了15个项目参展。其中，“多功能数字控制轻型五自由度机械手”获得成果展二等奖，“新型多功能自动清洁一体机”和“静脉输液自动续液提醒装置设计”分别获得成果展三等奖。参加广西科协、广西农业厅、广西水产畜牧兽医局、钦州市委市政府主办，在灵山县举行的第二十三届广西科技大集——特色种养创业富民工程推广活动。参加由国家科技部和自治区人民政府主办的首届中国—东盟技术转移与创新合作大会。该校挑选了8个项目参展，其中有4个项目成功参与东盟国家的对接洽谈。参加由国家科技部、商务部、教育部、农业部等19个部委和陕西省人民政府共同主办，在西安杨凌举办的第二十届中国杨凌农业高新科技成果博览会。参加由国家发改委、科技部等15个部委、西部12个省（自治区、直辖市）人民政府及新疆生产建设兵团共同主办，在成都举办的第十四届中国西部国际博览会，该校挑选了4个项目参展。参加由国家科技部、教育部、中国科学院和湖南省人民政府主办，在长沙市举行的以“产学研金一体化，创新创业在长沙”为主题的2013中国（长沙）科技成果转化交易会。该校挑选了21个项目参展。参加由自治区人民政府主办，桂林市人民政府、广西科技厅、知识产权局承办的在桂林市举行的第三届广西发明创造成果展览交易会。该校制作了6个展板项目、4个实物展品和82个发明专利信息参展。

【科技平台及基地】 2013年，广西大学组织申报亚热带果蔬国际科技合作基地、甘蔗育种国际联合研究中心2个国家国际科技合作基地；组织申报了广西食用菌良种培育、广西甘蔗良种培育、广西中药材良种培育3个自治区农业良种培育中心；组织申报广西天体物理及其相关技术重点实验室、广西农产品质量安全重点实验室、广西清洁化制浆造纸与污染控制重点实验室、广西多媒体通信与网络技术重点实验室4个自治区重点实验室培育基地；组织申报广西生物质废弃物制备高质结构板材、广西东盟区域数字媒体制作与服务两个广西工程技术研究中心。

2013年，该校获得了广西生物质废弃物制备高质结构板材工程技术研究中心、广西食用菌良种培育中心2个自治区级创新平台。获得广西蔗糖产业协同创新中心、广西生态型铝产业协同创新中心2个首批广西“2011协同创新中心”；同时被获批为广西北部湾重大工程防灾减灾协同创新中心、中国—东盟区域发展研究协同创新中心的牵头建设单位。

2013年，该校还组织申报广西高校重点实验室22个，组织申报广西高校人文社科重点研究基地7个。获批广西高校人文社科重点研究基地2个。新设了广西大学都市农业研究中心、广西大学食用菌研究所2个校级科研机构。

【科技对接】 2013年，广西大学继续开展校市科技对接活动，与自治区工业和信息化委员会、自治区水文水资源局两个政府部门签订了科技研发应用与人才培养合作框架协议，与广西钦州同方数字技术有限责任公司、广西英利新能源有限公司、广西格霖农业科技发展有限公司等企业签订了产学研合作框架协议。该校还派人到玉林市科技局、玉林浩强农业科技有限公司、广西玉林容山堂生物科技有限公司、博白县潼宝养殖场等企业开展调研，不断推进了校市科技对接、校企科技对接活动。

为了更好地完成自治区专利倍增计划，南宁市科技局、南宁国家高新技术产业开发区管理委员会通过专项经费支持该校专利申报推进工作。其中，南宁国家高新技术产业开发区拨付给该校100万元科技转化专项基金，用于该校发明专利申请、维持及奖励等专项费用。南宁市科技局拨付30万元专项经费，用于我校发明专利申请推进。

2013年，该校新增南宁市科研项目34项，合同资助经费825.6万元，当年到校经费567.3万元，玉林市继续落实校市科技对接框架协议，资助以该校教师为项目负责人的项目7项，资助金额100万元。

【第七次科技工作大会】 2013年5月，广西大学举行了科技和信息工作大会（第七次科技工作大会）。会议全面总结了全校近年来的科技工作，并对今后几年的工作进行了安排部署，广泛征集和听取了师生员工对科技工作的意见建议。

副校长陈保善在第七次科技工作大会上作了科技工作报告。报告从科技人才队伍建设，科技创新平台建设，科研项目立项创历史最好成绩，科研成果水平继续提升，学术交流活跃，科技交流和合作、科技成果推介进一步拓展，科学道德和学风建设扎实推进，科研管理和服务水平提高等8个方面对过去两年全校科技工作进行了回顾，分析了该校当前科技工作存在的主要问题，对“十二五”时期全校科技工作提出了发展目标和具体量化指标，并做出了具体部署。会议期间，以学院为代表团的代表们分组讨论了《第七次科技工作报告》及《广西大学科研业绩奖励办法（讨论稿）》、《广西大学关于推进协同创新的指导意见》等有关科技经费管理的相关文件，会议还对2011—2012年度获得省部级以上奖励的科研成果进行了表彰。

【学术期刊】 《广西大学学报（自然科学版）》作为以宣传和报道土木建筑工程、化学与化工、机械工程、计算机与电子信息科学、电气工程、轻工与食品工程、数学和物理等理工科及其交叉学科为主的综合性学术刊物，经过积极的宣传和组约稿件，使来稿的质量和数量逐年稳步提高。2013年出版6期，共刊发论文222篇（比2012年刊发的211篇增加了11篇），1498页，约300万字。其中，第一作者为博士生导师的论文有20篇，国家级和省部级基金项目资助的论文比高达100%。同时本刊的影响因子及学科排名都有了较大的提高：（1）据清华大学的中国学术期刊（光盘版）电子杂志社、中国科学文献计量评价研究中心2013年11月在中国知网上发布的《中国学术期刊影响因子年报（自然科学与工程技术·2013版）》统计：本刊2013版的复合影响因子为0.947，比2012版的0.747提高了27%；复合影响因子在全国综合性科学技术类的学科排序为第15位（15/403），比2012版的第46位（46/437）上升了31位。（2）另据中国科学技术信息研究所2013年9月发布的《2013年版中国科技期刊引证报告（核心版）》中显示：本刊的核心影响因子在全国综合大学学报类期刊排名中位列第1位（1/56），比2012年版的第6位（6/60）又上升了5位；本刊在综合大学学报类期刊综合评价总分排名中位列第9位（9/56），较2012年版的排名第17位（17/60）又前进了8位。

《广西大学学报（哲学社会科学版）》中国期刊方阵"双效"期刊、全国高校百强社科期刊、全国民族地区"十佳"学报。主要栏目有中国—东盟研究、经济学、法学、管理学、社会学、新闻传播学、文艺学、语言文学、教育学。2013年期刊加强了组稿工作，共刊发132篇文章，所刊发文章中，有课题支持文章占68.2%，其中省部级以上课题文章占53.1%，具有博士生导师资格作者12人（第一作者），占作者总数12.1%。刊发的论文很多是围绕专题组稿，包括中国—东盟研究、三农问题、广西文化产业研究等专题。经过积极的宣传和组约稿件，使来稿的质量和数量逐年稳步提高，2013年被中国人民大学书报资料中心全文转载6篇和《新华文摘》全文转载1篇。2013年内出版6期（不含增刊），刊发论文155篇，共17万字。

《广西大学基因组学与应用生物学》　该期刊入编北京大学图书馆《中文核心期刊要目总览》2011年版（即第六版）之综合性农业科学类的核心期刊，同时是中国科学引文数据库（CSCD）来源期刊，也是中国科技核心期刊即中国科技论文统计源期刊。2001年入选国家新闻出版总署"中国期刊方阵"，先后被国际知名检索系统——英国国际农业与生物科学研究中心（CABI）、美国《化学文摘》（CA）、美国《剑桥科学文摘：自然科学》（CSA：NS）、英国《动物学记录》（ZR）、俄罗斯《文摘杂志》（AJ）等收录。广西大学主管、主办。聘请中国农业大学李宁、北京大学朱玉贤两位院士任主编；海南省热带农业资源研究所所长方宣钧博士任执行主编，国内众多的著名学者出任编委。

该刊设置固定栏目和随机栏目。固定栏目常设研究论文和研究报告，主要发表最新的原始研究成果。随机栏目根据稿源可能设研究资源、数据分析、技术专题和评述与展望等，还可能设置刊登有关科学新闻、科技短讯、专利、短评和书评等方面的栏目。面向基因组学、分子遗传学、生化与分子生物学、生物信息学等基础学科领域，着重刊登农林科学、医药科学、动物科学、环境与生态科学以及生物学实验技术与方法等应用生物学领域的最新研究进展和成果。受到来自全国30多个省、市、自治区及国外的科研院所、大专院校的两千多名作者的支持与厚爱，刊发了研究论文、研究报告、评述与展望等类型的科研论文共200余篇。

【科协、社科联概况】　2013年，广西大学科学技术协会（科协）积极组织申报科协口的各种科研项目和评奖，其中，组织了申报2013年中国科协调研课题、组织中国科协三峡科技出版资助计划、组织征集2014年广西科协调查研究课题选题。组织申报第十二届广西青年科技奖、组织科技人员参与青年学术年会论文的投稿工作等工作。2013年，该校科协还组织开展包括举办学术报告、参加各种培训会、报告会等学术交流活动，还派人参加中国高校科协发展论坛并组织投稿参加交流。该校科协根据区科协自治区科协《关于征集可开放教学科研设施及场所科普资源的通知》、《关于印发推进广西高校科普资源开放开发计划》的通知要求，最终精选了亚热带农业资源保护和利用国家重点实验室、林学院实验中心、农学院标本园三个资源作为该校首批向外开放的科普资源。2013年，该校科协继续指导学生开展科技创新活动，有计划地资助和指导学生科协开展航模活动，资助学生科协3000多元用于航模材料及制作费用。

2013年，广西大学社会科学界联合会（社科联）以科学发展观为指导，认真学习贯彻党的十八大精神，坚持正确的政治方向，努力提高推动科学发展的能力；同时配合上级行政部门，发挥优势，推动社科管理工作制度化规范化建设。在学术研究方面，充分发挥社科联的"桥梁"和"纽带"作用，围绕全校的中心工作，开展理论研究和学术交流活动。在科研成果应用方面，瞄准需求，大力推进社科成果的转化。

【科技交流与合作】 2013年，广西大学以项目研究、人才派出和引进、基地建设、举办学术会议及资助全校教师参加国际国内学术会议等方式为载体，大力推进文化传承创新，积极开展对外文化传播和交流。各学院分别承办了第三届全国核技术与应用学术研讨会、中国—东盟亚热带果蔬种质创新与利用国际学术研讨会、2013年全国丘陵农业机械工程学术研讨会、中国植物病理学会第十届青年学术研讨会、中德对外贸易、物流与港口管理国际研讨会、儒家哲学与文化论坛：传统工夫理论全国学术研讨会等16个高水平的国际国内会议，资助金额32万元。资助了6位老师参加包括欧美及亚洲国家在内的国际学术会议，资助32名教师参加国际国内科技学术会议交流，邀请了包括王浩、潘德炉院士在内的一大批著名的国内外学者专家到全校君武大讲坛做学术报告，资助各类高层次科技交流14万元。继续开展与桂林理工大学共建实验室，与华南理工大学、钦州学院等科技合作工作。全校还组织申报了科技部国际合作司的2014年度“中韩青年科学家交流计划”中国青年科学家赴韩工作申报，与外单位联合承担了科技部的国际合作科技项目“甘蔗高产高糖抗病育种的关键技术合作研究”。

【大学科技园】 2013年，广西大学继续加快大学科技园的建设步伐。通过建设，该校大学科技园区内现有企业16家，其中在孵企业4家、研发中心1家，从业人员300人。2013年园区企业总经营收入3.6亿元，其中在孵企业产值3500万元。

【重要的科技活动】 国家现代农业（柑橘）产业技术体系广西创新团队2012年度工作总结暨学术研讨会，于2012年12月28日至30日在该校召开。该次会议由国家现代农业（柑橘）产业技术体系广西创新团队（简称广西柑橘创新团队）主办，广西柑橘创新团队首席专家办公室、广西大学农学院、广西柑橘创新团队桂南综合试验站承办。

广西大学承办中国作物学会麻类专业委员会第五届二次代表大会暨学术研讨会，自治区政府副主席陈章良，中国作物学会秘书长张保明，广西大学副校长陈保善，中国农业科学院麻类研究所长、国家麻类产业技术体系首席科学家熊和平，农业部农垦经济发展中心副处长许灿光，中国作物学会副秘书长杜娟等领导出席会议。

广西大学教师获得第六届“高等全校科学研究优秀成果奖（人文社会科学）”。根据教育部下达的通知，第六届高等全校科学研究优秀成果奖（人文社会科学）获奖名单。该校中国一东盟研究院副院长、商学院范祚军教授的学术论文“差别化区域金融调控的一个分区方法——基于系统聚类分析方法的应用”（发表于《管理世界》2008年第4期）获得第六届“高等全校科学研究优秀成果奖（人文社会科学）三等奖”，这是该校第一次获得该奖项。

广西大学获2个认定的广西首批“2011协同创新中心”和2个广西“2011协同创新中心”培育建设单位。根据广西壮族自治区教育厅桂教社科［2013］10号文件《关于认定首批广西“2011协同创新中心”名单的通知》，该校牵头的“广西蔗糖产业协同创新中心”和“广西生态型铝产业协同创新中心”被认定为广西首批“2011协同创新中心”，“广西北部湾重大工程防灾减灾协同创新中心”和“中国—东盟区域发展研究协同创新中心”成为广西“2011协同创新中心”培育建设单位。

广西大学广西食用菌良种培育中心获批自治区农业良种培育中心。根据自治区科学技术厅《关于认定自治区农业良种培育中心和标准化生产技术示范基地的公示》，广西大学广西食用菌良种培育中心被认定为第三批自治区农业良种培育中心。至此，包括木薯良种培育中心、水稻良种培育中心、蔬菜良种培育中心我校共有4个自治区农业良种培育中心。

2013年5月，广西大学举行了科技和信息工作大会。会议全面总结了全校近年来的科技和信息化工作，对今后的工作进行了安排部署，并广泛征集和听取了师生员工对科技与信息化工作的意见建议。会议期间，代表们分组讨论了科技和信息化工作报告及《广西大学科研业绩奖励办法（讨论稿）》、《广西大学关于推进协同创新的指导意见》、《关于加快广西大学信息化建设工作的指导意见》及有关科技经费管理的相关文件，对科技和信息化工作提出了富有建设性的意见和建议。会议还对2011～2012年度获得省部级以上奖励的科研成果进行了表彰。

广西大学2013年国家社科基金项目立项再创新高，根据2013年度国家社科基金项目评审结果，广西大学获准立项19项，资助经费342万元，其中一般项目11项，青年项目5项，西部项目3

项。项目立项总数、资助总经费再创历史新高，居全自治区各申报单位榜首。

2013年，广西科技厅认定的第一批60个广西院士工作站之中的力学工作站、动物科学院士工作站也分别在广西大学揭牌。中国力学家、中国科学院白以龙院士，中国工程院院士、中国农业大学动物遗传育种学李宁教授分别到广西大学参加揭牌仪式。广西大学校党委书记梁颖、校长赵艳林、副校长陈保善等参加了揭牌仪式。

“中国化学会第十七届全国有机分析与生物分析学术研讨会”在广西大学召开。由广西大学承办，广西民族大学、广西化学化工学会协办的第十七届全国有机分析与生物分析学术研讨会在广西大学召开。会议以“有机分析的机遇和挑战”为主题，分别在君武馆玉林厅设主会场、在化学化工学院学术报告厅及阶梯教室设分会场，共作主题报告22个，包括张玉奎院士的《定量蛋白组学进展》、鞠熀先教授的《生命分析中的信号放大》等，并以“现代有机分析及生物分析技术及其应用”、“现代有机分析及生物分析方法研究”2个议题开展研讨。

国家农业部下发了农科教发〔2013〕13号文件，对2011～2013年度全国农牧渔业丰收奖获奖情况进行了通报。广西大学罗兴录教授主持完成的“高产优质木薯新品种选育与推广”成果，荣获2011～2013年度全国农业技术推广成果奖二等奖。

广西大学首次成为自治区级工程技术研究中心组建单位。根据“关于同意组建第九批自治区级工程技术研究中心的通知”（桂科计字〔2013〕353号），依托于广西大学申报的广西生物质废弃物制备高质结构板材工程技术研究中心被批准列入自治区级工程技术研究中心组建单位，这是广西大学首个获得批准组建的自治区级工程技术研究中心。

（广西大学）

桂林电子科技大学

【概况】 桂林电子科技大学是工业和信息化部与广西壮族自治区人民政府共建高校，广西壮族自治区重点建设大学，是一所以工为主，电子信息类学科和国防军工特色鲜明、优势突出，多学科交叉渗透、协调发展，在自治区内外有较大影响力的多科性教学研究型大学。2006年更名为桂林电子科技大学，2013年被批准为博士学位授予单位。该校现有广西重点学科16个，其中广西优势特色重点学科5个；一级学科博士学位授权点（信息与通信工程、机械工程、仪器科学与技术）3个；一级学科硕士学位授权点11个，二级学科硕士学位授权点（不含一级学科覆盖点）3个，有工商管理硕士（MBA）、工程硕士（含11个工程硕士领域）2类专业学位授权点；现有在职教职员工2600余人，其中专任教师1400多人，高级专业技术职务教师800余人，博士学位教师300余人。

2013年，该校新增国家科技支撑计划、国家重大专项、国家“863”计划、国家自然科学基金、国家社科规划等国家级项目61项；新增国防型号、国防预先研究项目等先进武器装备和国防关键技术研究项目25项；新增省部级科学基金、科技攻关、社科规划等项目118项，获得科研成果奖4项；获国家专利授权和软件著作权346项，其中发明专利授权57项。

【科研项目与经费投入】 2013年，该校新增国家科技支撑计划、国家重大专项、国家“863”计划、国家自然科学基金、国家社科规划等国家级项目61项，资助金额（合同经费）达3510.5万元；新增省部级科学基金、科技攻关、社科规划等项目118项，资助金额（合同经费）达1471.8万元；新增地厅级科技攻关项目、社会科学研究等地厅局级项目67＋82项，资助金额（合同经费）达1460.366万元；新增企事业单位委托项目（含理工类、社科类）133项，资助金额（合同经费）达1722.049万元；新增国防型号、国防预先研究项目等先进武器装备和国防关键技术研究项目25项，资助金额（合同经费）达794.45万元。

【科研成果与转化】 2013年，该校获得科研成果奖项奖成果4项（广西自然科学奖二等奖2项，广西自然科学奖三等奖1项，广西科技进步奖二等奖1项，）。SCI、EI收录论文407篇，专著13部。

基于流形学习和高性能计算的近红外光谱在线分析系统 该成果主要应用于大型制药企业的水提、醇提、柱层析等关键的制药工艺过程，解决了生产过程在线实时质量监控的难题，将质量监控从终产品前移到多个关键生产过程，提高了产品品质，保障了用药安全。成果已应用于神威

药业集团有限公司、吉林敖东延边药业股份有限公司的中药在线生产过程，使其产品质量控制水平稳步提高。近三年为企业新增销售额162066万元，累计节支11569万元，取得了显著的经济效益和社会效益。本项研究成果可应用于其他仪器的数据分析，制药的提取、精制、浓缩等过程，以及石化、化工、制糖等行业的生产过程在线分析与监控。该成果获2013年广西科技进步奖二等奖。

非线性波方程的精确解与动力学研究　该成果以研究奇异孤子的定性行为为立论背景，致力于探索和建立新的概念、思想和有效求解方法，利用动力系统分支方法分析水波以及光孤子的定性性质。首次从动力系统角度分析了peakon解与cuspon解的联系与区别，给出了非线性波方程单峰孤立波解的分类，发现了周期波解的周期与能量的关系。研究了奇异直线、奇异双曲线、奇异椭圆和奇异孤子解之间的联系，发现了新的奇异孤子解。首次发现了退化奇点与奇异孤子的紧密联系。研究论文被SCI收录30篇，EI收录25篇，MR收录46篇。该成果被应用于流体力学和光纤通信，美国光孤子专家多次引用本项目的研究成果。成果被他人正面引用110次，其中SCI源刊引用45次。同行专家评审评价：成果的学术水平总体是国际先进的，部分达到国际领先。该成果获2013年广西自然科学奖二等奖。

高维约束矩阵方程问题的理论与方法　该成果在约束矩阵结构性质刻画方面首次讨论了k—轮换对称矩阵的结构特征和性质，给出了n阶k—轮换对称矩阵的一般表达式。在线性约束矩阵方程数值解法方面，首次设计出了理论上具有有限步终止特性的LSQR迭代方法；首次设计出了计算特征值和元素区间约束下矩阵反问题的双对称最小二乘解的矩阵形式的Dykstra交替投影方法。在约束非线性矩阵方程数值解法方面，首次本项目首次给出了几类非线性矩阵方程有正定解的条件，构造了获得近似解的m步定常迭代方法。共发表论文80余篇，其中SCI收录26篇，EI收录21篇，美国数学评论载评31篇，93次被SCI等期刊论文正面引用。该成果获2013年广西自然科学奖二等奖。

【人才与创新团队】　该校坚持实施人才强校和科技兴校战略，形成了以博士、硕士为主导，以中青年学科带头人和骨干教师为核心的教师队伍。该校2013年引进和培养博士44名，新增正高职称人员19人，新增政府特殊津贴专家1名，国家杰青1名，中科院百人计划人选2名；新增八桂学者2名，特聘专家1名。截止2013年末，该校现有高级专业技术职务教师800余人，博士学位教师300余人。现有国家级教学团队2个，自治区级教学团队9个，广西人才小高地3个，广西高校人才小高地7个，广西高校创新团队1个。教师队伍中有“长江学者”特聘教授1人、国家杰出青年基金获得者4人、中科院“百人计划”人选4人、“国家百千万人才工程”人选4人、全国杰出专业技术人才1人、教育部“新世纪优秀人才支持计划”人选4人、广西“八桂学者”7人、广西优秀专家8人、广西特聘专家3人、广西“新世纪十百千人才工程”人选12人、广西教学名师9人、享受国务院特殊津贴专家40人，有150多人次进入国家级和省部级各类高层次人才行列。

【科研平台建设与科研仪器设备】　截至2013年底，该校建成一批集产、学、研为一体国家级、省部级科技创新平台，现有国家级科技服务中心1个，原信息产业部重点实验室3个，省部共建教育部重点实验室1个，广西重点实验室5个，其中与广西大学共建广西重点实验室1个，广西高校重点实验室7个，广西高校人文社科重点研究基地1个；与企业共建广西工程技术研究中心3个；广西信息科学实验中心1个。

国家级科技服务中心—国家软件与集成电路公共平台广西平台（CSIP）　该平台是全国唯一一个依托高校设立的平台。2008年挂牌成立，平台结合广西的实际情况和桂林电子科技大学的优势资源，围绕：“产品的软件快速设计、节能、行业平台，技术服务平台”，分别在新技术推广、产品快速设计、节能技术、汽车电子及软件服务等方向通过组织学校科研团队进企业的方式开展公共服务。2013年，该平台进一步加强与相关政府部门和企业的联系，通过人才培养、协助和参与规划制定、组织技术洽谈等方式接充分发挥产学研服务平台的作用，取得了良好的效果。

通过“嵌入式开发工程师”信息技术紧缺人才培养、“注册信息安全专业人员讲师培训班”等推动了学校的教育资源服务社会工作。培训班招生3个班共78人，全部顺利就业。

协助广西教育厅完成“全国中小学生学籍管理系统”上线工作，截至2013年底已有700多万的中小学生学籍数据进入系统，并与全国系统顺利对接。2013 年 7 月协助完成该系统的县、区教育局基教人员培训工作，并选拔 104 名大学生到各县、区开展系统培训、系统管理等志愿服务。

与桂林市工业和信息化委员会联合共建桂林市云计算公共服务平台（中心）已投入运行，为政府和中小企业提供服务。

协助桂林市申报智慧城市试点工作，完成撰写申报书、编制标准、筹划汇报材料等工作，2013 年 8 月，桂林市顺利通过中华人民共和国住房和城乡建设部组织的评审，被列为国家第二批智慧城市试点。

与桂林市生产力促进中心合作，组织学校科研团队进入多家桂林企业进行产学研对接活动。达成了海威科技有限公司与机电工程学院杨道国院长的团队对接，企业和学校团队联合申报并获批 2013 年广西工程技术研究中心建设。

协助 CSIP 总部组织“全国高校物联网技术应用与专业建设研讨会”，接待了来自全国各地学校的参会代表。

2013 年 4 月与广西知名企业美丽传说股份有限责任公司建设了“CSIP 广西平台－美丽传说嵌入式实验室”，并聘请企业专家为嵌入式培训基地授课 72 学时，使得学生培养密切地与企业需求接轨。

参与桂林市两化融合工作，获得桂林市委员会和桂林市政府授予的 2012 年度“两改一融合一示范”建设工作先进个人 1 项。

组织 CSIP 知识产权与法律事务公共服务平台科研人员与柳州六家大中型企业进行服务对接。

筛选组织两个学生团队参加柳州科技局主办的国内大学生科技创造企业推介活动，获得了二等奖、三等奖各一项。并参加第二届广西发明创造成果展览交易大学生创意创新成果推介会。

组织学校专家与东风柳州汽车有限公司共同申报了柳州科学研究与技术开发项目《重型载货汽车车载信息系统及整车舒适性仿真与优化关键技术攻关》获立项，总经费 60 万元，已到位 36 万元。

组织 CSIP 知识产权与法律事务公共服务平台与桂林机床股份有限公司和桂林市华力重工机械有限责任公司进行科技服务调研和洽谈。

省部共建教育部重点实验室——“认知无线电与信息处理”重点实验室　该实验室依托广西重点学科信息与通信工程，由宽带与智能信息处理、近代通信网络与技术和微波光波应用技术实验室等三个广西高校重点实验室整合组建而成。

研究方向：认知无线传输网络理论与方法；无线认知体系结构与信息处理，认知无线电硬件体系结构与关键技术。

2013 年度，国家自然科学基金、国家科技支撑计划课题等在内的国家级项目 10 项、省部级项目 7 项、横向课 3 项，新增到位经费 509.5 多万元；发表核心期刊论文 42 篇；发明专利 3 项。现拥有万元以上仪器设备 80 余台（套），价值 2700 余万元。

广西无线宽带通信与信号处理重点实验室　该实验室依托桂林电子科技大学通信与信息系统、信号与信息处理、机械电子工程、控制理论与控制工程、计算机应用技术、信息材料科学与工程和测试与计量技术等与信息与通信密切相关联的省部级重点学科进行建设。2001 年开始建设，2004 年正式批准成为自治区重点实验室。实验室 2010 年向广西科技厅申请调整学科研究方向并获得批准。

研究方向：无线传输技术；通信信号处理技术；无线通信网与安全技术。

2013 年，实验室承担 973 项目、国家自然科学基金重点项目、国家自然科学基金、国家科技支撑计划课题等在内的国家级项目 23 项、省部级项目 68 项、横向课 28 项，科研经费 1362 多万元；被 SCI、EI 收录 62 篇；发明专利 3 项。现拥有万元以上仪器设备 85 台（套），价值 1570 万元。

广西可信软件重点实验室　该实验室依托桂林电子科技大学计算机科学与技术、软件工程、信息安全等国家或广西特色学科专业，在实时系统研究室、软件技术研究室、网络信息处理研究室、智能综合系统研究室等基础上发展建设而成，2010 年经广西科技厅批准成为广西重点实验室。

研究方向：可信软件形式化基础理论；可信网构软件工程；混杂网络算法及应用；网络媒体聚合及软件。

2013 年，广西可信软件重点实验室新增国家自然科学基金项目 7 项、广西自然科学基金等省部级项目 4 项，实验室科研人员主持在研的国家和省部级自然科学基金项目达到 34 项，科研经费 187.6 万元，被 SCI、EI 收录论文 44 篇，获第十二届广西青年科技奖 1 项，广西自然科学二等奖 2 项，广西科技进步二等奖 1 项，获得授权专利 2

项，获得软件著作权 11 项。拥有万元以上仪器设备 62 台（套），价值 970 万元。

广西信息材料重点实验室　该实验室依托桂林电子科技大学材料科学与工程学科，2011 年通过验收。

研究方向：电子信息材料设计；电子信息材料制备及功能调控；电子信息材料结构一性能关系。

2012～2013 年，实验室承担包括国家 973 子课题、国家自然科学基金重点、国家科技支撑计划课题等在内的国家级项目 32 项，国防项目 1 项，省部级项目 16 项、横向课题 29 项，科研经费 2800 万元，被 SCI、EI 收录 120 余篇，获广西自然科学奖二、三等奖 2 项，申请发明专利 40 项。现拥有万元以上仪器设备 50 台（套），价值 8000 多万元。

广西制造系统与先进制造技术重点实验室　该实验室依托广西大学和桂林电子科技大学机械工程学科，2011 年通过验收。

研究方向：机电装备与现代制造技术；光机电一体化技术；微电子制造技术；动力机械与热能工程；产品数字化设计与制造业信息化技术。

2013 年度，实验室承担国家自然科学基金、国家科技支撑计划课题、国际科技合作项目等在内的国家级项目 36 项（其中桂电 20 项）；省部级项目 92 项（其中桂电 39 项）；横向课题 41 项（其中桂电 13 项）；科研合同经费合计约 3144 万（含建设经费）（其中桂电 1500 多万元）；被 SCI、EI 收录 39 余篇（其中桂电 11 篇）；获广西科技进步奖等省部级科技奖 4 项（其中桂电 1 项）；发明专利 21 项（其中桂电 9 项）。现拥有万元以上仪器设备 112 台（套），价值 2000 万元。

【重点学科建设】　该校坚持以学科建设为主线，以重点学科建设为抓手，全力打造优势特色学科群，逐步形成以点带面、共同发展的良好态势。共有 8 个广西重点学科，这些学科瞄准学科前沿，紧密结合国家和区域发展的重大需求，加大学科集成力度，实现重点突破，产生一批有影响的标志性成果，加快推进优势学科进入国内先进行列，并发挥火炉效应，带动学校学科建设整体水平的提升。信息与通信工程、仪器科学与技术、机械电子工程等广西重点学科的特色更加鲜明，优势更加突出，在一些方向和领域取得了重要的突破，产生了一批具有国际先进水平和重大社会效益的标志性成果，承担重大科研项目以及自主创新的能力明显提升，学科综合实力和水平明显增强。材料加工工程、计算机应用技术、应用数学、生物医学工程等广西重点学科也得到快速发展，对优势学科的支撑作用进一步加强。

【大学科技园建设】　该校大学科技园是广西科技厅和教育厅联合批准的“广西壮族自治区大学科技园”试点单位，以桂林电子科技大学为依托，和桂林国家高新区等“官产学研资介商”单位共同建设，规划总建筑面积 20 万平方米，可以容纳 2 万多人同时办公。该校大学科技园秉承“创新、事业、感恩、团队”的园区文化，立足“鼓励创新、扶持创业、宽容失败、倡导协作”的办园理念，践行“以服务求支持、以贡献求发展”的工作方针，把桂电大学科技园建设成为一流的创新基地、高新技术企业孵化基地、创新创业人才聚集和培育基地、高新技术产业辐射催化基地、教学实习基地，以及国际技术合作与交流的重要窗口。2013 年以推进园区内师生创业、学生实习、校企科技合作、接机企业孵化、技术转移为工作重点。入驻该校大学科技园单位已达 28 家（20 家企业，8 家校地校企平台），新引进孵化科技企业 3 家。

创新创业：积极开展大学生创新创业各类实践培训，利用园区自身优势，与入驻企业及校内平台友好协商，吸收学生到园区进行产业实习、实践及就业。对于实习实践阶段特别优秀的学生，积极向企业推荐，陆续已招聘学生就业 52 名毕业生，全年共有超过 150 名学生到科技园进行有偿实习，实习时间均超过 3 个月时间。

科技企业孵化：针对入园企业各自的需求，配合提供各项服务。如专利、项目等宣讲普及答疑工作；及时有效地发布科技局、创业服务中心等相关部门的各项通知、活动信息；在现有孵化场地基础上，深入挖掘入驻企业潜力，引导企业积极申报各类项目，协助企业申报各类奖项。2013 年度在孵企业总计 20 家，其中本年度入驻孵化新企业 3 家，依托高校成果转化 11 个，获奖 5 个，申请专利项 16 个，批准专利项 6 个，承担各类科技项目 21 个，研发经费总计 2500 余万元，在孵企业带动就业人员 300 余人。为教师、学生创业提供信息及场地支持，目前教师、学生创业已有十家，占在孵企业的 50%。

技术转移：定期向目标客户群发布技术转移

简报，报告最新的技术成果和转移意向；引导入驻企业与学校老师、学生开展项目合作，教师与在孵企业间开展了科研合作多项，二十余名学生长期在科技园企业、校地校企平台参与科研项目；通过问卷调查的方式，收集技术拟采用者的需求，整理后发布给技术所有者。组织技术推广和培训活动2次。

2013年7月与桂林国家高新区管委会正式合作共建“桂林大学科技园”，并启动申报第十批国家级大学科技园申报工作。

【科技交流与合作】 2013年，该校面向欧洲、美洲和东南亚国家开展了富有成效的国际合作与交流工作，重点加强了对东盟国家，如越南、泰国和马来西亚的教育交往，不断拓宽了学校的国际合作范围和提升了国际合作的层次。

2013年，该校获得了2013年度国家教育部委托全国23所院校中广西唯一的一所中国政府奖学金留学生委托培养高校。学校共办理各类出访团组22个共34人次（包括学校公务访问、院系交流访问、科技交流合作、教师交换项目、参加国际研讨会等），其中因公出访团组2个，校级领导出访2人次。完成八桂学者出国项目、广西财政资助出国留学项目、赴美国半岛学院交换教师项目的人员选拔和申报工作。广西高校教师出国深造项目经费139.2万（14人），聘请长期外籍专家53人次；与国外教育机构签订协议1份。2013年全年接待国际合作院校43批次，共计223人次。接待了德国科学基金会和国家自然科学基金委员会、爱尔兰考克大学、美国亚利桑那州立大学、爱尔兰卡洛理工学院、英国赫瑞瓦特大学、英国西英格兰大学、英国考文垂大学、韩国清州大学、新加坡科技研究局信息通信研究院、马来西亚吡叻州国民型华文中学校长代表团等重要合作院校的来访。2013年度，2014第八届动力系统最新进展国际会议的申报工作。全年共派出学生172人，其中参加中外交流本科项目赴英国、法国及爱尔兰87人，赴越南、泰国等地的交流学生47人，赴意大利本科项目学习30人，赴英国、德国攻读硕士8人。该校来华留学生达到200余人，来自的泰国和马来西亚的留学生实现了零的突破，北海职业教育学院也首次招收了12名越南留学生，获得广西政府东盟国家来华留学生奖学金56.77万元。

【重要科技事项与活动】 该校信息与通信学院教师邓德迎获选拔推荐为中国第29次南极科考队队员，并获高度评价。该校研究成果“液位自动控制系统的研发与设计”在第二届广西发明创造成果展览交易会二等奖，第三届广西高校大学生创新设计与制作大赛在该校举行。广西科技厅副厅长周文能考察该校重点实验室，长江学者特聘专家、天津大学电子信息工程学院院长马建国教授来该校讲学。荷兰代尔夫特理工大学 Miro Zeman 教授应邀就“硅基光伏技术：挑战和新方法”专题做学术报告。“纳米材料与器件国际研讨会”在该校召开。全国高校物联网技术应用与专业建设研讨会在该校召开。2013年全国高性能计算学术年会（HPC China2013）在该校召开。工业和信息化部软件与集成电路促进中心副厅长高松涛一行来该校调研。著名物理学家解思深院士到该校作“会聚技术和可能的应用”专题报告。广西科技厅副厅长李国忠率自治区主席院士顾问服务工作调研组到该校考察调研。

（杨柳慧）

桂林理工大学

【概况】 该校现有屏风、雁山、安吉、空港四个校区，校园总面积266.67公顷。设19个二级学院，有69个本科专业，各类全日制在校生27000多人。是一所以工学为主，理、管、文、经、法、艺7大学科门类协调发展的多科性高等学校。

2013年，该校获得博士学位授权单位，地质资源与地质工程、材料科学与工程、环境科学与工程三个一级学科获批为博士学位授权学科。该校有“广西有色金属及特色材料加工重点实验室”国家重点实验室培育基地、“有色金属及材料加工新技术实验室”教育部重点实验室、“有色及贵金属隐伏矿床勘查教育部工程研究中心”。有6个自治区重点实验室；1个自治区“2011协同创新”；2个“2011协同创新”培育基地；1个人文社科重点研究基地；1个广西工程研究中心；“十一五”以来共获广西重点学科24个，其中5个为广西优势特色重点学科。

2013年，该校科研经费快速增长，到账经费超亿元；申报广西科学技术奖7项，获奖5项，其中二等奖3项、三等奖2项；申请专利457项（其中发明专利446项，实用新型专利11项），与

2012年同期相比增长145%，授权91项（其中发明专利74项，实用新型专利17项）。2013年3月7日，成立了桂林理工大学科技园，总建筑面积11700平方米，签约企业15家。

【科研项目与经费投入】 2013年新增国家级项目达65项，其中获国家自然科学基金53项，项目经费2473.8万元；国家社科基金项目9项，项目经费162万元；科技部863计划项目3项。此外，获得教育部新世纪优秀人才资助计划1项，教育部科学技术研究项目1项，教育部人文社科项目2项；国家林业局948计划项目1项；广西自然科学基金42项，广西科学研究与技术开发项目15项，广西社科规划课题16项，广西科技基础条件平台建设6项，广西专利专项基金项目1项；各类厅局级项目110余项。全年科研总经费首次突破1亿元，达到1.1223亿元，比2012年度增长36.8%，其中纵向科研经费达到7160万元，比上一年度增长49.2%，国家自然科学基金项目费2473.8万元，国家社科基金项目经费162万元。

【科技成果与简介】 2013年，申报广西科学技术奖7项，获奖5项，其中二等奖3项、三等奖2项。吴志强等完成的“鱼类及水产养殖与水环境因子的关系研究”和方亮等完成的“类钙钛矿有色金属复合氧化物的合成、结构与介电性能”获得广西自然科学奖二等奖；罗先熔等完成的“矿产资源多元信息勘查技术开发及综合示范研究”获广西科技进步奖二等奖；张淑华等完成的“弱作用对配合物的结构和性质的影响”获得自然科学奖三等奖；吕建等完成“环保型耐热聚酯电工塑料产业化制造技术”获广西技术发明奖三等奖。高水平论文发表质量与数量有显著提高，全年SCI/EI/ISTP收录论文500余篇，较上年增加100余篇，其中以该校为第一单位的论文达到30篇。全年共申请专利457项（其中发明专利446项，实用新型专利11项），与去年同期相比增长145%，授权91项（其中发明专利74项，实用新型专利17项）。

鱼类及水产养殖与水环境因子的关系研究 该成果首次揭示了现阶段长江“四大家鱼”的组成特征，并推断出长江“四大家鱼”的产卵场及产卵时间；首次阐明了“四大家鱼”仔稚鱼从长江进入鄱阳湖的洄游时间过程及其与水环境因子的关系，该成果为鄱阳湖水利枢纽工程的设计和运行提供了技术支撑；在国内首次揭示了鱼类多样性与河流护岸类型及水环境因子的关系，提出了人工河岸修建后鱼类多样性的恢复新方法；首次阐明了赣江中游大型水利工程对鱼类和生态环境造成的影响，为水利工程的设计与施工提供技术指导；首次在我国揭示了溪流鱼类群落结构的时空变化格局及其与河流地貌及水环境因子的关系，为溪流鱼类多样性的保护提供理论依据；首次在国内确立了不同养殖水体中（池塘和网箱）不同养殖产品的养殖过程关键控制点，率先在我国水产养殖业建立了HACCP体系操作规程，为绿色健康水产养殖和水产品营养评价提供了重要的理论依据。至2013年底，研究成果已出版了《鄱阳湖水系四大家鱼资源及其与环境的关系研究》和《绿色水产养殖中的环境问题研究》两部专著，发表论文70余篇，其中SCI或EI收录6篇，中文核心期刊40余篇。截至2013年2月，论文被他引276次，其中单篇最高引用率达到23次。成果获得2013年广西自然科学奖二等奖。

类钙钛矿有色金属复合氧化物的合成、结构与介电性能 类钙钛矿化合物的组成通常偏离了钙钛矿通式ABO3，且氧八面体不仅可以共顶，还可共棱或共面连接以保持结构的稳定性，另外还包括钙钛矿单元层与其他结构单元形成组合结构，这既能为深入了解结构与性能之间本质提供试验场所，同时也成为新材料探索与开发的源泉。该成果重要科学发现如下：合成了AnBn－1O3n型B位缺位六方类钙钛矿结构、A6B10O30钨青铜结构、A2BM3O10型三层类钙钛矿结构等349个新的有色金属复合氧化物，其高质量的X射线标准衍射数据已全部收录于国际衍射数据中心（ICDD）全球出版发行的权威X射线衍射图谱数据库《PDF》，成为鉴别这些新化合物的基础科学数据。率先在B/A略小于1的B位缺位类钙钛矿AnBn－1O3n中探索并制备了系列具有自主知识产权新型微波介质陶瓷材料，揭示了其组成、结构与性能的关系与内在调控机制。通过A位与B位阳离子组合设计并制备了系列新的A、B位有序或无序占位的A6B10O30填满型钨青铜结构无铅介电、铁电与压电材料，率先系统研究了其组成、结构对性能的影响与调控机制。研究成果在国内外知名学术期刊发表论文共计150篇论文，其中SCI收录142篇（JCR2区及以上64篇，最高影响因子达9.42）；论文被引用超过1000次，正面他引超过600次，含Chem. Mater.（影响因子7.26）、

J. Mater. Chem.（影响因子 5.968）等国际知名期刊 SCI 他引 400 次，其中 3 篇论文被 ISI 评为 2000 年来高引频论文（本领域引用率最高的 1%以内）。由 Elsevier 出版的专著《Dielectric Materials for Wireless Communication》中引用该校有关 AnBn－1O3n 型的论文与图片 30 余次。$Li_2MTi_3O_8$ 陶瓷被认为是继日本村田公司发现（Zr，Sn）TiO4 后的中介电常数微波介电陶瓷的一个突破。获得授权发明专利 25 项，在国内外专业学术会议作特邀报告 8 次。成果获 2013 年广西自然科学奖二等奖。

矿产资源多元信息勘查技术开发及综合示范研究 该研究成果是该校于 2007 年与南澳大利亚资源部、甘肃金川集团股份有限公司通过项目合作，通过对中国甘肃金川铜镍矿、澳大利亚 Challenger 金矿、Tunkilia 金矿、Kalkaroo 铜金矿、Goulds Dam 铀矿、Four Mile East 铀矿的对比研究，把地质理论找矿、方法技术找矿、标志找矿、立体找矿、定量找矿紧密结合在一起，创建了一套适用于金属矿山寻找深部及外围埋深大、地质条件复杂的隐伏金属矿床多元信息勘查集成技术组合，构建了矿产资源多元信息勘查模型，并对上述矿山深部及其外围进行找矿探查示范研究，找到可供进一步勘查的新的找矿靶区 14 处，其中 6 处靶区进行了工程验证见到隐伏金属矿床，取得了很好的找矿经济效益，如在金川铜镍矿区 1＃矿体深部通过钻探验证，探获矿石资源储量 1276.5 万吨，铜金属量 128723.8 吨，镍金属量 192041.2 吨，直接经济效益达 319 亿元，在找矿应用方面取得了突破性进展。同时，通过研发取得了具有自主知识产权的“低电压偶极地电提取装置”实用新型专利，在国内外刊物发表学术论文 20 篇，在国际会议上作主题报告 3 次，主办国际会议 1 次，出版专著 1 部，培养了博士、硕士研究生 23 名。本研究成果在国内外矿产勘查界产生了重要影响。成果获得 2013 年广西科技进步奖二等奖。

【人才与创新团队】 该校师资力量雄厚。有专任教师 1400 多人，其中，高级专业技术职务教师 600 多人，博士生导师 42 人。入选国家“千人计划”1 人、中科院“百人计划”1 人、国家“百千万知识产权人才工程”百名高层次人才培养人选 1 人、国家“十二五”863 计划主题专家组成员 1 人，享受国家特殊津贴专家 13 人，有教育部优秀教师资助计划 2 人、高等学校骨干教师资助计划 2 人、新世纪优秀人才支持计划 2 人，全国优秀教师、优秀骨干教师 4 人，国家专业教学指导委员会委员 6 人；省部级“十百千人才工程”人选 16 人，省部级学科、学术带头人 42 人，自治区八桂学者 2 人、特聘专家 1 人，八桂名师 1 人，广西优秀专家和突出贡献的科技人员 10 人，广西高校人才小高地创新团队 7 个、创新团队“八桂学者”4 人、团队带头人 3 人，广西高校教学名师 8 人、广西优秀教师 2 人、杰出科技人才 2 人、优秀人才资助计划 21 人。该校从国内外重点大学和科研院所聘请知名专家、学者为讲座教授 5 人、客座教授 140 余人，其中有十多位长江学者和两院院士。

【科研平台建设】 该校有“广西有色金属及特色材料加工重点实验室”国家重点实验室培育基地、“有色金属及材料加工新技术实验室”教育部重点实验室、“有色及贵金属隐伏矿床勘查教育部工程研究中心”。有自治区重点实验室 6 个。2013 年，新增一批科研平台，包括有色金属隐伏矿床勘查及材料开发协同创新中心、岩溶地区水污染控制与用水安全保障协同创新（培育）、广西民族旅游发展与文化传承协同创新中心（培育）、“广西民族旅游研究中心”人文社科重点研究基地、广西工业废渣建材资源利用工程研究中心（广西科技厅批准的广西唯一一个依托高校组建的工程技术研究中心）等，另获得“十二五”期间广西高校优势特色重点学科 5 个、广西高校重点学科 10 个，上述平台的获得显示了该校在有色金属勘查、新材料制备、水污染控制、民族旅游等研究领域的较强实力，将为该校在上述研究领域项目实施以及创新人才培养和团队建设等方面提供新的平台。

【大学科技园】 2013 年 3 月 7 日，该校成立了桂林理工大学科技园，总建筑面积 11700 平方米，内设桂林理工大学科技园管理委员会负责日常运作及管理，具体业务由具有独立法人资格的桂林理工兴华科技开发有限公司运营。大学科技园本着“政府、高校和企业”三方的有机结合，2013 年主要完成各类管理制度的起草、大楼装修改造、网站开发、企业入驻等工作，重点实施大学毕业生创新企业孵化、教师科技成果孵化和与该校学科密切相关的科技型小微企业孵化等相关工作。2013 年签约企业 15 家。

【重点学科建设】 2013 年，该校获得博士学位授权单位，地质资源与地质工程、材料科学与工程、环境科学与工程三个一级学科获批为博士学位授权学科。1986 年，该校获得硕士学位授予权。至 2013 年底，已有 16 个一级学科硕士授权点，有工程硕士、工商管理硕士、旅游管理硕士 3 个专业学位类别，其中已经获得 11 个工程硕士专业领域。该校广西高校重点学科达到 11 个。

【科技交流与合作】 2013 年度，共举办学术讲座 170 多场次，共 10000 多人次参加，进一步繁荣校园学术氛围；承办国际国内学术会议 10 多场次，如“第六届全国成矿理论与找矿方法学术讨论会”、“第五届全国炉外精炼学术年会”、“第四届华南青年地学学术研讨会暨广西地质学会第八届‘希望之星’学术研讨会”、“地球观测与导航技术领域先进遥感技术主题 2012 年度项目总结交流会等”；配合自治区及市科技部门做好发明展、科技活动周、知识产权宣传周、知识产权竞赛活动；积极做好国家、广西科学技术协会和桂林市地质学会、地球物理学会等学术组织的日常联系管理工作。继续做好国家基金委桂北地区组长单位的服务工作。

【产学研结合】 2013 年，结合国家地方经济社会发展需求来组织科技工作，积极服务地方经济发展，把科技服务发展作为科技工作的出发点和落脚点。紧紧围绕广西北部湾开放开发、做大做强做优广西工业、广西工业化城镇化以及新农村建设等工作重点开展了有色金属、新材料研究制备、环境保护、土木工程、旅游开发、管理咨询等一大批横向科技工程项目；按照“凝练方向、整合力量、构建团队、重点突破”的科技服务思路，依托各级各类重点学科、重点实验室等平台，加强与企业的联系与联合攻关，找准服务重点，努力推进“政产学研用”的结合，提高该校对地方经济社会发展的贡献率。为了进一步推进该校“政产学研用”的结合，提高该校教学、科研水平及加强人才培养力度，该校先后与地方政府、部门以及多家企事业单位挂牌成立产学研基地，双方在人才培养、大型仪器设备开发共享、重大科研项目与科技成果的联合申报等方面达成了合作协议。2013 年全校到位横向课题经费达 2133 万元。

（莫凌云　张海林）

广西科技大学

【概况】 广西科技大学由原广西工学院和原柳州医学高等专科学校合并组建而成，于 2013 年 4 月正式成立。该校现设 16 个二级学院，1 个独立学院，4 个教学部，4 所附属医院，有 61 个本科专业和 11 个专科专业。现有在校普通本科生 15900 余人、各类研究生 1200 余人、专科生 8500 余人，是一所以工为主，包含工、管、理、经、文、法、艺术、教育、医学等 9 大学科门类的多科性高等学校。该校是国务院学位委员会批准的学士、硕士学位授权单位。2013 年，经自治区学位委员会批准，该校被确定为 2013 年～2018 年立项建设新增博士学位授予单位，机械工程、化学工程与技术、土木工程等 3 个一级学科新增为博士学位授权建设学科，工商管理、控制科学与工程、数学等 3 个一级学科新增为博士学位授权建设支撑学科。近年来，该校扎实推进学科及科研平台建设，科研项目申报与立项数量稳步增长，科学研究、科技开发及科研成果推广等各方面工作均取得良好成绩。

【科技开发】 2013 年，该校科技开发工作取得了显著的成绩。重型车辆零部件先进设计制造教育部工程研究中心、广西汽车零部件与整车技术重点实验室联合柳州欧维姆机械股份有限公司合作开展国家九大科技基础工程项目“500 米口径球面射电望远镜”（简称 FAST）中的子项目——促动器研发。FAST 项目是至今为止建设的世界最大口径天文望远镜，主要用于天文观测与研究等领域，建成后将领先国际技术水平二十年。科研团队仅用 4 个月时间即完成了促动器电控系统（包含 FAST 主动反射面液压促动器电控系统、FAST 促动器上位机监控系统、工程数据处理技术应用等子系统）的研发工作。中国科学院国家天文台 FAST 项目测试专家组对出厂样机的测试效果给予较高评价。三台促动器样机已于 2013 年底运抵 FAST 项目所在地进行实地试运行，测试其环境适应能力和可靠性，为后期正式投入生产做准备。

2013 年，重型车辆零部件先进设计制造教育部工程研究中心不断拓展校企合作的广度与深度，与广西玉柴机器股份有限公司、广西柳工机械股份有限公司、柳州六合方盛机械有限公司等大型企业开展产学研合作，解决了一些制约企业发展的关键技术问题，取得了一批具有较高水平及较大应用价值的研究成果。此外，开展的产学研合作技术攻关项目，如：景逸 B11 后轴的强度检测与分析、景逸 B12 后轴的强度检测与结构优化、乘用车后轴扭杆焊接应力测试等项目进展顺利。

2013 年，优势特色重点学科在科技开发方面也取得了良好的成效。控制理论与控制工程学科团队承担了柳州市振溪科技有限公司委托的“制造业物流信息服务平台的开发”、柳州欧维姆机械股份有限公司委托的“工程数据处理技术应用”以及南宁铁路局柳州电务段委托的“TDCS 系统模拟输入板抗电磁干扰性能的改进”、“多重冗余保护防雷道岔信号整流器”等委托项目也取得重大的进展。

【科研项目与经费投入】 2013 年，该校获各级各类科研项目（课题）立项 196 项，其中，国家自然科学基金、国家社会科学基金等国家级科研项目共计 11 项；省部级项目 40 项；地厅级项目 98 项，企事业单位委托项目 47 项。此外，2013 年该校批准立项 74 项校级科研基金项目。2013 年该校投入 R&D 经费 1737.5 万元。

【科研成果及转化推广】 2013 年，该校科研工作成果显著，在成果鉴定、知识产权、学术专著、学术论文以及科技奖项等方面均取得良好成绩。2013 年共完成科技成果鉴定 10 项，其中由广西科技厅组织鉴定的科技成果 8 项。在知识产权工作方面，获职务专利授权 82 件，其中，发明专利 21 件，实用新型专利 57 件，外观设计专利 4 件；申请职务专利 539 件，其中，发明专利 463 件，实用新型专利 67 件，外观设计专利 5 件。学术论文被 SCI、EI、ISTP、ISSHP 收录 149 篇次，其中 SCI 收录 30 篇，EI 收录 102 篇，ISTP 收录 13 篇，ISSHP 收录 4 篇；出版或参与出版的专著、编著、教材共 55 部，电子音像出版物 4 部；获计算机软件著作权 22 件。

2013 年，《糖用活性石灰复合澄清剂研制和应用》（该校为第二完成单位）项目获 2013 年度广西技术发明奖二等奖，《模块化反演技术及其在轮式装载机中的应用》项目获广西科技进步奖三等奖。

2013 年，全校教师有 32 篇论文获 2012 年度柳州市自然科学优秀论文奖，其中二等奖 10 篇、三等奖 22 篇。

2013 年，该校有 1 项授权发明专利、2 项授权实用新型专利独占许可相关企业应用实施，许可费共 10.4 万元

【重点学科建设】 2013 年，进一步加强重点学科内涵发展，完善建设思路，创新建设模式，有效地带动全校学科整体水平的提升，为博士、硕士学位授权点建设提供强有力的支撑。

2013 年初，车辆工程学科、控制理论与控制工程学科获得广西高校优势特色重点学科建设项目立项建设，广西教育厅分别资助建设经费 50 万元。

车辆工程学科主要以建成一个车辆工程学科科研仿真与实验平台为目标，实施车辆工程各项技术研究和实验，为广西汽车产业在车辆工程方面的技术提升提供基础理论与创新技术支持。

控制理论与控制工程学科针对国家重大需求和区域产业发展需要，整合科研力量，主要在过程控制与自动化装置、汽车工程中的控制技术、智能控制与智能自动化、复杂系统的建模与优化控制等 4 个研究方向开展学科平台建设，促进提高广西的汽车、机械、制糖等支柱产业中的生产过程自动化、产品测试技术水平和相关产品的研发能力。

2013 年 8 月，在新一轮广西高校重点学科评选确认工作中，车辆工程、机械制造及自动化、生物化工、结构工程、企业管理、控制理论与控制工程、应用数学、计算机应用技术、产业经济学等 9 个学科获批为 2014～2018 年期间规划建设广西重点学科，其中机械制造及自动化、生物化工 2 个学科被确定为广西优势特色重点学科。

【科研平台建设与科研仪器设备】 2013 年，在广西教育厅、科技厅、财政厅和柳州市政府的大力支持下，各类重点科技创新平台建设稳步推进，继续保持在区内相关学科领域的领先水平。

2013 年，广西商用车驾驶室研究中心、预应力技术重点实验室、生物化工重点实验室、柳州市中小企业公共技术促进中心等 4 个 2012 年获批立项建设的广西高校校地校企科技创新平台顺利通过自治区教育厅组织的中期检查工作。

2013 年，以该校为牵头单位申报“广西土方机械协同创新中心”和以该校为协同单位申报“广西蔗糖产业协同创新中心”获得首批广西高校

"2011协同创新中心"建设项目立项建设，其中，广西土方机械协同创新中心获建设经费300万元。

2013年，广西汽车零部件与整车技术重点实验室获得自治区科技厅专项建设经费100万元，其中开放课题费25万元，系统性研究课题费45万，科研仪器设备费20万元，学术交流费10万元。同年，该校以该重点实验室为基础，建立车辆动力与新能源重点研发中心、汽车零部件检测服务平台，均获广西高校校地校企共建科技创新平台立项建设，广西教育厅资助建设经费合计100万元。当年该重点实验室即完成了仪器设备使用管理、固定人员管理办法、科研成果考核指标等各类管理制度的制订工作，并调整了重点实验室固定人员，各项科研仪器设备采购工作也已完成招标程序。

2013年，重型车辆零部件先进设计制造教育部工程研究中心结合该校学科整体规划，根据广西经济社会发展战略，在总结前期工作的基础上，不断提升内涵建设水平，加强各实验室的规划与建设工作，加快落实仪器设备采购步伐，完善创新基地和平台各方面建设，顺利完成了工程研究中心可行性报告中规定的投资规模。6月，该工程研究中心获广西教育厅资助建设100万元，将投入加强制造与信息化、结构设计与NVH以及可靠性评价与验证三个研究方向的理论与技术创新工作。

【科技交流与合作】 2013年，该校举办各类学术讲座45场，其中，校外专家学术报告24场，校内专家学术报告15场。该校还组织多项科研成果参加第二十二届广西科技活动周。此外，在第二届广西发明创造成果展览交易会中，该校受广西教育厅委托承办广西高校发明创造成果展，组织自治区内多所高校参展。

【重要科技事项与活动】 2013年，重型车辆零部件先进设计制造教育部工程研究中心、广西汽车零部件与整车技术重点实验室科研人员联合企业合作开展国家九大科技基础工程项目之一"500米口径球面射电望远镜"（简称FAST）中的子项目——促动器研发，仅用4个月的时间即完成了促动器电控系统（包含FAST主动反射面液压促动器电控系统、FAST促动器上位机监控系统、工程数据处理技术应用等子系统）的研发工作，中国科学院国家天文台FAST项目测试专家组对测试效果给予较高评价。

2013年，该校获广西高校优势特色重点学科建设项目2项、广西高校校地校企科技创新平台建设项目2项、教育部工程研究中心配套建设项目1项，资助经费共300万元。

2013年，该校获广西重点学科（2014～2018规划）9个（二级学科），其中2个为优势特色重点学科。

2013年，该校作为牵头单位申报"广西土方机械协同创新中心"获得立项建设，资助经费300万元；该校作为协同单位参与"广西蔗糖产业协同创新中心"立项建设（该中心建设经费1000万元）。

该校申报、实施广西汽车零部件与整车技术重点实验室2013年专项经费预算项目，资助建设经费100万元。

2013年，汽车零部件与整车技术重点实验室科研人员在攻读博士期间发表的学术论文《基于DYTRAN软件的三维水下爆炸气泡运动研究》（该校排名第二）入选2012年度"领跑者5000——中国精品科技期刊顶尖学术论文"（Frontrunner 5000 Top Articles in Outstanding S&T Journal of China）。

2013年，为适应学科发展需要，该校将广西汽车零部件与整车技术重点实验室的研究方向进行调整，将原"汽车零部件模块化设计与先进制造技术"研究方向替换为"汽车零部件制造理论与设计"研究方向，有关研究人员也作相应调整。

在2013年宁波国际水中机器人大赛中，该校参赛选手荣获水中机器人自主视觉技术挑战赛冠军和水中机器人全局视觉水中角力决赛亚军，另获分项目一等奖4项、二等奖7项、三等奖1项。

2013年，该校与广西机械工业研究院、上汽通用五菱汽车股份有限公司和东风柳州汽车股份有限公司等单位共同承担的国家十二五科技支撑计划项目"数字汽车企业与产业链协同关键技术研究及示范应用"在柳州举行课题工作推进会，科技部高新司、广西科技厅、柳州市科技局、国家制造业信息化专家组、广西制造业信息化专家组等部门和机构以及课题参与单位代表共60余人参加。

2013年，第四届中国—东盟工程项目合作与发展论坛在南宁国际会展中心举行，重型车辆零部件设计制造教育部工程研究中心科研人员在论坛上作了"绿色制造在工程机械制造中的研究与应用”主题发言。

在2013年广西“十月科普大行动”中，该校科学技术协会组织了广西汽车零部件与整车技术重点实验室、重型车辆零部件先进设计制造教育部工程研究中心、预应力技术重点实验室、发酵工程研究所、外国语学院大学英语网络自主学习平台等5个教学科研机构向校内外公众开放，吸引青年学生及社区群众走进科研教学基地，参观各种科研教学仪器，观摩操作流程，感受科学精神和科学魅力。此次科普资源开放活动被评为“2013年全国科普日优秀特色活动”，5个开放站点被遴选为“广西高校科普资源开放站点”。

（覃永毅　黎娅　韦嘉　熊启纯）

广西中医药大学

【概况】　广西中医药大学建校于1956年，其前身为1934年成立的广西省立医药研究所，是全国创办较早的高等中医药院校之一，是中国5个少数民族自治区中唯一独立建制的中医药大学，2012年3月29日经国家教育部批准正式更名为广西中医药大学。1964年学校恢复本科生教育。1978年学校开始研究生教育，是中国第一批开办研究生教育的中医药院校之一；1996年起先后与国内7所高校联合培养博士研究生；2009年开始联合培养博士后，积累丰富的高层次人才培养经验。该校有25个普通本科专业，3个国家级特色专业；6个硕士学位授权一级学科，43个硕士学位授权二级学科，3个专业学位授权点，1个博士后联合培养基地，1个博士后科研工作站，1个广西院士工作站。现已发展成一所以中医药学科为主，医、理、工、管等多学科协调发展，具有鲜明中医药、民族医药特色，产学研紧密结合、对外交流合作优势突出的高等中医药院校。该校有10所附属医院（临床医学院），其中直属附属医院2所；1家附属制药厂及1所附属中医学校；有重阳城老年公寓、元之源健康产业有限公司等一批在全国行业内有一定影响力的产学研基地。

2013年末，该校具有正高级技术职称313人，副高级技术职称558人，博士学位209人，硕士学位845人，国务院特殊津贴专家19人。

【科研项目与经费投入】　2013年，该校共承担各类科研项目404项，其中国家级40项、省部级100项、厅局级264项，共获得合同经费12305.7万元，获资助经费4912.2万元。该校“壮瑶药发展的关键技术研究”获得国家科技支撑计划的资助，这是该校第一个国家“十二五”计划课题。2013年该校获得国家自然科学基金项目资助39项，共获资助经费1849万元，项目数位居全国高等中医药院校第8位，经费数排在全国高等中医药院校第7名。

【科技成果及简介】　2013年，该校共鉴定科技成果19项，其中达到国际先进水平3项、国内领先水平11项、国内先进水平5项。申请专利25件，获授权专利4件。获广西科技进步奖4项，其中一等奖1项、二等奖2项、三等奖1项；获2013年中华中医药学会科学技术奖3项，获2013年广西优秀科普作品奖2项，获“第十二届广西青年科技奖”1名，获2013年度广西医药卫生适宜技术推广奖9项。

抗乙型肝炎病毒壮药材筛选及应用　项目以拳卷地钱、白花蛇舌草、狗肝菜、青天葵等18味具有解毒功效的特色壮药材，应用现代生物医药技术对其进行抗乙肝病毒筛选评价研究，提供了其抗乙肝病毒的有效部位、药效活性和安全性，所形成的工艺、质控技术被广泛应用。同时提出了“祛邪毒，调咪叠，通道路，助正气”的乙肝壮医治疗原则，结合壮医用药经验和实验研究成果，创制了系列抗乙肝壮药方药进行临床推广应用。该成果获2013年广西科技进步奖一等奖。

基于枢经学说的亚健康干预技术研究与开发　项目历经10年的攻关研究，最终制定了行业规范，创新指导理论，研发关键技术，提高了防治效果，形成技术推广应用平台。制定了《亚健康中医临床指南》；构建了亚健康中医干预的指导理论；建立了2项亚健康中医干预技术行业规范；建立了亚健康中医干预技术推广应用平台。该成果除在广西广泛运用，还推广到新加坡以及香港、台湾、广东、湖南、福建等地区，在29家中医医院、社区医疗中心及国内近千家保健店中推广使用，服务亚健康人群超过200万人次，每年产生业务收入超过1亿元。该成果获2013年度广西科技进步奖二等奖。

中西医结合治疗肝炎—肝硬化—肝癌关键技术研究　该成果建立了肝硬化中西医结合早诊早治方法和基于射波刀＋化疗＋中医药不能手术切

除肝癌“三位一体”治疗方法，采用系统生物学研究方法，为中西医结合复杂作用机制研究提供新思路。该成果主要采用世界上先进的巡航导弹卫星定位射波刀放射治疗技术，在全新的现代医学技术水平上中西医结合，技术水平远高于简单的单纯新技术应用。该研究建立了中西医结合治疗肝硬化多维疗效评价方法，体现中西医结合治疗多途径、多靶点、整体性调节的临床疗效优势，为临床效应评价方法研究提供借鉴。提出了肝炎动静结合治疗理论和肝纤维肝肾同治理论；提出了“虚损生积、毒损肝体、血瘀脉络”的肝炎—肝硬化—肝癌发生发展病因病机；提出了柔肝、疏肝、和胃、利湿、逐水、化瘀、补肾治疗基本方法。该成果获2013年广西科技进步奖二等奖。

壮医外治的理论创新与应用 提出以“多联立体壮医外治原则”为核心的壮医外治新原则和“凡病皆可以外治”的壮医外治新理论，形成“内病外治”“外病外治”的壮医外治新模式。选择妇产科、皮肤科、骨伤科、外科、内科等壮医优势病种以及壮医外治防治有特色的病种开展临床研究，均取得了较好的临床疗效。制定了壮医药线点灸疗法治疗带状疱疹后遗神经痛及荨麻疹（风毒病）、壮医经筋疗法治疗肌筋膜炎、壮医火针疗法治疗骨性关节炎等一批技术规范方案，促进了壮医特色外治方法技术规范的开展，解决了壮医外治临床应用问题。基于壮医外治防治有优势病种与特色外治壮药，开展特色壮药外治制剂及其特色研究模式构建。归纳、总结形成较为完整的壮医外治及其体系。该成果获2013年广西科技进步奖三等奖。

【科技成果推广应用】 2013年，该校6项专利参加第三届广西发明创造成果展览交易会，2件专利荣获交易会项目银奖；在第十届中国—东盟博览会先进技术展上，该校展示了医药产品研究方面的先进技术，并进行了项目推介、实物展示与交流，受到自治区内外企业的高度关注。该校充分利用国家临床药理基础平台与科技资源与人才优势，成立中药民族药研发基地，该基地已有院内制剂批件69个，其中中药民族药制剂38个。

【产学研结合】 该校充分利用科研、人才、技术为服务地方政府、企业，在全国率先提出了“农作物废弃物药用研究”，与企业建立研发基地；坚持产学研结合，在医疗保健、治未病、专业养老、药品生产等领域取得了显著成效。该校有10所附属医院（临床医学院），其中直属附属医院2所；1家附属制药厂及1所附属中医学校；有重阳城老年公寓、元之源健康产业有限公司等一批在全国行业内有一定影响力的产学研基地。

2013年，由该校牵头的“壮瑶药协同创新中心”获首批广西“2011协同创新中心”，“中医药与养老产业发展研究协同创新中心”和“农作物废弃物功能成分研究协同创新中心”被认定为广西“2011协同创新中心”培育建设单位。该校的广西食蟹猴中医病证实验动物模型构建技术研究基地、广西北部湾海洋中药应用技术与产品研发实验室、复方扶芳藤合剂抗衰老机理研究荣获2013年校地校企共建科技创新平台立项建设项目；扶阳法学术研究、整脊手法研究、慢性重型肝炎解毒化瘀研究等获国家中医药管理局中医药防治重大疑难疾病临床服务能力建设项目资助。

该校积极服务广西社会经济发展，参加了全国第四次中药资源普查试点工作，负责广西8个县市的中药资源普查。

该校积极为当地政府服务，2013年该校受玉林市政府委托，为玉林市编制《中国南药（玉林）产业发展规划（2013～2020年）》，为玉林市医药事业的科学快速发展奠定了基础。2013年“广西高校科技服务东兴新发展活动”期间，该校与东兴市鸿生实业有限公司作为校企合作代表签署了《联合研究中药新制剂防治南美白对虾常见病的健康养殖》合作协议。

另外，该校与广西强寿药业集团有限公司、广西英特康药业有限公司、防城港市盛吉科技有限公司、广西中医药大学制药厂、广西南宁百会药业集团有限公司、南宁市青恒林业技术有限公司、广西区化工研究院、防城港市万景林业有限公司、防城港常春生物技术开发有限公司、南宁市第四人民医院、中国人民解放军303医院、广西壮族自治区妇幼保健院等20余家企业、医院联合开展项目攻关及研究工作，以期在中医病证结合模型研究、疾病诊断试剂研发、中医药民族医药有效成分筛选及新产品开发等方面取得突破。

【人才与创新团队】 该校有正高技术职称313人，副高技术职称558人，博士学位209人，硕士学位845人，具有博士学位的专任教师占专任教师总数的23%。有博士研究生导师20人，硕士研究生导师603人。其中，国医大师1人，国务院特殊津贴专家19人，全国名老中医33人，全国优秀教师3人，教育部新世纪优秀人才支持计划人选3人，“桂派中医大师”24人，高校“八桂学者”4人，“八桂名师”2人，广西优秀专家4人，广西名老中医20人，广西名中医64人，广西“十百千人才工程”人选7人。现有广西“中药新药基础研究创新团队”1个，八桂学者岗位及特聘专家各2个，广西高校人才小高地创新团队4个，广西首批高校高水平创新团队1个，广西教学团队4个，广西教学名师4名。2013年，该校本部与第一附属医院联合共建的临床技能综合培训中心获批成为国家级大学生校外实践教育基地，该项目成为该校获批的第一个国家级“本科教学工程”项目，至此该校已有2个国家级“大学生校外实践教育基地”。2013年，该校中药学实验教学中心被评为国家级实验教学示范中心，至此该校有1个国家级实验教学示范中心，4个省级实验教学示范中心。同时，该校有1个省级人才培养模式创新实验区，有壮医药、瑶医药2门特色系列教材。

【科研平台建设与科研仪器设备】 2013年，该校有1个中—泰联合国际实验室；4个国家中医药管理局中医药科研三级实验室以及12个中医药科研二级实验室；1个自治区科技创新金源单位；2个自治区（省级）重点实验室；1个广西中医药科学实验中心；3个广西高校重点实验室。

2013年组织完成中药提取纯化与质量分析实验、中药药理实验室、中医临床研究实验室、壮医方药基础与应用实验室、中西医结合临床实验室、中药药剂学实验室、广西特色实验动物病症模型实验室、中医药防治内分泌与代谢性疾病实验室等8个广西高校重点实验室申报工作，广西壮瑶药重点实验室培育基地、广西针灸推拿学重点实验室培育基地等2个第四批自治区重点实验室培育基地申报工作。

该校为各平台添置一批高精尖的科研仪器，包括激光扫描共聚焦显微分析系统、全自动多色分析流式细胞仪系统、美国Carestream荧光分析扫描仪、实时荧光定量PCR仪、超高效液相色谱仪、自动生化分析系统、气象色谱—质谱联用仪、实验室自动化样品处理系统等。

【重点学科建设】 该校有国家中医药管理局重点研究室3个，国家中医药管理局中医药重点学科14个，国家中医药管理局中医药重点培育学科4个，广西优势特色重点学科4个，广西重点学科6个，校级重点学科10个，校级重点扶持学科3个。

2013年共计10个学科列入“十二五”广西高校重点学科资助计划，其中，中医内科学、中药学、民族医学（壮医学）、中西医结合临床获得广西优势特色重点学科，壮药学、中医医史文献、中医骨伤科学、针灸推拿学、护理学、中西医结合基础获广西重点学科；中医基础理论、中西医结合临床荣获广西高校重点学科项目；该校成为2013年自治区财政专项经费资助的博士学位授权建设单位，其中中医学、中药学、中西医结合医学博士点建设学科获得上级经费资助；护理学列入自治区2013年新增硕士专业学位点。

【科技交流与合作】 2013年该校参加学术会议、讲学授课、执行合作项目、医疗援外等团组或个人共14团组，32人次，接待来自澳大利亚、俄罗斯、美国、德国、泰国、马来西亚、越南及港澳台地区来访团组5个共50人次，在世界各地特别是东盟国家及港澳台地区产生了积极的影响，为促进中医药民族医药国际化和服务国家东盟战略做出了积极的贡献。

在探索中国—东盟传统医药交流合作机制、加强与港澳台传统医药教育与科技合作等方面该校也取得新成效。2013年4月该校承办了中国—东盟传统医药高峰论坛和第五届中国（玉林）中医药博览会；4月与台湾慈济大学正式签署了合作协议，9月与泰国孔敬大学共同成立中—泰传统药物研究联合实验室；10月与香港博爱医院建立教研基地，还与美国纽约州的督邮维尔学校签署了合作办学备忘录。

该校承办“2013中国—东盟传统医药高峰论坛”之中国—东盟传统医药人才培养交流成果展及传统医药人力资源培养论坛。组织和参加《2013年中国药学大会暨第十三届中国药师周》，邀请澳大利亚澳大利亚科技与工程院院士Ronald J Quinn教授以及北京大学郭红卫教授、中国医学科学院胡克平研究院等国内外知名学者进行学术讲座，营造良好的学术氛围。充分发挥该校吴以岭院士作为自治区主席顾问团促进广西中医药发展的作用。

（廖冬燕）

广西财经学院

【概况】 该校是一所以经济管理类学科为主，文学、法学、理学、工学、艺术相互支撑、协调发展的地方性、教学型全日制普通本科院校和广西人民政府重点支持建设的十所高校之一。该校坚持“立足广西，面向基层，服务社会，辐射东盟”的办学定位，以本科教育为主，积极发展研究生教育，适度发展优质专科教育和留学生教育，培养知识结构合理，专业结构合理，专业基础扎实，具有创新精神和较强能力的高素质应用型专门人才。

该校现有明秀校区、相思湖校区和防城港校区等3个校区。校园占地面积133.8665万平方米，教学科研仪器设备总值7564.86万元，拥有教学用计算机5268台，纸质藏书149.76万册，各类教室510间；校园网覆盖全校。

至2013年3月，该校有教职工1244人，其中专任教师874人，具有硕士以上学位教师554人，占专任教师比例为63.4%，高级技术职称占专任教师比例为35.6%。

至2013年底，该校设置14个教学院（部），1个继续教育学院和3个教辅机构，25个科研机构，设党委办公室、院长办公室等23个行政机构。设置本科专业40个，专科（高职）专业26个，覆盖经济学、管理学、文学、法学、理学、工学、艺术学等七大学科门类。至2013年3月，拥有全日制在校生19686人，其中本科生占69.8%。

该校坚持创新兴校，科研实力和服务经济社会能力不断增强，先后建成广西级重点学科4个，广西级重点实验室（研究基地）3个，广西级校地校企共建科技创新平台4个，广西级优势特色重点学科3个，6个学科被确定为2011年～2015年广西高校规划建设的专业硕士学位授权点学科；（2013年获国家社科基金项目10项，所获立项数排名跃居全广西第3位，在新建本科院校中独占鳌头）；学术交流活跃，学术氛围浓厚，服务经济社会发展富有成效，引起业内强烈反响，得到社会充分肯定。

该校坚持开放办学，积极拓展和加强国内外交流与合作，合作办学规模有新增长，至2013年3月，有中外合作办学项目7个，在校生2065人；具有独立组织ACCA笔试考试资格并接收境外学生参考。

该校坚持践行“诚以修身，信以立业”的校训，持续开展校风、教风、学风建设，以培养和增强学生“四种能力”为导向，全面推进素质教育，人才培养质量得到社会认可，毕业生就业率一直保持在90%以上。此外，该校还先后荣获广西文明单位、“五五”普法先进单位、和谐学校、卫生优秀学校和广西高校“安全文明校园”、广西高校大学生创业先进单位、广西高校资助贫困生工作先进单位以及南宁市社会治安综合治理先进单位等荣誉称号。

【科技项目与经费投入】 2013年，该校共承担各类科研项目572项，累计投入R&D经费3042.50万元。其中，列入国家级项目25项，省部级科研项目68项，地厅级科研项目202项，企事业单位委托项目92项，校级基金项目182项。已完成项目82项。

【科技成果及简介】 2013年，该校共取得科技成果54项（其中获授权实用新型专利3项），其中省部级以上获奖成果2项（次），取得软件著作权11项，出版著作、教材38部。公开发表论文1048篇，其中，中文核心期刊发表论文654篇，SCI收录3篇、EI收录7篇、ISTP收录2篇，其他382篇。

【人才与创新团队】 2013年，该校以科学发展观统揽人才发展全局，大力实施人才强校战略。加大人才引进资金投入，拓展人才选聘渠道，引进博士8人，高级技术职称5人。同时，积极做好各类人才项目的推荐和评选工作，获批第八批广西优秀专家1人，二级教授2人，广西高等学校优秀中青年骨干教师培养工程第一期培养对象2人，“广西高等学校骨干教师培养计划”资助人选2人，国家留学基金委公派访问学者1人，统筹推进人才队伍建设。

该校大力支持创新团队的组建与发展。凭借该校在广西内独有的财经管理类专业优势，依托该校商务智能与客户关系管理研究所，网络经济与商务智能创新团队成为2013年广西高等学校高水平创新团队，团队带头人夏国恩教授成为广西高等学校卓越学者。网络经济与商务智能创新团队力争发展成为研究手段先进、研究理念一流、理论与实验结合、科学与技术结合、在国内上有影响的商务智能研究团队以及人才培养基地。

该校作为广西会计人才小高地建设载体单位，加强实用型会计人才培养研究，重点培养广西会计实务高端人才，在会计人才培养方面取得了较好的成绩，努力为广西经济社会发展培养既掌握会计技能、又精通东盟财务规则的高层次、高素质的应用型高端会计人才。

【科研平台建设与科研仪器设备】 该校拥有科研仪器设备总值7572.9万元，拥有教学科研用计算机5801台，多媒体教室和语音实验室座位17125个，纸质藏书144.73万册，数字资源量15406GB，电子图书资源2860GB，多媒体教学与实验室148间；校园网覆盖全校，网络接入信息点12488个。

【大学科技园建设】 该校积极结合经管类大学生特点，开展大学生科技创新活动，着力搭建学生科技创新平台。2013年成功承办第六届“挑战杯”广西大学生课外学术科技作品决赛，广西人大常委会副主任王跃飞出席开幕式。同时组织学生参加省级以上各类竞赛，获得广西以上奖项数十项，其中，“挑战杯”大学生课外学术科技作品竞赛、大学生创业计划竞赛各获国赛三等奖1项，广西赛奖20多项。该校支持大学生创新创业训练计划项目，2013年获广西级立项90项，其中30项获得国家级立项。

该校与广西启明扶助基金会合作，成功举办该校“启明杯”第四届大学生创业计划大赛，并依托大学生创业孵化园开展大学生自主创业活动。2013年，该校在相思湖校区新建相思湖校区大学生创业孵化园，使该校大学生创业孵化园面积达到了700平方米，两校区创业孵化园可同时容纳40个学生团队入园孵化。至2013年12月，创业园已有14家都已完成公司注册，5个项目孵化成功，开始独立经营。大学生创业项目利尼文化公司总营业额首次超过1千万元。根据各项目2013年财务报表估算，创业基地内的创业团队的年度营业额再创新高。

【重点学科建设】 高度重视学科建设，把学科建设作为该校内涵建设的核心和彰显发展水平的标志。学科建设以市场需求为导向，以服务区域经济社会发展为目标，以重点学科为龙头，以人才队伍建设为核心，以科学研究为支撑，以实验室（研究基地）为平台，按照“整合资源、优化结构、强化特色，扬优扶新、重点突破、协调发展、注重实效”原则，多层次、分阶段、按步骤推进学科建设，巩固优势学科、打造特色学科、培植新兴学科，追求学科创新和学术卓越。构建起“123”学科建设体系：“1”指获得硕士学位授权单位这一核心目标；“2”指实现核心目标的2条路线（一条是学术学位，另一条是专业学位）以及围绕2条路线进行的2个层次的建设（一个层次是区级学科建设，另一个层次是校级学科建设）；“3”是指支撑学科建设的3个平台（重点实验室和研究基地、协同创新中心、中央财政支持地方高校发展专项资金项目）。

至2013年底，该校建成2011年～2015年广西规划和建设的硕士学位授权点一级学科6个（应用经济学、工商管理、管理科学与工程、农林经济管理、公共管理、统计学）、广西高校重点学科10个（财政学、会计学、金融学、企业管理、国际贸易学、数量经济学、区域经济学、统计学、管理科学与工程、社会保障）、广西优势特色重点学科3个（管理科学与工程、统计学、农业经济管理）和广西专业学位授权点培育项目3个（税务硕士、金融硕士、应用统计硕士），2013年学科建设经费规模超过1000万元。

【科技交流与合作】 2013年，该校参加广西内外、国内外各类学术活动、会议达33人次，主办的较重要的各种形式的学术活动91场。其中“企业家论坛”6场、“博士沙龙”3场、“博士论坛”11场、“名家论坛”19场。

2013年，与广西各地以及各行各业开展广泛对接，大力推动研究成果的推广应用，与广西内外超过34家政府部门及企事业单位建立了多形式、多层次的合作关系，合作协议或合同项目数超过36个，合同金额达500万元。相关研究成果应用的地域范围覆盖了南宁、防城港、钦州等多个地市，在行业方面涵盖了金融、保险、商贸物流、财税等多个行业。

【重要科技事项与活动】 3月29日，中国政法大学教授、中国科学院研究生院MBA导师、享受国务院特殊津贴专家、无形资产学创造人蔡吉祥教授应邀到该校讲学，作题为“企业知识产权保护与无形资产经营”的学术报告。100多人与会。

（莫锡坤）

玉林师范学院

【概况】 该学院坐落在著名的语言学家王力故乡、中国优秀旅游城市、广西东南部的千年古城玉林市，占地面积120公顷，是桂东南唯一一所自治区属本科师范院校。

该学院创办于1945年，原名广西省鬱林师范学校，1952年春改名为玉林师范学校，1958年升格为广西玉林专区师范专科学校，开始招收高等教育层次的专科生。1978年经国务院批准恢复玉林师范专科学校。1994年更名为玉林师范高等专科学校。2000年，经教育部批准，玉林师范专科学校、玉林市教育学院、玉林市高等职业技术学院、广西广播电视大学玉林分校，合并升格为玉林师范学院。该学院成立后，实现了由资源整合、力量聚集到快速发展的转变，现已发展成为一所含本科教育、高等职业技术教育、成人高等教育，融经、法、教、文、史、理、工、管、农、艺等十大学科为一体，具有教师教育特色、多学科协调发展的综合性本科院校。

该学院设有17个二级学院，学科涵盖了经济学、法学、教育学、文学、历史学、理学、工学、管理学、农学、艺术学等10大学科门类，有48个普通本科专业，25个高职（专科）专业。该学院面向全国28个省（市、自治区）及东南亚国家招生。

在60多年的办学历史中，该学院秉承“以德为先，艰苦奋斗”的优良传统，始终坚持面向农村基层培养基础教育师资，已经形成了以师德教育为核心，以能力培养为重点，以多媒体网络环境为支撑的基础教育优质师资和应用型人才培养体系，为地方基础教育和经济社会发展培养了8万多“下得去，留得住，有作为”的义务教育师资和应用型高级专门人才。

该学院的计算机实验教学示范中心成为自治区级实验教学示范中心，桂东南社会文化发展研究中心、桂东南特色资源与材料研发中心和桂东南特色植物资源开发利用研究中心，先后成为广西高校重点实验室和研究基地。该学院是自治区示范性教师教育基地、自治区教育科学重点研究基地、广西21世纪园丁工程B类教师培训基地、广西壮族自治区第一批初中教师教育基地、广西壮族自治区第一批幼儿园教师教育基地、广西中等职业学校公共理论课培训和研究基地、广西小学教师教育基地、广西高校“大学生创业教育示范基地”、广西社会科学普及基地、广西科普教育基地、广西教育科学重点研究基地。该学院先后被授予“自治区级文明单位”、“全国五四红旗团委”、“全国优秀社会实践服务团”、“全国绿化模范单位”、“全国模范职工之家”等荣誉称号。

【科研项目与经费投入】 2013年，该学院共承担各类项目193项，其中国家级项目11项，省部级28项，其中厅局级128项，其他项目73项，承担科研经费843.52万元，比2012年增长31%。

【科技成果及简介】 2013年，该学院申请发明专利4项，获国家授权专利3项。共发表学术论文563篇，其中核心期刊149篇，SCI/EI/ISTP收录93篇次。

【科技成果推广应用】 该学院始终坚持为地方经济建设和社会发展服务的导向，重视最大限度利用校外一切社会资源，促进社会资源与学院研究有机结合，积极探索建立校市、校企、校校合作的新模式。先后与贵港市科技局、广西三环企业集团股份有限公司、玉林市出入境检验检疫局、玉林市大容山林场等单位或企业签署了科技合作协议。该学院领导还亲自带队前往广西贵塘（集团）股份有限公司和广西博世科环保科技股份有限公司（南宁）就三方开展科技合作事宜进行洽谈，与广西博世科环保科技股份有限公司签订了校企科技合作协议，并争取到了50万元横向科研工作专项。

2013年，该学院为积极推介各类科研成果，先后参加了各种科技对接洽谈会、科普报告会、科技成果展示展览等活动10多场。一些科研成果的推广应用也获得了良好的经济社会效益。此外，该学院还积极参与自治区企业科技特派员工程，2013年先后有5名教师担任科技特派员，到相关企业开展各项科技服务和创新企业工作，为企业增效、增收做出应有的贡献。

【人才与创新团队】 该学院现有在编教职工1053人，其中专任教师837人，正高专业技术职称86人，具有硕士、博士学位教师487人，具有硕士研究生导师资格33人，具有博士研究生导师资格2人，广西高校百名中青年学科带头人2人，广西高校优秀人才7人，广西高校骨干教师11人，广西高校教学名师1人，曾宪梓教育基金获得者4人，享受国务院颁发的政府特殊津贴者2人。

【科研平台建设与科研仪器设备】 该学院非常重视科研平台，2011年～2013年，组建了3个校级重点实验室，1个人文社科研究基地。2013年新增广西高校重点实验室立项建设2个、广西高校重点实验室培育基地1个。2013年，在整合化学与材料学院和生命科学与技术学院优质资源的基础上申报广西农产品化学与生物加工重点实验室（省级）；在整合数学与信息科学学院、物理科学与工程技术学院和计算机科学与工程学院的基础上申报广西复杂优化与大数据处理重点实验室（省级）。

该学院拥有10万元以上的大型仪器设备40台，各实验教学仪器总价值过亿元，这些科研设备的投入使用使科研试验平台有了明显的改善，给教学和科研工作提供了有力的支撑。

【重点学科建设】 2013年，该学院坚持总体布局，重视打造特色学科，重点建设优势学科和强势学科，注重扶持基础学科，优先发展应用学科。现有5个省级优质专业、特色专业和示范性专业，拥有1个省级重点优势学科、3所广西高校重点实验室，共打造了10门省级精品课程、优质课程和特色课程，以及4个省级优秀教学团队和8个校级重点学科，将25个一级学科，建成“区级重点—校级重点—校级建设—校级一般”四个层面上的学科体系，形成了一批优势学科，学科整体水平提升。该学院着力提升办学水平，完成了“十一五”事业发展规划任务，顺利通过教育部本科教学水平评估。

2011年，该学院发展站在了新的历史起点之上。为提升办学层次，最终实现第三步发展战略，该学院继往开来，科学定位，出台《“十二五”事业发展规划》，正式进入到硕士学位学科建设的新阶段。2013年该学院应用数学、生物化工和中国现当代文学获批广西重点学科。

【科技交流与合作】 该学院采取“走出去，请进来”的办法，支持开展各种形式的学术交流活动，把加强学术交流活动作为拓宽学术视野，提高学术水平的重要手段。2013年，该学院邀请了日本早稻田大学、美国丹佛大学、清华大学、北京大学等国内外知名专家、学者来校讲学65人次；派出教师外出参加国内外学术会议交流与合作约50人次；接待或派出访问19个国内高校代表团；与境外美国、泰国、越南、老挝等国家的6所高校建立了实质性的合作与交流关系，开展了留学、中外校际交流、暑期赴外社会实践等系列项目；承办了“广西优化与数值方法及其应用第一次研讨会”，来自于湖南、广东、广西等地15所高校近50名专家参会，相互交流了最新研究成果。该学院派出数学学科骨干一行参加了在山西大学举行的中国数学会2013学术年会，并应邀在大会上做了题为“最优化方法及其在电力系统中的应用”的（分组）学术报告。通过科技交流，活跃了学术气氛，营造了良好的科研氛围，加深了教师对学科前沿的发展动态的了解和掌握，极大地激发了该学院师生的科研兴趣，开拓了科研思路。

【重要科技事项与活动】 2013年4月11日，广西科技厅党组书记陈大克给该学院作题为“实施创新驱动发展战略，推动经济社会科学发展”的报告。

2013年7月11日，在由教育部高校学生司、教育部就业指导中心和工信部人才交流中心联合主办的第四届“蓝桥杯”全国软件大赛总决赛中，该学院荣获大赛优秀组织单位，学生共获得1个一等奖，3个二等奖和2个优胜奖。

2013年9月5日，老挝教育部副部长光思·胜马尼率团访问该学院，双方举行会谈，决定进一步拓展合作领域，加大合作力度，早日结出合作硕果。

2013年9月6日，北榄坡府府尹猜洛·米丁和黎皇家大学校长萨尼·朗本纳分别率领两个代表团访问该学院，并签订合作协议。

2013年10月17日，美国哈佛大学公共卫生管理学院宁耀瑜教授一行莅临该学院参观指导，表示希望与该学院建立好合作关系，同时，她也恳请哈佛大学的专家对该学院的科研建设给予大力的指导和支持。

2013年10月24日，泰国川登喜皇家大学副校长尼拉米·昆努瓦博士一行4人访问该学院。双方就两校开展教育和科研合作的内容进行了协商并签订了合作备忘录。

（翟旺建）

河池学院

【概况】 该学院是在原河池师范高等专科学校基础上，2003年4月，经教育部批准成立的一所全日制普通本科院校。2003年7月，自治区人民政府批准“在河池师范高等专科学校和宜州民族师范学校合并的基础上建立河池学院”，坐落于广西宜州市，是桂西北地区唯一一所普通本科院校。该学院实行“自治区与河池市共建，以自治区为主”的办学体制。该学院校园占地面积40多万平方米，校舍建筑总面积28万平方米，校园网络覆盖东、西两个校区。

该学院有教职工650多人，其中专任教师450多人，专任教师中副高及以上职称教师150多人，具有硕士及以上学位教师260多人，形成了一支结构趋于合理、乐于奉献、素质较高、发展趋势良好的师资队伍。

该学院现设有12个教学单位以及图书馆、现代教育技术中心、继续教育学院。设有本科专业44个。生源来自全国19个省（自治区、直辖市），有全日制本专科在校学生1万余人，另有成人教育在校学生1200多人，形成了以本科教育为主、兼办高职高专教育，以普通教育为主、兼办成人教育的办学格局。

“升本”以来，教师承担科研项目585项，其中国家自然科学基金项目4项，国家社会科学基金项目5项，全国教育科学“十二五”规划课题1项，省部级科研项目84项，地厅级项目235项，院级项目256项；在国内外学术刊物公开发表学术论文4336篇，其中全国中文核心期刊745篇，被SCI、EI、ISTP、CA收录124篇；出版专著、教材60部。获省部级教学成果奖7项，省部级科研优秀成果奖7项。《河池学院学报》2008年被评为“第六届广西优秀社会科学期刊”，获得“广西高校优秀学报一等奖”，2010年被评为全国高校优秀社科期刊，2012年被评为全国民族地区高校优秀学报。

【科技项目与经费投入】 2013年，该学院共承担科技类课题79项（其中省部级课题20项，地厅级课题24项，院级课题35项），横向课题4项，立项资助经费共96.3万元。此外，还设有校级科研项目，其中科技类科研项目35项，投入资助经费29.9万元。该学院教师公开发表的论文数量不断增加，质量也都逐年提高，2013年，该学院教师出版科技类教材、著作16部。发表科技类学术论文有641篇，其中核心有213篇，SCI有11篇，EI有31篇，ISTP有5篇。

2013年，获广西科技厅项目4项，广西哲学社会科学规划项目8项，广西教育科学规划项目7项，广西教育厅项目24项，横向项目4项，院级课题项目35项，共获资助经费96.3万元。

【科技成果及简介】 该学院教授邓维安、韦仕珍等人完成的“广西蚱总科昆虫系统分类研究”项目获得2013年度广西自然科学奖三等奖。2013年12月，该学院攻关桑蚕产业，服务地方经济，桑蚕研究中心举行科研产品展，桑叶面、桑叶茶、桑果酒等一系列以桑蚕为特色的绿色保健品受到校内外专家及师生的欢迎。

【科技成果推广应用】 2013年，该学院建立和完善适应科技创新的管理体制和规章制度，营造有利于科技创新的环境。在组织科研项目的申请、实施、结题、验收等各项管理工作中，逐步建立和健全了两级管理体制，明确任务和目标，落实责任。制定和修订一系列科技管理规章制度，实施后备重点课题培育计划，为今后申请更高级别的重大、重点科研课题进行项目培育和储备；实施引进人才科研启动费资助计划，为该学院科技研究的持续发展做好人才和项目储备。落实科技奖励政策，在计算科研工作量的基础上，重点奖励高质量的科研成果，鼓励科技创新。2013年，该学院科技创新有了显著的成绩，科技论文发表数量逐年递增，尤其核心期刊论文和四大索引收录论文数增长较快。

【人才与创新团队】 该学院重视师资队伍建设，将其作为实施人才强校战略、实现可持续发展、科学发展的重要工作来抓。至2013年底，该学院有教授、副教授、高级实验师、高级工程师120多人，具有博士、硕士学位教师220多人，同时常年聘请国内外知名专家学者来任教和讲学。该学院重视教学团队建设工作。至2013年底，该学院“高素质、多能型写作人才培养教学团队”、“电子技术实践教学团队”和“教育学科教学团队”等自治区级教学团队3个及“地方高校物理学应用型人才培养教学研究团队”、“中国现当代文学教学团队”、“民族传统体育教学团队”和“动物生物学教学团队”等院级教学团队5个。

【科研平台建设与科研仪器设备】 2006年，该学院“桂西北特色资源研究与开发实验室”被广西教育厅确定为广西高校重点建设实验室。2007年，“应用化学”学科被广西教育厅确定为广西高校重点建设学科。另外，还建立了1个院级重点学科“应用数学”，院级重点实验室“电子信息技术与开发实验室”。2009年，该学院成立桑蚕研究所。2006年，该学院制定《河池学院重点学科、重点实验室建设管理办法（试行）》等相应的科研平台建设管理政策，加大在科研仪器设备、队伍建设，经费投入等方面的建设与管理。在自身建设的基础上，该学院整合资源，进一步夯实科研发展平台。2010年5月，“桂西北特色资源研究与开发实验室”和“应用化学”学科分别被广西教育厅确定为广西高校重点实验室和广西高校重点学科。2012年5月，该学院“桂西北地方资源保护与利用工程中心”被广西教育厅确定为广西高校校地校企共建科技创新平台。2013年，该学院新增院级重点实验室（基地）5个、协同创新中心3个。

该学院现有教学科研仪器设备总值9000多万元。其中大型科学仪器设备有28台：主要有三层交换机2台、中心交换机3台，主要应用于信息技术领域；还有数控电火花成型机、电火花数控切割机床、数控车削中心、数控车床、数控加工中心等，主要应用于先进制造领域；以及超临界液体色谱仪、傅立叶红外变换光谱仪、毛细管电泳仪、色相色谱/质谱仪、紫外/可视/近红外分光光度计、单四级杆光谱仪等，主要应用于生物和医药领域。

【大学科技园建设】 该学院主动联系地方政府部门、走进地方企业，服务地方社会经济发展，与河池各县（市、区）在人才培养，科学研究，文化传承等建立了良好的校地合作关系，取得了较好的成果；校地合作内容广泛，形式多元化，该学院围绕红水河流域、少数民族物质文化及非物质文化遗产、桂西北特色资源、喀斯特资源，桑蚕基地等资源与地方开展内容广泛，形式多样的合作。与地方政府、企业共建人才培养基地，促进该学院的科研成果转化为实际生产力，帮助企业解决技术难题，提高该学院服务地方能力。

【重点学科建设】 该学院坚持以学科专业建设为龙头，办学优势和办学特色逐渐显现。现有2个广西重点学科（民族学、生物化工）、2个广西高校重点学科（文艺学、应用化学）、1个广西高校优势特色重点学科（中国现当代文学）、2个广西高校人文社会科学重点研究基地（桂西北少数民族非物质文化资源研究基地、文学创作人才培养基地）、1个广西高校重点实验室（桂西北特色资源研究与开发实验室）、2个广西高校校地校企共建科技创新平台（桑蚕研究中心、桂西北地方资源保护与利用工程中心）、3个自治区级教学团队（高素质多能型写作人才培养教学团队、电子技术实践教学团队、教育学科教学团队）、3门自治区级精品课程（力学、文艺理论、思想道德修养与法律基础）、1个自治区级实验教学示范中心（电工电子实验教学中心）、4个广西高校特色专业及课程一体化建设项目（行政管理、电子信息工程、生物科学、数学与应用数学）；汉语言文学专业被教育部、财政部确立为全国第六批高等学校特色专业建设点；2011年10月，该学院被确定为广西重点培育教师教育基地。经自治区学位委员会批准，民族学、中国语言文学、化学工程与技术、控制科学与工程、马克思主义理论、教育学等6个一级学科被定为2011～2015年自治区重点支持的硕士学位授权点建设学科。

【科技交流与合作】 2013年1月11日，该学院副院长周鸿带队参加2013年广西高校服务贺州新发展科技活动，加强与各高校及地方的交流与合作。4月16日，该学院与北京百科融创教学仪器设备有限公司签订光伏并网发电系统设备研制项目合作协议书。7月6日，与北京百科融创教学仪器设备有限公司签订LED点阵屏实验箱系统设备研制项目合作协议书。11月14日，该学院举行与广西科技大学联合培养研究生协议签订仪式，联合培养研究生为河池学院骨干教师的发展提供了一个重要平台，极大地促进该学院学科及科研团队的建设。11月19日，河池市环保局局长覃献生带领环境监测站所负责人来该学院开展科研合作交流座谈会。双方就环境工程专业硕士学位点建设、贴近地方需求修订本科教学计划、河池市优质河流湖泊保护等问题进行了深入探讨。

【重要科技事项与活动】 2013年5月20日，该学院召开柳来河一体化背景下应用型人才培养模式之学科专业发展论坛。6月14日，该学院在第六届“挑战杯”广西大学生课外学术科技作品竞赛中有19个项目获奖，其中一等奖2项、二等奖4项、三等奖13项。7月13日，在第四届“蓝桥杯”全国软件大赛中获一等奖2项、二等奖3项、优秀奖2项。8月24～28日，在第二届“中国软件杯”大学生软件设计大赛中获优秀奖。10月21日，在第六届中南地区港澳地区大学生机械创新设计创作大赛中，由陆正杰老师带队的作品“智能垃圾桶”在比赛中获二等奖。11月14日，广西科技大学党委副书记、校长周德俭教授到该学院做了题为“大学文化及地方高校大学文化建设的若干思考”的学术报告。12月21日，广西动物学会2013年学术年会暨动物生态与多样性保护研讨会在该学院召开。

【信息化建设】 该学院校园网始建于2002年，现已建成主干带宽1000M、拥有6700多个信息点、各类交换机200多台、各类服务器10多台、光纤30多公里、规模和覆盖率居全省前列的校园网络。申请域名为www.hcnu.edu.cn，同时链接了国家精品课程资源网。提供网上服务包括学院网站、数字化校园平台、网络教学综合平台、人事信息管理系统等10余项。

（钟美花）

百色学院

【概况】 百色学院是经教育部批准成立的一所全日制普通本科院校，前身是建于1938年的广西省立田西师范学校，至今已经有75年不间断的办学历史。学校占地面积127.67万平方米（1915亩），分东合、澄碧两个校区。有中文系、经济管理系、外语系、物理与电信工程系、化学与生命科学系、艺术系、数学与计算机信息工程系、教育科学系、政治与法律系、体育系、思想政治理论教学与研究部等11个教学系（部），商学院、大学预科教育学院等2个二级学院，一所附属中学和一所职业中专。开设有35个本科专业、32个专科（高职）专业，覆盖了经济学、法学、教育学、文学、理学、工学、管理学、艺术学等8大学科门类，学科专业结构全面。学校面向全国20多个省（自治区、直辖市）招生，现有各类在校生15000多人。2002年，学校取得招收留学生资格，至今已有21批外国留学生到校学习。

学校人才培养质量不断提高。现拥有2个广西高校优势特色重点学科——思想政治教育、语言学及应用语言学，1个广西高校重点学科——无机化学，3个自治区硕士授权点建设一级学科——马克思主义理论、中国语言文学和工商管理，2个自治区专业学位培育学科——汉语国际教育硕士和工程硕士（材料工程），3个广西高校特色专业——金属材料工程、旅游管理和生物技术，6门广西高校特色课程——材料科学基础、金属工艺学、旅游资源开发与利用、导游业务、微生物学和细胞工程；建有广西实验教学示范建设中心2个，广西重点教学实验中心2个，广西创新人才培养基地3个；被确定为广西首批教师教育重点培育基地。

近年来，学校抢抓机遇，与时俱进，开拓进取，实现了全面快速发展和历史性的跨越，先后荣获“全国红色经典艺术教育示范基地”、“全国精神文明建设工作先进单位”、“全国大中专学生志愿者暑期‘三下乡’社会实践活动先进单位”、“国家级语言文字规范化示范学校”、“全国中华经典诵读试点单位”、“全国节约型公共机构示范单位”、“自治区和谐学校”、“广西高校安全文明校园”、“广西绿色大学”等荣誉称号。

至2013年末，该校在职教职工645人，其中专任教师427人，正、副教授117人，具有博士、硕士及研究生学历302人，获得“全国优秀教师”、“广西优秀教师”、“八桂名师”、“百色市拔尖人才”等荣誉称号的27人，并聘有国内外知名客座教授、兼职教授60多人，长期聘请3～4名外籍教师到校任教。拥有“思想政治理论课教学团队”、“教师教育主干基础课教学团队”、“西南边疆壮族非物质文化遗产课程群教学团队”、“基础化学教学与研究创新团队”、“教育学教学团队”等5个自治区级教学团队。现有校舍面积25万余平方米，拥有多栋自治区级标准化学生公寓和学生食堂。澄碧校区扩建工程目前已全面开工，学校办学条件必将得到更大改善。

【科研项目与经费投入】 2013年，该校共获得各级各类纵向科研项目109项，其中国家社科基金项目5项，国家自然科学基金项目1项，省部级科研项目14项，厅局级项目60多项，投入总经费620多万元，获上级资助经费240多万元。

【科技成果及简介】 2013 年，该校始终以科技服务地方为宗旨，科研能力和科研水平得到了提升。共获得各级科研奖励 33 项，其中获厅局级科研成果一等奖 2 项，二等奖 4 项，三等奖 13 项。韩家权教授译著《布洛陀史诗》（壮汉英对照）获第十一届中国民间文艺山花奖、第十七届广西优秀图书奖一等奖、百色市第四次哲学社会科学优秀成果一等奖，并入选了由国家新闻出版广电总局与国家民委联合评选出的第二届全国百种优秀民族图书书目。

2013 年共发表论文 570 多篇，其中 SCI、EI、ISTP 收录共 21 篇，在核心期刊发表 110 多篇，出版专著 6 部。陈志福主持的国家自然科学基金项目《SDSS 类星体吸收线证认》，在美国的天体物理学期刊《The Astrophysical Journal Supplement Series；ApJS》发表论文《Catalog of Narrow CIV Absorption Lines in BOSS. I. Quasars with z em≤2.4》。该课题组利用美国的 Sloan Digital Sky Survey 第三次光谱巡天数据（BOSS），探测由于宇宙中的 CIV（碳元素三次电离）吸收而在类星体光谱中产生的吸收线，并提供 CIV 吸收线星表。该星表是 BOSS 的首个吸收线星表，其对活动星系核的结构和演化、星系的形成和演化、宇宙学大尺度结构等的研究具有很重要的影响。ApJS 是天文学类投稿期刊中影响因子最高的期刊（2012 年的影响因子为 16.238）。

【科技成果推广应用】 利用百色建设广西新工业基地的大好机遇，结合服务广西产业新发展深化年活动，进一步加强与地方各行业、各部门的紧密联系，先后与深圳软件园、广西贺州桂海铝业科技有限公司、东莞华尔登国际酒店、广西畅办会计服务有限公司等公司签订校企合作协议，并主动深入到相关行业宣传科研成果，主动为地方经济社会服务。

重视与地方科技部门对接，承担百色市社科规划重大招标课题 1 项；百色市科学研究与技术开发计划项目 3 项；与国家铝金属产品质量监督检验中心、广西平果铝合金精密铸件公司共同申报的“新型铝合金材料及加工技术研究”，与广西俊宇原生本草生物科技有限公司、百色市大阳科技有限公司共同申报的“百色市名贵中草药材快繁及种苗培育研究”，与百色市安元科技有限公司共同申报的“计算机网络技术应用研究”等，为地方的经济社会发展发挥了积极作用。

【人才与创新团队】 2013 年，学校高度重视人才与创新团队的建设，通过外引内培的措施，使科技人才和队伍在数量和结构方面都得到显著提高。聘有国内外知名客座教授、兼职教授 60 多人，继续开展百色学院骨干教师（青年教师成长）工程，培养并考核通过了一批培养对象；评选了“桂西南语言文化特色研究团队”等 3 个百色学院“十二五”首批特色研究团队。

【科研平台建设与科研仪器设备】 该校不断加强完善科研平台管理制度，加大科研平台建设力度。2013 年投入 70.7 万元用于建设数计系计算机组成原理实验室，投入 37.9 万元建设数计系校园软件综合实训交流建设实验室，投入 106.82 万元建设物电系电路制作与检测实验室，投入 59.3 万元建设物电系工科实训中心实验室，投入 18.42 万元用于物电系新型铝合金材料及其加工技术研究所设备，投入 81.95 万元建设外语系同声传译语言实训室。“桂西民族语言文化与译介研究基地”获“广西高校人文社会科学重点研究基地”，“壮泰文化交流比较研究中心”获广西高校科技创新平台。继续开展广西高校人文社会科学重点研究基地——邓小平早期思想研究中心，以及少数民族经济研究中心、非物质文化遗产保护与研究中心、语言研究所、新型铝合金材料及其加工技术研究所、百色学院西南移民研究中心、壮泰文化交流传承协同创新中心、民族文化翻译研究中心、百色市少数民族传统体育研究与传承保护基地等校级科研机构的常规建设。这些科研平台的正常运行，为科研工作者申报、完成高层次科研项目提供了良好的条件。

【重点学科建设】 围绕广西、百色市区域经济社会建设，学校通过整合优化资源，加快实施百色学院硕士学位授予单位学科建设规划、百色学院硕士专业学位授权点学科建设规划、百色学院重点学科建设规划等项目，取得了新的成效。百色学院“马克思主义理论”、“中国语言文学”和“工商管理”三个一级学科，被自治区确定为硕士授权点建设学科，获得专项建设经费共计 45 万元；“汉语国际教育硕士”、“工程硕士（材料工程）”获得自治区硕士专业学位培育项目，获得专项建设经费共计 60 万元；“无机化学”获广西高校重点学科立项建设，获得专项建设经费 50 万元。

百色学院注重结合地方经济社会发展和资源优势，学科优势逐渐显现突出“珠江源头”和“中国特色社会主义理论思想早期源头”两个“源头”的研究，立足于服务“百色经济社会发展区域支柱产业”、“地方教育事业”和“民族文化传承创新事业”三个龙头。根据区域民族、文化、资源、生态、产业等方面的特色，结合百色学院的学科优势，大力开展应用研究工作，不断提升学校的学术地位、科研水平和社会服务能力。通过凝练学术方向，形成了民族学、邓小平早期思想研究、非物质文化遗产保护与开发、生态环境、金属材料等优势研究领域。

【科技交流与合作】 2013年，学校采取“走出去，请进来”的办法，不断加强与企业、行业、市县的合作关系，先后与深圳软件园、广西贺州桂海铝业科技有限公司、东莞华尔登国际酒店、广西畅办会计服务有限公司等公司签订校企合作，双方资源共享，进行深度合作。

学校每年都邀请20多位国内外知名专家、学者来学校做学术报告，每年派出30多人次开展科技交流，参加国际、国内的学术研讨会，以拓宽教师的视野，提高教师的科研能力和教学水平。

【重要科技事项与活动】 由教育部语言文字应用研究所主办，中国民族研究团体联合会、中国民族语言学会和百色学院合办，由百色学院承办的“第七届全国社会语言学学术研讨会暨首届跨境语言研究论坛”于2013年11月21～22日在百色学院举行。来自教育部语言文字应用研究所、中国社会科学院、中国民族语文翻译中心、清华大学、北京大学、复旦大学、厦门大学、浙江大学、北京语言大学、中央民族大学、香港城市大学、日本东京外国语大学等海内外科研院所、单位、高校的116名学者参加会议。

（吴哈娜　王海文）

贺州学院

【概况】 贺州学院是具有70年办学历史，经国家教育部批准设立的一所全日制多科性普通本科院校。2013年，该校全面贯彻党的教育方针，坚持科学发展，以社会需求为导向，以教学工作为中心，以本科教育为主体，着力提高人才培养质量。该校的办学指导思想是立足贺州、服务区域、面向基层、突出特色，培养“品德好、基础实、专业精、能力强”，具有创新精神的应用型高级专门人才。学校现分东、西两个校区，占地总面积93.33公顷，校舍面积27万平方米。学校下设21个管理机构部门，13个二级学院，33个本科专业、12个专科专业。2013年，该校被批准为硕士学位授予单位立项建设单位，《农产品加工及贮藏工程》、《课程与教学论》被评为广西重点学科，《物理电子学》被评为广西重点学科建设项目。学校面向全国18个省（自治区、直辖市）招生，到2013年12月有全日制在校生9445人，其中本科生7743人，专科生1686人。

至2013年末，该校有在职教职员工825人，专任教师544人。其中具有高级技术职称182人，中级技术职称333人；博士研究生23人，硕士研究生271人，大学本科学历322人。

【科研项目与经费投入】 2013年，该校共获得国家自然科学基金项目3项，国家社会科学基金项目4项，教育部人文社会科学研究项目1项，广西科学研究与技术开发计划课题2项，广西创新计划专项经费项目1项，广西自然科学基金项目3项，广西哲学社会科学规划课题11项，广西教育厅科研项目80项，贺州市科学研究与技术开发计划课题3项，横向项目4项，共获得各级各类资助科研经费442.8万元。截至2013年12月，已完成科研项目73项，其中达到自治区内先进水平4项。

2013年，该校共投入科研经费1203.56万元，其中硕士学位授予单位建设经费800万元，授权点学科建设经费90万元，专业学位点建设经费90万元，科研津贴发放104万元，上级科研项目配套经费47.56万元，校内科研项目立项资助经费10万元，大学生科技活动项目资助经费5万元，博士科研启动基金资助经费34万元，校级重点（建设）学科建设经费10万元，其他开支13万元。

【科技开发】 2013年，该校在水污染治理、太阳能路灯研发、中田大山楂保花保果技术研究等科技开发工作方面取得突出成绩。

水污染治理　由该校与广西净美环保工程技术有限公司承担的《富硫糖蜜酒精废液微氧生物处理技术开发与示范工程》课题组，针对富硫酸盐高浓度有机废水污染治理问题开展研究，以微

氧厌氧 UASB 和微氧厌氧 EGSB 为核心，开发出一套“微氧厌氧 EGSB+类 Fenton 试剂深度处理”两段串联新工艺，确定了工艺参数和运行条件。该课题组研究开发的“利用空气供氧的糖蜜酒精废水微氧生物处理装置（ZL200920164759.8）”，具有成本低、操作简单、能耗低、容易维护等优点，并在实际工程中得到应用，具有很好的市场前景。

太阳能路灯研发　由该校与贺州市科技开发中心承担的《功率—环境自适应式太阳能路灯的研究与开发》课题组，针对功率—环境自适应式太阳能路灯的研究与开发问题开展研究，综合利用环境状况监测控制和延时控制等技术，研究开发了“功率—环境自适应式太阳能路灯”系统，该系统可以根据照明服务区内亮度、噪声等环境状况自动切换照明功率，具有太阳方位跟踪功能，在不影响正常照明的条件下达到节能的目的。应用课题组的“基于多普勒效应的功率自动调节路灯实用新型专利”（专利号：ZL2012200571606）所研究开发的系统具有结构合理、成本低、稳定性好、适用范围广等优点，具有较好的市场应用潜力。

中田大山楂保花保果技术研究　该校承担的“中田大山楂保花保果技术研究”课题组，从肥水管理、物理和化学调控等方面研究中田大山楂保花保果技术。课题组提出的中田大山楂“1339”疏散分层型整形技术，以及在花芽生理分化期采用环扎及使用生长抑制剂进行处理，采用完全营养施肥和生物学全期施肥技术，提高坐果率，提高产量。该成果通过专家组鉴定，在同类项目研究中达到广西先进水平。同年，该课题成果获 2013 年度贺州市科学技术进步奖三等奖。

【科技成果及简介】　2013 年，该校取得授权专利 11 项，获奖成果 31 项。教师发表论文 611 篇，其中潘中田主持的“中田大山楂保花保果技术研究”项目成果荣获 2013 年度贺州市科学技术进步奖三等奖，林润之、覃德泽、潘利天等 3 位教师的成果被评为广西教育科学优秀成果。出版《中国和谐文化建设理论与实践》、《生态建筑人类学理论方法研究》、《美国〈上诉法院标准〉标准》、《客家人生态性生存》、《旅贺历史名人》等专著教材 18 部。

2013 年，该校与广西千福药业有限责任公司共同承担的《广西特色药食两用果蔬马蹄抗氧化饮料中试研究》课题，课题组以广西特色果蔬马蹄的果皮为原料进行抗氧化饮料中试系列研究，经过三年的努力，目前已建成 1 条年产 300 吨的以马蹄皮为原料试制澄清型马蹄抗氧化饮料新产品中试线，获得了 1 个以马蹄皮为原料的澄清型马蹄抗氧化饮料新产品，并进行品质评价。制定了 1 个以马蹄皮为原料的澄清型马蹄抗氧化饮料的质量标准，规定相关的技术指标，包括产品性状和检测指标。

该校与广西立新农场合作承担的《有机脐橙栽培技术研究与示范》课题，课题组建立了质量追溯系统和良好农业规范标准，集约化水肥一体化灌溉技术，完善了“猪—沼—果—灯—黄板—捕食螨—生草”生态栽培技术，创新脐橙枝梢优化管理技术，研究推行谷堆型凹凸化紧冠抗风修剪技术，有效提高了抗风能力。课题组在广西农垦国有立新农场建立了示范基地 100 公顷，成为国内柑橘标准化生产的典型。

【科技成果推广应用】　2013 年，该校在以中田大山楂为代表性成果的推广应用工作中取得突出成效。该校的中田大山楂绿色产业链开发研究团队依托化学与生物工程学院，以潘中田副教授为团队带头人，主要研究方向有中田大山楂产业化和标准化育苗技术；中田大山楂早结、安全高产、稳产和矮化栽培技术；中田大山楂主要功能成分的分析和新产品的开发与研究。目前已取得的研究成果有：中田大山楂产业化和标准化育苗技术；中田大山楂早结丰产栽培技术；中田大山楂高产稳产栽培技术；已成功制成中田山楂酒、山楂醋、山楂饮料、山楂健康饲料添加剂、鲜切山楂片、山楂糖糊芦等新产品。已申请并获受理国家发明专利 6 项。该团队成立了贺州市中田山楂研究所，以产学研的合作模式，与贺州市水果生产办公室签订了战略合作框架协议，直接培训贺州市水果生产干部和全体果农；与湖南省慧科生态园林开发有限公司、广西贺州市中田山楂果业有限公司、广西桂林平乐中田大山楂果苗基地、广西桂林中田大山楂果品有限责任公司、广西贺州市集运农业发展有限公司、广西岑溪市振东水果专业合作社、广西贺州市八步区莲塘镇厚田种植合作社、广西平乐县潘氏中田大山楂产销专业合作社、广东省清远市阳山县永兴山楂专业合作社等技术服务的战略合作协议。同时，该团队还成立了中田大山楂技术服务部，广泛开展了各种形式的技术培训、技术咨询以及技术劳务服务。截至2013年3月末，中田大山楂在桂粤湘已推广种植10200公顷。该团队今后的发展方向重点在于继续开展中田大山楂新品种的培育和研究工作，同时开展中田大山楂工业产品的产业化研究和开发工作。巩固现有研究成果，将现有研究成果以市场运作模式走产业化发展之路，引导和带动中田大山楂产业健康发展；以技术服务为基点，服务广大果农，走产学研发展模式，在培养高等学校专业人才的同时，广泛培养社会应用型人才，促进中田大山楂绿色产业链的健康发展。

【人才与创新团队】 2013年，该校高度重视科技人才队伍与创新团队建设工作，多次召开人才工作会议，出台修订一系列人才引进、稳定高职称高学历人才、教师进修学习、外聘教授等方面的文件政策。特别通过对获得博士学位的教师以及学校引进的博士进行专项资助，助力于博士的科研启动工作。

2013年，该校已经形成中田大山楂绿色产业链开发研究团队；马蹄种苗繁育、马蹄深加工团队；广西东部族群文化研究团队；马克思主义理论研究团队等创新团队。

【科研平台建设与科研仪器设备】 该校2013年分别成立了南岭走廊族群文化传承与研究协同创新中心、马克思主义研究中心、课程教学研究中心，为学校硕士点项目建设打下良好基础。同时，学校在原有基础上，重新整合力量，组织申报了科学与工程计算重点实验室、食品农产品质量安全重点实验室、数字化设计与制造技术重点实验室等3个广西高校重点实验室及实验室培育基地。

至2013年末，该校有科研仪器设备12632台，价值总计6030万元。其中10万元以上仪器设备49台，主要有高效液相色谱仪（PEF LEXAR）、原子荧光一色谱联用仪（SA－10）、杀菌机（PT－20T）、高压微波消解仪（WX－8000）等，有计算机2694台。

【大学科技园建设】 2013年，该校探索、启动大学科技园建设工作。校领导、科研处领导多次到自治区内外高校考察学习。年末，该校与同济大学、贺州电子科技生态产业园签订合作框架协议，拟在该校原有的基础上，三方共建同济科技园（贺州），并将该校大学科技园纳入同济科技园区（贺州）统一开发、建设和管理，形成产学研一体化基地。

【重点学科建设】 2013年3月，根据自治区学位委员会、广西教育厅文件，该校被批准为硕士学位授予单位立项建设单位，食品科学与工程、教育学2个学科被批准为硕士点建设学科，工程硕士（食品工程）被批准为硕士专业学位授权点培育项目。学校成立了学科建设工作领导小组，多次召开会议进行充分论证，制定学校学科建设规划和学科建设方案，确定食品科学与工程、教育学、社会学3个学科为硕士学位授权点建设学科，数学、马克思主义理论、机械工程3个学科为支撑学科。在此基础上，组织相关人员认真制定建设规划及学科建设相关管理文件，并做好仪器设备和图书资料采购计划。学科硕士点建设工作有效促进了学校科研发展，促进专业建设，提升了学校的整体学术水平和教学水平。

2013年，该校《农产品加工及贮藏工程》、《课程与教学论》被评为广西重点学科，《物理电子学》被评为广西重点学科建设项目。另外，该校还有校级重点学科2个，校级重点建设学科7个，为了做好重点学科建设工作，学校安排了专项建设经费，并着力推进学科与相关企事业单位的对接合作，在建设模式方面进行创新，力争通过学科建设，促进学校人才队伍建设、科研平台建设以及学校的专业建设工作。

【科技交流与合作】 2013年，该校先后邀请了欧洲科学院院士、加拿大皇家科学院院士、香港城市大学副校长王世全教授，香港城市大学数学系戴晖辉教授，昆明理工大学博士生导师、浙江师大动力系统与非线性研究中心负责人李继彬，山东农业大学张培正教授，自治区科技厅党组书记陈大克教授，中科院院士、北京大学博士生导师严纯华教授、华南师范大学黄甫全教授、中国科技大学麻希南教授、上海交通大学王维克教授来校做学术报告，学术氛围日益浓厚。

为进一步加强该校科技工作者与自治区内外学者的交流与合作，该校多次选派科技骨干到国内外开展访问交流，并加强与地方政府、企业的合作与交流。2013年7月25日，该校举行了2013年广西高校服务贺州新发展校企合作交流会。会议邀请到贺州市桂东电子科技有限公司、贺州市科隆粉体有限公司等12家企业代表，通过现场的深入交流与探讨，在科技合作问题、产学研合作教育问题等方面达成合作共识。

【重要科技事项与活动】 2013 年 3 月，该校被自治区学位委员会、自治区教育厅批准为硕士学位授予单位立项建设单位。

2013 年，该校获得国家社科基金项目 4 项、国家自然科学基金项目 3 项，国家级科研项目立项数量及获资助经费额度创历史新高。

2013 年，该校《农产品加工及贮藏工程》、《课程与教学论》被评为广西重点学科，《物理电子学》被评为广西重点学科建设项目。

2013 年，该校承担的广西科学研究与技术开发计划课题“富硫糖蜜酒精废液微氧生物处理技术开发与示范工程”等 3 个省级项目顺利通过验收。

2013 年，该校承担的“中田大山楂保花保果技术研究”项目成果荣获 2013 年度贺州市科学技术进步奖三等奖。

（吴继军）

钦州学院

【概况】 钦州学院是广西沿海唯一的公立本科院校，广西唯一具有培养和培训高级船员资质的机构，其前身是钦州地区师范学校，建于 1973 年 9 月，1977 年起招收大专生，为地方基础教育培养初中师资。1991 年 5 月，国家教育部批准改建为钦州师范高等专科学校。2004 年 6 月，钦州民族师范学校并入钦州师范高等专科学校。2006 年 2 月 14 日，钦州师范高等专科学校升格为钦州学院。钦州学院新时期的大学精神是“海涵春育，鹏举南天”；学校的校训是“博观内省，达道知行”。2012 年 12 月该校顺利通过教育部本科教学工作合格评估。2013 年，该校成为广西新增硕士授予建设单位工作，同年 3 月，该校被教育部确定为全国首批应用技术大学改革试点高校。该校实行广西壮族自治区与钦州市共建、以钦州市管理为主的管理体制。办学以来，该校为社会培养了近 4 万多名各类合格专业人才，在广西沿海地区经济社会发展和北部湾经济区开放开发中发挥了重要作用。该校提出“主动服务北部湾经济社会发展，重点建设涉海类学科专业及临海工业的学科，为北部湾经济开放开发培养高质量应用型人才。”的办学理念，确定了办学定位：办学目标定位：建成一所适应区域经济社会发展特别是广西北部湾经济区发展和面向中国—东盟自贸区合作发展需要的，具有一定国际影响、国内知名、区内优势突出，特色鲜明的应用技术大学——北部湾大学。人才培养目标定位：培养具有高度社会责任感和职业道德素养，具有较强的实践能力、就业创业能力、创新能力和继续学习能力的高素质应用型人才。办学类型定位：高水平、有特色的应用技术本科院校。服务面向定位：立足北部湾，服务广西，面向全国，辐射东南亚。办学层次定位：以本科教育为主，积极发展研究生教育和留学生教育。办学特色定位：地方性、海洋性、国际性。

该校被确定为首批国家级语言文字示范学校，被评为广西大学生社会实践先进单位、广西高校毕业生就业工作先进集体、广西“绿色大学”、广西高校安全文明校园、广西卫生优秀学校、广西文明单位、广西高校后勤工作先进院校、钦州市园林式单位等荣誉称号。

该校建设有广西首批院士工作站 1 个，钦州市北部湾海洋保护与开发利用、北部湾人文研究中心、北部湾教师教育等人才小高地，与钦州市力顺机械有限公司共建农机产品开发人才小高地；建成“北部湾海洋保护与开发利用实验室”、“北部湾人文研究中心”2 个广西高校重点研究机构；该校现有广西重点学科 2 个，广西重点培育学科 1 个；广西高校重点实验室 2 个，广西高校重点培育实验室 1 个；与钦州出入境检验检疫局共建中国西南地区唯一一个国家级石油化工品检测实验室；利用外国政府贷款建设“北部湾海洋研究和教育中心”。现有东西两个校区，占地面积 56.67 公顷；该校设有普通本科专业 36 个，覆盖工、管、文、理、法、农、经、教育、艺术等 9 大学科门类，面向全国 28 个省、市、自治区招生，到 2012 年末有全日制在校学生 10737 人，其中本科学生 7822 人。

2013 年，该校有在职教职工 822 人，专任教师 571 人，具有高级技术职称 168 人；硕士以上 326 人，外籍教师 4 人，外聘院士 2 人，“双师型”教师 140 人。该校获自治区审批“广西面向海内外公开选聘高层次人才需求”岗位 13 个，获钦州市审批“钦州市 2013 年‘海鸥计划’人才需求”岗位 5 个；获批“广西中青年优秀骨干教师第一期培养工程项目”1人；“高校青年骨干教师国内访问学者”获得资助2人；“广西高校青年教师教学业务能力提升计划2013年培养对象”获批14人；获得“第八批广西壮族自治区优秀专家”资助对象2人；评选推荐“第十六批‘新世纪十百千人才工程’第二层次人选候选人”1人。高层次人才选聘与优秀人才培养工作开创了该校升格为本科院校以来最好的局面。

【科技项目与经费】 2013年，该校共承担市厅级以上科研项目111项，总经费561.8万元。其中获得国家哲学社会科学基金项目3项，国家自然科学基金项目2项，教育部人文社会科学研究项目2项，广西哲学社会科学研究项目14项，广西自然科学基金项目7项。加强海洋科学研究，努力打造“海洋”特色。该校与广西海洋局、钦州海洋局等单位合作，积极开展海洋科学研究，共建实验室，联合开展海洋科学研究，筹划广西海洋局的科研项目。承担广西海洋局委托项目《北部湾广西海域海岛可持续发展定量评价模型构建》和《北部湾广西海域海岛可开发利用指标体系优化》，获得资助经费138万。

【科技成果与转化】 2013年，全校教职工发表论文640多篇，其中中文核心期刊发表论文120篇，SCI收录的论文6篇，EI收录的论文7篇，ISTP收录的论文1篇。公开出版专著4部，该校获得国家级授权专利19项，“十一五”广西教育科学研究优秀成果奖4项；与广西钦州力顺机械有限公司共同研究的《中小型企业农业运输机械创新设计开发平台》的项目成果获钦州市科学技术进步奖二等奖。获2013年度钦州市社会科学优秀成果奖一等奖7项、二等奖9项、三等奖15项。

钦州湾生态环境本底数据调查及其管理信息系统 该校与钦州市海洋环境监测预报中心、防城港市海洋环境监测预报中心承担的广西自然科学基金项目“钦州湾生态环境本底数据调查及其管理信息系统的建立”的研究工作，依托广西教育厅重点实验室“北部湾海洋开发利用实验室”等，已经完成研究任务，并通过结题验收和鉴定。

该项目的查新报告显示“钦州湾生态环境本底数据调查及其管理信息系统”达到自治区内乃至全国同类系统的领先水平。该成果的先进性与创新性主要体现在：在大工业投产前，短周期高密度大范围地对钦州湾（钦州港、三娘湾、茅尾海等重点区域）海洋生态环境进行了比较彻底的本底调查，为后续生态环境研究提供了珍贵的参照系统。在海洋生态环境各个要素之间建立数学模型，为预测和评价海洋生态环境提供了更便捷的手段。建立生态环境数据库及其信息系统，为数据的交流和生态环境分析预测预警提供了技术支撑，提速了海洋生态环境评价，为区域可持续发展提供决策参考依据。

该成果的意义主要是成为区域海洋管理、海洋环境监测、海洋科学研究、海洋污染评估及预警、灾后恢复评估的技术平台；是协调钦州湾海洋环境与经济建设的需要，也是保障钦州湾，乃至整个北部湾的人民生命财产安全的需要，更是实施北部湾海洋和沿海经济快速可持续发展战略的需要。

《多彩的广西海洋文化》 该书2013年11月由漓江出版社出版，是“广西壮族自治区社会科学界联合会重点科普读物”项目研究成果。该书介绍了广西海洋文化特色、海洋文化发展历史、海洋渔业文化、海商文化、海洋军事文化、海洋宗教文化、海洋民俗文化、海洋文学艺术、海洋科教文化、海洋旅游文化、海洋文化产业及广西沿海名人轶事，给人们展现了广西沿海地区古人傍海劳作的美丽图画，昔日海上丝绸之路的繁荣与喧嚣，斑斓迷人的海洋民俗风情，美丽动听的民间传说，风光旖旎的海洋生态景观，珍奇的历史古迹，可歌可泣的守卫海疆、抗击外辱的英雄故事，引人入胜，为人们提供了丰盛的海洋文化大餐，是至今最全面、最系统的关于广西海洋文化知识方面的一本普及读物，是广西海洋文化的一张名片。

《坭兴陶艺术》 该书2013年6月由广西美术出版社出版，是该校资助出版的学术著作。该书旁征博引，内容丰富，资料翔实，古今结合，深入浅出，条理清晰，图文并茂，以简朴易懂的语言、形象的描写，介绍了广西少数民族地区独有的一种陶器—钦州坭兴陶瓷。主要从坭兴陶历史渊源、影响、坭兴陶艺术特色、民族文化、艺术审美、坭兴陶产业发展现状、开发策略、开发价值等方面进行介绍。

【科技工作与改革创新】 2013年，学院紧紧围绕“向应用技术大学实施转型发展，创建北部湾大学”的主题，努力打造地方性、海洋性、国际性的办学特色。以“上层次、上水平、建平台、显特色”为科技工作目标，加强对科研工作的领导，统筹规划科研工作。该校科技处下设项目管理科和成果平台管理科，配备正副处长和专职管理人员共6人，该校领导高度重视科技工作，坚持外联内动原则，主动与政府科技管理部门和有关事企业单位联系和沟通，组织教师围绕地方经济社会发展需要开展科学研究，不断增强该校服务社会的能力。

该校成立了学术委员会、科学技术协会、社会科学界联合会，不断创新科研机制，完善规章制度，规范科研管理，为适应该校正值转型时期的跨越发展，该校正在对现行的科研管理制度进行修订，还制定了符合新形势要求的新的科研管理制度。

【人才与创新团队】 2013年，获中央支持地方高校建设“人才培养和创新团队建设项目”的团队4个，支持经费为250万元；获广西首批院士工作站建设单位、钦州市博士后创新实践基地各1个。

【科研平台建设与科研仪器设备】 2013年，该校在原有的广西高校重点实验室“北部湾海洋保护与开发利用实验室”和广西高校重点人文研究基地“北部湾人文研究中心”的基础上，大力推进科研平台建设，该校“北部湾海洋资源保护与开发利用”平台获得2013年度广西教育厅的校地校企共建科技创新平台立项，获建设经费50万元。现获得广西高校重点实验室“北部湾海洋生物资源保护与开发重点实验室”、“北部湾石油天然气资源有效利用重点实验室”和“广西临海机械装备设计制造及控制重点实验室培育基地”。

该校现培育北部湾石油化工与新材料、坭兴陶工艺与创意文化等若干个协同创新中心。

2013年，该校大幅度增加实验室建设经费，教学科研仪器设备总值增至8058.36万元。经费主要用于三类专业实验室建设：特色专业实验室建设，如投入800多万元，建成较为先进的船舶操纵模拟器实验室、电子海图显示系统实验室、轮机模拟器实验室、轮机模拟器单片机机房等实验实训室；新专业实验室建设，如投入100万元，建设机械工程专业（港机）散货连续卸船系统实验平台；平衡各实验室经费投入，加强对文学、艺术学、教育学等专业实验室的建设。此外，该校还继续做好意大利政府1000万欧元贷款项目实验设备招标工作；加强了实验室管理，加大实验室开放力度，提高仪器设备利用率。

【重点学科建设】 2013年，该校设有普通本科专业36个，覆盖工、管、文、理、法、农、经、教育、艺术等9大学科门类。设立轮机工程、港口物流、海洋科学、航海技术、港口机械、渔产养殖等10个涉海类专业（或方向）。有“海洋生物学”和“化学工艺”广西重点学科，“机械制造及其自动化”广西重点培育学科。

2013年，已获得广西教育厅新增硕士点建设单位，船舶与海洋工程、化学工程、农业推广（养殖）为立项建设的专业硕士学位点。

【信息化建设】 该校现有图书馆舍总建筑面积9298平方米，图书馆馆藏文献总量101.7万册，其中纸质文献67.1万册，电子图书增至34.6万册，期刊增至1735种；2013度新增加4万多册图书已全部到馆；理工类专业图书大幅增加，馆藏结构得到改善；海洋、刘冯等特色数据库建设顺利推进；阅读条件进一步改善，文献利用率较高，至2013年11月，流通部借还书29.5万次，阅览部接待读者12.1万人次。完成校园网硬件设备的安装和配置，提高了校园网的服务功能；开发了学分制系统的排课、选课、电子注册等功能，实现了学分制系统与财务系统、清华网络教学平台数据的对接。

【科技交流与合作】 该校“北部湾大讲坛”、“博士教授论坛”邀请国内外的一批知名专家学者，来校举办学术讲座。据统计，2013年度共举办“北部湾大讲坛”10多场，中国农业科学院研究员许吟隆博士做《气候变化及地理信息技术应用领域》、中国科学院海洋研究所周明江研究员做《海洋的已知与未知》、暨南大学齐雨藻教授做《中国的“三潮”》等报告。同时该校组织了校内外学者讲座100多场。

积极开展国际学术交流与合作，上半年，校长徐书业教授到英国纽卡斯尔大学访问。就两校今后在海洋研究、可持续发展等多个领域的人才培养、教师互访进修、学术交流等方面进行密切合作交换了意见，达成了广泛共识。该校资源与环境学院梁铭忠博士从5月1日至10月1日参加了意大利国际环境监测中心2013年地中海鲸类监测及行为研究的科研课题，负责数据采集及数据处理工作。

该校与美国耶鲁大学的美国全球环境促可持续发展研究所，共同合作开展的“广义城市生态系统创新项目”的研究工作顺利推进，取得阶段行性研究成果。

该校与国家海洋局第一研究所、美国耶鲁大学、上海交通大学、中国海洋大学、中山大学、广西大学等国内外一些科研院所、高等学校开展科技交流与科研合作。与钦州力顺机械有限公司、广西金桂浆纸业有限公司、广西壮族自治区海洋局、广西壮族自治区质量技术监督局、广西红墙新材料有限公司等事企业单位建立产学研合作关系。

【重要科技事项与活动】 3月，该校被教育部确定为全国首批应用技术大学改革试点高校。同月，自治区高校学位委员会批准该校列为硕士学位授权立项建设单位。

5月，广西壮族自治区教育厅批准该校的“海洋生物学”为2013年高校重点学科立项建设项目，“北部湾海洋资源保护与开发利用”为2013年校地校企共建科技创新平台立项建设项目。

7月，广西壮族自治区教育厅批准该校的“海洋生物学”“化学工艺”为广西重点学科，“机械制造及其自动化”为广西重点培育学科。

9月，该校科学技术协会成立。

（梁好翠　谭东丽）

科技服务体系

广西生产力促进中心

【概况】 *生产力促进中心数量和从业人员* 2013年，广西生产力促进中心总数增至107家，其中有国家级示范生产力促进中心8家，自治区级示范中心18家。由于体制改革和业务转变等原因，2013年，全自治区生产力促进中心进入了转型时期。据对81家生产力促进中心统计数据显示（其中综合性73家，行业性8家），现有从业人员973人，其中大专学历以上的有869人，占总数的89.3%；具有学士学位的491人，占总数的50.5%；具有中级技术职称的403人，占总数的41.4%；具有高级技术职称的228人，占总数的23.4%。

资产及投入状况 至2013年底，全广西生产力促进中心累计拥有资产总额达7.7亿元，其中固定资产3.7亿元，拥有办公面积47015.8平方米；各中心用于开展技术服务等活动的技术装备台数达2972台，其中电脑1250台。投入方面，据统计，2013年，各级政府对生产力促进中心的投入总额达106981万元，其中科技部拨款6081万元，社会其他方面的资金支持，共计16251万元。

【服务业绩】 2013年，广西的生产力促进中心继续完善服务条件，开展特色、品牌服务，创新服务模式，服务能力明显增强。全自治区生产力促进中心共联系科研机构925家、专家2098名，为9018家企业提供了各种服务，为所服务企业增加销售额69.7亿元、增加利税5.5亿元，为社会增加就业岗位96074个，积极开展国际合作，人员交流达222人次，引进项目67项，引进资金1.04亿元。中心总服务收入为9472.7万元。共为各级政府、科研院所、企业提供了咨询服务30095次。采集信息58.5万条，提供信息50.1万条。开展技术服务2202项。共为中小企业及社会各界培训各类人才127.3万人次。共导入技术155项，引进人才604人，组织交易活动1240项次。扶持、培育科技型企业469家，其中毕业80家。

【服务能力建设】 *知识产权服务工作* 2013年，自治区生产力促进中心根据广西千亿元产业和战略性新兴产业创新需求，开展以企业知识产权战略、专利转化、专利预警为核心的知识产权服务，为企事业单位及个人提供专利申请服务、专利分析预警和专利转化咨询、专利诉讼等服务1300余项。围绕企业开展共性关键技术研发、产业升级、工艺改进等科技创新活动需求，为企事业单位及个人提供专利申请策划服务，同时提供国外专利申请咨询服务。共为90多家企事业单位和个人组织提供专利申请、诉讼和专利无效宣告请求等服务；为政府部门、行业协会和企业等220多家单位组织提供了专利分析论证报告和专利预警报告服务。共组织提供专利实施许可咨询、专利转让咨询、专利质押融资等专利转化咨询服务100多项，有效推动了技术成果及时转化为现实生产力和市场竞争力。如在专利质押融资方面，组织广西金雨伞防水装饰有限公司等34家知识产权优势企业与金融机构对接洽谈，促成了广西金雨伞防水装饰有限公司、南宁市桂福园农业有限公司两家科技型企业成功以专利等核心资产抵质押，获取交通银行贷款达1150万元。同时运用创新方法TRIZ理论工具，成功为广西玉柴机器股份有限公司等企业解决技术难题13个，并围绕技术难题方案策划申请发明专利16项，实用新型20项，促进企业技术成果专利化。宣传方面，通过开展“4.26知识产权宣传日”、选派专利特派员、广西发明创造成果展览会等，提高群众对知识产权的认识和关注度。

利用信息资源服务中小企业技术创新需求 服务广西的中小型企业，为它们的创新需求提供服务，一直是广西生产力促进中心的核心服务内容。围绕企业的创新需求，广西生产力促进中心着力开展了企业创新技术咨询与服务，为企业导入创新理念、方法与信息，开展TRIZ理论与方法培训，培养创新人才。另一方面，通过培育高新技术企业，为企业提供了包括发展战略、公司治理、生产经营、市场营销、质量管理、体制建设、人力资源、创新文化在内的企业管理咨询服务。2013年，全广西的生产力促进中心继续发挥联盟优势，利用优化组合的信息资源，为企事业单位提供咨询服务，内容包括科技项目申报、制造业信息化、入驻孵化器、知识产权、技术转移等。以自治区生产力促进中心为例，2013年，共完成"柳州高新区创新型产业集群科技服务示范"等15个项目合同的网上及纸件签订，立项金额合计475万元；2013年累计组织申报创新基金项目435项，经专家评审通过373项，推荐申报国家创新基金项目243项，经国家创新基金管理中心评审，获国家立项支持119项，支持金额8065万元；共受理科技成果登记704项。同时，通过对企业的服务工作，许多中心逐步建立起了涵盖立项申报、项目实施、预算执行、结题验收、成果保护及推广应用的全方位科研项目管理机制，科研项目管理水平有了全方位的提升。

促进产学研合作 生产力促进中心通过对行业科技活动信息采集和基础数据的累积，梳理各方需求，开展行业共性关键技术、先进适用技术的推广应用和技术服务培训，并积极探索行业共性关键技术研究新模式，促进产学研之间的紧密结合，为科技成果转化为现实生产力服务。2013年，根据企业的需要，全自治区生产力促进中心重点组织开展高校和科研院所科研人才和科研团队推介、产学研对接服务，通过多种渠道，推动高校、科研院所与企业开展交流合作，为企业自主创新提供支持和服务。此外，还拓展服务领域和服务范围，组织校企项目对接活动及高校知识产权法律人才推介专项服务。如北海市生产力促进中心在开展产学研合作服务中主要采用"请进来、走出去"的方式。一是通过校企合作北海圆桌会，请企业的科研和管理负责人以及高校院所的专家教授参加会议。通过请进来的方式，为高校院所与本地企业提供直接对话的机会；二是主动组织本地企业集中一批技术项目、技术难题及技术需求到高校院所去寻求技术合作，如组织10家科技企业共12个技术项目和技术难题走进广西大学，举办技术攻关项目招标会；组织企业到中科院南海海洋研究所、广东海洋大学、北京航空航天大学等高校、院所寻求技术合作等。

为"三农"特色优势产业提供信息化服务及培训 在服务"三农"的过程中，广西的生产力促进中心通过组织社会力量，在整个服务过程中起着承上启下的组织协调作用，通过联动北部湾生产力促进联盟，采取联盟成员单位负责收集、整理、分析本地或农业企业在创新创业过程中所需的信息、技术、资金和人才等各方面的技术服务需求，并递交联盟核心单位。核心单位围绕需求，组织专家队伍统一展开难题攻关，面向农村经济开展综合性服务。如桂林市生产力促进中心利用葡萄、罗汉果、柑橘产业技术创新战略联盟，解决桂林市葡萄、罗汉果等产业发展中所面临的重大关键问题和共性技术问题，做大做强桂林葡萄、罗汉果等产业。2013年，中心协助联盟成员单位承担实施国家、自治区、市相关科研项目12项，引进新品种14个，申报专利6项，制定2个行业标准，构建技术创新公共服务平台1个，到葡萄、罗汉果、柑橘等主产区开展技术培训29期，共培训果农3270人次。桂林市"三农"专家服务团是已经成为该市近几年树立起来的一块服务品牌，专家服务团专家成员共有105名，由全市农业系统及科研院所的技术骨干组成。2013年，"三农"专家服务团开展专业技术培训17期，培训人数3000余人，技术咨询、指导100次之多，现场解答农民种养问题2万多个，发放科技宣传资料近5万份。为农民解决了许多疑难杂症，取得了很好的效果，受到各新闻媒体关注，得到社会各界认可。柳州市生产力促进中心积极探索以培训促创业、以创业带就业的就再业模式，组建了由生产力促进中心（科技培训中心）、星火科技培训学校、人才市场信息中心、农业技术推广服务中心等组成，"市一县一乡镇一村屯"四级上下联动、功能完善的新农村创业培训服务平台，并在柳城县寨隆镇、古砦乡、龙头镇、融安县举办了针对农村创业的SIYB培训班4期120人，通过合格率为80%，培养和扶持了一批创业带头人，在带动当地富余劳动力再就业取得了良好的效果。

为全自治区科技金融工作顺利开展搭建服务

平台　广西的生产力促进中心利用已建成的科技创新综合服务平台资源，建设专业化的科技金融服务平台，汇聚科技创新要素与金融资本要素，构建科技金融政策体系、服务体系、创新协作体系，引导银行、担保、证券、创投、保险等金融资本机构创新产品和服务，加大对科技型中小企业的融资支持力度。如自治区生产力促进中心集成联动各方资源优势，搭建了科技金融服务平台，建立了科技金融评审专家库和科技贷款备选企业库，组织开展科技贷款项目评审会3次，共评审科技贷款项目56项，并联合中国建设银行广西区分行、华夏银行南宁分行、交通银行广西分行、中信银行南宁分行4家合作银行，面向全自治区32家科技型中小企业发放贷款近6950万元。2013年12月，柳州市生产力促进中心通过多次协商促成柳州银行与市科技局签订了《柳州银行与柳州市科技局科技金融合作协议书》，并在柳东新区成立了柳州银行科技支行，把柳州银行科技支行规划成为广西以及柳州的“硅谷银行”，做服务科技型中小微企业的主阵地。生产力促进中心主要负责向银行推荐优势科技型企业，并组织专利价值评估，起着上下联动协调的作用。在科技与金融结合的过程中，生产力促进中心致力于打造支持科技型中小企业发展的良性循环体系，切实解决科技型中小企业融资难的问题。

（蒋浩洁）

广西科技评估与科技开发

【概况】　中国科技开发院广西分院的主要业务包括：科技项目评估、科技成果推广、科技开发咨询和科技期刊出版。该院下设机构有：广西科技项目评估中心、广西科技经济开发中心、广西清洁发展机制服务中心、广西糖业生产力促进中心和南宁大众科技杂志社。2013年该院总经费收入1140万元，首度突破千万元。比2012年增加148.54万元，增长14.98%，其中项目评估经费收入480万元、其他收入660万元，继续保持评估外经费收入稳定增长的势头，保持了收入来源多渠道、多元化、积累稳步增长。在经费收入增长的同时保持职工收入稳步增长。2013年，职工人均收入达到7.05万元，比上年度增加5500元。

广西科技项目评估中心　为科技与投资活动提供科技评估、技术咨询和招投标代理。主要承接广西科技计划项目立项评估，包括：广西技术开发项目、自然科学基金项目、软科学研究项目等。

广西科技经济开发中心　科技项目的开发、中介服务，促进科技成果商品化、产业化；为各级政府部门、行业、企（事）业单位科技开发业务发展和产业开发提供咨询服务；科技项目投资、参股、合作。

广西清洁发展机制服务中心　促进减少温室气体排放，促进多边合作，引进国外资金和先进技术，挖掘广西潜在的CDM项目并具体实施项目的开发。

广西糖业生产力促进中心　开展甘蔗糖业项目研究开发、技术咨询、技术诊断、技术培训、技术交流和成果推广，促进广西糖业技术进步。

《大众科技》杂志　由广西科技厅主管，中国科技开发院广西分院主办的国内外公开发行的学术性期刊，主要刊发科学研究、工程技术、科学管理等方面的学术论文。

【科技评估】　2013年共受理各类项目共5397项。其中，自然科学基金2905项，科技计划项目2478项，国家重点新产品计划项目14项。2013年已完成评估5011项。其中，2014年度自然科学基金网评项目2815项，2014年度广西科学研究与技术开发计划课题1827项，2014年度广西创新计划项目120项，2013年度软科学研究项目125项，2014年度国家重点新产品计划项目14项，分别组织完成了2014年度自治区农业科技成果转化资金项目110项的财务评估和110项的技术评估。

组织完成了2013年度“350”工程产业化引导项目56项的评审。完成2013年度南宁市青秀区科技计划项目90项，钦州市2013年领军型创业人才项目会议答辩评审会项目11项，广西商务厅项目20项的评审。新增了国家火炬计划、国家重点新产品及广西产业研发中心、工程技术研究中心与工程研究院、在线调研等类型的监理模块。监理350工程项目851个，高新领域项目226个，产业研发中心23个，工程技术研究中心77个，工程研究院17个。

核实、更新了广西自然科学基金项目评审专家信息1200名，对在库专家进行系统规整。目前在库广西自然科学基金项目评审专家6228名，广西科技计划项目评估专家4563名。

【科技研究与开发】 继续组织实施在研的国家“863”计划、国家科技支撑计划、国家发改委项目的研究工作，申报国家自然科学基金2项。2013年，获得国家发改委项目立项2项。获得广西技术发明二等奖1项、科技进步二等奖1项，中国有色金属工业协会科技进步二等奖1项。

2013年，该院继续实施在研的各类广西科技计划项目，完成验收并通过自治区级鉴定科技计划项目“制糖工程节能减排降耗增效技术集成推广”、“多矿法生产电解金属锰技术研究与应用”、“水泥绿色制成技术集成应用示范”等4项，同时组织申报或合作申报2014年度各类科技项目39项，获得纵向、横向立项资助的共26项。

《大众科技》杂志坚持以服务基层科技人员为宗旨，不断提高刊登论文质量，进一步完善和规范编辑校对流程，积极做好学术期刊出版，打造大众科技杂志成为服务基层科技人员的平台，不断提高服务质量，2013年共出版12期，累计登载论文960篇。

【优化创新平台】 分别与广西铁合金有限责任公司、广维化工有限责任公司共同建设广西工程技术研究中心各1个，并与上述单位实施创新计划专项项目。实施2010～2013年“制糖生产节能减排降耗增效技术成果集成推广”、“水泥绿色制成技术集成应用示范”等成果推广项目工作，建立示范企业31家和35家；组织实施国际合作推广示范项目“日产1000吨熟料及以上规模新型干法水泥生产线绿色制造技术在越南的推广与示范”。

2013年，该院共申请发明专利6项，目前已获得授权1项。同时，积极配合政府的发明专利倍增计划，做好专利服务工作，承担专利专项资金1项。2013年，该院人员发表学术论文38篇，其中SCI、EI收录8篇，中文核心2篇。

【人才队伍建设】 坚持按照广西科技厅党组对该院在队伍建设方面要进行“专业结构、学历结构、职称结构、年龄结构”调整的要求，重点抓高层次人才的引进和在职培养。2013年引进硕士研究生4人，在职攻读博士学位2人，专升本学历教育3人。该院同时担当为社会培养人才重任，2名硕士生导师分别在广西大学、广西民族大学、广西科技大学以及广西师范学院培养10多名硕士研究生。以多方式、多层次与高校、企业及院所合作，拓展科技发展空间，共建院—校合作机制、院—企联合研发模式。

（柳　春）

广西科学活动中心

【概况】 自2003年起，广西科学活动中心、广西技术市场、广西科技创业服务中心三个单位实行联合经营、统一管理，2011广西科技厅根据科技发展的需要，将广西对外交流中心也合并入该单位，对上述四个单位进行内部业务整合，实行“合署办公，联合经营，统一管理”，加大通过项目支撑发展的力度，强化了其科技服务的公益能力，使之为广西的科技发展做出了显著的贡献。先后承担广西科技活动周、全国科技活动周广西活动、北京科博会、深圳高交会、中国—东盟博览会科技专题展、重庆高交会、杨凌农高会等大型科学活动的组织筹备与具体会务工作，开展技术转移、科普讲座、科技下乡服务“三农”、科技培训、科技项目跟踪等系列科技中介服务工作。2013年4月，广西科技创业中心改为广西科技创业服务中心。2013年末，该中心有员工111人，其中在职在编39人，退休35人，聘用37人。实现收入728万元、上缴国家税费80万元、利润总额25万元。获“科技厅系统2012年度安全生产管理工作先进集体”、“南宁市青秀区2012年度社会管理综合治理工作和平安建设活动先进单位”、“2012年度南宁市青秀区人口和计划生育工作目标管理先进单位‘二等奖’”、“广西科技厅系统学习贯彻党的十八大精神知识竞赛‘二等奖’”、“2013年第十六届中国北京国际科技产业博览会‘优秀组织奖’”、“第十五届中国国际高新技术成果交易会‘优秀组织奖’、‘优秀展示奖’”、“广西科技行政管理系统第二届职工运动‘优秀组织奖’”、“‘十载支持，十届辉煌’中国东盟博览会10周年‘投资合作之星’”、“2013年全国科技活动周广西活动‘卓越大学生科普英语论坛’优秀项目奖”、“第二十届杨凌农高会‘优秀组织奖’、‘优秀展示奖’”、“2012年度国家技术转移示范优秀机构”、“2013年全国科技活动周广西活动‘明日科技之星——爱心科普’活动优秀项目奖”。

【广西科技活动周】 根据广西壮族自治区党委、政府每年第一周举办“科技活动周”的决定，广西科技活动周由广西科技厅承办，2013年举办了第22届。广西科技活动周，举办了活动周开幕式暨科技表彰奖励大会、新技术新产品交流交易会、项目配对洽谈、项目推介、职业技能表演、科技人才交流、科技报告、科技论坛、科普活动、科技下乡、科技宣传、科技产品展销等系列活动。每一届科技活动周都紧紧围绕广西科技、经济、社会发展的需要和当年广西科技工作的重点，提炼出一个鲜明的主题。2013年主题是“创新驱动发展，科技促进跨越”。

科技活动周在形式上，不断进行创新，丰富多彩。2013年技术转移活动重点突出，组织了重点产业共性关键技术集成推广应用成效展、广西木薯产业共性关键技术研讨会、铁合金产业节能降耗共性关键技术集成应用示范项目推进会等多项活动，举行国家创新驿站现场征集技术需求活动，宣传国家创新驿站的作用和运作模式等。第22届广西科技活动周指标数据情况如下图表。

第22届广西科技活动周情况

参加人数（万人次）	3
参展企业（个）	1000
参展项目（项）	2000
签约合同、协议（项）	51
成交金额（亿元）	23.52

【全国科技活动周广西活动】 全国科技活动周是中国政府于2001年批准设立的大规模群众性科学技术活动。国务院规定，每年5月第三周为科技活动周，由科技部会同中宣部、中国科协等20个部门和单位组成科技活动周组委会，同期在全国范围内组织实施。

按照全国科技活动周的总体要求和主题，根据广西的区情，提出广西的主题，和全国活动周同步举行。2013年全国科技活动周广西活动于5月19日～25日在广西各地举行，广西活动围绕“科技创新·美好生活”主题，组织安排了一系列活动。据初步统计，自治区、市、县各级组织开展的活动达223项，其中自治区级活动66项，各设区市、县（区）共157项。

【北京科博会】 中国北京国际科技产业博览会（简称北京科博会）由科技部、商务部、教育部、信息产业部、中国贸促会、知识产权局和北京市人民政府共同主办。每年5月下旬在北京举办。主要活动内容有展览会、演讲论坛、技术交易和经贸洽谈、专项交流等。广西参加北京科博会的定位，以发展广西的资源优势为目标，以研发为主，攻关为重，实施引智、引技、引人才工作思路。

2013年，广西由自治区人民政府组团参展参会，代表团由广西科技厅、十四个市以及企业等300多人组成，组织34家企业的35个项目参加展览展示，并荣获第十六届北京科博会“优秀组织奖”。大力推进和进一步深化与北京高校院所的市校、校企合作，组织相关企业与北京科技大学、北京有色金属研究总院等院所举行科技合作洽谈签约等活动，使合作朝全方位、多领域的方向拓展。

【深圳高交会】 中国国际高新技术成果交易会（简称深圳高交会）由科技部、商务部、信息产业部、发改委、教育部、人事部、国家知识产权局、中国科学院、中国工程院和深圳市人民政府共同主办，农业部协办，中国国际高新技术成果交易中心承办，每年10月中旬在深圳市举行。广西组团参加深圳高交会的定位为：展示高新技术成果，引进项目和资金，促进产业化发展，重点组织与境内外投资机构的合作洽谈。以扩大对外开放和服务县域经济为主导，以企业为主角，以项目为载体，以拓展国际交流、巩固合作渠道、促进成交为目的，促进广西传统产业的改造、优势特色产业及高新技术产业的升级。

2013年，组织14个市及相关单位500多人参展参会，组织了55家企业、57个高新技术项目参加展示交易，项目涉及光机电一体化、电子信息、节能环保、生物医药、农业牧渔、新材料等方面。展会期间，组织了14次科技合作对接交流活动，开展技术转移对接洽谈及信息发布等活动4项，并组织相关企业人员参加了高交会组委会组织的中国高新技术论坛—新一代信息技术峰会、中国高新技术论坛—资本市场专场、中国高新技术论坛—中国新能源发展峰会、中国高新技术论坛—中国创业家峰会等系列论坛活动和项目采集活动。

【中国—东盟博览会先进技术展】 2013年是中国—东盟建立战略伙伴关系10周年、中国—东盟博览会举办10周年。在此背景下，为了促进中国与东盟各国之间先进适用技术的转移，推动中国与东盟各国创新区域一体化发展，由国家科技部和广西壮族自治区人民政府主办，广西科技厅承办的第十届中国—东盟博览会先进技术展（以下简称“先进技术展”）于2013年9月3日至6日在广西南宁国际会展中心3号馆举行。本届先进技术展作为“首届中国—东盟技术转移与创新合作大会”的重要活动内容，共有来自全国11个省、自治区、直辖市的150个单位参展，其中来自泰国、马来西亚、越南等东盟国家的有20多家企业和机构。围绕宣传中国—东盟科技伙伴计划，中国科技部筛选了13个中方与东盟国家合作的典型案例进行展示。科技部国家遥感中心、中国农科院、袁隆平农业高科技股份有限公司、深圳华大基因研究院、北京康拓科技有限公司等一批国内知名机构和企业也组织了一批科技项目参展，展示项目中的“北斗卫星导航系统”、“光伏电站监控系统”？等一批先进技术项目以及在东盟国家建设农业科技示范园区的合作成果，为参展参会企业提供更多在园区项目、先进技术项目等方面牵手合作的机会。本届先进技术展共展示项目186项参展，其中东盟国家参展项目40多项，参展实物达60%，前来观展的人数达4万人次，并达成意向合作项目50个，意向合作金额达9000万元。

【中国杨凌农高会】 中国杨凌农业高新科技博览会主要活动内容有：农业高新科技成果展览展示与交易、涉农名优新特产品展示、农业高新科技论坛、农业科技人才交流、农业实用技术咨询与培训、农业科技书市、评奖评赛等。每年11月上旬在陕西杨凌举行，2013年广西组团参加第二十届中国杨凌农高会。

2013年11月5日～9日，第二十届中国杨凌农高会在陕西杨凌召开，本届展会以“现代农业创造美好生活”为主题。广西代表团由广西科技厅副厅长刘建宏率队，组织各市县科技局和企业共43个单位48个项目参展，151人代表参会，并获得组委会颁发“优秀组织奖”和“优秀展示奖”。

【科技培训】 广西科学活动中心以举办高级研修班、专题研讨班、实用技术培训班及技术咨询等形式开展系列科技培训。2013年共组织举办科技培训班28个（场次），培训人数2437人。其中：高研班4个培训234人；专题研讨班2个培训620人；实用技术培训班22个培训1583人；发放资料和赠送农资共2万多元。

【双休日博士、教授科普讲座】 广西科技厅主办的“双休日博士、教授科普讲座”始于1998年5月，每月1期，聘请自治区内外博士、教授主讲。讲座内容涵盖科技教育、医疗卫生、人文科学、环境保护、科学管理、军事科技、法律道德、现代工业、农业技术等方面，以及社会科学和自然科学领域中的各种科技前沿动态、科技成果、社会热点等。采用多媒体辅助的报告会等形式进行，注重互动性，是融科学性、知识性和趣味性为一体的大众性科普宣传形式。

2013年，“双休日博士、教授科普讲座”坚持“实用和服务”的宗旨，秉承“创新与发展的”理念，先后在南宁、钦州、河池、崇左、北海市等地区，以走进社区、走进校园、走进农村、走进工地的方式共举办了15场科普讲座，听众达4200多人次。

【科技下乡　服务“三农”】 广西科技厅主办的科技下乡活动，主要是根据广西各地的实际需求，结合科技专项行动的实施，以科技下乡服务团的形式进行的专项活动，每年组织不少于6次。2013年，共组织开展了“2013年广西科技活动周迎春科技下乡上思行”活动、融水县促春耕生产科技下乡活动等7次活动。据统计，2013年科技下乡活动中，组织了各类科技专家100人次下乡服务，举办各类培训班12期，培训群众1300多人次，受益群众达7000多人次，赠送农业科技光盘、图书、资料21200份，赠送科技项目、物资价值达65万元。

（黄薇　劳超　胡邕生　唐可琪　张玮　吴巧如　肖岚　范捷　郝志华）

广西技术市场

【概况】 广西技术市场成立于1988年，是广西科技厅直属事业单位。自2003年起，广西科学活动中心、广西技术市场、广西科技创业服务中心三个单位实行联合经营、统一管理。2011年，广西科技厅根据服务广西科技发展的需要，将广西技术市场、广西科学活动中心、广西科技创业服务中心、广西对外科技交流中心4个直属事业单位进行业务整合，实行“合署办公，联合经营，统一管理”。在20多年的在发展进程中，广西技术市场以构建政府科技管理延伸服务、科技会展、科技培训、科普宣传、科技成果推广、技术转移服务、国际科技交流合作基地为目标，致力打造科技会展、科技培训、科学普及、技术转移、对外交流“五大服务平台”，承担广西科技活动周、全国科技活动周广西活动、广西发明展、广西参加北京科博会和深圳高交会、西部博览会、杨凌农高会、重庆高交会、中国—东盟博览会科技专题展等大型科学活动的组织筹备与具体会务工作，开展技术转移、科普讲座、科技下乡服务“三农”、科技培训、对外科技交流等系列科技中介服务工作，为广西参与国际、国内科技交流、经济合作提供畅通的平台，为高校院所、科技企业的合作提供配套服务，是国家级技术转移示范机构、中国创新驿站广西区域站点和中国创新驿站广西站点体系秘书处单位、国家级星火培训机构、广西青少年科普教育基地、广西技术转移联盟理事长单位。

【技术转移服务机构管理】 2013 年，为了加强对广西技术转移示范机构的动态管理，促进其服务能力建设和服务水平提升，更好的发挥机构的示范和带动作用，广西科技厅在广西科学研究与技术开发计划中安排技术转移专项经费，在对技术转移示范机构 2012 年度技术转移工作进行考核评价的基础上，用“以奖代补”的方式，对示范机构的技术转移工作进行补助，以达到“奖先促后、激励创新”，促进示范机构健康发展的目的。根据广西科技厅工作部署，广西技术市场承接考评的组织工作。根据《国家技术转移示范机构管理办法》和《国家技术转移机构示范机构评价指标体系》，结合广西技术转移工作实际，广西技术市场拟定了《广西技术转移示范机构考核评价指标体系》和《广西技术转移示范机构以奖代补实施方案》，并以广西科技厅名义印发实施，对 2013 年前认定的 17 家自治区技术转移示范机构进行考评。经过专家考评，其中 4 家机构被评价为“优秀”、11 家机构被评价为“良好”、2 家机构被评价为“合格”。对年度评价为“优秀”、“良好”等级的示范机构进行奖励。

2013 年，广西科技厅继续开展自治区技术转移机构示范机构认定工作，广西技术市场承接具体的组织工作。经过专家评审，认定 7 家机构为自治区技术转移机构示范机构。至 2013 年末，广西共有自治区级技术转移示范机构 26 家、国家级技术转移示范机构 4 家。

中国创新驿站是国家科技部在借鉴欧盟创新驿站成功经验的基础上，结合中国国情建立的技术转移服务体系暨中小企业创新支持系统。为了推进广西创新驿站工作，更好地为广西经济社会发展和区域科技创新提供的技术转移服务，广西科技厅决定建设中国创新驿站广西站点体系，集成广西技术创新和技术转移服务资源，建设以企业需求为导向，统一开放、资源共享、网上网下结合、产学研中介服务等各方主体共同参与和协同合作的新型技术转移服务体系，为全广西中小企业技术进步提供“一站式”创新服务，提升广西技术转移服务能力和水平，形成具有广西特色的立体化、网络化、一体化的技术转移服务生态链。受广西科技厅委托，广西技术市场作为广西站点体系秘书处，承担具体的组织、指导和管理工作。根据《中国创新驿站试点工作方案》和《中国创新驿站管理办法》等中国创新驿站标准化文件，结合广西创新驿站建设工作实际，广西技术市场制定了《中国创新驿站广西站点体系建设及工作方案》和《中国创新驿站广西站点体系内部管理办法》等“中国创新驿站广西站点体系内部管理文件汇编”，并以广西科技厅名义印发实施，正式启动中国创新驿站广西站点体系建设。经过专家评审，认定 10 家机构为第一批中国创新驿站广西站点体系工作站点，与中国创新驿站区域站点（广西技术市场）、中国创新驿站基层站点（柳州市技术交易中心）共同组成了中国创新驿站广西站点体系的初步框架。

【技术合同认定登记】 2013 年，广西技术市场继续加强对技术合同认定登记机构的管理和指导，完善技术合同认定登记制度，培训技术合同认定登记人员，做好培训技术合同认定登记工作。全自治区共有 15 个技术合同认定登记点，开展日常技术合同认定登记工作。据统计，2013 年度，全广西共认定登记技术合同 693 项，与上年相比增长了 63.83%；技术合同成交总额 73404.02 万元，与上年相比增长了 190.84%。

（曹荔能）

科技表彰奖励

国家科学技术奖励

【概况】 国家科学技术进步奖，是国务院设立的国家科学技术奖5大奖项之一（国家最高科学技术奖、国家自然科学奖、国家技术发明奖、国家科学技术进步奖、国际科学技术合作奖）。国家科学技术进步奖授予在技术研究、技术开发、技术创新、推广应用先进科学技术成果、促进高新技术产业化，以及完成重大科学技术工程、计划等过程中做出创造性贡献的中国公民和组织。根据《国家科学技术奖励工作办公室关于2013年度国家科学技术奖励推荐工作的通知》（国科奖〔2012〕59号）字的要求，依据《国家科学技术奖励条例》、《国家科学技术奖励条例实施细则》的规定，经过专家评定，国家技术部审核，国务院批准，授予广西农业科学院水稻研究所参与完成的“两系法杂交水稻技术研究与应用”等3个成果2013年国家科学技术奖。

2013年广西获国家科学技术奖项目

国家科学技术进步奖

特等奖（1项）

1. 两系法杂交水稻技术研究与应用

二等奖（2项）

1. 内燃机全工况高增压关键技术及工程应用
2. 高效低耗流化床燃煤王业设备关键技术及应用

广西科学技术奖励

【概况】 根据《广西壮族自治区科学技术奖励办法》（桂政发〔2010〕32号）的规定，经各市和区直各有关部门推荐，奖励委员会终评和广西科技厅审核，自治区人民政府批准，授予“反重力近终形铸造技术及其应用”1项成果2013年广西科学技术特别贡献奖，授予“含羧基的多官能团配体功能配合物的构筑及其性能研究”等21项成果2013年广西自然科学奖，授予“大幅度降低雷击事故率、跳闸率和断电率的喷射气流灭弧防雷间隙关键技术研究”等11项成果2013年广西技术发明奖，授予“广西油茶良种繁育产业化关键技术研究与应用”等121项成果广西科学技术进步奖。

2013年广西科学技术奖励项目

广西科学技术特别贡献奖

1. 反重力近终形铸造技术及其应用

广西自然科学奖

一等奖（1项）

1. 含羧基的多官能团配体功能配合物的构筑及其性能研究

二等奖（8项）

1. 非线性波方程的精确解与动力学研究
2. 纳米标记共振散射光谱法研究及其在环境生化分析中的应用
3. 鱼类及水产养殖与水环境因子的关系研究
4. 类钙钛矿有色金属复合氧化物的合成、结构与介电性能

5. 计算机排样算法研究

6. 复方六月青抗乙型肝炎和肝纤维化的应用基础研究

7. 组织工程种子细胞的实验研究

8. 水杨酸钠致耳鸣的耳蜗 下丘核分子和细胞外电生理机制及保护措施实验研究

二等奖（12项）

1. 高维约束矩阵方程问题的理论与方法研究

2. 弱作用对配合物的结构和性质的影响

3. 广西特有植物种质资源收集保存繁育研究

4. 广西蚱总科昆虫系统分类研究

5. 广西奇峰怪石成群起因机理、分类及开发理念研究

6. 轻合金热力学的多尺度研究

7. 生物燃料在内燃机应用中的基础特性研究

8. 镁合金中典型相结构及其物性的理论研究

9. Toll 样受体（Toll-like receptors）作为抗感染重要筛选靶标分子的研究

10. 广西地道药材铁皮石斛 HPLC 指纹图谱及多糖成分研究

11. 肿瘤坏死因子相关凋亡诱导配体（TRALL）选择性诱导肝癌凋亡的机制

12. 广西主要世居少数民族体质人类学及常见病分子遗传学研究

广西技术发明奖获奖项目

一等奖（1项）

1. 大幅度降低雷击事故率、跳闸率和断电率的喷射气流灭弧防雷间隙关键技术研究

二等奖（4项）

1. 方格星虫健康养殖技术研究与开发

2. 糖用活性石灰符合澄清剂研制与应用

3. 甘草膦水剂清洁生产工艺技术

4. 液压推拉千斤顶研究及产业化

三等奖（6项）

1. 新型整合表达酶制剂的生产及科技兴贸

2. 中草药去除牙齿外源性污渍功效及应用的研究

3. 环保型耐热聚酯电工塑料产业化制造技术

4. 年产 500 吨硒酸钠的研制

5. 高端微型商务车消声系统研发及产业化

6. 分布式密文全文检索系统研制

广西科学技术进步奖获奖项目

一等奖（7项）

1. 广西油茶良种繁育产业化关键技术研究与应用

2. 商用车混合动力总成系统

3. 广西北部湾经济区水循环安全调控关键技术研究与应用

4. 工程结构承载能力设计、加固与优化技术的创新及工程应用

5. 抗乙型肝炎病毒壮药材筛选及应用

6. 先天性心脏病介入治疗的临床研究

7. 地中海贫血的干预：筛查，基因诊断和产前诊断研究

二等奖（46项）

1. 南方酿酒葡萄新品种“凌丰”选育及配套技术研究应用与产业化

2. 香蕉防寒及其产期调节技术研究与应用

3. 热带亚热带优势农作物品种标准化生产技术产业化示范

4. 百万亩番茄优质高产生产技术集成研究与推广

5. 蚕病防控技术研究与疫病防控

6. 我国水稻“两迁”害虫迁飞、爆发与越南虫源的关系及可持续防控策略

7. 松树外来有害生物松突圆蚧天敌及其繁殖技术研究

8. 优质耐旱高产大豆新品种桂春 8 号的选育及推广应用

9. 农作物主要病虫测报标准化的研究与集成应用

10. 我国罗非鱼链球菌病分子流行病学与免疫防控技术研究

11. 龙宝 1 号猪配套系培育关键技术研究与推广应用

12. 食品安全管理体系在罗非鱼养殖和加工中的应用研究与示范

13. 罗非鱼综合加工关键技术的研究与应用

14. 瘦肉型猪联合育种项目

15. 广西统茧生产高品位生丝的关键技术研究与应用

16. 制糖生产节能减排降耗增效技术集成推广

17. 高端节能环保型装载机关键技术攻关及产业化

18. 节能环保型 D 系列挖掘机关键技术研究及

产业化

19. 风行景逸两厢乘用车（B12）开发

20. 基于仿生嗅觉的 SF_6 在线监测预警系统研究

21. 35kV 混合型有源电力滤波器关键技术及工程应用

22. 汽车车身尺寸工程数字化设计系统与高效开发技术

23. 四复合橡胶挤出机组系列化开发

24. 国标地面数字电视传输系统

25. 柴油发动机转速测量仪校准关键技术及标准仪器

26. 基于流形学习和高性能计算的近红外光谱在线分析系统

27. 西江黄金水道巨型船闸群水力学关键技术研究

28. 广西岩溶区石漠化控制与治理技术集成

29. 基于"3S"的广西主要农业气象灾害监测预警技术研究与开发

30. 湘黔桂三角区铅锌金矿产三维精细勘查技术及深部找矿应用研究

31. 矿产资源多元信息勘查技术开发及综合示范研究

32. 基于枢经学说的亚健康干预技术研究与开发

33. NF-κB 抑制剂对慢性阻塞性肺疾病继发肺动脉高压的防治及应用

34. 广西岩溶特有珍稀药用植物生物多样性保育及可持续利用研究

35. 广西壮药法定质量标准体系规范化研究

36. 缺血性心脏病心肌保护和治疗的研究

37. 心脏移植实验与临床应用研究

38. 乙肝病毒（宫内）感染对母婴免疫功能影响及临床研究

39. 广西精神疾病的流行病学与重性精神疾病农村社区防控干预研究

40. 中西医结合治疗肝炎－肝硬化－肝癌关键技术研究

41. 单肺通气麻醉技术在胸科手术中的应用研究

42. 基于神经电生理、神经化学对癫痫发病机理及临床应用的研究

43. 肝肾联合移植关键技术创新及临床实践

44. 养殖贝类主要原虫病流行病学调查及其快速检测技术的研究与应用

45. 特高压电容式电压互感器技术研究及应用

46. 废杂铜高效"精炼摇炉"冶炼工艺及设备产业化的研究

三等奖（68 项）

1. 澳洲坚果系列品种选育及示范推广

2. 杧果优质、高产规范化生产技术研究与推广应用

3. 姜黄品种选育与有效成分的分离纯化及产业化

4. 大叶栎优良种质选择、繁殖技术研究及区域试验

5. 菠萝抗寒种质资源筛选利用与避寒栽培技术研究应用

6. 茄果类、瓜类蔬菜集约化育苗技术集成创新与示范推广

7. 甘薯新品种选育及繁育技术研究与示范——"红姑娘"红薯种质改良

8. 农产品质量可溯源信息体系的建立与示范

9. 食用菌新品种金福菇栽培技术研究与示范

10. 香料用樟树良种选育与定向栽培技术

11. 山区茶园生态系统优化管理集成技术研究与示范

12. 中国－布隆迪玉米良种联合鉴评与栽培技术示范

13. 广西双季稻氮素高效利用及综合配套技术研究与应用

14. 优质高产早熟糯玉米品种玉美头 601 的选育与应用

15. 应对"中国－东盟自由贸易区"重要入侵害虫预警技术研究

16. 管角螺规模化人工繁育、养殖技术研究与示范

17. 水牛常用饲料营养价值评定和能量与蛋白质需要研究及其应用

18. 山羊品种改良及其集约化养殖技术

19. 种鸡高效繁育及肉鸡产业化关键技术研究与集成示范

20. 瘦肉型猪健康养殖关键技术研究与应用

21. 进出口动物源性食品链中违禁药物残留安全检测关键技术研究与应用

22. 高致病性猪蓝耳病防控关键技术的研究及应用

23. 规模养畜场高效生态循环生产技术研究与示范

24. 凌云白毫茶树品种不同茶类新产品研制与

开发

25. 速生桉化机浆生产技术研究开发

26. 化机浆湿浆闪急干燥技术开发与应用示范

27. 毛衣织片新花样和新型原材料应用

28. 从米糠油加工的废弃物中分离提取98%天然阿魏酸的新工艺

29. 钦州坭兴陶高效成型技术开发应用

30. 互穿网络汽车底盘漆系列产品的研发及产业化

31. 国产500kV交联聚乙烯绝缘电力电缆研制及应用

32. 高档铝合金家电零组件新产品开发

33. 低耗高效船用钢板的技术研究及开发应用

34. 工程机械虚拟产品开发平台设计及推广应用

35. 高精度耐腐蚀石油泵用铜合金管

36. 电能计量自动化关键技术与成套装置及工程应用

37. 多维度集约化变电设备状态预警与诊断关键技术研究

38. 模块化反演技术及其在轮式装载机中的应用

39. 进出口化工矿产品快速检验技术体系研究与应用

40. 交直流电表校验仪校准关键技术研究与应用

41. 具有防冲突功能的超高频RFID标签读写器研究开发

42. HV－2008恒流驱动芯片研发及应用

43. 基于视频分析和网络的智能监控系统产品开发

44. 黄金水道航运北斗/GIS智能管理系统关键技术研发及应用

45. 超高比容节能电子产品用储能材料生产工艺研究与开发

46. 基于统一和分布式相结合的广西政府信息公开统一平台开发与应用

47. 广西磨盘水库复合堆石坝加固技术研究与实践

48. 广西绿色建筑技术集成创新

49. 无缝桥梁技术推广研究

50. 高速公路连续长下坡路段安全评价与整治措施研究

51. 广西热带气旋灾情评估与灾变年预测的数学模型研究与应用

52. 广西壮族自治区大气环境容量研究

53. 广西农村生活污染源核算体系研究与综合治理技术集成开发

54. 百色市壮族高血压患病特点及其与代谢综合征关系的研究

55. 青年广泛性焦虑心率变异性与汉密顿焦虑量表相关研究与应用

56. 鼻咽癌放化综合治疗的集成化研究

57. 中药配方颗粒标准化及新产品开发示范研究

58. 柳州市城乡医疗紧急救援一体化技术研究

59. 儿童青少年肥胖与代谢综合征的相关性研究

60. 婴幼儿腹腔镜手术的麻醉安全及呼吸管理的临床研究

61. 青蒿琥酯盐酸阿莫地喹双层片

62. 壮医外治的理论创新与应用

63. 农村饮水卫生监测与干预技术集成体系

64. MSCT灌注成像评价孤立性肺肿块血管生成的研究

65. 超声心动图左室心肌质量监测在心血管疾病诊治中的临床应用研究

66. 高血压病管理与护理综合干预研究

67. CT共轨放射治疗技术的临床应用研究

68. 乳腺癌侵袭转移与LOX、HIF-1及MMP-2表达相关性研究

科技人物

长江学者

【概况】 “长江学者奖励计划”是中华人民共和国教育部与香港爱国实业家李嘉诚先生为提高中国高等学校学术地位，振兴中国高等教育，共同筹资设立的专项计划。是落实科教兴国战略，配合“211工程”建设，吸引和培养杰出人才，加速高校中青年学科带头人队伍建设的一项重大举措。其主要宗旨在于通过特聘教授岗位制度的实施，延揽大批海内外中青年学界精英参与中国高等学校重点学科建设，带动这些重点学科赶超或保持国际先进水平，并在若干年内培养造就一批具有国际领先水平的学术带头人，以大大提高中国高校在世界范围内的学术地位和竞争实力。同时，通过特聘教授岗位制度的实施，对于推动中国高等学校的用人制度和分配制度改革，打破人才单位所有制、职务终身制，改变分配中存在的平均主义等弊端将起到有力的促进作用。该计划包括实行特聘教授岗位制度和长江学者成就奖两项内容。目前，广西有长江学者奖励计划特聘教授2人。

【在桂长江学者简介】 陈保善　男，1959年生，博士生导师，教育部长江学者奖励计划特聘教授，国家杰出青年科学基金获得者、享受国务院政府特殊津贴专家、“新世纪百千万人才工程”国家级人选，现任广西大学副校长、亚热带生物资源保护与利用国家重点实验室主任。先后被评为全国杰出专业技术人才、全国先进工作者、全国优秀教师、全国师德标兵。

陈保善1985年获华南农业大学硕士学位后任教于广西农学院（现广西大学）植保系，1987年被选派到澳大利亚Adelaide大学留学攻读博士学位。期间在昆虫媒介传播病毒的专化性识别的机制上有重要发现，获得国际同行的认可和赞誉。1991年到美国Roche分子生物学研究所从事博士后研究，专攻真菌病毒。1995年专任美国马里兰大学生物技术研究所高级研究员。由于建立了真菌低毒病毒毒转染系统和发现G－蛋白信号传导系统调控真菌致病性，而享有国际声誉。1999年放弃了国外优越的研究条件和生活待遇，回到广西大学任教。

陈保善主要研究板栗疫病真菌的低毒病毒与其寄主真菌及植物板栗三者之间相互作用的分子生物学以及板栗疫病的生仿制剂的研制。在低毒病毒的分子生物学、植物病原真菌致病分子机理以及植物病害生物防治等研究领域均做出了杰出贡献，先后在Science、PNAS和EMBO. J.等国际著名学术刊物发表了一系列高水平研究论文。主要成就包括：在世界上首次建立了真菌病毒的转染系统；评估、鉴定了首例施放到自然环境中用于植物病害生物防治的遗传工程生防真菌；首次揭示低毒病毒对真菌毒力的调节是通过影响G－蛋白信号传导系统；建立了世界上第一个分子比较真菌病毒学系统；率先在国内开展基于调控宿主因子的农作物抗病育种方法研究，获得包括番茄和辣椒在内的一批农作物抗病毒新物质。先后主持国家杰出青年科学基金、国家自然科学基金重点项目、国家863和973项目课题和广西重大重点项目等30余项。

作为学科带头人和实验室主任，陈保善为建设广西第一个教育部重点实验室、广西第一个省部共建国家重点实验室培育基地、广西第一个依托高校和院所的国家重点实验室做出了突出贡献。2004年，广西亚热带生物资源保护利用重点实验室入选广西首批人才小高地。2011年，“亚热带农业生物资源保护与利用国家重点实验室”获得立项建设。

陈保善2000年以来被授予的荣誉有：“宝钢优秀教师奖”，“全国优秀教师”，“全国师德先进个人”，“全国师德标兵”，首届“全国教书育人楷模”提名奖，“全国侨界‘十杰’提名奖”，“享受国务院政府特殊津贴专家”，“新世纪百千万人才工程”国家级人选，“全国杰出专业技术人才”，“全国先进工作者”，“广西高等学校教学名师”，“广西留学回国先进个人”，“广西首届杰出科技人才”，“广西壮族自治区有突出贡献科技人员”，“广西壮族自治区优秀专家”，“广西五一劳动奖章”，“广西壮族自治区优秀共产党员”。中共十七大代表，十二届全国人大代表。

廖桂生　男，1963年6月生，西安电子科技大学教授，西安电子科技大学、桂林电子科技大学博士生导师，长江学者特聘教授、国家杰出青年科学基金获得者、国家首届“新世纪百千万人才工程国家级人选”、广西八桂学者特聘教授，目前是教育部“长江学者和创新团队发展计划”雷达信号处理创新团队学术带头人、国家安全重大基础研究项目总体组专家、国家自然科学基金重点项目负责人、国家“111”创新引智基地学术带头人之一、智能感知与图像理解教育部创新团队学术带头人之一、先进信号与信息处理广西区创新团队负责人。

廖桂生1985年获广西大学数学专业理学学士学位，1985年7月～1987年8月在桂林电子工业学院任助教，1992年12月至今在西安电子科技大学工作。1990年获西安电子科技大学计算机软件专业工学硕士学位，1992年获西安电子科技大学信号与信息处理专业工学博士学位，1997年破格评为教授。

廖桂生在国内率先研究了分布式卫星新体制雷达的阵列信号处理理论，提出了超大稀疏柔性阵列自校正方法和动目标检测算法；提出了导向约束的多通道联合像素矢量方法、空时距离联合处理方法、自适应通道均衡方法；提出了基于窄带多普勒滤波器组分割杂波谱的降维STAP理论和方法，在世界上第一本STAP专著中获得大量引用和好评，提出了稳健、快速阵列信号处理方法。

廖桂生教授长期致力于雷达领域空时自适应处理（STAP）、阵列信号处理等关键技术的基础理论研究与应用研究，主持国家自然科学基金重点项目、国家/国防973课题、“863”课题等科研项目十余项，相关研究成果应用于武器装备和民用设备，多项技术填补了国内空白，提升了雷达探测和测控系统的测控与抗干扰能力，为国家启动某航天领域“十一五”背景预研提供了重要的技术支撑。

廖桂生在国际上较早系统地开展了机载雷达空时自适应处理（STAP）研究，针对STAP处理面临运算量巨大、杂波非均匀性和阵列误差等困难问题，开展系统研究，在降维处理、非均匀杂波抑制和自适应波束畸变补偿等关键技术上取得突破，提出了较为系统、完整的概念和方法，相关成果已成功应用于包括空警XX实验系统等中国多部重大型号雷达中，使雷达作用距离增程近一倍，相关研究论文被世界上第一本STAP专著以及美国林肯实验室研究人员等多次引用和高度评价，该项研究获部级科技进步一等奖；在国内率先开展XX雷达信号处理研究，在稀疏孔径信号处理、XX相对状态高精度估计、XX雷达成像、高程测量、地面动目标检测等方面开展了系统性研究，提出了一系列创新性方法，突破了XX雷达的重大基础性问题；针对阵列信号处理在工程应用中受阵列误差严重影响等关键问题，提出了稳健阵列处理方法和快速算法，改变了原来该雷达在干扰环境下无法工作的状况，可以在较强干扰背景下正常工作，该型号雷达已批量生产并交付部队使用。

（魏莹莹）

大事记

2013年

1月

7日 国家科技成果转化服务（南宁）示范基地揭牌仪式暨国家科技成果推介会在南宁举行，这标志着广西利用国家优秀科技成果服务区域经济社会发展水平迈上新的台阶。国家科学技术奖励办公室副主任张木、自治区科技厅副厅长李国忠、南宁市副市长眭国华等有关领导出席仪式并为基地揭牌。

8日 自治区科技厅党组书记陈大克和厅长谢迺堂率厅有关领导及各处室领导到科技活动周展馆巡馆。陈大克等领导对展览形式、展览内容和布展工作给予充分肯定。同时，对部分展馆存在的问题提出了具体的整改意见和要求，并鼓励在场工作人员争取将展会以最佳的面貌展示给广大参展商和市民。

9日 2013年广西科学技术奖励大会暨第二十二届广西科技活动周开幕式在自治区党委礼堂举行。自治区党委书记彭清华，自治区政府主席马飚，自治区党委常委、宣传部部长沈北海，自治区人大常委会副主任荣仕星，自治区政府副主席陈章良，自治区政协副主席黄日波等出席会议。会议由沈北海主持，陈章良在会上作科技表彰奖励说明，马飚在仪式上发表了讲话，彭清华宣布第二十二届广西科技活动周开幕。2012年，广西坚持实施“科教兴桂”战略、创新驱动战略，建设创新型广西，出台了相关政策，成功举办了全区科技创新大会和第一届广西发明创造成果展览交易会以及组建了一批科学研发中心和创新型企业，提高全自治区的自主创新能力以及推动了科技进步。会上，自治区人民政府对为广西科学技术进步做出突出贡献的单位和个人给予奖励，共颁发了广西自然科学奖、广西技术发明奖、广西科学技术进步奖、广西“金绣球奖”四个奖项。生物分子结构与活性关系的理论研究等23个项目获得广西自然科学奖，挖掘机液压全功率电子控制器等13个项目获得广西技术发明奖，香蕉新品种桂蕉6号的选育与产业化等115个项目获广西科学技术进步奖，10名来桂国（境）外专家获得2012年度广西“金绣球奖”。

9日～13日 第二十二届广西科技活动周新技术新产品展示交流会在广西展览馆举行。本届科技活动周以“创新驱动发展，科技促进跨越”为主题，主要安排有广西科学技术奖励大会暨广西科技活动周开幕式、广西新技术新产品展示交流活动、专题专项科技活动3大板块内容。展览场馆占地面积11000平方米，参展项目有2000多项。设有广西科技创新成果展、各设区市及南宁铁路局科技成果展、高新技术产业开发（园）区建设与发展成果展、高等学校、科研院所科技创新服务能力及技术转移成果展、科技产品展销等5个专题展。展示152项广西科技创新成果，并组织了自治区内外科技含量高、贴近老百姓生活的科技产品现场展示。自治区政府副主席陈章良出席开馆仪式，并宣布2013年第二十二届广西科技活动周新技术新产品展示交流会正式开馆。自治区政府副秘书长蒋家柏主持开馆仪式。自治区科技厅党组书记陈大克，厅长谢迺堂，副厅长粟定成、李昌华、钟会超、李国忠，纪检组长黎昆，副巡视员宋文学、彭枝，科技活动周筹备领导小组成员单位有关负责人及各设区市代表团、观摩团参加开馆仪式。自治区科技厅厅长谢迺堂在开馆仪式上致辞。各地代表团、观摩团参加开馆仪式。

10 日 第二十二届广西科技活动周合作项目签约仪式在南宁举行，共有丝绸印染、产学研合作基地建设等 51 个项目参加集中签约，其中合同 16 项，协议 35 项，签约总金额达 23.52 亿元。自治区科技厅党组书记陈大克，厅长谢通堂，副厅长粟定成、李昌华、钟会超、李国忠，以及有关地市人民政府分管领导一同见证签约。合作签约项目较往年呈现出合作内容与形式多元化、合作领域广及校企合作项目多等 3 个新特点。

△ 广西知识产权局在南宁召开 2013 年全自治区知识产权局局长会议，会议贯彻落实党的十八大精神，传达学习全国知识产权局局长会议精神，总结 2012 年全自治区知识产权工作，研究部署 2013 年工作任务。自治区科技厅厅长谢通堂，副厅长、广西知识产权局局长李昌华出席会议并讲话。李昌华作题为《学习贯彻十八大精神 深入实施知识产权战略 推动全民发明创造再上新台阶》的工作报告，总结了 2012 年广西知识产权工作概况，部署了 2013 年全自治区知识产权主要工作任务。

11 日 2013 年度广西科技统计工作会议在南宁召开。会议表彰了 2012 年度科技统计调查工作的先进集体和先进个人，传达了关于填报 2012 年度国家科技部综合科技统计年报的通知，总结了 2012 年度科技统计工作，并对 2013 年科技统计工作提出要求。自治区科技厅副厅长钟会超出席会议并作讲话。全自治区科技统计工作单位及代表近百人参会。钟会超对做好科技统计工作提出几点要求：一是及时提供科技统计数据，二是科技统计要与科技管理结合起来，三是加强科技统计工作队伍建设。

15 日 全自治区科技外事工作会议在南宁召开。本次会议的主要任务是，传达贯彻第九届全国科技外事工作会议精神，总结回顾“十一五”以来全自治区科技外事工作，部署下一阶段的工作任务。自治区科技厅厅长谢通堂、副巡视员彭枝，国家科技部国际合作司参赞冯瑄出席本次会议。谢通堂在会上讲话，科技部国际合作司参赞冯瑄对我国国际合作情况进行了介绍。会议宣读了第一批获认定广西国际科技合作基地名单，广西农科院等 4 家单位作了会议交流发言；进行了国家安全形势、科技外事工作管理和国际科技合作项目申报与管理的业务培训。各地市科技局，部分高校、科研院所、企业、产业园区以及科技厅有关科室、直属单位代表参加了本次会议。

16 日 由自治区科技厅组织召开的“2013 年全区高新区月报统计工作座谈会”在南宁市召开。会议听取了各高新区对统计工作的意见和建议，就 2012 年执行的新的统计指标体系及统计工作中出现的问题进行沟通研讨。会议达成共识：一是新升级的梧州和钦州高新区于 2013 年 1 月起纳入月报统计工作；二是改进工作程序，加快报送进程，争取每月 15 日～20 日报送上月数据；三是根据各高新区意见，进一步完善升级网络填报系统；四是对部分存疑统计指标予以研讨明确；五是请自治区知识产权局专利统计人员讲解了专利统计的方式方法；六是自 2013 年起增加高新区及其企业自主创新工作简讯报道板块。

17 日 全自治区农村科技工作现场会在柳州市鹿寨县召开。会议全面总结了 2012 年全自治区农村科技工作成效和经验，研究部署了 2013 年农村科技工作。自治区科技厅厅长谢通堂、副厅长粟定成出席会议，各市、县（市、区）科技局和农业科研院所、农口重大科技专项、农业良种培育中心、农业标准化生产技术示范基地实施、建设单位的代表 240 多人参加了会议。会议确定了 2013 年全自治区农村科技工作总体思路。2013 年全自治区农村科技工作将围绕党的十八大提出的全面建成小康社会和自治区党委政府提出的全自治区农民大增收、建设创新型广西的目标要求，“突出一个重点，把握三个坚持，抓好九项重点工作，强化九项措施。”

18 日 国家科学技术奖励大会在人民大会堂举行。2012 年度国家科学技术奖共授奖 330 个项目和 7 位科技专家。广西玉柴机器股份有限公司完成的“节能环保柴油机关键技术及产业化”项目获得 2012 年度国家科学技术进步奖二等奖。项目攻克节能、环保型柴油机的关键技术，突破轻量化、高强度的结构设计、高效率的缸内燃烧技术、精确控制的电控高压燃油喷射技术和清洁的尾气排放控制技术，开发出适合中国国情的、达到国际水平的节能环保型新型柴油机。经过近十年的努力，玉柴在柴油机结构设计、燃烧开发、排放控制和电子控制等核心技术平台开发中取得了多项创新技术的成果，大幅缩短了与国外技术的差距，领先国内同行，达到国际先进水平。产品已批量投放市场，在全国主流汽车厂的 100 多个主流车型上广泛应用。桂林电力电容器有限责任公司、广西动物疫病预防控制中心、广西亚热带作物研究所、广西农科院园艺研究所、广西玉米研究所、广西柑橘研究所、广西交通规划勘察设计研究院等7个单位参与完成的6个项目分别获得2012年度国家科学技术进步奖特等奖1项、一等奖1项、二等奖4项。

2月

5日 广西高新企业认定工作领导小组成员单位会议召开，对《广西高新技术企业认定管理工作规程（讨论稿）》进行审议，各成员单位对《规程》提出进一步修改意见。对2013年广西高新技术企业认定相关工作事项，《关于落实科技部、财政部、国家税务总局高新技术企业认定管理工作检查的工作方案》等进行审议。自治区科技厅、财政厅、国税局、地税局等4家成员单位相关工作负责人参加了会议。

6日 自治区科技厅召开2013年中国科学院和中国工程院院士候选人提名推荐工作布置会。科技厅党组书记陈大克，自治区发改委、工信委、教育厅等多家单位负责人出席会议。

△ 自治区科技厅厅长谢迺堂、副厅长钟会超带领相关处室人员对厅机关办公楼和生活区以及直属单位进行安全检查，强化节前安全工作。

19日 自治区副主席蓝天立到自治区科技厅走访调研，了解全自治区科技工作情况，并看望全厅干部职工。

22日 2013年全自治区科技工作电视电话会议召开，会议传达全国科技工作会议主要精神，回顾2012年科技工作，总结5年来科技发展取得的成绩和经验，研究部署2013年工作。自治区人民政府副主席蓝天立出席会议并作讲话，自治区人民政府副秘书长蒋家柏主持会议，自治区科技厅党组书记陈大克、厅长谢迺堂出席会议并讲话。会议要求，2013年要全面贯彻落实全国、全区科技创新大会精神，认真落实“2＋66”文件精神，主要推进十一项重点工作。自治区科技厅副厅长粟定成、李昌华、钟会超、李国忠，纪检组长黎昆，副巡视员宋文学、彭枝等与有关自治区直属单位、高校院所及工程技术研究中心、高新技术企业、创新型企业等负责人一同在自治区主会场参加会议。各市、县（市、区）设分会场。

27日 “十二五”国家科技计划项目“数字汽车企业与产业链协同关键技术研究及示范应用”课题工作推进会在柳州召开。国家科技部高新司处长尉迟坚，科技部“十二五”制造业信息化总体专家组部分专家，自治区科技厅副厅长李昌华，高新处、发展计划处、广西制造业信息化专家及柳州市科技局、柳州市高新区、有关企业的负责人参加会议。广西制造业信息化科技工程专家组组长周德俭、课题负责人霍力介绍了课题总体情况及任务分解，上汽通用五菱汽车股份有限公司、东风柳州汽车有限公司分别汇报了课题进展情况。李昌华表示，自治区科技厅将全力支持“数字汽车企业与产业链协同关键技术研究及示范应用”课题开展。

△ 广西—谅山科技合作洽谈会在凭祥市召开，自治区科技厅副厅长粟定成率广西科技代表团与越南谅山省科技厅副厅长周文堂为团长的谅山省科技代表团就中越农业科技示范基地建设项目事宜深入交换了意见。

△ 中国太平保险集团公司与广西高新技术产业项目对接会在邕举行。自治区科技厅厅长谢迺堂、中国太平保险集团公司副总经理谢一群出席对接会。自治区科技厅副厅长李国忠主持对接会。广西共13个单位的16个项目进行了推介。桂林国家高新区、北海高新区、钦州高新区相关负责人分别推介了园区道路、厂房等基础设施建设方面项目。桂林海威公司等近10家企业代表分别推介了企业拟融资的高新技术产业项目。中国太平保险集团公司，自治区科技厅高新处，广西金融办，桂林、北海、钦州高新区相关人员，以及企业参会代表近40人参加了项目对接会。

是月 自治区党委办公厅、自治区人民政府办公厅下发了《关于印发广西第二批八桂学者、特聘专家聘任人选名单的通知》，正式聘任27人为广西第二批八桂学者。广西重点实验室有黄日波、石德顺、曾建民、张师超、李杨瑞和甘西等6人被聘为广西第二批八桂学者，标志着广西重点实验室在聚集和培养高层次科技人才方面取得了新的成绩。2011年广西重点实验室有9人被聘为广西第一批八桂学者。

是月 国家知识产权局发布了全国知识产权局系统政府门户网站2012年统计情况通报。广西子站发布信息478篇，在全国省市区中名列第7位。网站主页“动态信息（国内）”和“要闻”栏目采用广西子站信息62篇，在全国省、市、自治区中名列第13位。

3月

4日 自治区科技厅组织召开申报国家自然科

学基金项目座谈会，邀请中国科学院院士、原国家自然科学基金委员会主任陈宜瑜到现场与广西科研人员座谈。党组书记陈大克主持会议。陈宜瑜介绍了2012年国家自然科学基金项目申报和立项等有关情况。科研人员提出各自在申报国家自然科学基金项目中遇到的困难和问题，陈宜瑜院士一一给予解答。广西大学、广西医科大学、广西民族大学、广西科学院、广西农科院、广西林科院等高校院所科研人员及自治区科技厅有关人员共100多人参加座谈会。

7日 柳州市副市长王柳平率市科技局相关人员到自治区科技厅，与科技厅厅长谢迺堂、副厅长李昌华及相关处室负责人就柳州市科技工作情况、以及第二届广西发明创造成果展览交易会工作进度情况座谈交流。谢迺堂表示，柳州市要充分发挥科技支撑作用，要加大科技投入，努力提高科技创新能力。要做好第二届发明展工作，加强组织协调，加大宣传力度。

△ 防城港市副市长侯线红一行到自治区科技厅，与科技厅党组书记陈大克、厅长谢迺堂及相关处室负责人座谈，共商2013年厅市会商工作。科技厅表示，科技厅将大力支持防城港市金花茶产业发展和广西东兴国家重点开发开放实验区建设；希望防城港市结合经济社会发展实际深入思考，进一步明确定位，做好规划，突出重点，深化、完善议题内容，力争通过厅市会商共同推进防城港市科技事业的长足发展。

13日 自治区科技厅厅长谢迺堂、副厅长李国忠与中国科学院广州分院党组书记郭俊一行座谈。双方就进一步推进落实中科院与广西合作协议，以及中科院国情考察班4月中旬到广西考察事宜进行交流。

△ 自治区科技厅副厅长李国忠会见了来访的以色列驻广州总领事安亚杰、商务领事陶丹尼一行，双方就加强广西与以色列科技合作进行了友好会谈。李国忠副厅长对安亚杰总领事一行的来访表示欢迎，并介绍了广西的科技发展概况以及近年来双方的合作交流情况。李国忠表示，自治区科技厅愿意与以色列科技部门、科研院所和科技企业等建立友好合作关系，推进与以色列在科技领域开展科技交流与合作。安亚杰和陶丹尼向李国忠副厅长介绍了以色列在农业、污水处理、新能源、建设智慧型城市等方面的技术优势，希望能与更多的广西企业广泛开展合作与交流。同时介绍了2013年将在以色列举办的农业、水处理技术以及医疗器械领域的展会，希望自治区科技厅能够组团参展参会。

△ 崇左市副市长陈立生一行到自治区科技厅，与科技厅厅长谢迺堂、副厅长钟兴相及相关处室负责人座谈，共商2013年厅市会商工作。双方就2013年厅市会商议题进行深入讨论。崇左市希望科技厅在产业技术创新公共服务平台建设和加快科技支撑糖业循环经济示范基地建设等方面给予更大的支持和帮助。科技厅表示，科技厅将大力支持崇左市产业技术创新公共服务平台建设和加快科技支撑糖业循环经济示范基地建设；希望崇左市围绕自身区位优势，发展龙头产业，高度重视中试阶段；并鼓励崇左创造条件培育高新技术产业园区，推进科技事业的长足发展。

15日 中科招商投资管理集团有限公司副总裁姜溯多一行来到自治区科技厅，双方就促进科技与金融有效结合等相关项目进行探讨。科技厅厅长谢迺堂，副厅长、广西知识产权局局长李昌华以及有关处室负责人参加座谈。中科集团表示希望进驻广西，开展有关科技金融方面的投资。科技厅对中科集团进驻广西表示欢迎和支持。

20日 桂林市科技局局长刘翔及相关人员到自治区科技厅，与厅长谢迺堂、副厅长粟定成及相关处室负责人就2013年工作进行了座谈交流。

△ 第一届广西发明创造成果展览交易会总结暨第二届广西发明创造成果展览交易会动员会在南宁召开。自治区人民政府副秘书长蒋家柏出席会议并讲话。自治区科技厅厅长谢迺堂，自治区科技厅副厅长、广西知识产权局局长李昌华，柳州市副市长王柳平参加了会议。蒋家柏秘书长在会上通报了马飚主席于2012年末对第一届广西发明展所取得成效给予充分肯定，并对组织办好第二届广西发明展提出重要批示，要求各市要认真贯彻落实马飚的指示精神，加强组织领导，精心策划，完善措施，加强宣传，坚持勤俭办展办会原则，确保第二届广西发明展成功举办。来自全自治区各市人民政府分管副秘书长，科技局、知识产权局局长，各有关单位的负责人，以及驻邕新闻媒体记者，共计近100人参加了会议。

△ 自治区科技厅召开2013年度广西科学技术奖励推荐工作会。自治区有关部门、各市科技局和高等院校及科研院所代表80多人参加了会议。科技厅副厅长李国忠对2012年度广西科技奖励工作做了总结，部署了2013年科技奖励工作。他在总结中说，科技奖励起着引领全自治区科技

创新的重要作用，是科技创新的“指挥棒”，对于全面提升科学技术水平，推动创新型广西建设具有重大意义。2013年的科技奖励工作要紧紧围绕自治区科技工作的重点任务，以提高奖励的导向性和权威性为核心，不断深化对奖励推荐和评审工作的改革，完善制度和工作机制，有效地促进科技奖励工作健康发展。

20日～21日 自治区科技厅副厅长、知识产权局局长李昌华带领科技厅高新处、知识产权局有关人员到玉林开展工业科技创新情况调研。李昌华一行到玉东新区、玉柴股司、玉柴动力、华原过滤系统、正方机械、三环陶瓷等单位和企业进行实地调研，详细了解玉柴工程研究院、三环陶瓷工程研究院的建设情况和玉林高新区的筹建情况。

22日 贵港市桂平市委市政府邀请自治区科技厅党组书记陈大克作《实施创新驱动战略，推动社会科学发展》的专题报告。桂平市委书记杨评访等领导参加报告会。专题报告会在桂平市城区设主会场，桂平市各乡镇设分会场，桂平市各委办局领导干部、各乡镇党委政府领导干部共2000多人参加了专题报告会。陈大克书记着重从“实施创新驱动战略”、“实现‘广西梦’必须依靠创新驱动”和“基层科技创新的认识和建议”等方面阐述了创新驱动的内涵、实施创新驱动的必要性和重要性。

△ 自治区科技厅党组书记陈大克到桂平市长安工业集中区广西金源生物化工公司、广西清隆机械公司和巴帝食品公司等企业调研科技创新情况。

25日 自治区科技厅召开2013年自治区推荐“两院”院士候选人遴（初）选会。中国科学院院士袁道先、中国工程院院士郑皆连和自治区相关高等院校、研究所的教授和研究员等11位专家出席了会议。自治区科技厅党组书记陈大克主持会议并讲话。根据2013年增选“两院”院士候选人的文件精神，会议集中审核了候选人推荐材料，并遴选出广西推荐“两院”院士候选人的人选，拟报政府审定。

27日 自治区科技厅与河池市工作交流座谈会在南宁召开。科技厅党组书记陈大克，厅长谢酒堂，副厅长李昌华、李国忠，副巡视员彭枝，河池市委书记黄世勇，市委秘书长黄光华，副市长韦祖林、黄德意等出席会议。双方就推动第三次厅市会商工作、河池科技企业孵化器建设、河池生态环保型有色金属产业示范基地建设、河池核桃林下经济产业发展等问题展开深入交流。

△ 玉林市副市长满昌学带队到到自治区科技厅，与科技厅党组书记陈大克、厅长谢迺堂、副厅长李昌华及相关处室负责人座谈，共商2013年厅市会商工作。满昌学就玉林市开展厅市会商第一次会议的工作作了总结，并与科技厅就2013年厅市会商的议题进行深入探讨，并达成初步共识。

28日 自治区知识产权局召开专利代理机构引进对接会。自治区科技厅副厅长、自治区知识产权局局长李昌华出席会议并讲话，广西知识产权局有关处室的负责人，来自北京、广东、四川、湖南19家专利代理机构的负责人和广西14个设区市知识产权局的领导及业务部门负责人参加了会议。会上举行签约仪式，南宁市知识产权局与成都九鼎天元知识产权代理有限公司、北京中誉威圣知识产权代理有限公司等4家已落地南宁市的代理机构签订《合作框架协议》。2013年广西将安排专项资金用于支持引进代理机构设立、人才培养、开拓市场以及专利代理机构服务能力提升。

是月 广西“中国—东盟技术转移中心建设项目”获得了国家科技部立项支持，支持经费逾千万元。自治区科技厅制订了筹建工作方案，成立了筹建工作领导小组和办公室，重点围绕“协作网络、信息共享、资源对接、配套服务”四个方面展开工作，主要内容包括：发展国内外网络成员，建设中国—东盟技术转移协作网络；建设中国—东盟技术转移信息平台，包括官方门户网站和技术转移对接平台，汇集中国—东盟技术转移需求信息，提供企业在线预对接、合作方协同工作等服务；组织一系列中国—东盟技术转移对接活动，促进技术转移供需双方的合作对接。中国—东盟技术转移中心的建设源于2012年9月在南宁召开的首届中国—东盟科技部长会议，随着“中国—东盟科技伙伴计划”的启动提出的。同月，国家科技部部长万钢和自治区主席马飚签署新一轮部区工作会商制度议定书，支持广西牵头建设中国—东盟技术转移中心。中国对东盟的技术转移工作已上升为国家科技外交战略，成为国家对东盟的科技重点工作。2013年，在国家科技部的主持下，广西联合云南、北京等重点省市召开了数次工作会议，讨论共建中国—东盟技术转移中心，并就协作网络建设、线下培训及活动等工作分配了任务；组织完成了中国—东盟技术转移中心官方网站及技术对接平台的需求分析；拟定加入协作网络倡议书和协议，制定了协作网络章程，确定准入标准，科学合理划分协作网络成员，分清责权利。

4月

2日～3日 国家知识产权局副局长贺化率领调研组一行4人到南宁，就知识产权创造工作专题进行调研。召开4次座谈会，实地考察广西大学、广西南宁公平专利事务所。自治区科技厅厅长谢悃堂、副厅长兼知识产权局局长李昌华等领导，自治区工信委、科技厅、教育厅、财政厅、卫生厅、知识产权局，南宁、梧州、百色、防城港市、南宁高新区管委会知识产权局，横县、宾阳县知识产权局，有关代理机构等单位负责人参加座谈会。

7日 自治区科技厅党组书记陈大克带领科技厅政策法规与社会发展处、发展计划处、高新技术发展与产业化处负责人到南宁市广西武鸣县安宁淀粉有限责任公司进行调研。陈大克了解企业实施广西科技“十二五”重大专项“非粮生物质能源产业关键技术攻关与产业化示范”项目课题“以木薯废渣为原料的生物燃气高效制备技术及成套设备的研发”的进展情况。

8日 自治区科技厅与贺州市科技工作座谈会在南宁召开。科技厅党组书记陈大克，厅长谢悃堂，副厅长粟定成、李昌华，纪检组长黎昆，贺州市市长白希，副市长黄志光，贺州学院院长吴郭泉等参加座谈。双方就新一年厅市会商议题进行深入讨论。贺州市建议把科技企业孵化器建设、农产品深加工等内容列入厅市会商议题，还提出希望科技厅支持贺州市稀土产业、碳酸钙产业、全国出口食品农产品质量安全示范区建设等方面有关科研项目的实施。

9日 全自治区第二轮《广西通志·科学技术志》编纂工作暨编写人员培训会议在南宁召开。自治区地方志办副主任秦邕江、自治区科技厅副厅长钟会超等领导出席会议，参与第二轮广西科技志编纂工作的各单位领导及编写人员共150人参加会议。

9日～16日 中科院党组副书记方新率国情考察团一行27人到广西进行考察。考察团先后到南宁、百色、河池、柳州、桂林等地，考察革命老区、科技型企业、科研平台站，并与地方政府、大型企业开展科技交流活动。方新表示，科学院一定要围绕广西的生态文明建设和产业发展的重大科技需求，着力推进科技成果的转移转化，突破产业发展的共性技术瓶颈，并重点推进与广西科学院合作，共建创新技术平台，为广西的发展提供积极的科技支撑。自治区副主席蓝天立，政协副主席黄日波，科技厅党组书记陈大克、厅长谢悃堂参加座谈或陪同调研。

10日 自治区科技厅副厅长、知识产权局局长李昌华带领知识产权局、高新处有关负责人到钦州，就工业科技、知识产权、高新区等工作进行调研。李昌华一行先后对广西明利化工有限公司、广西慧宝源制药有限公司、广西钦州力顺机械有限公司等3家国家高新技术企业和广西钦州清华同方数字责任有限公司进行了实地考察，听取了企业在技术创新、工艺提升和产品研发、发明专利申请、高新技术企业申报认定及政策享受等方面介绍。

△ 自治区科技厅副厅长、知识产权局局长李昌华带领知识产权局规划协调处、科技厅高新处负责人到北海，就知识产权、高新区及孵化器建设等工作进行调研。李昌华对北海市的知识产权工作提出三点要求，一是要支持专利代理中介机构的发展，二是加强专利代理人队伍建设，三是加强专利执法能力建设。

11日 自治区科技厅党组书记陈大克带领科技厅基础研究处有关负责人到玉林，就农业科技基地情况进行调研。调研组详细了解了基地的建设发展、农业种植以及科技需求等情况。

12日 2013中国—东盟传统医药高峰论坛在玉林开幕。自治区科技厅副厅长钟会超出席论坛。论坛以“传统医药服务贸易——传承创新、合作发展、互惠共赢”为主题进行研讨和交流，围绕研究落实《西太平洋区域传统医学战略（2011—2020）》举办“传统医药区域合作的多边促进和发展”政府论坛，“传统药材资源保护与利用”、“传统医疗保健、养生长寿和休闲旅游协调发展”、“传统医药人力资源培养”、“民族医药国际交流与合作”等分题论坛。

△ 自治区科技厅在南宁召开“坚持创新驱动加快转型发展报告会”（科技大讲堂第五期）。国家科技部调研室主任胥和平受邀做了专题报告。胥和平主任在报告会上重点解读了如何从总体上把握党的十八大提出的“实施创新驱动发展战略”这一重大战略决策。

14日 中国科学院党组副书记方新率领中国科学院所局级领导干部国情考察团一行40余人到广西植物研究所考察。中科院考察团与广西植物所领导、专家展开座谈。广西植物研究所希望中科院今后在人才培养、项目构建、平台建设和信息共享方面给予更大的支持。

15日 梧州市副市长彭建铭一行到自治区科技厅，与科技厅党组书记陈大克，厅长谢迺堂，副厅长李昌华及相关处室负责人座谈，共同商讨2013年厅市会商工作。双方围绕梧州科技服务中心建设、梧州高新区建设、城市矿产示范基地建设等2013年厅市会商议题进行讨论。

16日 自治区科技厅在南宁召开2013年全区高新领域科技工作座谈会。会议总结了2012年全自治区高新领域科技工作情况，提出2013年工作思路，介绍了自治区级高新区申报程序及条件，并就全自治区高新领域科技工作进行交流讨论。自治区科技厅副厅长、知识产权局局长李昌华出席会议并作讲话。李昌华提出，当前科技工作的目标是在自治区"两区一带"发展战略的带动下，千方百计推动科技与经济相结合。自治区科技厅高新处，全自治区14个市科技局、各高新区管委会、相关负责人员共40多人参加了座谈会。

19日 第二届广西发明创造成果展览交易会预备会在柳州市国际会展中心召开。自治区科技厅厅长谢迺堂出席会议并讲话，科技厅副厅长、广西知识产权局局长李昌华主持会议，柳州市副市长陈杰等有关领导与各工作组成员、各市代表团负责人及联络员等一起参加会议。会议对本届发明展总体筹备情况及开幕式实施方案等进行通报，对组展工作进行再部署，要求各工作组全力以赴做好各项工作，确保本届发明展顺利举行。

△ 自治区科技厅厅长谢迺堂到柳州国际会展中心检查发明展的筹备工作。谢迺堂实地察看了各个展区的筹备进展情况，查看开幕式会场布置、基础设施配置以及安保、消防等情况，并听取了各展区负责人的介绍，针对部分展馆存在的问题提出了具体的整改意见和要求。他要求，各有关部门要以饱满的工作热情，认真做好发明展各项筹备工作，要重点抓好开幕式的筹备工作，同时设计好领导巡展路线，合理安排领导观展时间，全力做好安保、服务等工作，确保本届发明展圆满成功举办。

20日 第二届广西发明创造成果展览交易会专利报告会在柳州举行，中南财经政法大学校长吴汉东应邀作"中国发展与知识产权战略实施"主题报告，自治区科技厅厅长谢迺堂出席报告会并作讲话，自治区科技厅副厅长、广西知识产权局局长李昌华出席报告会。来自全自治区各市科技局、知识产权局局长，各高等学校、科研院所和知识产权试点示范企业科研人员以及各知识产权相关部门和单位的负责人，约400人参加了报告会。

20日～23日 以"创新驱动发展，发明创造未来"为主题的第二届广西发明创造成果展览交易会在柳州国际会展中心举行。开幕式上，自治区人大常委会副主任荣仕星出席并宣布发明展开幕，自治区人民政府副主席蓝天立、柳州市委书记郑俊康分别致辞，自治区科技厅党组书记陈大克、厅长谢迺堂等领导出席并巡视各展区。发明展共展示交易发明创造成果1582项，6.5万名观众前来观展。第二届发明展呈现四大特点：一是突出创新驱动，主题鲜明。发明展聚集了自治区内2007年以来获得中国专利优秀奖的项目以及一批集成了多项专利技术的产品和项目，集中展现了广西近年实施创新驱动战略、开展全民发明创造活动和推进发明专利倍增计划取得的显著成效。二是展会规模大，参展项目领域广、水平高。第二届发明展展览面积12000平方米，设置标准展位700个。设序厅和设区市、高等学校、科研院所、中小学生发明创造成果展和传统手工业发明创造成果等18个展区。三是政府推动，各方踊跃，参与面广。在自治区统一部署、全自治区14个市和108个县（区、市）人民政府组织、推动下，全自治区491家大中小企事业单位踊跃参加。参展对象还包括有社会各界人士和中小学生等。四是交易会活动内容丰富，形式多样，突出专利转化。在发明创造成果展览展示的同时，先后举行专利推介和对接洽谈会、专利拍卖会、专利质押融资银企对接会、大学生创意创新成果推介会、牛津大学专利成果推介会、专利发展报告会、总结表彰等活动。

21日 第二届广西发明创造成果展览交易会专利拍卖会在柳州国际会展中心举行。参加拍卖的专利涉及机械、电子、医药、食品等领域，其中"汽车、拖拉机和装载机的驱动桥差速锁"等专利在会上竞拍成功。

△ 第二届广西发明创造成果展览交易会最佳组织奖评审会在柳州国际会展中心举行。第二届广西发明创造成果展览交易会最佳组织奖评委

会推荐 8 个为第二届广西发明创造成果展览交易会最佳组织奖获得单位。科技厅厅长谢酒堂参加评审会并作讲话，科技厅副厅长、知识产权局局长李昌华解读评审要求。

△ 第二届广西发明创造成果展览交易会专利质押融资银企对接会在柳州国际会展中心成功举办。自治区科技厅副厅长、广西知识产权局局长李昌华出席会议并作讲话。各有关企业和专利项目负责人、各银行业金融机构和小贷公司、担保公司负责人等近 100 人参加了对接会。李昌华在讲话中表示，通过政府搭建融资平台，让发明创造成果与资本实现对接，加快广西发明创造成果的转化应用，帮助企业破解融资难题，推动企业自主创新，促进发明创造。

22 日 第二届广西发明创造成果展览交易会专利推介和对接洽谈会举办，以现场集中推介、展会大屏幕推介和网上推介三种方式同步进行。“一种稻谷增产的种植方法”、“随车装蔗机”等 12 项专利在会上现场推介；展会大屏幕文字滚动推介 43 项，所有推介项目还同时在广西知识产权局门户网进行推介。

24 日 广东省知识产权局副局长唐毅一行 3 人到广西知识产权局开展调研，并就知识产权区域执法协作举行了座谈会。双方就两地专利行政执法协作方面等有关问题进行了探讨。

26 日 “中国工程院粮菜果品质量调研与考察座谈会”在南宁举行。自治区有关食品安全生产和监管部门的专家代表参加座谈，自治区科技厅副巡视员宋文学出席并主持会议。同日，中国工程院环境与轻纺工程学部魏复盛院士率领研究团队来桂调研，主要开展食品安全现状、存在问题及对策调研，了解广西的土壤污染、重金属污染情况，粮菜果质量安全评价、达标率、超标的污染物情况及变化趋势，土壤、大气、水质污染对粮菜果质量影响以及农药、化肥使用品种、数量变化趋势等情况等。

△ 桂林市委书记、市人大常委会主任赵乐秦，市长黄俊华会见了到桂林市开展厅市会商工作的自治区科技厅党组书记陈大克、厅长谢酒堂一行。双方就下一步厅市会商工作进行交流。桂林市希望科技厅在科技创新平台建设、重大科技项目实施、科技成果转化等方面给予大力支持，帮助桂林进一步提升自主创新能力。科技厅表示将深入推进厅市会商工作，大力支持桂林市科技事业的发展，为桂林国际旅游胜地建设提供科技支撑。科技厅副厅长粟定成、厅机关有关处室负责人与桂林市委常委、市委秘书长张晓武，副市长徐锋等一起参加会见。

27 日 自治区科技厅与桂林市政府在桂林举行厅市工作会商第三次会议，双方就 2013 年厅市会商议题进行讨论和协商，并达成共识。科技厅党组书记陈大克、厅长谢酒堂和桂林市市长黄俊华分别在会上讲话。会议确定了 2013 年厅市工作会商两大议题。一是共同推进桂林重大科技创新平台建设；二是共同推进科技支撑桂林国际旅游胜地建设；桂林市是广西首批开展厅市会商工作的城市之一，自 2007 年 12 月桂林市政府与科技厅建立厅市会商制度以来，桂林市围绕加快高新技术产业发展、推进高新区建设以及科技兴农等重点，确定了一批共同推进的议题和重大项目，得到了科技厅在重大科技项目实施、重要科技创新平台建设等方面的大力支持，使科学技术对地方经济社会发展的支撑和引领作用不断提高。自治区科技厅副厅长粟定成和厅机关有关处室负责人，桂林市副市长徐锋及桂林市有关部门、高校院所等单位负责人一起参加会议。

28 日 自治区知识产权局制定并印发了《2013 年广西知识产权系统执法维权“护航”专项行动实施方案》，明确以广西发明创造成果展览交易会、中国—东盟博览会等各类大型展会，专业批发市场、大型商场等商品流通领域为重点环节，以五金机电、食品、药品、建材、日用品等为重点产品，以群众关注度高、社会影响大、权利人反映强烈的案件为重点突破口，加大主动查处力度，组织开展集中检查和整治行动，并对 2013 年的执法维权工作进行了全面部署。

是月 自治区科技厅出台《广西科技特派员管理暂行办法》，明确科技特派员分类、选聘条件、选聘办法、服务期限、职责、政策待遇及考核等七项内容，规范科技特派员服务行为，提高全自治区科技特派员服务能力和水平。

是月 广西共下达 4 批自治区本级技术研究与开发财政补助项目、1 批自治区科技成果转化财政补助项目，合计 85 个预算项目（共 878 个课题），包括了重大专项计划项目、科技攻关计划项目、科技合作与交流计划项目、科技创新能力与条件建设计划项目、科技成果转化与推广计划项目等。该 5 批科技计划项目总投资共 53.98 亿元，自治区本级财政补助经费 3.63 亿元。其中，11 个重大专项总投资 14.16 亿元，自治区本级财政补助经费7525万元。目前，已完成年度科技计划预算经费下达任务的84.4%，任务下达进度与往年同期相比大幅提前。

5月

3日　以“世界产业结构调整与中国产业发展”为主题的第6期“科技大讲堂”在自治区科技厅开讲。由中共中央党校国际战略研究所副所长、北京科技大学博士生导师周天勇教授主讲，由科技厅党组书记陈大克主持，厅长谢迺堂，副厅长粟定成、李昌华、钟会超，纪检组长黎昆，副巡视员彭枝，厅机关干部和直属单位以及驻邕高校领导等近200人参加学习。周天勇从三次产业结构的变动规律说起，分析了欧美等发达国家去工业化后出现的问题和得到的教训，阐述了发达国家新一轮产业结构调整变动趋势、实施再工业化和重振制造业战略、中国的产业结构调整现状及战略对策等。自2012年3月16日，科技厅在南宁举办首期科技大讲堂以来，已举办了6期。科技大讲堂是科技厅为打造学习型党组织、培养学习型机关干部而开设的学习培训讲堂。

7日　自治区科技厅副厅长、知识产权局局长李昌华带领科技厅高新处、基础研究处，知识产权局专利管理处有关负责人来到广西人民广播电台《阳光在线·厅长在线》直播节目，就民生科技、科技惠农、全民发明创造活动、专利申请与资助等群众关心的问题与听众、网民进行在线互动交流。

7日～10日　广西知识产权局组织专利行政执法人员与两市专利行政执法人员和工商管理人员组成联合执法检查组分别到玉林市、贵港市开展联合执法行动。检查组重点检查了玉林市工业品市场、贵港市北京华联超市、贵港市永盛超市等专利商品主要流通渠道，共检查各类商品200余件，检出专利商品30余件，发现涉嫌假冒专利商品14件。执法人员对涉嫌假冒专利的商品进行了拍照和信息记录，责成商家进行限期整改，并向商家宣传讲解专利相关法律、法规和专利标注规范要求，发放相关法律、法规文件等宣传材料，指导商家如何区分假冒专利商品。在进一步调查取证后玉林市、贵港市知识产权局将对构成假冒专利的商品进行依法处理。

8日～9日　自治区科技厅厅长谢迺堂带领农村处到崇左市调研。谢迺堂一行先后深到扶绥渠黎镇渠凤村甘蔗高效节水灌示范基地、广西肉用山羊种养场、广西凭祥综合保税区等进行调研。

9日　自治区人民政府副主席蓝天立、自治区科技厅副厅长钟会超等领导到科技厅联系的6个“1＋1＋1”结对共建支部看望支部书记。古院村、古池村、鹿鸣村、仁里村、龙庆村、太山村是桐木镇与科技厅开展结对帮扶的6个贫困村委，蓝天立担任自治区科技厅厅长期间，科技厅就有计划地对6个村开展帮扶工作。10年来，科技厅一如既往地在人力、财力、物力、技术等方面给予6个村委支持与帮助，使他们的基础设施建设水平得到提高，6个村委的农民人均纯收入从2004年的800元提高到5300元。

10日　广西首届政务公开日活动在南宁市启动。自治区科技厅在现场搭建了服务窗口，安排厅办公室、发展计划处、知识产权局专利处等5名工作人员发放《科技厅窗口行政审批事项办事指南手册》等宣传资料，解答群众关心的问题。

△　广西知识产权局召开专利质押贷款工作座谈会。自治区科技厅副厅长、广西知识产权局局长李昌华出席会议并讲话，知识产权局相关处室领导，来自南宁、柳州、桂林市知识产权局，广西科技情报研究所，广西（桂林）知识产权交易中心，自治区内各有关商业银行及各有关企业的负责人参加了座谈会。

13日　自治区科技厅厅长谢迺堂到自治区政务服务中心科技厅窗口调研，看望窗口工作人员。谢迺堂详细了解科技厅政务窗口的业务受理和办结情况，以及工作中存在的困难和问题。谢迺堂要求进一步减少行政审批事项，简化审批程序；希望窗口工作人员坚持热情服务，认真负责，不断提高工作效率，树立科技厅的良好形象。至此，科技厅窗口可受理有关科技业务8项，自2007年自治区政务中心科技厅窗口对外服务以来，窗口共受理审批事项23460件；各项审批事项办结时限总工作日比2007年累计减少了77个工作日，审批提速率15%。

14日　中科院广州分院副院长陈广浩一行到南宁与广西举行科技合作洽谈。通过交流科技合作经验，商讨了建立中科院与广西科技合作会商机制事宜，提出通过组织专家调研、筛选建立科技合作平台、加强技术转移等工作措施，加快合作项目落地，建立科技文献和科研仪器共享机制，加快院地科技合作协议的落实。洽谈会还确定了中科院与广西建立日常科技合作沟通方式。自治区科技厅厅长谢翊堂、副厅长李国忠，广西科学院副院长陆海生及有关处室负责人参加了活动。

15 日～16 日 广西企事业单位专利保护工作实务培训及研讨班南宁市举办。培训班邀请了国家知识产权局专利局专利审查员、北京市知识产权审判法官、北京市知识产权中介机构的专家授课，内容包括专利分析与预警助力企业创新、专利风险应对策略与案例解析、知识产权审判动态等。广西柳工机械股份有限公司有关负责人做经验交流发言。来自全自治区各知识产权优势企业、知识产权示范企业、转制科研院所、科技型企业分管知识产权或技术研发负责人及 2013 年承担专利预警项目课题组成员等近 110 人参加了此次培训。

15 日～18 日 广西亚热带作物研究所组织由自治区农垦局、江西省农业科学院、武鸣县农业局的专家组成的项目查定团 9 人，赴泰国农业部农业厅大田作物研究所下属的罗勇大田作物研究中心，对广西亚热带作物研究所承担的广西科学研究与技术开发计划“木薯优良新品种推广示范”项目（桂科产 10100020－9）进行查定和田间测产。专家组对参试品种进行随机抽样测产，实地称量鲜薯重量，用雷蒙称测定淀粉含量，以当地主栽品种 KU50 作对照品种进行测产，查定结果基本达到项目各项考核指标要求。

16 日 自治区科技厅厅长谢翊堂率队到玉林市调研高新技术产业园区筹建情况。玉林市委常委、宣传部长、副市长满昌学陪同调研。谢翊堂先后考察了玉东新区、玉林市中小企业科技创新孵化服务中心、广西三环陶瓷集团工程研究院，现场查看了玉林市高新区的选址、规划等筹建情况。

19 日 以“科技创新·美好生活”为主题的 2013 年全国科技活动周广西活动在广西科技馆启动。自治区副主席蓝天立，自治区科技厅党组书记陈大克、厅长谢翊堂、副厅长李国忠等领导出席启动仪式，并参观绿城科普广场活动。在启动仪式上，领导给来自百色市凌云县乡村小学的参加“明日科技之星—爱心科普行”的 25 名学生赠送学习用品及科技书籍；向活动周主要专题活动单位授旗。活动周围绕“科技创新·美好生活”的主题，组织开展了科普宣传展示活动。自治区、市、县各级组织开展的活动有 223 项，其中自治区级活动 66 项，14 设区市、县（区）有活动 157 项。自治区级活动共安排了科技活动周广西活动启动仪式暨绿城科普广场活动、农村科普活动系列、“科技惠及民生，引领幸福生活”系列活动、“创新·体验·实践”青少年系列科普活动、“企业·创新·成果”展示活动、科研机构和大学及示范基地开放周活动、科技报告、科普讲座系列活动等 8 大专项活动。活动安排主要突出四个方面的内容：一是展示提振民族信心、支撑经济发展、促进民生改善的重大科技成果，促进公众理解和支持科技创新。二是针对食品安全、生态环保、应急避险、低碳节能、健康生活等百姓密切相关的热点问题，普及科技知识，增强科技意识。三是动员广大科技人员开展科普活动，组织高瑞科技资源向社会开放，让公众特别是广大青少年亲身体验科技活动，激发创新创造兴趣。四是组织科研机构和大学，全自治区的青少年科技教育基地、科普示范基地、科普场馆面向公众开放，让公众走进科学殿堂，近距离接触科研活动，感受科技创新的魅力。

△ 随着 2013 年全国科技周广西活动的启动，广西青少年机器人竞赛也在广西科技馆拉开序幕。来自南宁、柳州、桂林、百色、梧州等 10 个地市的 200 多支青少年代表队，近 500 名参赛选手及教练员前来参赛。自治区副主席蓝天立，自治区科技厅党组书记陈大克、厅长谢翊堂、副厅长李国忠等领导到场参观。竞赛共设有机器人基本技能比赛、综合技能比赛、创意设计比赛、足球比赛、FLL 工程挑战赛、VEX 工程挑战赛等 6 个项目。

19 日～22 日 “明日科技之星——爱心科普行”活动在南宁市举办。活动举办方组织了从百色市凌云县金宝村、陇照村和陇浩村中经挑选出来的热爱科学、品学兼优、家庭生活贫困的 25 位小学生参加。同学们参观广西科技馆、广西规划馆、南宁市气象科普园、科辅飞行俱乐部、南宁海底世界、广西皇氏乳业股份有限公司、广西大学、南宁国际会议展览中心、地王大厦等多个地方，并与南宁市天桃实验学校开展“明日科技之星——爱心科普行”城乡手拉手校园科普系列活动。“明日科技之星——爱心科普行”活动是全国科技活动周广西活动的品牌活动之一，2013 年是第八届。该活动主要是组织广西边远山区，品学兼优却家庭贫困的学生，到南宁参加科技活动。

22 日 由国家科技部、商务部等单位主办的第十六届中国北京国际科技产业博览会科技成果展在北京国际会展中心开展。由自治区科技厅等有关厅局、14个市科技局以及参展企业组成的400多人的广西代表团，携35个项目参加展览展示，项目涉及电子信息、新能源、节能环保、新材料、生物医药、汽车与工程机械、食品加工等领域的技术成果与产品。同日，广西代表团到北京科技大学、北京有色研究总院等科研机构进行科技合作洽谈交流。座谈会上，双方对接了相关信息，并确认下一步重点围绕有色金属开发、冶金机械、新材料和节能环保等领域，展开更多的科研与人才合作项目。

24日　自治区科技厅与广西有色稀土开发公司董事长、党委书记胡谷华一行举行座谈会。科技厅副厅长李昌华以及有关处室负责人参加了座谈。胡谷华一行介绍了公司的发展、科研开发工作等情况，并寻求项目支持。

△　自治区科技厅组织7位专家对广西壮族自治区亚热带作物研究所、广西木薯研究所共同完成的国际合作项目“高产木薯品种及栽培技术推广示范”进行成果鉴定。项目通过与菲律宾政府、企业合作，首创应用“恒温集装箱”方法进行木薯种茎出口运输，在海外开展中国木薯新品种及栽培技术推广示范工作，辐射推广木薯高产栽培技术达10000公顷，总鲜薯产量30.00万吨，木薯干片12.00万吨，总产值达20400.00万元，新增产值达13660.00万元；为当地培养了木薯种植技术骨干57人。项目的实施，促进了中国与菲律宾科技、经济合作发展，提升了广西与东盟国家科技合作的能力。

27日　自治区科技厅组织召开2014年度广西自然科学基金项目申报指南审核会。科技厅党组书记陈大克出席会议并讲话，广西自然科学基金专家委员会常务专家组成员、各学科指南编制小组组长及成员，以及科技厅基础研究处工作人员等有关人员参加会议。会议主要听取了各学科指南编制小组关于所负责科申报指南的编制过程、研究方向设置以及采纳各方意见的情况汇报，与会专家对申报指南进行审核、讨论，并提出修改意见和建议。

29日　自治区科技厅党组书记陈大克、副厅长粟定成、副巡视员彭枝等领导到科技厅筹建中的中国—东盟技术转移中心检查指导工作。陈大克就中国—东盟技术转移中心的下一步筹建工作和未来发展提出了指导意见和要求。

30日　自治区科技厅与梧州市政府厅市工作会商第三次会议在梧州召开。科技厅党组书记陈大克、厅长谢迺堂和梧州市委书记刘志勇、市长朱学庆出席会议。双方围绕共同推进梧州科技服务体系创新、创建国家级高新区，共同推进梧州市“城市矿产”示范基地技术创新两大议题进行讨论和协商，并达成共识。科技厅表示，科技厅将继续关注和支持梧州的科技工作和科技事业发展，促进科技更好地为地方经济发展服务，推动梧州的科技创新工作落到实处。最后，科技厅还就在梧州举办全区第四届发明创造成果交易会和农业科技重大项目等问题提出了要求和建议。梧州市表示将在更高层面推进两大议题，争取早日实现这两个目标。同时承诺，将办好第四届发明创造成果交易会；并希望科技厅在重大农业科技项目、粤桂合作和商贸物流信息化等方面加强技术指导。31日，科技厅党组书记陈大克、厅长谢迺堂到梧州高新区、长洲水利枢纽和苍海新区考察调研。

是月　根据国家知识产权局发布的统计数据，2013年1月～5月，广西申请发明专利2846件，同比增长78.77%，增长率居全国第二位，高于全国平均水平50个百分点；获得发明专利授权504件，同比增长49.11%，增长率居全国第三位，高于全国平均水平34个百分点。5月末，全自治区有效发明专利数量达到3005件，每万人口发明专利拥有量上升到0.65件，同比增长41.86%，增长率居全国第六位，高于全国平均水平9个百分点。

是月　国家知识产权局专利局初审及流程管理部一行7人到广西进行考察调研。调研组到国家知识产权局专利局南宁代办处，查看了办公场所，就电子申请、专利申请流程等问题与代办处人员进行探讨。调研组还走访了广西田园生化股份有限公司、南宁市神华振动时效技术研究所等。

6月

2日　国家科技部国际合作司副司长续超前、亚非处处长陈宏生一行到中国—东盟技术转移中心听取有关中心建设工作情况汇报，并对下一步工作提出了具体指导意见和工作要求。中心筹建工作领导小组组长、自治区科技厅厅长谢迺堂、副厅长粟定成、副巡视员彭枝和中心筹建工作办公室有关负责人陪同检查并出席工作汇报会。汇报会上，中国—东盟技术转移中心筹建工作领导小组向续超前汇报了中心筹建工作和首届中国—

东盟技术转移与创新合作大会筹备工作进展情况，并分析了当前工作中存在的问题和困难，希望国家科技部继续给予一如既往的大力支持，加快中心建设，筹备办好大会。

3 日　2013 年国家科研经费巡查工作启动视频会议召开，主会场设在科技部，科技部部长万钢，副部长王伟中，财政部部长助理余蔚平等领导出席会议并讲话；自治区科技厅厅长谢逦堂等出席广西分会场会议。在听取了教育部、中科院和广东省科技厅发言后，科技部部长万钢强调：随着国家科研经费的日益增长，科研经费的使用效率也愈来愈受到广泛关注，加强对科研经费监管，提高经费使用效益，是科技界的共同责任。2013 年国家科研经费巡查工作将采取座谈、现场考察、查阅财务资料等形式在全国范围内陆续开展。自治区科技厅厅长谢逦堂在视频会议（广西分会场）上讲话。他说，广西要按照国家的统一部署，积极配合做好相关巡查工作，同时借鉴外省先进经验与做法，及时修订完善广西有关科研经费管理办法。

△　自治区科技厅与华夏银行南宁分行在南宁举行科技与金融结合战略合作协议签字仪式。自治区科技厅副厅长钟会超与华夏银行南宁分行党委委员陆海东分别代表合作双方在科技与金融结合战略合作协议上签字，自治区科技厅党组陈大克书记、谢逦堂厅长、李昌华副厅长，华夏银行南宁分行刘增文书记、白光华副行长、首席信用风险官秦立见证签约。

4 日　广西农科院院长白先进一行来到自治区科技厅，与科技厅举行工作座谈，科技厅党组书记陈大克、厅长谢逦堂、副厅长粟定成、副巡视员彭枝以及有关处室负责人参加座谈。双方就进一步构造好农业科技项目等问题进行探讨和交流，希望充分发挥广西农科院的品种、技术、信息、人才等优势资源，建立产学研合作平台，加快科技成果转化应用。

4 日　国家知识产权局机关党委在广西举办了组织委员培训班，国家知识产权局直属机关纪委、专利局纪委副书记牟春华出席培训班，广西知识产权局、自治区科技厅以及国家知识产权局各基层党组织组织委员 30 多人参加了培训。

5 日　自治区科技厅厅长谢逦堂率政策法规与社会发展处、农村科技处相关人员到宾阳县、上林县就“美丽南宁·清洁乡村”活动开展、企业科技创新等情况进行调研。在宾阳县，谢逦堂对古辣镇南阳村的“南阳村模式”给予了高度评价，同时对如何依靠科技推进清洁乡村活动开展提出了意见和建议。

6 日　国家科技部国家遥感中心导航定位与空间探测处处长赵静到中国—东盟技术转移中心考察调研，并在中心进行了座谈。双方认为北斗系统在东盟国家的应用前景广阔，希望充分发挥国家遥感中心和中国—东盟技术转移中心等各方资源优势，利用将于当年 9 月在南宁召开的中国—东盟技术转移与创新合作大会平台，加强对东盟国家的科技交流，共同推动北斗系统在东盟国家的应用合作。

13 日　2013 年广西五金机电产品知识产权执法维权“护航”专项行动启动仪式在南宁科德国际五金机电城举行，自治区科技厅副厅长、知识产权局局长李昌华出席启动仪式。来自全自治区各市知识产权局相关负责人，五金机电产品经营商户等近 100 人参加了活动。

14 日　自治区科技厅党组书记陈大克应邀在广西财经学院为参加“第六届‘挑战杯’广西大学生课外学术科技作品竞赛”的全自治区高校 800 多名师生做“创新型广西与创新型青年人才培养”的报告。

25 日　贺州市县处级“一把手”培训工程专题讲座第三十二讲在市委党校学术报告厅开讲。自治区科技厅党组书记陈大克作题为《实施创新驱动发展战略，推动产业结构优化升级》的专题讲座，全市 200 多人参加。陈大克说，市（县、区）要实现创新驱动发展，必须做好以下几个方面的工作：一是要抓好产业园区、示范园区建设、二是要抓好创新主体能力建设；三是要抓好科技人才队伍建设；四是要抓好科技创新服务体系建设；五是要抓好基层科技管理机构的建设和完善；六是要大力引进科技创新资源；七是要加大科技创新投入。

△　贺州学院在西区多功能厅举行“桂东百家讲坛”科技专场报告会，自治区科技厅党组书记陈大克作《高等学校在科技创新中的地位和作用》专题报告。

26 日　自治区科技厅党组书记陈大克到富川县开展科技调研。陈大克考察了华润循环经济产业示范区、无病毒脐橙苗木繁育中心、出口蔬菜种植基地、国有立新农场等。陈大克充分肯定了厅市会商项目——《贺州市无病毒脐橙苗木繁育基地建设与示范》的实施成效。

△ 缅甸、柬埔寨、老挝、泰国、越南等5国驻南宁总领事馆领事官员和“印度尼西亚之家”代表到自治区科技厅参加中国—东盟技术转移中心推介会。中国—东盟技术转移中心筹备领导小组成员等参加了会议。中国—东盟技术转移中心筹备领导小组向5国领事和“印度尼西亚之家”代表介绍了中心运营情况和第一届中国—东盟技术转移与创新合作大会有关情况。中国—东盟技术转移中心由广西牵头建设，中国科技部、东盟科技委及东盟有关国家科技主管部门共建，总部设在南宁，由自治区科技厅负责日常运营。中心建设以“推动中国与东盟各国之间先进技术转移，促进中国与东盟各国创新区域一体化”为宗旨，主要提供中国和东盟国家技术供需信息、技术对接渠道、技术转移系列活动和技术转移配套服务等服务。而作为中心的标志性活动的第一届中国—东盟技术转移与创新合作大会，国家科技部决定于2013年9月在第十届中国—东盟博览会期间举办，大会主要内容包括高层合作论坛、中国—东盟博览会先进技术展、中国—东盟技术对接洽谈会和科技园区考察洽谈等。

27日～28日 自治区科技厅厅长谢迺堂率政策法规与社会发展处、人事处、广西山区综合技术开发中心相关人员，到融水苗族自治县、忻城县、合山市就“美丽广西? 清洁乡村”活动开展农业科技工作调研。27日，谢迺堂走访了村民家中，详细了解农村环境卫生情况，并和当地干部群众亲切座谈，探讨适合当地的环境整治和垃圾处理模式，促进“清洁乡村”长效机制的建立。28日，谢迺堂到忻城县、合山市，对农业科技工作进行调研。先后参观了忻城县欧洞乡小蚕共育基地和合山市聚成现代科技农业有限公司黄秋葵种植基地。

28日 自治区科技厅组织广西有关部门与应邀来访的罗马尼亚阿夫里格（Avrig City）市长克林格斯先生（Mr. Klingeis）举行了对接交流会。这次对接交流主要目的是进一步加深了解，洽谈生物质能源、可再生能源等领域的合作，为广西科技代表团将于2013年9月底至10月初访问罗马尼亚，考察阿夫里格市的绿色创新园区，进行科技交流合作做好前期工作。交流会上，科技厅副厅长李国忠介绍了广西科技发展概况、广西生物质能源情况，克林格斯介绍了“应对气候变化的综合性节能智慧城市示范”项目和罗马尼亚阿夫里格市的情况，并就双方建立长期友好的合作关系进行了磋商。广西科学院、广西农村能源办的相关同志参加了对接交流会。近年来，广西在新能源领域，特别是生物质能源领域的发展十分突出。新能源汽车关键技术研究、非粮生物质能源产业关键技术攻关与产业化示范等都已列入广西“十二五”科技发展的11个主要任务。阿夫里格近年来承担的欧盟在能源综合利用方面的智能城市示范项目是罗马尼亚重要的科技项目。罗马尼亚阿夫里格市将建设成为罗马尼亚领先的可再生能源中心。

是月 据国家知识产权局近日发布的《2012年全国专利实力状况报告》显示，2012年广西专利综合实力比2011年在全国31个省市自治区的排位前进4位，由原来的第27位上升至第23位。与2011年相比，广西的多项专利指标在全国的排名均有大幅提高，如：法规规章、战略规划指数指标由原来的排名15位一跃而为全国第二；知识产权工作专项经费指数（分）由原来的第21位上升至第11位，法院新收一审知识产权民事案件量（件）由原来的第28位上升至第18位；查处假冒专利结案量、展会执法案件量（件）指标由原来的第28位前进至第21位；专利管理指数也由第24位提升至第19位等。

是月 自治区科技厅发布2014年度广西自然科学基金项目申报指南，并启动项目申报工作，比2012年提前了1个多月。在申报条件上，本年度的申报指南与往年相比，主要有以下几点变化：（1）个别项目类型允许按照政策可以延长退休年龄的科技人员申报；（2）申报时不再针对各类项目设置具体的考核指标，但在项目结题时，要以项目任务书规定的考核指标为准；（3）有逾期未结题项目的科技人员不得申报和参与新的项目。

是月 国家科技部下发了《科技部关于公布国家农业科技园区评估结果的通知》，百色国家农业科技园区在全国38家“已验收挂牌园区”中排第七位，进入全国优秀园区行列，被列为“国家科技特派员农村科技创业基地”。百色园区是2001年9月由国家科技部、农业部等六部门批准建设的全国首批21个国家农业科技园区之一，位于百色市右江河谷地区，覆盖百色市的右江区、田阳县、田东县和平果县四个县（区）的18个乡镇175个行政村，总人口45.6万人。2010年1月，百色园区通过国家科技部等部门联合组织的园区（试点）综合评议验收，正式命名为国家农业科技园区。

7 月

5 日 自治区科技厅党组书记陈大克应邀到防城港市上思县作《实施创新驱动发展战略》科技创新专题报告。市科技局以及上思县四套班子相关领导、县直各单位领导干部、各乡镇党委政府领导、有关企业负责人、科技人员代表约 200 人参加了专题报告会。陈大克着重从“创新驱动发展战略”、“落实创新驱动发展战略，支撑广西与全国同步全面建成小康社会”、“市（县）科技创新工作的新思考”等三个方面阐述了创新驱动的内涵、实施创新驱动的必要性和重要性。下午，陈大克到港口区调研，重点了解企业自主研发、生产经营以及创新平台、科技孵化器建设等方面情况，与市政府领导就厅市会商工作、创新平台建设等问题进行交流。

9 日 自治区科技厅印发《中国创新驿站广西站点体系建设及工作方案》，全面启动中国创新驿站广西站点体系建设工作。计划用 3 年时间，依托区域内的技术转移服务机构和行业组织，在全自治区各地级市建成 20 家以上工作站点；建立一支 50 人左右的技术转移专员和 80 人左右的科技联络员队伍；促成 200 项以上科技成果的转移转化。2010 年，国家科技部启动中国创新驿站建设试点。至 2012 年，已认定 26 个区域站点、57 个基层站点，培育签约技术经纪人 330 人，与 818 个大学、科研院所、企业及服务机构建立了合作伙伴关系。

△ 自治区科技厅在南宁召开非粮生物质能源产业关键技术攻关与产业化示范科技重大专项工作推进会。广西科技发展“十二五”重大专项“非粮生物质能源产业关键技术攻关与产业化示范”专家咨询委员会专家介绍了专项实施方案、实施情况和取得的阶段性成果；重大专项课题承担单位代表汇报了课题执行进展情况和下一步工作计划；广西非粮生物质能源产业技术创新战略联盟成员单位代表介绍了本单位的技术现状、技术需求和下一步攻关设想；专家们从非粮生物质能源产业技术攻关、新产品开发、废弃物综合利用等多个角度对广西非粮生物质能源发展提出了意见和建议。“非粮生物质能源产业关键技术攻关与产业化示范”自治区科技重大专项专家咨询委员会 6 位专家、广西非粮生物质能源产业技术创新联盟等 15 家企业代表共 30 余人参加了会议。

12 日 自治区科技厅组织科研机构、高校、企业和政府有关部门的 12 位专家学者座谈，征求对广西科学技术奖励工作的意见和建议。专家建议，要进一步完善公示，加强社会监督，适当调整各奖项数量和级别，细化措施，提高质量，更好地激励科技创新和人才成长，促进经济社会发展。科技厅党组书记陈大克、副厅长李国忠参加座谈，表示科技厅将认真考虑专家学者的意见，尽快修改广西科技奖励办法实施细则，完善工作措施，改进科技奖励的推荐和评审工作，提高质量。

△ 广西知识产权发展研究中心揭牌仪式在南宁举行。自治区科技厅党组书记陈大克，厅长谢迺堂，副厅长、广西知识产权局局长李昌华等领导出席了揭牌仪式。仪式上，陈大克、谢迺堂为广西知识产权发展研究中心成立揭牌。广西知识产权发展研究中心是隶属于自治区科学技术厅（自治区知识产权局）、具有独立法人资格的相当正处级全额拨款事业单位，增挂国家知识产权局专利局南宁代办处、中国（广西）知识产权维权援助中心、广西知识产权信息中心牌子，主要开展广西知识产权相关研究，提供知识产权信息、预警、维权援助等服务，负责专利申请受理的事务性工作。

17 日 2013 年全自治区专利分析推进会在南宁召开，会议通报了 2013 年广西上半年实施发明专利倍增计划工作的基本情况，并对下半年发明专利倍增计划工作做了部署。自治区科技厅副厅长、知识产权局局长李昌华出席会议。2013 年上半年，全自治区发明专利申请量等各项指标继续保持快速增长的势头，各项指标处于全国领先水平。全自治区共申请发明专利 3566 件，全国排第 18 位，比去年同期上升 1 位，同比增长 79.56%，增长率居全国第二位，高于全国平均水平 52 个百分点；获得发明专利授权 602 件，同比增长 40.00%，增长率居全国第三位，高于全国平均水平 35 个百分点；6 月末全自治区拥有发明专利 3090 件，每万人口发明专利拥有量为 0.67 件，同比增长 40.84%，增长率居全国第六位，高于全国平均水平 10 个百分点。全自治区共申请专利 7102 件，同比增长 49.30%，高于全国平均水平 30 个百分点；获专利授权 4072 件，同比增长 62.23%，比全国高 33 个百分点。广西知识产权局各处室负责人、各市知识产权局、广西知识产权发展研究中心、广西生产力促进中心、广西科技信息网络中心以及全自治区 18 个专利代理机构的代表近 60

人参加了会议。

19日 广西人大常委会召开新闻发布会，对外公开发布新修订的《广西壮族自治区科学技术进步条例》。自治区人大常委会副秘书长、自治区人大新闻发言人冯恒，自治区人大常委会法制工作委员会主任委员刘耀龙、副主任委员范小辉，自治区科技厅副厅长李昌华等领导参加新闻发布会并答记者问。来自中央驻桂媒体和自治区级媒体的40多名记者参加发布会。该《条例》结合广西经济社会发展实际，从制度上解决科技进步中存在问题和从法律上进一步明确广西科技发展战略和政策的要求，突出强调了科技创新的支撑引领作用。《条例》将于2013年9月1日正式施行。《条例》共分为总则、科学研究、技术开发与科学技术应用、企业科学技术进步、农业科学技术进步、研究开发机构与科学技术人员、保障措施和附则，共7章48条。《条例》明确了广西科技发展战略——提出科技发展要实行“自主创新，重点跨越，支撑发展，引领未来”的指导方针，要坚持科学发展观，实施科教兴桂、人才强桂、创新驱动战略，构建区域创新体系，建设创新型广西。与以前的科学技术进步条例相比，新修订的《条例》对科研开发与成果应用作了专章规定，并增加四项制度措施：一是设立自治区自然科学基金，用于基础研究和应用基础研究，引导社会加大科学技术投入，推动科学技术创新；二是明确规定县级以上人民政府科学技术行政部门应当组织和支持科研开发机构、高等学校、企业事业单位和公民开展科技研究和技术开发活动；三是规定县级以上人民政府应当将重大科学技术基础设施建设纳入基本建设投资计划，支持重点实验室、工程技术研究中心建设；四是规定科学技术成果的应用转化，明确科学技术成果实行有偿使用，法律、行政法规另有规定除外。科学技术成果持有者可以通过转让、许可、作价入股等方式进行科学技术成果转化。其次，《条例》专门增加了“保障措施”一章，在保留原来有关科技经费、科技管理内容的同时，还增加了政策支持、科技进步考核、科技资源共享、科技评价等内容，促进全自治区科学技术进步。同时，《条例》为营造宽松的学术环境，建立了宽容失败鼓励创新的制度。《条例》规定：承担利用财政性资金设立的探索性强、风险高的科学技术研究开发项目的科学技术人员，原始记录能够证明其已经履行了勤勉尽责义务，仍不能完成项目的，经专家评议和立项的部门同意，可以依照相关规定给予项目结题，不影响其再申请科学技术研究开发项目。此外，《条例》强调了企业创新主体作用，鼓励企业加大对科学技术研究开发的投入，确立了企业科技融资的制度，将国有及国有控股企业的创新投入和创新成果纳入企业负责人业绩考核内容。《条例》还明确了政府的科技投入职责，规定各级财政用于科学技术经费的增长幅度，应当高于本级财政经常性收入的增长幅度。各级财政每年安排的技术研究与开发经费比例，自治区本级不低于年度财政预算支出的百分之一点五，设区的市、县级分别不低于百分之一和百分之零点五。

△ 中国工程院院士袁隆平、自治区科技厅厅长谢迺堂，以及农业厅、国家杂交水稻工程技术研究中心、中国水稻研究所等相关领导在南宁市高新区共同为广西瑞特种子有限责任公司的院士工作站揭牌。5月，广西启动了院士工作站的建设工作，认定第一批建设院士工作站60家，共有进站指导院士71名。广西瑞特种子有限责任公司是第一批自治区院士工作站设站单位中的一员。“杂交水稻之父”—袁隆平院士是该院士工作站的指导院士。

22日 自治区科技厅与防城港市人民政府在防城港市举行2013年厅市工作会商会议。本次会议全面总结自2009年双方建立工作会商制度以来所取得的成绩和经验，商议下一步主要工作。自治区科技厅党组书记陈大克，厅长谢迺堂和防城港市委书记、市人大常委会主任刘正东，市长何朝建在会上分别讲话。会议由科技厅副厅长李昌华主持。会议确定了2013年双方共同推进的四项议题。一是共同推动防城港高新技术产业开发区创建。二是共同推进防城港市新材料产业发展。三是共同推进防城港市海水养殖业发展。四是共同推进防城港市金花茶产业发展。科技厅将在2013年已安排自治区本级科技计划项目经费700多万元的基础上，再安排专项经费400万元，与防城港市共同推进议题内容的落实。防城港市副市长侯线红等领导，厅机关有关业务处室负责人以及有关部门、高校院所等单位负责人参加会议。

24日～26日 国家知识产权局局长田力普在广西进行以“知识产权助推西部地区发展”为主题的党的群众路线教育实践活动专题调研。24日，自治区人民政府主席陈武会见了田力普。陈武感谢国家知识产权局长期以来对广西的支持。他说，自治区党委、政府高度重视知识产权工作，大力推动全社会发明创造，使近年全自治区发明专利申请、授权和拥有量都大幅提高，但广西作为欠发达、后发展地区，知识产权工作基础还比较薄弱，必须做出更大努力。田力普说，近两年广西知识产权工作取得了跳跃式的发展，这是广西党委、政府高度重视和支持发明创造工作，政府各部门通力合作，采取综合的政策措施，引导全社会共同参与是分不开的。国家知识产权局将继续加大对广西的支持力度，把知识产权人才培养、东盟国际合作等相关资源更多向广西倾斜，更好地服务和促进广西经济跨越式大发展。

31 日　“科技管理创新与现代农业发展能力提升高级研修班”开班仪式在柳州市委党校举行。共有 74 位来自各市、县（区）科技局的新调任领导及业务骨干参加培训。科技厅党组书记陈大克、中国农业科学院农业经济研究所产业经济研究室主任吴敬学出席。陈大克作《实施创新驱动发展战略，支撑全面建成小康社会》的专题讲座。

是月　国家科技部组织开展了 2011 年和 2012 年度全国优秀科普作品推荐评比活动，评出全国优秀科普作品 50 部。由自治区科技厅组织推荐的《农博士答疑一万个为什么》丛书（第二套）、《当代中国科普精品书系〈航天〉丛书》两部作品获“2011—2012 年全国优秀科普作品”。

是月　自治区科技厅、财政厅于近日联合下发《关于开展 2013 年广西科技基础条件资源调查工作的通知》（桂科条字〔2013〕32 号），正式启动 2013 年广西科技基础条件资源调查工作。

8 月

1 日　广西高新技术企业认定领导小组办公室在自治区科技厅召开 2013 年广西第一批高新企业认定合议会。自治区科技厅、广西财政厅、广西地方税务局和广西国家税务局等成员单位代表参加了合议会。

2 日　科技厅党组书记陈大克、副巡视员彭枝带领办公室、人事处、高新处等有关处室负责人到防城港市开展党的群众路线教育实践活动调研，与基层党员干部和群众直接面对面交谈，听取普通党员和群众的意见。

7 日　科技厅党组书记陈大克、副巡视员彭枝带领办公室、人事处、发展计划处、基础研究处、农村处等有关处室负责人到钦州学院调研。

15 日　2013 年自治区院士工作站授牌仪式和座谈会在南宁召开。广西工信委、教育厅、科技厅、国资委等主管部门代表，广西柳工机械股份有限公司、广西大学等 60 家院士工作站设站单位代表参加了会议。自治区科技厅厅长谢迺堂出席，副厅长李国忠主持会议。

15 日～16 日　自治区科技厅厅长谢迺堂，副巡视员宋文学带领办公室、发展处、高新处、农村处、基础处等有关处室人员组成的第二调研小组赴河池市，围绕科技厅在科技管理、科技服务基层、服务群众、服务发展等方面存在的“四风”问题，与基层科技管理部门、企业和一线科技人员直接面对面交谈，听取意见和征求建议。

19 日　中国科学院广州分院与广西科学院合作洽谈会暨广西科学院与中国科学院云计算中心战略合作签约仪式在广西科学院举行。自治区政府副主席黄日波，自治区发改委、工信委、科技厅、南宁市科技局有关领导以及中国科学院广州分院及中国科学院云计算中心、广西科学院的代表出席了洽谈会及签约仪式。签约双方确立了四个方面的发展目标：一是通过打造“以云计算为核心的现代信息服务”产业园，促进广西信息产业和地方经济社会发展、提升广西电子信息产业整体水平。二是建设广西云计算技术堡垒和云计算技术标准。三是利用“自主知识产权”提升本地企业的核心竞争力，使云计算在广西当地实现“本地化服务”及面向东盟国家提供云计算服务。四是利用云计算完成科技人才的引进、培养，形成产业聚集，并培养一批广西本地的云计算科技人才。

23 日　自治区科技厅党组书记陈大克率领机关第三党支部、办公室、政策法规与社会发展处、广西山区综合技术开发中心等有关负责人赴融水县开展调研，融水县县委常委、副县长莫冰云，县人大常委会副主任贾寒春，县科技局局长郑泽高等陪同调研。

26 日　来宾市副市长刘德祥一行到自治区科技厅，与科技厅党组书记陈大克、厅长谢迺堂及相关处室负责人座谈，共商 2013 年厅市会商工作。

27 日　第十届广西壮族自治区科学技术奖励委员会第一次全体会议在南宁召开。自治区副主席黄日波出席会议并发表讲话。会议提出要进一步优化奖励结构、扩大项目公示内容，实行更严格的防止搭车报奖措施，实行每年聘请 1 次评审委员会的制度，落实更严格的回避措施，做好未来3年的科技奖励工作。2013年自治区共受理科学技术奖推荐项目364项。经形式审查、受理公示，有346项合格项目进入评审。聘请自治区内外586名专家对项目进行了网络评审，其中：科技进步奖286项、自然科学奖43项、技术发明奖17项。根据科技奖励办法的规定，对2013年度的候选项目还将组织专业学科组初审、评审委员会评审和奖励委员会终审等3次评审，最终评选出2013年度广西科学技术奖励项目。

28日 全国政协委员、自治区政协副主席彭钊率领调研组一行10人，到广西林科院调研科技支撑油茶产业发展情况，落实和督办自治区政协第38号重点提案《关于加快我区油茶产业发展的建议》的有关工作；科技厅副厅长粟定成、林业厅副厅长韦纯良等陪同调研。

△ 2013年专利代理人资格考试考前强化提高班开班仪式在南宁举行。来自全国专利代理人近400人参加。

30日 全国知识产权战略实施工作电视电话会议在北京召开。会议全面总结国家知识产权战略实施五年来的工作，部署安排当前和今后一个阶段知识产权战略实施工作。自治区副主席黄日波，政府副秘书长蒋家柏，科技厅厅长谢迺堂，科技厅副厅长、知识产权局局长李昌华，知识产权办公会议各成员单位分管负责人，南宁市人民政府分管负责人，各市知识产权局主要负责人在广西分会场参加了会议。会上，国务委员王勇发表讲话。国家知识产权战略实施工作部际联席会议召集人、国家知识产权局局长田力普作知识产权战略实施工作报告。

△ 自治区科技厅与崇左市人民政府对2013年厅市工作进行会商，双方就共同推进科技支撑糖业循环经济建设和蔗糖产业科技创新体系建设进行商议。自治区科技厅党组书记陈大克，厅长谢迺堂，副厅长粟定成、李国忠以及相关处室人员，崇左市市长孙大光，副书记蒋连生，副市长陈立生及相关部门人员出席会议。

是月 广西师范大学化学与药学院院长赵书林教授申报的“一种多检测模式多功能微流控芯片单细胞分析仪的研制”项目获得国家自然科学基金科学仪器基础研究专款项目资助，经费300万元。该项目是广西在国家自然科学基金科学仪器基础研究专款项目上的突破，标志着广西在开展应用基础研究、推进分析测试前沿技术原始创新方面迈上了新的台阶。

是月 自治区科技厅将全自治区14个设区市、109个县（市、区）的2013年科技进步考核材料报送到国家科技部，并将自治区考核结果上报国家科技部复核，圆满完成全自治区县（市）科技进步考核工作。2013年全国县（市）科技进步考核是国家科技部自2001年以来组织开展的第7次科技进步考核（每两年开展一次）。4月下旬启动，经过工作培训、填报考核材料、考核评审、材料审核完善、结果统计等5个环节，历时3个半月时间。全自治区所有设区市、县（市、区）均参加考核，实现了考核全覆盖。经自治区科技进步考核专家组审查和评审，自治区科技进步考核工作领导小组办公室审核，全自治区共有4个设区市、76个县（市、区）通过自治区考核，县（市、区）通过考核率为69.7%，基本达到自治区制定的“十二五”全自治区县（市、区）通过科技进步考核率70%的目标。

9月

1日 自治区科技厅党组书记陈大克，厅长谢迺堂，副厅长粟定成、李昌华、钟会超、李国忠，纪检组长黎昆，副巡视员宋文学、彭枝来到南宁国际会展中心，检查先进技术展展馆布展情况。科技厅领导在现场向相关人员详细了解了此次先进技术展的布展情况和实施进度，并督促相关人员做好布展工作，保证工作的顺利推进，确保布展工作按时按质完成。

3日 在第十届中国—东盟博览会开幕式上，中国科技部部长万钢和柬埔寨、印尼、老挝、缅甸、泰国、越南等国科技部长共同为中国—东盟技术转移中心揭牌，李克强总理和东盟国家领导人共同见证了揭牌仪式。在2012年9月举办的“首届中国—东盟科技部长会议”上，明确建设“中国—东盟技术转移中心”为科技伙伴计划的重点内容之一。2013年4月，国家科技部明确支持广西牵头，联合云南、北京、江苏、四川等重点省市建设中国—东盟技术转移中心，具体由自治区科技厅负责日常运营。中心工作筹备半年以来，已有11家中国技术转移机构和17家东盟国家技术转移机构加入协作网络。这些机构协同工作，组织包括中国—东盟现代农业新技术与新品种对接大会、中国—泰国太阳能新技术与产品应用对接、中国—老挝创新合作展洽会等一系列企业创新对接洽谈活动。

3日～6日 首届中国—东盟技术转移与创新合作大会在南宁召开。全国政协副主席、国家科技部部长万钢在会上发表主旨演讲。自治区党委书记、人大常委会主任彭清华出席会议并致辞。广西政协主席陈际瓦出席大会。本次大会以“联合创新，共同发展”为主题，包括高层论坛、对接洽谈、先进技术展示、科技园区考察等系列活动，以汇聚和展示中国和东盟国家的优秀创新成果，促进构建中国—东盟技术转移协作网络，推动中国和东盟国家技术需求对接及创新合作为目标。柬埔寨、印尼、老挝、缅甸、泰国、越南等国科技主管部门负责人分别就中国—东盟技术转移与创新合作的政策环境与举措、机遇与诉求、机制与模式三大主题发表演讲。国家科技部副部长曹健林主持会议，自治区政协副主席李彬，以及来自中国和东盟各国企业、高校、科研机构、技术转移服务机构等1000余人参加大会。进行了570多个项目的对接洽谈。其中来自东盟国家的企业和机构代表超过300人，带来对接项目200多个。

3日～6日 中国—东盟技术对接洽谈会举行。吸引了华为公司、搜狐、泰国木薯协会、新加坡宇东集团等来自中国和东盟国家的312家企业和机构共346个项目参会。参会项目涵盖现代农业、可再生能源、生物医药、电子信息四大领域。所有参会项目均面向国内和东盟国家企业及技术转移机构进行征集，会前已利用中国—东盟技术转移中心信息对接平台进行预对接，并在洽谈会现场组织项目供需双方代表进行重点项目推介、产业分析和现场“一对一”、“一对多”的面对面意向交流和项目洽谈。最后，有40多个项目现场签约。作为首届中国—东盟技术转移创新与合作大会重要内容之一，本届技术对接洽谈会展示出四大亮点：一是在项目征集环节通过中国—东盟技术转移中心B2B对接系统进行网上预对接；二是洽谈会现场为重点洽谈与随机洽谈提供可同时进行的场地；三是产业分析、项目推介和对接洽谈三个环节环环相扣，现场发掘需求并完成对接，实现高效快捷对接；四是参会项目都是国内外热点领域的重点项目。

3日～6日 第十届中国—东盟博览会先进技术展在南宁国际会展中心3号馆举办。设有中国—东盟科技合作成果展、东盟国家合作需求展、中国合作需求展、东盟产业园区展、企业特装展等展区。展示了中国创新科技成果、新能源与节能环保技术、光机电与电子信息技术、现代农业技术以及东盟国家科技项目，重点展示“北斗卫星导航系统”、“光伏电站监控系统”等一批先进技术项目，还融入了东盟10国产业园区展示内容。展会吸引了来自全国11个省、自治区、直辖市的150个单位共186个项目参展，参展实物达70%；其中，来自泰国、马来西亚、越南等东盟国家的有20多家企业和机构共40多个项目参展。展会期间，前来观展的人数达4万人次。

3日～8日 由中国科技部国家遥感中心与中国—东盟技术转移中心共同举办的第一届中国—东盟空间信息技术应用培训班在南宁开班。国家科技部部长万钢在开班仪式上接见了培训班全体学员。中国科技部国家遥感中心副主任景贵飞、处长赵静出席培训班并讲话。东盟8个国家的28个学员以及国内相关企业的20个学员参加培训。

4日 中国—东盟科技创新合作研讨会在南宁召开。中国、柬埔寨、老挝、马来西亚、缅甸、泰国科技界和企业界共约200多人参加会议，各方代表就如何促进中国与东盟科技合作进行探讨，对下一步促进中国与东盟科技合作提出了重要建议，达成了一些重要共识。科学技术部国际合作司副司长续超前、自治区科技厅副厅长粟定成、中国科学技术交流中心副主任王艳、中国科学技术信息研究所副所长赵志耘出席研讨会。

9日 2013年度广西工程技术研究中心申报与管理培训班在南宁举办。广西各市科技局、高校、科研机构和相关企业的近150位有关人员参加培训。

12日 北海市人民政府分别与中国水产科学研究院、中国科学院南海海洋研究所、国家海洋局第一、三海洋研究所、清华大学生命学院、南京大学演化生物学研究所、广西水产研究院等11家海洋研究类科研机构代表签订了《海洋科学研究基地建设合作框架协议书》，标志着广西北海国家农业科技园区首批科研机构正式入园。

13日 自治区副主席黄日波到广西柯新源原种猪有限责任有限公司调研，了解院士工作站的建设情况。广西柯新源原种猪有限责任公司与中科院院士、江西农业大学校长黄路生教授，联合开展种猪分子遗传育种和种猪主效基因育种技术成果转化等方面的研究，并被认定为第一批广西院士工作站。黄日波鼓励公司依靠院士工作站，扎实开展种猪育种工作。

△ 自治区科技厅副厅长、广西知识产权局

局长李昌华率领发展计划处、高新技术发展与产业化处及农村科技处有关负责人，到广西中烟工业有限责任公司进行调研。调研组了解公司产品研发、技术创新、专利申请及科技创新人才队伍建设等情况，并就公司的科技创新工作进行了具体指导。

14日 2013年全国科普日活动暨广西“十月科普大行动”启动仪式在广西科技馆举行。自治区政府副主席黄日波，广西科协党组书记、副主席叶宗波，自治区科技厅副厅长李国忠等领导出席了启动仪式。启动仪式上，现场领导为科协专家服务团成员代表授牌，并向有关单位赠送科普书籍、挂图等科普资料。科普联展上有科技创新展、“消失的恐龙”科普知识展、“美丽广西、清洁乡村”活动科普宣传图片展等。

18日～19日 自治区政府副主席黄日波率领广西代表团一行6人访问芬兰，参加由东芬兰大学主办的“中国芬兰联合生物技术工程”国际会议，会晤了欧盟森林研究院院长Risto Pivinen博士，并会见了中国驻芬兰大使馆大使黄兴。

22日～24日 自治区政府副主席黄日波率领广西代表团一行6人访问日本，参加在日本富山举办的第二十二届国际酶工程大会。其中，广西科学院负责组织策划的“生物信息学和系统生物学”专场报告会，是本届大会开幕式之后的第一个专场报告会，世界各地400多位科学家参加。黄日波做题为“克雷伯氏菌甘油脱水酶的遗传改造”的主题演讲，随后主持大会。来自英国、法国、智利、日本的四位科学家也分别发表了他们的研究成果。由于主题明确，研究水平居于世界前沿，本次专场报告会得到会议主办方的充分肯定，极大地提高了广西科学院的国际学术地位，提升了广西乃至中国在世界生物技术酶工程领域的影响力。报告会后，黄日波参观了日本富山大学，前往该大学的合作协会，实地调研了富山当地的农业生产和农业生态环保状况，与2013年度世界酶工程奖获得者——富山大学Asano教授签署了合作协议书，为广西与世界顶尖酶工程团队的合作实现了良好的开局。

是月 自治区科技厅在南宁举办了广西工程技术研究中心申报与管理培训班，来自全自治区有关科技局、科研机构、企业、高校等113个单位的145人参加培训，是历年来首次在申报前开班培训。

10月

11日 在中国总理李克强和泰国总理英拉的见证下，中国外交部长王毅与泰国科技部长皮拉潘在泰国总理府共同签署了《中国科技部和泰国科技部关于推进四个具体合作项目的协议》，协议中的一项重要内容是推进中泰两国技术转移合作，双方分别指定由自治区科技厅和泰国科技发展署、泰国国家科学博物馆牵头负责相关具体推进工作。为了务实推进协议中的各项合作，双方还成立了副部级的科技联委会机制。中国科技部2012年启动中国—东盟科技伙伴计划，支持广西牵头建设中国—东盟技术转移中心，泰国科技部积极参与，专门成立了工作组，提出了明确的合作建议。7月，泰国科技部副常务秘书长颂猜率泰国科技代表团一行15人访问了中国科技部，双方就共建中国—东盟技术转移中心达成诸多一致，并提出要建设中国—东盟技术转移中心曼谷分中心，泰方代表团还与自治区科技厅代表团就中国—东盟技术转移中心建设工作进行了会谈。8月，自治区科技厅谢迺堂厅长率工作组赴曼谷与泰国科技部商讨建设曼谷分中心事宜。9月，泰国科技部长皮拉潘率领包括6家科研机构、1家技术转移机构在内的泰国科技部代表团一行33人参加了在南宁举办的首届中国—东盟技术转移与创新合作大会，组织35项科技项目参加第十届中国—东盟博览会先进技术展。

19日～20日 自治区副主席黄日波带领科技厅、环保厅、农业厅、水产畜牧兽医局等部门有关人员赴辽宁省海城市调研，学习考察该市通过科技创新治理农业废弃物污染工作。原自治区政协主席马庆生教授（原国家“863”计划农业专家组组长）、科技厅副厅长钟会超一起调研。黄日波说，广西将学习辽宁在农业废弃物污染治理方面的经验，不断提高自主创新能力，依靠科技创新推动全自治区“美丽广西·清洁乡村”活动深入开展。

21日 自治区科技厅副厅长刘建宏会见了以色列驻中国华南经济与商务领事海诺娅，双方就开展农业、生物技术等领域的科技合作和交流进行了洽谈。刘建宏表示，非常感谢海诺娅女士对广西科技发展的关心和重视。他说，广西在农业、生物技术领域有较强的科技实力，拥有一批优秀的科研机构、高校和企业，希望与以色列方面深化交流，自治区科技厅将大力支持与以色列的科研合作，努力促成实质性的项目合作。海诺娅介绍了以色列科技创新和2014年以色列第一届创新周的活动情况，希望通过科技项目、科技考察、国际科技论坛等多种方式进一步加强与广西的科技交流与合作。介绍了以色列科技管理部门——首席科学家办公室的构成和管理职能，并表示可通过以色列驻中国华南经济与商务处与该办公室建立联系，希望通过互通技术需求信息促成实质性合作。

22日 上汽通用五菱汽车股份有限公司副总经理袁智军一行到自治区科技厅，与科技厅举行工作座谈，科技厅厅长谢乃堂、副厅长李昌华以及有关处室负责人参加座谈，听取上汽通用五菱建设广西乘用汽车研发中心情况的工作汇报。

22日～27日 广西知识产权局、中国（广西）知识产权维权援助中心工作人员入驻广交会投诉站，与广东省知识产权部门一起参与第114届广交会专利行政执法工作，进行展会知识产权执法实战。专利行政执法组共受理专利侵权投诉案件约110起。

23日 第十四届中国西部国际博览会在成都世纪城国际会展中心开幕。广西科技代表团共组织了22家企业的24个项目参加展览展示，参展项目涉及电子信息、节能环保、生物医药、农业牧渔、新材料等领域。

24日 全国知识产权局系统政府门户网站培训班在陕西西安召开，会议总结了一年来全国知识产权系统政府门户网站工作情况，通报了2012年地方子站考核情况，还开展了地方子站经验交流。国家知识产权局办公室副主任鲍炎炎出席开班仪式并作讲话。广西子站在2012年度先进地方子站评审的综合考核评分中以80分排名全国第二；在2012年度全国知识产权局系统政府门户网站先进地方子站评审的总评分中以140分排名全国第五，广西子站进入了2012年度全国知识产权系统政府门户网站先进地方子站行列。国家知识产权局机关子站信息员，各省、自治区、直辖市、计划单列市、副省级城市及新疆生产建设兵团知识产权局子站信息员及管理员80余人参加培训。

△ 桂林莱茵生物科技股份有限公司在桂林举行广西院士工作站第一次会议。杨胜利院士和丁健院士出席并达成合作共识。院士们表示要充分利用研究所和企业各自的优势，加强产学研结合，共同开展发展战略研究，成立联合实验室，进行科技成果转化，加强沟通和协调，建立联合创新机制。会议邀请了清华大学曹竹安教授、中国科学院大连化学物理研究所曾仲大副研究员出席。自治区科技厅成果处和桂林市科技局有关领导出席了会议。

28日 罗城县委书记蒋向明、县长银邦克带队到自治区科技厅，与科技厅举行工作座谈，汇报罗城县近年来科技工作情况。科技厅党组书记陈大克、厅长谢乃堂、副厅长钟会超以及各有关业务处室负责人参加座谈。

31日 自治区科技厅与来宾市人民政府举行2013年工作会商会议。这是继2011年双方正式建立厅市工作会商制度后又一次全面深入的合作。本次会商确定了两大议题。一是共同推进科技支撑来宾桑蚕茧丝绸产业链延伸。以做强桑蚕茧丝绸产业为目标，加强产学研合作，加强茧丝深加工技术及产品创新，推动科技支撑桑蚕产业发展。开展茧丝绸深加工技术攻关，研究开发丝绸新产品和特色产品，培育自主丝绸品牌；集成应用茧丝绸副产品综合利用技术，打造资源循环利用产业链，积极推动产业链横向拓展和纵向延伸，实现桑蚕茧丝绸产业可持续发展。二是共同推进来宾科技创新平台建设。自治区科技厅党组书记陈大克，厅长谢乃堂，来宾市委书记、市人大常委会主任李志刚，市委副书记、市长杨和荣，分别在会上讲话。科技厅副厅长刘建宏及科技厅有关处室负责人，来宾市副市长刘德祥、市政协副主席莫帮福以及来宾市有关部门负责人等参加会议。

△ 自治区科技厅与玉林市人民政府举行2013年厅市会商，全面总结2010年双方建立工作会商制度以来所取得的成绩和经验，商定今后两年双方共同推进的三项议题。科技厅党组书记陈大克，厅长谢乃堂，玉林市委书记、市人大常委会主任金湘军，市委副书记、市长王凯，分别在会上讲话。科技厅副厅长刘建宏及科技厅有关处室负责人，玉林市委常委、常务副市长朱朝霞与玉林市有关部门负责人等一起参加会议。

31日～11月2日 受自治区人民政府的委托，自治区科技厅与有关依托单位一起给一批中国科学院、中国工程院院士代送了自治区主席院士顾问聘书。

是月 广西发明创造成果展览交易会组委会通报第二届广西发明创造成果展览交易会各奖项（具体有项目金奖、银奖，传统手工业创新成果奖，中小学生发明创造特别奖），本届发明创造成果展览交易会奖项中共评出金奖25个，银奖55个，传统手工业创新成果奖30个，中小学发明创造特别奖20个。柳州市人民政府，自治区教育厅，自治区科协，南宁市人民政府，自治区二轻联社，玉林、防城港、河池、来宾市人民政府获得了组织奖。

是月 国家知识产权局办公室下发通知，对全国知识产权系统人才工作94个先进集体、93名先进个人进行表扬，其中，广西知识产权局、钦州市知识产权局、博白县知识产权局等3家单位被评为知识产权人才工作先进集体，3人被评为知识产权人才工作先进个人。

是月 玉林师范学院院长梁伟江一行来到自治区科技厅，与科技厅举行工作座谈，科技厅党组书记陈大克、副厅长周文能以及有关处室负责人参加座谈。双方就提升高校科技创新能力等相互关切的问题进行深入交流，并就玉林师范学院建设广西重点实验室等事宜进行讨论。

是月 由自治区科技厅组织推荐的广西科技信息网络中心“中国—东盟国际技术转移中心”成为广西首家获国家科技部认定的国家级国际技术转移中心。

是月 经自治区人民政府推荐，国家科技部会同有关部门研究决定，广西桂林国家农业科技园区获得批准建设，建设期为三年，这是广西继百色、北海国家农业科技园区后获准批准建设的第三个国家农业科技园区。广西桂林国家农业科技园区以桂林市区为中心沿漓江上下各50公里的范围，规划重点建设核心区和示范区，总面积6000公顷。核心区位于桂林市雁山区雁山镇，规划建设面积1000公顷，重点建设综合服务中心、研发与孵化园区、农产品加工与物流园区、生态果蔬产业示范园区、休闲观光农业园区；示范区建设生态蔬菜产业示范区、生态水果产业示范区、休闲农业示范区等三大示范区，总面积5000公顷。

11月

2日～3日 2013年全国专利代理人资格考试在包括南宁在内的全国20个城市同时举行。南宁考点考场设在广西大学。考试分为专利法律知识、相关法律知识、专利代理实务3门科目。开考当天，自治区科技厅副厅长、知识产权局局长李昌华一行，巡查了南宁考点的各项考务工作。

4日 自治区政府副主席黄日波到科技厅调研，并与科技厅领导干部座谈，研究对外科技合作及中国—东盟技术转移中心（英文简称CAT-TC）的建设问题。科技厅党组书记陈大克，厅长谢逎堂，副厅长李国忠，纪检组长黎昆，副巡视员宋文学、彭枝等有关领导参加调研。

5日 第二十届中国杨凌农业高新科技博览会在陕西杨凌开幕。自治区科技厅副厅长刘建宏率广西代表团151人参展参会。广西代表团共组织农业机械、农产品深加工、特色种养技术，以及知识产权等方面的48个项目参加展示交易。本届农高会是广西历届参展项目最多的一届。

△ 自治区人民政府科学技术奖励委员会召开第二次全体会议，对2013年度广西科学技术奖特别贡献奖项目进行答辩评审，并对广西科学技术奖自然科学奖、技术发明奖和科学技术进步奖的奖励项目进行审定。2013年度广西科学技术奖共收到44个推荐单位和专家推荐候选项目364项，经形式审查、受理项目公示，进行异议处理，符合送评条件的项目共有346项。项目评审共聘请了自治区内外760名专家，经过对项目进行网络初评、专业（学科）评审组会议评审、评审委员会复评、奖励委员会会议审定等“三评一审”程序，按照“公平、公正、科学”的原则，评审出2013年度广西科学技术奖项目159项。对评审出来的奖励项目还将在广西科技信息网公示30日，再次接受社会监督。

10日～12日 “2013大型精密锻压模具及汽车零部件（锻压件）技术交流会”在桂林举办。会上，中国模具工业协会常务副会长兼秘书长武兵书、中国汽车工业协会零部件部主任陈元智分别做了题为《中国模具产业发展现状及存在的问题》和《中国汽车零部件产业发展现状及存在的问题》的报告。

16日 为期6天的第十五届中国国际高新技术成果交易会在深圳市会展中心揭幕。自治区政府副主席黄日波参加了当天的开幕仪式并巡视广西展区。广西代表团共组织55家企业57个项目参加本届高交会，项目涉及光机电一体化、电子信息、节能环保、生物医药、农业牧渔、新材料等方面，重点宣传广西科技创新成果和产品以及各高新区良好的投资环境。广西代表团组织14次科技合作对接交流活动，开展技术转移对接洽谈及信息发布活动4项。组织相关企业人员参加中国高新技术论坛－新一代信息技术峰会、中国高新技术论坛－资本市场专场、中国高新技术论坛－中国新能源发展峰会、中国高新技术论坛－中国创业家峰会等系列论坛活动和项目采集活动。高交会期间，黄日波还率队到深圳市神达实业有限公司、中国科学院云计算产业技术创新与育成中心进行考察。自治区政府副秘书长蒋家柏，科技厅厅长谢迺堂、副厅长李国忠等领导参加巡馆和考察。

17日　广西科技代表团与中国科学院广州分院在广州举行座谈会。自治区政府副主席、广西科学院院长黄日波，广东省科技厅党组书记、厅长、中国科学院广州分院、广东省科学院院长黄宁生，广州分院、省科学院党组书记、副院长郭俊等领导出席。双方分别介绍了科学院发展、研发情况以及中科院云计算产业技术创新与育成中心与广西合作进展情况，探讨下一步工作合作意向。

19日　国际华人科技工商协会主席李大西一行12人到自治区科技厅参观，并与科技厅有关领导干部座谈。科技厅厅长谢迺堂、副厅长钟会超以及各有关业务处室、直属单位负责人参加座谈。国际华人科技工商协会代表团首先到广西知识产权信息中心进行参观，询问、了解该中心的日常工作。随后，代表团来到中国—东盟技术转移中心参观，由自治区科技厅副厅长钟会超向代表团介绍了中心成立背景和目标、组织架构以及主要工作，并与代表团交流相关的工作经验。

△　国家科技部2013年科技管理培训项目“创新驱动与工业化和城镇化建设高级研修班”在南宁开班，80多名来自全自治区各市、县（区）科技局新调任领导和业务骨干参加培训。自治区科技厅党组书记陈大克出席开班仪式，并作题为《实施创新驱动发展战略，支撑全面建成小康社会》的讲座。科技厅副厅长李昌华作题为“科技创新支撑我区新型工业化城镇化建设”的讲座

22日　国家科技部2013年科技管理培训项目“创新驱动与工业化和城镇化建设高级研修班”结束。来自全自治区各市、县（区）科技局的80多名领导及业务骨干参加培训。自治区科技厅党组书记陈大克、副厅长李昌华等专家到班授课。

△　崇左市副市长康凯一行到自治区科技厅，与科技厅举行工作座谈。科技厅厅长谢迺堂、副厅长刘建宏及相关处室负责人参加了座谈，听取崇左市加强科技创新情况的工作汇报。崇左市希望在市科技创新工作中得到科技厅更多的支持和指导。

28日　广西发明创造成果展览交易会第二届总结暨第三届预备会在桂林国际会展中心召开，对第二届发明展进行了总结，对第三届发明展的各项工作筹备情况进行通报及部署。自治区科技厅党组书记陈大克出席会议，会议由科技厅副厅长、自治区知识产权局局长李昌华主持。广西发明展组委会办公室及桂林市政府就第三届发明展筹备情况进行汇报。陈大克对第三届发明展做出了部署，并对各项目筹备工作提出了要求。会议总结了第二届发明展的情况，第二届取得了圆满成功并体现了四大特色，一是突出创新驱动、主题鲜明；二是展会规模大，项目领域广，体现全民创造；三是组织和活动方式创新，富有地方特色；四是活动内容丰富，专利转化突显。对第二届发明创造成果展览交易会最佳组织奖、项目金银奖、传统手工业创新成果奖及中小学生发明创造特别奖进行表彰。第二届发明展共展示项目1582项，吸引约6.5万人到展会洽谈、参观、购物，展会现场推介专利技术12项，大屏幕推介43项；展会产生25个项目金奖，55个项目银奖，30个传统手工业创新成果奖及20个中小学生发明创造特别奖。自治区科技厅、教育厅、科协、知识产权局、二轻工业联社等单位的有关领导及相关同志，广西14个地市参展代表团有关负责人参加会议。

29日　第三届广西发明创造成果展览交易会在桂林国际会展中心开幕。本届发明展以“创新驱动发展，发明创造未来”主题，展示发明创造成果约1500项，组织开展专利拍卖、专利推介、知识竞赛和对接洽谈会等活动。自治区政府副主席黄日波出席开幕式并宣布第三届广西发明创造成果展览交易会开幕。自治区政府副秘书长蒋家柏，科技厅党组书记陈大克，科技厅副厅长、知识产权局局长李昌华，桂林市委书记赵乐秦、市长黄俊华出席开幕式。赵乐秦致辞。自治区政府副秘书长蒋家柏主持开幕式。本届发明展由自治区人民政府主办，桂林市人民政府、自治区科技厅和知识产权局共同承办，展示时间共4天，设序厅和18个代表团展区，参展事业单位约500家，展览面积约9000平方米，参展项目约1500项，涉及14个千亿元产业、10个战略性新兴产业以及传统手工业、旅游、文化等产业领域，其中包括企业、高等院校、科研院所、社会发明人和中小学生发明创造成果。发明展组委会成员单位领导、

各市人民政府分管领导出席了开幕式。参加开幕式的还有14个设区市代表团、自治区教育厅组织的高等学校代表团、自治区科技厅组织的科研院所代表团、自治区二轻工业联社组织的传统手工业代表团和自治区科协组织的中小学生代表团及部分参展单位的代表。

是月 国家科技部公布2013年全国县（市）科技进步考核结果，其中广西有4个设区市、75个县（市、区）通过考核，有3个设区市、23个县（市、区）获评为2013年全国县（市）科技进步考核先进县（市），有104人获评为2013年全国县（市）科技进步考核先进个人，自治区科技厅连续4次获评为全国县（市）科技进步考核优秀组织单位。本次考核广西14个设区市、109个县（市、区）均参加考核，实现了考核全覆盖，县（市、区）通过考核率达68.8%。与上一次考核相比，通过考核县（市、区）数增加17个，通过考核率提高15.6%。通过考核的设区市首次达到4个。

12月

1日 广西知识产权局在桂林市举办2013年专利行政执法案件研讨会。自治区、市两级专利行政执法人员，中国（广西）知识产权维权援助中心领导和工作人员等近40余人参加了会议。

2日～7日 由广西科学研究与技术开发计划项目“广西亚热带作物研究所国家国际科技合作基地能力建设”资助的“中国—东盟木薯产业技术培训班”在南宁开班。邀请了来自中国（国际热带农业中心）、泰国和越南的木薯育种、栽培、推广和加工等领域的7名专家，整合了广西亚热带作物研究所的人力和物力等资源。参加培训的有来自泰国、越南和中国的木薯研究人员、科技推广者和木薯农民合作社负责人以及来自中国、印尼、缅甸、新加坡的木薯投资、种植等公司及木薯机械企业的老总和高级管理人员等50名学员。培训内容有亚洲区域的木薯育种情况、良种快繁技术、节本高效栽培技术、间套种体系等。

5日 钢结构及钢筋混凝土结构腐蚀防护成果交流论坛在广西大学召开。自治区主席院士顾问郑皆连、侯保荣出席论坛，自治区科技厅党组书记陈大克、广西大学校长赵艳林出席论坛并致辞，会议由广西大学副校长陈保善主持。陈大克充分肯定了自治区主席院士顾问在产业的规划布局、结构调整、重大项目论证与建设、关键技术攻关以及推进人才引进和培养，为广西经济社会跨越发展所起的作用；希望广西涉及钢结构及钢筋混凝土结构腐蚀防护领域的单位和代表，认真学习和转化院士及其团队的科研成果，助推北部湾经济区的建设和临海工业的发展，也希望广西大学作为院士依托单位要加强与院士及其团队的交流合作，建立长效合作机制，充分发挥院士的智慧、力量和影响，带动各项科研成果和人才能力的提升。在论坛上，围绕钢结构物腐蚀与防护技术主题，郑皆连和侯保荣院士分别做了题为《桥梁结构安全》和《材料腐蚀与控制技术》的学术报告。与会人员与院士们进行了热烈交流和探讨，邀请院士团队到企业进行技术指导。中国工程院二局、广西科技厅成果管理与科学技术普及处、中国创新驿站广西站点体系秘书处、广西大学科技处、化学化工学院有关领导出席论坛。广西建工集团有限责任公司、广西华蓝设计集团有限公司、防城港务集团有限公司等30多家单位120多人参加本次论坛。

△ 自治区人民政府公布了广西第十六批“新世纪十百千人才工程”第二层次人选名单，广西重点实验室有莫碧文、庞丽红、张哲、刘演、蒋燚、孙希延、王桂文等7人入选广西第十六批“新世纪十百千人才工程”第二层次人选，全自治区共有30人入选，标志着广西重点实验室在聚集和培养高层次专业技术人才方面取得新成绩。

11日 桂林电子科技大学校长古天龙、副校长王玫一行到自治区科技厅，与科技厅厅长谢酒堂、副厅长李昌华进行工作座谈。双方就桂林电子科技大学北斗导航进东盟、信息安全等培育基地的建设交换了意见。桂林电子科技大学希望在建设培育基地中得到科技厅的帮助和支持。

12日 自治区科技厅与来访的澳门电脑零售协会广西资讯科技及贸易交流团举行工作交流会，双方相互介绍交流，并就澳门电脑零售协会将在广西建办企业等工作进行商讨。交流会上，澳门电脑零售协会向科技厅咨询了要在广西建办企业将涉及的有关政策法规、企业注册等问题。双方还就协会交流团将在广西创建手机购物平台、物联网、北斗系统以及参加中国—东盟博览会等主题进行商谈，并交换了意见。会后，澳门电脑零售协会交流团还参观了科技厅数据中心和中国—东盟技术转移中心。自治区科技厅党组书记陈大克、副厅长李昌华，科技厅相关处室及直属单位负责人，澳门电脑零售协会会长钟永健和有关会员以及协会部分成员单位负责人参加了交流会。

17日 广西知识产权优势企业培育工作启动仪式暨企业知识产权管理规范贯标实务培训班在南宁举行，这标志着广西识产权优势企业培育工作正式启动。自治区知识产权局向获得知识产权优势企业培育工作单位授牌。广西科技厅副厅长、知识产权局局长李昌华出席活动并讲话。

19日 自治区科技厅举办创新体系建设专题报告会，邀请科技部国家创新体系建设办公室主任徐建国在会上作专题报告。报告会由科技厅党组书记陈大克主持。徐建国就为何要实施科技创新驱动发展战略，是否已经具备实施科技创新驱动发展战略的条件等问题进行分析；归纳阐述了强化企业主体，大力培养科技型中小企业，加强协同创新；加强科技宏观统筹，完善科技经费管理制度等改革措施。副厅长钟会超、李国忠、周文能，纪检组长黎昆，副巡视员宋文学、彭枝及厅机关全体干部职工，直属单位中层以上领导干部参加了报告会。

20日 华南地区专利行政执法协作调度中心工作方案签订仪式暨首次联席会议在广州召开。自治区知识产权局与广东、海南两省知识产权局签署了《〈华南地区专利行政执法协作调度中心工作方案〉确认书》，并与广东省知识产权局签署了《粤桂两省区专利行政执法协作协议》，使华南三省区专利行政执法协作迈上新台阶。

26日 自治区科技厅召开厅直属单位财经违纪案件暨财务检查情况年度通报会，厅各处室，各直属单位领导、办公室主任和厅系统全部财会人员参加了会议。科技厅党组书记陈大克出席会议并讲了话，党组成员、纪检组长黎昆主持会议。会议通报了2013年度厅直属单位违反财经纪律案件情况和财务检查情况。

△ 广西发明专利申请量已超过12000件。自去年实现倍增的基础上，再次实现倍增，提前完成自治区年初提出的申请发明专利1万件年度目标，取得跨越式发展。

△ 根据《科技部 中央宣传部 文化部 新闻出版广电总局关于认定第二批国家级文化和科技融合示范基地的通知》（国科发高〔2013〕692号）通知，桂林市被认定为“国家级文化和科技融合示范基地”，这是广西首次获得国家级文化和科技融合示范基地的认定。

27日 北海市副市长刘志明一行到科技厅，与自治区科技厅厅长谢酉堂及相关处室负责人进行座谈。双方就北海市高新区、工业园区等建设，以及科技创新工作进行商谈。北海市希望在这些工作上得到科技厅的支持和指导。

是月 根据《农业部办公厅关于发布2013年超级稻确认品种有通知》，由南宁市沃德农作物研究所、湖南杂交水稻研究中心、广西南宁欧米源农业科技有限公司共同培育的籼型两系杂交稻“Y两优087”获农业部确认为超级稻品种，成为继“桂两优2号”、“特优582”之后的广西第三个超级稻品种。该品种2011、2012年经组织自治区内外专家按照农业部《超级稻品种确认办法》有关规定进行现场测产验收，梧州市沙头镇和陆川县马坡镇示范点平均亩产分别为722.42千克和738.8千克。

是月 由桂林橡胶机械厂承担建设的广西橡胶产业技术创新战略联盟建设项目顺利通过验收，成为第一个通过验收的广西创新计划专项项目。该项目是第一批广西创新计划专项项目，于2012年6月获得立项。通过项目实施，建成了CAE实验室与样机试验基地；成功开发高性能液压硫化机、巨胎成型机、开放式液压硫化机等新产品14个；引进开发新技术6项、新工艺15项；申请专利51项（其中发明专利13项）；新增产值10493万元、利税840万元、出口创汇693万美元。

是月 根据《中华人民共和国农业部公告第2011号》，由钦州市农业科学研究所科技人员培育的水稻优良新品种“博优1167”2013年经国家农作物品种审定委员会审定通过（审定编号：国审稻2013032），该品种参加华南感光晚籼组区域试验，两年平均亩产483.2千克，比对照品种“博优998”增产7.5%。适宜在广西南部、广东中南及西南稻作区的平原地区作晚稻种植。是广西“十二五”第一个通过国家审定的水稻优良品种。

是年 2013年，自治区科技厅围绕新一轮扶贫攻坚战的总体目标，采取“五抓”措施，提升贫困地区依靠科技进步发展优势特色产业的能力，科技扶贫工作取得新的进展。一、抓现代农业产业科技示范县建设工作，促进贫困地区县域经济发展。二、抓创新驱动，促进产业科技扶贫。三、抓科技管理服务平台和能力建设，为扶贫开发提供科技支撑。四、抓“整村推进”，促进定点扶贫开发。五、抓科技培训扶贫，提高贫困村农民种养技术水平。

是年 自治区主席院士顾问及其团队与依托

单位开展合作项目309项，指导申报国家级项目41项。依托单位在院士顾问指导下获国家级各类科研平台18个，获得国家项目经费共5.81亿元。院士顾问还帮助依托单位培养了博士44名，硕士108名，培训人员共1472人次。

是年 自2007年12月自治区科技厅启动厅市会商工作以来，科技厅已与广西14个地市签订了合作框架协议书或会商制度议定书，共就58个议题进行商议，共下达会商项目近80项，支持经费9575万元，各市配套经费共27744万元，支持有色金属、装备制造、糖业、电子信息、特色新材料、海洋生物、旅游等地方优势特色产业建设，带动社会投入超110亿元，新增产值超265亿元。

是年 中国—东盟技术转移中心申报国家国际科技合作基地，并获得科技部认定，成为广西首家国家级国际技术转移中心，也是全国唯一一家面向东盟的国家级技术转移机构。

是年 2013年广西年度发明专利受理量突破1万件，连续两年实现倍增。发明专利受理量达14380件，比上年增长121%，增长率蝉联全国第一，在2012年增长136%的基础上，再次实现倍增。“十二五”以来发明专利受理量累计23644件，超额完成发明专利倍增计划确定的“十二五”前三年申请总量任务。广西三种专利受理量突破2万件，达23249件，同比增长71%。发明专利授权量和有效量大幅增长，专利综合实力显著提升。广西获发明专利授权1295件，比上年增长43.73%，增长率跃居全国首位；年末发明专利有效量3692件，每万人口发明专利拥有量达到0.79件，比上年增长42.90%，增长率跃居全国第二，在全国排位提高2位，从“十一五”期末第29位升至第27位。广西专利综合实力指数在全国排位提升4位，由第27位升至第23位。

（科技志编辑室）

文件选编

广西壮族自治区科技型中小企业技术创新引导资金管理暂行办法

（2013 年 1 月 11 日）

第一章　总　则

第一条　为充分发挥政府资金的引导作用，鼓励金融机构等社会资本加大对科技型中小企业技术创新的支持力度，帮助科技型中小企业解决融资难题，促进科技成果转化和产业化，进一步提升我区科技创新能力，推动产业结构调整，根据《促进科技和金融结合试点实施方案》（国科发财〔2010〕720 号）精神和我区实际，制定本办法。

第二条　自治区科技型中小企业技术创新引导资金（以下简称“专项资金”）来源于自治区本级财政拨款，用于科技贷款项目贴息。

第三条　专项资金贴息对象为广西科技型中小企业。

第四条　自治区科技厅、财政厅是专项资金的主管部门。自治区科技厅负责审核认定承办专项科技贷款的金融机构和专项资金的执行。自治区财政厅负责专项资金预算安排、使用管理和监督。

第五条　自治区科技厅、财政厅委托广西生产力促进中心，具体负责专项资金的日常管理工作。其主要职责包括：

（一）建立专项科技贷款备选企业库，受理专项资金的申请，组织对申报材料进行评审，并依据评审结果提出专项资金贴息方案。

（二）将专项资金纳入单位财务统一管理，单独核算，确保专款专用，建立专项资金管理、使用的追踪问效机制。

第二章　贴息的范围与条件

第六条　专项科技贷款是指面向科技型中小企业发放的科技项目贷款，优先支持国家、自治区、市立项的科技计划项目。专项科技贷款项目应符合以下条件：

（一）符合国家、自治区、市产业政策支持方向，技术领域属于高新技术或战略性新兴产业领域；

（二）具有自主知识产权、创新性强、技术含量高的项目，特别是原始创新项目；

（三）具有较好市场前景和经济社会效益，对我区支柱产业和地方特色产业发展具有促进和带动作用的项目。

第七条　专项科技贷款扶持税源归属我区科技型中小企业实施的技术创新项目，科技型中小企业应具备独立的法人资格、健全的财务制度、良好的经营业绩、没有逾期未还银行贷款的记录。

第八条　广西生产力促进中心建立专项科技贷款备选企业库并定期审核更新，入库企业提交相关材料向广西生产力促进中心提出专项科技贷款申请。

第九条　广西生产力促进中心建立评审专家委员会，对提出专项科技贷款申请的备选企业的产业方向、科技水平、市场前景和经济社会效益等进行评审，以评审分值为依据，择优分批向专项资金主管部门审核认定的金融机构推荐企业。

第十条　金融机构审核广西生产力促进中心推荐的有专项科技贷款需求的企业条件，确定贷款额度，并发放专项科技贷款。贷款期限不超过 2

年，并要按照中国人民银行公布的同期基准利率发放。科技贷款发放后，按要求向广西生产力促进中心进行备案（具体要求见附件）。

第三章　贴息资金的申报与拨付

第十一条　申请贴息资金的流程：

（一）获得金融机构专项科技贷款的企业付息后，按季度或半年向广西生产力促进中心提交贴息申请。

（二）广西生产力促进中心对企业提交的材料（具体提交方式及材料见附件）进行核实统计，提出季度或半年贴息资金总额报自治区科技厅、财政厅。

（三）自治区科技厅、财政厅对广西生产力促进中心报送的专项资金贴息材料和贴息总额进行审核后，按季度或半年拨付贴息资金。

第十二条　科技贷款贴息金额＝∑（当年每笔正常还本付息的贷款额×该笔贷款合同签订的贷款基准利率×实际贷款天数/360）×50%，且单笔科技贷款贴息额不超过100万元。

第十三条　专项资金的拨付和使用按照国库集中支付制度有关规定执行。

第四章　管理与监督

第十四条　广西生产力促进中心与专项资金主管部门审核认定的金融机构签订合作协议。当年贴息总额以专项资金本年度余额为限。

第十五条　广西生产力促进中心年度管理费由自治区本级财政核定。

第十六条　专项资金的年度结余，应严格按照自治区本级财政拨款结转结余资金管理规定执行。

第十七条　专项资金的管理和使用要严格执行国家和自治区有关财务制度的规定，广西生产力促进中心要加强监督管理，对专项经费单独设账核算，做到专款专用。

第十八条　自治区科技厅、财政厅对专项资金的管理和使用情况进行定期或不定期的监督检查。

第十九条　对以虚报等手段骗取、截留或挪用科技贷款贴息资金的，一经查实，财政部门将收回已安排的补贴资金，并依照《财政违法行为处罚处分条例》等法律法规严肃处理。

第五章　附　则

第二十条　本办法由自治区财政厅、科技厅负责解释。

第二十一条　本办法自发布之日起执行。

广西壮族自治区院士工作站管理办法（试行）

（2013年1月28日）

第一条　为充分发挥中国科学院和中国工程院对我区科技发展的推动作用，搭建高层次科技创新平台，加强产学研合作，引进科技创新团队，培养创新型人才，加快建立以企业为主体、市场为导向、产学研相结合的技术创新体系，提升我区产业自主创新能力，制定本办法。

第二条　本办法所称院士工作站（以下简称工作站），是指以企事业单位创新需求为导向，以区内外院士及其创新团队为技术核心，联合攻克重大关键共性技术，促进科技成果转化及产业化的一种组织形式和载体。工作站采取政府推动，院士参与，企事业单位管理的建站模式。

第三条　工作站的主要任务是：

（一）围绕广西经济社会宏观发展，开展产业及企事业发展战略咨询和技术指导。

（二）面向广西产业和科技发展，联合多方力量，搭建技术创新平台，开展重大关键技术和共性技术的研究以及重大创新产品的研发，培育自主知识产权和自主品牌。

（三）积极联系引进院士及其创新团队的科技成果，通过工作站在企业进行转化，提高企业的自主创新能力。

（四）依靠院士及其创新团队建立博士、硕士培养基地，为我区培养高端创新型研发科技人才。

（五）充分发挥院士整合协调作用，联合院士组合广西科技队伍，争取更多国家重大项目及培养高层次科研领军人才。

第四条　广西壮族自治区科学技术厅（以下简称自治区科技厅）作为主管部门，负责工作站的认定、管理和服务。其主要职责是：

（一）负责推进与中国科学院、中国工程院的科技合作与交流，邀请组织院士到我区考察指导，促进院士与我区相关企业和单位进行对接，建立合作关系。

（二）负责全区工作站的认定、跟踪管理、绩效评估。

（三）在科技政策、科技计划、创新平台建设等方面对工作站给予重点扶持。

第五条 自治区院士工作站设站单位主管部门及各设区市科技主管部门配合做好相关工作，主要职责是：

（一）负责协助组织本地区、本部门工作站的申请、建设工作。

（二）及时了解工作站日常运行情况，协调解决建设过程中存在的困难和问题，并提供必要的人、财、物以及政策等保障条件。

第六条 设站单位是工作站的建设与管理主体，主要职责是：

（一）提出本单位工作站设站申请，制定本单位工作站工作目标及运行管理规划，落实人员、场所、研发和运行经费等。

（二）根据需要聘请1位以上院士作为工作站专家，根据国家政策，按照自愿、互利原则与院士商定服务时间、方式、报酬及其他事项。

（三）负责制订本单位工作站的工作规范，每年安排专项科研经费和运行经费预算，落实专职管理人员，做好院士及其创新团队的科研和生活服务工作，并为每位签约院士配备1名以上的科研助手。

（四）设站单位要充分发挥签约院士及其创新团队的作用，在对产业发展和技术需求进行充分调研的基础上，提出工作站年度工作计划、技术创新的目标和任务等。

第七条 申请认定工作站的单位，应当具备以下基本条件：

（一）具备独立法人资格，经营或运行状况良好。

（二）建有专门的研发机构，拥有水平较高、结构合理的研发团队，具备较强研发能力。

（三）与1名以上的院士（含1名）已经建立紧密的合作关系，院士签约同意与其共同开展技术创新活动。

（四）有明确的研究课题和稳定的经费支持，能为院士及其团队提供较好的科研条件和必要的生活条件。

（五）凡涉及技术、知识产权和商业秘密保护问题，双方要签订协议和责任书，明确双方权利和义务，明晰产权归属。

（六）已经与院士建立科研合作关系的单位，八桂学者设岗单位，国家万人计划依托单位，自治区级以上工程技术研究中心、企业技术中心、重点实验室建设依托单位，国家及自治区级重大项目第一承担单位，可优先考虑设立。

第八条 工作站由符合条件的单位自愿申请，经自治区有关主管部门或设区市科技主管部门组织初审后报自治区科技厅。自治区科技厅组织专家进行评审论证，择优认定、统一授牌。

第九条 工作站应以依托单位和专业技术领域命名，称为“广西壮族自治区×××（设站单位简称）×××（领域名称）院士工作站”。

第十条 工作站管理期限一般为3年，实行人员柔性流动和动态管理方式。仍需要继续设立的，由依托单位申请，报自治区科技厅审核后可重新确认。管理期满对其运行情况进行评估。院士工作站的绩效实行年度报告制度，每年年底要进行全面工作总结。

第十一条 本办法由自治区科技厅负责解释。

第十二条 本办法自公布起三十日后施行。

广西创新型企业试点工作实施方案（试行）

（2013年3月20日）

为充分发挥科技支撑作用，促进经济平稳较快发展，进一步加大对企业自主创新的引导和支持力度，引导各类创新要素向企业集聚，加快以企业为主体、市场为导向、产学研相结合的技术创新体系建设，促进产品和技术升级，增强企业的持续创新能力和市场竞争力，自治区科技厅决定在全区开展创新型企业试点工作，特制定本方案。

一、试点目标

从2009年起，未来5年在全区范围内按照不同行业、不同区域选择100家企业作为广西创新型试点企业，争取一批企业成为国家创新型试点企业。通过试点工作的开展，引导建立以企业为主体、市场为导向、产学研相结合的技术创新体系，突破一批关键共性技术，大幅度提升企业的自主创新能力和综合竞争力，培育一批拥有自主知识产权的核心技术、知名品牌和持续创新能力的具有示范性的创新型企业，引导更多企业走创新发展之路，为增强我区自主创新能力，建设创新型广西提供支撑。

二、工作原则

（一）突出引导。突出政府的引导作用，充分发挥市场在配置资源中的基础性作用，激发企业的创新活力，促进企业成为研究开发投入的主体、技术创新活动的主体和创新成果应用的主体，提高企业的持续创新能力。

（二）注重集成。把扶持企业技术创新的科技计划、基地建设、人才培养以及试点推动等措施有效地集成起来，整合资源、形成合力，加大对企业自主创新的支持。

（三）分类指导。选择不同产业、不同类型的企业开展试点工作，根据各自特点探索具有针对性的支持措施和相应的评价办法，指导其根据各自特点开展试点工作。

（四）重点推进。选择具有代表性的企业开展试点工作，进行重点引导和支持，发挥其对各类企业的辐射和示范作用。试点工作重点支持企业加强技术创新，提升自主创新能力。

三、试点企业选择的基本条件

选择一批在技术创新、品牌创新、体制机制创新、经营管理创新、理念和文化创新等方面成效突出的企业开展试点工作。试点企业要具备以下 5 个方面的基本条件：

（一）具有自主知识产权的核心技术。掌握企业发展的核心技术并具有自主知识产权，整体技术水平在同行业居于领先地位。积极主导或参与国际、国家或行业技术标准的制定工作。

（二）具有持续创新能力。在同类企业中，研发投入占年销售收入比例较高，有健全的研发机构或与国内外大学、科研机构建立了长期稳定的合作关系。在领先的技术领域具有较强的发展潜力。重视科技人员和高技能人才的培养、吸引和使用。

（三）具有行业带动性和自主品牌。在行业发展中具有较强的带动性或带动潜力。注重自主品牌的管理和创新，通过竞争发展，形成了企业独特的品牌，并在市场中享有相当知名度。

（四）具有较强的盈利能力和较高的管理水平。企业近 3 年连续盈利，整体财务状况良好，销售收入和利润总额呈稳定上升势头。建立了比较完善的知识产权管理体系和质量保证体系。

（五）具有创新发展战略和文化。重视企业经营发展战略创新，努力营造并形成企业的创新文化，把技术创新和自主品牌创新作为经营发展战略的重要内容。

试点企业主要在国有骨干企业、转制院所、高新技术企业和其他主要依靠技术创新发展的企业中选择。国有骨干企业是指中央和地方国资委分别监管的企业；转制院所是指中央和地方已实施企业化转制的应用开发类科研机构；高新技术企业是指经认定的高新技术企业；其他企业主要是指除上述三类企业之外主要依靠技术创新发展的企业，包括科技型中小企业、民营科技企业等等。在满足上述五个方面要求的基础上，各类企业还应满足以下条件：

——国有骨干企业。有明确的技术创新战略并贯彻实施，主导产品具有明显的国际竞争优势，拥有国际或国内著名的自主品牌产品等。

——转制院所。在转制改革中发挥示范带动作用，承担国家、自治区和企业科研任务较多，自身科研投入较大，科研仪器设备条件比较先进，有较强的面向行业开展技术研发服务和推广应用的能力等。

——高新技术企业。研发投入占销售收入的 5%以上，大专以上学历的科技人员、专职科研人员占企业职工总数的比例分别不低于 30%和 10%，创新产品及技术性收入占销售收入的 50%以上，具有较强的技术储备能力和发展后劲等。

——其他企业。具有自主创新成果；不断创新企业发展的体制和机制；企业成长性强，具有较大的发展潜力；在行业技术发展中能够发挥引领和带动作用等。

四、支持试点工作的主要措施

（一）在科技计划项目中给予重点支持。支持企业参与自治区、市级科技计划项目的实施。对试点企业申报的科技计划项目，优先予以立项支持；科技计划中有产业化前景的项目，优先支持试点企业承担；大力支持试点企业申报国家各类科技计划项目；科技金融工作对试点企业给予重点支持。

（二）加大创新基地建设力度。支持有条件的试点企业独立或联合科研院所、高等院校等建立自治区级重点实验室（工程类）、工程实验室、技术中心、工程（技术）研究中心、质量检测中心、生产力促进中心以及国际科技合作示范基地等，在此基础上积极培育国家级创新基地。

（三）支持创新人才队伍建设。组织对试点企业管理人员的技术创新管理、知识产权管理等培训，组织对试点企业的标准化培训，组织开展试点企业与科研院所、高等学校的人员交流与合作，支持试点企业培养国际化人才。

（四）支持企业加强标准建设和知识产权工作。支持试点企业成为技术标准制定的牵头单位，并优先支持试点企业参与企业标准试点工作。支持试点企业建立健全知识产权管理体系，建立和实施知识产权战略、自主品牌战略等。

（五）加大对企业技术创新的表彰和奖励。对成绩特别突出且符合条件的试点企业，优先推荐成为国家创新型企业试点、自治区科技进步奖，加强对试点企业技术进步与创新的奖励。

五、组织实施

自治区科技厅负责并指导全区创新型企业试点工作的开展，各市科技局负责本地区创新型企业试点工作的组织实施。

（一）试点企业的申报。按照“企业自愿、择优遴选”的原则，由企业填写《广西开展创新型企业试点工作申报书》及有关财务、专利等证明材料，一式5份，在每年的公布时间内，由试点企业所在市科技局推荐报送自治区科技厅。

（二）试点企业的确定。自治区科技厅会同自治区有关部门组织专家对试点企业申报材料进行论证。由自治区科技厅审定发布“广西创新型试点企业”名单。

（三）优先支持国家级重点高新技术企业和拥有国家级和自治区级企业研究开发中心、工程技术研究中心、重点实验室、工程实验室的企业。

（四）各市应加强对试点企业的跟踪指导，及时组织对试点情况的调研和交流，各地方在试点工作中遇到的情况和问题要及时报告。

（五）试点工作的开展。列入广西创新型企业名单的企业要制定本企业的具体试点方案，明确试点建设任务、具体措施、工作进度及年度目标，试点期一般为一年。

（六）试点企业的考核评估。联合制定试点企业绩效考核评估办法和评价指标体系（另行发文通知），按照“公平、公正、科学、合理”的原则，围绕企业试点工作计划任务书的执行，对试点期满的企业进行考核评估，通过考核评估的由自治区命名为“广西创新型企业”。

广西壮族自治区科技惠民计划实施管理办法（试行）

（2013年4月7日）

第一章　总　则

第一条　为贯彻落实国家科技惠民计划，组织实施广西壮族自治区科技惠民计划（以下简称惠民计划），依靠科技保障和改善民生，发挥科技进步在促进经济社会发展和服务基层社会建设中的支撑、引领作用，根据科技部、财政部《科技惠民计划管理办法（试行）》和《广西科学研究与技术开发计划项目管理暂行办法》等有关规定，结合我区实际，制定本办法。

第二条　惠民计划是广西壮族自治区科技计划的重要组成部分。惠民计划坚持面向基层，依靠科技进步与机制创新，通过在基层示范应用一批综合集成技术，推动一批先进、实用科技成果的大范围推广普及，提升科技促进社会管理创新和服务基层社会建设的能力，使科技成果更好更多地惠及民众。

第三条　惠民计划重点支持基层在人口健康、生态环境、公共安全、城镇发展等与民众生活及社会化服务密切相关的科技领域，开展先进、适用技术的综合集成应用与示范，以及具有导向作用的先进技术成果的转化应用，提升技术的实用性和产业化水平，推动先进适用技术在基层的转化应用。

第四条　惠民计划实施原则

（一）服务基层，改善民生。以民生需求为导向，以社区、村镇为主要应用示范基地，推进科技成果走进基层、惠及百姓生活，解决人民群众在生产生活中的实际问题，促进区域可持续发展。

（二）政府引导，多元投入。坚持经费投入多元化原则，中央、自治区和市、县（市、区）财政共同投入，鼓励和引导区内外社会资本、单位及用户自筹经费等多渠道投入资金。

（三）试点先行，典型示范。以科技创新为引领，政产学研用相结合。加强先进适用技术的集成、示范和推广，坚持技术成果先进性、成熟性、实用性的原则。选择重点领域和重点区域先行试点、树立典型，取得成功后逐步扩展、推开，推进惠民计划的深入实施。

（四）创新机制，协同推进。以政策引导与市场机制相结合，实行自治区、市、县三级管理，积极发挥各级人民政府科技主管部门、财政主管部门及相关业务主管部门的作用，充分调动和依靠社会各界的积极性，建立符合广西区情、适合区域特色，上下联动、部门协作、协同推进的组织运行机制和管理模式。

（五）规范管理，注重绩效。惠民计划以项目形式，分年度实施。规范项目管理程序，强化过程、节点和目标管理，提高管理效率。加强信用管理和监督考核，实行责任追究制度。完善项目滚动实施机制，加强对项目实施过程监测及实施效果的绩效评价，奖优汰劣。充分发挥用户在项目实施、验收和绩效评价中的作用。

第二章　管理职责

第五条　自治区科技厅、财政厅负责惠民计划的总体部署和协调，组成广西科技惠民计划实施协调工作组，推动国家科技惠民计划及广西科技惠民计划实施，统筹和组织基础好、应景广的惠民计划重大项目争取国家支持，制定完善我区相关政策，决策重大事项。工作组下设办公室，办公室设在自治区科技厅，负责联络、协调及项目监理等日常服务工作。

第六条　自治区科技厅负责制定惠民计划发展规划和年度计划，组织计划实施、监督管理、绩效评价等；负责编制和发布惠民计划先进科技成果目录指南；负责项目实施方案的评审论证、立项批复、成果管理、考核验收等。

第七条　自治区财政厅会同自治区科技厅研究制定惠民计划经费管理办法，财政资金监督管理，绩效评价等；负责惠民计划项目预算审批；配合自治区科技厅联合开展国家科技惠民计划项目的筛选推荐、组织协调、实施监督和考核验收等工作。

第八条　与惠民计划相关的自治区直属业务主管部门参与编制广西壮族自治区惠民计划先进科技成果目录指南，参与项目实施方案咨询论证、监督管理、绩效评价等工作；参与惠民计划项目的评审论证、组织协调、监督实施和考核验收；负责推动本领域（行业）相关技术成果与成功经验的推广应用。

第九条　设区市科技主管部门、财政主管部门会同本级相关业务主管部门（以下简称市级组织单位）负责制定本地区（含所辖县）惠民计划实施方案，择优推荐基层惠民计划项目；负责惠民计划项目的实施和推进工作；负责整合、集成科技资源，协调落实相关政策、资金等保障条件；负责编报惠民计划年度实施报告，协同自治区级组织单位做好考核验收工作。

第十条　县（市、区）科技主管部门是本地区惠民计划项目实施管理的责任主体。县（市、区）科技主管部门会同财政主管部门及相关业务主管部门（单位），负责区域内惠民计划实施方案的编制、项目的组织申报和实施管理；负责项目承担单位的遴选、项目负责人的确定；负责落实资金、政策、人才等配套保障条件。

第十一条　项目承担单位负责编制项目实施方案，依据上级批准的项目实施方案，完成项目下达的目标和任务。

项目承担单位应当将获得的专项经费纳入单位财务进行统一管理，单独核算，专款专用，提高资金使用效益。

第三章　组织实施

第十二条　惠民计划以项目形式分年度实施，试点先行，逐步推进。惠民计划项目采取有限目标、分段实施、分类指导、滚动实施的管理方式，项目周期一般为三年。

第十三条　惠民计划优先支持范围

（一）人口健康领域。优先支持地中海贫血、肝癌、鼻咽癌等区域性重大疾病、常见多发病的中西医药、民族医药早期预防诊治等关键、适宜技术成果的转化应用和新产品推广。

（二）生态环境领域。优先支持金属尾矿资源高效利用和安全处置，城乡污水、垃圾处理和废弃物资源化利用，江河流域、湖区库区、滨海近岸及资源富集区生态环境监测、保护、治理修复，大气、水、土壤环境污染控制，林木良种种植、高效栽培及可持续开发利用，生态系统修复，以及高效节水、节能等技术的转化应用和集成示范。

（三）公共安全领域。优先支持防盗防抢监控与快速出警、交通事故监测与快速处置等科技强警和社区安全管理，气象、地质、山洪、海洋、台风、地震等重大自然灾害预警、防护、救援，重大生产事故防范、安全监管监察及安全隐患早发现与处置等安全生产保障，粮食、水果、蔬菜、乳制品等大宗日用食品的质量安全检测，畜禽、水产品重要疫病的快速诊断技术和综合防控，以及水污染与饮水安全保障等有关重大突发事件应急技术的转化应用和集成示范。

（四）城镇发展领域。优先支持借助先进的科技手段，创新医疗卫生、社区便民、社会保险，养老及残疾人服务等管理模式，强化农村与城市跨域协同、面向卫生保健的政府监管及综合服务等各类便民惠民服务，推进城镇社会管理的科学化和信息化。

第十四条 自治区科技厅会同自治区相关业务主管部门，组织筛选编制惠民计划先进科技成果目录指南，在自治区科技厅政务网站或其他媒体统一公开发布，并定期更新。

第十五条 设区的市科技主管部门、财政部门会同相关业务主管部门（单位），根据成果目录指南及相关要求，分年度组织本地区项目申报与实施方案制定，开展项目可行性研究，确定项目承担单位，组织项目承担单位编制项目实施方案。

第十六条 惠民计划项目实施方案应当符合以下条件：

（一）符合自治区和当地经济社会发展规划和科技发展规划的方向和部署；符合优先支持领域和范围；主要技术成果选自科技成果目录指南；技术所有方与用户的责任和权益明确。

（二）项目实施方案完整，体现整体设计、协调推进；项目目标明确、任务具体，技术指标可考核；除中央、自治区本级财政资金外的地方配套资金和其他来源资金确保落实到位。

（三）项目实施机制可行，政产学研用结合紧密，管理措施科学规范。建立由设区市或县（市、区）人民政府领导担任组长的项目实施领导小组，加强对项目实施的组织协调领导；建立由技术专家、财务专家、用户、管理者参与的项目实施专家组，对项目提供技术、财务和管理咨询。

（四）项目实施的示范带动作用明显，具有明确的成果用户和受益人群；项目实施成果在本地区推广应用措施明确。

第十七条 项目承担单位应当具备以下条件：

（一）在广西行政区域内注册，具有独立法人资格的企业、事业单位等，应当长期从事本领域业务或研究工作，具有良好的项目实施条件。

（二）能够充分发挥产学研用联合的优势，突出用户在项目实施过程中的作用。鼓励单位性质是企业、事业单位的用户单位优先作为项目承担单位的牵头单位。

（三）能够调动相关资源开展工作，并具有行之有效的技术成果展示和推广条件。

第十八条 项目承担单位结合本地区需求和技术发展现状，按要求编制项目实施方案。项目实施方案应体现以下基本要求：

（一）先进性。项目实施方案在本领域或行业内具有技术先进性。

（二）适用性。项目实施方案满足区域或行业的共性需求，具有较好的推广应用前景。

（三）示范性。项目实施取得的成果预计具有较好的示范性和带动性。

第十九条 市级组织单位对项目实施方案组织可行性论证后，根据规定的项目推荐要求和项目限额，将修改完善后的项目实施方案，正式行文向自治区科技厅、财政厅报送，并抄送相关自治区业务主管部门。

设区市推荐项目实施方案的质量、组织保障能力、投入努力程度等，作为确定设区市项目推荐数量的重要因素。

第二十条 鼓励设区市推荐采用后补助方式资助的项目，对后补助项目适当放宽限项要求。后补助项目是指按照正常程序和要求立项后，相关单位围绕立项时项目实施方案确定的任务和目标先行投入组织实施，待项目完成并通过验收后再给予一定财政资金补助。

后补助项目的申报，按照本办法规定执行。

第二十一条 自治区科技厅、财政厅会同自治区本级相关业务主管部门，对设区市推荐的项目实施方案进行评审论证，提出年度立项建议（含后补助项目），共同研究确定项目，下达立项批复。项目实施起始时间以批复下达时间为准。

第二十二条 市级组织单位依据立项批复，组织修改完善项目实施方案，与自治区科技厅签订项目合同。市级组织单位明确与县（市、区）科技主管部门、项目承担单位的责任和权益，签订项目实施目标责任书，各方签字盖章后报自治区科技厅审核备案。

第二十三条 县（市、区）科技主管部门按照批复的项目实施方案和有关要求，组织项目承担单位具体落实，协调相关资源共同推进。

第四章 考核验收

第二十四条 惠民计划的考核验收工作由自

治区科技厅、财政厅会同相关自治区业务主管部门负责实施，市级组织单位配合做好开展验收考核的组织协调工作。

第二十五条 市级组织单位每年6月20日和12月20日前分别向自治区科技厅、财政厅报送惠民计划项目执行进展情况报告及年度执行情况综合报告，并抄送相关自治区业务主管部门。

第二十六条 自治区科技厅、财政厅会同相关自治区业务主管部门，组织有关专业机构、专家对项目执行情况开展监督检查与考核评估。对惠民计划项目实施动态管理，对于未经批准擅自变更项目任务、未落实项目实施保障条件的设区市，视情况终止项目或取消未来三年的惠民计划项目申报资格，追回财政拨款；对市级组织单位未履行职责，造成项目不能顺利实施的，调减甚至取消所在设区市未来三年的惠民计划项目申报数量或申报资格。

第二十七条 在项目完成后一个月内，由市级组织单位向自治区科技厅提出验收申请，并提交项目总结报告、用户使用报告、财务审计报告等验收材料；自治区科技厅对提交的验收材料进行初审后批复验收申请。对初审不同意验收的项目，书面告知不同意验收的理由及整改意见。对初审同意验收的项目，通知项目有关单位作好验收准备工作，并会同自治区财政厅及相关自治区业务管理部门，成立由技术、财务、管理、用户等多方专家组成的项目验收组，召开验收考核会议，通过审查验收材料、现场考察、质疑答询等程序，形成项目验收意见。

第二十八条 项目验收结果分为通过验收和不通过验收。

（一）项目实施方案确定的目标和任务已基本完成、经费使用合理的，为通过验收。

（二）凡具有下列情况之一的，为不通过验收：

1. 没有达到项目主要考核指标；

2. 所提供的验收文件、资料、数据不真实，存在弄虚作假；

3. 实施过程及结果等存在纠纷尚未解决；

4. 无正当理由且未经批准，超过规定的执行期限半年以上仍未完成项目任务；

5. 经费使用存在严重问题。

第二十九条 自治区科技厅在项目验收结束后一个月内，将验收意见通知市级组织单位。未通过验收的项目，市级组织单位在接到通知的三个月内，组织项目承担单位进行整改，在基本达标后再次提出验收申请。经再次组织验收，仍未通过验收且无正当理由的，市级组织单位、项目承担单位及相关负责人五年内不得承担惠民计划项目及国家科技惠民计划项目。

第三十条 设区市科技主管部门要建立覆盖项目实施全过程的电子、音像、文字、数据等材料档案，连同项目验收意见、项目总结报告、用户使用报告、财务审计报告等验收材料报送自治区科技主管部门，为其制定项目实施成果推广方案提供基础材料。

第三十一条 在项目通过验收后的三个月内，设区市科技主管部门将项目验收材料及项目实施成果推广方案，及时报送自治区科技厅、财政厅及相关业务主管部门。由相关自治区业务主管部门，组织先进技术成果及经验在全区的推广应用。

第三十二条 自治区科技厅、财政厅逐步建立项目实施绩效评价制度。惠民计划项目验收后三年内，自治区科技厅会同自治区财政厅开展项目实施绩效评价工作，对项目实施效果、经费使用、管理工作及成果推广方案落实情况，进行综合评估。对于项目绩效评价结果良好、成果推广效果显著、管理经验先进的，采取以奖代补等方式，支持项目所在设区市、县（市、区）开展相关科技成果转化应用。

第三十三条 自治区科技厅、财政厅建立健全信息公开和信用管理制度。建立惠民计划信息和成果管理平台，对项目立项信息和成果成效及时向社会公开，接受公众监督，促进成果共享与应用。推进项目实施方案网上申报评审、监督管理等工作。对与项目实施有关的人员和单位，实行信用、回避等有关制度管理。

第三十四条 项目涉及的知识产权等问题，严格按照科技进步法及有关知识产权保护法律法规执行；涉及保密事项的，按照国家有关保密管理办法执行。

第三十五条 自治区科技厅、财政厅根据惠民计划实施总体情况，定期组织开展计划执行情况全面评估，优化计划实施与管理。

第五章 附 则

第三十六条 自治区科技厅、财政厅会同相关自治区业务主管部门选择部分工作基础好、示范性强的先行试点，取得一定经验后，适时在全广西范围内实施。

第三十七条 本实施办法由自治区科技厅、财政厅负责解释。

第三十八条 本实施办法自公布之日起施行。

中国创新驿站广西站点体系建设及工作方案

（2013 年 7 月 9 日）

贯彻落实《技术市场“十二五”发展规划》和《广西壮族自治区科学技术发展“十二五”规划》，根据《中国创新驿站试点工作方案》，制定本方案。

一、指导思想

以服务广西经济发展方式转变和产业结构调整，促进企业技术创新为宗旨，以促进技术要素向企业流动为目的，按照“企业需求为导向，信息化手段为支撑，资源整合为重点”的思路，坚持“上下联动、共建共享；集成资源、协同创新；规范管理、示范引导；合理布局、循序渐进”的原则，建设跨地区、跨行业、跨领域的技术转移服务协作网络，开展专业化、集成化、增值化的技术转移服务，解决中小企业的技术需求及区域、产业的创新发展需求，引导创新要素向企业集聚，增强企业的创新能力和市场竞争力，促进产业升级和结构调整，实现科技对经济和社会发展的支撑作用。

二、工作目标

总体目标：集成全区技术创新和技术转移服务资源，建设以企业需求为导向，统一开放、资源共享、网上网下结合、产学研中介服务等各方主体共同参与和协同合作的新型技术转移服务体系，按照中国创新驿站规定的运行规则和工作流程，为全区中小企业技术进步提供“一站式”创新服务，提升我区技术转移服务能力和水平，形成具有广西特色的立体化、网络化、一体化的技术转移服务生态链。

具体目标：用 3 年时间，依托区域内的技术转移服务机构和行业组织，在全区各地级市建成 20 家以上工作站点；对符合《中国创新驿站候选站点准入标准》的工作站点，将推荐申报中国创新驿站基层站点；以企业和高校、院所科技人员为对象，建立一支 50 人左右的技术转移专员和 80 人左右的科技联络员队伍；挖掘企业有效技术需求 2000 条以上；建设 3000 条以上最新技术成果的技术信息库一个；促成 200 项以上科技成果的转移转化。

三、体系构成

中国创新驿站广西站点体系由区域站点、基层站点和工作站点组成，其中区域站点和基层站点为中国创新驿站的组织形式，工作站点为广西特设的组织形式，站点可建立技术转移专员及科技联络员队伍。体系构架图如下：

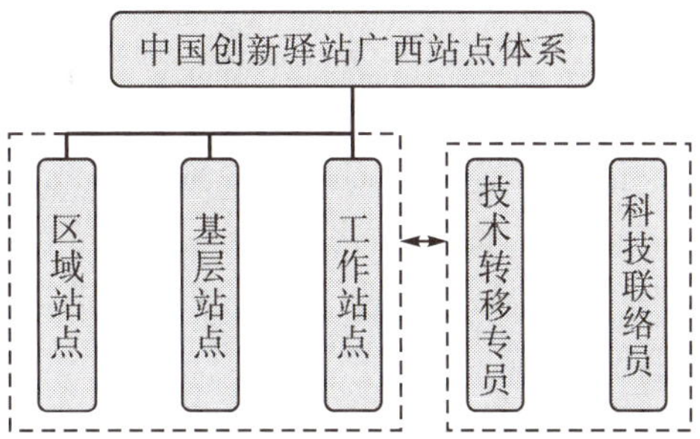

其中：区域站点是中国创新驿站设立在省、市、自治区的中心站点，依托单位是独立法人，应具备较强的公共资源配置能力；基层站点和工作站点是广西创新驿站体系的基本结点，依托单位是独立法人或独立法人内设机构，应具备较强的专业化服务能力，为企业提供“一站式”创新支持服务；技术转移专员是依托创新驿站并可以以创新驿站名义开展技术转移中介服务的人员，既可以是创新驿站站点本身的工作人员，也可以是其他技术中介机构的工作人员；科技联络员是与创新驿站保持密切联系，为创新驿站提供技术需求、技术供给和相关信息，协助创新驿站开展技术转移服务的人员，主要是来自高校、院所、产业技术研究机构、企业等机构的相关科技人员。

四、基本功能

（一）挖掘企业技术需求。

创新驿站的技术转移模式为“企业需求→解决方案”模式。这种模式的特点是：以企业和市场需求为导向来进行技术转移，以“市场拉动”为导向，提高技术转移的效率和成功率，降低交易成本。

（二）集成技术资源与信息。

技术资源与信息的集成，是创新驿站有效解决企业技术需求和开展跨区域技术合作的基本保证。站点应通过加强与高校、院所、产业技术研究机构、高新技术企业等单位的合作，将其作为创新驿站的技术能力点，收集其技术资源与成果信息，进行筛选、加工和整理，建设站点自身的技术信息库。

（三）加强协同合作。

站点间的紧密协同合作是创新驿站的一大特色，也是创新驿站能及时解决企业技术创新需求、降低技术创新成本的有效手段。站点应加强与国家站点和其他站点的合作，开展跨区域、跨机构的协同服务，及时解决企业的技术需求，提高站点的服务效率。

（四）促进科技成果转化。

站点应针对科技成果转化的各个环节为高校、院所和企业提供全程服务；搜集、筛选和评估国家科技计划成果及高校、院所的研究成果，将有效的成果信息推介给有需求的企业；促成技术方与企业的合作，提供孵化、中试、融资等服务，促进成果转化；为企业进行市场分析和销售策划，促进产品推广。

五、工作任务

（一）区域站点的工作任务。

1. 负责中国创新驿站广西站点体系秘书处工作，制订广西站点体系发展计划，建设内部标准化体系，组织广西站点体系的技术转移知识培训和交流活动；协助自治区科技厅管理、指导和考核各站点工作。

2. 针对全区重点产业发展对科技创新的要求，深入企业调研，挖掘真实有效企业技术需求。

3. 走访高校、院所、产业技术研究机构、高新技术企业等单位，收集技术资源与成果信息，建设站点自身的技术能力点和技术信息库。

4. 加强与其他站点的合作，开展跨区域、跨领域的协同服务，为企业提供技术诊断、技术咨询、技术评估、技术难题招标、技术转让（包括许可）、技术援助、技术交流、技术孵化、技术创业、技术承包、市场分析、政策咨询、知识产权服务、技术情报、商业情报、资金申请援助、技术投融资等专业性、集成性和增值性服务，及时解决企业的技术需求，促进成果转化和技术转移。

5. 建设技术转移专员队伍和科技联络员队伍，规范和指导技术转移专员和科技联络员开展业务。

（二）基层站点的工作任务。

1. 针对区域重点产业发展对科技创新的要求，深入企业调研，挖掘真实有效企业技术需求。

2. 与（区域内）高校、研究机构、各类专业服务机构建立合作伙伴关系，集成技术资源，建立专家队伍。

3. 针对企业技术需求，利用中国创新驿站的网络工作系统和各站点之间的紧密协同，集成区域内外的综合资源，为企业提供全方位的专业化服务，包括：技术对接、技术诊断、技术咨询、技术难题招标、市场分析、政策咨询、知识产权服务、资金申请援助、投融资等专业性、集成性和增值性服务，及时解决企业的技术需求，促进成果转化和技术转移。

4. 开展技术转移知识培训和交流活动，建设技术转移专员队伍和科技联络员队伍，规范和指导技术转移专员和科技联络员开展业务。

（三）工作站点的工作任务。

1. 针对地方重点产业发展对科技创新的要求，深入企业调研，挖掘企业技术需求，并向区域站点或基层站点提供真实有效的企业技术需求信息。

2. 与（区域内）高校、研究机构、各类专业服务机构建立合作伙伴关系，集成技术资源。

3. 针对企业技术需求，为企业提供专业化服务，包括：技术对接、技术诊断、技术咨询、技术难题招标、市场分析、政策咨询、知识产权服务、资金申请援助、投融资等专业性、集成性和增值性服务，及时解决企业的技术需求，促进成果转化和技术转移。

4. 开展技术转移交流活动，建设技术转移专员队伍和科技联络员队伍，规范和指导技术转移专员和科技联络员开展业务。

（四）技术转移专员的工作任务。

1. 掌握从事技术转移服务方面的相关知识。

2. 深入企业调研，挖掘企业技术需求。

3. 加强与高校、院所、产业技术研究机构、高新技术企业等从事科学和技术研究、开发的单位联系，掌握并集成最新研发成果。

4. 开展技术转移服务工作，促成科技成果转化。

（五）科技联络员的工作任务。

1. 及时提供单位有效的技术需求、技术供给和相关信息。

2. 协助创新驿站在本单位开展技术转移服务工作。

六、加强管理

（一）各站点应按照中国创新驿站和广西站点体系的规章制度和标准开展业务工作，并接受中国创新驿站秘书处和广西站点体系秘书处的监督和管理，以保证广西站点体系科学、规范和有序运营。

（二）经国家科技部和自治区科技厅批准设立的各类站点，应与国家科技部授权的机构和自治区科技厅授权的机构签订工作任务书，明确责任、权利和义务等事项；各站点与其他中介服务机构开展协同合作时，应签订合作协议书，明确各自责任、权利和义务等事项；各站点聘请技术转移专员、科技联络员时，应与其签订工作任务书，明确技术转移专员、科技联络员的责任、权利和义务等事项。

（三）建立考核机制。广西站点体系秘书处将按照服务协议书和年度任务书的要求，定期对各站点进行考核；对为广西站点体系做出突出贡献的站点和个人给予表彰和奖励；对年度考核不合格的站点，责成其整改，并检查整改效果；对连续两年考核不合格，或严重违反有关规定的站点，予以通报批评，直至取消其站点资格。各站点技术转移专员、科技联络员的考核工作，由各站点负责；技术转移专员、科技联络员不履行协议的，由各站点自行决定处理方式。

（四）专项经费的管理和使用必须严格执行国家有关规定，专款专用，任何部门和单位不得截留、挤占或挪用，以保证站点的正常运行和维护。

（五）建立自愿退出机制。各站点根据自身发展情况，享有自愿退出广西站点体系的权利。自愿退出的站点必须在下年度任务指标下达前 3 个月向广西站点体系秘书处提出书面退出申请，经秘书处核实备案后即可退出。

（六）为实现广西站点体系的可持续发展，鼓励站点创新专业科技服务内容和开展市场化服务模式，扩大站点收入来源，促进站点发展壮大。

七、健全质量控制体系

坚持质量控制，实现技术转移服务规范化、标准化，是确保创新驿站提高工作效率和体现自身价值的重要保证。按照科学化、规范化、标准化的工作要求，制订《中国创新驿站广西站点体系内部管理办法》、《中国创新驿站广西站点体系工作规范》、《中国创新驿站广西站点体系评价考核指标体系》、《中国创新驿站广西站点技术转移专员和科技联络员内部管理办法》等系列文件，建设广西站点标准化文件体系，规范各成员的工作行为，保证技术转移服务质量。

八、组织实施

（一）自治区科技厅统筹协调广西站点体系的建设，将其列入广西科学研究与技术开发计划项目管理，对获准立项建设的站点，安排技术转移专项经费，支持促进其服务行为和能力建设。

（二）成立广西站点体系秘书处，常设机构在广西技术市场，协助自治区科技厅管理广西站点体系的日常事务；指导和支持各站点开展技术转移工作；接受中国创新驿站秘书处的指导、考核和监督。

（三）各市科技行政管理部门对当地站点进行工作指导和支持。

（四）各站点要按照认定标准的要求，设置专门的技术转移机构，配备专业技术人才、办公场设施及工作经费等条件，确保技术转移工作顺利开展。

（五）技术转移专员、科技联络员要按照协议书的约定，开展相关工作。

附件：

中国创新驿站广西站点体系认定条件和认定办法

一、创新驿站站点认定条件

（一）基本条件。

1. 依托机构应以促进技术创新与技术转移为主要服务内容，管理规范，规章制度健全；具备一支专业的、稳定的、高素质的工作团队；拥有符合条件的经营场所、满足经营要求的办公设备和条件独立的网站；拥有一定数量、稳定的客户群及长期合作伙伴。

2. 依托机构负责人应对站点工作提供全面支持，从人员、资金、场地等方面保证站点的运行；应指派技术创新与技术转移经验丰富、团队管理能力强的人员担任站点负责人，并保证候选站点的专职人员应不少于 5 人（含站点负责人），且工作团队人员搭配合理，具备技术与商务的双重服务能力。

（二）区域站点的具体条件。

1. 机构应具备整合所属区域的重大科技成果、创新技术项目、中小企业需求等各类资源的能力，在所属区域的技术转移服务行业具有一定的影响力，以保证为中国技术交易信息服务平台提供包括政策法规、科技动态、技术需求与技术供给、活动、机构、人才等与技术转移过程相关的全方位信息。

2. 机构应与所属区域的大学、科研院所、企业、政府等涉及技术转移过程的相关单位建立了良好的合作关系，形成了覆盖全区域的技术转移合作网络。

3. 机构须具备独立法人资格，截至申请日期，成立时间应在5年（含5年）以上，并至少拥有3年（含3年）以上技术转移服务实践；机构的上年度技术服务收入应不低于500万元人民币，技术转移服务项目不少于10项；完成了具有代表性的技术转移成功案例，形成了有效的技术转移服务模式。

4. 机构负责人应具有5年（含5年）以上技术商业化和技术转移的实践经验，并且对科技创新和协同合作有深刻的理解；机构中从事技术转移服务的工作人员应不少于20人，外聘专家不少于15人。

（三）基层站点的具体条件。

1. 依托机构所在区域应有相当规模的企业数量，应与当地企业、科研院所等机构保持良好的关系，在某一行业、领域或区域具备突出的专业服务能力；通过走访企业，搜集与甄别企业的需求信息与科研院所的供给信息，开展技术诊断与技术评估，通过代理、推广、技术集成、技术孵化等方式，成功完成技术转移与技术创新项目。

2. 依托机构须具备独立法人资格，截至申请日期，机构成立时间应在3年（含3年）以上，并至少拥有2年（含2年）以上技术转移服务实践；机构的上年度技术转移服务收入应不低于200万元人民币，技术转移服务项目不少于5项，完成了具有代表性的技术转移案例。

3. 机构负责人应具有5年（含5年）以上的管理经验，2年（含2年）以上技术商业化和技术转移的实践经验，机构中从事技术转移服务的工作人员应不少于10人，外聘专家不少于10人。

（四）工作站点的具体条件。

1. 依托机构所在区域应有相当规模的企业数量，应与当地企业、科研院所等机构保持良好的关系，在某一行业、领域或区域具备一定的专业服务能力；通过走访企业，搜集与甄别企业的需求信息与科研院所的供给信息，开展技术诊断与技术评估，通过代理、推广、技术集成、技术孵化等方式，成功完成技术转移与技术创新项目；

2. 依托机构须具备独立法人资格，截至申请日期，机构成立时间应在2年（含2年）以上，并至少拥有2年（含2年）以上技术转移服务实践；机构在上年度实现或促成技术转移合同额应不低于50万元人民币，技术转移服务项目不少于2项，完成了具有代表性的技术转移案例；

3. 机构负责人应具有2年（含2年）以上的管理经验，1年（含1年）以上技术商业化和技术转移的实践经验，机构中从事技术转移服务的工作人员应不少于5人，外聘专家不少于5人。

二、技术转移专员和科技联络员的认定条件

（一）技术转移专员的认定条件。

1. 必须是技术中介机构中从事技术转移中介服务的专业人员；

2. 具有促使科技成果转化的综合素质和能力；

3. 愿意与创新驿站签订服务协议书，遵守创新驿站的规章制度，服从创新驿站的指导和管理。

（二）科技联络员的认定条件。

1. 必须是高校、院所、产业技术研究机构、企业等机构的相关科技人员；

2. 愿意与创新驿站签订服务协议书，接受创新驿站的指导和管理。

三、认定办法

（一）区域站点、基层站点的认定申报。

自治区科技厅将按照国家科技部有关部门的统一布置和要求，组织、协调、推荐具备条件的单位申报中国创新驿站区域站点和基层站点。

（二）工作站点的认定申报。

自治区科技厅组织工作站点的认定申报工作。申报单位提出加入申请，经其主管部门审核同意后，报广西站点体系秘书处；广西站点体系秘书处组织专家对申请材料进行评审，依据专家评审意见和考核结果认定站点名单并予公示；公示结束后，秘书处与站点签订服务协议书和年度任务书。

重点在高新区、科技示范园区、经济开发区等产业聚集度高、企业创新需求旺盛、技术交易活跃的区域，择优选择资源配置能力强、服务功能齐全、服务手段先进的技术转移服务机构建设各类站点；支持在具备条件的高校、院所、行业组织建立各类站点。

（三）技术转移专员和科技特派员的认定办法。

广西站点体系秘书处规范认定条件，各站点与具备条件的人员自行协商认定，报广西站点体系秘书处备案。

广西壮族自治区科学技术进步条例

（2013年7月19日广西壮族自治区第十二届人民代表大会常务委员会第五次会议通过）

第一章　总　则

第一条　为了推进科学技术进步和技术创新，发挥科学技术第一生产力的作用，促进产业升级和经济结构调整，推动科学技术为经济建设和社会发展服务，根据《中华人民共和国科学技术进步法》，结合本自治区实际，制定本条例。

第二条　本自治区行政区域内从事科学研究、技术开发、科学技术成果应用与推广、科学技术普及以及相关的服务和管理活动，适用本条例。

第三条　自治区坚持科学发展观，实施科教兴桂、人才强桂、创新驱动战略，实行自主创新、重点跨越、支撑发展、引领未来的科学技术工作指导方针，构建区域创新体系，建设创新型广西。

自治区鼓励科学技术研究开发与高等教育、产业发展相结合，鼓励自然科学与人文社会科学交叉融合和相互促进。

第四条　县级以上人民政府应当将科学技术进步和技术创新纳入国民经济和社会发展规划，制定促进科学技术进步和技术创新的政策措施，整合科学技术资源，加大科学技术经费投入，实行科学技术进步工作目标管理责任制。

第五条　自治区人民政府科学技术行政部门负责本自治区科学技术进步工作的宏观管理和统筹协调，研究提出科学技术发展战略、政策和措施，拟订科学技术发展规划，制定并组织实施科学技术专项计划，组织实施科学技术进步考核。

设区的市和县级人民政府科学技术行政部门负责本行政区域的科学技术进步工作，其他有关部门在各自的职责范围内负责有关的科学技术进步工作。

第六条　自治区帮助少数民族聚居地区、边境地区、贫困地区发展科学技术事业，优先安排促进其经济社会发展的科学技术应用与推广项目。

第七条　县级以上人民政府及其有关部门、单位应当大力发展科学技术普及事业，普及科学技术知识，提高全体公民的科学文化素质。

第八条　县级以上人民政府应当积极推进境内外科学技术合作与交流，采取相应的激励措施，引进先进科学技术成果和优秀科学技术人才。

第九条　自治区设立科学技术奖，奖励在科学技术进步活动中做出重要贡献的组织和个人。

设区的市和县级人民政府应当按照国家和自治区的有关规定，对在科学技术进步活动中做出突出贡献的组织和个人给予奖励。

鼓励企业、社会组织或者个人设立科学技术奖项对在科学技术进步活动中做出贡献的组织和个人给予奖励。

第二章　科学研究、技术开发与科学技术应用

第十条　自治区设立自然科学基金，用于资助基础研究和应用基础研究，推动原始创新，培养科学技术人才和科学技术创新团队。

自治区财政安排专项资金，用于引导社会加大科学技术成果转化投入，提高科学技术成果转化水平。

第十一条　县级以上人民政府科学技术行政部门应当确定并组织实施科学研究与技术开发计划，支持科学技术研究开发机构、高等学校、企业事业单位和科学技术人员开展科学研究和技术开发活动。

第十二条　科学技术研究开发机构、高等学校、企业事业单位应当加大科学研究和技术创新投入，支持和保护科学技术人员开展科学研究和技术创新活动。

第十三条　鼓励企业、高等学校、科学技术研究开发机构建立合作机制，联合开展科学研究和技术创新。

第十四条　县级以上人民政府应当将重大科学技术基础设施的建设纳入预算内基本建设支出计划，支持重点实验室、工程技术研究中心等科

学技术研究基地和创新平台的建设。

第十五条 县级以上人民政府及其有关部门应当培育和发展科学技术交易市场，鼓励和支持创办知识产权服务、技术交易、科学技术评估咨询、技术经纪等科学技术中介服务机构，建立健全科学技术中介服务机构的市场准入制度，制定行业服务标准，为科学技术研究开发与成果转化提供服务。

第十六条 自治区建立引进消化吸收再创新制度。企业事业单位根据国家、自治区的产业政策和技术政策引进国外先进技术装备的，享受国家规定的关税减免和有关优惠待遇。

第十七条 县级以上人民政府科学技术行政部门应当定期发布科学技术成果目录和重点科学技术成果转化项目指南，推动高等学校、科学技术研究开发机构的科学技术成果向企业转化。

科学技术成果实行有偿使用。科学技术成果所有者可以通过转让、许可、作价入股等方式进行科学技术成果转化。法律、行政法规另有规定的除外。

第十八条 县级以上人民政府及其有关部门应当支持高新技术产业开发区、高新技术产业化基地、科技企业孵化器和创新型产业集群等创新载体的建设，为其建设发展创造条件和提供便利，促进高新技术产业开发区实行体制机制改革、集聚科学技术创新要素、发展高新技术产业和战略性新兴产业，辐射带动区域发展。

县级以上人民政府科学技术行政部门应当会同有关部门，组织研究确定本地高新技术产业和战略性新兴产业发展重点、发展领域，扶持高新技术产品的研究开发，加大高新技术成果推广应用，鼓励和引导采用高新技术改造传统产业和发展战略性新兴产业，大力培育高新技术产业，落实高新技术企业税收优惠政策，促进产业健康持续发展。

第十九条 自治区应当加强海洋生态环境保护、资源利用的科学研究、技术开发，推进海洋生物制药、海洋可再生能源、海水综合利用等海洋新兴产业的发展。

第二十条 县级以上人民政府及其有关部门应当加强对生态环境保护、防灾减灾、公共安全和城乡建设等领域科学技术的研究开发工作。

第三章 企业科学技术进步

第二十一条 县级以上人民政府应当建立以企业为主体、市场为导向、企业同科学技术研究开发机构、高等学校紧密结合的技术创新体系，引导创新要素向企业聚集，扶持企业的技术创新活动，培育创新型企业。

第二十二条 鼓励和支持企业建立独立的研究开发机构，加大研究开发和技术创新投入，开展科学研究和技术创新活动，提高自主创新能力。

创新型企业、高新技术企业的科学研究与试验发展经费应当占当年主营业务收入的百分之三以上。有条件的大中型企业的科学研究与试验发展经费应当占当年主营业务收入的百分之二点五以上。

企业投入科学研究与试验发展的经费，享受国家规定的有关税收等优惠政策。

第二十三条 鼓励企业制定并实施知识产权战略，推动核心技术的专利化、标准化，形成拥有自主知识产权的核心技术、知名品牌和标准，增强企业核心竞争力。

第二十四条 鼓励、支持科学技术研究开发机构和企业开展节能减排技术应用研究，开发节能减排共性和关键技术，促进节能减排技术创新和成果转化。

节能技术、节能产品的研究开发、推广和使用符合国家和自治区规定的，享受有关优惠政策。

第二十五条 自治区建立促进科技与金融结合的扶持机制，通过引导、激励、风险分担等方式鼓励金融资源向科技创新领域集聚，支持金融机构开发适合科学研究、技术创新需求的金融产品和金融服务。

鼓励符合条件的高新技术企业利用资本市场融资，加强上市公司后备资源的筛选、培育，支持企业引入股权投资上市、发行债券。

鼓励和支持创业投资者对高新技术产业投资。

第二十六条 各级人民政府及其有关部门对企业的考核和奖励，应当将企业自主创新成效作为重要条件。对国有及国有控股企业负责人的业绩考核，应当将企业的创新投入、创新能力建设、创新成效、专利产出等情况纳入考核内容。

第四章 农业科学技术进步

第二十七条 各级人民政府及其有关部门应当采取措施，建立健全农业科学技术创新体系和农业科学技术推广体系，加快农业科学技术成果转化和应用推广，发展涉农新兴产业，优化农业产业结构，促进农业技术集成化、劳动过程机械化、生产经营信息化，发展高产、优质、高效、生态、安全的现代农业，增加农民收入。

第二十八条 县级以上人民政府应当鼓励和支持农业科学技术基础研究，加快农业新品种、新技术、新装备的研究开发和应用。

县级以上人民政府及其有关部门应当采取措施促进综合农产品加工企业的发展，扶持有条件的农产品加工企业开展农产品加工技术的研究开发。

县级以上人民政府鼓励和支持科学技术研究开发机构、高等学校、企业、科学技术人员与县、乡、村联合建立农业科学技术经济合作组织或者经营实体，为农业生产提供综合配套技术服务。

第二十九条 县级以上人民政府应当加强农业科学技术示范乡镇、示范村、示范户建设；鼓励具备相应条件的组织和个人建立农业科学技术园（区）、示范基地，并在技术、资金、生产资料等方面给予扶持。

第三十条 各级人民政府应当建立健全农业科学技术推广体系，加强农业和农村信息化建设，建立和完善县、乡、村科学技术推广、服务网络。

各级人民政府应当鼓励和引导农业科学技术开发机构、推广机构、高等学校、农业龙头企业、农村专业技术协会、农民专业合作社等组织为农业发展提供科学技术服务，提高农业生产的组织化程度。

第三十一条 县级以上人民政府应当鼓励、支持企业事业单位和科学技术人员开展农村生产生活、生态环境、卫生健康等方面的科学技术研究和开发，为农业和农村科学技术进步提供服务。

第三十二条 县级以上人民政府应当加强农村职业技术教育，建立乡、村科学技术培训场所，加大农民培训力度；有计划地选送定向培养农村的技术骨干；组织开展科学技术扶贫，鼓励、引导科学技术资源和科学技术人员向农村贫困地区流动。

第五章 研究开发机构与科学技术人员

第三十三条 自治区支持重点实验室、工程技术研究中心、工程技术中心等科学技术研究开发机构的建设和发展。

鼓励和支持企业事业单位和社会力量自行创办科学技术研究开发机构。

第三十四条 自治区人民政府科学技术行政部门应当会同有关部门确定利用财政性资金设立的科学技术研究开发机构的功能定位和布局。

利用财政性资金设立的科学技术研究开发机构，应当建立现代科研院所制度，实行院长或者所长负责制，开展年度工作绩效考评。

第三十五条 县级以上人民政府应当对从事自然科学基础研究、前沿技术研究、社会公益性技术研究的科学技术研究开发机构给予财政支持。

第三十六条 县级以上人民政府应当培养和引进科学技术人才和创新团队，支持其开展科学技术活动。

自治区财政安排专项资金，用于高层次创新创业人才的培养、引进和奖励，资助高层次人才开展科学技术活动。

第三十七条 各级人民政府、企业事业单位应当采取措施改善科学技术人员的工作、生活条件。科学技术人员在艰苦、边远地区或者恶劣、危险环境中工作，所在单位应当按照规定给予补贴。

第三十八条 科学技术人员专业技术职务资格评定不受单位性质限制。科学技术研究开发及其成果推广应用的实绩应当作为科学技术人员专业技术职务资格评定的主要依据。

科学技术人员有重大贡献的可以破格评定高级专业技术职务资格。工人、农民和其他人员自主发明创造，对经济社会发展有贡献的可以评定相应的专业技术职务资格。

第三十九条 成果转让和转化过程中涉及的知识产权以及所产生的利益分配，依照有关法律、法规的规定执行；法律、法规未规定的按照约定执行。科学技术成果所属单位应当按照国家和自治区的规定，给予科学技术研究成果完成人奖励和报酬。

对职务技术成果，成果完成人在同等条件下享有优先受让权。

第四十条 县级以上人民政府及其有关部门、企业事业单位应当有计划安排科学技术人员进修、培训，更新科学技术人员的专业知识。

第四十一条 承担利用财政性资金设立的探索性强、风险高的科学技术研究开发项目的科学技术人员，原始记录能够证明其已经履行了勤勉尽责义务，仍不能完成项目的，经专家评议和立项的部门同意，可以依照相关规定给予项目结题，不影响其再申请科学技术研究开发项目。

第六章　保障措施

第四十二条　县级以上人民政府可以根据当地经济社会发展需要，制定促进科学技术研究开发和自主创新的优惠政策和措施。建立以政府投入为引导，企业投入为主体，市场融资或者外资引进为补充的多元化、多渠道的科技投入体系。

第四十三条　各级财政用于科学技术经费的增长幅度，应当高于本级财政经常性收入的增长幅度。

各级财政每年安排的技术研究与开发经费比例，自治区本级不低于年度财政预算支出的百分之一点五，设区的市、县级分别不低于百分之一和百分之零点五。

第四十四条　自治区实行市、县（区）科学技术进步考核，考核工作应当与国家县级科学技术进步考核相衔接。考核办法由自治区人民政府制定。

第四十五条　县级以上人民政府应当建立科学技术数据库和信息网络平台，推行科学技术信息资源共享。

利用财政性资金投资或者资助建设的科学技术基础设施和科学技术条件平台，实现资源共享，有效利用。

第四十六条　自治区建立完善财政性科学技术资金绩效评价制度，加强财政性科学技术资金项目申报、评审、立项、执行和验收全过程的监督管理，提高资金的使用效益。

县级以上人民政府财政、审计和监察部门应当加强对科学技术经费分配、使用情况的监督检查，保证专款专用。

第四十七条　违反本条例规定，法律、法规规定有法律责任的，从其规定。

第七章　附　则

第四十八条　本条例自 2013 年 9 月 1 日起施行。

广西壮族自治区科学技术奖励办法实施细则（修订）

（2013 年 9 月 4 日）

第一章　总　则

第一条　为做好自治区科学技术奖励工作，保证自治区科学技术奖的质量，根据《广西壮族自治区科学技术奖励办法》（以下称奖励办法），制定《广西壮族自治区科学技术奖励办法实施细则（试行）》（以下简称本细则）。

第二条　本细则适用于自治区科学技术奖的四个类别奖项（科学技术特别贡献奖、自然科学奖、技术发明奖和科学技术进步奖）的推荐、评审、授予等各项活动。

第三条　自治区科学技术奖的推荐、评审和授予，遵循公平、公正、公开的原则，实行科学的评审制度，不受任何组织或者个人的干涉。

第四条　自治区科学技术奖授予在科学研究、技术创新和促进科学技术进步等方面做出突出贡献的公民、组织。同一项目授奖的公民、组织按照贡献大小排序。

在科学研究、技术开发项目中仅从事组织管理和辅助服务的工作人员，不得作为自治区科学技术奖候选项目的完成人员。

第五条　自治区科学技术奖所授予的公民、组织，是指在桂的公民、组织，或与在桂公民、组织合作的其他地域（含港澳地区）的公民或组织。

奖励办法第五条第二款所称“国家机关各级管理职能部门”，按国家有关法律、法规界定。

第六条　自治区科学技术奖是自治区政府授予公民、组织的荣誉，授奖证书不作为确定科学技术成果权属的直接依据。

第七条　科技厅负责自治区科学技术奖评审的组织和管理工作。

自治区科学技术奖励委员会（以下简称奖励委员会）下设奖励委员会办公室（以下简称奖励办公室），奖励办公室为奖励委员会的办事机构，设主任 1 名。奖励办公室负责自治区科学技术奖评审的日常管理工作。

第二章 奖励范围和评审标准

第一节 科学技术特别贡献奖

第八条 奖励办法第十二条第二款第一项所称“在当代科学技术前沿取得重要突破或者在科学技术发展中有重大成就的”，是指在基础研究、应用基础研究方面取得系列或者特别重大发现，丰富和拓展了学科的理论，引领该学科或者相关学科领域的发展，为国内外同行所公认，对广西科学技术发展和社会进步做出特别重大的贡献。

第九条 奖励办法第十二条第二款第二项所称“在科学技术创新、科学技术成果转化和高新技术产业化中，取得系列或者重大的成果，创造巨大经济效益或者社会效益的”，是指在科学技术活动中，特别是在高新技术领域中，以市场为导向，积极推动科技成果转化，实现产业化，取得系列或者重大的科技成果，引领该领域技术的跨越发展，促进产业结构的调整，创造了巨大的经济效益、生态效益或者社会效益，对促进广西经济、社会发展做出重大的贡献。

第十条 推荐自治区科学技术特别贡献奖（以下简称特别贡献奖）项目应同时具备下列条件：

（一）获得自治区科学技术奖各奖项一等奖或国家科学技术奖时间满3年（可以是上述获奖项目为基础的组合项目，但必须突出上述获奖项目的核心技术，组合的其他成果必须是上述获奖项目的核心技术延伸派生出的密切相关的成果）；

（二）获奖以后仍继续进行后续研发创新，并保持其成果的先进性；

（三）推荐前仍在实施，并实现技术的重大创新或在科学理论上有重大突破（影响）；

（四）项目核心技术拥有知识产权，没有专利等知识产权纠纷；

（五）对推动行业（学科）科技进步起重要作用，取得重大的经济和社会效益，对广西经济建设和社会发展做出重大贡献。

第十一条 特别贡献奖每年授奖项目不超过2项，单项授奖单位数不超过10个，授奖人数不超过15人。

第二节 自然科学奖

第十二条 奖励办法第十三条第二款第一项所称“前人尚未发现或者尚未阐明”，是指该项自然科学发现为国内外首次提出，或者其科学理论在国内外首次阐明，且主要论著为国内外首次发表。

第十三条 奖励办法第十三条第二款第二项所称“具有重大科学价值”，是指该发现在科学理论、学说上有创见，或者在研究方法、手段上有创新；对于推动学科发展有重大意义，或者对于经济建设和社会发展具有重要影响。

第十四条 奖励办法第十三条第二款第三项所称“得到国内外自然科学界公认”，是指主要论著已在国内外公开发行的学术刊物上发表或者作为学术专著出版一年以上，其重要科学结论已为国内外同行在重要国际学术会议、公开发行的学术刊物，尤其是重要学术刊物以及学术专著所正面引用或者应用。

第十五条 自然科学奖候选项目的完成人员应当是相关科学技术论著的主要作者，并具备下列条件之一：

（一）提出总体学术思想、研究方案；

（二）发现重要科学现象、特性和规律，并阐明科学理论和学说；

（三）提出研究方法和手段，解决关键性学术疑难问题或者实验技术难点，以及对重要基础数据的系统收集和综合分析等。

第十六条 自然科学奖候选项目的完成单位应当是在基础研究和应用基础研究过程中提供技术、设备和人员等条件，对该项自然科学发现或科学理论的提出起到组织、管理和协调作用的主要完成单位。

第十七条 自然科学奖各等级单项授奖单位不超过3个，授奖人数不超过6人。

第十八条 自然科学奖授奖等级根据候选项目所做出的科学发现进行综合评定，评定标准如下：

（一）在科学上取得突破性进展，发现的自然现象、揭示的科学规律、提出的学术观点或者其研究方法为国内外学术界所公认和广泛引用，推动了本学科或者相关学科的发展，或者对经济建设、社会发展有重大影响的，可以评为一等奖。

（二）在科学上取得重要进展，发现的自然现象、揭示的科学规律、提出的学术观点或者其研究方法为国内外学术界所公认和引用，推动了本学科的发展，或者对经济建设、社会发展有较大影响的，可以评为二等奖。

（三）在科学上取得较大进展，发现的自然现象、揭示的科学规律、提出的学术观点或者其研究方法为国内外学术界所公认和引用，对本学科的发展有一定推动作用，或者对经济建设、社会发展有一定影响的，可以评为三等奖。

第三节　技术发明奖

第十九条　奖励办法第十四条第一款所称的产品包括各种仪器、设备、器械、工具、零部件以及生物新品种等；工艺包括工业、农业、医疗卫生和国家安全等领域的各种技术方法；材料包括用各种技术方法获得的新物质等；系统是指产品、工艺和材料的技术综合。

技术发明奖的奖励范围不包括仅依赖个人经验和技能、技巧又不可重复实现的技术。

第二十条　奖励办法第十四条第一项所称“前人尚未发明或者尚未公开”，是指该项技术发明为国内外首创，或者虽然国内外已有，但主要技术内容尚未在国内外各种公开出版物、媒体及各种公众信息渠道上发表或者公开，也未曾公开使用。

第二十一条　奖励办法第十四条第二项所称“具有先进性和创造性”，是指该项技术发明与国内外已有同类技术相比较，其技术思路、技术原理或者技术方法有创新，技术上有实质性的特点和显著的进步，主要性能（性状）、技术经济指标、科学技术水平及其促进科学技术进步的作用和意义等方面综合优于同类技术。

第二十二条　奖励办法第十四条第三项“核心技术”，可延伸至获得计算机软件著作权、集成电路布图设计权以及植物新品种权等。

第二十三条　奖励办法第十四条第四项所称“实施后取得了良好的经济效益或者社会效益”，是指该项技术发明成熟，并实施应用一年以上，取得良好的应用效果。

第二十四条　技术发明奖候选项目的完成人员应当是该项技术发明的全部或者部分创造性技术内容的完成人员。

第二十五条　技术发明奖候选项目的完成单位应当是在该项技术发明研究过程中提供技术、设备和人员等条件，对该项技术发明的完成起到组织、管理和协调作用的主要完成单位。

第二十六条　技术发明奖各等级单项授奖单位不超过 5 个，授奖人数不超过 7 人。

第二十七条　技术发明奖授奖等级根据候选项目所做出的技术发明进行综合评定，评定标准如下：

（一）属国内外首创的重大技术发明，技术思路独特，技术上有重大创新，技术经济指标达到了同类技术的领先水平，推动了相关领域或者本领域的技术进步，已产生了显著的经济效益或者社会效益的，可以评为一等奖。

（二）属国内外首创的重要技术发明，技术思路新颖，技术上有较大的创新，技术经济指标达到了同类技术的先进水平，对本领域的技术进步有较大推动作用，并产生了明显的经济效益或者社会效益的，可以评为二等奖。

（三）属国内外首创的技术发明，技术思路新颖，技术上有创新，技术经济指标达到了同类技术的先进水平，对本领域的技术进步有推动作用，并产生了较好的经济效益或者社会效益的，可以评为三等奖。

第四节　科学技术进步奖

第二十八条　科学技术进步奖分技术开发类、推广应用类、重大工程类、社会公益类等 4 个类别项目，分别按各类别的评定标准进行评审。

第二十九条　奖励办法第十五条第一项所称“技术开发项目”，是指在科学研究和技术开发活动中，完成具有重大市场价值的产品、技术、工艺、材料、设计和生物品种及其推广应用。

第三十条　奖励办法第十五条第二项是指在推广应用已有的先进科技成果中，通过集成和改进在技术上有所创新，在推广模式和方法上有创新和突破，使推广应用的科技成果在广西有较大范围的应用，并取得显著经济效益和社会效益的技术推广项目。

第三十一条　奖励办法第十五条第三项所称“重大工程项目”，是指列入国家、自治区国民经济和社会发展计划的重大综合性基本建设工程、科学技术工程或企业技术创新工程等项目。

第三十二条　奖励办法第十五条第四项所称“社会公益项目”，是指在标准、计量、科技信息、科技档案等科学技术基础性工作，环境保护、医疗卫生、自然资源调查与合理利用、自然灾害监测预报与防治等社会公益性科学技术事业中取得的重大成果及其应用推广。

第三十三条　科学技术进步奖候选项目的完成人员应具备下列条件之一：

（一）在设计项目的总体技术方案中做出重要贡献；

（二）在关键技术和疑难问题的解决中做出重大技术创新；

（三）在成果转化和推广应用过程中做出创造

性贡献；

（四）在新技术产业化方面做出重要贡献。

第三十四条 科学技术进步奖候选项目的完成单位应当是在项目研制、开发、投产、应用和推广过程中提供技术、设备和人员等条件，对项目的完成起到组织、管理和协调作用的主要完成单位。

第三十五条 科学技术进步奖一等奖单项授奖单位不超过10个，授奖人数不超过12人；二等奖单项授奖单位不超过7个，授奖人数不超过9人；三等奖单项授奖单位不超过5个，授奖人数不超过7人。

第三十六条 科学技术进步奖候选项目应当总体符合下列条件：

（一）技术创新性突出：在技术上有重要的创新，特别是在高新技术领域进行自主创新，形成了产业的主导技术和名牌产品，或者应用高新技术对传统产业进行装备和改造，通过技术创新，提升传统产业，增加行业的技术含量，提高产品附加值；技术难度较大，解决了行业发展中的热点、难点和关键问题；总体技术水平和技术经济指标达到了行业的先进水平以上。

（二）经济效益或者社会效益显著：所开发的项目经过一年以上较大规模的实施应用，产生了较大的经济效益或者社会效益，实现技术创新的市场价值或者社会价值，为经济建设、社会发展做出很大贡献。

（三）推动行业科技进步作用明显：项目的转化程度较高，具有较强的示范、带动和扩散能力，促进了产业结构的调整、优化、升级及产品的更新换代，对行业的发展具有很大作用。

第三十七条 科学技术进步奖授奖等级根据候选项目所做出的技术创新进行综合评定，评定标准如下：

（一）技术开发项目类。

在关键技术或者系统集成上有重大创新，技术难度大，总体技术水平和主要技术经济指标达到国际同类技术或者产品的先进水平，市场竞争力强，成果转化程度高，创造重大的经济效益，对行业的技术进步和产业结构优化升级有重大作用的，可以评为一等奖。

在关键技术或者系统集成上有较大创新，技术难度较大，总体技术水平和主要技术经济指标达到国内同类技术或者产品的领先水平，市场竞争力强，成果转化程度较高，创造较大的经济效益，对行业的技术进步和产业结构调整有很大作用的，可以评为二等奖。

在关键技术或者系统集成上有创新，有一定技术难度，总体技术水平和主要技术经济指标达到国内同类技术或者产品的先进水平，市场竞争力强，成果已转化并创造较好的经济效益，对行业的技术进步和产业结构调整有较大作用的，可以评为三等奖。

（二）推广应用项目类。

在关键技术或系统集成及推广方法、措施有很大创新，具有很强的示范、带动和扩散能力，对提高行业整体水平有很大促进，并在区域或者行业中有很大覆盖面，取得重大的经济效益或者社会效益的，可以评为一等奖。

在关键技术或系统集成及推广方法、措施有大的改进或创新，具有较大的示范、带动和扩散能力，对提高行业整体水平有较大作用，并在区域或者行业中有较大覆盖面，取得较大的经济效益或者社会效益的，可以评为二等奖。

在关键技术或系统集成及推广方法、措施有较大的改进和创新，具有一定的示范、带动和扩散能力，对提高行业整体水平有一定作用，并在区域或者行业中有一定覆盖面，取得较好的经济效益或者社会效益的，可以评为三等奖。

（三）重大工程项目类。

联合攻关，协作程度很高，在关键技术、技术集成和系统管理方面有重大创新，技术难度和工程复杂程度大，总体技术水平和主要技术经济指标达到国际同类项目的先进水平，取得重大的经济效益或者社会效益，对推动本行业及相关行业的科技发展和我区经济建设、社会发展具有重大意义的，可以评为一等奖。

联合攻关，协作程度较高，在关键技术、技术集成和系统管理方面有较大创新，技术难度和工程复杂程度较大，总体技术水平和主要技术经济指标达到国内同类项目的领先水平，取得较大的经济效益或者社会效益，对推动本行业的科技发展和我区经济建设、社会发展有较大意义的，可以评为二等奖。

联合攻关，有一定的协作程度，在关键技术、技术集成和系统管理方面有一定创新，有一定的技术难度和工程复杂程度，总体技术水平和主要技术经济指标达到国内同类项目的先进水平，取得较好的经济效益或者社会效益，对我区经济建设、社会发展有一定意义的，可以评为三等奖。

（四）社会公益类。

在关键技术或者系统集成上有重大创新，技术难度大，总体技术水平和主要技术经济指标达到国际同类技术或者产品的先进水平，并在行业得到广泛应用，取得重大的社会效益、生态效益，对科技发展和社会进步有重大意义的，可以评为一等奖。

在关键技术或者系统集成上有较大创新，技术难度较大，总体技术水平和主要技术经济指标达到国内同类技术或者产品的领先水平，并在行业较大范围应用，取得较大的社会效益、生态效益，对科技发展和社会进步有较大意义的，可以评为二等奖。

在关键技术或者系统集成上有创新，有一定技术难度，总体技术水平和主要技术经济指标达到国内同类技术或者产品的先进水平，并在行业一定范围应用，取得较好的社会效益、生态效益，对科技发展和社会进步有一定意义的，可以评为三等奖。

第三章　评审组织

第三十八条　自治区科学技术奖励委员会的主要职责是：

（一）聘请有关方面的专家、学者组成评审委员会；

（二）审定评审委员会的认定结论；

（三）评审特别贡献奖；

（四）为完善科学技术奖励工作提供政策性意见和建议；

（五）研究、解决自治区科学技术奖评审工作中出现的其他重大问题。

第三十九条　奖励委员会委员25～33人（单数）。主任委员由自治区科学技术厅主要领导担任，设副主任委员4～6人。奖励委员会委员由科技、教育、经济、卫生等领域的专家、学者和行政部门领导组成。奖励委员会委员人选由科技厅提出建议，报自治区政府批准。

奖励委员会委员实行聘任制，每届任期3年。

奖励委员会委员因特殊原因需要更换的，由委员所在单位向科技厅提出，报自治区政府批准同意后，方可更换。

奖励委员会委员因故不能出席会议，可能影响审定工作正常进行时，可以由资质相当的专家代替，并享有与其他委员同等的权利。具体人选由奖励办公室提名，报奖励委员会主任委员批准。

第四十条　奖励委员会下设自然科学奖、技术发明奖与科学技术进步奖评审委员会，其主要职责是：

（一）负责相应科学技术奖项的评审工作；

（二）向奖励委员会报告评审结果；

（三）对相应科学技术奖项的评审工作中出现的有关问题进行处理；

（四）为完善科学技术奖励工作提出意见和建议。

第四十一条　各奖项评审委员会委员15～33人（单数），分别设主任委员1人、副主任委员2～4人、秘书长1人。委员由相关高等院校、科研院所、企业和有关单位专家组成，委员人选和秘书长人选由奖励办公室提名，报奖励委员会主任委员会议批准。

评审委员会委员实行聘任制，每届任期1年。

第四十二条　根据评审工作需要，各评审委员会可以设立若干专业（学科）评审组，对各专业（学科）领域的候选项目进行初评，奖励办公室汇总专业评审组的初评意见，提交相应的评审委员会进行评审。

专业（学科）评审组的主要职责是：

（一）负责本专业（学科）领域项目的组织评审工作；

（二）负责综合本专业（学科）评审组初评专家的评审意见，提出推荐奖励项目及奖励等级的建议；

（三）协助奖励办公室对有异议的项目进行调查处理。

第四十三条　各专业（学科）评审组设组长1人，成员若干人，组长一般由相应评审委员会的委员担任。评审组成员实行资格聘任制，其资格由奖励办公室认定。

各专业（学科）评审组成员由奖励办公室根据当年推荐项目的具体情况，从具备资格的人选中筛选，由奖励办公室提出，报奖励委员会主任委员批准。

第四十四条　各评审委员会的委员因故不能出席会议，可能影响评审工作正常进行时，可以由相关专业（学科）评审组的成员或者经奖励办公室认定具备评审资格的专家代替，并享有与其他委员同等的权利。具体人选由奖励办公室提名，报奖励委员会主任委员批准。各评审委员会变动人数不得超过委员总数的十分之一。

第四十五条 评审委员会委员、学科（专业）评审组成员应秉公办事，在评审工作中不代表本人所在部门和单位，只对自治区人民政府负责。评审委员会委员、学科（专业）评审组成员和相关工作人员应当对候选项目和候选单位所完成的技术内容和评审情况严格保守秘密。

第四章 推荐和受理

第四十六条 奖励办法第十七条（一）的推荐工作，由其科学技术主管机构负责。

奖励办法第十七条（二）是指自治区人民政府组成部门、直属机构。

第四十七条 奖励办法第十七条（三）所称“其他单位”，是指经自治区科学技术厅认定，具备推荐条件的自治区人民政府直属特设机构、直属事业单位、部门管理机构、中直驻桂单位及其他特定的机关、企事业单位和社会团体等。

第四十八条 奖励办法第十七条（三）所称“科学技术专家”，是指中国科学院院士和中国工程院院士，以及自治区科学技术领域的八桂学者。

第四十九条 自治区科学技术奖候选项目实行限额推荐。限额推荐项目数由奖励办公室根据历年推荐及地区、行业等情况提出，报奖励委员会主任委员批准。推荐单位和个人应当在奖励委员会当年下达的限额范围内择优推荐自治区科学技术奖候选项目。

各推荐单位推荐特别贡献奖项目数每年限额推荐1项。

中国科学院院士、中国工程院院士每年度每人可推荐2项所熟悉专业的自治区科学技术奖候选项目；自治区科学技术领域的八桂学者每年度每人可推荐1项所熟悉专业的自治区科学技术奖候选项目。个人不推荐特别贡献奖。

第五十条 单位推荐和个人推荐自治区科学技术奖的项目应当征得项目全部完成单位和完成人的知情同意，填写由奖励办公室制作的统一格式的推荐书，提供必要的证明和评价材料以及知情同意证明。推荐书及有关材料应当完整、真实、可靠。

推荐项目全部完成单位应将项目的名称、项目简介、知识产权、论文、主要完成单位与完成人员对项目的创造性贡献等内容在本单位公示7天，无异议或者异议解除后方能推荐。

第五十一条 推荐单位和推荐个人认为有关专家学者参加评审可能影响评审公正性的，可以要求其回避，并在推荐时书面提出理由及相关的证明材料。每项推荐项目所提出的回避专家人数不得超过3人。

第五十二条 凡存在知识产权以及项目完成单位、完成人员等方面争议并正处于诉讼、仲裁或行政裁决、行政复议程序中的，在争议未解决前不得推荐参加自治区科学技术奖的评审。

第五十三条 法律、行政法规规定必须取得有关许可证的项目，如动植物新品种、食品、药品、农药、基因工程技术和产品等，在未获得主管行政机关批准之前，不得推荐参加自治区科学技术奖的评审。

第五十四条 推荐自治区科学技术奖的项目，必须在奖励办公室当年规定的截止日期前进行科技成果登记，获得自治区科技成果登记号。

第五十五条 同一技术内容项目不得在同一年度重复推荐参加自然科学奖、技术发明奖和科学技术进步奖的评审。

第五十六条 已获得自治区科学技术奖、同级政府科学技术奖或国家科学技术奖项目的创新要点、知识产权、论文，不得作为再次推荐自治区科学技术奖项目的主要学术（技术）内容（推荐特别贡献奖项目除外）；凡推荐自治区科学技术奖的项目不得同时推荐其他同级政府科学技术奖。

第五十七条 经评定未授奖的自治区自然科学奖、技术发明奖和科学技术进步奖的候选项目，如果该项目在此后的研究开发活动中取得新的实质性进展，并符合奖励办法及本细则有关规定条件的，须隔一年后方可重新推荐。

第五十八条 经奖励办公室形审合格进入公示环节或通过评审的候选项目要求撤回并经同意的，如再次推荐自治区科学技术奖的，须隔一年后方可重新推荐。

第五十九条 自治区科学技术奖按行政隶属关系或任务来源择优推荐。

（一）自治区直属单位完成的项目，经自治区行政主管部门审查合格后，向科技厅推荐；

（二）设区的市直属或市以下基层单位完成的项目，经所在市科学技术行政部门审查合格后择优向科技厅推荐；自治区直属单位已申报所在市科学技术奖的项目须从市科学技术行政部门推荐，不得从其他渠道推荐；

（三）中央驻桂单位、自治区以外的单位或无行政主管部门的单位完成的，为我区经济建设和社会发展做出贡献的项目，符合条件的，由项目完成单位或者项目实施受益单位提出，经项目实施所在地的市科学技术行政部门或自治区有关主管部门审查合格后，向科技厅推荐；

（四）两个或两个以上单位共同完成的项目，经第一完成单位所在地的市科学技术行政部门或自治区有关主管部门审查合格后，向科技厅推荐。

第六十条 符合奖励办法第十七条及本细则规定的推荐单位和推荐个人，应当在规定的时间内向奖励办公室提交推荐书及相关材料。

经奖励办公室形式审查不符合规定的推荐材料，推荐单位或者推荐人应在规定时间内补正，逾期不补正或经补正后仍不符合要求的，不予受理。

第六十一条 奖励办公室应当在科技厅门户网站上公示通过形式审查的自治区科学技术特别贡献奖、自然科学奖、技术发明奖、科学技术进步奖的受理项目名称、项目简介、知识产权（论文）、主要完成单位与完成人员对项目的创造性贡献等内容。

第六十二条 受理项目、完成单位和完成人员如存在本细则规定不得推荐的情形的，推荐项目不提交评审。

第五章 异议及其处理

第六十三条 自治区科学技术奖励接受社会监督。自治区科学技术奖的评审工作实行异议制度。

任何单位或者个人对自治区科学技术奖候选项目的完成单位、完成人员及候选项目的创新性、先进性、实用性及推荐材料真实性等持有异议的，应当在通过形式审查的受理项目公布之日起15日内，在通过奖励委员会审定的拟奖励项目公示之日起30日内，向奖励办公室提出，逾期不予受理。

第六十四条 提出异议的单位或者个人应当提供书面异议材料，并提供必要的证明文件。

提出异议的单位、个人应当表明真实身份。以单位名义提出异议的，应当加盖本单位公章；个人提出异议的，应当在书面异议材料上签署真实姓名及联系方式。以匿名方式提出的异议一般不予受理。

第六十五条 提出异议的单位、个人不得将异议材料直接提交评审专家；评审专家收到异议材料的，应当及时转交奖励办公室，不得提交评审组织讨论和转发其他评审专家。

第六十六条 奖励办公室在接到异议材料后应当进行审查，对符合规定并能提供充分证据的异议，应予受理。

第六十七条 为维护异议者的合法权益，奖励办公室、推荐单位及其工作人员或推荐人，以及其他参与异议调查、处理的有关人员应当对异议者的身份予以保密；确实需要公开的，应当事前征求异议者的意见。

第六十八条 异议分为实质性异议和非实质性异议。对涉及候选项目的创新性、先进性、实用性及推荐材料真实性等所提出的异议为实质性异议；对涉及候选项目的完成单位、完成人员及其排序的异议为非实质性异议。凡涉及评审等级的异议，不属于异议范围。

实质性异议由奖励办公室负责协调有关推荐单位或者推荐人对异议进行核实处理。推荐单位或者推荐人接到异议通知后，应当在规定的时间内核实异议材料，并将调查、核实情况报送奖励办公室审核。必要时，奖励办公室可以组织评审委员或专家组进行调查，提出处理意见。

非实质性异议由推荐单位或者推荐人负责协调，提出初步处理意见报送奖励办公室审核。涉及跨部门的异议处理，由奖励办公室负责协调，相关推荐单位或者推荐人协助，其处理程序参照前款规定办理。

推荐单位或者推荐人接到异议材料后，在异议通知规定的时间内未提出调查、核实报告和协调处理意见的，该项目不提交评审或取消获奖资格。

第六十九条 异议处理过程中，涉及异议的任何一方应当积极配合，不得推诿和延误。项目完成单位、完成人员在规定时间内未按要求提供相关证明材料的，视为承认异议内容；提出异议的单位、个人在规定时间内未按要求提供相关证明材料的，视为放弃异议。

第七十条 对通过形式审查的受理项目的异议，自异议受理截止之日起20日内处理完毕的，可以提交本年度评审；自异议受理截止之日起一年内处理完毕的，下一年度可以重新推荐；自异议受理截止之日起一年后处理完毕的，再隔一年后方可重新推荐。

通过奖励委员会审定的有异议的拟奖励项目，自异议受理截止之日起30日内处理完毕并解除异议的，可以授奖；逾期尚未处理完毕的，则取消该项目当年度获奖资格，待处理完毕并解除异议后，延至下一年度授奖；实质性异议内容成立或自异议受理截止之日起一年内不能处理完毕的，取消该项目的获奖资格。

奖励办公室应当向相应的评审委员会报告异议核实情况及处理意见，提请评审委员会决定，并将决定意见通知异议方和推荐单位、推荐人。

奖励办公室应当及时向奖励委员会报告异议处理情况。奖励委员会对项目的异议有最终裁决权。

第六章　评　审

第七十一条　自然科学奖、技术发明奖和科学技术进步奖的评审实行专业（学科）评审组初评，评审委员会复评，奖励委员会终评三级评审。

第七十二条　对形式审查合格的科学技术奖受理项目，经公示无异议或异议处理结束后，自然科学奖、技术发明奖和科学技术进步奖受理项目由奖励办公室组织相应的专业（学科）评审组进行初评，科学技术特别贡献奖候选项目由奖励办公室提交奖励委员会主任委员会议初选。

第七十三条　初评分网络评审和专业（学科）评审组会议评审，采取定性和定量评价相结合的方式进行。奖励办公室负责制订自治区科学技术奖的评价指标体系。

第七十四条　奖励委员会及各评审委员会、专业（学科）评审组的评审表决应当有三分之二以上（含三分之二）成员参加，表决结果有效。

第七十五条　自治区自然科学奖、技术发明奖和科学技术进步奖评审程序及规则：

（一）网络评审。奖励办公室通过奖励专家库随机遴选具有评审资格的同行专家组成专家组，采用定性和定量相结合的综合评价方法，以网络评审方式对候选项目进行评议和打分。奖励办公室综合汇总项目分值和评审等级后，以专业组为单位由高到低将项目进行排序。

（二）专业（学科）评审组会议评审。各专业（学科）评审组以会议形式进行初评，在综合网评专家意见的基础上，以无记名限额投票表决产生评审结果，提出一、二、三等奖候选项目。其中，一、二等奖候选项目应由专业（学科）评审组到会成员的三分之二以上（含三分之二）通过；三等奖候选项目应由专业（学科）评审组到会成员的二分之一以上（不含二分之一）多数通过。各等级第一轮投票由于票数分散造成推荐项目不足额时，由高票到低票按缺额数120%的项目进行再次投票，如仍不足额，不再继续投票。

限额项目数由奖励办公室根据当年各专业（学科）参评项目情况提出，报奖励委员会主任委员审定。

（三）奖励办公室依据各专业（学科）评审组评审结果进行汇总，将候选项目送各评审委员会进行网络审评。

（四）评审委员网络审评。各评审委员会委员对一、二、三等奖候选项目进行网络审阅，同时按照要求对三等奖候选项目进行优选判断，并在网上选定优选结果。

（五）评审委员会复评：各评审委员会以会议形式对一、二、三等奖候选项目进行复评。一是对推荐为一、二等奖的候选项目进行答辩质疑；二是审定三等奖项目，对通讯审议中优选判断分值偏低的项目进行评议；三是根据专业（学科）评审组初评结果、评审委员网络审评情况和答辩情况，以记名限额投票方式产生一、二、三等奖奖励建议方案。各奖项一、二、三等奖候选项目数量由奖励办公室根据受理项目情况提出，报奖励委员会主任委员会议审定。

1. 三等奖项目审定和投票程序要求。根据网络审评优选判断分值高低以及当年三等奖候选项目数量，排名在前的一定比例的项目直接通过评审，其他排名在后的项目经评议后以差额形式投票表决，表决票数达到到会委员的二分之一以上（不含二分之一）的项目作为通过评审的项目。直接通过评审和进入投票表决程序的项目比例由评审委员会主任会议确定。

2. 二等奖项目应当由到会委员的二分之一以上多数（不含二分之一）通过。如二等奖候选项目获得一等奖票数超过到会委员人数二分之一的，可作为一等奖候选项目进入一等奖投票表决程序。

3. 一等奖项目应当由到会委员的三分之二以上多数（含三分之二）通过，以记名投票方式产生一等奖项目。候选项目数少于或等于限额项目数150%的，实行一次投票。候选项目数超过限额项目数150%的，实行两次投票，在第一次投票后仍有获奖项目限额数空缺情况的，选择第一次得票介于三分之二与二分之一（含二分之一）的候选项目再进行第二次等额投票。

（六）奖励委员会会议：奖励委员会召开全体

会议进行终评，听取奖励办公室关于奖励初评与复评情况的报告，审定各评审委员会提出的奖励建议方案，以记名投票表决方式分别作出对自然科学奖、技术发明奖和科学技术进步奖一、二、三等奖奖励项目的决议。其中，一、二等奖项目应由奖励委员会到会委员的三分之二以上（含三分之二）通过；三等奖项目应由奖励委员会到会委员的二分之一以上多数通过。

第七十六条 科学技术特别贡献奖评审程序及规则：

（一）奖励委员会主任委员会议：根据科学技术特别贡献奖的奖励条件和当年推荐项目的情况，以会议形式讨论确定特别贡献奖初选候选项目。

（二）奖励委员会会议：奖励委员会召开全体会议，对科学技术特别贡献奖初选候选项目进行质疑答辩，奖励委员会根据答辩情况，以记名投票表决方式产生获奖项目。获奖项目应当由到会委员的三分之二以上多数（含三分之二）通过。特别贡献奖初选候选项目超过3项的，实行两次投票。在第一次投票后仍有获奖项目限额数空缺情况的，选择第一次得票介于三分之二与二分之一（含二分之一）的候选项目再进行第二次等额投票。

第七十七条 科学技术特别贡献奖不分等级，奖金数额为100万元，每年奖励项目不超过2项。

自然科学奖、技术发明奖、科学技术进步奖分一等奖、二等奖和三等奖3个奖励等级，奖金数额：一等奖20万元、二等奖12万元、三等奖6万元；每年奖励项目总数不超过160项，其中一等奖奖励项目总数不超过12项。

第七十八条 奖励委员会做出科学技术特别贡献奖和自然科学奖、技术发明奖及科学技术进步奖一、二、三等奖奖励项目的决议并公告后，要求撤回项目的，应在规定时间内由推荐单位以书面方式向奖励办公室提出。

第七十九条 自治区科学技术奖的评审实行回避制度。被推荐为自治区科学技术奖候选项目的主要完成人及利害关系人，不得作为奖励委员会、评审委员会委员和专业（学科）评审组专家参加当年的评审工作。

第七章 管理和处罚

第八十条 奖金的分配原则：

（一）奖金应按贡献大小分配，项目主要完成人员（荣誉证书获得者）所得奖金应占奖金总额的百分之六十至八十，其余部分发给参加项目工作的有关人员；

（二）一个单位完成的项目，由项目第一完成人商项目其他成员提出分配方案，报单位领导批准发放；

（三）两个以上单位完成的项目，由项目第一完成人商项目其他成员提出分配方案，报项目第一完成单位或项目推荐部门批准发放（必要时由推荐部门负责协调解决）。

第八十一条 奖金分配方案由批准单位报奖励办公室备案。

第八十二条 奖金和证书由奖励办公室按规定转拨（转发）项目推荐部门，由推荐部门如数转拨（转发）获奖项目单位；或由奖励办公室直接转拨（转发）获奖项目单位。两个以上单位完成的项目，若第一获奖单位驻地不在广西的，奖金和证书由项目推荐部门按分配方案发放。任何单位不得以任何理由提取或截留奖金、证书。奖金拨出半年后仍未分配的，由推荐部门负责将奖金退回奖励办公室。

第八十三条 奖励委员会负责对自治区科学技术奖的推荐、评审和异议处理工作进行监督。

第八十四条 任何单位和个人发现自治区科学技术奖的评审和异议处理工作中存在问题的，可以向奖励办公室进行举报和投诉。有关方面收到举报或者投诉材料的，应当及时转交奖励办公室。

第八十五条 自治区科学技术奖励实行评审信誉制度。奖励办公室对参加评审活动的专家学者建立信誉档案，信誉记录作为提出评审委员会委员、专业（学科）评审组成员及网评专家人选的重要依据。

第八十六条 对通过剽窃、侵夺他人科学技术成果，弄虚作假或者其他不正当手段谋取自治区科学技术奖的单位和个人，尚未授奖的，由奖励办公室取消其当年获奖资格；已经授奖的，经奖励委员会审核，由科技厅报自治区人民政府批准后撤销奖励，追回奖金，并公开通报。同时，建议其所在单位或主管部门给予相应的处分。

第八十七条 推荐单位和推荐人提供虚假数据、材料，协助被推荐单位和个人骗取自治区科学技术奖的，由自治区科学技术厅给予通报批评；情节严重的，暂停或者取消其推荐资格；对负有直接责任的主管人员和其他直接责任人员，建议其所在单位或主管部门依法给予相应的处分。

第八十八条 参与自治区科学技术奖评审工作的专家在评审活动中违反评审行为准则和相关规定的，由自治区科学技术厅分别情况给予责令改正、记录不良信誉、解除聘任或者取消资格等处理，同时可以建议其所在单位或主管部门依法给予相应的处分。

第八十九条 参与自治区科学技术奖评审组织工作的人员在评审活动中弄虚作假、徇私舞弊的，由科技厅或者相关主管部门依法给予相应的处分。

第九十条 对自治区科学技术奖获奖项目的宣传应当客观、准确，不得以夸大、模糊宣传误导公众。获奖成果的应用不得损害国家利益、社会安全和人民健康。

对违反前款规定，产生严重后果的，依法给予相应的处理。

第九十一条 自治区科学技术奖评审相关记录由奖励办公室归档留存，未经法定程序批准原则上不得查阅评审档案。

第八章 附 则

第九十二条 本细则由广西壮族自治区科学技术厅负责解释。

第九十三条 本细则自印发之日起施行。科技厅2010年10月29日印发的《广西壮族自治区科学技术奖励办法实施细则（试行）》（桂科成字〔2010〕78号）同时废止。

广西壮族自治区八桂学者专项资金管理暂行办法

（2013年10月12日）

第一章 总 则

第一条 为规范和加强自治区八桂学者专项资金（以下简称专项资金）的管理、使用和监督，提高经费使用效益，根据《广西壮族自治区八桂学者制度试行办法》（桂办发〔2010〕51号）及有关财务管理制度，制定本办法。

第二条 专项资金来源于自治区本级财政预算，专项用于自治区八桂学者（以下简称八桂学者）及其科研创新团队的岗位津贴、科研补助经费，以及八桂学者的一次性安家费。

第二章 管理机构与职责

第三条 根据自治区八桂学者制度，在自治区党委人才工作领导小组的领导下，科技厅、教育厅、财政厅以及设岗部门和单位（以下统称设岗单位）按照各自职责，分别负责专项资金管理的相关工作。

第四条 科技厅、教育厅分别负责编制自然科学类、人文社科类八桂学者专项资金年度预算，开展专项资金的监督管理和绩效评价。

第五条 财政厅负责审核、批复专项资金预算，及时下达（或拨付）专项资金；指导和督促专项资金预算执行、绩效评价等，加强专项资金的监督管理。

第六条 设岗单位是专项资金管理的责任主体。负责根据八桂学者聘任合同和履职情况提出年度资金申请，建立符合专项资金使用的内部监管机制，确保专项资金使用的规范性、安全性和有效性，负责报告专项资金使用情况。

设岗单位负责落实八桂学者聘期内的单位科研配套资金。

第三章 专项资金补助对象、标准和开支范围

第七条 岗位津贴包括八桂学者岗位津贴和科研创新团队岗位津贴。

（一）八桂学者岗位津贴，是指在聘期内，对每位全职八桂学者按每年20万元给予的税后岗位津贴，对非全职八桂学者按实际工作时间给予每月1.5万元的税后岗位津贴。

（二）科研创新团队岗位津贴，是指在聘期内，每年给予每位八桂学者所带的科研创新团队20万元的税后岗位津贴，由八桂学者根据团队成员的实际贡献自主分配。

第八条 科研补助经费，是指在八桂学者聘期内发生的，用于实施本岗位创新发展计划，与开展本岗位重点科研课题研究、科技攻关项目、工程技术项目、学术技术交流及加强所带科研创新团队人才培养直接相关的费用，按照每位自然科学类八桂学者及其科研创新团队每年60万元、人文社科类八桂学者及其科研创新团队每年20万

元的标准给予补助。科研补助经费的开支范围包括：

（一）设备费：是指在课题研究开发过程中购置或试制专用仪器设备，对现有仪器设备进行升级改造，以及租赁使用外单位仪器设备而发生的费用。科研补助经费要严格控制设备购置费支出。

（二）材料费：是指在课题研究开发过程中由于消耗各种必需的原材料、辅助材料等低值易耗品而发生的采购、运输、装卸和整理等费用。

（三）测试化验加工费：是指在课题研究开发过程中由于承担单位自身的技术、工艺和设备等条件的限制，必须支付给外单位（包括项目和课题承担单位内部独立经济核算单位）的检验、测试、设计、化验及加工等费用。

（四）燃料动力费：是指在课题研究开发过程中相关大型仪器设备、专用科学装置等运行发生的可以单独计量的水、电、气、燃料消耗费用等。

（五）差旅费：是指在课题研究开发过程中在开展科学实验（试验）、科学考察、业务调研、学术交流等所发生的外埠差旅费、市内交通费用等。差旅费的开支标准应当按照国家有关规定执行。

（六）会议费：是指在课题研究开发过程中为组织开展相关的学术研讨、咨询以及协调任务等活动而发生的会议费用。应当参照国家有关规定，严格控制会议数量、规模、开支标准和会期。

（七）出版/文献/信息传播/知识产权事务费：是指在课题研究开发过程中，需要支付的出版费、资料费、专用软件购买费、文献检索费、专业通信费、专利申请及其他知识产权事务等费用。

（八）劳务费：是指在课题研究开发过程中支付给科研创新团队中没有工资性收入的相关研发人员（如在校研究生等）和临时聘用人员等的劳务性费用。参与研究任务的优秀高校毕业生在聘用期内所需的劳务性费用和有关社会保险费补助，可以在劳务费中列支。

（九）专家咨询费：是指在课题研究开发过程中支付给临时聘请的咨询专家的费用。专家咨询费不得支付给参与项目研究及其管理相关的工作人员。专家咨询费的开支标准见下表：

咨询专家	咨询方式	标准（元）	
具有或相当于高级专业技术职称的人员	会议咨询	500 — 800（人/天）（第 1、2 天）	300—400（人/天）（第 3 天以后）
	通讯咨询	60—100（人/个项目或课题）	
其他人员	会议咨询	300 — 500（人/天）（第 1、2 天）	200—300（人/天）（第 3 天以后）
	通讯咨询	40—80（人/个项目或课题）	

（十）其他费用：是指除上述支出项目之外在八桂学者聘期内发生的与其他履行八桂学者职责直接相关的支出。含人才培养费、职称晋升费用、中长期培训费用等。

第九条 安家费，是指对从自治区外引进的全职八桂学者一次性给予 100 万元的税后安家费（住房补贴）；对区内受聘的八桂学者，未享受房改优惠政策的一次性给予 100 万元税后安家费（住房补贴），已享受过房改优惠政策的不再给予安家费（住房补贴）。安家费主要用于其在岗位工作地购买或租赁住房。

第四章 预算的编制和执行

第十条 设岗单位根据与受聘八桂学者签订的聘任合同，经主管部门同意后，于每年 6 月底前将下一年度的八桂学者各项补助经费预算报科技厅（自然科学类）、教育厅（人文社科类）审核。

第十一条 科技厅、教育厅根据八桂学者聘任情况和对设岗单位经费申请的审核情况编制专项资金年度预算安排建议，送财政厅审核后，设岗单位在区直部门的，分别纳入各设岗单位部门预算；设岗单位在市县的，编列补助市县支出预算，指标预留在财政厅。对于在预算年度中新聘任的八桂学者，其经费不能列入当年部门预算的，所需经费由财政厅在预算年度中追加安排。

第十二条 八桂学者设岗单位属于自治区本级的，经费下达给设岗单位，由设岗单位按照国库集中支付管理有关规定进行支付；设岗单位属于市县的，由财政厅将经费下达到相关市县财政局，由市县财政局下达给设岗单位。

第十三条 八桂学者因故终止合同的，设岗单位应及时报告科技厅（自然科学类）、教育厅（人文社科类），并会同财政厅根据具体情况作相应处理。

第十四条 经费使用中涉及政府采购的，按照政府采购有关规定执行。

第十五条 设岗单位应当严格按照本办法的规定，制定内部管理办法，建立健全内部控制制度，加强对专项资金的监督和管理，对专项资金和单位科研配套资金进行统一管理、单独核算。

第十六条 专项资金年度结余，按照自治区本级财政拨款结转结余资金管理规定执行。

第五章 管理与监督

第十七条 专项资金的管理和使用，要符合国家有关财政、财务制度和国库支付管理制度。要加强管理和监督，单独核算，专款专用，任何单位和个人不得以任何理由和方式截留、挤占和挪用。

第十八条 设岗单位要将专项资金管理和八桂学者年度考核相结合，每年12月向自治区党委人才工作领导小组办公室、科技厅、教育厅及主管部门报告八桂学者年度考核及经费使用情况。科技厅、教育厅分别将自然科学类、人文社科类八桂学者年度考核及经费使用情况汇总后报财政厅。考核结果作为划拨下一年度专项资金的依据。

第十九条 专项资金的使用和管理应接受自治区财政、审计部门的监督和检查。

第二十条 八桂学者专项资金管理实行责任追究制度。对于弄虚作假、挪用、挤占专项经费等违反财政财务制度和财经纪律的行为，按照有关规定进行严肃处理。

第六章 附 则

第二十一条 设岗单位可参照本办法，依据国家、自治区科研经费管理的有关规定，制定本单位八桂学者科研配套资金管理办法。

第二十二条 本办法由财政厅、科技厅、教育厅负责解释。

第二十三条 本办法自印发之日起施行。

附　录

广西县及县以上政府部门属独立的科学研究与技术开发机构基本情况

至2013年底，全自治区县及县以上政府部门属独立的科学研究与技术开发机构（包括转制机构）共有200个，比上年减少2个。其中：县级以上政府部门属独立自然科学与技术领域的研究与开发机构122个（其中转制机构30个）；县级以上政府部门属独立社会与人文科学领域研究机构8个；县级以上政府部门属独立科技信息与文献机构19个；县属独立研究与开发机构（包括科技情报研究所）51个。按隶属关系分：国务院部门属机构7个，地方县级以上政府部门属机构142个，县属机构51个。

全自治区县及县以上政府部门属独立的研究与开发机构2013年底共有从业人员16490人（比上年增加3.2%），其中从事科技活动人员9586人（比上年增加4.7%），在从事的科技活动人员中，有大学本科及以上学历[1]6719人。外聘的流动研究人员及非本单位的在读研究生573人。按隶属关系分：国务院部门属机构共有从业人员2347人，其中从事科技活动人员1152人，从事科技活动人员中，有大学本科及以上学历887人，外聘的流动研究人员及非本单位的在读研究生84人；地方县级以上政府部门属机构有从业人员13475人，其中从事科技活动人员8021人，从事科技活动人员中，有大学本科及以上学历5766人，外聘的流动研究人员及非本单位的在读研究生489人；县属机构有从业人员668人，其中从事科技活动人员413人，从事科技活动人员中，有大学本科及以上学历66人。

全自治区县及县以上政府部门属独立的研究与开发机构2013年科技经费筹集额共286173.3万元（比上年增加12.5%），其中：政府资金230582.1万元（比上年增加17.5%），非政府资金55591.2万元（比上年减少4.5%）。按隶属关系分：国务院部门属机构科技经费筹集额共42631.5万元，其中政府资金21199.3万元，非政府资金21432.2万元；地方县级以上政府部门属机构科技经费筹集额共240975万元，其中政府资金206864万元，非政府资金34111万元；县属机构科技经费筹集额共2566.8万元，其中政府资2518.8万元，非政府资金48万元。

县及县以上政府部门属独立研究与开发机构科技经费筹集额构成

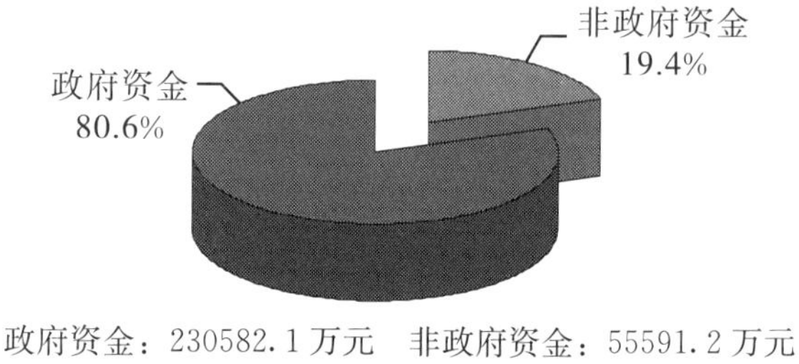

政府资金：230582.1万元　非政府资金：55591.2万元

国务院部门属机构科技经费筹集额构成

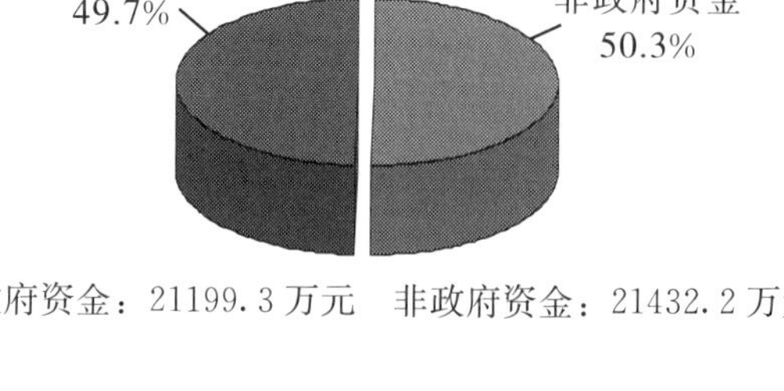

政府资金：21199.3万元　非政府资金：21432.2万元

注：①2009年已取消“科学家工程师”指标，采用“大学本科及以上学历”指标。

地方县级以上政府部门属机构科技经费筹集额构成

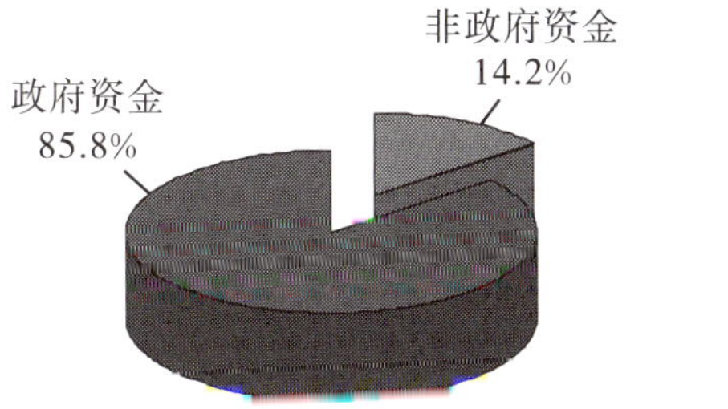

政府资金：206864 万元　非政府资金：34111 万元

县属机构科技经费筹集额构成

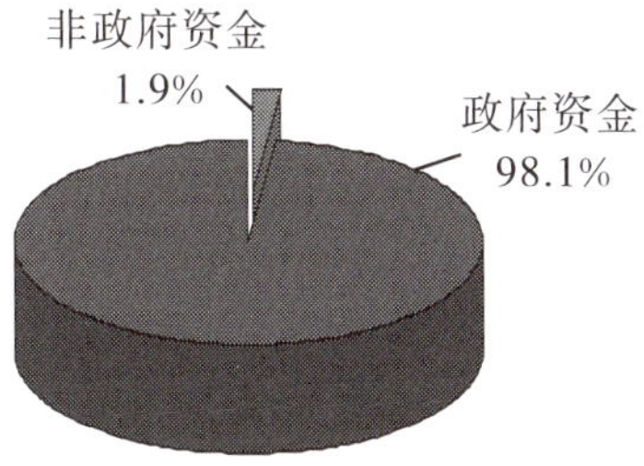

政府资金：2518.8 万元　非政府资金：48 万元

全自治区县及县以上政府部门属独立的研究与开发机构 2013 年科技活动经费支出 267757.4 万元（比上年增加 9.5%），其中用于人员费用 87568.8 万元（比上年增加 23.0%）。按隶属关系分：国务院部门属机构科技活动经费支出 43800.8 万元，其中用于人员费用 15364.9 万元；地方县级以上政府部门属机构科技活动经费支出 221141.3 万元，其中用于人员费用 70252.7 万元；县属机构科技活动经费支出 2815.3 万元，其中用于人员费用 1951.2 万元。

全区县及县以上政府部门属独立的研究与开发机构 2013 年度共发表科技论文 3328 篇（比上年减少 14 篇），出版科技著作 87 种（比上年增加 39 种），专利申请受理 509 件（比上年增加 163 件），专利授权 233 件（比上年增加 85 件）。

全自治区县及县以上政府部门属独立的研究与开发机构概况

主要指标	计量单位	县级以上部门属自然科学和技术领域机构	其中：国务院部门属	县级以上部门属社会与人文科学领域机构	县级以上部门属科技信息和文献机构	县属研究与开发机构
机构数	个	122	7	8	19	51
从业人员	人	14991	2347	349	482	668
从事科技活动人员	人	8395	1152	325	453	413
大学本科及以上学历	人	6036	887	268	349	66
科技经费筹集额	万元	261161.1	42631.5	7921.6	14523.8	2566.8
其中：政府拨款	万元	207277.9	21199.3	7716.0	13069.4	2518.8
科技经费内部支出	万元	249048.5	43800.8	6072.2	9821.4	2815.3
其中：人员费用	万元	80270.0	15364.9	2372.9	2974.7	1951.2
固定资产	万元	339705.3	80759.4	2656.0	5781.5	1873.0
课题数	个	2729	275	65	108	18
课题经费内部支出	万元	77347.8	24221.5	658.8	2033.5	321.4
课题投入人员	人年	4843	625	139	204	96
R&D 经费内部支出	万元	141373.4	23298.9	2668.8	1688.5	450.9
R&D 人员折合全时工作量	人年	4399	608	141	105	57
专利申请受理	件	434	63	0	75	0
专利授权	件	223	42	0	10	0
科技论文	篇	2908	266	339	77	4
科技著作	种	40	0	45	2	0

一、2013年广西县级以上政府部门属自然科学与技术领域、社会与人文科学领域的研究与开发机构基本情况

（一）机构及其人员

2013年，全自治区县级以上政府部门属自然科学与技术领域、社会与人文科学领域的研究与开发机构（以下简称两大领域机构130个（包括转制机构），从业人员总数15340人，其中从事科技活动人员8720人，占从业人员总数的56.8%；从事科技活动人员中，有大学本科及以上学历6304人，占从事科技活动人员数的72.3%。外聘的流动研究人员及非本单位的在读研究生548人。

（二）科技经费

两大领域机构2013年科技经费筹集额共269082.7万元，其中：政府资金214993.9万元，占本年科技经费筹集额的79.9%；政府资金中，财政拨款145493.1万元，承担政府科研项目收入41002.1万元。全年科技活动经费支出共255120.7万元，其中用于人员费用82642.9万元，占支出额的32.4%。

（三）科技活动

两大领域机构2013开展课题2794个，投入经费78006.6万元，投入人员（折合全时工作量）4982人年；其中开展R&D课题2188个，R&D课题投入经费56323.1万元，R&D课题投入人员3779人年。核算后，2013年两大领域机构共投入R&D人员（折合全时工作量）4540人年，R&D经费内部支出144042.2万元；其中，R&D经常费131755.2万元，R&D基建费12287万元；R&D经常费支出中，基础研究、应用研究、试验发展三者的经费分别是14325.7万元、43021.8万元、74407.7万元，相应占R&D经常费的比例分别是10.9%、32.6%、56.5%。

2013年度两大领域机构共发表科技论文3247篇，出版科技著作85种，专利申请受理434件，专利授权223件。

在机构对外科技服务活动情况中，2013年两大领域机构有770年进行科技成果的示范推广工作，367人年为用户提供可行性报告、技术方案、建议及进行技术论证等技术咨询工作，412人年为社会和公众提供测试、标准化、计量、质量控制和专利服务，68人年进行科技信息文献服务，451人年进行科技培训工作，743人年进行其他科技服务活动。

二、转制科学研究与技术开发机构（转制机构）

（一）机构及其人员

截至2013年底，我区累计转制到位的科学研究与技术开发机构共30个，其中：3个机构进入企业或企业集团，1个机构转为中央或省直属大型科技企业，22个机构转为科技型企业，1个机构转为企业型科技咨询、科技中介、技术推广等单位，2个机构转为非政府部门属研究机构的事业单位，1个机构随上级主管单位一起转制为企业。

转制到位的机构2013年底共有从业人员5566人，其中从事科技活动人员2258人，占从业人员总数的40.6%；从事科技活动人员中，有大学本科及以上学历1690人，占从事科技活动人员数的74.8%。

（二）科技经费

转制到位的机构2013年科技经费筹集额共40833.8万元，其中：政府资金16388.3万元，占本年科技经费筹集额的40.1%。政府资金中，财政拨款9724.0万元，承担政府科研项目收入5906.4万元。全年科技活动经费支出共53914.4万元，其中用于人员费用19136.6万元，占支出额的35.5%。

2013年，转制到位的机构共实现工业总产值172810.1万元，主营业务收入191758.6万元，其中新产品销售收入55331.5万元。

（三）科技活动

转制到位的机构2013年共开展课题482个，投入经费24218.4万元，投入人员（折合全时工作量）1158人年；其中开展R&D课题349个，R&D课题投入经费12870.5万元，R&D课题投入人员790人年。核算后，2013年转制到位的机构共投入R&D人员（折合全时工作量）988人年，R&D经费23255.8万元，其中，R&D经常费21518.4万元，R&D基建费1737.4万元；R&D经常费支出中，基础研究、应用研究、试验发展三者的经费分别是384.4万元、1728.4万元、19405.6万元，相应占R&D经常费的比例分别是1.8%、8.0%、90.2%。

转制到位的机构2013年度共发表科技论文407篇。专利申请受理176件，专利授权99件。

在机构对外科技服务活动情况中，2013年转制到位的机构有147人年进行科技成果的示范推广工作，196人年为用户提供可行性报告、技术方案、建议及进行技术论证等技术咨询工作，124人年为社会和公众提供测试、标准化、计量、质量

控制和专利服务，39 人年进行科技信息文献服务，38 人年进行科技培训工作，62 人年进行其他科技服务活动。

三、2013 年广西县级以上政府部门属科技信息与文献机构基本情况

2013 年，全自治区县级以上政府部门属科技信息与文献机构 19 个，从业人员总数 482 人，其中从事科技活动人员 453 人，占从业人员总数的 94.0%；从事科技活动人员中，有大学本科及以上学历 349 人，占从事科技活动人员数的 77.0%。

2013 年，科技经费筹集额为 14523.8 万元，其中：政府资金 13069.4 万元，占本年科技经费筹集额的 90.0%。全年科技活动经费支出 9821.4 万元，其中用于人员费用 2974.7 万元，占支出总额的 30.3%。

2013 年共开展课题 108 个，投入经费 2033.5 万元，投入人员（折合全时工作量）204 人年。

在信息服务与文献加工工作中，2013 年共进行课题检索 3260 个，查新 6068 项，专题咨询服务 2384 次，撰写分析研究报 118 篇，加工文摘 17469 篇。

2013 年共发表科学论文 77 篇，科技专著 2 种。

四、2013 年广西县级政府部门属研究与开发机构基本情况

2013 年全区县级政府部门属研究与开发机构（包括县级科技情报研究所）51 个，从业人员总数 668 人，其中专业技术人员 327 人，占从业人员总数的 49.0%；从事科技活动人员 413 人，占从业人员总数的 61.8%；从事科技活动人员中，有大学本科以上学历 66 人，占从事科技活动人员数的 16.0%。

2013 年科技经费筹集额 2566.8 万元，其中：政府资金 2518.8 万元，占本年科技经费筹集额的 98.1%；政府资金中，财政拨款 2265.9 万元，占政府资金的 90.0%。全年科技活动经费支出 2815.3 万元，其中用于人员费用 1951.2 万元，占支出总额的 69.3%。

2013 年度共开展课题 18 个，投入经费 321.4 万元，投入人员 96 人年。

2013 共举办各类技术培训班 310 班次，有 32784 人次参加了培训。此外，还创办了各类农村科技协作组织 8 个。

（广西科技厅发展计划处）

各市、县（城区）地方财政科技拨款情况表

（单位：万元）

	科学技术拨款（科学技术功能支出）		其中：技术研究与开发	
	2012 年	2013 年	2012 年	2013 年
南宁市（本级）	28802	31559	21700	26173
南宁市兴宁区	828	1233	795	1155
南宁市青秀区	2081	2614	1929	2481
南宁市江南区	983	1138	780	920
南宁市西乡塘区	1554	2038	1420	1880
南宁市良庆区	962	1260	860	1155
南宁市邕宁区	1125	1323	1038	1229
武鸣县	3060	3748	2800	3510
隆安县	849	940	748	822
马山县	1194	1259	1004	1108
上林县	867	953	814	898
宾阳县	2167	2937	1782	2631
横县	3500	4201	3049	3564
南宁市（全市）	48032	55203	38719	47526
柳州市（本级）	31947	23713	24228	20712
柳州市城中区	766	901	560	649
柳州市鱼峰区	733	905	285	824
柳州市柳南区	1350	1420	685	1263
柳州市柳北区	832	957	716	843
柳江县	1498	2528	1329	2367
柳城县	1998	2459	1304	2067
鹿寨县	832	1142	619	680
融安县	949	1185	774	1023
融水县	1513	1657	1088	1230
三江侗族自治县	957	1095	470	800
柳州市（全市）	43375	37962	32058	32458
桂林市（本级）	11908	18214	7455	14192
桂林市秀峰区	411	445	240	375
桂林市叠彩区	228	286	219	0
桂林市象山区	323	582	296	510
桂林市高新七星区	1918	2567	1058	1217
桂林市雁山区	158	301	126	83
阳朔县	927	1435	734	1221
临桂县	2260	2508	680	460

续表

	科学技术拨款（科学技术功能支出）		其中：技术研究与开发	
	2012年	2013年	2012年	2013年
灵川县	1827	1986	1580	1720
全州县	1127	1535	750	845
兴安县	2010	2327	1770	1528
永福县	624	1332	509	430
灌阳县	1626	1756	1402	1514
龙胜各族自治县	1337	1550	1164	1225
资源县	942	1153	627	900
平乐县	984	1648	722	1308
荔浦县	1522	1690	1249	862
恭城县	1253	1412	483	1055
桂林市（全市）	31385	42727	21064	29445
梧州市（本级）	8502	12201	7717	11966
万秀区	341	664	218	490
蝶山区	209	—	207	—
梧州市长洲区	537	806	481	780
苍梧县	2321	3123	2056	2392
藤县	2030	2819	1421	2434
蒙山县	805	1054	698	790
岑溪市	1793	2418	1522	1976
梧州市（全市）	16538	23085	14320	20828
北海市（本级）	13591	19557	12468	18115
北海市海城区	90	422	12	335
北海市银海区	51	284	8	200
北海市铁山港区	317	111	216	24
合浦县	2519	4017	2068	3532
北海市（全市）	16568	24391	14772	22206
防城港市（本级）	515	797	415	425
防城港市港口区	1080	1124	895	925
防城港市防城区	409	469	0	100
上思县	1265	2204	1113	2157
东兴市	1430	1951	1099	1109
防城港市（全市）	4699	6545	3522	4716
钦州市（本级）	4408	4994	3881	4382

续表

	科学技术拨款（科学技术功能支出）		其中：技术研究与开发	
	2012年	2013年	2012年	2013年
钦南区	1551	1722	1368	1396
钦北区	2002	2592	1716	2279
灵山县	1740	2662	1614	2405
浦北县	1326	1396	1078	1195
钦州市（全市）	11027	13366	9657	11657
贵港市（本级）	728	4089	166	1428
贵港市港北区	113	154	0	0
贵港市港南区	32	401	0	90
贵港市覃塘区	26	778	0	706
平南县	2209	3648	0	2369
桂平市	1002	982	419	516
贵港市（全市）	4110	10052	585	5109
玉林市（本级）	5834	7297	1837	5154
玉林市玉州区	1899	2414	975	2269
玉林市福绵区	—	587	—	534
容县	1822	2018	754	1630
陆川县	1933	2787	765	801
博白县	454	667	104	50
兴业县	168	1449	68	1309
北流市	3457	4025	2778	1058
玉林市（全市）	16076	21767	7738	13316
百色市（本级）	8411	4508	4856	3911
百色市右江区	985	1509	671	1134
田阳县	2330	2122	2100	1794
田东县	2110	2342	1312	1674
平果县	1399	2380	1194	2221
德保县	1006	1683	899	1033
靖西县	2747	2999	1518	1761
那坡县	1104	1123	650	859
凌云县	1265	1380	619	931
乐业县	591	1199	542	727
田林县	1453	1566	735	1264
西林县	1158	1331	872	1054
隆林县	1060	1631	897	1420

续表

	科学技术拨款（科学技术功能支出）		其中：技术研究与开发	
	2012 年	2013 年	2012 年	2013 年
百色市（全市）	25619	25773	16865	19783
贺州市（本级）	2501	2563	1838	2423
贺州市八步区	1999	2184	1575	1827
昭平县	1706	1888	1299	1712
钟山县	1576	1721	1293	1466
富川县	1320	1773	1210	1594
贺州市（全市）	10718	11836	8735	10571
河池市（本级）	3217	3453	2535	2383
河池市金城江区	820	1080	465	800
南丹县	1320	1715	712	881
天鹅县	561	664	20	25
凤山县	499	569	306	396
东兰县	839	866	101	129
罗城县	1456	1790	1222	1406
环江县	1078	910	774	722
巴马县	220	265	16	114
都安县	2258	2622	1150	1615
大化县	1289	1575	429	927
宜州市	1111	1693	915	1519
河池市（全市）	14586	17202	8748	10976
来宾市（本级）	4312	5626	3670	5052
来宾市兴宾区	1890	2956	1540	2652
忻城县	1216	1374	977	1286
象州县	1121	1809	956	1554
金秀县	907	1057	603	703
武宣县	1404	1793	953	1642
合山市	847	1082	746	924
来宾市（全市）	11697	15697	9445	13813
崇左市（本级）	1945	2384	1352	1796
江州区	1545	1551	1130	1323
扶绥县	1293	1703	993	1245
宁明县	1384	1505	990	1231
龙州县	1398	1362	932	1178
大新县	1820	1964	940	1182
天等县	1045	1279	915	1140
凭祥市	1233	1307	908	1140
崇左市（全市）	11663	13055	8160	10235

备注：此数据来源于各市、县（城区）的统计报表，与上报科技部的数据一致。

2013 年梧州市蝶山区撤销，数据并入原万秀区成为新万秀区数据。玉林市增加福绵区数据。

（科技厅发展计划处）

2012 年广西壮族自治区与全国 R&D 经费总支出比较

2012 年全国研究与试验发展（R&D）经费总支出为 10298.4 亿元，比上年增长 18.5%，占当年国内生产总值（GDP）的比重为 1.98%；2012 年我区 R&D 经费总支出为 97.2 亿元，比上年增长 20%，占当年国内生产总值（GDP）的比重为 0.75%。与全国水平相比，我区 R&D 经费支出占 GDP 的比重比全国水平低 1.23 个百分点，而增长率比全国水平高 1.5 个百分点，说明我区 R&D 经费总支出增长幅度较大。

地　区	R&D 经费支出（亿元）	R&D 经费投入强度（%）	按投入强度排序
北　京	1063.4	5.95	1
上　海	679.5	3.37	2
天　津	360.5	2.8	3
江　苏	1287.9	2.38	4
广　东	1236.2	2.17	5
浙　江	722.6	2.08	6
山　东	1020.3	2.04	7
陕　西	287.2	1.99	8
湖　北	384.5	1.73	9
安　徽	281.8	1.64	10
辽　宁	390.9	1.57	11
四　川	350.9	1.47	12

续表

地　区	R&D经费支出（亿元）	R&D经费投入强度（%）	按投入强度排序
重　庆	159.8	1.4	13
福　建	271	1.38	14
湖　南	287.7	1.3	15
山　西	132.3	1.09	16
黑龙江	146	1.07	17
甘　肃	60.5	1.07	18
河　南	310.8	1.05	19
河　北	245.8	0.92	20
吉　林	109.8	0.92	21
江　西	113.7	0.88	22
宁　夏	18.2	0.78	23
广　西	97.2	0.75	24
青　海	13.1	0.69	25
云　南	68.8	0.67	26
内蒙古	101.4	0.64	27

续表

地　区	R&D经费支出（亿元）	R&D经费投入强度（%）	按投入强度排序
贵　州	41.7	0.61	28
新　疆	39.7	0.53	29
海　南	13.7	0.48	30
西　藏	1.8	0.25	31

广西在全国科技进步统计监测及综合评价中的排位

根据科技部2013年对全国科技进步统计监测结果显示，广西在全国科技进步统计监测及综合评价总排序中列第27位。其中，科技进步环境列第29位，科技活动投入列第24位，科技活动产出列第29位，高新技术产业化列第14位，科技促进经济社会发展列第25位。

2013年全国科技进步统计监测及综合评价结果

	科技进步环境				科技活动投入			科技活动产出			高新技术产业化			科技促进经济社会发展				总排序
	科技人力资源	科研物质条件	科技意识	排序	科技活动人力投入	科技活动财力投入	排序	科技活动产出水平	技术成果市场化	排序	高新技术产业化水平	高新技术产业化效益	排序	经济发展方式转变	环境改善	社会生活信息化	排序	
上　海	3	1	2	1	19	2	1	2	2	2	2	8	2	5	4	2	3	1
北　京	1	2	4	2	23	1	4	1	1	1	1	20	3	2	10	1	2	2
天　津	2	4	3	3	11	3	3	3	3	3	4	1	1	8	3	12	8	3
江　苏	4	7	1	4	3	4	2	4	7	5	5	5	4	4	14	6	5	4
广　东	6	13	6	5	2	6	6	7	4	4	3	19	7	1	5	3	1	5
浙　江	5	27	5	6	5	5	5	6	15	9	14	21	16	3	25	4	4	6
辽　宁	11	5	11	8	15	11	12	8	8	8	20	15	22	9	12	9	7	7
陕　西	9	8	8	9	18	9	11	5	9	6	10	26	17	16	20	14	15	8
山　东	7	3	13	7	1	7	7	15	17	14	18	2	9	7	27	24	12	9
湖　北	10	18	12	11	14	10	10	9	10	10	9	3	8	14	16	18	14	10
重　庆	14	12	7	10	13	14	14	10	14	12	6	9	5	21	1	16	16	11
福　建	8	25	9	13	4	12	9	19	16	15	11	12	10	6	11	5	6	12
黑龙江	13	11	10	12	10	17	16	11	5	7	27	10	21	10	9	13	9	13
四　川	17	14	14	16	20	15	17	18	6	11	7	4	6	20	7	20	21	14
安　徽	12	9	19	14	8	8	8	21	18	19	19	22	24	23	8	30	27	15
吉　林	15	19	24	17	17	24	22	13	21	16	21	14	20	11	23	15	10	16

续表

	科技进步环境				科技活动投入			科技活动产出			高新技术产业化			科技促进经济社会发展				总排序
	科技人力资源	科研物质条件	科技意识	排序	科技活动人力投入	科技活动财力投入	排序	科技活动产出水平	技术成果市场化	排序	高新技术产业化水平	高新技术产业化效益	排序	经济发展方式转变	环境改善	社会生活信息化	排序	
湖　南	24	17	26	23	12	13	13	14	23	20	16	23	23	22	15	23	23	17
内蒙古	16	21	23	18	6	27	21	28	12	17	31	7	25	12	6	27	19	18
山　西	18	23	22	19	7	16	15	22	20	23	17	31	28	17	21	10	11	19
甘　肃	23	15	21	20	22	18	20	12	11	13	25	24	26	28	26	21	26	20
宁　夏	19	28	16	22	21	23	23	16	26	22	28	30	29	24	18	7	17	21
青　海	21	6	15	15	26	29	27	30	13	18	29	29	30	26	19	8	20	22
河　南	26	24	30	27	9	19	18	23	25	27	8	25	12	25	22	31	28	23
江　西	25	16	28	26	24	25	25	24	22	24	13	17	13	18	13	28	24	24
河　北	28	10	20	24	16	22	19	25	24	26	26	27	27	15	29	22	22	25
海　南	20	30	18	25	30	28	30	17	29	25	12	18	11	19	24	11	13	26
广　西	27	22	31	29	25	21	24	27	30	29	15	16	14	27	2	26	25	27
新　疆	22	26	17	21	27	30	28	26	27	28	30	28	31	13	30	19	18	28
云　南	29	20	25	28	29	26	29	20	19	21	22	13	19	29	28	29	31	29
贵　州	30	31	29	30	28	20	26	29	28	30	23	11	18	31	17	25	30	30
西　藏	31	29	27	31	31	31	31	31	31	31	24	6	15	30	31	17	29	31

（唐澍）

创新科技

广西壮族自治区国土资源厅

自治区党委领导对国土资源工作非常重视。图为2013年7月29日自治区党委书记彭清华(中)到国土资源厅调研。

自治区政府领导对国土资源工作非常重视。图为2013年6月27日自治区主席陈武(左三)到国土资源厅调研。

自治区国土资源厅依托厅门户网站《金土在线》栏目，定期举办“厅长在线”活动，为社会公众实时提供网络政务、政策法规咨询等服务。图为2014年3月4日自治区国土资源厅厅长肖建刚做客《阳光在线》节目。

“小块并大块”耕地整治模式是我区国土资源管理部门在总结龙州农民自发开展的“小块并大块”实践经验基础上逐步建立的“先建后奖、以奖代补、以补促建”土地整治新模式，得到国土资源部的充分肯定，并获全国推广。图为“小块并大块”耕地整治后的土地。

自治区国土资源厅实施广西“十二五”农村饮水安全找水打井工程，安排经费5.05亿元，计划2013—2014年成井1750口。2013年已成井980口，可解决980个村屯63.4万人的饮水困难。图为2014年3月5日百色市抗旱找水打井工程通过专家现场验收，群众接水喜笑颜开。

2007年起，广西全面启动了第二次土地调查和农村宅基地登记发证工作，全面查清城镇、农村土地和宅基地利用现状，为保护明晰土地产权、保护合法土地权益、促进农村土地流转奠定了基础。图为2014年2月28日广西第二次土地调查成果新闻发布会现场。

由中国国土资源部、商务部、贸促会、广西壮族自治区政府主办，自治区国土资源厅等承办的中国—东盟矿业合作论坛暨推介展示会截止2013年已成功举办4届。据统计，2010年至2013年，参展参会企业1606家，推介洽谈项目566个，签约项目79个，总签约金额达480.9亿元。图为2013年矿业论坛开幕式。

广西桂中农村土地整治项目是全国10个整体推进农村土地整治示范工程之一，是中央与地方财政共同投入、整体推进的农村土地整治项目。工程建设总投入45亿元。截至2012年12月28日，该工程143个子项目全部完工。图为整治后的项目区（航拍图）。

近年来，自治区国土资源厅多措并举开展地质灾害防治工作。仅2013年，中央和自治区全年投入地质灾害治理经费约2.61亿元，安排地质灾害治理点426处。完成重大地质灾害隐患点治理220处，保护人口4.01万人，保护财产3亿多元。图为广西国土资源厅举办地质灾害防治知识宣传活动，群众在认真观看宣传材料。

2013年广西水利科技成就

2013年广西水利科技工作紧紧围绕水利中心工作，着力推动水利科技创新，在政策制定、增大投入、平台建设、科技攻关、技术推广等方面取得了突出成效，水利科技创新迈出新步伐，呈现新气象。

加快构筑水利科技创新体系。2013年4月25日召开全区水利科技创新大会，制定出台《关于加快广西水利科技创新体系建设的实施意见》及其10个配套文件，在科技平台建设、科技项目顶层设计、科技管理、科技奖励等方面进行了积极探索。

水利科技投入大幅提高。2013年水利厅本级科技投入1242万元，支持“桂中治旱乐滩水库穿煤区隧洞处理关键技术及工程安全措施”等21个水利科技项目。此外，获得水利部公益专项等省部级科技计划项目4项，补助经费791万元。

水利科技平台建设迈出新的步伐。“广西农业灌溉排水工程技术中心”获自治区科技厅批复建设；申报“广西水工程材料重点实验室”；“王浩院士工作站”、“张建云院士工作站”分别在广西水利电力职业技术学院和广西水文水资源局挂牌成立并投入工作；同时水利厅8支“广西水利科技创新团队”授牌，标志着我区水利科学研究的人才队伍向高层次、专业性发展，有利于建立区内外人才开放合作的工作机制。

扎实推进重点水利科技项目研究。加强顶层设计，重点支持水资源“三条红线”严格管理，防洪减灾预警预报、高效节水灌溉技术研究与推广示范，农村饮水安全监测、预警、水质净化及突发事件应急技术及设备，高效节水灌溉技术，水环境监测及水生态修复，中小河流及水土保持生态治理技术与示范，以及乐滩引水灌区等重大水利工程关键技术集成攻关与应用等方面研究。列入自治区重点领域的“广西糖料蔗高效节水灌溉发展模式研究”等项目研究取得重要进展。

加大先进实用科技成果推广力度。开展糖料蔗高效节水灌溉、水土保持综合治理等科技推广示范园区建设工作。同时积极推进小型农田水利工程渠道衬砌机械化施工技术、光伏提水技术、水锤泵提水技术等先进实用技术的推广。

水利科研获得丰硕成果。由广西水利水电勘测设计研究院牵头完成的“广西北部湾经济区水循环安全调控关键技术研究”获得2013年广西科学技术进步奖一等奖；2013年11月30日，广西地方标准“小型农田水利工程规划设计导则”发布实施；“多角度水泥混凝土面抗裂性能检验装置”等获得专利。

自治区水利厅厅长杨焱与张建云院士共同为“张建云院士工作站”揭牌

中国工程院院士康绍忠在广西进行高效节水灌溉调研

中国工程院士王浩在广西进行高效节水灌溉调研

广西农业灌溉排水工程技术中心第一届学术委员会

①2013年全区水利科技创新工作视频会

②《关于加快广西水利科技创新体系建设的实施意见》及其10个配套文件

③国际灌排委员会主席高占义到广西糖料蔗高效节水灌溉项目区进行测产

④“10kV直流融冰装置的研制与应用”试验现场

⑤“TBM在乐滩水库引水灌区碳酸盐岩洞中的应用研究”现场

南宁国家高新技术产业开发区

南宁高新技术产业开发区(以下简称南宁高新区)于1992年经国务院批准为国家级高新区,是广西现有的4个国家级高新技术产业开发区之一。高新区目前总规划面积163.41平方公里(其中,心圩片区26.62平方公里、安宁片区79.49平方公里、相思湖片区49.21平方公里、保税物流园8.09平方公里),地处广西科技资源最密集的区域,拥有广西大学、广西科学院、广西农业科学院、广西民族大学、广西财经大学,广西中医药大学等37所大中专院校和科研机构。南宁高新区已建成国家级现代产业示范基地3个(国家火炬计划软件产业基地、国家863计划生物产业基地、国家电子商务示范基地)、国家级试点园区2个(国家广告园试点园区、国家知识产权试点园区)、国家创新型产业集群试点1个、国家级科技企业孵化器2个和国家级大学生创业基地1个,国际认证实验室1家、国家重点实验室1家、国家认可实验室7家、国家级企业技术中心1家、国家级工程技术研究中心1家,院士工作站5家、博士后工作站4家。入园科技型企业3500多家。

2013年南宁高新区政策区实现营业总收入1204.3亿元,同比增长20.2%,实现工业总产值1044.9亿元,同比增长20.43%;新建区实现规模工业总产值669.02亿元,同比增长24%,约占南宁市26.2%。完成全社会固定资产投资260.61亿元,同比增长26.1%;完成财政收入39.49亿元,同比增长30.33%;完成社会消费品零售总额58.14亿元,同比增长14%。2013年南宁高新区有26家企业通过国家高新技术企业认定,累计园区高新技术企业103家,占全市63%。2013年,园区共申请专利2463件,其中发明专利申请1848件,同比增长110.23%,占南宁市的53.07%。园区专利授权940件,其中发明专利授权295件,同比增长69.54%,占南宁市的56.73%。

2013年南宁高新区大事记:

——国家科技部批复同意高新区国家级创新型特色园区建设方案。2013年2月6日,国家科技部批复同意高新区启动创建国家创新型特色园区工作,这将推动南宁高新区发展全面升级。

——合并相思湖新区。2013年6月6日,南宁市委、市政府决定将南宁相思湖新区并入南宁高新区。合并后,南宁高新区管辖面积增至148.50平方公里,空间、人才、资金资源实现优化配置。相思湖片区将重点规划和建设集通信设备制造业、软件产业及信息技术咨询、信息技术运维、设计开发服务、数据处理服务、集成实施服务、培训服务和信息系统增值服务为一体的新一代信息技术产业基地。

——新增国家博士后科研工作站1个。8月21日,国家人力资源与社会保障部下发文件(人社部发〔2013〕61号),认定南宁高新区创业中心为国家博士后科研工作站。

——巨星国际(2393 HK)在香港成功上市。10月11日巨星国际成功在港交所主板上市交易。作为2004年首届中国—东盟博览会签约进驻南宁的第一家外商投资企业,该公司产值已超10亿元。至此,南宁高新区上市企业达到了4家。

——国家科技部认定高新区"南宁亚热带生物资源开发利用产业集群"为国家创新型产业集群试点。2013年11月,国家科技部认定高新区"南宁亚热带生物资源开发利用产业集群"为国家创新型产业集群试点(培育)单位之一,这将促进南宁高新区以广西亚热带生物资源为依托的包括中药现代化、生物制品及资源加工、现代生物农业等特色生物产业进一步集聚发展。

——获批国家广告产业试点园区。2013年11月,高新区获批国家广告产业园试点园区并获财政扶持资金5000万元。将推动南宁现代服务业、文化创意产业构建高层次产业生态系统,形成面向东盟的文创产业新高地。目前的广告产业创业孵化区已聚集50多家企业,建筑面积近5万平方米的南宁广告产业园发展区南宁广告产业大楼也已封顶。

——新增1家国家级科技企业孵化器。南宁市科技企业孵化基地于2013年12月经科技部火炬中心批准成为国家级科技企业孵化器。该基地是广西第一家开放式大型生物专业孵化器,总建筑面积3.2万m²。共有入孵企业67家,其中在孵企业52家,毕业15家。

——园区培育南宁市首家年产值超百亿元的工业企业。2013年富士康(南宁)科技园高新园区项目全年产值累计达123亿元,成为南宁市首家年产值超百亿元的工业企业。

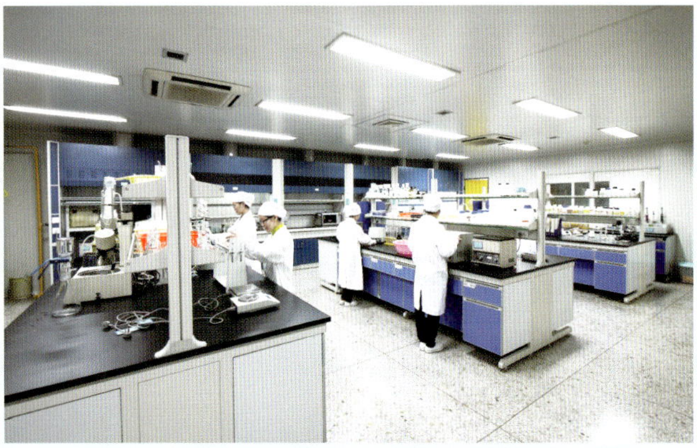

生物医药实验室

富士康车间

总部基地群楼

总部基地五期

子母楼(广告产业园)

玉柴重机加工生产线

保税物流中心

津汇国际科技孵化器大楼竣工验收并交付使用

柳州国家高新技术产业开发区

柳州国家高新技术产业开发区成立于1992年9月，2008年与柳东新区合并。2010年10月自治区党委、政府作出建设广西柳州汽车城的战略部署，选址柳州高新区。同样也是2010年10月，柳州高新区经国务院批准为国家级高新技术产业开发区。形成了柳州高新区、柳东新区和广西柳州汽车城“三位一体”协同发展模式。柳州高新技术产业开发区当前战略是：以汽车城建设带动高新区规模的扩张，以高新区发展提升汽车产业的质量，为汽车城的可持续发展提供核心动力。

2013年，柳州高新区实现营业总收入1395.3亿元，较上年增长16.3%，工业总产值1342.9亿元，比上年增长15.3%，出口总额达8.3亿美元，固定资产完成226.5亿元，同比增长20.7%，财政收入达10.38亿元，同比增长27.2%。汽车整车及零部件产业产值占到园区总量的70%，已形成全国领先的汽车整车及零部件产业集群，重点培育和发展战略性新兴产业，抢占国家新一轮经济和科技发展制高点。

汽车城建设按照布局全面铺开。国家汽车质量监督检验中心柳州分中心、国家进出口汽车检测重点实验室柳州分中心、上汽通用五菱等整车企业研发中心、湖南大学汽车车身国家重点实验室、中南大学国家重金属污染防治工程技术研究中心、上海交通大学精密制造国家重点实验室等项目正在加紧建设中，进一步加快了园区配套。在汽车城整车基地开发建设中，加快上汽通用五菱宝骏基地二期、东风柳汽乘用车基地（二期）等一批重大项目落地开工，全面释放产能发挥龙头效应。继续纵深布局培育战略性新兴产业和高科技产业，启动建设柳州高新区科技园、北斗信息产业园，与英国牛津大学全资所有的科研成果转化中心——Isis科技创新有限公司合作共建柳州国际科技园（国际科技孵化器）。集成发展高技术含量的零部件产业及现代服务业，打造国际化、社会化和市场化的产、学、研合作平台，持续增强汽车城综合配套和服务功能，促进产业集聚提升规模效益，促进新区的工业转型和进步。

柳州高新区正肩负着建设现代化新城和打造广西柳州汽车城的时代重任，将坚持围绕国家创新型特色园区的建设总体要求，按照“汽车产业衍生带动、智慧科技驱动转型”的发展路径，发挥园区汽车产业优势，大力培育高新技术产业化和战略性新兴产业，构建特色产业创新服务体系，深入推进科技、文化和传统工业的融合，产城的融合，全力将柳州高新区建设成为国内领先、世界一流的智慧车城。

上汽通用五菱宝骏汽车城

宝骏生产线

东风柳汽总装车间试生产

汽车城中心区规划效果图

广西北海国家（海洋）农业科技园区

广西北海国家农业科技园区于2010年12月由科技部等六部委批准建设，园区建设分为核心区、示范区、辐射区三个功能区。核心区按“一区三园”模式建设，分为海洋科研创新园、水产品加工物流园以及海洋科普观光园。示范区从北海市区以东岸线和市区北面的廉州湾至大风江口集中连片的特色养殖带设示范面积约15.5万亩；辐射区辐射到广西沿海北海、钦州、防城港三市沿海和北海至广东雷州半岛西岸沿海，辐射面积约100万亩。其中：

1、海洋科研创新园选址于北海市竹林盐场沿海、规划陆域面积191公顷，海陆联动。集中引进领军海洋科研机构，孵化、培育海洋高新技术企业，拟建设成为中国南方的海洋科技城。

2、水产品加工物流园选址于南北高速公路与北铁公路交汇处，远期规划面积2100公顷，引进国内外水产品加工龙头企业，形成集加工、物流、集散于一体的产业聚集区。

3、海洋科普观光园选址于北海市大冠沙红树林生态区，面积133公顷，建成集滨海观光、海洋科普教育与红树林科学研究相结合的海洋科技成果展示窗口。

孵化器效果图

园区总规划图

海洋科研创新园规划图

养殖基地

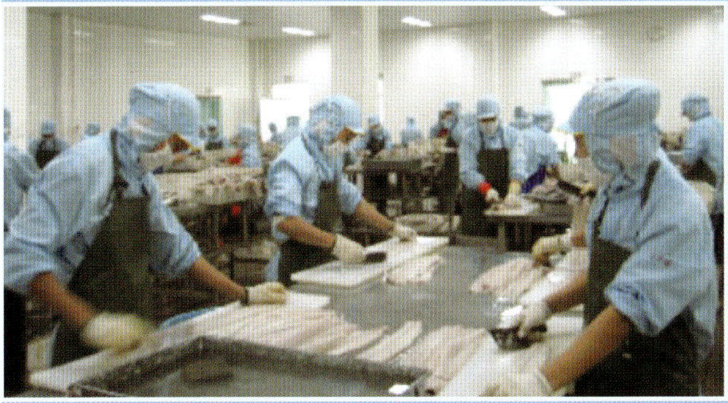

海产品加工

特色物产

学名：文蛤
（拉丁文名：*Meretrix meretrix*）
俗称：车螺

学名：方格星虫
（拉丁文名：*Sipunculus nudus*）
俗称：沙虫

学名：马氏珠母贝
（拉丁文名：*Pinctada martensi*）
俗称：珍珠贝/南珠

学名：大獭蛤
（拉丁文名：*Lutraria maxima*）
俗称：象鼻螺

学名：花刺参
（拉丁文名：*Stichopus variegatus*）
俗称：刺参

学名：锯缘青蟹
（拉丁文名：*Scylla serrata*）
俗称：青蟹

学名：棕点石斑鱼
（拉丁文名：*Epinephelus fuscoguttatus*）
俗称：石斑鱼

学名：斑节对虾
（拉丁文名：*Penaeus monodon*）
俗称：竹节虾

广西百色国家农业科技园区
中国—东盟（广西百色）现代农业合作示范区

广西百色国家农业科技园区（以下简称百色园区）是2001年由科技部、农业部等六部委批准建设的全国首批21个国家农业科技园区试点之一，2010年正式挂牌，2013年获评全国优秀国家园区。为进一步拓展和提升百色园区功能，增强园区示范带动作用，2013年3月，经广西壮族自治区人民政府批准同意，百色市人民政府、自治区发改委、科技厅、农业厅和商务厅联合印发了《中国—东盟（广西百色）现代农业合作示范区规划》（百政发〔2013〕6号），规划在百色园区基础上建设中国—东盟（广西百色）现代农业合作示范区（以下简称“示范区”），努力将百色园区打造成为带动和支撑广西现代农业发展与辐射大西南的战略新高地，成为推动中国—东盟农业科技交流与合作的先行区。

2013年，园区继续紧紧围绕“抓科研，促推广，重经营，强合作”的工作思路，加强亚热带特色农业和面向东盟的国际化特色，加强亚热带特色农业科技的创新、集成与示范，强化企业的引领与带动，深入开展农业对外交流与合作，有效推进了农业科技成果转化推广。一是加快新品种新技术应用推广。全年累计引进和推广甘蔗、番茄、杧果等新品种32个，杧果保花保果技术集成等技术示范36项；二是项目实施成果显著。2013年，园区完成项目储备16项，实施的项目12项，其中国家星火计划项目2项，自治区科技项目8项，农业科技推广项目2项；三是对外交流合作能力不断提升。先后举办或承办了科技部国际合作司下达的第9期亚热带现代特色农业种植技术国际培训班、“农作物废弃物功能成分筛选研究暨第三届芒果苷研究国际学术研讨会”、柬埔寨贡布省农业研习班第六届中国-东盟（百色）现代农业展示交易会和同期举办的中国—东盟（百色）现代农业发展论坛，成为了百色市、园区农业对外交流合作的重要平台。

下一步，园区将全面贯彻落实党的十八届三中、四中全会精神，全力推进园区改革创新发展步伐，按照“市县共建，园镇一体”的运行管理模式，以立足国内、联合东盟、合作示范，科技优先、特色农业、产业集聚，文化繁荣，生态休闲、社区亮丽为功能定位，以建设中国—东盟（广西百色）现代农业合作示范区为工作重点，打造立足百色和广西面向东盟和国际的基于农业产城融合的“国际化现代农业新城”。

2013年11月27日，百色市委彭晓春书记带队到园区调研

2013年3月1日，百色市周异决市长到园区开展调研

①

①2013年9月5日，园区与广西植物研究所签订战略合作框架协议

②2013年中国-东盟现代农业发展论坛现场

③2013年12月18日，茶叶有机种植与安全加工技术培训班电视电话教学现场

④2013年10月15日，在园区举办的柬埔寨水稻栽培国际培训班

⑤2013年9月，农作物废弃物功能成分筛选研究暨第三届芒果甘研究国际学术研讨会现场

⑥2013年国际培训班实地教学现场

⑦2013年5月19日，园区参加百色科技活动周现场

②

③

④

⑤

⑥

⑦

梧州电子信息产业园生产区效果图

梧州电子信息产业园物流中心效果图

广西梧州高新技术产业开发区

广西梧州工业园区是自治区(省)级开发区,2006年被自治区定位为广西承接东部产业转移重点示范基地,2012年自治区批复加挂广西梧州高新技术产业开发区牌子。目前,梧州高新区以建设"幸福园区、和谐园区"为主题,大力实施"现代化高新科技绿色工业新城区"战略,以发展高新科技新城区、创新型特色园区为目标,重点发展"一电三品"(电子信息、药品、食品、保健品)等主导产业,建设孵化器等公共服务平台,完善高新区管理制度和运行机制,建设大园区,促进大发展,实现新跨越。梧州高新区现已初具高新科技工业新城面貌,实现了主要经济指标平稳较快增长。

2013年,梧州高新区完成工业总产值203亿元,同比增长17.46%;完成工业增加值70.09亿元,同比增长17.21%;完成营业总收入182.5亿元,同比增长17.57%;完成出口总额1.49亿美元,同比增长14.62%;实现净利润9.11亿元,同比增长17.55%;实交税金总额19.57亿元,同比增长23%。

梧州高新区积极响应梧州市委、市政府提出的实施"自治区级科技企业孵化器能力提升工程"和"国家级科技企业孵化器申报工程",加大孵化器基础设施,公共技术平台,投融资以及其他配套服务设施的建设,努力加快高新区孵化器建设步伐。

梧州高新区将星华小区23万多平方米的标准厂房及配套宿舍改造成为高新区孵化场所,用于培育孵化科技企业。目前,一期的20000平米的孵化场地已装修完毕,已入驻企业10多家,一期投入近3000多万元。

梧州高新区以咨询、中介、交易、融资、创业辅导、网络共享"六大服务体系"为中心,通过整合各类资源,为入驻企业提供"一条龙"跟踪服务;引入劳务派遣公司为企业"用工" 及"引智"提供保障;引入中介公共服务机构,为企业提供科技项目申报、商标注册、担保信贷、投融资及产品推介服务;利用各种展会为企业提供产品展示的平台,扩大企业影响力;通过开展各种科技创新培训等方式提升孵化水平能力,高位推进科技企业孵化器建设,促进技术、资金、人才、信息等要素的良性互动,推动孵化器孵化功能有效运行,带动中小企业发展壮大,促进区域经济的良性发展和产业结构的提升,加快推进高新区的"二次创业"。

中恒集团梧州制药现代科技工业基地

梧州高新技术产业开发区管委会

田阳县科技局

自治区党委彭清华书记(左四)、范晓莉秘书长(右一)视察田阳县壮乡河谷集团公司(左三为田阳县委书记钟恒钦)

图为2013年第六届农展会期间在百色国家农业科技园区举办的中国—东盟(百色)亚热带现代农业适用技术发展论坛

田阳县是全国第一个“芒果之乡”、全国南菜北运生产基地、全国农业标准化示范县、全区蔬菜产业科技示范县,自1999年以来六次荣获全国科技进步先进县、全国科技管理系统先进集体、星火科技先进集体;广西创新计划组织实施先进县、科普工作先进集体、科技活动周组织工作一等奖;百色市科技工作先进单位;县社会治安综合治理先进单位、新农村建设指导员先进后盾单位、先进基层党组织等。科技局局长王安福、副局长李祥2013年荣获全国科技进步考核先进个人。

◀田阳县万亩连片蔬菜基地

▶田阳县与越南海洋省金成县开展农业科技合作

袁隆平院士(左二)视察2013中国—东盟(百色)现代农业展示交易会田阳县展台

2013年广西科技活动周期间时任自治区副主席陈章良视察田阳县展台

中国广银铝业公司落户田阳县新山铝工业园区

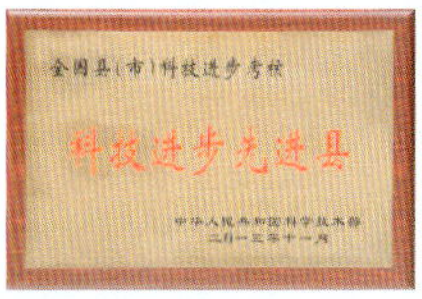

中国农业大学校长柯炳生(右四)在田阳县百育镇六联“科技小院”考察(左一为田阳县县长冉光富)

2013年5月田阳县与中国热科院南亚热带作物研究所(简称南亚所)建立科技合作关系

柳州市科学技术局

2013年，柳州市科学技术局完成了《柳州市科学技术普及“十二五”专项规划》的编制工作，起草并印发《柳州市重点实验室建设管理暂行办法》、《柳州市专利申请资助及奖励办法》、《柳州市关于加快科技企业孵化器建设的实施方案》、《柳州市科技局行政效能监察实施细则》等规范性文件。通过组织专家鉴定验收，全年结科研课题项目70个。

2013年，柳州市科技局继续推进十大科技提升工程，确保200项“三年四千亿”产业提升科技支撑扶持计划的完成，制订汽车千亿元产业重大科技攻关工程13项，投入科技经费2990万元；制订优势产业重大科技提升工程16项，投入科技经费575万元；制订高新科技和新兴产业科技扶持工程22项，投入科技经费873万元；制订特色园区科技创新工程8项，投入科技经费690万元；制订特色优势农业产业化科技支持工程18项，投入科技经费351万元；制订产业技术创新能力建设工程43项，投入科技经费1255万元；制订创新公共服务平台能力提升工程8项，投入科技经费189万元；制订成果转化促进工程5项，投入科技经费200万元；制订知识产权战略推进工程13项，投入科技经费389万元；制订宜居柳州科技惠民工程40项，投入科技经费856万元。2013年柳州市获自治区科技项目119项，项目经费4220万元，获国家科技立项25项，项目经费2322万元。

2013年，柳州市科技局组织41家企业参加自治区科技周新技术新产品展示(不含高新区)，展示项目55个。做好知识产权与专利保护，申请专利5247件，比上年增长140.58%，增长幅度全区第一，其中申请发明专利3542件，获授权专利1405件，比上年增长1.78%，获授权发明专利180项，同比增长59.29%，全市拥有有效发明专利514件，每万人发明专利拥有1.35件，专利技术转化率超过90%。做好科技交流合作与服务，举办高校院所企业技术需求对接会，加强企业与院校科技合作，签约项目12个，总投资1.73亿元。市科技研究机构为柳州市企事业单位提供科技情报检索查新350项，提供国外专利信息2000余条，采集并发布信息数据2万余条。市科技局下属科技研究机构选派专利特派员协助企业做好科技专利、科技项目申报、评估，深入企业推广应用科技新产品。开办会计、计算机培训班，为社会公益培训各类人才。

2013年，柳州市获自治区技术发明奖二等奖2项、三等奖3项、科技进步奖一等奖1项、二等奖5项、三等奖7项。经评审，评出市级技术发明奖一等奖1项、二等奖1项、三等奖1项，科技进步奖56项。鉴定各类科技成果92项，认定技术合同登记项目77项，金额1.65亿元，其中技术交易额1.62亿元。

柳州市科技局局长孙松在2013年全国科技活动周暨柳州市科技活动周开幕式上讲话

柳州市承办第二届广西发明创造成果展览交易会现场

柳州市科技局召开专利倍增计划推进会现场

柳州市科技局局长孙松等人到鹿寨县企业调研

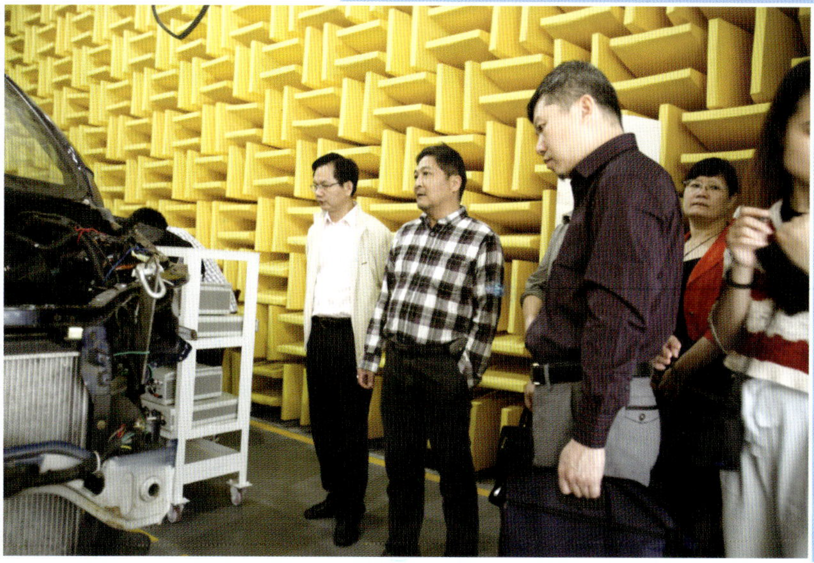

柳州市科技局党组书记张云等人到企业调研

贵港市科学技术局

贵港市科学技术局为贵港市人民政府组成部门，增挂贵港市知识产权局的牌子，内设办公室、农村科技科、工业科技科、社会科技科、知识产权科5个职能科室，下属贵港市科学技术情报研究所、贵港市科学技术孵化应用研究所、贵港市专利事务管理所、贵港市科学技术开发院等4个二层机构。

2013年，全市拥有高新技术企业4家，广西创新型企业4家，自治区级工程技术研究中心3家，市级工程技术研究中心20家，自治区农业产业科技示范县5个，农业良种培育中心1家，农业标准化生产示范基地13个。广西扬翔股份有限公司院士工作站获自治区科技厅认定为广西首批院士工作站；平南县通过了2013年全国县（市）科技进步考核。建成自治区级综合型科技企业孵化器1家，在孵企业27家，培育出了智鸿环保、科穗环保、嘉特电子、华普软件、欧吉特电缆、竹福星科技等科技企业。

2013年，全市共有45项科技项目获得国家和自治区立项，得到国家和自治区两级科技经费支持2974万元。贵港市科技局牵头实施科技部科技惠民重大项目《贵港市肝癌鼻咽癌联合早诊早治技术推广示范》获得国家科技部立项，获国家和自治区科技经费支持1110万元，是贵港市首项获得科技经费超1000万元的重大科技项目；协调指导实施的“甘蔗渣生物炼制系统技术与工艺集成”、“木薯/糖蜜高产生物丁醇研发”和“利用工业废渣制成水泥的高效节能技术成果集成应用示范”3个项目获得国家高技术研究发展计划（863计划）支持。广西扬翔股份有限公司的“龙宝1号猪配套系培育关键技术研究与推广应用”项目成果获2013年广西科技进步二等奖。贵港市群星电缆有限公司的“扁形发（承）热电缆产品研究与开发”获2013年广西技术发明奖三等奖。组织实施市本级科技计划项目113项，项目总投资2771万元。新建立18个“一村一品”科技富农示范村，建立科技示范基地18个面积2573亩。组织开发工业新产品22个，引进工业先进技术8项，引进农业优良品种22个，推广先进种养技术18项。

2013年，全市发明专利申请获受理量为234件，同比增93.39%；拥有有效发明专利47件，每万人口发明专利拥有量0.11件，同比增长率达45.54%。在2013年广西发明创造成果展览交易会上，全市荣获最佳组织奖，金奖1项，银奖4项。

◀自治区党委书记彭清华到广西扬翔猪基因科技有限公司考察调研

自治区科技厅谢迺堂厅长考察贵港市科技创新成果

北京航空航天大学与贵糖集团公司科技创新研讨活动

贵港市召开科技企业孵化器建设与高新技术企业培育报告会

广西科学技术奖
证　书

为表彰广西科学技术奖获得者，
特颁发此证书。

荣誉证书

贵港市人民医院完成的《数字医学技术辅助足趾移植再造拇手指的研究》项目荣获2013年贵港市科学技术特别贡献奖。

贵港市人民政府
二〇一四年四月

证书号：2013-T-1

贵港市召开金融驱动科技创新工作座谈会

广西师范大学与贵港市开展科研项目合作座谈

清华大学、北京航空航天大学专家教授到贵港市科技大讲堂开堂演讲

河池市科学技术局

2013年，河池市加大科技体制改革力度，印发了《关于深化科技体制改革，加快河池创新体系建设的实施方案》（河办发[2013]91号）主文件，以及《关于全面加快千亿元产业研发中心与重大科技攻关工程建设的实施方案》、《关于加快建设4家创新型企业的实施方案》、《关于加大财政科技投入支持河池创新体系建设的实施方案》等14个配套文件，尚有13个配套文件在报批核定中。

2013年，市科技局着重推动七大工作：推动科技创新平台建设，全市被认定高新技术企业2家，广西创新型企业1家，自治区级工程技术研究中心1家，自治区级良种培育中心1个，标准化生产技术示范基地5个，科技企业孵化器1个；推动第五轮创新计划工作，全面做好2013年度创新计划各项工作，宜州、大化、环江3个县（市）实施国家科技富民强县专项行动，南丹等8个县（市、区）通过了国家科技进步考核，获得了科技部表彰；推动科技项目申报、评审工作，全市申报国家、自治区级科技项目58项，立项38项，获得上级项目资金支持1921.5万元，同比增长26.08%，河池市本级的科技项目申报131项，立项55项，政府财政科技投入460万元，同比增长7%；推动科技进步奖评审工作，市人民政府授予2013年度河池科学技术进步奖一等奖4项，二等奖6项，三等奖15项；推动专利倍增计划和全民发明创造活动，全市三种专利申请量604件，同比增长94.84%，其中发明专利申请量353件，同比增长133.77%，专利授权量152件，同比增长65.22%，每万人口发明专利拥有量0.14件，增长率达67.76%；推动科技宣传和服务工作，在“河池电视台”开设《农村科技新视界》栏目，播放科技知识专栏25期，联合组织部门开展农村党员大培训活动和核桃产业知识培训，全市培训农民20万人。组织河池市中小企业知识产权管理人员、主要技术研发人员、各县（市、区）科技局赴柳州市开展知识产权管理与实务参观学习；推动科技创新环境建设，组团参加“两周五会”活动，推介河池特色优势科技产业，加强与泛北部湾、泛珠三角、长三角、京津冀等区域的科技合作，拓展与东盟、国内外大院大所合作，积极引进先进技术、人才、项目、资金和管理经验，利用区内外创新资源为我市经济社会发展服务。

2013年，河池市科技局被广西壮族自治区人民政府评为“2013年第二届广西发明创造成果展览交易会最佳组织奖”；被广西科学技术活动周筹备领导小组评为“2013年广西科技活动周优秀组团奖”；被全国科技活动周广西活动组织委员会评为“2013年全国科技活动周广西活动优秀组织奖”；被中共河池市纪律检查委员会评为“2012年度全市反腐倡廉网络信息工作先进单位”；被河池市全民科学素质工作领导小组评为“2011-2012年河池市全民科学素质工作先进单位”等荣誉称号。

科技局领导班子非常注重科技服务企业，经常进入企业指导工作，努力推进创新项目的实施。

2013年“全国科技活动周河池活动”启动仪式于5月15日在罗城仫佬族自治县民族广场举行，活动以“科技创新·美好生活”为主题。

2013年11月29日，在广西第三届发明创造成果交易会上，广西自治区副主席黄日波、科技厅党组书记陈大克等领导到河池展厅巡视指导

河池市科技局（知识产权局）不断加强专利执法力度，进一步规范产品专利标识、商品商标以及质量认证使用的合法性和规范性。

自治区创新计划检查组在该市开展创新计划实施进展情况检查工作。

3月26日，河池市科技局组织该市部分中小型企业和各县（市、区）知识产权局业务管理服务人员，到柳州市知识产权局和部分企业参观、学习和交流。

3月3日，河池市2013年"科技助农促核桃生产"活动在南丹县六寨镇启动。

9月6日，河池市科技创新发展研究所被认定为中国创新驿站工作站点，成为广西首批10家中国创新驿站之一，标志着该市驿站迈出了重要一步。

崇左市科学技术局

2013年，崇左市科技局加快实施创新驱动发展战略，着力深化科技体制改革，加快创新体系建设，扎实推进第五轮创新计划，不断深化厅市会商工作机制，科技交流与合作迈向更宽领域，自主创新能力稳步提升，为全市经济社会稳步发展提供强有力的科技支撑，荣获“全国科技活动周优秀组织奖”、“全国科技活动周优秀项目奖”、“广西科技活动周优秀组织奖”等荣誉称号。

2013年，崇左市科技工作亮点纷呈。一是第五轮创新计划、全市科技计划项目建设工作取得新进展。完成自治区下达我市第五轮创新计划80%以上任务的目标，获得自治区科技厅2013年创新计划专项2项，经费支持140万元。做好全市科技项目培育和策划工作，共组织推荐2014年度广西科技计划项目52项。全市获得2013年科技计划项目立项34项，经费支持1870万元。二是千亿元产业“350”重大科技攻关工程建设再创新成绩。共组织实施自治区千亿元产业科技攻关工程项目35项，涉及糖业、锰业、化工、节能环保等领域，总投入资金3.7785亿元，获自治区科技经费支持1253万元。组建千亿元研发中心1家、广西工程院1家；年内有自治区创新型企业1家、自治区创新型试点企业2家、市级创新型试点企业8家、崇左市产学研用一体化试点企业4家。三是加强基层科技创新力度助推县域科技工作迈上新台阶。实施自治区级农业标准化生产技术示范基地项目5个，国家科技部科技富民强县项目3个；共有7名技术人员被聘任为2013年自治区农村科技特派员，认定市本级农村科技特派员19名；大新、天等、宁明、龙州、江州5个县（区）顺利通过2013年全国县（市）科技进步考核，县域科技能力明显提升。四是实施知识产权战略促进专利申请发明创造工作得到新提高。组织28家企业43个专利项目参加广西第二届发明创造成果交易会；推荐2013年广西科技进步奖4项、完成本级科技项目成果鉴定15项。专利申请量256件，同比增长122.61%；专利授权量70件，同比增长100%；每万人口发明专利拥有量为0.06件，同比增长200%。五是继续深化“厅市会商”工作机制全力打造区域经济新引擎。深化“厅市会商”工作机制，优化整合资源，提升科技创新能力，打造区域经济新引擎。加快推进安琪酵母（崇左）有限公司承建的酵母技术研发中心、由中信大锰矿业有限公司独立承建的广西锰产业工程院及广西千亿元产业锰业研发中心等科技创新平台建设，重点完善和加强研发平台、中试试验平台、检测平台、技术标准研究平台、科技情报信息平台等科研平台建设。目前已建成科研大楼2栋、中试示范基地1个、产品质量检测分析平台1个，拥有先进大型检测设备30多台/套。

2013年5月9日，自治区科技厅厅长谢逎堂（左二）到崇左市广西宁明诺沃奇再生能源利用有限公司调研。

2013年4月27日，崇左市委书记、市人大常委会主任黄克（右三）在天等县东平中信大锰有限公司电解金属锰厂调研。

2013年3月8日，崇左市召开2013年全市科技工作会议

2013年11月29日，崇左市人民政府副市长康凯（左一）、崇左市科技局局长蒋京华（右二）带队参加第三届广西发明展。

2013年6月5日，崇左市科技局党组书记、局长覃常华（左一）带领全局人员到龙州县上金乡进明村开展“美丽广西·清洁乡村”集中整治工作，并资助进明村3000元用于开展清洁乡村工作。

崇左市甘蔗组培脱毒健康种苗一级苗圃。

“高性能电解二氧化锰的研制与生产”课题——EMD电解车间。

崇左市天等县玉米高产高效栽培技术集成与示范项目基地。

以科技创新促进青秀区经济社会全面协调发展

青秀区是广西首府南宁市的核心城区，是南宁市的政治、经济、文化、科技、教育、金融等中心，辖4个镇、5个街道、1个省级经济开发区，面积865平方公里，户籍人口63.47万人。青秀区聚集了28所大中专院校、54个中直、区直、市直科研院所、19家金融总部、10多所广西最先进的卫生医疗机构，是广西重要的科技、文化中心。

近年来青秀区坚持把科技进步创新放在优先发展的位置，大力实施科技兴区和人才强区战略，创新科技发展环境，加大科技研发投入，先后制定和完善了一系列激励扶持科技创新的优惠政策，积极鼓励企业与个人开展技术研发，扎实推进科技进步创新，促进了青秀区经济社会全面协调可持续发展。2005年城区成立以来，青秀区连续5次参加全国科技进步考核，均以优异成绩荣获“全国科技进步考核先进城区”。

青秀区充分发挥科技计划导向作用，大幅度增加科技财政投入，重点支持促进企业自主创新，支持企业建设和完善研发中心，培育创新型企业，特别是将发明专利产业化生产列入重大专项予以支持。2011年科技经费支出1801.06万元，2012年达到2081.20万元，首次突破2000万元，人均科技经费32.8元。两年本级立项107项，安排项目经费3530万元。两年来共下达了重大科技专项6项，获自治区、南宁市下达的科技项目182项，获广西科技进步奖79项、南宁市科技进步奖32项，均占两级奖项总数的1/3强；城区直属单位获南宁市科技进步二等奖、三等奖各1个。2011年至2012年，青秀区高新技术企业由5家增到14家，比2010年增长150%。70%规模以上企业建有研发机构，广西地博矿业集团拥有20项核心专利，产值年增50%。“十二五”期间，青秀区的发明专利申请目标任务数2392件，居全区各县（区）之首。2012年制定并在网上公布了《青秀区发明专利奖励暂行办法》，两年年发明专利申请量388件，授权发明专利106件，超额完成年度考核任务。2012年有效发明专利191件，万人拥有量3.01件，提前完成“十二五”考核指标任务，极大促进了科技创新能力的提升。

青秀区注重培育特色，规划建设了中国—东盟现代农业园，建成了500亩出口日本的标准化生产基地、30000亩农业可持续实验区和10000亩双季葡萄基地。1000亩有机香稻获广西首个国家认证，注册了“状元香米”等3个农业品牌。科技创新服务平台建设进一步完善，辖区有技术研发和服务机构345个，建成2个专家大院，覆盖高新企业创新、农业科技、创业就业以及气象、地质灾害预警服务等。集付通公司成为西南地区首个第三方支付和国家电子商务试点企业。

科技进步是促进经济社会发展的动力。青秀区将继续坚定不移地实施“科教兴区”战略，继续建设创新型城区，依靠科技，科学发展、加快发展、和谐发展，努力争当广西县区科学发展的排头兵，全力为提升首府南宁在广西经济、社会发展中的首位度多做贡献。

2012年8月，时任自治区党委常委、南宁市市委书记陈武（左三）深入青秀区长塘镇定西村考察千亩葡萄生产示范基地

青秀区委书记钱健（左二）到广西电子科技广场调研

中国—东盟现代农业园千亩双季葡萄

青秀区张自英区长(左三)到科技园区调研

组织专家深入科技项目种植地进行现场验收(台湾子姜)

广泛开展科技惠民“三下乡”活动

组织召开科技项目培训会，提高青秀区科技项目申报与管理水平

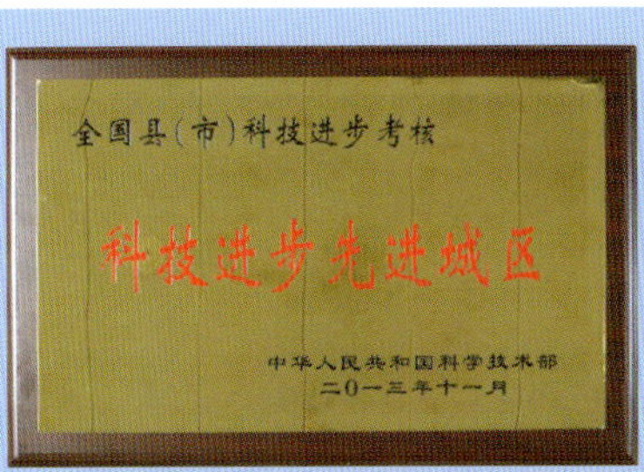

2013年青秀区荣获“全国县(市)科技进步先进城区”

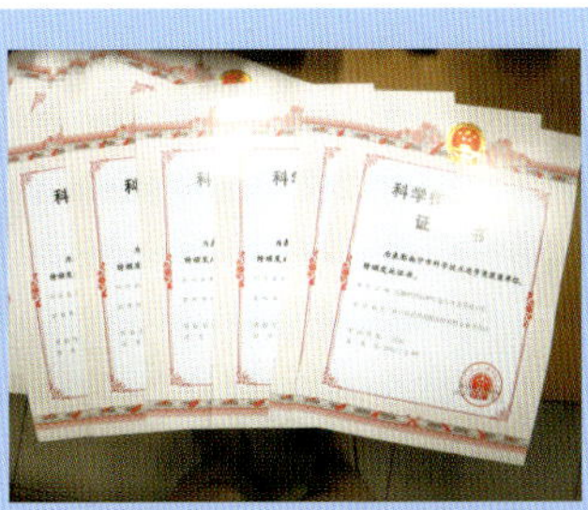

2011-2012年，青秀区获广西和南宁市科技进步奖共111项

广西中医学院制药厂2012年通过高新技术企业认定

宾阳县科学技术局

2013年，宾阳县科学技术局以创建全国科技进步先进县为载体，全面实施科教兴县战略，实施创新驱动发展战略，科技工作在提升自主创新能力、科技成果转化、调整经济结构、转变经济增长方式和促进经济社会又好又快发展中发挥了支撑引领作用，顺利通过了国家科技进步考核，在全区考评县中排名第11位。全年共立项实施县本级科技计划项目46项，投入科技经费2686.8万元。其中：组织实施工业科技创新项目22项，开发工业新产品5个，开发工业先进技术5项；组织实施农业科技创新项目17项，引进、示范、推广农业新品种5个，引进、示范、推广农业先进适用技术5项，打造了糖料蔗、莲藕套种、生猪标准化养殖、“荷香人间”休闲旅游观光农业生态园项目等16个特色农业科技示范基地；引进推广水稻、糖料蔗、桑蚕等作物优良新品种33个，推广糖蔗双高栽培、间套种、生物发酵养猪等农业适用新技术、新成果19项。全县组织大型科技活动12次，发放科技书籍10万多册(份)，培训农民3.45万多人次。通过实施“发明专利倍增计划”，举办知识产权宣传服务周和农业专利申请培训班等形式，加大宣传培训、上门服务、政策扶持，拓宽发明专利申请领域，知识产权工作继续保持领先水平。全年完成专利申请量185件，与上年同比增长40.15%，其中发明专利申请量77件，超额完成了区“倍增计划”下达的全年37件任务，在南宁市各县中排名第一。位于我县辖区的南宁英德肥业有限公司承担的“利用糖蜜酒精发酵液生产有机无机复混肥”通过了广西科技厅科学技术成果鉴定，其技术水平达到国内领先水平。

黄籍副县长(左二)主持召开2013年宾阳县参加全国科技进步考核工作布置会。

2013年全县科技工作会议。

宾阳县县委常委、纪委书记麻新桃(左一)到科技局调研科技工作

宾阳县县科技局举办宾阳县2013年农业专利申请培训班,邀请专家授课。

宾阳县县科技局组织专家评估2013-2014年度科技计划项目

2013年全国科技活动周宾阳县活动启动仪式暨科普促进民生科技、文化、卫生“三下乡”活动在大桥镇举行。

宾阳县科技局黄家忠局长(右三)为甘蔗种植大户发放肥料,扶持甘蔗产业发展。

自治区科技厅组织专家对宾阳县实施的国家科技富民强县专项行动计划项目“宾阳县蔗糖产业技术开发与示范项目”进行测产验收。

2012年12月21日，蒙山县县长办公会议一致通过《蒙山县专利申请资助及奖励暂行办法》。

蒙山县科技局

蒙山县把科技工作摆在经济和社会发展的重要位置，并列入县委、县政府重要议事日程，切实解决做好科技工作的实际问题，具体表现在如下主要方面。

在促进科技进步和加强人才工作方面，该县制定了《蒙山县中长期人才发展规划纲要》、《蒙山县科技进步奖励办法》和《蒙山县关于人才引进、培养和使用的若干规定》等政策规定。

在建立科技进步目标管理责任制、促进创新能力建设方面，县委、县政府高度重视，2012年，县人民政府与梧州市人民政府签订了《蒙山县实施第五轮创新计划（2010—2015年）任务目标责任状》；为实现创新计划目标任务，县人民政府与各乡（镇）人民政府签订了2011年、2012年《蒙山县乡镇科技工作管理目标责任状》。有效地完成了考核任务，加速了科技成果转化，推动了科普宣传及科技工作的开展，提升了基层科技服务能力，壮大了特色产业，促进了农民增收。

在科技投入方面，按照中央和自治区有关增加科技投入的有关规定，把实际增加科技投入作为该县科技进步考核的具体指标。实施以县财政拨款为辅，各科技项目实施单位自筹为主，通过多渠道、多层次的投入科技项目经费的办法，县财政科技投入在逐年增加。2011年增加到629万元，2012年增加到806万元，当年本级科学技术支出占当年本级财政一般预算支出的比例分别是1.01%和1.00%；2013年本级科学技术支出（预算数）为738万元，占当年本级财政一般预算支出（预算数）比例的1.01%。

在优势特色产业方面，县委、县政府为做强做大桑蚕产业，拉长桑蚕产业链，建立产学研合作机制，鼓励广西华虹蚕丝股份有限公司与广西蚕业技术推广总站、中国农科院蚕业研究所、广西绢麻纺织科学研究所等科研院所合作进行茧丝绸深加工和新产品的研发，形成了以与广西原料相适应的生产产品的新技术、新工艺，并引进最先进的剑杆织机和生产技术生产出乔其、双绉、电力纺、素绉缎等真丝面料新产品。使广西华虹蚕丝股份有限公司成为目前广西缫丝行业中产业链最长、设备最先进、综合能力最强的综合型加工企业，2012年被自治区授予广西桑蚕丝绸产业化工程院。

在科技特色方面：（一）完善科技信息服务网络建设，选派科技特派员创办专业合作社，建立示范基地建设，组织实施科技项目，抓好桑蚕、水果禽畜等新品种、新技术的引进、示范、推广和培训工作，强化技术集成应用。（二）依靠科技支撑，大力推进桑蚕茧丝绸工业园区建设和有关项目建设。形成桑蚕、制丝、织绸、印染、服装加工与蚕桑资源循环示范效应，目前县茧丝绸工业园区被自治区人民政府列为蚕桑茧丝绸产业循环经济工业区。（三）扶持龙头企业提升科技创新能力，促进企业发展。主要是重点扶持广西华虹蚕丝股份有限公司、广西五丰丝绸有限公司研发新技术，开发新产品，增强企业竞争力。

①蒙山县县长宋彤宇(右4)带队到该县高产优质蔬菜新品种示范基地调研。

②梧州市科技局党组书记古志芳(右2)、纪检组长黄庆堂(左1)在分管科技副县长刘念(左2)的陪同下参观考察该县引进的最先进织绸生产线。

③蒙山县科技局局长谢祥(中)陪同自治区桑蚕专家朱方容(右)研究员到桑新品种示范基地检查指导蒙山县引进种植的农桑14号生长情况。

④蒙山县科技人员自行研究发明的获国家知识产权局授新型实用专利权的自动旋转方格簇营茧。

⑤蒙山县开展十月科普行动实况。

科技创新助推武宣经济快速发展

自治区主席陈武到该县指导检查工作

武宣县大力实施"科技兴县"战略,创新科技服务体系,积极组织实施重大科技项目,使科技贡献率在经济发展中占的比重越来越大。2013年,全县完成工业总产值达101亿元,同比增长0.8%;完成固定资产投资达57.89亿元,同比增长28.0%;农民人均现金收入6996元。

该县建立了多元化科技资金投入体系,2011年和2012年分别投入科技经费1232万元和1404万元,扶持了部分科技项目的开发。建设和完善科普示范基地,实施科技下乡、科技培训计划。县农村党员创业培训中心共开展培训班12期共650多人,县青少年校外活动中心于2011年被自治区科技厅命名为"第四批广西青少年科技教育基地",每年开展一系列科技活动,丰富学生的科普知识。全县建有乡镇科普活动中心10个,党员现代干部远程教育网站107个,通过大规模的科普活动,民众科技意识明显提高。

该县印发《武宣县中长期人才发展规划纲要(2010-2020年)》的通知,抓住培养、吸引、用好人才三个关键环节,人才的总量和素质大幅度提高,2012年有专业技术人员4936人。同时鼓励企业和个人开展技术创新并引导他们将发明创造申请专利,2013年完成发明专利申请23件,完成实用新型和外观设计专利申请18件。

该县组织实施重大科技项目,推进科技进步工作。建立超级稻高产示范片建设、广西肉牛标准化生产技术示范基地建设、年出栏30万头安全优质猪及20万吨饲料生产基地建设项目、甘蔗"千亩万吨"建设工程,引进先进适用技术和科技成果,推动支柱产业项目的发展。2013年11月,通过全国县(市)科技进步考核,并被确定为全国县(市)科技进步考核科技进步先进县(市)。

该县狠抓"科技兴贸"各项措施落实,推动工业转型

自治区科技厅副厅长栗定成(右三)到武宣县检查指导工作。

图为来宾市、武宣县领导到宇特能源科技有限责任公司调研。

武宣县县长高贤斌(左二)在华润水泥(武宣)公司调研。

升级，促进工业经济健康、协调、可持续发展：一是深入开展“质量兴企”，狠抓技术改造和技术创新。2012年更新改造项目62个，完成技改投资20.7亿元，同比增长41.9%。二是以科技为指导，强化服务企业力度。2012年帮助30家企业申请节能技改、重点产业技改等13项扶助资金1322万元。三是狠抓节能降耗，推动经济循环持续发展。指导企业改进工艺流程，降低原料的消耗，实现万元工业增加值能耗1.29吨标准煤，同比下降8.01%。

华润水泥项目是武宣县在“十一五”期间引进的最大招商项目，总投资13亿元，年生产水泥300万吨，年上缴税金约5000万元，安排就业800多人。图为华润水泥厂区一角。

①图为中国观赏石专家在实地观赏武宣草花石。

②图为武宣双髻龙茶。该茶因山而得名，山高且雾多，雨量充沛，阳光充足，土壤肥力适中，故双髻龙茶品质优良。

③图为武宣县金泰丰农业科技有限公司夏南牛扩繁场，该公司推行“甘蔗（尾梢）-养牛-沼气-甘蔗（牧草）”等为主要模式的清洁养殖循环经济，不但有效解决了牛场的青饲料供应和污染的处理排放问题，同时，年可降低牛场的生产成本约300万元。

④肉猪饲养成为武宣农民增收的重要途径。

⑤“武宣牛心柿”获得农业部颁发的农产品地理标志登记证书，标志着这一特色农产品依法受到原产地保护。

大化县科技局

一是实施国家科技富民强县专项行动计划“岩滩库区大水面复合式生态养殖开发及水产品深加工产业化示范”项目，取得良好成绩。截止2013年底项目覆盖库区大水面近6万亩，其中集约化养殖0.02万亩、大水面粗放式库汊生态养殖5.70万亩、休闲渔业养殖0.14万亩，示范应用先进适用养殖技术6项，建立核心养殖科技示范基地6个，繁育基地3个，科技示范点26个，各项技术指标均通过自治区科技厅组织的测产查定验收。该项目的实施对引领该县库区大水面生态养殖产业化发展、实现科技富民强县目标起到十分重要的推进作用。

二是实施知识产权战略成效显著。2013年度该县专利申请量为35件，其中发明专利23件、实用新型专利10件、外观设计2件；授权量为15件，其中发明专利1件、实用新型专利11件、外观设计3件。

三是精心组织参加2013年全国县（市）科技进步考核，顺利通过国家科技部验收，并荣获2013年全国县（市）科技进步考核先进县称号。

四是防震减灾工作成效显著，荣获2013年度全区市县防震减灾工作年度考核优秀单位称号。

五是抓好科技管理工作成绩突出，获得河池市科技目标管理工作先进集体二等奖；河池市知识产权工作先进集体二等奖。

河池市人民政府韦祖林副市长在广西科技活动周现场。

休闲渔业示范点北景乡平方村停车场建设完成。

休闲渔业示范点乙圩乡巴追村垂钓大赛进行中。

全国县（市）科技进步考核答辩现场。

大化县科技进步奖励评审会现场。

北景乡土特产鳡鱼（当地俗称老虎鱼）。

大化县古河乡养殖推广新品种：西伯利亚鲟鱼。

广西善源现代农牧股份有限公司生猪养殖。

大化县生态养殖示范点北景乡那色村。

大化县生态养殖示范点北景乡那色村捕捞现场。

大化县生态养殖示范点岩滩镇下皇村捕捞现场。

大化县生态养殖示范点岩滩镇下皇村。

钦州市钦南区科技局

2014年，钦南区全面落实“自主创新，重点跨越，支撑发展，引领未来”的新时期科技工作方针，大力推进科技进步与创新，全面完成预期目标。

全区申请国家专利324件，其中发明专利申请179件，完成市政府下达我区发明专利申请85件任务的210.5％，获国家专利授权108件，其中，发明专利拥有量54件。组织申报国家高新技术企业3家，通过认定2家。组织和推荐申报自治区科技厅项目6项，组织申报市科技项目7项。组织20个项目分别参加广西发明成果展和广西科技活动周。建立自治区级工程技术研究中心1家，市级工程技术研究中心3家。建立钦南区对虾标准化示范基地2个，钦南区对虾苗种繁育示范基地2个。举办各类技术培训班12期，培训人数600余人。引进海蛋鸭新品种1个，编辑制作养殖技术规程及其光碟1套。选派7名市级科技特派员开展科学技术服务活动，引进新技术新品种17项，开展技术培训班10多期。

钦南区加大企业自主创新力度，促进企业做大做强

钦南区以科技为支撑，全面推进坭兴陶传统产业升级

钦南区加快火龙果农业产业化发展步伐，扩大种植面积，全程做好科技服务

钦南区充分利用海滩资源，引进新技术，发展无公害海蛋鸭养殖

钦南区积极促进科技与经济社会发展深度融合，促进生态乡村建设

广西中医药大学

学校仙葫校区晨钟暮鼓楼主校门

广西中医药大学有着80年的办学历史。目前，该校已经发展成为一所以中医药学科为主，文理工管兼容，产学研特点突出，具有鲜明中医药、民族医药特色和广泛影响力的中医药大学。

该校现有1个中-泰联合国际实验室；4个国家中医药管理局中医药科研三级实验室以及12个中医药科研二级实验室；1个自治区科技创新金源单位；2个自治区（省级）重点实验室；1个广西中医药科学实验中心；3个广西高校重点实验室。该校有10所附属医院（临床医学院），其中直属附属医院2所；1家附属制药厂及1所附设中医学校；有重阳城老年公寓、元之源健康产业有限公司等一批在全国行业内有一定影响力的产学研基地。

广西中医药科学实验中心

2013年，该校获资助各类科技项目404项，其中国家级40项、省部级100项、厅局级264项，合同经费12305.7万元，资助经费4912.2万元。鉴定科技成果19项，其中国际先进水平3项、国内领先水平11项。获广西科技技术奖4项，其中《抗乙型肝炎病毒壮药材筛选及应用》项目获一等奖、《基于枢经学说的亚健康干预技术研究与开发》及《中西医结合治疗肝炎-肝硬化-肝癌关键技术研究》获二等奖、《壮医外治的理论创新与应用》获三等奖；获中华中医药学会科学技术奖3项，其中《海水药用无核珍珠产业化养殖关键技术及珍珠水解新工艺的研究与应用》及《中医药治疗艾滋病关键技术及应用》获二等奖、《基于壮医毒论的解毒法临床应用》获三等奖。获“第十二届广西青年科技奖”1名、广西医药卫生适宜技术推广奖9项。申请专利25件，获授权发明专利4件。

建筑面积33458平方米的仙葫校区图书馆

该校牵头的“壮瑶药协同创新中心”荣获首批广西“2011协同创新中心”，“中医药与养老产业发展研究协同创新中心”和“农作物废弃物功能成分研究协同创新中心”被认定为广西“2011协同创新中心”培育建设单位。该校与防城港常春生物技术开发有限公司共建了产学研合作基地及广西食蟹猴医学应用工程技术研究中心。该校在全国率先开展海洋中药资源普查研究，积极开展广西中药壮瑶药资源普查，承担全国中医药资源普查（广西）试点工作，负责8个试点县（市、区）（包括：金秀县、武鸣县、上林县、岑溪县、上思县、钦北区、防城区）。该校的广西食蟹猴中医病证实验动物模型构建技术研究基地、广西北部湾海洋中药应用技术与产品研发实验室、复方扶芳藤合剂抗衰老机理研究荣获2013年校地校企共建科技创新平台立项建设项目。

该校作为承办单位，承办了2013中国-东盟传统医药高峰论坛暨第五届中国（玉林）中医药博览会等重大学术会议，在世界各地特别是东盟国家及港澳台地区产生了积极的影响，为促进中医药民族医药国际化和服务国家东盟战略作出了积极的贡献。

承办2013中国一东盟传统医药高峰论坛暨第五届中国（玉林）中医药博览会

自治区中药资源普查督导组在武鸣县实地督导该校承担的全国中药资源普查（广西）试点工作

广西中医药大学防城港常春产学研合作基地签约暨揭牌仪式

广西科学院

特色生物能源国家地方联合工程研究中心通过专家组验收。项目历时3年，完成投资4052.18万元，建成糖薯技术等4个研究室3600平方米，新建和改建生物质发酵等3个中试车间2600平方米，购置仪器设备637台套，中心已成为具备较高水平，集研发、中试和示范功能于一体的国家级生物质产业技术创新平台。

◀年产3000吨木质纤维乙醇和15000吨甘蔗糖蜜乙醇的产业化示范基地。基地在建的原料预处理及水解糖化能力为12000吨蔗渣/年，纤维素水解液与甘蔗糖蜜混合发酵乙醇能力为15.3吨/天，半纤维素水解液与甘蔗糖蜜混合发酵乙醇能力为6.9吨/天，原料预废液处理能力为220立方米/天，乙醇发酵废液处理能力为8500立方米/天。

▶国家非粮生物质能源工程技术研究中心建成800MHz核磁共振谱仪中心。谱仪中心引进具有世界领先水平的美国安捷伦核磁共振频谱技术，它是除X射线衍射法以外，一种重要的蛋白质大分子结构高分辨测定方法，适用于分析不能结晶或者结晶后的构象可能会改变的蛋白质。谱仪中心的技术与装备处于华南地区领先水平。

“广西科学院海洋环境监测中心”通过国家计量认证海洋评审组监督评审。目前，“中心”通过国家计量认证参数共六大类70项，并获得国家海洋局颁发的3个海岛相关工作单位资质。2013年，由该团队组建的“广西近海海洋环境科学重点实验室”通过自治区科技厅认定。

广西岩溶特有珍稀药用植物生物多样性保育及可持续利用研究成果国内领先。项目有效解决了100多种珍稀濒危药用植物迁地保护技术难题，建立了国内唯一的岩溶药用植物生物多样性保育基地；攻克了地枫皮、岩黄连等广西特有珍稀药用植物的良种繁育及高产栽培技术。

广西特色海洋生态理学实验楼建成。2013年12月，总建筑面积2181.91平方米的广西特色海洋生态理学实验楼落成并投入使用。实验楼的建成，为更好的实现“立足北部湾，面向东南亚发展滨海湿地科学，应对海洋环境问题”的服务宗旨奠定了坚实的基础。

方格星虫健康养殖技术研究成果国内领先。项目在国内首次形成了方格星虫人工高效微颗粒饲料、亲体选优与育肥、优质苗种标准化培育和健康养殖等成套技术，为方格星虫成为我区海水养殖支柱品种提供了技术保障。

广西科学院与中国科学院云计算产业技术创新及育成中心开展战略合作。2013年8月19日，双方签订了合作框架协议，建立全面、长期、稳定的科技合作关系，联合开展多形式、多层次的科技交流与合作。

贺州学院

贺州学院是具有70年办学历史，经国家教育部批准设立的一所全日制多科性普通本科院校。学校以立足贺州、服务区域、面向基层、突出特色，培养“品德好、基础实、专业精、能力强”，具有创新精神的应用型高级专门人才为办学指导思想，全面贯彻党的教育方针，坚持科学发展，以社会需求为导向，以教学工作为中心，以本科教育为主体，着力提高人才培养质量。

学校现有农产品加工及贮藏工程、课程与教学论、物理电子学等三个广西重点学科，桂东特色资源开发与利用研究实验室是广西高校重点实验室，广西东部族群文化研究基地是广西高校重点人文社科研究基地，贺州市槟榔芋产业化工程技术研究中心、贺州市山楂加工工程技术研究中心等两个贺州市工程技术研究中心挂靠在学校。2013年，学校被自治区学位委员会、自治区教育厅批准为硕士专业学位授予单位立项建设单位。食品科学与工程、社会学和旅游管理3个学科被批准为硕士专业学位点学科，教育学、数学、机械工程、计算机科学与技术、新闻传播学为支撑学科。

学校教师获得国家级科研项目18项、省部级科研项目72项、市厅级科研项目374项，横向科研项目29项。学校师生发表科研论文2700多篇，获得授权专利45项，共出版专著、教材69部。

学校积极拓展对外交流与合作，先后与泰国、越南、印度尼西亚、日本、马来西亚、韩国等国10多所大学建立了校际联系或合作关系，已招收了6批留学生。

自治区科技厅党组书记黄丹、副厅长李国忠到贺州学院果蔬加工实验室指导工作。

自治区科技厅周文能副厅长到贺州学院指导实验室建设工作。

自治区科技厅、贺州市人民政府、贺州学院、广西医科大学与江南大学共商合作事宜。

贺州学院与江南大学食品科学与技术国家重点实验室签订合作协议。

广西交通科学研究院

——交通科学研究院项目“高速公路路面耐久性提升技术及工程应用”项目荣获2014年广西科学技术进步二等奖

创新是广西交通科学研究院(以下简称广西交科院)的立院之本,创新实现了该院的跨越发展之梦。30年来,广西交科院始终不忘“为交通事业可持续发展贡献新技术、新产品”的使命,以创新为引领,构建“产学研用”一体的发展模式,成就了多项“广西首创”、“全国第一”、“国内领先”的瞩目成果,成为了广西交通系统最重要的科技开发、成果转化和产业化基地,不断在攀爬科技创新高峰、搏击激烈市场竞争的道路上成为“领航者”。

广西交科院从2008年开始,历经6年开展高速公路路面耐久性提升技术及工程应用研究,对广西20年来应用的各类主流路面技术的使用效果、潜力、技术风险进行研究评估,并采用测试推演、研究分析、集成再创新的技术办法,形成了广西高速公路路面耐久性提升技术成果,荣获2014年广西科学技术进步二等奖。

该研究成果广泛应用于广西乃至全国高速公路和路网干线公路,已被和即将被纳入3部行业规范、2部地方规范,指导了广西地区各类型路面近3000公里的设计、施工与养护,大幅降低了路面初期投资及后期管养费用,产生直接经济效益4100万元,节能减排8190吨标准煤,经济社会效益显著。项目发表论文20余篇,培养博士4人,并依托该成果组建了广西道路结构与材料重点实验室,有效促进了路面设计理论与交通运输学科发展,为广西乃至全国高速公路路面的设计、建设与养护提供了更为科学合理的技术保证,有力推动了交通行业科技进步。

未来,随着广西即将修建或扩建3000公里高速公路与近2000公里各等级公路,为项目成果更大范围、更大规模的应用创造了良好的前景,必将生产更为显著的社会生态效益。

与国外交通管理部门开展技术交流

高速公路路面耐久性提升技术及工程应用照片

广西交通科学研究院

——交通科学研究院项目“废旧轮胎在公路工程中的综合应用示范”

——交通运输绿色循环低碳示范项目

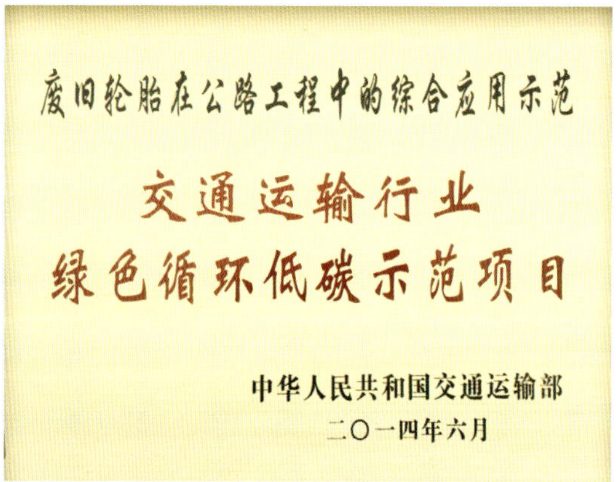

为进一步做好广西交通运输行业节能减排工作，加大交通运输领域生态文明建设，着力打造绿色示范工程，广西交通科学研究院牵头负责完成了《废旧轮胎在公路工程中的综合应用示范项目》。

该项目由广西交通科学研究院、广西金港高速公路有限公司、广西隆百高速公路发展有限公司共同完成，通过对废旧轮胎材料进行加工，将产生的废胶粉、废胶粉改性沥青以及废钢丝的钢纤维应用到公路建设中实现废旧材料再生利用。

废旧轮胎被称为“黑色污染”，是国际上公认的影响环境而必须处理的固体废弃物。通过废旧轮胎的再次加工形成橡胶粉，一方面可科学合理地利用废橡胶，变废为宝，降低环境污染，另一方面可制备出性能与SBS改性沥青相当的低廉高性能橡胶沥青。目前国内外加工胶粉的企业有很多，但是胶粉的质量参差不齐，橡胶沥青的质量无法保证，为橡胶沥青的研究和广泛应用带来诸多不便。

该项目包括废旧胶粉生产加工、橡胶沥青成品制备工艺、橡胶沥青路面工程技术和废钢丝再生利用等环节，对原材料加工至路面工程应用全过程进行技术控制，实现了胶粉工业化加工、橡胶沥青研究以及针对广西水泥产量高等地区资源优势进行橡胶沥青复合式路面研究和应用，通过工艺流程优化促进该技术的全过程循环低碳化。具体是以废旧轮胎为生产加工原材料，通过胶粉加工、脱硫预处理等技术手段，生产路用橡胶粉沥青，减少传统废旧轮胎处理过程中的高能耗、高污染项目，促进废旧轮胎资源的循环利用。同时对汽车轮胎胶粉分离出来的废钢丝进行再次利用，制作纤维混凝土、导电混凝土等路面新材料，进一步提高废钢丝的利用价值。

胶粉加工工艺流程图

目前，该项目拥有年产1.5万吨常温粉碎法废轮胎再生橡胶粉生产线以及年生产6万吨橡胶沥青加工设备，并具有全套橡胶沥青技术的生产配方、生产工艺及质量控制体系。生产的路用橡胶粉符合国家《硫化橡胶粉》(GB/T19208-2008)和交通运输部《路用废胎硫化橡胶粉》(JT/T797-2011)标准；废旧轮胎钢丝再生钢纤维技术采用自主研发的生产设备，根据《钢纤维混凝土》(JC/T 3046-1999)生产混凝土用钢纤维。橡胶沥青是将废旧轮胎再生制备橡胶粉作为路用改性剂，其不仅能够促进废旧轮胎资源循环利用，减少优势改性剂的生产及使用，还能使沥青路面具有较好的抗变形、耐疲劳、美观度及与轮胎间较高的摩擦系数，有效提高路面行驶舒适性及安全性，同时发挥废旧轮胎中天然橡胶、抗老化剂等组分的优点。本项目成果已在广西隆林至百色高速公路、广西钦州至崇左高速公路连接线沥青薄层加铺复合式路面中得到很好应用。

项目应用一：广西隆林至百色高速公路橡胶沥青复合式路面加铺工程

广西隆林至百色高速公路177公里路面工程中采用了在水泥混凝土路面上进行加铺4cm厚的薄层橡胶沥青面层的复合式路面结构。为解决该地区水泥路面筑路材料中河砂缺少的问题，本工程采用机制砂代替河砂进行水泥混凝土路面浇筑。由于机制砂制水泥混凝土路面表面浮浆较多，对行车安全不利，因此在不显著增加造价的情况下，在其上加铺罩面4cm橡胶沥青面层作为表面功能层，以提高其表面行驶功能。

该工程橡胶沥青路面实施自2010年10月至2011年1月，全线177km采用4cmARAC-13+橡胶沥青撒布式应力吸收层的超薄复合式路面，是全国最长的橡胶沥青路面、最长的薄层沥青复合式路面。全线共使用橡胶沥青22000余吨，消耗废旧轮胎近4000吨，降低能耗145624吨标准煤，节约SBS改性剂近900吨。

该工程于2011年1月初全线通车运行，路面行驶舒适，平整度及美观程度具有较大的提升。目前，在经历了三个高温季节，两个寒冷季节，运行34个月后，除少数施工变异处外，路面状况总体良好。该项目在科学合理的利用废旧橡胶，实现废旧橡胶利益最大化的同时，对促进交通运输企事业单位开展节能减排工作产生了很好的示范引导作用，有力带动了全行业节能减排工作的深入开展，为国家带来了巨大的社会效益和经济效益。

隆林至百色高速公路

参与主办沥青国际学术交流会议

项目应用二：广西钦州至崇左高速公路连线橡胶沥青路面加铺工程

广西钦州至崇左高速公路连接线吴圩至上思段、板利至东门段全线72公里路面工程中采用了在水泥混凝土路面上进行加铺5cm厚的薄层橡胶沥青面层的复合式路面结构。为解决原设计方案中24cm水泥混凝土路面厚度偏薄及行驶性能不足的问题，对新建水泥混凝土路面采用橡胶沥青面层进行薄层加铺。

该工程橡胶沥青路面实施自2013年2月至2013年5月，全线共使用橡胶沥青4600余吨，消耗废旧轮胎近1000吨，节约SBS改性剂近150吨。工程于2013年6月初全线通车运行，路面行驶舒适，平整度及美观程度具有较大的提升。目前，全线交通量较大，在经历了一个高温季节，运行6个月后路面状况良好，无路面病害发生。

钦崇公路施工现场

橡胶沥青路面试验路段

广西林业科学研究院

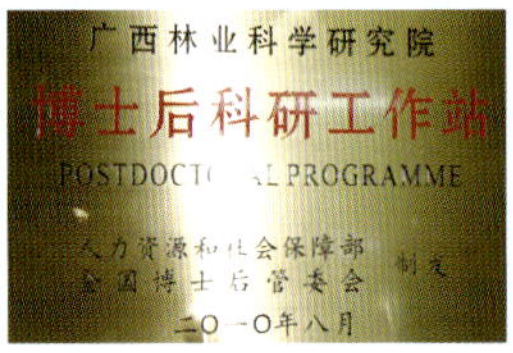

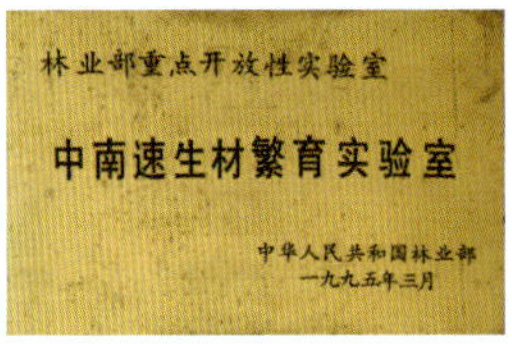

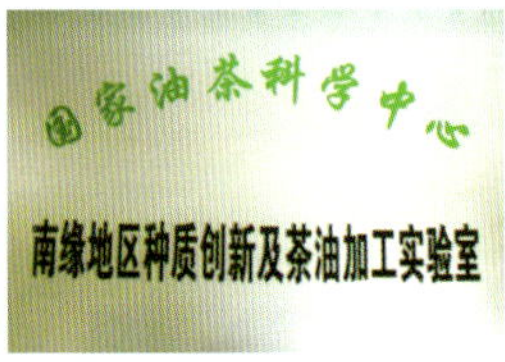

广西林业科学研究院成立于1956年，是广西唯一的专业性省级公益性林业科研机构。

●研究领域：林木遗传改良、林木高效栽培、森林生态及重建、经济林培育、森林保护、林木生物技术、土壤肥料、林产化工、热带特色花卉培育、森林资源开发利用、生态能源利用等。

●科技人员：现有在编在职职工270人，其中，正高职称20人、副高职称60人，博士35人(已获学位20人，在读15人)、硕士98人，享受国务院特殊津贴专家4人，广西优秀专家7人，广西新世纪“十百千人才工程”第二层次人选8人。

●科研平台：是国家林业局中南速生材繁育重点实验室、广西优良用材林资源培育重点实验室、国家油茶科学中心南缘地区种质创新及茶油加工实验室等3个省部级重点实验室的主要技术依托单位，国家科技部林业国际科技合作基地和油茶、松脂产业国家科技特派员创业链，国家人社部博士后科研工作站建站单位，国家林业局“八角玉桂工程技术研究中心”和“广西油茶良种与栽培工程技术研究中心”依托单位，自治区首批“八桂学者”、“特聘专家”设岗单位和“院士工作站”设站单位，设国家林业局林产品质量检验检测中心(南宁)和广西林产品质量检验检测中心，被认定为国家级林木良种基地(油茶、红锥)；油茶、松树、杉木、桉树、红锥培育中心获自治区农业良种培育中心称号。

●科技成果：先后承担国家和部(省)级等各类科技项目600多项，获科技成果300多项，其中获国家级奖励22项，省部级奖励144项；获专利授权74件；编制行业和地方标准57项；选育出一批杉木、桉树、马尾松、油桐、油茶、八角、红锥等树种的良种，其中114个通过国家或自治区级林木良种审(认)定；出版科技专著64部，发表学术论文2000多篇。其中，“广西油茶良种繁育产业化关键技术研究与应用”成果获2013年度广西科技进步一等奖。

●推广应用：先后培育优良桉树、松树、杉木、油茶、花卉及珍贵乡土树种苗木2亿株以上；在全区乃至全国建立科技示范基地和技术推广服务网点100多个，建立试验、推广林总面积达100多万公顷，使广西松、杉、桉以及油茶、八角等主要造林树种和经济林树木良种应用率由30%提高到75%以上，极大地提升了科技贡献率。

●对外合作与交流：国外先后与澳大利亚、联合国粮农组织、国际热带木材组织、国际林业研究中心、美国、日本、越南、泰国等10多个组织、国家和地区建立了科技合作关系；国内与中国林科院、北京林业大学、南京林业大学、中南林业科技大学、湖南林科院等高校和科研院所建立长期合作关系；区内与各地市林业局、林场、林业企业保持稳定合作关系。

油茶硕果累累

林业科技创新中心

①

②

③

④

①广西林科院科研人员获科学技术奖励
②澳大利亚专家讲座会现场
③中国、越南、澳大利亚三国国际合作项目“提高中国、越南和澳大利亚桉树人工林锯材利用价值：锯解与干燥项目研讨会
④国际林产品贸易中的碳转移及碳汇产权研讨会
⑤广西林科院发明专利展示
⑥组培实验室组培树木种苗
⑦广西油茶种质资源库
⑧油茶产业化育苗
⑨松树优良种苗
⑩林业生物技术组培厂全貌

⑥

⑦

⑤

⑧

⑨

⑩

广西壮族自治区环境保护科学研究院

广西壮族自治区环境保护科学研究院，加挂广西壮族自治区环境保护对外交流合作中心牌子，是广西壮族自治区环境保护厅直属的正处级公益型事业单位。其前身是成立于1974年的广西壮族自治区环境保护科学研究所，2006年12月，经广西壮族自治区编制委员会批准(桂编〔2006〕267号)，更名为广西壮族自治区环境保护科学研究院。

作为广西最高级别的社会公益非营利性环境保护科研机构，广西环科院围绕广西可持续发展战略，开展创新性、基础性重大环境保护科学研究，致力于为广西经济社会发展和环境决策提供战略性、前瞻性和全局性的科技支撑，服务于经济社会发展中重大环境问题的工程技术与咨询需要，为广西可持续发展战略和环境保护事业发挥了重要作用。广西环科院还承担自治区环境保护对外合作交流事务性工作，负责广西国际环境领域合作事务，负责中国-东盟环保论坛广西具体事务性工作。开展国际环保科技交流与合作工作。

目前，全院在岗员工161人，退休人员14人，科技人员比例高达90%以上，其中博士研究生8人(在读2人)，硕士研究生76人，高级工程师25人(含正高2人)，获得国家环评工程师资格34人，1人列入广西第十五批新世纪“十百千人才工程”第二层次人选名单。

广西环科院2013年通过ISO9001质量管理体系认证。目前，拥有国家颁发的甲级《建设项目环境影响评价资格证书》(国环评证甲字第2902号，评价范围有化工石化医药、冶金机电、建材火电、农林水利、交通运输、社会区域、轻工纺织化纤及一般项目环境影响报告表)，自治区技术监督局颁发的《实验室计量认证资质证书》，中国水土保持学会颁发的乙级《水土保持方案编制资格证书》(水保方案乙桂字第011号)，以及自治区环保厅颁发的《环境污染治理设施运营资质证书》。

“十二五”以来，广西环科院承担或参与各类科研项目及上级部门下达专题项目100多项，其中承担完成的《甘蔗制糖工业水污染物排放标准》于2013年10月正式施行，填补了我区地方环保标准的空白；《流域水环境突发事件应急处置技术体系研究及在广西应用》获得2012年度广西科学技术进步奖二等奖，《广西壮族自治区地表水环境容量研究》获得2012年度广西科学技术进步奖三等奖，《广西壮族自治区大气环境容量研究》和《广西农村生活污染源核算体系研究与综合治理技术集成开发》获得2013年度广西科学技术进步奖三等奖；《木薯淀粉行业污染控制新技术研发与示范工程》和《高硫高氮有机废水处理中功能性微生物组合工艺关键技术研究及应用》获得2014年度广西科学技术进步奖二等奖；《广西西江经济带环境承载能力评价》和《广西饮用水水源地环境现状调查及保护对策研究报告》分别获2014年广西第十三次社会科学优秀成果奖的研究报告类成果二等奖；获得实用新型专利2项。广西环科院牵头建设的“广西危险废物处置产业化人才小高地”于2011年底成功获批为广西壮族自治区级人才小高地；建设的广西大气污染防治院士工作站(清华大学郝吉明院士)于2013年5月份获批为广西第一批院士工作站。

自治区党委常委、自治区人民政府副主席唐仁健视察广西环科院

自治区环保厅檀庆瑞厅长参观大气观测站

自治区科技厅谢迺堂厅长在该院调研

广西环科院领导拜访清华大学郝吉明院士

广西环科院大气污染防治研究团队

西南大气科学观测研究站揭牌

广西环科院与中国环科院签署合作协议

广西环科院所获资质证书

广西环科院所获科技成果

广西环科院共建合作单位

桂林电器科学研究院有限公司

桂林电器科学研究院有限公司(桂林电科院)前身为第一机械工业部电器科学研究院,1954年在北京成立,1970年搬迁至桂林,1999年7月转制为科技型企业,现隶属于中国机械工业集团有限公司。

桂林电科院现有职工800余人,其中专业技术人员占职工总人数的50%以上;建筑面积近12万平方米,占地面积21万余平方米;拥有先进的研发、测试设备和强大的产品开发手段。2001年被授予博士后科研工作站,2005年被认定为自治区级工程技术研究中心,2008年被认定为高新技术企业,2011年被认定为广西壮族自治区企业技术中心,2012年被认定为广西电器产业工程院,2013年被认定为第一批广西院士工作站,成为第一批中国创新驿站广西工作站点。

桂林电科院拥有优越的科研环境和强大的科技创新团队,长期以来承担着国家、部、委下达的科研任务,取得900多项科技成果,获国家、省部级科技进步奖140余项,其中国家级奖励10项,省部级科技进步一等奖6项,科技进步二等奖47项,为我国机械、电器工业的发展做出了重要贡献。

桂林电科院转制后,经过专业与产业重组,已发展成为以电工材料、薄膜成套装备、印制电机为主导产品,集产品质量监督检测、行业归口管理和标准化技术服务为一体的高科技型企业。

——电工材料

桂林电科院在国内电工材料的关键功能材料和重要基础材料(电触头材料和绝缘材料等)领域引领行业新产品的研制、生产技术开发、应用研究、标准化和测试技术的发展和进步,同时为国内发电、输电、配电和用电以及机电装备配套的中高端开关电器提供关键功能材料和重要基础材料,在这些领域的中高端材料产品市场上保持主导地位。

——薄膜成套装备

桂林电科院是国内能设计、制造、安装调试双向拉伸薄膜生产线的主要单位,五十年来已成功研制了幅宽1.2米、2.5米、4米、6.7米、8.2米等多种规格的双向拉伸薄膜生产线近100条,最高速度达450米/分钟,占据着国产生产线75%的市场分额。

——印制电机

桂林电科院拥有印制绕组直流伺服电机、直流无刷盘式电机和新能源汽车电机产品的自主研发技术,公司引进美国先进生产线制造,产品批量出口美国、韩国、欧洲等国家和地区,在航空航天、雷达、火控、工业驱动、精

奠基仪式

时任广西人大常务副主任吴恒出席桂林电器科学研究院更名庆典暨电工电子新材料产业基地奠基仪式

桂林电器科学研究院有限公司
Guilin Electrical Equipment Scientific Research Institute Co., Ltd.
地址:中国桂林市七星区东城路8号
ADD:NO.8 Dongcheng Road, Guilin,Guangxi, P.R.China
邮编 Post Code:541004
电话 Tel:0773-5888007　5888009
传真 Fax:0773-5813513
网址 Web:http://www.glesi.com.cn
邮箱 E-mail:suoban@glesi.com.cn

自治区工信委主任束华到公司调研并视察公司产业基地建设

桂林市委书记赵乐秦到公司产业基地调研

院士工作站揭牌留念

密伺服等诸多领域有出色表现。

——产品质量监督检测

桂林电科院的机械工业电工材料产品质量监督检测中心是通过国家认证认可监督管理委员会资质认定（CMA）和中国合格评定国家认可委员会（CNAS）认可的专业实验室，是具有第三方公正地位的产品质量监督检验机构和相关材料进出口检验基地。中心拥有绝缘结构评定、材料热老化、电学、力学、理化分析、磁学和金相分析等专业实验室，是我国电工材料行业最专业最具权威的综合性实验室，同时也是世界上众多跨国集团（公司）的签约实验室。

——标准化工作

桂林电科院承担着全国电工合金标准化技术委员会、全国绝缘材料标准化技术委员会和全国模具标准化技术委员会秘书处的工作，负责国际标准化组织IEC/TC10、TC15、TC68以及ISO/TC29/SC8国内技术归口管理，参与国际标准的制修订工作，组织制修订定电工合金、绝缘材料和模具三个行业的国家标准、行业标准、国家军用标准。

——行业归口管理

桂林电科院是中国电器工业协会电工合金分会、中国电器工业协会绝缘材料分会、中国电工技术学会绝缘材料与绝缘技术专业委员会秘书处的承担单位，负责组织本行业的技术交流、科技成果的推广应用，编制本行业发展规划，建立本行业技术和经济信息网络，与国外行业相关组织建立正常的联系和交流工作，编辑出版《模具工业》、《绝缘材料》、《电工材料》三种国内发行的中文核心技术刊物。承担中国模具工业协会人才培训部、机械工业职业技能鉴定指导中心模具行业分中心的日常工作，负责管理模具行业人才培训工作，组织开展模具行业职业技能鉴定工作。

桂林电科院建设的桂林国际联机情报检索服务中心是原广西壮族自治区科委正式认定的广西第一家科技情报检索查新机构。可以提供检索查新、信息咨询、企业标准体系建设等服务。检索服务中心连接的主要数据库系统有：全世界最大的综合数据库DIALOG系统、中国科技信息所万方数据资源系统、西南信息中心维普信息资源系统、中国知识产权局中国专利数据库、国家工程技术文献中心、中国科学院文献中心、清华同方公司CNKI源数据库、广西科技成果公报。

公司荣获广西第三届发明展暨第二届桂林知识产权知识竞赛一等奖

公司重奖科研人员

公司双向拉伸薄膜设备装箱发往台湾

杜邦公司到该公司进行技术交流

桂林航天电子有限公司为该公司授予奖牌

广西亚热带作物研究所

广西亚热带作物研究所(下称广西热作所)始建于1952年,主要从事木薯、澳洲坚果、芒果、剑麻等热带、亚热带作物种质资源收集保存与创新利用、良种选育、丰产栽培、环境与植物保护、贮藏保鲜、农产品加工及中试示范、农产品质量安全检测与风险评估、生物技术、科普教育等方面研究的公益型农业综合性科学研究机构。

广西热作所现设有农业部亚热带果品蔬菜质量监督检验测试中心、广西木薯研究所、广西农垦甘蔗研究所、澳洲坚果研究中心等11个研究机构。拥有国家非粮生物质能源工程技术研究中心木薯规模栽培技术研究室和木薯良种选育技术研究室,国家木薯产业技术体系栽培与植保研究室、梧州综合试验站,国家麻类产业技术体系南宁剑麻综合试验站;国际科技合作基地、"国外木薯种质的引进与利用"和"澳洲坚果产业化发展"示范推广基地,国家木薯种质资源保护广西创新基地,中国热带农业科学院广西亚热带作物科技创新中心,广西现代农业产业体系芒果创新团队,广西千亿元糖业研发中心、广西木薯良种繁育中心、广西芒果良种培育中心等一批高起点的科研设施和平台。

2013年,广西热作所承担科研项目65项,共取得科技成果32项。其中,科技成果鉴定4项,获得国际先进水平1项,获国内领先水平2项,国内先进水平1项。获科技进步奖和发明创造成果奖6项,其中,获神农中华农业科技奖一等奖1项,获广西科技进步三等奖3项,获广西发明创造成果银奖2项。

2013年,广西热作所申请筹建的"农业部农产品质量安全风险评估实验室(南宁)"获得农业部批复成立;广西亚热带优势作物繁育及综合开发新技术重点实验室顺利通过验收;广西农垦甘蔗研究所获批成立。此外,广西澳洲坚果良种培育中心通过自治区认定;杨桃、番石榴国家种质资源专业圃和木薯、芒果、番木瓜国家种质资源创新利用基地获批建设。

2013年来,广西热作所对外科技交流与合作频繁,开展的国际合作科技项目涉及柬埔寨、印度尼西亚、缅甸、泰国、越南、菲律宾等多国,为建设海外基地奠定坚实基础。

广西热作所黄强所长(右一)向自治区农垦局刘刚局长(右二)介绍热作所情况

农业部农垦局彭剑良副局长(右二)一行参观广西热作所木薯品种展示基地

农业部农垦局胡建锋副局长(前排左一)在广西热作所黄强所长(前排右一)陪同下参观广西热作所木薯种质资源圃

广西热作所主持的广西科技开发科技合作与交流计划项目“木薯优良品种在柬埔寨的推广与示范”验收

广西热作所李军研究员在菲律宾开展木薯种植概况和栽培技术培训讲座

姜黄桂热2号

桂热芒82号成串结果

澳洲坚果桂热4号挂果情况

番木瓜桂热1号雌株

广西热作所科研新区

广西食品药品检验所

广西壮族自治区食品药品检验所检验专业队伍人数200人，具有高级职称24人，具有中级以上38人，本科以上学历135人。目前单位有国家药典委员1人，广西科技成果评价及奖励评审专家库入库专家18人，广西自然科学基金项目评估咨询专家19人，国家局餐饮服务食品安全专家9人，国家GMP检查员6人，国家级保健食品、化妆品2人；国家级医疗器械检查员1人。

为了落实国务院关于“促进中医药和民族医药事业发展，实施壮瑶医药振兴计划，建立质量标准体系”（国发[2009]42号）的要求，贯彻实施《广西壮族自治区发展中医药壮医药条例》，满足人民群众对民族医药日益增长的诊疗需求，自治区食品药品监督管理局于2010年8月启动《广西壮族自治区壮药质量标准（第二卷）》及注释的编制工作。委托广西食品药品检验所负责技牵头，组织、协调区内多位专家学者2012年底，顺利研究并完成编制及出版工作任务。《广西壮族自治区壮药质量标准》（第二卷）共收载壮药材211种（其中植物药材193种，动物药14种，其他类药4种），其中，对水银花等74个品种进行了较全面的质量研究，大幅度的提高了质量标准水平。在临床应用方面，兼具中医、壮医的内容，尽量突出壮医特色。为促进和规范壮医药的临床应用，便于广大医药工作者应用和理解，自广西食品药品检验所组织研究编著《广西壮族自治区壮药质量标准（第二卷）注释》，2013年初，完成了研究、编制及出版工作。质量标准中的壮药材品种，有力支撑了如：注射用血栓通、三金片、金嗓子喉片、桂林西瓜霜、骨通贴膏、金鸡片（胶囊、颗粒）、湿毒清胶囊、中华跌打丸、肤阴洁洗液、花红片（胶囊、颗粒）、妇血康颗粒等51种成药的开发应用，成为我区成药、制剂成功开发的典范，使壮药材及其成药开发利用成为现实，并在过去五年里获得了巨大的经济效益和社会效益，成为我区医药工业的支柱性产业，为广西社会、经济发展、进步和人民群众健康做出卓越的贡献。研究成果《广西壮药法定质量标准体系规范化研究》经科技成果鉴定达到国际领先水平，并荣获2013年度广西科学技术进步二等奖，获得2014年度中国药学科技奖。

广西壮药质量标准

国家食品药品监管总局尹力副局长到该所视察工作

通过保健食品注册检验机构遴选现场核查

食品安全科技宣传活动

食品快检保卫东盟博览会

广西农业科学院玉米研究所

广西农业科学院玉米研究所创建于1963年，是以玉米、甘薯、大豆等作物新品种选育、新技术研究、成果转化应用为主的全区唯一的旱粮作物研究所。在职职工125人，其中科研人员67人(具有高级专业技术职务资格16人，中级45人)；博士4人，在读博士8人，硕士36人，全国粮食生产突出贡献科技人员1人，广西“新世纪十百千人才工程”第二层次人选2人。

建有国家玉米改良中心广西分中心、广西玉米良种原原种扩繁基地、广西玉米良种培育中心、广西甘薯良种培育中心、国家农业产业技术体系玉米综合试验站和甘薯综合试验站等一批国家、省部级科研平台。现设有玉米抗逆育种研究室、玉米优质育种研究室、玉米种质资源研究室、玉米品种筛选鉴定研究室、甜糯玉米研究室、玉米生物技术研究室、玉米栽培生理研究室、植物保护研究室和薯类研究室等9个专业研究室。2013年12月，该所顺利搬迁到农科院本部办公，玉米所的工作、生活和科研环境得到明显的改善，为玉米所今后的发展奠定了良好的基础。

建所以来，该所先后承担国家级、省级、国际合作等科研项目500余项。取得了一大批原创性科研成果，育成优良玉米品种70多个，甘薯品种20多个，大豆品种20多个，其中3个玉米品种通过国家农作物品种审定委员会审定，3个甘薯品种通过全国农业技术服务中心鉴定。获植物新品种权6项；获省部级以上科技成果奖励60多项。新品种新技术等成果得到大面积推广应用，创造了显著的社会经济效益。

广西农业科学院玉米研究所与墨西哥、泰国、越南、马来西亚、印度尼西亚、柬埔寨、布隆迪以及中国农科院、中国农大、四川农大等国内外相关研究机构建立了良好的合作关系。

桂单0810

桂单 162

桂糯518

玉美头601

桂单0810 2013和2014连续两年列为广西主导品种，入选为2014年全国农业主导品种。晚熟玉米单交种。亩产550~700公斤。高抗青枯病、粒腐病、丝黑穗病；中抗玉米螟；抗大小斑病、纹枯病、锈病。耐旱耐瘠。蛋白质12.1%、淀粉75.2%、赖氨酸0.31%。适宜广西各地及邻近省份和东南亚地区种植。

桂单162 2014年列为广西主导品种，优质高产中熟玉米单交种。抗大小斑病、纹枯病和玉米螟。结实性好，粒色优，果穗外观好，抗倒性强，耐旱耐瘠，适应性广，亩产550~680公斤。适宜广西各地及邻近省份和东南亚地区种植。

桂糯518 2012-2014连续三年列为广西主导品种，具有优质、高产、广适、耐铝毒耐旱性强等特性，是广西第一个通过国家审定的糯玉米品种，也是我国首个获得越南品种登记的糯玉米品种并已在越南试种推广面积超过20万亩以上，成为广西糯玉米育种史上的标志性品种。

该品种糯性强，口感好，皮薄，品质好，甜度高，柔软度好；高抗小斑病、大斑病、茎腐病和纹枯病，亩产鲜食果穗800~1000公斤。制种产量高，最高亩产达396.7公斤，创热带亚热带地区糯玉米制种产量新纪录。每亩种植3600~3800株左右。适宜在中国南方及沿海地区和东南亚国家作鲜食糯玉米春播种植。

玉美头601 优质、高产糯玉米单交种。糯性强，口感好，皮薄，品质好，柔软度好。高抗大小斑病、中抗纹枯病，抗青枯病。亩产鲜穗1000~1200公斤。适宜广西各地区及东南亚国家种植。

桂粉2号 通过国家鉴定的能源型品种。优质，耐贮藏，蒸熟食味香、甜、粉，肉细腻。亩产鲜薯2000—2500公斤。烘干率高达34%以上，淀粉含量23.91%。中抗薯瘟病。适宜广西、海南、江西各地区种植。

桂紫薯3号 花青素型品种，株型匍匐，长蔓型，顶叶绿色，叶片尖心形带齿，叶片深绿色，茎绿色，薯形中长纺锤型，薯皮紫色，薯肉紫色。鲜薯亩产1800~2000公斤，干物率33.6%。适宜广西各地种植。

桂粉2号

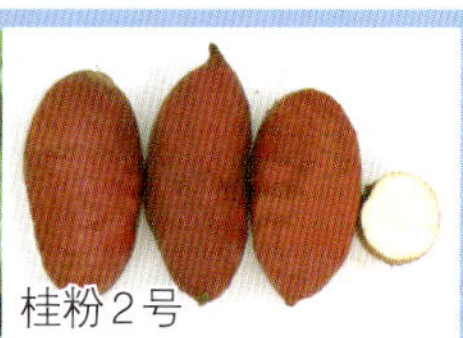
桂粉2号

桂紫薯3号

桂紫薯3号

广西壮族自治区煤炭科学研究所

广西壮族自治区煤炭科学研究所成立于1977年6月，2000年12月由事业法人整建制转为国有科技型企业，主管部门为区国资委。

所内建有国家安全监管总局授权挂牌的广西壮族自治区矿山安全实验室，实验用房1400多平方米，配置专业仪器设备400多台（套），截至2013年底，承担并完成了矿山在用安全设备检测检验1773台，安全仪表计量检定7850台，指导矿山企业安全隐患排查整改2879项。

所内下设有矿山安全检测检验中心、安全评价与标准化考评中心、职业危害检测与评价中心、广西矿山安全仪表计量站、宏鑫爆破工程处、南宁微纳改性材料厂等分支机构，具有安全生产检测检验机构乙级资质、矿山安全仪表计量检定授权、安全评价机构乙级资质、安全生产标准化评审机构二级资质、职业卫生技术服务机构乙级资质以及一、四级营业性爆破作业资质等多种资质。先后承担完成了40多项科研课题，其中15项获省、厅级科技进步奖。

①

②

③

①国家安监总局副局长杨元元(左一)考察矿山安全实验室建设

②矿山企业现场煤科所技术专家与矿方共同制定矿井探水方案

③广西煤矿重大危险源数据库科研成果

建设面积为3146平方米的实验室、办公大楼

承担高15层、面积1.5万平方米的南宁市航运大厦A级拆除爆破项目

通讯地址：南宁市长堽路三里一巷45号　　邮编：530023
电话：0771-5615430　　传真：0771-5603487

广西壮族自治区工艺美术研究所

广西工艺美术研究所成立于1960年1月，至今已有50多年的历史。是广西唯一专业从事民族工艺美术行业技术研究与产品开发的省级科研机构。2004年初完成整体从事业单位转制为科技型企业。研究所以创建一流的民族织锦产业基地，做大做强民族织锦产业，做民族织锦的领头羊为目标，下设有科研项目管理部、织锦工艺厂、雕塑工程部、培训中心等部门。

2013年开展《广西民族织锦系列产品产业化》等两个科技成果转化项目，建设广西锦类新技术实验室和工程技术研发中心；完成《植物染色民族旅游工艺品的研究与开发》、《广西壮族织锦传统技术的保存开发研究》等3个课题的研究；承担了国家级科技项目《广西少数民族服饰文化遗产元数据标准及特色数据库的研发》和省级科研项目《基于“亮布”工艺创新的旅游产品开发》各1项。获得4个专利及1个作品的版权登记、发表论文2篇。新开发产品4类20个品种，销售情况良好。

专利产品《壮锦围巾》获得了第三届广西发明创造成果展银奖一项；《织锦钱包》获得2013年第二届广西旅游商品大赛铜奖一项。《壮锦壁挂》等产品获得“2013南宁礼物大赛”优秀奖两项及第四届桂林旅游博览会广西优秀旅游商品奖；壮锦时尚包、收纳袋、IPAD包、马到成功等9件商品入选广西工艺美术作品展。

广西工艺美术研究所中试基地

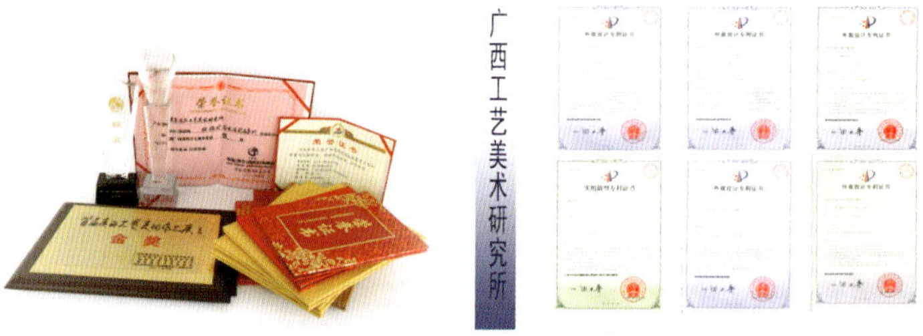

壮锦电子织造场景

广西民族工艺美术精品

广西工艺美术工程技术中心实验室

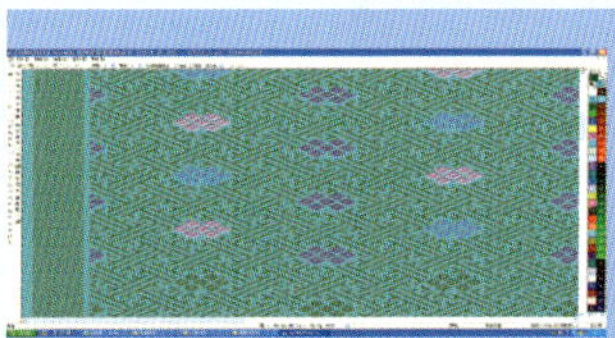

采用纹织CAD设计的壮锦纹样

壮锦抱枕产品

新开发的壮锦面料

广西壮族自治区化工研究院

广西壮族自治区化工研究院成立于1958年。是集产、学、研于一体的省级综合性化工科研单位，国有高新技术企业。全院在职员工287人，75%以上是具中高级职称的化工专业技术人员，其中享受国务院政府特殊津贴专家8人，博士9人，硕士32人。专业从事农药及肥料，兽药与饲料添加剂，石油精细化学品及生物工程等应用化工品的研发、生产和销售，并承担化学工程、化学与医药行业专业设计与咨询、化工信息情报调研等研究，产业规模居广西科研院所首位。广西化工研究院以创建一流科技型企业为目标，着力自主创新与产业化相结合，重视企业内部管理和品牌建设，先后通过ISO9001国际质量管理体系认证、国家农业部兽药GMP验收和资质认定计量认证。

广西化工研究院具备良好的技术研究开发工作环境和先进的试验分析及检测设备，现有占地2000㎡科研大楼，内设专业的工艺工程研究室和仪器设备室，有气相色谱仪、高效液相色谱、原子吸收光谱仪、质谱仪等一大批先进分析仪器，科研手段先进，设施设备齐全。通过资源优化、整合，广西化工研究院构建了19个国家及自治区级科技创新和技术服务平台，包括“二站”：国家定点博士后科研工作站、广西首批院士工作站；“二室”：广西化工研究院—中国科学院“石油化工与精细化学品”实验室、广西化工研究院—厦门大学联合实验室；“三所”：广西精细化工研究所、广西分析工职业技能鉴定所、化工工程设计咨询所；“三地”：广西精细化工人才小高地、广西化工研究院扶绥产业化示范基地、广西化工中试基地；“七中心”：广西精细化工工程技术研究中心、广西无机化工新材料工程技术研究中心、自治区级企业技术中心、广西千亿元产业化工研发中心、广西化工生产力促进中心、广西化工信息中心、职业卫生检测评价中心；“两平台”：广西化学化工学会、广西化工信息网络服务平台。同时，还与厦门大学、中科院过程研究所建立了联合实验室。创新平台的建设和完善，为激发创新能力提供了有力保障。

1978年至今，广西化工研究院院共取得科技成果235项，荣获国家、省部级科技奖97项，其中，获全国科学大会奖2项，获广西科学大会奖12项，国家科技进步奖3项，国家星火计划管理奖1项，获省部级科技进步一等奖(含广西壮族自治区优秀科技成果一等奖)2项，二等奖14项，三等奖63项；广西技术发明奖三等奖1项。获国家专利授权59项，其中发明专利50项。其中三大科技成果达国际先进水平，处于行业领先地位，在兽药方面有全国销量第一的仔猪补铁剂右旋糖酐铁注射液；在无机新材料方面，有全国规模最大、具有国际先进水平的无公害绿色防锈颜料三聚磷酸铝；而在农药方面，是国内最早成功研发草甘膦、复配型草甘膦的企业，草甘膦的研发在全国中实力最为雄厚、生产技术最为领先。

自2004年由事业单位转制为国有企业以后，在自治区领导和各部门的大力支持下，广西化工研究院坚持走自主创新和产业化道路，经济实力一年上一新台阶。2005年完成科技成果产业化产值1.02亿元，成为广西首家产值超亿元院所；2013年全院科技成果产值实现4.74亿元，居广西科研院所首位；“十一五”期间，全院累计实现产值超过10亿元。预计“十二五”期间，全院累计可实现产值超过20亿元。

自治区陈武主席到该院扶绥产业基地视察

院领导班子在研究发展规划(从左至右依次为：副院长黄尚顺、党委书记莫炳荣、院长孙果宋、纪委书记何耀良)

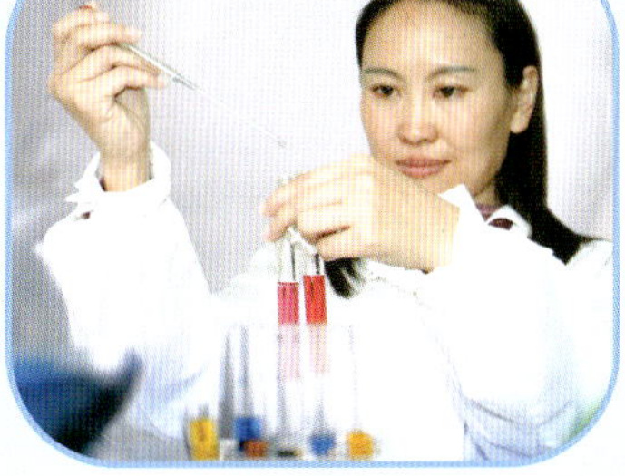

科研人员在做实验

新产品开发

右旋糖酐针剂车间

广西海洋生物技术重点实验室

2011年重点实验室学术委员会会议

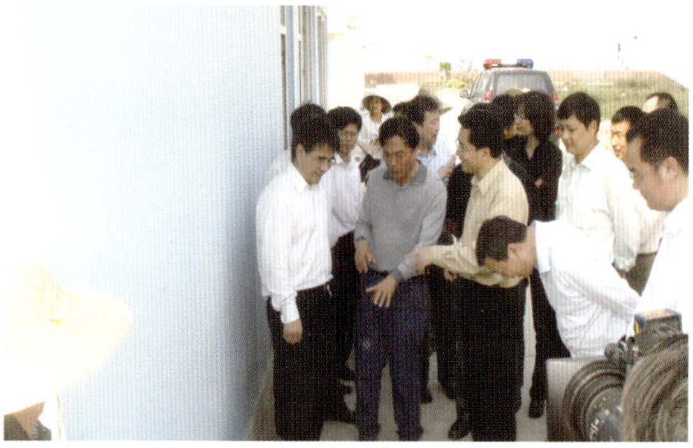

科技部张来武副部长视察实验室研究基地

广西海洋生物技术重点实验室以广西壮族自治区海洋研究所为依托单位，2007年10月广西壮族自治区科技厅认定。现任实验室学术委员会主任为中国工程院院士麦康森，实验室主任由童万平研究员担任。实验室研究的关键科学问题为亚热带海洋生物资源高效可持续利用，研究领域为海洋生物技术，以海洋生物繁育与选育、海水健康养殖、海洋生物活性物质研究为主要建设发展方向，以建成具有亚热带海洋生物资源开发与利用特色的基础和应用基础研究机构为目标。

重点实验室现有科研用房1500多m^2，各类仪器设备200余件/套，价值约1400余万元，包含流动化学分析仪、TOC/TN分析仪、氧弹仪、自动定氮仪、脂肪测定仪、氨基酸自动分析仪、高效液相色谱、气相色谱仪、定量PCR仪等在内的18件/套大型仪器设备。已经建成分子遗传与育种、海洋生物繁育与选育、营养与饲料、养殖生态学、生物活性物质等研究平台。

重点实验室现有固定研究人员25人，其中3人具有博士学位，5人具有硕士学位，10人具有高级职称。客座研究人员19名，其中19人具有博士学位，12人具有高级职称。

近年来实验室承担各级科研项目（课题）70多个，发表各类科技论文90余篇，申请国家发明专利29项，已获得授权发明专利11项。在方格星虫增养殖技术体系研究上成果显著，开展了苗种繁育、遗传特征、营养与饲料、养殖技术与环境等方面的研究，相关研究成果已获得广西科技进步二等奖2项、三等奖1项。在大獭蛤、青蟹、巴非蛤等养殖新品种的苗种繁育与选育上也达到规模化生产水平，苗种繁育和养殖技术的推广应用取得了良好的经济和社会效益。

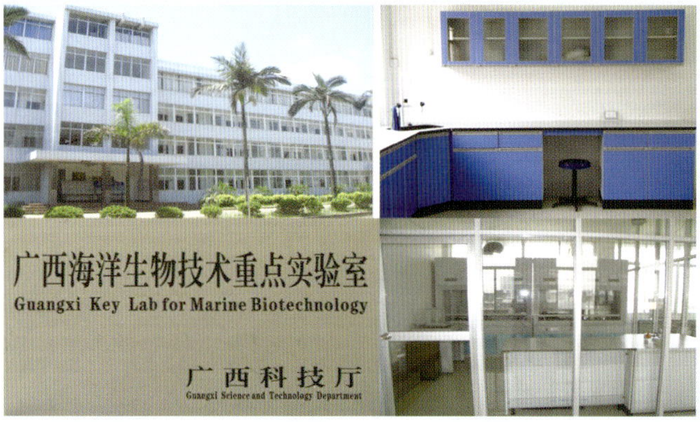

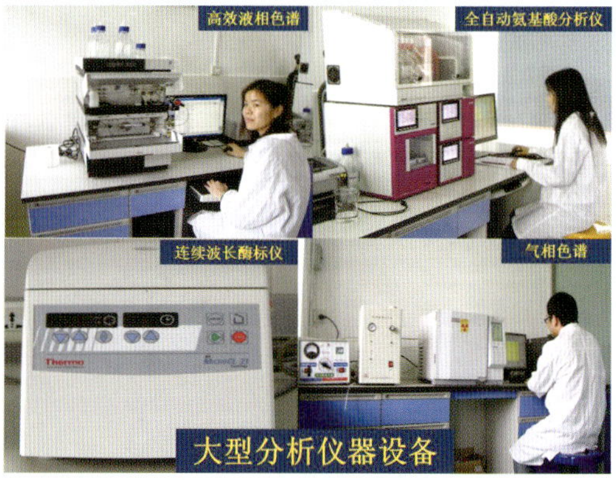

大型仪器设备

增养殖试验基地

研究对象及主要产品

广西药用资源化学与药物分子工程重点实验室

国务院副总理刘延东同志到重点实验室视察指导

重点实验室学术年会

广西药用资源化学与药物分子工程重点实验室成立于2001年，2005年获批准为首批广西壮族自治区重点实验室，2008年获批准为教育部重点实验室，2010获批准为省部共建国家重点实验室培育基地，2012年被评为全国优秀省部共建国家重点实验室培育基地。广西师范大学校长梁宏教授任实验室主任。实验室拥有化学一级学科博士授权点和博士后科研流动站以及广西首批2011协同创新中心“西南民族药协同创新中心”等科研与学科平台。实验室的“天然活性物质的发现、结构改造与功能”研究团队入选2012年教育部“创新团队发展计划”，是目前西南地区唯一开展民族药研究的教育部创新团队。

实验室以广西及西南药用资源研究与开发为核心，以药用资源化学和无机药物化学研究为基础，运用现代化学、药学和生命科学的最新理论和方法，整合多学科研究力量，开展包括广西重要药用资源的药效物质基础研究、基于天然配体及其衍生物的金属药物研究、药物转运系统和药物载体设计及应用研究等三个方向的研究工作。

实验室面积达5500平方米，拥有总价值4800多万元的药物化学专业配套仪器设备，已构建起广西药物化学研究的先进技术平台，具备承担广西乃至国家重大科技攻关任务的能力。

实验室现有研究人员50人，其中博士37人，硕士9人，博士生导师14名，教授及研究员共26名；团队中有国家“百千万人才工程”人选1名，教育部新世纪“优秀人才支持计划”人选4名，广西“八桂学者”2名，“广西十百千人才工程”第一层次人选1名，广西“新世纪十百千人才工程”第二层次人选7名，广西高校百名中青年学科带头人8名，“八桂名师”1名。实验室每年培养硕士80余名、博士及博士后10余名。

近三年来，实验室新增省部级以上项目108项（其中国家级项目52项），总经费5045万元；在J. Am. Chem. Soc., Angew. Chem. Int. Ed.,Chem. Commun., Chem. Eur. J., Inorg. Chem., J. Org. Chem., Anal. Chem., Mol. Pharm., Biochem. Pharmacol., Eur. J. Med. Chem.等国际、国内学术期刊发表学术论文400余篇，其中发表SCI论文300篇，包括JCR-I区14篇、II区54篇、III区110篇。实验室人员应邀撰写Editorial article或review 8篇次，参编外文专著2部，获授权中国发明专利31项；获得广西自然科学奖一等奖2项，二等奖1项，三等奖2项。实验室骨干多次应邀参加国际国内学术会议，并做大会报告和邀请报告。承办了多次国际性、全国性学术会议。先后邀请药学和化学领域的50多位国内外著名学者前来讲学并进行合作研究。

在未来的建设和发展中，实验室将着力打造广西药用资源化学与药物分子工程研究及药物创制技术开发的高水平研究平台，成为培养高层次专业人才和解决相关学科重大问题的高水平研发基地。积极拓展富有前瞻性的研究领域，开展多学科交叉融合的高水平综合性研究，基础研究和应用基础研究并举，促进广西和西南的天然药用资源的深度研究与综合利用，提高新药研发的原始创新能力，为广西医药产业的发展提供强有力的支撑。

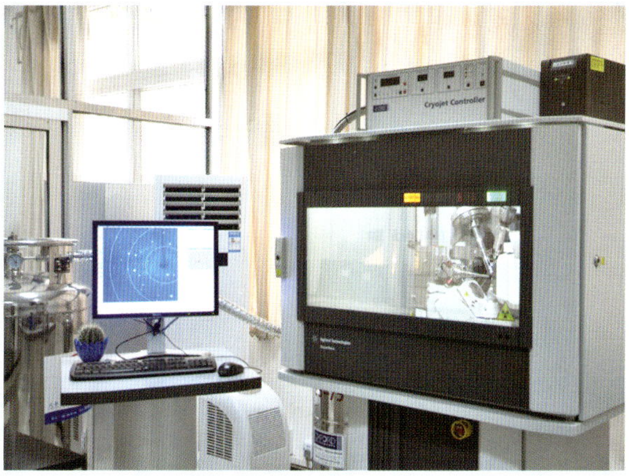

大型仪器之一：X-射线单晶衍射仪

重点实验室主任梁宏教授指导科研团队

广西肝脏损伤与修复分子医学重点实验室

广西肝脏损伤与修复分子医学重点实验室依托于桂林医学院，于2013年3月份获得认定，何松青教授任实验室主任，金俊飞研究员与徐庆教授任实验室副主任。

实验室科研团队是在“广西医疗卫生重点学科–肝病防治实验室”“第四批广西高校人才小高地创新团队–肝脏损伤与修复分子医学人才小高地”，与“桂林市首批漓江学者—肝脏损伤与修复分子医学漓江学者创新团队”“第三批广西特聘专家创新团队”基础上建立起来的。目前团队共有15人，平均年龄36岁，具有博士学位者占总人数的60.0%。硕士生导师8人、博士生导师3人，广西特聘专家及广西区优秀专家1人，2人入选广西“十百千人才工程”第二层次人选，1人入选广西高校引进海外高层次人才“百人计划”。

实验室研究方向：(1)补体的双向调节对肝损伤/再生的作用机理；(2)肝癌发生发展及耐药的相关基因蛋白研究；(3)肝癌模型与干预的研究；(4)肝脏疾病分子流行病学研究。

实验室面积2000余平米，拥有分子生物学、细胞生物学与动物模型、基因组学等技术平台，拥有流式细胞仪、激光共聚焦显微镜、实时荧光定量*PCR*仪、小动物显微外科手术系统、全自动酶标仪、高效液相仪、膜片钳、全自动生化仪等价值1800余万的仪器设备。

实验室科研团队近5年来主持肝脏疾病国家自然科学基金项目17项，包括国家自然科学基金重点项目1项，省部级科研课题30余项，获科研经费3000余万元，获省部级成果奖5项，获得国际发明专利1项，国家发明专利4项，发表*SCI*收录论文30余篇，其中包括《*J Clin Invest*》影响因子16.559,《*J Exp Med*》影响因子13.912,中文核心期刊论文160余篇。

团队主要成员：由左向右依次为：王永芹、唐博、何松青、金俊飞、黄国锦

第一例肝移植患者康复出院后合影

重点实验室主要成员

北京海虹嘉诚知识产权代理有限公司南宁分公司

北京海虹嘉诚知识产权代理有限公司南宁分公司(简称“海虹嘉诚南宁分公司”)是经北京和广西知识产权局批准,由广西科技厅引进的专业知识产权代理机构。北京海虹嘉诚知识产权代理公司是经中国国家知识产权局、国家工商局商标局批准的具有涉外资格的知识产权代理机构,总公司成立于2001年,总部设在北京市海淀区知识产权大厦,是国内最早设立的专利代理机构之一,其前身是:北京市海淀区专利事务所。

海虹嘉诚南宁分公司注重培养和吸引人才,公司现聚集了一批既有扎实的理工基础、丰富的实践经验又具有法律专业知识的复合人才,并且不少兼具律师、专利代理人和商标代理人资格,他们把从事知识产权服务当作一种荣誉和责任,本公司代理的专利申请,授权率达到90%以上。海虹嘉诚南宁分公司能帮助企事业单位及个人挖掘专利,并帮助其清晰判断专利能否获授,从咨询专利至专利获授,公司竭尽全力为申请人提供高效、优质的全方位服务,且可免费协助申请人申请专利资助。

海虹嘉诚南宁分公司的业务领域涵盖知识产权的各个领域,其中专利业务涉及机械、化工、电子、计算机、通讯、农业、材料、生物医药等领域和从申请、复审、无效到侵权诉讼的各个程序,商标业务涉及商标申请、异议、复审、侵权诉讼等各个程序,还能为委托人提供计算机软件登记、植物品种权法律服务、技术贸易、版权法律服务、反不正当竞争等全方位的知识产权法律服务。此外,本公司与国外知识产权机构建立了长期友好的合作关系,为知识产权权利人向国外申请知识产权提供了绿色通道。

海虹嘉诚南宁分公司将陆续在广西区内各市、县开设联系点,协助广西各市、县的科技局普及知识产权及专利维权知识。海虹嘉诚南宁分公司秉承“海纳百川,气势如虹”的发展理念,本着“质量第一、效率优先”的原则,立志为广大客户提供全方位、高品质的知识产权法律服务,竭诚为广西实施知识产权发展战略、“十百千人才工程”建设做出最大的贡献。

专利技术研讨

总公司办公楼－中关村知识产权大厦

业务顾问:谢国华　电话:0771－3189006　手机:18978842906　邮箱:gxnn@haihongjc.com

公司网址:www.gx@haihongjc.com

公司地址:广西南宁市高新大道东段25号南宁市科技企业孵化大楼107室

广西国有黄冕林场

广西国有黄冕林场成立于1957年，是广西壮族自治区林业厅直属大型国有林场之一，集“产—学—研”一体，被列为自治区现代林业产业龙头企业和三A级诚信单位，并多次获得“先进单位”称号，是广西林业唯一一家同时通过国际森林认证和国家有机产品认证的国有林场。

作为区直大型国有林场，肩负科研、生产两重使命。近年来，黄冕林场领导班子紧密围绕“依靠科技实力，助推林场转型”发展思路，进一步加强林业科研攻关与先进科研成果推广应用的责任感和紧迫感，依托中国科学院华南植物园、广西林科院、广西大学等高等科研院校等资源优势，缜密实施科技兴林、兴场战略。目前，林场以培育替代桉的新树种、解决制约产业发展壮大瓶颈问题、推进产业结构优化升级为重点，在种苗选育、速生丰产林培育、优良阔叶树的引种、名特优经济林开发等领域取得显著的科技成效。

黄冕林场先后引进黑荆树、大叶栎、油料香樟及台湾桤木、杉木良种组培苗等新品种，加强品种试验及推广示范，改变单一树种结构，增加林分抗性，丰富树种生物多样性；建立广西桂北最大组培中心，建成苗木种质基因库，总结了1套适宜广西地区的铁皮石斛标准化培育体系，育苗技术实现质的飞跃。目前，拥有全国最大的石斛苗生产基地和黑荆树林木良种示范基地、大叶栎林木良种示范基地、香樟林木良种示范基地。截止2014年7月，林场承担广西科技开发项目3项，承担林业行业公益性科研项目2项，与广西林科院合作完成的“大叶栎优良种质选择、繁殖技术研究区域试验”项目，成果达国内同类研究先进水平，2013年被评为广西科技进步三等奖，同年，林下仿生种植铁皮石斛获得广西科技厅批准的“广西铁皮石斛标准化生产技术示范基地”；配合广西林科院完成的“香料用樟树良种选育与定向栽培技术”项目于2014年获得广西科技厅科技进步三等奖。发表论文26篇，培养专业科技人才45人，极大提升场内职工的林业技术水平。

今后林场将进一步加大良种选育、速生丰产林示范与推广以及名特优经济林开发等科研创新力度，稳步推进科研工作，优化科研环境，增强科技服务意识。努力打造一支懂科技、善经营、会管理的林业科技队伍。

中国科学院华南植物园首席石斛研究家段俊（右一）现场指导种植铁皮石斛

黄冕林场铁皮石斛、香樟、杉木组培中心

林下仿生种植铁皮石斛

国家级珍贵树种大叶栎基地

“林业黑金子”——黑荆树

芳香醇含量达92.8%的油料香樟林

广西百色银海铝业有限责任公司

新建成投放使用的技术研发大楼

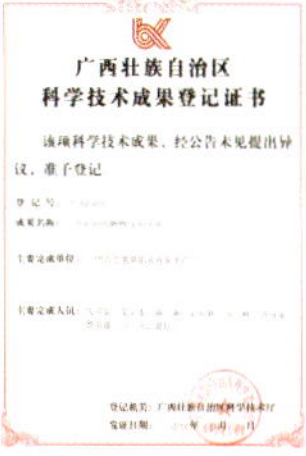

广西百色银海铝业有限责任公司创建于2000年12月26日，是依托广西丰富的水电资源和铝土矿资源，专门从事铝工业产品开发、生产的有色金属工业企业。公司一直按照科学发展观要求，坚持“自主创新，重点跨越，支撑发展，引领未来”的指导方针，建设以市场为导向，以企业为主体，产、学、研结合的技术创新体系。公司技术中心于2009年11月通过自治区认定，依托公司的广西铝加工工程技术研究中心是广西唯一一家通过自治区认定的铝加工工程技术研究中心。2011年11月，国内电解铝行业的领军人物、“异形阴极”重大节能技术的发明人——冯乃祥教授作为自治区聘请的第一批“特聘专家”正式加盟该公司。

近年来取得的科技成果

近年来，广西百色银海铝业有限责任公司大力开展新技术新工艺的引进和研究开发，取得了很大的突破。相继开展了新型阴极结构电解槽高效节能铝电解技术产业化推广项目、石墨化柱形凸起阴极电解槽节能技术研究项目、电解槽纳米孔绝热材料保温试验项目、铝电解槽新槽控机试验项目、电解槽阴极钢棒节能新技术、交叉配置阴极结构电解槽节能技术推广应用、二次启动节能技术推广应用、阳极铝导杆修复设备研发项目、推广阳极组装车间残极清理、破碎、转运改造项目、铝电解槽异型侧部碳块推广应用项目等30余个科技项目，申请专利9项，其中7项已获得国家知识产权局授权。项目的开展极大的提高了公司技术水平，提升了公司的综合竞争能力。部分项目申报成为国家或自治区级的项目，获得了政府的财政补贴。

近年来获奖情况

2008年4月荣获集团公司2007年度营业收入上台阶先进奖和2007年度广西投资集团有限公司经济效益贡献奖称号；2009年2月，荣获“2008年度广西投资集团有限公司强优企业”称号。2011年12月，该公司“银华”牌重熔用铝锭荣获广西著名商标称号。2013年9月，该公司华银牌铝锭荣获“广西名牌产品”称号。

公司研究开发的“新型阴极结构电解槽高效节能铝电解技术”分别获得了中国有色金属工业协会科学技术奖一等奖、国家优质投资项目奖、广西科学技术进步二等奖、百色市科学技术进步一等奖、百色市科技创新一等奖、广西投资集团科技进步一等奖等奖项。“一期7万吨母线技改”项目获2009--2010年广西投资集团科技进步二等奖。

“铝电解槽双层介质焙烧技术”和“大修平底阴极镶嵌阻流块节能技术”获2011-2012年广西投资集团科技进步二等奖、“阳极导杆修复设备研制与应用”获2011-2012年广西投资集团科技进步三等奖。

高新技术企业牌匾

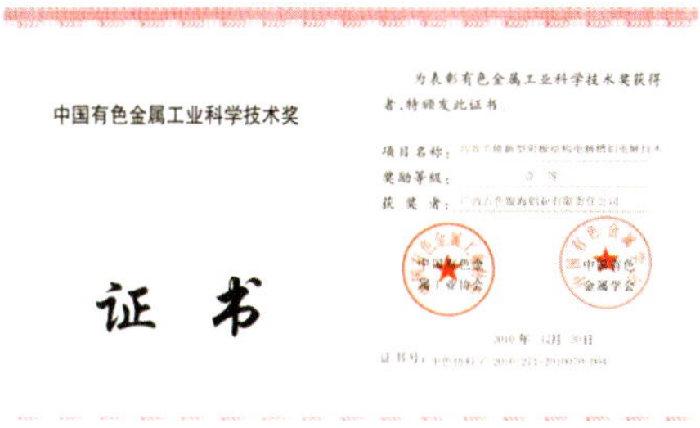

鱼梁航运枢纽

鱼梁航运枢纽船闸

广西西江开发投资集团有限公司

广西西江开发投资集团有限公司(以下简称:西江集团)是广西壮族自治区人民政府直属国有独资大型企业,2010年12月23日注册成立,主要职责是加快西江航运枢纽、船闸扩能改造等项目建设,积极参与沿江港口码头、运输船队、物流园区、产业园区等的投资开发,构建西江现代水运物流体系,促进西江经济带发展。

成立3年来,西江集团一方面紧紧围绕主业,加快西江黄金水道基础设施建设,促进企业经营发展;另一方面积极向科技要效益,不断加大科技创新投入,加强科技研发,提高企业技术创新能力和核心竞争力,累计获得自治区交通运输厅、工信委、科技厅等单位科技项目立项9个,投入科研经费达2000多万元。

2013年,西江集团两项科研项目荣获广西科学技术进步奖,其中《西江黄金水道巨型船闸群水力学关键技术研究》项目获得2013年度广西科学技术进步奖二等奖,《黄金水道航运北斗/GIS智能管理系统关键技术研发及应用》项目获得2013年度广西科学技术进步奖三等奖。同时,还有2项软件获得著作权,一是基于北斗导航的船闸智能管理系统V1.0;二是西江黄金水道航运物流物联网会员服务系统V1.0。

《西江黄金水道巨型船闸群水力学关键技术研究》项目由西江集团和南京水利科学研究院联合完成,通过基础理论研究、12座物理模型试验、12个数学模型计算分析以及2座大型船闸工程水力学原型试验,对西江黄金水道巨型船闸群设计、建设和运行中的输水系统消能、特大型平面阀门防空化和防振动、并列船闸省水布置和进出口创新布置、特大流量下共用引航道水流条件等水力学关键难题进行了全面系统研究并取得了创新成果。目前,项目已获得4项发明专利和3项实用新型专利,创新成果已应用于西江黄金水道建设,在工程实践中得到了验证,并为行业标准所采纳,大大提高了我国内河水运专业领域研究水平,经济效益和社会效益明显。

贵港枢纽船闸

建设中的长洲三线四线船闸

桂平二线船闸

广西科学技术奖

证　书

为表彰广西科学技术奖获得者，

特颁发此证书。

奖励类别：科学技术进步奖

奖励等级：一等奖

项目名称：[illegible]

获奖单位：广西西江开发投资集团有限公司、
水利部交通运输部国家能源局
南京水利科学研究院

广西壮族自治区人民政府
2014年1月2日

证书号：

桂林电力电容器有限责任公司

桂林电力电容器有限责任公司厂区规划图片

桂林电力电容器有限责任公司(以下简称桂容公司)创建于1967年,前身为中国自行设计的第一家电力电容器专业制造的国有企业－桂林电力电容器总厂。桂容公司占地150亩,是目前“全球最大特高压电力电容器生产基地”,是我国主输电网架1000kV特高压及以下交直流输电设备制造核心制造企业及科研基地,是国家重点能源装备制造企业。被国家发改委、电网公司列为特高压装备研制与生产单位。

桂容公司从2003年起,在经济、技术上一直是电力电容器行业领头者,企业规模和经济效益名列行业第一。并已形成电容器年生产超5000万千乏,电容式电压互感器年生产超10000台,总产值达15亿元的年生产能力。企业于1997年通过ISO9001质量体系认证。

桂容公司拥有中国最具实力的电力电容器研发中心,拥有专门从事新材料、新技术及新产品研究和开发的试验研究室、特高压试验大厅。其中试验研室是我国电力电容器行业唯一可以全面进行介质材料的理化和电气性能组合应用性能研究的研究基地。目前企业拥有3条专业的电力电容器生产线——全膜电容器生产线、电容式电压互感器生产线、金属化膜电容器生产线。拥有电力电容器及其成套装置、电容式电压互感器、金属化膜电容器、电抗器、柔性无功、智能化电能质量治理六大类产品共等48个系列,超万种规格型号。

仅2013年通过国家能源局的产品鉴定37个;其中15个新产品被评为国际领先水平,其余为国际先进水平。企业目前拥有有效的国家专利数为32个,其中3个为发明专利。2012年参与的“特高压交流输电关键技术、成套设备及工程应用”荣获国务院颁发的“国家科技进步特等奖”。

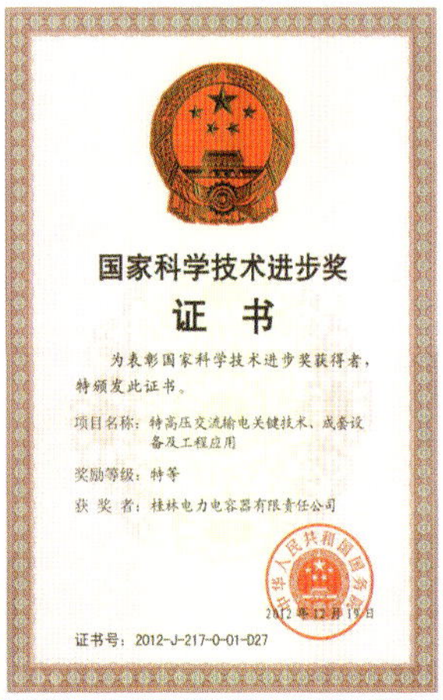

国家科学技术进步奖

证 书

为表彰国家科学技术进步奖获得者,特颁发此证书。

项目名称:特高压交流输电关键技术、成套设备及工程应用

奖励等级:特等

获 奖 者:桂林电力电容器有限责任公司

2012年12月19日

证书号:2012-J-217-0-01-027

公司参与的“特高压交流输电关键技术、成套设备及工程应用”项目荣获国家科学技术进步奖特等奖

用于CVT试验的特高压试验大厅照片

用于电容器出厂检验的全自动质量控制检验试验站

广西柳州化工控股有限公司

广西柳州化工控股有限公司(以下简称柳化控股公司)成立于2007年10月,注册资本1亿元,是一家专业从事化肥、化工生产的国有独资企业。截止到2013年底,柳化控股公司资产总计126亿元,营业收入47亿元,共有职工7650人,从事科技研究开发的人员785人。2013年柳化控股公司共进行科技项目28项,其中产学研合作项目13项,获自治区级以上创新项目立项12项。2013年柳化控股公司科技项目经费投入约1.5亿元。

柳化控股公司技术中心为柳化控股公司的研发机构,该中心为自治区级企业技术中心。依托柳化控股公司技术中心,2010年6月,公司与广西化工研究院联合组建了广西千亿元化工研发中心;2010年10月,公司的广西化工清洁生产工程技术研究中心获区科技厅认定为第五批广西工程技术研究中心;2013年8月,公司组建的博士后科研工作站获国家人力资源社会保障部全国博士后管理委员会批准,公司科研条件和研发力量日益壮大。

依托公司各研发中心,2013年柳化控股公司共完成15项科技成果,其中“广西化工研发中心中试平台建设项目”和“多功能反应与分离工程中试平台”2项科技成果通过了自治区工信委验收。2013年,柳化控股公司的科技成果“洁净煤重大装备自动振打除灰装置及工业应用”获得湖北省科技进步奖一等奖;“合成氨间歇固定层造气炉富氧连续气化节能降耗技术研究”获得柳州市科技进步奖二等奖。2013年柳化控股公司共申请专利14项,其中申请发明专利8项,获得“一种透明质酸菌种复壮新方法”发明专利授权1项,其他实用新型专利授权7项,全年在国内外刊物上发表学术论文30篇。

柳化全景图

①

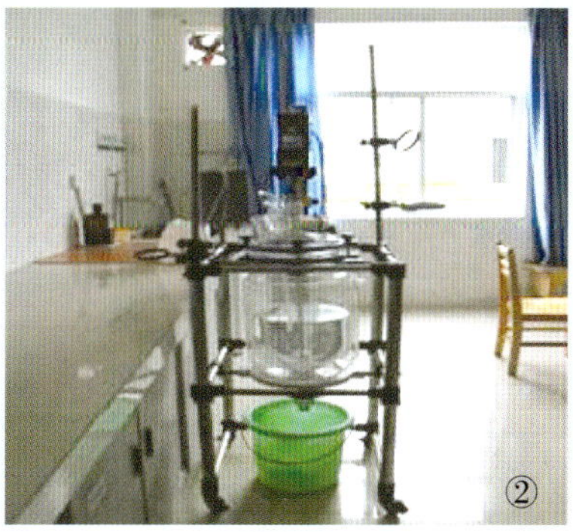

②

③

④

①生物化工研发平台

②多功能反应和分离工程中试平台

③广西化工研发中心中试平台

④第二合成氨系统主控室

桂林南药股份有限公司

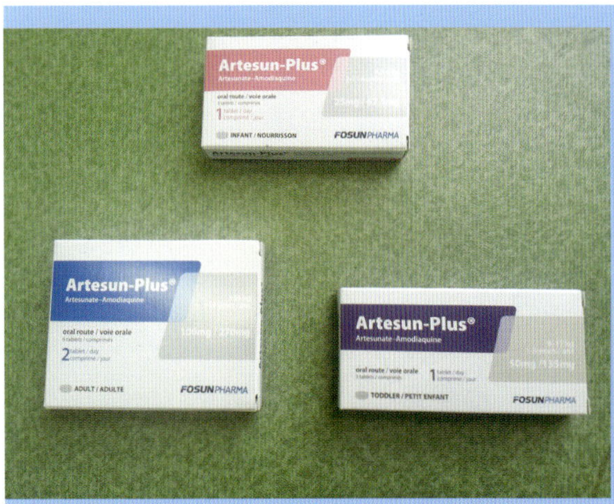

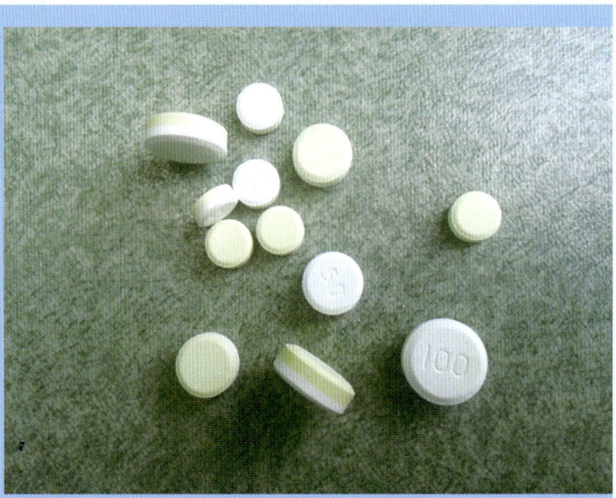

公司研发生产的青蒿琥酯盐酸阿莫地喹双层片

桂林南药股份有限公司成立于1958年，是一家专门从事化学药物研发、生产和销售的综合性医药企业，公司生产的产品有片剂、胶囊剂、注射剂、原料药等四大种类200多个品种。其中抗疟药物——青蒿琥酯获得中华人民共和国第1号一类新药证书，青蒿琥酯及其系列产品是国际抗疟领域的首选产品，被称为“疟疾克星”。 桂林南药是世界卫生组织、全球基金、MMV等世界性组织的直接供应商；并且是国内第一家从原料药、片剂到注射剂均符合国际GMP标准，片剂、注射剂均获得世界卫生组织供应商资格的药品生产企业，目前公司已有多个药品通过了美国FDA认证、世界卫生组织的PQ认证，生产的产品销往全世界50多个国家和地区，是目前广西最大的医药出口企业。

由于疟疾的流行以及过量的使用治疗疾病的传统药物，使疟疾对氯喹及其衍生物在全球80多个国家产生耐药性。为了提高抗疟药的有效性，世界卫生组织将青蒿素抗疟药作为一线药物在全球推广。但是在只使用一种药物时，更可能发生耐药性，随着时间推移，由于产生耐药性，这些药物可能失去其效力，以往使用其它抗疟药已经发生这种情况。联合用药或者组成复方可以增强药效，缩短治疗时间，以及降低耐药性。桂林南药研制的青蒿琥酯盐酸阿莫地喹双层片是青蒿琥酯与盐酸阿莫地喹的复方制剂，是遵循世界卫生组织推荐使用的青蒿素联合治疗方案阿莫地喹+青蒿琥酯联合用药的基础上研制。双层片技术是目前国际、国内较先进的制剂技术，产品生产工艺具有较高的技术含量。

青蒿琥酯盐酸阿莫地喹双层片共有三种规格：25mg/67.5mg、50mg/135mg、100mg/270mg。临床上用于治疗疟疾，尤其对已对其他抗疟药（如氯喹）产生抗药性的恶性疟虫株引起的疟疾有效，亦用于脑型疟疾及各种危重疟疾的抢救。

青蒿琥酯阿莫地喹片（双层片）于2011年5月在国内获得了新药证书和生产批件，成为国际第三，国内首家生产该药的企业。2012年11月通过了世界卫生组织（WHO）的PQ认证工作，获得预供应商资格，实现了规模化的生产，现产品已实现在非洲和东南亚等多个国家销售，给疟疾患者带去了福音，增加了我国青蒿类抗疟药在世界市场上的占有率，提升我国青蒿类抗疟药的国际化竞争力，推动我国制剂出口，为全世界抗疟的发展提供有力的技术支持，具有国际化战略意义。

World Health Organization

20, Avenue Appia – CH-1211 Geneva 27 – Switzerland – Tel central +41 22 791 2111 – Fax central +41 22 791 31 11 – www.who.int

Tel. direct: +41 22 791 3717
Fax direct: +41 22 791 4730
E-mail: prequalassessment@who.int

In reply please refer to the WHO product Ref N°: CPH69/MS/MA084

Your reference:

Mr Vincent Jin
Regulatory Affairs Manager
Guilin Pharmaceuticals Co Ltd
No. 17 Shanghai Road
Guilin 541 002
Guangxi
République Populaire de Chine

6 December 2012

Dear Mr Jin,

WHO Prequalification of Medicines Programme

I refer to your letter expressing Guilin Pharmaceutical Co. Ltd's interest to participate in the "Procedure for assessing the acceptability, in principle, of pharmaceutical products for purchase by United Nations agencies", as adopted in 2001 by the Thirty-seventh World Health Organization (WHO) Expert Committee on Specifications for Pharmaceutical Preparations, and amended subsequently in the Forty-first report, as published in the WHO Technical Report Series N° 943 in 2007.

Thank you for submitting the data and information requested and for your voluntary participation in this quality assessment procedure. The review of your company's product dossier on:

- Amodiaquine (as Hydrochloride)/Artesunate 135mg/50mg tablets

has been completed and following inspection of the facilities used for the manufacture and testing of this product, it has been found to meet the norms and standards recommended by WHO and is acceptable, in principle, for procurement by UN agencies.

This conclusion is based on information available to WHO at the current time, i.e. the information in the submitted dossier and on the status of current good manufacturing, clinical and laboratory practices at the facilities used for the manufacture and testing of the product. Please note, however, that this decision may change based on new information that may become available to us. Therefore, in accordance with and subject to the Guiding Principles of Prequalification, the product will now be included in the list of medicinal products, as manufactured at the specified manufacturing sites, which are considered to be acceptable, in principle, for procurement by UN organizations. This list is published by WHO at www.who.int/prequal.

Please note that inclusion in the list cannot be construed as WHO approval or endorsement, and does not necessarily mean that the listed products will actually be procured from the suppliers mentioned. The list, and the WHO name, emblem and/or acronym may not, furthermore, be used by the applicants, manufacturers, suppliers or any other parties for commercial or promotional purposes.

The applicants and the manufacturers of prequalified products are required to communicate to WHO details of any changes in manufacture or control that may have an impact on the safety, efficacy and/or quality of the product.

ENCLS: (2)

.../...

منظمة الصحة العالمية • 世界卫生组织
Organisation mondiale de la Santé • Всемирная организация здравоохранения • Organización Mundial de la Salud

Mr V. Jin, Guilin
CPH69/MS/MA084

6 December 2012
page 2

Prior to implementation of any changes in any parts of the approved dossier and/or in the manufacture of the product, you should:

- consult the "Guidance on variations to a prequalified product dossier", as adopted in 2006 by the WHO Expert Committee on Specifications for Pharmaceutical Preparations, and published in Annex 6 of the WHO Technical Report Series N° 943 in 2007, and
- submit the respective information about the intended variations and the required additional data by e-mail to **prequalassessment@who.int**, and in hard copy, clearly marked as indicated, to the following address:

CONFIDENTIAL
Attention: Dr Matthias Stahl
WHO Prequalification of Medicines Programme
UNICEF Supply Division
Oceanvej 10-12
2100 Copenhagen Ø
Denmark

Finally, I should like to draw your attention to the fact that the list will be reviewed and updated at regular intervals. Consequently, WHO will, at regular intervals, arrange for the products and manufacturing sites included in the list to be re-evaluated. If, as a result of this reassessment, it is found that a product and/or specified manufacturing site no longer complies with the WHO recommended standards, such products and manufacturing sites will be removed from the list. Failure of an applicant or a manufacturer to participate in the reassessment procedure (as set out in the aforementioned Guiding Principles) will also lead to removal from the list.

WHO welcomes your company's voluntary participation in this Programme. In order to meet the terms established for monitoring and re-evaluation of prequalified medicinal products, as well as to foster communication between Guilin Pharmaceutical Co. Ltd and the WHO Prequalification of Medicines Programme, please complete the two forms enclosed (*"Main characteristics of the prequalified medicinal product"* and *"Undertakings of the applicant"*) and return these, signed by a duly authorized representative of Guilin Pharmaceutical Co. Ltd, to the following address:

World Health Organization
Attention: Prequalification Secretariat
WHO Prequalification of Medicines Programme
HSS/EMP/QSM
20 Avenue Appia
1211 Geneva 27
Switzerland

I look forward to receiving this information from you by 24 December 2012 at the latest. For further information please use the e-mail address **prequalassessment@who.int** and kindly ensure that any communication quotes the corresponding WHO product reference number.

Thank you for your cooperation.

Yours sincerely,

Dr Matthias Stahl
Head of Assessments
Prequalification Programme
Quality Assurance and Safety: Medicines

新 药 证 书

原始编号：45100009　　证书编号：国药证字H20110017

根据《中华人民共和国药品管理法》，经审查，下述药品符合新药的有关规定，特发此证。

药品名称：青蒿琥酯阿莫地喹片

主要成份：青蒿琥酯、盐酸阿莫地喹

持 有 者：桂林南药股份有限公司

国家食品药品监督管理局

2011 年 月 日

NO 0800539

国家食品药品监督管理局

药品注册批件

原始编号：45100011
受 理 号：CXHS1000143　　批件号：2011S00471

药品名称	药品通用名称：青蒿琥酯阿莫地喹片 英文名/拉丁名：Artesunate and Amodiaquine Hydrochloride Tablets		
主要成份	青蒿琥酯、盐酸阿莫地喹		
剂　型	片剂	申请事项	新药
规　格	每片含青蒿琥酯25mg、盐酸阿莫地喹67.5mg(以阿莫地喹计)	注册分类	化药3.2类
药品标准编号	YBH01962011	药品有效期	12个月
审批结论	根据《中华人民共和国药品管理法》，经审查，本品符合新药审批的有关规定，同意注册，发给新药证书，发给药品批准文号。		
药品生产企业	企业名称：桂林南药股份有限公司 生产地址：桂林市上海路17号		
药品批准文号	国药准字H20110054	药品批准文号有效期	至2016年05月30日
监测期	3年，至2014年05月30日	新药证书编号	国药证字H20110019
新药证书持有者	桂林南药股份有限公司		
附件	质量标准、说明书及标签		
主送	桂林南药股份有限公司		
抄送	广西壮族自治区食品药品监督管理局，广西壮族自治区药品检验所，中国药品生物制品检定所，国家药典委员会，国家食品药品监督管理局药品审评中心，国家食品药品监督管理局药品安全监管司，国家食品药品监督管理局药品市场监督司，国家食品药品监督管理局药品认证中心，国家食品药品监督管理局信息中心		
备注			

国家食品药品监督管理局 2011年05月31日 药品注册专用章

燕京啤酒（桂林漓泉）股份有限公司

燕京啤酒（桂林漓泉）股份有限公司于2002年7月18日揭牌成立，是北京燕京啤酒集团公司规模最大、投资回报率最高的外埠企业，其前身桂林漓泉股份有限公司于1985年筹建，1987年正式投产，历经九次改扩建，燕京漓泉公司现桂林本部年产能达80万吨/年，加上控股的燕京玉林公司、燕京昆明公司、燕京贵州公司，合并后公司整体产能已达到160万吨/年。

在燕京总部的大力支持下，燕京漓泉按照“十二五”期间实现啤酒产销量150万吨的“大西南战略”规划，经过多方实地考察和风险评估，最终确定在贵州省贵阳市白云经济开发区投资3.6亿元新建年产20万吨啤酒现代化生产基地。该项目已于2013年5月18日正式竣工投产，进一步扩大了燕京漓泉在大西南区域的版图，为拓展大西南市场构筑更加扎实的市场基础和产能基础，也拉开了公司进军东盟市场的序幕。

自加盟燕京以来，在区、市两级党委政府和燕京集团的正确领导和大力支持下，公司领导班子团结带领全体员工，秉承“以情做人，以诚做事，以信经商”的经营理念，以“六个创新、四个做强”为指导思想，紧紧围绕总部下达的各项经营目标，大力实施“产品、市场、品牌”为核心的三大结构调整，努力拓宽经营思路，积极寻求管理创新。通过多年的积累和循环改进，形成了独具“燕京漓泉”特色的深度分销模式、精益生产模式、绩效飞轮管理、任职资格体系、TPM项目管理、环保节能工程、ERP/DRP信息化建设等一整套先进的管理流程，经过不断地完善、梳理和细化，具备核心竞争力的管理模式被成功复制到燕京玉林公司和广东燕京公司，成功总结出防御型市场和进攻型市场两套营销模式，为拓展市场和提升产销量提供了有力保障，并经受住了实践的检验和证明，燕京漓泉也因此成为燕京啤酒集团下属外埠公司中的标杆企业。

同时，公司坚持采用“燕京+漓泉”的双品牌运作模式，战术与战略相结合，依托现代化的生产设备和先进工艺，采用优质原料，酿造出了新鲜优质的全生态啤酒。目前，公司产品广西市场占有率高达80%，成为国内继燕京之后，第二个在省级市场占有率如此之高的啤酒品牌。

2005年燕京啤酒（桂林漓泉）股份有限公司被认定为

①公司员工正在对研发的产品进行质量检测

②成品啤酒品评

③燕京漓泉办公大楼大堂

广西自治区级企业技术中心，同时是广西区内唯一的省级啤酒酿造工程技术研究中心，建有1个啤酒中试车间并配置了国内最先进、自动化程度最高的啤酒中试设备。公司现有职工2516人，工程技术人员290人，其中高级职称7人，中级职称75人，桂林市首届漓江学者岗位特聘专家1人。

燕京漓泉坚持走科技兴企之路，近年来累计投入上亿元进行科技创新活动，仅科技创新就为企业新增效益6000万元。公司承担的项目有《漓泉纯生啤酒的研制》、《啤酒酿造科普旅游示范项目》、《漓泉冰爽啤酒的研制》、《双滤爽啤酒研制》等，其中漓泉纯生啤酒荣获2008年度广西科技进步二等奖、桂林市科技进步二等奖和2013年度桂林市科学技术特别贡献奖、漓泉冰爽啤酒荣获2010年度广西科技进步二等奖、漓泉双滤爽获2012年度自治区新产品优秀成果奖。2010年燕京漓泉被认定为广西第三批高新技术企业，成为中国啤酒行业西南地区唯一获此称号的企业，至此燕京漓泉公司成为桂林市第一家国家级高新技术企业、中国驰名商标及国家级工业旅游示范点的企业。公司承担完成了目前区内啤酒风味酿造技术研究开发工作，并实现产业化，拥有全部产品自主知识产权。截至2013年12月，公司获得授权专利43项，其中发明专利8项，实用新型专利16项，并拥有4个软件产品获准版权登记。

多年来，公司取得了良好的经济效益和社会效益，连续十二年成为桂林市纳税首户，纳税总额近50亿元，跻身全国啤酒行业纳税六强，中国啤酒行业杰出企业，国家级高新技术企业，全国轻工行业先进集体；国家级信息化和工业化深度融合示范企业，全国“安康杯”优胜单位；广西十佳、广西优秀诚信企业，广西首家循环经济示范企业，首届“自治区主席质量奖”；品牌荣获中国驰名商标、广西著名商标、广西名牌、建国以来广西60个最具影响力品牌等荣誉称号，25个产品获得绿色食品认证；成为桂林市首家国家级工业旅游示范点、全国五一劳动奖状企业、全国模范职工之家；连续多年总资产贡献、流动资金及存货周转率、净资产收益率刷新行业新纪录，多项技术能耗指标创国内同行业新低，品牌价值跃升至60.03亿元。

①

②

①燕京漓泉易拉罐生产线
②燕京漓泉发酵车间生产管道
③燕京漓泉现有产品
④燕京漓泉职工运动会趣味活动
⑤燕京漓泉成品仓库(货车装箱)

③

④

⑤

广西中船北部湾船舶及海洋工程设计有限公司

广西中船北部湾船舶及海洋工程设计有限公司是中船集团属下的中船广西船舶与海洋工程有限公司与广州船舶及海洋工程设计研究院共同出资成立的专业船舶设计单位，于2013年11月注册成立，公司主营业务为船舶设计、海洋工程设计，兼营船舶技术服务、船舶修建造工程总承包、海洋工程建造技术服务、船舶设备代理、船舶配件销售等服务，以诚信为本，品牌立业，创新发展为企业理念，竭诚为顾客提供优良的设计和优质的服务。

公司以船舶及海洋工程设计和研发为主，在南宁设立总部，梧州设有业务部门。技术力量雄厚，具备开展船舶及海洋工程方案设计、技术设计、详细设计、生产设计的能力。软、硬件设施齐备，拥有船舶静力学及稳性衡准系统、内河船舶计算软件、上海东欣三维船舶设计系统SPD、船舶产品虚拟设计评估系统SPNavis等各类船舶设计软件，设计手段先进。

公司确立“技术引领、科技创新”的经营宗旨，以深化船舶设计数字化技术为推手，推进高性能、特殊材料以及绿色环保船舶产品开发研究。以建设广西船舶及海洋装备的技术依托平台为目标，面向并服务于广西造船业。

公司秉承“学习、创新、落实、提高”的集团文化理念，提供丰富的软硬件资源，并建立系列培训计划，提供良好的学习环境，鼓励员工不断地自我成长。公司坚持以人为本，关心员工的福利，成立了多个文体活动队伍，定期开展文体活动，既能锻炼身体，又能增进职工之间的感情，共同努力营造一个和谐快乐的团队。

290客位

20米海事船

60米B型海事巡逻船(直升机降落试验)

35米沿海交通船

宁波港

40节滑行艇

26米引航船

仿古游船

34米

柳州市人民医院

柳州市人民医院党委副书记、院长李宁宁

柳州市人民医院创建于1926年，位于柳州市文昌路8号，是集医疗、教学、科研、预防、保健、康复为一体的三级甲等综合医院，全国百姓放心百佳示范医院，是桂中地区医疗中心，是广西科技大学临床医学院、广西科技大学附属柳州市人民医院。现有在职职工3149人，卫生专业技术人员2449人，其中高级专家333人、拥有博士、硕士380人。

医院占地面积190多亩，定编床位1640张，设有门诊、住院主楼、第二住院楼、第三住院楼、特殊医技楼、学术厅、教学楼以及学生公寓楼等建筑，环境优美，病房宽敞，通风明亮，已成为桂中地区乃至广西环境一流、设备一流、技术一流、服务一流的现代化大型综合医院。2013年门诊量166.35万人次，2014年日门诊量突破8000人次。

医院拥有大批国内外先进的高精尖医疗设备，开展许多国内先进水平的医疗技术。医院设有50个临床、医技科室，儿科、重症医学科等9个学科被列为自治区和柳州市临床重点专科；医院获得柳州市首批国家药物临床试验机构资格；肿瘤科是柳州市惟一获得广西首批癌痛规范化治疗示范病房的科室；骨科等16个科室获评为“百姓心目中的品牌科室”。医院还是柳州市惟一获得国家首批住院医师规范化培训基地；是国家级全科医生规范化培训基地；柳州市14个医疗质控中心挂靠该院。医院形成了一批专科特色，腔镜微创手术已涵盖了医院的所有手术科室。并与国内外知名医院进行合作交流，使柳州市民“足不出户”即可享受到优质的医疗服务。

2011-2013年医院连续成为广西惟一跻身于“中国地级城市医院竞争力100强”的医院，连续3年在公立医院满意度调查工作中患者满意度及社会满意度位居全市卫生系统第一。近五年来，医院先后荣获“全国精神文明建设工作先进单位”、“全国卫生系统先进集体”、“全国医院文化建设先进单位”等国家级、省级、市级荣誉382项。

医院重视科研工作的开展和管理，连续十六年荣获“柳州市卫生系统科研管理先进集体一等奖”，荣获“十一五”广西医药卫生科技工作先进单位”。2010年医院独立获“国家自然科学基金依托单位”资格。共获国家自然科学基金资助项目5项。近五年医院获各级科研立项209项，获科研经费资助509.2万元，完成科研成果鉴定62项，获各级科技成果奖93项，其中广西医药卫生适宜技术推广奖59项（二等奖13项，三等奖46项）。

2011年3月29日，国家发改委副主任、国家医改办主任孙志刚在李康副主席等领导的陪同下参观柳州市人民医院出入院接待处

2011年11月24日，卫生部张茅书记在李康副主席、郑俊康市长的陪同下到柳州市人民医院进行医改工作调研

2014年10月30日，国家卫生计生委杨文庄司长等领导在自治区卫计委领导及副市长崔惠柳的陪同下到柳州市人民医院进行卫生计生重大政策落实情况调研

柳州市人民医院全景图

柳州市人民医院中心花园

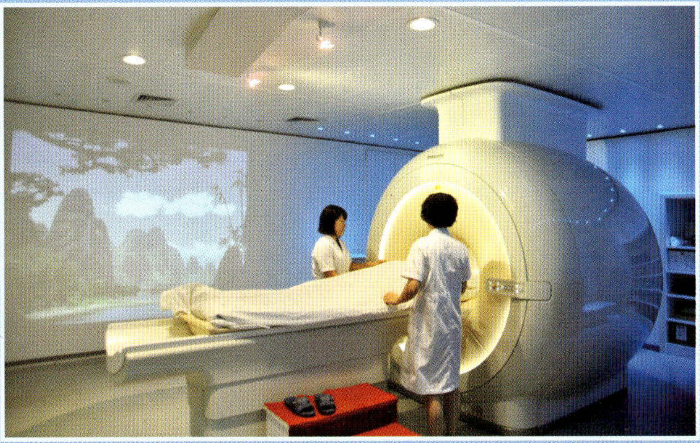

柳州市人民医院飞利浦3.0T磁共振

李宁宁院长带领骨科团队进行国家自然科学基金课题研究

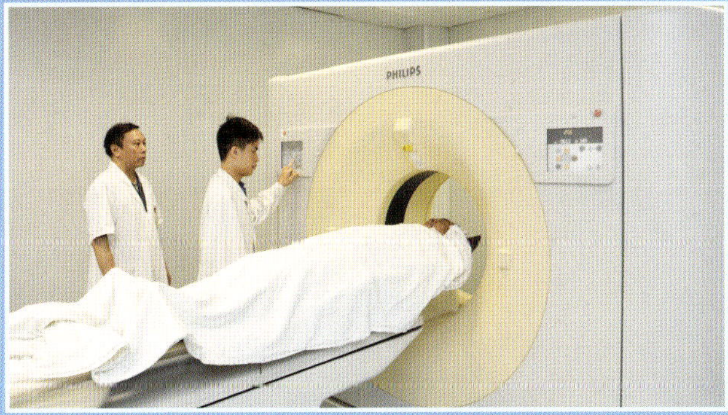

柳州市人民医院飞利浦128层螺旋CT

开展临床病理研究工作照

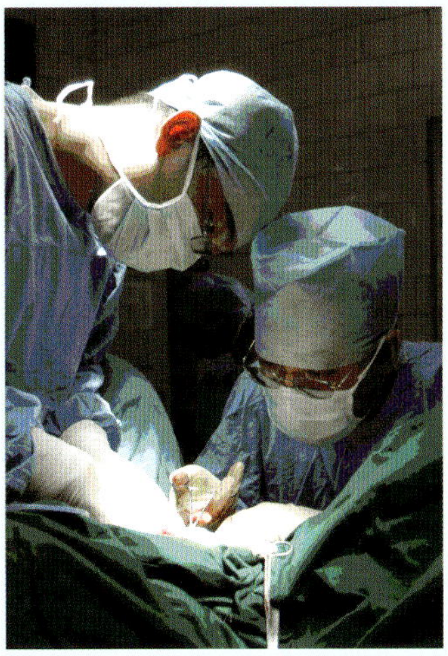

精心治疗

►医院连续三年成为广西惟一跻身于“中国地级城市医院竞争力100强”的医院

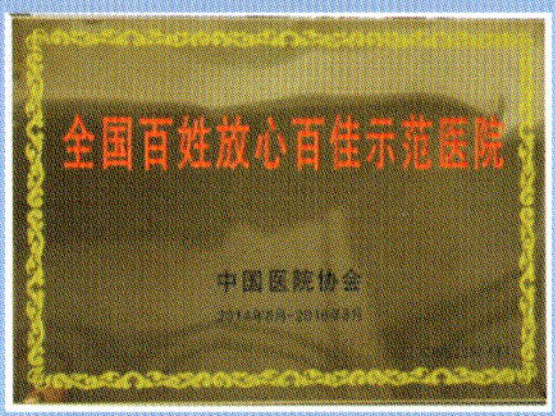

桂林橡胶机械厂

桂林橡胶机械厂常务副厂长周保弟

桂林橡胶机械厂始建于1966年，隶属于中国化工集团公司中国化工装备总公司。经过四十多年的创业发展，已成为产、销、研一体化的国有大型骨干企业。企业获得国家认定企业技术中心、国家创新型企业、高新技术企业、中国名牌、全国专利试点单位、广西知识产权优势企业、全国CAD应用工程示范单位、国家信息化科技工程示范单位、中国橡胶机械研制创新先进企业、中国工业行业排头兵企业、中国化工行业技术创新示范企业、中国橡胶工业科技进步出口创汇先进企业、广西区级企业研发中心、广西轮胎机械工程技术研究中心、广西制造业信息化示范企业、广西优秀企业、广西高新技术出口创汇示范企业、广西两化融合示范企业等多项荣誉称号。

主导产品硫化机属于橡胶机械行业，国内市场占有率近40%，并批量出口发达国家。迄今该厂产品实现了进入世界轮胎公司前75“强”的54“强”、前10“强”的9“强”，硫化机出口国内第一，是中国橡胶机械出口重要的生产基地。《欧洲橡胶杂志》在全球橡机产销排名中，桂林橡胶机械厂近年来均排名前10，硫化机产销量从2004年起至今世界第一。

2013年，该厂1220液压硫化机作为实物参展产品参加了广西第三届发明创造成果展览交易会。这是该厂首次采用硫化机实物参加的国内展会。同时，该厂“轮胎成型机指形正反包装置”发明专利获第二届广西创造成果展览交易会金奖。

2013年11月27日，该厂第6000台硫化机成功下线。桂林橡机成为我国首个硫化机产量突破6000台大关的企业。

第6000台硫化机下线庆典(厂领导)

该厂1220液压硫化机作为实物参展产品参加了广西第三届发明创造成果展览交易会

全钢子午线巨胎成型机-能生产目前世界上最大规格的轮胎

1600液压硫化机-列入国家火炬计划项目

4320液压硫化机-列入广西千亿元产业重点科技攻关计划项目

1720液压硫化机-列入广西科技攻关计划项目

桂林橡胶机械厂全景

广西贵港市中西医结合骨科医院

医院外景

贵港市中西医结合骨科医院创建于1958年，是一所以集医疗、教学、科研、康复、预防为一体的国家三级甲等医院、国家级爱婴医院。医院以骨科为龙头，内、外、妇、儿各科综合发展。医院位于贵港市繁华热闹的市中心，占地面积15亩。医院现有在职职工达到678人，其中卫技人员人471人；其中高级技术职称36人，中级152人。医疗设备总量达到5000多万元，床位317张。2014年收治住院病人达6800例，门诊诊疗病人26万人次。

医院一直坚持“中西合璧、传承创新、特色强院、协调发展”的办院方向，注重医院内涵建设，坚持中西医并重，集中医、西医之精华，取中西医结合之优势，开展现代医学与中国传统医学相结合的医疗、教学、预防保健和科学研究。医院在开展中西医结合治疗脊柱及四肢骨关节病，肾病、心、脑血管病，胃肠病、糖尿病，新生儿疾病，妇科、产科疾病，眼科、耳鼻喉科、口腔科、皮肤科疾病等方面取得了较好的疗效。医院骨科是自治区中医系统的重点专科。在中医药特色治疗方面，除中医中药的临床应用外，中医的正骨手法复位加小夹板外固定、中医理疗、针灸、小针刀、烫疗法、中药熏蒸疗法、康复练功、中医埋线、推拿按摩、拔火罐等均在临床上发挥了重要的作用。在中药方面，该院药剂科自制生产的外内服、外用中药制剂如正骨Ⅰ、Ⅱ、Ⅲ号片、复方丹参川芎片、清肺咳、金黄膏、肿痛灵等特色药物在中西医结合治疗方面发挥了很大的作用，深得广大患者的信赖。

医院注重引进和吸收医疗新技术成果、新设备、注重培养专业技术人才，常年选送医疗骨干到国内著名医疗机构进修学习，并常年外聘知名专家教授到院工作，科研成果硕果累累，已有40多项科研项目获自治区级及市级科技进步奖。

医院医疗设备先进，治疗、检测、监测、救护设备形成系列。拥有高等级洁净手术部；拥有MR、CT机、数字化摄影系统（DR）、骨密度测定仪、带电视X光机、大型高压氧治疗舱、彩色B超机、高频移动式C型臂X光机、椎间盘镜手术系统、关节镜手术系统、电脑三维腰椎牵引床、高能聚焦超声肿瘤治疗机、碎石机、热疗机、电子胃镜、电子结肠镜等先进医疗设备。检验科、病理科配备齐全。高新医疗设备的引进、使用，大大提高了医院的整体质量，满足了临床对患者诊断、抢救、治疗、监护的需求。

医院坚持“人道、博爱、奉献”的宗旨，重视服务质量，全体员工树立了爱岗敬业、质量第一的工作意识和“以病人为中心、优质服务为宗旨、病人满意为目标”的服务理念。现有自治区“青年文明号”科室2个，市“青年文明号”科室8个，医院曾荣获自治区级文明单位和全区卫生工作先进集体、全区对口支援工作先进单位及全国军民共建精神文明先进单位荣誉称号；医院工会荣获全国“模范职工之家”荣誉称号。

病人认可

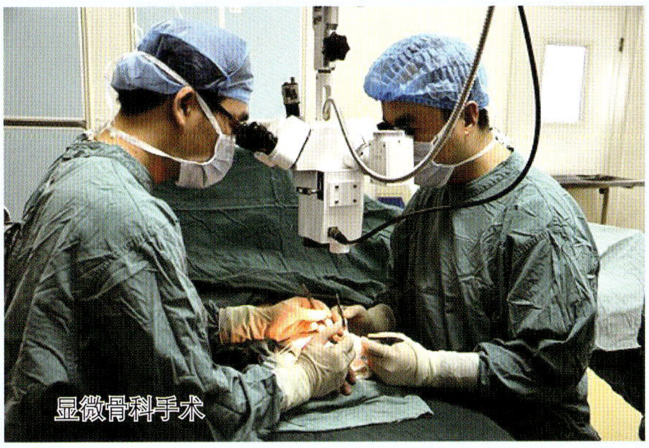
显微骨科手术

MR工作室

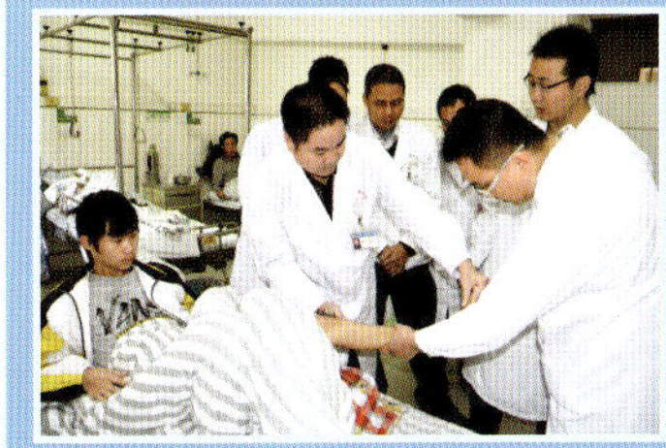
骨科查房

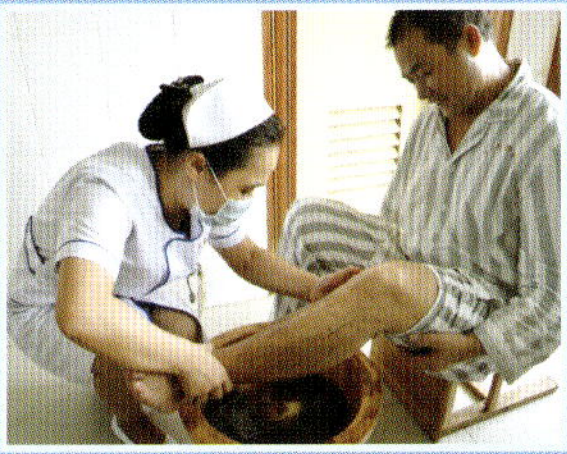
精心护理病人

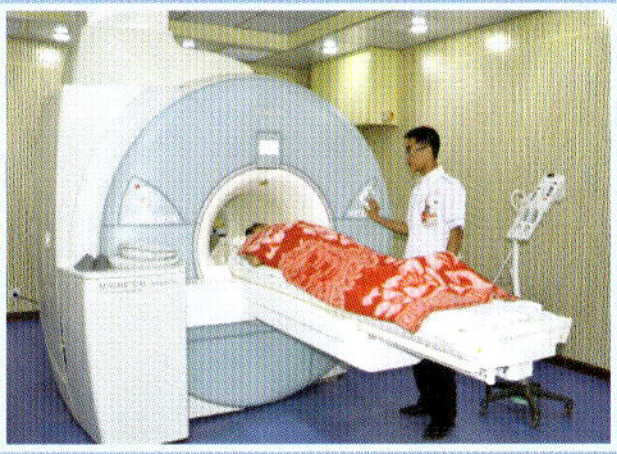
MR操作间

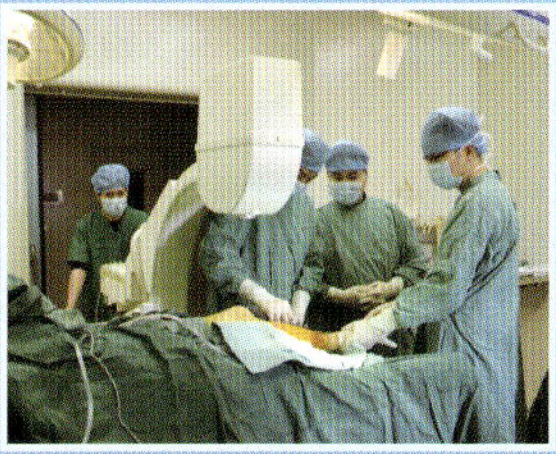
层流手术室

北海诚德不锈钢集团

北海诚德不锈钢集团简称北海诚德集团，是由广西北部湾国际港务集团与广东佛山市诚德特钢有限公司共同组建，其成员企业有：北海诚德镍业有限公司、北海诚德金属压延有限公司、北海诚德不锈钢有限公司、北海诚德综微新型材料有限公司、广西诚德国际贸易有限公司等。

诚德集团新材料项目占地3500余亩，现有员工3000多人，项目总投资160亿元，着力打造年产250万吨镍铬合金带材的临港新材料千亿产业园龙头企业。是国内第一条从红土镍矿冶炼到镍铬合金宽板成品的全流程镍铬合金生产线，各项目工艺技术和装备均达到国内外同行业先进水平，环保及节能减排设施达到国家环保标准，是广西规模最大的镍铬合金生产企业。公司产品囊括带材、装饰装潢板材、工业用板材等主流品种，销售渠道覆盖五金加工、装饰工程、汽车制造等众多领域。

集团已建成投产了国内首条最大规格的180m²镍铬矿烧结生产线；初炼炉采用了行业内最先进的干式布袋除尘技术；精炼浇铸采取全连铸工艺，首创国内最先进的高碳顶底复合吹技术；和西安交大合作建成了国内首套AOD炉余热发电装置；已落成的目前国内最大的36MVA（兆伏安）回转窑—矿热炉（RKEF）2台，属国家鼓励类项目。1700mm热轧系统采用可逆式四辊粗轧机及8连轧精轧机组，拥有世界最先进的AGC、弯辊、窜辊等控制技术。固溶酸洗线设计的酸再生采用国际最先进的鲁兹纳酸再生技术，符合欧洲标准和国际标准；酸洗槽酸液加温系统配有温度测控装置；退火炉采用最先进的悬索式连续炉。整条生产线全程热装热送，采用计算机自动控制，能生产世界一流的产品。

2013年，热轧八连轧机组成功开轧，23日创造1.7mm不锈钢热轧宽板世界最薄记录，24日刷新至1.6mm

集团已具备年产160万吨镍铬合金钢坯的生产能力、年产160万吨镍铬合金带材的热轧生产能力和年产110万吨的固溶生产能力；与西马克、奥钢联、法国DMS、中国一重、一冶等合作建设的年产120万吨的1780冷轧生产线也即将竣工投产。公司以多元化的产品结构、集约化的技术体系和国际化的经营管理，实现立足北部湾、服务“三南”（西南、华南、中南）、沟通东中西、面向东盟的购销一体化经营模式。

固溶生产线

产品照片

厂容厂貌

车间

实验室

丰富多彩的职工文化生活照片

冷轧项目投产仪式

广西医科大学第一附属医院

坐落在青山脚下、邕江河畔、南湖之滨的广西医科大学第一附属医院创建于1934年，是广西首家三级甲等综合医院、全国百佳医院、全国百姓放心示范医院、全国爱婴医院、全国综合医院中医药工作示范单位；是广西医疗、医学教育、医学研究及医疗保健的中心。

医院现有东、西两个院区，设有临床科室47个，病区85个，医技科室17个，开放床位3020张。2013年门诊量303万余人次，住院病人9万余人次，年手术5万余台次。

医院进一步完善科研管理制度，充分调动科技工作者积极性，促进科研工作再上新台阶。2013年获国家自然科学基金项目41项。获广西自然科学基金项目51项、广西科学研究与技术开发计划项目15项。广西医药适宜技术推广项目课题18项；广西中医药管理局课题10项；广西卫生厅自筹经费课题110项；广西教育厅课题22项。荣获广西科技进步一等奖2项，二等奖2项，三等奖3项；广西自然科学奖二等奖3项。广西医药卫生适宜技术推广奖一等奖5项，二等奖3项，三等奖2项；第十二届青年科技奖2项；发表SCI收录论文178篇、核心期刊论文300余篇，其中中华系列杂志论文96篇。

在学科建设方面，2013年老年病科、肿瘤科获卫生部国家临床重点专科建设项目，使该院的国家临床重点专科建设项目达到12个；小儿内科和肾内科获首批自治区临床重点专科建设项目，继2004年获得"广西临床医学人才小高地"后，2013年荣获"广西急诊与医学救援人才小高地"殊荣。

自治区党委书记彭清华、自治区党委秘书长范晓莉莅临视察医疗保健工作

自治区政府主席陈武慰问儿科农光民教授

团结奋进的医院领导班子

成功实施广西首例对称连体婴儿分离手术

证书

兹授予 广西医科大学第一附属医院 在"中国初级创伤救治培训"项目中，获得中国PTC突出贡献团队奖。

中国初级创伤救治(PTC)突出贡献团队奖

广西急诊与医学救援人才小高地

《地中海贫血的干预：筛查，基因诊断和产前诊断研究》项目负责人：陈萍，儿科实验室，获2013年度广西科学技术进步奖一等奖。

《先天性心脏病介入治疗的临床研究》项目负责人：伍伟锋，心血管内科，获2013年度广西科学技术进步奖一等奖。

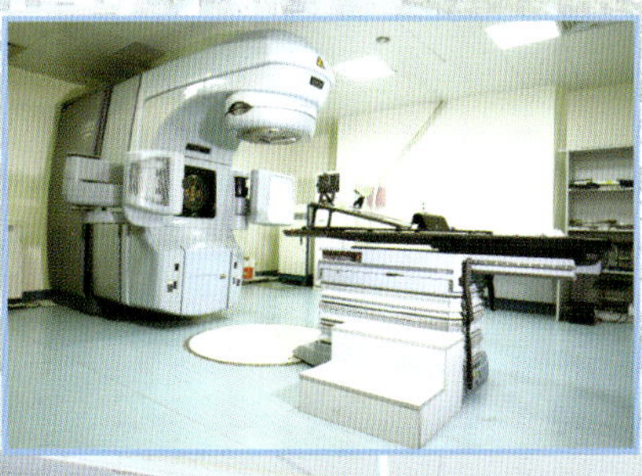

瓦里安直线加速器3.0 T

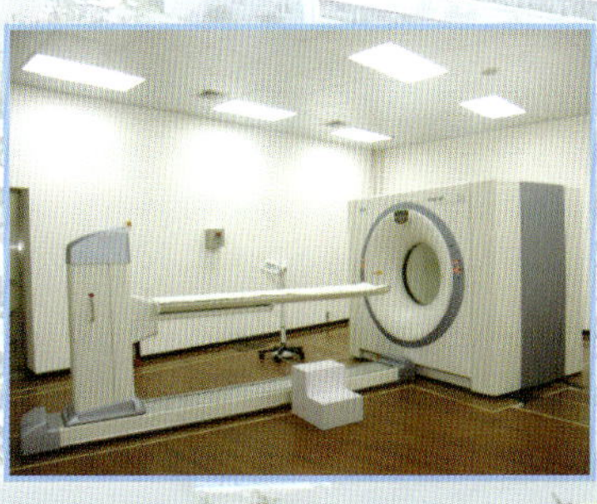

拥有广西唯一、世界领先的肿瘤早期诊断仪PET/CT

住院部大楼

中国人民解放军第三〇三医院移植医学研究院

中国人民解放军第三〇三医院，坐落于绿城南宁美丽的邕江之滨。1945年始建于辽宁本溪，1950年进驻广西首府南宁，历经辽沈战役、平津战役、援越战争、自卫还击作战等血与火的洗礼，又经和平年代"抗洪抢险"、"抗击非典"等大型抗灾救治行动的考验，以坚如钢铁的革命意志和造福一方的赤子情怀，历经战火洗礼，一代代三〇三人矢志不渝、薪火相传，经历了六十多年的光辉历程。医院是全军首批"三级甲等医院"，全军百姓放心消费医院，全军为部队服务先进医院，广州军区先进旅团单位，是第三军医大学、南方医科大学、广西医科大学等教学医院，现已发展成为一所集医教研、预防于一体的大型综合性现代化军队品牌中心医院。

中国人民解放军第三〇三医院移植医学研究院2004年5月1日正式成立，独立建科（器官移植编制学科），在各级首长的关怀与支持、帮助下，同志们艰苦创业，自强不息、自主创新，学科不断发展壮大，经过十年时间的建设和发展，学科基本上完成了既定的建设目标并初具规模，在器官移植方面已经处于广西、广州军区领先水平，跨入了全军及全国先进行列，并相继开展了肝移植、心脏移植、肺脏移植、胰肾小肠联合移植、肝肾联合移植等新项目，是广州军区、广西壮族自治区唯一卫生部肾移植科学登记系统管理委员会（CSRKT）委员单位，是综合性整体移植医学中心，囊括了心、肝、肾、肺器官移植与多器官联合移植，组织移植、细胞移植。临床开展的器官移植及相关学科与基础研究呈现出快速发展的趋势。

《肝肾联合移植关键技术创新及临床实践》2013年荣获广西科学技术进步二等奖，是驻桂部队单位第一个在地方获得的科技奖项。肝肾联合移植作为治疗肝肾功能同时衰竭的有效手段，是器官移植领域最为复杂和尖端的技术之一。由于移植的肝、肾器官功能复杂，手术难度大，学科涉及面广等原因，一定程度上可作为一个国家、一个医疗机构医学总体水平的标志之一。随着供体来源的深刻变革，心脏死亡（DCD）和脑死亡（DBD）后捐赠的供体逐渐成为主要的器官来源，而DCD/DBD供体的器官功能部分受损，因此此类供体的肝肾联合移植有更高的难度和技术要求。本项目形成了以构建关键有效技术为核心的肝肾联合移植策略体系：（1）最早建立了国内DCD/DBD捐献供体器官功能的保护策略和技术支持体系。（2）建立了完整的临床肝肾联合移植体系，实施了8例肝肾联合移植，手术成功率100%，随访至今良好。（3）进行了移植肝对移植肾免疫保护机制研究与免疫抑制方案的优化：成功建立肝肾联合移植的大鼠模型，进行正性共刺激分子CD28和ICOS、负性共刺激分子CDl52以及排斥效应阶段中相关分子perforin和FasL 的等相关分子表达调控规律的探讨。（4）国内最早建立供体器官移植评价体系，最早提出和制定了中国捐献供肾、肝的临床移植应用病理标准。（5）提出了TRAIL-PTEN联合转染的间充质干细胞移植靶向诱导肝癌细胞凋亡的作用，为细胞移植结合器官移植的整合移植实施提供前期的实验基础。发表了相关论文49篇，外文2篇（SCI期刊1篇），外文专著1部，研究成果处于国际先进水平。临床实践的高成功率标志着广西地区的多器官联合移植水平和危重病救治水平已处于国内领先水平，得到了多家新闻媒体广泛宣传和认可，取得了巨大的社会效益及一定的经济效益。成果在国内多个著名移植中心推广应用，取得了良好的临床效果，推动了我国尤其是广西地区器官移植技术和重症医学等移植相关医学的进步。

中国工程院院士郑树森莅临移植医学研究院指导

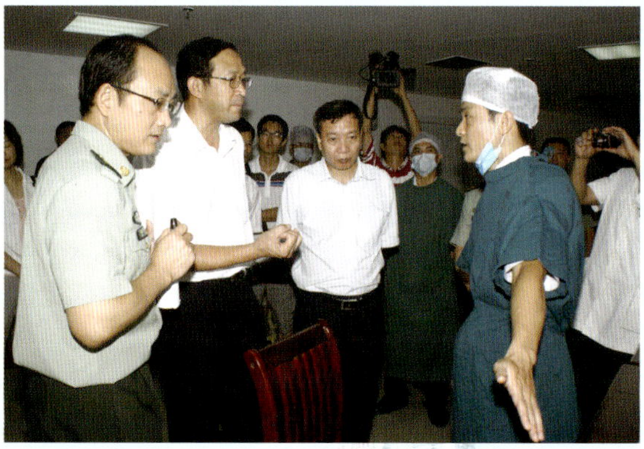

时任自治区副主席陈章良、科技厅厅长谢迺堂莅临移植医学研究院检查工作

鸟瞰解放军303医院

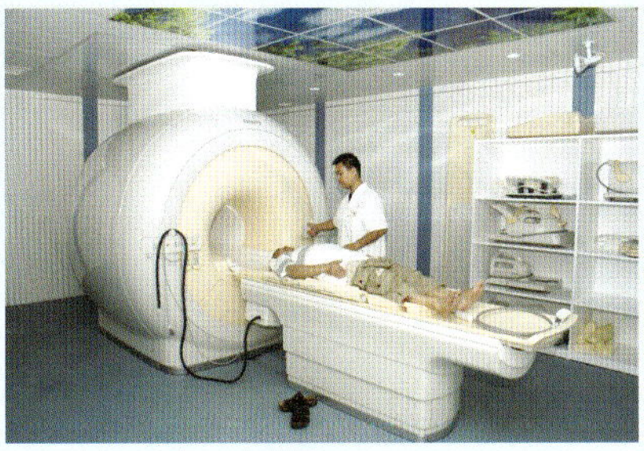

3.0T多源磁共振

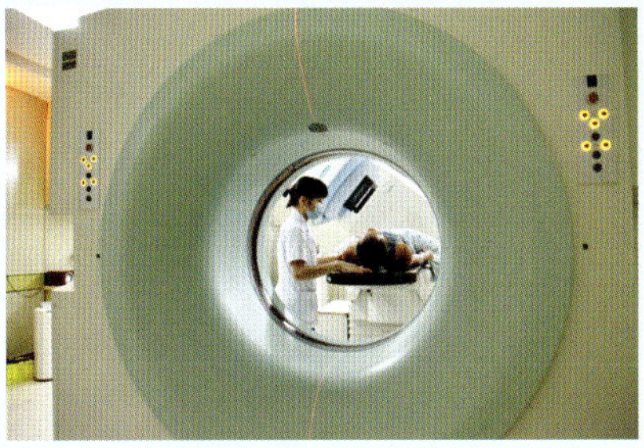

亚洲首台高能直线加速器CTVison-2

未来5规划篇背景

器官移植楼

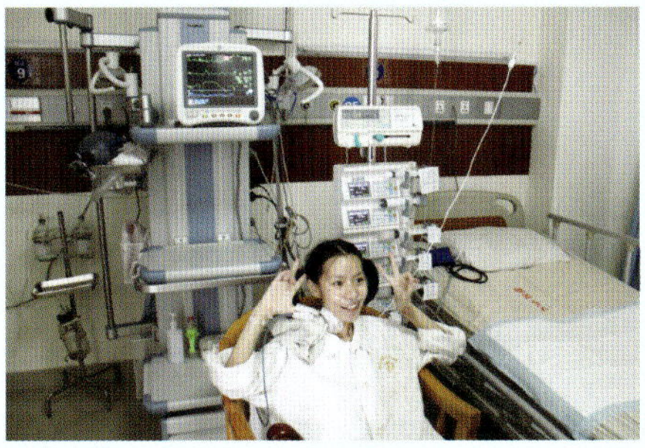

广西首例肺移植患者

层流净化实验室

广西柳工机械股份有限公司

柳工一直以振兴民族工业为己任，始终立足自主创新，致力于为客户提供卓越的产品与服务。企业通过持续的体制创新、管理创新及技术创新，奠定了工程机械行业的排头兵地位。

柳工是中国工程机械行业中研发、制造工程机械品种最全、市场覆盖面最广的企业。开发工程机械主机新产品80多个，具备了国际领先、国内领先、市场领先、技术先进的工程机械产品的自主研究开发创新能力。柳工是中国工程机械主要机种装载机的发源地，缔造了中国首台装载机，装载机累计销量位居世界同类产品前列。柳工矢志于以一流技术开发产品、以一流产品和品质贴近顾客，为全球顾客提供高施工效率、高可靠性、高性价比的全系列工程机械产品和服务。

柳工开发了技术领先、质量可靠、性能完善的全球工程机械共15条主流产品线，包括轮式装载机、履带式液压挖掘机、路面机械（压路机、平地机、摊铺机、铣刨机）、小型工程机械（滑移装载机、挖掘装载机）、叉车、起重机、推土机、混凝土机械等。柳工拥有国家首批企业技术中心、博士后工作站、广西工程机械工程技术研究中心，产品研发水平和技术性能始终保持行业领先地位。柳工被国家科技部等部委认定为“国家火炬计划重点高新技术企业”、“国家级高新技术企业”、“国家技术创新示范企业”、“国家工程机械高新技术产业化基地”。

柳工是工程机械多项标准的制定者，参与评审工程机械行业/国家标准300多项，近三年承担起草了7项国家标准。截至2013年，柳工共拥有有效专利526项，其中发明专利40项，软件著作权16项。

柳工作为中国工程机械行业最早提出国际化战略的企业，目前已在全球拥有24个制造基地，10家海外子公司，在全球130多个国家拥有380多家经销商，有2600多个销售网点。

柳工是工程机械行业唯一连续两次获得“全国质量奖”的企业，并被授予全国质量奖十周年“卓越组织奖”；柳工获得了行业“全国用户满意企业”、“全国用户满意产品”、“全国用户满意服务”五连冠荣誉；柳工被评为“CCTV——新中国成立60周年最具社会影响力60大品牌”；柳工荣登2014世界（达沃斯）经济论坛“全球成长型公司”榜单。

广西柳工机械股份有限公司总部

柳州柳工挖掘机公司一景。

①

②

③

④

⑤

⑥

⑦

①柳工常州挖掘机公司
②柳州柳工挖掘机总装生产线
③柳工装载机总装生产线
④柳工大型出口机总装生产线
⑤柳工进口大型机加工中心
⑥柳工引进美国的高效深孔镗
⑦柳工引进美国的液压阀体加工中心
⑧柳工挖掘机
⑨柳工自主研发国内最大型装载机CLG8128H 装载机
⑩符合欧美第Ⅲ阶段排放标准的柳工CLG856Ⅲ装载机正在施工。

⑨

⑧

⑩

桂林福达股份有限公司

桂林福达股份有限公司(简称“福达股份”)是一家以汽车零部件为主营业务的国家高新技术企业，主要从事发动机曲轴、汽车离合器、汽车螺旋锥齿轮和精密锻件等汽车零部件的研发、生产与销售，是国内主要的锻钢曲轴、汽车离合器生产企业。公司共有6家全资生产型企业，分布在广西桂林市和湖北襄阳市、孝感市。公司总资产29.7亿元，员工2600余人。2014年11月27日，公司在上海证券交易所挂牌上市，股票代码：603166。

福达股份具备年产112万根发动机锻钢曲轴、130万套汽车离合器总成、15万套螺旋锥齿轮和10万吨精密锻件的生产能力。产品为国内外30多家知名的汽车、发动机及车桥企业配套，部分产品进入国际知名汽车制造商全球采购体系，产品主要配套范围包括商用车、乘用车和工程机械。

福达股份拥有广西壮族自治区认定的企业技术中心，公司以及全资子公司桂林福达曲轴有限公司、襄阳福达东康曲轴有限公司、桂林福达齿轮有限公司具有强大的自主开发能力，拥有多项生产关键汽车零部件产品的核心技术和生产工艺，先后被认定为国家高新技术企业。公司已拥有41项专利以及轴颈及圆角淬火、圆角滚压等多项核心技术。公司锻钢发动机曲轴项目被国家科学技术部列为2006年度国家火炬项目(项目编号：2006GH041399)，公司年产10万吨精密锻件建设项目被列为2011年度国家火炬项目(项目编号：2011GH031814)和广西壮族自治区重大统筹推进项目。公司是国家QC/T25《汽车干摩擦式离合器总成技术条件》以及QC/T27《汽车干摩擦式离合器总成台架试验方法》两项行业标准的制定单位之一。

福达股份已通过TS16949/ISO14001/OHSAS18001 质量/环境/职业健康安全管理体系认证，产品及“FOTO”商标分别被评为“国家免检产品”、“广西名牌产品”和“广西著名商标”，公司于2013年获得首届桂林市市长质量奖，2014年获得第二届广西壮族自治区主席质量奖。

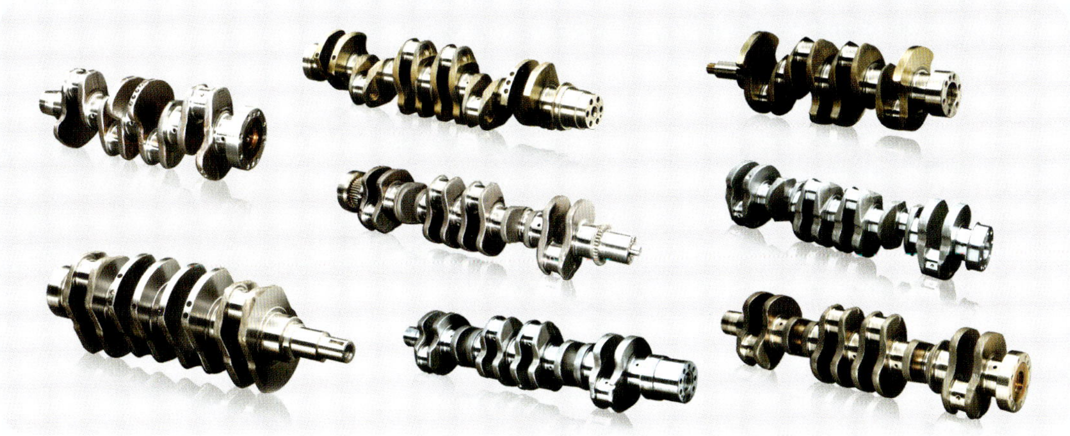

曲轴产品

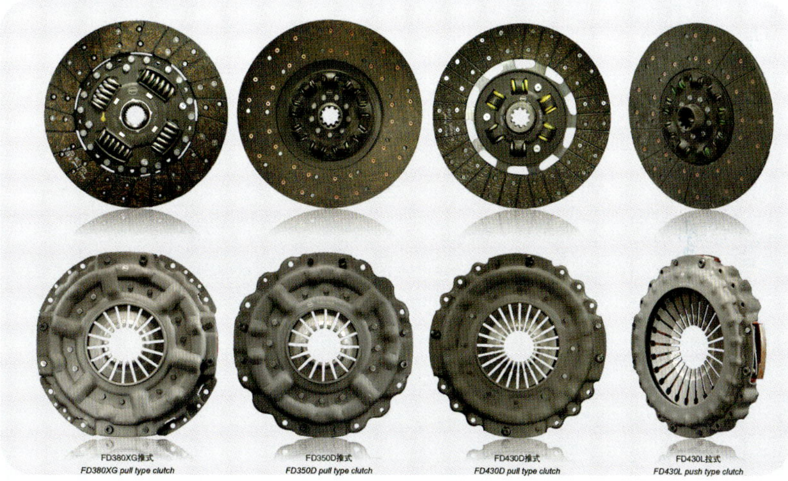

离合器产品

齿轮

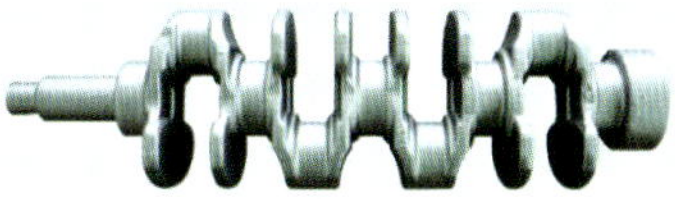

■ 发动机曲轴毛坯

■ 汽车前轴

■ 汽车转向节

精密锻件

14000吨热模锻压力机

AICHELIN全自动环形炉

桂林医学院附属医院

医院创建于1958年5月，是一所集医疗、教学、科研、预防和康复为一体的省级综合性三级甲等医院，拥有乐群、临桂两个院区，编制病床1193张，实际开放1410张。医院同时享有全国首批“百姓放心示范医院”、国家级爱婴医院、国家药物临床试验基地、全国综合医院中医药工作示范单位、卫生部指定的国际紧急救援中心网络医院和国际SOS急救中心、亚洲紧急救援中心定点医院、广西临床病理质量控制中心、广西桂林临床病理诊断中心称号。

目前，医院在职职工2700多人。拥有医学博士近60人，硕士370多人，正高职称120余人、副高级职称近300人，60余人次担任自治区级以上各个专业学会的副主任及以上委员，3人获国家特殊津贴专家荣誉。

医院设有40个临床专业科室，11个医技科室，58个专科、专病门诊，18个临床教研室，1个口腔系及1个检验系，17个硕士培养点，17个广西住院医师/专科医师培训基地，拥有广西首家微创技术培训基地，广西肝脏损伤与修复分子医学重点实验室；拥有广西医疗卫生重点学科(肝胆胰外科)，广西医疗卫生重点建设学科(呼吸内科、心血管内科)及广西临床病理质量控制中心、广西桂林临床病理诊断中心。

近年来，医院各临床科室紧跟本学科的发展步伐，先后开展了各类微创手术，包括各类内镜(腹腔镜、胸腔镜、支气管镜、内科胸腔镜、乳腔镜、关节腔镜、椎间盘镜、宫腔镜、尿道镜等等)诊疗技术，心脏、大血管、脑血管疾病的介入诊疗技术，颅内血肿微创穿刺清除技术、微创胸外科手术、泌尿外科疾病钬激光治疗技术；开展了各类肿瘤放疗技术、全结肠、高位结肠透析技术、复杂先心病手术、心脏搭桥及瓣膜置换联合手术、人工膝关节表面置换术、人工全膝关节置换术、人工同种异体肌腱移植技术、睡眠呼吸暂停低通气综合征的手术和非手术治疗技术、皮肤疾病的激光治疗技术等近五十项新技术。同时，各种无痛诊疗技术(无痛胃镜、无痛肠镜、无痛人流、无痛分娩等)、产前诊断技术、夫精人工授精技术、人工耳蜗植入技术取得重大突破和长足发展。2011年7月，医院被确认为广西心脏死亡捐献器官移植试点医院，获准开展心脏死亡器官捐献肝移植技术和肾移植技术，近两年时间的大力发展，目前该院已成功进行肝移植13例、肾移植23例，在广西位于前列，得到了自治区卫生厅及市红十字会的充分肯定和高度评价。2013年12月，生殖医学中心顺利通过专家评审，获得开展“体外受精-胚胎移植及其衍生技术”项目的资质。

医院重视新设备的引进，拥有包括美国GE64排128层CT在内的CT共3台，包括西门子3.0T核磁共振在内的磁共振成像仪共2台、直线加速器2台、西门子Symbia T16型SPECT/CT 1台、美国科医人100W钬激光系统、INNOVA 3100-IQ血管造影机、C型臂X光机、西门子最新国产型四维彩超和飞利浦心脏四维彩超多台、数字化X线成像系统、全数字化乳腺钼靶机、血液分析流水线1套、大型全自动生化分析仪、准分子激光近视眼治疗仪等大型监测、诊断、治疗仪器。目前医院已建立以HIS为中心的电子病历系统、无线查房系统、手术麻醉及重症监护系统、PACS系统和LIS系统，可以浏览CR、DR、胃肠造影图像和CT、MR、DSA影像，在乐群、临桂两院区间及科室实时传输。

“科技兴院”，鼓励科研创新，是该院不断提升核心竞争力的重要推动力量。近三年，医院共获各类科研课题立项416项，其中国家级41项(其中重点项目1项)、省部级52项、厅局级310项、横向课题13项；获各类科技奖32项，其中广西自然科学奖二等奖1项，广西科技进步二等奖1项，广西自然科学奖三等奖1项，广西科技进步奖三等奖2项；桂林市科技进步二等奖2项、三等奖10项；广西医药卫生适宜技术推广奖一等奖2项、二等奖9项、三等奖4项；在省级以上的学术刊物发表论文1379篇，其中发表在专业核心刊物632篇、被SCI收录46篇、教学论文130篇。

现任领导班子。左起：莫伦华副院长、文琼仙副书记、莫碧文副院长、宋剑非副院长、王昌明院长、刘承伟书记、赵立民副院长、何松青副院长、杜振宗副院长

2013年，医院门急诊147.5万人次，出院近6.5万人次，手术21296台次。医院将始终坚持“病人利益第一、医疗质量第一、服务态度第一、医院声誉第一”的办院宗旨，坚守“诚信医院、实力医院、和谐医院”的美好愿景，为把医院建设成为“专科特色鲜明的国家级优质三级甲等医院，区域性医疗医学中心”的目标而努力，为提升全市的医疗水平和保障人民群众的身体健康作出新的贡献。

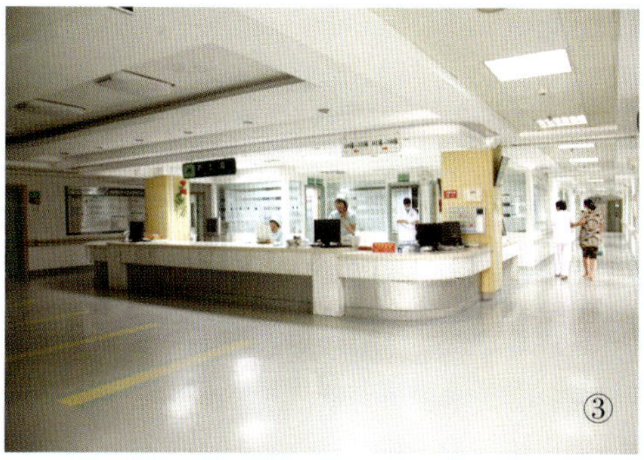

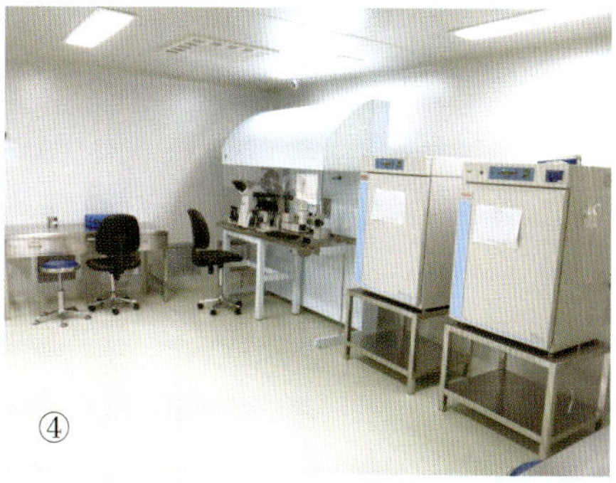

①自治区卫生厅厅长李国坚到该院视察工作

②2010年卫生部陈啸宏副部长、自治区卫生厅李国坚厅长、桂林市巫家世副市长到桂林医学院附属医院视察

③病区护士站

④科学实验中心一角

⑤西门子全景开放式3.0T磁共振成像仪

⑥放射科GE64排128层CT

⑦王昌明教授在临床一线授课

⑧桂林医学院附属医院住院楼外景

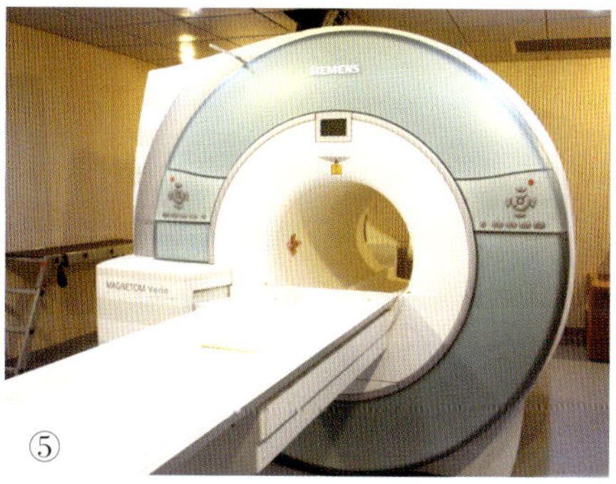

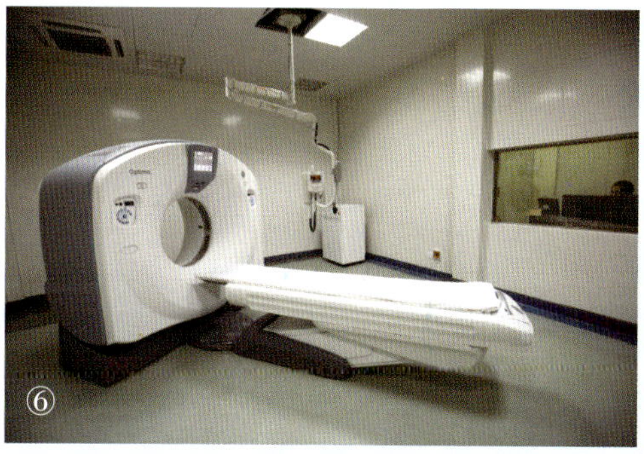

广西中医药大学附属瑞康医院
广西壮族自治区中西医结合医院

广西中医药大学附属瑞康医院是国家三级甲等医院、是广西最大的省级中西医结合医院，全国卫生系统先进集体、全国百姓放心示范医院、国家重点中西医结合医院、全国爱婴医院、国家中医药管理局国际交流合作基地。医院始建于1951年、专科配备齐全、医疗设备先进、技术力量雄厚、建筑布局合理，开放床位1338张，现有在岗职工2380人，柔性引进有中国工程院院士1人，中国科学院院士1人，拥有教授、主任医师107人，副教授、副主任医师223人，博士后4人，医学博士86名，硕士390多名，国医大师1人，国家特殊津贴专家5名，全国名老中医11名，桂派中医大师9名，广西名老中医及名中医31名，八桂学者1人，八桂名师1人，拥有全区最强大的中西医结合专家阵容。

医院是国家药物临床试验机构、国家中西医执业医师资格实践技能考试基地，国家卫计委指定器官移植单位，全国第一批卫计委四级妇科内镜手术培训基地。国家卫计委肝胆肠外科研究中心广西基地、广西中西医结合临床人才小高地、广西壮族自治区射波刀治疗中心、广西中西医结合肿瘤治疗中心等均落户瑞康医院。医院拥有7个国家卫计委内镜专业技术培训基地（消化内科、骨科、妇科、泌尿外科、普通外科、整形外科、内镜装备与消毒）、5个国家临床重点专科（骨伤科、脾胃病科、肝病科、肿瘤科、护理学），7个国家中医药管理局重点学科（中西医结合临床、中医骨伤科、中医皮肤病学、中医老年病学、中医传染病学、中医预防医学、中医全科医学），7个国家中医药管理局重点专科（骨伤科、脑病科、脾胃病科、肿瘤科、心血管科、肝病科、妇科），3个国家中医药管理局“十二五”重点专科建设项目（心血管科、妇（产）科、肝病科），2个国家中医药管理局“十二五”重点专科培育单位（护理学、重症医学科），1个国家中医药管理局重点研究室（中医整脊疗法）。

近几年来，医院取得了跨越式的发展，率先引进世界上最先进的治疗肿瘤的放疗设备——射波刀，创新“四位一体”肿瘤治疗模式，医院肿瘤治疗水平跻身世界先进行列。先后成立了中药民族药研发基地、中医治未病中心、瑞康弘中健康会所、贵康整脊手法培训基地（贵康国际健康会所）、瑞康整形美容中心，打造中西医结合保健产业集群。建立了现代化的医院计算机中心，全面实行电子病例管理、电子处方业务，覆盖全院的局域网信息点达2000余个，可以实现医院的信息管理技术现代化。2011年兼并扶绥县中医院，成立广西中医药大学附属瑞康医院空港院区。2013年12月医院新建项目25层门诊住院综合楼正式封顶，即将投入使用。2014年，医院成立田阳分院，届时，医院开放床位将超过2000张，成为全国三大中西医结合医院之一。

田阳院区一期工程效果图

瑞康医院空港院区建设效果图

广西中医药大学附属瑞康医院

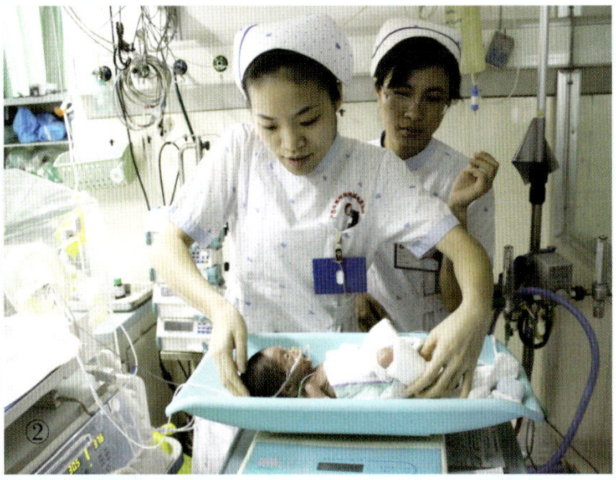

①瑞康医院承办第24届中国内镜微创医师大会暨东盟医学内镜会议

②术后精心护理心脏只有草莓大小的先天性心脏病患儿

③精益求精进行手术

④瑞康医院拥有治疗肿瘤世界顶尖设备——射波刀

⑤瑞康医院积极开展对外交流合作

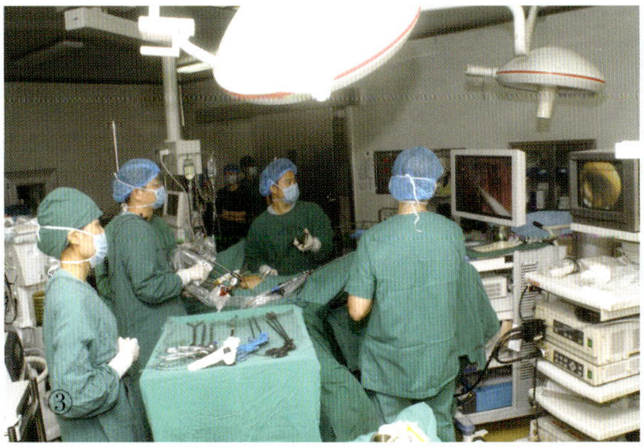

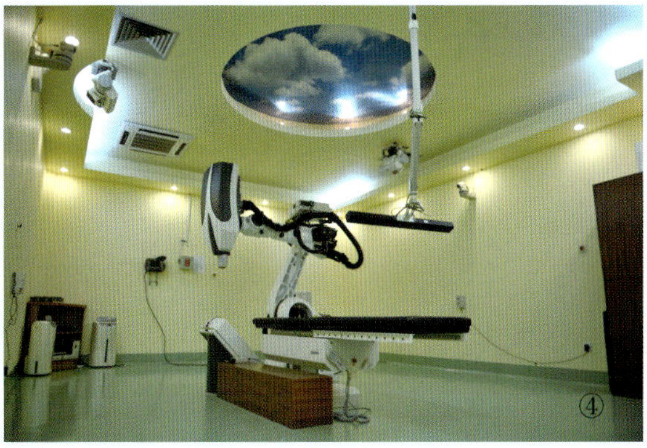

广西路桥工程集团有限公司

广西路桥工程集团有限公司是一家国家公路工程施工总承包特级资质企业，同时具有市政公用工程施工总承包壹级，桥梁工程、路基工程、路面工程、隧道工程专业承包壹级以及房屋建筑施工总承包贰级等多种承包资质，并通过了质量、环境、职业健康安全管理体系认证。主要从事各类公路、桥梁、市政道路、交通工程施工及工程项目投资、资本运营、房地产开发、酒店经营等业务。

公司现有员工4000余人，年生产能力达100亿元以上，是一家装备精良，技术实力雄厚的专业施工企业。

员工队伍结构合理，战斗力强，大批的技能型人才和管理型人才成为推动企业发展的不竭动力。

公司经过多年的发展，积累了丰富的施工经验，拥有较高的桥梁施工水平，在大跨径拱桥施工中开发出的钢绞线斜拉扣挂桥梁安装系统，解决了大跨径拱桥无支架安装技术难题，并先后建成广西邕宁邕江大桥、武汉江汉五桥、杭州复兴大桥、安徽太平湖大桥、绍兴曹娥江袍江大桥、合江长江一桥（波司登大桥）等一批在国内外有较大影响力的桥梁。

公司高度重视科技兴企，拥有省级中心试验室和技术中心各1个，在大跨径拱桥施工中开发出钢绞线斜拉扣挂安装、真空辅助灌注钢管管内混凝土、无支架缆索吊装适时控制等独特的施工技术、自行研究的多点自动连续顶推施工技术及自行改进的挂篮施工系统均具有创新意义。目前已荣获国家科技进步二等奖3项，广西科学技术特别贡献奖1项，中国公路协会科学进步一等奖1项，广西科技进步一等奖2项、二等奖4项、三等奖1项，编制的3项工法被评定为国家级工法，56项工法被评为省部级工法，主要参与编写国家标准1项、行业标准1项，主持编写地方标准1项，获得国家发明专利7项，实用新型专利10项，并拥有一大批国家和省级QC成果。

公司依托位居同类型桥梁“世界第一”跨径——合江长江一桥（波司登大桥）完成的500m级钢管混凝土拱桥建造核心技术研究课题，其研究成果经广西科学技术厅组织专家组鉴定，总体达到国际先进水平，其中大型钢管混凝土结构管内混凝土真空辅助灌注方法等成果达到了当前国际领先水平。同时公司在隧道、公路水泥混凝土和沥青混凝土路面施工方面大胆创新，各项技术指标达到国内先进水平。

秉承“优质、高效、守约、重义”的经营宗旨，广西路桥工程集团有限公司将始终不渝地竭诚服务于国内外交通基础设施建设。

扣塔及摇臂抱杆吊

无支架缆索吊装系统

杭州复兴大桥缆索吊装

四川合江长江一桥

抽真空设备

拱肋从定位船上起吊

抽真空设备

四川合江长江一桥缆索吊装

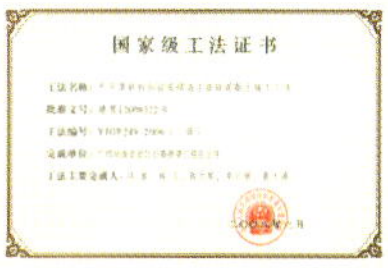

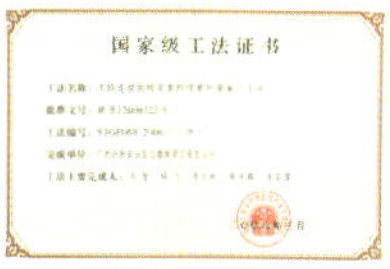

安徽太平湖大桥缆索吊装

河池龙江联合会计师事务所

法人代表：李人柱

河池龙江联合会计师事务所是于1999年9月10日经广西壮族自治区财政厅批准成立的会计师事务所，事务所法人代表为：李人柱。现有从业人员20人，其中：注册会计师资格4人，承办企业注册资金验资、事业单位开办资金验证、事业单位年审、会计报表审计（财务收支、专项审计）、企业重组（改制）、合并、分立清算审计，基建预决算审计，法律法规规定的其他会计、审计业务，代理记帐，代理申报纳税，代办营业执照、税务登记、机构代码等各种证照，提供经济管理咨询服务，提供审计、会计咨询服务，会计、审计人员培训等业务。

根据桂高认字（2014）4号文件精神，河池龙江联合会计师事务所被推荐为“2014年广西高新技术企业认定工作中介机构”，这是自治区各级领导对该事务所业务工作的支持、关心与信任。龙江事务所一定不辜负各级领导的期望，认真把好各项专项审计业务质量关，为地方经济建设和社会发展做出应有的贡献。

河池龙江联合会计师事务所全体员工将以开拓进取的创业精神、严谨求实的工作作风、诚实守信的职业行为，为广大客户提供专业、高效、增值的服务。

龙江事务所工作场所

员工们正在聚精会神的投入审计业务工作中

龙江事务所同仁

开展高新技术企业认定专项审计

广西南宁科冠医药科技开发有限公司

面向中小型生物和制药企业产品研发和注册专业平台

一、平台单位概述

1. 1平台单位性质

广西南宁科冠医药科技开发有限公司成立于2006年5月，是经有关部门批准，在工商行政管理局合法注册并在国家食品药品监督管理局(SFDA)备案(研究机构资质认证备案号:4520060718-B-00230)专门从事新药临床试验、技术开发、学术推广咨询、注册申报、营销策划的合同研究组织(CRO)。目前南宁为总部，北京、广州设有办事处运作。是国内综合实力较强、中西药物并重的专业技术服务组织。

公司依托自身专家和省内广西中医学院和广西卫生职业技术学院大学专家资源，以及留学人员资源建立了稳固的合作关系，实现技术、信息、科研的资源共享，共同打造中国本土化、专业化的合同研究组织。公司下设:临床医学事务部、临床监查部、注册事务部、新药开发部、学术推广部、药厂生产技术合作部、综合办公室等专业科室。公司所聘请的专家和顾问团为医药开发领域具有多年经验的专家教授、具有丰富技术开发管理经验的新药开发、生产经验人员。公司所拥有的研发团队均为相关医药类本科以上毕业，曾经参加过多项新药开发和临床试验，经受过严格的GCP和SOP培训，能为企业提供优良和灵活多样的新药开发和生产技术咨询服务。

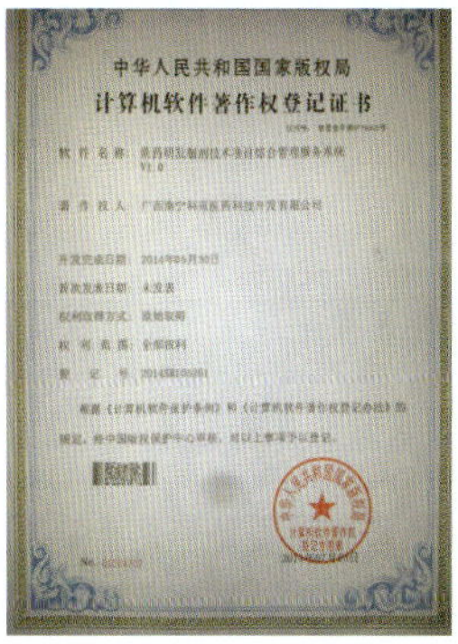

1.2 平台服务人员构成

广西南宁科冠医药科技开发有限公司现有员工22人，大学以上学历人员19人，占公司总人数的86.3%。其中博、士3人、本科12人，其他7人。具有高级职称专业技术人员6人，中级职称人员5人，初级职称专业技术人员4名。人员专业涵盖药学、药物制剂、临床医药、毒理学、有机化学专业、企业管理等领域一，专业性互补强，是一个技术领先、智力密集、人才聚集、充满活力的先进技术群体。

1.3 平台主要业务范围

业务范围包括:药品技术开发、技术咨询、技术转让、技术推广服务，新药技术开发服务、新药技术推广服务，医学研究与试验发展咨询服务，药品注册申报服务、医药科技项目申报服务、医药政策法规咨询服务、保健食品技术开发咨询服务，新药产品上市策划自诩副、企业管理咨询、市场营销策划，中药材种植，医学会议组织策划、医药行业投资咨询;自营和代理一般经营项目商品和技术的进出口业务。试验用对照品(除危险品外)、试剂研发、中药提取物研发、实验室用品及设备研发销售，实验试剂销售。

1.4平台技术服务对象及效益情况

本平台累计为81家中小生物医药企业提供689项专业技术服务。其中临床试验技术服务28项次;生物等效性技术服务9项次;仿制药品技术开发15项次;药品注册技术服务36项次;技术转让服务项目22项次;技术咨询服务493项次，技术培训服务86项次。通过平台推动生物医药中小企业的发展，直接创造经济效益约6500万元，带动相关产业发展，间接创造经济效益达3.23亿元，增加税收约4100万元，节约技术开发资金达8600万元。平台自2006年成立以来，资源利用率超过85%以上，专业化技术服务产生的社会价值和硬件资源价值比达20倍以上，增加就业人数达600人，服务需求满足度达96以上。

同时作为广西技术研发平台，承担多项国家及区科技厅项目。如承担自治区知识产权局“广西中药(民族药)缓释制剂研发”项目和“现代中药新产品研制与开发”(编号:桂科攻1355004)，作为广西民族药开发技术服务平台而努力。

办公室

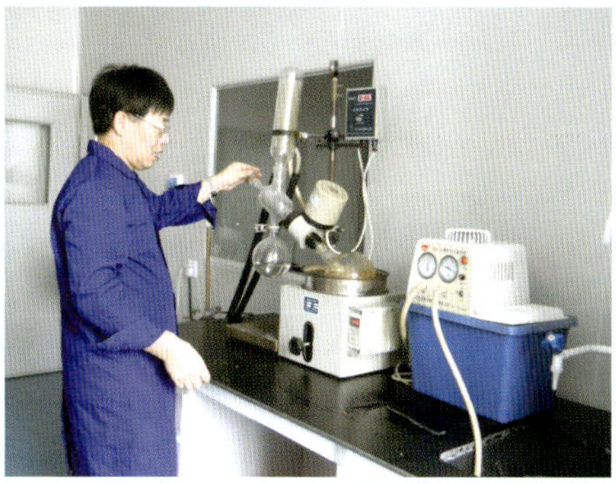

实验室

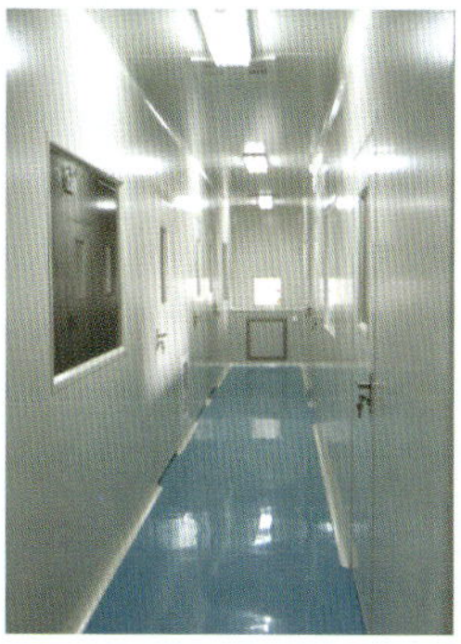

中试车间

广西华锐钢铁工程设计咨询有限责任公司

广西华锐钢铁工程设计咨询有限责任公司(原广西钢铁设计院),成立于1978年,为柳钢(集团)公司紧密层成员单位,是以钢铁冶金工程设计为主营,工业民用建筑、市政等多行业发展的骨干设计企业,2009年3月改制为有限责任公司。持有国家建设部授予的:冶金行业(金属冶炼工程)甲级、建筑行业(建筑工程)甲级;冶金行业(金属材料工程)乙级;市政行业(给水工程、城镇燃气工程、热力工程)乙级;工程造价咨询乙级;工程招标代理乙级;压力管道专项设计等设计资质证书。热诚提供上述资质证书范围内的工程咨询、规划、设计和工程总承包服务。

公司办公大楼

华锐设计公司专业配套齐全,致力于科技创新,大力推进新技术、新产品在钢铁等工业生产中的应用,为柳钢1300万吨技术装备升级做出了突出的贡献,在烟气脱硫、余压及余热回收发电、工业废水及粉尘处理、冶金废渣综合回收利用等节能减排方面取得丰硕成果,拥有顶燃式高风温热风炉、浓相大喷煤、高炉煤气全干法除尘及配套TRT、煤调湿、钢渣热焖渣、燃气热力压力管道等特色技术,具有投资省、指标先进、节能环保等特点。2010年起至今获认定为国家高新技术企业。

华锐设计公司将秉承互惠共赢、追求卓越的方针,努力打造学习型、创新型的工程技术公司。

矿渣水泥生产线

中板精整线

麦尔兹石灰窑

工业污水处理站

烟气脱硫

2650m3高炉

360m2烧结机

地址:广西柳州市北雀路117号,电话:(0772)2592668

广西扬翔股份有限公司

广西扬翔股份有限公司(下称:扬翔公司)成立于1998年4月28日,是农业产业化自治区和国家级重点龙头企业、广西重点扶贫龙头企业、广西农产品加工重点龙头企业、广西水产畜牧行业重点龙头企业,注册资金24450万元,企业性质为民营非上市股份有限公司,扬翔公司下辖贵港瑞康饲料有限公司、广西扬翔农牧有限责任公司、南宁新食记食品有限公司等14个全资控股子公司(控股100%)共26个独立核算企业,总资产超过14亿元,公司下设饲料事业部、养殖事业部和食品事业部,现有员工3749人,其中有高级职称员工9人、中级职称员工137人,博士13人。2013年扬翔公司自有基地出栏生猪30万头,配送良种猪精790万份,生产加工配送饲料200多万吨,全年实现销售收入55.56亿元,扬翔公司已成为集育种、养殖、加工全封闭、全产业链产业化龙头企业,涉及生猪、肉鸭等产业。

2011年,扬翔公司与中国农业大学、华中农业大学、中山大学等高校成立了自治区级企业技术中心、地方猪繁育工程技术研究中心、良种培育中心和院士工作站,今年先后取得了国家畜禽新品种“龙宝1号猪配套系”证书、龙宝1号猪配套系培育关键技术研究与推广应用获“广西科学技术进步二等奖”、龙宝猪规模饲养主要疫病控制技术研究与应用获“贵港市科学技术进步一等奖”等一系列成果。

2013年,广西扬翔股份有限公司的院士工作站获自治区科技厅认定为广西首批院士工作站。院士工作站将与中国工程院院士陈焕春及其团队加强科技合作,开展动物重大传染病与人畜共患传染病流行病学研究。院士工作站的建立为促进企业引进高层次创新团队,加强产学研相结合,提高自主创新能力和核心竞争力都将起到积极的推动作用。

扬翔公司始终奉行“以农为本、以猪为业、以猪富农”的经营理念,以降低养殖户总拥有成本为己任,采用“公司+农户”模式,从猪种改良到提供优质种猪、猪精配送、技术服务、养殖培训、饲料生产配送、组织生猪流通及品牌猪肉加工销售,使农户与公司互相依存,带动农民实现养猪增收,企业增利,农户、企业的双赢成效显著。

瑞士布勒公司专家到扬翔调试生产设备

饲料厂内景

猪栏内景

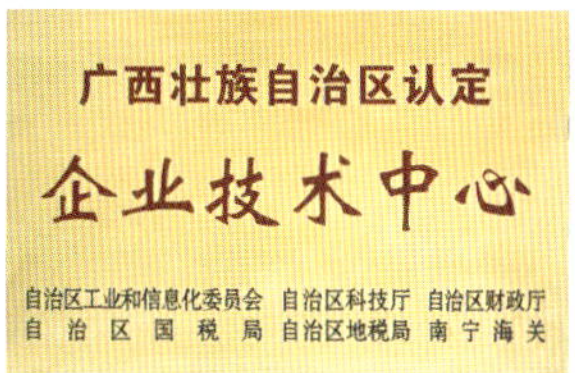

年产60万吨饲料的贵港瑞康饲料有限公司主车间外景

广西贵港市长雄干燥科技有限公司

董事长苏雄孟

广西贵港市长雄干燥科技有限公司注册于2012年11月16日，是一家集研发、设计、制造、销售、服务为一体的木材单板烘干干燥辊道窑技术型生产企业。公司研发的高效节能环保型木材单板烘干干燥辊道窑技术已获得国家发明专利，专利号：201210380033.4。

公司的主要产品有T1、T2型单层及T3型双层单板烘干设备，该设备由烘干干燥器、热风炉燃烧系统、热回收系统等部件组成。成本低廉，用木头、木皮等废料作为燃料，生产经烘干、抽湿、冷却定型一次性完成，6分钟就可以生产出合格产品，可全天候生产，不受天气影响，且最重要的是解决了土地问题，安装一台烘干设备，配套生产用地面积大概需要800平方米，按广西传统的日光晾晒单板，每一台旋切机大约需5到7亩的场地，如公司生产的T2型烘干设备一天最少能生产40立方成品板，一台旋切机一天能生产20立方左右湿板，需要10亩地晒板，也就是说本设备需要2台旋切机供应，同时节省了18亩土地！与传统的日晒相比，解决了传统木板厂对土地的要求，大大减少了投资成本。公司可根据现场的考察，设计符合生产企业用的烘干线。为了获得高品质的的产品，公司购进了焊接机、冲床、折弯机等设备，以满足生产需要。公司成立以来，安装了30多条烘干生产线，得到了用户的好评。

公司拥有一支实力雄厚的科技人才队伍，其中毕业于江西陶瓷学院热工系、广州工业大学热工系的制造工就有20多名。已成功开发了多个新型产品，培养了一批新型机械制造专业队伍，成为贵港市级工程技术研究中心，公司研发的木材单板烘干干燥辊道窑技术，填补国家木板单板烘干干燥技术的空白,并积累了强大的开发能力和丰富的生产经验。2013年11月被广西壮族自治区知识产权局认定为广西壮族自治区知识产权优势培育企业

奉行“发展靠科技，效益靠管理；信誉靠质量，生存靠业绩”的经营理念和“求实、激情、创新、绰越”的企业精神，我们将始终坚持“客户至上，真诚服务，持续改进，客户满意”的质量方针，努力为客户提供先进、实用完善的烘干设备，力求做到全国最好的烘干器厂家之一，提供及时、周到、优质的综合服务。

第三届广西发明展交易会上自治区政府副主席黄日波视察该公司展位

贵港市科技局领导莅临该公司指导工作

南宁市第一人民医院

沧桑几度春晖在,百年华诞庆辉煌!

2014年南宁市第一人民医院迎来了百年华诞。南宁市第一人民医院的前身是美国基督教安息日会小乐园医院,由美籍华人刘俭先生于1914年创办,1951年由南宁市人民政府接管,更名为南宁市立医院 1972年再次更名为南宁市第一人民医院,2009年10月成为广西医科大学非直属附属医院

医院从1951年人民政府接管时的80张病床 80多名员工发展到今天,拥有病床1200张;职工1756名,其中卫技人员1454名,高级职称208人,中级职称438人,博士后2名,博士6名,硕士生导师11名,国家、区、市专业学会委员70余名,在区内外各类学术团体中兼任常委以上职务40余人;南宁市拔尖人才4名,南宁市优秀青年专业技术人才6名,获政府专项基金资助10人。南宁市新世纪学术技术带头人15名。医院占地面积4.4万平方米,建筑面积101637平方米。年门诊约100万人次,年住院病人约3万人次;年收入5亿多元;固定资产3亿多元,医疗设备2亿多元。有19个职能科室,32个临床科室,15个医技科室,下设一所二级综合医院——埌东分院,一家社区卫生服务中心和一个社区卫生服务站。重症医学科、肾内科、神经内科为自治区重点建设专科;心血管疾病诊疗中心、呼吸内科为南宁市医学重点学科。

医院目前开展的诊疗技术包括体外循环心内直视手术,各类先天性心脏病的手术治疗,主动脉弓置换+支架象鼻术,不停跳下心脏冠脉搭桥术,肺癌食道癌纵膈肿瘤根治术,腹主动静瘤切除术,复杂胰腺癌胆道癌根治术,3D腹腔镜下精准肝切除术,脊柱畸形纠形术,四肢恶性肿瘤保肢治疗术,膝髋关节置换术,断指再植术,复杂眼底病治疗,全喉切除术及各类心血管及神经血管介入诊疗技术,各级外周血管介入及综合介入诊疗技术,各类各级外科内镜诊疗技术、各级消化内镜、呼吸内镜诊疗技术等,所开展许多诊疗技术在区、市处于领先水平。获国家、省、市厅级科研立项300余项,获厅、市级以上科技奖100余项;发表学术论文2000余篇,被SCI收录20余篇,核心期刊800余篇,获南宁市自然科学优秀论文奖36篇。其中2013-2014年共有10项科研成果荣获广西医药卫生适宜推广奖。

时光荏苒,岁月如歌。目前医院已成为一所集医疗、急救、教学、科研、预防保健、康复和社区卫生服务为一体的大型综合三级甲等医院、广西医科大学非直属附属医院、全国500家大型医院之一,是国际紧急救援中心网络医院、爱婴医院、全国百姓放心医院。自治区农村儿童重大疾病定点救治医院、自治区绿化环保医院、广西五一劳动奖状医院。医院多年荣获自治区、南宁市党委和政府、以及卫生系统先进荣誉称号。

医院门诊综合大楼

广西医药卫生适宜技术推广奖荣誉证书

地址:南宁市七星路89号
电话:0771-2636297 2804288

医院领导班子

内科学分会成立

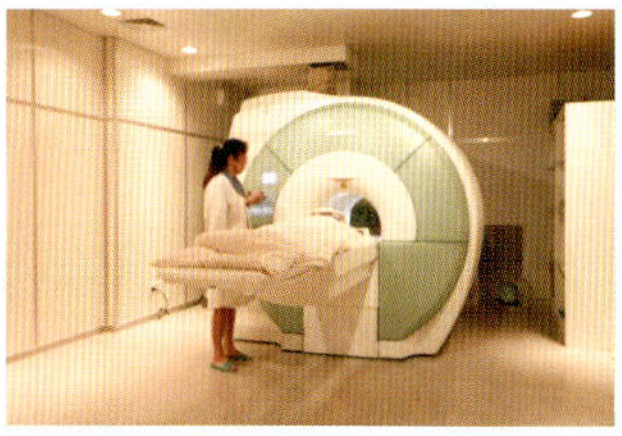

西门子医用磁共振成像设备

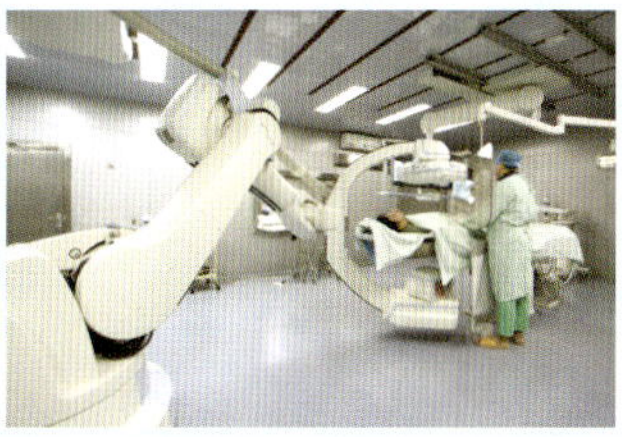

西门子数字减影血管造影系统(DSA)

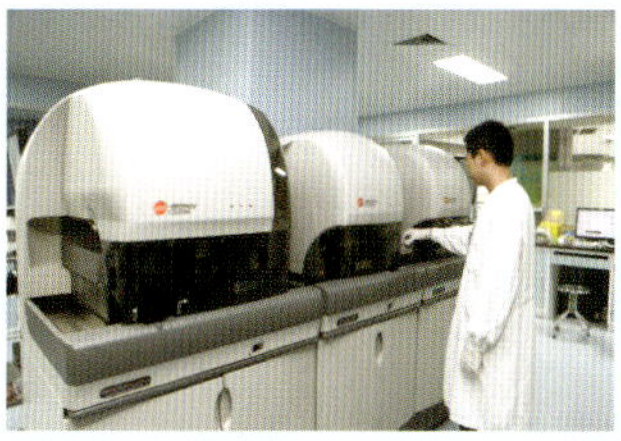

生化分析仪

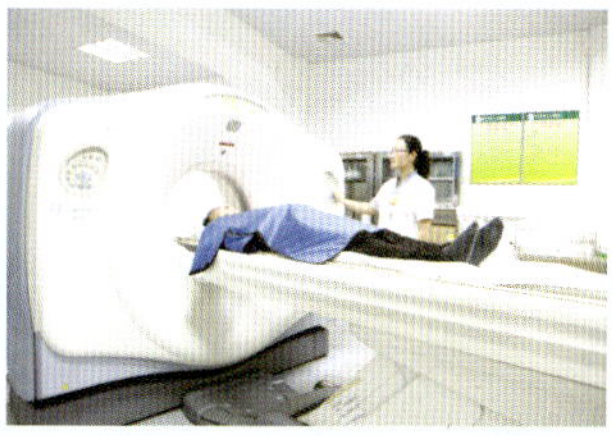

64排GE全身X射线计算机断层扫描系统

广西山云生化科技有限公司

广西山云生化科技有限公司成立于2005年9月。是一家承担国家级星火计划项目、并多次获得科技部国家科技型中小企业技术创新基金支持的农业产业化重点龙头企业和高新技术企业，也是柳州市科技创新服务的十家重点示范企业之一。公司生产基地位于全国著名的水栀子之乡——广西鹿寨经济开发区，生产区占地面积24000m²。主营业务是利用生物工程技术构建水栀子精深加工产业链，主要产品有：天然植物色素、高纯度京尼平、栀子苷（京尼平苷）、栀子油等。公司具有年产栀子天然色素100吨、98%以上京尼平1吨、98%以上栀子苷（京尼平苷）10吨、栀子油20吨的生产能力。公司的产品栀子黄色素是当今世界上唯一不含有机溶剂残留物的纯天然色素，公司产品已出口日本、法国、意大利、巴西、印度、美国等。

公司是一家科技创新型企业。公司成立以来，与华南理工大学等多所高等院校紧密合作，坚持走科技发展之路。公司成立了天然植物综合利用研究所，研究所研究人员由一批长期从事生物工程技术研发的教授、高级工程师、研究生和本科生所组成，其领军人物为客座教授、高级工程师、食品专家朱潜荣先生。研究所拥有国内一流的精良设备和国际上具有领先技术的产品检测仪器，研究成果用于产业化。研究所还为客户提供技术支持和优质服务。

所获荣誉简述：

1、承担国家级星火计划项目。

2、两次获得科技部科技型中小企业技术创新基金支持。

3、柳州市农业产业化重点龙头企业。

4、国家高新技术企业。

5、柳州市“十大”科技创新服务示范企业。

6、食品卫生等级A级单位。

7、拥有发明专利3个，实用新型专利1个，另有申请待批发明专利5个。

8、公司通过了ISO9001:2008质量管理体系、ISO22000:2005食品安全管理体系、ISO14001:2004环境管理体系、GB/T28001-2001职业健康安全管理体系国际认证。

9、公司被列入《柳州之最》：生产世界上最纯净的栀子黄色素企业。

国家级星火计划项目证书
批准文号：国科发计字[2006] 377号
项目名称：水栀子的综合利用及产业化技术开发
项目编号：2006EA790011
承担单位：广西山云生化科技有限公司
科学技术部星火计划办公室
二〇〇六年九月十五日

科技型中小企业技术创新基金
立项证书
承担单位：广西山云生化科技有限公司
项目名称：膜分离纯化技术提取高纯度栀子黄色素新工艺
项目类别：创新项目
立项代码：09C26214502227
批准文号：国科发计字[2009]276号
执行期限：2008.09.30 至 2010.09.30
INNOFUND
2009年06月24日

科技型中小企业技术创新基金
立项证书
承担单位：广西山云生化科技有限公司
项目名称：动态萃取技术从栀子黄废液中提取高纯度栀子苷新工艺
项目类别：创新项目
立项代码：12C26214505640
批准文号：国科发计[2012]778号
执行期限：2012年7月-2014年7月
INNOFUND

客座教授、高级工程师、公司董事长朱潜荣回母校参加校友会理事会

客座教授、高级工程师、公司董事长朱潜荣给高校学生授课

客座教授、高级工程师、公司董事长朱潜荣与前来考察的丹麦科汉森公司高管合影

国外客商参观公司生产车间

公司具有自主知识产权的膜车间

柳州市金元机械制造有限公司

柳州市金元机械制造有限公司成立于2006年6月，注册资金为300万元。主营换档操纵机构分总成、操纵机构总成、选换档软轴总成、软轴总成、手刹拉索总成、加速器分总成、液压离合总成、车用橡胶、聚氨脂发泡缓冲块、冲压焊合件、底盘结构件、精密机加工件等产品。公司占地33亩，建筑面积18000M2。公司柳州本部现有车间4个，综合实验室1个，检测设备有电脑万能试验机、高低温试验箱、盐雾试验机、寿命试验机等十几种检测设备。现有制造工艺设备230多台(套)，具有较强的汽车零部件产品研发和生产的能力，同时公司分别在青岛和重庆建立了具有独立法人的分公司。主要配套厂家有：上汽通用五菱汽车股份有限公司、柳州五菱汽车工业有限公司、广西柳工机械股份有限公司、中国南方工业汽车股份有限公司四川建安车桥分公司、万向集团、中信集团、北汽福田等国内大型知名企业。目前生产能力为1.9亿元。公司于2009年通过ISO/TS 16949：2009 质量管理体系认证。2011年引进通用公司GMS(全球制造系统)管理模式。在这两大规范化管理模式的推动下，公司成绩斐然，曾先后获得“国家级高新技术企业”、“自治区级企业技术中心”、“广西操纵控制系统工程技术研究中心”“柳州市安全质量标准化机械制造企业”等荣誉及奖励。

随着国内汽车行业的高速发展，特别是国内自主品牌汽车的发展壮大，汽车配件行业迎来了发展的高峰期，减轻整车重量、减少油耗、使用可再生材料、使用无污染材料、优化操纵性能、提高使用寿命、降低返修率等都是汽车配件业的发展方向。公司正是基于上述目的，根据市场需求及各主机厂高的质量要求，我公司自主开发研制了一种推拉式软轴产品，自主开发研制一种推拉式软轴外管扣铆方法及其设备技术，该技术于2012年1月获得了国家发明专利的授权，专利号：ZL201010178594.7，公司利用该发明专利技术对离合软轴总成和换档操纵机构分总成进行产业化生产，关键技术是管接头的铆接工艺采用自主研发的八方圆形扣铆工艺，完全解决了六方冲铆工艺因管接头受力和变形不均导致的卡滞、卡死等质量问题，大大提高软轴负载效率，更改后软轴负载效率为85%，提高了20%左右。利用该发明专利生产的产品具有减轻整车重量、减少油耗、使用无污染材料、优化操纵性能、提高使用寿命、降低返修率等优点。

地址：柳州市柳南区柳太路工业区二区　　电话：0772-3716058 传真：0772-3717908
邮编：545007；邮箱：Liuzhoujinyuan@163.com

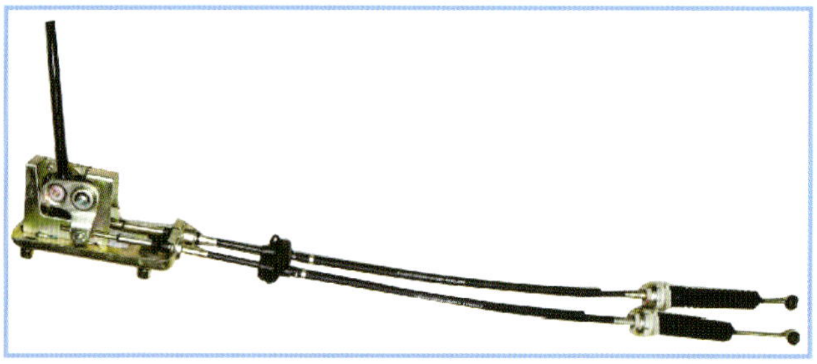

N300换挡操纵机构分总成

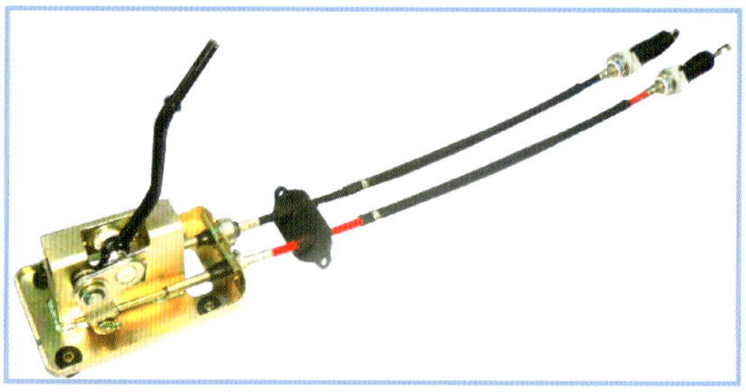

N109换挡操纵机构分总成

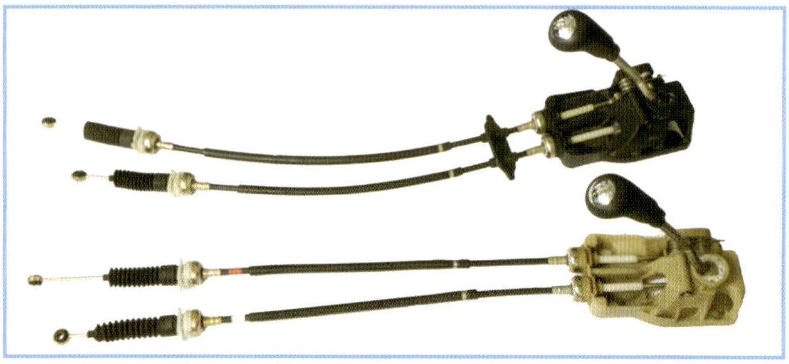

塑料换档操纵机构分总成

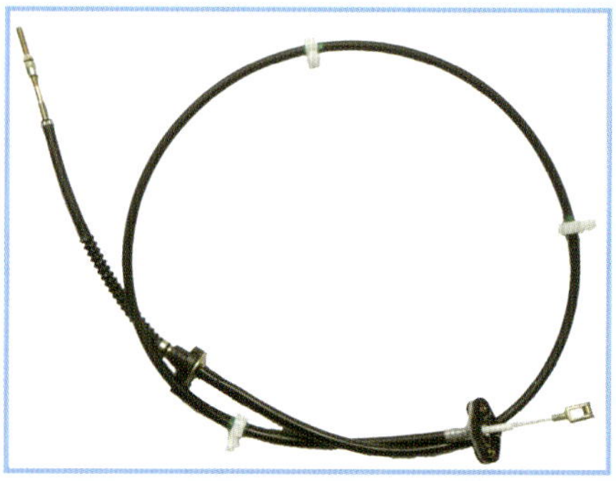

离合软轴

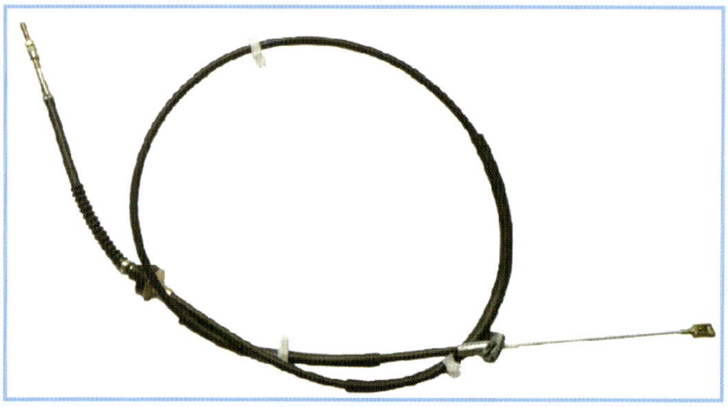

离合软轴

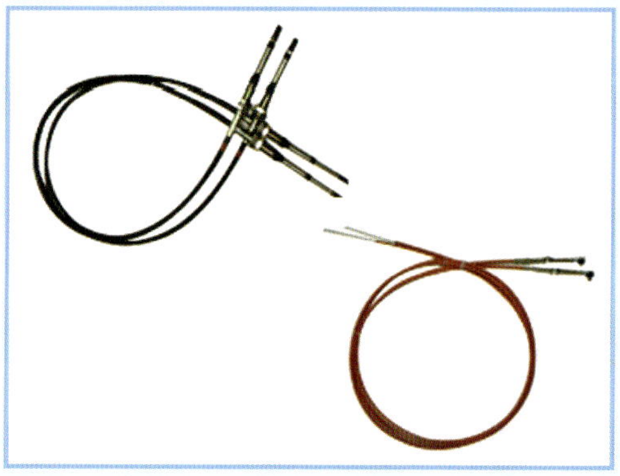

工程机械推拉软轴

南宁奥博斯检测科技有限责任公司

南宁奥博斯检测科技有限责任公司成立于2002年，主要从事钢结构工程质量检测、特种设备无损检测等，公司具有先进的检测设备及雄厚的技术力量，是具有独立法人的第三方专业检测公司。

公司前台

公司近期完成的检测项目有：广西体育中心一期、二期钢构工程、南宁民族艺术基地-剧场网架钢结构工程、南宁市青秀万达广场钢构检测工程等。在检项目有：广西金融广场钢构工程、新建南宁至黎塘铁路南宁东站站房及相关工程、南宁市罗文大桥钢构工程等。

多年来公司一直坚持不断创新，2012—2014年连续三年获得科技部创新基金立项，2013年获得9项实用新型专利，2014年通过高新技术企业认定，并获得特种设备无损检测机构资质。公司将继续坚持“守法、诚信、公正、科学”的准则，以雄厚的技术实力和严格的科学管理，以勤奋务实的工作作风，竭诚为客户提供更优质的服务，为提高广西建筑钢构工程质量贡献力量！

南宁市罗文大桥施工现场

公司技术人员在贵港同济大桥进行检测

公司技术人员在大化电厂开展检测

联系人：毛香恩
（总经理、质量负责人、高级工程师）
电话（Tel）：0771-3219301、0771-3219302
手机（Mobile）：13977156721
传真（FAX）：0771-3212635
电子信箱（E-mail）：absk88@126.com
网址（Web）：www.absk88.cn
地址（Address）：南宁国家高新区科园大道东5路8号三区1楼
邮编（Post-code）：530007

广西壮族自治区人民医院

广西壮族自治区人民医院位于南宁市风景秀丽的邕江之滨，南湖之畔。医院始建于1941年，经过几代人70多年的艰苦奋斗，尤其是近10年的努力拼搏，医院迅速发展，现已成为一所以医疗为主，兼有科研、教学、预防、保健、康复为一体的大型综合性省级三级甲等医院和广西的医疗中心。2014年，医院总资产17.97亿元，建筑面积22.45万平方米，医院附设有两个门诊部、一个分院。其中，院本部在职职工（不含分院）3742人，高级职称545人，博硕士研究生745人，全院（含分院）全年平均开放病床1896张，门急诊量229万人次，出院病人6.7万人次，住院手术3.1万人次。先后荣获“全国卫生系统先进集体”等荣誉称号70多项。

医院拥有消化内科、眼科、中医骨伤科、临床护理等4个国家临床重点专科，儿科、肾内科、急诊科、重症医学科、神经内科、神经外科等6个自治区临床重点专科、2个自治区重点学科和4个自治区重点建设学科；拥有9个国家级培训基地和广西冠心病研究中心、广西眼科中心、广西微创手术中心、广西脑卒中中心、广西应急救援临床医疗中心等25个省级医疗和质控中心；同时还是广西适宜卫生技术研发推广人才小高地。

医院大力鼓励科研技术创新，通过科技创新推动学科发展。近五年来，承担持国家级项目33项、省级科研项目93项、市厅级科研项目438项，获省级科技进步奖21项，其中二等奖4项、三等奖17项，获市厅级科技奖67项，一等奖12项，二等奖33项，三等奖22项。

博士工作站建站

医院领导班子

民族团结进步模范单位
中华人民共和国国务院
一九九九年九月

全国城市医院思想政治工作
先进集体
全国城市医院思想政治工作研究会
一九九九年十月

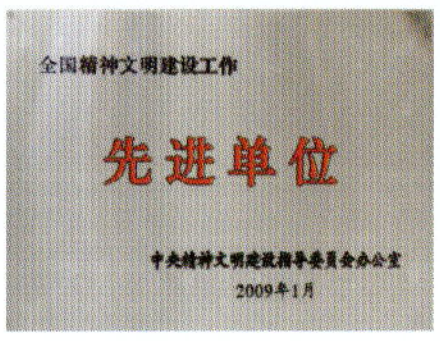
全国精神文明建设工作
先进单位
中央精神文明建设指导委员会办公室
2009年1月

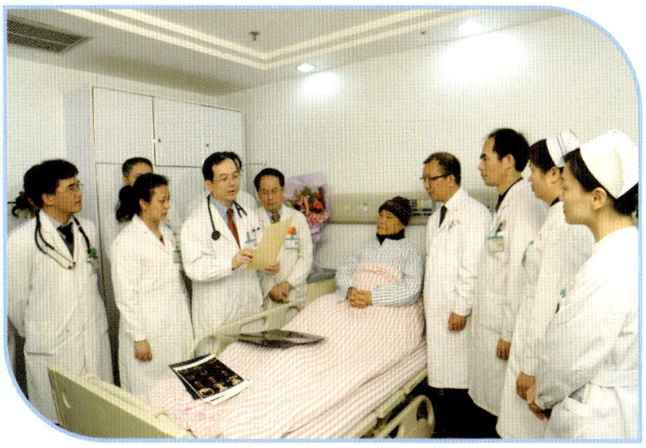

林英忠院长在查房

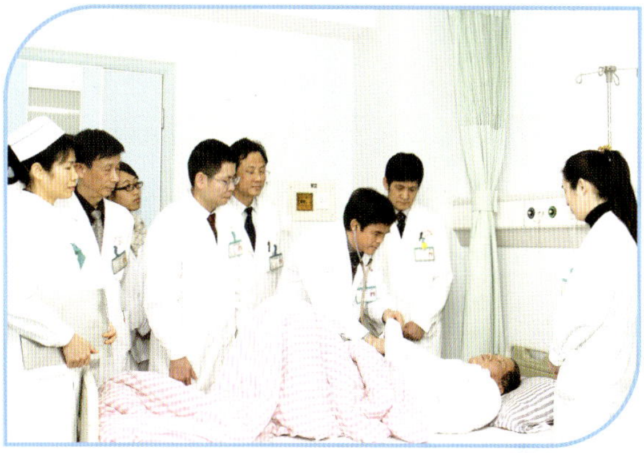

张法灿书记在查房

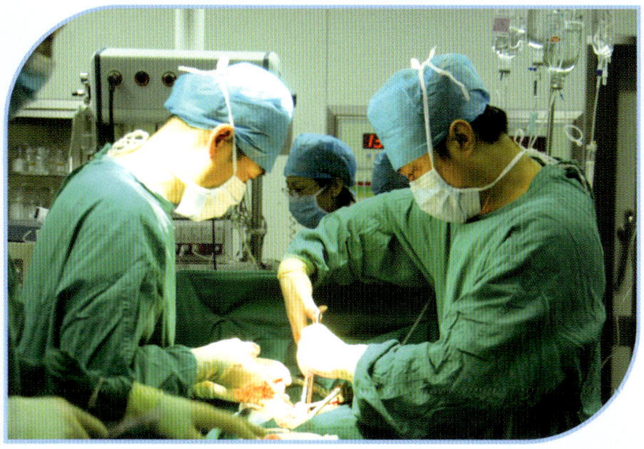

林辉常务副院长做心脏手术，该院心脏移植术获广西科学技术进步奖二等奖

眼科李敏副院长在给病人诊疗

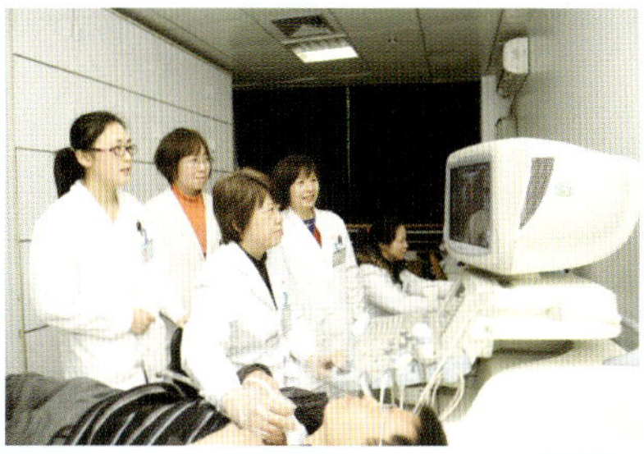

超声科

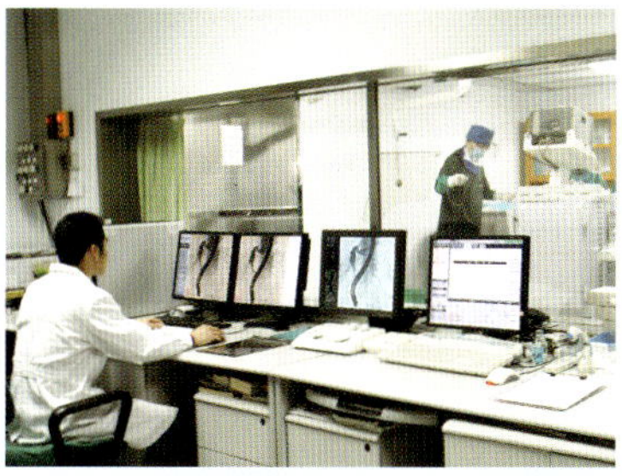

导管室

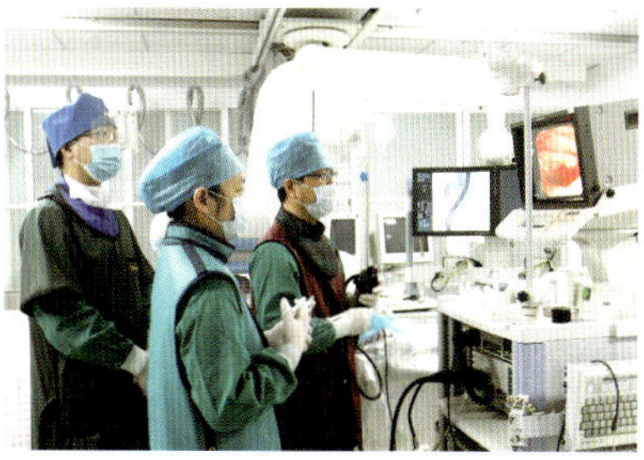

消化内科

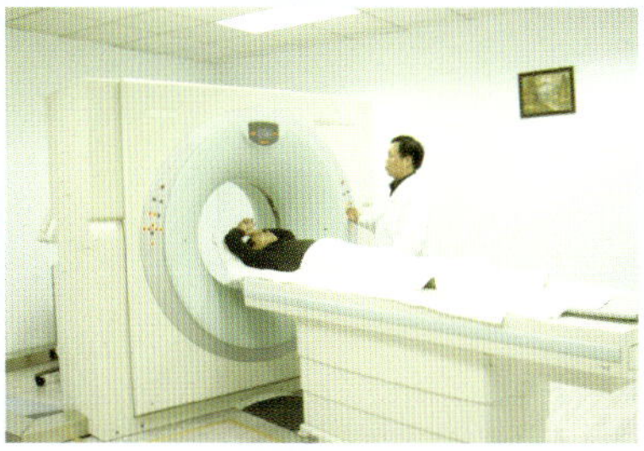

德国西门子64层螺旋CT临床应用

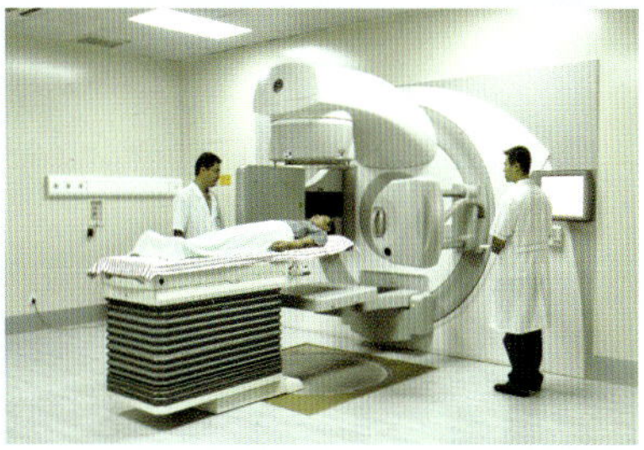

Elekta+肿瘤放疗的利器-Elekta+Synergy直线加速器

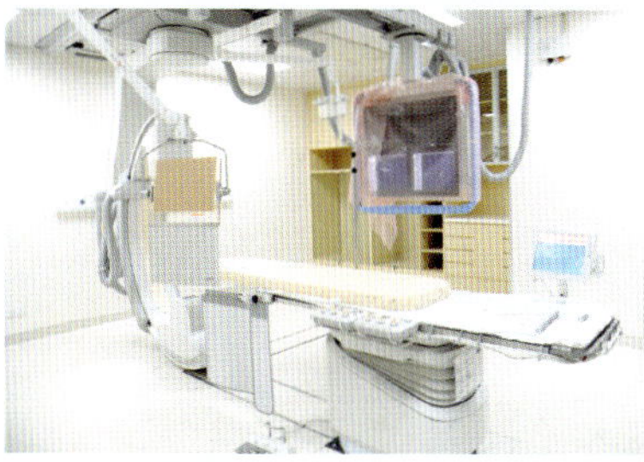

第二导管室设备

南宁一举医疗电子有限公司

南宁一举医疗电子有限公司(以下简称“一举医疗”),创建于2006年8月2日,注册资本3000万元,年产值近亿元,是一家致力于高性能医用诊断X射线高频高压发生器及医用诊断高频X射线机系列产品开发、生产、销售、服务的高新技术企业。

多年来,一举医疗秉承“诚信为先、以人为本、顾客为上、创新驱动”的经营理念,倡导、传承优秀的企业文化和团队精神,以解决医学影像方案、引领高性能医学影像时尚为己任,以第一时间为顾客提供高品质产品和服务为目标,积极为国家卫生事业做出应有的贡献。

截止2014年底,一举医疗主持开发各级高性能X射线医学影像设备科技创新项目共9项,并成功实现项目产业化,加快了广西区高性能国产医疗设备制造业的发展。同时,一举医疗自主创新开发的“双床双管医用诊断X射线高频高压发生器”等一系列核心技术,共38项,均申请了国家知识产权保护。其中:高频高压发生器技术、高压油箱技术共获得了4项发明专利授权,另有15项实用新型专利、5项外观专利获得授权。

公司董事长兼总经理:廖云峰。

廖云峰,男,1964年1月出生,1987年7月毕业于广西大学,本科,无线电专业,工程师。曾主持研究一举公司多项科研项目,其中“双床双管医用诊断X射线高频高压发生器”项目得到国家科技部“科技型中小企业技术创新基金立项,并获得了发明专利。

一举医疗的荣耀:

★ 通过国家高新技术企业认定;

★ 荣获南宁市工贸企业安全生产标准化三级企业;

★ 荣获南宁经济技术开发区2010年度、2011年度安全生产先进单位奖;

★ 荣获南宁经济技术开发区2010年度突出贡献鼓励奖;

★ 荣获南宁经济技术开发区2011年度突出贡献三等奖;

★ 荣获南宁经济技术开发区2011年度科技创新工作发明专利奖;

★ 荣获2012年度南宁市技术发明二等奖;

★ 荣获2012年第一届广西发明创造成果展览交易会参展项目银奖;

★ 荣获2009—2012年度就业工作先进单位;

★ 荣获经开区2008年度、2011年度先进基层党组织;

★ 荣获南宁市工会“四好”女职工组织标准化达标先进单位;

★ 广西医疗器械行业协会副会长单位。

公司“年产5000台套医用诊断X射线高频高压发生器及高频X射线机生产基地建设项目”开工奠基仪式现场。

公司年产5000台套医用诊断X射线高频高压发生器及高频X射线机生产基地建设项目效果图。

中央补助广西基层医疗卫生机构配备113台X光机发货仪式。

印尼知名医疗设备制造商在一举医疗考察。

UC臂DR

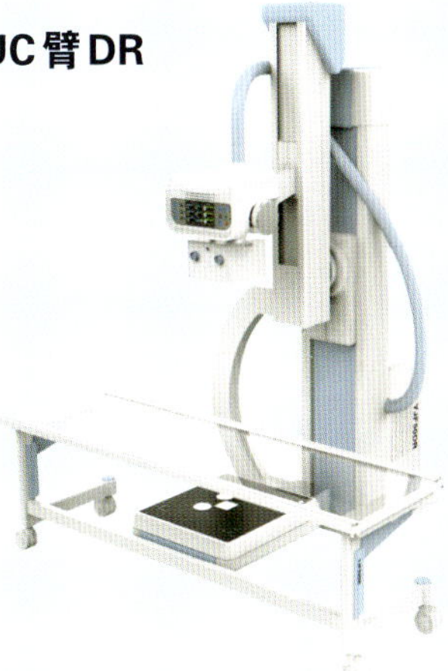

数字化医用X射线摄影系统，特点：直接数字化摄影，成像速度快，图像清晰细腻，可进行多种图像后处理；UC复合臂设计，无天、地轨，节省空间，方便安装。

平床DR

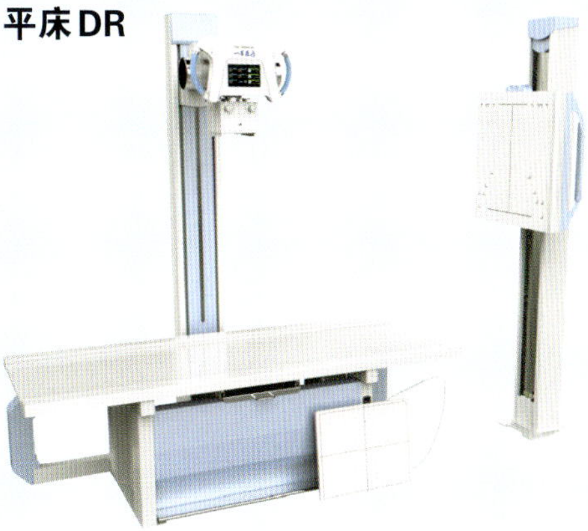

数字化医用X射线摄影系统，特点：采用最先进的高性能碘化铯荧光材料直接生长技术，拍片过程中实现更低的辐射剂量要求，贴心关怀患者与医护人员。摄影床支柱与床下片盒相结合同步移动，也可立柱与床下片盒脱开进行倾斜投照，方便医生为患者摆位进行投照。

移动DR

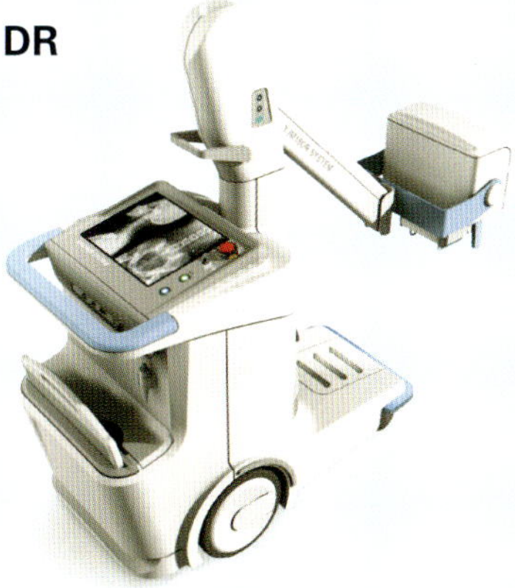

移动式数字化医用诊断高频X射线机，特点：直接数字化摄影，安全有效，轻松移动，方便行动不便的患者进行X射线摄影；均衡式伸臂设计，灵活便捷，多角度摄影。

便携DR

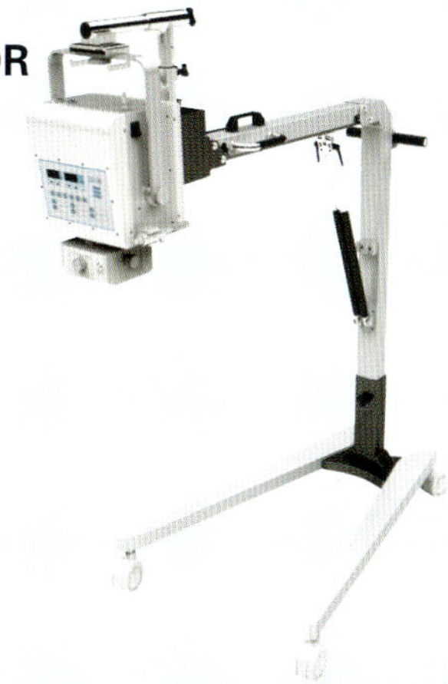

便携式数字化医用诊断高频X射线机，特点：直接数字化摄影，体积小，重量轻，便于携带，不受环境限制，可适应多种场合如诊室、病房、野战医院、宠物诊所、家庭甚至野外等。

广西溢澜焊接技术有限公司

糖厂榨辊齿面“麻点”堆焊工艺

广西溢澜焊接技术有限公司是一家在南宁高新技术产业开发区注册，专业从事表面工程集技工贸一体的高科技公司，公司目前有经验丰富的焊接及机械工程师11名，高级焊工15名，拥有近2000平方米的厂房、25T龙门吊以及可加工各种规格榨辊、撕解机的车床及刨床等机加工设备。公司还有进口榨辊自动焊接机3台套、CO2气体保护焊机、埋弧自动焊机、交直流焊机近50台套。

广西是全国的制糖中心，是名副其实的“中国糖都”，蔗糖业被称为“甜蜜的事业”。自１９９２年以来，广西食糖产量一直居于全国首位，占全国总量的60%以上，是全国最大的糖业生产基地。制糖业已成为广西最大的农产品加工业，涉及蔗农1200多万(占广西总人口的１/４)，制糖业职工10多万，甘蔗种植面积达１５50万亩，糖料蔗产量占全广西主要经济作物总产量７０%以上，产业总产值在６００亿元左右。

据调查，广西食糖单位产品生产成本中原料成本、燃料和动力、直接人工、制造费用各占比重分别为68.9%、7.4%、4.0%、19.6%。由此可见，降低生产成本，主要是要降低原料成本和制造费用。

本公司自主研发具有独立自主知识产权的糖厂榨辊齿面“麻点”堆焊工艺，对榨辊表面进行堆焊处理，在铸铁榨辊的齿面和齿顶堆焊耐磨的FeCrC合金材料，合金中游离硫的存在可确保该合金在熔焊时显现出一种自我粗糙行为，形成一层附着力强、表面粗糙、颗粒均匀、耐磨性强的被称为“麻点”的保护层，可延长榨辊使用寿命，改善辘入条件，减少蔗渣水分，降低能耗，提高榨量等生产指标，降低成本，提高工作效益。它属于表面工程应用技术领域之中的复合再制造，为国家循环经济应用范畴，符合我国当前环境保护和可持续发展的国策，是国家政策鼓励研究和高技术领域发展的方向。

“麻点”堆焊手段分为手工焊接、自动焊接及在线焊接三种焊接方式。手工焊接是指焊工使用电焊条采用手工焊的方式对榨辊进行堆焊；自动焊接是指通过专用自动焊接机用焊丝对榨辊自动进行堆焊；在线焊接：是指在压榨生产线不停的情况下对榨辊进行的堆焊。

使用“麻点”堆焊工艺的糖厂，榨辊寿命显著提高，磨损明显减少，磨损量<1mm/100万吨甘蔗。日榨量、蔗渣水分含量、渗透水温、锅炉耗标煤率、抽出率等生产指标都有显著改善，经济效益显著提高。

以上林广西南华糖厂为例：2009榨季开始不久，由于榨辊辘入不好，压榨指标很差，日榨量只有3800吨/天，渗透水温55℃，蔗渣含水份达49%，经我公司对其5根顶辊进行在线堆焊后，日榨量随即提高到4700吨/天，渗透水温提高到85℃，蔗渣含水份则降至45-46%，蔗渣打包率也得到相应提高，当年上林糖厂的各项生产指标在南华集团几十家糖厂中排列第二，效益显著。

目前，广西、海南、云南、贵州四地采用“麻点”堆焊技术的糖厂已达100多家，如南华糖业集团、东亚集团、永鑫集团、农垦集团、东糖集团、英糖集团、湘桂集团、统一糖业等。

焊工在用手工焊接方法焊接“麻点”

采用自动焊接方法焊接“麻点”

在线焊接“麻点”

完成“麻点”堆焊的榨辊

使用一个榨季后的榨辊，齿形保持完好，不需要维修可继续使用

使用一个榨季后的榨辊细节，“麻点”磨损量<1mm/100万吨甘蔗